DIREITO PENAL
PARTE ESPECIAL
ARTS. 235 A 359-S

ANDRÉ ESTEFAM

DIREITO PENAL 3

PARTE ESPECIAL

ARTS. 235 A 359-S

12ª edição
2025

- O autor deste livro e a editora empenharam seus melhores esforços para assegurar que as informações e os procedimentos apresentados no texto estejam em acordo com os padrões aceitos à época da publicação, *e todos os dados foram atualizados pelo autor até a data da entrega dos originais à editora.* Entretanto, tendo em conta a evolução das ciências, as atualizações legislativas, as mudanças regulamentares governamentais e o constante fluxo de novas informações sobre os temas que constam do livro, recomendamos enfaticamente que os leitores consultem sempre outras fontes fidedignas, de modo a se certificarem de que as informações contidas no texto estão corretas e de que não houve alterações nas recomendações ou na legislação regulamentadora.

- Data do fechamento do livro: 1º/11/2024

- O autor e a editora se empenharam para citar adequadamente e dar o devido crédito a todos os detentores de direitos autorais de qualquer material utilizado neste livro, dispondo-se a possíveis acertos posteriores caso, inadvertida e involuntariamente, a identificação de algum deles tenha sido omitida.

- Direitos exclusivos para a língua portuguesa
  Copyright ©2025 by
  Saraiva Jur, um selo da SRV Editora Ltda.
  Uma editora integrante do GEN | Grupo Editorial Nacional
  Travessa do Ouvidor, 11
  Rio de Janeiro – RJ – 20040-040

- **Atendimento ao cliente: https://www.editoradodireito.com.br/contato**

- Reservados todos os direitos. É proibida a duplicação ou reprodução deste volume, no todo ou em parte, em quaisquer formas ou por quaisquer meios (eletrônico, mecânico, gravação, fotocópia, distribuição pela Internet ou outros), sem permissão, por escrito, da **SRV Editora Ltda**.

- Capa: Bruno Ortega
  Diagramação: Join Bureau

- **DADOS INTERNACIONAIS DE CATALOGAÇÃO NA PUBLICAÇÃO (CIP)**
  ODILIO HILARIO MOREIRA JUNIOR – CRB-8/9949

E79d   Estefam, André
       Direito penal – volume 3 – parte especial (arts. 235 a 359-S) / André Estefam.
           – 12. ed. – São Paulo: Saraiva Jur, 2025.

       1064 p. – (Direito Penal ; v. 3)

       Sequência de: Direito penal – volume 2 – parte especial (arts. 121 a 234-C)
       Inclui bibliografia.
       ISBN: 978-85-536-2571-0 (Impresso)

       1. Direito. 2. Direito penal. I. Título. II. Série.

                                    CDD 345
       2024-3452   CDU 343

       Índices para catálogo sistemático:
       1. Direito penal   345
       2. Direito penal   343

À Cris, meu amor.

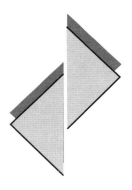

Nota do autor

Prezado leitor, cara leitora,

Muito embora o ano de 2024 não tenha sido profícuo em alterações legislativas que impactaram o Volume 3 da Coleção, nos empenhamos em seguir, na nova casa, o Grupo GEN, com o zelo de manter a obra atualizada com base na jurisprudência atual dos tribunais superiores e de diversos tribunais estaduais e regionais.

Com isso, procuramos cumprir o compromisso de manter o trabalho em linha com a dogmática e a *praxis* do Direito Penal brasileiro.

Agradecemos sua confiança.

São Paulo, 23 de outubro de 2024.

O autor.

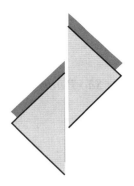

ADIn	Ação Direta de Inconstitucionalidade
ADPF	Ação de Descumprimento de Preceito Fundamental
ADV/COAD	*Advocacia Dinâmica/Contabilidade e Advocacia (Boletim de Jurisprudência)*
AgEx	Agravo em Execução
CAt	Conflito de Atribuição
c/c	combinado com
CC	Código Civil
CCr	Câmara Criminal
CComp	Conflito de Competência
CF	Constituição Federal
CLT	Consolidação das Leis do Trabalho
CP	Código Penal
CPC	Código de Processo Civil
CPM	Código Penal Militar
CPP	Código de Processo Penal
CTB	Código de Trânsito Brasileiro
CTN	Código Tributário Nacional
DJe	*Diário da Justiça eletrônico*
DJU	*Diário da Justiça da União*
EC	Emenda Constitucional
ED	Embargos Declaratórios
EJTJAP	*Ementário de Jurisprudência do Tribunal de Justiça do Amapá*

IX

HC	*Habeas Corpus*
Inq.	Inquérito
j.	julgado(a) em
JTACrSP	*Julgados do Tribunal de Alçada Criminal de São Paulo*
LC	Lei Complementar
LCP	Lei das Contravenções Penais
LEP	Lei de Execução Penal
LICP	Lei de Introdução ao Código Penal
MC	Medida Cautelar
R.	Região
RE	Recurso Extraordinário
REO	Recurso *Ex Officio*
REsp	Recurso Especial
RHC	Recurso de *Habeas Corpus*
RJTAMG	*Revista de Jurisprudência do Tribunal de Alçada de Minas Gerais*
RSE	Recurso em Sentido Estrito
RSTJ	*Revista do Superior Tribunal de Justiça*
ROHC	Recurso Ordinário em *Habeas Corpus*
RT	*Revista dos Tribunais*
RTJ	*Revista Trimestral de Jurisprudência*
S.	Seção
T.	Turma
v.u.	votação unânime

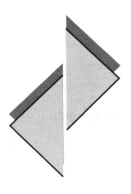

Índice

Nota do autor VII
Abreviaturas IX

Título VII – Dos Crimes contra a Família
Introdução 1

Capítulo I – Dos Crimes contra o Casamento (arts. 235 a 240)
Introdução 3

Art. 235 – Bigamia
1. Dispositivo legal 4
2. Valor protegido (objetividade jurídica) 4
3. Histórico 5
4. Tipo objetivo 6
   4.1. Casamento celebrado no exterior 7
   4.2. A responsabilidade penal da pessoa com quem o agente, sendo casado, contrai novo matrimônio 7
   4.3. O consentimento do ofendido........................... 8
   4.4. A poligamia em determinadas culturas ou religiões 8
5. Tipo subjetivo.. 9
6. Sujeitos do crime 9
   6.1. Sujeito ativo.. 9
   6.2. Sujeito passivo.. 11
7. Consumação e tentativa.. 11
   7.1. Consumação... 11

XI

7.2. Tentativa 12

8. Prescrição e o crime de bigamia 13

9. Classificação jurídica 14

10. Pena e ação penal 14

Art. 236 – Induzimento a erro essencial e ocultação de impedimento

1. Dispositivo legal 15

2. Valor protegido (objetividade jurídica) 15

3. Tipo objetivo 16

4. Tipo subjetivo 18

5. Sujeitos do crime 18

    5.1. Sujeito ativo 18

    5.2. Sujeito passivo 18

6. Consumação e tentativa 18

    6.1. Consumação 18

    6.2. Tentativa 19

7. Classificação jurídica 19

8. Condição de procedibilidade 19

9. O termo inicial da prescrição 20

10. Pena e ação penal 20

Art. 237 – Conhecimento prévio de impedimento

1. Dispositivo legal 21

2. Valor protegido (objetividade jurídica) 21

3. Tipo objetivo 22

4. Tipo subjetivo 23

5. Sujeitos do crime 23

    5.1. Sujeito ativo 23

    5.2. Sujeito passivo 23

6. Consumação e tentativa 23

    6.1. Consumação 23

    6.2. Tentativa 23

7. Classificação jurídica 24

8. Pena e ação penal 24

Art. 238 – Simulação de autoridade para celebração de casamento

1. Dispositivo legal 24

2. Valor protegido (objetividade jurídica)	24
3. Tipo objetivo	25
3.1. A autoridade competente para realizar casamento	26
4. Tipo subjetivo	26
5. Sujeitos do crime	27
5.1. Sujeito ativo	27
5.2. Sujeito passivo	27
6. Consumação e tentativa	27
6.1. Consumação	27
6.2. Tentativa	27
7. Classificação jurídica	27
8. Pena e ação penal	28

Art. 239 – Simulação de casamento

1. Dispositivo legal	28
2. Valor protegido (objetividade jurídica)	28
3. Tipo objetivo	28
4. Tipo subjetivo	30
5. Sujeitos do crime	30
5.1. Sujeito ativo	30
5.2. Sujeito passivo	30
6. Consumação e tentativa	30
6.1. Consumação	30
6.2. Tentativa	31
7. Classificação jurídica	31
8. Pena e ação penal	31

Art. 240 – Adultério

1. Breve notícia histórica	31
2. Lei n. 11.106, de 28-3-2005	33
3. *Abolitio criminis* – consequências	34
4. Ilícito civil	35

Capítulo II – Dos Crimes contra o Estado de Filiação (arts. 241 a 243)

1. Introdução	36
2. O valor protegido	36

XIII

3. Visão geral 37
4. Questão prejudicial 38
5. A incapacidade para o exercício do poder familiar, tutela ou curatela 38

Art. 241 – Registro de nascimento inexistente

1. Dispositivo legal 39
2. Valor protegido (objetividade jurídica) 39
3. Tipo objetivo 40
4. Tipo subjetivo 40
5. Sujeitos do crime 40
   5.1. Sujeito ativo 40
   5.2. Sujeito passivo 41
6. Consumação e tentativa 41
   6.1. Consumação 41
   6.2. Tentativa 41
7. Prescrição da pretensão punitiva 41
8. Classificação jurídica 42
9. Pena e ação penal 42

Art. 242 – Parto suposto. Supressão ou alteração de direito inerente ao estado civil de recém-nascido

1. Dispositivo legal 42
2. Valor protegido (objetividade jurídica) 43
3. Tipo objetivo 44
   3.1. Parto suposto (primeira figura) 44
   3.2. Registrar filho alheio como próprio ("adoção à brasileira") .. 46
   3.3. Ocultação ou substituição de recém-nascido 47
4. Tipo subjetivo 48
5. Sujeitos do crime 48
   5.1. Sujeito ativo 48
   5.2. Sujeito passivo 48
6. Consumação e tentativa 49
   6.1. Consumação 49
   6.2. Tentativa 49
7. Motivo de reconhecida nobreza 49
8. Prescrição 50
9. Classificação jurídica 51
10. Pena e ação penal 52

Art. 243 – Sonegação de estado de filiação

1. Dispositivo legal	52
2. Valor protegido (objetividade jurídica)	52
3. Tipo objetivo	52
4. Tipo subjetivo	53
5. Sujeitos do crime	54
5.1. Sujeito ativo	54
5.2. Sujeito passivo	54
6. Consumação e tentativa	55
6.1. Consumação	55
6.2. Tentativa	55
7. Classificação jurídica	55
8. Pena e ação penal	56

Capítulo III – Dos Crimes contra a Assistência Familiar (arts. 244 a 247)

1. Introdução	57
2. Ancoragem constitucional	57
3. Legislação especial	58
4. Incapacidade para o exercício do poder familiar, tutela ou curatela	58

Art. 244 – Abandono material

1. Dispositivo legal	58
2. Valor protegido (objetividade jurídica)	59
3. A regulamentação da prestação alimentar no Código Civil	61
3.1. Interdependência das instâncias penal e civil	61
4. Tipo objetivo	62
4.1. Abandono material por meio da abstenção de prover a subsistência (art. 244, *caput*, primeira parte)	63
4.2. Prisão civil	65
4.3. Abandono material por intermédio da omissão de socorro de enfermo (art. 244, *caput*, parte final)	67
4.4. Figura equiparada (art. 244, parágrafo único)	67
5. Tipo subjetivo	68
6. Sujeitos do crime	69
6.1. Sujeito ativo	69
6.2. Sujeito passivo	69

7. Consumação e tentativa 70
   7.1. Consumação 70
   7.2. Tentativa 70
8. Classificação jurídica 70
9. Pena e ação penal 71

Art. 245 – Entrega de filho menor a pessoa inidônea

1. Dispositivo legal 72
2. Valor protegido (objetividade jurídica) 72
3. Tipo objetivo 72
4. Tipo subjetivo 73
5. Sujeitos do crime 74
   5.1. Sujeito ativo 74
   5.2. Sujeito passivo 74
6. Consumação e tentativa 75
   6.1. Consumação 75
   6.2. Tentativa 75
7. Formas qualificadas 75
   7.1. Fim de lucro ou envio ao exterior, presentes o risco moral ou material (§ 1º) 75
   7.2. Entrega do menor para ser levado ao exterior com o fim de lucro (§ 2º) 76
8. O art. 238 do ECA 76
9. Classificação jurídica 77
10. Pena e ação penal 77

Art. 246 – Abandono intelectual

1. Dispositivo legal 78
2. Valor protegido (objetividade jurídica) 78
3. Tipo objetivo 78
4. Tipo subjetivo 80
5. Sujeitos do crime 81
   5.1. Sujeito ativo 81
   5.2. Sujeito passivo 81
6. Consumação e tentativa 81
   6.1. Consumação 81
   6.2. Tentativa 82
7. Classificação jurídica 82
8. Pena e ação penal 82

Art. 247 - Abandono moral

1. Dispositivo legal 82
2. Valor protegido (objetividade jurídica) 83
3. Tipo objetivo 84
   3.1. Frequência a casa de jogo ou mal-afamada (inciso I) 84
   3.2. Convívio com pessoa viciosa ou de má vida (inciso I) 85
   3.3. Frequência ou participação em espetáculo capaz de
        pervertê-lo ou ofender o seu pudor (inciso II) 85
   3.4. Residência ou trabalho em casa de prostituição (inciso III) .. 86
   3.5. Mendicância ou assistência a mendigo para provocar a
        comiseração pública (inciso IV) 87
4. Tipo subjetivo 87
5. Sujeitos do crime 88
   5.1. Sujeito ativo 88
   5.2. Sujeito passivo 88
6. Consumação e tentativa 89
   6.1. Consumação 89
   6.2. Tentativa 90
7. Classificação jurídica 90
8. Pena e ação penal 91

Capítulo IV - Dos Crimes contra o Pátrio Poder, Tutela ou Curatela (arts. 248 e 249)

Introdução 92

Art. 248 - Induzimento a fuga, entrega arbitrária ou sonegação de incapazes

1. Dispositivo legal 94
2. Valor protegido (objetividade jurídica) 94
3. Tipo objetivo 95
   3.1. Induzimento a fuga 95
   3.2. Entrega arbitrária 97
   3.3. Sonegação de incapazes 97
4. Tipo subjetivo 99
5. Sujeitos do crime 100
   5.1. Sujeito ativo 100
   5.2. Sujeito passivo 100

6. Consumação e tentativa	101
6.1. Consumação	101
6.2. Tentativa	101
7. Classificação jurídica	101
8. Conflito aparente de normas	102
9. Pena e ação penal	103

Art. 249 – Subtração de incapazes

1. Dispositivo legal	103
2. Valor protegido (objetividade jurídica)	104
3. Breve histórico	104
4. Tipo objetivo	105
5. Tipo subjetivo	107
6. Sujeitos do crime	108
6.1. Sujeito ativo	108
6.2. Sujeito passivo	109
7. Consumação e tentativa	110
7.1. Consumação	110
7.2. Tentativa	110
8. Conflito aparente de normas	110
8.1. Subtração de criança ou adolescente para colocação em lar substituto	110
8.2. Subtração de criança ou adolescente para extorquir a família	110
8.3. Subtração de menor ou interdito para satisfação da lascívia	111
9. Perdão judicial	111
10. Classificação jurídica	112
11. Pena e ação penal	112

Título VIII – Dos Crimes contra a Incolumidade Pública

1. Incolumidade pública – introdução	113
2. Incolumidade pública × tranquilidade pública	114
3. Natureza pluriofensiva dos crimes contra a incolumidade pública	115
4. Perigo × risco	115
5. Crimes de perigo	116
6. Classificação dos crimes segundo o perigo (concreto × abstrato)	117
7. Perigo individual e perigo coletivo (ou perigo comum)	119

8. Ancoragem constitucional	120
9. O dolo nos crimes contidos no Título VIII	120

Capítulo I – Dos Crimes de Perigo Comum (arts. 250 a 259)

1. Introdução	122
2. Crimes vagos	122
3. Legislação penal militar	122

Art. 250 – Incêndio

1. Dispositivo legal	123
2. Valor protegido (objetividade jurídica)	124
3. Breve histórico	125
4. Tipo objetivo	125
4.1. Verbo nuclear	125
4.1.1. Causa e relação de causalidade	126
4.1.2. A teoria da equivalência dos antecedentes ou da *conditio sine qua non*	129
4.1.3. Qual o problema central: causalidade ou imputação?	130
4.1.4. A teoria da imputação objetiva e a compreensão da ação nuclear no crime de incêndio	133
4.2. Incêndio	135
4.3. Exposição de perigo	136
4.4. Incêndio por omissão	136
4.5. Desobediência civil	137
5. Tipo subjetivo	138
6. Sujeitos do crime	139
6.1. Sujeito ativo	139
6.2. Sujeito passivo	140
7. Consumação e tentativa	140
7.1. Consumação	140
7.2. Tentativa	140
8. Figuras agravadas (arts. 250, § 1º, e 258)	141
8.1. Propósito de obter vantagem pecuniária	141
8.2. Exasperante em razão do lugar	142
8.3. Formas "qualificadas" de crime de perigo comum (art. 258)	147
8.4. Pluralidade de causas de aumento	148

9. Incêndio culposo (art. 250, § 2º) 148
10. Exame pericial (CPP, art. 173) 149
11. Classificação jurídica 150
12. Pena e ação penal 151

Art. 251 – Explosão

1. Dispositivo legal 151
2. Valor protegido (objetividade jurídica) 152
3. Breve histórico 152
4. Tipo objetivo 153
    4.1. Conduta nuclear 153
    4.2. Meios executórios 154
    4.3. Perigo concreto 156
5. Tipo subjetivo 156
6. Sujeitos do crime 157
    6.1. Sujeito ativo 157
    6.2. Sujeito passivo 157
7. Consumação e tentativa 157
    7.1. Consumação 157
    7.2. Tentativa 157
8. Figuras agravadas (arts. 250, § 1º, e 258) 158
9. Concurso com incêndio 158
10. Forma culposa (§ 3º) 159
11. Outras formas de explosão previstas na lei penal 159
12. Exame pericial 160
13. Classificação jurídica 160
14. Pena e ação penal 161

Art. 252 – Uso de gás tóxico ou asfixiante

1. Dispositivo legal 161
2. Valor protegido (objetividade jurídica) 162
3. Tipo objetivo 162
4. Tipo subjetivo 163
5. Sujeitos do crime 164
    5.1. Sujeito ativo 164
    5.2. Sujeito passivo 164
6. Consumação e tentativa 165

6.1.	Consumação	165
6.2.	Tentativa	165
7.	Forma agravada (art. 258)	165
8.	Forma culposa (parágrafo único)	165
9.	Concurso aparente de normas	166
10.	Exame pericial	166
11.	Gás lacrimogêneo e gás pimenta	167
12.	Classificação jurídica	167
13.	Pena e ação penal	167

Art. 253 – Fabrico, fornecimento, aquisição, posse ou transporte de explosivos ou gás tóxico, ou asfixiante

1.	Dispositivo legal	168
2.	Valor protegido (objetividade jurídica)	168
3.	Derrogação tácita da norma pelo Estatuto do Desarmamento	168
4.	Tipo objetivo	169
5.	Tipo subjetivo	170
6.	Sujeitos do crime	170
6.1.	Sujeito ativo	170
6.2.	Sujeito passivo	170
7.	Consumação e tentativa	170
7.1.	Consumação	170
7.2.	Tentativa	171
8.	Formas agravadas de crime de perigo comum (art. 258)	171
9.	Classificação jurídica	171
10.	Pena e ação penal	171

Art. 254 – Inundação

1.	Dispositivo legal	171
2.	Valor protegido (objetividade jurídica)	172
3.	Breve histórico	172
4.	Tipo objetivo	172
5.	Tipo subjetivo	173
6.	Sujeitos do crime	173
6.1.	Sujeito ativo	173
6.2.	Sujeito passivo	174
7.	Consumação e tentativa	174

7.1.	Consumação	174
7.2.	Tentativa	174
8.	Formas agravadas de crime de perigo comum	174
9.	Forma culposa (parágrafo único)	175
10.	Classificação jurídica	175
11.	Pena e ação penal	175

Art. 255 – Perigo de inundação

1.	Dispositivo legal	176
2.	Valor protegido (objetividade jurídica)	176
3.	Breve histórico	176
4.	Tipo objetivo	176
5.	Tipo subjetivo	177
6.	Sujeitos do crime	177
6.1.	Sujeito ativo	177
6.2.	Sujeito passivo	177
7.	Consumação e tentativa	177
7.1.	Consumação	177
7.2.	Tentativa	177
8.	Inaplicabilidade das exasperantes do art. 258	177
9.	Classificação jurídica	178
10.	Pena e ação penal	178

Art. 256 – Desabamento ou desmoronamento

1.	Dispositivo legal	178
2.	Valor protegido (objetividade jurídica)	179
3.	Tipo objetivo	179
4.	Tipo subjetivo	181
5.	Sujeitos do crime	182
5.1.	Sujeito ativo	182
5.2.	Sujeito passivo	182
6.	Consumação e tentativa	182
6.1.	Consumação	182
6.2.	Tentativa	183
7.	Formas agravadas de crime de perigo comum	183
8.	Modalidade culposa (parágrafo único)	183

| 9. | Classificação jurídica | 184 |
| 10. | Pena e ação penal | 184 |

Art. 257 – Subtração, ocultação ou inutilização de material de salvamento

1.	Dispositivo legal	184
2.	Valor protegido (objetividade jurídica)	185
3.	Tipo objetivo	185
4.	Tipo subjetivo	188
5.	Sujeitos do crime	188
	5.1. Sujeito ativo	188
	5.2. Sujeito passivo	188
6.	Consumação e tentativa	188
	6.1. Consumação	188
	6.2. Tentativa	189
7.	Formas agravadas de crime de perigo comum	189
8.	Princípio do *ne bis in idem*	189
9.	Classificação jurídica	189
10.	Pena e ação penal	190

Art. 259 – Difusão de doença ou praga

1.	Dispositivo legal	190
2.	Histórico e revogação parcial	190
3.	Tipo objetivo	192
	3.1. Forma dolosa	192
4.	Tipo subjetivo	192
	4.1. Forma culposa	193
5.	Sujeitos do crime	193
	5.1. Sujeito ativo	193
	5.2. Sujeito passivo	193
6.	Consumação e tentativa	193
	6.1. Consumação	193
	6.2. Tentativa	193
7.	Inaplicabilidade das causas de aumento previstas no art. 258	193
8.	Classificação jurídica	194
9.	Pena e ação penal	194

Capítulo II – Dos Crimes contra a Segurança dos Meios de Comunicação e Transporte e outros Serviços Públicos (arts. 260 a 266)

Introdução 195

Art. 260 – Perigo de desastre ferroviário e desastre ferroviário

1. Dispositivo legal 197
2. Valor protegido (objetividade jurídica) 198
3. Tipo objetivo 198
   3.1. Perigo de desastre ferroviário (*caput*)........................ 198
   3.2. Desastre ferroviário (§ 1º) 201
4. Tipo subjetivo.. 202
5. Sujeitos do crime 202
   5.1. Sujeito ativo... 202
   5.2. Sujeito passivo 202
6. Consumação e tentativa... 203
   6.1. Consumação... 203
   6.2. Tentativa 203
7. Forma culposa (§ 2º) 203
   7.1. Forma agravada do crime culposo (art. 263) 204
8. Classificação jurídica 204
9. Pena e ação penal 205

Art. 261 – Atentado contra a segurança de transporte marítimo, fluvial ou aéreo e sinistro em transporte marítimo, fluvial ou aéreo

1. Dispositivo legal 205
2. Valor protegido (objetividade jurídica) 205
3. Tipo objetivo 206
   3.1. Atentado contra a segurança de transporte marítimo, fluvial ou aéreo (*caput*)... 206
   3.2. Desastre marítimo, fluvial ou aéreo (§ 1º)................... 208
4. Tipo subjetivo.. 209
5. Sujeitos do crime 209
   5.1. Sujeito ativo... 209
   5.2. Sujeito passivo 210
6. Consumação e tentativa... 210
   6.1. Consumação... 210

6.2. Tentativa	210
7. Forma culposa (§ 3º)	210
7.1. Forma agravada do crime culposo (art. 263)	211
8. Classificação jurídica	212
9. Competência federal (CF, art. 109, IX)	212
10. Lei Antidrogas (Lei n. 11.343/2006)	213
11. Pena e ação penal	213

Art. 262 – Atentado contra a segurança de outro meio de transporte

1. Dispositivo legal	214
2. Valor protegido (objetividade jurídica)	214
3. Tipo objetivo	214
3.1. Atentado contra a segurança de transporte público (*caput*)	214
3.2. Desastre em transporte público (§ 1º)	216
4. Tipo subjetivo	216
5. Sujeitos do crime	217
5.1. Sujeito ativo	217
5.2. Sujeito passivo	217
6. Consumação e tentativa	217
6.1. Consumação	217
6.2. Tentativa	217
7. Forma culposa (§ 2º)	217
7.1. Forma agravada do crime culposo (art. 263)	218
8. Classificação jurídica	218
9. Crimes de trânsito	218
10. Pena e ação penal	219

Art. 264 – Arremesso de projétil

1. Dispositivo legal	219
2. Valor protegido (objetividade jurídica)	219
3. Tipo objetivo	219
4. Tipo subjetivo	220
5. Sujeitos do crime	221
5.1. Sujeito ativo	221
5.2. Sujeito passivo	221
6. Consumação e tentativa	221
6.1. Consumação	221

6.2. Tentativa 221
7. Forma preterdolosa (parágrafo único) 221
8. Classificação jurídica 222
9. Pena e ação penal 222

Art. 265 – Atentado contra a segurança de serviço de utilidade pública

1. Dispositivo legal 223
2. Valor protegido (objetividade jurídica) 223
3. Tipo objetivo 223
4. Tipo subjetivo.. 224
5. Sujeitos do crime 224
   5.1. Sujeito ativo.. 224
   5.2. Sujeito passivo 225
6. Consumação e tentativa... 225
   6.1. Consumação.. 225
   6.2. Tentativa 225
7. Modalidade agravada (parágrafo único).. 225
8. Concurso de normas... 225
9. Classificação jurídica 226
10. Pena e ação penal 226

Art. 266 – Interrupção ou perturbação de serviço telegráfico, telefônico, informático, telemático ou de informação de utilidade pública

1. Dispositivo legal 227
2. Valor protegido (objetividade jurídica) 227
3. Alteração legislativa... 227
4. Tipo objetivo (*caput*) 227
5. Tipo subjetivo.. 229
6. Sujeitos do crime 229
   6.1. Sujeito ativo.. 229
   6.2. Sujeito passivo 229
7. Consumação e tentativa... 229
   7.1. Consumação.. 229
   7.2. Tentativa 229
8. Figura equiparada (§ 1º).. 229
9. Modalidade agravada (§ 2º) 230
10. Classificação jurídica 230
11. Pena e ação penal 230

Capítulo III – Dos Crimes contra a Saúde Pública (arts. 267 a 285)

1. Histórico 231
2. Ancoragem constitucional 232
3. Conceito de saúde pública 232
4. Infrações penais similares aos crimes contra a saúde pública 233

Art. 267 – Epidemia

1. Dispositivo legal 234
2. Valor protegido (objetividade jurídica) 234
3. Tipo objetivo 235
   3.1. Verbo nuclear 235
   3.2. A relação de imputação como aspecto anterior à causalidade 235
   3.3. O primeiro passo para a imputação: a análise do nexo causal 236
   3.4. O segundo passo: a verificação da relação de imputação objetiva 237
      3.4.1. Princípio do risco permitido 238
      3.4.2. Princípio da confiança 239
      3.4.3. Princípio da proibição do regresso 239
      3.4.4. Princípio da capacidade da vítima 239
   3.5. Propagação de germes patogênicos 240
   3.6. Epidemia 240
4. Tipo subjetivo 241
5. Sujeitos do crime 241
   5.1. Sujeito ativo 241
   5.2. Sujeito passivo 241
6. Consumação e tentativa 242
   6.1. Consumação 242
   6.2. Tentativa 242
7. Epidemia qualificada pelo resultado (§ 1º) 242
   7.1. Hediondez 242
8. Epidemia culposa (§ 2º) 244
9. Classificação jurídica 244
10. Pena e ação penal 244

XXVII

Art. 268 - Infração de medida sanitária preventiva

1. Dispositivo legal 245
2. Valor protegido (objetividade jurídica) 245
3. Tipo objetivo 245
   3.1. O art. 268 do CP no contexto da pandemia do novo co-
        ronavírus 246
   3.2. A revogação do complemento................................. 249
   3.3. Exames laboratoriais em sangue coletado para doação.... 250
4. Tipo subjetivo.. 250
5. Sujeitos do crime 251
   5.1. Sujeito ativo... 251
   5.2. Sujeito passivo 251
6. Consumação e tentativa... 251
   6.1. Consumação... 251
   6.2. Tentativa 251
7. Causas de aumento de pena 251
   7.1. Em razão da qualidade do sujeito (parágrafo único)........ 251
   7.2. Em função do resultado... 252
8. Classificação jurídica 252
9. Pena e ação penal 252

Art. 269 - Omissão de notificação de doença

1. Dispositivo legal 252
2. Valor protegido (objetividade jurídica) 253
3. Tipo objetivo 253
4. Tipo subjetivo.. 255
5. Sujeitos do crime 256
   5.1. Sujeito ativo... 256
   5.2. Sujeito passivo 257
6. Consumação e tentativa... 257
   6.1. Consumação... 257
   6.2. Tentativa 258
7. Formas agravadas de crime de perigo comum................... 258
8. Classificação jurídica 258
9. Pena e ação penal 258

Art. 270 - Envenenamento de água potável ou de substância alimentícia ou medicinal

1. Dispositivo legal 259

2. Valor protegido (objetividade jurídica) 259

3. Debate acerca da revogação parcial do art. 270, *caput*, primeira parte, do CP (envenenamento de água potável) 259

4. Tipo objetivo 260
   4.1. Modalidade fundamental (*caput*) 260
   4.2. Figura equiparada (§ 1º) 261

5. Tipo subjetivo 261

6. Sujeitos do crime 262
   6.1. Sujeito ativo 262
   6.2. Sujeito passivo 262

7. Consumação e tentativa 262
   7.1. Consumação 262
   7.2. Tentativa 262

8. Hediondez 262

9. Envenenamento culposo (§ 2º) 263

10. Formas agravadas (causas de aumento de pena) 263

11. Classificação jurídica 263

12. Pena e ação penal 263

Art. 271 – Corrupção ou poluição de água potável

1. Dispositivo legal 264

2. Valor protegido (objetividade jurídica) 264

3. Revogação pela Lei dos Crimes Ambientais 264

4. Tipo objetivo 266

5. Tipo subjetivo 266

6. Sujeitos do crime 266
   6.1. Sujeito ativo 266
   6.2. Sujeito passivo 266

7. Consumação e tentativa 267
   7.1. Consumação 267
   7.2. Tentativa 267

8. Formas agravadas de crime de perigo comum 267

9. Classificação jurídica 267

10. Pena e ação penal 267

Art. 272 – Falsificação, corrupção, adulteração ou alteração de substância ou produtos alimentícios

1. Dispositivo legal 268

2. Valor protegido (objetividade jurídica) 268

XXIX

3. Tipo objetivo	268
3.1. Modalidade fundamental (*caput*)	268
3.2. Condutas equiparadas (§ 1º-A)	272
4. Tipo subjetivo	272
5. Sujeitos do crime	273
5.1. Sujeito ativo	273
5.2. Sujeito passivo	273
6. Consumação e tentativa	273
6.1. Consumação	273
6.2. Tentativa	273
7. Modalidade culposa (§ 2º)	273
8. Formas agravadas de crime de perigo comum	274
9. Classificação jurídica	274
10. Pena e ação penal	275

Art. 273 – Falsificação, corrupção, adulteração ou alteração de produto destinado a fins terapêuticos ou medicinais

1. Dispositivo legal	275
2. Valor protegido (objetividade jurídica)	276
2.1. Hediondez	276
3. Tipo objetivo	277
3.1. Síntese das alterações promovidas pela "Lei dos Remédios" (Lei n. 9.677/98)	277
3.2. Modalidade fundamental (*caput*)	277
3.3. Produtos cosméticos e saneantes	282
3.4. Condutas equiparadas (§ 1º-B)	284
4. Tipo subjetivo	287
5. Sujeitos do crime	288
5.1. Sujeito ativo	288
5.2. Sujeito passivo	288
6. Consumação e tentativa	289
6.1. Consumação	289
6.2. Tentativa	289
7. Modalidade culposa (§ 2º)	289
8. Formas agravadas de crime de perigo comum	289
9. Classificação jurídica	290
10. Pena e ação penal	290

Art. 274 – Emprego de processo proibido ou de substância não permitida

1. Dispositivo legal 291
2. Valor protegido (objetividade jurídica) 291
3. Tipo objetivo 291
4. Tipo subjetivo 292
5. Sujeitos do crime 292
   5.1. Sujeito ativo.. 292
   5.2. Sujeito passivo 292
6. Consumação e tentativa.. 293
   6.1. Consumação.. 293
   6.2. Tentativa 293
7. Formas agravadas de crime de perigo comum (art. 258) 294
8. Classificação jurídica 294
9. Pena e ação penal 294

Art. 275 – Invólucro ou recipiente com falsa indicação

1. Dispositivo legal 294
2. Valor protegido (objetividade jurídica) 294
3. Tipo objetivo 295
4. Tipo subjetivo 295
5. Sujeitos do crime 296
   5.1. Sujeito ativo.. 296
   5.2. Sujeito passivo 296
6. Consumação e tentativa.. 296
   6.1. Consumação.. 296
   6.2. Tentativa 296
7. Formas agravadas de crime de perigo comum (art. 258) 296
8. Classificação jurídica 297
9. Pena e ação penal 297

Art. 276 – Produto ou substância nas condições dos dois artigos anteriores

1. Dispositivo legal 297
2. Valor protegido (objetividade jurídica) 298
3. Tipo objetivo 298
4. Tipo subjetivo 299
5. Sujeitos do crime 299

5.1.	Sujeito ativo	299
5.2.	Sujeito passivo	299
6.	Consumação e tentativa	299
6.1.	Consumação	299
6.2.	Tentativa	300
7.	Formas agravadas de crime de perigo comum (art. 258)	300
8.	Classificação jurídica	300
9.	Pena e ação penal	301

Art. 277 - Substância destinada à falsificação

1.	Dispositivo legal	301
2.	Valor protegido (objetividade jurídica)	301
3.	Tipo objetivo	301
4.	Tipo subjetivo	302
5.	Sujeitos do crime	302
5.1.	Sujeito ativo	302
5.2.	Sujeito passivo	302
6.	Consumação e tentativa	302
6.1.	Consumação	302
6.2.	Tentativa	303
7.	Formas agravadas de crime de perigo comum (art. 258)	303
8.	Classificação jurídica	303
9.	Pena e ação penal	303

Art. 278 - Outras substâncias nocivas à saúde pública

1.	Dispositivo legal	304
2.	Valor protegido (objetividade jurídica)	304
3.	Tipo objetivo	304
4.	Tipo subjetivo	305
5.	Sujeitos do crime	305
5.1.	Sujeito ativo	305
5.2.	Sujeito passivo	305
6.	Consumação e tentativa	305
6.1.	Consumação	305
6.2.	Tentativa	305
7.	Modalidade culposa (parágrafo único)	306
8.	Formas agravadas de crime de perigo comum (art. 258)	306

9. Classificação jurídica 306
10. Pena e ação penal 307

Art. 279 – Substância avariada

1. Dispositivo legal 307
2. Revogação 307

Art. 280 – Medicamento em desacordo com receita médica

1. Dispositivo legal 308
2. Valor protegido (objetividade jurídica) 309
3. Tipo objetivo 309
4. Tipo subjetivo 309
5. Sujeitos do crime 310
   5.1. Sujeito ativo 310
   5.2. Sujeito passivo 310
6. Consumação e tentativa 310
   6.1. Consumação 310
   6.2. Tentativa 310
7. Modalidade culposa (parágrafo único) 310
8. Formas agravadas de crime de perigo comum (art. 258) 311
9. Classificação jurídica 311
10. Pena e ação penal 311

Art. 281 – Comércio clandestino ou facilitação de uso de entorpecentes

1. Dispositivo legal 312
2. Revogação 312

Art. 282 – Exercício ilegal da medicina, arte dentária ou farmacêutica

1. Dispositivo legal 312
2. Valor protegido (objetividade jurídica) 312
3. Tipo objetivo 312
   3.1. Elementares 312
   3.2. Excludente de ilicitude – estado de necessidade 315
4. Tipo subjetivo 316
5. Sujeitos do crime 316
   5.1. Sujeito ativo 316
   5.2. Sujeito passivo 316

6. Consumação e tentativa	316
6.1. Consumação	316
6.2. Tentativa	317
7. Formas agravadas de crime de perigo comum (art. 258)	317
8. Classificação jurídica	317
9. Pena e ação penal	317

Art. 283 – Charlatanismo

1. Dispositivo legal	318
2. Valor protegido (objetividade jurídica)	318
3. Tipo objetivo	318
4. Tipo subjetivo	318
5. Sujeitos do crime	319
5.1. Sujeito ativo	319
5.2. Sujeito passivo	319
6. Consumação e tentativa	319
6.1. Consumação	319
6.2. Tentativa	320
7. Formas agravadas de crime de perigo comum (art. 258)	320
8. Classificação jurídica	320
9. Pena e ação penal	320

Art. 284 – Curandeirismo

1. Dispositivo legal	320
2. Valor protegido (objetividade jurídica)	321
3. Tipo objetivo	321
3.1. Elementares	321
3.2. Liberdade religiosa	322
4. Tipo subjetivo	324
5. Sujeitos do crime	324
5.1. Sujeito ativo	324
5.2. Sujeito passivo	324
6. Consumação e tentativa	325
6.1. Consumação	325
6.2. Tentativa	325
7. Formas agravadas de crime de perigo comum (art. 258)	325
8. Classificação jurídica	325
9. Pena e ação penal	326

Título IX – Dos Crimes contra a Paz Pública

1. Introdução 327
2. Crimes em espécie contra a paz pública 328
3. Histórico 329
4. Referência constitucional 330
5. Atos preparatórios puníveis 330

Art. 286 – Incitação ao crime

1. Dispositivo legal 331
2. Valor protegido (objetividade jurídica) 331
3. Tipo objetivo 331
   - 3.1. Concurso de crimes 335
   - 3.2. Crime de dano ou de perigo 336
4. Tipo subjetivo 337
5. Sujeitos do crime 337
   - 5.1. Sujeito ativo 337
   - 5.2. Sujeito passivo 337
6. Consumação e tentativa 337
   - 6.1. Consumação 337
   - 6.2. Tentativa 338
7. Outras formas de induzimento a crime 338
8. Conduta equiparada 339
9. Classificação jurídica 339
10. Pena e ação penal 339

Art. 287 – Apologia de crime ou criminoso

1. Dispositivo legal 339
2. Valor protegido (objetividade jurídica) 339
3. Tipo objetivo 340
   - 3.1. Concurso de crimes 343
4. Tipo subjetivo 344
5. Sujeitos do crime 344
   - 5.1. Sujeito ativo 344
   - 5.2. Sujeito passivo 344
6. Consumação e tentativa 344
   - 6.1. Consumação 344
   - 6.2. Tentativa 345

7. Outras formas de apologia de fato criminoso ou de autor de crime ... 345
8. Classificação jurídica 345
9. Pena e ação penal 345

Art. 288 - Associação criminosa

1. Dispositivo legal 345
2. Valor protegido (objetividade jurídica) 346
3. Breve histórico 346
4. Tipo objetivo 347
    4.1. Ação nuclear 347
    4.2. Pluralidade de agentes (delito plurissubjetivo) 348
    4.3. Caráter duradouro da associação (e a diferença entre associação criminosa e concurso de pessoas) 350
    4.4. A finalidade especial exigida para formar a associação (elemento subjetivo específico) 351
5. Tipo subjetivo 353
6. Sujeitos do crime 354
    6.1. Sujeito ativo 354
    6.2. Sujeito passivo 354
7. Consumação e tentativa 355
    7.1. Consumação 355
    7.2. Tentativa 355
8. Forma agravada 356
9. Concurso de crimes 357
10. Leis especiais 358
11. Classificação jurídica 358
12. Pena e ação penal 358
13. Diferença entre associação criminosa e organização criminosa ... 359

Art. 288-A - Constituição de Milícia Privada

1. Dispositivo legal 360
2. Valor protegido (objetividade jurídica) 360
3. Breve histórico 361
4. Tipo objetivo 362
    4.1. Ações nucleares e objetos materiais 362
    4.2. Pluralidade de agentes (delito plurissubjetivo) 363
    4.3. Caráter duradouro 364
5. Tipo subjetivo 364

6.	Sujeitos do crime	365
	6.1. Sujeito ativo	365
	6.2. Sujeito passivo	365
7.	Consumação e tentativa	365
	7.1. Consumação	365
	7.2. Tentativa	366
8.	Concurso de crimes	366
9.	Classificação jurídica	366
10.	Pena e ação penal	366

Título X – Dos Crimes contra a Fé Pública

1.	Introdução	367
2.	A fé pública enquanto valor protegido pelo Direito Penal?	368
	2.1. Conceito de fé pública e origem da expressão	368
	2.2. Os crimes de falsidade como meios para o cometimento de outras infrações	369
	2.3. A fé pública enquanto qualidade e não como bem jurídico	370
3.	Breve histórico	372
4.	Antecedentes da legislação penal brasileira	373
5.	Requisitos essenciais dos crimes de falso	373
	5.1. Introdução	373
	5.2. *Immutatio veritatis*	374
	5.3. *Immitatio veritatis*	375
	5.4. Potencialidade de dano	376
	5.5. Dolo	377
6.	Divisão do Título X	377
7.	Outros crimes de falso	377

Capítulo I – Da Moeda Falsa (arts. 289 a 292)

1.	Histórico	378
2.	Constituição Federal, legislação ordinária e documentos internacionais sobre emissão de moeda	379

Art. 289 – Moeda falsa

1.	Dispositivo legal	379
2.	Valor protegido	380
3.	Tipo objetivo	380

4.	Tipo subjetivo	384
5.	Sujeitos do crime	385
	5.1. Sujeito ativo	385
	5.2. Sujeito passivo	385
6.	Consumação e tentativa	385
	6.1. Consumação	385
	6.2. Tentativa	386
7.	Classificação jurídica	386
8.	Condutas equiparadas (art. 289, § 1º)	387
	8.1. Concurso com estelionato	389
9.	Forma privilegiada (art. 289, § 2º)	389
10.	Formas qualificadas (art. 289, §§ 3º e 4º)	390
11.	Extraterritorialidade da lei penal	390
12.	Pena e ação penal	391

Art. 290 - Crimes assimilados ao de moeda falsa

1.	Dispositivo legal	391
2.	Valor protegido (objetividade jurídica)	391
3.	Tipo objetivo	392
4.	Tipo subjetivo	393
5.	Sujeitos do crime	393
	5.1. Sujeito ativo	393
	5.2. Sujeito passivo	394
6.	Consumação e tentativa	394
	6.1. Consumação	394
	6.2. Tentativa	394
7.	Classificação jurídica	394
8.	Forma qualificada	394
9.	Pena e ação penal	394

Art. 291 - Petrechos para falsificação de moeda

1.	Dispositivo legal	395
2.	Valor protegido (objetividade jurídica)	395
3.	Tipo objetivo	395
4.	Tipo subjetivo	396
5.	Sujeitos do crime	396
	5.1. Sujeito ativo	396

5.2.	Sujeito passivo	396
6.	Consumação e tentativa	397
6.1.	Consumação	397
6.2.	Tentativa	397
7.	Classificação jurídica	397
8.	Pena e ação penal	397

Art. 292 – Emissão de título ao portador sem permissão legal

1.	Dispositivo legal	398
2.	Valor protegido (objetividade jurídica)	398
3.	Tipo objetivo	399
4.	Tipo subjetivo	399
5.	Sujeitos do crime	400
5.1.	Sujeito ativo	400
5.2.	Sujeito passivo	400
6.	Consumação e tentativa	400
6.1.	Consumação	400
6.2.	Tentativa	400
7.	Classificação jurídica	400
8.	Figura privilegiada	400
9.	Pena e ação penal	401

Capítulo II – Da Falsificação de Títulos e outros Papéis Públicos (arts. 293 a 295)

1.	Introdução	402
2.	Breve histórico	402

Art. 293 – Falsificação de papéis públicos

1.	Dispositivo legal	403
2.	Valor protegido (objetividade jurídica)	404
3.	Tipo objetivo	405
3.1.	Falsificação de papéis públicos (art. 293, *caput*)	405
3.2.	Uso de papéis públicos (art. 293, § 1º)	407
3.3.	Supressão de carimbo ou sinal indicativo da inutilização de papéis públicos (art. 293, § 2º)	408
3.4.	Uso de papéis públicos cujo sinal ou carimbo indicativo da inutilização foi suprimido (art. 293, § 3º)	409

XXXIX

3.5.		Usar ou restituir à circulação papéis recebidos de boa-fé (art. 293, § 4º)	409
4.	Tipo subjetivo		409
5.	Sujeitos do crime		409
	5.1.	Sujeito ativo	409
	5.2.	Sujeito passivo	409
6.	Consumação e tentativa		410
	6.1.	Consumação	410
	6.2.	Tentativa	410
7.	Causa de aumento de pena		410
8.	Classificação jurídica		410
9.	Pena e ação penal		410

Art. 294 – Petrechos de falsificação

1.	Dispositivo legal		411
2.	Valor protegido (objetividade jurídica)		411
3.	Tipo objetivo		411
4.	Tipo subjetivo		412
5.	Sujeitos do crime		412
	5.1.	Sujeito ativo	412
	5.2.	Sujeito passivo	412
6.	Consumação e tentativa		412
	6.1.	Consumação	412
	6.2.	Tentativa	412
7.	Causa de aumento de pena		412
8.	Classificação jurídica		412
9.	Pena e ação penal		413

Capítulo III – Da Falsidade Documental (arts. 296 a 305)

1.	Introdução		414
2.	O objeto material dos delitos contidos no Capítulo III		414
	2.1.	Documento público e privado	416
		2.1.1. Quanto à procedência	416
		2.1.2. Quanto à exigibilidade	417
		2.1.3. Quanto à relevância jurídica	417
		2.1.4. Quanto à responsabilidade civil	417

2.2. O documento eletrônico 417

3. A *summa diviso* dos crimes de falsidade documental 418

3.1. Falsidade material – contrafação e alteração.................. 418

3.2. Falsidade ideológica... 419

Art. 296 - Falsificação de selo ou sinal público

1. Dispositivo legal 420

2. Breve histórico.. 420

2.1. Valor protegido (objetividade jurídica) 421

3. Tipo objetivo 421

3.1. Falsificação de selo ou sinal público (art. 296, *caput*) 421

3.2. Uso de selo ou sinal falsificado (art. 296, § 1º, I) 423

3.3. Utilização indevida de selo ou sinal legítimo (art. 296, § 1º, II) 424

3.4. Emprego indevido de símbolos identificadores da Administração Pública (art. 296, § 1º, III) 424

3.5. Exame de corpo de delito (CPP, art. 158).................... 425

4. Tipo subjetivo.. 425

5. Sujeitos do crime 425

5.1. Sujeito ativo.. 425

5.2. Sujeito passivo 425

6. Consumação e tentativa.. 426

6.1. Consumação 426

6.2. Tentativa 426

7. Classificação jurídica 426

8. Causa de aumento de pena 426

9. Pena e ação penal 426

Art. 297 - Falsificação de documento público

1. Dispositivo legal 426

2. Valor protegido (objetividade jurídica) 427

3. Tipo objetivo 428

3.1. Conduta nuclear... 428

3.2. Requisitos do falso documental 429

3.2.1. *Immutatio veritatis* 429

3.2.2. *Immitatio veritatis* 430

3.2.3. Potencialidade de dano 431

3.2.4. Dolo 432

XLI

3.3.	Objeto material	432
	3.3.1. Documento público	432
	3.3.2. Documento público por equiparação (§ 2º)	434
3.4.	Falsificação seguida de uso do documento falso	437
4.	Tipo subjetivo	437
5.	Sujeitos Do Crime	438
5.1.	Sujeito ativo	438
5.2.	Sujeito passivo	438
6.	Consumação e tentativa	438
6.1.	Consumação	438
6.2.	Tentativa	439
7.	Figura agravada (art. 297, § 1º)	439
8.	Classificação jurídica	440
9.	Falsificação de documento público previdenciário (art. 297, §§ 3º e 4º)	440
10.	Pena e ação penal	443

Art. 298 – Falsificação de documento particular

1.	Dispositivo legal	443
2.	Valor protegido (objetividade jurídica)	444
3.	Tipo objetivo	444
3.1.	Conduta nuclear	444
3.2.	Requisitos do falso documental	445
	3.2.1. *Immutatio veritatis*	445
	3.2.2. *Immitatio veritatis*	446
	3.2.3. Potencialidade de dano	446
	3.2.4. Dolo	447
3.3.	Objeto material	447
3.4.	Falsificação seguida de uso do documento falso	448
4.	Tipo subjetivo	449
5.	Sujeitos do crime	449
5.1.	Sujeito ativo	449
5.2.	Sujeito passivo	449
6.	Consumação e tentativa	450
6.1.	Consumação	450
6.2.	Tentativa	450
7.	Classificação jurídica	450
8.	Pena e ação penal	450

Art. 299 – Falsidade ideológica

1. Dispositivo legal 451
2. Valor protegido (objetividade jurídica) 451
3. A falsidade ideológica (*versus* a falsidade material) 451
4. Tipo objetivo 452
    4.1. Conduta típica 452
    4.2. Os requisitos dos crimes de falsidade documental em matéria de falsidade ideológica 453
    4.3. Documento sujeito a verificação oficial 454
    4.4. Abuso de folha em branco 455
    4.5. Simulação 455
    4.6. Petição judicial 456
    4.7. Fotocópia simples 456
    4.8. Cola eletrônica 456
5. Tipo subjetivo 457
6. Sujeitos do crime 457
    6.1. Sujeito ativo 457
    6.2. Sujeito passivo 457
7. Consumação e tentativa 457
    7.1. Consumação 457
    7.2. Tentativa 457
8. Falsidade de registro civil (art. 299, parágrafo único) 458
    8.1. Falsificação ou alteração de assentamento de registro civil e a prescrição 458
9. Classificação jurídica 459
10. Conflito aparente de normas 459
    10.1. Crime contra a ordem tributária 459
    10.2. Uso de documento falso (CP, art. 304) 459
11. Pena e ação penal 460

Art. 300 – Falso reconhecimento de firma ou letra

1. Dispositivo legal 460
2. Valor protegido (objetividade jurídica) 461
3. Tipo objetivo 461
4. Tipo subjetivo 462
5. Sujeitos do crime 462
    5.1. Sujeito ativo 462
    5.2. Sujeito passivo 462

6. Consumação e tentativa... 463
    6.1. Consumação.. 463
    6.2. Tentativa 463
7. Classificação jurídica 463
8. Pena e ação penal 463

Art. 301, *caput* - Certidão ou atestado ideologicamente falso

1. Dispositivo legal 464
2. Objetividade jurídica (valor protegido)...................................... 464
3. Tipo objetivo 464
4. Tipo subjetivo.. 465
5. Sujeitos do crime 465
    5.1. Sujeito ativo... 465
    5.2. Sujeito passivo... 465
6. Consumação e tentativa... 466
    6.1. Consumação.. 466
    6.2. Tentativa 466
7. Figura agravada.. 466
8. Classificação jurídica 466
9. Pena e ação penal 466

Art. 301, § 1º - Falsidade material de atestado ou certidão

1. Dispositivo legal 467
2. Objetividade jurídica (valor protegido)...................................... 467
3. Tipo objetivo 467
4. Tipo subjetivo.. 469
5. Sujeitos do crime 469
    5.1. Sujeito ativo... 469
    5.2. Sujeito passivo... 470
6. Consumação e tentativa... 470
    6.1. Consumação.. 470
    6.2. Tentativa 470
7. Forma agravada (art. 301, § 2º).. 470
8. Classificação jurídica 470
9. Pena e ação penal 470

Art. 302 - Falsidade de atestado médico

1. Dispositivo legal 471

XLIV

2. Valor protegido (objetividade jurídica) 471

3. Tipo objetivo 471

4. Tipo subjetivo 472

5. Sujeitos do crime 472

    5.1. Sujeito ativo.. 472

    5.2. Sujeito passivo 473

6. Consumação e tentativa 473

    6.1. Consumação.. 473

    6.2. Tentativa 473

7. Pena cumulativa 473

8. Classificação jurídica 473

9. Pena e ação penal 473

Art. 303 – Reprodução ou adulteração de selo ou peça filatélica

1. Dispositivo legal 474

2. Valor protegido (objetividade jurídica) 474

3. Revogação tácita 474

4. Tipo objetivo 474

    4.1. Modalidade fundamental (*caput*)................................ 474

    4.2. Modalidade equiparada (parágrafo único)................... 476

5. Tipo subjetivo 476

6. Sujeitos do crime 476

    6.1. Sujeito ativo.. 476

    6.2. Sujeito passivo 476

7. Consumação e tentativa 477

    7.1. Consumação.. 477

    7.2. Tentativa 477

8. Classificação jurídica 477

9. Pena e ação penal 477

Art. 304 – Uso de documento falso

1. Dispositivo legal 477

2. Valor protegido (objetividade jurídica) 478

3. Tipo objetivo 478

4. Tipo subjetivo 482

5. Sujeitos do crime 482

    5.1. Sujeito ativo.. 482

XLV

	5.2. Sujeito passivo	484
6.	Consumação e tentativa	484
	6.1. Consumação	484
	6.2. Tentativa	485
7.	Classificação jurídica	485
8.	Concurso de infrações ou conflito de normas	485
9.	Pena e ação penal	486

Art. 305 - Supressão de documento

1.	Tipo penal	486
2.	Breve histórico	486
3.	Conflito aparente de normas	486
	3.1. Demais formas de supressão de documentos	486
	3.2. Crime patrimonial (CP, arts. 155 ou 163)	488
4.	Valor protegido (objetividade jurídica)	488
5.	Tipo objetivo	488
6.	Tipo subjetivo	490
7.	Sujeitos do crime	490
	7.1. Sujeito ativo	490
	7.2. Sujeito passivo	490
8.	Consumação e tentativa	490
	8.1. Consumação	490
	8.2. Tentativa	491
9.	Classificação jurídica	491
10.	Pena e ação penal	491

Capítulo IV - De Outras Falsidades (arts. 306 a 311-A)

Introdução	492

Art. 306 - Falsificação de sinal empregado no contraste de metal precioso ou na fiscalização alfandegária, ou para outros fins

1.	Dispositivo legal	493
2.	Valor protegido (objetividade jurídica)	493
3.	Tipo objetivo	493
4.	Tipo subjetivo	494
5.	Sujeitos do crime	494

5.1.	Sujeito ativo	494
5.2.	Sujeito passivo	494
6.	Consumação e tentativa	494
6.1.	Consumação	494
6.2.	Tentativa	495
7.	Figura privilegiada	495
8.	Classificação jurídica	495
9.	Pena e ação penal	495

Arts. 307 e 308 – Falsa identidade

1.	Dispositivos legais	495
2.	Breve histórico	496
3.	Valor protegido (objetividade jurídica)	496
4.	Tipo objetivo	496
4.1.	Falsa identidade (art. 307)	496
4.2.	Uso de documento de outrem (art. 308)	500
5.	Tipo subjetivo	501
6.	Sujeitos do crime	501
6.1.	Sujeito ativo	501
6.2.	Sujeito passivo	501
7.	Consumação e tentativa	501
7.1.	Consumação	501
7.2.	Tentativa	502
8.	Classificação jurídica	503
9.	Princípio da subsidiariedade expressa	503
10.	Pena e ação penal	503

Art. 309 – Fraude de lei sobre estrangeiros

1.	Dispositivo legal	504
2.	Valor protegido (objetividade jurídica)	504
3.	Tipo objetivo	504
4.	Tipo subjetivo	504
5.	Sujeitos do crime	505
5.1.	Sujeito ativo	505
5.2.	Sujeito passivo	505
6.	Consumação e tentativa	505
6.1.	Consumação	505

XLVII

6.2. Tentativa	505
7. Forma qualificada	505
8. Competência	506
9. Classificação jurídica	506
10. Pena e ação penal	506

Art. 310 - Fraude de lei sobre estrangeiros

1. Dispositivo legal	506
2. Objetividade jurídica	506
3. Tipo objetivo	507
4. Tipo subjetivo	507
5. Sujeitos do crime	507
5.1. Sujeito ativo	507
5.2. Sujeito passivo	507
6. Consumação e tentativa	507
6.1. Consumação	507
6.2. Tentativa	508
7. Classificação jurídica	508
8. Pena e ação penal	508

Art. 311 - Adulteração de sinal identificador de veículo

1. Dispositivo legal	508
2. Objetividade jurídica	509
3. Tipo objetivo	509
3.1. *Caput*	509
3.2. Figura equiparada (art. 311, § 2º, do CP)	511
3.3. Figura qualificada (art. 311, §§ 3º e 4º, do CP)	512
4. Tipo subjetivo	512
5. Sujeitos do crime	513
5.1. Sujeito ativo	513
5.2. Sujeito passivo	513
6. Consumação e tentativa	513
6.1. Consumação	513
6.2. Tentativa	513
7. Classificação jurídica	513
8. Pena e ação penal	513
9. Vigência do dispositivo	514

Art. 311-A – Fraudes em certames de interesse público

1. Dispositivo legal 514
2. Valor protegido (objetividade jurídica) 515
3. Tipo objetivo 515
4. Tipo subjetivo 516
5. Sujeitos do delito 516
   5.1. Sujeito ativo... 516
   5.2. Sujeito passivo 516
6. Consumação e tentativa... 517
   6.1. Consumação... 517
   6.2. Tentativa 517
7. Classificação jurídica 517
8. Pena e ação penal 518

Título XI – Dos Crimes contra a Administração Pública

1. Noções preliminares 519
2. Administração Pública... 521
3. Ancoragem constitucional 521
4. Panorama do Título XI.. 522
5. Reparação dos danos ao erário como condição para a progressão de regimes.. 523
6. Princípio da insignificância 524
7. Responsabilidade civil e administrativa de pessoas jurídicas por atos contra a administração.. 525

Capítulo I – Dos Crimes Praticados por Funcionário Público Contra a Administração em Geral (arts. 312 a 327)

1. Introdução – crimes funcionais 526
2. Sujeitos do crime 527
3. Conceito de funcionário público (art. 327) 528
   3.1. Funcionário público estrangeiro (art. 337-D, acrescentado ao CP pela Lei n. 10.467/2000) 529
   3.2. Os jurados... 530
4. Causa de aumento de pena (art. 327, § 2º) 530
5. Efeitos da condenação 530
6. Objetividade jurídica e ação penal 531

XLIX

7. Aspectos processuais.. 531
8. Independência das instâncias penal e administrativa.................... 532

Arts. 312 e 313 – Peculato

1. Tipos penais... 532
2. Breve histórico.. 533
3. Panorama do tratamento legislativo 533
4. Valor protegido (objetividade jurídica) 534
5. Reparação dos danos.. 534
6. Causa de aumento de pena (art. 327, § 2º) 534

Art. 312, *caput* – Peculato próprio

1. Dispositivo legal 535
2. Tipo objetivo 535
   2.1. Peculato-apropriação (art. 312, *caput*, 1ª parte)............... 535
   2.2. Peculato-desvio (art. 312, *caput*, parte final)................... 538
   2.3. Peculato por equiparação (CLT, art. 552) 540
3. Tipo subjetivo... 540
4. Sujeitos do crime 541
   4.1. Sujeito ativo... 541
   4.2. Sujeito passivo 541
5. Consumação e tentativa.. 541
   5.1. Consumação.. 541
   5.2. Tentativa 542
6. Classificação jurídica 542
7. Pena e ação penal 542

Art. 312, § 1º – Peculato-furto ou peculato impróprio

1. Dispositivo legal 543
2. Tipo objetivo 543
3. Tipo subjetivo... 544
4. Sujeitos do crime 545
   4.1. Sujeito ativo... 545
   4.2. Sujeito passivo 545
5. Consumação e tentativa.. 545
   5.1. Consumação.. 545
   5.2. Tentativa 545
6. Classificação jurídica 545
7. Pena e ação penal 545

L

Art. 312, § 2º - Peculato culposo

1. Dispositivo legal 546
2. Tipo objetivo 546
3. Tipo normativo 546
4. Sujeitos do crime 547
   4.1. Sujeito ativo 547
   4.2. Sujeito passivo 547
5. Consumação e tentativa 547
   5.1. Consumação 547
   5.2. Tentativa 547
6. Classificação jurídica 547
7. Reparação do dano (§ 3º) 547
8. Pena e ação penal 548

Art. 313 - Peculato-estelionato ou mediante erro de outrem

1. Dispositivo legal 548
2. Tipo objetivo 548
3. Tipo subjetivo 549
4. Sujeitos do crime 549
   4.1. Sujeito ativo 549
   4.2. Sujeito passivo 549
5. Consumação e tentativa 549
   5.1. Consumação 549
   5.2. Tentativa 550
6. Classificação jurídica 550
7. Pena e ação penal 550

Art. 313-A - Peculato eletrônico: peculato-pirataria de dados

1. Dispositivo legal 550
2. Valor protegido (objetividade jurídica) 550
3. Tipo objetivo 551
4. Tipo subjetivo 553
5. Sujeitos do crime 554
   5.1. Sujeito ativo 554
   5.2. Sujeito passivo 554
6. Consumação e tentativa 554
   6.1. Consumação 554

6.2.	Tentativa	555
7.	Classificação jurídica	555
8.	Crime eleitoral	555
9.	Pena e ação penal	555

Art. 313-B - Peculato eletrônico: peculato-*hacker*

1.	Dispositivo legal	556
2.	Valor protegido (objetividade jurídica)	556
3.	Tipo objetivo	556
4.	Tipo subjetivo	557
5.	Sujeitos do crime	558
5.1.	Sujeito ativo	558
5.2.	Sujeito passivo	558
6.	Consumação e tentativa	558
6.1.	Consumação	558
6.2.	Tentativa	558
7.	Causa de aumento de pena (parágrafo único)	558
8.	Classificação jurídica	559
9.	Pena e ação penal	559

Art. 314 - Extravio, sonegação ou inutilização de livro ou documento

1.	Dispositivo legal	559
2.	Valor protegido (objetividade jurídica)	560
3.	Tipo objetivo	560
4.	Tipo subjetivo	561
5.	Sujeitos do crime	561
5.1.	Sujeito ativo	561
5.2.	Sujeito passivo	561
6.	Consumação e tentativa	562
6.1.	Consumação	562
6.2.	Tentativa	562
7.	Classificação jurídica	562
8.	Conflito aparente de normas	562
9.	Pena e ação penal	563

Art. 315 - Emprego irregular de rendas públicas

1.	Dispositivo legal	563

2. Valor protegido (objetividade jurídica) 564

3. Tipo objetivo 564

4. Tipo subjetivo 565

5. Sujeitos do crime 565

    5.1. Sujeito ativo 565

    5.2. Sujeito passivo 565

6. Consumação e tentativa 565

    6.1. Consumação 565

    6.2. Tentativa 566

7. Classificação jurídica 566

8. Pena e ação penal 566

Art. 316, *caput* – Concussão

1. Dispositivo legal 566

2. Valor protegido (objetividade jurídica) 566

3. Breve histórico 567

4. Tipo objetivo 568

    4.1. Conceito 568

    4.2. Verbo nuclear 568

    4.3. Exigência em razão da função (embora não contemporâ-
          nea ao seu exercício) 569

    4.4. Elemento normativo do tipo (vantagem indevida) 569

5. Tipo subjetivo 570

6. Sujeitos do crime 571

    6.1. Sujeito ativo 571

    6.2. Sujeito passivo 571

7. Consumação e tentativa 571

    7.1. Consumação 571

    7.2. Tentativa 572

8. Classificação jurídica 572

9. Conflito aparente de normas 572

    9.1. Concussão e corrupção passiva (art. 317) 572

    9.2. Concussão e corrupção ativa (art. 333) 573

    9.3. Concussão e extorsão (art. 158) 574

    9.4. Concussão e crime contra a ordem tributária 574

10. Causa de aumento de pena (art. 327, § 2º) 575

11. Pena e ação penal 575

LIII

Art. 316, § 1º - Excesso de exação

1. Dispositivo legal 575
2. Valor protegido (objetividade jurídica) 575
3. Tipo objetivo 576
   3.1. Tipo misto cumulativo.. 576
   3.2. Exigência de tributo indevido (art. 316, § 1º, 1ª parte) 577
   3.3. Cobrança vexatória ou gravosa (art. 316, § 1º, 2ª parte) . 578
   3.4. Diferenças com a concussão 578
4. Tipo subjetivo... 578
5. Sujeitos do crime 578
   5.1. Sujeito ativo.. 578
   5.2. Sujeito passivo 579
6. Consumação e tentativa.. 579
   6.1. Consumação.. 579
   6.2. Tentativa 579
7. Classificação jurídica 579
8. Figura qualificada (art. 316, § 2º) 579
9. Causa de aumento de pena (art. 327, § 2º) 581
10. Pena e ação penal 581

Art. 317 - Corrupção passiva

1. Dispositivo legal 581
2. Valor protegido (objetividade jurídica) 582
3. O tratamento jurídico da corrupção 582
   3.1. Notícia histórica 582
   3.2. Corrupção e improbidade administrativa 584
   3.3. A corrupção e os documentos internacionais ratificados
        pelo Brasil... 586
   3.4. Sistemas de incriminação da corrupção 587
4. Tipo objetivo 587
   4.1. Elementares 587
   4.2. Espécies de corrupção... 590
   4.3. Descrição do ato de ofício na denúncia............................ 591
   4.4. Gratificações de pequeno valor.. 591
5. Tipo subjetivo... 592
6. Sujeitos do crime 592
   6.1. Sujeito ativo.. 592
   6.2. Sujeito passivo 593

LIV

7.	Consumação e tentativa	593
	7.1. Consumação	593
	7.2. Tentativa	594
8.	Classificação jurídica	594
9.	Causa de aumento de pena (art. 317, § 1º)	594
	9.1. Exaurimento do crime	594
	9.2. Função comissionada, de direção ou assessoramento (art. 327, § 2º)	594
	9.3. Pluralidade de causas de aumento e seu reflexo na dosagem da pena	595
10.	Forma privilegiada (art. 317, § 2º)	595
11.	Tipos especiais	595
	11.1. Corrupção passiva tributária	595
	11.2. Corrupção passiva de testemunha, perito, tradutor ou intérprete judicial	596
	11.3. Corrupção praticada por militar	596
	11.4. Corrupção eleitoral	596
	11.5. Corrupção entre particulares: Lei Geral do Esporte e Código de Propriedade Industrial	597
12.	Pena e ação penal	598

Art. 318 – Facilitação de contrabando ou descaminho

1.	Dispositivo legal	599
2.	Valor protegido (objetividade jurídica)	599
3.	Tipo objetivo	600
4.	Tipo subjetivo	601
5.	Sujeitos do crime	601
	5.1. Sujeito ativo	601
	5.2. Sujeito passivo	601
6.	Consumação e tentativa	601
	6.1. Consumação	601
	6.2. Tentativa	602
7.	Causa de aumento de pena	602
8.	Classificação jurídica	602
9.	Pena e ação penal	602

Art. 319 – Prevaricação

1.	Dispositivo legal	603

LV

2. Valor protegido (objetividade jurídica) 603
3. Breve histórico 603
4. Tipo objetivo 604
5. Tipo subjetivo 605
6. Sujeitos do crime 606
    6.1. Sujeito ativo 606
    6.2. Sujeito passivo 606
7. Consumação e tentativa 606
    7.1. Consumação 606
    7.2. Tentativa 606
8. Classificação jurídica 606
9. Causa de aumento de pena 607
10. Funcionário que descumpre ordem judicial 607
11. Pena e ação penal 607

Art. 319-A – Prevaricação imprópria

1. Dispositivo legal 608
2. Valor protegido (objetividade jurídica) 608
3. Breve histórico 608
4. Tipo objetivo 609
5. Tipo subjetivo 611
6. Sujeitos do crime 611
    6.1. Sujeito ativo 611
    6.2. Sujeito passivo 611
7. Consumação e tentativa 612
    7.1. Consumação 612
    7.2. Tentativa 612
8. Causa de aumento de pena 612
9. Classificação jurídica 612
10. Pena e ação penal 613

Art. 320 – Condescendência criminosa

1. Dispositivo legal 613
2. Valor protegido (objetividade jurídica) 613
3. Tipo objetivo 613
4. Tipo subjetivo 614
5. Sujeitos do crime 614

LVI

5.1.	Sujeito ativo	614
5.2.	Sujeito passivo	615
6.	Consumação e tentativa	615
6.1.	Consumação	615
6.2.	Tentativa	615
7.	Conceito negativo emitido por funcionário público no exercício de sua função	615
8.	Causa de aumento de pena	616
9.	Classificação jurídica	616
10.	Pena e ação penal	616

Art. 321 – Advocacia administrativa

1.	Dispositivo legal	616
2.	Valor protegido (objetividade jurídica)	617
3.	Tipo objetivo	617
4.	Tipo subjetivo	618
5.	Sujeitos do crime	618
5.1.	Sujeito ativo	618
5.2.	Sujeito passivo	618
6.	Consumação e tentativa	619
6.1.	Consumação	619
6.2.	Tentativa	619
7.	Forma qualificada	619
8.	Causa de aumento de pena	619
9.	Classificação jurídica	619
10.	Pena e ação penal	619

Art. 322 – Violência arbitrária

1.	Dispositivo legal	620
2.	Breve histórico	620
3.	Vigência	620
4.	Valor protegido (objetividade jurídica)	622
5.	Tipo objetivo	622
6.	Tipo subjetivo	623
7.	Sujeitos do crime	623
7.1.	Sujeito ativo	623
7.2.	Sujeito passivo	623

LVII

8. Consumação e tentativa.. 623
   8.1. Consumação.. 623
   8.2. Tentativa 623
9. Causa de aumento de pena 624
10. Classificação jurídica 624
11. Pena e ação penal 624

Art. 323 – Abandono de função

1. Dispositivo legal 624
2. Valor protegido (objetividade jurídica) 625
3. Tipo objetivo 625
4. Tipo subjetivo... 625
5. Sujeitos do crime 626
   5.1. Sujeito ativo.. 626
   5.2. Sujeito passivo 626
6. Consumação e tentativa.. 626
   6.1. Consumação.. 626
   6.2. Tentativa 626
7. Tipos qualificados (art. 323, §§ 1º e 2º).................................... 626
   7.1. Prejuízo efetivo à função pública 626
   7.2. Abandono em faixa de fronteira....................................... 627
   7.3. Pluralidade de qualificadoras.. 627
8. Causa de aumento de pena 627
9. Classificação jurídica 627
10. Pena e ação penal 628

Art. 324 – Exercício funcional ilegalmente antecipado ou prolongado

1. Dispositivo legal 628
2. Valor protegido (objetividade jurídica) 628
3. Tipo objetivo 628
4. Tipo subjetivo... 629
5. Sujeitos do crime 630
   5.1. Sujeito ativo.. 630
   5.2. Sujeito passivo 630
6. Consumação e tentativa.. 630
   6.1. Consumação.. 630
   6.2. Tentativa 630
7. Causa de aumento de pena 630

8. Classificação jurídica 630
9. Pena e ação penal 631

Art. 325 – Violação de sigilo funcional

1. Dispositivo legal 631
2. Valor protegido (objetividade jurídica) 631
3. Tipo objetivo 631
   3.1. Elementares do *caput*.. 631
      3.1.1. Violação de sons e imagens capturadas em esta-
      belecimentos penais federais 632
   3.2. Princípio da subsidiariedade expressa 632
   3.3. Condutas equiparadas (art. 325, § 1º) 634
4. Tipo subjetivo... 635
5. Sujeitos do crime 635
   5.1. Sujeito ativo... 635
   5.2. Sujeito passivo 635
6. Consumação e tentativa.. 635
   6.1. Consumação... 635
   6.2. Tentativa 636
7. Forma qualificada (art. 325, § 2º)..................................... 636
8. Causa de aumento de pena 636
9. Classificação jurídica 636
10. Pena e ação penal 636

Art. 326 – Violação do sigilo de proposta de concorrência

1. Dispositivo legal 637
2. Revogação 637

Capítulo II – Dos Crimes Praticados por Particular Contra a Administração em Geral (arts. 328 a 337-A)

1. Introdução.. 638
2. Sujeitos ativo e passivo 638

Art. 328 – Usurpação de função pública

1. Dispositivo legal 638
2. Valor protegido (objetividade jurídica) 639
3. Tipo objetivo 639

LIX

4. Tipo subjetivo 640
5. Sujeitos do crime 640
    5.1. Sujeito ativo 640
    5.2. Sujeito passivo 641
6. Consumação e tentativa 641
    6.1. Consumação 641
    6.2. Tentativa 641
7. Tipo qualificado pelo resultado (parágrafo único) 641
8. Concurso aparente de normas 641
9. Classificação jurídica 642
10. Pena e ação penal 642

Art. 329 – Resistência

1. Dispositivo legal 643
2. Valor protegido (objetividade jurídica) 643
3. Tipo objetivo 643
    3.1. Direito de resistência contra o arbítrio do Estado 645
4. Tipo subjetivo 646
5. Sujeitos do crime 647
    5.1. Sujeito ativo 647
    5.2. Sujeito passivo 647
6. Consumação e tentativa 647
    6.1. Consumação 647
    6.2. Tentativa 647
7. Forma qualificada (art. 329, § 1º) 647
8. Cúmulo material necessário (art. 329, § 2º) 648
9. Roubo seguido de resistência 649
10. Classificação jurídica 649
11. Pena e ação penal 649

Art. 330 – Desobediência

1. Dispositivo legal 650
2. Valor protegido (objetividade jurídica) 650
3. Tipo objetivo 650
    3.1. Elementares 650
    3.2. Inexistência de cominação específica para o caso de descumprimento da ordem 652
    3.3. Privilégio contra a autoincriminação 653

4. Tipo subjetivo	654
5. Sujeitos do crime	655
5.1. Sujeito ativo	655
5.2. Sujeito passivo	657
6. Consumação e tentativa	657
6.1. Consumação	657
6.2. Tentativa	657
7. Leis especiais	658
7.1. Lei do Mandado de Segurança (Lei n. 12.016/2009)	658
7.2. Lei da Ação Civil Pública (Lei n. 7.347/85)	658
7.3. Crime eleitoral	658
8. Classificação jurídica	658
9. Pena e ação penal	658

Art. 331 – Desacato

1. Dispositivo legal	659
2. Valor protegido (objetividade jurídica)	659
3. Breve histórico	659
4. Tipo objetivo	661
4.1. Provocação da ofensa por parte do funcionário	663
5. Tipo subjetivo	664
6. Sujeitos do crime	665
6.1. Sujeito ativo	665
6.2. Sujeito passivo	665
7. Consumação e tentativa	666
7.1. Consumação	666
7.2. Tentativa	666
8. Questões	666
8.1. A imunidade judiciária do advogado abrange o crime de desacato?	666
8.2. Qual a diferença entre desacato e injúria contra funcionário público (CP, art. 140 c/c o art. 141, II)?	667
8.3. Embriaguez e ânimo alterado excluem o crime?	667
8.4. Ofensa proferida contra vários funcionários públicos, no mesmo contexto, enseja concurso formal?	668
9. Classificação jurídica	668
10. Pena e ação penal	668

LXI

Art. 332 - Tráfico de influência

1. Dispositivo legal 669
2. Valor protegido (objetividade jurídica) 669
3. Breve histórico 670
4. Tipo objetivo 671
5. Tipo subjetivo 673
6. Sujeitos do crime 673
   6.1. Sujeito ativo 673
   6.2. Sujeito passivo 675
7. Consumação e tentativa 675
   7.1. Consumação 675
   7.2. Tentativa 675
8. Causa de aumento de pena (art. 332, parágrafo único) 676
9. Classificação jurídica 676
10. Pena e ação penal 676

Art. 333 - Corrupção ativa

1. Dispositivo legal 676
2. Valor protegido (objetividade jurídica) 677
3. Exceção pluralística à teoria monista 677
4. Tipo objetivo 677
5. Tipo subjetivo 681
6. Sujeitos do crime 682
   6.1. Sujeito ativo 682
   6.2. Sujeito passivo 682
7. Consumação e tentativa 682
   7.1. Consumação 682
   7.2. Tentativa 683
8. Classificação jurídica 683
9. Tipos especiais 683
   9.1. Corrupção ativa nas transações comerciais internacionais 683
   9.2. Corrupção ativa de testemunha, perito, tradutor ou intérprete judicial 684
   9.3. Corrupção ativa praticada por militar 684
   9.4. Corrupção eleitoral 684
   9.5. Corrupção desportiva 685
10. Pena e ação penal 686

LXII

Art. 334 – Descaminho

1.	Dispositivo legal	686
2.	Valor protegido (objetividade jurídica)	687
3.	Tipo objetivo	687
	3.1. Tipo fundamental	687
	3.2. Condutas equiparadas (art. 334, § 1º)	688
	3.3. Descaminho e o princípio da insignificância	689
4.	Tipo subjetivo	691
5.	Sujeitos do crime	691
	5.1. Sujeito ativo	691
	5.2. Sujeito passivo	691
6.	Consumação e tentativa	691
	6.1. Consumação	691
	6.2. Tentativa	692
7.	Causa de aumento de pena (art. 334, § 3º)	692
8.	Descaminho e a extinção da punibilidade pelo pagamento do tributo	692
9.	Competência	693
10.	Classificação jurídica	693
11.	Pena e ação penal	694

Art. 334-A – Contrabando

1.	Dispositivo legal	694
2.	Valor protegido (objetividade jurídica)	695
3.	Tipo objetivo	695
	3.1. Tipo fundamental	695
	3.2. Condutas equiparadas (art. 334-A, § 1º)	697
4.	Tipo subjetivo	697
5.	Sujeitos do crime	698
	5.1. Sujeito ativo	698
	5.2. Sujeito passivo	698
6.	Consumação e tentativa	698
	6.1. Consumação	698
	6.2. Tentativa	698
7.	Causa de aumento de pena (art. 334-A, § 3º)	698
8.	Competência	699
9.	Conflito aparente de normas	699

LXIII

10. Classificação jurídica 699
11. Pena e ação penal 700
12. Contrabando ou descaminho praticados com emprego de veículo automotor 700

Art. 335 – Impedimento, perturbação ou fraude de concorrência
1. Dispositivo legal 701
2. Revogação 701

Art. 336 – Inutilização de edital ou de sinal
1. Dispositivo legal 701
2. Valor protegido (objetividade jurídica) 701
3. Tipo objetivo 702
   3.1. Inutilização de edital (art. 336, *caput*, 1ª parte) 702
   3.2. Inutilização de sinal (art. 336, *caput*, 2ª parte) 702
4. Tipo subjetivo 702
5. Sujeitos do crime 703
   5.1. Sujeito ativo 703
   5.2. Sujeito passivo 703
6. Consumação e tentativa 703
   6.1. Consumação 703
   6.2. Tentativa 703
7. Classificação jurídica 703
8. Pena e ação penal 703

Art. 337 – Subtração ou inutilização de livro ou documento
1. Dispositivo legal 704
2. Valor protegido (objetividade jurídica) 704
3. Conflito aparente de normas 704
4. Tipo objetivo 705
5. Tipo subjetivo 706
6. Sujeitos do crime 706
   6.1. Sujeito ativo 706
   6.2. Sujeito passivo 706
7. Consumação e tentativa 706
   7.1. Consumação 706
   7.2. Tentativa 707
8. Classificação jurídica 707
9. Pena e ação penal 707

LXIV

Art. 337-A – Sonegação de contribuição previdenciária

1. Dispositivo legal 707
2. Valor protegido (objetividade jurídica) 708
3. Tipo objetivo 709
4. Tipo subjetivo 710
5. Sujeitos do crime 710
   5.1. Sujeito ativo 710
   5.2. Sujeito passivo 710
6. Consumação e tentativa 711
   6.1. Consumação 711
   6.2. Tentativa 711
7. Extinção da punibilidade (art. 337-A, § 1º) 711
8. Perdão judicial e privilégio (art. 337-A, § 2º) 713
9. Causa de diminuição de pena (art. 337-A, § 3º) 713
10. Classificação jurídica 713
11. Princípio da insignificância 713
12. Pena e ação penal 714

Capítulo II-A – Dos Crimes Praticados por Particular contra a Administração Pública Estrangeira (arts. 337-B a 337-D)

1. Introdução 716
2. Funcionário público estrangeiro (art. 337-D) 716
3. Valor protegido (objetividade jurídica) 717
4. Ancoragem constitucional 717

Art. 337-B – Corrupção ativa em transação comercial internacional

1. Dispositivo legal 718
2. Valor protegido (objetividade jurídica) 718
3. Tipo objetivo 718
4. Tipo subjetivo 720
5. Sujeitos do crime 720
   5.1. Sujeito ativo 720
   5.2. Sujeito passivo 720
6. Consumação e tentativa 720
   6.1. Consumação 720

6.2.	Tentativa	721
7.	Classificação jurídica	721
8.	Pena e ação penal	721

Art. 337-C – Tráfico de influência em transação comercial internacional

1.	Dispositivo legal	722
2.	Valor protegido (objetividade jurídica)	722
3.	Tipo objetivo	722
4.	Tipo subjetivo	723
5.	Sujeitos do crime	723
	5.1. Sujeito ativo	723
	5.2. Sujeito passivo	723
6.	Consumação e tentativa	723
	6.1. Consumação	723
	6.2. Tentativa	724
7.	Causa de aumento de pena (art. 337-C, parágrafo único)	724
8.	Classificação jurídica	724
9.	Pena e ação penal	724

Capítulo II-B – Dos Crimes em Licitações e Contratos Administrativos (arts. 337-E a 337-P)

1.	Introdução	725
2.	Conceitos fundamentais	726
	2.1. Licitação	726
	2.2. Administração Pública no contexto dos crimes em licitação	728
	2.3. Demais conceitos legislativos com repercussão na esfera criminal	728
	2.4. Sujeito ativo dos crimes próprios em licitação e contratos administrativos	728
3.	Valor protegido (objetividade jurídica)	729
4.	Ancoragem constitucional	729
5.	Disposições gerais de caráter penal	730
	5.1. Efeitos da condenação	730
	5.2. Pena de multa nos crimes em licitação	730
	5.3. Aplicabilidade dos arts. 337-E a 337-O a licitações celebradas por empresas públicas e sociedades de economia mista	731
6.	Crimes pluriofensivos	731
7.	Quadro comparativo dos crimes em licitação	732

Art. 337-E – Contratação direta ilegal

1. Dispositivo legal 736
2. Valor protegido (objetividade jurídica) 736
3. Legislação anterior 736
4. Tipo objetivo 737
5. Tipo subjetivo 739
6. Sujeitos do crime 740
   6.1. Sujeito ativo 740
   6.2. Sujeito passivo 740
7. Consumação e tentativa 740
   7.1. Consumação 740
   7.2. Tentativa 741
8. Classificação jurídica 741
9. Corrupção passiva e ativa e o crime de contratação direta ilegal ... 742
10. Pena e ação penal 742

Art. 337-F – Frustração do caráter competitivo de licitação

1. Dispositivo legal 742
2. Valor protegido (objetividade jurídica) 743
3. Legislação anterior 743
4. Tipo objetivo 743
5. Tipo subjetivo 744
6. Sujeitos do crime 744
   6.1. Sujeito ativo 744
   6.2. Sujeito passivo 745
7. Consumação e tentativa 745
   7.1. Consumação 745
   7.2. Tentativa 746
8. Classificação jurídica 746
9. Pena e ação penal 746

Art. 337-G – Patrocínio de contratação indevida

1. Dispositivo legal 747
2. Valor protegido (objetividade jurídica) 747
3. Tipo objetivo 747
4. Tipo subjetivo 749

LXVII

5. Diferenças entre advocacia administrativa e patrocínio de contratação indevida 749

6. Sujeitos do crime 749
   6.1. Sujeito ativo 749
   6.2. Sujeito passivo 750

7. Consumação e tentativa 750
   7.1. Consumação 750
   7.2. Tentativa 750

8. Classificação jurídica 750

9. Pena e ação penal 751

Art. 337-H - Modificação ou pagamento irregular em contrato administrativo

1. Dispositivo legal 751

2. Valor protegido (objetividade jurídica) 751

3. Tipo objetivo 751
   3.1. Modificação irregular em contrato administrativo 752
   3.2. Pagamento irregular em contrato administrativo 753

4. Tipo subjetivo 754

5. Sujeitos do crime 755
   5.1. Sujeito ativo 755
   5.2. Sujeito passivo 755

6. Consumação e tentativa 755
   6.1. Consumação 755
   6.2. Tentativa 755

7. Classificação jurídica 755

8. Pena e ação penal 756

Art. 337-I - Perturbação de processo licitatório

1. Dispositivo legal 756

2. Valor protegido (objetividade jurídica) 756

3. Tipo objetivo 756

4. Tipo subjetivo 757

5. Sujeitos do crime 757
   5.1. Sujeito ativo 757
   5.2. Sujeito passivo 757

6. Consumação e tentativa 757

6.1.	Consumação	757
6.2.	Tentativa	757
7.	Classificação jurídica	757
8.	Pena e ação penal	758

Art. 337-J – Violação de sigilo em licitação

1.	Dispositivo legal	758
2.	Valor protegido (objetividade jurídica)	758
3.	Tipo objetivo	758
4.	Tipo subjetivo	759
5.	Sujeitos do crime	759
5.1.	Sujeito ativo	759
5.2.	Sujeito passivo	760
6.	Consumação e tentativa	760
6.1.	Consumação	760
6.2.	Tentativa	760
7.	Classificação jurídica	760
8.	Pena e ação penal	760

Art. 337-K – Afastamento de licitante

1.	Dispositivo legal	760
2.	Valor protegido (objetividade jurídica)	761
3.	Tipo objetivo	761
4.	Tipo subjetivo	761
5.	Sujeitos do crime	761
5.1.	Sujeito ativo	761
5.2.	Sujeito passivo	762
6.	Consumação e tentativa	762
6.1.	Consumação	762
6.2.	Tentativa	762
7.	Classificação jurídica	762
8.	Conduta equiparada	762
9.	Pena e ação penal	763

Art. 337-L – Fraude em licitação ou contrato

1.	Dispositivo legal	763
2.	Valor protegido (objetividade jurídica)	763

3. Legislação anterior 763
4. Tipo objetivo 764
5. Tipo subjetivo 766
6. Sujeitos do crime 766
    6.1. Sujeito ativo 766
    6.2. Sujeito passivo 766
7. Consumação e tentativa 767
    7.1. Consumação 767
    7.2. Tentativa 767
8. Classificação jurídica 767
9. Pena e ação penal 767

Art. 337-M – Contratação inidônea

1. Dispositivo legal 767
2. Valor protegido (objetividade jurídica) 768
3. Tipos objetivos 768
4. Conduta equiparada 770
5. Tipo subjetivo 770
6. Sujeitos do crime 771
    6.1. Sujeito ativo 771
    6.2. Sujeito passivo 771
7. Consumação e tentativa 771
    7.1. Consumação 771
    7.2. Tentativa 772
8. Classificação jurídica 772
9. Pena e ação penal 772

Art. 337-N – Impedimento indevido

1. Dispositivo legal 773
2. Valor protegido (objetividade jurídica) 773
3. Tipo objetivo 773
    3.1. Impedimento indevido (em sentido estrito) 773
    3.2. Alteração indevida de registro 774
4. Tipo subjetivo 775
5. Sujeitos do crime 775
    5.1. Sujeito ativo 775
    5.2. Sujeito passivo 775

6.	Consumação e tentativa	776
	6.1. Consumação	776
	6.2. Tentativa	776
7.	Classificação jurídica	776
8.	Pena e ação penal	776

Art. 337-O – Omissão grave de dado ou de informação por projetista

1.	Dispositivo legal	777
2.	Valor protegido (objetividade jurídica)	777
3.	Tipo objetivo	777
	3.1. Crítica à construção do tipo penal	778
	3.2. Definições legais necessárias à compreensão do tipo	778
	3.2.1. Projeto básico (art. 6º, inciso XXV)	779
	3.2.2. Projeto executivo (art. 6º, inciso XXVI)	779
	3.2.3. Anteprojeto (art. 6º, inciso XXIV)	780
	3.2.4. Levantamento cadastral	780
	3.2.5. Condição de contorno (CP, art. 337-O, § 1º)	780
	3.2.6. Diálogo competitivo (art. 6º, inciso XLII)	781
	3.2.7. Manifestação de interesse (arts.. 77, inciso III, e 80)	781
4.	Tipo subjetivo	781
5.	Sujeitos do crime	782
	5.1. Sujeito ativo	782
	5.2. Sujeito passivo	782
6.	Consumação e tentativa	782
	6.1. Consumação	782
	6.2. Tentativa	782
7.	Classificação jurídica	782
8.	Forma majorada	783
9.	Pena e ação penal	783

Capítulo III – Dos Crimes contra a Administração da Justiça (arts. 338 a 359)

Introdução	784

Art. 338 – Reingresso de estrangeiro expulso

1.	Dispositivo legal	785
2.	Valor protegido (objetividade jurídica)	785

3. Expulsão do estrangeiro 785
4. Tipo objetivo 786
5. Tipo subjetivo 787
6. Sujeitos do crime 787
   6.1. Sujeito ativo 787
   6.2. Sujeito passivo 787
7. Consumação e tentativa 787
   7.1. Consumação 787
   7.2. Tentativa 787
8. Competência material 788
9. Classificação jurídica 788
10. Pena e ação penal 789

Art. 339 - Denunciação caluniosa

1. Dispositivo legal 789
2. Breve histórico 789
3. Valor protegido (objetividade jurídica) 790
4. Tipo objetivo 790
   4.1. Introdução 790
   4.2. Imputação falsa de fato criminoso, infração ético-disciplinar ou ato ímprobo 792
      4.2.1. Imputações não abrangidas pelo tipo penal 794
      4.2.2. Fato fictício, fato verdadeiro cometido por outrem ou mais grave que o efetivamente praticado 795
      4.2.3. Espontaneidade da imputação como exigência implícita do tipo 795
      4.2.4. Pessoa determinada ou determinável 796
      4.2.5. Falsidade objetiva e subjetiva 796
      4.2.6. Crime de abuso de autoridade 796
   4.3. Instauração inútil de inquérito policial, procedimento investigatório criminal, processo judicial, processo administrativo disciplinar, inquérito civil ou ação de improbidade administrativa 796
5. Tipo subjetivo 800
   5.1. Dolo direto 800
   5.2. Dolo subsequente 801
6. Sujeitos do crime 803
   6.1. Sujeito ativo 803

6.2.	Sujeito passivo	803
7.	Consumação e tentativa	803
7.1.	Consumação	803
7.2.	Tentativa	804
8.	Prejudicialidade da conclusão do procedimento instaurado contra o inocente em relação à apuração da denunciação caluniosa	804
9.	Causas de aumento e diminuição da pena (art. 339, §§ 1º e 2º)	805
10.	Classificação jurídica	805
11.	Denunciação caluniosa eleitoral	805
12.	Pena e ação penal	806

Art. 340 – Comunicação falsa de crime ou de contravenção

1.	Dispositivo legal	807
2.	Valor protegido (objetividade jurídica)	807
3.	Tipo objetivo	807
4.	Tipo subjetivo	808
5.	Sujeitos do crime	809
5.1.	Sujeito ativo	809
5.2.	Sujeito passivo	809
6.	Consumação e tentativa	809
6.1.	Consumação	809
6.2.	Tentativa	809
7.	Classificação jurídica	809
8.	Pena e ação penal	810

Art. 341 – Autoacusação falsa

1.	Dispositivo legal	810
2.	Valor protegido (objetividade jurídica)	810
3.	Tipo objetivo	810
4.	Tipo subjetivo	811
5.	Sujeitos do crime	812
5.1.	Sujeito ativo	812
5.2.	Sujeito passivo	812
6.	Consumação e tentativa	812
6.1.	Consumação	812
6.2.	Tentativa	812
7.	Classificação jurídica	812
8.	Pena e ação penal	813

Art. 342 – Falso testemunho ou falsa perícia

1. Dispositivo legal 813
2. Valor protegido (objetividade jurídica) 813
3. Breve histórico 813
4. Tipo objetivo 814
   - 4.1. Falso testemunho 814
   - 4.2. Falsa perícia (interpretação, tradução ou contabilidade) .. 816
5. Tipo subjetivo 816
6. Sujeitos do crime 816
   - 6.1. Sujeito ativo 816
     - 6.1.1. Crime de mão própria 816
     - 6.1.2. Concurso de pessoas no falso testemunho 817
     - 6.1.3. Vítima do crime que presta declarações mentirosas sobre o fato 818
     - 6.1.4. Informantes (CPP, arts. 206 e 208) 818
     - 6.1.5. O colaborador na delação premiada 820
   - 6.2. Sujeito passivo 821
7. Consumação e tentativa 821
   - 7.1. Consumação 821
   - 7.2. Tentativa 822
8. Causa de aumento de pena (art. 342, § 1º) 822
9. Retratação (art. 342, § 2º) 823
10. Privilégio contra autoincriminação 823
11. Classificação jurídica 824
12. Pena e ação penal 824

Art. 343 – Corrupção ativa de testemunha

1. Dispositivo legal 825
2. Valor protegido (objetividade jurídica) 825
3. Tipo objetivo 825
4. Tipo subjetivo 826
5. Sujeitos do crime 827
   - 5.1. Sujeito ativo 827
   - 5.2. Sujeito passivo 827
6. Consumação e tentativa 827
   - 6.1. Consumação 827
   - 6.2. Tentativa 827

7. Causa de aumento de pena (parágrafo único) 827

8. Classificação jurídica 827

9. Pena e ação penal 828

Art. 344 - Coação no curso do processo

1. Dispositivo legal 828

2. Valor protegido (objetividade jurídica) 828

3. Tipo objetivo 829

4. Tipo subjetivo 830

5. Sujeitos do crime 831

    5.1. Sujeito ativo 831

    5.2. Sujeito passivo 831

6. Consumação e tentativa 831

    6.1. Consumação 831

    6.2. Tentativa 832

7. Forma majorada 832

8. Classificação jurídica 833

9. Pena e ação penal 833

Art. 345 - Exercício arbitrário das próprias razões

1. Dispositivo legal 834

2. Valor protegido (objetividade jurídica) 834

3. Tipo objetivo 834

4. Tipo subjetivo 837

5. Sujeitos do crime 837

    5.1. Sujeito ativo 837

    5.2. Sujeito passivo 837

6. Consumação e tentativa 837

    6.1. Consumação 837

    6.2. Tentativa 838

7. Classificação jurídica 838

8. Pena e ação penal 838

Art. 346 - Subtipo de exercício arbitrário das próprias razões

1. Dispositivo legal 838

2. Valor protegido (objetividade jurídica) 839

3. Tipo objetivo 839

LXXV

4. Tipo subjetivo 839
5. Sujeitos do crime 840
    5.1. Sujeito ativo 840
    5.2. Sujeito passivo 840
6. Consumação e tentativa 840
    6.1. Consumação 840
    6.2. Tentativa 840
7. Constitucionalidade do dispositivo 840
8. Classificação jurídica 840
9. Pena e ação penal 841

Art. 347 – Fraude processual

1. Dispositivo legal 841
2. Valor protegido (objetividade jurídica) 841
3. Tipo objetivo 841
4. Tipo subjetivo 843
5. Sujeitos do crime 843
    5.1. Sujeito ativo 843
    5.2. Sujeito passivo 844
6. Consumação e tentativa 844
    6.1. Consumação 844
    6.2. Tentativa 844
7. Causa de aumento de pena 844
8. Princípio da especialidade 845
    8.1. Crime de trânsito 845
    8.2. Crime de abuso de autoridade 845
9. Remoção de vestígios de local de crime 845
10. A fraude processual e o privilégio contra a autoincriminação 846
11. Classificação jurídica 847
12. Pena e ação penal 847

Art. 348 – Favorecimento pessoal

1. Dispositivo legal 848
2. Valor protegido (objetividade jurídica) 848
3. Breve histórico 848
4. Tipo objetivo 849
5. Tipo subjetivo 850

6.	Sujeitos do crime	850
	6.1. Sujeito ativo	850
	6.2. Sujeito passivo	851
7.	Consumação e tentativa	851
	7.1. Consumação	851
	7.2. Tentativa	851
8.	Forma privilegiada (art. 348, § 1º)	851
9.	Escusa absolutória (art. 348, § 2º)	851
10.	Classificação jurídica	851
11.	Pena e ação penal	852

Art. 349 – Favorecimento real

1.	Dispositivo legal	852
2.	Valor protegido (objetividade jurídica)	852
3.	Tipo objetivo	852
4.	Tipo subjetivo	855
5.	Sujeitos do crime	855
	5.1. Sujeito ativo	855
	5.2. Sujeito passivo	855
6.	Consumação e tentativa	855
	6.1. Consumação	855
	6.2. Tentativa	855
7.	Classificação jurídica	855
8.	Pena e ação penal	856

Art. 349-A – Favorecimento real impróprio

1.	Dispositivo legal	856
2.	Valor protegido (objetividade jurídica)	856
3.	Breve histórico	857
4.	Tipo objetivo	858
5.	Tipo subjetivo	859
6.	Sujeitos do crime	859
	6.1. Sujeito ativo	859
	6.1.1. Exceção pluralística à teoria monista	860
	6.2. Sujeito passivo	861
7.	Consumação e tentativa	861
	7.1. Consumação	861

LXXVII

7.2. Tentativa	861
8. Princípio da consunção ou absorção	861
9. Classificação jurídica	862
10. Pena e ação penal	862

Art. 350 – Exercício arbitrário ou abuso de poder

1. Dispositivo legal	862
2. Revogação expressa	862
3. Breves notas sobre a lei dos crimes de abuso de autoridade	863

Art. 351 – Fuga de pessoa presa ou submetida a medida de segurança

1. Dispositivo legal	868
2. Valor protegido (objetividade jurídica)	869
3. Tipo objetivo	869
4. Tipo subjetivo	870
5. Sujeitos do crime	871
5.1. Sujeito ativo	871
5.2. Sujeito passivo	871
6. Consumação e tentativa	871
6.1. Consumação	871
6.2. Tentativa	871
7. Figuras qualificadas	871
7.1. Emprego de arma, concurso de pessoas ou arrombamento (§ 1º)	871
7.2. Sujeito ativo que tem o preso sob sua custódia ou guarda (§ 3º)	873
8. Modalidade culposa (art. 351, § 4º)	873
9. Classificação jurídica	873
10. Pena e ação penal	874

Art. 352 – Evasão mediante violência contra a pessoa

1. Dispositivo legal	874
2. Valor protegido (objetividade jurídica)	874
3. A fuga do preso ou internado	875
4. Tipo objetivo	876
5. Tipo subjetivo	878

LXXVIII

6.	Sujeitos do crime	878
	6.1. Sujeito ativo	878
	6.2. Sujeito passivo	878
7.	Consumação e tentativa	879
	7.1. Consumação	879
	7.2. Tentativa	879
8.	Classificação jurídica	879
9.	Pena e ação penal	879

Art. 353 - Arrebatamento de preso

1.	Dispositivo legal	880
2.	Valor protegido (objetividade jurídica)	880
3.	Tipo objetivo	880
4.	Tipo subjetivo	880
5.	Sujeitos do crime	881
	5.1. Sujeito ativo	881
	5.2. Sujeito passivo	881
6.	Consumação e tentativa	881
	6.1. Consumação	881
	6.2. Tentativa	881
7.	Classificação jurídica	881
8.	Pena e ação penal	881

Art. 354 - Motim de presos

1.	Dispositivo legal	882
2.	Valor protegido (objetividade jurídica)	882
3.	Tipo objetivo	882
4.	Tipo subjetivo	883
5.	Sujeitos do crime	883
	5.1. Sujeito ativo	883
	5.2. Sujeito passivo	884
6.	Consumação e tentativa	884
	6.1. Consumação	884
	6.2. Tentativa	884
7.	Classificação jurídica	884
8.	Pena e ação penal	884

Art. 355 - Patrocínio infiel, simultâneo ou tergiversação

1. Dispositivo legal 884
2. Valor protegido (objetividade jurídica) 885
3. Tipo objetivo 885
   3.1. Patrocínio infiel (*caput*) 885
   3.2. Patrocínio simultâneo e tergiversação (parágrafo único).. 885
4. Tipo subjetivo 886
5. Sujeitos do crime 886
   5.1. Sujeito ativo 886
   5.2. Sujeito passivo 886
6. Consumação e tentativa 886
   6.1. Consumação 886
   6.2. Tentativa 886
7. Classificação jurídica 887
8. Pena e ação penal 887

Art. 356 - Sonegação de papel ou objeto de valor probatório

1. Dispositivo legal 887
2. Valor protegido (objetividade jurídica) 887
3. Outras formas de sonegação de documentos 887
4. Tipo objetivo 888
5. Tipo subjetivo 889
6. Sujeitos do crime 889
   6.1. Sujeito ativo 889
   6.2. Sujeito passivo 889
7. Consumação e tentativa 889
   7.1. Consumação 889
   7.2. Tentativa 890
8. Classificação jurídica 890
9. Pena e ação penal 890

Art. 357 - Exploração de prestígio

1. Dispositivo legal 890
2. Valor protegido (objetividade jurídica) 891
3. Tipo objetivo 891
4. Tipo subjetivo 894
5. Sujeitos do crime 894

5.1.	Sujeito ativo	894
5.2.	Sujeito passivo	894
6.	Consumação e tentativa	895
6.1.	Consumação	895
6.2.	Tentativa	895
7.	Causa de aumento de pena (parágrafo único)	895
8.	Classificação jurídica	895
9.	Pena e ação penal	896

Art. 358 – Violência ou fraude em arrematação judicial

1.	Dispositivo legal	896
2.	Valor protegido (objetividade jurídica)	896
3.	Tipo objetivo	896
4.	Tipo subjetivo	897
5.	Sujeitos do crime	897
5.1.	Sujeito ativo	897
5.2.	Sujeito passivo	897
6.	Consumação e tentativa	898
6.1.	Consumação	898
6.2.	Tentativa	898
7.	Classificação jurídica	898
8.	Pena e ação penal	898

Art. 359 – Desobediência a decisão judicial sobre perda ou suspensão de direito

1.	Dispositivo legal	899
2.	Valor protegido (objetividade jurídica)	899
3.	Tipo objetivo	899
4.	Tipo subjetivo	900
5.	Sujeitos do crime	900
5.1.	Sujeito ativo	900
5.2.	Sujeito passivo	900
6.	Consumação e tentativa	900
6.1.	Consumação	900
6.2.	Tentativa	900
7.	Classificação jurídica	900
8.	Pena e ação penal	901

Capítulo IV – Dos Crimes contra as Finanças Públicas (arts. 359-A a 359-H)

1. Ancoragem constitucional 902
2. Lei de responsabilidade fiscal 904

Art. 359-A – Contratação de operação de crédito

1. Dispositivo legal 904
2. Valor protegido (objetividade jurídica) 905
3. Tipo objetivo 905
4. Tipo subjetivo 906
5. Sujeitos do crime 906
   5.1. Sujeito ativo 906
   5.2. Sujeito passivo 907
6. Consumação e tentativa 907
   6.1. Consumação 907
   6.2. Tentativa 907
7. Classificação jurídica 907
8. Pena e ação penal 908

Art. 359-B – Inscrição de despesas não empenhadas em restos a pagar

1. Dispositivo legal 908
2. Valor protegido (objetividade jurídica) 908
3. Tipo objetivo 908
4. Tipo subjetivo 909
5. Sujeitos do crime 909
   5.1. Sujeito ativo 909
   5.2. Sujeito passivo 910
6. Consumação e tentativa 910
   6.1. Consumação 910
   6.2. Tentativa 910
7. Classificação jurídica 910
8. Pena e ação penal 910

Art. 359-C – Assunção de obrigação no último ano do mandato ou legislatura

1. Dispositivo legal 911
2. Valor protegido (objetividade jurídica) 911

3.	Tipo objetivo	911
4.	Tipo subjetivo	911
5.	Sujeitos do crime	912
	5.1. Sujeito ativo	912
	5.2. Sujeito passivo	912
6.	Consumação e tentativa	912
	6.1. Consumação	912
	6.2. Tentativa	912
7.	Classificação jurídica	912
8.	Pena e ação penal	913

Art. 359-D - Ordenação de despesa não autorizada

1.	Dispositivo legal	913
2.	Valor protegido (objetividade jurídica)	913
3.	Tipo objetivo	913
4.	Tipo subjetivo	914
5.	Sujeitos do crime	914
	5.1. Sujeito ativo	914
	5.2. Sujeito passivo	914
6.	Consumação e tentativa	914
	6.1. Consumação	914
	6.2. Tentativa	914
7.	Classificação jurídica	915
8.	Pena e ação penal	915

Art. 359-E - Prestação de garantia graciosa

1.	Dispositivo legal	915
2.	Valor protegido (objetividade jurídica)	915
3.	Tipo objetivo	915
4.	Tipo subjetivo	916
5.	Sujeitos do crime	916
	5.1. Sujeito ativo	916
	5.2. Sujeito passivo	916
6.	Consumação e tentativa	917
	6.1. Consumação	917
	6.2. Tentativa	917
7.	Classificação jurídica	917
8.	Pena e ação penal	917

Art. 359-F – Não cancelamento de restos a pagar

1. Dispositivo legal 917
2. Valor protegido (objetividade jurídica) 917
3. Tipo objetivo 918
4. Tipo subjetivo 918
5. Sujeitos do crime 918
   5.1. Sujeito ativo 918
   5.2. Sujeito passivo 918
6. Consumação e tentativa 918
   6.1. Consumação 918
   6.2. Tentativa 919
7. Classificação jurídica 919
8. Pena e ação penal 919

Art. 359-G – Aumento de despesa total com pessoal no último ano do mandato ou legislatura

1. Dispositivo legal 920
2. Valor protegido (objetividade jurídica) 920
3. Tipo objetivo 920
4. Tipo subjetivo 921
5. Sujeitos do crime 921
   5.1. Sujeito ativo 921
   5.2. Sujeito passivo 921
6. Consumação e tentativa 921
   6.1. Consumação 921
   6.2. Tentativa 921
7. Classificação jurídica 922
8. Pena e ação penal 922

Art. 359-H – Oferta pública ou colocação de títulos no mercado

1. Dispositivo legal 922
2. Valor protegido (objetividade jurídica) 922
3. Tipo objetivo 922
4. Tipo subjetivo 923
5. Sujeitos do crime 923
   5.1. Sujeito ativo 923
   5.2. Sujeito passivo 923

6.	Consumação e tentativa	923
	6.1. Consumação	923
	6.2. Tentativa	923
7.	Classificação jurídica	924
8.	Pena e ação penal	924

Título XII – Dos Crimes contra o Estado Democrático de Direito

1.	Introdução	925
2.	Vigência	925
3.	Contexto histórico	925
4.	Competência	926
5.	Reincidência	927
6.	Imprescritibilidade	927
7.	Causas de aumento comuns aos crimes contra o estado democrático de direito	928
8.	Exclusão da tipicidade	928

Capítulo I – Dos Crimes contra a Soberania Nacional (arts. 359-I a 359-K)

Art. 359-I – Atentado à soberania

1.	Tipo penal	930
2.	Valor protegido	930
3.	Tipo objetivo	931
4.	Tipo subjetivo	931
5.	Sujeitos do crime	932
	5.1. Sujeito ativo	932
	5.2. Sujeito passivo	932
6.	Consumação e tentativa	932
	6.1. Consumação	932
	6.2. Tentativa	932
7.	Atentado à soberania majorado (§ 1º)	933
8.	Atentado à soberania qualificado (§ 2º)	933
9.	Classificação jurídica	933
10.	Pena e ação penal	933

Art. 359-J – Atentado à integridade nacional

1.	Tipo penal	934

LXXXV

2.	Valor protegido	934
3.	Tipo objetivo	934
4.	Tipo subjetivo	935
5.	Sujeitos do crime	936
	5.1. Sujeito ativo	936
	5.2. Sujeito passivo	936
6.	Consumação e tentativa	936
	6.1. Consumação	936
	6.2. Tentativa	936
7.	Classificação jurídica	936
8.	Cúmulo material compulsório	936
9.	Pena e ação penal	937

Art. 359-K – Espionagem

1.	Tipo penal	937
2.	Valor protegido	938
3.	Tipo objetivo	938
4.	Tipo subjetivo	940
5.	Sujeitos do crime	940
	5.1. Sujeito ativo	940
	5.2. Sujeito passivo	940
6.	Consumação e tentativa	940
	6.1. Consumação	940
	6.2. Tentativa	941
7.	Classificação jurídica	941
8.	Favorecimento a espião (§ 1º)	941
9.	Espionagem qualificada (§ 2º)	942
10.	Espionagem privilegiada – fornecimento de senha (§ 3º)	943
11.	Causa de exclusão da tipicidade (§ 4º)	944
12.	Espionagem enquanto crime militar	944
13.	Pena e ação penal	944

Capítulo II – Dos Crimes contra as Instituições Democráticas (arts. 359-L e 359-M)

Art. 359-L – Abolição violenta do Estado Democrático de Direito

1.	Tipo penal	946
2.	Valor protegido	946

3.	Tipo objetivo	947
4.	Tipo subjetivo	948
5.	Sujeitos do crime	948
	5.1. Sujeito ativo	948
	5.2. Sujeito passivo	948
6.	Consumação e tentativa	948
	6.1. Consumação	948
	6.2. Tentativa	949
7.	Classificação jurídica	949
8.	Cúmulo material compulsório	949
9.	Pena e ação penal	949

Art. 359-M – Golpe de estado

1.	Tipo penal	950
2.	Valor protegido	950
3.	Tipo objetivo	950
4.	Tipo subjetivo	951
5.	Sujeitos do crime	951
	5.1. Sujeito ativo	951
	5.2. Sujeito passivo	951
6.	Consumação e tentativa	951
	6.1. Consumação	951
	6.2. Tentativa	951
7.	Classificação jurídica	952
8.	Cúmulo material compulsório	952
9.	Pena e ação penal	952

Capítulo III – Dos Crimes contra o Funcionamento das Instituições Democráticas no Processo Eleitoral (arts. 359-N a 359-Q)

Art. 359-N – Interrupção do processo eleitoral

1.	Tipo penal	953
2.	Valor protegido	953
3.	Tipo objetivo	954
4.	Tipo subjetivo	954
5.	Sujeitos do crime	954

5.1.	Sujeito ativo	954
5.2.	Sujeito passivo	954
6.	Consumação e tentativa	954
6.1.	Consumação	954
6.2.	Tentativa	955
7.	Classificação jurídica	955
8.	Pena	955

Art. 359-O – Comunicação enganosa em massa

1.	Tipo penal	955
2.	Valor protegido	955

Art. 359-P – Violência política

1.	Tipo penal	956
2.	Valor protegido	956
3.	Violência política contra a mulher no código eleitoral	956
4.	Tipo objetivo	957
5.	Tipo subjetivo	958
6.	Sujeitos do crime	959
6.1.	Sujeito ativo	959
6.2.	Sujeito passivo	959
7.	Consumação e tentativa	959
7.1.	Consumação	959
7.2.	Tentativa	959
8.	Classificação jurídica	959
9.	Cúmulo material compulsório	959
10.	Pena	960

Capítulo IV – Dos Crimes contra o Funcionamento dos Serviços Essenciais (art. 359-R)

Art. 359-R – Sabotagem

1.	Tipo penal	961
2.	Valor protegido	961
3.	Tipo objetivo	962
4.	Tipo subjetivo	962
5.	Sujeitos do crime	962

5.1.	Sujeito ativo	962
5.2.	Sujeito passivo	963
6.	Consumação e tentativa	963
6.1.	Consumação	963
6.2.	Tentativa	963
7.	Classificação jurídica	963
8.	Conflito aparente de normas	963
9.	Pena e ação penal	963

Capítulo V – Dos Crimes contra a Cidadania (art. 359-S – Vetado)

Art. 359-S – Atentado ao direito de manifestação

1.	Tipo penal	965
2.	Valor protegido	965

Bibliografia 967

LXXXIX

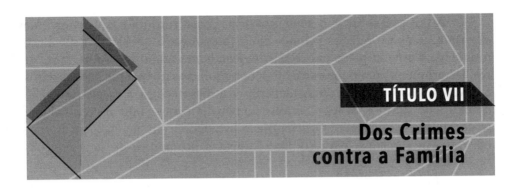

TÍTULO VII
Dos Crimes contra a Família

"É quase supérfluo insistir sobre a necessidade da proteção familiar, pois justificar esta é a mesma coisa que justificar a tutela à sociedade, já que é de todos sabido, constituindo lugar comum, que a família é a base desta"[1].

INTRODUÇÃO

O sétimo título da Parte Especial do Código Penal dedica-se à tutela da família, em diversos de seus âmbitos. O primeiro capítulo protege a **instituição do casamento, incriminando aqueles ilegalmente realizados** (arts. 235 a 239). O segundo, tutela o **estado de filiação e pune fraudes ao registro civil** (arts. 241 a 243). O terceiro trata da **assistência familiar** (arts. 244 a 247) e, assim como o quarto e último, relativo ao "pátrio poder", tutela e curatela (arts. 248 e 249), procuram dar especial atenção **aos direitos e deveres familiares**.

Cuida-se de um setor de nosso Estatuto Penal carecedor de reformulação e, em alguns casos, de uma nova leitura interpretativa, adaptada à Constituição Federal de 1988 e ao Código Civil. Aliás, a inter-relação entre o Direito Penal e o Direito Civil se faz sentir com maior intensidade nesse âmbito. Esse alerta vale, por exemplo, para a exegese do conceito de pátrio poder, hoje designado como "poder familiar" pela lei civil, inclusive em cumprimento à igualdade de direitos e deveres entre homem e mulher, declarada na Constituição.

Nosso Texto Maior dedica à família, juntamente com a criança, o adolescente e o idoso, todo um capítulo (Capítulo VII do Título VIII). Proclama nossa Carta Magna que a família constitui *a base da sociedade* e deve merecer *proteção especial do Estado* (art. 226, *caput*).

---

[1] Edgard de Magalhães Noronha, *Direito penal*, v. 3, p. 394.

Ao dispor sobre o casamento, declara ser gratuita sua celebração e determina tenha o religioso efeitos civis. Reconhece a união estável e a comunidade formada pelos pais e seus descendentes como entidades familiares. Determina a igualdade entre homens e mulheres no que toca aos direitos e deveres da sociedade conjugal; permite a dissolução do casamento pelo divórcio, nos termos da lei. Refere-se ao planejamento familiar como algo a se decidir no seio privado. Ordena que o Estado assegure assistência à família e crie mecanismos para coibir a violência no âmbito de suas relações (§§ 1º a 8º do art. 226).

O mesmo *status* que nosso ordenamento confere à família lhe é outorgado em diversos documentos internacionais:

a) "A família é o núcleo natural e fundamental da sociedade e tem direito à proteção da sociedade e do Estado" (art. XVI da Declaração Universal dos Direitos do Homem – 1948).

b) "(Toda) pessoa tem direito a constituir família, elemento fundamental da sociedade e a receber a proteção para ela (art. VI da Declaração Americana dos Direitos e Deveres do Homem – 1948).

c) "A família é o núcleo natural e fundamental da sociedade e terá o direito de ser protegida pela sociedade e pelo Estado" (art. 23 do Pacto Internacional de Direitos Civis e Políticos – 1966[2]).

d) "A família o núcleo natural e fundamental da sociedade e deve ser protegida pela sociedade e pelo Estado" (art. 17 da Convenção Americana de Direitos Humanos – Pacto de San José da Costa Rica[3]).

---

[2] Ratificado pelo Brasil em 24 de janeiro de 1992, entrou em vigor para o país em 24 de abril do mesmo ano e foi promulgado por força do Decreto Presidencial n. 592, de 6-7-1992.

[3] Ratificado pelo Brasil em 25 de setembro de 1992, entrou em vigor para o país no mesmo dia e foi promulgado por força do Decreto Presidencial n. 678, de 6-11-1992.

Capítulo I
DOS CRIMES CONTRA O CASAMENTO (ARTS. 235 A 240)

INTRODUÇÃO

O legislador dedica-se, neste particular, a proteger uma instituição milenar: o **matrimônio**.

O objetivo, contudo, é limitado, o que não poderia ser diferente, dado o caráter subsidiário do Direito Penal. Assim é que cabe ao Código Civil fornecer toda a base jurídica do casamento, seus requisitos de validade e vedações, como se nota em seus arts. 1.511 a 1.582, e ao Código Penal, punir criminalmente *apenas* as violações mais graves, traduzidas nos **casamentos ilegalmente realizados e lesivos aos direitos subjetivos de terceiros**.

Destaque-se, nesta senda, que um setor expressivo da doutrina nacional e estrangeira vê nestas incriminações a indevida intromissão do Direito Penal em assunto que deveria ficar adstrito à seara do Direito Civil. Se o ordenamento jurídico dispõe de meios menos lesivos que a pena criminal que suficientemente coíbem a celebração de casamentos ilegais, não se justifica a imposição de sanções penais.

Um dos critérios propostos pela doutrina para que se dê uma correta dimensão aos valores protegidos no presente capítulo, legitimando sua inserção na categoria de ilícitos penais, é a proteção dos direitos subjetivos dos contraentes enganados[1]. O Código Penal espanhol, aliás, depois de incriminar a bigamia (art. 217), tipifica a conduta de celebrar matrimônio inválido e, prudentemente, a nosso ver, insere no dispositivo a elementar correspondente ao **fim de prejudicar o outro contraente** (art. 218.1).

Nosso Código considera criminosos os casamentos ilegalmente realizados quando ofendem o vínculo monogâmico (art. 235), desrespeitam as

---
[1] Veja, nesse sentido, Alberto Silva Franco e Antônio Tadeu Dix Silva, *Código Penal e sua interpretação jurisprudencial*, p. 1165-1169.

normas reguladoras de impedimentos matrimoniais absolutos ou erros essenciais, baseados, segundo a lei civil, em questões de ordem pública e interesse social (arts. 236 e 237), e os contraídos mediante fraudulenta celebração (arts. 238 e 239).

ART. 235 – BIGAMIA

1. DISPOSITIVO LEGAL

Bigamia

Art. 235. Contrair alguém, sendo casado, novo casamento:

Pena – reclusão, de 2 (dois) a 6 (seis) anos.

§ 1º Aquele que, não sendo casado, contrai casamento com pessoa casada, conhecendo essa circunstância, é punido com reclusão ou detenção, de 1 (um) a 3 (três) anos.

§ 2º Anulado por qualquer motivo o primeiro casamento, ou o outro por motivo que não a bigamia, considera-se inexistente o crime.

2. VALOR PROTEGIDO (OBJETIVIDADE JURÍDICA)

A norma penal incriminadora sob análise tem como esfera maior de proteção a **família**, base de nossa sociedade (conforme declara a Constituição Federal) e, mais especificamente, os **direitos dos cônjuges lesados** pela ofensa ao dogma legal do casamento monogâmico. Com isso, pretende-se proteger os integrantes do seio familiar prejudicados com contração do segundo casamento. Não se trata, simplesmente, de reprimir ato moralmente intolerável, posto que, conforme já dissemos em outras passagens desta obra, o Direito Penal deve apartar-se por completo da tutela de atos exclusivamente imorais. No dispositivo em tela, todavia, a questão não se restringe a essa seara, mas a extravasa, justificando, em nossa opinião, a intervenção subsidiária do Direito Penal[2].

Não se pode ignorar, ainda, que a lei civil proíbe categoricamente o casamento de pessoas casadas (CC, art. 1.521, VI), de modo que o bígamo, para lograr a consumação de seu desiderato e contrair novo matrimônio, pratica, como **meio executório**, comportamento caracterizador de **falsidade ideológica** (terá que se declarar mentirosamente livre de impedimentos matrimoniais no processo de habilitação). O falso, evidentemente, ficará absorvido pelo crime do art. 235, posto que nele se exaure sua potencialidade

---

[2] Há diversas vozes que sustentam a necessidade de se descriminalizar a bigamia, notadamente em doutrina estrangeira. *Vide*, por exemplo, Edgardo Alberto Donna (*Derecho penal*: parte especial, t. II-A, p. 21).

lesiva (**princípio da consunção**), mas esse modo de agir respalda a atuação de normas penais sancionando a conduta[3].

Deve-se registrar que a doutrina não é pacífica no que toca à definição do valor protegido por meio de semelhante incriminação. Alberto Silva Franco e Tadeu Silva[4] relatam existir quatro posições doutrinárias acerca do tema, abaixo sintetizadas:

1ª) o bem jurídico tutelado no crime de bigamia é a **ordem jurídica do matrimônio** e, secundariamente, a **família** (posição majoritária na doutrina brasileira);

2ª) a incriminação da bigamia tem como escopo **fortalecer a legislação civil** na matéria, protegendo o matrimônio monogâmico e o vínculo familiar;

3ª) busca-se a **proteção do estado civil familiar**, ou seja, no fato de uma pessoa pertencer a uma determinada família;

4ª) interesse público em resguardar a **ordem jurídica matrimonial** assegurada pelo Estado.

Esses autores, ao final, concluem que o correto é divisar a proteção dos "direitos subjetivos da pessoa que contrai casamento de boa-fé com o agente do delito, bem como os do cônjuge do casamento anterior". Concordamos com esse ponto de vista, embora coloquemos a proteção da família no primeiro plano, notadamente por ser este o valor fundamental abraçado no Título VII da Parte Especial do Código.

3. HISTÓRICO

No Direito Romano clássico, conforme registro de Pisapia[5], a bigamia não era incriminada autonomamente, tendo sido referida expressamente apenas quando da elaboração de um édito por Diocleciano na condição de *crimen extraordinarium*. No Direito Medieval, o tratamento desuniforme que lhe era outorgado se refletia na sanção cominada, que variou da heresia e da exposição ignominiosa até a morte.

---

[3] "O delito de bigamia exige para se consumar a precedente falsidade, isto é: a declaração falsa, no processo preliminar de habilitação do segundo casamento, de que inexiste impedimento legal. Constituindo-se a falsidade ideológica (crime-meio) etapa da realização da prática do crime de bigamia (crime-fim), não há concurso do crime entre estes delitos..." (STJ, HC 39.583, rel. Min. Laurita Vaz, j. 8-3-2005). *Vide*, ainda, Paulo José da Costa Jr.: "(...) quase sempre, ao contrair o segundo matrimônio, o agente incorre em falsidade (material ou ideológica), que restará absorvida na bigamia (consunção)" (*Curso de direito penal*, p. 645).

[4] Op. cit., p. 1171.

[5] *Delitti contro la famiglia*, p. 414-415.

No que pertine à legislação lusitana e nacional, o traço comum era o repúdio severo à bigamia, tanto que nas Ordenações Afonsinas (Livro V, Título XIV), Manuelinas (Livro V, Título XIX) e Filipinas (Livro V, Título XIX), cominava-se-lhe pena de morte. No Código Criminal do Império (1830), o fato era denominado poligamia (englobando, entretanto, a punição do bígamo). A pena era de prisão contra trabalho, por um a seis anos, e multa (art. 249). Semelhante tratamento foi dado à matéria no Código Penal de 1890 (art. 283), o qual previa, contudo, somente a pena privativa de liberdade.

4. TIPO OBJETIVO

O conceito jurídico-penal de bigamia deve ser desde logo examinado. Considera-se bígamo a pessoa que **mantém mais de um casamento simultaneamente** ou, ainda, quem tem mais de um cônjuge ao mesmo tempo. Diz-se cônjuge, porque a definição legal desse ilícito pressupõe vínculo matrimonial, nos termos da lei civil (*vide* arts. 1.511 a 1.582 do CC).

A doutrina penal distingue entre **bigamia própria** (referente ao agente casado que se casa novamente – art. 235, *caput*, do CP) e **imprópria** (para aludir ao ato praticado pelo solteiro, divorciado ou viúvo que se une em matrimônio com quem é casado, ciente do impedimento – art. 235, § 1º, do CP)[6].

O verbo nuclear previsto na disposição legal se traduz na expressão linguística *contrair*, que significa, nesse caso, assumir o compromisso legal, adquirir formalmente o estado de casado.

O dispositivo contém dois *elementos normativos*: "*casado*" e "*casamento*". Diz-se normativos posto que sua exegese requer, como se antecipou acima, o exame das normas civilistas sobre a matéria.

É fundamental que o sujeito ativo, portanto, seja casado e, nessa condição, logre contrair novo matrimônio. A validade de ambos os vínculos figura como *conditio sine qua non* para a existência do crime, tanto assim que o § 2º declara que, "anulado por qualquer motivo o primeiro casamento, ou o outro por motivo que não a bigamia, considera-se inexistente o crime".

Deve-se lembrar, ainda, que referido elo somente se encerra com o divórcio. A **separação (judicial ou extrajudicial)** põe termo somente à sociedade conjugal e ao dever de fidelidade, **mas não extingue o vínculo e, portanto, a condição de casado.** Assim, por exemplo, se uma pessoa obtém a separação do cônjuge e, mantido esse *status*, contrai novo casamento, **incorre no**

---

[6] *Vide* Paulo José da Costa Jr., op. cit., p. 643.

delito[7]. Há corrente minoritária na jurisprudência entendendo que, no caso de separação judicial, não haveria o preenchimento da tipicidade material para condenar o agente, diante da insignificância da lesão ao bem jurídico tutelado pelo Estado (família e casamento), uma vez que a separação judicial demonstra a ausência de vínculo afetivo entre os agentes. Nessa mesma corrente, compreende-se que a sanção civil de nulidade do segundo casamento contraído mostra-se como uma consequência jurídica suficiente, proporcional e adequada[8].

Cumpre anotar que embora a rubrica do dispositivo refira-se à bigamia, pune-se também a **poligamia**, entendida como o fato de o sujeito unir-se em matrimônio com mais de duas pessoas ao mesmo tempo. Nesse caso, ocorrerá **concurso material homogêneo**, a cada novo vínculo formalmente iniciado.

4.1. Casamento celebrado no exterior

Há crime de bigamia quando alguém, sendo **casado no estrangeiro, contrair casamento no Brasil**. O § 1º do art. 7º da LINDB declara que "realizando-se o casamento no Brasil, será aplicada a lei brasileira quanto aos impedimentos dirimentes e às formalidades da celebração".

O inverso também é verdadeiro, desde que, entre outros requisitos, a conduta seja tipificada na legislação penal estrangeira[9], por força da extraterritorialidade de nossa lei penal (CP, art. 7º)[10].

4.2. A responsabilidade penal da pessoa com quem o agente, sendo casado, contrai novo matrimônio

O § 1º do art. 235 estabelece que também responde por bigamia a pessoa com quem se contraia segundas núpcias, desde que ciente do estado civil de seu consorte.

---

[7] "A jurisprudência dominante é no sentido de que mesmo o agente estando separado judicial ou consensualmente praticará o delito de bigamia em se casando novamente, pois a separação põe fim à sociedade conjugal, mas não extingue o vínculo matrimonial" (TJSP, *RT* 733/554).

[8] TJMG, AP 10525100127543001, rel. Des. Flávio Leite, 1ª CCr, j. 1º-8-2017.

[9] "Não colhe a alegação de que, mesmo casado no Brasil, o fato de haver o acusado contraído novas núpcias no Paraguai não tipifica o delito de bigamia. É que ambos os países o punem, respectivamente, nos arts. 235 e 300 de seus Códigos Penais" (TJSP, *RT* 523/374).

[10] Recorde-se que o instituto da extraterritorialidade corresponde à aplicação da lei penal brasileira a fato cometido fora do território nacional. Os respectivos casos encontram-se mencionados no art. 7º do CP, dividindo-se em situações de extraterritorialidade incondicionada (inciso I) e condicionada (inciso II e § 3º).

Trata-se de uma **exceção pluralística à teoria monista**. Convém recordar que nosso Código Penal, em matéria de concurso de pessoas (CP, arts. 29 a 31), adotou a teoria monista ou unitária, segundo a qual todo aquele que concorre para o delito incide nas penas a este cominadas, na medida de sua culpabilidade. Há, todavia, exceções pluralistas, isto é, casos em que, muito embora tenham os sujeitos concorrido para a produção do mesmo evento, suas condutas serão enquadradas em distintos tipos penais. Além da bigamia (CP, art. 235, *caput* e § 1º), pode-se citar a corrupção (CP, arts. 317 e 333), o ingresso com aparelho de telefone celular em presídio (CP, arts. 319-A e 349-A), o aborto (CP, arts. 124 e 126) etc.

Justifica-se a opção do legislador, posto que, com a duplicidade de tratamento, permite que o indivíduo casado fique sujeito a uma pena superior à da pessoa que, sendo solteira (viúva ou divorciada), com ele se une em matrimônio (o *caput* prevê reclusão, de dois a seis anos, e o parágrafo, reclusão ou detenção, de um a três anos).

4.3. O consentimento do ofendido

Sabe-se que o consentimento da vítima, para a maioria da doutrina, constitui causa de exclusão da ilicitude, desde que o bem jurídico seja disponível e o ofendido possua capacidade jurídica para dele dispor (somado ao fato de o dissenso da vítima não figurar como elementar do crime).

Para a teoria da imputação objetiva, todavia, a autorização do sujeito passivo para que o agente realize a conduta (presentes os requisitos citados) torna atípico o comportamento.

De qualquer modo, é de se indagar se **há bigamia quando uma pessoa casada contrair novo matrimônio, com o conhecimento e a anuência das duas esposas (ou maridos)?**

A resposta deve ser **afirmativa**. A par da ilicitude do ato, por ofender norma cogente de Direito Civil, semelhante conduta somente se aperfeiçoará mediante a realização de uma afirmação falsa perante a autoridade encarregada da habilitação ao casamento. A falsidade ideológica, repise-se, ficará absorvida pela bigamia, posto que nesta se exaure sua potencialidade lesiva (princípio da consunção ou absorção).

4.4. A poligamia em determinadas culturas ou religiões

Há determinadas culturas ou religiões que adotam a poligamia. O ordenamento jurídico brasileiro não admite que uma pessoa contraia casamento, ao mesmo tempo, com outras duas (ou mais) – art. 1.521, VI, do CC e art. 235 do CP. *Não se deve confundir, todavia, o ato de casar-se com várias pessoas ao mesmo tempo com o ato de conviver com mais de uma simultaneamente.* Por esse motivo, nada há de ilícito, ao menos na órbita penal, se uma pessoa manter uma família com duas ou mais "esposas" ou "maridos", desde que se trate de laços afetivos e de compromisso moral (isto é, sem casamento civil). O Código Penal, ao proibir a bigamia, adota **conceito restrito**, vedando que alguém, *sendo casado*, contraia novo matrimônio. **Não obsta**, porém, **que alguém mantenha união estável com duas ou mais pessoas.**

5. TIPO SUBJETIVO

O delito somente é apenado na forma **dolosa**. Isto exige, como de ordinário, consciência e vontade de realizar os elementos objetivos do tipo penal. Não se exclui a possibilidade de o sujeito operar em erro. Pode haver erro de tipo, por exemplo, quando o agente supor que contrai casamento com alguém, desconhecendo que essa pessoa já é casada. É possível, ainda, cogitar-se de erro de proibição, quando a pessoa desconhecer o caráter ilícito de seu comportamento. Imagine alguém que, acreditando que a anulação de seu casamento no âmbito religioso o libere para realizar novo enlace, assim o faça. Embora tenha agido dolosamente, posto que teve plena consciência de seus atos, já que sabia contrair novo casamento, o erro sobre os efeitos da anulação do matrimônio, que se deu exclusivamente na seara do Direito Canônico, interfere na culpabilidade do agente, afastando-a por completo, quando escusável o erro ou reduzindo-a e, por esse motivo, favorecendo o autor com uma diminuição de pena (caso se mostre inescusável o erro cometido).

6. SUJEITOS DO CRIME

6.1. Sujeito ativo

A **bigamia própria** constitui **crime próprio**, já que somente pode praticá-la o **indivíduo casado**, segundo a lei civil. Aquele que convive em união estável com alguém e, nessa condição, contrai casamento com outrem, não comete a infração penal. Considerar autor de bigamia alguém que não ostente a condição jurídica de casado é malferir o princípio da legalidade, mediante aplicação analógica, *in malam partem*, da norma penal.

A **bigamia imprópria** configura **crime comum**, posto que qualquer pessoa pode praticá-la, desde que solteiro, divorciado ou viúvo.

A doutrina classifica a bigamia como delito de concurso necessário ou plurissubjetivo[11]. Estes, como se sabe, correspondem às infrações pe-

---

[11] *Vide*, por todos, Cezar Roberto Bitencourt, *Código Penal comentado*, p. 848.

nais que exigem o concurso de pessoas como condição indispensável para a tipificação do ato. É o caso, por exemplo, do crime de associação criminosa (CP, art. 288), o qual somente se aperfeiçoa quando mais de duas pessoas se reúnem, de modo estável, para cometer crimes. Sendo apenas duas as pessoas que formam a união criminosa, não há o crime (fato penalmente atípico).

No caso da bigamia, é preciso diferenciar duas hipóteses, de vez que o *caput* (bigamia própria) contém crime de concurso eventual ou monossubjetivo e o § 1º (bigamia imprópria), delito de concurso necessário ou plurissubjetivo.

Explica-se: quando uma pessoa, sendo casada, contrai novo matrimônio, escondendo sua verdadeira condição inclusive do segundo cônjuge, o qual age de boa-fé, só há um agente, sendo os consortes (do primeiro e segundo casamento) *vítimas*. Se, por outro lado, o novo contraente agir de má-fé, vale dizer, tiver conhecimento do estado civil da pessoa com quem se casa, também responderá pelo crime, embora na figura prevista no parágrafo (exceção pluralística à teoria monista)[12]. Esta, sim, pressupõe o concurso de duas pessoas e, por tal motivo, pode ser considerada plurissubjetiva.

Pode-se cogitar, ainda, da hipótese em que ambos os nubentes sejam casados e ocultem do outro sua condição, unindo-se em novo vínculo. Ambos cometerão o crime do art. 235, *caput*, do CP. Não há coautoria, entretanto. O que existe são dois delitos, cada um imputado a um dos contraentes. Registre-se, por fim, que o mesmo enquadramento legal será dado ainda que os dois noivos saibam da existência do impedimento matrimonial do outro[13].

---

[12] Convém recordar que nosso Código Penal, em matéria de concurso de pessoas (CP, arts. 29 a 31), adotou a teoria monista ou unitária, segundo a qual todo aquele que concorre para o delito incide nas penas a este cominadas, na medida de sua culpabilidade. Há, todavia, exceções pluralistas, isto é, casos em que, muito embora tenha os sujeitos concorrido para a produção do mesmo evento, suas condutas serão enquadradas em tipos penais distintos. Além da bigamia (CP, art. 235, *caput* e § 1º), pode-se citar a corrupção (CP, arts. 317 e 333), o ingresso com aparelho de telefone celular em presídio (CP, arts. 319-A e 349-A), o aborto (CP, arts. 124 e 126) etc.

[13] A discussão sobre a natureza monossubjetiva ou plurissubjetiva da bigamia vem de longa data, conforme se verifica na extensa exposição feita por Pisapia, em sua obra *Delitti contro la famiglia*, p. 423-427. Petrocelli, citado por Pisapia, sustentava não se cuidar a bigamia de crime de concurso necessário, posto que somente um dos autores era punível. Para Grispigni (igualmente referido pelo autor primeiramente citado), dava-se uma plurissubjetividade anômala. O próprio Pisapia, depois de encerrar seu relato sobre os diversos pontos de vista, declarava-se adepto da tese favorável à natureza bilateral (ou plurissubjetiva), afirmando que o essencial residia no fato de a

6.2. Sujeito passivo

A família enganada e, em particular, o cônjuge do primeiro casamento, assim como o do segundo, quando de boa-fé, ou seja, caso desconheça o verdadeiro *status* do agente.

7. CONSUMAÇÃO E TENTATIVA

7.1. Consumação

O crime consuma-se com a **celebração do segundo matrimônio**, na constância do primeiro. Trata-se de **crime mera conduta ou de simples atividade.** A celebração ocorre, nos termos do Código Civil, "no momento em que o homem e a mulher manifestam, perante o juiz, a sua vontade de estabelecer vínculo conjugal, e o juiz os declara casados" (art. 1.514).

De acordo com Maria Helena Diniz, "o matrimônio só existe quando o juiz, após a manifestação de vontade dos nubentes de estabelecer o vínculo conjugal, pronuncia essa fórmula, declarando os nubentes casados (CC, art. 1.514), de modo que, se qualquer deles vier a se arrepender após tal declaração, o casamento já estará efetuado; logo, o arrependimento não produzirá efeito algum. Por outro lado, se o celebrante, após ter recebido a afirmação sucessiva dos nubentes de que persistem no propósito de casar, vier a falecer, subitamente, antes de exarar a fórmula vinculatória, o matrimônio não se realizou. Ante o art. 1.514, clara está a função constitutiva do

---

pluralidade de sujeitos encontrar-se na estrutura típica (ainda que implicitamente) e não na punibilidade de todos os envolvidos. O ponto fundamental, em nosso sentir, encontra-se menos na questão da natureza da bigamia e mais em se definir o que se entende por crime plurissubjetivo. Para considerar a bigamia como tal, é preciso defini-lo como aquele em que a conduta típica requer a participação de mais de uma pessoa, ainda que nem todos sejam puníveis (exatamente como o faz o mestre italiano). Não nos parece, contudo, acertada semelhante definição, até porque se mostra por demais lata. Diversos são os crimes em que a conduta requer, naturalisticamente, a participação (necessária) de mais de uma pessoa. Assim ocorre, por exemplo, com o estupro, para o qual há, no mínimo, dois protagonistas: o autor e a vítima. O mesmo se identifica no *caput* do art. 235 do CP, quando o bígamo ilude a pessoa com quem contrai novo matrimônio. Ela será vítima do crime e, a toda evidência, desempenha papel principal na trama criminosa, embora não como coautora, mas na condição de ofendida. Parece-nos que somente se pode considerar plurissubjetivo ou de concurso necessário o delito que apenas possa ser praticado por duas ou mais pessoas, atuando em coautoria. Se, por outro lado, o tipo penal admitir a intervenção de uma só pessoa como sujeito ativo (e, alternativamente, várias agindo em concurso de agentes), será considerado monossubjetivo ou de concurso eventual.

celebrante, pois o casamento só se realizará no instante em que homem e mulher manifestarem, na sua presença, a vontade de estabelecer vínculo conjugal, ocasião em que os declarará casados"[14].

7.2. Tentativa

Admite-se a forma tentada, porquanto o *iter criminis* comporta fracionamento.

Romão Cortes de Lacerda não a admitia, destacando o caráter unissubsistente da infração, cuja consumação correspondia com a celebração do matrimônio, a qual, no sistema do Código Civil de 1916, dava-se com o consentimento manifestado pelo sujeito ativo perante a autoridade civil. De acordo com o autor, "os atos praticados para dar o advento da ocasião dessa *declaração de vontade* são *preparatórios*, não podem ser tomados como atos de *execução*, pois esta *começa* e *acaba* com a *declaração de vontade*, e *não começa sem a declaração*. Se, no momento em que o agente vai responder *sim* ou *não* à pergunta do celebrante, surge alguém e o denuncia, não se pode dizer que a execução se haja interrompido *independentemente* da vontade do agente, que tanto poderia ter respondido *sim* como *não*, e posto que no *sim* estaria *toda* a execução"[15].

Não nos parece, contudo, acertada a argumentação desenvolvida pelo coautor de Hungria nos célebres *Comentários*. Mesmo no sistema da legislação civil anterior como no da atual, em que o casamento considera-se concluído com a declaração dos nubentes, completada pela declaração da autoridade civil, é perfeitamente possível cogitar-se da forma tentada.

O início da cerimônia configura, sem a menor sombra de dúvida, a realização de atos executórios. Cuida-se de situação abrangida pela noção de "atos imediatamente anteriores ao início da ação típica", tomando a acepção dominante no campo dos atos de execução delitiva.

A possibilidade de o sujeito ativo voltar atrás no momento em que o celebrante pergunta se deseja casar-se (quase utópica, reconheçamos) não descaracteriza a natureza dos atos já praticados. Assim, **se alguém interromper a cerimônia** e revelar a verdade, expondo-o perante os presentes e a autoridade civil, haverá tentativa de bigamia. Se, por outro lado, ele mudar de ideia e, **ao ser questionado sobre sua intenção, declarar que não mais quer convolar núpcias,** ou mesmo encerrar o evento antes dessa etapa, dar-se-á a **desistência voluntária,** causa de exclusão da adequação típica do delito tentado (CP, art. 15).

---

[14] *Curso de direito civil brasileiro*, v. 5, p. 103.
[15] *Comentários ao Código Penal*, v. VIII, p. 362.

8. PRESCRIÇÃO E O CRIME DE BIGAMIA

O crime de bigamia apresenta diversas particularidades no que toca à fluência do prazo prescricional.

Convém recordar, de início, que a prescrição se consubstancia na causa extintiva da punibilidade por meio da qual o Estado, em face de sua inércia somada ao decurso do tempo, perde o direito de punir.

O lapso temporal da prescrição da pretensão punitiva (aquela que ocorre antes do trânsito em julgado) inicia sua fluência, como regra, da data da consumação do delito (CP, art. 111, IV). Em se tratando de bigamia, entretanto, o **termo inicial** corresponde à **data em que o fato se torna conhecido (da autoridade)**.

Justifica-se a exceção porque o delito em apreço é praticado, por óbvias razões, às ocultas. O agente procura de todas as formas esconder de ambas as famílias a existência do outro matrimônio e, dessa forma, persiste incógnito em seu proceder durante longo tempo. Se a prescrição corresse da consumação do delito a bigamia estaria fadada à impunidade.

O prazo, portanto, somente tem início quando o crime chega ao conhecimento das autoridades encarregadas da persecução penal, o que se dá com o encaminhamento da *notitia criminis*[16].

As causas interruptivas do prazo prescricional são as mesmas aplicáveis aos demais delitos, a saber: o recebimento da denúncia ou queixa, a publicação da sentença ou acórdão condenatórios recorríveis e o trânsito em julgado da condenação (CP, art. 117).

O mesmo se diga sobre as **causas suspensivas**, merecendo referência particular aquela prevista no art. 116, I, do CP. De acordo com o Código Penal, não corre a prescrição enquanto não for resolvida, em outro processo, questão de que dependa a existência do crime. A norma refere-se aos casos de suspensão do processo penal por força de questões prejudiciais (CPP, arts. 92 a 94). Assim, por exemplo, se um réu acusado de bigamia alegar como matéria de defesa que não cometeu delito algum porque o primeiro casamento é nulo, deverá o juiz criminal verificar a seriedade da alegação. Em se confirmando esta, deverá determinar a suspensão do feito e remeter ao juízo cível a decisão acerca da validade do primeiro casamento; enquanto essa questão (prejudicial) não for resolvida, não corre o prazo prescricional.

---

[16] "Criminal. Bigamia. Prescrição pela pena em concreto. Data inicial do prazo. Jurisprudência assentada sobre que o prazo começa a correr a partir da *notitia criminis* levada ao conhecimento da autoridade pública" (STJ, RHC 7.206/RJ, rel. Min. José Dantas, 5ª T., *DJU* de 25-5-1998, p. 124). No mesmo sentido: TJSP, AP 0001177-98.2007.8.26.0116, rel. Des. Silmar Fernandes, 3ª CCr Extraordinária, j. 8-8-2013.

9. CLASSIFICAÇÃO JURÍDICA

A bigamia constitui crime *doloso*, de *ação ou forma vinculada* (admite apenas um meio executório, traduzido na contração de novo casamento), *unissubjetivo ou de concurso eventual* (no caso do *caput* da disposição) e *plurissubjetivo ou de concurso necessário* (na hipótese do § 1º), *de mera conduta ou simples atividade* (o tipo penal descreve a ação, sem fazer qualquer alusão à produção de resultado naturalístico), *instantâneo de efeitos permanentes*[17] (sua fase consumativa dá-se instantaneamente, mas seus efeitos se prolongam enquanto persistir a duplicidade ou multiplicidade de matrimônios) e *plurissubsistente* (já que seu *iter criminis* admite fracionamento).

10. PENA E AÇÃO PENAL

A bigamia é apenada com reclusão, de dois a seis anos (*caput*). O processo deverá observar o rito comum ordinário (CPP, arts. 395 a 405).

A pessoa com quem o bígamo contrai novo matrimônio, se de boa-fé, será vítima do crime, se de má-fé (ou seja, conhecendo o estado civil do seu consorte), ficará sujeita à pena de reclusão ou detenção, de um a três anos (§ 1º). Nesse caso, admitir-se-á a suspensão condicional do processo (art. 89 da Lei n. 9.099/95) e o procedimento adotado será o comum sumário (CPP, arts. 395 a 399 e 531 a 536). A escolha entre a espécie de pena privativa de liberdade há de levar em consideração as circunstâncias judiciais, previstas no art. 59, *caput*, do CP.

A ação penal é de iniciativa **pública incondicionada**. Registre-se que, se o Ministério Público imputar o crime ao agente casado (*caput*) e à pessoa

---

[17] Não se deve confundir o crime permanente com o instantâneo de efeitos permanentes. O primeiro tem sua consumação protraída no tempo, em face da persistência, por parte do agente, do estado antijurídico. A ação ou omissão criminosa persiste e, concomitantemente a esta, a lesão ao bem tutelado. No delito instantâneo, a fase consumativa atinge-se no exato momento, findando-se logo após. Sendo instantâneo de efeitos permanentes, embora já consumado e provocada a ofensa ao valor protegido, seus efeitos se prolongam. Pode-se apontar como traço distintivo entre as figuras a característica presente nos crimes permanentes de que nestes o sujeito ativo pode fazer cessar voluntariamente o estado antijurídico. Deve-se registrar, ademais, que nosso Código Penal afirma (implicitamente) cuidar-se a bigamia de crime instantâneo (de efeitos permanentes). Isto porque, ao falar sobre o termo inicial do prazo da prescrição da pretensão punitiva, o art. 111 determina que, nos crimes permanentes, este coincide com a cessação da permanência (inciso III) e, no caso de bigamia, quando o fato se torna conhecido (inciso IV). Fosse ela delito permanente, seria não só supérflua como inexplicável sua inserção em inciso destacado, dentro do mesmo dispositivo legal.

com quem convolou novas núpcias (§ 1º), dar-se-á, em face do concurso de agentes, a continência por cumulação subjetiva (CPP, art. 77, I), justificando que ambos sejam réus na mesma ação penal. O procedimento a ser observado será o comum ordinário, diante da pena mais elevada prevista para o tipo-base e tendo em conta ser este o rito mais solene e que, em tese, melhor possibilita o exercício do direito de defesa.

ART. 236 – INDUZIMENTO A ERRO ESSENCIAL E OCULTAÇÃO DE IMPEDIMENTO

1. DISPOSITIVO LEGAL

Induzimento a erro essencial e ocultação de impedimento

Art. 236. Contrair casamento, induzindo em erro essencial o outro contraente, ou ocultando-lhe impedimento que não seja casamento anterior:

Pena – detenção, de 6 (seis) meses a 2 (dois) anos.

Parágrafo único. A ação penal depende de queixa do contraente enganado e não pode ser intentada senão depois de transitar em julgado a sentença que, por motivo de erro ou impedimento, anule o casamento.

2. VALOR PROTEGIDO (OBJETIVIDADE JURÍDICA)

O legislador pretende, em primeiro plano, proteger **o direito dos cônjuges contra matrimônios ilegalmente realizados** e, numa perspectiva mais ampla, intenta zelar pela **família**, como se deduz do *locus* (Título VII) em que inserida a presente disposição.

No art. 236, todavia, parece-nos ser mister ter maior zelo com o princípio da fragmentariedade[18], a fim de se afastar a tutela de infrações acentuadamente morais, que, juridicizadas pela lei civil, podem não apresentar a necessária lesividade para merecerem a salvaguarda da lei penal. A análise das hipóteses ensejadoras de erro essencial ao casamento (art. 1.557 do CC) e os impedimentos matrimoniais (art. 1.521 do CC) contêm uma carga moral marcante. Cite-se, como exemplo, a hipótese do cônjuge que induz seu consorte em erro essencial, fazendo-se passar por pessoa de boa fama, quando, na verdade, cometeu delito grave no passado (estupro, por exemplo) ou dedicou-se a atividade desabonadora de sua honra (como a prostituição). Justifica-se plenamente que a revelação dessas circunstâncias cause a anulação do matrimônio, a critério do cônjuge enganado, como prescreve o Código Civil; mas, quer nos parecer, não há razão suficiente para considerar criminoso o

---

[18] Em outras palavras: com o caráter subsidiário do Direito Penal.

nubente, apenas por ter ocultado seu passado ou induzido seu parceiro a ter dele uma imagem oposta[19].

3. TIPO OBJETIVO

O art. 236 consubstancia-se, nos mesmos moldes do artigo precedente, na ação de *contrair* (casamento), que tem sentido de formalizar o vínculo matrimonial, unir-se com alguém em matrimônio, assumir juridicamente o enlace conjugal.

A norma contém dois meios executivos: **induzir o contraente a erro essencial ou ocultar-lhe impedimento** (salvo casamento anterior, caso em que haveria o delito do art. 235). Assim, enquanto no crime de bigamia pune-se quem, sendo casado, une-se em novas núpcias, ensejando novo vínculo ilegal, no art. 236 trata-se da ocultação de (outros) impedimentos ou do induzimento a erro essencial.

Induzir significa persuadir, criar determinada ideia na mente do ofendido. *Ocultar* quer dizer esconder, encobrir, dissimular, sonegar. Para a maioria da doutrina, **a *ocultação* deve ser acompanhada de alguma atitude positiva** (ou seja, de uma ação) reveladora do propósito do agente de enganar o ofendido. O tipo penal, portanto, **não se contenta com o simples silêncio**; é preciso algum proceder fraudulento, como, por exemplo, a apresentação de documento falso, de modo a esconder o impedimento absoluto.

A compreensão total da norma incriminadora em estudo somente se dá mediante a conjugação desta com o Código Civil, o qual define as hipóteses de erro essencial ao matrimônio, bem como os casos de impedimentos absolutos. Pode-se dizer, então, que se cuida de **norma penal em branco em sentido lato ou homogênea** (isto é, aquela cujo preceito primário é incompleto e seu complemento se encontra em outra norma jurídica, da mesma hierarquia).

Consideram-se **casos de erro essencial** sobre a pessoa do outro cônjuge aqueles mencionados no art. 1.557 do CC, a saber:

a) o que diz respeito à sua identidade, sua honra e boa fama, sendo esse erro tal que o seu conhecimento ulterior torne insuportável a vida em comum ao cônjuge enganado (inciso I);

b) a ignorância de crime, anterior ao casamento, que, por sua natureza, torne insuportável a vida conjugal (inciso II);

---

[19] Fragoso já advertia sobre o caráter excessivo da incriminação contida no art. 236 do CP, como se nota em suas *Lições de direito penal*: parte especial, p. 99, apud Alberto Silva Franco e Tadeu Antônio Dix Silva, *Código Penal e sua interpretação jurisprudencial*, p. 1176.

c) a ignorância, anterior ao casamento, de defeito físico irremediável, ou de moléstia grave e transmissível, pelo contágio ou herança, capaz de pôr em risco a saúde do outro cônjuge ou de sua descendência (inciso III);

Os **impedimentos matrimoniais**, por sua vez, encontram-se listados taxativamente no art. 1.521 do Estatuto Civil (excluindo-se o do inciso VI, de vez que enseja o crime de bigamia):

a) os ascendentes com os descendentes, seja o parentesco natural ou civil (inciso I);

b) os afins em linha reta (inciso II);

c) o adotante com quem foi cônjuge do adotado e o adotado com quem o foi do adotante (inciso III);

d) os irmãos, unilaterais ou bilaterais, e demais colaterais, até o terceiro grau inclusive (inciso IV);

e) o adotado com o filho do adotante (inciso V);

f) o cônjuge sobrevivente com o condenado por homicídio ou tentativa de homicídio contra o seu consorte (inciso VII).

No sistema do Código Civil de 1916, os impedimentos eram listados no art. 183, que os dividia em absolutos ou relativos. Estes, com a atual legislação, deixaram de ser qualificados como tal e passaram a ser tratados como "causas suspensivas" (art. 1.523). Em nosso sentir, portanto, escapa à incriminação o ato de ocultar a existência das circunstâncias previstas no mencionado dispositivo, até por respeito ao princípio da taxatividade da lei penal (onde se a lei penal diz "impedimento", não se pode incluir "causa suspensiva")[20].

O art. 236 do CP não pune o *"matrimônio ilegal bilateral"*, assim entendido como aquele em que *ambos os contraentes* têm conhecimento do impedimento dirimente e, ocultando-o da autoridade civil, se unem em casamento[21]. Pode haver, contudo, ocultação de impedimento (art. 237). Note

---

[20] Nesse sentido: Julio Fabbrini Mirabete e Renato Nascimento Fabbrini, *Manual de direito penal*: parte especial, v. 2, p. 9. Para Damásio de Jesus, de modo semelhante, a ocultação de impedimento simplesmente impediente (os quais são chamados atualmente pelo Código Civil de causas suspensivas), "não configura o delito, uma vez que o casamento celebrado com infração a tais impedimentos não acarreta a sanção de nulidade, mas sim outras sanções, consistentes principalmente na adoção do regime obrigatório de separação de bens" (*Código Penal anotado*, p. 808).

[21] Só é possível cogitar-se de "matrimônio ilegal bilateral" nos arts. 235 e 237. O primeiro contém a bigamia, na qual é possível que ambos os contraentes ajam de má-fé, ou seja, o casamento anterior de um deles seja fato conhecido do nubente. O outro refere-se à ocultação de impedimento absoluto, do qual o nubente ou os nubentes têm ciência.

que o art. 236 tutela os direitos do cônjuge enganado, ao exigir como elementar o ato de induzi-lo em erro essencial ou dele ocultar o impedimento (que não seja casamento anterior).

4. TIPO SUBJETIVO

O crime é punido exclusivamente na forma **dolosa**. É preciso que o autor tenha consciência plena do erro essencial ou da existência do impedimento absoluto e, mesmo assim, voluntariamente contraia matrimônio sem que o cônjuge saiba do obstáculo.

5. SUJEITOS DO CRIME

5.1. Sujeito ativo

O crime em questão insere-se entre aqueles que exigem qualidade especial do sujeito ativo, posto que somente o **cônjuge em situação de impedimento matrimonial** ou **ensejador de erro essencial** pode cometê-lo. Cuida-se, portanto, de **crime próprio**.

Convém lembrar que nos crimes próprios admite-se a participação de terceiros, que podem de alguma forma colaborar para a consumação do crime. Assim, por exemplo, o Código Civil exige, no processo de habilitação, que duas testemunhas firmem desconhecer a existência de impedimentos dirimentes. Suponha que essas pessoas saibam do óbice e, conluiadas com o consorte, omitam a situação perante a autoridade civil responsável pela habilitação. Respondem pelo crime na condição de partícipes do crime em estudo.

5.2. Sujeito passivo

O sujeito passivo da infração penal, em nosso sentir, é o cônjuge enganado e, secundariamente, a sociedade, já que a família constitui sua base e os impedimentos absolutos referem-se a questões que, segundo o Direito Civil, dizem respeito não só a lesão de interesses particulares.

6. CONSUMAÇÃO E TENTATIVA

6.1. Consumação

Do mesmo modo que o crime de bigamia, o delito atinge seu *summatum opus* com a celebração do **matrimônio** (crime de mera conduta ou de simples atividade), que se dá "no momento em que o homem e a mulher manifestam, perante o juiz, a sua vontade de estabelecer vínculo conjugal, e o juiz os declara casados" (CC, art. 1.514).

6.2. Tentativa

A tentativa do crime do art. 236 **não é punível**, porque sempre lhe faltará a **condição de procedibilidade** exigida no parágrafo único da disposição. Explica-se: embora seja viável cogitar-se de atos materiais tendentes à consumação do delito, como o induzir fraudulento do agente que, na cerimônia de casamento, é desmascarado por terceiros, essa conduta não será passível de punição. O delito somente se procede mediante **queixa do ofendido**, a qual **só pode ser ajuizada depois de transitar em julgada a ação cível que anulou o casamento por força do erro essencial ou do impedimento defraudado.** Se o matrimônio não se realizou, ainda que nos últimos instantes por conta da intervenção de outrem, não haverá jamais como se aperfeiçoar a condição de procedibilidade exigida no parágrafo único.

7. CLASSIFICAÇÃO JURÍDICA

Cuida-se de crime *doloso*, de *ação ou forma vinculada* (admite apenas um meio executório, traduzido na contração de novo casamento mediante induzimento a erro ou ocultação de impedimento), *próprio* (pois exige a qualidade especial do sujeito ativo consistente em enquadrar-se nos impedimentos matrimoniais ou causas provocadoras de erro essencial, nos termos da lei civil), *unissubjetivo ou de concurso eventual, de mera conduta ou simples atividade* (o tipo penal descreve a ação, sem fazer qualquer alusão à produção de resultado naturalístico), *instantâneo de efeitos permanentes* (sua fase consumativa dá-se instantaneamente, mas seus efeitos se prolongam enquanto perdurar a ocultação do impedimento ou se mantiver o ofendido em erro essencial) e *plurissubsistente* (já que seu *iter criminis* admite fracionamento).

8. CONDIÇÃO DE PROCEDIBILIDADE

A ação penal do crime em estudo **não pode ser intentada senão depois do trânsito em julgado da ação cível** que anular o casamento em razão do erro essencial a que o cônjuge enganado foi induzido ou impedimento absoluto mantido oculto. Trata-se de condição específica da ação penal ou condição de procedibilidade[22].

---

[22] Paulo José da Costa Jr. entende tratar-se de condição objetiva de punibilidade (*Curso de direito penal*, p. 647). Para Guilherme Nucci, cuida-se de figura híbrida, pois se trata de condição para a punição do agente e, ao mesmo tempo, para o exercício da ação penal (*Código Penal comentado*, p. 935).

9. O TERMO INICIAL DA PRESCRIÇÃO

Como se viu acima, o querelante somente poderá ingressar com a queixa-crime uma vez tendo ocorrido o trânsito em julgado da ação civil responsável pela anulação do casamento. O exercício da ação penal privada, como se sabe, sujeita-se ao **prazo decadencial de seis meses,** o qual **somente flui quando da superveniência da mencionada condição de procedibilidade.**

A prescrição da pretensão punitiva, todavia, tem a fluência de seu prazo sujeita às regras comuns. O art. 111 do CP determina que o lapso prescricional começa a fluir da consumação do delito (inciso I), do último ato executório, no crime tentado (inciso II), quando cessar a permanência, nas infrações cuja consumação se prolonga no tempo (inciso III) e quando o fato se torna conhecido, nos casos de bigamia ou falsificação ou alteração de assentamento de registro civil (inciso IV).

Diante do que dispõe taxativamente o art. 111 do CP, parece-nos que a regra a ser aplicada ao crime em estudo deve ser a do **inciso I,** ou seja, o *dies a quo* deve ser a consumação do delito. Significa que, em termos práticos, dificilmente se logrará a punição dos responsáveis pelo delito, já que a *persecutio criminis in judicio* depende do término da demanda na esfera cível.

Não há como aplicar-se a regra prevista no inciso IV, válida para a bigamia, muito embora nesta e na ocultação de impedimento ou induzimento a erro essencial o agente se cerque de todas as cautelas para fazer com que o ato permaneça oculto do sujeito passivo. Não é possível, contudo, aplicar analogicamente a regra, sob pena de se praticar analogia *in malam partem.*

Romão Cortes de Lacerda aduzia que a prescrição somente corria da data em que se passasse em julgado a decisão civil anulatória do casamento[23]. Ocorre, com a devida vênia, que semelhante solução somente poderia ser validamente sufragada mediante texto expresso de lei, o que não se dá no contexto do Código Penal e, em particular, do parágrafo único do art. 236 do CP.

10. PENA E AÇÃO PENAL

A pena cominada é de *detenção, de seis meses a dois anos.* Cuida-se, portanto, de infração penal de menor potencial ofensivo, cuja competência *ratione materiae,* por força de preceito constitucional (art. 98, I), é do Juizado

---

[23] Apud Nelson Hungria, op. cit., v. VIII, p. 367.

Especial Criminal. Aplica-se, ademais, a Lei n. 9.099/95. Admite-se, em nosso juízo, a transação penal (art. 76 da lei), muito embora não seja do Ministério Público a iniciativa da ação penal, como abaixo se verá. Registre-se, nesse sentido, que já se firmou em nossos tribunais o cabimento da citada medida despenalizadora em crimes dessa natureza.

A ação penal é exclusivamente privada e somente se procede mediante queixa, a ser intentada pelo cônjuge ofendido. Cuida-se, aliás, de **ação penal privada personalíssima,** posto que o direito de ação **não se transmite aos familiares da vítima.** Seu falecimento ou incapacidade superveniente, desta forma, não produz a transferência do direito de queixa ao ascendente, descendente ou irmão, provocando a extinção da punibilidade do agente. Caso a ação penal privada não tenha sido ajuizada, opera-se a decadência; se estiver em andamento, dá-se a perempção.

O *termo inicial para a fluência do prazo decadencial* de seis meses não é o conhecimento da autoria delitiva, como prescreve o art. 38 do CPP ao cuidar dos delitos de ação penal privada de modo geral. O *dies a quo,* neste caso, é o *trânsito em julgado da ação civil que anulou o casamento em decorrência do erro essencial ou do impedimento.*

ART. 237 – CONHECIMENTO PRÉVIO DE IMPEDIMENTO

1. DISPOSITIVO LEGAL

Conhecimento prévio de impedimento

Art. 237. Contrair casamento, conhecendo a existência de impedimento que lhe cause a nulidade absoluta:

Pena – detenção, de 3 (três) meses a 1 (um) ano.

2. VALOR PROTEGIDO (OBJETIVIDADE JURÍDICA)

A *mens legis* dirige-se, inescondivelmente, à **tutela da família** e da **proscrição de casamentos ilegais.** Cabe aqui, entretanto, a mesma advertência que fizemos no contexto do art. 236 do CP, relativa à necessidade de se observar o princípio da fragmentariedade[24]. O Direito Penal não se presta à salvaguarda de normas exclusivamente morais. Muito embora a família constitua a base da sociedade, segundo declara nossa Constituição Federal, o simples fato de alguém constituir uma entidade familiar ao arrepio da lei civil não justifica seja a conduta criminalizada.

---

[24] Em outras palavras: com o caráter subsidiário do Direito Penal.

3. TIPO OBJETIVO

A conduta típica do art. 237, como no caso de seus antecessores no presente capítulo, consubstancia-se no verbo *contrair* (casamento), isto é, formalizar o vínculo matrimonial, assumir juridicamente o enlace conjugal.

O crime exige que o enlace ocorra tendo o **nubente conhecimento da existência de impedimento que lhe causa nulidade absoluta,** os quais se encontram enumerados no Código Civil. Bem por isso, trata-se de *norma penal em branco em sentido lato ou homogênea* (é dizer, aquela cujo preceito primário é incompleto e seu complemento se encontra em outra norma jurídica, da mesma hierarquia).

Os impedimentos matrimoniais são os seguintes (art. 1.521 do CC):

a) os ascendentes com os descendentes, seja o parentesco natural ou civil (inciso I);

b) os afins em linha reta (inciso II);

c) o adotante com quem foi cônjuge do adotado e o adotado com quem o foi do adotante (inciso III);

d) os irmãos, unilaterais ou bilaterais, e demais colaterais, até o terceiro grau inclusive (inciso IV);

e) o adotado com o filho do adotante (inciso V);

f) o cônjuge sobrevivente com o condenado por homicídio ou tentativa de homicídio contra o seu consorte (inciso VII).

O ato de casar-se tendo conhecimento de impedimento que lhe causa nulidade absoluta pode ser praticado, segundo a descrição formal do dispositivo, quando o agente esconde de seu consorte o obstáculo à união ou quando ambos dele têm conhecimento. Nesse caso, dar-se-á o concurso de pessoas (CP, art. 29) e ocorrerá o chamado *"matrimônio ilegal bilateral"*, assim entendido aquele em que *ambos os contraentes* têm conhecimento do impedimento dirimente e, ocultando-o da autoridade civil, convolam núpcias.

Na hipótese de o impedimento não ser conhecido do outro nubente, porque foi ocultado pelo sujeito ativo, será fundamental que a informação não tenha sido omitida mediante atuar fraudulento, caso contrário haverá, em tese, o crime do art. 236 (ocultação de impedimento). A **diferença entre os arts. 236 e 237** reside justamente em que naquele a ocultação deve obrigatoriamente vir acompanhada de uma ação tendente a manter a vítima em estado de ignorância a respeito do impedimento e, neste, o ato é puramente **omissivo,** isto é, basta o **silêncio.**

4. TIPO SUBJETIVO

O crime do art. 237 é **doloso** e, portanto, exige por parte do sujeito ativo consciência e vontade de concretizar os elementos objetivos do tipo, notadamente, em contrair o casamento. Requer-se, ainda, o conhecimento da existência de algum impedimento que lhe causa nulidade absoluta.

5. SUJEITOS DO CRIME

5.1. Sujeito ativo

O crime é **comum**, razão pela qual pode ser praticado por qualquer pessoa, desde que solteira, viúva ou divorciada. Estão excluídos os casados, posto que estes não podem contrair novo matrimônio (art. 1.521, VI, do CC) e, caso o façam, incorrerão no crime de bigamia.

Responderá pelo crime o nubente que tiver conhecimento do obstáculo legal ao enlace. Se ambos o souberem, há concurso de agentes (CP, art. 29).

5.2. Sujeito passivo

O sujeito passivo é o cônjuge enganado e, quando ambos estiverem conluiados, o Estado, representado pela autoridade civil responsável pela habilitação do casamento.

6. CONSUMAÇÃO E TENTATIVA

6.1. Consumação

O crime é de **mera conduta ou de simples atividade**, atingindo seu momento consumativo quando o autor contrai núpcias, isto é, casa-se. Lembre-se, uma vez mais, que nos termos do Código Civil, o matrimônio se concretiza "no momento em que o homem e a mulher manifestam, perante o juiz, a sua vontade de estabelecer vínculo conjugal, e o juiz os declara casados" (art. 1.514).

6.2. Tentativa

É admissível a forma tentada. Pode alguém dar início à execução do crime, procurando casar-se ocultando impedimento matrimonial, mas ser impedido por alguém que, durante a cerimônia, revela sua existência, obstando a conclusão da solenidade.

7. CLASSIFICAÇÃO JURÍDICA

Cuida-se de crime *doloso*, de *forma ou ação vinculada* (o meio executivo previsto na disposição correspondente a casar-se ocultando o impedimento), *de mera conduta ou simples atividade, comum, unissubjetivo ou de concurso eventual* (pode ser praticado por uma pessoa ou várias, em concurso), *plurissubsistente* (seu *iter criminis* comporta divisão em mais de um ato) e *instantâneo de efeitos permanentes* (sua fase consumativa ocorre instantaneamente, ou seja, no exato momento em que se dá a celebração do ato, mas seus efeitos se prolongam no tempo, enquanto subsistir a ocultação).

8. PENA E AÇÃO PENAL

A pena cominada é de detenção, de três meses a um ano. Cuida-se de infração penal de menor potencial ofensivo, estando sujeita às benesses da Lei dos Juizados Especiais Criminais (Lei n. 9.099/95).

A ação penal é de iniciativa **pública incondicionada** e o procedimento será o comum sumaríssimo.

É de se destacar que o delito, embora punido menos severamente que o crime do art. 236 (as penas correspondem exatamente à metade), se processa por iniciativa do Ministério Público, independentemente de autorização do ofendido.

ART. 238 – SIMULAÇÃO DE AUTORIDADE PARA CELEBRAÇÃO DE CASAMENTO

1. DISPOSITIVO LEGAL

Simulação de autoridade para celebração de casamento

Art. 238. Atribuir-se falsamente autoridade para celebração de casamento:

Pena – detenção, de 1 (um) a 3 (três) anos, se o fato não constitui crime mais grave.

2. VALOR PROTEGIDO (OBJETIVIDADE JURÍDICA)

O legislador direciona a tutela penal à **proteção da família,** buscando colocá-la a salvo de matrimônios ilegalmente contraídos. Parece-nos correto, entretanto, mirar o foco da norma penal, de modo a conformá-la com a Constituição Federal, na defesa dos contraentes enganados e da função pública a que corresponde a autoridade para celebrar casamentos[25].

---

[25] Alberto Silva Franco e Tadeu Dix Silva: "A única interpretação consoante com o que foi exposto no Título VII do CP, é a tutela de direitos subjetivos dos nubentes, que, ao contrair casamento nulo, viram frustradas suas expectativas concernentes à faculdade de ver realizado seu matrimônio civilmente válido e constituir família" (op. cit., p. 1181).

3. TIPO OBJETIVO

O crime de simulação de autoridade para celebração de casamento constitui, consoante voz pacífica na doutrina, **forma especial de usurpação de função pública,** delito previsto no art. 328 do CP[26].

A conduta nuclear consiste em "atribuir-se" (falsamente), ou seja, outorgar a si próprio, declarar-se como tal, fazer-se passar por alguém que realmente não é. O autor, com isso, engana terceiros, lesionando seus direitos e realiza cerimônia de casamento que não possui qualquer valor jurídico.

Configura pressuposto do crime, dada sua relação de especialidade com o delito contra a Administração Pública acima citado, que o autor não possua a condição de autoridade apta à celebração de casamentos, ou seja, sua **absoluta incompetência para a realização do ato.** Pode ocorrer de o casamento ter sido celebrado por quem, ostentando capacidade jurídica para realizar o matrimônio, isto é, sendo juiz de paz ou de casamentos, não tenha atribuição *ratione loci* (vale dizer, não possa atuar no distrito onde se dá o casamento). Nesse caso, entendemos que não há crime, até porque, segundo o Código Civil, quando o presidente do ato exercer publicamente as funções de juiz de casamento, mas celebrá-lo sem possuir a competência exigida na lei, *será válido* o enlace conjugal, caso tenha sido registrado o ato no Registro Civil (art. 1.554).

Acreditamos, nessa ordem de ideias, que faria melhor o legislador se deixasse a conduta típica em estudo subsumível à usurpação de função pública, melhor situando o valor protegido, dado haver ofensa também à Administração Pública[27].

É preciso enfatizar desde já que o delito em apreço é **expressamente subsidiário,** tanto que o preceito secundário assim o proclama ao declarar que ficará o agente sujeito à pena de detenção, de um a três anos, *salvo se o fato não constituir crime mais grave.* Assim, por exemplo, se uma pessoa se faz passar por juiz de paz, de modo a celebrar matrimônio, e aufere vantagem com isso, responde por crime mais grave: usurpação de função pública qualificada (art. 328, parágrafo único, do CP).

O delito é onímodo, ou seja, de forma livre. A ação típica, conforme se viu, traduz-se no ato de atribuir a si próprio, o que pode se verificar por meio verbal, por escrito etc. A elementar "falsamente" indica que o sujeito

---

[26] Eis o teor do tipo penal mencionado: "Usurpar o exercício de função pública: Pena – detenção, de 3 (três) meses a 2 (dois) anos, e multa. Parágrafo único. Se do fato o agente aufere vantagem: Pena – reclusão, de 2 (dois) a 5 (cinco) anos, e multa".

[27] Nesse sentido: Alberto Silva Franco e Tadeu Dix Silva, op. cit., p. 1183.

deve proceder fraudulentamente, ou seja, provocando o engodo, pouco importando como venha a fazê-lo (mediante emprego de artifício ou ardil).

A infração se aperfeiçoará independentemente da celebração, já que a lei pune a atribuição falsa de uma qualidade não ostentada pelo sujeito e não a (suposta) realização de um casamento por quem assim proceda.

3.1. A autoridade competente para realizar casamento

A Constituição Federal proclama, em seu art. 98, II, que a União, no Distrito Federal e nos Territórios, e os Estados criarão "justiça de paz, remunerada, composta de cidadãos eleitos pelo voto direto, universal e secreto, com mandato de quatro anos e competência para, na forma da lei, celebrar casamentos, verificar, de ofício ou em face de impugnação apresentada, o processo de habilitação e exercer atribuições conciliatórias, sem caráter jurisdicional, além de outras previstas na legislação".

Vê-se daí que a autoridade competente para a celebração de casamentos é o *juiz de paz*. Esse preceito constitucional, todavia, só encontrará plena eficácia e aplicabilidade quando o ente federativo, exercendo a competência que lhe atribui o Texto Maior, organizar sua "justiça de paz". Boa parte de nossos Estados-membros já o fizeram, notando-se, todavia, algumas exceções, como o Estado de São Paulo.

A autoridade competente para a realização de matrimônios no Estado bandeirante é o *juiz de casamentos*, cidadão nomeado pelo Secretário de Justiça e Defesa da Cidadania, por meio de ato administrativo[28].

Não se pode olvidar, ainda, do casamento religioso com efeitos civis (art. 226, § 2º, da CF e art. 1.516 do CC) e do realizado em legações estrangeiras. No primeiro caso, presidirá o ato a autoridade eclesiástica e, no outro, figurará como presidente do ato a autoridade diplomática ou consular competente (art. 7º, § 2º, da LINDB).

4. TIPO SUBJETIVO

O crime é punido somente na forma **dolosa**. Se uma pessoa, por exemplo, acreditando encontrar-se investida na função de autoridade civil apta a celebrar casamento, e, nessa condição, presidir a cerimônia, não haverá crime

---

[28] O Conselho Nacional de Justiça, em 2008, instaurou procedimento recomendando aos Tribunais de Justiça dos diversos Estados-membros que elaborassem projeto de lei e encaminhassem à respectiva Assembleia Legislativa, a fim de criar a justiça de paz, nos moldes da Constituição Federal. O órgão de controle externo do Poder Judiciário constatou que a maioria dos Estados da Federação não regulamentaram o art. 98, II, da CF (*vide* CNJ – Pedido de Providências n. 200810000000110).

algum de sua parte, ainda que fique demonstrado posteriormente faltar-lhe referida competência. Trata-se de erro sobre os elementos constitutivos do tipo penal (CP, art. 20, *caput*), já que escapava ao agente a percepção da elementar "falsamente".

5. SUJEITOS DO CRIME

5.1. Sujeito ativo

Qualquer pessoa pode praticar o crime (**crime comum**), desde que, obviamente, não ostente a condição de juiz de paz ou juiz de casamentos. É possível a participação de terceiros, os quais serão coautores ou partícipes do crime (CP, art. 29). **Se um dos contraentes tiver conhecimento da farsa,** estando conluiado com o presidente da cerimônia, **responderá pelo crime do art. 239 do CP** (simulação de casamento), operando-se, então, uma **exceção pluralística à teoria monista.**

5.2. Sujeito passivo

Os sujeitos passivos são as pessoas enganadas pela farsa engendrada pelo autor da conduta.

6. CONSUMAÇÃO E TENTATIVA

6.1. Consumação

O crime em questão tem natureza formal, posto que se consuma **com o ato de atribuir-se falsamente a condição de celebrante,** independentemente da realização do casamento. **Se a cerimônia vier a se realizar, haverá mero exaurimento.**

6.2. Tentativa

É admissível a forma tentada, salvo quando o agente optar pelo meio verbal para atribuir a si próprio a falsa identidade, já que, nesse caso, ter-se--á crime unissubsistente.

7. CLASSIFICAÇÃO JURÍDICA

Cuida-se de crime *doloso, comum* (qualquer pessoa pode figurar como sujeito ativo, conquanto não possua a qualidade de juiz de paz ou de casamentos), *unissubjetivo ou de concurso eventual* (pode ser praticado somente por uma pessoa, que pode ou não contar com a colaboração de terceiros, os quais serão coautores ou partícipes do crime), *formal* (de vez que não requer a produção de resultado naturalístico para fins de consumação, já que seu *summatum opus* independe da celebração do matrimônio), *instantâneo* (sua consumação não se prolonga no tempo) e *plurissubsistente*, salvo quando praticado na **forma verbal**.

8. PENA E AÇÃO PENAL

O fato é apenado com detenção, de um a três anos (salvo se não constituir crime mais grave). O piso punitivo cominado à infração a torna passível de reger-se pelo disposto no art. 89 da Lei n. 9.099/95, ou seja, desde que preencha os requisitos legais, o agente fará jus à suspensão condicional do processo.

A ação penal tem natureza pública e seu exercício independe da autorização de terceiros (**pública incondicionada**).

O procedimento adequado será o comum sumário (CPP, arts. 395 a 399 e 531 a 536).

ART. 239 – SIMULAÇÃO DE CASAMENTO

1. DISPOSITIVO LEGAL

Simulação de casamento

Art. 239. Simular casamento mediante engano de outra pessoa:

Pena – detenção, de 1 (um) a 3 (três) anos, se o fato não constitui elemento de crime mais grave.

2. VALOR PROTEGIDO (OBJETIVIDADE JURÍDICA)

O tipo penal ora analisado tem como escopo, num plano genérico, a tutela da **entidade familiar** formada por meio do casamento e, em caráter especial, a proteção do cônjuge ou terceiros enganados por decorrência do matrimônio cuja celebração foi objeto de engano.

3. TIPO OBJETIVO

A conduta típica consiste em *simular* casamento. A ação consiste, portanto, em fingir, representar uma farsa, encenar um embuste. O objeto da conduta é uma cerimônia de casamento.

Admite-se qualquer meio executório, desde que idôneo. O tipo penal contém, como **elemento implícito** na conduta nuclear, o **emprego de alguma fraude**, seja mediante artifício, ardil ou outro meio. É fundamental, advirta-se, que se trate de meio apto a enganar uma pessoa de mediana prudência e discernimento. Significa que o modo de agir do sujeito ativo e eventuais comparsas não pode se aproximar de uma "farsa circense", incapaz de iludir alguém que possua o mínimo de bom senso, ou, em outras palavras, deve constituir um conjunto de atos capazes de gerar, aos olhos dos demais, a impressão de que os nubentes estão a convolar núpcias. Ausente esse requisito, ter-se-á crime impossível por absoluta ineficácia do meio (CP, art. 17).

Exige-se, ademais, que o ato se proceda **mediante o engano de outra pessoa**. De regra, será o outro nubente. **Os "contraentes", contudo, podem ambos atuar em conluio visando a lograr terceiros.** Nesse caso, segundo a doutrina, é preciso que se trate de casamento em que os noivos não possuam capacidade de consentir e, com a simulação, visem a enganar seu representante legal. "Assim, se os dois *contraentes* estão a par da farsa, posta em execução mediante o engano do tutor de um deles, ambos incorrem no crime. O texto legal diz '*mediante engano*' e não '*para engano*'. Ora, somente posso simular casamento mediante engano da *outra pessoa com quem finjo casar*, ou do *representante* ou *assistente legal desta*. Se os dois *contraentes* simulam o casamento, mas são *sui juris*, não há o crime de que ora se trata: o casamento não foi simulado *mediante* engano de outra pessoa; os interessados eram os *contraentes*, os únicos prejudicados, e por parte deles não houve engano ou erro. O erro há de ser da pessoa com quem se finge casar, ou do que tinha de prestar consentimento por ela..."[29].

É possível, ainda, que os **dois noivos sejam enganados por alguém, que simula seu casamento**. Afigure-se a hipótese de os pais desaprovarem o enlace de seus filhos e, comprometendo-se a se encarregar da cerimônia, providenciem uma farsa, na qual simulem a realização do matrimônio que, de direito, não se aperfeiçoe.

O delito é **expressamente subsidiário,** conforme se nota pelo conteúdo de seu preceito secundário, o qual enuncia a sanção e, em seguida, declara que somente se aplica quando o fato não constituir crime mais grave. Pode-se cogitar, como exemplo, o agente que, visando a manter relações sexuais com alguém e diante da firme disposição desta de somente aquiescer depois de realizado o matrimônio, simule o casamento e, então, dê vazão à sua concupiscência. A simulação de casamento, crime famulativo, cederá lugar à infração primária, *in casu*, a violação sexual mediante fraude (CP, art. 215). Imagine-se, seguindo-se a mesma linha de raciocínio, a pessoa que pretenda obter vantagem patrimonial e, para tanto, encene a farsa, respondendo somente pelo crime de estelionato (CP, art. 171), em razão do princípio da subsidiariedade.

---

[29] Romão Cortes de Lacerda, *apud* Nelson Hungria, op. cit., v. VIII, p. 376-377.

4. TIPO SUBJETIVO

A infração é punida exclusivamente na forma **dolosa**. Requer consciência e vontade de concretizar os elementos do tipo penal. É mister que se faça presente na conduta do sujeito ativo a firme disposição de simular o casamento mediante engano de alguém (seja um dos nubentes, ambos ou terceiras pessoas a quem cabe consistir). Cuida-se tal finalidade de elemento subjetivo específico do tipo. Conforme exemplifica Guilherme Nucci, "aquele que representa estar contraindo matrimônio para pregar uma peça em seus amigos não responde pelo delito, pois não está ludibriando a pessoa que aceita o papel de contraente"[30] e, ademais, não age com o propósito de fazê-lo, tornando atípica a conduta.

5. SUJEITOS DO CRIME

5.1. Sujeito ativo

Cuida-se a simulação de casamento de **delito comum**, já que a norma penal não requer nenhuma qualidade ou condição especial do sujeito ativo. Caso a farsa seja realizada com auxílio de alguém que se faça passar por celebrante, este responderá pelo crime do art. 238, dada sua maior especificidade, em razão de sua falsa atribuição na condição de celebrante – haverá uma exceção pluralista à teoria monista prevista no art. 29 do CP.

5.2. Sujeito passivo

É aquele que, enganado pela simulação, presta sua aquiescência ao simulacro de matrimônio realizado.

6. CONSUMAÇÃO E TENTATIVA

6.1. Consumação

A conduta típica funda-se no ato de simular casamento, o que envolve a realização dos atos inerentes à cerimônia do enlace conjugal e, notadamente, sua conclusão. Só é possível falar-se em simulação de um matrimônio se este, ao menos no plano da aparência, foi completamente realizado. Significa dizer que o *summatum opus* da infração **requer a plena (embora falsa) conclusão da cerimônia**. Lembre-se, uma vez mais, que o art. 1.514 do CC declara concluído o ato quando os nubentes manifestam sua vontade perante a autoridade celebrante, que os declara casados.

---

[30] Op. cit., p. 938.

6.2. Tentativa

O *conatus proximus* é admissível, dado o caráter **plurissubsistente** do delito. Caso a simulação seja desvelada antes da manifestação dos nubentes, por exemplo, em virtude da descoberta do ato por terceiros, ter-se-á configurada a tentativa punível.

7. CLASSIFICAÇÃO JURÍDICA

O crime em estudo é ***doloso, comum, unissubsistente ou de concurso eventual, material ou de resultado*** (exige a conclusão fraudulenta da cerimônia – resultado naturalístico) e *plurissubjetivo*.

8. PENA E AÇÃO PENAL

A pena cominada é de detenção, de um a três anos (se o fato não constitui elemento de crime mais grave). Será possível, em tese, a aplicação da suspensão condicional do processo ou *sursis* processual (art. 89 da Lei n. 9.099/95).

A ação penal é de **iniciativa pública**, isto é, seu ajuizamento incumbe ao Ministério Público. Não se requer, ademais, autorização de terceiros, de modo que se trata de ação penal de iniciativa pública incondicionada.

O rito processual cabível será o comum sumário (CPP, arts. 395 a 399 e 531 a 536).

ART. 240 – ADULTÉRIO

1. BREVE NOTÍCIA HISTÓRICA

A punição criminal do adultério remonta à *Lex Julia de Adulteriis*, promulgada ao tempo do Imperador Augusto, a qual cominava pena de relegação ao adúltero e de morte à adúltera e seu comparsa, quando surpreendidos em flagrante.

Durante os muitos séculos que se seguiram, as legislações tinham o costume de não incriminar a conduta quando praticada pelo cônjuge varão, mas a puniam com morte no caso do adultério da virago.

As Ordenações do Reino de Portugal, vigentes no Brasil desde o descobrimento, adotavam tratamento similar. Ao tempo das Ordenações Afonsinas (1446 ou 1447-1521), o adultério encontrava-se disciplinado nos Títulos VII e XII do Livro V. O homem que cometesse adultério com mulher casada era punido, se fidalgo, com o confisco de seus bens, em favor do marido traído ou da Coroa, ou com morte, se não ostentasse mencionado *status* (Título VII).

A mulher adúltera era sancionada com a pena capital, salvo se tomada contra a sua vontade (Título XII). Sob a égide das Ordenações Manuelinas (1521-1603) o regime jurídico era idêntico, embora mais detalhado, como se nota no Título XV. As Ordenações Filipinas (1603-1830), finalmente, regulavam o assunto no Título XXV, cominando pena de morte tanto à mulher adúltera quanto ao seu comparsa, o qual deveria, ainda, indenizar a vítima do crime, caso algum dano produzisse (item 1 do Título XXV). O marido poderia perdoar a mulher que, nesse caso, era isenta de pena, salvo se tivesse cometido o crime com judeu, mouro ou parente, caso em que era poupada da sanção capital decorrente do adultério, mas recebia aquela decorrente da prática de relações sexuais com as pessoas retronominadas (item 2). Interessante notar que, sendo concedido o perdão à mulher, seu comparsa tinha a pena de morte comutada para o degredo perpétuo ao Brasil (item 4). Curiosa, ainda, a solução prevista para o marido condescendente, isto é, que consentiu com o adultério de sua mulher: o casal era açoitado, cada um com sua capela de cornos e em seguida eram degredados para o Brasil (e o comparsa da mulher no delito, para a África – item 9).

O Código Criminal do Império (1830), influenciado pelo Iluminismo e pelo pensamento igualitário e liberal de Beccaria, punia o adultério de maneira bem mais branda – prisão com trabalho de um a três anos – e englobava tanto aquele cometido pela mulher (art. 250) quanto o cometido pelo homem (art. 251), embora, no caso masculino, exigisse habitualidade ("concubina teúda e manteúda"). O Código Penal de 1890 trilhara o mesmo caminho (art. 279), mantido na Consolidação das Leis Penais (1932).

O Código Penal vigente, em sua redação original, tipificava a conduta no art. 240, assim redigido: "Cometer adultério: pena – detenção, de 15 (quinze) dias a 6 (seis) meses". O § 1º declarava que na mesma pena incorreria o corréu. Na Exposição de Motivos colhia-se a seguinte justificativa para a incorporação da conduta na legislação penal: "Não há razão convincente para que se deixe tal fato à margem da lei penal. É incontestável que o adultério ofende um indeclinável interesse de ordem social, qual seja o que diz com a organização ético-jurídica da vida familiar. O exclusivismo da recíproca posse sexual dos cônjuges é condição de disciplina, harmonia e continuidade do núcleo familiar" (item 77).

O dispositivo legal somente veio a ser revogado em 2005[31].

---

[31] Registre-se, somente para efeito de ilustração, que diversos países mantêm a incriminação do adultério, merecendo destaque alguns que, ainda em pleno século XXI, cominam pena capital. Nessa categoria insere-se a Somália, em que a infidelidade conjugal sujeita-se à morte por apedrejamento.

2. LEI N. 11.106, DE 28-3-2005

De há muito reclamava a doutrina penal a necessidade de se adequar o Código Penal à realidade constitucional em vigor, fazendo com que somente subsistam em nossa legislação criminal comportamentos que apresentem a necessária lesividade para que possam ser punidos com as mais duras penas que nosso ordenamento prevê.

Guilherme Nucci argumentava que "não se deve utilizar leis penais para ensinar comportamentos elevados, moral e eticamente, ao ser humano, essa não é sua finalidade maior"[32]. Cezar Bitencourt, de sua parte, aduzia que "a criminalização do adultério permanece em nosso direito positivo como uma anomalia do passado, cuja utilidade não vai além de exemplo a ser citado aos principiantes, como uma norma em desuso"[33].

Aquilo que se designa como *ultima ratio* do Direito Penal pode bem ser explicado à luz do princípio (constitucional) da proporcionalidade, em sua acepção clássica, consistente na vedação ao Estado de imposição de medidas gravosas, quando outras, menos agressivas dos direitos individuais do cidadão, podem apresentar satisfatória eficácia. Significa dizer, por que punir criminalmente alguém que pode ser suficientemente penalizado pelo seu ato com medidas de natureza cível? O poder conferido ao Estado, resultante da parcela de liberdade da qual todos abrimos mão em nome do convívio social pacífico, não pode ser malversado, usurpado ou injustificadamente exercido. O Estado não tem "carta-branca" para retirar a liberdade ou os bens de quem quer que seja, mas antes deve fazê-los quando absolutamente necessário em nome da boa convivência e da paz social.

Foi justamente essa percepção que nosso legislador teve com respeito ao adultério, quando editou a Lei n. 11.106, de 28-3-2005. O que poderia se justificar até o século XX não mais fazia sentido no novo milênio.

"(...) as leis penais, conforme se modificam os interesses sociais, experimentam mudanças. Ditam-se novas leis para conferir proteção penal em setores da atividade humana que dela carecem, substituem-se leis penais existentes e se suprimem outras para excluir do âmbito da intervenção penal certos comportamentos"[34].

Trata-se, no dizer de Muñoz Conde e García Arán, da "exigência de que o direito penal expresse em cada momento histórico a ordem de valores existente em uma sociedade", determinando que "as normas evoluam

---

[32] *Código Penal comentado*, 4. ed. 2003, p. 733.

[33] Op. cit., v. 4, p. 132.

[34] Guillermo Oliver Calderón, *Retroactividad e irretroactividad de las leyes penales*, p. 46.

e sejam substituídas no compasso das alterações valorativas operadas no meio social"[35].

3. *ABOLITIO CRIMINIS* – CONSEQUÊNCIAS

A *abolitio criminis*, expressão que retrata a nova lei penal que descriminaliza condutas ou lei supressiva de incriminação, constitui-se numa das causas extintivas da punibilidade, conforme se verifica no elenco do art. 107 do CP[36].

Dá-se quando da superveniência de legislação que transforma um fato penalmente típico em irrelevante penal; o que era crime (ou contravenção penal) deixa de ser[37]. A conduta pode até persistir em seu caráter ilícito, mas essa ilicitude não mais se dará no âmbito penal, somente na esfera de outros ramos do Direito[38].

---

[35] *Derecho penal*: parte general, p. 138 e s., apud Guillermo Oliver Calderón, op. cit., p. 46.

[36] Nesse sentido: "APELAÇÃO CRIMINAL – CRIME DE ADULTÉRIO – AÇÃO PENAL PRIVADA PERSONALÍSSIMA – SUPERVENIÊNCIA DE LEI DESCRIMINALIZADORA. A descriminalização do adultério por ato legislativo (Lei n. 11.106, de 28 de março de 2005) impõe o reconhecimento da 'abolitio criminis'. Extinção da punibilidade reconhecida 'ex officio' pelo Tribunal. Processo extinto" (TJMT, ApCr 0015667-10.2004.8.11.0000, rel. Des. Paulo da Cunha, 2ª CCr, j. 18-5-2005).

[37] Nessa linha: "(...) A ausência de qualquer condição da ação, no caso, impossibilidade jurídica do pedido, é motivo idôneo para a rejeição da queixa-crime, uma vez que o delito de adultério foi descriminalizado, ocorrendo a *abolitio criminis*, bem como o fato narrado na inicial acusatória é atípico, conforme o artigo 395, inciso II, do Código de Processo Penal. 3. Não há falar em inconstitucionalidade da Lei n. 11.106/2005, uma vez que se mostra adequada e coerente com o texto constitucional, com a legislação vigente e principalmente com as mudanças da sociedade, uma vez que há muito o adultério já estava, na prática, descriminalizado (...)" (TJDFT, Acórdão 808884, 20130111247772RSE, rel. Des. João Batista Teixeira, 3ª T. Criminal, j. 31-7-2014).

[38] "(...) O fato de ter sido o adultério descriminalizado não pode ser visto como óbice à compensação dos danos morais causados pelo cônjuge adúltero ao inocente, pois a fidelidade conjugal constitui dever legalmente atribuído ao par conjugal. Ademais, a transgressão a esse dever imposto aos cônjuges, deve ser visto como ato ilícito relativo, pois afeta as partes predeterminadas em uma apontada relação jurídica substancial. 3. Como se sabe, o casamento é evento que tem múltiplas eficácias e gera uma peculiar relação jurídica cujo objetivo é o estabelecimento da 'comunhão plena de vida, com base na igualdade de direitos e deveres dos cônjuges'. Aliás, de acordo com a disposição expressa contida no art. 1566, inc. I, do Código Civil, a fidelidade é dever de ambos os cônjuges, regra que deve ser observada reciprocamente. 4. Logo, tendo havido a transgressão a esse comando normativo prescritivo e, diante da repercussão *in re ipsa*

A lei supressiva de incriminação, dado seu evidente caráter benéfico, opera retroativamente, vale dizer, alcança não só comportamentos ocorridos sob sua vigência, mas também os fatos passados, mesmo quando já atingidos pelo manto da coisa julgada. Esse efeito retro-operante decorre, em primeiro lugar, da Constituição Federal, que, no seu art. 5º, XL, declara que a lei penal não retroagirá, *salvo para beneficiar o réu*. Vem confirmado, ademais, pelo art. 2º do CP.

A *abolitio criminis* pode se verificar antes ou depois do trânsito em julgado, portanto, daí variando suas consequências. Quando ocorrer antes, impedirá todo e qualquer efeito decorrente de uma condenação penal, sejam eles de natureza penal, como a imposição da pena e a geração de reincidência, como extrapenais (obrigação de reparar o dano, confisco de bens etc.). O juízo competente para aplicá-la, ademais, será aquele onde tramitar a ação penal, o qual deverá proceder de ofício, isto é, não deve esperar provocação das partes, embora deva ouvi-las antes da decisão final. Se a persecução penal estiver na fase de inquérito, deverão os autos ser remetidos a juízo, a fim de que o órgão competente declare a extinção da punibilidade.

Se já houve trânsito em julgado, a *abolitio criminis* obstará todos os efeitos penais da condenação; não atingirá, todavia, os extrapenais. O órgão competente para aplicá-la, nesse caso, será o juízo das execuções penais (Súmula 611 do STF).

4. ILÍCITO CIVIL

O adultério, no panorama da legislação brasileira, configura tão somente ilícito civil, projetando nesta seara todas as suas consequências jurídicas.

Com o casamento, surgem diversos direitos e deveres recíprocos entre os cônjuges, dos quais o dever de fidelidade (CC, art. 1.566, I), traduzido na abstenção de prática de relações sexuais com terceiro, bem como de condutas que possam romper com a fé conjugal, como namoro virtual e inseminação artificial heteróloga não consentida[39].

---

desse ilícito na esfera jurídica da parte, deve ser aplicada à hipótese a obrigação adveniente de ato ilícito indenizatório, nos termos do art. 186, em composição com o disposto no art. 927, *caput*, ambos do Código Civil (...)" (TJDFT, Acórdão 1130408, 20180910032479APC, rel. Des. Maria de Lourdes Abreu, rel. designado Des. Alvaro Ciarlini, 3ª T. Cível, j. 19-9-2018).

[39] *Vide* Maria Helena Diniz, *Curso de direito civil brasileiro*, p. 129 e 131.

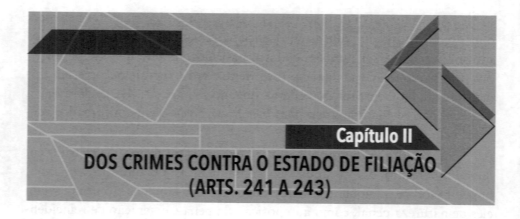

Capítulo II
DOS CRIMES CONTRA O ESTADO DE FILIAÇÃO
(ARTS. 241 A 243)

1. INTRODUÇÃO

Diz-se *estado de filiação* o **vínculo existente entre pais e filhos** ou a relação de parentesco em linha reta de primeiro grau entre uma pessoa e seus descendentes (filiação natural) ou, ainda, a **relação socioafetiva** entre pais e filhos adotivos ou advindos de inseminação artificial ou fertilização *in vitro* (filiação civil)[1].

No plano jurídico, inexiste qualquer distinção entre os filhos resultantes de elo consanguíneo ou civil, notadamente porque nossa Constituição Federal declara, em seu art. 227, § 6º, que "os filhos, havidos ou não da relação do casamento, ou por adoção, terão os mesmos direitos e qualificações, proibidas quaisquer designações discriminatórias relativas à filiação". Semelhante isonomia é prescrita, ademais, pelo Estatuto da Criança e do Adolescente (Lei n. 8.069/90), na Lei n. 8.560/92 (que regula a investigação de paternidade) e pelo Código Civil, art. 1.596 ("Os filhos, havidos ou não da relação de casamento, ou por adoção, terão os mesmos direitos e qualificações, proibidas quaisquer designações discriminatórias relativas à filiação").

O valor protegido no Capítulo II, portanto, tem elevada magnitude e merece indiscutivelmente, quando mais gravemente atingido, a tutela subsidiária do Direito Penal.

2. O VALOR PROTEGIDO

Muito embora o Código Penal indique que a tutela se volta em favor do "estado de filiação", o alcance dos dispositivos extravasa um sim-

---

[1] Maria Helena Diniz, *Curso de direito civil brasileiro*, p. 442-443.

ples *status familae* e se dedica verdadeiramente à proteção do vínculo jurídico e socioafetivo entre os pais e seus filhos (independentemente da origem dessa relação).

Boa parte das condutas tipificadas, ademais, envolve atos materiais de inequívoca falsidade ideológica. Em que pese essa inegável natureza, e, com ela, a lesão à fé pública (crença na veracidade e legitimidade que os documentos devem acarretar), preferiu o legislador inseri-los no seio dos crimes contra a família, pois é contra ele que se projetam as consequências das infrações correspectivas.

3. VISÃO GERAL

O Capítulo II possui cinco crimes: o registro de nascimento inexistente (art. 241), o parto suposto (art. 242, primeira figura), o registro de filho alheio como próprio (art. 242, segunda figura), a supressão ou alteração de direito inerente ao estado civil de recém-nascido (art. 242, parte final)[2] e a sonegação do estado de filiação (art. 243).

O legislador incrimina as diversas formas com as quais se pode violar o direito de uma pessoa pertencer a uma família. São elas: 1ª) a **suposição de estado**, que se dá mediante a imputação de um estado familiar fictício, fundado na declaração de um nascimento inexistente (art. 241)[3]; 2ª) a **supressão de estado**, que se verifica com a ocultação de um neonato (art. 242, parte final, e art. 243)[4]; 3ª) a **alteração de estado mediante substituição**, isto é, a troca de um recém-nascido por outro, modificando-lhe o verdadeiro *status familiae* (art. 242, parte final); 4ª) a **alteração de estado por meio de falsificação**, ou seja, o ato de introduzir declaração falsa no âmbito do registro civil (art. 242, segunda figura); 5ª) a **ocultação de estado**, isto é, o encobrimento do estado familiar de menor cujo nascimento já foi registrado (art. 242, parte final, e art. 243).

---

[2] Há autores que dividem a última figura do art. 242 do CP em dois crimes: a ocultação *e* a substituição de recém-nascido.

[3] O Código Penal italiano, em que se inspirou o nacional, utiliza a rubrica *supposizione di stato* no que toca ao delito correspondente ao art. 241 do nosso Código Penal (art. 566). Diz o texto mencionado: "Chiunque fa figurare nei registri dello stato civile una nascita inesistente è punito con la reclusione da tre a dieci anni (c.p. 569)".

[4] O Código Penal italiano, do mesmo modo que se indicou na nota precedente, denomina *soppressione di stato* a ocultação do neonato seguida da supressão de seu estado civil (art. 566): "Alla stessa pena soggiace chi, mediante l'occultamento di un neonato, ne sopprime lo stato civile."

4. QUESTÃO PREJUDICIAL

Em todas as infrações definidas no presente capítulo, há em comum o fato de violarem o direito de filiação de alguém. É possível, justamente por envolver a análise do estado civil da vítima, que surja, no curso da ação penal, questão prejudicial consistente em se definir, primeiramente, qual o verdadeiro *status familiae* do ofendido. Nesses casos, a lei processual penal veda ao juiz criminal decidir a matéria. Deve o magistrado suspender o curso do processo penal, assim que verificar a seriedade da alegação relativa ao estado civil e constatar que sua solução condicionará o julgamento da causa.

A suspensão do feito criminal é **obrigatória**, por força do que determina o art. 92 do CPP, ficando obstada a fluência da instância até que haja decisão cível acerca da questão prejudicial. Durante esse intervalo, fica **suspenso também o prazo da prescrição da pretensão punitiva** (CP, art. 116, I). De acrescentar-se, derradeiramente, que a suspensão da prescrição não poderá ultrapassar tempo superior ao lapso da prescrição da pretensão punitiva em abstrato (isto é, aquele que se obtém a partir do confronto da pena máxima cominada com a "tabela" contida no art. 109 do CP); é o que determina a Súmula 415 do STJ[5].

5. A INCAPACIDADE PARA O EXERCÍCIO DO PODER FAMILIAR, TUTELA OU CURATELA

De acordo com o art. 92, II, do CP, deverá o juiz decretar na sentença penal condenatória a incapacidade para o exercício do poder familiar (o dispositivo fala em "pátrio poder", expressão em desacordo com a Constituição Federal e com o Código Civil), tutela ou curatela, quando o sentenciado houver sido condenado por delito doloso apenado com reclusão, cometido contra filho, tutelado ou curatelado.

Cuida-se de **efeito extrapenal específico da condenação**, que depende de expressa declaração na sentença (art. 92, parágrafo único, do CP).

Uma vez passada em julgado a sentença criminal, dar-se-á por consumado esse efeito civil, não podendo mais o agente voltar a exercer os direitos cuja incapacidade foi decretada, senão depois de obter reabilitação criminal, na qual deverá demonstrar que, depois de dois anos do cumprimento ou extinção da pena (incluído eventual período de prova do *sursis* ou do livramento condicional não revogados), teve domicílio no Brasil, não praticou novos delitos e manteve conduta ilibada, no âmbito

---

[5] "O período de suspensão do prazo prescricional é regulado pelo máximo da pena cominada."

público e privado e ressarciu eventual dano material decorrente da infração (art. 94 do CP). Na hipótese de lhe ser concedida a reabilitação, recuperará a capacidade para exercitar o poder familiar etc., salvo quanto à pessoa que foi vítima do crime.

Todos os delitos contidos no Capítulo II **são dolosos** e apenados com **reclusão** e, quando praticados pelos pais contra seus filhos (direta ou indiretamente, isto é, na condição de autores ou partícipes), o que é possível de acordo com o estabelecido nos arts. 242 e 243 do CP, deverá o magistrado decretar-lhes o efeito extrapenal acima mencionado. Como se trata de crimes de ação pública, deve o Ministério Público, caso ofereça denúncia em face dos genitores por delitos praticados contra seus filhos, requerer na denúncia a aplicação do art. 92, II, do CP.

ART. 241 – REGISTRO DE NASCIMENTO INEXISTENTE

1. DISPOSITIVO LEGAL

Registro de nascimento inexistente

Art. 241. Promover no registro civil a inscrição de nascimento inexistente:
Pena – reclusão, de 2 (dois) a 6 (seis) anos.

2. VALOR PROTEGIDO (OBJETIVIDADE JURÍDICA)

A esfera de proteção à qual a norma se propõe a irradiar diz respeito à **família** e, mais proximamente, à **confiabilidade do registro civil** no que toca aos **nascimentos** e, como consequência, ao **estado de filiação**[6].

Romão Cortes de Lacerda aduzia que, no presente artigo, em que a conduta exige a suposição de um estado civil fictício, ou seja, um nascimento inexistente, não se trata de um crime contra o estado de filiação, mas contra o estado de família, posto que "não se prejudica o estado de filiação supondo-se um nascimento inexistente, um recém-nascido que nunca existiu; prejudica-se, efetiva ou potencialmente, sim, a *família* ou os membros da família a que se atribui, falsamente, a origem desse rebento inexistente"[7].

Mais do que isso, reiteramos, trata-se de preservar a credibilidade de que carecem os documentos públicos no que toca ao registro do vínculo de parentesco entre pais e filhos.

---

[6] No Código Penal português, o ato encontra-se descrito no art. 248º: "quem: (...) *a*) fizer figurar no registro civil nascimento inexistente" (pena: até dois anos de prisão ou multa de até 240 dias).

[7] Apud Nelson Hungria, *Comentários ao Código Penal*, v. VIII, p. 387.

3. TIPO OBJETIVO

A conduta nuclear consiste em *promover*, isto é, efetuar, realizar, viabilizar, dar impulso. A conduta do agente busca a **promoção no registro civil de um nascimento que inexistiu**, ou seja, de uma pessoa fictícia. O crime denomina-se "suposição de fato".

O delito é de **forma vinculada**, pois contém **como único meio executivo a falsidade (ideológica ou material)** consistente em dar ao serventuário encarregado de inscrever o nascimento no livro respectivo informação inverídica. O *falsum* ficará, contudo, absorvido pelo crime do art. 241 do CP, dado que neste se exaure sua potencialidade lesiva.

A essência da infração reside na promoção do nascimento inexistente, ou seja, declarar falsamente que se deu vida extrauterina a alguém. Pouco importa se a conduta foi ou não precedida de gravidez, se esta foi ou não interrompida, ou ainda se se trata de feto natimorto que se declara ter nascido com vida. O fundamental é que se efetue o registro de um ser fictício ou natimorto declarado vivo.

Tendo em vista o *modus operandi* – falsidade – é fundamental que o meio empregado pelo agente se revista de um mínimo de idoneidade. Em se tratando de meio absolutamente ineficaz a iludir o oficial do registro civil, não há crime algum por força do art. 17 do CP (crime impossível). O Tribunal de Justiça do Rio Grande do Sul já decidiu, nesse sentido, que a apresentação de documento de "nascimento vivo" visivelmente adulterado, com numeração idêntica à de outro filho de parente da autora do fato, caracteriza o quase crime, impondo a absolvição[8].

4. TIPO SUBJETIVO

O crime somente é punido na forma **dolosa**. Exige-se que o sujeito, portanto, tenha consciência da inexistência do nascimento cujo registro leva a efeito e atue de modo voluntário. A norma não contém qualquer elemento subjetivo específico, o que significa dizer que pouco importa a finalidade que mover o agente a praticar o fato.

5. SUJEITOS DO CRIME

5.1. Sujeito ativo

A infração em estudo pode ser praticada por qualquer pessoa (**crime comum**), até mesmo pelo oficial do registro civil. Admite, ademais, coautoria

---

[8] ApCr 70017816177, rel. Des. Marcelo Bandeira Pereira, 3ª CCr, j. 28-12-2006.

ou participação, notadamente daqueles que colaborarem com a farsa, como eventualmente testemunhas ou o médico que subscrever a certidão de "nascido vivo".

5.2. Sujeito passivo

São os pais a quem o nascimento inexistente foi atribuído e os demais membros de sua família e, quando autores do delito as pessoas a quem se atribui a paternidade ou maternidade fictícias, os prejudicados pelo crime. Lesa-se, ainda, o Estado, já que o delito contém evidente ofensa à fé pública no que toca aos documentos relativos ao estado de filiação.

6. CONSUMAÇÃO E TENTATIVA

6.1. Consumação

O **crime de mera conduta ou simples atividade**. Sua consumação dá--se, portanto, quando o sujeito ativo **promove o registro do nascimento que não ocorreu**, isto é, quando se formaliza a inscrição deste fato inverídico perante o cartório.

6.2. Tentativa

É admissível a forma tentada, em que pese cuidar-se de crime de mera conduta, porquanto o *iter criminis* admite fracionamento.

7. PRESCRIÇÃO DA PRETENSÃO PUNITIVA

A prescrição, conforme já recordamos em outras passagens, consubstancia-se na causa extintiva da punibilidade por meio da qual, com o passar do tempo conjugado com a inércia estatal, perde-se o direito de punir. Esse prazo corre antes ou depois do trânsito em julgado, denominando-se, respectivamente, prescrição da pretensão punitiva e prescrição da pretensão executória.

A pretensão punitiva estatal tem seu prazo iniciado com a consumação do crime, nos termos do art. 111, I, do CP. Há, contudo, exceções, sendo o crime em estudo uma delas. Com efeito, nos delitos de bigamia ou falsificação ou alteração de assentamento de registro civil, **o lapso em análise somente começa a fluir quando o fato se torna conhecido**. É assim porque a infração é cometida às ocultas e nem mesmo as vítimas dela têm conhecimento, senão quando o fato vem a público. Caso a prescrição tivesse como *dies a quo* a consumação, não se puniriam esses crimes em razão do tempo (normalmente elástico) decorrido entre seu cometimento e sua notícia. Segundo

posição dominante em nossos tribunais, inclusive, o termo inicial corresponde exatamente ao conhecimento das autoridades encarregadas da persecução penal, o que se dá com o encaminhamento da *notitia criminis*[9].

As demais regras aplicáveis ao prazo da prescrição da pretensão
punitiva são as mesmas existentes no tocante aos demais delitos (CP,
arts. 109 a 119).

8. CLASSIFICAÇÃO JURÍDICA

Cuida-se de delito *doloso*, *comum* (qualquer pessoa pode figurar
como sujeito ativo), *unissubjetivo ou de concurso eventual* (outros podem
concorrer com a infração), *de mera conduta* (a lei descreve um agir, sem
aludir a resultado naturalístico algum), *instantâneo de efeitos permanentes*
(sua consumação dá-se no instante em que o registro é formalizado, mas
seus efeitos se prolongam no tempo, persistindo enquanto a fraude perdurar) e *plurissubjetivo* (seu *iter criminis* admite fracionamento).

9. PENA E AÇÃO PENAL

A pena cominada é de reclusão, de dois a seis anos. A ação penal é de
iniciativa **pública incondicionada** e o processo seguirá, em face do elevado
teto punitivo, o procedimento comum ordinário (CPP, arts. 395 a 405).

ART. 242 – PARTO SUPOSTO. SUPRESSÃO OU ALTERAÇÃO DE DIREITO INERENTE AO ESTADO CIVIL DE RECÉM-NASCIDO

1. DISPOSITIVO LEGAL

Parto suposto. Supressão ou alteração de direito inerente ao estado civil de recém-nascido

Art. 242. Dar parto alheio como próprio; registrar como seu o filho de outrem;
ocultar recém-nascido ou substituí-lo, suprimindo ou alterando direito inerente ao estado
civil:

Pena – reclusão, de 2 (dois) a 6 (seis) anos.

Parágrafo único. Se o crime é praticado por motivo de reconhecida nobreza:

Pena – detenção, de 1 (um) a 2 (dois) anos, podendo o juiz deixar de aplicar a pena.

---

[9] "Nos crimes de registro de nascimento inexistente o prazo prescricional se inicia com
o conhecimento do crime, nos termos do que dispõe o art. 111, IV, do CP. Inocorrência de prescrição. (...)" (TRF4, ACR 5003747-79.2015.4.04.7118, rel. João Pedro
Gebran Neto, 8ª T., j. 15-5-2019).

2. VALOR PROTEGIDO (OBJETIVIDADE JURÍDICA)

A norma penal busca tutelar a **família** e, mais proximamente, o **estado de filiação** e os direitos a ele inerentes (por exemplo, o direito à assistência familiar, o direito a prestações positivas, como a educação e a saúde, direitos hereditários ou até as vedações matrimoniais em razão de vínculo de parentesco)[10]. A condição de filho, ademais, relaciona-se com a dignidade

---

[10] O Código Penal espanhol contém, no art. 220, diversas condutas semelhantes às dispostas no art. 242 do Código Penal brasileiro, a saber: "suposição de parto" (art. 220.1), "ocultação ou entrega de filho" (art. 220.2), descrita como o ato de "ocultar ou entregar a terceiros um filho para alterar ou modificar sua filiação" e a "substituição de uma criança por outra" (art. 220.3) – esta punida na forma dolosa e culposa (conquanto se verifique culpa grave – art. 220.5). Em todos os casos, do mesmo modo quanto sustentamos à luz do Direito Penal pátrio, a norma projeta-se para a tutela da "família como instituição, da qual deriva uma série de direitos e obrigações", e, ainda, para o "estado de filiação da criança" (Alfonso Serrano Gomez, *Derecho penal*: parte especial, p. 301). No Código Penal português, o ato encontra-se descrito no art. 248º, com os seguintes dizeres: "quem: (...) *b*) de maneira a pôr em perigo a verificação oficial do estado civil ou de posição jurídica familiar, usurpar, alterar, supuser ou encobrir o seu estado civil ou a posição jurídica familiar de outra pessoa" (pena: até dois anos de prisão ou multa de até 240 dias). Na legislação argentina o tratamento jurídico-penal desse assunto toca em uma ferida ainda aberta desse país, no qual a ditadura militar promoveu o sequestro e o sumiço de diversas pessoas consideradas subversivas e também de seus filhos, suprimindo destes e de seus pais quaisquer direitos inerentes ao seu verdadeiro *status familiae*: "O chamado regime militar, baseado na teoria da segurança do Estado, sobre o qual escrevemos certa feita, usurpou o poder, baseado na ideia de combater a subversão, que realmente existia no país, para o qual arrogou os direitos do povo e procurou justificar sua ação com um decreto do Poder Executivo constitucional para realizar a matança, tortura e o desaparecimento de pessoas entre outras coisas, em nome não se sabe bem de quê. Duas consequências, em relação ao nosso tema, teve o acionar das Forças Armadas. A primeira delas foi o desaparecimento forçado de pessoas, das quais ainda não se sabe nada e, o que é pior, não parece que se terá alguma informação no futuro, e a segunda, o desaparecimento de crianças das pessoas sequestradas e desaparecidas, com o qual, e isso não se estudou a fundo, todo o sistema de filiação desse período restou, pelo menos no inconsciente coletivo, posto seriamente em dúvida" (Edgardo Alberto Donna, *Derecho penal*: parte especial, t. II-A, p. 55-56). O Código Penal argentino define a conduta como o ato da mulher que "fingir gravidez ou parto para dar ao seu suposto filho direitos que não lhe correspondam", apenando-o com prisão, de dois a seis anos (art. 139, 1º, alterado pela Lei n. 24.410). O art. 139, 2º, com a redação da lei mencionada, tipifica o fato de "por qualquer modo, fazer incerto, alterar ou suprimir a identidade de um menor de 10 anos, e o que o retiver ou ocultar". No Código Penal chileno, os crimes contra o estado de filiação encontram-se nos arts. 353 e 354, abrangendo a suposição de parto, a substituição de uma criança por outra, a usurpação de estado civil e o ocultamento ou exposição de criança.

da pessoa humana, seu direito à intimidade, à sua identidade social, biológica e cultural[11].

A segunda figura descrita no tipo ("registrar como seu filho de outrem") protege também a **fé pública**, no que toca à regularidade dos dados relativos ao registro civil.

3. TIPO OBJETIVO

O tipo penal contém três infrações penais, embora se possa divisar quatro comportamentos delitivos (a última figura apresenta dois verbos alternativamente dispostos entre si). Constitui **tipo misto cumulativo**, dada a autonomia dos três delitos nele inseridos. Significa que, se o agente praticar mais de uma das condutas típicas, dar-se-á concurso de crimes[12]. O **último deles**, contudo, isoladamente considerado, é **misto alternativo**, já que possui duas ações nucleares unidas por conjunção alternativa, razão pela qual a substituição de um recém-nascido, seguida de sua ocultação, configurará delito único.

3.1. Parto suposto (primeira figura)

Verifica-se o *parto suposto* quando a mulher der **parto alheio como próprio**, isto é, declarar seu o produto da concepção oriundo de outro ventre. Trata-se de punir quem aduz ser seu filho de outrem, depois de simular gravidez inexistente ou, ainda, quando, embora verdadeiro o estado gravídico, vendo o natimorto, afirma ser sua a criança nascida de outra mulher.

Não há o delito quando alguém der **parto próprio como alheio**[13], salvo se o fizer na condição de partícipe daquela que asseverou falsamente ser a verdadeira mãe[14]. Assim, por exemplo, uma mulher dá à luz um filho e o entrega a outra, que simulou gravidez; esta, dá parto alheio como próprio e a outra, auxiliando-a, declara parto próprio como alheio.

Deve-se notar que o fato se aperfeiçoa independentemente de a falsidade ser documentada no registro. Caso isto ocorra, ou seja, **depois de dar parto de outrem como seu, a mulher registra a criança como se fora**

---

[11] *Vide* Edgardo Alberto Donna, *Derecho penal*: parte especial, t. II-A, p. 56.

[12] *Vide*, por todos: Guilherme de Souza Nucci, *Código Penal comentado*, p. 939.

[13] Diz-se que não há "o" delito, isto é, não se configura o crime do art. 242 do CP, mas é evidente que se uma mãe comparece ao cartório de registro civil e declara de outrem filho seu, comete falsidade ideológica (art. 299 do CP).

[14] "No dar parto alheio como próprio ocorre, não raro, a conivência da verdadeira mãe, fato que, entretanto, não elide a configuração do delito" (TJSP, *RT* 288/115).

sua, haverá *concurso de crimes*. Deve-se lembrar que o tipo penal é misto *cumulativo* e, além disso, deve-se observar que, com o *falsum*, atinge-se outro valor normativo (além da lesão aos direitos inerentes à filiação, a ofensa à fé pública)[15].

O delito somente se aperfeiçoa quando a conduta objetiva (isto é, a ação física) tiver como escopo suprimir ou alterar direito inerente ao estado civil[16]. Muito embora essa elementar apareça vinculada somente à última das figuras delitivas inseridas no art. 242, é essencial para todas elas. Deve-se frisar que se trata de *crimen* contra o estado de filiação, vale dizer, que atenta contra os direitos inerentes à condição de filho que alguém ostenta[17].

---

[15] Romão Cortes de Lacerda, antes mesmo da introdução do registro de filho alheio como próprio no art. 242, decorrente da Lei n. 6.898/81, já destacava, à luz da legislação penal italiana, que "é a maior gravidade indisfarçável do fato de se seguir o registro, que aumenta o perigo e revela maior temibilidade, bem como maior dolo". O autor sustentava, então, que deveria sofrer sanção mais rigorosa quem, depois de inculcar-se mãe de filho alheio, promove-se o respectivo registro (*apud* Nelson Hungria, op. cit., v. VIII, p. 391). Sua tese encontra-se devidamente encampada na legislação, desde a alteração promovida no início da década de 1980 e até hoje vigente, dada a pluralidade de infrações penais que se caracterizará. É de ver que, entre o parto suposto e o falso registro subsequente, dá-se continuidade delitiva (CP, art. 71), já que se trata de condutas correspondentes a crimes da mesma espécie, cometidas em semelhantes condições objetivas e unidas por inegável unidade de desígnios (ou seja, uma programação inicial de realização sucessiva, na feliz definição de Regis Prado).

[16] Cumpre distinguir *estado civil* (gênero) de *estado familiar* (espécie). O *estado civil* compreende o conjunto de relações do indivíduo com a sociedade, incluindo o estado familiar ou *status familiae* (relações jurídicas fundadas na descendência ou ato jurídico como paternidade, adoção, casamento, união estável etc.), o nome, o estado, o sexo e a nacionalidade.

[17] Em sentido contrário sustentava Magalhães Noronha, para quem "a condição *suprimindo* ou *alterando direito relativo ao estado civil* não diz respeito ao parto suposto (...). Primeiramente, isso nos é dito pela redação do artigo, em que o *parto alheio como próprio* está separado do restante da oração por ponto e vírgula. Depois, porque o *nomen iuris* do crime confirma plenamente a oração, pois a primeira modalidade estrema-se das outras por um ponto. Estamos que nossa lei, embora enfeixando no mesmo dispositivo todas as formas, seguiu o Código italiano" (*Direito penal*, v. 3, p. 424). *Vide*, ainda, Cezar Roberto Bitencourt (*Código Penal comentado*, p. 857). Sufragando tese semelhante àquela por nós defendida: Romão Cortes de Lacerda (apud Nelson Hungria, op. cit., v. VIII, p. 392) e, mais recentemente, Guilherme Nucci: "Em todas incide, ainda, a consequência de suprimir ou alterar direito inerente ao estado civil. (...). Esse elemento deve ser aplicado às três figuras, igualmente, pois não teria sentido 'dar parto alheio como próprio' sem a finalidade de alterar direito inerente ao estado civil, o que esvaziaria por completo o crime *contra o estado de filiação*" (*Código Penal comentado*, p. 939).

3.2. Registrar filho alheio como próprio ("adoção à brasileira")

Esse comportamento foi inserido na disposição por força da Lei n. 6.898/81. Cuida-se de incriminar a conduta da pessoa que registra como se fora seu filho de outra pessoa[18]. A doutrina costuma denominar esse ato de **"adoção à brasileira"**. Essa terminologia, contudo, somente se mostra adequada quando o fato é praticado com a aquiescência da verdadeira genitora (seja esta expressa, quando, por exemplo, a criança foi por ela entregue a outro casal, seja tácita, quando o menor foi abandonado e criado por outros). Em tais casos, inclusive, **deve-se aplicar o parágrafo único**, eis que o fato é cometido "por motivo de reconhecida nobreza", incidindo figura privilegiada ou perdão judicial, a critério do juiz, conforme se estudará abaixo.

Se o fato ocorrer à revelia da mãe biológica, não haverá "adoção à brasileira", mas sequestro (art. 148) em concurso material com o falso registro do recém-nascido (art. 242). Nesse quadro, inclusive, não nos parece sequer admissível afirmar-se em nobreza na atitude, de vez que, por mais que o agente pense no bem-estar da criança, estará praticando inominável violência contra os verdadeiros pais. Ambas as infrações penais apontadas, ademais, verão seu prazo prescricional fluir somente quando, no caso do sequestro, cessar a permanência (art. 111, III) e, na hipótese do *falsum*, quando o fato tornar-se conhecido (art. 111, IV).

A conduta típica em apreço é **especial em relação ao crime de falsidade ideológica** (CP, art. 299), razão pela qual prevalecerá sobre este (*lex specialis derogat generalis*). Não se trata propriamente de subsidiariedade ou consunção, como ponderam alguns autores, mas de verdadeira especialidade, posto que a simples comparação abstrata entre as disposições permite estabelecer qual delas é a geral e qual a especial. Além disso, toda ação que realiza o tipo especial (art. 242, *caput*, segunda figura), realiza também e ao mesmo tempo o tipo geral (art. 299), embora o inverso não seja verdadeiro.

Registre-se, por fim, que a conduta deve ser praticada visando à supressão ou alteração de direitos inerentes ao estado civil (familiar). Conforme

---

[18] "Crime contra o estado de filiação. Supressão ou alteração de direito inerente ao estado civil de recém-nascido. Caracterização. Estrangeiro. Registro de filho alheio realizado com a finalidade de obter visto para permanecer no País. Ato que não foi praticado com a intenção de beneficiar a criança. Inteligência do art. 242 do CP: 'Pratica o crime previsto no art. 242 do CP o estrangeiro que providencia registro de filho alheio com a finalidade de obtenção de visto para permanecer no País'. Embora o delito não se configure quando praticado com a intenção de beneficiar a criança, não restou comprovado o intuito de salvar o recém-nascido e de não alterar a verdade, prejudicar direito ou criar obrigação" (TRF, 2ª R., *RT* 829/681).

já sustentamos no item anterior, esse objetivo é indispensável à configuração do ilícito como ofensivo ao *status familiae*. Ausente essa finalidade ou a assunção consciente da produção desse resultado, deixa de existir o delito em estudo, subsumindo-se a *fattispecie*[19] ao art. 299 do CP.

3.3. Ocultação ou substituição de recém-nascido

A última parte da cabeça do art. 242 tipifica o ato de ocultar ou substituir recém-nascido e, com isso, suprimir ou alterar direitos que lhe são inerentes ao estado civil (familiar).

Ocultar quer dizer esconder, encobrir, sonegar. Dá-se quando uma enfermeira, por exemplo, vendo recém-nascido no berçário, leva-o consigo, ocultando de seus pais, para criá-lo como se fora seu (se registrá-lo como filho próprio, dar-se-á concurso de crimes, consoante se expôs no item acima) ou entregar a criança a terceiros. Segundo Paulo José da Costa Jr., a conduta pode ser realizada mediante ocultação material do recém-nascido ou com a não apresentação da criança perante o registro civil[20].

Substituir significa trocar, modificar um por outro. Ocorre quando, *v.g.*, uma mãe, diante da malformação de seu bebê, troca-o na maternidade por outra criança, passando a cuidarem as respectivas mães do filho alheio, como se fora seu (uma delas, entretanto, é a autora do crime e a outra, vítima).

Recém-nascido é o neonato, isto é, a criança que há pouco tempo veio à luz. Não há na lei definição precisa do que se entende por recém-nascido. Parece-nos necessário, diante da indefinição legislativa, procurar parâmetros restritos a fim de evitar que o alcance do tipo penal seja excessivamente dilatado, vulnerando o princípio da taxatividade. Nesse sentido, deve-se ter como recém-nascido **a criança durante o período imediatamente subsequente ao parto, em até, no máximo, alguns dias,** porém não mais que uma semana.

O comportamento do sujeito ativo deve encontrar-se direcionado à supressão ou alteração de direito decorrente do estado de filiação. Sem esse objetivo, inexiste o crime. É possível que, além deste propósito, busque o autor outros fins, como a obtenção de herança. Imagine, por exemplo, que determinada pessoa seja o único e legítimo herdeiro de alguém e, com o nascimento da criança, perderá esse posto em razão da preferência sucessória do

---

[19] Expressão italiana que significa hipótese fática da norma, ou seja, o fato concreto aludido pela norma, no caso penal, ao qual se liga a consequência jurídica nela prevista (*in casu*, a sanção).

[20] *Curso de direito penal*, p. 654.

nascituro. Diante disso, oculta o recém-nascido. O agente suprimiu deste direito proveniente de seu *status familiae* e, ademais, manteve-se sucessor único do *de cujus*. Ocorre, nesse caso, concurso material entre o crime do art. 242 e o estelionato (art. 171 do CP)[21].

4. TIPO SUBJETIVO

Todas as infrações inseridas na cabeça do artigo consubstanciam crimes **dolosos**, fazendo exigir, por conseguinte, a consciência e vontade de realizar os elementos descritivos do tipo. O dolo deve abranger, ainda, a supressão ou alteração de direito inerente ao estado familiar do recém-nascido. A finalidade perseguida é irrelevante para a existência do crime, mas pode refletir na quantidade, gerar a isenção ou a pluralidade de pena. Por exemplo: se o fato é cometido por motivo de reconhecida nobreza, aplica-se sanção inferior ou sua completa isenção, a critério do juiz (parágrafo único); se o agente é movido por cupidez, por pretender, *v.g.*, o recebimento de herança, há concurso material com estelionato.

5. SUJEITOS DO CRIME

5.1. Sujeito ativo

O **parto suposto** configura **crime próprio**, pois só a mulher pode praticá-lo. **Os demais consubstanciam delito comum**, ou seja, qualquer pessoa pode figurar como sujeito ativo. A infração pode ser praticada, ademais, por uma só pessoa ou por várias, em concurso (delito monossubjetivo ou de concurso eventual), embora, de regra, o agente conte com a colaboração de outros (por exemplo, o falso pai ou a verdadeira mãe) para o sucesso na sua empreitada (estes, por óbvio, serão punidos pela infração, na medida de sua culpabilidade).

5.2. Sujeito passivo

É a pessoa cujos direitos de filiação foram lesados, englobando os filhos e pais verdadeiros, quando o fato se dá à sua revelia (lembre-se que podem estes figurar como coautores ou partícipes do crime). Pode-se divisar, ainda, o Estado como sujeito passivo, no caso da segunda figura (registrar como seu filho de outrem), à medida que é o titular da fé pública, abalada com a inscrição falsa no registro civil.

---

[21] Paulo José da Costa Jr., op. cit., p. 655.

6. CONSUMAÇÃO E TENTATIVA

6.1. Consumação

Todas as infrações contidas no art. 242 constituem **crimes materiais ou de resultado (naturalístico)**. O *summatum opus*, portanto, somente se verificará quando o agente, depois de praticar qualquer uma das condutas (dar parto alheio como próprio, registrar como seu filho de outrem, ocultar ou substituir recém-nascido), suprimir ou alterar direito decorrente do *status familiae* da vítima.

Na segunda figura, todavia, isto é, **registrar como seu filho de outrem, basta a inscrição falsa no assento respectivo**, já que, a partir desta, os direitos decorrentes do verdadeiro *status familiae* encontrar-se-ão sonegados ou modificados.

6.2. Tentativa

Todas as infrações reunidas na norma penal admitem a tentativa, de vez que se trata de **crimes plurissubsistentes**. Imagine-se, a título de exemplificação: determinada mulher simula estar grávida, alardeando a todos falsamente sua gestação, já conluiada com a verdadeira parturiente; ao nascer o rebento, toma-o como se seu filho fosse e imediatamente inculca-se mãe do neonato, mas, antes que os direitos decorrentes da verdadeira filiação da criança pudessem ser alterados ou suprimidos, vê sua farsa desvelada pela genitora biológica que, arrependida, retoma seu filho à força.

7. MOTIVO DE RECONHECIDA NOBREZA

De acordo com o parágrafo único do art. 242, se o fato for cometido por motivo de *reconhecida nobreza*, ficará o agente sujeito à pena de detenção, de um a dois anos, podendo o juiz deixar de aplicá-la. Trata-se de reconhecer a forma privilegiada (já que a lei apresenta, nesse caso, novos limites punitivos abstratamente inferiores àqueles do *caput*) ou o perdão judicial.

Entende-se por tal motivo aquele praticado por razões de indiscutível altruísmo, manifesta solidariedade humana[22]. Por exemplo: uma mãe

---

[22] "(...) Os elementos de convicção constantes dos autos revelam que os acusados, ao registrarem filho alheio como próprio, agiram amparados por motivação nobre, considerando que pretendiam proporcionar uma vida melhor ao recém-nascido, em vista da precária situação econômica que a família natural enfrentava e do contexto social no qual estava inserida. Nesses moldes, de se conceder o perdão judicial aos agentes, com a extinção de sua punibilidade (...)" (TJGO, ApCr 362630-89.2015.8.09.0091,

abandona sua filha recém-nascida na maternidade e um casal, cujo filho acabara de nascer, toma a menina para si, declarando a mãe ter concebido gêmeos. Não há dúvida, nesse quadro, do nobre propósito que motivou os agentes, dotados de elevado espírito e amor ao próximo. Por outro lado, **não constitui ato de nobreza**, segundo a jurisprudência, os **atos dos avós de realizarem a "adoção à brasileira" pelo fato de a mãe da criança não ter condição financeira**, pois "poderiam prestar apoio financeiro e emocional à mãe da criança e, se o caso, postular judicialmente a guarda dessa"[23].

Presente o móvel referido, a subsunção à figura privilegiada será compulsória. Deverá o magistrado, contudo, decidir-se pela aplicação da pena inferior ou do perdão judicial. Não se trata de decisão simples e, diante da falta de critérios expressos na norma, deverá o juiz pautar-se pelo exame das circunstâncias judiciais do art. 59 do CP[24].

A fórmula legislativa em que se funda o instituto do perdão judicial ("o juiz poderá deixar de aplicar a pena") pode sugerir, à primeira vista, cuidar-se de mera faculdade judicial. Não se trata disso, contudo. Presentes os requisitos legais (no caso, o motivo de reconhecida nobreza e a presença de circunstâncias judiciais favoráveis), a concessão do benefício será obrigatória, constituindo-se verdadeiro direito subjetivo público do agente.

O perdão judicial constitui causa extintiva da punibilidade (CP, art. 107, IX) e a sentença que o concede, conforme posição dominante, tem natureza meramente declaratória (Súmula 18 do STJ[25]), não produzindo, por conseguinte, quaisquer dos possíveis efeitos da condenação.

8. PRESCRIÇÃO

O prazo prescricional começará a fluir, em se tratando da **adoção à brasileira**, somente quando o **fato tornar-se conhecido** (art. 111, IV). **Nos demais crimes** contidos no art. 242, **da consumação** (art. 111, I).

Há autores que sustentam deva o lapso temporal mencionado somente contar-se do conhecimento oficial do fato, qualquer que seja a figura

---

rel. Des. Itaney Francisco Campos, 1ª CCr, j. 6-3-2018). Não constitui ato de nobreza o parto suposto "em razão de uma desilusão amorosa, com intenção de reatar o relacionamento com o ex-namorado" (TJMG, AP 10511140001005001, rel. Des. Júlio César Lorens, 5ª CCr, j. 16-5-2017).

[23] TJDF, AP 0014455-32.2013.8.07.0005, rel. Des. Jair Soares, 2ª Turma Criminal, j. 20-4-2017.

[24] Nesse sentido: Guilherme de Souza Nucci, op. cit., p. 940-941.

[25] "A sentença concessiva do perdão judicial é declaratória da extinção da punibilidade, não subsistindo qualquer efeito condenatório."

em que o agente incorreu; trata-se de dizer que a prescrição terá o mencionado *dies a quo* em todos os casos previstos no art. 242, com fulcro no art. 111, IV. Este, porém, determina, literalmente, que "nos de bigamia e nos de *falsificação ou alteração de assentamento do registro civil*, da data em que o fato se tornou conhecido" (grifo nosso).

Não se pode aduzir, diante do texto legal, que no parto suposto (primeira figura) e na supressão ou modificação de estado decorrentes de ocultação ou substituição de neonato (última figura), o lapso prescricional também corre do conhecimento da infração, justamente porque *nestes casos a conduta se dá independentemente da inscrição do nascimento no cartório*.

Deve-se ter em mente que no elenco dos termos iniciais da prescrição da pretensão punitiva (art. 111), a consumação do crime é a regra, sendo as demais hipóteses francas exceções. E, como se sabe, estas interpretam-se restritivamente. Em face disto, cremos que somente no caso do ato de registrar como seu filho de outrem é que o lapso temporal corre quando se der o conhecimento oficial do fato[26]. Nas demais hipóteses, o *dies a quo* deverá ser a data da consumação, que se verifica com a efetiva supressão ou alteração do direito inerente ao estado civil (familiar).

9. CLASSIFICAÇÃO JURÍDICA

São crimes *dolosos*, *comuns* (qualquer pessoa pode figurar como sujeito ativo, até os verdadeiros pais), *salvo no caso do parto suposto* (o qual constitui *crime próprio*, somente podendo a falsa mãe cometê-lo), *monossubjetivo ou de concurso eventual* (podem ser praticados por uma só pessoa ou várias em concurso), *materiais ou de resultado* (porquanto sua consumação exige a supressão ou alteração do estado civil), *instantâneos de efeitos permanentes* (o *summatum opus* dá-se imediatamente com a produção do resultado naturalístico, embora se prolonguem seus efeitos enquanto subsistir a falsa situação criada) e *plurissubsistente* (o *iter criminis* pode ser fracionado).

---

[26] Nossos tribunais já decidiram que o marco representativo do conhecimento oficial do fato é a lavratura da "notitia criminis". Confira-se: "No crime de parto suposto, o prazo prescricional somente se inicia a partir do momento em que o fato torna-se conhecido, conforme previsão legal do art. 111, inciso IV, do Código Penal. Cabe o perdão judicial ao registro de filho de outrem, popularmente conhecido como "adoção à brasileira", quando realizado por motivo de reconhecida nobreza, nos exatos termos do art. 242, parágrafo único, do Código Penal. Apelação conhecida e provida" (TJPR, ApCr 814233-4, rel. Des. Jorge Wagih Massad, 5ª CCr, j. 1º-12-2011).

10. PENA E AÇÃO PENAL

A pena é de reclusão, de dois a seis anos, nas modalidades fundamentais. Deve-se lembrar, ainda, que se cuida de tipo misto cumulativo, razão pela qual a incursão em mais de uma das figuras típicas contidas na disposição conduz ao concurso de crimes. O procedimento a ser adotado deverá ser o rito comum ordinário (CPP, arts. 395 a 405). A ação penal é de iniciativa **pública incondicionada**.

Na forma privilegiada (parágrafo único), a pena é de detenção, de um a dois anos (podendo o juiz aplicar o perdão judicial). Cuida-se de infração penal de menor potencial ofensivo, sujeitando-se à competência material dos Juizados Especiais Criminais, às medidas despenalizadoras contidas na Lei n. 9.099/95, em especial a transação penal (art. 76 da mencionada lei) e ao procedimento comum sumaríssimo.

ART. 243 – SONEGAÇÃO DE ESTADO DE FILIAÇÃO

1. DISPOSITIVO LEGAL

Sonegação de estado de filiação

Art. 243. Deixar em asilo de expostos ou outra instituição de assistência filho próprio ou alheio, ocultando-lhe a filiação ou atribuindo-lhe outra, com o fim de prejudicar direito inerente ao estado civil:

Pena – reclusão, de 1 (um) a 5 (cinco) anos, e multa.

2. VALOR PROTEGIDO (OBJETIVIDADE JURÍDICA)

Cuidam-se os valores protegidos, sob uma perspectiva mais ampla, da **família** e, num enfoque mais próximo, do **estado de filiação** e dos **direitos subjetivos do filho abandonado e de seus pais, privados do convívio com o descendente** (entre os direitos decorrentes do estado familiar podem ser lembrados o direito à assistência familiar – alimentos, o direito a determinadas prestações positivas, como a educação e a saúde, direitos sucessórios ou até a proibição para o casamento em razão de vínculo de parentesco).

3. TIPO OBJETIVO

A conduta nuclear consubstancia-se no ato de *deixar*, isto é, abandonar, relegar. O *objeto material* é o filho próprio ou alheio. A lei penal foi, nesse ponto, redundante, já que a pessoa sempre será filho de alguém, seja ele do sujeito ativo ou de outrem. Muito embora não haja limite etário, cremos que só se pode admitir o crime de sonegação de estado de filiação quando o filho ainda se encontra nos primeiros anos de vida, já que, superada essa fase, ele próprio terá consciência de seu verdadeiro *status familiae*, impedindo a consecução do delito.

A criança deve ser entregue em asilo de expostos ou outra instituição de assistência. Entende-se como tais quaisquer **instituições, públicas ou privadas, destinadas ao cuidado de pessoas abandonadas ou órfãs.** Caso não se trate de órgão dessa natureza (por exemplo, criança abandonada por mãe humilde no interior da residência de um casal abastado), poderá o fato constituir exposição ou abandono de incapaz (art. 133)[27] ou de recém-nascido (art. 134)[28].

É necessário que o agente abandone a criança ocultando-lhe a filiação ou atribuindo-lhe *status familiae* diverso do verdadeiro, com o **fim de prejudicar direito inerente ao estado civil**, por exemplo, evitar que o menor, sucessor de alguém, receba a herança.

A menção contida no dispositivo acerca da ocultação ou alteração do estado civil faz surgir requisito implícito na conduta do agente, consistente no conhecimento prévio do verdadeiro estado da criança. Com efeito, não pode ocultar ou modificar o estado do menor quem não o conhece.

4. TIPO SUBJETIVO

O fato somente é punido sob a forma **dolosa**, exigindo-se, destarte, vontade e consciência de abandonar o filho (próprio ou alheio) no asilo ou instituição de assistência. A norma contém, ademais, **elemento subjetivo específico**, consistente em buscar o agente prejudicar direito inerente ao verdadeiro estado familiar da criança, por ele ocultado ou modificado.

Não se pode confundir o elemento anímico mencionado com o móvel do agente, ou seja, o que o levou a praticar o fato. Basta que se verifique o escopo de prejudicar direito decorrente do estado civil, ainda que não desejado, mas anuído pelo agente, independentemente do porquê de seu comportamento (por exemplo, ocultar desonra própria, abandonando filho

---

[27] "Art. 133. Abandonar pessoa que está sob seu cuidado, guarda, vigilância ou autoridade, e, por qualquer motivo, incapaz de defender-se dos riscos resultantes do abandono: Pena – detenção, de 6 (seis) meses a 3 (três) anos. § 1º Se do abandono resulta lesão corporal de natureza grave: Pena – reclusão, de 1 (um) a 5 (cinco) anos. § 2º Se resulta a morte: Pena – reclusão, de 4 (quatro) a 12 (doze) anos. § 3º As penas cominadas neste artigo aumentam-se de um terço: I – se o abandono ocorre em lugar ermo; II – se o agente é ascendente ou descendente, cônjuge, irmão, tutor ou curador da vítima; III – se a vítima é maior de 60 (sessenta) anos."

[28] "Art. 134. Expor ou abandonar recém-nascido, para ocultar desonra própria: Pena – detenção, de 6 (seis) meses a 2 (dois) anos. § 1º Se do fato resulta lesão corporal de natureza grave: Pena – detenção, de 1 (um) a 3 (três) anos. § 2º Se resulta a morte: Pena – detenção, de 2 (dois) a 6 (seis) anos."

adulterino ou incestuoso). "O fim remoto do agente", dizia Maggiore, "não tem valor, senão para a graduação da pena"[29].

É de se perguntar, então, qual a solução quando o agente seja conduzido não pela vontade de prejudicar senão beneficiar o menor? Cita-se, a título de ilustração, o exemplo de Magalhães Noronha: "(...) situações há que, não obstante a ignorância da filiação, são ditadas antes no interesse do menor, como no caso da impossibilidade absoluta da mãe miserável sustentar e educar o filho. Bem diferente é esse caso, em que há inegável sacrifício materno, daquele em que o agente abandona o menor para privá-lo, *v.g.*, de seus direitos hereditários"[30]. O propósito do sujeito ativo exclui o crime ou deve ser reconhecido como circunstância atenuante genérica? Parece-nos que, tendo em vista a necessidade de que a conduta vise a *prejudicar* os direitos do ofendido, nesse caso, o fato *não* se subsume ao art. 243.

5. SUJEITOS DO CRIME

5.1. Sujeito ativo

Qualquer pessoa pode praticar o crime – cuida-se, portanto, de **delito comum**, já que a lei não faz qualquer restrição quanto ao sujeito ativo (lembre-se que o tipo engloba o abandono de filho "próprio ou alheio").

5.2. Sujeito passivo

O sujeito passivo é, em primeiro lugar, a família e, em especial, a criança cuja filiação foi adulterada ou omitida para prejudicar-lhe algum direito. Calha lembrar que a Constituição Federal não admite seja feita qualquer distinção quanto à origem da filiação, de modo que pouco importa se o filho foi ou não havido do casamento, se o parentesco é natural ou civil, se a cria é adulterina ou incestuosa.

A doutrina costuma enfatizar, com razão, **a desnecessidade de a criança ter sido registrada por seus pais**[31]. Significa dizer que a infração subsistirá, ainda quando o registro de nascimento do menor não tenha sido lavrado. Destaque-se que semelhante exigência constava na legislação penal revogada (art. 287 do CP de 1890) e do Código Penal italiano, em que se inspirou o nosso (art. 568), não tendo sido reproduzida no dispositivo atual.

---

[29] Apud Edgard de Magalhães Noronha, *Direito penal*, v. 3, p. 431.

[30] Op. et loc. cit.

[31] *Vide*, por todos, Julio Fabbrini Mirabete e Renato Nascimento Fabbrini, *Manual de direito penal*, v. 3, p. 25.

6. CONSUMAÇÃO E TENTATIVA

6.1. Consumação

A consumação do delito dá-se quando **o menor é entregue a instituição ou asilo, desde que o agente atue com o fim de prejudicar direito inerente ao estado familiar.** Esse prejuízo, contudo, não é necessário para que se dê a realização integral típica, muito embora já se possa divisá-lo imediatamente após o abandono, quando o menor já se vê privado da companhia dos verdadeiros pais[32]. Trata-se de **crime formal ou de consumação antecipada.** O tipo penal, como sói ocorrer em tais infrações, mostra-se "incongruente", porque não é preciso que todos os elementos nele contidos se realizem para que esteja consumada a infração. Assim, se sobrevier o efetivo prejuízo à criança, esse resultado caracterizará exaurimento.

6.2. Tentativa

É admissível a forma tentada, porquanto a conduta comporta fracionamento (**delito plurissubsistente**). É necessário, para tanto, que o abandono não tenha se consumado. Caso este já se tenha por verificado, sem que haja real prejuízo a direitos do menor, o fato estará consumado. Imagine-se o ato do agente que leva o filho de outrem para abandoná-lo e, quando próximo da instituição em que deixará a criança, se vê surpreendido pelo pai do pequeno, que o retoma impedindo a consumação.

7. CLASSIFICAÇÃO JURÍDICA

O crime é *doloso, comum* (qualquer pessoa pode praticá-lo), *unissubjetivo ou de concurso eventual* (pode ser cometido por um agente ou vários, em concurso de pessoas), *formal ou de consumação antecipada* (não requer a produção do resultado naturalístico para efeito de realização integral típica, bastando que a conduta seja a ele direcionada), *instantâneo de efeitos permanentes* (a consumação ocorre imediatamente com o abandono, mas os efeitos persistem enquanto subsistir semelhante estado e a sonegação do verdadeiro estado civil do menor) e *plurissubsistente* (o *iter criminis* comporta fracionamento).

---

[32] Romão Cortes de Lacerda ponderava que no crime do art. 243 "o prejuízo está *in re ipsa*", ou seja, é inerente ao abandono, razão pela qual estaria sempre abrangido pelo dolo do agente e, acrescentamos, sua verificação coincide com o exato instante em que o abandono se consumou (apud Nelson Hungria, op. cit., v. VIII, p. 401).

8. PENA E AÇÃO PENAL

A pena cominada no preceito secundário é de reclusão, de um a cinco anos, e multa. A ação penal é de iniciativa **pública incondicionada** e, quando ajuizada, seguirá o procedimento comum ordinário (CPP, arts. 395 a 405), admitindo-se a suspensão condicional do processo (Lei n. 9.099/95).

Capítulo III
DOS CRIMES CONTRA A ASSISTÊNCIA FAMILIAR (ARTS. 244 A 247)

1. INTRODUÇÃO

O Capítulo III do Título VII dedica-se à proteção da assistência familiar. Deve-se recordar que entre os integrantes de uma mesma família há inequívoco dever de colaboração mútua e auxílio recíproco. A lei reconhece, inegavelmente, um dever de solidariedade entre as diferentes gerações de um mesmo núcleo familiar. O filho de hoje será o pai de amanhã e, no ocaso de sua vida, precisará de quem um dia dele dependeu. Toda a disciplina desse dever intergeracional (e também entre cônjuges ou companheiros) origina-se na Constituição e prossegue na legislação civil, cabendo ao Direito Penal intervir somente e quando há ofensa mais grave a esses interesses fundamentais.

No capítulo em que o estudo se inicia há quatro delitos: **abandono material** (art. 244), **entrega de filho a pessoa inidônea** (art. 245), **abandono intelectual** (art. 246) e **abandono moral** (art. 247).

Alguns deles, como se verá, despertam maior cuidado a fim de não se apartarem dos valores albergados na Constituição de 1988 e que podem, validamente, ser permeados nas normas de Direito Penal.

2. ANCORAGEM CONSTITUCIONAL

Conforme já destacamos na introdução ao presente Título, mereceu a entidade familiar acentuada proteção de nosso constituinte. A família, declara nosso Texto Maior, é a base da sociedade (CF, art. 226).

"A família", diz José Afonso da Silva, "é uma comunidade natural composta, em regra, de pais e filhos, aos quais a Constituição, agora, imputa direitos e deveres recíprocos, nos termos do art. 229, pelo qual os pais têm o dever de assistir, criar e educar os *filhos menores*, havidos ou não da relação do casamento (art. 227, § 6º), ao passo que os *filhos maiores* têm o dever de ajudar e amparar os pais na velhice, carência ou enfermidade"[1].

3. LEGISLAÇÃO ESPECIAL

Merecem destaque, no plexo normativo das leis especiais, o Estatuto da Criança e do Adolescente (Lei n. 8.069/90) e o Estatuto da Pessoa Idosa (Lei n. 10.741/2003), os quais imputam à família deveres de assistência às pessoas que visam a proteger.

De acordo com o Estatuto da Criança e do Adolescente, "é dever da família (...) assegurar à pessoa idosa, com absoluta prioridade, a efetivação dos direitos referentes à vida, à saúde, à alimentação, à educação, ao esporte, ao lazer, à profissionalização, à cultura, à dignidade, ao respeito, à liberdade e à convivência familiar e comunitária" (art. 4º, *caput*).

O Estatuto da Pessoa Idosa prescreve: "É obrigação da família (...) assegurar à pessoa idosa, com absoluta prioridade, a efetivação do direito à vida, à saúde, à alimentação, à educação, à cultura, ao esporte, ao lazer, ao trabalho, à cidadania, à liberdade, à dignidade, ao respeito e à convivência familiar e comunitária" (art. 3º, *caput*).

4. INCAPACIDADE PARA O EXERCÍCIO DO PODER FAMILIAR, TUTELA OU CURATELA

Consoante expusemos no item 5 do Capítulo II deste título, o Código determina seja decretada a incapacidade para o exercício do poder familiar, tutela ou curatela sempre que o acusado cometer crime **doloso**, apenado com **reclusão, contra seu próprio filho, tutelado ou curatelado.**

Esse efeito não tem aplicação no caso das infrações contidas no Capítulo III, muito embora se trate de crimes contra a assistência familiar, de vez que todos eles são apenados com *detenção*, salvo a entrega de filho a pessoa inidônea efetuada com fim de lucro (CP, art. 245, § 1º).

ART. 244 – ABANDONO MATERIAL

1. DISPOSITIVO LEGAL

Abandono material

Art. 244. Deixar, sem justa causa, de prover a subsistência do cônjuge, ou de filho menor de 18 (dezoito) anos ou inapto para o trabalho, ou de ascendente inválido ou

---

[1] *Comentário contextual à Constituição*, p. 852.

maior de 60 (sessenta) anos, não lhes proporcionando os recursos necessários ou faltando ao pagamento de pensão alimentícia judicialmente acordada, fixada ou majorada; deixar, sem justa causa, de socorrer descendente ou ascendente, gravemente enfermo:

Pena – detenção, de 1 (um) a 4 (quatro) anos e multa, de uma a dez vezes o maior salário mínimo vigente no País.

Parágrafo único. Nas mesmas penas incide quem, sendo solvente, frustra ou ilide, de qualquer modo, inclusive por abandono injustificado de emprego ou função, o pagamento de pensão alimentícia judicialmente acordada, fixada ou majorada.

2. VALOR PROTEGIDO (OBJETIVIDADE JURÍDICA)

A norma compreende, em sua esfera de proteção, a família, notadamente no que tange ao **dever de assistência intergeracional ou entre cônjuges**, isto é, a prestação de auxílio material voltado à subsistência do ente incapaz de sustentar-se por sua conta ou de socorro ao que se encontra gravemente enfermo[2].

---

[2] O Código Penal espanhol denomina o crime de *abandono de família* (como o fazem diversas legislações penais), definindo-o como o ato de "deixar de cumprir os deveres legais de assistência inerentes ao pátrio poder, tutela, guarda ou acolhimento familiar ou de prestar a assistência necessária legalmente estabelecida para o sustento de seus descendentes, ascendentes ou cônjuge, que estejam necessitados" (art. 226). A proteção volta-se, nesse caso como no brasileiro, à "proteção da família no tocante aos direitos e obrigações inerentes à posição de membro familiar" (Alfonso Serrano Gomez, *Derecho penal*: parte especial, p. 312). Referida legislação também tipifica o ato de "deixar de pagar durante dois meses consecutivos ou quatro meses não consecutivos qualquer tipo de prestação econômica em favor de seu cônjuge ou seus filhos, estabelecida em acordo judicialmente homologado ou resolução judicial, nas hipóteses de separação legal, divórcio, declaração de nulidade do matrimônio, processo de filiação, ou processo de alimentos a favor de seus filhos" (art. 227.1). A maneira como descrita a segunda infração denota que a legislação penal, por vezes, pode ser utilizada como forma coercitiva de cumprimento de deveres extrapenais, o que se mostra de todo injustificado, sob pena de ofensa ao princípio da subsidiariedade do Direito Penal. Preferível, portanto, o modelo pátrio, no qual a conduta somente se verifica quando o inadimplemento da obrigação alimentar comprometer a subsistência do credor da prestação, isto é, condições mínimas para sua sobrevivência digna (remédio, habitação, vestuário e alimentação). O Código Penal português optou pela seguinte fórmula: "Quem, estando legalmente obrigado a prestar alimentos e em condições de o fazer, não cumprir a obrigação, pondo em perigo a satisfação, sem auxílio de terceiro, das necessidades fundamentais de quem a eles tem direito, é punido com pena de prisão até dois anos ou com pena de multa até 240 dias" e, a seguir, declarou que "se a obrigação vier a ser cumprida, pode o tribunal dispensar de pena ou declarar extinta, no todo ou em parte, a pena ainda não cumprida" (art. 250º). Parece-nos que a legislação lusitana soube, de modo análogo à brasileira, captar os elementos essenciais da infração: a possibilidade do devedor e a necessidade *vital* do credor.

Nosso Código Penal, originariamente, adotou uma síntese entre as fórmulas vigentes à época no Direito Penal francês (considerado excessivamente restrito) e no Estatuto Penal italiano (demasiadamente amplo)[3].

Diversas são as *críticas* que a inserção desse comportamento na órbita dos ilícitos penais tem merecido, podendo ser sintetizadas na *duvidosa dignidade penal da conduta* (com possível ofensa ao princípio da fragmentariedade do Direito Penal, donde se extrai seu caráter subsidiário) e a *pouca racionalidade das penas cominadas* (já que, ao privar a liberdade do familiar a quem cabe prestar auxílio, pode-se retirar dele a capacidade de auferir renda para si e para o ofendido necessitado)[4].

Em nosso sentir, nada obstante, justifica-se a incriminação do ato, dada a magnitude do valor que se busca tutelar (auxílio destinado à sobrevivência digna dos familiares) somada à relevância constitucional dada à família e ao dever de assistência que ela implica (arts. 226 e 229). No que se refere à cominação de pena privativa de liberdade, as medidas alternativas à prisão passíveis de serem aplicadas ao delito[5] compensam o possível efeito contraproducente de se prender o devedor da obrigação alimentar.

---

[3] "Para a conceituação do novo crime, a legislação comparada oferecia-nos dois modelos: o francês, demasiadamente restrito, e o italiano, excessivamente amplo. Segundo a lei francesa, o crime de abandono de família é constituído pelo fato de, durante certo período (três meses consecutivos), deixar de pagar o agente a pensão alimentar decretada por uma decisão judicial passada em julgado. Só é incriminada a omissão do dever alimentar judicialmente reconhecido e fixado no seu *quantum*. É o chamado *abandono pecuniário*. O Código Penal italiano não contemporizou com os preconceitos individualistas e foi até a incriminação do *abandono moral*. Assim dispõe o seu art. 570: 'Aquele que, abandonando o domicílio doméstico, ou de qualquer forma adotando uma conduta contrária à ordem moral das famílias, se subtrai às obrigações de assistência inerentes ao pátrio poder, à tutela legal, ou à qualidade de cônjuge, será punido com reclusão, etc.'" (Nelson Hungria, Questões jurídico-penais, in op. cit., v. VIII, p. 418).

[4] *Vide* J. M. Damião da Cunha, *Comentário conimbricense do Código Penal*, p. 621.

[5] Cite-se, como exemplo, a suspensão condicional do processo (art. 89 da Lei n. 9.099/95), na qual o Ministério Público pode propor a condição de reparar os danos, ou seja, quitar a obrigação alimentar, além das penas alternativas fixadas em substituição à pena privativa de liberdade (art. 44 do CP), dentre as quais a prestação pecuniária (art. 45, § 1º, do CP), de fundo indenizatório, e a prestação de serviços a entidades públicas e privadas (art. 46 do CP), que, a par de seu inegável efeito pedagógico, não prejudicam a jornada de trabalho do sentenciado (art. 149 da LEP) e, portanto, sua capacidade de auferir renda.

3. A REGULAMENTAÇÃO DA PRESTAÇÃO ALIMENTAR NO CÓDIGO CIVIL

Existem diversas normas jurídicas dedicadas à regulamentação da prestação alimentar, figurando aquelas contidas no Código Civil o conjunto das basilares.

Os parentes, cônjuges ou companheiros são credores e devedores, reciprocamente, do direito de pedir alimentos para viver de modo compatível com sua condição social e educarem-se (art. 1.694). O descumprimento desta prestação caracteriza ilícito civil e, caso a omissão também impeça o credor de obter as despesas mínimas necessárias para se manter vivo ou o filho menor de ter acesso à educação, poderá surgir o ilícito penal.

O valor devido sempre leva em conta, segundo o Código Civil, dois fatores: a capacidade do devedor e a necessidade do credor (arts. 1.694, § 1º, 1.695 e 1.699).

Havendo diversos parentes capazes de auxiliar o necessitado, a obrigação recai, primeiramente, nos ascendentes de grau mais próximo (art. 1.696); na sua falta, nos descendentes, e, em seguida nos irmãos (art. 1.697). Poderão eles ser chamados a colaborarem conjuntamente com a prestação, quando necessário (art. 1.698).

Existem duas maneiras de suprir os alimentos: pensionando o parente ou provendo-lhe hospedagem e sustento, além de garantir sua educação, quando o caso (art. 1.701).

A obrigação alimentar entre cônjuges ou companheiros subsiste inclusive após a separação, salvo quando o devedor foi o culpado pelo rompimento da sociedade (arts. 1.702 e 1.704). Referida subsistência tem como termo final novo casamento, união estável ou concubinato por parte do necessitado (art. 1.708) ou quando este pratica ato de indignidade para com o devedor da prestação (art. 1.708, parágrafo único).

3.1. Interdependência das instâncias penal e civil

Toda a base jurídica dos deveres e obrigações de assistência no âmbito da entidade familiar baseia-se no Direito Civil e constitui, para o Direito Penal, a *conditio sine qua non* da incriminação. A **condição de devedor da prestação alimentar**, com efeito, atua como verdadeiro **pressuposto do crime do art. 244 do CP**, figurando como condição de sua existência.

Cuida-se de matéria, ademais, que toca com o **estado civil das pessoas** e, nesse aspecto, o juiz penal encontra-se totalmente **vinculado** àquilo que se decidir na esfera cível.

Repise-se que o Código de Processo Penal (art. 92) determina que, em sendo controvertida a questão relacionada com o estado das pessoas (é do estado familiar que advém o dever de assistência), deverá o curso da ação penal ficar suspenso (fazendo-se o mesmo com a prescrição[6]), até que no juízo cível seja a matéria "dirimida por sentença passada em julgado".

4. TIPO OBJETIVO

O art. 244 contém **dois crimes**, ambos sob a mesma rubrica: **abandono material**. Trata-se de *tipo misto cumulativo*, em que o cometimento das duas condutas destacadamente previstas na disposição caracteriza concurso de crimes. A primeira parte refere-se ao sujeito que **deixa de garantir a subsistência de seu parente necessitado** não provendo recursos indispensáveis ou não pagando pensão alimentar estipulada judicialmente (nesse particular, duas são as condutas previstas e, portanto, pode-se vislumbrar um tipo misto alternativo) e, a segunda, ao que **não socorre o familiar gravemente enfermo.**

Quanto à natureza do *concursus delictorum*, aponta a doutrina, com razão, para o **concurso material ou real** (CP, art. 69); não se pode afastar por completo, todavia, a possibilidade de caracterizar-se o crime continuado (CP, art. 71), diante da possibilidade, em tese, de estarem preenchidos os requisitos legais da continuidade delitiva, a saber: crimes da mesma espécie (ou seja, previstos no mesmo tipo penal), cometidos em semelhantes condições objetivas (como as de tempo, lugar, modo de execução, entre outras) e resultando todos de um mesmo desígnio, isto é, de um plano inicial de cumprimento sucessivo.

Destaque-se, ainda, que as duas figuras penais contêm **crimes omissivos próprios ou puros.** Cuida-se daqueles em que o dispositivo legal prevê uma conduta negativa, ou seja, um não fazer (*non facere*), sem qualquer alusão a resultado naturalístico.

Convém lembrar que os delitos omissivos dividem-se em omissivos próprios, como ocorre no art. 244, e omissivos impróprios, impuros ou comissivos por omissão. Estes somente se dão quando o sujeito, ao se omitir, permite a produção de um resultado material previsto em tipo penal de infração comissiva. A imputação desse evento ao omitente, todavia, não se dá pelo simples vínculo naturalístico, traduzido na ausência de impedimento do resultado, exigindo que a ele se some um liame normativo, consistente na quebra do dever jurídico de agir para evitar a produção desse resultado.

---

[6] CP, art. 116, I.

Mencionado dever encontra-se regulado no art. 13, § 2º, do CP, e ocorre nas seguintes situações: quando alguém tem por lei obrigação de proteção, cuidado ou vigilância (letra *a*), quando se comprometeu, por qualquer modo, a evitar o resultado (letra *b*), ou quando, por sua conduta anterior, criou o risco de sua ocorrência (letra *c*).

Deve-se repisar, por derradeiro, que o art. 244, em ambas as figuras, incrimina aquele que falta com seu dever de solidariedade intergeracional.

4.1. Abandono material por meio da abstenção de prover a subsistência (art. 244, *caput*, primeira parte)

Pune-se o ato de deixar de prover, isto é, não providenciar ou omitir-se no dever de fornecimento de **condições materiais de subsistência** (remédios, alimentos, vestuário, habitação etc.) ou o **pagamento de pensão alimentícia decorrente de provimento judicial**.

A norma penal protege as seguintes pessoas: **cônjuge**, **filho** (desde que **menor de 18 anos** ou **inapto para o trabalho**) e o **ascendente inválido** ou **maior de 60 anos**.

O delito somente pode ser praticado quando a omissão consistiu em não proporcionar às pessoas mencionadas os recursos (materiais) necessários[7] *ou* faltar ao pagamento de pensão alimentícia judicialmente acordada, fixada ou majorada. O delito é de forma vinculada, já que a lei somente admite os mencionados meios executivos para a consecução da conduta delitiva. Dois são os modos de inadimplir com a obrigação alimentar e, portanto, incorrer na disposição: **deixando de entregar bens** (dinheiro ou outro

---

[7] Veja os seguintes julgados, à guisa de ilustração: 1) "Comete abandono material quem entrega, após processo regular de adoção, 'uma das adotadas à mãe biológica (já destituída do pátrio poder, em razão da prática de condutas moralmente condenáveis), em cuja companhia sabiam ou deviam saber que a infante ficaria moral e materialmente em perigo, deixando de prestar-lhe, a partir de então, qualquer assistência material, não destinando recursos para a sua subsistência'" (STJ, AgRg no AREsp 672.170/SC, rel. Min. Reynaldo Soares da Fonseca, 5ª T., j. 2-2-2016). 2) "Comete o delito do art. 244 do CP a mãe que tranca em um cômodo quatro filhos de tenra idade, o mais velho com 4 anos, deixando-os sem cuidados e alimentação, para sair à noite, em busca de diversão em bares e boates, pois o abandono material se verifica, ainda quando a ré, presumivelmente pobre, dispende seus apoucados recursos em divertimentos, deixando de prover as necessidades alimentares de seus filhos, sendo certo que a pobreza não exclui o cometimento do crime" (TACrSP, Ap. 1.184.063-8, rel. Des. Juiz Renato Nalini, j. 3-4-2000). 3) "Viola o art. 244 do CP quem some de casa amasiando-se e deixando, em abandono material e moral, mulher legítima e filhos, ao ponto de até mesmo criança de 10 anos ver-se obrigada a trabalhar na roça" (TACrSP, *RJD* 5/41).

valor) ou **de dar ao credor hospedagem e sustento** (sem prejuízo do dever de prestar o necessário à educação, quando se tratar de filho menor)[8].

No que tange à falta de pagamento do valor decorrente de pensão alimentícia estipulada em juízo, há que se ter em mente, inclusive para efeito de diferenciar o ilícito penal do ilícito civil, o caráter subsidiário do Direito Penal. O *ilicitum* extrapenal dá-se com o simples inadimplemento por parte do devedor solvente. O penal, todavia, **requer tenha o agente deixado de garantir a subsistência da vítima, no sentido de não lhe garantir o necessário para subsistir** (noção mais restrita que o conceito civil de alimentos)[9].

Há **elemento normativo do tipo**, decorrente da expressão "sem justa causa". Note que a norma pune o abandono material, ou seja, a omissão no provimento de recursos materiais para a subsistência de outrem. **Pressupõe a incriminação que o sujeito ativo possua recursos para fazê-lo, sem prejudicar sua própria mantença**[10]. Como dissertou Hungria, "aquele que omite o dever de assistência à família por carência de recursos é um desgraçado, e não um delinquente"[11]. O Código Civil, ademais, prescreve em seu art. 1.695 que "são

---

[8] De acordo com o art. 1.701 do CC, "a pessoa obrigada a suprir alimentos poderá pensionar o alimentando, ou dar-lhe hospedagem e sustento, sem prejuízo do dever de prestar o necessário à sua educação, quando menor".

[9] Segundo Damásio de Jesus, os "recursos necessários" a que alude o Código Penal "diferem dos alimentos do Direito Civil, uma vez que estes, além de compreenderem o necessário à sobrevivência, abrangem o necessário para o normal desenvolvimento do alimentando, incluindo-se aí o indispensável para atender às necessidades de lazer, escola, despesas com psicólogo etc. Não é preciso que o sujeito deixe faltar à vítima todos os recursos dos quais esta necessita para sobreviver" (Código Penal anotado, p. 820). Nesse sentido é a jurisprudência: "Não basta, para o delito do art. 244 do Código Penal, dizer que o não pagamento de pensão o foi sem justa causa, se não demonstrado isso com elementos concretos dos autos, pois, do contrário, toda e qualquer inadimplência alimentícia será crime e não é essa a intenção da Lei Penal" (STJ, HC 141.069/RS, rel. Min. Maria Thereza de Assis Moura, 6ª T., j. 22-8-2011).

[10] Nessa esteira: TJMG, ApCr 1.0141.17.001505-3/001, rel. Des. Marcílio Eustáquio Santos, 7ª CCr, j. 22-4-2020; TJRS, ApCr 70081154916, 5ª CCr, rel. Des. Lizete Andreis Sebben, j. 8-5-2019; e TJDFT, Acórdão 1154087, 20070310410823APR, rel. Des. Roberval Casemiro Belinati, 2ª T. Criminal, j. 14-2-2019. Ver ainda: STJ, HC 761.940/DF, rel Min. Rogério Schietti Cruz, 6ª T., j. 4-10-2022, e AgRg no AREsp 2.344.441/SC, rel. Min. Reynaldo Soares da Fonseca, 5ª T., j. 5-9-2023.

[11] Op. cit., v. VIII, p. 388. Contudo, "A mera alegação de incapacidade financeira não se presta para justificar o crime de abandono de incapaz previsto no artigo 244 do Código Penal. 2. Se a defesa não apresenta provas concretas da impossibilidade do pagamento da pensão por parte do réu, não há como isentá-lo de sua responsabilidade legal ou afastar o dolo de sua conduta" (TJDFT, ApCr 07047118620208070017, rel. Des. Sandoval Oliveira, 3ª T., j. 26-4-2023).

devidos os alimentos quando quem os pretende não tem bens suficientes, nem pode prover, pelo seu trabalho, à própria mantença, e aquele, de quem se reclamam, pode fornecê-los, sem desfalque do necessário ao seu sustento".

A recusa em fornecer a prestação alimentar, ademais, **poderá ser justa** e, portanto, elidir a caracterização da infração penal quando não se tratar de cônjuge culpado pela separação e, destarte, estiver desobrigado de prestar os alimentos (salvo se inválido e não possuir parentes para ajudá-lo)[12] ou ainda quando não observada a ordem em que os parentes são chamados à obrigação de prestar alimentos, consoante prescrevem os arts. 1.696 a 1.698 do CC[13] e, finalmente, na hipótese de o devedor da prestação casar-se, conviver em união estável ou concubinato com outrem ou se portar de maneira indigna para com o credor[14].

De se perguntar: o parente, culpado pela própria situação de penúria, que o coloca em relação de dependência material, pode ser sujeito passivo da infração? Não há dúvida que sim, já que o Código Civil, neste caso, não o desprotege, fazendo-o credor exatamente daquilo que é indispensável para sua manutenção (art. 1.694, § 2º).

4.2. Prisão civil

De acordo com a Constituição Federal (art. 5º, LXVII[15]), aquele que falta com o pagamento da pensão fica sujeito à prisão civil, que, nos termos

---

[12] "Art. 1.702. Na separação judicial litigiosa, sendo um dos cônjuges inocente e desprovido de recursos, prestar-lhe-á o outro a pensão alimentícia que o juiz fixar, obedecidos os critérios estabelecidos no art. 1.694. Parágrafo único. Se o cônjuge declarado culpado vier a necessitar de alimentos, e não tiver parentes em condições de prestá-los, nem aptidão para o trabalho, o outro cônjuge será obrigado a assegurá-los, fixando o juiz o valor indispensável à sobrevivência."

[13] "Art. 1.696. O direito à prestação de alimentos é recíproco entre pais e filhos, e extensivo a todos os ascendentes, recaindo a obrigação nos mais próximos em grau, uns em falta de outros. Art. 1.697. Na falta dos ascendentes cabe a obrigação aos descendentes, guardada a ordem de sucessão e, faltando estes, aos irmãos, assim germanos como unilaterais. Art. 1.698. Se o parente, que deve alimentos em primeiro lugar, não estiver em condições de suportar totalmente o encargo, serão chamados a concorrer os de grau imediato; sendo várias as pessoas obrigadas a prestar alimentos, todas devem concorrer na proporção dos respectivos recursos, e, intentada ação contra uma delas, poderão as demais ser chamadas a integrar a lide."

[14] Código Civil: Art. 1.708. "Com o casamento, a união estável ou o concubinato do credor, cessa o dever de prestar alimentos. Parágrafo único. Com relação ao credor cessa, também, o direito a alimentos, se tiver procedimento indigno em relação ao devedor."

[15] "Não haverá prisão civil por dívida, salvo a do responsável pelo inadimplemento voluntário e inescusável de obrigação alimentícia e a do depositário infiel." O Pretório Excelso limitou o alcance deste preceito, inadmitindo a prisão civil no caso do

do Código de Processo Civil, poderá durar de um a três meses (art. 528, § 3º)[16]. Significa dizer, portanto, que **o devedor da prestação alimentar pode ficar sujeito ao mesmo tempo à prisão civil e à penal.**

A possibilidade de conviverem duas ordens de prisão decorrentes do mesmo fato requer seja bem delimitada a natureza da medida prevista no Código de Processo Civil. Se as medidas possuíssem idêntica índole, haveria inegável *bis in idem*. Ocorre, porém, que **aquela prevista na legislação extrapenal tem natureza coercitiva**, serve para compelir o sujeito a quitar seu dever e, com isso, garantir os alimentos aos credores, pondo-os a salvo do perigo decorrente desta omissão. Tanto assim que, se depois da privação da liberdade de locomoção determinada no cível, vier o agente a pagar seu débito, obterá imediatamente a liberdade (art. 528 do CPC). Fica evidente, então, que a lei civil preocupa-se com a vida e a saúde do credor. O Direito Penal, de sua parte, mira o devedor. A sanção criminal que lhe é imposta, dado seu caráter misto (retributivo e preventivo[17]), atua para impedi-lo de abster-se do pagamento devido e, falhando nessa missão, educá-lo a não repetir o feito, além de compensar o mal causado. Justamente por essa razão, **o adimplemento posterior não elide a responsabilidade penal, podendo, quando muito, influir na dosagem da pena[18]**. Se a atitude ocorrer antes do recebimento da denúncia ou queixa e se der voluntariamente (ou seja, sem que tenha havido ordem judicial compelindo o devedor a fazê-lo), poderá se aplicar o disposto no art. 16 do CP

---

depositário infiel. Nesse sentido: "É ilícita a prisão civil de depositário infiel, qualquer que seja a modalidade do depósito" (Súmula Vinculante 25). Esse entendimento foi pacificado no julgamento do HC 87.585, rel. Min. Marco Aurélio, julgamento em 3-12-2008, Plenário, *DJe* de 26-6-2009, no qual se destacou que "a subscrição pelo Brasil do Pacto de São José da Costa Rica, limitando a prisão civil por dívida ao descumprimento inescusável de prestação alimentícia, implicou a derrogação das normas estritamente legais referentes à prisão do depositário infiel".

[16] De ver que a Lei de Alimentos estabelece que o prazo desta medida coercitiva será de sessenta dias (art. 19 da Lei n. 5.478/68).

[17] *Vide* art. 59, *caput*, do CP. De notar-se, porém, que a finalidade da pena toca intimamente na função do Direito Penal e constitui, bem por isso, tema jurídico-filosófico de mais alta indagação e cujas consequências superam essa singela explicação. O tema é analisado com mais detenção no primeiro volume desta obra (*Direito penal*: parte geral).

[18] Nesse sentido: "O pagamento dos alimentos, mesmo no curso da ação penal, não descrimina a conduta, influindo, apenas, na fixação das penas" (*JTACrSP* 87/385). "No crime de abandono material, o posterior pagamento não tem o condão de elidir o crime já consumado, já que o ressarcimento não configura causa extintiva da punibilidade" (*JTACrSP* 86/337). E igualmente: TJSP, ApCr 0016056-17.2008.8.26.0071, rel. Salles Abreu, 11ª CCr, j. 5-8-2015, e TJMT, AP 64402/2013, rel. Des. Rui Ramos Ribeiro, 1ª CCr, j. 28-1-2014.

(arrependimento posterior). Se os requisitos desta causa obrigatória de redução de pena não estiverem satisfeitos, poderá aplicar-se, ao revés, a atenuante genérica do art. 65, III, *b*, parte final.

Deve-se frisar, por derradeiro, que a jurisprudência, por medida de equidade, admite que **o tempo de encarceramento verificado por ocasião da prisão civil seja descontado da condenação penal**. Trata-se de aplicar o instituto da detração, previsto no art. 42 do CP[19].

4.3. Abandono material por intermédio da omissão de socorro de enfermo (art. 244, *caput*, parte final)

Dá-se o crime, ainda, quando o sujeito **deixa de prestar socorro** a **ascendente** ou **descendente** que padece de **grave enfermidade**.

Não importa, nesse caso, a espécie de auxílio sonegado (levar ao hospital, comprar remédios, auxiliar com cuidados de higiene pessoal etc.). Trata-se, portanto, de crime de forma livre ou onímodo.

4.4. Figura equiparada (art. 244, parágrafo único)

A Lei n. 5.478/68 acrescentou ao art. 244 o parágrafo único, incriminando quem viola o dever solidariedade intergeracional ou entre cônjuges mediante a **frustração ou elisão do pagamento de pensão alimentícia acordada, fixada ou majorada judicialmente**.

O delito pode ser cometido por qualquer modo (infração onímoda ou de conduta livre), seja mediante uma atuação preordenada que conduz à incapacidade de prestação (*omissio ilicita in causa*), como o injustificado abandono de emprego ou função, ou a omissão de medidas pelas quais a obrigação poderia ser adimplida (*omissio ilicita omittendo*), por exemplo, o prestador de serviços que recusa contratos e, com isso, não explora toda sua força de trabalho.

Como destaca Guilherme Nucci, "não são poucos, lamentavelmente, os casos de pessoas que, somente para não pagar pensão alimentícia, mormente quando estão em litígio com o beneficiário, largam contratos de trabalho, passando ao desemprego ou ao trabalho camuflado ou informal, somente para não quitar seu débito"[20].

---

[19] Nesse sentido, Rogério Greco: "(...) apesar da natureza civil da mencionada prisão, entendemos pela possibilidade de se levar a efeito a chamada *detração*, descontando-se da pena aplicada ao condenado por abandono material o tempo em que permaneceu preso por inadimplemento relativo à pensão alimentícia por ele devida" (*Código Penal comentado*, p. 687).

[20] *Código Penal comentado*, p. 944. *Vide*, a título exemplificativo, o seguinte julgado: "Se o marido e pai, condenado judicialmente a pensionar a esposa e filhos,

5. TIPO SUBJETIVO

O abandono material somente se pune na forma **dolosa**. Exige-se consciência da condição de devedor da prestação alimentar (no caso da primeira figura) ou da grave enfermidade que acometeu o ascendente ou descendente (na segunda figura). O ato, ademais, deve ser voluntário e o agente atuar com a finalidade de abandonar o sujeito passivo[21]. Sendo assim, entende-se que "a mera demora no adimplemento da pensão alimentícia não

---

procede incorretamente no emprego para o fim de ser despedido e frustrar o pagamento da pensão, inquestionavelmente comete o delito de abandono material" (*RJTAMG 9/320*).

[21] Nesse sentido: 1) "ABANDONO MATERIAL – ABSOLVIÇÃO – IMPOSSIBILIDADE – DOLO EVIDENCIADO. Comprovado que o réu possuía condições financeiras de prover o sustento de seu filho menor de idade e deixou voluntariamente e sem justa causa de fazê-lo, inviável o acolhimento do pleito absolutório" (TJMG, ApCr 1.0026.15.006500-6/001, rel. Des. José Luiz de Moura Faleiros (JD Convocado), 8ª CCr, j. 21-5-2020). 2) "Agente que não possui bens materiais, estava desempregado e efetuou os pagamentos devidos, enquanto estava trabalhando. Não evidenciado que o réu possuía condições financeiras para honrar o pagamento da pensão. Falta de pagamento que, por si só, não tipifica o crime de abandono material. Elemento subjetivo do tipo não demonstrado. Absolvição que se impõe. Recurso provido" (TJSP, ApCr 0005657-09.2017.8.26.0201, rel. Des. Leme Garcia, 16ª CCr, j. 16-12-2019). 3) "Comete o crime incurso no art. 244, 'caput', do Código Penal (abandono material) aquele que, sem justa causa, falta ao pagamento de pensão alimentícia. 2. O dolo, consubstanciado na intenção livre e consciente de abandonar materialmente a filha, menor de 18 anos, está comprovado, na medida em que o acusado, mesmo ciente da obrigação de prestar alimentos, deixou injustificadamente de cumprir com o determinado judicialmente. 3. A simples situação de o acusado não possuir emprego formal não configura, por si só, a impossibilidade de se arcar com a obrigação judicial de amparo à filha menor, notadamente se verificado que o réu possui um trabalho comercial, auferindo renda mensal de R$ 700,00 (setecentos reais), 4. A alegação de que o réu não estaria arcando com os pagamentos devidos a título de alimentos por falta de condições, desamparada de quaisquer elementos de prova, não tem o condão de caracterizar a justa causa apta a afastar a tipicidade da conduta" (TJDFT, AP 0002519-19.2018.8.07.0010, rel. Cruz Macedo, 1ª CCr, j. 23-5-2019). 4) "As provas dos autos demonstram que o apelante prestava auxílio material a seus filhos, pagando os 30% da pensão alimentícia. No tocante às despesas extraordinárias, a omissão de pagá-las não foi feita de forma deliberada e sem amparo legal. A configuração do delito de abandono material exige que o agente deixe de prover, sem justa causa, a subsistência da vítima. Inexistindo prova efetiva do dolo ou da vontade livre do genitor em não prover a subsistência do dependente, a absolvição é medida que se impõe" (TJMT, ApCr 0002644-75.2015.8.11.0011, rel. Des. Paulo da Cunha, 1ª CCr, j. 31-10-2017). 5) "Para a configuração do tipo penal em questão, é necessária a comprovação de que o agente agiu com dolo, propositadamente, por motivos egoísticos, tendo condições de fazê-lo, ou seja, sem justa causa – elemento normativo do crime, que incube, portanto, ao órgão acusador demonstrar" (TJRS, AP 70071586176, rel. Des. Vanderlei Teresinha Tremeia Kubiak, 6ª CCr, j. 25-5-2017).

configura o crime de abandono material, que somente se caracteriza com o **efetivo desamparo do dependente**, havendo o **descumprimento da obrigação de forma duradoura e contínua**"[22].

Não há previsão da figura culposa[23].

6. SUJEITOS DO CRIME

6.1. Sujeito ativo

O abandono material é **crime biproprio**, já que exige qualidade especial tanto do sujeito ativo quanto do sujeito passivo. Somente pode figurar como autor do delito o **cônjuge**, os **pais** (independentemente do gênero, por óbvio) ou os **descendentes** da vítima.

O **companheiro**, embora civilmente obrigado à prestação alimentar, **não pode figurar como sujeito ativo da infração**, sob pena de se estender analogicamente o tipo penal para incriminar comportamento nele não previsto (analogia *in malam partem*). O dispositivo somente pune o cônjuge que desassiste o consorte e não o convivente que faz o mesmo com quem vive em união estável.

6.2. Sujeito passivo

O ofendido será necessariamente o **cônjuge**, os **filhos menores de 18 anos ou inaptos para o trabalho** ou os **ascendentes idosos ou inválidos**.

Deve-se anotar que o Estatuto da Pessoa Idosa (Lei n. 10.741/2003) modificou o *caput* da disposição, que antes mencionava como possível vítima, além do ascendente inválido, o valetudinário (pessoa com compleição física muito fraca). O legislador preferiu substituir um conceito cuja aferição dependia da análise do caso concreto para uma expressão objetiva. Não se pode dizer, com a devida vênia de respeitável setor da doutrina, que se trocou "seis por meia dúzia". Valetudinário é o indivíduo fisicamente debilitado, que, em razão de sua condição, não tem como prover-se por conta própria. Agora, **pouco importa se o ascendente possui ou não saúde débil; basta que tenha se tornado sexagenário** e, nos termos da legislação civil, necessite do auxílio.

Interessante notar que **a lei exige seja o ofendido *maior* de 60 anos, excluindo da incidência do tipo a pessoa no dia de seu sexagésimo aniversário**. Esse detalhe poderia ser de pouca ou nenhuma importância não fosse o fato de ter sido trazido no Código Penal pelo Estatuto da Pessoa Idosa, o qual

---

[22] TJMG, AP 10069140009403001, rel. Des. Furtado de Mendonça, 6ª CCr, j. 22-11-2016.

[23] Relembre-se que a culpa não constitui elemento subjetivo, mas normativo do tipo.

declara como tal a pessoa com idade *igual ou superior* a 60 anos. Significa que, interpretando-se literalmente a alteração promovida, a pessoa idosa somente será abrangido pela norma penal no dia seguinte àquele em que completar 60 anos. Para Damásio de Jesus, todavia, há de se ter em conta, na interpretação do art. 244 do CP, o conceito da Lei n. 10.741/2003, de modo a abranger a pessoa idosa na disposição desde o dia em que ingressou na "terceira idade"[24].

Não se deve confundir esse crime com aquele previsto no art. 98 do Estatuto da Pessoa Idosa, que se dá quando o agente abandona a pessoa idosa em hospitais, casas de saúde, entidades de longa permanência, ou congêneres, ou não provê suas necessidades básicas, quando obrigado por lei ou mandado (art. 98). Essa infração é punida com detenção, de seis meses a três anos, e multa.

7. CONSUMAÇÃO E TENTATIVA

7.1. Consumação

A infração penal constitui **crime de mera conduta ou simples inatividade**, razão pela qual sua consumação dá-se com a **omissão do agente**, deixando de adimplir com a prestação alimentar no prazo e na forma estipulada em juízo ou, deixando de socorrer o parente, assim que tomar conhecimento de sua grave enfermidade e, podendo, nada fazer para prestar-lhe socorro. Persistindo a ausência do sujeito ativo em auxiliar o parente, prolonga-se a fase consumativa (crime permanente).

7.2. Tentativa

Não é admissível a forma tentada, porquanto se trata de infração penal **unissubsistente**[25]. Seu *iter criminis* não admite divisão; ou bem o sujeito prestou sua obrigação material ou de socorro, ou deixou de fazê-lo e o crime atingiu sua forma perfeita.

8. CLASSIFICAÇÃO JURÍDICA

O abandono material constitui crime *omissivo próprio ou puro*, de *forma vinculada* (na primeira figura) e *de forma livre* (na segunda), *bipróprio*

---

[24] Conceito de idoso na legislação penal brasileira, *Jus Navigandi*, Teresina, ano 8, n. 294, 27 abr. 2004. Disponível em: http://jus2.uol.com.br/doutrina/texto.asp?id=5122. Acesso em: 13 fev. 2010.

[25] "O crime de abandono material não comporta a figura da tentativa. Assim, estando a pensão alimentícia sendo paga, inadmissível é a instauração de qualquer processo penal" (*JTACrSP* 43/341).

(pois exige qualidades especiais dos sujeitos ativo e passivo), *unissubjetivo ou de concurso eventual* (de vez que pode ser praticado por uma pessoa ou por duas, em concurso, como na hipótese em que ambos os pais, conluiados, deixam de dar ao filho menor condições materiais de subsistência[26]), *de mera conduta ou simples inatividade*, *permanente* (já que sua consumação persiste enquanto subsistir sua inadimplência[27]) e *unissubsistente* (o *iter criminis* não comporta cisão).

9. PENA E AÇÃO PENAL

A pena é de detenção, de um a quatro anos, além da multa. Em face do piso punitivo, admite-se a incidência da suspensão condicional do processo (art. 89 da Lei n. 9.099/95). O procedimento adotado durante a ação penal, cuja natureza é **pública incondicionada**, será o comum ordinário (CPP, arts. 395 a 405).

A sanção pecuniária não obedece, quanto à sua fixação, o sistema bifásico do art. 49 do CP. Neste, o juiz estabelece, em primeiro lugar, o número de dias-multa, de dez a trezentos e sessenta e, em seguida, atribui-lhes valor unitário, de um trigésimo do salário mínimo até o quíntuplo (podendo esse montante ser elevado até o triplo, a fim de adequá-lo à condição econômica do réu).

No art. 244, contudo, a lei fornece as balizas para a estipulação do *quantum*, que atingirá o montante de uma a dez vezes o maior salário mínimo vigente no País.

---

[26] Quando a obrigação de prover a subsistência incumbe a mais de uma pessoa, como no caso dos pais em relação aos filhos, inexiste ilícito penal se um deles garante a mantença do menor, ainda que o outro se omita em seu papel. A norma penal busca garantir a vida e saúde dos parentes e, igualmente, a educação, em se tratando de filho menor. Na hipótese figurada, não há o risco mencionado. Nesse sentido: "A obrigação prevista no art. 244 do CP é de ambos os pais. Se um deles presta a necessária assistência ao filho, inexiste o crime previsto naquele dispositivo da lei penal" (*JTACrSP* 93/56).

[27] Nesse sentido: "A prova dos autos evidencia a ausência de justa causa para o inadimplemento do dever de pagar pensão alimentícia aos filhos menores, acordada judicialmente. Condenação mantida. Afastamento do concurso de crimes no caso, pois se trata de crime permanente, cujo resultado prolonga-se no tempo, havendo, no caso, ofensa a um único bem jurídico tutelado" (TJRS, ApCr 70081187924, 6ª CCr, rel. Des. Aymoré Roque Pottes de Mello, j. 9-9-2019). E ainda: "O delito de abandono material possui natureza de crime permanente e, por isso, a sua consumação é prolongada enquanto houver a sua ocorrência. Consequentemente, o início do prazo prescricional é iniciado somente após o término da sua consumação por inteligência do art. 111, III, do Código Penal" (TJMS, ApCr 0000903-52.2011.8.12.0030, 1ª CCr, rel. Des. Elizabete Anache, j. 26-6-2019). Ver também: TJMG, ApCr 1.0460.17.0025 01-5/001, rel. Des. Júlio César Lorens, 5ª CCr, j. 25-5-2021.

ART. 245 - ENTREGA DE FILHO MENOR A PESSOA INIDÔNEA

1. DISPOSITIVO LEGAL

Entrega de filho menor a pessoa inidônea

Art. 245. Entregar filho menor de 18 (dezoito) anos a pessoa em cuja companhia saiba ou deva saber que o menor fica moral ou materialmente em perigo:

Pena – detenção, de 1 (um) a 2 (dois) anos.

§ 1º A pena é de 1 (um) a 4 (quatro) anos de reclusão, se o agente pratica delito para obter lucro, ou se o menor é enviado para o exterior.

§ 2º Incorre, também, na pena do parágrafo anterior quem, embora excluído o perigo moral ou material, auxilia a efetivação de ato destinado ao envio de menor para o exterior, com o fito de obter lucro.

2. VALOR PROTEGIDO (OBJETIVIDADE JURÍDICA)

O valor fundamental protegido na norma é a **integridade física, psíquica, moral, a saúde e a vida dos menores de 18 anos**, dependentes que são da família e da assistência que devem merecer em seu seio, notadamente por meio de seus pais. Estes devem deixar o menor a salvo de serem expostos a perigos concretos à sua vida etc.

3. TIPO OBJETIVO

O tipo descrito no art. 245 tem como ação nuclear o ato de *entregar*, isto é, passar às mãos, aos cuidados ou à posse de outra pessoa. **Não exige** a norma penal **que essa entrega seja definitiva**, razão pela qual aquela efetuada provisoriamente também estará abrangida pela disposição legal.

O objeto material é o **filho menor de 18 anos.** O comportamento criminoso deve ser cometido, portanto, pelos **pais**, direta ou indiretamente, vale dizer, como **autores** ou **partícipes** (por exemplo, se cientes de que a criança se encontra com outrem, permitem que essa pessoa a entregue para terceiro, gerando a situação de perigo prevista na disposição). A norma não pune a entrega do pupilo efetuada pelos seus tutores, motivo de crítica da doutrina clássica. Referida lacuna, no entanto, encontra-se suprida diante do art. 238 da Lei n. 8.069/90 (Estatuto da Criança e do Adolescente).

A conduta típica requer que a entrega se dê a pessoa em cuja companhia os sujeitos ativos saibam ou devam saber que a vítima encontrar-se-á em **perigo material** ou **moral.**

Não basta à configuração do crime que o local em que se deu a entrega seja de má reputação (poderá, neste caso, cogitar-se do crime do art. 247, desde que presentes seus requisitos legais), pois **é necessário que a pessoa a quem o menor foi passado represente uma** *companhia perigosa*. Assim, por exemplo, se um pai entrega seu filho a um conhecido (idôneo) para com ele permanecer por determinado período, efetuando-se a cessão logo após o horário de trabalho deste como garçom em uma casa noturna destinada a encontros amorosos, não há o crime em estudo.

A infração requer seja o ofendido destinado ficar na convivência de uma pessoa que lhe represente **perigo material**. O que se entende, então, por companhia materialmente perigosa? É a que **expõe a vida, a integridade física ou psíquica e a saúde do menor a perigo concreto**. Imagine, como exemplo, a mãe que deixa seu filho pequeno sozinho com pessoa que padeça de grave deficiência mental ou distúrbio de personalidade, a fim de que esta "cuide" da criança. Não há dúvida do risco real à vítima. Outros exemplos: entrega a ébrio contumaz, a pessoa com doença infecciosa de fácil contágio ou dependente químico.

Dá-se o crime, ainda, nos casos em que o acompanhante da criança ou adolescente a expõe a **perigo moral**, isto é, aquele que compromete a educação da criança e sua formação moral. É preciso ter cuidado, nesse caso, para não se dar ao tipo penal interpretação excessivamente larga e acentuadamente moralista. A infração, segundo entendemos, deve ser restrita a casos em que a **companhia dedica-se a atividades criminosas**. Não há delito, por exemplo, se uma mãe que se prostitui deixa seu filho com outra colega de profissão, para que tome conta da criança enquanto esta trabalha. Deve-se recordar, aliás, que a prostituição constitui atividade lícita em nosso ordenamento jurídico.

4. TIPO SUBJETIVO

O crime somente é punido na forma dolosa. Faz-se mister, portanto, consciência e vontade de concretizar os elementos objetivos do tipo[28]. Há, ainda, **elemento subjetivo específico**, traduzido nas expressões **"saiba"** ou

---

[28] "A absolvição é medida imperiosa, se não há prova suficiente do dolo da acusada nos autos, uma vez que deixou seu filho aos cuidados de uma criança mais velha, já acostumada com tal tarefa, por um período de tempo, em um local cercado de segurança, com acesso à portaria do estabelecimento prisional, acreditando que o menor não estaria exposto a perigo moral ou material. 2. Recurso conhecido e provido para absolver a ré do crime previsto no artigo 245, *caput*, do Código Penal, com fundamento no artigo 386, inciso VII, do Código de Processo Penal" (TJDFT, Acórdão 1038231, 20161210013776APR, rel. Des. Roberval Casemiro Belinati, 2ª T. Criminal, j. 10-8-2017).

"deva saber" que o terceiro enseja o perigo material ou moral à vítima. Trata-se, respectivamente, do **dolo direito** e do **eventual**. Não há falar-se em crime culposo[29], mesmo na segunda hipótese ("deva saber"), até porque referida modalidade de delito não se presume, sendo necessário que haja indicação segura na lei (ainda que não seja expressa) – art. 18, parágrafo único, do CP.

5. SUJEITOS DO CRIME

5.1. Sujeito ativo

O crime só pode ser cometido pelos **pais**, já que a disposição requer se dê a entrega do *filho* menor a terceiro. Outras pessoas podem ser enquadradas na disposição como coautores ou partícipes, em face do art. 30 do CP, o qual determina que as condições pessoais exigidas no tipo são comunicáveis àqueles que concorrem para o cometimento do fato.

5.2. Sujeito passivo

Trata-se do **filho menor de 18 anos**, exposto ao perigo moral ou material. Em nosso sentir, o crime é de **perigo concreto ou real,** o que demanda seja analisada a efetiva exposição ao risco, no caso concreto. Nessa ordem de ideias, **importa também ter em conta a idade da vítima.** As crianças de pouca idade, a toda evidência, são muito mais passíveis dos perigos material e moral mencionados na infração do que os adolescentes, embora estes também possam sofrê-los. Quando o menor atinge a puberdade, de regra, apresenta algum discernimento para, em determinadas situações, colocar-se a salvo, por conta própria, do risco e, portanto, excluir a tipicidade da conduta. Pode-se cogitar, à guisa de exemplo, a mãe que possui um filho de 17 anos de idade, saudável e de forte compleição física, que é entregue para pernoitar com outra pessoa, sabidamente dotada de distúrbios mentais; demonstrando-se que o adolescente saberá cuidar-se muito bem, apesar da insanidade de seu acompanhante, não haverá crime.

Repise-se, por derradeiro, que **não há subsunção ao tipo penal em estudo quando a pessoa entregue é o pupilo,** embora possa configurar-se a **infração definida no art. 238 do ECA.**

---

[29] Romão Cortes de Lacerda sustentava que o dispositivo abrangia a forma dolosa, decorrente da expressão "saiba" e a culposa, por conta do termo "deva saber" (apud Nelson Hungria, op. cit., v. VIII, p. 443).

6. CONSUMAÇÃO E TENTATIVA

6.1. Consumação

A realização integral típica dá-se com **a entrega da criança ou adolescente**, pouco importando se a **cessão** foi **provisória** ou **definitiva**. É necessário, contudo, que a vítima tenha **permanecido com o terceiro por tempo relevante** a fim de ser exposto a efetivo perigo à sua vida, integridade física, psíquica, saúde ou formação moral. Isto porque trata-se de crime de perigo concreto.

6.2. Tentativa

É admissível, de vez que o *iter criminis* comporta fracionamento; por exemplo, o pai deixa o filho na residência de conhecido criminoso, mas este não pode passar a noite com a criança porque esteve ocupado com seus afazeres, ficando o menor aos cuidados de uma babá.

7. FORMAS QUALIFICADAS

O art. 245 contém tipos derivados que apresentam formas qualificadas (somente uma delas, porém, em vigor), já que definem condutas mais graves, com piso e teto punitivos superiores à modalidade principal (*caput*).

7.1. Fim de lucro ou envio ao exterior, presentes o risco moral ou material (§ 1º)

De acordo com o § 1º, a pena é de um a quatro anos de reclusão, se o agente pratica delito para obter lucro[30], ou se o menor é enviado para o exterior.

Duas são as hipóteses que qualificam o *crimen*: o fito de **lucro** (resultado naturalístico desnecessário para consumar-se essa forma derivada – **crime formal**, portanto) e o **envio do menor ao exterior** (evento necessário para a realização integral do tipo – **delito material ou de resultado**).

Em ambos os casos, pressupõe-se que a criança ou adolescente tenha sido levado à companhia de pessoa que lhe apresente perigo material ou moral.

---

[30] No Código Penal espanhol incrimina-se o ato de entregar a outra pessoa, mediante compensação econômica, um filho, descendente ou qualquer menor ainda que não concorra relação de filiação ou parentesco, burlando os procedimentos legais de guarda, acolhimento ou adoção, com a finalidade de estabelecer uma relação análoga à de filiação (art. 221.1). Incorrem na mesma pena a pessoa que recebe a criança e o intermediário, ainda que a entrega do menor seja efetuada em outro país (art. 221.2).

De ver, contudo, que a circunstância relativa ao envio a outro país encontra-se tacitamente revogada pelo art. 239 do ECA, em face de sua maior abrangência típica e gravidade punitiva (*vide* item abaixo).

7.2. Entrega do menor para ser levado ao exterior com o fim de lucro (§ 2º)

O § 2º determina que fica sujeito a pena de reclusão, de um a quatro anos, quem, "embora excluído o perigo moral ou material, auxilia a efetivação de ato destinado ao envio de menor para o exterior, com o fito de obter lucro". Esta disposição encontra-se **tacitamente revogada pelo Estatuto da Criança e do Adolescente**, que, em seu art. 239, incrimina o ato de "promover ou auxiliar a efetivação de ato destinado ao envio de criança ou adolescente para o exterior com inobservância das formalidades legais ou com o fito de obter lucro" (pena: reclusão de quatro a seis anos, e multa, salvo quando há emprego de violência, grave ameaça ou fraude, situação em que a sanção passa a ser reclusão, de seis a oito anos, além da pena correspondente à violência)[31].

De registrar-se que se trata de crime à distância (o *iter criminis* atinge o território de dois ou mais países), previsto em convenção internacional ratificada pelo Brasil (Convenção Internacional sobre os Direitos da Criança), o que o torna crime federal, *ex vi* do art. 109, V, da CF[32].

8. O ART. 238 DO ECA

Referido dispositivo legal tipifica o ato de "prometer ou efetivar a entrega de filho ou pupilo a terceiro, mediante paga ou recompensa: Pena – reclusão de 1 (um) a 4 (quatro) anos, e multa. Parágrafo único. Incide nas mesmas penas quem oferece ou efetiva a paga ou recompensa".

Não há absoluta coincidência entre as condutas previstas no Código Penal e na lei especial, motivo por que podem conviver simultaneamente, cabendo assinalar as seguintes **diferenças**:

a) **quanto aos sujeitos da infração**: o crime especial pode ter como sujeito passivo o filho ou o *pupilo* e, portanto, como sujeito ativo, os pais ou

---

[31] *Vide*, entre outros, Guilherme de Souza Nucci (*Código Penal comentado*, p. 946) e Rogério Greco (*Código Penal comentado*, p. 689).

[32] Nesse sentido: "Tendo o Congresso Nacional, através do Decreto Legislativo n. 28/90, e o Governo Federal, por força do Decreto n. 99.710/90, incorporado ao direito pátrio os preceitos contidos na Convenção Internacional sobre os Direitos da Criança, não mais há de se discutir sobre a competência da Justiça Federal em casos de tráfico internacional de crianças, aplicando-se à hipótese o art. 109, V, da CF/88" (STJ, *RT* 748/570).

tutores, ao passo que o Código Penal somente admite seja a conduta praticada pelos pais contra os filhos;

b) natureza do perigo: o Estatuto da Criança e do Adolescente não exige como elementar o perigo material ou moral ao menor, elemento presente no Código Penal – pode-se dizer, então, que *a infração do Estatuto é de perigo abstrato ou presumido* e a do Código, de perigo concreto;

c) promessa de entrega: a Lei n. 8.069/90 também pune a simples *promessa* de entregar a vítima, enquanto o art. 245 abrange apenas a entrega;

d) fim de lucro: é *elementar no Estatuto* (mediante paga ou promessa de recompensa) e no Código é qualificadora.

O art. 245, assim, fica reservado para situações mais genéricas, segundo ensina Guilherme Nucci, "como o pai que entrega o filho menor de 18 anos a pessoa de má reputação, para simples convivência, com ou sem intuito de lucro, mas sem caráter definitivo"[33].

9. CLASSIFICAÇÃO JURÍDICA

O ilícito penal em estudo constitui crime *doloso, bipróprio* (por exigir qualidade especial tanto do sujeito ativo – pais, quanto passivo – filho menor de 18 anos), *unissubjetivo ou de concurso eventual* (pode ser cometido por uma só pessoa ou várias, em concurso), *de mera conduta* (no tipo básico) ou *formal* (na forma qualificada contida no § 1º, em que não se exige, para fim de consumação, que o ofendido efetivamente obtenha o lucro visado), *instantâneo de efeitos permanentes* (o *summatum opus* dá-se imediatamente no momento da entrega, mas seus efeitos perduram enquanto subsistir o perigo ao menor), *de perigo concreto* (dada a necessidade de efetivo risco moral ou material à vítima) e *plurissubsistente* (o *iter criminis* admite fracionamento e, por conseguinte, é admissível a forma tentada).

10. PENA E AÇÃO PENAL

A pena é de detenção, de um a dois anos. Cuida-se, portanto, de infração de menor potencial ofensivo, sujeita à competência material dos Juizados Especiais Criminais e às disposições da Lei n. 9.099/95.

A ação penal é de iniciativa pública incondicionada.

Na forma qualificada (§ 1º), a pena é de reclusão, de um a quatro anos. O delito, nesse caso, é de competência do juízo comum, admitindo-se, porém, a suspensão condicional do processo (art. 89 da lei mencionada).

---

[33] Op. cit., p. 945.

ART. 246 – ABANDONO INTELECTUAL

1. DISPOSITIVO LEGAL

Abandono intelectual

Art. 246. Deixar, sem justa causa, de prover à instrução primária de filho em idade escolar:

Pena – detenção, de 15 (quinze) dias a 1 (um) mês, ou multa.

2. VALOR PROTEGIDO (OBJETIVIDADE JURÍDICA)

A norma insculpida no art. 246 dirige-se a assegurar o direito inerente ao estado de filiação de que são titulares os filhos e consiste em receber sua "instrução primária". A esfera de proteção, parece-nos, **extravasa a tutela da família e toca na formação da sociedade**, de vez que a educação fundamental constitui requisito indispensável para o pleno exercício da cidadania.

Nossa Constituição Federal demonstra firme preocupação em garantir a educação básica, tornando-a obrigatória e gratuita, dos 4 aos 17 anos de idade (art. 208, I, com a redação dada pela EC n. 59, de 11-11-2009).

A legislação ordinária reitera a importância da instrução fundamental, chegando, por vezes, a ser repetitiva. O art. 2º da Lei n. 9.394/96 (diretrizes e bases da educação nacional) determina que a educação constitui dever da família e do Estado e tem como finalidade "o pleno desenvolvimento do educando, seu preparo para o exercício da cidadania e sua qualificação para o trabalho" (o art. 53 da Lei n. 8.069/90 – Estatuto da Criança e do Adolescente – possui idêntico teor). O art. 6º daquela lei declara, ainda, que constitui "dever dos pais ou responsáveis efetuar a matrícula dos menores, a partir dos 4 (quatro) anos de idade, no ensino fundamental" (semelhante disposição se encontra no art. 55 do ECA).

O Código Civil atribui aos pais diversos deveres, entre os quais se insere o de sustento, guarda e educação dos filhos (arts. 1.566, IV, e 1.724). O mesmo se encontra no art. 22 do ECA. Essa obrigação, aliás, estende-se também aos tutores (CC, art. 1.740, I).

3. TIPO OBJETIVO

A ação nuclear consiste em deixar de prover, ou seja, omitir-se quanto ao dever de providenciar, efetivar, assegurar a "instrução primária" do filho em idade escolar.

A lei penal procura efetivar o **preceito constitucional que incumbe aos pais o dever de zelar pela educação fundamental de seus filhos.**

O legislador penal fala em **"instrução primária"**, que compreende o primeiro grau ou, na dicção do Texto Maior e da Lei de Diretrizes e Bases da Educação Nacional, o **ensino fundamental** (período que compreende do primeiro ao nono ano – art. 32, *caput*, da Lei n. 9.394/96, frequentado, de regra, dos 6 aos 14 anos de idade).

Deve-se destacar que o art. 208, I, da CF, com a redação da EC n. 59, de 11-11-2009, impõe ao Estado o dever de garantir a educação básica, obrigatória e gratuita, dos 4 aos 17 anos de idade. Esse comando dirige-se ao Poder Público e, por esse motivo, não pode ser utilizado para preencher a moldura do art. 246 do CP. Reitere-se que o tipo penal em estudo, ao falar em instrução primária, abarca somente os nove anos do ensino fundamental.

O crime tem natureza **omissiva própria**, já que o texto legal descreve um *non facere*, sem fazer qualquer alusão a resultado naturalístico. A norma, nesses casos, tem índole mandamental ou impositiva, obrigando os pais ao provimento da educação fundamental aos seus filhos menores.

Essa obrigação pode ser cumprida de dois modos: **matriculando o filho em escola** ou **ensinando-o no seio do lar** (*homeschooling*[34]).

A despeito de o Supremo Tribunal Federal haver decidido, no Recurso Extraordinário n. 888.815-RS, que o *homeschooling*, embora constitucional, carece de regulamentação legal para ser implementado, em nosso entender, pais que optam por essa prática não cometem, mesmo em tese, abandono intelectual, até porque faltaria tipicidade material, à medida que

---

[34] Segundo acertadamente pondera Damásio de Jesus, o *homeschooling* não constitui crime de abandono intelectual. Destaca o professor que "a obrigação de educação pode ser cumprida de dois modos: matriculando o filho em escola, isto é, garantindo-lhe o ensino formal (intelectual, acadêmico) ou ministrando-a no lar (instrução informal). Entende-se como tal aquela fornecida fora dos quadros do ensino escolar, ministrada por um sistema sequencial e progressivo, com duração variável, permitindo o pleno desenvolvimento da pessoa. Se a CF impõe aos pais o dever de 'educação' e se ela pode ser escolar e domiciliar, admitindo as duas, esta última não pode ser considerada ilegal. O art. 246 do CP, portanto, não tipifica o fato do pai que deixa de matricular o filho na escola, mas sim o que não lhe providencia o devido ensino, seja formal ou domiciliar. Por isso, este não pode ser considerado delito de abandono intelectual. Falta-lhe tipicidade, sem necessidade de socorrer-se da eventual análise da elementar 'sem justa causa' (elemento normativo do tipo). (...) Em suma, a atitude dos pais que dão aos filhos menores ensino no âmbito familiar, sem os matricular em escola pública ou particular, cumpre o dever constitucional de educá-los, de modo a, por isso, não se lhes poder atribuir prática delituosa. Genericamente, no sentido de inexistir crime na hipótese, é a lição de Paulo José da Costa Jr., Mirabete, Fernando Capez e Cezar Roberto Bitencourt. Da mesma forma, como exposto, estou sinceramente convencido de que o fato questionado é atípico" (*Educação domiciliar constitui crime?*. Disponível em: http://blog.damasio.com.br/?p=1337. Acesso em: 2 maio 2010).

estão provendo educação aos filhos e, portanto, contribuindo para seu progresso intelectual.

A disposição contém **elemento normativo**, traduzido na expressão **"sem justa causa"**. Admitem-se, portanto, escusas válidas para o inadimplemento do dever legal; dentre estas, costuma-se mencionar a miserabilidade extrema dos pais ou sua completa falta de instrução, bem como invencível distância entre o lar e o estabelecimento de ensino[35]. É de ver, contudo, que nos dias atuais esses fatores hão de ser vistos com certa parcimônia, dada a ampliação cada vez maior da rede de ensino fundamental gratuito. O fato de os pais serem iletrados não os desincumbe do dever de instruir os filhos.

4. TIPO SUBJETIVO

O abandono intelectual constitui crime **doloso**, no qual se exigem a consciência e a vontade de concretizar os elementos objetivos do tipo penal[36]. Não se pune a forma culposa (o que se comenta a título de registro, pois a culpa não constitui elemento subjetivo, mas normativo do tipo).

---

[35] "Não se configura abandono intelectual se deixa o réu pobre de promover a instrução primária de filho menor por falta de vaga no estabelecimento de ensino público local" (*JTACrSP* 22/376). "Os autos revelaram, desse modo, um quadro pungente de pobreza e miséria a que estavam expostos os infantes, que não tinham pais conhecidos e dependiam exclusivamente da mãe que, quando não estava grávida, ainda exercitava algum trabalho de lavadeira doméstica. Quando acionada devidamente a Assistência Social, por intervenção do Juízo de Menores, os infantes foram colocados em instituição assistencial e lá continuaram. Nessas condições, está presente a excludente da justa causa para obstar a condenação da acusada pelos delitos que lhe foram imputados" (TACrSP, ApCr 775.007, rel. Juiz José Santana). "Se as provas colacionadas demonstraram que a evasão escolar se deu em razão da vulnerabilidade familiar, causada pela morte do genitor e do avô das crianças, é atípica a conduta" (TJMG, AP 1.0281.12.001066-1/001, rel. Des. Furtado de Mendonça, 6ª CCr, j. 27-1-2015).

[36] "O crime de abandono intelectual exige a configuração da desídia dos genitores com a educação de seu filho menor, sendo que, para que seja configurada a consumação do tipo penal, deve-se ter claramente o 'deixar de prover' ou, ainda, 'omitir-se' em determinada situação a qual deveriam os genitores agir de imediato. Consuma-se o crime, pois, no momento em que os pais, mediante dolo, quedam-se silentes a respeito do provimento da educação do filho em idade escolar. Neste último caso, impõe-se a habitualidade na ação desses, sendo eventual falta ocasional insuficiente a caracterizar o tipo, exatamente como ocorreu *in casu*, haja vista que a filha dos réus fugiu de casa e passou a residir com seu namorado, deixando voluntariamente de frequentar a escola. Comprovação de que os réus efetuaram a rematrícula na escola demonstrando a tentativa de prover a instrução escolar da filha. Ausência de certeza na suposta conduta desidiosa e negligente dos acusados que desautoriza o édito condenatório à luz do princípio do 'in dubio pro reo'. (...)" (TJSC, ApCr 0000239-46.2016.8.24.0051, rel. Des. Davidson Jahn Mello, 1ª T. Recursal, j. 12-3-2020).

5. SUJEITOS DO CRIME

5.1. Sujeito ativo

Somente os **pais** podem praticá-lo (**crime próprio**), admitindo-se somente a punição de terceiros como coautores ou partícipes, nos termos dos arts. 29 e 30 do CP (por exemplo, parentes que induzem os pais a manterem os filhos alijados da educação fundamental)[37]. Muito embora o dever de prover a educação atinja reciprocamente ambos os pais, basta que um deles se desincumba do encargo, procedendo à educação do filho, para inexistir crime por parte do outro, ainda que tenha se omitido.

A lei penal, injustificadamente, não inclui na disposição os tutores que se omitem no dever de prover à educação fundamental de seus pupilos. Nota-se, nesse quadrante, nítido descompasso entre a lei civil e a penal. O Código Civil atribui tanto aos pais quanto aos tutores a obrigação referida, mas o Penal, somente o faz quanto àqueles (arts. 1.566, IV, 1.724 e 1.740, I).

5.2. Sujeito passivo

É o filho em **idade escolar (dos 6 aos 14 anos)**, para com quem faltaram os pais em seu dever de prover-lhe a "instrução primária" (leia-se **educação fundamental**).

6. CONSUMAÇÃO E TENTATIVA

6.1. Consumação

O fato atinge seu momento consumativo quando o filho atinge a idade escolar (6 anos) e seus pais não providenciam sua educação fundamental, deixando de efetivar a matrícula em estabelecimento de ensino ou providenciá-la no seio do lar[38]. A determinação do *summatum opus* deve ter

---

[37] Luiz Regis Prado, em opinião abalizada por Alberto Silva Franco e Tadeu Antonio Dix Silva, sustenta que o abandono intelectual constitui "delito especial próprio" e, por esse motivo, não admite concurso de pessoas (seja coautoria ou participação); mesmo em se tratando de hipótese em que ambos os pais descumprem o dever, não se haveria, conforme esse entendimento, concurso de agentes, mas autoria colateral (Curso de direito penal, p. 375, in *Código Penal e sua interpretação jurisprudencial*, p. 1204).

[38] Para Fragoso, a *summatum opus* dá-se com a omissão "das medidas necessárias para que o filho em idade escolar receba a instrução, e o momento consumativo verifica-se com a decorrência de lapso juridicamente relevante, sem que a ação seja praticada" (*Lições de direito penal*, 4. ed., Rio de Janeiro: Forense, 1984, v. 3, p. 133, apud Alberto Silva Franco e Tadeu Antonio Dix Silva, op. cit., p. 1204). No mesmo sentido:

como parâmetro o escoamento do prazo para efetivar a matrícula do menor, comprovando-se que não se providenciou, paralelamente, a educação no seio do lar.

6.2. Tentativa

Não se admite a forma tentada, porquanto o *iter criminis* é incindível (delito unissubsistente).

7. CLASSIFICAÇÃO JURÍDICA

Consubstancia-se o abandono intelectual em crime *doloso, omissivo próprio ou puro* (a lei penal descreve conduta negativa no núcleo do tipo), *bipróprio* (requer qualidades específicas tanto do sujeito ativo quanto passivo, respectivamente, pais e filhos em idade escolar), *unissubjetivo ou de concurso eventual* (pode ser praticado por uma só pessoa ou várias, em concurso), *de mera conduta ou simples inatividade* (a disposição descreve somente a conduta sem fazer alusão a resultado material), *permanente* (sua consumação se prolonga no tempo) e *unissubsistente* (o *iter criminis* é indivisível).

8. PENA E AÇÃO PENAL

A pena é de detenção, de quinze dias a um mês, ou multa. Cuida-se de infração de menor potencial ofensivo, sujeita à competência do Juizado Especial Criminal e às medidas alternativas contidas na Lei n. 9.099/95.

A ação penal é de iniciativa pública incondicionada.

ART. 247 – ABANDONO MORAL

1. DISPOSITIVO LEGAL

Art. 247. Permitir alguém que menor de 18 (dezoito) anos, sujeito a seu poder ou confiado à sua guarda ou vigilância:

I – frequente casa de jogo ou mal-afamada, ou conviva com pessoa viciosa ou de má vida;

II – frequente espetáculo capaz de pervertê-lo ou de ofender-lhe o pudor, ou participe de representação de igual natureza;

Cezar Roberto Bitencourt (*Código Penal comentado*, p. 865) e Damásio de Jesus (*Código Penal anotado*, p. 826). Noronha sustentava que a consumação somente ocorria quando o menor, *ultrapassada a idade escolar*, não recebia a instrução devida (*Direito penal*, v. 3, p. 445). Rogério Greco entende que esta se dá com o escoamento do prazo "para a realização da matrícula daquele que necessita do ensino fundamental" (op. cit., p. 690).

III – resida ou trabalhe em casa de prostituição;

IV – mendigue ou sirva a mendigo para excitar a comiseração pública:

Pena – detenção, de 1 (um) a 3 (três) meses, ou multa.

2. VALOR PROTEGIDO (OBJETIVIDADE JURÍDICA)

A esfera de proteção do tipo penal abrange a **família** e, mais detidamente, a **formação moral e psíquica das novas gerações**, mirando seu crescimento num ambiente sadio e respeitador de sua dignidade humana.

O ser humano, como se sabe, tem boa parte de sua personalidade construída a partir dos exemplos que encontra ao longo da vida, principalmente em seus primeiros anos, e das diversas situações que experimenta, sendo seus pais ou responsáveis fundamentais na moldagem do caráter dos pequenos.

Hungria já dizia há mais de meio século que "a defesa dos *pequeninos homens*, notadamente contra o seu abandono moral, assumiu o mais alto relevo, desde que se compreendeu que estava aí, em grande parte, a solução de um dos mais graves problemas sociais, qual seja, o da prevenção da delinquência (...). Imaginemo-nos a nós mesmos, beneficiários de melhor destino, se nos tivéssemos encontrado, na manhã de nossa vida, nessa mesma sombria situação, rodeados de um ambiente em corrução e imoralidade, passando fome e frio, apuados pelo acicate de todas as necessidades, impelidos ao descaramento pelo aguilhão de todas as privações, mal compreendendo as iniquidades fatais da vida social, deixados ao capricho de nossos próprios instintos e à sugestão de todos os maus exemplos: seríamos iguais ou piores que esses desaventurados *homenzinhos* delinquentes (...)"[39]. Eis, portanto, revelado na pena de quem tem a autoridade de ter sido um dos membros da Comissão Revisora onde se produziu o Código Penal, o mote da incriminação.

De ver, contudo, que a lei penal, ao tutelar a formação moral dos menores de 18 anos, como o faz no presente dispositivo, ingressa em verdadeiro terreno minado, e, se não interpretada com vistas aos princípios da liberdade e da tolerância[40], que devem animar a condução da vida de todos, poderá malferir valores de estatura normativa fundamental[41].

---

[39] Citação feita por Romão Cortes de Lacerda na obra em que divide com o próprio Hungria, *Comentários ao Código Penal*, v. VIII, p. 456 e 458.

[40] A salvaguarda da liberdade (*lato sensu*) é o critério geral da ciência penal e suas limitações somente devem ocorrer em caráter excepcional, sob pena de transformar-se o Direito Penal em direito de exceção. É preciso, diante disso, que todos entendam a necessidade de respeitar as convicções pessoais de alguns.

[41] O Código Penal português continha infração penal semelhante, definido como crime de abandono de cônjuge ou filhos em perigo moral, porém esse comportamento foi

3. TIPO OBJETIVO

O abandono moral (denominação cunhada pela doutrina, já que o dispositivo não a contém) verifica-se quando os **pais** ou **responsáveis** *permitem*, isto é, autorizam, aquiescem, dão anuência, deixam de criar obstáculos, concedem seu beneplácito ou realizam atos materiais tendentes a fazer com que *seus filhos* ou *menores de 18 anos* cuja guarda ou vigilância lhes foi confiada **pratiquem um dos seguintes comportamentos:**

a) frequentar casa de jogo ou mal-afamada;

b) conviver com pessoa viciosa ou de má vida;

c) frequentar espetáculo capaz de pervertê-lo ou ofender o seu pudor;

d) participar de representação de igual natureza;

e) residir ou trabalhar em casa de prostituição;

f) mendigar ou servir a mendigo para excitar a comiseração pública.

3.1. Frequência a casa de jogo ou mal-afamada (inciso I)

A primeira modalidade de abandono moral se traduz no ato de permitir, ativa ou passivamente, isto é, praticando atos materiais que façam com que o menor frequente o local ou deixando de impedir, embora possa fazê-lo, a frequência a esses estabelecimentos.

A expressão utilizada no dispositivo – "frequentar" – sugere **habitualidade**, ou seja, **não basta que o menor visite o local uma vez**, sendo necessário que passe a ser frequentador, visitando-o com alguma regularidade.

Não é necessário, por outro lado, que o menor participe dos jogos, pois a norma contenta-se com seu comparecimento amiúde no local.

A **casa de jogo** a que alude a disposição, por óbvio, há de ser a de **jogos ilícitos** e não, por exemplo, uma casa lotérica, cujo funcionamento é permitido e organizado pelo próprio Estado[42].

O dispositivo também menciona a frequência a **"casa mal-afamada"**, é dizer, a de **péssima reputação**. O alcance da expressão há de ser limitado a locais com inequívoco potencial para corromper o menor, como casas de prostituição ou exploração sexual ou ambientes nos quais são praticados

---

descriminalizado durante a Reforma de 1995. *Vide* J. M. Damião da Cunha, op. cit., p. 599-602. No Código Penal espanhol, há o crime de abandono de família, previsto no art. 226, que possui ampla moldura normativa, abarcando dentro de si o descumprimento "de deveres legais de assistência inerentes ao poder familiar, tutela, guarda ou acolhimento familiar...".

[42] *Vide* Guilherme Nucci, op. cit., p. 948.

ilícitos penais (por exemplo, um local onde pessoas se reúnem para consumir substâncias psicoativas).

3.2. Convívio com pessoa viciosa ou de má vida (inciso I)

O homem, como se sabe, é produto do meio em que vive e boa parte de seu caráter é moldada, a partir de suas companhias. A lei penal, então, pretende pôr a salvo crianças e adolescentes do convívio de pessoas "viciosas" e de "má vida".

A interpretação dessa conduta delitiva merece alguns cuidados, notadamente porque o conceito de "indivíduo vicioso" ou de "má vida" deve ser delimitado para abranger somente **pessoas que se dedicam, com acentuada habitualidade, ao consumo de substâncias que causam dependência química,** como álcool ou drogas, ou ao cometimento de ilícitos penais[43].

Deve-se **distinguir**, ademais, **entre a presente infração**, no que se refere à **permissão do convívio com a do art. 245**, onde se pune a entrega a pessoa cuja companhia expõe o menor a perigo moral. **Se a atitude for puramente omissiva**, dar-se-á o **abandono moral** (art. 247), mas se houver **comportamento comissivo**, mediante a efetiva entrega à pessoa viciosa ou de má vida, ficará o pai sujeito à pena mais severa do **art. 245**[44]. Outro traço distintivo reside em que no delito grave somente os pais podem figurar como sujeitos ativos e, no outro, estes, os tutores e todos aqueles a quem a guarda ou vigilância do menor foi confiada.

3.3. Frequência ou participação em espetáculo capaz de pervertê-lo ou ofender o seu pudor (inciso II)

Proíbe-se, em primeiro lugar, o ato de **permitir que o menor frequente**, isto é, assista, sirva de audiência a **espetáculo com potencial de pervertê-lo ou ofender o seu pudor**. Entende-se por tal aquele que, por seu conteúdo, possa corromper a dignidade do menor, ferindo-o em sua indenidade ou intangibilidade no que se refere ao aspecto sexual. Parece-nos que o alcance do dispositivo

---

[43] "A genitora de infante que exerce o tráfico comete abandono moral da prole, sujeitando-a à convivência com a criminalidade hedionda, agindo, por conseguinte, em detrimento dos próprios descendentes, enquadrando-se, pois, na insusceptibilidade de recolhimento domiciliar prevista no inciso II do art. 318-A do CPP, posto que configura o crime de abandono moral, previsto no art. 247, I, parte final, do CP, permitir que o filho menor conviva com pessoa viciosa ou de má vida e sendo a genitora pessoa que vive do tráfico de entorpecente, manter consigo os filhos crianças ou adolescentes pode configurar crime contra a prole" (TJMG, HC 1.0000.19.165236-1/000, rel. Des. Fortuna Grion, 3ª CCr, j. 28-1-2020).

[44] Edgard de Magalhães Noronha, op. cit., v. 3, p. 447.

há de ser interpretado em íntima conexão com a idade do ofendido, já que crianças devem ficar completamente a salvo desse tipo de *input*, ao passo que adolescentes, cujo espírito crítico amadurece com o passar dos anos, podem não ser atingidos de maneira tão intensa quanto aqueles.

No que se refere à **participação em espetáculos com semelhante conteúdo**, é suficiente um só ato, não sendo mister seja iterativa a atuação. É de ver, contudo, que norma encontra-se **tacitamente derrogada** pelo Estatuto da Criança e do Adolescente, notadamente por seu art. 240, com a redação dada pela Lei n. 11.829/2008, o qual se refere especificamente a atuação dos menores em cenas de sexo explícito ou pornográficas. O § 1º deste dispositivo pune, com reclusão, de quatro a oito anos, e multa, "quem agencia, facilita, recruta, coage, ou *de qualquer modo intermedeia a participação de criança ou adolescente* nas cenas referidas no *caput* deste artigo (isto é, cenas de sexo explícito ou pornográficas[45]), ou ainda quem com esses contracena" (parêntese nosso). Aplica-se, ademais, em se tratando de pai ou responsável, a causa de aumento (um terço) prevista no § 2º, referente ao sujeito ativo prevalecer-se de "relações de parentesco consanguíneo ou afim até o terceiro grau, ou por adoção, de tutor, curador, preceptor, empregador da vítima ou de quem, a qualquer outro título, tenha autoridade sobre ela, ou com seu consentimento".

3.4. Residência ou trabalho em casa de prostituição (inciso III)

Trata-se, nesse caso, de **punir o pai ou responsável que permite que o menor resida ou trabalhe em casa de prostituição**, por exemplo, como garçom, arrumadeira, atendente etc.

O conceito de casa de prostituição é aquele do art. 229 do CP, com a redação da Lei n. 12.015/2009, ou seja, o estabelecimento em que ocorre exploração sexual, com ou sem intuito de lucro e independentemente da mediação direta do proprietário ou gerente.

Se a pessoa a quem a criança ou adolescente encontra-se confiado *permite que ele se prostitua* em estabelecimento dedicado a esta finalidade ou a outra forma de exploração sexual, cometerá crime previsto no **art. 218-B do CP** (incluído pela Lei n. 12.015/2009): "Submeter, induzir ou atrair à prostituição ou outra forma de exploração sexual alguém menor de

---

[45] De acordo com o art. 241-E do ECA, "para efeito dos crimes previstos nesta Lei, a expressão 'cena de sexo explícito ou pornográfica' compreende qualquer situação que envolva criança ou adolescente em atividades sexuais explícitas, reais ou simuladas, ou exibição dos órgãos genitais de uma criança ou adolescente para fins primordialmente sexuais".

18 (dezoito) anos (...) facilitá-la, impedir ou dificultar que a abandone" (pena: reclusão, de quatro a dez anos).

3.5. Mendicância ou assistência a mendigo para provocar a comiseração pública (inciso IV)[46]

Deve-se frisar que a mendicância não constitui, desde julho de 2009, ilícito penal. Isto em virtude da Lei n. 11.983, que revogou o art. 60 da LCP.

Ainda que não mais se possa falar em infração criminal decorrente do simples ato de pedir esmola em público, não há dúvida que o adulto, ao permitir que um menor de 18 anos sob seus cuidados, dedique-se à mendicância ou sirva a mendigo para provocar a comiseração pública, avulta a dignidade humana da pessoa cuja personalidade encontra-se em formação[47]. O **esmoleiro**, nesse caso, será **partícipe** do crime (CP, art. 29).

Pode-se cogitar, nesse caso, de estado de necessidade, conforme, aliás, já decidiram nossos tribunais[48].

4. TIPO SUBJETIVO

O abandono moral somente é punido na forma **dolosa**, o que requer, como de ordinário, consciência e vontade de concretizar os elementos objetivos do tipo. O dolo do agente deve ser abrangido pelo conhecimento das elementares mencionadas nos incisos da disposição. Assim, por exemplo, se o responsável legal desconhece que o local em que o filho trabalha, com sua aquiescência, constitui casa de prostituição, não comete crime algum, atuando em erro de tipo (CP, art. 20, *caput*).

Na modalidade prevista no **inciso IV**, correspondente a **permitir que o menor sirva a mendigo**, exige-se **elemento subjetivo específico**, consistente em fazê-lo para que essa atitude desperte a comiseração pública[49].

---

[46] No Código Penal espanhol, pune-se a mendicância de menores ou incapazes (art. 232.1), consistente em "utilizar ou servir-se de um menor de idade ou incapaz para a prática da mendicância, inclusive quando esta é encoberta".

[47] "Incorre nas sanções do art. 247, IV, primeira parte, do Código Penal, o agente que dá permissão a seus filhos, menores de 18 anos, para mendigação, consistente na entrega de bilhetes em que só solicita auxílio financeiro, auferindo, assim, proveito próprio" (TACrSP, *RDJ* 22/41).

[48] TJMG, AP 1.0000.00.353417-9/000, rel. Des. Antônio Carlos Crunivel, 3ª CCr, j. 11-11-2003.

[49] "A ré chegou a tomar a iniciativa de matricular os infantes com idade escolar na escola pública. Sucumbiu, todavia, à necessidade material e, por isso, mandou-os à

Acreditamos não ser possível cogitar-se de erro de proibição escusável (CP, art. 21) à luz do delito em estudo, de vez que constitui noção comezinha a de que se deve zelar pela formação do próprio filho ou do menor cuja guarda ou vigilância foi confiada ao agente. Ninguém poderá alegar validamente, portanto, que desconhecia a ilicitude de permitir que o menor frequentasse casa de jogos ou espetáculo que lhe ofendeu a dignidade sexual.

5. SUJEITOS DO CRIME

5.1. Sujeito ativo

Trata-se o abandono moral de infração **biprópria,** de vez que requer qualidade especial dos sujeitos ativo e passivo. O autor ou partícipe do crime há de ser o **pai** ou **responsável legal** pelo menor, a quem foi confiada a **guarda** ou **vigilância** da criança ou do adolescente. Estão abrangidos, portanto, o tutor ou guardião e até mesmo terceiras pessoas, que, embora sem vínculo civil ou familiar, como uma babá contratada pelos genitores, receberam a missão de cuidar da vítima. A doutrina inclui, ainda, o diretor do estabelecimento de ensino como possível autor do crime[50].

5.2. Sujeito passivo

Somente pode figurar como vítima do crime a criança ou adolescente, pessoas **menores de 18 anos.**

O crime é de **perigo concreto ou real,** motivo por que **pressupõe mínima capacidade de entendimento da criança,** de modo que a situação em que se encontra possa de algum modo prejudicar-lhe a formação. Um bebê de poucos meses não pode figurar como sujeito passivo do delito. Se sua mãe se prostitui e leva o pequeno para o local de trabalho, deixando-o aos cuidados de outra pessoa enquanto exerce sua atividade laborativa, não comete a infração, dada a absoluta impropriedade do objeto material[51]. Dá-se, então, a figura do crime impossível (CP, art. 17).

---

mendicância, inviabilizando a continuidade escolar. Não se vê como possa a acusada ser condenada pelo delito do art. 247, IV, porquanto, no caso, o objetivo da ré não era o de 'excitar a comiseração pública', mas, na verdade, prover, de fato, a subsistência dos infantes com comida e roupas, diante do estado de miserabilidade em que viviam" (TACrSP, ApCr n. 775.007/9, rel. Juiz José Santana). No mesmo sentido: TJMG, ApCr 1.0049.06.011568-7/001, rel. Des. Antônio Armando dos Anjos, 3ª CCr, j. 12-5-2009.

[50] *Vide* Romão Cortes de Lacerda apud Nelson Hungria, op. cit., v. VIII, p. 475.

[51] Nunca é demais lembrar que o objeto material constitui a pessoa ou a coisa sobre a qual recai a conduta.

6. CONSUMAÇÃO E TENTATIVA

6.1. Consumação

A realização integral do tipo depende da modalidade de abandono moral que se tenha em vista.

Nas condutas descritas nos **incisos I** e **II**, a norma se refere ao ato de frequentar (a casa de jogos etc.) ou conviver (com a pessoa viciosa etc.), denotando habitualidade. A consumação somente se dará, portanto, quando a autorização do agente (que pode ser dada uma vez, para ter eficácia iterativa, ou ser renovada constantemente) resultar na reiteração da conduta (pela vítima), ou seja, no fato de o **menor fazer da ida aos locais um hábito em sua vida** ou **efetivamente ganhar intimidade com o indivíduo vicioso ou de má vida.**

Na hipótese capitulada no **inciso III**, é necessário que o menor **efetivamente resida no local**, o que revela a necessidade de que ali permaneça em caráter definitivo. Quanto ao trabalho, não é necessário que haja vínculo trabalhista, até porque a Constituição Federal proíbe categoricamente o trabalho de menores de 14 anos e, dessa idade até os 16, somente na condição de aprendizes (art. 7º, XXXIII). A proibição normativa corresponde ao ato de dar permissão ao menor para que exerça qualquer atividade laboral ou prestação de serviços no ambiente deletério à sua formação.

Semelhante raciocínio há de ser aplicado ao **inciso IV**, no que alude à **autorização à mendicância**, comportamento **habitual** por definição. Com relação a **permitir** que o menor sirva a mendigo (para excitar a compaixão das pessoas), **não se exige reiteração**, sendo suficiente que o episódio se dê uma vez. Havendo uma só autorização para ser utilizado pelo pedinte, ainda que valha para provocar a piedade do público repetidas vezes, dar-se-á crime único (devendo a duração refletir na dosagem da pena[52]).

É possível, por fim, **que o menor já se encontre conformado às práticas mencionadas nos incisos, sem o conhecimento de seu responsável legal**

---

[52] Conforme se estudou no volume 1 desta obra, a aplicação da pena submete-se a intrincado critério de individualização, previsto nos arts. 59 a 68 do CP, no qual o magistrado deve levar em conta, em primeiro lugar, as circunstâncias judiciais (culpabilidade, antecedentes, conduta social, personalidade, circunstâncias, consequências e motivos do crime, além do comportamento da vítima). Em seguida, deverá apreciar as agravantes e atenuantes genéricas (CP, arts. 61 a 66) e, por fim, as causas de aumento e diminuição. Tendo em mente esse sistema, denominado "trifásico", a maior duração da exposição do menor à situação comprometedora de sua dignidade resultará no agravamento das consequências do crime e, portanto, produzirá uma pena mais severa logo na primeira fase da dosimetria.

(por exemplo, o adolescente que frequenta casas de jogos ilícitos ou de prostituição). Nessa eventualidade, **se o pai ou pessoa a quem se confiou a guarda ou vigilância ficar ciente da situação e nada fizer,** permitindo (explícita ou tacitamente), **será nesse instante que a conduta atingirá seu momento consumativo.** Nesse caso, descaberá a tentativa em face do caráter unissubsistente da conduta. Poder-se-ia argumentar, em tais situações, que o bem jurídico já se encontra lesionado, dada a preexistente corrupção moral do menor. O pensamento não procede, contudo, porque a norma pune o descumprimento de um dever de assistência e, ademais, a "bênção" (aberta ou implícita) do pai ou responsável somente vem a prejudicar ainda mais a formação e a educação, incrementando o risco ao bem juridicamente tutelado.

6.2. Tentativa

O abandono moral comporta tentativa[53]. O *conatus proximus* poderá se verificar, por exemplo, quando o genitor que tem o menor sob sua guarda permite que este frequente a casa de jogos ou trabalhe na casa de prostituição, mas seja impedido de efetivamente fazê-lo pela mãe que, ao tomar conhecimento, intervém e evita qualquer contato do filho com o ambiente comprometedor.

7. CLASSIFICAÇÃO JURÍDICA

O crime é *doloso, comissivo ou omissivo* (já que o ato de permitir pode se dar com a franca outorga do consentimento ou beneplácito, mas também quando o pai ou responsável, ciente da situação, descumpre seu dever jurídico de impedi-la), *bipróprio* (requer qualidades específicas tanto do sujeito ativo quanto passivo), *de concurso eventual ou monossubjetivo* (pode ser praticado por uma só pessoa, mas admite também o concurso de agentes), *formal* (pois sua consumação não depende da efetiva corrupção

---

[53] Noronha não aquiescia com semelhante visão, enfatizando que a tentativa não era possível porque "o último elemento do tipo é a permissão que se verifica quando já o sujeito passivo frequentou, participou, residiu, trabalhou ou mendigou e, então, ou a atitude do agente já traduz permissão ou é equívoca, não autorizando afirmar-se que ele *tentou permitir*" (op. cit., v. 3, p. 449). O entendimento do mestre paulista se justifica diante de sua compreensão de que o delito do art. 247 é exclusivamente omissivo. A nós, pelo contrário, o fato pode ser praticado por ação ou omissão e, ademais, a norma penal pode ser cindida em dois momentos: o da autorização do adulto e o da realização, pelo menor, das atitudes prejudiciais à sua formação, referidas nos incisos I a IV; entre elas há um hiato e, dando-se a interrupção do processo executivo sem que o perigo concreto efetivamente tome lugar, dá-se a tentativa.

moral do ofendido), *de perigo concreto* (somente se consuma quando há risco efetivo à dignidade do menor), *habitual* (na **maioria de suas modalidades**, conforme se verificou no item 6.1, de vez que exige repetição do ato por parte do menor[54]) e *plurissubsistente* (o *iter criminis* pode ser fracionado, já que a infração contém dois momentos: o da autorização concedida pelo sujeito ativo – *caput* – e o da realização do ato por parte do menor – incisos I a IV).

8. PENA E AÇÃO PENAL

O fato é punido com detenção, de um a três meses, ou multa, inserindo-se no âmbito das infrações penais de menor potencial ofensivo, de competência do Juizado Especial Criminal e regidas pela Lei n. 9.099/95.

A ação penal é de iniciativa **pública incondicionada**.

---

[54] Guilherme Nucci classifica-o como "crime instantâneo de continuidade habitual" (op. cit., p. 947).

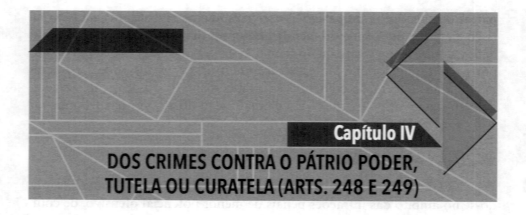

Capítulo IV
DOS CRIMES CONTRA O PÁTRIO PODER, TUTELA OU CURATELA (ARTS. 248 E 249)

INTRODUÇÃO

O último capítulo dos crimes contra a família encontra-se sob a rubrica "Dos crimes contra o pátrio poder, tutela ou curatela". Trata-se de reunir, no mesmo setor do Código Penal, condutas praticadas em detrimento da autoridade que alguém exerce sobre outra pessoa, menor ou interdito.

A expressão "pátrio poder" não é mais utilizada pela legislação civil. Com efeito, desde a promulgação da Carta de 1988, que equiparou homens e mulheres em direitos e obrigações (arts. 5º, *caput*, e 226, § 5º), consagrando a ideia de entidade familiar como o vínculo formado entre homem e mulher, com ou sem filhos, ou entre um dos genitores e seus descendentes em primeiro grau (art. 226, §§ 3º e 4º), não cabe mais dizer que a chefia da família incumbe exclusivamente ao varão.

O Código Civil, bem por isso, não mais utiliza o termo defasado acima exposto, preferindo a fórmula "poder familiar". A Lei n. 12.010/2009, que cuida da adoção e modificou, além do mencionado Código, dispositivos do Estatuto da Criança e do Adolescente, determinou que no bojo deste fosse substituída a expressão "pátrio poder" por "poder familiar". Lamenta-se não ter o legislador ordinário se lembrado de fazê-lo também no âmbito do Código Penal, onde emprega esse termo em três oportunidades (arts. 92, II, e 249, § 1º, e na denominação do presente capítulo). De qualquer modo, a omissão corretiva não altera em nada a essência do instituto, vale dizer, falando ou não em "pátrio poder", o que se protege é o "poder familiar" (única interpretação compatível com o Texto Constitucional).

O poder familiar tem seus contornos delineados pelos arts. 1.630 a 1.637 do CC e seu exercício incumbe, igualmente, ao pai e à mãe, durante toda a infância e adolescência dos filhos, até completarem 18 anos ou se emancipparem[1]. Esse *jus* compreende dirigir a criação e educação dos filhos menores, tê-los em sua companhia e guarda, conceder-lhes ou negar-lhes consentimento para casarem, nomear-lhes tutor por testamento ou documento autêntico, se o outro dos pais não lhe sobreviver, ou o sobrevivo não puder exercer o poder familiar, representá-los, até aos 16 anos, nos atos da vida civil, e assisti-los, após essa idade, nos atos em que forem partes, suprindo-lhes o consentimento, reclamá-los de quem ilegalmente os detenha e exigir que lhes prestem obediência, respeito e os serviços próprios de sua idade e condição (art. 1.634 do CC). Trata-se, na expressão de Maria Helena Diniz, "do conjunto de direitos e obrigações, quanto à pessoa e bens do filho menor não emancipado, exercido, em igualdade de condições, por ambos os pais, para que possam desempenhar os encargos que a norma jurídica lhes impõe, tendo em vista o interesse e a proteção do filho"[2].

Das prerrogativas inerentes ao poder familiar, duas tocam particularmente com os crimes previstos neste capítulo; trata-se do **direito de ter o menor sob companhia e guarda** e de **reclamá-lo perante quem ilegalmente o detenha**.

A tutela possui similitude com o poder familiar, encontrando-se prevista nos arts. 1.728 a 1.766 do CC[3]. Estão sujeitos a ela os menores de 18 anos, quando falecerem ambos os pais, forem julgados ausentes, tiverem suspenso ou decaírem do poder familiar. É dever do tutor dirigir a educação do menor, defendê-lo e prestar-lhe alimentos, corrigi-lo com autorização judicial, exercer os demais direitos que cabem aos pais, até que o menor complete 12 anos, quando então será ouvido a respeito, representar o menor até os 16 anos e assisti-lo até a maioridade etc.

A curatela, por fim, encontra-se regulamentada nos arts. 1.767 a 1.783 do CC[4]. Submetem-se a ela os interditos, isto é, aqueles que, por outra

---

[1] Outras causas de extinção do poder familiar são a adoção, a perda por decisão judicial e a morte dos pais (art. 1.635 do CC).

[2] *Curso de direito civil brasileiro*, v. 5, p. 537.

[3] "A tutela é um instituto de caráter assistencial, que tem por escopo substituir o poder familiar. Protege o menor não emancipado e seus bens, se seus pais faleceram, foram declarados ausentes, suspensos ou destituídos do poder familiar (CC, art. 1.728, I e II; Lei n. 8.069/90, arts. 165 a 170), dando-lhe assistência e representação na órbita jurídica, ao investir pessoa idônea nos poderes imprescindíveis para tanto" (Maria Helena Diniz, op. cit., v. 5, p. 606).

[4] "A curatela é o encargo público, cometido, por lei, a alguém para reger e defender pessoa a administrar os bens de maiores, que, por si sós, não estão em condições de fazê-lo, em razão de enfermidade ou deficiência mental" (Maria Helena Diniz, op. cit., v. 5, p. 628).

causa duradoura ou transitória, não puderem exprimir a sua vontade, os ébrios habituais e os viciados em tóxicos e os pródigos. Aplicam-se à curatela as disposições relativas à tutela (art. 1.774 do CC), inclusive quanto ao seu exercício (art. 1.781 do CC), ressalvadas suas peculiaridades.

ART. 248 – INDUZIMENTO A FUGA, ENTREGA ARBITRÁRIA OU SONEGAÇÃO DE INCAPAZES

1. DISPOSITIVO LEGAL

Induzimento a fuga, entrega arbitrária ou sonegação de incapazes

Art. 248. Induzir menor de 18 (dezoito) anos, ou interdito, a fugir do lugar em que se acha por determinação de quem sobre ele exerce autoridade, em virtude de lei ou de ordem judicial; confiar a outrem sem ordem do pai, do tutor ou do curador algum menor de 18 (dezoito) anos ou interdito, ou deixar, sem justa causa, de entregá-lo a quem legitimamente o reclame:

Pena – detenção, de 1 (um) mês a 1 (um) ano, ou multa.

2. VALOR PROTEGIDO (OBJETIVIDADE JURÍDICA)

O valor fundamental tutelado na norma é a **família** e, de modo particular, os **direitos inerentes ao poder familiar**, **tutela** ou **curatela**. Referida proteção não tem como escopo a mera defesa da autoridade de quem detém o poder familiar etc., mas o zelo pelo bem-estar, pela criação e educação das pessoas sujeitas a eles, ou seja, dos menores de 18 anos ou interditos[5].

Registre-se que o induzimento à fuga não existia na legislação penal anterior, tendo sido introduzido por meio do Projeto Alcântara Machado e mantido no Código pela Comissão Revisora. A entrega arbitrária e a sonegação de menores já eram previstas no Código Penal de 1890 (arts. 290, 291 e 293, § 1º).

---

[5] De acordo com Alberto Silva Franco e Tadeu Antônio Dix Silva, "o bem jurídico protegido no crime de induzimento a fuga, entrega arbitrária ou sonegação de incapazes, diz respeito aos direitos subjetivos da criança, adolescente menor de 18 anos e interdito, que podem ser prejudicados em razão do abandono do lar a que foi induzido a deixar, ou pela sua entrega a terceiro, ou ainda, pela negativa em devolvê-lo feita por pessoa que não está legitimada a ter o incapaz sob sua guarda" (*Código Penal e sua interpretação jurisprudencial*, p. 1212). Com razão pondera J. M. Damião da Cunha ao dizer que, com a tutela dos poderes que cabem às pessoas encarregadas do menor, busca-se, em última análise, a defesa do "bem-estar do menor (que, de resto, é a justificação para a existência daqueles poderes-deveres) e não para a proteção dos titulares dos poderes)" (*Comentário conimbricense do Código Penal*, p. 614).

3. TIPO OBJETIVO

O art. 248 constitui **tipo misto** *cumulativo*, já que o dispositivo legal contém três figuras típicas que, embora se prestem à proteção do mesmo valor fundamental, distinguem-se claramente quanto aos seus traços essenciais. Assim, caso o agente incorra em mais de uma das condutas previstas, haverá **concurso de crimes**. Muito embora a doutrina, em peso, sinalize pela ocorrência do **concurso material ou real** (CP, art. 69)[6], não se pode descartar, de plano, a possibilidade de **continuidade delitiva** (CP, art. 71), já que aqui também ocorrem duas ou mais ações ou omissões e, ademais, o requisito primeiro desta figura, consistente em que se trate de delitos da mesma espécie (ou seja, previstos no mesmo tipo penal), sempre se fará presente.

3.1. Induzimento a fuga

O verbo nuclear consubstancia-se no ato de *induzir*, ou seja, **influenciar moralmente** (psiquicamente); incutir na mente a ideia de realizar o ato. O induzimento pode ser realizado por qualquer meio (crime de forma livre ou onímodo), tais como utilizar-se de suasões, promessas, engodos, dádivas, súplicas, propostas reiteradas etc.[7]. **Se o incapaz já havia tomado a decisão de abandonar o local**, ainda que não estivesse firme em seu propósito, **não há o crime**, pois nesse caso trata-se de *instigação* (fomento de ideia preexistente), que não se confunde com induzimento (ato de incutir ideia nova, até então inexistente na mente da pessoa).

O induzimento deve recair sobre **menor de 18 anos** ou **interdito**. Os primeiros estão sujeitos ao poder familiar ou à tutela, e os demais, à curatela.

---

[6] *Vide*, por todos, Alberto Silva Franco e Tadeu Antônio Dix Silva, op. cit., p. 1213.

[7] No Código Penal espanhol, pune-se o ato de induzir um menor de idade ou incapaz a abandonar o domicílio familiar, o lugar onde reside com anuência de seus pais, tutores ou guardiães (art. 224). No Código Penal português, o delito abrange a subtração e a sonegação de incapazes (art. 249º), prevendo-se pena de prisão de até dois anos, ou multa de até 240 dias, à pessoa que subtrair ou se recusar a entregar menor a quem exerce o "poder paternal ou tutela, ou a quem esteja legitimamente confiado" (o crime é de ação penal privada). Na legislação penal argentina, tipifica-se no ato de induzir pessoa entre 10 e 15 anos a fugir da casa de seus pais, guardiães ou encarregados, com pena de prisão, de um mês a um ano (art. 148). A Lei n. 24.270 introduziu na legislação criminal deste país o crime de impedimento ou obstrução de contato, apenado com prisão de um mês a um ano, quando um dos pais ou terceiro ilegalmente impedir ou obstruir o contato do menor com o genitor não convivente (art. 1º da mencionada lei). No Código Penal chileno há a infração consistente no induzimento ou abandono do lar, que se verifica quando um menor de idade, maior de 10 anos, é induzido a abandonar a casa de seus pais, guardiães ou encarregados por ele (pena: reclusão menor em quaisquer de seus graus e multa, de onze a vinte unidades tributárias mensais).

No tocante aos adolescentes, sustenta Paulo José da Costa Jr. que, *de lege ferenda*, dever-se-ia impor um limite ao alcance do dispositivo legal, fixando-o em menores de até 16 anos, nos moldes do Anteprojeto Hungria (art. 271)[8].

São interditas, desde que assim decretadas judicialmente, as pessoas que, embora adultas, não podem administrar seus bens e praticar os demais atos da vida civil por conta própria.

O Código Civil põe sob interdição os seguintes indivíduos (art. 1.767): a) aqueles que, por causa transitória ou permanente, não puderem exprimir sua vontade; b) os ébrios habituais e os viciados em tóxico; c) os pródigos.

De acordo com a lei processual civil (art. 747), a interdição, que, repise-se, depende de decisão judicial em procedimento contraditório, pode ser promovida pelo cônjuge ou companheiro, pelos parentes ou tutores ou pelo representante da entidade em que se encontra abrigado o interditando. Em se tratando de pessoa portadora de doença mental grave, até mesmo o Ministério Público terá legitimidade, de forma subsidiária, para promover a interdição, ou seja, apenas se inexistirem os legitimados principais ou se, existindo, nenhum deles promover a interdição.

O induzimento deve ser dirigido a incutir na criança, adolescente ou interdito a ideia de fugir do lugar em que se acha por determinação de quem sobre ele exerce autoridade, em virtude de lei (caso dos pais) ou de ordem judicial (hipótese de tutela ou curatela).

Não é necessário que o menor ou interdito fuja, sendo suficiente que seja convencido a fazê-lo, por meio idôneo (crime formal)[9]. A saída do local em que deveriam estar as pessoas induzidas a se evadir constituirá exaurimento (para a maioria da doutrina, contudo, esse ato é que representa a efetiva consumação).

Entende-se por fuga o ato de deixar a morada em que se encontra sob a responsabilidade dos pais, tutores ou curadores, dirigindo-se a local em que não possa ser facilmente encontrado.

A presente figura **não se confunde** com o ato de tirar o incapaz do **lugar em que reside**, pois, neste caso, poderá haver **subtração de incapazes (art. 249 do CP)**. Do mesmo modo, **inexistirá induzimento a fuga se o sujeito passivo for convencido a deixar sua morada** *na companhia do agente*, respondendo este pelo delito acima mencionado[10].

---

[8] *Curso de direito penal*, p. 667.

[9] Nesse sentido, Pedro Franco de Campos: "Para que o crime se configure, não se exige a efetiva fuga" (*Direito penal aplicado*, p. 262).

[10] Como dizia Romão Cortes de Lacerda, "na *subtração*, o menor é tirado do *poder* de quem o tem sob sua guarda em virtude de lei ou de ordem judicial; ao passo que, no

3.2. Entrega arbitrária

O art. 248 pune, ainda, aquele que *confiar*, isto é, **entregar à confiança de alguém, aos cuidados de outrem** (qualquer pessoa, inclusive parentes do detentor do poder familiar, tutela ou curatela), **sem ordem (expressa ou tácita) do pai ou do tutor, no caso de menores de 18 anos, ou do curador, quando se tratar de interdito.**

A entrega arbitrária constitui evidente **crime de perigo.** Muito embora o tipo não exija risco efetivo ao menor ou interdito, parece-nos que tal exigência se mostra fundamental, sob pena de não se identificar a ofensa ao valor protegido. A esfera de proteção desta norma penal, dado o caráter eminente subsidiário que o Direito Penal deve conter, há de ser interpretada no sentido de abranger comportamentos, no caso entregas arbitrárias, que exponham alguém sob poder familiar, tutela ou curatela a risco concreto. Se assim não for, o tipo converte-se em crime contra a autoridade de quem detém o poder familiar etc., o que jamais justificaria a imposição de pena criminal. Em outras palavras, significa que a lei não pode se servir puramente à tutela da *autoritas* de alguém, impondo pena criminal pelo simples fato de tê-la desobedecido. A cominação da sanção deve basear-se no **perigo concreto** a que se submeteu a criança, o adolescente ou o interdito, por conta da entrega indevida.

3.3. Sonegação de incapazes[11]

Entende-se por sonegação de incapazes a **retenção**, isto é, o ato de **não entregar (crime omissivo próprio), sem justa causa, o menor de 18 anos**

---

induzimento, ele é levado a *sair do lugar onde foi posto*" (apud Nelson Hungria, *Comentários ao Código Penal*, v. VIII, p. 482). *Vide*, ainda: "No crime de subtração de incapaz, o menor é tirado do poder de quem o tem, sob sua guarda, em virtude de lei ou ordem judicial, ao passo que o de sonegação de incapaz consiste na recusa de entrega (retenção), sem justa causa, do incapaz a quem legitimamente o reclame" (TAMG, *RT* 638/328).

[11] No Código Penal espanhol há o crime de negativa de restituição, definido como o ato de ter em seu cargo a custódia de um menor de idade ou incapaz e não o apresentar a seus pais ou guardiães sem justificativa, quando solicitado por eles a fazê-lo (art. 223). Na legislação penal argentina, constitui crime punido com reclusão, de cinco a quinze anos, deixar o encarregado do menor de 10 anos de apresentá-lo a seus pais ou guardiães que o solicitarem ou não fornecerem razões satisfatórias para seu desaparecimento (art. 147). O Código Penal chileno, em seu art. 355, descreve os atos de o encarregado de um menor deixar de apresentá-lo, quando reclamado por seus pais, guardiães ou autoridade, a pedido dos demais parentes ou de ofício, ou deixar de dar explicações satisfatórias acerca de sua desaparição, punindo-o com presídio menor em grau médio.

não emancipado ou interdito (pessoas incapazes segundo a lei civil), **a quem legitimamente o reclame** (pai, tutor, curador ou instituição destinatária da entrega por força de decisão judicial).

O delito pressupõe que o **omitente encontra-se licitamente em poder do incapaz e, ao ser solicitado, se recuse a entregá-lo.** Se o agente subtraiu o menor ou interdito, terá incorrido no art. 249 do CP (crime mais grave) e, ao depois, caso se recuse a restituí-lo, essa atitude não configurará infração autônoma, mas *post factum* impunível[12].

A norma contém elementos normativos, já que somente haverá crime quando a conduta for praticada *sem justa causa* e quem reclamar o menor ou interdito *legitimamente* o detenha. O dispositivo pode ser considerado, portanto, tipo anormal[13].

O sentido da primeira expressão há de ser tomado tendo em conta o interesse dos incapazes; vale dizer, somente se poderá considerar justa a falta de entrega quando visar à proteção do menor não emancipado ou interdito (por exemplo, quando há fundado risco de que estes sejam maltratados por seu responsável). Assim, *v.g.*, não incorrerá no delito a avó que se recusa a devolver o neto à companhia dos pais, depois de se certificar que aquele é vítima de maus-tratos ou violência sexual.

O termo "legitimamente" é utilizado no dispositivo porque casos há em que o detentor do poder familiar pode não ter a guarda legal do incapaz,

---

[12] Nesse sentido, Damásio de Jesus: "Caso a posse do menor ou interdito seja decorrente de sua anterior subtração, o crime praticado será o previsto no art. 249 do Código Penal, sendo a recusa injustificada em devolvê-lo um *post factum* impunível (princípio da consunção)" (*Código Penal anotado*, p. 829).

[13] Segundo a doutrina, são anormais os tipos que utilizam elementos normativos. É de ver, contudo, que um setor da doutrina penal, representado nesse aspecto por Claus Roxin, vem entendendo que todos os elementos que compõem um dispositivo legal têm natureza normativa, ainda que aludam a fatores sensorialmente perceptíveis, pois que, em última análise, quem dá às expressões legais seu verdadeiro alcance e sentido é o intérprete. Assim, por exemplo, a elementar "alguém", presente no crime de homicídio, ou o termo "coisa", utilizado no furto, somente teriam sua compreensão delimitada mediante procedimento exegético capaz de estabelecer seu verdadeiro significado. De fato, somente os processos de interpretação permitem dizer o que se entende por determinada expressão típica. Um feto pode ser "alguém", no sentido semântico, mas não o é do ponto de vista jurídico (alguém é o ser humano vivo, depois de seu nascimento). O ar que respiramos pode ser algo, ou uma "coisa", mas não o é para fim de determinação do crime de furto. De qualquer modo, a divisão clássica entre elementos objetivos e normativos tem inegável utilidade prática e didática. Melhor seria, talvez, se passássemos a falar, então, elementos "objetivo-normativos" e "puramente normativos". De qualquer modo, por ora, preferimos manter a classificação tradicional.

não sendo a pessoa habilitada a reclamá-lo. Assim, por exemplo, quando houve separação judicial entre os cônjuges e a criança encontra-se sob a guarda da genitora, o pai não será aquele legitimado a fazê-lo.

O **consentimento do incapaz é irrelevante,** vale dizer, ainda que esse concorde em não ser restituído, o crime subsiste. Deve-se ter em mente que o poder familiar, a tutela e a curatela abrangem o direito de ter os incapazes em sua companhia e guarda e reclamá-los de quem ilegitimamente os detenha.

É possível que num primeiro momento se dê a recusa à restituição, por tempo juridicamente relevante, a ponto de permitir a consumação do crime e, posteriormente, volte atrás o omitente, devolvendo o menor ileso (física e psiquicamente) a quem de direito. Nesse caso, parece-nos **possível aplicar, por analogia *in bonam partem*, o perdão judicial previsto no art. 249, § 2º, do CP.** De acordo com esse dispositivo, o agente que subtrai um incapaz e restitui sem que este tenha sofrido maus-tratos ou privações, não receberá pena (perdão judicial). O fato de a lei não prever semelhante benesse no caso da sonegação de incapaz constitui evidente lacuna axiológica. Ora, aquele que subtrai o incapaz (conduta mais grave) e o restitui são e salvo se torna merecedor da causa extintiva da punibilidade, mas quem não o entrega quando solicitado (fato punido menos severamente) e, ao depois, arrepende-se, devolvendo-o a quem legitimamente o detenha, sem qualquer mácula, não faz jus ao mesmo instituto. A diversidade de tratamento não se justifica sob qualquer ótica, conforme aliás já advertia a doutrina desde a promulgação do Código[14]. A maneira de se coartar essa disparidade e colmatar a lacuna só pode ser por meio da analogia benéfica, única admitida em Direito Penal.

4. TIPO SUBJETIVO

O crime é punido exclusivamente na forma **dolosa,** o que requer consciência e vontade de realizar os elementos objetivos do tipo. O dolo deve abranger o conhecimento da situação concreta, isto é, deve o agente ter ciência de que se trata de menor ou interdito, deve saber que inexiste ordem do responsável para entregá-los a terceiro (no caso da segunda figura) ou que a pessoa que o reclama é o verdadeiro detentor do poder familiar, tutela ou curatela (em se tratando de sonegação de incapazes). A falta de conhecimento a respeito de quaisquer destas elementares afastará o elemento subjetivo, fazendo surgir o *erro de tipo* (CP, art. 20).

---

[14] Romão Cortes de Lacerda, apud Nelson Hungria, op. cit., v. VIII, p. 446; Edgard de Magalhães Noronha, *Direito penal*, v. 3, p. 454. Em sentido contrário, entendendo correta a solução empregada no texto legal, ao limitar o perdão judicial à subtração de incapazes: Guilherme Nucci, *Código Penal comentado*, p. 952.

5. SUJEITOS DO CRIME

5.1. Sujeito ativo

As três figuras típicas contidas no art. 248 constituem **crimes comuns**, de modo que podem ser praticadas por qualquer pessoa, **salvo o detentor do poder familiar, tutela ou curatela** (no caso das duas últimas infrações)[15]. **Os pais poderão cometê-las quando suspensos ou destituídos do poder familiar.**

Importa lembrar que pai e mãe exercem o poder familiar com absoluta isonomia, não se podendo reconhecer o delito se um dos genitores se recusa a entregar o filho ao outro ou se o confia a terceiro. Poderá haver, entretanto, o crime do art. 245 do CP (entrega de filho a pessoa inidônea) ou do art. 133 (abandono de incapaz), conforme o caso.

5.2. Sujeito passivo

O sujeito passivo é, em primeiro lugar, a família, titular do valor fundamental protegido, em segundo plano, o detentor do poder familiar, tutela ou curatela e, em último lugar, mas não menos importante, o menor ou interdito, já que em homenagem a estes, à sua segurança e defesa, é que a norma penal se justifica.

Para Noronha[16] e Damásio[17], o pródigo não pode ser considerado sujeito passivo da infração, não podendo ser incluído na exegese da expressão "interdito", muito embora assim o seja para efeitos civis. Os penalistas justificam suas teses no fato de o pródigo encontrar-se submetido a curatela especial, posto que somente diz respeito aos bens do curatelado, não abrangendo sua pessoa ("exceção feita da esfera econômica, pode ele dirigir-se a seu talante"[18]).

---

[15] "Se o crime constitui na internação da menor em escola portuguesa (entrega arbitrária, por confiar a menor a outrem, sem ordem do pai), inquestionável que a conduta da paciente é atípica. Titular do pátrio poder e tendo a filha sob sua guarda, ainda que provisoriamente, por decisão judicial, poderia, exercendo direito seu, deixá-la interna em colégio mesmo fora do País. A entrega arbitrária é crime contra o pátrio poder, que, no momento da entrega, só a mãe exercia, estando dele privado, provisoriamente, o pai, que perdera a guarda até a solução do litígio cautelar" (*JTACrSP* 74/110).

[16] Op. cit., v. 3, p. 452.

[17] Op. cit., p. 829. No mesmo sentido, Rogério Greco, *Código Penal comentado*, p. 693.

[18] Magalhães Noronha, op. cit., v. 3, p. 452.

6. CONSUMAÇÃO E TENTATIVA

6.1. Consumação

O *induzimento a fuga* de incapaz é *crime formal*, de modo que não é preciso que o menor ou interdito efetivamente fuja para se atingir a consumação, sendo suficiente que o agente o convença a tanto, pouco importando que o plano não seja posto em prática[19]. Como pondera acertadamente Guilherme Nucci, "o crime não é condicionado como o induzimento ao suicídio, que só é punível caso a vítima efetivamente se suicide ou termine com lesões graves. Trata-se de delito formal, e o mero induzimento já configura o crime contra o poder familiar (na antiga concepção, o pátrio poder), tutela ou curatela, desde que seja suficiente para formar a opinião do menor ou do interdito"[20]. **Predomina em doutrina**, contudo, o entendimento contrário, exigindo **a fuga por tempo juridicamente relevante para fim de consumação**[21].

No caso da **entrega arbitrária**, o delito é **material**, já que realização integral do tipo somente ocorrerá com a entrega do ofendido ao terceiro. No último caso (**sonegação de incapaz**), cuida-se de crime de **mera conduta ou simples inatividade**, ou seja, o tipo penal somente descreve uma conduta (negativa, no caso) sem fazer qualquer alusão a resultado naturalístico (ou material).

6.2. Tentativa

A tentativa é **admissível nas duas primeiras figuras**, mas não o é na última delas, porque se trata de conduta unissubsistente. No caso do induzimento a fuga, pode-se imaginar o *conatus proximus* quando o sujeito dá início ao convencimento do menor, mas não logra incutir em sua mente a ideia definitiva de fugir. Na entrega arbitrária, pode-se cogitar da situação em que o autor leva o infante ao terceiro, a fim de confiá-lo, mas é impedido pelo genitor da criança, que intervém antes de consumar-se a entrega.

7. CLASSIFICAÇÃO JURÍDICA

O crime é *comissivo*, nas **duas primeiras condutas**, e *omissivo próprio ou puro* na **terceira**. Trata-se, ademais, de *crime de forma livre* ou

---

[19] Nesse sentido, Pedro Franco de Campos: "Para que o crime se configure, não se exige a efetiva fuga" (op. cit., p. 262).

[20] Op. cit., p. 949.

[21] Cezar Roberto Bitencourt, *Código Penal comentado*, p. 869. É o pensamento, ainda, de Damásio de Jesus (op. cit., p. 830); Noronha (op. cit., v. 3, p. 453); Rogério Greco (op. cit., p. 694); Alberto Silva Franco e Antônio Tadeu Dix Silva (op. cit., p. 1214), e Paulo José da Costa Jr. (op. cit., p. 668).

onímodo, *doloso, comum* (qualquer pessoa pode praticá-lo), *unissubjetivo ou de concurso eventual* (pode ser cometido por um indivíduo ou vários, em concurso), *formal* (induzimento a fuga), *material* (entrega arbitrária) e *de mera conduta* (sonegação de incapazes), *instantâneo* (salvo no caso da sonegação de menor ou interdito, que possui caráter permanente) e *plurissubjetivo* (exceção feita à última figura, que constitui delito omissivo próprio).

8. CONFLITO APARENTE DE NORMAS

Se a criança, adolescente ou interdito encontrar-se com os pais ou responsáveis legais e estes forem compelidos a entregá-la em virtude de ordem judicial, não o fazendo, inexistirá sonegação de incapaz, mas *desobediência à ordem judicial sobre perda ou suspensão de direito* (CP, art. 359). Isto porque o delito do art. 248 exige que o incapaz não seja entregue a quem o "reclame" e, na hipótese figurada, o menor não é "reclamado", mas "requisitado" judicialmente, o que pressupõe, por questão lógica e jurídica, a decretação (expressa ou tácita), da suspensão ou perda do poder familiar, tutela ou curatela[22].

A sonegação de incapazes difere, ainda, do **sequestro ou cárcere privado (CP, art. 148)**. Aquele que se recusa a entregar o ofendido pode ser enquadrado em ambos os tipos penais, conforme o elemento subjetivo do injusto. **Se a intenção for privar a liberdade do incapaz,** haverá o crime contra a pessoa; **se pretender afastá-lo da proteção familiar, de seu tutor ou curador,** responderá pelo delito contra a família[23]. É possível, ainda, que o intuito seja o de praticar com a vítima atos libidinosos, situação em que cometerá o **sequestro qualificado pelo fim libidinoso (CP, art. 148, § 1º, V),** sem prejuízo do cúmulo material com o crime sexual, na hipótese de o criminoso efetivamente dar vazão à sua concupiscência. São exemplos de delitos contra a dignidade sexual de que se poderia cogitar em concurso material com o sequestro o estupro (CP, art. 213), estupro de vulnerável

---

[22] Já se entendeu que "configura o delito do art. 359 do CP, e não o crime de sonegação de incapazes, a conduta de desquitado que retém consigo filho menor por prazo superior ao convencionado para visita. Impõe a solução, eis que a infração definida no art. 248, do mesmo Diploma, é a defesa dos direitos de titular do pátrio poder, da tutela e da curatela, o que impede ser o pai não destituído daquele poder sujeito ativo do delito" (*RT* 500/346).

[23] "Se a intenção do agente não é dirigida à ilegítima privação ou restrição da liberdade da vítima, mas tão somente beneficiar-se, gratuitamente, dos seus serviços, sob pretexto de dar-lhe guarda, o delito perpetrado é o do art. 248 e não o previsto no art. 148 do CP" (*RT* 268/540).

(CP, art. 217-A), ou satisfação da lascívia mediante presença de criança ou adolescente (CP, art. 218-A)[24].

É possível, por derradeiro, que o sujeito ativo pretenda, com o induzimento a fuga, com a entrega arbitrária ou com a sonegação, extorquir a família visando a obtenção de indevida vantagem econômica. Nesse caso, o enquadramento típico dependerá da conduta antecedente. Se houver induzimento a fuga, evadindo-se o incapaz, o extorsionário responderá por **crime de extorsão** (CP, art. 158). Nos outros dois casos (entrega arbitrária ou sonegação de incapaz), cometerá o agente **extorsão mediante sequestro** (CP, art. 159), justamente por ter o ofendido em seu poder, privando-o de seu direito de ir, vir e ficar (diversamente da hipótese anteriormente formulada).

9. PENA E AÇÃO PENAL

Os crimes descritos no art. 248 são punidos com detenção, de um mês a um ano, ou multa. Cuida-se, portanto, de infrações de menor potencial ofensivo. Deve-se lembrar que, na hipótese de o agente incorrer em mais de uma das condutas previstas no dispositivo legal, que é misto *cumulativo*, gera concurso de crimes. Neste caso, a competência do Juizado Especial Criminal para apreciação da conduta levará em conta o total das penas máximas a que está sujeito o acusado (e não o valor de cada uma delas isoladamente considerada).

A ação penal tem natureza **pública incondicionada**. Não seguiu nosso Código a tradição de diversos países nesta matéria, que estabelecem incumbir a iniciativa da ação penal ao ofendido, mediante queixa[25].

ART. 249 – SUBTRAÇÃO DE INCAPAZES

1. DISPOSITIVO LEGAL

Subtração de incapazes

Art. 249. Subtrair menor de 18 (dezoito) anos ou interdito ao poder de quem o tem sob sua guarda em virtude de lei ou de ordem judicial:

---

[24] O concurso material ou real (CP, art. 69) somente poderá ser identificado quando a privação da liberdade ocorrer por tempo juridicamente relevante, além do necessário para a prática do contato sexual ilícito pretendido. Se a supressão do direito à deambulação ocorrer exclusivamente como meio para se cometer o delito contra a dignidade sexual, responderá o agente apenas pelo crime-fim, por força do princípio da consunção ou absorção.

[25] É o caso, por exemplo, dos Códigos Penais italiano (arts. 573 e 574) e português (art. 250º).

Pena – detenção, de 2 (dois) meses a 2 (dois) anos, se o fato não constitui elemento de outro crime.

§ 1º O fato de ser o agente pai ou tutor do menor ou curador do interdito não o exime de pena, se destituído ou temporariamente privado do pátrio poder, tutela, curatela ou guarda.

§ 2º No caso de restituição do menor ou do interdito, se este não sofreu maus-tratos ou privações, o juiz pode deixar de aplicar pena.

2. VALOR PROTEGIDO (OBJETIVIDADE JURÍDICA)

O objeto de proteção do tipo penal contido no art. 249 é a **família,** base da sociedade conforme proclama nossa Constituição Federal (art. 226) e, mais precisamente, o **direito decorrente do poder familiar, da tutela ou curatela de ter em sua companhia o incapaz (menor de 18 anos ou interdito).**

Do mesmo modo quanto se observou no estudo do art. 248, referidos direitos não são protegidos enquanto tais, mas tendo em vista a finalidade a que se destinam, ou seja, visando ao bem-estar, à criação e educação dos menores e dos curatelados. Significa dizer que a lei penal não defende a *auctoritas* dos pais, dos tutores ou curadores sobre seus filhos, pupilos ou interditos, até porque referida proteção não contaria com a necessária grandeza para figurar validamente em norma penal. O princípio da intervenção mínima, que coloca o Direito Penal como *ultima ratio*, ou seja, como o último recurso a ser utilizado para solucionar conflitos, não permitiria semelhante tratamento. A indiscutível validade do dispositivo legal reside em que ele tem como alvo justamente as crianças e adolescentes não emancipados e, portanto, sujeitos ao poder familiar, os pupilos e os interditos (salvo o pródigo, como se verá, porquanto a legislação civil não impõe qualquer restrição quanto à sua pessoa, senão quanto aos seus bens)[26].

3. BREVE HISTÓRICO

Na legislação pretérita, havia o crime de subtração, ocultação e abandono de menores (art. 289), descrito como o ato de "tirar ou mandar tirar infante menor de 7 anos da casa paterna, colégio, asilo, hospital, do lugar enfim em que é domiciliado, empregando violência ou qualquer meio

---

[26] Conforme já dissemos quando do estudo do art. 248 do CP, está com a razão J. M. Damião da Cunha ao dizer que, com a tutela dos poderes que cabem às pessoas encarregadas do menor, busca-se, em última análise, à defesa do "bem-estar do menor (que, de resto, é a justificação para a existência daqueles poderes-deveres) e não para a proteção dos titulares dos poderes)" (op. cit., p. 614).

de sedução" (pena: prisão celular, de um a quatro anos). Esse tipo penal, presente no Código Penal de 1890, foi mantido na Consolidação das Leis Penais (1932).

4. TIPO OBJETIVO[27]

O comportamento nuclear reside no ato de *subtrair*, semelhante àquele utilizado nos arts. 152, 155 a 157 do CP (violação de correspondência comercial, furto e roubo). Trata-se de *crimen* de forma livre, isto é, pode ser cometido mediante qualquer meio executivo (crime onímodo); por ação ou omissão, desde que, neste caso, o omitente possua o dever jurídico de agir para evitar o resultado (por exemplo, um policial encarregado de investigar o desaparecimento do menor, ciente de seu paradeiro, recusa-se, sem justa causa, a dar informações aos responsáveis legais).

O sujeito ativo pode empregar violência física ou psíquica, isto é, ameaça ou fraude. As lesões corporais sofridas, quando de natureza exclusivamente leve, bem como as vias de fato e a ameaça praticada não terão autonomia quando se demonstrarem terem sido cometidas como meios para a consecução do delito fim (princípio da consunção ou absorção).

---

[27] No Código Penal argentino, pune-se a subtração de incapazes com pena de reclusão, de cinco a quinze anos (art. 146). O delito somente se aperfeiçoa quando o objeto material é menor de 10 anos. As condutas punidas são a subtração do incapaz, sua ocultação e sua retenção. O elevado patamar presente na legislação alienígena mencionada justifica-se, historicamente, pela influência recebida neste aspecto do Direito Penal espanhol e germânico antigos, em que, segundo Sebastián

Soler, "essas formas tradicionais da figura se vinculavam com antigos modos de delinquência, o furto de crianças, cuja gravidade determinava uma repressão particularmente severa (morte) quando o fato fosse cometido por sujeito *qui solitus est talia committere*" (*Derecho penal argentino*, 10ª reimpressão, Buenos Aires: Tea, 1992, t. 4, p. 54, apud Edgardo Alberto Donna, *Derecho penal*: parte especial, t. II-A, p. 215). Não se pode olvidar, ainda, da recente história argentina em que incontáveis crianças foram vítimas de abdução por membros da ditadura militar, não se sabendo até hoje o destino de muitas delas. Os patamares punitivos, aliás, que sempre foram elevados, chegaram aos limites mencionados por meio da Lei n. 24.410, de 1995. O atual Código Penal espanhol não prevê a conduta em dispositivo autônomo, devendo o ato subsumir-se ao crime de detenções ilegais ou sequestro, dos arts. 165 e 166. O CP português tipifica o ato no seu art. 250º, juntamente com a sonegação de incapazes. No Código Penal italiano, o fato encontra-se previsto no art. 574, assim descrito: "Chiunque sottrae un minore degli anni quattordici, o un infermo di mente, al genitore esercente la potestà dei genitori, al tutore, o al curatore, o a chi ne abbia la vigilanza o la custodia, ovvero lo ritiene contro la volontà dei medesimi, è punito, a querela (c.p. 120) del genitore esercente la potestà dei genitori, del tutore o del curatore, con la reclusione da uno a tre anni".

Subtrair significa **inverter o título da guarda do ofendido**, retirando-o da esfera de disponibilidade, custódia e vigilância de seus pais, tutores ou curadores. Se há perda ou privação do poder familiar ou guarda, e o incapaz é direcionado a abrigo, este fica sob a guarda dos funcionários públicos. Assim, se a mãe retira o filho do abrigo sem autorização, cometerá o crime de subtração de incapaz[28].

Exige que a **vítima seja retirada da esfera de proteção em que vive por tempo juridicamente relevante**; trata-se de exigir o elemento *abductio de loco ad locum*. Não se mostra suficiente que os titulares do poder familiar, tutela ou curatela percam o contato apenas brevemente com os menores ou interditos (levar o menor para um passeio não constitui subtração de incapazes).

O comportamento típico exige um *corpus* (relação material entre o agente e o ofendido, sem a necessidade de se dar uma continuidade física – *corpus et tactu*) e um *animus*. Daí por que a subtração dar-se-á quando o sujeito obtiver poder material autônomo sobre a vítima.

A subtração pode ocorrer de duas maneiras: a) **quando o incapaz é retirado da esfera de disponibilidade de seus responsáveis contra a sua vontade**; ou b) **quando o incapaz é entregue espontaneamente ao agente, *mas sob vigilância do ofendido*, e o sujeito dele se apodera** (por exemplo, alguém solicita ao pai permissão para tomar no colo a criança e, ao pegar o menor, se evade sem ser alcançado). No último caso, não ocorre sonegação de incapaz (CP, art. 248), justamente porque *a atitude do agente era vigiada*.

O objeto material é o menor de 18 anos, isto é, a **criança** ou o **adolescente não emancipados**. Deve-se recordar que a emancipação, segundo a lei civil, faz cessar o poder familiar e a tutela. Também figura como pessoa sobre a qual recai a conduta os **interditos, excluindo-se desse rol o pródigo**, pois, conforme já se assinalou, este somente é privado de seus bens por força da interdição, não atingindo a medida a esfera de sua pessoa.

A anuência dos detentores do poder familiar, tutela ou curatela tem o condão de afastar o caráter criminoso da conduta. *O consentimento do incapaz*, contudo, *é irrelevante*, muito embora, em se tratando de adolescentes próximos da fase adulta (18 anos), deve-se ter em conta se os pais ou tutores exercem efetivamente poder de fato sobre estes. Em sendo negativa a resposta, deixará de existir a infração penal. Como ensina J. M. Damião da Cunha, "deverá considerar-se que, naqueles casos em que já não há realmente uma relação de poder face ao menor – hipótese provável em menores

---

[28] TJPR, AP 0012155-61.2013.8.16.0130, rel. Des. José Carlos Dalacqua, 2ª CCr, j. 2-3-2017.

que viviam já fora do lar familiar ou que desfrutem já de autonomia econômica –, não se poderá verificar a aplicabilidade do art. 249º"[29].

5. TIPO SUBJETIVO

O crime é exclusivamente **doloso,** de modo que seu cometimento depende da consciência e vontade de concretizar os elementos objetivos do tipo. Não há qualquer elemento subjetivo específico[30]. Pode-se dizer, contudo, que se exige um **elemento subjetivo específico *negativo*[31]**, consistente na **ausência de finalidade dirigida ao cometimento de atos libidinosos, a obtenção de vantagem ou colocação em família substituta.** É assim porque, na hipótese de o agente pretender, com a subtração, tais objetivos, haverá outro crime, pelo princípio da subsidiariedade expressa (*vide* item 8, *infra*).

Pode o autor ser movido por compaixão ou sentimento sincero em face do menor (amor paternal ou maternal), o que em nada elide o crime[32].

---

[29] O autor se refere ao art. 249º do CP português que, coincidentemente, também define o crime de subtração de incapaz (in op. cit., p. 615).

[30] "O crime de subtração de incapaz se configura com a simples retirada do incapaz do local onde ele se encontra, da guarda de seu responsável legal, sendo irrelevante que o agente aja com a intenção de prejudicar o incapaz" (TJMG, ApCr 1.0348.13.001429-6/ 001, rel. Des. Alberto Deodato Neto, 1ª CCr, j. 5-4-2016).

[31] Gian Domenico Pisapia, analisando o art. 574 do CP italiano, semelhante no aspecto subjetivo ao art. 249 do nosso Código, ponderava haver um "dolo específico (por assim dizer) negativo, no sentido de que o fato deve ser dirigido a um 'fim diverso daquele referente à libido ou ao matrimônio'" (*Delitti contro la famiglia*, p. 773).

[32] "O procedimento de agente, decorrente de amor ou compaixão, não exclui o delito de subtração de incapazes" (*JTACrSP* 46/371). No mesmo sentido: "Amor materno não justifica atitude de desquitada que, se aproveitando de visita, conduz filho menor para local incerto e não sabido, desatendendo, assim, o assentado no desquite quanto à guarda da criança. A situação judicialmente estabelecida só poderá ser alterada através de ação própria e nunca por arbitrário exercício de alegadas razões" (*JTACrSP* 23/107). Não comete o crime em comento, portanto, quem tem a guarda compartilhada: "Direito Penal. 2. Fato supostamente correspondente ao crime de subtração de incapazes – art. 249, CP. Impossibilidade de o pai, que tem a guarda do filho, praticar o crime – art. 249, § 1º, CP. No momento da vinda para o Brasil, o extraditando compartilhava com a mãe da criança a guarda da filha. Ou o fato não é considerado crime no Brasil, vedada a extradição (art. 77, II, Lei n. 6.815/80); ou o crime ocorreu no Brasil, sujeitando-se à aplicação da nossa lei, não cabendo a extradição (art. 78, I, Lei 6.815/80). 3. Extradição julgada improcedente" (STF, Ext 1354, Min. Teori Zavascki, rel. para o acórdão Min. Gilmar Mendes, 2ª T., j. 30-6-2015).

6. SUJEITOS DO CRIME

6.1. Sujeito ativo

Cuida-se a subtração de incapazes de crime comum, razão pela qual pode ser praticado por qualquer pessoa. A lei não exige nenhuma qualidade especial por parte do sujeito ativo. Somente não podem cometê-lo os titulares do poder familiar, tutela ou curatela. Se os pais estiverem suspensos ou decaírem do poder familiar, ou se alguém for destituído de seu encargo de tutor ou curador, tornar-se-ão possíveis sujeitos ativos do crime em estudo[33]. O § 1º da disposição assevera, de maneira expressa, que "o fato de ser o agente pai ou tutor do menor ou curador do interdito não o exime de pena, se destituído ou temporariamente privado do pátrio poder (leia-se: poder familiar), tutela, curatela ou guarda" (parêntese nosso).

O **genitor que não detiver a guarda do menor** (hipótese viável quando houve separação judicial ou divórcio) poderá cometer a infração. Assim, por exemplo, o pai que subtrai a criança da companhia da mãe, levando-a para passar com ele o final de semana. Quando se tratar de promover o envio do menor ao exterior, haverá delito mais grave, punido com reclusão, de quatro a seis anos, e multa (art. 239 do ECA[34]).

O pai que se recusar ilegitimamente a entregá-lo ao outro, como a mãe que impede o filho de ficar na companhia do pai durante o horário de visitas judicialmente estipulado, comete o crime de desobediência, previsto no art. 330 do CP[35]. Já o genitor que estende injustificadamente a companhia do filho durante o horário de visita, devolvendo-o dias após, incorre na

---

[33] Nesse sentido, verifica-se que a mãe também poderá ser sujeito do tipo penal nos casos em que perder ou tiver suspenso seu poder familiar (Ver: TJPR, AC 1571698-6, rel. Des. José Carlos Dalacqua, 2ª CCr, j. 2-3-2017). "A mãe, como qualquer pessoa, pode ser agente ativo do delito de subtração de incapaz. A expressão 'pai' contida no § 1º do art. 249 do CP não é incriminadora em si. Inviável, pois, tirar-se ilação *a contrario sensu* para se concluir pela não incriminação da genitora que se conduz tipicamente" (*RT* 630/315). *Vide*, ainda, *RT* 267/662, *JTACrSP* 22/189 e *RJD* 22/400.

[34] "Art. 239. Promover ou auxiliar a efetivação de ato destinado ao envio de criança ou adolescente para o exterior com inobservância das formalidades legais ou com o fito de obter lucro (pena – reclusão, de quatro a seis anos, e multa). Parágrafo único. Se há emprego de violência, grave ameaça ou fraude (pena – reclusão, de 6 (seis) a 8 (oito) anos, além da pena correspondente à violência)."

[35] "Art. 330. Desobedecer a ordem legal de funcionário público (pena – detenção, de quinze dias a seis meses, e multa)."

infração capitulada no art. 359 do CP[36]. Se este, de maneira ardilosa, aproveitar-se da visita para ter o menor definitivamente em sua companhia, ocultando-o do legítimo detentor da guarda, cometerá subtração de incapazes[37].

6.2. Sujeito passivo

O sujeito passivo primário é a família, na pessoa dos incapazes subtraídos e, secundariamente, os titulares do poder familiar, tutela ou curatela, privados de seus poderes-deveres de terem o menor não emancipado ou interdito sob sua companhia, a fim de orientá-los, criá-los e educá-los.

O pródigo não pode ser vítima do delito, posto que, consoante já dissemos, a interdição atinge-lhe apenas quanto ao aspecto econômico, não o privando em nada da administração de sua própria pessoa.

---

[36] "Configura o delito do art. 359 do CP e não o crime de sonegação de incapazes, a conduta de desquitado que retém consigo filho menor por prazo superior ao convencionado para visita. Impõe a solução, eis que a infração definida no art. 248, do mesmo Diploma, é a defesa dos direitos de titular do pátrio poder, da tutela e da curatela, o que impede ser o pai não destituído daquele poder sujeito ativo do delito" (*RT* 500/346).

[37] "Pratica o crime do art. 249 do CP o pai que retém em seu poder os filhos, aproveitando-se da visita regular que fazia aos mesmos, subtraindo-os da guarda da mãe, que a tem em virtude de decisão judicial" (*RT* 283/753). No mesmo sentido: "Admita-se que, para a configuração do crime imputado, é necessário o ato de subtrair, vale dizer, de 'furtar' o menor do seu guardião, conduta incompatível com a aquiescência da entrega do menor ao agente imputado deste crime. Mesmo assim, demais não será dizer, por outro aspecto, que a vontade ou aquiescência do guardião pode, eventualmente, ser ilaqueada. Afigura-se a hipótese de entregar o filho a uma pessoa, supondo ser quem devesse recebê-la em visita, logrando o agente, por vício no consentimento do guardião, subtrair o incapaz. Sem dúvida que o crime do art. 249 estaria tipificado, máxime em se tratando de infante, menor de 14 anos, onde sequer se poderia cogitar de rapto consensual. Bem a propósito, aliás, a lição do Mestre Julio Fabbrini Mirabete: '... Há crime, entretanto, se o agente se excede na autorização concedida pelo responsável pelo menor, como, por exemplo, no caso daquele que leva para a outra cidade o incapaz, que lhe fora confiado para um ligeiro passeio...' (*Manual de direito penal*, v. 3, p. 69). Assim, embora na polícia a mãe da menor deixe transparecer que aquiesceu na entrega da filha ou na sua autorização para acompanhar o réu à cidade de São Luiz do Paraitinga, certo e induvidoso contudo é que uma tal aquiescência seria de todo incompatível com a atitude do réu, levando a menor para outros locais absolutamente desconhecidos e jamais retornando. A atitude do réu foi de quebra absoluta de confiança, ilaqueando a boa-fé da mãe da menor (e, mais que certamente, a da própria menor), logrando a retirada e subtração de R.F. de sua casa e dos cuidados da mãe, numa atitude não apenas criminosa, mas desumana e diabólica, cujas penas do art. 249 do CP nada apresentam diante de tamanha deformação do caráter" (*RJD* 6/159).

7. CONSUMAÇÃO E TENTATIVA

7.1. Consumação

A realização integral do tipo penal pressupõe a efetiva *subtração* do incapaz[38], o que significa deva ele ser retirado da esfera de disponibilidade de seus responsáveis, por tempo juridicamente relevante.

Não é preciso que o agente tenha "consolidado seu domínio sobre a vítima, que poderá continuar a resistir, tornando a posse intranquila"[39].

7.2. Tentativa

A subtração de incapazes possui *iter criminis* cindível ou divisível (delito plurissubsistente), razão pela qual se afigura viável a forma tentada. Pode alguém tomar o menor, colocá-lo em seu poder e se pôr em fuga, sendo impedido por terceiros que acodem ao grito do pai, privado por alguns instantes da custódia de seu filho.

8. CONFLITO APARENTE DE NORMAS

8.1. Subtração de criança ou adolescente para colocação em lar substituto

Aquele que subtrair criança ou adolescente do poder de quem o tem sob sua guarda em virtude de lei ou ordem judicial, **com o fim de colocação em lar substituto**, comete o delito previsto no art. 237 do ECA (Lei n. 8.069/90), apenado com reclusão, de dois a seis anos, e multa.

8.2. Subtração de criança ou adolescente para extorquir a família

O crime, neste caso, é o de extorsão mediante sequestro qualificada em razão da idade da vítima (CP, art. 159, § 1º). A pena será de reclusão, de doze a vinte anos, tratando-se o fato de crime hediondo (Lei n. 8.072/90)[40].

---

[38] "Alguns dias depois, o réu retornou até a residência da vítima, novamente proferindo xingamentos e ameaças, bem como, em estado de embriaguez, entrou na casa da família e subtraiu o filho menor de 18 anos do casal, sem a autorização da pessoa que detém sua guarda, qual seja sua ex-companheira. Existência e autoria dos fatos comprovadas. Condenação mantida" (TJRS, ApCr 70082599267, rel. Des. Ivan Leomar Bruxel, 5ª CCr, j. 20-11-2019). "Hipótese na qual o ex-companheiro da vítima cometeu violência psicológica contra ela, a desobedecer ordem judicial de entregar os filhos a genitora, fugindo com as crianças e incorrendo no delito previsto no art. 249 do CP (...)" (TJMG, Conflito de Jurisdição 1.0000.17.091051-7/000, rel. Des. Wanderley Paiva, 1ª CCr, j. 12-6-2018).

[39] Paulo José da Costa Jr., op. cit., p. 669.

[40] Anote-se que o TJSP, em caso em que a mãe tinha a intenção de extorquir o pai logo depois da subtração do filho, entendeu pelo concurso material entre os crimes do

8.3. Subtração de menor ou interdito para satisfação da lascívia

Cometerá o autor dessa conduta, por visar à vazão à sua concupiscência, o crime de sequestro qualificado pelo fim libidinoso (CP, art. 148, § 1º, V). Caso haja o contato sexual pretendido, poderá haver estupro (CP, art. 213), estupro de vulnerável (CP, art. 217-A) ou satisfação da lascívia mediante a presença de criança ou adolescente (CP, art. 218-A).

9. PERDÃO JUDICIAL

De acordo com o § 2º da disposição, o magistrado poderá deixar de aplicar a pena **se o incapaz é restituído livre de maus-tratos ou privações** (de toda ordem, materiais ou afetivas)[41]. Funda-se o dispositivo em medida de política criminal, pois mais vale poder repor a situação anterior, com a entrega do menor a quem de direito e, com isso, reparar o mal praticado ou evitar que este perdure, do que punir o infrator.

Deve-se enfatizar que a benesse somente terá lugar quando o incapaz for *restituído*, isto é, voluntariamente devolvido pelo agente[42]. Assim, por exemplo, se houve apreensão do menor ou interdito pela Polícia, não cabe falar em *restitutio* e, portanto, subsistirá a pena.

O art. 249, § 2º, contém modalidade de *perdão judicial*, causa extintiva da punibilidade mencionada no art. 107, IX, do CP.

A fórmula legislativa em que se funda o instituto ("o juiz poderá deixar de aplicar a pena") pode sugerir cuidar-se de faculdade judicial. Não se trata disso, contudo, porquanto se estiverem presentes os requisitos legais,

---

art. 158, *caput*, e do art. 249, ambos do CP (ApCr 0009975-37.2017.8.26.0071, rel. Des. Edison Brandão, 4ª CCr, j. 16-4-2024).

[41] Nesse sentido: "RECURSO CRIME. DELITO DE SUBTRAÇÃO DE INCAPAZ. ART. 249, 'CAPUT', DO CP. CONCESSÃO DE PERDÃO JUDICIAL. Delito que pune a conduta de subtrair menor de dezoito anos ou interdito ao poder de quem o tem sob sua guarda em virtude de lei ou de ordem judicial. Casuística que evidencia que a adolescente combinou com o réu, seu namorado à época, a fuga de sua casa, pois seus pais não aceitavam a relação. Em que pese tal consentimento não retire a tipicidade da conduta praticada, aplicável à espécie o disposto no §2º do art. 249 do CP, haja vista que a vítima voltou por sua livre e espontânea vontade para casa, sem qualquer sinal de maus tratos. PERDÃO JUDICIAL CONCEDIDO. PUNIBILIDADE EXTINTA" (TJRS, Recurso 71006802466, rel. Des. Luis Gustavo Zanella Piccinin, Turma Recursal Criminal, j. 24-7-2017).

[42] "Para a aplicação do art. 249, § 2º, do CP que prevê a possibilidade de o juiz deixar de aplicar pena ao agente, é preciso que a restituição do incapaz seja, ao menos, voluntária, sem depender da ação de terceiros" (TJMG, AP 10348130014296001, rel. Des. Alberto Deodato Neto, 1ª CCr, j. 5-4-2016).

a concessão do benefício será obrigatória, constituindo-se verdadeiro direito subjetivo público do agente. Discutem doutrina e jurisprudência a natureza jurídica da sentença que o concede, prevalecendo o entendimento de que se trata de decisão meramente declaratória (Súmula 18 do STJ[43]), não produzindo, por conseguinte, quaisquer dos possíveis efeitos da condenação.

10. CLASSIFICAÇÃO JURÍDICA

O crime é *doloso, comissivo*[44], *comum* (qualquer pessoa pode cometê-lo, inclusive o pai, tutor ou curador, se destituído ou temporariamente privados do poder familiar, tutela, curatela ou guarda), *unissubjetivo ou de concurso eventual* (pode ser praticado por uma só pessoa ou várias, em *concursus*), *material ou de resultado* (requer a produção do resultado naturalístico para efeito de consumação, traduzido na perda da disponibilidade sobre o incapaz), *instantâneo de efeitos permanentes* (sua consumação dá-se imediatamente com a inversão da custódia do menor não emancipado ou interdito, mas seus efeitos se prolongam no tempo), *plurissubsistente* (o *iter criminis* admite fracionamento).

11. PENA E AÇÃO PENAL

A pena cominada é de detenção, de dois meses a dois anos (se o fato não constitui elemento de crime mais grave). O dispositivo legal é expressamente subsidiário ou famulativo, deixando de se aplicar quando a subtração constituir elemento de outra infração penal, como o sequestro ou a extorsão mediante sequestro.

A subtração de incapazes constitui delito de pequeno potencial ofensivo (Lei n. 9.099/95), ficando adstrito à competência *ratione materiae* dos Juizados Especiais Criminais e, por extensão, às medidas despenalizadoras perante ele aplicáveis.

O fato se processa por ação penal de iniciativa **pública incondicionada.**

---

[43] "A sentença concessiva do perdão judicial é declaratória da extinção da punibilidade, não subsistindo qualquer efeito condenatório."

[44] Como qualquer delito comissivo, é possível seja ele cometido por omissão, quando o omitente possuir o dever jurídico de agir para evitar o resultado e, mesmo podendo impedi-lo, nada fizer (CP, art. 13, § 2º). Mencionado dever se dará quando alguém tiver, por lei, obrigação de proteção, cuidado ou vigilância (dever legal); quando assumir de qualquer forma o compromisso de evitar o resultado (dever de garante ou garantidor); ou quando por sua conduta (positiva) anterior houver criado o risco da produção do resultado (dever decorrente da ingerência na norma).

1. INCOLUMIDADE PÚBLICA – INTRODUÇÃO

Incolumidade é o estado daquilo que é incólume, ou seja, *livre de perigo*, intacto, ileso, são e salvo. Diz-se incolumidade pública, porque se refere à colocação, a salvo de perigos, de um número indeterminado de pessoas, ou, no dizer de Drummond, "abrangente de uma generalidade de interesses, dos bens e direitos de todos numa dada comunidade cívica"[1]. Daí já se antevê uma das mais importantes características das infrações previstas no Título VIII da Parte Especial do Código Penal, ou seja, o fato de que o comportamento criminoso deve **expor a perigo uma quantidade indefinida de seres humanos**.

O vocábulo deriva do latim *incolumitas*. Em Roma, *columen* era a escora em que se apoiava o prédio prestes a desabar e *incolume* a casa que dele não necessitava, posto que estável, segura, a salvo de ruir[2].

O Título VIII da Parte Especial do Código Penal contém em seu bojo **crimes de perigo**[3]. Nestes, pune-se a exposição de um bem jurídico de elevada estatura normativa a uma situação de risco, por vezes direto e iminente,

---

[1] *Comentários ao Código Penal*, v. IX, p. 28. Conforme ensinava Hungria, "incolumidade (do latim *incolumitas*) é o estado de preservação ou segurança em face de possíveis eventos lesivos. Refere-se tanto a pessoas (*incolumitas* – definia Cícero – *est salutis tuta atque integra conservatio*), quanto a coisas (foi mesmo por extensão que o termo se aplicou também a pessoas)" (*Comentários ao Código Penal*, v. IX, p. 9).

[2] J. de Magalhães Drummond, op. cit., v. IX, p. 28.

[3] Registre-se, contudo, que há situações excepcionais em que são descritos crimes de dano, como ocorre com o desastre ferroviário (CP, art. 260, § 1º), o sinistro em transporte marítimo, fluvial ou aéreo (CP, art. 261, § 1º), o desastre em outro meio de transporte público (CP, art. 262, § 1º). Há, ainda, delito que engloba os dois aspectos, dano e perigo: é o caso da epidemia (CP, art. 267).

por vezes potencial e, em certos casos, presumido por lei (segundo o *quod plerumque accidit*).

Dividem-se os delitos contidos neste setor do Código Penal em três capítulos: 1) crimes de perigo comum; 2) crimes contra a segurança dos meios de comunicação e transporte e outros serviços públicos; e 3) crimes contra a saúde pública[4].

Registre-se, desde logo, que embora somente o primeiro intitule-se "crimes de perigo comum", os demais também se inserem nesta categoria. Nelson Hungria, com a autoridade de membro da Comissão Revisora que elaborou o Código, esclarecia que a denominação do primeiro capítulo não se dava porque somente nele se identificava um risco a um número indeterminado de pessoas, "senão porque as (infrações) destacadas sob a dita rubrica são as que mais típica e gravemente podem criar situação de perigo difuso a pessoas ou coisas indeterminadas, como o incêndio, a explosão, a inundação, etc."[5].

2. INCOLUMIDADE PÚBLICA × TRANQUILIDADE PÚBLICA

Ao tempo da legislação penal anterior (Código Penal de 1890 e Consolidação das Leis Penais de 1932), o objeto jurídico tutelado pelos tipos penais correspondentes era, segundo a rubrica legal, a *tranquilidade pública* (Título III do Livro II – arts. 136 a 164).

Não há dúvida que a fórmula empregada no atual Código é superior àquela utilizada pelo primeiro Código Penal da República. Isto porque tranquilidade pública diz respeito a um estado de calma ou quietude coletiva, situação que seria rompida sempre que um determinado comportamento provocasse um alarma, tumulto ou comoção em um número indeterminado de pessoas.

Ocorre, entretanto, que os crimes de perigo comum ou coletivo podem ser praticados sem que se verifique esse estado de inquietação no público em geral. Pense-se numa inundação provocada dolosamente (CP, art. 254), prestes a pôr sob as águas uma determinada comunidade que, desprevenida, segue normalmente com sua rotina, até que se vê colhida de súbito pela violência do volume de água. Imagine-se, ainda, que alguém libere propositadamente um gás tóxico inodoro (CP, art. 252), dispersando-o em uma cidade sem que os habitantes se deem conta do perigo existente. Não haverá qualquer alarma, mas existirá, sem dúvida, perigo coletivo.

---

[4] Os comportamentos lesivos à saúde pública encontram-se também definidos na Lei Antidrogas (Lei n. 11.343/2006).

[5] Op. cit., v. IX, p. 10-11 (parêntese nosso).

3. NATUREZA PLURIOFENSIVA DOS CRIMES CONTRA A INCOLUMIDADE PÚBLICA

Os crimes contra a incolumidade pública têm natureza **pluriofensiva,** ou seja, tutelam mais de um valor fundamental; além da **incolumidade das pessoas,** no sentido de colocá-las a salvo de danos à sua vida, saúde etc., também protege os **interesses individuais (patrimoniais ou pessoais)** daqueles que são potencial ou efetivamente atingidos pela conduta (como o proprietário do imóvel incendiado).

Segundo Antolisei, "uma consideração realística dos crimes em comento, ademais, leva a crer que a incolumidade pública não é o único objeto jurídico das normas incriminadoras que os configuram, juntamente com tal bem, são protegidos os interesses individuais que são lesados ou colocados em risco em decorrência dos fatos delituosos"[6].

Justifica o autor sua posição destacando que se admite, na ação penal movida por conta de tais infrações, a intervenção das pessoas cujos interesses foram lesados (cite-se novamente o exemplo do dono do imóvel incendiado) na qualidade de assistentes de acusação (na linguagem do Código de Processo Penal italiano: "partes civis").

No sistema processual penal pátrio, idêntico comentário poderia ser feito. Significa dizer que também em nossa legislação seria admissível a intervenção, no processo penal, das pessoas eventualmente lesadas em razão da conduta caracterizadora do crime de perigo como assistentes do Ministério Público.

Parece-nos justa, portanto, a ponderação de Antolisei e inteiramente aplicável aos crimes previstos no Título VIII da Parte Especial do Código Penal brasileiro.

4. PERIGO × RISCO

Há autores que diferenciam perigo e risco como se fossem gênero e espécie, sendo o último o **perigo cuja causação está condicionada a uma decisão do homem.** É justamente esse conceito que importa ao Direito Penal, dado que seu foco só pode ser a conduta *humana*, consciente e voluntária (dirigida a uma finalidade).

Situações perigosas criadas exclusivamente por catástrofes naturais, por exemplo, ainda que contenham um potencial lesivo de grande monta, jamais poderiam ser objeto de regulação normativa. Seria absurdo o legislador, por meio de um comando deôntico, imperativo e sancionador, pretender

---

[6] *Manuale di diritto penale*: parte speciale, p. 4-5.

coibir desastres provocados pela natureza. Pode-se, quando muito, buscar inibir atitudes individuais ou coletivas que aumentem esses perigos.

Feito o alerta para a diferença conceitual, resta frisar que os perigos a seguir estudados só adquirirão relevância jurídico-penal quando a mão do homem estiver por trás dele, direta ou indiretamente (isto é, quando se puder considerá-los riscos).

5. CRIMES DE PERIGO

Silva Sanchéz assevera que nossa sociedade alcançou um patamar de desenvolvimento e complexidade no qual as relações interpessoais atingiram níveis sem precedentes, reclamando cada vez mais necessidades de cooperação e divisão funcional. Essas intrincadas e virtualmente infinitas relações no plano individual incrementam a possibilidade de advirem riscos a bens alheios, produzindo uma defasagem na proteção penal calcada em crimes de dano. O Estado é chamado, então, a **intervir em etapas anteriores do comportamento,** punindo não só a lesão efetivamente causada, mas, antes disso, aquele instante no qual inexiste o dano, mas somente o perigo. Não é outro o motivo de se ver, nas legislações penais, cada vez mais a referência ao comportamento criminoso periclitante[7].

O perigo, no dizer de Guilherme de Souza Nucci, consiste num "juízo de probabilidade que se funda na normalidade dos fatos, vale dizer, conforme o que usualmente costuma acontecer, o legislador leva em consideração o dano em potencial gerado por uma determinada conduta para tipificá-la"[8]. Já se ressaltou que interessa ao Direito Penal aquele produzido imediata ou mediatamente pela intervenção humana, ou seja, os riscos.

Hungria, com a competência que lhe peculiarizava, dissertou com propriedade a respeito do **conceito de perigo,** enunciando diversas **teorias**[9]:

1) teoria subjetiva (Janka, Von Buri, Finger): segundo esta, o perigo não passa de uma ideia, de uma hipótese mentalmente formulada, nada tendo de concreto (cuida-se de uma "impressão de temor, de uma representação mental");

2) teoria objetiva (Von Kries, Binding, Merkel, Liszt, Rocco e outros): o perigo é um dado que se extrai da realidade, segundo um cálculo estatístico fundado na experiência e na observação dos fatos;

---

[7] *A expansão do direito penal*: aspectos da política criminal nas sociedades pós-industriais, p. 31.

[8] *Código Penal comentado*, p. 637.

[9] *Comentários ao Código Penal*, v. V, p. 332-334.

3) teoria mista ou integrativa (Oppenheim): sustenta que o perigo é, ao mesmo tempo, um conceito objetivo e subjetivo. "Perigo, como possibilidade de dano, é uma situação objetiva; mas a possibilidade, embora tenha uma existência objetiva, não se revela por si mesma: tem de ser *reconhecida*, isto é, julgada. É preciso um juízo avaliativo, uma previsão, um cálculo"[10].

Mostra-se correta, entre todas, a última teoria, pois, como ponderava Hungria, "se é certo que se pode conceber objetivamente o perigo, não é menos certo que tal concepção não poderá jamais excluir uma avaliação subjetiva, isto é, uma apreciação sintética das circunstâncias"[11].

Exige-se, ademais, que o perigo se funde não apenas em uma mera possibilidade, entendida como um acontecimento que remotamente poderia se verificar, mas de uma verdadeira probabilidade, baseada no *quod plerumque accidit*[12].

6. CLASSIFICAÇÃO DOS CRIMES SEGUNDO O PERIGO (CONCRETO × ABSTRATO)

Calha lembrar que as infrações penais se classificam de acordo com o resultado jurídico ou normativo, isto é, a lesão ou ameaça de lesão ao valor juridicamente tutelado. Assim, se o tipo penal exigir a lesão ou o dano ao bem juridicamente tutelado para que ocorra a consumação do crime, estaremos diante de um *crime de dano ou de lesão*. É assim com a maior parcela das infrações penais. O homicídio, por exemplo, só se consuma com a supressão da vida humana extrauterina, o bem jurídico que ele tutela; a lesão corporal, com a lesão à saúde ou integridade corporal, bem tutelado na norma; o furto, com a ofensa ao patrimônio da vítima etc.

Há crimes, por outro lado, cuja **consumação se dá quando o bem jurídico sofre um perigo (ou ameaça) de lesão**. A simples exposição do bem a tal perigo já é suficiente para que a infração esteja consumada. São exemplos de *crimes de perigo* aqueles definidos no Capítulo III do Título I (arts. 130 a 136) e os tipificados no Título VIII da Parte Especial do Código Penal (justamente os delitos contra a incolumidade pública).

Os delitos de perigo se subdividem em crimes de *perigo concreto ou real* e crimes de *perigo abstrato ou presumido*.

No primeiro caso, a lei expressamente exige que a conduta do agente provoque um perigo real, isto é, *o perigo é elemento típico*, pois se encontra

---

[10] Ibidem, p. 334.

[11] Ibidem, p. 334-335.

[12] Ou seja, baseada naquilo que normalmente acontece na realidade fenomênica.

expressamente exigido no preceito primário da norma penal. Pode-se citar como exemplo o art. 309 do CTB (Lei n. 9.503/97), assim redigido: "Dirigir veículo automotor, em via pública, sem a devida Permissão para Dirigir ou Habilitação ou, ainda, se cassado o direito de dirigir, *gerando perigo de dano*" (grifo nosso).

Os crimes de perigo abstrato ou presumido são aqueles em que a lei não exige a demonstração do perigo; é dizer, **o risco não figura como elementar, mas como a motivação do legislador** ou, em outras palavras, a razão de ser da incriminação; a conduta é vista, segundo o *quod plerumque accidit*, como potencialmente danosa e de reconhecida perniciosidade social. Nesse caso, **basta a comprovação de que o agente praticou a conduta** para que o crime encontre-se consumado. Exemplo disto é o crime de embriaguez ao volante (CTB, art. 306), segundo o qual basta demonstrar-se que o motorista conduzia o veículo automotor em via pública com dosagem alcoólica acima do permitido.

Os crimes de **perigo abstrato** também são designados como **crimes de mera conduta perigosa. Afinal, o tipo penal limita-se a descrever uma ação ou omissão, não exigindo como seu elemento integrante a criação do risco ao bem tutelado.**

Os de **perigo concreto** são conhecidos, ainda, como **crimes de resultado perigoso,** dado que o fato descrito faz expressa menção à conduta e ao resultado, consistente na **produção do risco concreto.**

Um relevante setor da doutrina em nosso país, considera inconstitucionais os crimes de perigo abstrato ou presumido[13]. Costuma-se afirmar

---

[13] No âmbito do Supremo Tribunal Federal, as duas Turmas têm o posicionamento sobre a constitucionalidade: "PENAL. RECURSO ORDINÁRIO EM HABEAS CORPUS. PORTE DE ARMA DE FOGO DESMUNICIADA. INTELIGÊNCIA DO ART. 14 da Lei 10.826/03. TIPICIDADE RECONHECIDA. CRIME DE PERIGO ABSTRATO. RECURSO DESPROVIDO. I. A objetividade jurídica da norma penal transcende a mera proteção da incolumidade pessoal, para alcançar também a tutela da liberdade individual e do corpo social como um todo, asseguradas ambas pelo incremento dos níveis de segurança coletiva que a Lei propicia" (RHC 90.197/DF, rel. Min. Ricardo Lewandowski, 1ª T., *DJe* de 3-9-2009). A 2ª Turma também se posicionou sobre a constitucionalidade dos crimes de perigo abstrato, alterando o entendimento proferido no HC 99.449: "Não procede a alegação de inconstitucionalidade do art. 159 do Código Penal Militar sob a premissa de que dispositivo em questão, por tratar de crime de perigo abstrato, vilipendiaria os princípios da proporcionalidade e da razoabilidade, da ampla defesa e do contraditório. Não obstante referido delito se classifique como de perigo, ele se consagra na necessidade de se resguardar a segurança e a regularidade do funcionamento das instituições militares, pautados que são pelo mandamento constitucional da hierarquia e da disciplina (CF, art. 142, 'caput'), não havendo que se falar, portanto, em ofensa aos princípios constitucionais invocados pela defesa" (HC 130.793/SP, rel. Min. Dias Toffoli, j. 2-8-2016).

que a caracterização da infração penal deve sempre depender da comprovação de que o comportamento do agente provocou, de fato, algum perigo ou ameaça a bens alheios. Por esse raciocínio, somente seria possível punir alguém por porte ilegal de arma de fogo se o instrumento bélico se encontrasse municiado (ou com munição de fácil alcance ou pronto uso); caso contrário, diante da impossibilidade de lesão a terceiros, o fato seria considerado irrelevante para o Direito Penal.

Muito embora seja a questão cercada de polêmica, acreditamos serem válidos os crimes de perigo abstrato ou presumido. Isto porque o legislador age conforme a Constituição quando seleciona condutas socialmente perniciosas e potencialmente lesivas, incriminando-as em seus estágios iniciais. Baseia-se na experiência e na observação da realidade, ou seja, no *quod plerumque accidit* e, a partir daí, colhe os comportamentos geradores de futuras lesões aos bens fundamentais, coibindo-os em seu nascedouro. Assim, por exemplo, quando a Lei n. 11.705/2008 alterou a construção típica do delito de embriaguez ao volante, o fez depois de constatar estatisticamente que a grande maioria dos acidentes com vítimas fatais ou gravemente feridas, verificados no trânsito, estava associada ao consumo de álcool (ou drogas). A excepcional construção de delitos de perigo presumido, portanto, constitui atividade legislativa válida, decorrente da soberania estatal, que não ofende a dignidade da pessoa humana ou a presunção de não culpabilidade; pelo contrário, trata-se de agir de modo preventivo, antes que a lesão ao bem fundamental esteja consumada.

Como alerta Jorge Figueiredo Dias, serão válidos os crimes de perigo presumido quando visarem à proteção de valores normativos de grande importância, sendo estes claramente identificáveis e a conduta típica encontrar-se descrita precisa e minuciosamente[14].

7. PERIGO INDIVIDUAL E PERIGO COLETIVO (OU PERIGO COMUM)

Outra nota importante no que alude aos delitos de perigo reside na divisão em delitos de perigo individual (ou determinado) ou perigo coletivo (ou também chamados de crimes de perigo comum).

Os delitos definidos no Capítulo III do Título I da Parte Especial do Código Penal, intitulado "**Da periclitação da vida e da saúde**", são todos eles crimes de perigo **individual**. Já aqueles tipificados no **Título VIII** da Parte Especial são todos de **perigo coletivo ou comum**, *muito embora somente o Capítulo I receba esta alcunha*[15].

---

[14] *Direito penal*: parte geral – questões fundamentais. A doutrina geral do crime, p. 293.

[15] Sobre a denominação dos capítulos do Título VIII, veja o item 1, *supra*.

O traço característico elementar das infrações de perigo comum está em que nestas não há um alvo predeterminado, ou seja, o autor da conduta perigosa não mira o patrimônio, a integridade corporal, a saúde ou a vida de uma pessoa ou de um conjunto de indivíduos em particular; "é o perigo dirigido contra um círculo, previamente incalculável na sua extensão, de pessoas ou coisas não individualmente determinadas"[16].

Deve-se ponderar que o fato de uma só pessoa ou coisa vir a ser efetivamente ameaçada não descaracteriza a conduta como crime de perigo comum, desde que estes não possam ser determinados *ex ante*. "Assim, se alguém faz explodir dinamite numa praça pública, há perigo comum, mesmo se um só transeunte estivesse passando no momento, dentro do raio de ação do explosivo, pois um perigo que se dirige contra pessoa ou coisa indeterminada ou indeterminável de antemão (isto é, *qualquer* que esteja ou passe na sua zona de alcance) equivale a perigo contra indefinido número de pessoas ou coisas"[17].

8. ANCORAGEM CONSTITUCIONAL

O fundamento constitucional das incriminações contidas no Título VIII encontra-se nos arts. 5º, *caput*[18], e 144, *caput*[19], quando proclamam constituir a **segurança pública** direito fundamental, dever do Estado e da sociedade.

Não só. A pluriofensividade das infrações atentatórias à incolumidade pública faz com que sua existência seja também fundamentada na proteção à **vida**, à **saúde** e ao **patrimônio**, valores expressamente albergados em nossa Lei Fundamental.

9. O DOLO NOS CRIMES CONTIDOS NO TÍTULO VIII

O elemento subjetivo nos delitos definidos no Título VIII é o **dolo de perigo**, assim entendido como a **vontade de expor determinado bem jurídico**, seja o patrimônio, a integridade corporal, a saúde ou a vida (de um

---

[16] Nelson Hungria, op. cit., v. IX, p. 12.

[17] Idem, ibidem.

[18] "Todos são iguais perante a lei, sem distinção de qualquer natureza, garantindo-se aos brasileiros e aos estrangeiros residentes no País a inviolabilidade do direito à vida, à liberdade, à igualdade, à segurança e à propriedade, nos termos seguintes:..."

[19] "A segurança pública, dever do Estado, direito e responsabilidade de todos, é exercida para a preservação da ordem pública e da incolumidade das pessoas e do patrimônio, através dos seguintes órgãos: (...)."

número indeterminado de pessoas) **a risco. O sujeito não deseja lesar o bem tutelado, embora possa prever a ocorrência de dano.**

Caso o escopo do sujeito ativo seja atingir determinada pessoa ou grupo de pessoas e, para tanto, empregue meio capaz de gerar perigo comum (por exemplo, matar um inimigo com emprego de fogo ou explosivo), cometerá crime de dano, figurando o meio utilizado com circunstância a influenciar na dosagem da pena (na hipótese figurada, haveria homicídio qualificado – art. 121, § 2º, III).

Pode ser, ainda, que o autor da conduta busque atingir alguém em particular e, além disso, pretenda expor uma quantidade indefinida de pessoas ao perigo coletivo. Ocorrerá, nesta excepcional situação, concurso formal ou ideal (CP, art. 70) entre o delito de dano e o de perigo.

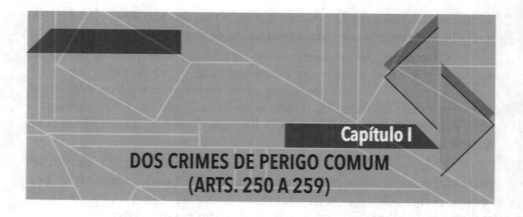

Capítulo I
DOS CRIMES DE PERIGO COMUM (ARTS. 250 A 259)

1. INTRODUÇÃO

Conforme se assentou nas páginas anteriores, entendem-se por crimes de perigo comum ou coletivo aqueles que expõem um **número indeterminado de pessoas** a uma **situação de risco** ao seu **patrimônio**, à sua **integridade corporal**, à sua **saúde** ou à sua **vida**. Eis a conotação dos crimes previstos no Capítulo I do presente Título.

Cumpre lembrar, ainda, que muito embora somente o capítulo inaugural tenha recebido a alcunha de perigo comum, todos os demais delitos previstos no Título VIII ostentam esta característica, ou seja, são infrações que geram perigo coletivo. Segundo Hungria, uma vez mais lembrado neste aspecto, a denominação não se deu porque esta é uma característica presente apenas nos arts. 250 a 259, mas "porque as (infrações) destacadas sob a dita rubrica são as que mais típica e gravemente podem criar situação de perigo difuso a pessoas ou coisas indeterminadas, como o incêndio, a explosão, a inundação, etc."[1].

2. CRIMES VAGOS

Consideram-se como tais aqueles cujo **sujeito passivo** é um **ente sem personalidade jurídica**. Os delitos contidos no presente capítulo têm como sujeito passivo material, em primeiro plano, a coletividade e, portanto, sob essa perspectiva, constituem *crimes vagos*.

3. LEGISLAÇÃO PENAL MILITAR

O Código Penal Militar tipifica diversos crimes de perigo comum de maneira semelhante ao Código Penal. Os arts. 268 a 278 da legislação

---

[1] *Comentários ao Código Penal*, v. IX, p. 10-11 (parêntese nosso).

castrense definem os delitos de incêndio, explosão, emprego de gás tóxico ou asfixiante, abuso de radiação, inundação efetiva, perigo de inundação, desabamento ou desmoronamento, subtração, ocultação ou inutilização de material de socorro, fatos que expõem a perigo aparelhamento militar, difusão de epizootia ou praga vegetal, embriaguez ao volante, direção perigosa e fuga após acidente de trânsito.

O fator especializante que faz o ato subsumir-se à legislação militar reside na circunstância de ser o crime praticado em local sujeito à administração militar e, naqueles relativos à condição de veículo automotor, ser a conduta perpetrada em automóvel sob administração militar. Quanto a estes, porém, entendemos que a superveniência do Código de Trânsito (alterado pela Lei n. 11.705/2008) os revogou tacitamente.

ART. 250 - INCÊNDIO

1. DISPOSITIVO LEGAL[2]

Incêndio

Art. 250. Causar incêndio, expondo a perigo a vida, a integridade física ou o patrimônio de outrem:

Pena – reclusão, de 3 (três) a 6 (seis) anos, e multa.

Aumento de pena

§ 1º As penas aumentam-se de um terço:

I – se o crime é cometido com intuito de obter vantagem pecuniária em proveito próprio ou alheio;

II – se o incêndio é:

a) em casa habitada ou destinada a habitação;

b) em edifício público ou destinado a uso público ou a obra de assistência social ou de cultura;

c) em embarcação, aeronave, comboio ou veículo de transporte coletivo;

d) em estação ferroviária ou aeródromo;

e) em estaleiro, fábrica ou oficina;

f) em depósito de explosivo, combustível ou inflamável;

g) em poço petrolífico ou galeria de mineração;

h) em lavoura, pastagem, mata ou floresta.

---

[2] No Código Penal português, a conduta é descrita da seguinte maneira: "Provocar incêndio de relevo, nomeadamente pondo fogo a edifício ou construção, a meio de transporte, a floresta, mata, arvoredo ou seara; (...) e criar deste modo perigo para a vida ou para a integridade física de outrem, ou para bens patrimoniais alheios de valor elevado" (art. 272º, n. 1). A pena é de prisão, de três a dez anos.

Incêndio culposo

§ 2º Se culposo o incêndio, é pena de detenção, de 6 (seis) meses a 2 (dois) anos.

2. VALOR PROTEGIDO (OBJETIVIDADE JURÍDICA)

Trata-se da incolumidade pública, ou seja, a **tutela da segurança de um número indefinido de indivíduos,** de modo a deixá-los a salvo de riscos ao seu patrimônio[3], à sua integridade corporal, à sua saúde ou à sua vida[4].

---

[3] Nesse sentido: "(...) foi reconhecida a prática do crime de incêndio, por ter o ora paciente exposto a perigo o patrimônio das vítimas, sendo desnecessária a comprovação do risco à higidez física, nos termos do defensivo nas razões da impetração. Em verdade, o art. 250, *caput*, do CP tipifica a conduta de causar incêndio, expondo a vida, a integralidade física ou o patrimônio das vítimas a perigo. 5. É exigível para a configuração do crime tão somente o dolo de perigo, independentemente de qualquer finalidade específica, sendo bastante a consciência da possibilidade de prejudicar terceiro, assim como a comprovação do efetivo risco de expor a vida, a integralidade física e o patrimônio do ofendido a perigo. 6. Quanto à causa de aumento do art. 250, § 1º, II, "a", impõe-se a incidência da referida majorante ainda que a residência não estivesse desocupada no momento da prática delituosa, pois o texto legal menciona 'casa habitada ou destinada a habitação'" (STJ, HC 437.468/SP, rel. Min. Ribeiro Dantas, 5ª T, j. 19-6-2018).

[4] Sobre o conceito de integridade pública e perigo comum, *vide* as notas introdutórias ao Título VIII e ao Capítulo I. E os seguintes acórdãos: 1) "Para a configuração do crime de incêndio, não basta a ocorrência do fogo, é necessário que a sua propagação cause perigo à vida, à integridade física ou ao patrimônio de um número indeterminado de pessoas, já que se trata de infração de perigo comum, cujo bem juridicamente protegido é a incolumidade pública" (TJMG, ApCr 1.0521.15.003969-6/001, rel. Des. Flávio Leite, 1ª CCr, j. 12-5-2020). 2) "Pequenos focos de incêndio em canteiros de grama seca no Distrito Federal, têm possibilidades lesivas mínimas, não se inserindo nos crimes contra a Incolumidade Pública, eis que esta deve ser protegida em situações de maiores dimensões, isto é, frente a fatos que causam perigo comum. Para situações menores, o Código Penal aponta outros tipos penais, como os delitos de periclitação (art. 132 do Código Penal) ou de dano" (TJDFT, Acórdão 1237953, 00413694620168070000, rel. Des. João Timóteo de Oliveira, 2ª T. Criminal, j. 12-3-2020). 3) "Se a conduta da apelante se restringiu a atear fogo dirigido exclusivamente ao patrimônio de vítimas certas, sem comprovação de que causou perigo a um número indeterminado de pessoas ou patrimônios, não há que se falar em crime de incêndio e sim na prática de crime de dano qualifica-do, impondo-se a desclassificação da conduta para o crime previsto no artigo 163, § único, II, do Código Penal" (TJMG, ApCr 1.0123.08.026284-3/001, rel. Des. Guilherme de Azeredo Passos (JD Convocado), 2ª CCr, j. 2-4-2020). 4) "Sedimentou-se nesta Corte Superior o entendimento segundo o qual, a ausência de perícia no crime de incêndio, somente pode ser suprida por outros meios de prova, nos casos em que se justificar a impossibilidade de realização de exame, o que não se verificou na hipótese dos autos. Isso porque, nos termos do que dispõe o art. 173 do Código Penal – CP, os peritos devem verificar, de forma minuciosa, todas as circunstâncias que forem de interesse para a solução do caso, entre elas, a causa do incêndio, o perigo resultante para a vida e patrimônio alheio, bem como a extensão e

Além disso, dado o caráter pluriofensivo dos crimes contra a incolumidade pública, busca-se salvaguardar também os **interesses individuais** das pessoas potencialmente atingidas pela conduta perigosa.

3. BREVE HISTÓRICO

O incêndio constitui-se no mais comum dos delitos de perigo coletivo, tendo merecido a atenção das mais longevas leis penais. Na Grécia antiga, cominava-se a pena de morte. O Direito Romano previa-o desde a Lei das XII Tábuas e a *Lex Cornelia de sicariis* como meio para o cometimento do homicídio. Durante a fase imperial, o incêndio era punido de maneira destacada, prevendo-se aquele que provocava perigo para pessoas e causava dano à propriedade. Ao tempo do Direito Medieval, a pena era de morte pelo fogo. A autonomia do incêndio enquanto figura típica surgiu com o direito germânico, que o classificava dentre os crimes contra o patrimônio. No Brasil, as Ordenações Filipinas (1601-1830) previam a pena capital ao incêndio doloso e o culposo, tratava como dano agravado (Livro LXXXVI – *dos que põem fogo*). O Código Criminal do Império (1830) não o tipificava autonomamente, mas o previa como agravante ou qualificadora do homicídio. Em 1886 (Lei n. 3.311), passou a ser delito autônomo. No Código Penal de 1890, tornou-se infração contra a tranquilidade pública, previsto logo no Capítulo I, denominado "Do incêndio e outros crimes de perigo comum".

4. TIPO OBJETIVO

4.1. Verbo nuclear

A ação nuclear prevista no tipo legal consubstancia-se no ato de *causar*, isto é, dar causa, provocar causalisticamente. O delito é de **forma ou ação livre**, podendo ser praticado por qualquer meio executivo.

Numa aproximação puramente semântica, causar significa gerar, praticar atos causadores. A moldura típica, contudo, deve ser determinada não somente do ponto de vista gramatical, mas, sobretudo, interpretando-se sistematicamente a expressão, já que a Parte Geral disciplina a relação de

---

valor do dano. *Habeas corpus* não conhecido. Ordem concedida de ofício para reconhecer a ausência de materialidade delitiva e determinar o trancamento da ação penal" (STJ, HC 360.603/PR, rel. Min. Joel Ilan Paciornik, 5ª T., j. 21-2-2017, *DJe* 6-3-2017). Ver, ainda, entre outros: TJMS, ApCr 0003306-86.2018.8.12.0017, rel. Des. Jonas Hass Silva Júnior, 2ª CCr, j. 13-5-2020, e ApCr 0000667-77.2014.8.12.0036, rel. Des. Dileta Terezinha Souza Thomaz, 3ª CCr, j. 8-1-2020; TJSP, ApCr 1500129-91.2019.8.26.0574, rel. Des. Ely Amioka, 8ª CCr, j. 16-6-2020; TJSC, ApCr 0000018-10.2018.8.24.0046, rel. Des. Ernani Guetten de Almeida, 3ª CCr, j. 29-10-2019.

causalidade. Além disso, deve-se mirar no valor fundamental protegido (isto é, a incolumidade pública, traduzida na defesa da vida, da integridade física e do patrimônio de terceiros).

Deve-se buscar a compreensão do **causar normativamente orientado**[5]. Cumpre, destarte, determinar logo de início o que se deve entender por causa para, em seguida, analisar a opção feita pelo Código Penal no que toca ao nexo de causalidade e, por fim, ajustá-la aos limites normativos da imputação.

4.1.1. Causa e relação de causalidade

Não se trata de tarefa simples defini-la, valendo recordar que o estudo da relação de causalidade remonta aos primórdios da Filosofia[6], muito embora na seara do Direito tenha sido ela objeto de exaustivo debate.

Existem diversas teorias construídas para explicar a relação de causalidade, as quais podem ser distinguidas em *dois grandes grupos*: 1º) **a teoria da condição simples**, que não faz qualquer distinção entre os fatores que antecederam o resultado; e 2º) **as teorias da condição qualificada ou individualizadora**, que dão aos antecedentes diferente hierarquia[7].

---

[5] José Francisco de Faria, in *Comentário conimbricense do Código Penal* (dirigido por Jorge Figueiredo Dias), p. 870.

[6] Paulo José da Costa Jr. enumera diversos *conceitos de causa* que foram elaborados à luz da escolástica (*prima causa*, *causa principalis* e *causa instrumentalis*, que correspondem, respectivamente, "àquela que não tem causa", àquela que é o "artífice", e ao "instrumento"). Menciona, ainda, Santo Tomás, para quem existe a "causa que produz e a que deixa realizar-se algo: *causa directe* e *causa indirecte* ", além das causas *univoca* e *aequivoca*, *adductiva* etc. Em Descartes, a expressão *causa* também se utiliza na relação lógica, como sinônimo de razão. Depois, Leibnitz, Wolff e Schopenhauer seguem a linha de Descartes, mas conferem à causa um "conteúdo mais real" (*Do nexo causal*: aspecto objetivo do crime, p. 81).

[7] Dentre as teorias da condição qualificada ou individualizadora, merece destaque a teoria da causalidade adequada. A maioria dos autores atribui sua criação a um fisiólogo, Von Kries (como anota Costa Jr., há autores que sustentam ter sido ela concebida por Von Bar – op. cit., p. 98, nota de rodapé n. 67). Segundo ela, somente se reputa causa o antecedente adequado à produção do resultado. "Para que se possa considerar um resultado como causado por um homem, faz-se mister que este, além de realizar um antecedente indispensável, desenvolva uma atividade adequada à concretização do evento" (Costa Jr., op. cit., p. 98). Causa, portanto, é apenas o antecedente adequado à produção do resultado, segundo uma regularidade estatística. O nexo de causalidade não se afere por meio da simples eliminação hipotética, mas por intermédio de um juízo de prognose póstuma objetiva. Em outras palavras, para se verificar a relação de causalidade entre conduta e resultado, deve-se analisar se, no momento da conduta, o resultado se afigurava como provável ou possível, segundo um prognóstico capaz de ser realizado por uma pessoa mediana, baseado no *quod plerumque accidit*.

"Em resumo: o julgador, retrocedendo no tempo até o momento da conduta, e colocando-se no lugar do agente, analisa os fatos, já verificados, como se ainda devessem verificar-se (*nachträgliche Prognose*). Emite, então, um juízo que é o corolário de um silogismo, cuja premissa maior é constituída pelo conhecimento das leis da natureza (conhecimento nomológico), e cuja premissa menor é integrada pelas condições particulares em que se encontrava o agente (conhecimento ontológico). E este juízo é o futuro do passado" (Costa Jr., op. cit., p. 99).

A teoria em questão também sofreu diversas objeções. Houve, em primeiro lugar, quem julgasse supérfluo o exame do que já aconteceu como se não houvesse, ainda, ocorrido. Forte crítica, contudo, foi a que apontou ser impossível determinar, com a precisão estatística que a teoria sugere existir, o grau de possibilidade para que uma conduta produza determinado resultado. Houve, por fim, quem a tachou de ser responsável por uma ampliação excessiva das causas de irresponsabilidade penal, gerando um excesso de absolvições.

Há, ainda, outras teorias individualizadoras, todas derivadas, em certa medida, da teoria da causalidade adequada. São elas: a teoria da condição perigosa (Grispigni), a da causa humana exclusiva (Antolisei), e a da causalidade jurídica (Maggiore).

Para a teoria da condição perigosa, os antecedentes do resultado não se encontram em plano de equivalência, devendo o Direito Penal ocupar-se somente das causas que possam ser consideradas como condições perigosas. Pela teoria da causa humana exclusiva, por sua vez, deve-se diferenciar a causalidade humana da mecânica, porquanto o ser humano é provido de consciência e vontade e, assim, pode antever, dentro de certo limite, os efeitos que podem derivar de suas ações ou omissões. O que escapar do controle humano deverá ser considerado fato excepcional, no qual não se fará presente a relação de causalidade. Já conforme a teoria da causalidade jurídica, deve-se diferenciar a causalidade científica da naturalística, metafísica ou filosófica. Cumpre ao jurista, então, na diversa gama de causas, identificar aquelas a que, segundo seu juízo, se possa atribuir relevância. Hungria indica, ainda, as teorias da eficiência ("causa é a condição mais eficaz"); da causa próxima (*in jure non remota causa, sed proxima spectatur*. É preciso distinguir entre *causa* [causa imediata] e *condição* [causa remota]"); da causa decisiva ("causa é o *elemento dinâmico* que decide da espécie do efeito. Os *elementos estáticos* são simples *condições* e, como tais, juridicamente imponderáveis"); do equilíbrio ("causa é a *força última* que, rompendo o equilíbrio entre os elementos favoráveis [positivos] e os contrários [negativos], produz o evento"); da condição insubstituível ("só é causa a condição indispensável em relação ao evento"); do movimento atual ("causa é o *movimento atual*, em contraposição ao estado inerte"); da causa típica ("não existe propriamente um problema de causalidade, mas apenas a questão de *enquadramento* [*Subsumptio*] do fato no tipo penal, mediante a interpretação do texto legal, especialmente do sentido do 'verbo' que preside à configuração do crime"); da causa relevante para o Direito Penal ("só é juridicamente relevante a causa idônea [a idoneidade, aqui, diversamente da teoria de Von Kries ou da causalidade adequada, não é necessária para a existência do nexo causal, mas para a relevância jurídico-penal]"); da tipicidade condicional ("existe nexo causal, em direito penal, quando entre uma determinada conduta *típica* e um determinado evento, consistente em particular modificação do mundo externo, existe uma relação que tenha os característicos de *sucessão, necessidade* e *uniformidade*") (*Comentários ao Código Penal*, v. I, t. I, p. 61-63 – grifos do autor).

A **teoria da condição simples**, isto é, que *não estabelece níveis de importância entre os antecedentes do resultado*, é mais conhecida como *teoria da* conditio sine qua non *ou da equivalência dos antecedentes*[8].

Para esta teoria, todo o fator que exercer influência em determinado resultado, ainda que minimamente, será considerado sua causa. Para Stuart Mill, no dizer de Costa Jr., qualquer distinção entre causa e condição é "arbitrária e destituída de base científica"[9].

---

[8] Boa parte dos autores a atribuem a Von Buri e Stuart Mill, muito embora haja quem a considere concebida, originariamente, por Glaser. Costa Jr., em nota de rodapé (n. 38) da obra *Do nexo causal* (p. 91), aponta que Maurach, em seu *Tratado de direito penal*, atribui a Glaser a elaboração da teoria para o Direito Penal austríaco. De fato, Maurach diz textualmente que "fundada por Glaser (para o Direito Penal austríaco), introduzida por Buri na prática do RG, se caracteriza esta teoria por uma sugestiva clareza no modo de abordar os problemas e nas conclusões alcançadas. A causa do evento se averiguará exclusivamente abstraindo-a a partir do resultado. Não se distinguirá entre 'causas' e 'condições' do resultado típico ('equivalência', pois, de causas e condições): causa do resultado é toda a condição que não pode ser suprimida (em um 'processo hipotético de eliminação') sem que fique excluído o resultado na sua configuração concreta" (*Tratado de derecho penal*, trad. Juan Córdoba Roda, Barcelona: Ariel, 1962, p. 229). Tobias Barreto faz coro ao dizer, referindo-se a Glaser, que "ele estabelece um princípio fecundo, cuja aplicação pode ser um meio seguro de chegar ao termo desconhecido do problema. Tal me parece esta síntese: 'Se se busca abstrair, diz ele, o pretendido autor de um crime dado da soma dos fatos que o constituem, e mostra-se que, não obstante, o resultado aparece, a seriação das causas intermédias permanece a mesma, então é claro que o ato criminoso ou a sua imediata consequência, não pode ser posta à conta deste indivíduo'" (*Estudos de direito*, Campinas: Bookseller, 2000, p. 304). Roxin confirma ser considerado Glaser "o primeiro defensor da teoria da equivalência", pois já escrevia em 1858: "Para a verificação do nexo causal existe (...) um ponto de apoio seguro; se se excluir mentalmente o suposto autor da soma dos acontecimentos, e ficar demonstrado que ainda assim o resultado ocorre, que ainda assim a cadeia de causas intermediárias permanece a mesma, então está claro que o fato e o resultado não podem ser considerados em efeito desta pessoa. Se, por outro lado, ficar demonstrado que, uma vez excluída esta pessoa do cenário dos acontecimentos, o resultado não podia ocorrer, ou tivesse de ocorrer de uma maneira completamente diversa: então é justo considerá-lo efeito da atividade da pessoa". Roxin, contudo, adverte que "a fundamentação mais profunda da teoria da equivalência remonta (...) a Maximilian Von Buri, sob cuja influência, enquanto conselheiro do Tribunal do Império, a teoria se consolidou desde bem cedo também na jurisprudência: primeiro na decisão RGSt 1, 373, e a partir daí de maneira constante; em muitos casos utiliza-se da ideia da *conditio sine qua non* sem que se recorre à fórmula especial da 'exclusão mental'. Esta aparece pela primeira vez no ano de 1910, em RGSt 44, 137 (139): 'só se pode falar em lesões corporais seguidas de morte se as lesões não puderem ser excluídas mentalmente, sem que ao mesmo tempo o resultado morte seja eliminado', a partir daí começou ela a ser utilizada em numerosos julgados" (*Funcionalismo e imputação objetiva no direito penal*, trad. Luís Greco, Rio de Janeiro/São Paulo: Renovar, p. 275-276).

[9] Op. cit., p. 92.

Foi essa a teoria **adotada em nosso Código Penal** (art. 13, *caput*) e deve, portanto, constituir a base primeira (mas não a única) na interpretação da ação nuclear do crime de incêndio.

Causará incêndio, desta feita, **toda pessoa que realizar uma ação (qualquer) capaz de provocar o fogo** periclitante à vida, à integridade física ou ao patrimônio alheios; por exemplo: aproximando a matéria responsável pela ignição no material comburente; predispondo um curto-circuito elétrico em depósito com substâncias inflamáveis; permitindo o vazamento de gás combustível em determinado ambiente no qual terceira pessoa, ciente ou não, riscará um fósforo.

Não se pode olvidar, por fim, da possibilidade de se imputar o incêndio àquele que, presente o **dever jurídico de agir, omitiu-se no impedimento do resultado** (CP, art. 13, § 2º); por exemplo, alguém acidentalmente põe fogo em móvel de madeira em sua residência e, dolosamente, nada faz para impedir que as chamas se alastrem, consumindo todo o imóvel e expondo a perigo terceiros[10].

4.1.2. A teoria da equivalência dos antecedentes ou da *conditio sine qua non*

Sob o enfoque da *conditio sine qua non*[11], haverá relação de causalidade entre todo e qualquer fator que anteceder o resultado e nele tiver alguma interferência. O método utilizado para se aferir o nexo de causalidade é o da **eliminação hipotética**, vale dizer, quando se pretender examinar a relação causal entre uma conduta e um resultado, basta eliminá-la hipoteticamente e verificar, após, se o resultado teria ou não ocorrido exatamente como se dera. Assim, se depois de retirado mentalmente determinado fator,

---

[10] O dever jurídico de agir para evitar o resultado, no exemplo, se funda no art. 13, § 2º, *c*, já que a pessoa, com sua conduta anterior (provocar acidentalmente a queima do móvel), criou o risco do incêndio.

[11] A teoria da equivalência dos antecedentes possui ampla aceitação entre aqueles que defendem ser o nexo de causalidade o método adequado para a imputação do resultado a uma conduta. Eis o testemunho de Maurach, com relação à Alemanha: "No presente [referindo-se ao estado da teoria do crime na década de 1960], reina acordo em torno do ponto de vista precisamente sobre a teoria da *conditio sine qua non*" (op. cit., p. 225; parêntese nosso). Seu tradutor (Juan Córdoba Roda) o confirma na prática da jurisprudência espanhola de então: "A teoria da condição ou da equivalência é dominante na prática espanhola" (Maurach, op. cit., p. 230). Em nosso país, desde a entrada em vigor do Código Penal de 1940, notadamente por força de seu art. 11, *caput* (que corresponde ao art. 13, *caput*, do CP vigente), a teoria da *conditio* possui ampla aceitação entre nossos doutrinadores e na jurisprudência. Cumpre fazer menção a uma das poucas vozes divergentes, a de Paulo José da Costa Jr., que, na obra *Do nexo causal*: aspecto objetivo do crime (1964), expressamente critica a opção de nosso legislador, apresentando predileção pela teoria da causalidade adequada.

notar-se que o resultado *não* teria se produzido (ou não teria ocorrido exatamente do mesmo modo), poder-se-á dizer que entre a conduta (mentalmente eliminada) e o resultado houve nexo causal. Por outro lado, se a conclusão for a de que, com ou sem a conduta (hipoteticamente retirada) o resultado teria se produzido do mesmo modo como se deu, então ficará afastada a relação de causalidade[12].

Essa teoria já sofreu várias objeções, dentre as quais se podem apontar a de confundir a parte com o todo[13] e a de gerar soluções aberrantes, mediante um regresso ao infinito ou produzindo um ciclo causal interminável.

As soluções aberrantes decorrentes da teoria da *conditio sine qua non* referem-se a um exagero nos antecedentes e um excesso nos consequentes. Aqueles correspondem ao chamado *regressus ad infinitum*; assim, por exemplo, o nexo existente entre a relação sexual entre os pais que conceberam o criminoso e o incêndio doloso por ele praticado. Os excessos nos consequentes referem-se aos "cursos causais extraordinários"[14]. Imagine-se, por exemplo, que alguém produza um incêndio doloso, vindo a provocar queimaduras graves em uma pessoa que, ainda, perca grande parte de sua capacidade de locomoção; suponha que esta, meses depois, encontre-se num imóvel que desabe e, por sua debilidade motora, seja a única vítima fatal (os demais conseguiram deixar o recinto a tempo e salvar-se); pela teoria da equivalência, seria possível imputar a morte ao incendiário, o que configuraria, entretanto, arrematado exagero.

4.1.3. Qual o problema central: causalidade ou imputação?[15]

A ênfase dada por nosso Código Penal à relação de causalidade, baseada na teoria da equivalência, de cujo exemplo são os arts. 13, *caput*, e

---

[12] *Sublata causa tollitur effectus* (suprimida a causa, cessa o efeito).

[13] Diz-se que a teoria da equivalência confunde "a parte com o todo", porquanto "se causa é o conjunto das condições, como poderá ser considerada causa uma condição isolada? Em outras palavras: se E = a + b + c, E = a. Aí está o salto mortal da doutrina, no plano lógico" (Costa Jr., op. cit., p. 94).

[14] Na doutrina brasileira, os casos que se aludem como "cursos causais extraordinários" costumam ser referidos como causas supervenientes relativamente independentes à conduta. Registre-se que os autores estrangeiros também usam a expressão "cursos causais hipotéticos" para se referir a tais grupos de casos.

[15] Kelsen, em sua obra clássica, advertia que causalidade e imputação não se confundem: "Na descrição de uma ordem normativa da conduta dos homens entre si é aplicado aquele outro princípio ordenador, diferente da causalidade, que podemos designar como imputação" (Teoria pura do direito, p. 86). Mais adiante, arremata: "A forma verbal em que são apresentados tanto o princípio da causalidade como o da

250, *caput*, pode fazer supor tratar-se esta do problema central e único capaz de fornecer as bases para se determinar o fundamento adequado para se imputar a alguém determinado resultado.

O **nexo de causalidade**, contudo, independentemente da teoria em que se funde, não passa de um instrumento para se responder à questão, esta sim crucial, consistente em **saber quais são os critérios adequados para a imputação**. Isto é, sobre quais bases deve-se erguer o aspecto objetivo do crime, permitindo que determinado resultado possa ser considerado "obra" de alguém e, como consequência, a ele atribuído (imputado)[16]?

A rigor, cumpre advertir que toda teoria do crime é um meio técnico-jurídico de imputação, ou seja, para se estabelecer a quem se deve imputar determinados fatos penalmente relevantes.

Imputar, dizia Berner[17], significa "pôr nas costas de um sujeito algo objetivo"[18].

---

imputação é um juízo hipotético em que um determinado pressuposto é ligado com uma determinada consequência. O sentido da ligação, porém, é – como já vimos – diferente nos dois casos. O princípio da causalidade afirma que, quando é A, B também é (ou será). O princípio da imputação afirma que, quando é A, B deve ser" (op. cit., p. 100). Deve-se sublinhar que o conceito kelseniano de imputação não é o adotado no presente trabalho. Quando falamos de imputação, referimo-nos ao conjunto de critérios normativos pelos quais se pode atribuir determinado resultado a uma pessoa (e, como reflexo disso, as consequências jurídicas previstas em lei para quem produzir este resultado).

16 A sobrelevada importância dada ao nexo causal, como verdadeiro dogma e resposta única à imputação, pode ser vista no pensamento dogmático nacional e também estrangeiro. A título de exemplo, Maurach diz que: "Apesar de a ação e o resultado se encontrarem, na estrutura do crime, em planos distintos, aquele como conceito da vida anteposto ao tipo, e este como culminação do tipo criado pelo legislador, deve existir entre ambos uma linha de conexão que mostre a causação do resultado típico precisamente pela atuação da vontade. A elaboração de tal enlace ideal entre ação e resultado típico é o assunto próprio da teoria do *nexo causal*" (op. cit., p. 221, grifo do autor). Jimenez de Asúa, de sua parte, assevera, na introdução do capítulo intitulado "A relação de causalidade", que "para que o resultado possa ser imputado a alguém, é preciso que exista um nexo causal ou uma relação de causalidade entre a conduta de um ser humano e o resultado sobrevindo" (*Tratado de derecho penal*, Buenos Aires: Losada, 1951, t. III, p. 422).

17 Apud Enrique Bacigalupo, *Direito penal*: parte geral, p. 177.

18 Segundo Kant, "imputação (*imputatio*) em sentido moral é um juízo mediante o qual alguém é visto como o autor (*actio libera*) de uma ação, que então se denomina fato (*factum*) e está sob a égide das leis" (apud Enrique Bacigalupo, op. cit., p. 177). Para Kelsen, "a imputação não consiste noutra coisa senão nesta conexão entre o ilícito e a consequência do ilícito" (op. cit., p. 91). De ver que não adotado o conceito kelseniano (ou mesmo o kantiano) de imputação.

Desde as primeiras décadas do século passado, estabeleceu-se, dogmaticamente, outro campo de discussão. Ao invés de se determinar qual a melhor teoria sobre a relação de causalidade, procurou-se estabelecer qual o melhor critério de imputação.

Coube a Richard Honig, inspirando-se em Karl Larenz, explorar este campo fértil de discussão científica na seara do Direito Penal, posteriormente desenvolvido por Claus Roxin.

Com efeito, o civilista Karl Larenz, na década de 1920, resgatou o conceito de imputação, quando então havia nítido predomínio do dogma da causalidade. Baseando-se numa concepção hegeliana de imputação, sustentou que "a imputação não significa outra coisa senão o intento de diferenciar o *próprio* fato dos eventos *casuais*. Quando afirmo que alguém é o autor de um evento, quero dizer que esse evento é seu próprio fato, com o que quero dizer que ele não é obra da casualidade, mas de sua própria vontade"[19].

Na síntese de Luiz Regis Prado e Érika Mendes Carvalho, "para Larenz, a imputação objetiva descreve aquele juízo pelo qual determinado fato surge como obra de um sujeito, ou seja, a imputação nada mais é do que a tentativa de delimitação entre fatos próprios do agente e acontecimentos puramente acidentais"[20].

Seguindo o caminho trilhado por Larenz, Honig introduziu, no âmbito do Direito Penal, o tema da *imputação, como aspecto central e anterior à causalidade*: "Dado que a intervenção final nos eventos naturais constitui a essência da conduta humana, a *finalidade objetiva* é o critério para a imputação de um resultado e, por vezes, para sua delimitação a respeito dos eventos causais. *Imputável, de acordo com ele, é aquele resultado que pode ser pensado como finalmente realizado*"[21].

É de ver que Honig, diversamente de Larenz, direcionava seu foco para a imputação do resultado (e não do comportamento).

Os juízos de imputação propostos por Larenz e Honig intentavam corrigir a amplitude do nexo de causalidade (notadamente, daquele fundado na teoria da *conditio sine qua non*). Para isto, contudo, ao invés de elaborarem diferentes teorias sobre a relação de causalidade, abandonaram-na em nome de um juízo que a precede: o da imputação.

---

[19] Apud Enrique Bacigalupo, op. cit., p. 178 (grifos do autor).

[20] *Teorias da imputação objetiva do resultado*: uma aproximação crítica a seus fundamentos, p. 31.

[21] Apud Luiz Regis Prado e Érika Mendes Carvalho, op. cit., p. 35 (grifos dos autores).

Merece registro, ainda, a obra de Hardwig, na década de 1950, retomando, como fizera Honig vinte anos atrás, o tema da imputação, quando só se falava em nexo de causalidade. Para ele, "a imputação significa a verificação de uma relação positiva, de um nexo, entre um acontecimento e uma pessoa, no sentido de reconhecer ou reprovar a conduta da pessoa, seguindo um complexo de normas da razão"[22]. Luís Greco aduz que "podemos ressaltar aquilo que, de uma perspectiva atual, sobressai como *relevante* no trabalho de Hardwig, um trabalho que, apesar de seus méritos, teve pouca penetração e influência na doutrina de sua época. O primeiro desses méritos é ter voltado a falar em imputação numa época em que tal palavra encontrava-se riscada do vocabulário dos penalistas. O segundo é ter ele elevado a ideia de imputação a um lugar central na teoria do delito, antecipando alguns esforços atuais, como os de Jakobs, para o qual a teoria do delito nada mais representa que uma teoria da imputação. Em terceiro lugar, Hardwig trabalhou, de modo, ao que parece, pioneiro, com as ideias de evitabilidade/dirigibilidade no âmbito da imputação; ideias que depois seriam retomadas por vários autores, em especial por Otto, e que até hoje desempenham um papel de destaque nas discussões. E, por fim, no conceito de causalidade normativo-final se vê um claro precursor da teoria do aumento do risco, criada por Roxin poucos anos mais tarde, em 1962"[23].

4.1.4. A teoria da imputação objetiva e a compreensão da ação nuclear no crime de incêndio

Tendo em mente que o aspecto decisivo para se **atribuir a responsabilidade** (jurídica) de um dado resultado a alguém **não é a mera relação de causalidade**, mas a **relação de imputação**, fica fácil perceber que o nexo causal fundado na equivalência dos antecedentes não pode jamais ser tido como o único, senão o primeiro passo nessa direção.

Em outras palavras, quando se trata de vincular a atitude de uma pessoa a um incêndio por ela supostamente produzido, deve-se, em **primeiro lugar, verificar se entre a ação por ela praticada** e o **evento existiu relação de causalidade, valendo-se, por força da teoria eleita no art. 13, *caput*, do CP, da equivalência dos antecedentes,** com seu método da eliminação hipotética. Ausente o nexo, não haverá, de plano, imputação. **Presente o nexo, passa-se**

---

[22] Idem, ibidem, p. 48.

[23] Op. cit., p. 52-53 (grifo do autor). Como se viu no volume 1 desta obra (Título II, Capítulo 2, item 2.4), essa linha de pensamento frutificou no terreno do chamado "sistema funcionalista", no qual se concebeu a atual teoria da imputação objetiva do resultado.

à etapa seguinte, em que o aplicador do Direito Penal se utilizará da **teoria da imputação objetiva**. *Esta servirá, portanto, como um freio ou limite*. Poderá, então, confirmar a imputação do evento à conduta e, a partir daí, autorizar seja o agente responsabilizado pelo delito cometido (desde que presentes os demais elementos da estrutura do crime, como o dolo ou a culpa, a antijuridicidade e a culpabilidade). Poderá, ainda, infirmar a imputação e, ao fazê-lo, excluir a possibilidade de se atribuir (juridicamente) o incêndio ao agente.

A teoria da imputação objetiva, segundo o enfoque dado por **Jakobs**, utiliza-se de quatro **princípios excludentes da responsabilidade penal**.

O *primeiro princípio* que afasta a imputação consiste na *criação de um risco permitido*. Na visão de Jakobs, este se dá nas seguintes situações: a) normas jurídicas que autorizam comportamentos perigosos, como ocorre, por exemplo, com as regras de trânsito de veículos automotores, as práticas desportivas autorizadas ou normas técnicas de atividades industriais; b) fatos socialmente adequados, por exemplo, um passeio de automóvel com amigos ou o ato de levar alguém a uma caminhada por uma montanha; c) fatos relacionados com uma determinada *lex artis*, ou seja, comportamentos praticados com a estrita observância das regras técnicas de uma determinada atividade, como a Medicina ou a Engenharia; e d) autorizações contidas em normas extrapenais.

Aplicando-se o exposto ao delito de incêndio, significa que a deflagração das chamas somente se poderá imputar objetivamente a alguém que causalisticamente a produziu (nexo de causalidade como critério atributivo ou positivo), desde que não se trate de conduta praticada mediante a produção de risco permitido (princípio que atua como critério restritivo ou negativo).

O *segundo* é o **princípio da confiança**. Na vida em comunidade, as pessoas devem atuar com cuidado para não provocar danos aos outros, mas não se pode exigir delas que, além de se preocupar com seu modo de agir, também prestem atenção se os demais estão cumprindo seu papel no zelo pela coisa alheia. As pessoas devem dirigir-se a si próprias, *confiando* que as outras cumprirão, cada uma, seu dever de cuidado.

Há diversas situações cotidianas em que o evento resulta de uma conjugação de esforços, no qual cada um dos envolvidos desempenha um papel diferente. Nesses casos em particular, é fundamental assegurar-se a cada um que deva focar em seus atos, podendo confiar que os demais farão o mesmo. Se assim não fosse, tendo cada um de nós que se preocupar consigo mesmo e também com outros, jamais conseguiríamos desempenhar corretamente nosso papel.

Imagine-se o tráfego de veículos automotores: se o motorista que trafega com seu veículo tivesse que prestar atenção no seu modo de dirigir e também naquele de todos os outros que conduzem ao seu redor, sua atenção ficaria dispersada para uma infinidade de situações, comprometendo sua própria dirigibilidade e segurança.

Cogite-se, ainda, de um intrincado procedimento cirúrgico, no qual cada membro da equipe possui uma função prévia e especificamente estabelecida. Durante a execução do ato, cada um deve focar em seu papel, pois se tiver que se preocupar com o dos outros, não desempenhará satisfatoriamente o seu.

Assim, se um dos motoristas no trânsito ou um dos membros da equipe médica falhar, causando alguma lesão a bens alheios, o evento final não poderá ser imputado aos outros que cumpriram adequadamente seu papel confiando que os demais também o fariam.

O *terceiro princípio* é o da **proibição do regresso**: um comportamento lícito não permite que se impute objetivamente a quem o praticou, atos subsequentes de terceiros; por exemplo, se um motorista de táxi conduz um passageiro até o seu destino (atividade lícita) e este, ao chegar, incendeia um imóvel, o condutor não poderá ser responsabilizado pelas atitudes daquele (ainda que criminosas), mesmo que tenha tomado conhecimento delas (note que houve nexo, mas inexistirá imputação).

Por fim, o *quarto princípio* é a **capacidade (ou competência) da vítima**. Trata-se, neste caso, de situações em que houve consentimento livre e consciente do ofendido, com capacidade de entender e anuir, para a agressão a seus bens jurídicos.

A natureza do crime de incêndio, que constitui delito de perigo comum, gerando risco a um número indeterminado de pessoas, não permite seja este princípio a ele aplicado; em outras palavras, jamais se poderá obter o consentimento dos ofendidos, posto que estes são pessoas indefinidas e, portanto, não há meios de se avaliar sua anuência. Além disso, a natureza dos valores postos em perigo, que não se limitam ao patrimônio, mas também envolvem a saúde e a integridade física, impede seja considerado válido o consentimento, dada a natureza indisponível desses bens.

4.2. Incêndio

Cuida-se do fogo que subsiste por si mesmo e pode se propagar, lavrando com considerável intensidade[24]. Não é necessário, contudo, que

---

[24] Diz Antolisei "incêndio não é qualquer queima de objetos, mas um fogo destruidor de vasta proporção que tende a se espalhar e não pode ser extinto facilmente" (*Manuale di diritto penale*: parte speciale, v. II, p. 10).

provoque chamas, sendo suficiente que se promova a **combustão**. A determinação do que constitui um incêndio para efeito de compreensão do tipo penal encontra-se vinculada à provocação do perigo coletivo; equivale a dizer que o fogo ou a queima produzida deve ser de relativa monta, potencialmente lesiva a pessoas ou coisas. Sem esta característica, não se poderá falar que o fogo acionado se tornou um incêndio (ao menos do ponto de vista jurídico-penal).

Queimar algumas folhas de papel, acender um cigarro ou pôr fogo numa velha cadeira no meio de um quintal não constituem o delito.

4.3. Exposição de perigo

O incêndio constitui crime de **perigo concreto**, de vez que a produção do risco figura como elementar do tipo.

Trata-se, portanto, de condição indispensável para a consumação do delito que **o incêndio ganhe proporções suficientes para expor a vida, a integridade física ou o patrimônio de terceiros a perigo**. Deve-se repisar que será fundamental (para efeito de consumação) a efetiva produção do perigo comum, isto é, a um número indefinido de pessoas.

Assim, por exemplo, o fato não se subsumirá ao art. 250 do CP se uma pessoa incendiar o próprio imóvel, em local ermo e sem pessoas próximas.

O **elemento gerador do perigo**, é importante ter em mente, é o **incêndio** e não o fogo. Se alguém incendeia um imóvel com várias pessoas e poucas saídas, gerando pânico e, em razão da fuga (e não das chamas em si), ocorrer situação de risco à incolumidade pública, caracteriza-se o delito.

4.4. Incêndio por omissão

Todos os crimes comissivos podem, em tese, ser realizados por omissão, desde que o sujeito possa **agir para evitar o resultado** e, sobretudo, possua o **dever jurídico de fazê-lo**. O legislador descreve as hipóteses em que alguém possui referido dever nas alíneas do art. 13, § 2º. São elas: a) quando o omitente tem por lei obrigação de cuidado, proteção ou vigilância ("dever legal"); b) de outra forma, assumiu a responsabilidade de impedir o resultado ("dever de garante ou garantidor"); c) com seu comportamento anterior, criou o risco da ocorrência do resultado ("princípio da ingerência").

Aplicando-se tais hipóteses ao crime de incêndio, pode-se cogitar dos seguintes exemplos:

a) um bombeiro, diante de um foco de incêndio em área habitada, deixa de combatê-lo e permite que o fogo se propague e tome grandes proporções;

b) o funcionário de uma empresa, contratado para zelar pela integridade do local, percebe um curto-circuito na fiação em local contendo material inflamável e, mesmo podendo intervir oportunamente, não o faz, seguindo-se intensa queima e destruição do imóvel com a periclitação das construções vizinhas;

c) uma pessoa fuma cigarro na residência de outrem e, sonolenta, permite que as cinzas em brasa caiam sobre o carpete e, depois de ver o fogo causado, provocado por descuido pessoal, embora tenha condições de apagá-lo, omite-se, daí advindo o incêndio[25].

4.5. Desobediência civil

Entende-se por desobediência civil a atitude das pessoas que, revoltadas contra o poder estatal, descumprem suas prescrições como forma de protesto. A ideia foi concebida, nos moldes como hoje é conhecida, pelo norte-americano Henry David Thoreau, que se recusou a pagar impostos ao governo dos EUA ao se opor contundentemente contra a escravidão e a Guerra do México.

No Brasil (e no mundo), por vezes se notam atos de franca desobediência da população a prescrições oriundas do Poder Público, algumas decorrentes de reações emotivas e irracionais diante de algum abuso cuja responsabilidade se atribui, direta ou indiretamente, ao Estado.

Compreende-se tal inconformismo como decorrência da liberdade de opinião e de expressão que a Lei Fundamental assegura.

Quando a revolta da população, contudo, extravasa o protesto pacífico ou a resistência passiva, transformando-se em tumulto e quebra-quebra, **não há como considerar lícita a ação praticada**. Assim, quando os moradores de determinado bairro, inconformados, por exemplo, com a brutalidade policial, incendeiam um ônibus, não há falar-se em licitude nesse modo de agir, mas em verdadeira ação criminosa. Há quem sustente a possibilidade

---

[25] Acentua Luiz Regis Prado: "Ademais, é perfeitamente admissível o delito de incêndio por omissão. Para que se configure o incêndio como delito omissivo impróprio ou comissivo por omissão, exige-se a presença de uma situação típica – consubstanciada na produção iminente de uma lesão ou perigo de lesão ao bem jurídico protegido (incolumidade pública) –, da não realização da ação dirigida a evitar o resultado, da capacidade concreta de ação – que pressupõe o conhecimento da situação típica e do modo de evitar o resultado –, da posição de garantidor do bem jurídico e da identidade entre omissão e ação. É o que ocorre, por exemplo, na hipótese de o agente deixar de apagar o fogo que ele próprio, por acidente, provocou, quando podia fazê-lo sem risco pessoal. O dever de agir deriva, *in casu*, de uma atuação precedente, criadora de uma situação de perigo para o bem jurídico (princípio da ingerência)" (*Direito penal do ambiente*, p. 242).

de se reconhecer, a depender do contexto, uma situação de inexigibilidade de conduta diversa. Não cremos, todavia, seja viável o reconhecimento de semelhante dirimente. Por mais fundo que cale no peito das pessoas a revolta contra o Estado, não se lhes será lícito, jamais, lesar bens alheios, periclitar a vida, a integridade corporal ou o patrimônio de outras pessoas.

Somente poderíamos vislumbrar situação capaz de fazer alguém merecedor de isenção de pena quando essa pessoa fosse afetada radicalmente em sua esfera individual, de modo a provocar-lhe abalo psicológico capaz de turvar sua mente, fazer desaparecer por completo seu juízo crítico, como ocorreria com o pai que, ciente da morte do filho inocente decorrente de atrapalhada ação policial, ateasse fogo na viatura dos servidores responsáveis pelo falecimento de seu ente querido.

5. TIPO SUBJETIVO

O crime de incêndio é punido na forma **dolosa** (elemento subjetivo) ou **culposa** (elemento normativo).

Em se tratando de crime doloso[26], é fundamental que a intenção do agente seja dirigida à provocação do incêndio perigoso, sem alvo previamente concebido. Deve-se ter em mente que o delito atinge a incolumidade pública e, ademais, tem natureza de infração de perigo comum (risco voltado a um número indeterminado de pessoas)[27].

---

[26] "Sobre a alegada ofensa ao princípio da correlação, verifica-se que a descrição dos fatos narrados na peça acusatória, em relação aos quais o réu, ora agravante, se defendeu de forma plena, estão subsumidas ao tipo penal do artigo 250, *caput*, do Código Penal, cujo elemento subjetivo é o dolo – direto ou eventual – caracterizado pela vontade de causar ou de assumir o risco de causar incêndio, expondo a perigo a vida, a integridade física ou o patrimônio de outrem. 3. Considerada que a prática do delito de incêndio, na sua forma simples (art. 250, *caput*, do CP), engloba tanto o dolo direto quanto o eventual, não há falar em inovação ou acréscimo à tese acusatória por ter o Tribunal de origem mantido a condenação fundamentada no dolo eventual ('acusado teria, ao menos, assumido o risco de causar o incêndio')." (STJ, AgRg no AREsp 2.290.124/DF, rel. Min. Ribeiro Dantas, 5ª T., j. 5-9-2023).

[27] Nesse sentido: "O crime de incêndio, conforme dicção do art. 250, do Código Penal, exige que o agente tenha a intenção em causar dano ao patrimônio alheio, expondo a perigo de vida. Trata-se do dolo de perigo, onde o sujeito deve, voluntariamente, provocar o incêndio, podendo resultar em perigo comum e prejudicar terceiros" (TJMA, RESE 0033980-62.2012.8.10.0001 (009744-2019), rel. Des. José de Ribamar Froz Sobrinho, 3ª CCr, j. 18-11-2019). Ver também: TJMG, ApCr 1.0000.24.180687-6/001, rel. Des. Valeria Rodrigues, 9ª CCr Especializada, j. 11-9-2024; e TJDFT, Acórdão 1819408, ApCr 0718161132021807000, rel. Des. Sandoval Oliveira, 3ª T. Criminal, j. 22-2-2024.

O legislador não inseriu na disposição nenhuma finalidade especial a nortear o proceder do agente, muito embora a existência de determinados propósitos possa provocar o deslocamento para outra figura típica (elemento subjetivo negativo[28]).

Se o comportamento tinha como escopo a destruição do patrimônio de alguém, a agressão a integridade corporal ou a supressão da vida, haverá, respectivamente, crime de dano qualificado pelo emprego de substância inflamável (CP, art. 163, parágrafo único, II)[29], lesão corporal agravada ou homicídio qualificado (CP, art. 129 c/c os arts. 61, II, *d*, e 121, § 2º, III), nestes casos, pela utilização de fogo ou meio que possa resultar perigo comum.

Se o incêndio doloso for cometido com intuito de obter vantagem pecuniária em proveito próprio ou alheio, aplica-se a exasperante do § 1º da disposição (*vide* item 8, *infra*).

6. SUJEITOS DO CRIME

6.1. Sujeito ativo

O incêndio (doloso ou culposo) constitui **crime comum**, podendo ser praticado por qualquer pessoa. Até mesmo o proprietário do bem incendiado pode ser sujeito ativo da infração, desde que a conduta provoque perigo a bens alheios. Isto porque o incêndio não configura delito contra o patrimônio, mas contra a incolumidade pública. Não há falar-se em violação ao prin-

---

[28] A expressão "elemento subjetivo negativo", cunhada por Pisapia, significa que o próprio dispositivo não requer intenção especial alguma, mas se esta ocorrer, conforme o caso, poderá surgir outra infração penal.

[29] 1) "Se a conduta do réu de atear fogo em parte da residência da vítima não expôs a risco ou perigo a integridade física e o patrimônio de terceiros, conforme esclarecido no laudo pericial, não está configurado o crime de incêndio, mas, sim, o de dano qualificado, mostrando-se correta a desclassificação operada na sentença" (TJMG, ApCr 1.0000.23.178892-8/001, rel. Des. Evaldo Elias Penna Gavazza (JD Convocado), 9ª CCr, j. 20-9-2023). 2) "É de se desclassificar a conduta de incêndio para dano qualificado se os agentes causaram incêndio em um bem determinado, que não gerou perigo efetivo ou concreto para pessoas ou coisas indeterminadas" (TJMG, ApCr 1.0481.15.003345-6/001, rel. Des. Júlio Cezar Guttierrez, 4ª CCr, j. 11-3-2020). 3) "A destruição, inutilização ou deterioração de coisa alheia, com emprego de substância inflamável ou explosiva, e sem a comprovação da ocorrência de perigo comum, deve ser desclassificada para o delito disposto na norma do art. 163, parágrafo único, II, do Código Penal – o qual se processa mediante ação penal pública incondicionada –, ocorrendo mera adequação do tipo penal em que incurso, tendo o réu se defendido da imputação pela exata conduta praticada" (TJRS, AP 70081631624, rel. Rogério Gesta Leal, 4ª CCr, j. 18-7-2019). Ver também: TJMS, ApCr 0000692-54.2014.8.12.0048, rel. Des. Jairo Roberto de Quadros, 3ª CCr, j. 4-10-2019.

cípio da alteridade na imputação do incêndio ao dono da coisa queimada, justamente porquanto o fato por ele causado não prejudica somente a ele próprio, mas sobretudo a terceiros, cuja vida, integridade física ou patrimônio ficam expostos ao risco gerado.

6.2. Sujeito passivo

É a coletividade e, de modo mais específico, os titulares dos valores fundamentais expostos a perigo pelo incêndio causado dolosa ou culposamente. Não cremos acertada a inserção do Estado como sujeito passivo material[30], salvo se for o titular do patrimônio periclitado.

7. CONSUMAÇÃO E TENTATIVA

7.1. Consumação

A realização integral do tipo se dá com **a instalação do risco coletivo decorrente do incêndio (resultado naturalístico)**. Não basta, portanto, o simples deflagrar das chamas ou a provocação da combustão de objetos, sendo indispensável a periclitação coletiva, que figura expressamente como elementar do tipo, para efeito de consumação[31].

7.2. Tentativa

A tentativa é admissível, em face da **natureza plurissubjetiva** do delito. Imagine-se a pessoa que, visando à produção do incêndio, seja surpreendido por terceiros que a impeçam de prosseguir, quando mergulhava em querosene

---

[30] De lembrar-se a clássica distinção entre sujeito passivo material ou eventual, é dizer, o titular do bem protegido e sujeito passivo formal ou constante, ou seja, o Estado (uma vez que todo crime importa em grave ofensa ao ordenamento jurídico).

[31] "Se houve a comunicação do fogo à coisa visada pelo agente, destruindo parcialmente a sua unidade residencial com o perigo concreto aos demais moradores, somente se impedindo a sua maior propagação pela pronta intervenção dos bombeiros, trata-se de crime consumado e não de mera tentativa" (TJMG, *RT* 763/639). E também: TJMG, ApCr 1.0024.17.017338-9/001, rel. Des. Eduardo Machado, 5ª CCr, j. 19-11-2019. Contrariamente: "a prova testemunhal é uniforme no sentido de que o réu tinha claramente a intenção de colocar fogo na casa, não existindo elementos que possam colocar em dúvida esses depoimentos, sendo a alegação de suicídio iniciada com a chegada da Brigada Militar. II – O fogo foi rapidamente debelado pela intervenção dos bombeiros, que já estavam no local, evitando a consumação do incêndio. De acordo com o laudo pericial, o fogo se restringiu a região da sala, configurando o delito na sua forma tentada" (TJRS, AP 70068758119, rel. Des. Mauro Evely Vieira de Borba, 4ª CCr, j. 2-6-2016). E ainda: TJMG, ApCr 1.0515.15.005003-4/001, rel. Des. Corrêa Camargo, 4ª CCr, j. 29-4-2020.

um automóvel situado no meio da rua, objetivando com isso provocar o alarma à coletividade[32].

Não se pode afastar a incidência do art. 15 do CP (desistência voluntária ou arrependimento eficaz). Se o agente lança-chamas em determinado objeto, mas, antes que o fogo se alastre o suficiente para periclitar a vida, a saúde ou o patrimônio de outrem, muda de ideia e consegue extingui-lo, responde somente por crime de dano qualificado (se a coisa queimada era alheia).

Registre-se, por fim, que alguns comportamentos que podem compor o *iter criminis* **do incêndio** encontram-se previstos como **delito autônomo no Estatuto do Desarmamento** (Lei n. 10.826/2003). Este tipifica o ato de possuir, deter, fabricar ou empregar artefato explosivo *ou incendiário*, sem autorização ou em desacordo com determinação legal ou regulamentar (art. 16, parágrafo único, III – pena: reclusão, de três a seis anos, e multa).

8. FIGURAS AGRAVADAS (ARTS. 250, § 1º, E 258)

As penas do crime de incêndio serão aumentadas: a) de um terço **em razão do móvel delitivo** (art. 250, § 1º, I) ou **do local** em que praticado (art. 250, § 1º, II); e b) do **resultado naturalístico** (art. 258).

As duas primeiras são compatíveis tão somente com a figura dolosa, mas a **última**, por expressa previsão legal, **incide na forma dolosa e culposa de incêndio.**

8.1. Propósito de obter vantagem pecuniária

A exasperante determinada pela intenção se aplica quando houver finalidade de obter vantagem **pecuniária**, em **proveito próprio** ou **alheio**. Vantagem pecuniária é a obtenção de frutos econômicos *em dinheiro, isto é, moeda corrente*. Sua incidência, portanto, é restrita. Poderia o legislador ter utilizado o termo "vantagem indevida" (como no art. 158) ou "vantagem econômica" (como no art. 333), mas optou por fórmula de menor alcance.

---

[32] "O delito de incêndio admite a forma tentada, haja vista que a ação para realizá-lo é composta por vários atos. O réu teve intenção de atear fogo na casa, no entanto, não se consumou o incêndio por circunstância alheia à sua vontade, eis que contido pelos policiais que foram chamados para atender a ocorrência, evitando que se propagasse e, assim, que houvesse incêndio (fogo intenso com poder de destruição) na casa" (TJRS, AP 70073361354, rel. Des. Rogerio Gesta Leal, 4ª CCr, j. 1º-6-2017). No mesmo sentido: TJRS, ApCr 70081626160, rel. Des. Rogerio Gesta Leal, 4ª CCr, j. 15-8-2019, e ApCr 70072238280, rel. Des. Julio Cesar Finger, 4ª CCr, j. 30-11-2017; TJSP, ApCr 0001241-09.2015.8.26.0414, rel. Des. Lauro Mens de Mello, 12ª CCr Extraordinária, j. 2-8-2018.

São exemplos o ato de incendiar a própria casa para economizar gastos com demolição, periclitando a integridade física de outras pessoas, e colocar fogo num cômodo da casa para queimar título de dívida.

A circunstância **incidirá ainda que a vantagem não venha a ser alcançada**. Nesse caso, portanto, cuida-se o incêndio de **crime formal ou de consumação antecipada**.

A presença da causa de aumento analisada somente se dará quando a vantagem pecuniária seja consequência do incêndio, como nos exemplos acima formulados, e não quando for sua causa. Se alguém, portanto, praticar a infração mediante paga, há incêndio simples com a agravante do art. 61, II, *a*, do CP.

Aquele que põe fogo em coisa própria com o intuito de fraudar seguro, isto é, incendiá-la e alegar à companhia seguradora que o fogo teve causas estranhas para receber indevidamente a indenização, comete **estelionato** (art. 171, § 2º, V, do CP). **Se o fato, contudo, gerar perigo a um número indeterminado de pessoas e a indenização vier a ser paga**, haverá **concurso formal** entre o crime patrimonial e o incêndio (sem a causa de aumento, sob pena de caracterizar-se o *bis in idem*)[33].

8.2. Exasperante em razão do lugar

As exasperantes contidas no inciso II referem-se a lugares em que a conduta é praticada. O maior patamar da pena justifica-se pela maior potencialidade lesiva à vida, à saúde ou ao patrimônio alheios, quando o fogo se alastra nesses lugares.

a) Incêndio em casa habitada ou destinada a habitação

Trata-se da proteção da morada das pessoas, de seu lar e também daquele local em que ela se encontra, exercendo seu domínio, ainda que para

---

[33] Para Magalhães Noronha, há somente o crime de perigo comum (*Direito penal*, v. 3, p. 470). Nesse sentido: "O agente que provoca incêndio em seu estabelecimento comercial, situado em lugar habitado, com a finalidade de receber o valor do seguro, obtendo vantagem pecuniária em proveito próprio, comete o crime de incêndio previsto no art. 250, § 1º, I, do CP, quando ocorre perigo efetivo, concreto, para pessoas indeterminadas, estando absorvido o delito previsto no art. 171, § 2º, V, do referido Código" (*RJTACr* 47/443). "Inaplicabilidade da causa de aumento do art. 250, § 1º, I, do Código Penal. O intuito de obtenção de vantagem pecuniária é elementar ao delito de estelionato, de modo que a punição autônoma do réu pela prática desse crime inviabiliza a incidência da causa de aumento pretendida, sob pena de *bis in idem*" (TRF, 3ª R., AP, 00000066820164036000, rel. Des. André Nekatschalow, 5ª T., j. 16-11-2016).

outros fins, como o escritório ou a loja de alguém. **Pouco importa se os habitantes estiverem ou não no recinto,** porque a exasperante aplica-se se a casa estiver habitada (o que pressupõe a presença das pessoas no imóvel quando do incêndio) ou destinada a habitação (quando não estiverem no local)[34].

A habitação pode ainda ser de uso permanente, intermitente ou temporário[35].

Para Magalhães Noronha, aplica-se a circunstância inclusive quando a casa é habitada pelo próprio autor do incêndio[36]. Parece-nos, contudo, que sendo ele o único e exclusivo morador, perde o sentido a agravação, que se funda na maior lesividade ou potencialidade lesiva decorrente da periclitação[37].

b) Incêndio em edifício público ou destinado ao uso público ou a obra de assistência social ou de cultura

Entende-se por edifício público aquele pertencente ao Estado, englobando-se qualquer ente da **Administração Pública, direta** ou **indireta,** na

---

[34] 1) "(...) Majorante de 'casa habitada'. A ausência momentânea de habitantes não afasta a causa de exasperação da pena. Pena Condenação mantida. Apelo improvido. Unânime" (TJRS, AP 70076873157, rel. Des. Aristides Pedroso de Albuquerque Neto, 4ª CCr, j. 13-9-2018); 2) "Provado que o agente causou incêndio que destruiu por completo a casa onde residia com sua amásia e uma irmã desta, colocando em risco, efetivamente, a vida, a integridade física e o patrimônio de terceiros, ficando demonstrados o dolo de dano quanto à coisa incendiada e o de perigo em relação às demais, que poderiam vir a ser atingidas, resta configurado o crime de incêndio previsto no art. 250 do CP, sendo irrelevante o fato de o agente achar-se alcoolizado, uma vez que a embriaguez voluntária não exclui a imputabilidade penal" (TJMG, *JM* 160/482); 3) "Incabível o afastamento da causa de aumento de pena prevista no art. 250, § 1º, inciso II, alínea *a,* do Código Penal, visto que a alegação de que o réu evacuou a casa antes do incêndio não é suficiente para afastar a referida majorante, porquanto basta que o local seja uma habitação ou seja destinada a esse fim e que o réu saiba dessa condição, não sendo necessária a presença de pessoas na residência no momento dos fatos, como ocorreu no caso. Ainda, cabe acrescentar que o próprio apelante, em seu depoimento inquisitorial e em juízo, afirmou que tinha conhecimento de que 17 pessoas habitavam naquele local" (TJMS, ApCr 0004587-41.2013.8.12.0021, rel. Des. Dorival Moreira dos Santos, 3ª CCr, j. 19-10-2018).

[35] "Quanto à causa de aumento do art. 250, § 1º, II, 'a', impõe-se a incidência da referida majorante ainda que a residência não estivesse desocupada no momento da prática delituosa, pois o texto legal menciona 'casa habitada ou destinada a habitação'" (STJ, HC 437.468/SP, rel. Min. Ribeiro Dantas, 5ª T., j. 19-6-2018).

[36] Op. cit., p. 471.

[37] Era o pensamento de Magalhães Drummond (*Comentários ao Código Penal,* v. IX, p. 37).

órbita federal, estadual ou municipal[38]. A Lei Penal **não exige que o local se encontre afetado ao uso público**, motivo pelo qual não nos parece haver necessidade de o bem encontrar-se com semelhante finalidade. A exasperante funda-se, portanto, no fato de cuidar-se de patrimônio cuja titularidade pertence a todas as pessoas, ou seja, a periclitação à *res publicae* e não à prestação de um serviço público qualquer.

Edifício destinado ao uso público é o imóvel projetado para o uso das pessoas de modo geral (por exemplo, um cinema, teatro, prédio de escritórios, templos, hotéis, restaurantes, cafés), haja ou não alguma exigência para o ingresso (como a apresentação de documentos pessoais ou autorização prévia de algum funcionário que trabalha no local); edifício voltado a obra de assistência social ou de cultura é aquele afetado a realizar ações de assistência a pessoas (como hospitais, asilos ou creches) ou visando ao fomento do ensino ou da cultura (escolas, museus, bibliotecas).

c) Incêndio em embarcação, aeronave, comboio ou veículo de transporte coletivo

São **embarcações** os veículos responsáveis pelo transporte por via aquosa, como a fluvial, a lacustre ou a marítima.

As **aeronaves** são os aparelhos que permitem a navegação por via aérea ou, na definição do Código Brasileiro de Aeronáutica (Lei n. 7.565/86), "todo aparelho manobrável em voo, que possa sustentar-se e circular no espaço aéreo, mediante reações aerodinâmicas, apto a transportar pessoas ou coisas" (art. 106, *caput*).

O **comboio** é a porção de veículos que se deslocam em bloco ou conjunto de vagões de uma composição férrea.

Veículo de transporte coletivo é o meio de transporte capaz de deslocar uma coletividade de pessoas (como o metrô, o trem, o ônibus etc.).

Em qualquer das hipóteses mencionadas, **não é necessário que haja pessoas no interior dos veículos**.

---

[38] "Aquele que provoca incêndio em prédio de prefeitura, causando a sua danificação e expondo a perigo o patrimônio público, comete o crime do art. 250, § 1º, II, *b*, do CP, não podendo tal delito ser absorvido pelo crime de dano à coisa pública, porquanto o dano constitui a própria qualificadora do delito de incêndio" (TJMG, *JM* 168/268). E também: "não há que se falar em desclassificação para delito de dano, pois restou evidenciado, à exaustão, que o apelante T.S. ateou fogo em um colchão e lençol, no corredor de um presidio público, colocando em risco a integridade física de todos ali presentes, devido à fumaça tóxica que se alastrou pelo local. A figura típica prevista no art. 250 do Código Penal, aliás, não exige a produção do dano ou que o incêndio alcance grandes proporções, o que, frise-se, restou presente no caso em debate, bastando a simples exposição a perigo" (TJMG, AP 10388130015620001, rel. Des. Wanderley Paiva, 1ª CCr, j. 30-5-2017).

d) Incêndio em estação ferroviária ou aeródromo

A **estação ferroviária** constitui a base em que aportam as composições férreas, processando-se o embarque e o desembarque de pessoas ou o carregamento ou descarregamento de carga.

Aeródromo (ou aeroporto) é a área destinada a pouso e decolagem de aeronaves, independentemente do porte.

De há muito a doutrina se apercebeu da omissão legislativa, impossível de ser sanada por emprego de analogia (porque resultaria *in malam partem*), consistente na ausência de menção aos portos, ancoradouros e pontos de atracação[39]. A falha fica mais evidente ainda quando se compara com as circunstâncias mencionadas no item anterior, quando se previu expressamente, ao lado de aeronaves e comboios, as embarcações.

e) Incêndio em estaleiro, fábrica ou oficina

Entende-se por **estaleiro** o lugar em que se constroem ou consertam navios. **Fábrica** é o estabelecimento em que se emprega força humana ou artificial, mecanizada ou não, com o intuito de transformar matéria-prima em produtos para consumo ou aplicação na produção de outros bens. Oficina é o lugar onde se exerce um ofício qualquer ou se executam consertos.

f) Incêndio em depósito de explosivo, combustível ou inflamável

Depósito é o local destinado ao armazenamento de algo. **Explosivo** é a substância inflamável capaz de produzir explosão (como a dinamite, o salitre, o magnésio, o explosivo "TNT"); **combustível** (por exemplo, a lenha, o carvão), substância ou produto que produz combustão; **inflamável,** o material capaz de incendiar-se, convertendo-se em chamas (como o petróleo, a gasolina, o álcool, a benzina, a nafta)[40].

g) Incêndio em poço petrolífero ou galeria de mineração

O **poço petrolífero** é a cavidade aberta na crosta terrestre que atinge reserva natural de petróleo. **Galeria de mineração,** o duto por onde se obtém acesso a local destinado à extração de minérios.

---

[39] *Vide* Edgard de Magalhães Noronha, *Direito penal*, v. 3, p. 473; Nelson Hungria, *Comentários ao Código Penal*, v. IX, p. 31; J. Magalhães Drummond, *Comentários ao Código Penal*, v. IX, p. 56.

[40] "Configura a agravante do art. 250, § 1º, I e II, *f*, do CP o incêndio em estabelecimento comercial, do ramo de tintas e vernizes, cujo agente objetivava o recebimento de indenização junto a empresa seguradora, fato provado através de suficientes indícios" (TJSP, *RT* 513/360).

h) Incêndio em lavoura, pastagem, mata ou floresta

Lavoura é a área onde se dão a semeadura e o cultivo da terra para plantações. **Pastagem,** o local em que o gado pasta, alimentando-se das gramíneas encontradas no solo[41]. **Mata,** o terreno em que crescem árvores silvestres, a selva. **Floresta,** a grande porção de terreno com árvores próximas, cujas copas se tocam[42].

A provocação de incêndio em floresta ou mata, contudo, pode se subsumir também à **Lei n. 9.605/98,** tendo em vista o crime especial definido no seu art. 41: "Provocar incêndio em mata ou floresta" (pena: reclusão, de dois a quatro anos, e multa). Não cremos que referida disposição tenha derrogado o Código Penal, até porque apenada de modo mais brando[43]. O enquadramento típico há de ser efetuado levando-se em conta a objetividade jurídica, isto é, se a conduta, além de representar ofensa ao meio ambiente, pelo fogo causado em floresta ou mata, gerar perigo coletivo (caso do fogo que se alastra a propriedade alheia ou põe em risco a vida e a integridade física de pessoas indefinidas), há o delito do Código Penal; caso contrário, **não se verificando no fato concreto situação subsumível à elementar "expondo a perigo a vida, a integridade física ou o patrimônio de outrem",** subsiste a **infração ambiental**[44].

---

[41] "O crime de incêndio reclama a existência de perigo comum e concreto, expondo a perigo tanto a vida como o patrimônio de outrem, exigindo, ainda, o dolo genérico. Comete o crime de incêndio qualificado previsto no art. 250, § 1º, II, *h*, do CP aquele que, agindo com dolo, pelo menos eventual, uma vez que o resultado lhe era previsível, ateia fogo em local habitado, com trânsito de animais e pessoas, vindo este a se alastrar e queimar extensa área de pastagem, expondo a perigo a vida e o patrimônio alheio" (TJMG, *JM* 163/749).

[42] De acordo com o item 18 do Anexo I da Portaria n. 486-P/86 do extinto IBDF, floresta é a "formação arbórea densa, de alto porte, que recobre área de terra mais ou menos extensa". De acordo com Rogério da Cruz Caradori, para quem a definição retromencionada é por demais vaga: "A floresta possui uma clara característica de estratificação (escalonamento vertical de espécies) de seus componentes bióticos vegetais, desde espécies rasteiras, herbáceas, e arbustivas ou arborescentes, ou seja, a sobreposição de árvores propriamente dita, criando assim um 'teto' de folhagem sustentado por troncos e ramos de uma vegetação endoepígea" (*Instrumentos legais de controle na proteção legal das florestas,* p. 20).

[43] Sustentando a derrogação: Guilherme de Souza Nucci, *Código Penal comentado,* p. 956.

[44] Nesse sentido, Damásio de Jesus, *Código Penal anotado,* p. 835. De acordo com o Superior Tribunal de Justiça, "o tipo penal do crime de incêndio em mata ou floresta reside, pela própria definição legal, na hipótese da configuração de fogo descontrolado e de proporções em ambiente arbóreo protegido pela lei ambiental" (REsp 933.356, rel. Min. Maria Thereza de Assis Moura, 6ª T., *DJ* de 18-2-2008, p. 89). Salienta-se que determinadas condutas se amoldam "à infração descrita no código penal, que é

8.3. Formas "qualificadas" de crime de perigo comum (art. 258)

De acordo com o dispositivo epigrafado, se do crime doloso de perigo comum resulta **lesão corporal de natureza grave,** a pena privativa de liberdade é aumentada de metade; se resulta **morte,** é aplicada em dobro. Muito embora a rubrica do dispositivo sugira tratar-se de qualificadoras, são **causas de aumento de pena,** pois não dão ensejo a novos mínimos e máximos e, além disso, são fatores a serem considerados pelo juiz na terceira fase da dosimetria da pena.

Cuida-se de **crime agravado pelo resultado,** o qual somente pode ser imputado ao agente a título de **culpa.** Assim, portanto, quando o delito de perigo coletivo for cometido na forma dolosa, surgirá o chamado **"crime preterdoloso",** pois há dolo na conduta (causação do incêndio) e culpa no resultado agravador (morte ou lesão corporal grave).

As hipóteses de lesão corporal grave são aquelas previstas no art. 129, §§ 1º e 2º, do CP, ou seja, quando houver ofensa à saúde ou integridade corporal alheia e a vítima ficar afastada de suas ocupações habituais por mais de trinta dias, sofrer perigo de vida, resultar debilidade permanente de membro, sentido ou função, aceleração de parto, incapacidade permanente para o trabalho, enfermidade incurável, perda ou inutilização do membro, sentido ou função, deformidade permanente ou aborto.

Se existir dolo (direto ou eventual) no que toca à produção de lesão grave ou da morte, o fato se descaracteriza enquanto delito de perigo comum (que pressupõe ausência de alvo predeterminado), passando a configurar lesão corporal grave (ou gravíssima) agravada pelo emprego de fogo ou

---

genérica, e, não na infração da Lei dos Crimes Ambientais, pois a figura prevista no art. 41 é específica para matas e florestas, o que não é o caso dos autos, onde o incêndio foi em área de pastagem e área de plantação de café. Nesse sentido, aliás, o entendimento de GUILHERME DE SOUZA NUCCI quando ocorre o Confronto com o art. 250, § 1º, *h,* do Código Penal: Aplica-se o disposto no art. 41 desta Lei, em respeito ao princípio da especialidade, cuidando-se de mata ou floresta. Resta a aplicação do tipo referido no Código Penal quanto à lavoura e pastagem. (...) Nessa toada, comprovado que a conduta do apelante causou perigo à vida, à integridade física e ao patrimônio alheio, porque dolosamente incendiou pastagem e lavoura em área pertencente a duas fazendas, verifica-se que não restou dúvida quanto à configuração da conduta descrita no art. 250, § 1º, II, *h,* do Código Penal" (TJSP, AP 0006176-36.2011.8.26.0575, rel. Des. Juvenal Duarte, 5ª CCr, j. 30-7-2015). Ademais, há possibilidade de enquadramento em contravenção penal: "(...) a lição de Luís Paulo Sirvinkas, ao afirmar que o delito do art. 41 da Lei Ambiental ocorre quando se 'provocar incêndio sem controle em mata ou floresta. Já a contravenção prevista no art. 26, e da Lei n. 4.771/65 é fazer fogo sem tomar as precauções adequadas (*Tutela Penal do Meio Ambiente.* 3. ed. São Paulo: Saraiva, 2004. p. 168)'" (TJSC, AP 484544, rel. Des. Roberto Lucas Pacheco, 4ª CCr, j. 10-10-2011).

meio que resultou perigo comum (CP, art. 129, §§ 1º e 2º, c/c o art. 61, II, *d*) ou homicídio qualificado pelos meios citados (CP, art. 121, § 2º, III).

A atribuição dos resultados agravadores ao provocador do incêndio requer sejam estes causa do perigo produzido e, ademais, que não concorra qualquer dos princípios excludentes oriundos da teoria da imputação objetiva (estudados no item 4.1, *supra*).

Muito embora as infrações preterdolosas não admitam tentativa, há exceções, notadamente quando a **conduta dolosa inicial não chegou a se consumar:** pense-se na pessoa que, residindo no andar de cima de um sobrado, surpreenda alguém prestes a incendiar o andar térreo e, apavorado, pule a janela e quebre as pernas, chamando a atenção de terceiros que, cientes, interrompem o processo executivo e extinguem as chamas, sem que estas tomassem corpo suficiente para caracterizar o incêndio[45]. Houve tentativa do crime do art. 250, circunstanciado pela lesão grave (art. 258).

No caso de **incêndio culposo,** se do fato resulta lesão corporal, a pena aumenta-se de metade; se resulta morte, aplica-se a pena cominada ao homicídio culposo, aumentada de um terço. Esses eventos só podem ser atribuídos a título de culpa. Trata-se, desta forma, de modalidade peculiar de **crime agravado pelo resultado,** no qual há culpa na conduta (causação do incêndio) e culpa (novamente) no evento agravador (lesão grave ou morte).

8.4. Pluralidade de causas de aumento

Incidindo mais de uma das diversas causas de aumento de pena expostas acima (arts. 250, § 1º, e 258), cumprirá ao magistrado aplicar todas elas, cumulativamente, ou aplicar somente uma, desde que, nesse caso, opte pela maior delas.

9. INCÊNDIO CULPOSO (ART. 250, § 2º)

O dispositivo epigrafado incrimina a causação culposa de incêndio. Cuida-se de punir aquele que, mediante imprudência, negligência ou imperícia, dá causa à deflagração do fogo, cujas proporções expõem a perigo a vida, a integridade física ou o patrimônio de terceiros.

O legislador utilizou-se de tipo penal aberto, como de regra o faz em matéria de delitos culposos; isto porque se limita a descrever o fato com a fórmula "se culposo o incêndio". Essa técnica não macula o princípio da taxatividade (ou o mandato de certeza da lei penal), de vez que o comportamento delitivo encontra-se determinado em moldura rígida, mui-

---

[45] Exemplo de Hungria (op. cit., v. IX, p. 33).

to embora tenha ela amplo alcance, vale dizer, abarque um leque abrangente de comportamentos humanos. A delimitação da esfera de atos compreendidos na disposição se completa com a conjugação do art. 250, § 2º, e do art. 18, II, do CP.

Exemplo típico é o do agente que, em matagal, acende cigarro e, de modo descuidado, supondo inadvertidamente que a chama encontrava-se extinta, arremessa-o ainda aceso, provocando queimada intensa na vegetação.

Na jurisprudência, colhem-se os seguintes casos concretos: a) sujeito que, embriagado, ateia fogo em peças de roupa da companheira[46]; b) deitar-se com cigarro aceso sobre o colchão[47]; c) empregado que põe fogo em troncos e galhos no pasto do imóvel cumprindo ordem do proprietário, sem as devidas cautelas, causando incêndio em propriedade vizinha[48]; d) furtador que põe fogo em roupa para iluminar o interior da loja que pretende subtrair, incendiando-a acidentalmente[49]; e) palito de fósforo atirado à mata[50]; f) faísca oriunda da bateria do veículo, colocada descuidadamente próxima das peças de engate das mangueiras de esgotamento de combustível[51]; g) arremesso de bomba de festa junina debaixo de automóvel que vazava combustível de seu tanque[52]; h) agente que põe fogo em casa de marimbondos e, inadvertidamente, provoca incêndio na propriedade vizinha[53]; i) conduta de apagar um cigarro em folhas de papel, ateando fogo em caixas plásticas próximas armazenadas no estacionamento de um mercado[54]; j) sujeito embriagado que esquece um cigarro aceso no braço de um sofá, causando acidentalmente o incêndio do imóvel em que residia[55].

10. EXAME PERICIAL (CPP, ART. 173)

O incêndio (doloso ou culposo) constitui infração que deixa vestígios (*delicta facti permanentis* ou infração penal não transeunte). Nestas,

---

[46] TJSP, ApCr 113.367-3, rel. Des. Luiz Betanho, j. 6-11-1991.

[47] TJRJ, *RDTJRJ* 36/376.

[48] *RJTACr* 32/206.

[49] TJRS, ApCr 70066311994, rel. Des. Genacéia da Silva Alberton, 5ª CCr, j. 5-10-2016.

[50] *RTRF-4ª R.* 10/274.

[51] TJSP, *RJTJSP* 75/322.

[52] TJSP, *RT* 549/288.

[53] TAMG, *RT* 429/479.

[54] TJSP, AP 0042059-28.2015.8.26.0050, rel. Des. Diniz Fernando, 1ª CCr, j. 26-6-2017.

[55] TJSP, AP 0015093-90.2012.8.26.0322, rel. Des. Marco Antônio Cogan, 8ª CCr, j. 16-7-2015.

determina a lei processual penal ser indispensável a realização de exame de corpo de delito para a aferição dos vestígios deixados (CPP, art. 158).

Na perícia a ser realizada, ademais, deverá o perito verificar a causa e o lugar em que houver começado, o perigo que dele tiver resultado para a vida ou para o patrimônio alheio, a extensão do dano e o seu valor e as demais circunstâncias que interessarem à elucidação do fato (CPP, art. 173).

A inexistência desta prova instruindo a ação penal, desde que não possa ser suprida nos termos do art. 167 do CPP, impedirá a condenação do agente. O Superior Tribunal de Justiça já decidiu, nesse sentido, que "a ausência de perícia no crime de incêndio somente pode ser suprida por outros meios de prova, nos casos em que se justificar a impossibilidade de realização de exame, o que não se verificou na hipótese dos autos. Isso porque, nos termos do que dispõe o art. 173 do Código de Processo Penal – CPP, os peritos devem verificar, de forma minuciosa, todas as circunstâncias que forem de interesse para a solução do caso, entre elas, a causa do incêndio, o perigo resultante para a vida e patrimônio alheio, bem como a extensão e valor do dano"[56].

11. CLASSIFICAÇÃO JURÍDICA

O crime de incêndio é *comissivo, doloso (ou culposo), de ação ou forma livre* (onímodo – isto é, admite qualquer meio executivo), *comum* (qualquer pessoa pode praticá-lo), *monossubjetivo* ou de *concurso eventual* (pode ser cometido por um agente ou vários, em concurso), *material ou de resultado* (pois requer a produção do resultado naturalístico para efeito de consumação, traduzido na conversão do ato em chamas de razoável proporção, salvo na figura típica agravada pelo fim de obtenção de vantagem pecuniária, em que o delito é formal), *de perigo concreto ou real* (já que o perigo constitui elementar do tipo)[57], *instantâneo* (a consumação

---

[56] HC 360.603/PR, rel. Min. Joel Ilan Paciornik, 5ª T., j. 21-2-2017. E ainda: "Quanto à necessidade de realização de perícia oficial, restou devidamente justificada a impossibilidade de realização em face da queima total do veículo e da vendas das peças restantes logo depois do fato, sendo o laudo oficial suprimido por outros elementos probatórios, como o auto de constatação de incêndio, elaborado por peritos não oficiais, e a produção de prova testemunhal. Tal entendimento encontra amparo na jurisprudência desta Corte. Precedentes" (AgRg no AREsp 2.167.405/RS, rel. Min. Joel Ilan Paciornik, 5ª T., j. 14-3-2023).

[57] "O delito do art. 250 do Código Penal é de perigo concreto, de modo que para sua configuração basta que o fogo tenha a potencialidade de colocar em risco os bens jurídicos tutelados, quais sejam a incolumidade pública, a vida, a integridade física ou o patrimônio de terceiros" (TJSC, ApCr 0006085-60.2002.8.24.0075, rel. Des. Luiz Antônio Zanini Fornerolli, 4ª CCr, j. 2-7-2020).

se produz imediatamente, tão logo o incêndio se inicia), *plurissubsistente* (o *iter criminis* é fracionável) e ***não transeunte*** (ou seja, deixa vestígios).

12. PENA E AÇÃO PENAL

O incêndio doloso é apenado com reclusão, de três a seis anos, e multa. Tendo em vista a pena máxima cominada, o processo observará o rito comum ordinário (CPP, arts. 395 a 405).

No que se refere à aplicação da pena, há de se ter em conta, durante a apreciação das circunstâncias judiciais do art. 59, *caput*, do CP[58], a proporção do incêndio produzido. Quanto maior sua intensidade, sua extensão e, por consequência, seu potencial para pôr em risco bens alheios, mais elevada haverá de ser a pena-base.

Na forma culposa, a sanção é de detenção, de seis meses a dois anos. A infração é de pequeno potencial ofensivo, ficando sujeita à competência *ratione materiae* dos Juizados Especiais Criminais e à incidência das medidas despenalizadoras previstas na Lei n. 9.099/95.

A ação penal é de iniciativa **pública incondicionada**.

ART. 251 - EXPLOSÃO

1. DISPOSITIVO LEGAL

Explosão

Art. 251. Expor a perigo a vida, a integridade física ou o patrimônio de outrem, mediante explosão, arremesso ou simples colocação de engenho de dinamite ou de substância de efeitos análogos:

Pena – reclusão, de 3 (três) a 6 (seis) anos, e multa.

§ 1º Se a substância utilizada não é dinamite ou explosivo de efeitos análogos:

Pena – reclusão, de 1 (um) a 4 (quatro) anos, e multa.

Aumento de pena

§ 2º As penas aumentam-se de um terço, se ocorre qualquer das hipóteses previstas no § 1º, I, do artigo anterior, ou é visada ou atingida qualquer das coisas enumeradas no n. II do mesmo parágrafo.

Modalidade culposa

§ 3º No caso de culpa, se a explosão é de dinamite ou substância de efeitos análogos, a pena é de detenção, de 6 (seis) meses a 2 (dois) anos; nos demais casos, é de detenção, de 3 (três) meses a 1 (um) ano.

---

[58] São elas: a culpabilidade, os antecedentes, a conduta social, a personalidade, os motivos, as circunstâncias, as consequências do crime e o comportamento da vítima.

2. VALOR PROTEGIDO (OBJETIVIDADE JURÍDICA)

O valor fundamental reside na tutela da incolumidade pública, isto é, a **proteção da segurança de um número indeterminado de pessoas**, de modo a deixá-las livres de riscos ao seu **patrimônio**, à sua **integridade corporal**, à sua **saúde** ou à sua **vida**[59].

Acrescente-se, ainda, que a esfera de proteção normativa também alcança os **interesses individuais** das pessoas potencialmente atingidas pela conduta perigosa, por conta da natureza pluriofensiva dos crimes contra a incolumidade pública.

3. BREVE HISTÓRICO

A utilização de explosivos com o fim de destruir bens alheios passou a ter previsão como crime autônomo ao tempo do Código Penal francês de 1791, quando a doutrina denominava o delito de "mina" ou "ruína". Aos poucos, as legislações penais passaram a inserir também em suas disposições a "mina" ou "ruína". Foi no último quartel do século XIX, conforme registra Hungria, que se demonstrou preocupação maior com tal comportamento, em virtude da

---

[59] Sobre o conceito de integridade pública e perigo comum, *vide* as notas introdutórias ao Título VIII e ao Capítulo I. *Vide*, ainda, os seguintes julgados: 1) "Para a configuração do crime de explosão, não basta a demonstração da ocorrência de explosão com engenho de dinamite, sendo necessária a demonstração de que, com sua conduta, o agente tenha criado uma situação de perigo concreto para a vida, a integridade física ou o patrimônio de outrem" (TJMG, AP 10453140014128001, rel. Des. Maria Luíza de Marilac, 3ª CCr, j. 21-3-2017). 2) "I – Pesca com dinamite, no mar, que causou a morte de diversos peixes. Denúncia por crime de explosão (CP, art. 251). II – Não se trata de crime de dano ou de resultado, sendo elemento essencial o *expor a perigo* um indefinido número de pessoas ou de seus bens, devendo esse perigo ser demonstrado em concreto. III – Insuficiente é, portanto, dizer que a dinamite, por si só, expõe a perigo incolumidade pública, pois é evidente que a sua explosão em um deserto, por exemplo, não tem a mínima possibilidade de provocar tal risco. IV – Não comprovado o perigo punível, inexiste o referido delito. V – Incomprovado, também, o dolo, consistente na vontade livre e consciente de causar explosão, com conhecimento de perigo comum" (TRF, 1ª R., *JTRF*-Lex 68/449). 3) "Acervo probatório que demonstra ter o réu colocado dinamite e buscado acionar o artefato explosivo em local anexo a posto de combustíveis, expondo a perigo a vida e integridade física de funcionários do estabelecimento, bem como o patrimônio do proprietário do posto. A simples colocação de engenho de dinamite ou de substância de efeitos análogos em depósito inflamável, demonstrado o perigo comum e concreto, é capaz de configurar o delito imputado. A conduta do réu ficou adequadamente tipificada no art. 251, § 2º, do CP. Condenação mantida" (TJRS, ApCr 70081701039, rel. Des. Julio Cesar Finger, 4ª CCr, j. 26-9-2019).

proliferação dos atentados anarquistas[60]. No Brasil, o fato somente ganhou autonomia delitiva em 1886 (Lei n. 3.311), definido como crime de lesão (posto que sua consumação estava condicionada à produção de dano efetivo). O Código Penal de 1890 o previu em seu art. 137, § 2º, com semelhante natureza. Em 1921, em face dos atentados anarquistas em nosso país, editou-se o Decreto n. 4.269, o qual agravou a pena quando se tratasse do emprego de dinamite ou explosivo com semelhantes efeitos. O Projeto Alcântara Machado, por fim, passou a denominar o fato como "explosão", critério seguido pela Comissão Revisora e, finalmente, incorporado em nosso Código Penal.

4. TIPO OBJETIVO

4.1. Conduta nuclear

A conduta nuclear consiste em *expor a perigo* a vida, a integridade física ou o patrimônio de outrem (mediante explosão etc.). Cuida-se, destarte, de evidente infração de **perigo concreto**.

Chama atenção, logo de início, a diversidade da técnica legislativa utilizada na descrição do comportamento incriminado. Enquanto no art. 250, a ação prevista no núcleo reside no ato de "causar" (o incêndio), expondo a perigo (consequência secundária e inerente ao ato), no caso do art. 251, pune-se quem expõe a perigo (fato central), mediante explosão, arremesso ou colocação de engenho de dinamite ou substância de efeitos análogos.

Cuida-se, porém, de simples escolha estilística, incapaz de alterar o aspecto fundamental, isto é, como no crime anteriormente estudado, *exige-se, em primeiro lugar, que o agente, causalisticamente, provoque a explosão, arremesse ou coloque o engenho de dinamite ou análogo* e, de alguma dessas atitudes, decorra o risco à vida, à integridade física ou ao patrimônio alheios.

Não basta, ademais, a relação de causalidade (fundada na teoria da equivalência dos antecedentes) entre o comportamento pessoal e a explosão etc., exigindo-se também que a imputação seja confirmada pela ausência dos princípios excludentes expostos no item 4.1.4 do art. 250 (oriundos da teoria da imputação objetiva).

É importante registrar, por fim, em se tratando de simples arremesso ou colocação de engenho (aparelho ou bomba, por exemplo), que sejam esses meios comprovadamente eficazes e idôneos a provocar a explosão não deflagrada, sob pena de se reconhecer, na espécie, um crime impossível (CP, art. 17), por absoluta ineficácia do meio.

---

[60] Op. cit., v. VIII, p. 34.

4.2. Meios executórios

O crime em estudo é de **forma vinculada**, à medida que a **explosão provocada**, para ingressar na esfera de proteção do art. 251, deve ser **decorrente do emprego de explosivos** (materiais predestinados a explodir mediante sua própria desintegração), sejam eles dinamite ou substâncias de efeitos análogos (caso em que ocorrerá a explosão simples – *caput*) ou de poder menos vulnerante (quando haverá explosão privilegiada – § 1º).

A mesma característica se nota nos demais comportamentos inseridos na norma, que também requerem a utilização de explosivos. Além da explosão, também comete o delito quem produz o arremesso de engenho (no qual se encontra o explosivo), isto é, seu lançamento feito à distância, à mão ou com o emprego de algum aparato; ou a colocação de engenho, ou seja, o ato de colocá-lo, arrumá-lo, predispô-lo num determinado local para causar explosão.

Interessante notar que a disposição legal encontra-se redigida em *ordem decrescente quanto à proximidade do dano (que não é, contudo, exigido no tipo)*: **primeiro refere-se à explosão; ainda que não haja explosão, menciona-se o arremesso de engenho capaz de produzi-la; mesmo não existindo explosão ou arremesso, pune-se a simples colocação do engenho**. Nota-se, assim, que o tipo penal retrocede, criminalizando **atos tipicamente preparatórios**. A dignidade dos bens protegidos (vida, integridade corporal e patrimônio), somada ao cuidado de se exigir, em qualquer caso, o perigo efetivo, tornam a disposição constitucionalmente válida.

Entende-se por explosão o arrebentamento violento ou expansão súbita, causada por detonação ou deflagração de um explosivo ou pela liberação repentina de pressão de um corpo com acúmulo de gases.

Conforme já se adiantou, porém, *não é toda explosão que se subsume ao tipo em estudo, mas somente a decorrente do emprego de explosivo* (material cuja finalidade precípua seja explodir mediante sua desintegração ou o "tipo de matéria que, quando iniciada, sofre decomposição muito rápida em produtos mais estáveis, com grande liberação de calor e desenvolvimento súbito de pressão")[61]. Uma caldeira de água fervendo ou uma panela de pressão com a válvula de escape danificada podem, sem dúvida, causar explosão, mas esta não se adequará ao crime *sub examen*, que não se resume ao ato de provocá-la, mas fazê-lo como resultado do emprego de explosivo (e água, obviamente, não o é)[62].

---

[61] Definição contida no Decreto Presidencial n. 10.030, de 30 de setembro de 2019 (anexo III).

[62] No Código Penal português o crime também se dá apenas com o emprego de explosivos: "Provocar explosão por qualquer forma, nomeadamente mediante utilização de

O legislador **graduou a sanção** conforme o **poder vulnerante do explosivo** utilizado. Quando se tratar de dinamite ou substâncias de efeitos análogos (o que importa é a similitude da força destruidora), responderá o agente pelas penas do *caput* (reclusão, de três a seis anos, e multa); no caso de objetos menos poderosos, aplica-se o § 1º (reclusão, de um a quatro anos, e multa)[63].

São exemplos de explosivos análogos à dinamite o trinitrotolueno ou "TNT", o nitrotolueno, a nitronaftalina etc. Explosivos menos vulnerantes, por sua vez, são a pólvora pícrica, o cloreto de potássio etc.

O tipo penal não se subsume a comportamentos que envolvam a explosão, o arremesso e a colocação de engenho quando se tratar de *fogos de artifício*[64] (assim entendidos como as "peças pirotécnicas preparadas para transmitir a inflamação a fim de produzir luz, ruído, incêndios ou explosões, e normalmente empregada em festividades"[65]). Nesse caso, o comportamento será penalmente atípico, dada a ausência de perigo concreto à vida, à integridade corporal ou ao patrimônio alheios. Poderá, quando muito, responder o agente pela contravenção penal do art. 28, parágrafo único, da LCP (Decreto-Lei n. 3.688/41), que pune com prisão simples, de quinze dias a dois meses, ou multa, quem, em lugar habitado ou suas adjacências, em via pública ou direção a ela, sem licença da autoridade (quando necessário for), causa deflagração ou queima fogo de artifício.

---

explosivos; (...) e criar deste modo perigo para a vida ou para a integridade física de outrem, ou para bens patrimoniais alheios de valor elevado, é punido com pena de prisão de três a dez anos".

[63] *Vide,* a título ilustrativo, os seguintes julgados: 1) "no momento em que o legislador apontou a dinamite, como substância de efeito devastador, não o fez simplesmente sem maiores consequências, mas sim, atribuiu a outros explosivos que tivessem efeitos análogos (...) Incabível a desclassificação do crime de explosão para a forma privilegiada do art. 251, § 1º, do CP, se comprovado nos autos o emprego de dinamite ou explosivo de efeitos análogos" (TJBA, *AP* 0300050612013805040, rel. Des. Carlos Roberto Santos Araújo, 2ª CCr, j. 19-7-2016). 2) "a substância deve ter efeito similares à dinamite, ou seja, somente não se considerará 'de efeitos análogos' nos casos em que a potência destruidora seja de proporção menor" (TJSC, ED 2011.078182-9, rel. Des. Cinthia Beatriz da Silva Bittencourt Schaefer, j. 24-6-2013).

[64] Nesse sentido: "Crime de explosão. Inocorrência. Lançamento de artefato usado em festas juninas no interior de um salão, repleto de pessoas. Impacto que não se coaduna, por inexpressivo, ao tipo penal inscrito no art. 251" (TJSC, *JC 54/425*). *Em sentido contrário*: "Referido dispositivo legal prevê fogos de artifício ao fazer constar 'substância de efeitos análogos', de modo que não procede a argumentação expendida pelo impetrante (...). Fogos de artifício operam com material propelente (combustível) e que podem causar perigo a vida e a saúde de outrem" (TJPR, HC 1497448-4, rel. Des. José Maurício Pinto de Almeida, 2ª CCr, j. 10-3-2016).

[65] Decreto Presidencial n. 10.030, de 30 de setembro de 2019 (anexo III).

4.3. Perigo concreto

Repise-se que o crime em questão, inserido no título daqueles que provocam perigo coletivo, depende da efetiva comprovação de que a explosão, bem como o arremesso ou a colocação do engenho tenham provocado risco efetivo a um número indeterminado de pessoas, periclitando sua vida, integridade física ou patrimônio[66].

5. TIPO SUBJETIVO

O crime é punido na forma **dolosa**, exigindo-se consciência e vontade de concretizar os elementos objetivos do tipo. A conduta deve ser dirigida à **exposição a perigo de um número indeterminado de pessoas**. Inexiste elemento subjetivo específico, mas a constatação de determinados propósitos pode provocar o deslocamento para outra figura típica (elemento subjetivo negativo[67]).

Se o sujeito pretender, com a deflagração da explosão, matar alguém e, além disso, provocar (dolosa ou culposamente) o perigo coletivo, responderá por homicídio qualificado pelo emprego de explosivo (CP, art. 121,

---

[66] "I – Em que pese a certeza quanto à autoria delitiva, não houve a efetiva exposição da incolumidade pública – e nem sequer da vítima – a perigo comum. Ou seja, o fogo não teve sua potencialidade concreta a ponto de representar um perigo real a um determinado número de pessoas. III – Desclassificação do delito de incêndio majorado para dano qualificado, uma vez que o agente causou dano material sem expor a perigo a incolumidade pública" (TJRS, AP 70071532527, rel. Des. Mauro Evely Vieira de Borba, 4ª CCr, j. 9-2-2017). "A caracterização do delito de explosão depende da ocorrência concreta do perigo à vida, integridade ou patrimônio de outrem. A inexistência desses fatores na queima de foguetes pode constituir apenas infração regulamentar ou contravenção" (TJSC, *JC* 60/674). Contra: "o fato de os crimes terem ocorrido em locais onde, no momento dos fatos, ninguém estava presente, não implica em se considerar que não houve a exposição a perigo a vida, integridade física ou patrimônio de outrem. Pelo que consta dos autos, os locais atingidos pelos arremessos das garrafas com conteúdo explosivo eram instalações de uma empresa (por duas vezes) e na residência da mãe da ex-esposa do apelante, e, em todos os casos, havia a presença de pessoas no local, ainda que não próximos às explosões. Resultou claro, ainda, que os locais são habitados e de trânsito de pessoas. Além disso, o delito de explosão é crime formal, ou seja, independe de resultado naturalístico, não sendo necessária a comprovação do perigo ou do dano efetivo" (TJPR, AP 1539100-1, rel. Des. Roberto de Vicente, 2ª CCr, j. 9-3-2017). Ver também: TJDFT, Acórdão 1761810, ApCr 0749026822022807001, rel. Des. Jansen Fialho de Almeida, 3ª T. Criminal, j. 21-9-2023; e TJMG, ApCr 1.0000.23.130726-5/001, rel. Des. Doorgal Borges de Andrada, 4ª CCr., j. 27-9-2023.

[67] A expressão "elemento subjetivo negativo", cunhada por Pisapia, significa que o próprio dispositivo não requer intenção especial alguma, mas se esta ocorrer, conforme o caso, poderá surgir outra infração penal.

§ 2º, III) em concurso formal (CP, art. 70) com o delito de explosão, dolosa ou culposa, conforme o caso (CP, art. 251).

Se a intenção for destruir o patrimônio alheio com a utilização de explosivos, de modo semelhante, responderá por crime de dano (CP, art. 163, parágrafo único, II) e, se provocar (dolosa ou culposamente) a periclitação da vida, da saúde ou do patrimônio de um número indeterminado de pessoas, surgirá o concurso ideal (CP, art. 70) com o delito em estudo.

Pune-se, também, a forma **culposa** (*vide* item 10, *infra*).

6. SUJEITOS DO CRIME

6.1. Sujeito ativo

O crime de explosão é **comum,** já que o preceito primário não exige qualquer qualidade ou condição especial do sujeito ativo. Pode ser praticado por uma só pessoa ou várias em concurso de agentes.

6.2. Sujeito passivo

Em primeiro lugar, a coletividade, titular da incolumidade pública e, ademais, os titulares dos valores fundamentais expostos a perigo pela explosão provocada ou pelo arremesso ou colocação do engenho. Não comungamos com o ponto de vista que insere o Estado como sujeito passivo material, salvo se for o titular do patrimônio periclitado.

O fato de somente uma pessoa ter sido exposta a perigo não descaracteriza o crime se, *ex ante*, não havia alvo determinado e o comportamento tinha o potencial de expor indivíduos indeterminados[68].

7. CONSUMAÇÃO E TENTATIVA

7.1. Consumação

A explosão atinge seu *summatum opus* com **a exposição dos bens alheios ao risco** decorrente da explosão, do arremesso ou colocação do engenho.

7.2. Tentativa

A tentativa é admissível, embora de difícil configuração, posto que boa parte do *iter criminis* encontra-se prevista no dispositivo legal. **Comporta-**

---

[68] Nesse sentido: "No injusto do tipo de explosão, o objeto jurídico é a incolumidade pública, requerendo-se a comprovação do perigo concreto, consistindo o resultado na criação do perigo comum, pela probabilidade real e efetiva do dano. Não desconfigura o ilícito penal da ação a circunstância eventual de tão só uma única pessoa ter sido exposta a perigo, se o autor típico pode antever tal circunstância eventual, desde que concreto o perigo" (TJRJ, rel. Des. Álvaro Mayrink da Costa, *RT* 753/674).

mentos anteriores, ainda, podem configurar **delito autônomo**, já que o **Estatuto do Desarmamento** (Lei n. 10.826/2003) tipifica o ato de possuir, deter, fabricar ou empregar artefato explosivo ou incendiário, sem autorização ou em desacordo com determinação legal ou regulamentar (art. 16, parágrafo único, III – pena: reclusão, de três a seis anos, e multa). Assim, por exemplo, quem fabrica a bomba (engenho explosivo) não responde por tentativa de explosão, mas pelo delito especial mencionado, na forma consumada.

8. FIGURAS AGRAVADAS (ARTS. 250, § 1º, E 258)

Aplicam-se ao crime de explosão as mesmas exasperantes previstas para o incêndio (CP, art. 251, § 2º), ou seja, o aumento de um terço **em razão do móvel delitivo** (art. 250, § 1º, I) ou **do local** em que praticado (art. 250, § 1º, II)[69], sem falar da incidência do agravamento **em função do resultado naturalístico**, previsto no art. 258, igualmente cabível.

Dada a semelhança, pedimos vênia para remeter o leitor ao item 8 do art. 250 do CP.

9. CONCURSO COM INCÊNDIO

Não raro pode-se seguir à explosão provocada um incêndio. Em tal quadro, será fundamental **verificar se as condutas se encontram em relação de meio e fim**. Caso isto ocorra, subsistirá somente o **delito de incêndio** (CP, art. 250), absorvendo-se a explosão (CP, art. 251), pelo **princípio da consunção**. Caso, entretanto, inexista semelhante relação entre as condutas, guardarão elas autonomia, respondendo o agente, então, por dois crimes em concurso formal (CP, art. 70), conforme inclusive já entendeu o Superior Tribunal de Justiça[70].

---

[69] "O crime de explosão caracteriza-se como de perigo comum e concreto à vida, à integridade física e ao patrimônio de outrem, e, quando praticado em local que possa envolver um maior número de pessoas, como em edifício público ou destinado ao uso público, merece tratamento mais rigoroso, por aumentar sobremaneira o perigo de dano. Assim, mantém-se a causa de aumento de pena referente à prática do crime em local destinado ao uso público" (TJDFT, Acórdão 964151, 20150710155022APR, rel. Des. Esdras Neves, revisor Des. George Lopes, 1ª T. Criminal, j. 25-8-2016).

[70] STJ, HC 50.557/SC, rel. Min. Og Fernandes, 6ª T., j. 1-10-2009. No mesmo sentido: "Sendo a explosão praticada contra o caixa eletrônico com o fim único de possibilitar a subtração de coisa alheia móvel, impõe-se a aplicação do princípio da consunção e a consequente manutenção da absolvição dos apelados do crime previsto no art. 251, § 2º, do Código Penal. Para a configuração do crime de explosão, não basta a demonstração da ocorrência de explosão com engenho de dinamite, sendo necessária a demonstração de que, com sua conduta, o agente tenha criado uma situação de perigo concreto para a vida,

10. FORMA CULPOSA (§ 3º)

De acordo com o § 3º, "no caso de culpa, se a explosão é de dinamite ou substância de efeitos análogos, a pena é de detenção, de 6 (seis) meses a 2 (dois) anos; nos demais casos, é de detenção, de 3 (três) meses a 1 (um) ano".

São elementos necessários para a configuração do crime:

1) a exposição da vida, da integridade corporal e do patrimônio alheios a perigo concreto (requisito decorrente do *caput* da disposição);

2) a provocação de explosão decorrente de substância como a dinamite, similares ou outras, de efeito menos vulnerante (hipótese em que a pena será menor).

Deve-se observar que **o tipo culposo é mais restrito que a forma dolosa**, pois somente pode ser cometido quando a **inobservância do dever de cuidado provocou explosão**, diferentemente daquela, que, além da explosão, também inclui o arremesso e a colocação de engenho[71];

3) que a conduta seja praticada mediante imprudência, negligência ou imperícia.

11. OUTRAS FORMAS DE EXPLOSÃO PREVISTAS NA LEI PENAL

Há outros dispositivos na legislação esparsa cuja **ação física também requer o emprego de explosivo**.

Configura ato de **terrorismo**, "usar ou ameaçar usar, transportar, guardar, portar ou *trazer consigo explosivos*, gases tóxicos, venenos, conteúdos

---

a integridade física ou o patrimônio de outrem. Não restando comprovada a intenção dos agentes em gerar um risco não tolerado a terceiros, tampouco a inequívoca situação de perigo concreto contra a integridade física ou o patrimônio de um número indeterminado de pessoas, não há que se falar em punição dos agentes por crime autônomo" (TJMG, AP 10453140014128001, rel. Des. Maria Luíza de Marilac, 3ª CCr, j. 21-3-2017). É interessante anotar que, com o advento da Lei n. 13.654/2018, que alterou os tipos penais dos arts. 155 e 157 do CP, o furto e o roubo cometidos com emprego de explosivo ou substância similar passaram a ser punidos de maneira mais severa. No caso do furto, "a pena é de reclusão de 4 (quatro) a 10 (dez) anos e multa, se houver emprego de explosivo ou de artefato análogo que cause perigo comum" (art. 155, § 4º-A), sendo inclusive considerado crime hediondo com o advento da Lei n. 13.964/2019; tratando-se de roubo, "a pena aumenta-se dois terços (...) se há destruição ou rompimento de obstáculo mediante o emprego de explosivo ou de artefato análogo que cause perigo comum" (art. 157, § 2º-A, II), não estando, contudo, no rol de crimes hediondos.

71 Edgard de Magalhães Noronha, op. cit., v. 3, p. 481. Também é o pensamento de Hungria (op. cit., v. VIII, p. 41) e, mais modernamente, de Rogério Greco (*Código Penal comentado*, p. 703) e Guilherme Nucci (op. cit., p. 957), entre outros.

biológicos, químicos, nucleares ou outros meios capazes de causar danos ou promover destruição em massa" (art. 2º, § 1º, inciso I, da Lei n. 13.260/2016)[72].

A Lei dos Crimes Ambientais (Lei n. 9.605/98) incrimina a **pesca mediante utilização de explosivos** ou substâncias que, em contato com a água, produzam efeitos semelhantes, com reclusão, de um a cinco anos (art. 35).

12. EXAME PERICIAL

Cuida-se de prova indispensável para a comprovação do crime de explosão. Quando a conduta praticada consistiu em causar explosão, deverá a perícia estabelecer a natureza e a eficiência da substância utilizada (art. 175 do CPP), o que é fundamental para o enquadramento típico da conduta (*caput* ou § 1º do art. 251)[73]. Em se tratando de arremesso ou colocação de engenho, a opinião do *expert* será decisiva para verificar não só o potencial lesivo do instrumento, mas também sua idoneidade, permitindo afirmar-se que houve efetivo risco à vida, à integridade física ou ao patrimônio de terceiros.

13. CLASSIFICAÇÃO JURÍDICA

Cuida-se de delito *comissivo, doloso (ou culposo), de ação ou forma vinculada* (já que a explosão, o arremesso ou colocação de engenho deve originar-se de explosivo, como a dinamite, substâncias análogas ou menos vulnerantes), *comum* (qualquer pessoa pode praticá-lo), *monossubjetivo ou de concurso eventual* (pode ser cometido por um agente ou vários, em concurso), *material ou de resultado* (quando se trata de explosão – sendo esta o resultado naturalístico) ou *de mera conduta ou simples atividade* (no caso de arremesso ou colocação de engenho explosivo, salvo na figura típica agravada pelo fim de obtenção de vantagem pecuniária, em que o delito é formal), *de perigo concreto ou real* (já que o risco é elementar do tipo), *instantâneo* (a consumação se

---

[72] De acordo com esse Diploma (art. 2º, *caput*): "O terrorismo consiste na prática por um ou mais indivíduos dos atos previstos neste artigo, por razões de xenofobia, discriminação ou preconceito de raça, cor, etnia e religião, quando cometidos com a finalidade de provocar terror social ou generalizado, expondo a perigo pessoa, patrimônio, a paz pública ou a incolumidade pública".

[73] "Para a configuração do crime previsto no artigo 251, §1º, do Código Penal é imprescindível a realização de exame pericial no local dos fatos, a fim de se apurar se houve, realmente, perigo ao bem juridicamente tutelado. A ausência de demonstração de que a explosão colocou em perigo um número indeterminado de pessoas, traduz a não comprovação da materialidade delitiva, sendo imperiosa absolvição do agente" (TJMG, ApCr 1.0000.23.130726-5/001, rel. Des. Doorgal Borges de Andrada, 4ª-CCCr, j. 27-9-2023).

produz imediatamente), ***plurissubsistente*** (o *iter criminis* é fracionável) e ***não transeunte*** (ou seja, deixa vestígios, exigindo-se o exame de corpo de delito como meio idôneo para a comprovação da materialidade delitiva – CPP, art. 158).

14. PENA E AÇÃO PENAL

Na forma dolosa simples, a explosão é punida com reclusão, de três a seis anos, e multa. Quando se tratar da figura privilegiada (ou seja, de explosivos menos vulnerantes que a dinamite), a pena será de reclusão, de um a quatro anos, e multa. Nesse caso, caberá a suspensão condicional do processo, prevista no art. 89 da Lei n. 9.099/95. Tendo em vista as penas máximas cominadas, o processo observará, em ambos os casos, o rito comum ordinário (CPP, arts. 395 a 405).

No que se refere à aplicação da pena, há de se ter em conta, durante a apreciação das circunstâncias judiciais do art. 59, *caput*, do CP[74], a intensidade do perigo coletivo provocado.

Na forma culposa, a sanção é de detenção, de seis meses a dois anos (no caso de dinamite ou substâncias análogas), e detenção, de três meses a um ano, se o explosivo for de menor eficácia. A infração, em qualquer caso, será de pequeno potencial ofensivo, submetendo-se à competência *ratione materiae* dos Juizados Especiais Criminais e à incidência das medidas despenalizadoras previstas na Lei n. 9.099/95.

A ação penal é de iniciativa **pública incondicionada.**

ART. 252 – USO DE GÁS TÓXICO OU ASFIXIANTE

1. DISPOSITIVO LEGAL

Uso de gás tóxico ou asfixiante

Art. 252. Expor a perigo a vida, a integridade física ou o patrimônio de outrem, usando de gás tóxico ou asfixiante:

Pena – reclusão, de 1 (um) a 4 (quatro) anos, e multa.

Modalidade culposa

Parágrafo único. Se o crime é culposo:

Pena – detenção, de 3 (três) meses a 1 (um) ano.

---

[74] São elas: a culpabilidade, os antecedentes, a conduta social, a personalidade, os motivos, as circunstâncias, as consequências do crime e o comportamento da vítima.

2. VALOR PROTEGIDO (OBJETIVIDADE JURÍDICA)

Como nos demais crimes contidos no Título VIII, a objetividade jurídica do uso de gás tóxico ou asfixiante é a **incolumidade pública**, posto que se procura dar guarida, pondo a salvo de riscos, à **vida**, à **integridade física** e ao **patrimônio** das pessoas (indeterminadamente consideradas)[75], sendo estes **bens individuais** também englobados pela esfera de proteção da norma penal (crime pluriofensivo).

3. TIPO OBJETIVO

A ação física incriminada traduz-se no ato de *expor a perigo* a vida, a integridade física ou o patrimônio de outrem, *mediante uso* de gás tóxico ou asfixiante.

O crime exige, portanto, que alguém faça uso do gás (de qualquer modo) e, com isso, exponha um número indeterminado de pessoas a perigo.

Fazer uso significa utilizar, *propagar o gás*, expeli-lo, permitindo sua liberação.

Gás tóxico é todo aquele que contém propriedades capazes de fazer mal ao organismo humano, produzindo alterações físicas ou psíquicas (não é preciso que seja letal); são exemplos: os gases do ácido cianídrico, do cloreto de fenilcarbina, da cloropicrina, da iodacetona, do anidro sulfuruso etc. *Gás asfixiante* é aquele cuja inalação por alguém pode provocar a interrupção do processo respiratório.

Se o gás utilizado não ostentar características nocivas à saúde, poderá haver a contravenção penal: "provocar, abusivamente, emissão de fumaça, vapor ou gás, que possa ofender ou molestar alguém" (art. 38 da LCP).

Não se deve confundir o gás tóxico ou asfixiante com a arma química[76] (como o agente mostarda, o agente laranja, o gás sarim etc.) pois, nesse

---

[75] Sobre o conceito de integridade pública e perigo comum, *vide* as notas introdutórias ao Título VIII e ao Capítulo I. *Vide*, ainda, o seguinte julgado: "A lei visa a punir, no art. 252 do CP, quem expõe a perigo de vida, a integridade física ou o patrimônio de outrem usando gás tóxico ou asfixiante, não se caracterizando o delito se a substância utilizada é de baixa toxicidade, não chegando a ocorrer risco de gravame mais sério" (TJSP, *RT* 624/310).

[76] As armas químicas são os instrumentos predestinados a vulnerar outras pessoas ou seu patrimônio, que baseiam sua atuação na toxicidade de determinadas substâncias químicas letais ou lesivas a pessoas e ao meio ambiente. Sua definição encontra-se em documento internacional ratificado e promulgado no âmbito jurídico interno. São elas: "*a*) as substâncias químicas tóxicas ou seus precursores, com exceção das que forem destinadas para fins não proibidos por esta Convenção, desde que os

caso, não incide o art. 252 do CP, mas o art. 4º da Lei n. 11.254/2005 (lei posterior e especial). De acordo com esta, constitui crime: "fazer uso de armas químicas ou realizar, no Brasil, atividade que envolva a pesquisa, produção, estocagem, aquisição, transferência, importação ou exportação de armas químicas ou de substâncias químicas abrangidas pela CPAQ[77] com a finalidade de produção de tais armas" (inciso I); "contribuir, direta ou indiretamente, por ação ou omissão, para o uso de armas químicas ou para a realização, no Brasil ou no exterior, das atividades arroladas no inciso I" (inciso II). A pena é de reclusão, de um a dez anos.

A responsabilização penal pelo delito em estudo exige que a nocividade do gás seja determinada mediante exame pericial (CPP, art. 175), com vistas a se aferir se o material expelido possuía propriedades tóxicas ou asfixiantes. Deve-se analisar, ainda, a quantidade do material exposto ao contato externo, de modo a verificar se houve a periclitação coletiva, condição indispensável à configuração do delito (que é de perigo concreto). Se a substância não possuía tais propriedades lesivas ou foi utilizada em quantidade ínfima, inexistirá a necessária eficácia e idoneidade para lesionar os valores fundamentais protegidos, podendo reconhecer-se então o crime impossível (CP, art. 17), desde que absoluta (e não meramente relativa) a ineficácia do meio.

4. TIPO SUBJETIVO

O tipo fundamental é **doloso**, exigindo-se, portanto, consciência e vontade de concretizar os elementos objetivos do tipo. A conduta deve ser dirigida à exposição a perigo de um número indeterminado de pessoas.

---

tipos e as quantidades em questão sejam compatíveis com esses fins; *b*) as munições ou dispositivos destinados de forma expressa para causar morte ou lesões mediante as propriedades tóxicas das substâncias especificadas no subparágrafo *a*) que sejam liberadas pelo uso dessas munições ou dispositivos; ou *c*) qualquer tipo destinado de forma expressa a ser utilizado diretamente em relação com o uso das munições ou dispositivos especificados no subparágrafo *b*)" (artigo II da Convenção para a Proibição de Armas Químicas). Podem ser citados como exemplos o gás mostarda, o cloro, o ácido cianídrico, o gás sarim, o agente laranja (ou "napalm"). A utilização em grande escala dessas armas data da I Grande Guerra, quando se massificou o uso do gás mostarda, capaz de queimar a pele e produzir graves danos pulmonares a quem o inala. O Brasil é signatário da Convenção sobre a Proibição de Armas Biológicas (CPAB – 1972) e da Convenção sobre a Proibição de Armas Químicas (CPAQ – 1993). A primeira foi promulgada por meio do Decreto n. 77.374/76. A outra, por meio do Decreto Legislativo n. 9/96 e pelo Decreto n. 2.977/99.

[77] CPAQ é a Convenção Internacional sobre Proibição do Desenvolvimento, Produção e Uso das Armas Químicas e sobre a Destruição das Armas Químicas existentes no mundo (ver nota anterior).

Pune-se, também, a forma **culposa**[78] (ver item 8, *infra*).

Não há elemento subjetivo específico. Pode-se dizer, contudo, que há um **elemento subjetivo negativo**, ou seja, a verificação do delito requer não se detectem no comportamento praticado determinados propósitos capazes de desclassificar a conduta para outras infrações penais[79].

Assim, por exemplo, se o sujeito ativo pretender, com a liberação do gás tóxico, causar explosão, ocorrendo esta, responderá somente pelo crime do art. 251 do CP, já que o uso do gás terá funcionado como meio para a prática do ilícito mais grave, neste se esgotando sua potencialidade lesiva.

Caso o autor da conduta intente matar uma pessoa, ou pessoas determinadas, asfixiando-as ou intoxicando-as, cometerá homicídio qualificado pela asfixia ou meio cruel (conforme o modo como o gás aja no organismo – art. 121, § 2º, III, do CP); não se exclui a possibilidade de concurso formal (CP, art. 70) com o delito do art. 252, na forma dolosa, se o comportamento também expuser um número indeterminado de pessoas a perigo.

Se o escopo for a destruição do patrimônio alheio, haverá dano (CP, art. 163), mas se provocar a periclitação da vida, da saúde ou do patrimônio de um número indeterminado de pessoas, surgirá o concurso ideal (CP, art. 70) com o delito em estudo.

5. SUJEITOS DO CRIME

5.1. Sujeito ativo

O dispositivo legal não requer nenhuma qualidade ou condição especial do sujeito ativo (**crime comum**). Pode, ademais, ser praticado por uma só pessoa ou várias em concurso de agentes (delito monossubjetivo ou de concurso eventual).

5.2. Sujeito passivo

É a coletividade e, de modo mais específico, os titulares dos valores fundamentais expostos a perigo pelo uso do gás tóxico ou asfixiante. Em nosso sentir, não pode o Estado ser considerado sujeito passivo material, salvo se o titular do patrimônio periclitado.

---

[78] Lembre-se que a culpa constitui elemento normativo do tipo.

[79] A expressão "elemento subjetivo negativo", conforme já registramos em outras oportunidades, foi cunhada por Pisapia para se referir aos dispositivos em que inexiste intenção específica, mas se esta ocorrer, conforme o caso, poderá surgir outra infração penal.

Como nos demais crimes de perigo comum, a infração subsiste ainda que somente uma pessoa tenha sido efetivamente exposta a perigo, desde que, *ex ante*, não tenha havido alvo determinado e o comportamento tenha apresentado o potencial de expor indivíduos indeterminados.

6. CONSUMAÇÃO E TENTATIVA

6.1. Consumação

A infração penal em estudo tem seu momento consumativo, como as anteriormente estudadas dentro do Título VIII, coincidente com **a exposição dos bens alheios ao risco decorrente da liberação do gás tóxico ou asfixiante.**

6.2. Tentativa

O *iter criminis* pode ser fracionado (**crime plurissubsistente**), razão pela qual é perfeitamente viável o *conatus proximus*, isto é, a forma tentada. Assim, por exemplo, o sujeito que, pretendendo expelir determinado gás tóxico, vê-se impedido de abrir a válvula responsável pela liberação por terceiros, responde por tentativa do crime do art. 252 do CP.

Advirta-se que diversos comportamentos que poderiam constituir atos preparatórios do crime em estudo foram transformados em delito autônomo, já que o art. 253 do CP pune com detenção, de seis meses a dois anos, e multa, o ato de "fabricar, fornecer, adquirir, possuir ou transportar, sem licença da autoridade, substância ou engenho explosivo, gás tóxico ou asfixiante, ou material destinado à sua fabricação".

7. FORMA AGRAVADA (ART. 258)

Ao *crimen* em estudo aplicam-se as causas de aumento de pena previstas no art. 258 do CP: "Se do crime doloso de perigo comum resulta **lesão corporal de natureza grave**, a pena privativa de liberdade é aumentada de metade; se resulta **morte**, é aplicada em dobro. No caso de culpa, se do fato resulta lesão corporal, a pena aumenta-se de metade; se resulta morte, aplica-se a pena cominada ao homicídio culposo, aumentada de um terço".

Para um estudo mais detalhado dessas causas de aumento de pena, remete-se o leitor ao item 8.3 do art. 250 (crime de incêndio).

8. FORMA CULPOSA (PARÁGRAFO ÚNICO)

O parágrafo único da disposição determina que sendo o uso do gás tóxico ou asfixiante proveniente de culpa, a pena será de detenção, de três meses a um ano.

São requisitos para o surgimento da presente figura:

1) o uso de gás tóxico ou asfixiante;

2) a periclitação da vida, da integridade corporal e do patrimônio alheios a perigo concreto (requisito previsto no *caput* do art. 252);

3) que a conduta geradora da liberação do gás seja decorrente de imprudência, negligência ou imperícia (CP, art. 18, II).

9. CONCURSO APARENTE DE NORMAS

Conforme se adiantou acima, o dispositivo legal em estudo não se aplica ao uso de **armas químicas**, pois há lei especial cuidando do assunto (Lei n. 11.254/2005).

Não se confunde o *crimen* em estudo, ainda, com a infração ambiental descrita no **art. 54 da Lei n. 9.605/98**, consistente em "causar poluição de qualquer natureza em níveis tais que resultem ou possam resultar em danos à saúde humana, ou que provoquem a mortandade de animais ou a destruição significativa da flora". Referido tipo penal, que contém moldura excessivamente ampla, abrange todas as formas de poluição, inclusive a atmosférica. O elemento distintivo entre o art. 252 do CP (que tem natureza especial) e o retrotranscrito (de cunho geral) reside, em primeiro lugar, no dolo (provocar perigo comum *versus* lesar o meio ambiente) e, ademais disso, no meio executivo (uso de gás tóxico ou asfixiante *versus* qualquer meio capaz de poluir, salvo os antecitados)[80].

10. EXAME PERICIAL

Sempre que o uso de gás tóxico ou asfixiante deixar vestígios, será fundamental a realização do exame pericial, visando a comprovar sua materialidade (CPP, art. 158), bem como a natureza e a eficiência da substância utilizada (CPP, art. 175).

---

[80] Não concordamos, com a devida vênia, com a lição de Luiz Regis Prado, para quem o delito ambiental revogou parcialmente o Código Penal. Segundo o autor, "o art. 252 do Código Penal foi derrogado pelo art. 54 da Lei n. 9.605/98, no que concerne à exposição a perigo da vida ou integridade físicas alheias. No entanto, se há exposição a perigo do patrimônio de outrem, aplicável o disposto no Código Penal. Deu-se a revogação em virtude dos amplos termos daquele artigo, que abarca a poluição 'de qualquer natureza', expressão essa reveladora de um objeto indeterminado, abrangendo toda espécie ou forma de poluição, inclusive a atmosférica" (op. cit., p. 272).

11. GÁS LACRIMOGÊNEO E GÁS PIMENTA

São substâncias de uso controlado, somente podendo ser empregadas pela Polícia, quando estritamente necessário. Sua utilização configurará estrito cumprimento de um dever legal, excludente de antijuridicidade prevista no art. 23, III, do CP. Pune-se, evidentemente, o excesso (parágrafo único do dispositivo citado), o qual poderá, então, subsumir-se ao tipo penal em estudo.

12. CLASSIFICAÇÃO JURÍDICA

Cuida-se de delito *comissivo, doloso (ou culposo), de ação ou forma livre* (admite qualquer meio executivo – crime onímodo), *comum* (qualquer pessoa pode praticá-lo), *monossubjetivo* ou de *concurso eventual* (pode ser cometido por um agente ou vários, em concurso), *de mera conduta* ou *simples atividade* (pois a norma incriminadora descreve a ação consistente no uso do gás, sem aludir a qualquer resultado naturalístico), *de perigo concreto ou real* (já que o risco é elementar do tipo), *instantâneo* (a consumação se produz imediatamente), *plurissubsistente* (o *iter criminis* é fracionável) e *não transeunte* (ou seja, deixa vestígios, exigindo-se o exame de corpo de delito como meio idôneo para a comprovação da materialidade delitiva – CPP, art. 158).

13. PENA E AÇÃO PENAL

A pena na modalidade dolosa é de reclusão, de um a quatro anos, e multa. Admite-se, desde que preenchidos os requisitos legais, a suspensão condicional do processo (art. 89 da Lei n. 9.099/95). O processo observará o rito comum ordinário (CPP, arts. 395 a 405).

Em matéria de dosimetria da pena, deverá ser levada em consideração, durante a apreciação das circunstâncias judiciais do art. 59, *caput*, do CP[81], a intensidade do perigo coletivo provocado (ou seja, a natureza do gás, quais os possíveis danos capazes de gerar e a quantidade de pessoas a ele expostas).

Na forma culposa, pune-se o ato com detenção, de três meses a um ano. Constitui, portanto, crime de pequeno potencial ofensivo, sujeito à competência *ratione materiae* dos Juizados Especiais Criminais e à incidência das medidas despenalizadoras previstas na Lei n. 9.099/95.

A ação penal é de iniciativa **pública incondicionada**.

---

[81] São elas: a culpabilidade, os antecedentes, a conduta social, a personalidade, os motivos, as circunstâncias, as consequências do crime e o comportamento da vítima.

ART. 253 – FABRICO, FORNECIMENTO, AQUISIÇÃO, POSSE OU TRANSPORTE DE EXPLOSIVOS OU GÁS TÓXICO, OU ASFIXIANTE

1. DISPOSITIVO LEGAL

Fabrico, fornecimento, aquisição posse ou transporte de explosivos ou gás tóxico, ou asfixiante

Art. 253. Fabricar, fornecer, adquirir, possuir ou transportar, sem licença da autoridade, substância ou engenho explosivo, gás tóxico ou asfixiante, ou material destinado à sua fabricação:

Pena – detenção, de 6 (seis) meses a 2 (dois) anos, e multa.

2. VALOR PROTEGIDO (OBJETIVIDADE JURÍDICA)

O valor tutelado consubstancia-se na **incolumidade pública** (incólume significa ileso, a salvo de perigos), ou seja, na busca pela defesa dos interesses (pessoais e reais) de indivíduos indeterminadamente considerados, livrando-os de possíveis perigos. O delito em estudo, como os demais contidos no Título VIII, dada sua natureza pluriofensiva, também protege a **vida**, a **integridade física** e o **patrimônio** daqueles potencialmente atingidos pelo perigo criado[82].

3. DERROGAÇÃO TÁCITA DA NORMA PELO ESTATUTO DO DESARMAMENTO

É preciso ponderar, logo de início, que o alcance do presente tipo penal encontra-se reduzido pela superveniência do Estatuto do Desarmamento, que incorporou diversos comportamentos antes subsumíveis ao art. 253 do CP, os quais, agora, se enquadram no art. 16 da mencionada lei. De acordo com este, quem possuir, deter, fabricar ou empregar *artefato explosivo* (ou incendiário), sem autorização ou em desacordo com determinação legal ou regulamentar ou, ainda, produzir, recarregar ou reciclar, sem autorização legal, ou adulterar, de qualquer forma, *explosivo* (ou munição), fica sujeito à pena de reclusão, de três a seis anos, e multa.

No que toca às substâncias e aos engenhos explosivos (máquina ou bomba contendo substância capaz de provocar explosões), portanto, o comportamento se subsumirá à lei especial. Muito embora esta não reproduza exatamente todos os verbos nucleares contidos no art. 253 do CP, dada sua especialidade, cremos deva sempre prevalecer.

---

[82] Sobre o conceito de integridade pública e perigo comum, *vide* as notas introdutórias ao Título VIII e ao Capítulo I.

Conclui-se, então, que o **Código Penal deve subsistir apenas no que pertine ao gás asfixiante ou tóxico e material destinado à sua fabricação**[83].

4. TIPO OBJETIVO

As ações nucleares são: *fabricar* (confeccionar, produzir, engendrar), *fornecer* (transferir a posse ou propriedade, onerosa ou gratuitamente), *adquirir* (receber a posse ou propriedade a título oneroso), *possuir* (deter, ter consigo, ter a posse) ou *transportar* (levar ou conduzir de um local ao outro).

O *objeto material*, isto é, a coisa sobre a qual recai a conduta, é o **gás tóxico ou asfixiante** ou **material destinado à sua fabricação** (no tocante à substância ou engenho explosivo, *vide* item acima). Entende-se por *gás tóxico* aquele que contém propriedades capazes de fazer mal ao organismo humano, produzindo alterações físicas ou psíquicas. *Gás asfixiante* é aquele cuja inalação por alguém pode provocar a interrupção do processo respiratório.

O que se busca com a presente norma incriminadora é punir, na qualidade de infração autônoma, **atos preparatórios** de outros ilícitos penais.

Ressalte-se que o art. 253 do CP não se aplica quando se trata de armas químicas, pois, conforme vimos no item 3 do art. 252 do CP, existente lei específica cuidando do assunto (Lei n. 11.254/2005).

O dispositivo legal contém, ainda, elemento normativo consubstanciado na expressão "sem licença da autoridade".

---

[83] Nesse sentido: "De acordo com a jurisprudência majoritária deste Tribunal de Justiça, a posse de artefato explosivo configura o crime descrito no art. 16, parágrafo único, inc. III, da Lei n. 10.826/03, pois a Lei Especial derrogou parte das disposições contidas no art. 253 do Código Penal, à exceção das condutas vinculadas a gás tóxico ou asfixia. Outrossim, a posse de artefato explosivo difere-se da de substância explosiva, pelo que prevalecem as disposições do Estatuto do Desarmamento" (TJMG, Embargos Infringentes e de Nulidade 1.0024.16.089351-7/002, rel. Des. Catta Preta, 2ª CCr, j. 12-3-2020). Em sentido contrário: "A substância ou engenho explosivo enquadra-se melhor à definição de fogos de artifícios, que é um artefato explosivo de baixa potencialidade lesiva e que é utilizado para fins de entretenimento (pirotecnia). De outro lado, o termo explosivo está ligado, pelo conceito, à expressão 'artefato explosivo' por ser substância que pode ser utilizada como artefato bélico de grande potencialidade lesiva e destrutiva. 2. Considerando que o dono de estabelecimento comercial, que expõe à venda fogos de artifício, sem autorização competente, e que tais materiais têm destinação prática de pirotecnia e entretenimento, o comportamento se amolda ao art. 253 do Código Penal, e não ao art. 16, § 1º, inciso III, do Estatuto do Desarmamento. 3. Um 'engenho explosivo' (pena – detenção, de seis meses a dois anos, e multa) conduz a uma pena menor que um 'artefato explosivo' (reclusão – de três a seis anos, e multa), de modo que o Juizado Especial Criminal só tem competência para julgar a primeira hipótese" (TJDFT, Acórdão 1786837, Conflito de Jurisdição 0736187912023807000, rel. Des. Demetrius Gomes Cavalcanti, CCr, j. 16-11-2023).

Não comete o crime, por exemplo, o policial militar que traz consigo regularmente bombas de gás lacrimogêneo, pois sua atitude conta com autorização legal.

A infração penal em estudo é de **perigo abstrato ou presumido**, já que o legislador não condicionou a sua existência à efetiva constatação do risco produzido pela conduta do agente.

5. TIPO SUBJETIVO

O crime somente é punido na forma **dolosa**, diversamente dos anteriores que compõem o Título VIII, previstos também na modalidade culposa. É necessário, portanto, que haja consciência e vontade de realizar os elementos objetivos do tipo.

Não há elemento subjetivo específico.

Se o sujeito acreditar, erroneamente, que não necessita da licença para, por exemplo, transportar o gás tóxico, incorrerá em erro de proibição (CP, art. 21), já que desconhece o caráter ilícito do ato praticado.

6. SUJEITOS DO CRIME

6.1. Sujeito ativo

Cuida-se de **crime comum**, porquanto não há necessidade de que o sujeito ativo possua qualquer qualidade especial.

6.2. Sujeito passivo

O titular da incolumidade pública, conforme já dissemos por ocasião da análise dos demais delitos contidos no Título VIII, é a coletividade. Além disso, também figuram como sujeitos passivos os titulares dos valores expostos a perigo.

7. CONSUMAÇÃO E TENTATIVA

7.1. Consumação

A realização integral do tipo dá-se com a realização dos comportamentos previstos, tendo em conta que a norma penal inexige qualquer resultado naturalístico. Cuida-se de **crime de mera conduta ou simples atividade**.

Se o agente, depois de adquirir o gás tóxico ou asfixiante, dele fizer **uso**, o crime mais grave do **art. 252 absorverá o do art. 253 (princípio da consunção)**, pois existirá entre ambos relação de meio e fim.

7.2. Tentativa

A forma tentada se mostra admissível, embora de difícil configuração, como de ordinário nas infrações de mera conduta, que resultam na transformação de atos preparatórios de outros delitos em crimes autônomos.

Não se exclui, todavia, o *conatus proximus*, dado o caráter plurissubsistente das condutas. Pode uma pessoa, por exemplo, tentar adquirir determinada quantidade de gás tóxico ou asfixiante e se ver surpreendida pela intervenção da Polícia, impedindo a transmissão da posse do objeto.

8. FORMAS AGRAVADAS DE CRIME DE PERIGO COMUM (ART. 258)

O art. 258 do CP estabelece, aos delitos dolosos de perigo comum, um aumento da pena privativa de liberdade, na fração de metade, se do ato resulta lesão corporal grave, e a elevação ao dobro, se resulta morte.

Muito embora sua redação permita incluir o art. 253, pois se trata de delito doloso de perigo coletivo, jamais terá efetiva aplicação ao artigo ora estudado, de vez que os comportamentos descritos em seu preceito primário **não são idôneos à causação jurídica de tais resultados naturalísticos.**

9. CLASSIFICAÇÃO JURÍDICA

O crime é *comissivo, doloso, de ação ou forma livre* (admite qualquer meio executivo – crime onímodo), *comum* (qualquer pessoa pode praticá-lo), *monossubjetivo ou de concurso eventual* (pode ser cometido por um agente ou vários, em concurso), *de mera conduta ou simples atividade* (o preceito primário limita-se a descrever um *facere*, sem aludir a qualquer resultado naturalístico), *de perigo abstrato ou presumido* (já que o risco é presumido por lei, não figurando como elementar do tipo), *instantâneo* (a consumação se produz imediatamente), *plurissubsistente* (o *iter criminis* é fracionável) e *transeunte* (ou seja, de regra, não deixa vestígios).

10. PENA E AÇÃO PENAL

A pena cominada é de detenção, de seis meses a dois anos, e multa. O teto punitivo faz com que o delito seja de pequeno potencial ofensivo, estando sujeito à Lei n. 9.099/95, e às medidas despenalizadoras nela contidas.

A ação penal é de iniciativa **pública incondicionada.**

ART. 254 – INUNDAÇÃO

1. DISPOSITIVO LEGAL

Inundação

Art. 254. Causar inundação, expondo a perigo a vida, a integridade física ou o patrimônio de outrem:

Pena – reclusão, de 3 (três) a 6 (seis) anos, e multa, no caso de dolo, ou detenção, de 6 (seis) meses a 2 (dois) anos, no caso de culpa.

2. VALOR PROTEGIDO (OBJETIVIDADE JURÍDICA)

Trata-se da **incolumidade pública,** ou seja, a salvaguarda de interesses (pessoais e reais) da coletividade, pondo-os a salvo de possíveis riscos. Tutelam-se, ademais, a **vida,** a **integridade física** e o **patrimônio** daqueles potencialmente atingidos pelo perigo criado (delito pluriofensivo)[84].

3. BREVE HISTÓRICO

A inundação foi prevista pela primeira vez, como delito autônomo, nas recentes codificações, no *Códe Penal* de 1810 (França). No Brasil, era considerada agravante genérica ou qualificadora do homicídio ao tempo do Império (Código Criminal de 1830). Em 1886, a Lei n. 3.311 a previu como delito autônomo, abrangendo somente a inundação efetiva. O Código Penal de 1890 tipificava, no mesmo preceito, a inundação efetiva e o perigo de inundação (art. 142). O Código atual divide-a em dois tipos penais: o art. 254 refere-se à inundação efetiva e o art. 255, ao perigo de inundação.

4. TIPO OBJETIVO

O dispositivo legal possui como conduta nuclear o ato de *causar*, isto é, provocar, dar causa. Cuida-se de **delito de forma livre,** podendo ser cometido por qualquer meio executivo (crime onímodo).

A exata compreensão do que se entende por produzir causalisticamente deve se dar no plano jurídico e não puramente naturalístico, conforme se expôs por ocasião do estudo do art. 250 do CP.

Nosso Código, ao dispor sobre a relação de causalidade, adotou a teoria da equivalência dos antecedentes ou da *conditio sine qua non*, de modo que deve ser ela o norte primeiro para se aferir a existência do nexo entre a conduta e a inundação produzida. Além disso, para que a causação tenha relevância jurídico-normativa, é mister que não possa se aplicar, ao caso concreto, qualquer dos princípios de imputação objetiva (os quais têm o condão de afastar a possibilidade de se atribuir o resultado ao agente). São eles: o princípio do risco permitido, da confiança, da proibição do regresso e da capacidade ou competência da vítima (que foram brevemente expostos no item 4.1.4 do art. 250, ao qual se remete o leitor).

---

[84] Sobre o conceito de integridade pública e perigo comum, *vide* as notas introdutórias ao Título VIII e ao Capítulo I.

O proceder do agente deve encontrar-se dirigido à produção de uma inundação, ou seja, um alagamento, uma enchente. Para que esta se caracterize, é mister que se trata de **grande e incontrolável volume d'água.**

Do derrame das águas deve advir perigo concreto à vida, à integridade física ou ao patrimônio de um número indeterminado de pessoas, posto que assim expressamente exige o tipo penal. Pouco importa se, depois da inundação, apurar-se que somente uma pessoa sofreu o perigo, desde que, *ex ante*, se perceba que o sujeito não possuía alvo determinado, senão pôr em risco pessoas indistintamente consideradas.

A superveniência do risco deve ser aferida, já que elementar do tipo. Justamente por isso, se a inundação não provocou qualquer perigo extensivo, mas ao contrário trouxe benefícios, por exemplo, irrigando terras áridas, sem que qualquer pessoa sofresse dano à sua incolumidade, o fato será atípico à luz do art. 254 do CP.

5. TIPO SUBJETIVO

O crime de inundação encontra-se previsto na forma **dolosa** (elemento subjetivo do tipo) e **culposa** (elemento normativo do tipo). No primeiro caso, exigem-se consciência e vontade de realizar os elementos objetivos do tipo. No outro, que tenha o sujeito atuado mediante imprudência, negligência ou imperícia (CP, art. 18)[85].

Se o agente pretender, com a conduta, matar alguém, responderá por dois crimes: o homicídio qualificado pela asfixia – art. 121, § 2º, III – tentado ou consumado, em concurso formal ou ideal (CP, art. 70) com o art. 254. Se causar a enchente e a morte (ou lesão corporal grave) for decorrente de culpa, responderá por inundação agravada pelo resultado preterdoloso (CP, art. 254 c/c o art. 258).

6. SUJEITOS DO CRIME

6.1. Sujeito ativo

O delito pode ser praticado por qualquer pessoa física que completou 18 anos, pouco importando quem seja (**crime comum**).

---

[85] "Se o laudo pericial cingiu-se a criticar deficiências várias na construção, mas não se mostrou conclusivo quanto às causas do rompimento e seus pormenores objetivos, tornando impossível saber-se se isso ocorreu em razão de altura demasiada ou de deficiência ou defeito da parede, não há como provar a contribuição culposa do agente" (*JTACrSP* 70/340).

6.2. Sujeito passivo

O titular do valor protegido (sujeito passivo material) é, em primeiro lugar, a coletividade e, mediatamente, as pessoas cuja vida, integridade física ou patrimônio se veem em situação de perigo concreto em face da inundação provocada.

7. CONSUMAÇÃO E TENTATIVA

7.1. Consumação

O *summatum opus* dá-se com a **inundação (resultado material ou naturalístico)**, ou seja, com a vazão de grande volume d'água, cuja força não possa ser controlada, num local de grande extensão.

7.2. Tentativa

O *conatus proximus* se mostra admissível, porquanto alguém pode dar início à execução do crime e ter seu intento frustrado por circunstância alheia à sua vontade; por exemplo, uma pessoa abre as comportas de uma grande represa para que suas águas se projetem perigosamente sobre determinada comunidade, mas se vê impedida por terceiros que, a tempo, interrompem o processo e se asseguram da contenção das águas.

Não há confundir-se a tentativa de inundação efetiva (CP, art. 254 c/c o art. 14, II) com o perigo de inundação (CP, art. 255), que se distinguem quanto ao elemento subjetivo.

O último se dá quando o agente "remover, destruir ou inutilizar, em prédio próprio ou alheio, expondo a perigo a vida, a integridade física ou o patrimônio de outrem, obstáculo natural ou obra destinada a impedir inundação"; é necessário que não exista dolo de inundação. Significa dizer que o sujeito pretende, apenas, remover etc. o obstáculo destinado a impedi-la, mas não tenciona sua ocorrência ou assume o risco de produzi-la. Caso o autor da conduta obre com a vontade de provocar a inundação, retirando, por exemplo, a obra que lhe serve de contenção, sem contudo causá-la por circunstâncias alheias à sua vontade, responderá por tentativa do crime do art. 254; caso não exista dolo (direto ou eventual) de gerar a enchente, limitando-se a querer a remoção etc. do obstáculo, cometerá o perigo de inundação (art. 255). **No último caso, se ela vier a se verificar, haverá concurso formal entre perigo de inundação e inundação (efetiva) culposa.**

8. FORMAS AGRAVADAS DE CRIME DE PERIGO COMUM

De acordo com o art. 258 do CP, "se do crime doloso de perigo comum resulta **lesão corporal de natureza grave**, a pena privativa de liberdade é aumentada de metade; se resulta **morte**, é aplicada em dobro. No caso de culpa, se do fato resulta lesão corporal, a pena aumenta-se de metade; se resulta morte, aplica-se a pena cominada ao homicídio culposo, aumentada de um terço".

Para um estudo mais detalhado dessas causas de aumento de pena, remete-se o leitor ao item 8.3 do art. 250 do CP (crime de incêndio).

9. FORMA CULPOSA (PARÁGRAFO ÚNICO)

De acordo com o preceito secundário da norma incriminadora, se a inundação for proveniente de culpa, a pena será de detenção, de seis meses a dois anos.

São requisitos para o surgimento da presente figura:

1) a provocação da inundação;

2) a periclitação da vida, da integridade corporal e do patrimônio alheios a perigo concreto;

3) que a conduta geradora da liberação do grande volume d'água seja decorrente de imprudência, negligência ou imperícia (CP, art. 18, II).

10. CLASSIFICAÇÃO JURÍDICA

Cuida-se de delito *comissivo, doloso* (*ou culposo*), *de ação ou forma livre* (admite qualquer meio executivo – crime onímodo), *comum* (qualquer pessoa pode praticá-lo), *monossubjetivo ou de concurso eventual* (pode ser cometido por um agente ou vários, em concurso), *material ou de resultado* (pois requer a produção do resultado naturalístico – a inundação – para efeito de consumação), *de perigo concreto ou real* (já que o risco é elementar do tipo), *instantâneo* (a consumação se produz imediatamente), *plurissubsistente* (o *iter criminis* é fracionável) e *não transeunte* (ou seja, deixa vestígios, exigindo-se o exame de corpo de delito como meio idôneo para a comprovação da materialidade delitiva – CPP, art. 158).

11. PENA E AÇÃO PENAL

A pena na modalidade dolosa é de reclusão, de três a seis anos, e multa. O processo observará o rito comum ordinário, em função da pena máxima cominada (CPP, arts. 395 a 405).

Quando da aplicação concreta da pena, deverá ser levada em consideração, notadamente por ocasião da análise das circunstâncias judiciais do art. 59, *caput*, do CP[86], a intensidade do perigo coletivo provocado (ou seja, o volume e a força das águas bem como a quantidade de pessoas expostas ao perigo).

---

[86] São elas: a culpabilidade, os antecedentes, a conduta social, a personalidade, os motivos, as circunstâncias, as consequências do crime e o comportamento da vítima.

Na forma culposa, pune-se o ato com detenção, de seis meses a dois anos. Constitui, portanto, crime de pequeno potencial ofensivo, sujeito à competência *ratione materiae* dos Juizados Especiais Criminais e à incidência das medidas despenalizadoras previstas na Lei n. 9.099/95.

A ação penal é de iniciativa **pública incondicionada**.

ART. 255 – PERIGO DE INUNDAÇÃO

1. DISPOSITIVO LEGAL

Perigo de inundação

Art. 255. Remover, destruir ou inutilizar, em prédio próprio ou alheio, expondo a perigo a vida, a integridade física ou o patrimônio de outrem, obstáculo natural ou obra destinada a impedir inundação:

Pena – reclusão, de 1 (um) a 3 (três) anos, e multa.

2. VALOR PROTEGIDO (OBJETIVIDADE JURÍDICA)

O objeto jurídico do crime de perigo de inundação é a **incolumidade pública**, primordialmente e, secundariamente (mas não menos importante), a **vida**, a **integridade física** e o **patrimônio** daqueles potencialmente atingidos pelo perigo criado (delito pluriofensivo)[87].

3. BREVE HISTÓRICO

O perigo de inundação passou a ser previsto como crime autônomo no Código Penal de 1890, muito embora a esse tempo estivesse previsto, juntamente com a inundação efetiva, no mesmo dispositivo legal. A cisão em dois artigos somente ocorreu com o Código vigente.

4. TIPO OBJETIVO

As ações nucleares são *remover* (afastar, retirar, deslocar, transferir de lugar), *destruir* (deteriorar, danificar, estragar) e *inutilizar* (tornar inútil, imprestável ao fim que se destinava).

O *objeto material* é o **obstáculo natural** ou **obra destinados a impedir a inundação**, dispostos em prédio próprio ou alheio.

Exige-se, ademais, a provocação do perigo concreto à vida, à integridade física ou ao patrimônio de terceiros (indeterminadamente considerados). Há crime, também, quando já instalado o perigo, porque precários os obstáculos existentes, e o sujeito, com a retirada destes, **incrementa o risco de inundação**.

---

[87] Sobre o conceito de integridade pública e perigo comum, *vide* as notas introdutórias ao Título VIII e ao Capítulo I.

5. TIPO SUBJETIVO

O **dolo** presente na figura típica reside na vontade e consciência de remover, destruir ou inutilizar o obstáculo tendente a impedir a enchente, tendo consciência de que, ao fazê-lo, irá expor pessoas ao perigo de inundação. **A intenção do agente não deve ser abrangida pela produção do vazamento das águas**, sob pena de caracterizar-se o crime do **art. 254 (inundação efetiva)**, tentado ou consumado.

6. SUJEITOS DO CRIME

6.1. Sujeito ativo

Qualquer pessoa pode figurar como sujeito ativo da infração, não se exigindo nenhuma qualidade ou condição especial por parte do autor da conduta (**crime comum**).

6.2. Sujeito passivo

São sujeitos passivos (materiais) a coletividade e, secundariamente, as pessoas cuja vida, integridade física ou patrimônio se veem em situação de perigo concreto em face da retirada, destruição ou inutilização do obstáculo anteposto para evitar a enchente.

7. CONSUMAÇÃO E TENTATIVA

7.1. Consumação

O crime somente se consuma **com a efetiva periclitação coletiva**, sendo este, portanto, o resultado necessário à consumação. Significa dizer que **não basta a mera remoção do obstáculo** se esta, apesar de efetuada, não provocar o risco de inundação ou, ao menos, incrementar perigo já existente.

7.2. Tentativa

Admite-se a tentativa, de vez que o *iter criminis* comporta cisão. Alguém pode, por exemplo, dar início à ação tendente à inutilização do obstáculo, mas ver-se impedido por terceiros.

8. INAPLICABILIDADE DAS EXASPERANTES DO ART. 258

Conforme analisamos em todos os crimes anteriores que integram o presente Título, a estes incidem, em tese, as causas de aumento de pena previstas no art. 258.

Quando dolosos os delitos (caso do art. 255), haverá um aumento da pena privativa de liberdade, na fração de metade, se do ato resulta lesão corporal grave, e a elevação ao dobro, se resulta morte. Muito embora sua redação permita incluir o perigo de inundação, pois se trata de delito doloso de perigo coletivo, **não cremos ser possível cogitar-se de sua efetiva incidência**, pois os comportamentos contidos nesta disposição não se mostram idôneos à causação jurídica de tais resultados naturalísticos. Repise-se que o enquadramento do fato no art. 255 do CP pressupõe inexistente a intenção de causar a inundação, evento do qual poderiam advir os resultados preterdolosos referidos no art. 258.

9. CLASSIFICAÇÃO JURÍDICA

O crime é *comissivo, doloso, de ação ou forma vinculada* (somente comporta os meios executivos dispostos na norma), *comum* (qualquer pessoa pode praticá-lo), *monossubjetivo ou de concurso eventual* (pode ser cometido por um agente ou vários, em concurso), *de mera conduta ou simples atividade* (o preceito primário limita-se a descrever um *facere*, sem aludir a qualquer resultado naturalístico), *de perigo concreto* (já que o risco figura como elementar do tipo), *instantâneo* (a consumação se produz imediatamente), *plurissubsistente* (o *iter criminis* é fracionável) e *não transeunte* (ou seja, deixa vestígios, exigindo que sua comprovação se dê mediante elaboração de exame de corpo de delito – art. 158 do CPP).

10. PENA E AÇÃO PENAL

A pena cominada é de reclusão, de um a três anos, e multa. O fato não constitui infração de menor potencial ofensivo, embora admita a suspensão condicional do processo (art. 89 da Lei n. 9.099/95). O procedimento a ser adotado será o comum sumário (CPP, arts. 395 a 399 e 531 a 536).

A ação penal é de iniciativa **pública incondicionada**.

ART. 256 – DESABAMENTO OU DESMORONAMENTO

1. DISPOSITIVO LEGAL[88]

Desabamento ou desmoronamento

Art. 256. Causar desabamento ou desmoronamento, expondo a perigo a vida, a integridade física ou o patrimônio de outrem:

Pena – reclusão, de 1 (um) a 4 (quatro) anos, e multa.

---

[88] Na legislação penal pretérita (CP de 1890), o fato encontrava-se previsto no art. 137, § 2º, punindo-se quem destruísse edifícios ou construções com emprego de minas, torpedos, máquinas ou instrumentos explosivos. Comparando-se com a redação do art. 256 do CP, nota-se que seu antecessor era crime de forma vinculada e possui alcance mais estrito, por somente abranger obras humanas (edifícios ou construções).

178

Modalidade culposa

Parágrafo único. Se o crime é culposo:

Pena – detenção, de 6 (seis) meses a 1 (um) ano.

2. VALOR PROTEGIDO (OBJETIVIDADE JURÍDICA)

O valor fundamental é a **incolumidade pública**, isto é, a proteção da segurança de um número indeterminado de pessoas, de modo a deixá-las livres de riscos ao seu **patrimônio**, à sua **integridade corporal**, à sua **saúde** ou à sua **vida**[89].

De lembrar-se que a esfera de proteção normativa também alcança os **interesses individuais** das pessoas potencialmente atingidas pela conduta perigosa, por conta da natureza pluriofensiva dos crimes contra a incolumidade pública.

3. TIPO OBJETIVO

A conduta nuclear consiste em *causar* (desabamento ou desmoronamento). Trata-se do mesmo verbo empregado nos arts. 250, 251 e 254 do CP. Por ocasião do estudo destes crimes, ponderou-se que a moldura dessa ação deve ser fixada a partir da noção de *causalidade normativa*. Em outras palavras, **somente "causará"** desabamento ou desmoronamento o sujeito que realizar uma **conduta que com estes guarde relação de causalidade** (baseada na teoria da equivalência dos antecedentes ou da *conditio sine qua non* – adotada na Parte Geral do Código) e, além disso, que **não se faça presente nenhum dos princípios excludentes oriundos da teoria da imputação objetiva**. Significa dizer, em outras palavras, que se deve examinar a conduta praticada e verificar se ela possui nexo de causalidade com o resultado produzido; se houver referido liame, parte-se para a segunda etapa, consistente em avaliar os pressupostos *jurídicos* da imputação, isto é, confirmá-la mediante a constatação da inexistência dos princípios excludentes da imputação objetiva (risco permitido, proibição do regresso, confiança e capacidade ou competência da

---

[89] Sobre o conceito de integridade pública e perigo comum, *vide* as notas introdutórias ao Título VIII e ao Capítulo I. *Vide*, ainda, os seguintes julgados: 1) "Tendo havido desabamento da marquise de residência em reforma, resultando a morte de ajudante de pedreiro, reconhecida a imperícia do construtor, não há falar em delito de desabamento, que pressupõe a existência de perigo comum, caracterizando-se por expor número indeterminado de pessoas ou coisas a perigo" (*RJD* 2/82). 2) "O desabamento ou desmoronamento tem como objetividade jurídica a incolumidade pública. É crime de perigo comum, que somente se configura quando expõe um número indeterminado de pessoas ou coisas a perigo" (TACrSP, *RT* 607/320). 3) Comete homicídio culposo e não a conduta do art. 256 o ato do desabamento de laje em cima de funcionário da obra (TJSP, AP 0011185-30.2009.8.26.0322, rel. Des. Edison Brandão, 4ª CCr, j. 3-5-2016).

vítima[90]). Assim, por exemplo, se os engenheiros devidamente autorizados pela Prefeitura e pelo Corpo de Bombeiros causam a implosão de alto edifício, encravado no meio de diversas construções, seguindo todas as normas técnicas aplicáveis, não há dúvida alguma que a conduta praticada terá provocado, causalisticamente, o desabamento da obra humana e periclitado a coletividade (muito embora não ocorram danos a bens alheios). O fato, todavia, será penalmente atípico pois, em função da observância da *lex artis* e das prescrições legais incidentes, *o risco causado será permitido*, o que afasta objetivamente a imputação do resultado (princípio do risco permitido).

O agir do sujeito ativo deve estar dirigido à provocação de um *desabamento* ou *desmoronamento*. Os léxicos não costumam apontar diferença entre os vocábulos[91], embora a doutrina o faça para definir o primeiro como a derrubada de edificações construídas pelo homem (como uma casa, uma ponte ou um andaime) e o segundo, de formações naturais (como uma montanha, um rochedo ou um barranco)[92]. Parece-nos correta a distinção levantada pelos penalistas, notadamente tendo em conta outros textos legais, como a Lei das Contravenções Penais, que fala expressamente em "desabamento de construção" (art. 29). Necessário se faz, ademais, que se trate de queda de expressiva fração da estrutura do imóvel ou formação natural[93], até porque, se ausente essa característica, não haverá o último requisito referido no tipo penal, qual seja, a efetiva periclitação coletiva.

A perfeita adequação do comportamento ao tipo exige, portanto, como acaba de se adiantar, a produção do **perigo concreto** (expressamente exigido no tipo). O desabamento ou desmoronamento somente se tornarão

---

[90] Para maiores detalhes a respeito desses princípios, remete-se o leitor ao item 4.1.4 do art. 250 do CP.

[91] Segundo o *Novo Dicionário Aurélio da Língua Portuguesa*, desabamento é o "ato ou efeito de desabar" (4. ed. Curitiba: Positivo, 2009, p. 624) e desmoronamento, "o ato ou efeito de desmoronar" ou "a queda ou derrubamento de um muro, edifício, etc." (idem, p. 654).

[92] *Vide* Nelson Hungria, *Comentários ao Código Penal*, v. VIII, p. 51; Magalhães Drummond, *Comentários ao Código Penal*, v. IX, p. 71; Edgard de Magalhães Noronha, *Direito penal*, v. 3, p. 495; Damásio de Jesus, *Código Penal anotado*, p. 843; Guilherme Nucci, *Código Penal comentado*, p. 962; Cezar Roberto Bitencourt, *Código Penal comentado*, p. 885. Diverge, contudo, Rogério Greco que, louvando-se em Bento de Faria, aduz constituir o desabamento a queda de uma construção capaz de vir abaixo e o desmoronamento a desagregação de partes de alguma coisa (*Código Penal comentado*, p. 709).

[93] Nesse sentido: "Os verbos 'desabar' e 'desmoronar' expressam, em significado precioso, a envolver ideia de enorme e pesada estrutura que vem abaixo, no seu todo ou em partes, de modo que a simples queda de materiais isolados não basta para configurar o delito do art. 256 do CP" (TACrSP, *RT* 582/345).

penalmente relevantes, portanto, se tiverem o condão de provocar risco a um número indeterminado de pessoas, ameaçando vidas, integridade física ou patrimônio. Sem esse elemento, pode haver simples contravenção penal (art. 29 da LCP[94]).

4. TIPO SUBJETIVO

O ilícito é apenado, no *caput*, na forma **dolosa**, exigindo-se consciência e vontade de causar o desmoronamento ou desabamento[95].

---

[94] "Provocar o desabamento de construção ou, por erro no projeto ou na execução, dar-lhe causa" (pena de multa). No sentido da diferença por nós exposta: "Havendo erro na execução de projeto de demolição de edifício, ocorrendo desabamento sem danos pessoais, caracteriza-se a contravenção do art. 29, e não o delito de desabamento ou desmoronamento culposo. Se os fatos reclamam nova definição jurídica, esta pode ser dada através de *habeas corpus*" (STF, *RT* 612/419). E: "O crime descrito no art. 256, parágrafo único, do CP só se configura quando exposta a perigo comum a generalidade de pessoas. Se tal não ocorre, cabe considerar a hipótese prevista no art. 29 da LCP" (*JTACrSP* 74/113). Para Rogério Greco, todavia, a distinção entre o crime do art. 256 do CP e a contravenção penal do art. 29 da LCP reside na "gravidade do fato". Segundo o autor, ainda, "de acordo com o raciocínio da insignificância, não deveria mais existir a aludida contravenção, haja vista que, ou o fato assume a importância exigida pelo Direito Penal, configurando-se o delito previsto no art. 256 do estatuto repressivo, ou, caso não possuir o necessário relevo, deveria ser considerado atípico, por ausência de tipicidade material" (*Curso de direito penal*, v. 4, p. 48). Em nosso sentir, justifica-se a subsistência do fato contravencional. É de ver que o ponto distintivo não se encontra na "gravidade do fato", mas geração de perigo concreto (se houver, dar-se-á o crime). Significa dizer que o desabamento da construção deve ser de grande monta, inclusive para efeito de existir o "crime anão" (a queda de um pedaço de parede será penalmente irrelevante, mas não a derrubada de todo um cômodo do imóvel). Nesse caso, ainda que inexista periclitação coletiva, por se tratar, por exemplo, de imóvel isolado, subsistirá a infração penal, a qual, tendo em conta a ausência de risco efetivo, será punida exclusivamente com multa (sanção proporcional à reduzida gravidade do evento produzido). Ver também: "O crime, mesmo sendo de perigo, exige a ocorrência efetiva do ato desabar ou desmoronar, gerando, por conseguinte, a exposição ao perigo a vida, a integridade física ou o patrimônio. A ameaça de desabamento, 'há qualquer momento', não configura o crime previsto no art. 256, *caput*, do Código Penal. Não sendo o caso de crime, deve se buscar a composição cível junto ao juízo cível, bem como ações do Direito Administrativo para compelir o Estado a uma obrigação de fazer contra o acusado, em homenagem ao princípio da subsidiariedade, sendo uma das subdivisões do princípio da intervenção mínima ou da necessidade" (TJDFT, ApCr 07097908820208070003, rel. Des. Arnaldo Corrêa Silva, 2ª T. Criminal, j. 27-7-2023).

[95] "Não comprovação de que o apelado, proprietário do terreno e leigo em matéria de construção civil, tivesse condições de prever os riscos e assentir a causação do resultado – Discrepância entre os próprios *experts* acerca das causas do desabamento –

Há, também, a forma **culposa** (elemento normativo do tipo), a qual requer o elemento normativo consistente na provocação do resultado mediante imprudência, negligência ou imperícia (CP, art. 18, II).

5. SUJEITOS DO CRIME

5.1. Sujeito ativo

A norma não requer qualidade ou condição especial do sujeito ativo, tratando-se, dessarte, de **crime comum**, o qual pode ser praticado por uma só pessoa ou várias, em concurso (delito monossubjetivo ou de concurso eventual).

O proprietário do imóvel desabado também pode figurar como autor do crime, já que não se trata de delito contra o patrimônio, mas contra a incolumidade pública; seu comportamento não representará, portanto, autolesão, porém ofensa a bens alheios, legitimando a tutela penal.

De acordo com o Superior Tribunal de Justiça: "o representante legal de sociedade empresária contratante de empreitada não responde pelo delito de desabamento culposo ocorrido na obra contratada, quando não demonstrado o nexo causal, tampouco pode ser responsabilizado, na qualidade de garante, se não havia o dever legal de agir, a assunção voluntária de custódia ou mesmo a ingerência indevida sobre a consecução da obra"[96].

5.2. Sujeito passivo

O sujeito passivo é a coletividade (titular da incolumidade pública) e as pessoas cujos interesses (vida, integridade física ou patrimônio) se vejam em risco em face da derrubada da edificação humana ou da formação natural.

6. CONSUMAÇÃO E TENTATIVA

6.1. Consumação

O crime se consuma com a **produção do perigo coletivo decorrente da queda, total ou parcial, da obra** feita pelas mãos do homem ou da formação telúrica[97].

Absolvição mantida" (TJSP, ApCr 0010815-35.2008.8.26.0565, rel. Des. Camilo Léllis, 4ª CCr, j. 15-12-2015).

[96] STJ, RHC 80.142/SP, rel. Min. Maria Thereza de Assis Moura, 6ª T., j. 28-3-2017, noticiado no *Informativo STJ*, n. 601.

[97] "Não basta, para consumação do crime, criar-se o perigo de desabamento ou desmoronamento: é preciso que tal resultado ocorra efetivamente ameaçando *in concreto*

6.2. Tentativa

A forma tentada é admissível em face da **natureza plurissubsistente** da infração; significa dizer que seu *iter criminis* comporta cisão ou fracionamento e, portanto, o agente pode ver interrompido seu proceder por circunstâncias alheias à sua vontade.

7. FORMAS AGRAVADAS DE CRIME DE PERIGO COMUM

Ao crime do art. 256 do CP aplicam-se as causas de aumento de pena contidas no art. 258. Assim, se o desabamento ou desmoronamento forem dolosos e advir, desse resultado, a **morte** de alguém (desde que não desejada ou anuída pelo agente), a pena será aplicada em dobro; se sobrevier **lesão corporal grave**, haverá exasperação de metade. No caso de desabamento ou desmoronamento culposos, a provocação de tais resultados (igualmente não queridos ou anuídos) fará incidir, respectivamente, a pena do homicídio culposo aumentada de um terço e aquela prevista no parágrafo único, acrescida de metade.

Para um estudo mais detido dessas causas de aumento de pena, remete-se o leitor ao item 8.3 do art. 250 do CP (crime de incêndio).

8. MODALIDADE CULPOSA (PARÁGRAFO ÚNICO)

O parágrafo único determina que, em sendo culposo o desabamento ou desmoronamento, a pena será de detenção, de seis meses a um ano. É necessário, para efeito de adequação típica, que haja:

1) causação da queda da barreira, do edifício etc.;

2) periclitação da vida, da integridade corporal e do patrimônio alheios a perigo concreto;

3) que a conduta geradora seja praticada mediante imprudência[98], negligência ou imperícia[99] (CP, art. 18, II).

---

pessoas ou coisas, isto é, criando perigo comum. Se este não se apresenta, objetivamente, de modo direto e imediato, o fato deixará de ser crime contra a incolumidade pública, para configurar simples contravenção, quando não seja penalmente indiferente" (*JTACrSP* 62/313).

[98] "É manifesta a imprudência do agente que, inabilitado para o serviço de construção, não exercendo sequer a profissão de pedreiro, dá início à realização de obra, sem projeto aprovado pela Prefeitura e assinado por profissionais competentes, erguendo parede com massa fraca e falta de amarração, dando causa a desabamento, expondo a perigo a vida e a integridade pública das pessoas que transitam pelo local, incorrendo, dessa forma, nas sanções previstas no art. 256, parágrafo único, do CP" (*RJD* 22/137).

[99] "Havendo comprovada omissão do engenheiro na obra ao não adotar medidas mínimas de segurança na execução de serviços de abertura de valas, sem o devido

9. CLASSIFICAÇÃO JURÍDICA

Cuida-se de delito *comissivo, doloso (ou culposo), de ação ou forma livre* (admite qualquer meio executivo – crime onímodo), *comum* (qualquer pessoa pode praticá-lo), *monossubjetivo ou de concurso eventual* (pode ser cometido por um agente ou vários, em concurso), *material ou de resultado* (pois requer a produção do resultado naturalístico – a queda, ainda que parcial, da obra humana ou da formação natural), *de perigo concreto ou real* (pois o risco é elementar do tipo), *instantâneo* (a consumação se produz imediatamente), *plurissubsistente* (o *iter criminis* é fracionável) e *não transeunte* (ou seja, deixa vestígios, exigindo-se o exame de corpo de delito como meio idôneo para a comprovação da materialidade delitiva – CPP, art. 158).

10. PENA E AÇÃO PENAL

Na forma dolosa, pune-se o fato com reclusão, de um a quatro anos, e multa. Admite-se, desde que preenchidos os requisitos legais, a suspensão condicional do processo (art. 89 da Lei n. 9.099/95). O processo observará o rito comum ordinário (CPP, arts. 395 a 405).

Parece-nos que, por ocasião da dosagem da pena, isto é, sua aplicação concreta na sentença, deverá levar-se em consideração a intensidade do perigo coletivo provocado.

Na forma culposa, pune-se o ato com detenção, de seis meses a um ano. Constitui, portanto, crime de pequeno potencial ofensivo, sujeito à competência *ratione materiae* dos Juizados Especiais Criminais e à incidência das medidas despenalizadoras previstas na Lei n. 9.099/95.

A ação penal é de iniciativa **pública incondicionada**.

ART. 257 – SUBTRAÇÃO, OCULTAÇÃO OU INUTILIZAÇÃO DE MATERIAL DE SALVAMENTO

1. DISPOSITIVO LEGAL[100]

Subtração, ocultação ou inutilização de material de salvamento

Art. 257. Subtrair, ocultar ou inutilizar, por ocasião de incêndio, inundação, naufrágio, ou outro desastre ou calamidade, aparelho, material ou qualquer meio destinado a serviço de combate ao perigo, de socorro ou salvamento; ou impedir ou dificultar serviço de tal natureza:

Pena – reclusão, de 2 (dois) a 5 (cinco) anos, e multa.

---

escoramento, caracterizada está a culpa na modalidade negligência, razão por que responde pelo resultado lesivo" (TAMG, *RT* 823/690).

[100] Hungria aponta como modelo seguido por nosso legislador o art. 436 do CP italiano (in *Comentários ao Código Penal*, v. VIII, p. 53). *Vide* Francesco Antolisei, *Manuale de diritto penale*: parte speciale, v. II, p. 24-25.

2. VALOR PROTEGIDO (OBJETIVIDADE JURÍDICA)

O art. 257 não discrepa dos demais no que toca à sua objetividade jurídica, consistente na **salvaguarda de um número indeterminado de pessoas**, colocando sua **vida, integridade física** ou **patrimônio** a salvo. Vale dizer, protege a incolumidade pública e, secundariamente, os **interesses das pessoas** potencialmente em risco pela subtração, ocultação ou inutilização do material de salvamento.

No dizer de Drummond, "revela este crime especial maldade no agente, que do próprio salvamento se despreocupa, ou que, pelo menos, deste não se ocupa totalmente, distraído pelo afã de aumentar a aflição a aflitos"[101].

3. TIPO OBJETIVO

O dispositivo legal pode ser dividido em duas partes. Na primeira, descrevem-se *três ações nucleares*: **subtrair, ocultar ou inutilizar (material de salvamento)**; na segunda, outras *duas condutas*: **impedir ou dificultar (combate ao perigo, socorro ou salvamento)**.

A rubrica da infração não condiz com a amplitude do tipo penal, como se nota pela comparação de ambas. Diz o Código, à margem do dispositivo: "subtração, ocultação ou inutilização de material de salvamento", ao passo que se pune não só esses atos, mas também o impedimento ou a obstaculização de serviço de combate a perigo, socorro ou salvamento. Por isso mesmo já alertava Hungria para que se adotasse a denominação genérica de "favorecimento a perigo comum"[102].

Cuida-se de **tipo misto alternativo**. O cometimento de mais de uma dessas condutas conduzirá à existência de *crime único*, desde que elas sejam praticadas no mesmo contexto fático ou, em outras palavras, façam parte do mesmo *iter criminis*. *Se havia*, então, *um incêndio* determinado e, por sua ocasião, o agente subtraiu e ocultou material de salvamento e, além disso, dificultou de qualquer modo o socorro aos feridos, terá praticado *delito único*. Caso tenha havido *incêndio* numa embarcação, com a subtração do material para socorro *e, em seguida, naufrágio*, com a inutilização de botes de salvamento, haverá *dois delitos*, em concurso material (ou continuidade delitiva, conforme o caso), justamente porque, nesse caso, houve dois perigos gerados e, em cada contexto destacado, novo "favorecimento a perigo comum".

As três primeiras ações (**subtrair, ocultar ou inutilizar**) têm como objeto **aparelho, material** ou **qualquer meio destinado a serviço de combate a perigo, salvamento ou socorro**.

---

[101] Op. cit., v. IX, p. 74.

[102] Op. cit., v. VIII, p. 52.

185

Subtrair significa inverter o ânimo da posse, retirando da esfera de disponibilidade do respectivo titular, visando tê-lo para si ou para outrem. Exige ânimo de assenhoreamento definitivo (*animus rem sibi habendi* ou *animus furandi*). O ato pressupõe um *corpus* (relação material entre o agente e a coisa, sem a necessidade de se dar uma continuidade física – *corpus et tactu*) e um *animus*. Daí por que a subtração dar-se-á quando o sujeito obtiver poder material autônomo sobre a coisa, podendo dela dispor fisicamente. Ela poderá se dar, ainda, de dois modos: 1º) retirando-se o bem da esfera de disponibilidade da vítima contra a sua vontade; ou 2º) dele se apoderando depois de entregue espontaneamente ao sujeito ativo, mas sob vigilância da vítima (por exemplo, alguém, durante um incêndio, solicita ao bombeiro que lhe mostre determinado equipamento de socorro e, ao tomá-lo em suas mãos, sai correndo).

Pode-se citar, como exemplo, a conduta da pessoa que, durante a pandemia do novo coronavírus, subtraiu máscaras hospitalares e outros insumos utilizados por profissionais de saúde. Houve, inclusive, registros de grupos organizados que, especialmente no início da propagação do vírus, praticaram reiteradamente esse tipo de comportamento[103].

Nesses casos, o sujeito ativo somente **responderá pela infração de perigo comum, não respondendo por furto (CP, art. 155)**, sob pena de surgir inaceitável *bis in idem*[104].

Ocultar quer dizer esconder, encobrir, dissimular, sonegar, retirando o objeto material de seu local de origem e dificultando seu encontro. Assim, por exemplo, a pessoa que esconde, na embarcação prestes a naufragar, os coletes salva-vidas, impedindo a tripulação de encontrá-los. A ocultação não se confunde com a simples remoção (justamente porque esta não obsta à localização da coisa).

---

[103] "Custódia necessária para a garantia da ordem pública e da instrução criminal. Paciente acusado de integrar organização criminosa estruturada, com divisão de tarefas, voltada à subtração de insumos hospitalares essenciais aos profissionais de saúde para evitar o perigo de contágio no enfrentamento da pandemia de COVID-19, como no caso de máscaras cirúrgicas. Ademais, há corréus foragidos e testemunhas protegidas, ensejando a segregação para que a instrução processual seja livre de indevidas ingerências. A situação excepcional enfrentada em razão da pandemia em curso não autoriza a liberação automática de presos pelo risco de contaminação. Ordem denegada" (TJSP, HC 2068245-34.2020.8.26.0000, rel. Des. Diniz Fernando, 1ª CCr, j. 21-5-2020).

[104] O traço distintivo entre a infração em estudo, na modalidade "subtrair", e o crime de furto reside, nomeadamente, no elemento subjetivo, no fator temporal e na objetividade jurídica. Neste, **busca-se a obtenção da coisa, para si ou para outrem, aumentando- -se o patrimônio do agente ou de terceiro em prejuízo do ofendido**; cuida-se, ademais, de delito contra o patrimônio. Naquele, **objetiva-se incrementar o perigo decorrente de situação de risco já instalada**, tratando-se de infração contra a incolumidade pública.

Inutilizar equivale a destruir, deteriorar, fazer com que o bem torne-se imprestável à função a que se destinava. Pode-se citar, como exemplo, o ato da pessoa que rompe o casco do bote salva-vidas utilizado por náufragos. Inexistirá, em tais casos, crime de dano (CP, art. 163).

Os **objetos materiais**, repise-se, são o aparelho, o material ou qualquer meio destinado a serviço de combate ao perigo, de socorro ou salvamento. São exemplos: bombas ou extintores de incêndio, cordas, redes de salvamento, medicamentos, ambulâncias, escadas, mangueiras etc. Não é necessário que sejam especificamente destinados a tal finalidade (como a ambulância), bastando que, pelas circunstâncias da situação periclitante, possam ser utilizados para debelar o perigo (caso da escada situada no imóvel que pode ser empregada para retirar pessoas de algum pavimento superior de prédio em chamas).

Há, ainda, um *elemento temporal* indispensável para o aperfeiçoamento do ilícito penal: **a conduta deve ser praticada por ocasião de incêndio, inundação, naufrágio, ou outro desastre ou calamidade pública** (fora daí, pode ser outra a *fattispecie*, como furto ou dano). Pouco importa a origem de tais eventos. Podem ter sido provocados pelo próprio agente (caso em que poderá haver concurso material de crimes, como o incêndio – art. 250 ou a inundação – art. 254 e o do art. 257) ou por terceiro; pouco importa se a causação foi dolosa, culposa ou fortuita. As situações de calamidade ou desastre, ademais, podem ser decorrência de forças naturais (por exemplo, um forte maremoto ou uma chuva torrencial) ou caso fortuito (como a produção espontânea de uma faísca em local com materiais inflamáveis, que rapidamente são consumidos em chamas).

Na segunda parte do *caput* da disposição pune-se quem **impedir** ou **dificultar serviço de combate ao perigo, de socorro ou salvamento.**

Impedir significa criar obstáculos, frustrar total ou parcialmente; *dificultar* quer dizer criar embaraços, empecilhos.

O ato pode ser efetivado por **qualquer meio executório** (crime onímodo ou de conduta livre), aí abrangida a violência, a grave ameaça e a fraude. Citam-se, como exemplos, a comunicação de ordens falsas à equipe de socorristas, desviando sua atenção para o foco do perigo; destruição ou bloqueio de vias de acesso ao local; interrupção das comunicações telefônicas, entre outros.

O delito é comissivo, de modo que a simples recusa em auxiliar na prestação de socorro não o caracteriza, salvo quando a pessoa detiver o dever jurídico de agir para evitar o resultado (isto é, combater o perigo) – conforme o art. 13, § 2º, do CP[105].

---

[105] De acordo com esse dispositivo, a omissão será penalmente relevante "quando o omitente devia e podia agir para evitar o resultado. O dever de agir incumbe a quem: *a*) tenha por lei obrigação de cuidado, proteção ou vigilância (dever legal); *b*) de outra

4. TIPO SUBJETIVO

O "favorecimento a perigo comum" somente é apenado na forma **dolosa**, exigindo-se, portanto, consciência da situação de risco e a vontade de dificultar o socorro, o salvamento ou o combate ao perigo.

Não há elemento subjetivo específico, razão pela qual pouco importa o opróbrio motivador do ato. Deve-se ter em mente, porém, que estamos diante de delito de perigo comum, motivo pelo qual é necessário que inexista dolo de lesão. Assim, por exemplo, se alguém impediu o socorro do corpo de bombeiros para resgatar determinada pessoa de edifício incendiado, desejando a morte desta, responderá por homicídio (consumado ou tentado), absorvendo-se o crime em estudo, desde que no falecimento do ofendido se esgote a potencialidade lesiva da conduta (**princípio da consunção**).

5. SUJEITOS DO CRIME

5.1. Sujeito ativo

Qualquer pessoa pode ser considerada autora ou partícipe da infração *sub examen*; cuida-se de **crime comum**, dada a ausência de qualidade ou condição especial do sujeito ativo; até mesmo o proprietário do material de salvamento pode responder pelo delito, se, por exemplo, ocultá-lo e impedir que se conjure o perigo (trata-se o art. 257 do CP de infração contra a incolumidade pública e não contra o patrimônio).

5.2. Sujeito passivo

É, em primeiro lugar, a coletividade (titular da incolumidade pública); além desta, as pessoas cujos interesses sejam periclitados (ou tenham seu risco incrementado) pelo ato delitivo.

6. CONSUMAÇÃO E TENTATIVA

6.1. Consumação

Nas **primeiras figuras** (subtração, ocultação ou inutilização de material de socorro etc.), a realização integral do tipo coincide com o **apossamento do bem, seu encobrimento ou destruição**, ainda que o socorro ou salvamento, apesar disto, tenha sido exitoso.

---

forma, assumiu a responsabilidade de impedir o resultado (dever de garante ou garantidor); *c*) com seu comportamento anterior, criou o risco da ocorrência do resultado (ingerência na norma)" (parênteses nossos).

Na **segunda figura**, com o efetivo **impedimento ou dificultação do serviço socorrista.**

6.2. Tentativa

O *conatus proximus* é perfeitamente admissível, porquanto se trata de infração penal **plurissubsistente.**

7. FORMAS AGRAVADAS DE CRIME DE PERIGO COMUM

As causas de aumento previstas no art. 258 do CP têm aplicação ao "favorecimento a perigo comum". São elas a superveniência de **morte** ou **lesão corporal grave** (não desejadas ou anuídas pelo agente), as quais produzem, respectivamente, a elevação da pena no dobro ou de metade.

Para um estudo mais aprofundado dessas causas de aumento de pena, remete-se o leitor ao item 8.3 do art. 250 do CP (crime de incêndio).

8. PRINCÍPIO DO *NE BIS IN IDEM*

Ao crime do art. 257 do CP **não se aplicarão as circunstâncias previstas no art. 61, II, *j*,** sob pena de *bis in idem.*

Este dispositivo agrava a pena daquele que comete o delito em ocasião de incêndio, naufrágio, inundação ou qualquer calamidade pública (ou em desgraça particular do ofendido). Trata-se de punir quem, por exemplo, aproveitando-se de um desastre qualquer, como uma inundação, aproveita-se para praticar furtos. A infração penal de perigo comum em estudo, por sua vez, exige – como elementar – a existência de um incêndio, naufrágio, inundação, desastre ou calamidade. Nesse caso, considerar a tragédia para a existência do crime e, ao depois, novamente, para agravar a pena, é fazer incidir o mesmo fator duas vezes na punição do sujeito, o que viola o princípio do *ne bis in idem.* Deve-se lembrar que o art. 61, *caput*, do CP, ao enunciar as agravantes genéricas, dispõe que tais circunstâncias somente agravam a pena *quando não constituem ou qualificam o crime* (isto é, quando não forem previstas como suas elementares ou qualificadoras).

9. CLASSIFICAÇÃO JURÍDICA

Cuida-se de delito *comissivo, doloso, de ação ou forma livre* (admite qualquer meio executivo – crime onímodo), *comum* (qualquer pessoa pode praticá-lo), *monossubjetivo ou de concurso eventual* (pode ser cometido por um agente ou vários, em concurso), *material ou de resultado* (pois se exige a produção do resultado naturalístico; por exemplo, a retirada do bem da esfera de disponibilidade da vítima, o efetivo impedimento do socorro etc.), *de perigo abstrato ou presumido* (pois o incremento do risco não figura como elementar do tipo), *instantâneo* (a consumação se produz imediatamente), *plurissubsistente* (o *iter criminis* é fracionável) e *não transeunte* (na maioria das modalidades, por deixar vestígios).

10. PENA E AÇÃO PENAL

A pena é de reclusão, de dois a cinco anos, e multa. Não se admite a suspensão condicional do processo, o qual seguirá o rito comum ordinário (CPP, arts. 395 a 405).

No momento da dosimetria da pena, dever-se-á em consideração a intensidade do incremento do risco gerado pela conduta do agente.

A ação penal é de iniciativa **pública incondicionada**.

ART. 259 – DIFUSÃO DE DOENÇA OU PRAGA

1. DISPOSITIVO LEGAL

Difusão de doença ou praga

Art. 259. Difundir doença ou praga que possa causar dano a floresta, plantação ou animais de utilidade econômica:

Pena – reclusão, de 2 (dois) a 5 (cinco) anos, e multa.

Modalidade culposa

Parágrafo único. No caso de culpa, a pena é de detenção, de 1 (um) a 6 (seis) meses, ou multa.

2. HISTÓRICO E REVOGAÇÃO PARCIAL

Boa parte dos tipos penais que atentam contra a incolumidade pública constituem incriminações surgidas nos últimos dois séculos, quando se viu o Direito Penal ampliar a esfera de sua proteção para além dos delitos de dano, projetando-se para a tutela das infrações de perigo. Com a progressiva complexidade dos contatos sociais, não poderia esse ramo do Direito deixar de regular fatos que, embora não tenham causado lesões efetivas, coloquem em risco valores fundamentais.

O crime de difusão de doença ou praga remonta ao Código Penal bávaro de 1813, que assim dispunha em seu art. 246: "Aquele que por vingança ou cobiça propagar voluntariamente uma epizootia, será punido com prisão perpétua".

Nossos Código Criminal do Império (1830) e Penal da República (1890) nada dispuseram sobre o assunto. O primeiro ainda se encontrava grandemente vinculado à ideia de dano efetivo e o outro caminhava, ainda timidamente, para a regulamentação das infrações de perigo, notadamente o perigo comum (ou coletivo).

O Código Penal vigente, contudo, inspirando-se no Código Penal suíço (arts. 232 e 233) e no italiano (art. 500), puniu a disseminação de epizootia ou praga vegetal com pena de reclusão, de dois a cinco anos, e multa. Incluiu, ainda, a forma culposa, apenada com detenção, de um a seis meses, ou multa. Pretendeu o legislador, dada a posição topográfica da norma, afastar-lhe da incidência das exasperantes preterdolosas do art. 258.

Passado mais de meio século de vigência do dispositivo legal, entendeu por bem nosso legislador derrogá-lo tacitamente. A **Lei dos Crimes Ambientais (Lei n. 9.605/98)**, em seu **art. 61**, substitui esta incriminação por outra, mais abrangente em seu preceito, embora mais restrita na sanção (reclusão, de um a quatro anos, e multa). Reconheceu-se, em primeiro lugar, que a propagação de doença ou praga expõe não somente a incolumidade pública, mas o meio ambiente. Diferentemente do Código Penal, na infração ambiental que, nesse aspecto, o sucedeu, pouco importa se o objeto material (animal, plantação etc.) possui valor econômico. Eis o texto legal: "disseminar doença ou praga ou espécies que possam causar dano à agricultura, à pecuária, à fauna, à flora ou aos ecossistemas".

Comparando-se os tipos nota-se que o especial, fundado em lei posterior, tem maior abrangência, porquanto **contempla a difusão não só de doença ou praga, mas também de** *espécies* **capazes de provocar dano ambiental**. Além disso, **sua esfera de proteção é mais ampla pelos objetos materiais** que aborda: agricultura (expressão de maior alcance que o termo "plantação"), pecuária e fauna (que abarca todos os animais), flora e ecossistemas (cujo conceito encampa a noção de floresta). Pouco importa, como já se adiantou, se há ou não utilidade econômica nos objetos materiais potencialmente atingidos, visto que o valor fundamental protegido, além da incolumidade pública, é o meio ambiente.

Não se compreende, todavia, a razão pela qual a nova lei reduziu a pena imposta, se comparada com aquela do Código Penal.

A revogação, contudo, não foi total senão parcial. Isto porque, em nosso sentir, **remanesce intacta a figura culposa**, vinculada, por óbvio, ao alcance restrito do art. 259, ou seja, referindo-se tão somente à difusão, mediante imprudência, negligência ou imperícia, de doença ou praga que possa causar dano a floresta, plantação ou animais de utilidade econômica[106].

---

[106] Em sentido contrário, aduzindo que a forma culposa também foi revogada tacitamente: Julio Fabbrini Mirabete, e Renato Nascimento Fabbrini, *Manual de direito penal*: parte especial, p. 80 e Guilherme de Souza Nucci, *Código Penal comentado*, p. 964. Sugerindo a manutenção da forma culposa: Rogério Greco, *Código Penal comentado*, p. 714-715).

3. TIPO OBJETIVO

3.1. Forma dolosa

Conforme dissemos no item 2, **a figura dolosa encontra-se atualmente regulada no art. 61 da Lei n. 9.605/98.** A conduta nuclear consiste em *disseminar*, isto é, espalhar, proliferar, propagar, transmitir. Não importa a maneira como se dê (por exemplo, permitindo que animal contaminado transite próximo a outros, liberando germes patogênicos ou alimentando-os com ração maculada); trata-se, portanto, de delito de forma ou ação livre. Ressalte-se, ainda, que como em qualquer crime comissivo, pune-se também a conduta negativa, ou seja, o *non facere*, sempre que o omitente possua o dever jurídico de agir para evitar o resultado (CP, art. 13, § 2º).

A difusão deve abranger epizootia ou epifitia (doença em animais)[107], a praga vegetal ou espécie capaz de periclitar o meio ambiente, nomeadamente provocando dano à agricultura (plantação, cultivo e colheita de vegetais), pecuária (trato e criação de animais para fins econômicos), fauna (conjunto de animais que habitam em determinado ecossistema), flora (conjunto de espécies vegetais em determinado *habitat*) ou ecossistemas (grupo de seres vivos que se relacionam mutuamente e convivem em determinado meio, incluindo-se a fauna, a flora e micro-organismos).

São exemplos de epizootias e pragas vegetais a febre aftosa, a raiva, a gripe suína, o garrotilho, a sarna, a filoxera etc.

O crime é de **perigo concreto ou real,** porquanto na lei se menciona a necessidade de a conduta ser capaz de causar dano e só pode fazê-lo o ato efetivamente perigoso.

4. TIPO SUBJETIVO

O delito previsto na Lei Ambiental somente é punido na forma dolosa, fazendo-se necessário seja o ato consciente e voluntário; em outras palavras, deve a pessoa ter ciência de que propaga a epizootia ou a praga vegetal, atuando voluntariamente.

---

[107] "Age dolosamente o proprietário de animal portador de doença contagiosa (anemia infecciosa equina), que permite que seu animal infectado saia do isolamento, colocando em perigo a vida de outros animais. Tratando-se de cavalo, na regra geral, seu proprietário cria amor ao mesmo e é normal tentar procrastinar a erradicação da doença. Todavia, o que está em jogo é um bem maior, qual seja, a erradicação da doença que é considerada grave e pode disseminar-se no rebanho brasileiro, trazendo incalculável prejuízo" (*RTRF-3ª R.* 35/216).

4.1. Forma culposa

Para nós, **encontra-se vigente o parágrafo único da disposição**. A Lei n. 9.605/98 revogou tão somente a figura dolosa, que integralmente regula, mantendo, por não haver qualquer incompatibilidade, a forma culposa. Esta, contudo, somente se aperfeiçoa nos termos estritos da cabeça do art. 259 do CP (ainda em vigor, ao menos para ser conjugado com o parágrafo único e, com isso, desvendarem-se as elementares do "crime negligente").

Assim, se alguém difundir epizootia ou praga vegetal, expondo a perigo de dano a floresta, plantação ou animais de utilidade econômica, por imprudência, negligência ou imperícia, incorrerá no parágrafo único do art. 259. É o que ocorre, por exemplo, com o dono de *res* contaminada com febre aftosa o qual, por descuido, permite que ela se misture com outros da boiada vizinha, expondo-os a risco de propagar a doença.

5. SUJEITOS DO CRIME

5.1. Sujeito ativo

Trata-se as figuras dolosas e culposas de **crimes comuns**, isto é, qualquer pessoa pode figurar como sujeito ativo, até mesmo o dono do animal ou plantação (note que os crimes violam o meio ambiente e a incolumidade pública e não o patrimônio).

5.2. Sujeito passivo

É a coletividade, titular do meio ambiente, e, secundariamente, os titulares das florestas, plantações ou animais periclitados.

6. CONSUMAÇÃO E TENTATIVA

6.1. Consumação

O *summatum opus* dar-se-á **com a criação do risco proibido** decorrente da dispersão da doença, praga ou espécie danosa transmitida.

6.2. Tentativa

O *iter criminis* comporta cisão, razão pela qual se admite a forma tentada.

7. INAPLICABILIDADE DAS CAUSAS DE AUMENTO PREVISTAS NO ART. 258

O art. 258 do CP contém diversas causas de aumento de pena, aplicáveis às figuras dolosas ou culposas, decorrentes da causação, a título de culpa, da morte ou lesão corporal de outrem.

O legislador, conforme já dissemos no item 2, pretendeu afastá-las da esfera de punição do art. 259 do CP (vigente no tocante à figura culposa, repise-se), o que fica claro pela posição topográfica da norma. Decerto, o fez por não acreditar pudesse uma patogenia animal ou vegetal tivesse o condão de matar ou ferir gravemente a saúde humana. Ocorre, todavia, que a Medicina e a Biologia demonstraram que essa possibilidade é real, como se viu com as gripes aviária e suína.

É de se perguntar, então, **qual a tipificação da conduta de alguém que, conscientemente, fizesse proliferar a gripe suína entre os animais com o escopo último de contaminar seres humanos?** Parece-nos que, nesse caso, deve-se imputar ao agente o crime do **art. 267 do CP** (epidemia), tentado ou consumado.

8. CLASSIFICAÇÃO JURÍDICA

Cuida-se de *crime doloso* (art. 61 da Lei n. 9.605/98) ou *culposo* (art. 259, parágrafo único, do CP), *comissivo, de forma ou ação livre* (oní-modo), *comum* (qualquer pessoa pode cometê-lo, até mesmo o proprietário do animal ou vegetal), *monossubjetivo ou de concurso eventual* (pode ser praticado por uma só pessoa ou várias, em concurso de agentes), *de mera conduta ou simples atividade* (porquanto o tipo penal somente descreve a ação, sem aludir a resultado naturalístico), *de perigo concreto ou real* (já que o risco figura como elementar do tipo) e *instantâneo* (sua consumação dá-se com a dispersão da epizootia, praga vegetal ou espécie danosa).

9. PENA E AÇÃO PENAL

A pena é de reclusão, de um a quatro anos, e multa (art. 61 da Lei Ambiental). Admite-se a suspensão condicional do processo (arts. 89 da Lei n. 9.099/95 e 28 da Lei n. 9.605/98). O procedimento cabível é o comum ordinário (CPP, arts. 395 a 405).

No momento da dosimetria da pena, dever-se-á levar em consideração, entre outros elementos, a intensidade do risco gerado pela conduta do agente (art. 15, II, *c*, da Lei dos Crimes Ambientais).

Na modalidade culposa (tipificada no Código Penal), o fato é apenado com detenção, de um a seis meses, ou multa (infração de pequeno potencial ofensivo – Lei n. 9.099/95).

A ação penal é de iniciativa **pública incondicionada.**

Capítulo II
DOS CRIMES CONTRA A SEGURANÇA DOS MEIOS DE COMUNICAÇÃO E TRANSPORTE E OUTROS SERVIÇOS PÚBLICOS (ARTS. 260 A 266)

INTRODUÇÃO

O Capítulo II do Título VIII dedica-se à proteção dos crimes contra a segurança dos meios de comunicação e transporte e outros serviços públicos.

O exame das disposições especificamente contidas neste setor do Código Penal revela que sua preocupação estendeu-se a três frentes distintas, de modo que bem poderia o capítulo ser subdividido em seções. Com relação à **segurança dos meios de transporte coletivo**, a proteção penal abarca quatro delitos: o perigo de obstrução e a efetiva perturbação do transporte ferroviário (art. 260), o atentado contra a segurança de transporte marítimo, fluvial ou aéreo e o sinistro em tais meios de locomoção (art. 261), o atentado contra a segurança de outro meio de transporte (art. 262) e o arremesso de projétil contra veículo de transporte público em movimento (art. 264). No que toca à **segurança de outro serviço de utilidade pública,** há uma única infração: o atentado contra a segurança de serviço concernente a água, luz, força, calor e outros (art. 265). Referentemente à tutela da **segurança dos meios de comunicação,** o delito se dá com a interrupção ou perturbação de serviço telegráfico, telefônico, informático, telemático ou de informação de utilidade pública (art. 266).

A doutrina é unânime quanto à natureza de infrações de perigo coletivo presente nos dois primeiros grupos (segurança dos transportes coletivos e serviços públicos), mas não o é quando o assunto é a segurança dos meios de comunicação.

Drummond não possuía dúvida alguma a esse respeito, ao dizer que "de muito pouca coisa a ordem social depende tanto quanto da perfeição dos serviços de comunicação e transporte", reconhecendo em ambos uma função social que não poderia ser perturbada ("impedir de qualquer forma de comunicação ou transporte é produzir logo uma congestão, ou um colapso, na vida social")[1].

Já Magalhães Noronha não compartilhava do mesmo ponto de vista, apresentando sérias dúvidas quanto à inserção da segurança dos meios de comunicação na classe dos *delicta* contra a incolumidade pública: "A rigor, os crimes contra os meios de comunicação do pensamento (atentados contra o telégrafo, telefone, etc.) não oferecem invariavelmente perigo coletivo: o atraso de uma notícia pode importar a probabilidade de um mal a indeterminado número de pessoas, porém, não é *necessariamente* que isso acontece, já que a natureza da comunicação pode não conter em si esse perigo. Difere o fato de impedir-se o pedido telegráfico de socorro de uma região inundada, da solicitação frustrada para que se envie a determinada localidade material destinado a comemoração qualquer"[2].

Hungria também se postava criticamente quanto à opção do nosso Código Penal, porquanto considerava que a irrestrita inserção do atentado ao telégrafo etc. na categoria supramencionada acarretaria uma quebra de rigorismo técnico, por conta da ausência da característica presente nos demais ilícitos situados no Título VIII, consistente na ameaça (efetiva ou presumida) à vida, à integridade física, à saúde ou ao patrimônio de um número indeterminado de pessoas.

A polêmica ainda se encontra viva no pensamento de nossos penalistas em pleno século XXI.

José Silva Júnior e Guilherme Madeira Dezem ponderam que, no mundo moderno, dada a dependência das pessoas nos meios de comunicação, destacando-se, entre outros, o uso do celular e da internet, como instrumentos de trabalho e solução de assuntos da mais alta importância, justificar-se-ia plenamente a inserção do *crimen* no título em questão, motivo pelo qual consideram superada a crítica de Hungria[3].

Damásio de Jesus também concorda com a opção do legislador e enfatiza que "com a modernização da sociedade tornou-se indispensável à vida social a regularidade do funcionamento dos meios de comunicação", por seu potencial de lesar a comunidade como um todo diante de condutas perigosas "à sua normal e sadia sobrevivência"[4].

Para nós, a primeira questão a ser examinada consiste em saber se a **tutela da segurança dos meios de comunicação possui a necessária dignidade constitucional**. Sem dúvida que a resposta há de ser afirmativa, desde que o

---

[1] *Comentários ao Código Penal*, v. IX, p. 77.

[2] *Direito penal*, v. 3, p. 509-510.

[3] *Código Penal e sua interpretação jurisprudencial*, p. 1260.

[4] *Direito penal*: parte especial, v. 3, p. 295.

manto punitivo restrinja-se à salvaguarda da segurança dos meios de comunicação social, assim como os descrevem os arts. 220 a 224 da CF.

Comunicação social é, na lição de José Afonso da Silva, "a denominação mais apropriada da chamada 'comunicação de massa', mas o sentido permanece como o de comunicação destinada ao público em geral, transmitida por processo ou veículo, dito *meio de comunicação social*"[5]. Abrange os jornais, revistas, demais publicações periódicas, a radiodifusão sonora e de sons e imagens (*rectius*, televisão) e os meios de comunicação social eletrônica (como a internet). O alcance do art. 266 do CP, com as modificações introduzidas pela Lei n. 12.737/2012, passou a ter referida amplitude, açambarcando a interrupção, impedimento ou embaraço de "serviço telemático ou de informação de utilidade pública"[6].

É necessário, além do indispensável referencial na Lei Fundamental, que o sentido e alcance do tipo tenha como vetor o valor fundamental do Título VIII. Donna pontifica, com acerto, que a justificação de tais ilícitos penais somente se dá à luz do progresso dos meios de comunicação enquanto bem jurídico de utilidade geral. Cuida-se da tutela de serviço que interessa à comunidade em geral, devendo sua interpretação dar-se em face do valor tutelado no título, isto é, a incolumidade pública; significa dizer que a infração somente se caracterizará quando a perturbação dos meios de comunicação social causar dano potencial à vida, à integridade física ou ao patrimônio de um número indeterminado de pessoas[7].

ART. 260 – PERIGO DE DESASTRE FERROVIÁRIO E DESASTRE FERROVIÁRIO

1. DISPOSITIVO LEGAL[8]

Perigo de desastre ferroviário

Art. 260. Impedir ou perturbar serviço de estrada de ferro:

I – destruindo, danificando ou desarranjando, total ou parcialmente, linha férrea, material rodante ou de tração, obra de arte ou instalação;

---

[5] *Comentário contextual à Constituição*, p. 823.

[6] Para um estudo mais detalhado sobre a esfera de proteção do tipo penal mencionado, *vide*, *infra*, o estudo específico do art. 266 do CP.

[7] *Derecho penal*: parte especial, t. II,-c, p. 138-139.

[8] Essa infração penal, como as demais que integram o Título VIII, encontra suas origens no século XIX. No Brasil, o Código Criminal do Império (1830) silenciava a respeito, como era de se esperar, tendo em conta que a primeira estrada de ferro somente fora concluída em 1854, por obra de responsabilidade de Mauá. Três anos depois é que surgia a primeira lei dispondo sobre o assunto (Regulamento n. 1.930). O Código Penal de 1890 tipificava o fato nos arts. 149 a 151, e, por não conter uma definição de estrada de ferro (defeito suprido no Código atual), recebera severas críticas doutrinárias.

II – colocando obstáculo na linha;

III – transmitindo falso aviso acerca do movimento dos veículos ou interrompendo ou embaraçando o funcionamento de telégrafo, telefone ou radiotelegrafia;

IV – praticando outro ato de que possa resultar desastre:

Pena – reclusão, de 2 (dois) a 5 (cinco) anos, e multa.

Desastre ferroviário

§ 1º Se do fato resulta desastre:

Pena – reclusão, de 4 (quatro) a 12 (doze) anos, e multa.

§ 2º No caso de culpa, ocorrendo desastre:

Pena – detenção, de 6 (seis) meses a 2 (dois) anos.

§ 3º Para os efeitos deste artigo, entende-se por estrada de ferro qualquer via de comunicação em que circulem veículos de tração mecânica, em trilhos ou por meio de cabo aéreo.

2. VALOR PROTEGIDO (OBJETIVIDADE JURÍDICA)

Trata-se da tutela dos **meios de transporte coletivo**, nomeadamente o de locomoção férrea, assegurando sua tranquilidade e fluência; constitui, sem dúvida, valor fundamental e aspecto inerente à preservação da **incolumidade pública**.

Busca-se, então, por meio da preservação da segurança desse meio de transporte, pôr a salvo a **integridade física**, a **saúde**, a **vida** de pessoas e seu patrimônio, evitando o desastre ferroviário[9].

3. TIPO OBJETIVO

3.1. Perigo de desastre ferroviário (*caput*)

A conduta nuclear prevista no *caput* da disposição consiste no ato de *impedir* ou *perturbar estrada de ferro*.

Impedir significa obstaculizar, obstruir, interromper, inviabilizar por completo; **perturbar** quer dizer embaraçar, criar desordem, obstar parcialmente, reduzir a mobilidade ou a fluência do tráfego de veículos em estrada de ferro.

Estrada de ferro, segundo a norma explicativa contida no § 3º, consiste em "qualquer via de comunicação em que circulem veículos de

---

[9] "O bem jurídico tutelado pelo crime de perigo de desastre ferroviário é a incolumidade pública, consubstanciada na segurança dos meios de comunicação e transporte. Indiretamente, também se tutelam a vida e a integridade física das pessoas vítimas do desastre" (STF, RE 883.746, rel. Min. Dias Toffoli, j. 31-8-2015).

tração mecânica, em trilhos ou por meio de cabo aéreo". Abrange, portanto, não só a linha de trem, os trilhos do metrô, os caminhos de bondes, mas também, por equiparação legal, as filovias, isto é, as vias de comunicação entre altitudes por meio de fios ou cabos suspensos (como os teleféricos).

O crime é de **forma livre**, pois a norma penal enumera, em incisos dispostos como *numerus apertus*, as maneiras pelas quais o ilícito pode se materializar. O legislador, neste diapasão, utiliza-se do método da **interpretação analógica**, em que descreve fórmulas específicas (incisos I a III) seguidas de uma cláusula genérica (inciso IV). Nestes casos, gênero e espécie se autolimitam, vale dizer, a interpretação das situações casuísticas há de ser entendida conforme a hipótese ampla e esta, de modo análogo às anteriores.

Os **meios executivos** são os seguintes:

a) destruir, danificar ou desarranjar, total ou parcialmente, linha férrea, material rodante ou de tração, obra de arte ou instalação (inciso I).

A primeira das situações incriminadas, portanto, dá-se com a destruição (deterioração), danificação (produção de danos que reduzam a utilidade do objeto) ou desarranjo (provocação de deformidade ou confusão na estrutura, de modo a que comprometa sua utilidade), completo ou incompleto. Consiste essa modalidade em lançar mão da demolição, da subversão, do desmonte ou do estrago dos seguintes objetos materiais: *linha férrea* (ou seja, ferrovia), *material rodante* (isto é, nos vagões ou carros sobre os trilhos), *material de tração* (como a locomotiva ou os carros-motores), *obra de arte* (tais como pontes ou túneis) ou *instalação* (por exemplo: centrais de comando, estações de embarque e desembarque, aparelhos de sinalização);

b) colocar obstáculo na linha (inciso II).

Cuida-se da forma ordinária de provocar o descarrilamento da composição. Pouco importa a natureza do obstáculo: seja fixo ou removível; inerte ou vivo (como um animal sobre os trilhos), comete a infração quem o coloca na linha (férrea ou nos cabos aéreos) gerando o perigo do desastre[10];

c) transmitir falso aviso acerca do movimento dos veículos ou interrompendo ou embaraçando o funcionamento de telégrafo, telefone ou radiotelegrafia (inciso III).

A terceira forma criminosa consubstancia-se na transmissão de falso aviso, por qualquer meio (telefônico, telegráfico ou outro), acerca do movimento

---

[10] Comete o crime do art. 260 o sujeito que coloca "em movimento e sobre os trilhos da ferrovia, um 'troiler' de madeira, de fabricação artesanal, movido a motor a gasolina, com tanque de combustível" (TJRS, AP 70056954498, rel. Des. Rogerio Gesta Leal, 4ª CCr, j. 21-11-2013).

dos veículos ou interrompendo (impedindo o fluxo) ou embaraçando (turbando) o funcionamento de telégrafo, telefone ou radiotelegrafia.

O fluxo correto das comunicações relativas à movimentação dos veículos é vital para o seu bom funcionamento, bem como para a segurança dos usuários, funcionários e terceiros. Assim, se alguém dá falso alarme provocando a súbita e perigosa frenagem da composição, ou deixa de avisar sobre a queda de uma ponte ou barreira, a respeito da vinda de outra composição em sentido inverso etc., comete o crime em face do risco pessoal e patrimonial produzido.

A imputação baseada neste inciso *exclui o crime do art. 266 do CP* (interrupção ou perturbação de serviço telegráfico, telefônico, informático, telemático ou de informação de utilidade pública ou perturbação de serviço telegráfico ou telefônico), em face de sua especialidade;

d) **praticar outro ato de que possa resultar desastre (inciso IV)**[11].

Essa cláusula de cunho geral constitui o cerne da disposição legal, de vez que estampa o primado da produção do risco concreto, presente em todo o crime do art. 260, *caput*. Não resta dúvidas, portanto, que todas as atitudes descritas nos incisos devem voltar-se ao potencial de causar o sinistro e, com isso, periclitar a vida, a saúde, a integridade física e o patrimônio das pessoas[12]. O elemento em questão, vale dizer, o **perigo concreto**, pode-se extrair, ademais, do valor protegido no capítulo em que se insere, no título em que situada e, por que não, de seu *nomen iuris* ("*perigo* de desastre ferroviário").

---

[11] "Se os acusados furtam fios de cobre de trecho de linha férrea, acarretando a interrupção no fornecimento de energia elétrica que alimenta a sinalização, assumiram o risco de possível desastre ferroviário, já que o dolo *in casu* é de perigo e não de dano, donde se impõe a condenação pelo delito insculpido no art. 260, IV, do CP" (TJMG, ApCr 1.0056.06.130823-7/001, rel. Des. Júlio Cezar Guttierrez, 4ª CCr, j. 24-2-2015).

[12] No sentido da necessidade de perigo concreto: "O crime contra incolumidade pública, previsto no art. 260 do CP, exige, para sua configuração, a existência de perigo concreto, ou seja, mais do que a simples possibilidade da ocorrência de dano, exige a verdadeira probabilidade da ocorrência de desastre ferroviário. Assim, não comete o crime de perigo de desastre ferroviário, em face da atipicidade da conduta, o agente que pratica o chamado 'surf ferroviário', pois o simples fato de viajar sobre o teto da composição férrea significa perigo direto e iminente apenas para ele próprio e não para os demais passageiros" (TJRJ, *RT* 760/690). No mesmo sentido: TJRJ, *RDTJRJ* 12/339. E ainda: "Se os acusados furtam fios de cobre de trecho de linha férrea, acarretando a interrupção no fornecimento de energia elétrica que alimenta a sinalização, assumiram o risco de possível desastre ferroviário, já que o dolo *in casu* é de perigo e não de dano, donde se impõe a condenação pelo delito insculpido no art. 260, IV, do CP" (TJMG, ApCr 1.0056.06.130823-7/001, rel. Des. Júlio Cezar Guttierrez , 4ª CCr, j. 24-2-2015).

Como em todas as infrações comissivas, pode também cometê-la por **omissão** o sujeito que, **possuindo o dever jurídico de agir para evitar o resultado** (CP, art. 13, § 2º), nada fizer. É o caso do maquinista que deixa de acionar os freios e impedir a colisão da composição ou que ela passe sobre ponte quebrada; do responsável pela cabine de comando que não avisa a existência de outro trem em sentido contrário ou deixa de desviar um deles para evitar o choque etc.

3.2. Desastre ferroviário (§ 1º)

Se das condutas previstas na cabeça da disposição vier a ocorrer efetivo desastre, a pena será de reclusão, de quatro a doze anos, e multa.

Entende-se por desastre ferroviário todo **incidente** (como descarrilamento, capotagem, colisão, explosão etc.) **em transporte por linha férrea ou cabo aéreo, que pode ofender ou periclitar um número indeterminado de pessoas**[13]. É preciso que tenha certa monta, com danos extensos, caso contrário haverá apenas o perigo de desastre (*caput*). Não se exige dano extraordinário (como pretendiam Carrara ou Manzini), bastando apresentar-se gravidade e complexidade (Antolisei)[14].

O desastre constitui resultado imputável a título de culpa, tratando-se, desta feita, de modalidade **preterdolosa**[15]. O cometimento da infração, portanto, exige que o agir (ou não agir) vise à produção do perigo, advindo o desastre como evento não desejado (ou assentido). Referida natureza do tipo justifica-se porque o dolo de perigo, presente no antecedente (*minus delictum*), seria incompatível com dolo de dano existente no consequente (*majus delictum*); vale dizer, se o sujeito quis (tão somente) expor a perigo, eventuais danos constituirão obrigatoriamente resultado *além do pretendido*, ou seja, serão provenientes de culpa. Dessa forma, pode-se dizer que aquele que atua com dolo de dano, por pretender desde o início provocar o desastre, responderá por homicídios ou lesões corporais dolosos, tentados ou consumados.

Caso, a par do desastre **oriundo de preterdolo**, sobrevenham lesões ou morte de pessoas, **também culposamente provocadas**, aplicar-se-ão as **causas de aumento** do art. 258 do CP (por força da remissão contida no art. 263), a saber: aumento de metade, se advier **lesão grave** e ao dobro, se resultar em **morte**. Nestes casos, não importará saber quantas foram as pessoas feridas ou mortas, salvo para efeito de se dosarem as circunstâncias

---

[13] Francesco Antolisei, *Manuale di diritto penale*: parte speciale, v. II, p. 17.

[14] *Vide*, a respeito desta polêmica, Francesco Antolisei, op. et loc. cit., e Magalhães Noronha, op. cit., v. 3, p. 516.

[15] *Vide*, por todos, Nelson Hungria, *Comentários ao Código Penal*, v. VIII, p. 71.

judiciais na fixação da pena-base[16]. Isto porque trata-se de *delicta* contra a incolumidade pública, no qual a existência de mais de uma pessoa atingida não importa em *concursus delictorum*.

4. TIPO SUBJETIVO

O delito é **doloso** na modalidade fundamental, requerendo-se, portanto, a vontade de impedir ou perturbar o serviço ferroviário e a consciência de expor a risco concreto terceiras pessoas ou o patrimônio alheio, mediante as condutas delitivas acima explicadas.

Não há elemento subjetivo específico[17].

O **desastre efetivo** (§ 1º), como se viu acima, é delito **preterdoloso**.

Caso a conduta vise à prática de sabotagem contra os meios de comunicação ao público, estabelecimentos, instalações ou serviços destinados à defesa nacional, com o fim de abolir o Estado Democrático de Direito, incidirá o art. 359-R do Código Penal.

5. SUJEITOS DO CRIME

5.1. Sujeito ativo

Cuida-se as infrações inseridas no art. 260 de **crimes comuns**, já que podem ser cometidas por quaisquer pessoas.

5.2. Sujeito passivo

Em primeiro lugar, a coletividade (titular da incolumidade pública) e, secundariamente, as pessoas cuja vida, saúde, integridade física ou patrimônio

---

[16] Circunstâncias judiciais são os fatores levados em conta na individualização judicial da pena, quando da lavratura da sentença condenatória. Encontram-se previstas no art. 59, *caput*, do CP.

[17] Nesse sentido: "a acusada, ao ter jogado obstáculo na linha e posteriormente caminhado na via férrea, não somente perturbou, como impediu o regular funcionamento do serviço de metrô, causando desarranjo em cadeia no sistema metroviário de transporte, com potencial perigo de acidente para indeterminado número de pessoas. Com efeito, os Desembargadores asseveraram que, para a configuração do delito de perigo de desastre ferroviário, é suficiente a simples perturbação livre, voluntária e consciente do serviço de estrada de ferro, em violação à segurança dos meios de transporte e comunicação, como verificado na hipótese. Ademais, ressaltaram que, apesar da desnecessidade de demonstração do elemento subjetivo específico para a tipificação da conduta, *in casu*, a própria acusada admitiu que estava ciente do que fazia, permitindo-se inferir, portanto, a presença de consciência acerca do perigo de acidente que seu comportamento poderia provocar, fato que caracterizaria, no mínimo, dolo eventual" (TJDFT, Acórdão 1668276, 07093941420208070003, rel. Des. Simone Lucindo, 1ª T. Criminal, j. 24-2-2023).

sejam expostos ao perigo, tais como os passageiros, os demais usuários do serviço de transporte, seus funcionários e terceiros[18].

6. CONSUMAÇÃO E TENTATIVA

6.1. Consumação

A realização integral do tipo dá-se com a **produção do perigo concreto**. Não basta, portanto, que o agente realize quaisquer dos comportamentos descritos nos incisos do *caput* da norma legal; é preciso que, a par disso, se verifique o risco causado a pessoas ou seu patrimônio.

No caso do **desastre** (§ 1º), o *summatum opus* dá-se com o **efetivo sinistro**.

6.2. Tentativa

A modalidade tentada é possível, desde que o sujeito tenha iniciado a execução, visando a impedir ou perturbar o serviço de estrada de ferro, e não atinja sua meta por circunstâncias alheias à sua vontade.

Hungria, inspirado em Jachino, dá os seguintes exemplos:

a) alguém lança uma grande pedra sobre o leito dos trilhos, mas é retirada por terceiros antes da aproximação da composição;

b) o sujeito retira um pedaço de ferro dos binários, mas o trem consegue por ele passar incólume, sem qualquer alteração ou perturbação de seu percurso;

c) uma pessoa, tendo conhecimento que dois trens partirão em sentidos opostos, abre a linha de comunicação entre eles, mas nada acontece porque um deles não parte ou se atrasa, passando pelo local do suposto choque vários minutos depois.

Não se admitirá o *conatus*, todavia, nas formas **preterdolosa** (§ 1º) e **culposa** (§ 2º), que pressupõem inexista a intenção de produzir o desastre.

7. FORMA CULPOSA (§ 2º)

O legislador também inclui na disposição a forma culposa, mas **condicionou sua existência à efetiva superveniência do desastre** (cujo conceito foi explicado no item 3.2, *supra*).

---

[18] "Em crimes contra a incolumidade pública, entre eles o de desastre ferroviário, a pluralidade de vítimas não caracteriza concurso formal, mas delito único" (TJRJ, *RT* 827/657). "Reconhecimento de crime único, uma vez que, muito embora a pluralidade de objetos, o bem jurídico violado é um só, qual seja, a incolumidade pública" (TJRS, AP 70070259858, rel. Des. Ícaro Carvalho de Bem Osório, 6ª CCr, j. 11-8-2016).

A pena será de seis meses a dois anos de detenção.

É necessário, nesse caso, que o impedimento ou perturbação do serviço de estrada de ferro, mediante uma das situações descritas na cabeça do artigo (como a colocação de obstáculo na linha, sua destruição total ou parcial etc.), advenha de *imprudência, negligência ou imperícia*. É o caso do sujeito que, ao transpor a linha de trem com seu veículo, dirige-o descuidadamente, fazendo-o desligar sobre o binário e, por nervosismo ou afobamento, não consegue movê-lo do lugar.

Note que, **além desse perigo culposamente produzido, será necessário que sobrevenha o sinistro.** No exemplo formulado, portanto, não haverá crime algum se o motorista, ainda que na última hora, conseguir mover o automóvel, evitando, assim, a colisão.

7.1. Forma agravada do crime culposo (art. 263)

Aplicam-se à modalidade culposa, por força da remissão contida no art. 263, as causas de aumento de pena previstas no art. 258 do CP. Assim, no caso de desastre decorrente de culpa, se do fato resulta **lesão corporal**, a pena aumenta-se de metade; se resulta **morte**, aplica-se a pena cominada ao homicídio culposo, aumentada de um terço[19].

8. CLASSIFICAÇÃO JURÍDICA

Trata-se de crime *doloso* (*caput*), *preterdoloso* (§ 1º) ou *culposo* (§ 2º), *comissivo*, de *forma ou ação livre* (onímodo), *comum* (qualquer sujeito pode cometê-lo), *monossubjetivo ou de concurso eventual* (pode ser praticado por uma só pessoa ou uma pluralidade, em conluio), *de mera conduta* (na hipótese do *caput*, onde a Lei Penal não faz alusão a qualquer resultado naturalístico) e *material* (no caso dos §§ 1º e 2º, pois a consumação está vinculada à superveniência do sinistro), *de perigo concreto ou real* (já que este figura como elementar do tipo, sendo necessário para sua consumação) e *de dano ou lesão* (nas figuras **culposa** e *preterdolosa*), *plurissubsistente* (seu *iter criminis* comporta cisão) e *instantâneo* (sua realização integral típica dá-se instantaneamente).

---

[19] "Não havendo prova suficiente de que o réu quis o resultado ou assumiu o risco de produzi-lo, nem tampouco de que o acusado conhecia as manobras necessárias para desconectar os vagões, sua ação se mostra profundamente imprudente, portanto culposa estrito senso. Desclassificação para o delito culposo com a aplicação da pena do homicídio culposo aumentada de um terço, nos termos dos arts. 258, última hipótese, e 260, § 2º, do CP" (TJRS, *RJTJRS* 113/129)".

9. PENA E AÇÃO PENAL

O perigo de desastre ferroviário é apenado com reclusão, de dois a cinco anos, e multa. Não admite, portanto, a suspensão condicional do processo e fica sujeito ao procedimento comum ordinário (Código de Processo Penal, arts. 395 a 405).

O desastre ferroviário, de sua parte, é punido com reclusão, de quatro a doze anos, e multa. Submete-se à mesma forma procedimental do delito de perigo.

Na modalidade culposa, a sanção é de seis meses a dois anos de detenção. Cuida-se de infração de menor potencial ofensivo, sujeita, portanto, às benesses da Lei n. 9.099/95.

A ação penal é, em todas as formas, **pública incondicionada**.

ART. 261 – ATENTADO CONTRA A SEGURANÇA DE TRANSPORTE MARÍTIMO, FLUVIAL OU AÉREO E SINISTRO EM TRANSPORTE MARÍTIMO, FLUVIAL OU AÉREO

1. DISPOSITIVO LEGAL

Atentado contra a segurança de transporte marítimo, fluvial ou aéreo

Art. 261. Expor a perigo embarcação ou aeronave, própria ou alheia, ou praticar qualquer ato tendente a impedir ou dificultar navegação marítima, fluvial ou aérea:

Pena – reclusão, de 2 (dois) a 5 (cinco) anos.

Sinistro em transporte marítimo, fluvial ou aéreo

§ 1º Se do fato resulta naufrágio, submersão ou encalhe de embarcação ou a queda ou destruição de aeronave:

Pena – reclusão, de 4 (quatro) a 12 (doze) anos.

Prática do crime com o fim de lucro

§ 2º Aplica-se, também, a pena de multa, se o agente pratica o crime com intuito de obter vantagem econômica, para si ou para outrem.

Modalidade culposa

§ 3º No caso de culpa, se ocorre o sinistro:

Pena – detenção, de 6 (seis) meses a 2 (dois) anos.

2. VALOR PROTEGIDO (OBJETIVIDADE JURÍDICA)

Cuida-se da incolumidade pública, nomeadamente por meio da tutela da **segurança coletiva ligada ao transporte marítimo, fluvial ou aéreo**. Dada a natureza pluriofensiva das infrações contidas no Título VIII, visa-se também à salvaguarda das pessoas, seja quanto à sua vida ou integridade corporal, e do patrimônio alheio[20].

3. TIPO OBJETIVO

3.1. Atentado contra a segurança de transporte marítimo, fluvial ou aéreo (*caput*)

A norma penal incriminadora deve ser decomposta em duas figuras penais (alternativamente dispostas, de modo a consubstanciar crime de conduta múltipla ou **tipo misto alternativo**), a saber: a) expor a perigo embarcação ou aeronave, própria ou alheia; b) praticar qualquer ato tendente a impedir ou dificultar navegação marítima, fluvial[21] ou aérea.

Ambas constituem **delitos de forma ou ação livre**, já que a lei admite sejam elas praticadas por qualquer meio executório (por exemplo, "danos que tornem precárias as condições de navegabilidade; subtração de peças necessárias ao governo do veículo; abalroamento ou colisão; remoção ou inutilização de sinais de tráfego; colocação de falsos faróis etc."[22]).

---

[20] "Para se caracterizar o delito do art. 261 do CP, é imprescindível que se trate de aeronave destinada a transporte coletivo, caso contrário não se identifica o 'perigo comum'" (TACrSP, *RT* 287/174). "O delito descrito no art. 261 do CP (atentado contra a segurança de transporte marítimo, fluvial ou aéreo) constitui um tipo misto alternativo composto por duas condutas diferentes: 'expor a perigo embarcação ou aeronave, própria ou alheia' e 'praticar qualquer ato tendente a impedir ou dificultar navegação marítima, fluvial ou aérea'. O objeto material do delito é a embarcação ou aeronave, e seu objeto jurídico é a incolumidade pública, voltada, especificamente, para a segurança dos meios de transporte" (STJ, CC 145.787/SP, rel. Min. Reynaldo Soares da Fonseca, 3ª S., j. 11-5-2016). Considerou-se como crime de perigo à embarcação a conduta do sujeito que conduz embarcação com mais que o dobro de passageiros permitidos, ciente da superlotação (TRF, 1ª R., AP 0002820-78.2010.4.01.3200, rel. Des. Fed. Rogéria Maria Castro Debelli, 3ª T., j. 10-8-2017).

[21] O transporte fluvial, como se sabe, é aquele efetuado por rios. O legislador não inclui, portanto, o transporte por lagos (lacustre), o qual se subsume ao art. 262 do CP (que fala em "outro meio de transporte público"). A desequiparação entre os meios citados (um se enquadrando no art. 261 e outro, no art. 262) não se justifica, sobretudo diante da comparação entre as penas cominadas (reclusão, de dois a cinco anos e quatro a doze, se houver sinistro, no caso do transporte fluvial *versus* detenção, de um a dois anos e reclusão, de dois a cinco anos, se ocorrer desastre, em se cuidando de transporte lacustre). Não é possível imaginar por que motivo causar risco de naufrágio de uma mesma embarcação em rio possa ser mais grave do que fazê-lo em lago. Hungria justificava a postura do Código dizendo que a navegação lacustre era por demais reduzida no Brasil, pois somente existia nas lagoas Mirim e dos Patos (op. cit., v. IX, p. 79). Decerto, transcorridos setenta anos do início de sua vigência, eis aí um aspecto de nosso Código que carece de reformulação.

[22] Exemplos citados por Magalhães Noronha, op. cit., v. 3, p. 523.

A primeira delas consiste em **expor a perigo embarcação ou aeronave**. Aquela abrange os veículos responsáveis pelo transporte por via aquosa, como a fluvial, a lacustre ou a marítima. Aeronave, segundo o Código Brasileiro de Aeronáutica (Lei n. 7.565/86), é "todo aparelho manobrável em voo, que possa sustentar-se e circular no espaço aéreo, mediante reações aerodinâmicas, apto a transportar pessoas ou coisas" (art. 106, *caput*).

O Código Penal, embora desnecessariamente, esclarece que pouco importa se o meio de transporte em que se produz o perigo real é próprio ou alheio. Assim, por exemplo, comete a infração quem efetua manobras arriscadas pilotando sua própria aeronave ou aquela que a outrem pertence. Nada mais natural, pois se trata de infração contra a incolumidade pública e a segurança do transporte, e não delito contra o patrimônio.

Pode-se citar como exemplo, ainda, o ato de "modificar a rota original do avião, desferir tiros em seu interior, bem como obrigar o pouso em lugar desconhecido e pequeno (...)"[23].

Deve-se destacar que se trata de infração de **perigo concreto ou real**, pois este constitui elementar do tipo; justamente por isso, necessário se fará, por qualquer meio de prova, a **demonstração do efetivo risco a um número indeterminado de pessoas ou coisas.**

Também se subsume ao art. 261, *caput*, o ato de **impedir ou dificultar navegação marítima, fluvial ou aérea**. Mostra-se indiferente a maneira como o agente busque fazê-lo; se sua atitude (dolosa) tiver o condão de obstar o deslocamento do meio de transporte ou, de qualquer meio, causar-lhe embaraços, cometerá a infração[24]. Pratica o delito, por exemplo, o grupo de passageiros que, durante o procedimento de decolagem, se arregimenta para invadir a cabine do comandante do avião, forçando a entrada, visando a reclamar do atraso do voo. Muito embora a norma não mencione expressamente a exposição de perigo como elemento típico, parece-nos ser isto indispensável

---

[23] *RTRF 4ª R.* 42/226.

[24] "Condenação legítima. Acusado que deliberadamente apontou feixe de *laser* em direção a helicóptero da Polícia Militar. Confissão extrajudicial roborada por prova judicializada. Retratação corretamente afastada. Dinâmica da diligência bem relatada, mormente pelo policial que pilotava o helicóptero, o qual assegurou não ter dúvidas de que a ação foi intencional, principalmente porque o acusado permaneceu, até a chegada de equipe terrestre, o tempo todo, sem interrupções, apontando o feixe na direção da aeronave. O interrogatório é válido pelo seu teor, surgindo indiferente o local em que prestado, mormente quando compatível com as demais provas colhidas. Precedentes. Artefato que poderia ser utilizado, como o foi, para ofuscar piloto de aeronave, consoante constatado por perícia" (TJSP, ApCr 0033769-82.2013.8.26.0506, rel. Des. Alcides Malossi Junior, 9ª CCr, j. 6-5-2020).

à caracterização do crime (perigo concreto, portanto), tendo em conta a interpretação sistemática do dispositivo, o qual, na primeira parte, utiliza-se dos vocábulos "expor a perigo", elementar que deve plasmar a compreensão de toda a norma. Afora isso, há a rubrica lateral da norma, que diz "atentado contra a segurança de transporte marítimo, fluvial ou aéreo", demonstrando a necessidade indiscriminada de se produzir o risco efetivo[25].

3.2. Desastre marítimo, fluvial ou aéreo (§ 1º)

O art. 261 tipifica não só o atentado contra a segurança de transporte marítimo, fluvial ou aéreo, mas também o desastre nestas condições. De acordo com a lei, se do fato advier **naufrágio, submersão** ou **encalhe de embarcação** ou a **queda** ou **destruição de aeronave**, a pena será de reclusão, de quatro a doze anos.

Naufrágio significa a perda de uma embarcação; submersão, seu afundamento; encalhe, o ato de ficar ela em local cuja profundidade seja tão rasa que a impeça de se locomover.

O dispositivo contempla, ainda, como sinistros, a queda ou destruição de aeronave.

Do mesmo modo que no art. 260, § 1º, os desastres em questão constituem resultados imputáveis a título de culpa (**crimes preterdolosos**)[26]. Decorre daí que **a conduta deve ser dirigida à causação do perigo efetivo, e não do sinistro**, o qual deve ser oriundo de imprudência, negligência ou imperícia. Isto porque o dolo de perigo, presente no atentado (*minus delictum*),

---

[25] Para Magalhães Noronha, a segunda parte da norma penal incriminadora contém crime de perigo abstrato. Segundo o autor, "nada na oração nos indica que este seja da mesma natureza; ao contrário, somos levados naturalmente a crer que se contemplou aí um delito de perigo abstrato; basta a prática de uma das ações agora mencionadas, sem haver o perigo real de acidente ou desastre para o meio de transporte" (op. cit., v. 3, p. 521).

[26] Hungria aduzia que, no caso em estudo, o sinistro constituía condição de maior punibilidade, de modo que não se vislumbrava resultado preterdoloso, mas exaurimento (op. cit., v. IX, p. 83). Parece-nos que não lhe assiste razão, pois, como sustentava Magalhães Noronha, tal opinião traduz uma quebra (injustificada) da "harmonia que deve reinar entre o art. 261 e o 260. Este prevê o desastre ferroviário e o outro o acidente em navegação marítima, fluvial ou aérea. Ora, se o § 1º do art. 260 considera hipótese preterdolosa – com o que concorda o eminente professor (referindo-se a Hungria) – não vemos por que negar tal natureza também no § 1º deste artigo. São perfeitamente equiparáveis o acidente ferroviário e o marítimo e quem o diz é a própria lei, impondo a mesma pena – dois a cinco anos de reclusão – para a espécie simples, e quatro a doze anos para a qualificada. A análise do douto Ministro destrói o paralelismo que deve existir entre as disposições. Depois, se não existe preterdolo – quando o resultado é imputado por culpa *stricto sensu* – só o poderá ser a título de *responsabilidade objetiva*, pois o dolo é que não existe..." (op. cit., v. 3, p. 525).

seria totalmente incompatível com o dolo de dano existente no sinistro (*majus delictum*). Em outras palavras, se o sujeito quis, no início (tão somente), expor a perigo, eventuais danos constituirão obrigatoriamente resultado *além do pretendido*, ou seja, serão provenientes de culpa.

É bem possível que, com o evento danoso, produzam-se **lesões corporais** ou **morte** de pessoas; desde que estas também sejam **culposamente provocadas**, aplicar-se-ão as causas de aumento do art. 258 do CP (por força da remissão contida no art. 263), a saber: aumento de metade, se advier lesão grave e ao dobro, se resultar em morte. Será indiferente, nesses casos, a quantidade de pessoas efetivamente feridas ou mortas, para fins de incidir a exasperante. Acrescente-se que, por se tratar de infração contra a incolumidade pública, a existência de mais de uma pessoa atingida não importa em *concursus delictorum*.

Se o agente provocar o atentado visando à produção da morte de pessoas, como o agente que, no interior de uma aeronave, assume seu comando e provoca sua queda, cometerá delitos de dano (CP, art. 163), de homicídio (CP, art. 121) ou lesões corporais dolosas (CP, art. 129), em concurso formal impróprio (CP, art. 70, *caput*, parte final), conforme os danos ocasionados[27].

4. TIPO SUBJETIVO

Cuida-se a modalidade fundamental (*caput*) de crime **doloso**, motivo pelo qual é mister haja o sujeito voluntária e conscientemente, tendo noção do risco à segurança marítima, aérea ou fluvial, produzido pelo seu modo de agir. Caso o autor seja motivo pelo intuito de **obter vantagem econômica**, para si ou para outrem, ficará sujeito à **pena de multa (§ 2º)**.

Se a conduta tiver como **escopo abolir o Estado Democrático de Direito**, a prática de sabotagem se subsumirá ao **art. 359-R do Código Penal**.

O **sinistro efetivo (§ 1º)**, como se viu acima, é delito **preterdoloso**.

A forma **culposa** (elemento normativo) encontra-se prevista no § 3º da disposição (*vide* item 7, *infra*).

5. SUJEITOS DO CRIME

5.1. Sujeito ativo

Tanto o perigo de desastre marítimo, fluvial ou aéreo quanto o efetivo desastre podem ser praticados por quaisquer pessoas (**crimes comuns**), inclusive o proprietário do meio de transporte, como deixa claro a cabeça da disposição.

---

[27] A punição do agente, por óbvio, pressupõe não tenha ocorrido a extinção da punibilidade (CP, art. 107, I).

5.2. Sujeito passivo

A coletividade figura como sujeito passivo material e, além dela, as pessoas expostas ao perigo concreto produzido, bem como os titulares dos bens materiais periclitados.

6. CONSUMAÇÃO E TENTATIVA

6.1. Consumação

O *crimen* consuma-se com a realização do perigo concreto. No caso do desastre (§ 1º), com o efetivo sinistro.

6.2. Tentativa

Afigura-se admissível a tentativa, de vez que se trata de infração penal **plurissubsistente**. O sujeito, destarte, pode dar início à execução do delito, não logrando criar o perigo concreto por circunstâncias alheias à sua vontade. Por exemplo: um passageiro revoltoso, no interior de um avião, concita os demais a invadir a cabine do comandante, mas não consegue convencê-los e é seguro pela tripulação.

O *conatus* não terá lugar nas figuras preterdolosa (§ 1º) e culposa (§ 3º), dada a incompossibilidade de coexistência entre elas. Na tentativa, o agente quer o resultado, mas não consegue por circunstâncias que escapam à sua vontade e, nos delitos culposos e preterdolosos o sujeito *não quer o resultado*.

7. FORMA CULPOSA (§ 3º)

Se a **provocação do perigo for culposa e sobrevier o sinistro**, a pena será de seis meses a dois anos de detenção.

São **requisitos** dessa figura: a) que a exposição a perigo ou a prática do ato tendente a impedir ou dificultar a navegação derive de *imprudência*, *negligência* ou *imperícia*; b) que ocorra o efetivo naufrágio, encalhe, submersão, queda ou destruição do meio de transporte[28].

---

[28] "Comete crime de atentado contra a segurança de transporte marítimo, em sua modalidade culposa, o agente que, sendo sócio e gerente, estando a frente do negócio, expõe a perigo embarcação, do uso do público em geral, deixando-a em mau estado e conservação, com instalação de modificações que degradam sua estabilidade e equipamento de salvatério precário, apresentando coletes salva-vidas arrumados em local de difícil acesso e somente em um convés, ausentes botes e apenas quatro boias para 150 pessoas. Crime de perigo que se consuma no momento em que as causas se verificaram, respondendo pelo resultado quem tenha feito, mandado fazer, ou mesmo permitido que se fizessem as alterações fatídicas ou negligenciasse na conservação da

Exemplo conhecido dessa infração ocorreu no histórico "caso do Bateau Mouche", quando essa embarcação foi preparada para receber pessoas em comemoração à passagem de ano e, devido ao seu precário estado e superlotação, afundou, provocando a morte de diversas pessoas. No julgamento, inclusive, entendeu o Supremo Tribunal Federal serem aplicáveis as agravantes genéricas do art. 61, II, do CP (contrariando boa parte da doutrina, que sustenta serem elas subsumíveis somente a delitos dolosos)[29].

7.1. Forma agravada do crime culposo (art. 263)

De acordo com o art. 263, se no caso de sinistro decorrente de culpa advier **lesão corporal**, a pena aumenta-se de metade; se resultar **morte**, aplicar-se-á a pena cominada ao homicídio culposo, aumentada de um terço[30].

---

embarcação. Assim, quem põe uma embarcação no mar para transporte de pessoas há de tomar cautelas e cuidados especiais. Se omite ou deixa de atuar para que a embarcação esteja em perfeitas condições de navegabilidade, responde pela exposição a perigo que de sua omissão resulta. Não se terá em conta para atribuição de responsabilidade penal, a titulação genérica dos sócios-gerentes, mas sim o efetivo exercício da gerência da empresa especialmente porque sabiam das necessidades do barco e sua péssima situação" (TJRJ, *RDTJRJ* 12/280). E ainda comete o crime de perigo à embarcação a conduta do sujeito que conduz embarcação com mais que o dobro de passageiros permitidos, ciente da superlotação (TRF, 1ª R., AP 0002820-78.2010.4.01.3200, rel. Des. Fed. Rogéria Maria Castro Debelli, 3ª T., j. 10-8-2017).

[29] Eis o trecho do acórdão do Supremo Tribunal Federal no caso citado: "Se a sentença, ao acertar, à luz da prova, a versão do fato delituoso, enuncia claramente circunstâncias de inequívoco relevo para a aplicação da pena, não é de exigir-se que a menção dessas circunstâncias seja explicitamente repetida no capítulo dedicado especificamente à dosimetria da sanção aplicada: a base empírica do juízo de valor que induzir à exasperação da pena pode resultar do contexto da motivação global da sentença condenatória: por isso, não pode ser considerada inidônea, quanto à motivação da pena a decisão que, além de aludir, no item específico, às *circunstâncias e gravíssimas consequências do crime* – que são dados objetivos irretorquíveis do caso – ao fundamentar a condenação, já se esmerara em demonstrar a existência e a extrema gravidade da culpa, que, para o acórdão, *chega a tangenciar o dolo eventual*: são motivos explicitados de exasperação que, em seu conjunto, guardam congruência lógica e jurídica com a severíssima quantificação da pena-base. Não obstante a corrente afirmação apodítica em contrário, além da reincidência, outras circunstâncias agravantes podem incidir na hipótese de crime culposo: assim, as atinentes ao motivo, quando referidas à valorização da conduta, a qual, também nos delitos culposos, é voluntária, independentemente da não voluntariedade do resultado: admissibilidade, no caso, da afirmação do motivo torpe – a obtenção de lucro fácil –, que, segundo o acórdão condenatório, teria induzido os agentes ao comportamento imprudente e negligente de que resultou o sinistro" (*RT* 730/407).

[30] "Não havendo prova suficiente de que o réu quis o resultado ou assumiu o risco de produzi-lo, nem tampouco de que o acusado conhecia as manobras necessárias para

8. CLASSIFICAÇÃO JURÍDICA

Trata-se de crime *doloso* (*caput*), *preterdoloso* (§ 1º) ou *culposo* (§ 3º), *comissivo, de forma ou ação livre* (onímodo), *comum* (qualquer sujeito pode cometê-lo), *monossubjetivo* (pode ser praticado por uma só pessoa ou uma pluralidade, em conluio), *de mera conduta* (na hipótese do *caput*, onde a Lei Penal não faz alusão a qualquer resultado naturalístico) e *material* (no caso dos §§ 1º e 3º, pois a consumação está vinculada à superveniência do sinistro), *de perigo concreto ou real* (pois o perigo é necessário para a forma perfeita do delito) e *de dano ou lesão* (nas figuras culposa e preterdolosa), *plurissubsistente* (seu *iter criminis* comporta fracionamento) e *instantâneo* (sua realização integral típica dá-se instantaneamente).

9. COMPETÊNCIA FEDERAL (CF, ART. 109, IX)

Se o crime for cometido a bordo de navios ou aeronaves, a competência para o processo e julgamento será da Justiça Federal (ressalvada a competência da Justiça Militar)[31]. Para o Superior Tribunal de Justiça, "não é qualquer delito, doloso ou culposo, envolvendo o transporte marítimo, fluvial ou aéreo que atrairá a competência da Justiça Federal, pois esta Corte vem entendendo ser necessária lesão ou ofensa direta a bens, serviços ou interesses da União para que se caracterize a competência da Justiça Federal para julgamento do delito, não bastando, para tanto, ofensa meramente reflexa ou indireta"[32].

---

desconectar os vagões, sua ação se mostra profundamente imprudente, portanto culposa estrito senso. Desclassificação para o delito culposo com a aplicação da pena do homicídio culposo aumentada de um terço, nos termos dos arts. 258, última hipótese, e 260, § 2º, do CP" (TJRS, *RJTJRS* 113/129).

[31] "Compete à Justiça Federal processar e julgar os crimes cometidos a bordo de navios, incluídos os praticados contra a segurança do transporte marítimo. Inteligência do art. 109, IX, da Constituição Federal" (STJ, *JSTJ* e *TRF-Lex* 32/307).

[32] "A primeira das condutas (expor a perigo embarcação ou aeronave, própria ou alheia) pode envolver objeto material de propriedade de particular ou da União, Estados ou Municípios. Assim sendo, a depender do bem material atingido, será identificada a ofensa que justifica a fixação da competência da Justiça comum ou da Justiça Federal. 5. A segunda conduta descrita na norma (praticar qualquer ato tendente a impedir ou dificultar navegação marítima, fluvial ou aérea) pode ser direcionada a objetos pontuais determinados ou ter como objetivo atingir o próprio sistema. Em se tratando de conduta voltada para dificultar a navegação marítima, fluvial ou aérea de uma ou mais embarcações ou aeronaves definidas, há que se perquirir tanto a intenção do agente quanto o potencial de risco a outras embarcações/aeronaves gerado pela conduta, quanto quem é o proprietário do bem alvo do ilícito, para que se possa averiguar se, no caso concreto, existe interesse da União no delito. 6. Quando a conduta

10. LEI ANTIDROGAS (LEI N. 11.343/2006)

Não se pode confundir o crime do art. 261 do CP com aquele definido no art. 39 da Lei Antidrogas, o qual possui caráter especial e se encontra assim definido: "Conduzir embarcação ou aeronave após o consumo de drogas, expondo a dano potencial a incolumidade de outrem"[33].

11. PENA E AÇÃO PENAL

O perigo de desastre marítimo, fluvial ou aéreo é apenado com reclusão, de dois a cinco anos, e multa (quando houver fim de lucro). Descabe suspensão condicional do processo; o rito aplicável é o comum ordinário (CPP, arts. 395 a 405).

Se houver sinistro, pune-se o agente com reclusão, de quatro a doze anos, e multa (também se aplica o procedimento comum ordinário).

Na modalidade culposa, a sanção é de seis meses a dois anos de detenção (infração de menor potencial ofensivo).

A ação penal é **pública incondicionada**.

---

tiver potencial de afetar ou colocar em risco o sistema de navegação seja marítima, fluvial ou aérea, ainda que não em todo território nacional, mas colocando em risco uma série de aeronaves ou embarcações, além de seus passageiros e tripulantes, exsurgirá o interesse da União e a competência da Justiça Federal para o julgamento do processo. Na situação em exame, há consenso sobre o fato de que a verdadeira intenção do réu, ao disparar rojões em direção a helicóptero da Polícia Militar do Estado de São Paulo, não era de impedir ou dificultar o transporte aéreo, mas, sim, impedir a ação policial, uma vez que procuravam evitar a prisão/detenção de moradores do local que haviam, em ocasião anterior, hostilizado, desacatado e ameaçado de morte policiais em patrulhamento de rotina. Como os rojões disparados não tiveram o potencial de afetar ou colocar em risco o sistema de navegação aérea, gerando, no máximo, perigo para o helicóptero da Polícia Militar do Estado de São Paulo, o delito deve ser processado e julgado pela Justiça Estadual" (STJ, CC 145.787/SP, rel. Min. Reynaldo Soares da Fonseca, 3ª S., j. 11-5-2016).

[33] A pena é de detenção, de seis meses a três anos, "além da apreensão do veículo, cassação da habilitação respectiva ou proibição de obtê-la, pelo mesmo prazo da pena privativa de liberdade aplicada, e pagamento de 200 (duzentos) a 400 (quatrocentos) dias-multa". De acordo com o parágrafo único da disposição: "As penas de prisão e multa, aplicadas cumulativamente com as demais, serão de 4 (quatro) a 6 (seis) anos e de 400 (quatrocentos) a 600 (seiscentos) dias-multa, se o veículo referido no *caput* deste artigo for de transporte coletivo de passageiros".

ART. 262 – ATENTADO CONTRA A SEGURANÇA DE OUTRO MEIO DE TRANSPORTE

1. DISPOSITIVO LEGAL

Atentado contra a segurança de outro meio de transporte

Art. 262. Expor a perigo outro meio de transporte público, impedir-lhe ou dificultar-lhe o funcionamento:

Pena – detenção, de 1 (um) a 2 (dois) anos.

§ 1º Se do fato resulta desastre, a pena é de reclusão, de 2 (dois) a 5 (cinco) anos.

§ 2º No caso de culpa, se ocorre desastre:

Pena – detenção, de 3 (três) meses a 1 (um) ano.

2. VALOR PROTEGIDO (OBJETIVIDADE JURÍDICA)

O valor tutelado, como nas demais infrações do Título VIII, é a incolumidade pública, por meio da **segurança do transporte público**, somada à proteção da **vida**, da **integridade física** e do **patrimônio** das pessoas (indeterminadamente consideradas).

3. TIPO OBJETIVO

3.1. Atentado contra a segurança de transporte público (*caput*)

O art. 262 do CP, de modo similar ao precedente, constitui **tipo misto alternativo**[34], o qual pode ser cindido em duas figuras: a) expor a perigo meio de transporte público; b) impedir ou dificultar o funcionamento do transporte público.

A norma se dá com a exposição a perigo de meios de *transporte público* (**individuais ou coletivos**), aí abrangidos todos aqueles capazes de promover a locomoção de pessoas, *salvo* por via férrea, cabo aéreo, via marítima, fluvial ou aérea (já que para estes se aplicam os arts. 260 e 261).

O legislador vale-se da **interpretação analógica**, na qual se utiliza de hipóteses casuísticas, seguidas de cláusula genérica. Em face disso, pode-se apontar como situações subsumíveis ao art. 262 atentados em meios de *transporte lacustre* (por lagos), *viário*[35] (abrangendo ônibus,

---

[34] Lembre-se que, nessas infrações, o cometimento de mais de uma das condutas típicas não produz concurso de crimes, mas delito único, desde que se possa antever uma só lesão ao objeto jurídico, ainda que prolongada pela reiteração de ações nucleares em semelhante contexto fático.

[35] "Crime de atentado contra a segurança de serviço de utilidade pública. (...) Conduta pessoal dos apelantes independente da decisão da assembleia do sindicato que não

vans, "lotações", entre outros) ou *ascensores públicos*, como há em Salvador, na lembrança de Hungria, ligando as cidades baixa e alta[36].

Estariam incluídos os elevadores situados em edifícios?

Para Drummond, a resposta é afirmativa. Dizia o professor que "o ascensor, onde seu uso é facultado a todo mundo sem quaisquer condições que não sejam as gerais de boa convivência social, é, sem dúvida, um meio de transporte público, não só quanto às facilidades que propicia, como quanto aos perigos a que pode expor indeterminadas pessoas em indeterminado número. O que, bom ou mau, se realiza para certa pessoa, poder-se-ia realizar para qualquer outra indeterminadamente, e é precisamente esta indeterminação do perigo, esta imprecisão quanto às pessoas que possam vir a incidir nele, o que essencialmente caracteriza o perigo comum. Não importa que o ascensor seja de propriedade particular, se posto à disposição do público. A lei se refere a meios de transporte público, não a meios *públicos* de transporte"[37]. Já Hungria divergia desse ponto de vista, pontificando que "não estão compreendidos os *elevadores* de edifícios de apartamentos, pois não são considerados meio de *transporte público* (que pressupõe *via pública*)"[38].

Para nós, a razão está com o primeiro. **O tipo não exige, em momento algum, que o transporte se desenvolva em *via pública*.** O que caracteriza o meio de locomoção como de transporte público é o fato de se destinar às pessoas de modo geral, justamente como se dá num edifício cujo ascensor encontra-se à disposição do público, sem qualquer distinção.

É indiferente que o meio de transporte seja próprio ou alheio, porquanto não se cuida de infração patrimonial. Pouco importa, ainda, se pertence a pessoa jurídica de direito público ou privado, pois o fundamental é que se destine, repise-se, à locomoção das pessoas em geral[39].

O ilícito pode ser praticado por **qualquer meio executivo** (delito de forma ou ação livre), **desde que ocorra a produção de perigo efetivo a um número indefinido de pessoas.**

---

determinara o bloqueio e, em consequência, o atentado contra a segurança e o funcionamento do serviço público de transporte. Sentença correta. Desprovimento" (TJRJ, *RDTJRJ* 24/290).

[36] Op. cit., v. IX, p. 84.

[37] Op. cit., v. IX, p. 91.

[38] Op. cit., v. IX, p. 84.

[39] "O caráter público não é dado por quem explora o serviço. (...) Não é, pois, somente o serviço explorado pela União, Estado ou Município que tem esse caráter. Também o das empresas particulares, desde que sirvam ao público. Visa-se aos veículos de transporte coletivo, com referência à incolumidade pública: ônibus, embarcações de navegação lacustre, veículos puxados por animais, elevadores públicos – como o de Salvador – etc." (Edgard de Magalhães Noronha, op. cit., p. 527-528).

O atentado em apreço também pode ser cometido mediante impedimento ou dificultação de funcionamento do meio de transporte, sendo necessário, todavia, que daí advenha concreto perigo coletivo[40]. Calha aqui repisar o argumento desenvolvido quando da análise dos artigos precedentes, ou seja, ainda que a norma não mencione explicitamente a exposição de perigo como elemento típico em sua parte final, trata-se de requisito necessário à caracterização do crime, por interpretação sistemática do dispositivo.

3.2. Desastre em transporte público (§ 1º)

De acordo com o § 1º, "se do fato resulta desastre, a pena é de reclusão, de 2 (dois) a 5 (cinco) anos".

O sinistro deve ser produzido por culpa; vale dizer que se trata de **crime preterdoloso**: logo, há **dolo na produção do perigo** (ato anterior) e **culpa no desastre** (resultado agravador). Recorde-se que o dolo de perigo exigido no movimento inicial ("se do fato resulta...") seria totalmente incompatível dolo de dano no evento final; daí por que a imputação do desastre pressupõe necessariamente a culpa (excluindo-se o dolo, que, se existente, importará na existência de crimes de homicídio ou lesão corporal, tentados ou consumados).

Caso decorram **lesões corporais** ou **morte** de pessoas, igualmente produzidas a título de culpa, aplicar-se-ão as causas de aumento do art. 258 do CP (por força da remissão contida no art. 263), isto é, aumento de metade, se advier lesão grave, e ao dobro, se resultar em morte. Nesses casos, pouco importa a quantidade de pessoas efetivamente feridas ou mortas; seja uma ou várias, aplicar-se-á a exasperante. Deve-se lembrar que o delito se insere na categoria das infrações contra a incolumidade pública, nas quais a existência de mais de uma pessoa atingida não importa em *concursus delictorum*.

Havendo dolo de dano, ou seja, vontade ou risco assumido de produzir morte ou lesões corporais, haverá homicídio doloso (CP, art. 121) ou lesões corporais dolosas (CP, art. 129).

4. TIPO SUBJETIVO

O atentado contra meio de transporte público constitui crime **doloso**, motivo pelo qual deve haver voluntariedade de realizar o ato periclitante,

---

[40] "O art. 262 do Código Penal visa à tutela da segurança e incolumidade pública, em especial das pessoas que fazem uso do sistema de transporte público, razão pela qual a conduta de bloquear o trânsito em rodovia de grande movimento, expôs a risco e impediu o funcionamento das linhas de transporte público que ali operavam" (TJDFT, Acórdão 1006054, 20130510100697APR, rel. Des. Romão C. Oliveira, 1ª T. Criminal, j. 23-3-2017).

de impedir-lhe ou dificultar-lhe o funcionamento e a consciência do perigo concreto produzido.

O **desastre efetivo** (§ 1º), como se estudou acima, é delito **preterdoloso**.

Se a conduta tiver como **escopo abolir o Estado Democrático de Direito**, aplica-se o **art. 359-R** do Código Penal.

A forma culposa encontra-se prevista no § 2º da disposição (*vide* item 7, *infra*).

5. SUJEITOS DO CRIME

5.1. Sujeito ativo

O delito do art. 262 pode ser praticado por qualquer pessoa, visto que a norma penal não requer nenhuma qualidade ou condição especial do sujeito ativo (**crime comum**).

5.2. Sujeito passivo

Tratando-se de infração contra a incolumidade pública, a coletividade figura como sujeito passivo material e, junto com esta, as pessoas expostas ao perigo concreto produzido, bem como os titulares dos bens materiais periclitados.

6. CONSUMAÇÃO E TENTATIVA

6.1. Consumação

O *summatum opus*, ou seja, a consumação do crime ocorre no exato momento em que a conduta do agente **produz o perigo concreto**. Na forma **preterdolosa**, é dizer, no desastre em meio de transporte público (§ 1º), a realização integral do tipo dá-se com o **efetivo sinistro**.

6.2. Tentativa

A tentativa mostra-se admissível, quando se tratar da modalidade fundamental (*caput*), por se tratar de infração **plurissubsistente**. Descabe no caso de desastre efetivo, que constitui crime **preterdoloso, incompatível** com o *conatus* (o mesmo se diga da forma **culposa**).

7. FORMA CULPOSA (§ 2º)

Se a **provocação da situação perigosa advier de culpa e sobrevier o desastre**, a pena será de seis meses a dois anos de detenção.

São **requisitos:** a) que a exposição a perigo ou a prática do ato tendente a impedir ou dificultar o funcionamento do transporte público decorra de *imprudência, negligência* ou *imperícia*; b) que se verifique o efetivo sinistro.

7.1. Forma agravada do crime culposo (art. 263)

É possível que o sujeito realize a conduta capaz de pôr em risco o transporte público, periclitando um número indeterminado de pessoas e, do ato descuidado, haja o sinistro, o qual provoque (também culposamente) a **morte** ou **lesões corporais** nas vítimas. Nesse caso, **havendo óbito**, a pena será a do **homicídio culposo aumentada em um terço** e, no caso de **lesões**, eleva-se de **metade** a sanção.

8. CLASSIFICAÇÃO JURÍDICA

Trata-se de crime *doloso* (*caput*), *preterdoloso* (§ 1º) ou *culposo* (§ 2º), *comissivo*, de *forma ou ação livre* (onímodo), *comum* (qualquer pessoa pode figurar como sujeito ativo), *monossubjetivo* (pode ser praticado por uma só pessoa ou várias, em concurso de agentes), *de mera conduta* (na hipótese do *caput*, onde a Lei Penal não faz alusão a qualquer resultado naturalístico) e *material* (no caso dos §§ 1º e 2º, pois a consumação está vinculada à superveniência do desastre), *de perigo concreto ou real* (já que este figura como elementar do tipo, sendo necessário para sua consumação) e *de dano ou lesão* (nas figuras culposa e preterdolosa), *plurissubsistente* (seu *iter criminis* comporta divisão) e *instantâneo* (sua realização integral típica dá-se instantaneamente).

9. CRIMES DE TRÂNSITO

Não se deve confundir o crime em estudo com as infrações penais definidas no Código de Trânsito (arts. 302 a 312). Muitas delas são crimes de dano, posto exigirem a lesão ao valor protegido para efeito de consumação (caso do homicídio e da lesão corporal na direção de veículo automotor). Há, contudo, infrações de perigo, como a embriaguez ao volante (art. 306), a participação em corrida não autorizada (art. 308) e a direção perigosa (art. 309). Estas também podem ser consideradas delitos de perigo comum, pois geram risco não só ao condutor do veículo e passageiros, mas a um número indeterminado de pessoas e coisas alheias. Ocorre, todavia, que estas são especiais em relação ao art. 262 do CP, por consubstanciarem situações particulares de periclitação coletiva por meio de transporte viário; além disso, aplicam-se também a meios de transporte individual, ao passo que o Código Penal somente abrange os públicos.

10. PENA E AÇÃO PENAL

O atentado em meio de transporte público é apenado com detenção, de um a dois anos, inserindo-se, portanto, na competência *ratione materiae* dos Juizados Especiais Criminais (Lei n. 9.099/95).

Se do fato resultar desastre, pune-se o agente com reclusão, de dois a cinco anos. Nesse caso, a competência será do juízo comum, observando-se o rito comum ordinário (CPP, arts. 395 a 405).

Na modalidade culposa, a sanção é de três meses a um ano de detenção (infração de menor potencial ofensivo).

A ação penal é **pública incondicionada**.

ART. 264 – ARREMESSO DE PROJÉTIL

1. DISPOSITIVO LEGAL

Arremesso de projétil

Art. 264. Arremessar projétil contra veículo, em movimento, destinado ao transporte público por terra, por água ou pelo ar:

Pena – detenção, de 1 (um) a 6 (seis) meses.

Parágrafo único. Se do fato resulta lesão corporal, a pena é de detenção, de 6 (seis) meses a 2 (dois) anos; se resulta morte, a pena é a do art. 121, § 3º, aumentada de um terço.

2. VALOR PROTEGIDO (OBJETIVIDADE JURÍDICA)

A objetividade jurídica do arremesso de projétil é, como nos demais dispositivos inseridos neste setor do Código Penal, a incolumidade pública e, em especial, **a segurança dos meios de transporte** e a **vida**, a **integridade física** e o **patrimônio** de um número indeterminado de pessoas.

3. TIPO OBJETIVO

A conduta nuclear consubstancia-se no ato de *arremessar*, isto é, lançar com força, jogar vigorosamente, atirar com violência.

O objeto arremessado deve ser *projétil*, entendido este como o *sólido pesado que, depois de nele se aplicar impulso, desloca-se no espaço abandonado a si mesmo*. Abrange, portanto, pedras, pedaços de madeira ou metal, entre outros. Em nosso sentir, não engloba líquidos corrosivos, como o vitríolo, segundo sustenta um setor da doutrina[41], sob pena de analogia *in*

---

[41] J. de Magalhães Drummond (op. cit., v. IX, p. 95) e Nelson Hungria (op. cit., v. IX, p. 86).

malam partem. O arremesso pode se dar com as próprias mãos ou com uso de arma, aparelho ou dispositivo. Caso se trate de **arma de fogo**, haverá **concurso formal** entre o crime em estudo e o art. 15 da Lei n. 10.826/2003 (Estatuto do Desarmamento)[42].

A infração é de **forma vinculada**, pois o sujeito deve mirar em **veículo em movimento**. Exige-se, ainda, que este sirva ao **transporte público**, seja por meio terrestre, aquoso ou aéreo. Não se pode olvidar a necessidade de operar--se com dolo (direto ou eventual) de perigo coletivo[43]; isto é, não pode o autor da conduta objetivar atingir pessoa determinada, que eventualmente se encontre no interior do veículo (como o sujeito que lança pedra contra um ônibus visando a ferir o cobrador) – nesse caso, há dolo de dano, devendo o agente responder por lesão corporal, tentada ou consumada[44]. Não se exclui, ainda, a possibilidade de se imputar crime doloso contra a vida; imagine-se uma pessoa que, de um viaduto, lança pesada rocha sobre veículo que trafega em autoestrada, provocando a morte do condutor e passageiros, pois o veículo, com o impacto do projétil, perde o controle, dando azo ao acidente fatal.

O *crimen* é de **perigo abstrato ou presumido**, já que o tipo penal não prevê o risco como elementar. É de ver, contudo, que não será qualquer lançamento de objeto sólido que se subsumirá à conduta criminosa em estudo, de vez que só se compreendem na disposição **atos idôneos à periclitação coletiva**. Se alguém, durante o carnaval, jogar ovo ou "limão de cheiro"[45] num veículo andando em reduzida marcha, inexistirá o delito.

4. TIPO SUBJETIVO

O crime é **doloso**, de modo que se faz necessário tenha o sujeito ativo vontade de arremessar o projétil e consciência de que o faz contra o veículo de transporte público em movimento. Se houver intenção de ferir ou matar alguém, não haverá o crime em estudo, mas lesão corporal (art. 129 do CP) ou homicídio (art. 121 do CP).

---

[42] "Disparar arma de fogo ou acionar munição em lugar habitado ou em suas adjacências, em via pública ou em direção a ela, desde que essa conduta não tenha como finalidade a prática de outro crime. Pena: reclusão, de 2 (dois) a 4 (quatro) anos, e multa."

[43] "Para a configuração do delito previsto no art. 264 do CP, não é necessário que do arremesso surja qualquer consequência concreta, bastando a simples possibilidade de dano" (TACrSP, *RT* 367/181).

[44] "Aquele que atira uma pedra contra um caminhão destinado a transporte particular e atinge um dos seus passageiros, ferindo-o, comete crime de lesões corporais e não o de arremesso de projétil contra veículo em movimento" (TACrSP, *RT* 362/281).

[45] Exemplos de Hungria (op. cit., v. IX, p. 86).

5. SUJEITOS DO CRIME

5.1. Sujeito ativo

O dispositivo penal não exige qualquer qualidade ou condição do sujeito ativo, razão pela qual qualquer pessoa física pode cometê-lo (**crime comum**).

5.2. Sujeito passivo

Os sujeitos passivos, como nos demais delitos contra a incolumidade pública, são a coletividade, seu titular, e as pessoas cujos bens pessoais ou patrimoniais fiquem expostos à situação de perigo gerada.

6. CONSUMAÇÃO E TENTATIVA

6.1. Consumação

A consumação dá-se com o arremesso do projétil em direção ao veículo de transporte público em movimento. Cuida-se de **infração de mera conduta perigosa** (sobre esse conceito, *vide* introdução ao Título VIII).

6.2. Tentativa

É perfeitamente admissível a forma tentada, porque o *iter criminis* pode ser fracionado. Pode alguém, por exemplo, preparar o arremesso do projétil no sentido do veículo de transporte público aéreo, marítimo, fluvial, lacustre ou terrestre, mas ver frustrado seu intento pela falha ocasional no engenho utilizado para o lançamento do objeto sólido.

Para a **maioria da doutrina**, contudo, **não cabe a forma tentada**.

7. FORMA PRETERDOLOSA (PARÁGRAFO ÚNICO)

O parágrafo único da disposição determina que, se do arremesso periclitante advier **lesão corporal**, a pena será de detenção, de seis meses a dois anos; se resultar **morte**, será a pena do homicídio culposo (detenção de um a três anos), aumentada de um terço.

Trata-se de figura preterdolosa. Significa dizer: exige-se dolo (de perigo) no arremesso do projétil e culpa no resultado agravador (lesão ou morte)[46]. Consoante ponderamos no estudo das demais figuras delitivas

---

[46] Agente que arremessa pedras contra o ônibus, atingindo e lesionando um passageiro. Caracterização do tipo previsto no art. 264, parágrafo único (primeira parte), do CP

contidas no Capítulo II do Título VIII, a intenção presente no movimento inicial (arremesso do projétil), *que obrigatoriamente deve ser de expor a perigo* (e não de efetivamente lesar bens alheios, sob pena de deslocamento para outro tipo penal[47]) torna esta forma agravada pelo resultado forçosamente derivada de *praeter dolus*.

Pode ser que o arremesso provoque **mais de uma morte ou lesão** em mais de uma pessoa. Nesse caso, haverá **crime único**, muito embora tenha existido pluralidade de vítimas efetivamente atingidas (essa multiplicidade deverá ser tomada em consideração na dosagem da pena). Deve-se lembrar que o delito se insere na categoria das infrações contra a incolumidade pública, nas quais a existência de mais de uma pessoa atingida não importa em *concursus delictorum*.

8. CLASSIFICAÇÃO JURÍDICA

O arremesso de projétil constitui delito *doloso* e *preterdoloso* (na forma agravada prevista no parágrafo único), *comum* (qualquer pessoa física pode figurar como sujeito ativo), *monossubjetivo* (pode ser cometido por um só agente ou vários, em concurso de pessoas), *de forma ou ação vinculada* (somente pode ser praticado mediante o meio executório previsto na disposição), *perigo abstrato ou presumido* (o qual é inerente à figura típica), *de mera conduta ou simples atividade* (a lei somente descreve a ação, sem aludir a qualquer resultado material) e *material ou de resultado* (na figura do **parágrafo único**, em que o resultado naturalístico é mencionado e necessário para a consumação), *plurissubsistente* (o *iter criminis* comporta cisão) e *instantâneo* (sua consumação se produz imediatamente, sem prolongar-se no tempo).

9. PENA E AÇÃO PENAL

Na modalidade fundamental, a pena é de detenção, de um a seis meses e, no parágrafo único, de seis meses a dois anos (quando resultar lesão corporal) e de um a três anos, acrescidos de um terço (se advier morte).

Nos dois primeiros casos, há infração de menor potencial ofensivo, de competência do Juizado Especial Criminal.

A ação penal é **pública incondicionada**.

(TJSP, AP 0000754-69.2012.8.26.0050, rel. Des. Cesar Mecchi Morales, 3ª CCr, j. 16-6-2015).

[47] *Vide* item 4, *supra*.

ART. 265 – ATENTADO CONTRA A SEGURANÇA DE SERVIÇO DE UTILIDADE PÚBLICA

1. DISPOSITIVO LEGAL

Atentado contra a segurança de serviço de utilidade pública

Art. 265. Atentar contra a segurança ou o funcionamento de serviço de água, luz, força ou calor, ou qualquer outro de utilidade pública:

Pena – reclusão, de 1 (um) a 5 (cinco) anos, e multa.

Parágrafo único. Aumentar-se-á a pena de um terço até a metade, se o dano ocorrer em virtude de subtração de material essencial ao funcionamento dos serviços.

2. VALOR PROTEGIDO (OBJETIVIDADE JURÍDICA)

Trata-se da **incolumidade pública**, isto é, no propósito de colocar as pessoas a salvo de danos à sua **vida**, **saúde** etc., protegendo-se, ainda, os **interesses individuais** (patrimoniais ou pessoais) daqueles que são potencial ou efetivamente atingidos pela conduta.

3. TIPO OBJETIVO

A ação nuclear consubstancia-se no ato de *atentar*, vale dizer, praticar atentado ou ataque.

O *objeto material* é a segurança ou o funcionamento de serviço de água, luz, força ou calor, ou qualquer outro que possua **utilidade pública** (salvo a telefonia, radiotelefonia e telegrafia, serviço telemático ou de informação de utilidade pública, previstos no art. 266). A lei inclui, portanto, serviços como o de limpeza urbana, fornecimento de gás, assistência hospitalar, entre outros.

A construção típica encontra-se amplamente emoldurada, de modo a englobar inúmeras condutas. É preciso que o intérprete, sempre tendo em vista o caráter subsidiário do Direito Penal, considere como correspondente a esta disposição somente aqueles atos, que, por sua gravidade, sejam tendentes a lesar a segurança e o funcionamento dos serviços de utilidade pública, **prejudicando um número indeterminado de pessoas**, que poderiam se ver privadas do acesso à água, luz, etc. em face da conduta do agente.

Deve-se notar, ainda, que a norma incriminadora abrange **atentados contra a segurança** e também **contra o funcionamento do serviço**. No primeiro caso, visa-se a tornar incerta e insegura sua realização; no segundo, busca-se impedir sua execução ou funcionamento.

Pode-se citar, como exemplo, inspirado em caso verídico, a conduta de membros de determinado movimento popular que invadiram usina de energia e indiscriminadamente tomaram-na de assalto e, num dos painéis existentes, passaram a acionar dispositivos aleatoriamente, pondo em risco iminente o fornecimento de eletricidade a inúmeras pessoas.

Consoante já decidiu o Tribunal de Justiça de Santa Catarina, "para a tipificação do delito de atentado contra a segurança de serviço de utilidade pública, é imprescindível que a conduta do agente seja idônea a perturbar a segurança ou o funcionamento do serviço e que o ato 'atentatório' resulte ao menos em 'perigo' presumido, por exemplo, danificação ou inutilização de usinas, aparelhos etc."[48].

4. TIPO SUBJETIVO

O crime somente é punido na forma dolosa, requerendo-se a vontade e a consciência de concretizar os elementos subjetivos do tipo. O **dolo, direto ou eventual**, é de perigo.

5. SUJEITOS DO CRIME

5.1. Sujeito ativo

Qualquer pessoa pode ser autor ou partícipe do delito em estudo, de vez que a norma penal incriminadora não requer nenhuma qualidade ou condição especial por parte de seu sujeito ativo (**crime comum**).

---

[48] No caso analisado pelo Tribunal, "os acusados teriam apenas 'desligado' os aparelhos retransmissores do sinal de emissora de televisão em determinado momento, comportamento que importa em interrupção do serviço, figura não ajustada ao art. 265 do CP que requer ato 'atentatório'" (*RT* 697/332). *Vide*, ainda, os seguintes julgados: 1) Comete o crime do art. 265 a prática de "atentados contra órgãos públicos e casas de policiais, incendiando-os com 'coquetéis molotov', por ordem de integrantes da facção criminosa do Primeiro Comando da Capital PCC, atentando, assim, contra a segurança do Estado" (TJSP, AP 0015527-06.2007.8.26.05972, rel. Des. José Damião Pinheiro Machado Cogan, 5ª CCr, j. 17-9-2015). 2) "Não comete o delito do art. 265 do CP aquele que invade setor de serviço público municipal para libertar animais de sua propriedade apreendidos pela Prefeitura, sem a intenção de atentar contra a segurança ou funcionamento de serviço de utilidade pública e sem que a libertação dos referidos animais torne perigosa a operação deste serviço ou o ponha em risco de paralisação" (TJMG, *RT* 739/664). 3) "Para a configuração do crime do art. 265 do CP, é preciso que tenha como elemento material um agir que se apresente de maneira mais ou menos extensa, vindo a perturbar aqueles serviços mencionados de maneira expressa no texto legal" (TJSP, *RJTJSP* 9/607).

5.2. Sujeito passivo

É a coletividade, titular da incolumidade pública, e as pessoas afetadas pelo perigo à segurança ou funcionamento do serviço de utilidade coletiva.

6. CONSUMAÇÃO E TENTATIVA

6.1. Consumação

A consumação dá-se com a **produção do perigo coletivo** decorrente **do atentado praticado**, desde que o risco assuma relativa monta.

6.2. Tentativa

Pode-se conceber a forma tentada, de vez que a conduta típica descrita na norma permite o fracionamento, embora será esta de difícil configuração em face da amplitude do tipo.

Há quem sustente não se admitir o *conatus*, por se tratar de "crime de atentado"[49]. Parece-nos, contudo, que o fato de a lei utilizar o verbo "atentar" não torna o crime "de atentado"; este somente ocorre quando o dispositivo legal equipara, de modo expresso, a tentativa e a forma consumada, como o caso do art. 352 do CP, que diz: "evadir-se ou tentar evadir-se o preso...".

7. MODALIDADE AGRAVADA (PARÁGRAFO ÚNICO)

De acordo com o parágrafo único, a pena será aumentada de um terço à metade, **se o dano for consequência da subtração de material essencial ao funcionamento dos serviços.**

O dispositivo fala em "dano", de modo que dois são os requisitos para que se dê essa causa de aumento: o primeiro, ligado à conduta, a qual deve necessariamente ter sido praticada mediante a subtração (isto é, retirada da esfera de disponibilidade do titular) de material essencial ao funcionamento do serviço de utilidade coletiva; o segundo, relacionado com o resultado, o qual deve ter gerado efetivo dano às pessoas a quem o serviço se destina.

8. CONCURSO DE NORMAS

Há tipos penais que se assemelham ao art. 265 do CP, embora com este não se confundam por apresentarem algum elemento especializante.

---

[49] É o que pensa Guilherme Nucci (*Código Penal comentado*, p. 972).

Assim, se o autor da conduta praticar o fato movido pelo **propósito de abolir o Estado Democrático de Direito**, poderá incorrer no delito de sabotagem, previsto no **art. 359-K do CP**.

Caso o serviço cuja segurança ou funcionamento se pretenda embaraçar seja de energia nuclear, dar-se-á a infração prevista no art. 27 da Lei n. 6.453/77[50].

Por fim, consoante já decidiu o Tribunal de Justiça de Minas Gerais, "No crime de incêndio em veículo de transporte público, embora a conduta também esteja atentando contra o funcionamento do serviço público em questão, o fato de ter sido utilizado 'fogo' como meio de execução para a prática do crime, caracteriza o delito de incêndio majorado (art. 250, §1º, II, 'c', do CP), não havendo espaço para a desclassificação para o crime do art. 265 do CP"[51].

9. CLASSIFICAÇÃO JURÍDICA

O crime é *doloso*, *comum* (qualquer pessoa pode cometê-lo), *unissubjetivo* (admite unidade ou pluralidade de sujeitos ativos), *de mera conduta ou simples atividade* (consuma-se com o atentado causador do perigo coletivo), *de perigo concreto ou real* (salvo na modalidade agravada, quando se exige o dano efetivo), *plurissubsistente* (sua conduta típica comporta fracionamento em diversos atos) e *instantâneo* (a consumação dá-se instantaneamente).

10. PENA E AÇÃO PENAL

A pena cominada é de reclusão, de um a cinco anos, e multa. A pena mínima cominada torna o sujeito ativo do delito possível beneficiário da suspensão condicional do processo (art. 89 da Lei n. 9.099/95). O procedimento será o comum ordinário (CPP, arts. 395 a 405).

Na forma agravada, adota-se semelhante rito, mas descabe a medida acima citada.

A ação penal é de iniciativa **pública incondicionada**.

---

[50] "Art. 27. Impedir ou dificultar o funcionamento de instalação nuclear ou o transporte de material nuclear. Pena: reclusão, de 4 (quatro) a 10 (dez) anos."

[51] ApCr 1.0481.17.001904-8/001, rel. Des. Doorgal Borges de Andrada, 4ª CCr, j. 4-7-2018.

ART. 266 - INTERRUPÇÃO OU PERTURBAÇÃO DE SERVIÇO TELEGRÁFICO, TELEFÔNICO, INFORMÁTICO, TELEMÁTICO OU DE INFORMAÇÃO DE UTILIDADE PÚBLICA

1. DISPOSITIVO LEGAL

Interrupção ou perturbação de serviço telegráfico, telefônico, informático, telemático ou de informação de utilidade pública

Art. 266. Interromper ou perturbar serviço telegráfico, radiotelegráfico ou telefônico, impedir ou dificultar-lhe o restabelecimento:

Pena – detenção, de 1 (um) a 3 (três) anos, e multa.

§ 1º Incorre na mesma pena quem interrompe serviço telemático ou de informação de utilidade pública, ou impede ou dificulta-lhe o restabelecimento.

§ 2º Aplicam-se as penas em dobro se o crime é cometido por ocasião de calamidade pública.

2. VALOR PROTEGIDO (OBJETIVIDADE JURÍDICA)

A objetividade jurídica consiste na **incolumidade pública** e, em caráter secundário, na **vida**, na **saúde**, na **integridade corporal** e no **patrimônio** das pessoas potencialmente atingidas pela conduta.

Na figura equiparada, introduzida por meio da Lei n. 12.737/2012, protege-se, ademais, a **segurança informática**.

3. ALTERAÇÃO LEGISLATIVA

A Lei n. 12.737/2012 introduziu ao art. 266 um parágrafo, prevendo figura equiparada relativa ao cometimento do fato por meio de sistema de telemática, e reclassificou o então parágrafo único para segundo.

Trata-se, em nosso modo de ver, de *novatio legis* incriminadora, notadamente no que tange a condutas praticadas por meios diversos daqueles previstos na cabeça da disposição. Em face de seu caráter gravoso, uma vez que alarga o direito de punir estatal, não se aplica a fatos ocorridos antes de sua entrada em vigor (10 de abril de 2013).

4. TIPO OBJETIVO (*CAPUT*)

As ações nucleares são interromper ou perturbar, respectivamente, obstar a execução ou o funcionamento e dificultá-los.

O *objeto material* é o **serviço telegráfico**, **radiotelegráfico** ou **telefônico**. A norma alcança a transmissão de sons ou imagens. Quando se tratar de **dados ou informações eletrônicas**, como se dá na comunicação feita pela rede mundial de computadores (internet), **aplica-se a figura equiparada do § 1º**.

Há, ainda, o ato de impedir ou dificultar o restabelecimento, isto é, evitar ou causar embaraços à retomada do serviço, quando sua interrupção se deu por causas alheias à conduta do agente.

O legislador constrói o presente tipo penal como delito **de perigo abstrato ou presumido**, como se nota da leitura do preceito primário da disposição, o qual não faz qualquer referência sobre o risco que pode advir da conduta.

Magalhães Noronha já ponderava, a seu tempo, o equívoco da postura legislativa, destacando que não seria toda a interrupção ou perturbação de serviço telegráfico, radiotelegráfico ou telefônico que traria o condão de periclitar a segurança coletiva[52].

Em nosso sentir, dada a controvérsia existente sobre a objetividade jurídica dessa disposição, a melhor solução para compatibilizá-la com o Título VIII é exigir, como **requisito implícito** para que se dê a tipicidade material da conduta, **a efetiva ofensa à incolumidade pública**. Não se pode olvidar que o valor protegido pela norma funciona como critério orientador de seu alcance punitivo, pois serve de indispensável elemento para sua interpretação.

Repise-se, na esteira dos ensinamentos de Donna, que a justificação de tal infração somente se dá à luz do progresso dos meios de comunicação como bem jurídico de utilidade geral; significa dizer que o ilícito somente se caracterizará quando a perturbação dos meios de comunicação social causar dano potencial à vida, à integridade física ou ao patrimônio de um número indeterminado de pessoas[53].

Deve-se lembrar, por fim, consoante dispúnhamos no início do presente capítulo, a necessidade de se alinhar o texto legal com a Constituição Federal, de modo que a tutela penal se dirija à proteção da segurança dos meios de comunicação social, pois são estes que a Lei Fundamental alberga nos arts. 220 a 224.

Nesse sentido, consoante já decidiu o Tribunal de Justiça de Minas Gerais, "Quando resta comprovado que o denunciado realizou sucessivas ligações para o telefone de emergência da Polícia Militar, disque 190, sem noticiar qualquer fato novo, qualquer situação de perigo, tendo passado a perturbar os policiais que estavam em serviço, serviço de atendimento das chamadas, caracterizado está o crime do art. 266 do CP"[54].

---

[52] Op. cit., v. 3, p. 510-511.

[53] *Derecho penal*: parte especial, t. II-C, p. 138-139.

[54] ApCr 1.0637.17.005782-1/001, rel. Des. Sálvio Chaves, 7ª CCr, j. 9-2-2022.

5. TIPO SUBJETIVO

O legislador somente inclui a forma **dolosa,** fazendo-se mister, portanto, consciência e vontade de concretizar os elementos objetivos do tipo.

6. SUJEITOS DO CRIME

6.1. Sujeito ativo

O fato pode ser cometido por qualquer pessoa (**crime comum**), posto que a lei penal não exige qualidade ou condição especial alguma por parte de seu sujeito ativo.

6.2. Sujeito passivo

É a coletividade e, secundariamente, as pessoas afetadas pelo risco produzido em decorrência da interrupção ou do embaraço aos serviços de comunicação social mencionados no tipo.

7. CONSUMAÇÃO E TENTATIVA

7.1. Consumação

O *summatum opus* ocorre com a **produção do perigo coletivo,** provocado pela interrupção ou perturbação do *serviço telefônico, telegráfico* ou *radiotelegráfico.*

No caso da **figura equiparada** (§ 1º), a consumação se dá com a **interrupção, impedimento** ou **dificultação** do serviço *telemático* ou de *informação de utilidade pública.*

7.2. Tentativa

É admissível a tentativa, porquanto o *iter criminis* comporta fracionamento.

8. FIGURA EQUIPARADA (§ 1º)

Incorre na mesma pena quem *interrompe* **serviço telemático** ou de **informação de utilidade pública** ou *impede* ou *dificulta-lhe* o **restabelecimento.**

De diverso em relação ao *caput* nota-se a falta de menção ao ato de perturbar e o objeto material que, no caso, consiste no serviço telemático (isto é, aquele em que se dá a transmissão de dados ou informações eletrônicas a distância, por meio de rede de telecomunicações, como rádio, cabo, satélite, fibras óticas etc.) ou de informação de utilidade (relevância) pública.

9. MODALIDADE AGRAVADA (§ 2º)

Aplicam-se as penas em dobro, se o crime é cometido por ocasião de calamidade pública.

Nesse caso, é evidente o perigo concreto decorrente da ação ou omissão praticadas.

10. CLASSIFICAÇÃO JURÍDICA

O crime é *doloso*, *comum* (pode ser praticado por qualquer pessoa), *monossubjetivo* (admite unidade ou pluralidade de sujeitos ativos), *material ou de resultado* (consuma-se com a interrupção ou imposição de dificuldades ao serviço telefônico etc.), *de perigo concreto ou real* (pois este figura como elementar – implícita – do tipo), *plurissubsistente* (sua conduta típica comporta fracionamento em diversos atos) e *instantâneo* (a consumação dá-se instantaneamente).

11. PENA E AÇÃO PENAL

A pena cominada é de detenção, de um a três anos, e multa e será aplicada em dobro se o fato ocorrer por ocasião de calamidade pública. No primeiro caso, a forma procedimental adequada será o rito comum sumário (CPP, arts. 395 a 399 e 531 a 536), admitindo-se a suspensão condicional do processo (art. 89 da Lei n. 9.099/95). No segundo, será o procedimento comum ordinário (CPP, arts. 395 a 405), não comportando o benefício citado.

A ação penal é de iniciativa **pública incondicionada**.

Capítulo III
DOS CRIMES CONTRA A SAÚDE PÚBLICA (ARTS. 267 A 285)

1. HISTÓRICO

A origem remota dos crimes contra a saúde pública data de longa época, quando, na Antiguidade (Roma, Índia, Egito, Grécia e Judéia), encontravam-se normas de natureza criminal proibindo fraudes nas mercadorias e, em particular, naquelas destinadas à alimentação.

As Ordenações do Reino de Portugal conservaram, em boa parte, a tradição antiga nesse aspecto, como se nota no Livro V das Ordenações Filipinas (1603-1830)[1]. Este, no Título LVII, punia com morte a falsificação de mercadorias quaisquer e, no Título LXXXIX, impunha degredo e perda de bens a quem tivesse, em casa para vender, não sendo boticário autorizado, produtos químicos como rosalgar[2] ou outros materiais venenosos.

A partir do século XIX, época em que se iniciaram com vigor as codificações, inclusive penais, pode-se observar que as infrações que põem em perigo a saúde da coletividade se viam dispersas, já que ora eram tratadas como delitos contra a pessoa, ora contra a propriedade ou até como delitos de falsidade[3].

Coube a Filangieri, com apoio de Carrara, reconhecer nestes ilícitos o traço comum de atentarem contra a segurança coletiva. Este defendia a necessidade de se criar uma "classe especial de crimes cuja preponderante objetividade jurídica se concretiza na *saúde pública*"[4]. O primeiro Código a

---

[1] As Ordenações Filipinas entraram em vigor em 11 de janeiro de 1603 e, na parte criminal, que constava de seu Livro V, subsistiram no Brasil até 16 de dezembro de 1830, quando se iniciou a vigência de nosso Código Criminal.

[2] Atualmente se diz "realgar", ou seja, sulfeto de arsênio.

[3] Hungria, *Comentários ao Código Penal*, v. IX, p. 98.

[4] Esse registro encontra-se no *Programma* de Carrara, § 3.170, e foi captado por Hungria, em seus *Comentários ao Código Penal*, v. IX, p. 98.

se dar conta dessa natureza foi o bávaro, de 1813, ao tipificar o ato de propagar epizootia (art. 246). O Código Penal espanhol de 1822 punia a venda de mercadorias adulteradas e o exercício ilegal da Medicina. Na França, em 1851, há registros de disposições relacionadas com a adulteração de substâncias medicinais ou alimentícias[5].

A reunião de tais delitos sob o denominador comum de infrações contra a saúde pública somente adveio, no Brasil, com a edição do Código Penal de 1890 (Capítulo III do Título III da Parte Especial – arts. 156 a 164)[6].

O mesmo critério foi seguido no Código atual, que ampliou o leque de infrações lesivas ao bem-estar geral, físico e psíquico da comunidade.

2. ANCORAGEM CONSTITUCIONAL

A relevância constitucional da saúde pública constitui tema indisputado. O art. 196 da CF declara solenemente que "a saúde é direito de todos e dever do Estado, garantido mediante políticas sociais e econômicas que visem à redução do risco de doença e de outros agravos e ao acesso universal e igualitário às ações e serviços para sua promoção, proteção e recuperação".

Mais que isso, a saúde da coletividade em geral toca proximamente com o direito à vida (CF, art. 5º, *caput*) e, ademais, com a dignidade da pessoa humana, fundamento da República Federativa do Brasil (CF, art. 1º, III).

Não há vivência digna sem um ambiente social minimamente salubre.

3. CONCEITO DE SAÚDE PÚBLICA

Na acepção mais simples do termo, pode-se qualificá-la como o **bem-estar geral da coletividade**.

Difere da saúde individual, tutelada nos Capítulos II e III do Título I da Parte Especial do Código Penal, que pode ser identificada como o equilíbrio orgânico e psíquico da vítima, embora possa ser apontada como o instrumento ou meio para sua proteção.

Todos os crimes que a ofendem constituem **infrações de perigo** (ainda que, eventualmente, possam causar também dano) e, ademais, dirigem-se a um número indeterminado de pessoas; daí por que se encontram bem situadas em nosso Código, que delas cuida no Título VIII (incolumidade pública).

---

[5] Guillermo Rafael Navarro, Miguel Angel Asturias e Roberto Leo, *Delitos contra la salud y el medio ambiente*, p. 29.

[6] Nosso Código Criminal do Império (1830) não os previa de maneira expressa.

A análise dos tipos penais que compõem esse setor da legislação criminal revela o caráter multifário da saúde pública. Há delitos destinados a coibir a propagação de germes patogênicos, a observar medidas sanitárias decretadas pelas autoridades de saúde pública, outros que protegem o meio ambiente hídrico, alguns relativos à regulamentação da produção de substâncias alimentícias ou medicinais, há os relacionados com a atividade da Medicina e às condutas tendentes a afastar alguém do tratamento científico. Isso sem mencionar a legislação especial, que por vezes também se dedica à tutela do mesmo bem, como ocorre no âmbito da Lei Antidrogas.

Bem por isso, afigura-se oportuna a definição dada pela Organização Mundial de Saúde: "estado de completo bem-estar físico, mental e social, e não só a ausência de enfermidades".

4. INFRAÇÕES PENAIS SIMILARES AOS CRIMES CONTRA A SAÚDE PÚBLICA

Há crimes na legislação penal esparsa que possuem elementos semelhantes àqueles contidos no Capítulo III do Título VIII do Código Penal.

Hungria já se apercebera disto ao seu tempo, destacando, quanto à exposição à venda de substância alimentícia alterada em sua composição, que se esta possuísse reduzido valor do ponto de vista nutritivo, o fato se enquadraria no art. 273, § 1º, do CP (hoje, o delito correspondente seria o art. 272); se, ao contrário, fosse gênero de primeira necessidade ou necessário ao consumo da população e o agente frustrasse determinação oficial, haveria o crime contra a economia popular do art. 2º, III, da Lei n. 1.521/51 (atualmente o tipo correspondente é o art. 7º, II, da Lei n. 8.137/90), ou, ainda, sem essas características, haveria fraude no comércio (crime contra o patrimônio tipificado no art. 175, I, do CP)[7].

Mais recentemente, José Silva Júnior e Guilherme Madeira Dezem destacam, no mesmo sentido: "Quando se verificam os arts. 270, 272, 274, 275, 276, 278 e se os compara com as legislações acima mencionadas (Leis n. 1.521, de 1951, 8.137, de 1990, e o Código de Defesa do Consumidor), verifica-se a grande confusão sobre sua aplicação, dada a similitude dos tipos penais"[8].

---

[7] Op. cit., v. IX, p. 99.

[8] *Código Penal e sua interpretação jurisprudencial*, p. 1283. Dizem os autores: "Em princípio, pode-se imaginar que, quando for caso de criação de perigo para a incolumidade pública, então terão incidência as regras contidas no Código Penal, que tutelam a saúde e a incolumidade públicas. Assim, tendo-se em vista a natureza dos crimes previstos nos artigos citados e verificando-se que fazem eles parte do Título IX

Os autores, embora sem propor uma solução definitiva, dizem, com acerto a nosso ver, que os critérios para solucionar eventuais conflitos aparentes hão de ser a especialidade e a objetividade jurídica. Assim, quando se notar entre os tipos penais contidos no Código e na legislação extravagante coincidência de elementares, há de prevalecer aquele que contiver dados especializantes (*lex speciali derogat generali*). Do mesmo modo, há de se verificar qual o objeto jurídico violado, por exemplo, a ordem econômica *versus* saúde pública. A esse argumento, acrescentamos que deve prevalecer o tipo penal que descrever o maior grau de lesão ao bem jurídico; em outras palavras, parece-nos que também a subsidiariedade há de nortear a resolução dos conflitos (*lex primariae derogat subsidiariae*). Assim, sempre que os dispositivos legais expuserem distintos graus de lesão ao bem jurídico, há de ter proeminência aquele que for dotado do mais elevado nível de ofensa, ou, em outras palavras, a mais ampla esfera de proteção (o que, em muitos casos, redundará na prevalência do crime contra a saúde pública, cujo espectro pode açambarcar, além do desrespeito à regularidade das relações econômicas ou de consumo, a periclitação do bem-estar físico e psíquico de um número indefinido de pessoas).

ART. 267 – EPIDEMIA

1. DISPOSITIVO LEGAL

Epidemia

Art. 267. Causar epidemia, mediante a propagação de germes patogênicos:

Pena – reclusão, de 10 (dez) a 15 (quinze) anos.

§ 1º Se do fato resulta morte, a pena é aplicada em dobro.

§ 2º No caso de culpa, a pena é de detenção, de 1 (um) a 2 (dois) anos, ou, se resulta morte, de 2 (dois) a 4 (quatro) anos.

2. VALOR PROTEGIDO (OBJETIVIDADE JURÍDICA)

Tutela-se, em primeiro plano, a **saúde pública** (bem-estar da coletividade, pondo-a a salvo de danos potenciais ao seu equilíbrio orgânico e

---

que cuida dos Crimes Contra a Incolumidade Pública, parece razoável estabelecer tal distinção. Além deste critério quanto ao perigo para a incolumidade pública, pode o intérprete valer-se ainda de outros como, por exemplo, o princípio da especialidade. Aqui, tem-se a incidência da norma penal que for mais específica em relação à norma penal genérica. Desta forma, ao se deparar com os crimes acima mencionados, deve-se atentar, também, para as leis especiais que envolvem o chamado Direito Penal Econômico".

psíquico). Além disso, os **interesses individuais** daqueles direta ou indiretamente atingidos pela doença provocada como consequência da propagação dos germes patogênicos.

3. TIPO OBJETIVO

3.1. Verbo nuclear

O verbo núcleo do tipo consiste no ato de *causar*, ou seja, provocar causalisticamente, enfeixando relação de causalidade que conduza ao resultado material previsto na norma (propagação do germe patogênico). Cuida-se, todavia, de um "**causar normativo**" ou, como se verá nos próximos itens, trata-se de dar ensejo a um resultado que possa ser juridicamente imputado ao agente, não só mediante uma relação de causalidade, mas por meio de uma relação de imputação.

3.2. A relação de imputação como aspecto anterior à causalidade

Conforme sustentamos por ocasião do estudo do art. 250 (incêndio), que contém semelhante ação, a moldura típica há de ser determinada investigando-se a *relação de imputação* entre o agir e o resultado material.

Imputar, dizia Berner[9], significa "pôr nas costas de um sujeito algo objetivo"[10], ou, nas palavras de Karl Larenz, "a imputação não significa outra coisa senão o intento de diferenciar o *próprio* fato dos eventos *casuais*. Quando afirmo que alguém é o autor de um evento, quero dizer que esse evento é seu próprio fato, com o que quero dizer que ele não é obra da casualidade, mas de sua própria vontade"[11].

Seguindo o caminho trilhado por Larenz, Honig introduziu no âmbito do Direito Penal, com razão, o tema da *imputação* (*do resultado*), *como aspecto central e anterior à causalidade*.

Pode-se dizer, em suma, que *o cerne de investigação* deve ser a busca de *critérios jurídicos* pelos quais se possa imputar um evento material a uma

---

[9] Apud Enrique Bacigalupo, *Direito penal*: parte geral, p. 177.

[10] Segundo Kant, "imputação (*imputatio*) em sentido moral é um juízo mediante o qual alguém é visto como o autor (*actio libera*) de uma ação, que então se denomina fato (*factum*) e está sob a égide das leis" (apud Enrique Bacigalupo, op. et loc. cit.). Para Kelsen, "a imputação não consiste noutra coisa senão nesta conexão entre o ilícito e a consequência do ilícito" (*Teoria pura do direito*, p. 91). De ver que não adotado o conceito kelseniano (ou mesmo o kantiano) de imputação.

[11] Apud Enrique Bacigalupo, op. cit., p. 178; grifos do autor.

conduta e, para tais fins, o ato de "causar", isto é, produzir mediante uma relação de causalidade, não passa de *um dos meios* adequados para se efetuar esse juízo.

3.3. O primeiro passo para a imputação: a análise do nexo causal

O ponto de partida para que se possa efetuar um juízo positivo de imputação consiste em **estabelecer entre o comportamento do agente** (por exemplo, a liberação do micro-organismo indutor de moléstia) **e o resultado material** (por exemplo, seu alastramento e o risco à população) **o nexo de causalidade**, lastreado na *teoria da equivalência dos antecedentes* (ou *conditio sine qua non*[12]).

Sob tal enfoque, haverá relação de causalidade entre todo e qualquer fator que anteceder o resultado e sobre ele houver exercido alguma interferência. O método utilizado para se aferir o nexo de causalidade é o da eliminação hipotética, vale dizer, quando se pretender examinar a relação causal entre uma conduta e um resultado, basta eliminá-la hipoteticamente e verificar, após, se o resultado teria ou não ocorrido exatamente como se dera. Assim, se depois de retirado mentalmente determinado fator, notar-se que o resultado *não* teria se produzido (ou não teria ocorrido exatamente do mesmo modo), poder-se-á dizer que entre a conduta (mentalmente eliminada) e o resultado houve nexo causal. Por outro lado, se a conclusão for a de que, com ou sem a conduta (hipoteticamente retirada), o resultado teria se produzido do mesmo modo como se deu, então ficará afastada a relação de causalidade[13].

---

[12] A teoria da equivalência dos antecedentes possui ampla aceitação entre aqueles que defendem ser o nexo de causalidade o método adequado para a imputação do resultado a uma conduta. Eis o testemunho de Maurach, com relação à Alemanha: "No presente [referindo-se ao estado da teoria do crime na década de 1960], reina acordo em torno do ponto de vista precisamente sobre a teoria da *conditio sine qua non*" (*Tratado de derecho penal*, p. 225; parêntese nosso). Seu tradutor (Juan Cordoba Roda) o confirma na prática da jurisprudência espanhola de então: "A teoria da condição ou da equivalência é dominante na prática espanhola" (Maurach, idem, p. 230). Em nosso país, desde a entrada em vigor do Código Penal de 1940, notadamente por força de seu art. 11, *caput* (que corresponde ao art. 13, *caput*, do CP vigente), a teoria da *conditio* possui ampla aceitação entre nossos doutrinadores e na jurisprudência. Cumpre fazer menção a uma das poucas vozes divergentes, a de Paulo José da Costa Jr., que, na obra *Do nexo causal – aspecto objetivo do crime* (1964), expressamente critica a opção de nosso legislador, apresentando predileção pela teoria da causalidade adequada.

[13] *Sublata causa tollitur effectus* (suprimida a causa, cessa o efeito).

Essa teoria já sofreu várias objeções, dentre as quais se podem apontar: a) a de confundir a parte com o todo[14]; e b) a de gerar soluções aberrantes, mediante um regresso ao infinito ou produzindo um ciclo causal interminável.

As soluções aberrantes decorrentes da teoria da *conditio sine qua non* referem-se a um exagero nos antecedentes e um excesso nos consequentes. Os casos em que há exagero nos antecedentes correspondem ao chamado *regressus ad infinitum*; assim, por exemplo, o nexo existente entre a relação sexual entre os pais que conceberam o criminoso e a propagação de germes por este provocada. Os excessos nos consequentes referem-se aos "cursos causais extraordinários"[15]. Imagine-se, por exemplo, que alguém libere um micro-organismo patogênico, fazendo com que um grupo de pessoas adoeça e seja hospitalizada no único nosocômio existente na cidade, o qual vem a desabar em virtude de um terremoto, provocando a morte de todos os pacientes; pela teoria da equivalência, seria possível imputar a morte ao responsável pela propagação do germe, o que configuraria, entretanto, arrematado exagero.

Bem por isso é que se deve compreender a verificação concreta do nexo de causalidade baseado na teoria da *conditio sine qua non* como o primeiro passo (e não o único) para se estabelecer a relação de imputação.

3.4. O segundo passo: a verificação da relação de imputação objetiva

Quando se trata de vincular a atitude de uma pessoa ao surgimento de uma epidemia por ela supostamente produzida, deve-se, em primeiro lugar, verificar se entre a ação por ela praticada e o evento existiu relação de causalidade, valendo-se, por força da teoria eleita no art. 13, *caput*, do CP, da equivalência dos antecedentes, com seu método da eliminação hipotética.

Ausente o nexo, não haverá, de plano, imputação.

Presente o nexo, passa-se à etapa seguinte, em que **o aplicador do Direito Penal se utilizará da teoria da imputação objetiva**. Esta servirá, portanto, como um freio ou limite (excluindo ou confirmando a imputação, a partir de uma relação de causalidade previamente constatada).

---

[14] Diz-se que a teoria da equivalência confunde "a parte com o todo", porquanto "se causa é o conjunto das condições, como poderá ser considerada causa uma condição isolada? Em outras palavras: se E = a + b + c, E = a. Aí está o salto mortal da doutrina, no plano lógico" (Costa Jr., op. cit., p. 94).

[15] Na doutrina brasileira, os casos que se aludem como "cursos causais extraordinários" costumam ser referidos como causas supervenientes relativamente independentes à conduta. Registre-se que os autores estrangeiros também usam a expressão "cursos causais hipotéticos" para se referir a tais grupos de casos.

A teoria da imputação objetiva[16] utiliza-se de quatro princípios excludentes da imputação (e, portanto, da responsabilidade penal): a) o princípio do risco permitido, b) o princípio da confiança; c) o princípio da proibição do regresso; d) o princípio da capacidade da vítima.

3.4.1. Princípio do risco permitido

Todo contato social produz riscos. Jamais se poderia pretender eliminá-los por completo, pois isto redundaria no fim do convívio em sociedade. Assim, por exemplo, o tráfego de veículos automotores. Cuida-se de atividade fundamental no cotidiano das pessoas e, sem dúvida alguma, produz perigos para a vida, a saúde e o patrimônio de terceiros. Não pode o Direito Penal simplesmente buscar eliminá-la, já que, com isso, também se extinguiriam seus benefícios (o deslocamento de pessoas nas cidades, sem falar no trânsito de ambulâncias, viaturas policiais etc.). Cumpre, portanto, normatizá-la, distinguindo em seu âmbito os riscos proibidos e os permitidos (isto é, a condução de veículos de acordo com as regras de trânsito). Neste caso, **ficará sempre afastada a imputação (ainda que possa existir relação de causalidade)**.

O risco permitido, que exclui a responsabilidade penal, dá-se nas seguintes situações: a) quando houver normas jurídicas que autorizam comportamentos perigosos, como ocorre, por exemplo, nas já citadas regras de trânsito de veículos automotores, nas práticas desportivas autorizadas ou em normas técnicas de atividades industriais; b) nos fatos socialmente adequados, tais como um passeio de automóvel com amigos ou um simples aperto de mão (capaz de transmitir um germe); c) nos fatos relacionados com uma determinada *lex artis*, é dizer, praticados com a estrita observância das regras técnicas de uma dada atividade, como a Medicina ou a Engenharia; e d) nas autorizações contidas em normas extrapenais.

Afigure-se, então, o seguinte exemplo. Uma pessoa, ciente de que apresenta os sintomas da gripe "A" (H1N1), depois de chegar à sua cidade natal de uma viagem ao exterior, sai pelas ruas e, após espirrar, cumprimenta alguém com as mãos, ciente de que pode, com isso, propagar o vírus, o que vem a ocorrer, dando ensejo à epidemia naquela comunidade.

Muito embora haja nexo de causalidade, não será possível imputar o resultado ao agente, porque o ato de cumprimentar alguém enfeixa um risco permitido.

---

[16] Seguindo o enfoque dado por Günther Jakobs (*Tratado de direito penal*: teoria do injusto penal e culpabilidade).

3.4.2. Princípio da confiança

Na vida em comunidade, as pessoas devem atuar com cuidado para não provocar danos aos outros, mas não se pode exigir delas que além de se preocupar com seu modo de agir, também prestem atenção se os demais estão cumprindo seu papel no zelo pela coisa alheia.

As pessoas devem dirigir-se a si próprias, **confiando que as outras cumprirão, cada uma, seu dever de cuidado.**

Há diversas situações cotidianas em que o evento resulta de uma conjugação de esforços, no qual cada um dos envolvidos desempenha um papel diferente. Nesses casos em particular, é fundamental assegurar-se a cada um que deva focar em seus atos, podendo confiar que os demais farão o mesmo. Se assim não fosse, tendo cada um de nós que se preocupar consigo mesmo e também com outros, jamais conseguiríamos desempenhar corretamente nosso papel.

Imagine-se, uma vez mais, o tráfego de veículos automotores: se o motorista que trafega com seu veículo tivesse que prestar atenção no seu modo de dirigir e também naquele de todos os outros que conduzem ao ser redor, sua atenção ficaria dispersada para uma infinidade de situações, comprometendo sua própria dirigibilidade e segurança.

Cogite-se, ainda, de um intrincado procedimento cirúrgico, no qual cada membro da equipe possui uma função prévia e especificamente estabelecida. Durante a execução do ato, cada um deve focar em seu papel, pois se tiver que se preocupar com o dos outros, não desempenhará satisfatoriamente o seu. O cirurgião, portanto, não poderá ser responsabilizado por um descuido do instrumentador, o qual não esterilizou adequadamente o material utilizado no procedimento, permitindo a propagação de um germe patogênico ao paciente e, em seguida, a todas as pessoas daquele hospital.

3.4.3. Princípio da proibição do regresso

Por meio deste princípio, um comportamento lícito não permite que se impute objetivamente a quem o praticou atos subsequentes de terceiros; por exemplo, se um motorista de táxi conduz um passageiro até o seu destino (atividade lícita) e este, ao chegar, libera determinado micro-organismo causando epidemia, o condutor não poderá ser responsabilizado pelas atitudes daquele, mesmo que tenha tomado conhecimento delas (**há nexo, mas inexistirá imputação**).

3.4.4. Princípio da capacidade da vítima

O quarto e último princípio é a capacidade (ou competência) da vítima. Trata-se, neste caso, de situações em que houve consentimento livre e consciente do ofendido, com capacidade de entender e anuir, para a agressão a seus bens jurídicos.

A **natureza do crime de epidemia**, que constitui delito de perigo comum, gerando risco a um número indeterminado de pessoas, **não permite seja este princípio a ele aplicado**; em outras palavras, jamais se poderá obter o consentimento dos ofendidos, posto que estes são pessoas indefinidas e, portanto, não há meios de se avaliar sua anuência. Além disso, a natureza dos valores postos em perigo, que não se limitam ao patrimônio, mas também envolvem a saúde e a integridade física, impede seja considerado válido o consentimento, dada a natureza indisponível destes bens.

3.5. Propagação de germes patogênicos

A conduta do agente deve consistir na propagação, isto é, disseminação, alastramento, difusão de germes patogênicos.

Germes são organismos unicelulares; patogênicos, são aqueles capazes de causar **moléstias infecciosas**.

Cuida-se de delito de forma livre (onímodo), já que a lei não condiciona seu *modus faciendi*, admitindo a execução típica (notadamente no que toca à forma de propagação) por qualquer meio.

3.6. Epidemia

Etimologicamente, *epidemia* deriva dos vocábulos gregos *epi* (sobre) e *demos* (povo). Consiste na **incidência**, durante breve **determinado período de tempo** e em **determinado local**, de **grande número de casos de uma determinada doença**, de modo a representar uma alteração sensível nos dados estatísticos de sua ocorrência.

Não se pode confundir epidemia, que se refere à difusão de patologia em seres humanos, com epizootia ou epifitia, isto é, a propagação de doenças em animais ou plantas (respectivamente), que são incriminadas no art. 259 do CP.

A causação de **pandemia** também é abrangida pelo tipo. Trata-se esta da **difusão da doença por extensa área do globo terrestre**.

A **maioria da doutrina** o qualifica como crime de **perigo concreto**. Veja-se, a respeito, a posição de Rogério Greco: "Cuida-se, *in casu*, de uma infração penal de perigo comum e concreto, haja vista que o art. 267 encontra-se inserido no Capítulo III (Dos crimes contra a saúde pública), que, por sua vez, está localizado no Título VIII da Parte Especial do Código Penal, que prevê os crimes contra a incolumidade pública"[17].

---

[17] *Curso de direito penal*, 6. ed., v. 4, p. 106.

Não se trata, contudo, de delito de perigo. Assim seria se o tipo penal incriminasse tão somente a propagação dos germes patogênicos; ocorre que a lei exige também a causação (normativa) da epidemia, que, conforme definição pacífica da doutrina, constitui a elevação (acima do limiar epidêmico), em curto período de tempo, dos casos de uma mesma doença num determinado local. *Ora,* **se a epidemia somente se dá quando houver lesão à saúde de um número indeterminado de pessoas,** estamos diante de um verdadeiro **crime de dano.**

Parece-nos razoável admitir, como o faz Paulo José da Costa Jr.[18], que a infração é de dano, mas, dado o caráter difuso da lesão produzida (doença em um número indefinido e elevado de indivíduos), **também gera perigo** (no que toca às pessoas expostas ao risco de contaminação pelos germes patogênicos, mas que não contraíram a doença).

O que é decisivo, entretanto, é que a consumação pressupõe a efetiva contração de patologia e, bem por isso, não se pode falar em simples delito de perigo, mas em verdadeira infração de dano.

4. TIPO SUBJETIVO

Cuida-se de crime **doloso**, o qual requer a vontade e a consciência de propagar o germe patogênico, visando à causação (normativa) da epidemia. Cuida-se de delito de dano, motivo pelo qual não o comete aquele que o faz com a intenção de matar pessoa(s) determinada(s). Nesse caso, há crime de homicídio.

5. SUJEITOS DO CRIME

5.1. Sujeito ativo

O delito pode ser praticado por qualquer pessoa (**crime comum** ou *delicta comunia*), já que a lei não exige nenhuma qualidade ou condição especial por parte do sujeito ativo.

5.2. Sujeito passivo

O sujeito passivo é a coletividade, titular da saúde pública, e, além dela, as pessoas cujo bem-estar físico e psíquico foi lesado e aquelas expostas ao perigo de contração da doença.

---

[18] *Curso de direito penal,* p. 696.

6. CONSUMAÇÃO E TENTATIVA

6.1. Consumação

O *summatum opus* dá-se com o **surgimento da epidemia** (definida no item 3.6 *supra*), resultado naturalístico previsto no tipo penal.

6.2. Tentativa

Afigura-se possível a forma tentada, pois o crime é material e **pluris-subsistente**. Imagine-se a conduta de quem propaga germes patogênicos, os quais não chegam a contaminar um número elevado de pessoas em razão de posturas eficazes realizadas pelas autoridades sanitárias para contenção do micro-organismo.

7. EPIDEMIA QUALIFICADA PELO RESULTADO (§ 1º)

O § 1º prevê forma qualificada pelo resultado, quando, da epidemia, resulta **morte**[19].

É preciso, por motivos óbvios, que se possa imputar o falecimento ao ato inicial, consistente na propagação dos germes patogênicos. Nesse passo, remete-se o leitor aos itens 3.1 a 3.4, onde se estudaram os pressupostos jurídicos para a imputação do resultado ao autor da conduta.

O crime em questão é necessariamente **preterdoloso**, isto é, deve haver **dolo na produção da epidemia** mediante a disseminação dos micro-organismos lesivos à saúde humana, e **culpa no tocante à morte das pessoas**.

A pena do agente será aplicada em dobro, independentemente do número de indivíduos falecidos (lembre-se que se trata de *crimen* contra a incolumidade pública).

Se o agente tiver a intenção (dolo direto) ou assumir o risco (dolo eventual) de produzir os óbitos, responderá por crime de homicídio qualificado pelo meio capaz de resultar perigo comum (CP, art. 121, § 2º, III).

7.1. Hediondez

A **epidemia com resultado morte** constitui crime de natureza hedionda, tendo em vista sua expressa inclusão no rol do art. 1º da Lei n. 8.072/90 (inciso VII), promovida pela Lei n. 8.930/94.

---

[19] As causas de aumento de pena previstas no art. 258 do CP, como faz claro o art. 285, não se aplicam ao *crimen* em estudo, pois este contém disciplina particular sobre a causação de resultados preterdolosos.

De lembrar-se que a qualificação do ilícito como hediondo traz severas consequências. A Constituição Federal refere-se a tais crimes no art. 5º, XLIII, estabelecendo que, junto com o tráfico ilícito de drogas, com a tortura e com o terrorismo, esses delitos são inafiançáveis e insuscetíveis de graça e anistia (além do indulto).

A Lei dos Crimes Hediondos e a Lei de Execução Penal, ainda, acrescentam outras consequências gravosas:

a) a autorização para decretação de prisão temporária por trinta dias, prorrogáveis por igual período, em caso de extrema e comprovada necessidade;

b) o cumprimento de pena em regime inicialmente fechado (determinação considerada inconstitucional pelo Supremo Tribunal Federal)[20];

c) a progressão de regimes condicionada ao transcurso de 50% da pena (se primário ou se reincidente em crime genérico[21]) e de 70% (se reincidente específico em crime hediondo ou equiparado com resultado morte);

d) a vedação de saída temporária (LEP, art. 122, § 2º);

e) a proibição de livramento condicional (LEP, art. 112, VII e VIII), por se tratar de delito hediondo com resultado morte.

---

[20] O STF, em junho de 2012, julgou inconstitucional a determinação de cumprimento da pena em regime inicial fechado, disposta na Lei dos Crimes Hediondos (HC 111.840). Para a Corte, a disposição legal é incompatível com o princípio da individualização da pena (CF, art. 5º, XLV), devendo o juiz levar em conta os critérios gerais previstos no Código Penal. Cuida-se de decisão efetuada em controle difuso de constitucionalidade, de modo que somente produz efeito entre as partes. É bem verdade que, em matéria de homicídio qualificado, mencionada decisão pouco influi, pois, mesmo com base nas normas do CP (art. 33), o magistrado terá que impor regime fechado para o começo do cumprimento da reprimenda. Observe-se, ainda, que o STF, em 2015, decidiu ser compatível com a Constituição Federal em idêntica regra contida na Lei de Tortura, isto é, afirmou que a norma responsável por estabelecer – de maneira inflexível – o cumprimento da pena em regime inicialmente fechado para tal delito equiparado a hediondo não ofende o Texto Maior (HC 123.316). Anote-se, por derradeiro, que o STF reiterou o entendimento de 2012 e fixou tese, com repercussão geral, no sentido de que: "É inconstitucional a fixação *ex lege*, com base no artigo 2º, parágrafo 1º, da Lei 8.072/1990, do regime inicial fechado, devendo o julgador, quando da condenação, ater-se aos parâmetros previstos no artigo 33 do Código Penal" (ARE 1.052.700).

[21] Entendimento aplicado pela 3ª Seção do STJ: REsp 1.910.240-MG, rel. Min. Rogerio Schietti Cruz, j. 26-5-2021.

8. EPIDEMIA CULPOSA (§ 2º)

O Código Penal também incrimina a epidemia provocada culposamente. Nesse caso, a imprudência, negligência ou imperícia (CP, art. 18, II) deve residir na propagação dos germes patogênicos. Trata-se da conduta de **permitir a difusão desses micro-organismos praticada sem a observância do dever de cuidado exigido das pessoas de mediana prudência e discernimento.** O delito somente se aperfeiçoará se, além desse descuido, produzir-se a epidemia (a pena será de um a dois anos de detenção).

Se da conduta culposa resultar morte (também imputável a título de culpa), ter-se-á a figura **qualificada** pelo resultado prevista na parte final da disposição, apenada com dois a quatro anos de detenção.

9. CLASSIFICAÇÃO JURÍDICA

Cuida-se de crime *doloso* (na modalidade fundamental – *caput*), *preterdoloso* (na forma agravada – § 1º) ou *culposo* (no caso do § 2º), *comissivo* (sua conduta típica se dá mediante uma ação, sem prejuízo, como de ordinário nos delitos dessa natureza, que seja praticado omissivamente, desde que tenha o sujeito ativo o dever jurídico de agir – art. 13, § 2º – para evitar a propagação do germe ou a causação da epidemia), *de forma ou ação livre* (admite qualquer meio executivo), *comum* (a lei não exige qualidade ou condição especial por parte do sujeito ativo), *de dano* (pois requer a efetiva lesão à saúde de um número indeterminado de pessoas) e *também de perigo* (no que se refere às pessoas expostas ao risco de contágio pelos germes patogênicos disseminados), *material* (já que sua consumação depende da caracterização da epidemia – resultado naturalístico), *plurissubsistente* (seu *iter criminis* é fracionável) e *instantâneo de efeitos permanentes* (pois sua realização integral típica dá-se exatamente quando caracterizada a epidemia, cujos efeitos podem perdurar no tempo, até que as autoridades de saúde pública consigam debelá-la).

10. PENA E AÇÃO PENAL

Na modalidade fundamental, o fato é punido com reclusão, de dez a quinze anos. A epidemia dolosa qualificada pela morte é apenada com a sanção da forma simples, elevada ao dobro. O procedimento aplicável, em ambos os casos, será o comum ordinário (CPP, arts. 395 a 405).

O legislador comina, para a epidemia culposa simples, um a dois anos de detenção (crime de pequeno potencial ofensivo – Lei n. 9.099/95) e, para a forma qualificada, dois a quatro.

A ação penal é **pública incondicionada.**

ART. 268 – INFRAÇÃO DE MEDIDA SANITÁRIA PREVENTIVA

1. DISPOSITIVO LEGAL

Infração de medida sanitária preventiva

Art. 268. Infringir determinação do poder público, destinada a impedir introdução ou propagação de doença contagiosa:

Pena – detenção, de 1 (um) mês a 1 (um) ano, e multa.

Parágrafo único. A pena é aumentada de um terço, se o agente é funcionário da saúde pública ou exerce a profissão de médico, farmacêutico, dentista ou enfermeiro.

2. VALOR PROTEGIDO (OBJETIVIDADE JURÍDICA)

O objeto jurídico é a **saúde pública**, ou seja, o bem-estar da coletividade, pondo seus membros a salvo de danos potenciais ao seu equilíbrio orgânico e psíquico. Protege-se, da mesma forma, a **incolumidade pública** e os **interesses individuais** daqueles direta ou indiretamente atingidos pela introdução ou propagação da doença contagiosa.

3. TIPO OBJETIVO

O comportamento nuclear se traduz no ato de *infringir*, isto é, **desrespeitar**, violar, malferir.

É necessário, ainda, que a conduta recaia sobre o **descumprimento de determinação do Poder Público** e que esta vise a **impedir a introdução** (ingresso, entrada) ou **propagação** (disseminação, difusão, alastramento) **de doença contagiosa**.

Trata-se, portanto, de *norma penal em branco*, de vez que sua exata compreensão e alcance dependem de medidas administrativas implementadas pelas autoridades sanitárias, com o escopo de prevenir a introdução, em determinado local, de doença contagiosa ou evitar sua proliferação.

Doença contagiosa é aquela que se transmite por contato **direto** (tais como aperto de mão, ósculo ou amplexo) ou **indireto** (por exemplo: emissão de gotículas de saliva, toque em objetos contaminados pela ação precedente de pessoa enferma) entre indivíduo infectado e são.

Segundo Paulo José da Costa Jr., "mais apropriada teria sido a expressão *doença infectocontagiosa*, que põe em realce o duplo caráter infecto e contagioso, pois nem toda infecção é contagiosa (Flamínio Fávero)"[22].

---

[22] *Curso de direito penal*, p. 697.

O dispositivo legal somente abarca em sua esfera de proteção a enfermidade capaz de atingir seres humanos.

Neste caso, o complemento de que carece o preceito primário encontra-se em norma jurídica de diferente hierarquia (atos administrativos), sendo, portanto, qualificada como norma penal em branco em sentido estrito ou heterogênea.

É preciso que a postura administrativa violada seja emanada pela autoridade competente para a elaboração de ações ligadas à adoção de medidas sanitárias preventivas[23]. Bem por isso, pode o magistrado deixar de aplicar a disposição criminal quando verificar vício formal na expedição do ato. O mesmo não se pode dizer quando se trata de examinar a conveniência do ato, análise vedada ao magistrado[24]. Deve o comando inobservado, ademais, revestir-se de imperatividade, isto é, não deve constituir-se em simples recomendação. Mostra-se fundamental, ainda, que a conduta do agente tenha ao menos a possibilidade de elevar o risco de introdução ou propagação da doença. **Se, apesar do desrespeito,** demonstrar-se que a atitude foi **absolutamente inidônea** e, de modo algum, incrementou o perigo que se visava combater, ter-se-á **crime impossível.**

3.1. O art. 268 do CP no contexto da pandemia do novo coronavírus

A humanidade foi assolada em 2019 pela propagação de um novo tipo de coronavírus, causador de uma grave doença respiratória denominada Covid-19. A facilidade com a qual o vírus se propaga logo deu ensejo à caracterização de uma pandemia pela Organização Mundial da Saúde.

No Brasil, houve diversos textos normativos regulamentando emergencialmente a excepcional situação, diante do patente risco à saúde pública,

---

[23] No caso das determinações relativas à pandemia do novo coronavírus, o STF reconheceu a competência concorrente dos estados e do Distrito Federal, juntamente com a União, para editar normas administrativas impondo restrições às pessoas, para evitar a disseminação do vírus. O STF afirmou, ainda, que os municípios possuem competência suplementar nessa matéria. Nesse sentido: "Crime de infração de medida sanitária preventiva (CP, art. 268). Norma penal em branco. Complementação por ato normativo estadual ou municipal. Artigo 22, inciso I, da Constituição Federal. Questão constitucional. (...) Fixada a seguinte tese: O art. 268 do Código Penal veicula norma penal em branco que pode ser complementada por atos normativos infralegais editados pelos entes federados (União, Estados, Distrito Federal e Municípios), respeitadas as respectivas esferas de atuação, sem que isso implique ofensa à competência privativa da União para legislar sobre direito penal (CF, art. 22, I)" (ARE 1.418.846 RG, rel. Min. Presidente, Tribunal Pleno, j. 24-3-2023).

[24] *Vide*, por todos, Paulo José da Costa Jr., *Curso de direito penal*, p. 698.

dentre os quais vale citar o Decreto-Legislativo n. 6, de 20 de março de 2020, o qual reconheceu o estado de calamidade pública decorrente da pandemia.

Importante mencionar, ainda, que houve a edição de diversas normas no plano estadual e municipal visando a instituir medidas de combate à propagação do vírus, algumas mais restritivas, outras mais brandas.

Dada essa superposição de normas jurídicas, o Supremo Tribunal Federal, em decisão liminar proferida em 8 de abril de 2020 pelo Min. Alexandre de Moraes na ADPF 672, reconheceu a competência concorrente dos governos estaduais e distrital e suplementar dos governos municipais[25] para a "adoção ou manutenção de medidas restritivas legalmente permitidas durante a pandemia, tais como, a imposição de distanciamento/isolamento social, quarentena, suspensão de atividades de ensino, restrições de comércio, atividades culturais e à circulação de pessoas, entre outras", "independentemente de ato federal em sentido contrário".

A partir desse julgamento, diversos Estados da Federação e Municípios passaram a estabelecer, no plano regional e local, medidas de restrição de comportamentos tendentes a reduzir a velocidade de propagação do vírus e, portanto, voltadas à proteção da saúde pública.

Nesse contexto, surgiu a questão de saber se o desrespeito a tais normas constitui o crime do art. 268 do Código Penal. Adianta-se, desde já, que em nosso sentir, a despeito de inúmeras declarações públicas por parte de juristas em sentido contrário, a resposta é afirmativa.

Citam-se, a título de ilustração, o Estado de São Paulo e a Capital paulista.

No Estado, a quarentena foi instituída com base no Decreto n. 64.881, de 20 de março de 2020, impondo diversas restrições e, no seu art. 3º, ressalvou-se que: "A Secretaria da Segurança Pública atentará, em caso de descumprimento deste decreto, ao disposto nos artigos 268 e 330 do Código Penal, se a infração não constituir crime mais grave". O Governo paulista, posteriormente, determinou a obrigatoriedade do uso de máscaras de proteção facial nos serviços de transporte público de passageiros de responsabilidade do Estado (Decreto n. 64.956, de 29-4-2020), bem como, depois, estendeu o uso obrigatório do insumo de proteção aos espaços de acesso aberto ao público, ao interior de estabelecimentos que executem serviços essenciais e a repartições públicas estaduais, destacando, expressamente, que a não observação sujeita o infrator aos tipos penais supramencionados (Decreto n. 64.959, de 4-5-2020).

---

[25] Sendo a competência municipal suplementar, não pode o Município instituir normativa mais branda do que a fixada pelo respectivo Estado. Ver, ainda, a decisão proferida pelo Min. Marco Aurélio na ADIn 6.341, em sentido similar.

A Prefeitura da Capital, em linha com as determinações do Governo, expediu atos administrativos com teor similar, a fim de combater a propagação da Covid-19 na cidade mais populosa do Brasil.

Não foram poucos os casos de **descumprimento das determinações dos Governos estadual e municipal**, constituindo, além da infração administrativa, o **ilícito penal**[26].

A subsunção dessas condutas ao tipo penal **não viola o postulado da proporcionalidade**. Cuida-se este de metanorma em que se elabora uma correlação entre o meio utilizado e o fim visado. Seu exame se dá com a avaliação de três eixos: a *adequação*, a *necessidade* e a *proporcionalidade em sentido estrito*.

O *juízo de adequação* consiste em efetuar uma avaliação para saber se o *meio promove, de fato, o fim almejado*. No caso, o meio é a ameaça e imposição da pena e o fim é impedir a rápida disseminação do vírus. Não há dúvida de que um promove o outro. O distanciamento e o isolamento social impostos pelo poder público, de acordo com a Organização Mundial de Saúde, estão entre as providências mais adequadas para reduzir a velocidade de propagação do patógeno.

O *juízo de necessidade* reside em refletir se há *meios alternativos igualmente eficazes à promoção do fim*, que impliquem em *restrições menos intensas* aos direitos fundamentais. Entra em análise, no contexto da pandemia, a questão de reconhecer se as punições administrativas, como as multas, são suficientes para inibir os comportamentos de disseminação do novo coronavírus e, desse modo, promover o fim consistente na proteção da saúde pública. Esse é o ponto mais delicado da questão. Em nosso sentir, a simples ameaça de imposição de sanções administrativas não tem o mesmo poder inibitório sobre o homem médio que a ameaça de imposição de pena criminal. Inúmeras pessoas foram retratadas, por órgãos de imprensa e portais de notícia, desrespeitando ostensivamente as determinações do poder público, a reforçar a importância de se elevar a natureza do ilícito cometido para aquém da esfera administrativa.

---

[26] "Provas a revelar que o réu foi o organizador de festa na qual estavam presentes diversas pessoas, em período de pandemia, quando vigentes decretos estadual e municipal que proibiam referidos eventos, a fim de evitar a propagação do Coronavírus. Crime formal e de perigo abstrato, que não exige o resultado naturalístico para sua consumação, bastando o agente incorrer em conduta que infrinja determinação do poder público destinada a contenção de doença contagiosa para que ocorra a consumação da infração, caso dos autos. Condenação mantida" (TJSP, ApCr 1502227-69.2020.8.26.0168, rel. Des. Otávio de Almeida Toledo, 16ª CCr, j. 26-4-2023).

É importante frisar que o art. 268 do Código Penal é um delito de mera conduta e de perigo abstrato o qual visa à proteção da saúde pública, bem jurídico fundamental. O cenário vivido em 2020, de propagação em larga escala do novo coronavírus, doença infectocontagiosa, causadora de grave risco à saúde e à vida de diversas pessoas, justifica que comportamentos egoisticamente motivados de desrespeito às determinações restritivas emanadas do Poder Público sejam tratados como infrações penais.

O *juízo de proporcionalidade em sentido estrito*, finalmente, impõe uma *comparação entre as vantagens decorrentes da adoção da promoção do fim e as desvantagens advindas do meio escolhido*. Os benefícios devem superar o malefício decorrente do meio utilizado.

Houve aqueles que sustentaram a inaplicabilidade do art. 268 do Código Penal justamente por não cumprir esse exame de proporcionalidade *stricto sensu*.

Diz-se que a imposição de pena criminal, conduzindo ao cárcere o infrator da norma administrativa durante a quarentena, seria ilógica e colocaria em risco a própria saúde ou a vida desta pessoa. Sob essa ótica, o "remédio" seria mais grave que a "doença", ou, em outras palavras, o malefício criado superaria o benefício perseguido. Tal análise, contudo, é falaciosa, pois se pauta na premissa de que o reconhecimento da prática do delito em estudo impõe ao agente a privação de sua liberdade. Em primeiro lugar, trata-se de infração de menor potencial ofensivo, de maneira que o autor do fato, surpreendido em flagrante, será encaminhado à autoridade policial e, depois de lavrado o termo circunstanciado e assinado um termo de compromisso de comparecimento ao Juizado Especial, será imediatamente liberado. Além disso, haverá medidas despenalizadoras que poderão ser concedidas ao agente, como a transação penal (art. 76 da Lei n. 9.099/95) ou a suspensão condicional do processo (art. 89 da citada Lei), as quais, se cumpridas, extinguem a punibilidade; na hipótese de ser condenado, o que de certo não se dará prontamente, mas após o transcorrer de diversas etapas processuais, o réu terá direito à substituição da pena privativa de liberdade por penas alternativas, nos termos do art. 44 do Código Penal.

Não é demais lembrar que estamos diante de uma norma penal em branco, pois o preceito primário faz expressa referência a um complemento, consistente em descumprir "determinação do poder público" ("destinada a impedir introdução ou propagação de doença contagiosa"). Essa "determinação" dá completude ao tipo penal e define a extensão do comportamento incriminado. Por esse motivo, é fundamental conhecer o teor do ato administrativo emanado pela autoridade competente, para definir os limites da aplicação da norma penal.

3.2. A revogação do complemento

Em matéria de normas penais em branco, como é o caso do art. 268 do CP, discute-se se a revogação de seu complemento caracteriza *abolitio criminis* (CP, arts. 2º e 107, III).

Não há dúvida de que a resposta é afirmativa, já que o ato administrativo integra a norma, fixando sua moldura e, portanto, sua exata dimensão. Deixando de existir, desaparece o ilícito penal, o que, nos termos da Constituição, opera retroativamente (art. 5º, XL).

Nem sempre, contudo, assim ocorrerá. Se o complemento for dotado da característica da **excepcionalidade ou temporariedade**, algo bem provável em matéria de determinações sanitárias, que podem ser editadas em razão de um excepcional descontrole epidêmico, **sua revogação não representará a descriminalização do ato**. Aplicar-se-á o art. 3º do CP, segundo o qual "*a lei excepcional ou temporária, embora decorrido o período de sua duração ou cessadas as circunstâncias que a determinaram, aplica-se ao fato praticado durante sua vigência*". É o caso das determinações emanadas no contexto evidentemente excepcional da pandemia do novo coronavírus.

3.3. Exames laboratoriais em sangue coletado para doação

A Lei n. 7.649/88 estabelece a obrigatoriedade do cadastramento dos doadores de sangue e a realização de exames laboratoriais no sangue coletado, visando a prevenir a propagação de doenças (art. 1º). O cadastramento, de acordo com o art. 2º, conterá, entre outras informações, o histórico patológico, a data da coleta e os resultados dos exames de laboratório realizados no sangue coletado. As análises deverão compulsoriamente destinar-se a detectar as seguintes infecções: Hepatite B, Sífilis, Doença de Chagas, Malária e Síndrome de Imunodeficiência Adquirida (AIDS) (art. 3º, *caput*), sem prejuízo de outras a serem incluídas mediante portaria do Ministério da Saúde (art. 3º, parágrafo único).

A inobservância das normas contidas na mencionada lei acarretará sanções administrativas (art. 8º) e penais (art. 9º), neste caso, configurando-se o crime em estudo, por força de expressa remissão legal.

4. TIPO SUBJETIVO

O fato só é punido na forma **dolosa**. Faz-se necessário, desta feita, que o sujeito voluntariamente infrinja a determinação e, ademais, tenha conhecimento de sua existência e do perigo provocado por sua atitude[27].

---

[27] "Para a caracterização do crime de infração de medida sanitária preventiva, é indispensável a prova da intenção de infringir determinação do Poder Público destinada a impedir introdução ou propagação de doença contagiosa. Havendo dúvidas quanto ao elemento subjetivo do tipo penal, a absolvição é medida que se impõe, com amparo no art. 386, inciso III, do Código de Processo Penal" (TJDFT, ApCr 07345636120208 070016, rel. Des. Sandoval Oliveira, 3ª T. Criminal, j. 14-9-2023).

A ignorância da determinação contida na norma complementar, somada à falta de consciência do perigo produzido pelo ato que a infringe, pode acarretar erro de proibição (CP, art. 21).

5. SUJEITOS DO CRIME

5.1. Sujeito ativo

Qualquer pessoa pode figurar como sujeito ativo da infração (**crime comum**). Quando se tratar de **funcionário da saúde pública, médico, farmacêutico, dentista ou enfermeiro**, a pena será **aumentada** de um terço (parágrafo único).

5.2. Sujeito passivo

Cuida-se da coletividade, titular da saúde pública, e, ademais, das pessoas cujo bem-estar físico e psíquico seja exposto ao perigo decorrente da introdução ou propagação da doença contagiosa.

6. CONSUMAÇÃO E TENTATIVA

6.1. Consumação

O crime é de **mera conduta ou de simples atividade**[28]. Sua consumação, portanto, dá-se com o **inadimplemento da determinação emanada pela autoridade pública**, criada com o escopo de impedir a introdução ou propagação da doença transmissível por contágio.

6.2. Tentativa

Afigura-se possível a forma tentada, muito embora se trate de delito de mera conduta, já que o *iter criminis*, a depender da ordem violada, pode ser fracionado.

7. CAUSAS DE AUMENTO DE PENA

7.1. Em razão da qualidade do sujeito (parágrafo único)

De acordo com o parágrafo único da disposição, a condição do sujeito ativo pode fazer com que incida um acréscimo de um terço na sanção cominada. Se este, com efeito, for **funcionário da saúde pública, médico,**

---

[28] Segundo Paulo José da Costa Jr., o crime é formal (*Curso de direito penal*, p. 698).

farmacêutico, dentista ou enfermeiro, será merecedor de maior reprimenda, pois se trata de profissional que detém conhecimentos (teóricos ou práticos) suficientes e detalhados sobre as consequências da violação a posturas sanitárias preventivas.

7.2. Em função do resultado

O art. 285 manda aplicar aos crimes contra a saúde pública as exasperantes previstas no art. 258 do CP. No caso do delito em estudo, que somente é punido na forma dolosa, dar-se-á uma elevação de metade se do fato resultar **lesão corporal de natureza grave** e ao dobro, caso sobrevenha **morte**.

Como se trata de delito contra a incolumidade pública, pouco importa a quantidade de pessoas efetivamente atingidas.

8. CLASSIFICAÇÃO JURÍDICA

O crime é *doloso, de ação ou forma livre, comum, monossubjetivo ou de concurso eventual, de perigo abstrato, de mera conduta ou de simples atividade, unissubsistente ou plurissubsistente* (a depender da determinação violada pelo agente, a qual pode se dar mediante um único ato ou vários e, neste caso, comportar fracionamento do *iter criminis*) e *instantâneo*.

9. PENA E AÇÃO PENAL

No *caput*, pune-se o fato com detenção, de um mês a um ano. Há causa de aumento de pena (parágrafo único). Em qualquer caso, a infração será de menor potencial ofensivo, ficando submetida às normas benéficas da Lei n. 9.099/95 e à competência dos Juizados Especiais Criminais.

A ação penal é de iniciativa **pública incondicionada**.

ART. 269 - OMISSÃO DE NOTIFICAÇÃO DE DOENÇA

1. DISPOSITIVO LEGAL[29]

Omissão de notificação de doença

Art. 269. Deixar o médico de denunciar à autoridade pública doença cuja notificação é compulsória:

Pena – detenção, de 6 (seis) meses a 2 (dois) anos, e multa.

---

[29] No Código Penal de 1890, punia-se semelhante conduta como contravenção penal (art. 378).

2. VALOR PROTEGIDO (OBJETIVIDADE JURÍDICA)

O escopo protetivo da norma penal é a **saúde pública**, em caráter principal, e, em segundo plano, a **vida** e a **integridade corporal** das pessoas atingidas pelo perigo decorrente da falta de comunicação da doença e, por isso, expostas a um possível surto ou epidemia da doença não informada.

3. TIPO OBJETIVO

O verbo nuclear se traduz no ato de deixar de denunciar, isto é, não comunicar, omitir-se no dever de informar. Trata-se de delito **omissivo próprio ou puro**, já que sua conduta típica corresponde a um *non facere*. Tais infrações são crimes de **mera conduta** (ou simples inatividade), de vez que o tipo penal se limita a descrever o comportamento punido, sem fazer qualquer menção a resultado naturalístico.

O fundamento da disposição consiste em obrigar os **médicos (crime próprio)** a informarem às autoridades de saúde pública os casos com os quais se deparem, relativos a doenças cuja notificação é **compulsória**.

O *Sistema de Doenças de Notificação Compulsória (SDNC)* baseia-se em uma lista que leva em conta diversos critérios, tais como a magnitude, o potencial de disseminação, a vulnerabilidade, a existência de compromissos internacionais com a erradicação etc. O objetivo primário é o monitoramento desses males, cujo perfil epidemiológico está sujeito a constantes alterações e, bem por isso, requer atualizações periódicas. Essa é a razão pela qual o legislador penal não enumera tais moléstias, transferindo esse mister aos órgãos estatais de saúde pública, que o fazem por meio de atos administrativos, os quais constituem instrumentos jurídicos mais fáceis de serem alterados e, por conseguinte, constantemente atualizados.

O controle dos casos viabilizado pela notificação compulsória permite efetuar uma ação coordenada visando à contenção de surtos, epidemias e medidas de erradicação.

É de ver que o profissional de saúde, ao denunciar aos órgãos responsáveis a doença diagnosticada no paciente, rompe com o sigilo; mas não incorre no crime do art. 154, porque, nesse caso, *há justa causa* para a violação do segredo.

A lei penal refere-se a doenças de notificação compulsória, cabendo ao Ministério da Saúde (como regra) defini-las. Cuida-se, desta feita, de **norma penal em branco**, cujo complemento integrador do tipo encontra-se em norma jurídica de diversa hierarquia (norma penal em branco em sentido estrito ou heterogênea). Sua **revogação** operará verdadeira *abolitio criminis* ou modificação supressiva de incriminação (CF, art. 5º, XL, e CP, arts. 2º e 107, III), **salvo quando a doença houver sido incluída em caráter excepcional ou temporário,** por força do art. 3º do CP[30].

Tais enfermidades, em geral, contagiosas ou infecciosas, encontram-se arroladas na Portaria de Consolidação n. 4/GM/MS, de 28 de setembro de 2017, atualizada pela Portaria n. 264, de 17 de fevereiro de 2020, do Ministério da Saúde. De acordo com o ato administrativo, devem ser compulsoriamente notificadas, em todo o território nacional, as ocorrências de: botulismo, cólera, coqueluche, dengue (casos e óbitos), difteria, doença de Chagas (aguda e crônica), doença de Creutzfeldt-Jacob, doença invasiva por *Haemophilus Influenza*, doença meningocócica e outras meningites, doenças com suspeita de disseminação intencional (antraz pneumônico, tularemia e varíola), doenças febris hemorrágicas emergentes/reemergentes (arenavírus, ebola, Marburg, Lassa, febre purpúrica brasileira), doença aguda pelo vírus Zika (também em gestante e óbitos suspeitos), esquistossomose, eventos adversos pós-vacinação, febre amarela, febre de Chikungunya, febre do Nilo Ocidental, febre maculosa, febre tifoide, hanseníase, hantavirose, hepatites virais, infecção pelo vírus da imunodeficiência humana – HIV (também em gestantes e crianças expostas ao risco de transmissão vertical) ou síndrome da imunodeficiência adquirida – AIDS, influenza humana por novo subtipo viral, leishmaniose tegumentar americana, leishmaniose visceral, leptospirose, malária, poliomielite por poliovirus selvagem, peste, raiva humana, síndrome da rubéola congênita, doenças exantemáticas (rubéola e sarampo), sífilis (adquirida, congênita e em gestante), síndrome da paralisia flácida aguda, síndrome respiratória aguda grave associada a coronavírus (SARS-CoV e MERS-Cov), tétano, toxoplasmose (gestacional e congênita), tuberculose e varicela (caso grave internado ou óbito). O aludido ato administrativo também dispõe como a notificação deve ser feita, especificando os órgãos e a periodicidade da comunicação, de acordo com a doença diagnosticada.

O art. 169 da CLT dispõe acerca da obrigatoriedade de notificação de doenças profissionais e produzidas em virtude de condições especiais de trabalho, comprovadas ou objeto de suspeita, de conformidade com as instruções expedidas pelo Ministério do Trabalho.

---

[30] Para Hungria, "ainda quando a doença não notificada venha a ser posteriormente riscada do elenco das de notificação compulsória, não ficará extinta a punibilidade" (*Comentários ao Código Penal*, v. IX, p. 105). Sua posição, neste aspecto, não é mais acolhida, figurando como corrente minoritária. Prevalece amplamente em doutrina o entendimento segundo o qual haverá *abolitio criminis* e, portanto, a extinção do direito de punir do Estado, exceto quando temporário ou excepcional o preceito revogado contido na norma complementar.

O dispositivo em estudo consubstancia **crime de perigo abstrato ou presumido,** já que o risco não constitui exigência típica[31]. Presume-se grave a omissão, posto que **impede a adoção de medidas profiláticas** e "cria o perigo de generalização da doença ou permanência do foco de infecção"[32].

É preciso, contudo, que se trate de *doença contagiosa,* tendo em vista a necessidade de ajustar a interpretação do alcance do tipo penal ao valor fundamental (saúde pública) que busca tutelar. Com acerto ponderam José Silva Júnior e Guilherme Madeira Dezem que a omissão de notificação de doença não contagiosa, cuja inserção em lista dá-se para fins meramente estatísticos, não ensejará o crime[33].

4. TIPO SUBJETIVO

O fato somente é apenado na forma **dolosa,** não sendo necessária uma finalidade específica na conduta do sujeito ativo. Exige-se apenas consciência

---

[31] Rogério Greco (op. cit., v. IV, p. 120) sustenta cuidar-se de crime de perigo concreto, exigindo sua demonstração em cada caso para efeito de consumação. A posição do autor se justifica diante de sua concepção no sentido de que são inconstitucionais os delitos de perigo abstrato ou presumido, em face do princípio da ofensividade (*nullum crimen sine injuria*). Ocorre, todavia, que a se exigir a demonstração efetiva do risco produzido, cai por terra o escopo da norma, que é compelir, mediante ameaça de pena criminal, a que os médicos comuniquem as doenças de notificação compulsória, mantendo-se, com isso, atualizadas as informações do Sistema de Doenças de Notificação Compulsória (SDNC). Além disso, o tipo penal restaria inviabilizado, já que se mostra praticamente impossível comprovar que a não comunicação de uma ocorrência a um órgão público gerou perigo real e efetivo. Para nós, inexiste inconstitucionalidade nos crimes de perigo presumido. Cuidam-se estes de estratégia legítima do legislador que visa a coibir atos potencialmente lesivos em seus estágios iniciais; baseia-se na construção de tais normas, na constatação, segundo o *quod plerumque accidit,* de que tais atos mostram-se propensos à causação de danos de grande monta; ninguém duvida que o controle estatal sobre a frequência de casos de AIDS, dengue, "gripe A", contaminação por antraz etc. interessa a toda a coletividade, posto que fundamental para garantir a saúde coletiva; isso sem falar da necessidade que tem o país de cumprir compromissos internacionais com a erradicação de determinadas doenças, tarefa que só pode ser adimplida quando se assegura a precisão e fidelidade dos casos de comunicação obrigatória. Deve-se notar, ainda, que a intervenção do Direito Penal em tais comportamentos mostra-se proporcional e adequada. Lembre-se que o ato só é punido na forma dolosa. O profissional que deixa de comunicar a moléstia, de forma consciente e voluntária (ciente, até pela sua formação, dos perigos que isso acarreta), merece a censura penal ao ato praticado (lembre-se que se trata de delito de pequeno potencial ofensivo). No sentido de que a infração é de perigo presumido, *vide,* entre outros, Guilherme Nucci (*Código Penal comentado,* p. 976) e Damásio de Jesus (*Direito penal:* parte especial, p. 337).

[32] Nelson Hungria, op. cit., v. IX, p. 104.

[33] Op. cit., p. 1293.

e vontade de deixar de comunicar às autoridades de saúde pública a respeito da ocorrência da enfermidade de notificação compulsória. O médico que deixa de fazê-lo por negligência não incorre na disposição legal, pois não há previsão da forma culposa (CP, art. 18, parágrafo único).

O sujeito deve saber que a doença não comunicada encontra-se em lista de notificação compulsória. Os médicos, contudo, têm a obrigação ética de informar-se e manterem-se atualizados quanto a seu conteúdo. Com o estágio atual da sociedade, notadamente quanto à facilidade em se obter o acesso à informação, sobra pouco espaço para o profissional alegar que agiu em erro escusável.

5. SUJEITOS DO CRIME

5.1. Sujeito ativo

Cuida-se de **crime próprio** (*delicta propria*), já que a norma penal exige qualidade essencial do sujeito ativo, somente podendo o **médico** praticá-lo[34]. O terceiro que não ostentar essa condição poderá figurar como coautor ou partícipe, nos termos do art. 30 do CP, pois "*não se comunicam as circunstâncias e as condições de caráter pessoal, salvo quando elementares do crime*".

José Silva Júnior e Guilherme Madeira Dezem tecem importantes considerações sobre esse aspecto do tipo penal, demonstrando que, na realidade, os procedimentos burocráticos inerentes a boa parte dos estabelecimentos de saúde demonstram que vários profissionais, não só os médicos, estão encarregados de adotarem ações envolvendo a comunicação das moléstias de notificação compulsória[35]. Há casos em que o hospital possui um Centro de Controle de Infecção Hospitalar, cuja função é a de informar à Secretaria de Saúde do Estado sobre tais doenças. Em situações como essas, parece-nos que o dever do médico se esgota quando informa aos setores internos do hospital sobre o diagnóstico, cumprindo às pessoas por estes responsáveis transmitir a informação às autoridades públicas. Significa dizer que o médico se desonerará de sua obrigação quando relatar internamente a doença, não podendo ser responsabilizado pela omissão do setor responsável. Cremos ser aplicável o *princípio da confiança*, excludente da imputação.

---

[34] "A denúncia à autoridade pública de doença cuja notificação é compulsória só é exigível do médico e não também do farmacêutico" (TACrSP, *RT* 492/355).

[35] Op. cit., p. 1291-1292.

Conforme já dissemos, na vida em comunidade as pessoas devem atuar com cuidado para não provocar danos aos outros e, ademais, cumprir seu papel social, não se podendo exigir delas que, além de se preocupar com seu modo de agir, também prestem atenção se os demais estão cumprindo seu dever. Os indivíduos devem dirigir-se a si próprios, *confiando* que os outros cumprirão, cada um, seu papel. Há diversas situações cotidianas em que o evento resulta de uma conjugação de esforços, no qual cada um dos envolvidos desempenha uma função diferente. Nesses casos em particular, é fundamental assegurar-se a cada um que deva focar em seus atos, podendo confiar que os demais farão o mesmo. Se assim não fosse, analisando a postura do médico, teria esse profissional que se preocupar com suas tarefas e também com aquelas que competem aos outros, o que, decerto, o impediria de desempenhar corretamente o seu papel.

5.2. Sujeito passivo

O sujeito passivo é a coletividade e as pessoas que podem sofrer o risco da exposição à doença não comunicada às autoridades de saúde pública.

6. CONSUMAÇÃO E TENTATIVA

6.1. Consumação

O crime é de **mera conduta ou simples inatividade**. Sua consumação dar-se-á, portanto, com a **prática da omissão descrita na norma**, independentemente de qualquer resultado naturalístico. A fixação exata do *summatum opus*, todavia, dependerá do regulamento administrativo em que são estipulados os prazos e a forma de comunicação da enfermidade às autoridades competentes[36].

---

[36] Há doenças e agravos cuja *notificação é imediata*. Nesses casos, a comunicação deverá ocorrer tão logo o diagnóstico seja elaborado e depois de tomadas as providências necessárias quanto ao tratamento do paciente. Isso se dará, nos termos da Portaria n. 2.472, de 31 de agosto de 2010, do Ministério da Saúde, nos casos suspeitos ou confirmados de: botulismo, carbúnculo ou antraz, cólera, dengue pelo sorotipo DENV 4, doença de chagas aguda, doenças conhecidas sem circulação ou com circulação esporádica no território nacional que não constam no Anexo I desta Portaria, como: Rocio, Mayaro, Oropouche, Saint Louis, Ilhéus, Mormo, encefalites equinas do Leste, Oeste e Venezuelana, Chickungunya, Encefalite Japonesa, entre outras (lembrando que a lista nacional de doenças de notificação compulsória teve sua última atualização em 2020), febre amarela, febre do Nilo Ocidental, hantaviroses, influenza humana por novo subtipo, peste, poliomielite, raiva humana, sarampo ou rubéola em indivíduo com história de viagem ao exterior nos últimos trinta dias ou de contato, no mesmo período, com alguém que viajou ao exterior, síndrome respiratória aguda grave associada ao Coronavírus, varíola, tularemia e síndrome de rubéola congênita. Também se sujeitam à *notificação imediata* os casos de surto ou agregação de casos

6.2. Tentativa

Não se admite a forma tentada. Os crimes omissivos próprios ou puros, que se aperfeiçoam com a simples inação, não admitem o *conatus*, dado seu caráter unissubsistente.

7. FORMAS AGRAVADAS DE CRIME DE PERIGO COMUM

Incide ao tipo penal em questão as causas de aumento de pena previstas no art. 258 do CP, que determina a elevação da sanção de metade, se do fato resulta lesão **corporal grave**, e ao dobro, se provoca **morte**.

8. CLASSIFICAÇÃO JURÍDICA

Cuida-se de crime *omissivo próprio ou puro* (o tipo penal descreve um *non facere*), *de forma vinculada* (só admite um meio executivo: a inação descrita na norma legal), *doloso, próprio* (somente o médico pode praticá-lo), *monossubjetivo ou de concurso eventual* (pode ser cometido por uma pessoa isoladamente ou várias em concurso, ainda que estas não ostentem a condição referida no tipo, que a elas se comunicará por força do art. 30 do CP), *de perigo abstrato ou presumido* (o tipo não exige, expressa ou tacitamente, a produção do risco, que se presume da conduta praticada), *de mera conduta ou simples inatividade* (a disposição legal resume-se a descrever uma conduta, sem fazer qualquer alusão à produção de resultado naturalístico), *unissubsistente* (seu *iter criminis* não comporta fracionamento) e *instantâneo* (sua consumação dá-se instantaneamente, isto é, no exato momento em que o médico deveria ter comunicado e, passado o momento estipulado no regulamento administrativo, verifica-se que não o fez).

9. PENA E AÇÃO PENAL

A pena é de detenção, de seis meses a dois anos, e multa. Constitui-se, portanto, em infração de menor potencial ofensivo. A competência é do Juizado Especial Criminal, incidindo os benefícios previstos na Lei n. 9.099/95.

A ação penal é **pública incondicionada**.

---

ou de óbitos por difteria, doença meningocócica, doença transmitida por alimentos em navios ou aeronaves, influenza humana, meningites virais, sarampo, rubéola e outros eventos de potencial relevância em saúde pública, após a avaliação de risco de acordo com o Anexo II do RSI 2005, com destaques explícitos, além de doença, morte ou evidência de animais, primatas não humanos, equinos, aves, morcegos, caninos e roedores silvestres com agente etiológico que podem acarretar a ocorrência de doenças em humanos, destacando-se os animais.

ART. 270 – ENVENENAMENTO DE ÁGUA POTÁVEL OU DE SUBSTÂNCIA ALIMENTÍCIA OU MEDICINAL

1. DISPOSITIVO LEGAL

Envenenamento de água potável ou de substância alimentícia ou medicinal

Art. 270. Envenenar água potável, de uso comum ou particular, ou substância alimentícia ou medicinal destinada a consumo:

Pena – reclusão, de 10 (dez) a 15 (quinze) anos.

§ 1º Está sujeito à mesma pena quem entrega a consumo ou tem em depósito, para o fim de ser distribuída, a água ou a substância envenenada.

Modalidade culposa

§ 2º Se o crime é culposo:

Pena – detenção, de 6 (seis) meses a 2 (dois) anos.

2. VALOR PROTEGIDO (OBJETIVIDADE JURÍDICA)

A norma busca tutelar a **saúde pública**, isto é, o **bem-estar geral da coletividade** quanto ao seu equilíbrio orgânico e psíquico. A proteção volta-se, ademais, ao **meio ambiente**.

3. DEBATE ACERCA DA REVOGAÇÃO PARCIAL DO ART. 270, *CAPUT*, PRIMEIRA PARTE, DO CP (ENVENENAMENTO DE ÁGUA POTÁVEL)

Há setores na doutrina pátria que sustentam ter sido o envenenamento de água potável *tacitamente revogado pelo art. 54 da Lei Ambiental*, o qual tipifica o ato de causar poluição de qualquer natureza, inclusive hídrica, em níveis que resultem ou possam resultar danos à saúde humana ou a mortandade de animais ou destruição significativa da flora.

Para Luiz Regis Prado, "a primeira parte do *caput* do art. 270 do CP foi derrogada, implicitamente, pelo art. 54 da Lei n. 9.605/98. Isso no que diz respeito ao envenenamento de água potável destinada ao consumo humano. (...) Foi a amplitude dos termos utilizados pela Lei Ambiental – poluição de *qualquer natureza* – que propiciou a revogação parcial do art. 270, tendo em vista que engloba toda poluição, inclusive a hídrica. Aliás, mais certeza se tem quando se visualiza o previsto no § 2º, III, do art. 54 da Lei dos Crimes Ambientais, pois essa circunstância qualificadora será imposta quando a poluição hídrica causada torne necessária a interrupção do abastecimento público de água de uma comunidade"[37].

---

[37] *Direito penal do ambiente*, p. 268.

Em nosso sentir, **não houve derrogação**. O delito de poluição ambiental, cuja moldura mostra-se excessivamente ampla, distingue-se do previsto no art. 270 do CP (que tem natureza especial), em primeiro lugar, no **dolo (lesar o meio ambiente *versus* provocar perigo comum)** e, ademais disso, no **meio executivo (emprego de qualquer meio capaz de poluir *versus* o ato específico de ministrar veneno)**. Não há dúvida que **envenenar é muito mais grave que poluir**, pois, como asseveram José Silva Júnior e Guilherme Madeira Dezem, "na primeira hipótese o evento morte é quase um resultado obrigatório"[38].

4. TIPO OBJETIVO

4.1. Modalidade fundamental (*caput*)

A conduta nuclear consiste em *envenenar*, que significa intoxicar, *ministrar ou colocar veneno*, ou seja, a substância que, uma vez aplicada ou em contato com o corpo, produz lesão orgânica ou distúrbio funcional, em face da ação química exercida.

O *objeto material* é a água potável, de uso comum ou particular, a substância alimentícia ou medicinal.

Água potável é aquela própria para o consumo humano, livre de elementos insalubres. Não se exige água completamente pura, mas que possa ser ingerida sem riscos à saúde das pessoas. Pouco importa se é destinada a uso público ou particular[39].

Substância alimentícia é a destinada à alimentação das pessoas, sendo indiferente se se trata de bem *in natura* ou beneficiado, se o consumo é principal ou secundário, imediato ou mediato.

Substância medicinal é a empregada para fins curativos ou terapêuticos, antissépticos ou anestésicos[40].

O crime é de **perigo abstrato ou presumido**, dado que o legislador não inseriu no tipo penal a exigência de que se produza o risco para efeito de consumação.

---

[38] Op. cit., p. 1296.

[39] "O objeto jurídico tutelado pelo tipo penal inscrito no art. 270 do Código Penal é a incolumidade pública, não importando o fato de as águas serem de uso comum ou particular, bastando que sejam destinadas ao consumo de indeterminado número de pessoas" (STJ, HC 55.504, rel. Min. Laurita Vaz, 5ª T., *DJU* de 7-2-2008, p. 1).

[40] Definições baseadas no Decreto n. 16.300/23. *Vide* Nelson Hungria, *Comentários ao Código Penal*, v. IX, p. 109.

4.2. Figura equiparada (§ 1º)

O Código Penal prevê a imposição das mesmas penas da cabeça do artigo àquele que entrega a consumo ou tem em depósito, para o fim de distribuição, água ou substância envenenada.

Hungria denominava essa figura típica de "interferência *post factum*". A incriminação pressupõe que o ato seja praticado por pessoa diversa daquela que envenenou a água ou substância, caso contrário aplicar-se-ia o princípio da consunção ou absorção, surgindo na hipótese crime progressivo.

Para Luiz Regis Prado o § 1º do art. 270 do CP encontra-se revogado, em face do art. 56 da Lei dos Crimes Ambientais, o qual possui verbos nucleares mais abrangentes e objeto material mais amplo ("produto ou substância tóxica, perigosa ou nociva")[41]. Eis a redação do dispositivo contido na Lei n. 9.605/98: "produzir, processar, embalar, importar, exportar, comercializar, fornecer, transportar, armazenar, guardar, ter em depósito ou usar produto ou substância tóxica, perigosa ou nociva à saúde humana ou ao meio ambiente, em desacordo com as exigências estabelecidas em leis ou nos seus regulamentos" (pena: reclusão, de um a quatro anos, e multa).

Em nosso sentir, contudo, **ambas as normas incriminadoras devem conviver.** O fator distintivo deverá ser o ato precedente. **Se a conduta anterior se subsumir ao art. 270,** *caput,* **o fato seguinte, praticado necessariamente por pessoa diversa, corresponderá ao art. 270, § 1º, do CP.** Quando se tratar de **qualquer outro produto ou substância tóxica, perigosa ou nociva, que não as resultantes do envenenamento prescrito no Código Penal, ter-se-á a infração ambiental.**

5. TIPO SUBJETIVO

O ilícito penal em exame, em sua modalidade principal e equiparada, previstas respectivamente no *caput* e no § 1º, é punível a título de **dolo.** É preciso, destarte, consciência e vontade de concretizar os elementos objetivos do tipo.

A figura equiparada contém **elemento subjetivo específico,** traduzido no fim de distribuir a água ou substância envenenada.

O dolo, como em todos os crimes previstos no Título VIII da Parte Especial, é de perigo (comum). Equivale a dizer que o agente não pode ter como escopo ferir ou matar alguém. Se isso ocorrer e, ademais, tiver o sujeito consciência de que o meio empregado provocará não só a ofensa à saúde ou a morte de pessoa determinada, mas também um risco a uma generalidade de pessoas, haverá concurso formal ou ideal de crimes (CP, art. 70).

---

[41] Op. cit., p. 268.

6. SUJEITOS DO CRIME

6.1. Sujeito ativo

Cuida-se de **crime comum** (*delicta comunia*). Qualquer pessoa pode cometê-lo, porquanto a norma não requer nenhuma qualidade ou condição especial do sujeito ativo.

6.2. Sujeito passivo

O sujeito passivo é a coletividade e, em caráter secundário, as pessoas expostas ao contato com a água ou substâncias envenenadas.

7. CONSUMAÇÃO E TENTATIVA

7.1. Consumação

O crime é **material**. Sua consumação, portanto, dá-se apenas com a **produção do resultado naturalístico**, ou seja, a modificação no mundo exterior provocada pela conduta, consistente no **efetivo envenenamento** da água potável ou das substâncias alimentícia ou medicinal[42].

7.2. Tentativa

A forma tentada mostra-se admissível, dado o caráter **plurissubsistente** do delito. É possível, por exemplo, que alguém procure inserir substância venenosa em determinado rio, mas seja impedida por circunstâncias alheias à sua vontade.

8. HEDIONDEZ

O delito em estudo **não** possui natureza hedionda. A Lei n. 8.072/90, em sua redação original, contudo, o incluía nesse rol quando houvesse resultado morte. O dispositivo permaneceu na mencionada lista por quatro anos, mas foi dela expressamente retirado (Lei n. 8.930/94), operando-se, então,

---

[42] "O delito do art. 270 do CP se consuma no instante em que a substância alimentícia se torna envenenada, não havendo dúvida quanto à sua destinação" (TACrSP, *RT* 292/474). Por outro lado, "Se a substância que o agente lançou na água tornou-a tão leitosa e malcheirosa que ninguém iria bebê-la e envenenar-se, a desclassificação para o delito previsto no art. 271, *caput*, do CP, é medida que se impõe" (TJMG, ApCr 1.0471.03.006526-5/001, rel. Des. Paulo Cézar Dias, 3ª CCr, j. 27-9-2016).

verdadeira *novatio legis in mellius*, com alcance retroativo (CF, art. 5º, XL, e CP, art. 2º, parágrafo único).

9. ENVENENAMENTO CULPOSO (§ 2º)

O Código também incrimina o envenenamento produzido mediante imprudência, negligência ou imperícia.

10. FORMAS AGRAVADAS (CAUSAS DE AUMENTO DE PENA)

"Se do crime doloso de perigo comum resulta **lesão corporal de natureza grave,** a pena privativa de liberdade é aumentada de metade; se resulta **morte,** é aplicada em dobro. No caso de culpa, se do fato resulta lesão corporal, a pena aumenta-se de metade; se resulta morte, aplica-se a pena cominada ao homicídio culposo, aumentada de um terço" (arts. 258 e 285).

11. CLASSIFICAÇÃO JURÍDICA

O crime é *doloso* (no *caput* e § 1º), *culposo* (no § 2º) e *preterdoloso* (nas formas qualificadas pelo resultado quando a ação precedente é dolosa), *comissivo* (embora possa haver a forma omissiva imprópria, se existente o dever jurídico de agir para evitar o resultado, conforme prevê o art. 13, § 2º, do CP[43]), *comum* (qualquer pessoa pode praticá-lo), *monossubjetivo ou de concurso eventual* (pode ser perpetrado por uma pessoa ou várias, em concurso de agentes), *material ou de resultado* (o tipo penal requer a produção do resultado naturalístico para efeito de consumação), *de perigo abstrato ou presumido* (este não é exigido no tipo, mas presumido em face do comportamento criminoso), *plurissubsistente* (o *iter criminis* pode ser cindido) e *instantâneo de efeitos permanentes* (sua consumação ocorre imediatamente, mas seus efeitos podem perdurar no tempo, enquanto subsistirem os efeitos do veneno sobre o objeto material) e *permanente* (na modalidade equiparada prevista no § 1º, relativamente ao verbo "ter em depósito").

12. PENA E AÇÃO PENAL

A pena é de reclusão, de dez a quinze anos, válida para as formas dolosas previstas no *caput* e no § 1º. O elevado patamar punitivo baseia-se em modificação operada pela Lei n. 8.072/90. O rito processual aplicável será o comum ordinário (CPP, arts. 395 a 405).

---

[43] Não custa lembrar que qualquer delito comissivo pode, em tese, ser praticado a título de omissão imprópria, nas condições mencionadas.

Na modalidade culposa, a pena é de detenção, de seis meses a dois anos. Nesse caso, há infração de menor potencial ofensivo, de competência dos Juizados Especiais Criminais (Lei n. 9.099/95).

A ação penal é de iniciativa **pública incondicionada**[44].

ART. 271 - CORRUPÇÃO OU POLUIÇÃO DE ÁGUA POTÁVEL

1. DISPOSITIVO LEGAL

Corrupção ou poluição de água potável

Art. 271. Corromper ou poluir água potável, de uso comum ou particular, tornando-a imprópria para consumo ou nociva à saúde:

Pena – reclusão, de 2 (dois) a 5 (cinco) anos.

Modalidade culposa

Parágrafo único. Se o crime é culposo:

Pena – detenção, de 2 (dois) meses a 1 (um) ano.

2. VALOR PROTEGIDO (OBJETIVIDADE JURÍDICA)

Tutela-se a uma das facetas da incolumidade pública, isto é, a **saúde pública**, entendida como o **bem-estar da coletividade**, pondo-a a salvo de danos potenciais ao seu equilíbrio orgânico e psíquico. Além disso, procura-se resguardar os interesses individuais daqueles que direta ou indiretamente atingidos pela poluição ou corrupção das águas potáveis.

3. REVOGAÇÃO PELA LEI DOS CRIMES AMBIENTAIS

O art. 54 da Lei n. 9.605/98 descreve o crime de poluição ambiental, em todas as suas formas, inclusive a hídrica. Trata-se de infração penal que contém moldura ampla, abarcando em sua esfera de proteção inúmeros comportamentos, inclusive aqueles que resultem na conspurcação de águas potáveis.

Eis o tipo penal mencionado: "Causar poluição *de qualquer natureza* em níveis tais que resultem ou possam resultar em danos à saúde humana, ou que provoquem a mortandade de animais ou a destruição significativa da flora" (pena: reclusão, de um a quatro anos, e multa). Se houver a causação

---

[44] "No caso dos autos, apesar de se tratar de poço situado em propriedade particular, verifica-se que o consumo da sua água era destinado a todos os que a ele tinham acesso, de modo que eventual envenenamento dessa água configuraria, em tese, o crime do art. 270 do Código Penal, cuja ação penal é pública incondicionada, nos termos do art. 100 do Código Penal" (STJ, HC 55.504, rel. Min. Laurita Vaz, 5ª T., *DJU* de 7-2-2008, p. 1).

(normativa) de "poluição hídrica que torne necessária a interrupção do abastecimento público de água de uma comunidade", a pena será de reclusão, de um a cinco anos.

Discute a doutrina se houve a ab-rogação ou somente a derrogação do art. 271 do CP.

Rogério Greco defende a subsistência do art. 271 do CP, destacando que o crime ambiental somente se aplica nos termos do § 2º, III, do art. 54 da respectiva lei, ou seja, se a poluição hídrica resultar na interrupção do abastecimento público de água de uma comunidade[45].

Para outro setor da doutrina, contudo, operou-se a revogação (tácita) do art. 271 do CP[46].

Concordamos com o ponto de vista dominante. A prevalecer a tese de que os arts. 271 do CP e 54 da Lei n. 9.605/98 convivem, haverá injustificável incoerência no aspecto punitivo. Explica-se: o fato punido no Código é a poluição (*majus*) ou corrupção (*minus*)[47]de águas potáveis, de modo a torná-las impróprias ao consumo ou nocivas à saúde e, na Lei Ambiental, sua poluição, de qualquer modo, notadamente (na figura qualificada) se houver a interrupção do abastecimento público de uma comunidade.

A comparação dos comportamentos descritos demonstra que o da lei especial, porque resulta na cessação do abastecimento público de água da população de determinado local, é dotado de maior gravidade. Ocorre que sua pena é inferior à do Código (reclusão, de um a cinco anos *versus* reclusão, de dois a cinco anos). Em outras palavras, equivaleria a dizer que a simples corrupção ou poluição das águas sujeitaria o agente a uma pena mínima de dois anos de reclusão (não se admitindo, por exemplo, a suspensão condicional do processo[48]) e sua poluição, *somada* à interrupção do fornecimento hídrico a uma comunidade, ensejaria um mínimo de ano de reclusão (permitindo o *sursis* processual).

---

[45] Op. cit., v. IV, p. 132.

[46] É o posicionamento de Luiz Regis Prado, Gilberto e Vladimir Passos de Freitas, Celeste Leite dos Santos Pereira Gomes, Paulo Affonso Leme Machado, Ney de Barros Bello Filho e Luis Paulo Sirvinkas, todos mencionados por José Silva Júnior e Guilherme Madeira Dezem, in *Código Penal e sua interpretação jurisprudencial*, p. 1301. Nesse sentido, ainda, Pedro Franco de Campos e outros, em *Direito penal aplicado*, p. 388.

[47] "*Corromper* a água", dizia Hungria, "é alterar-lhe a essência ou composição, tornando-a nociva à saúde, ou intolerável pelo mau sabor. *Poluir* a água é conspurcá-la, deitar-lhe alguma sujidade, de modo a torná-la imprópria de ser bebida pelo homem" (*Comentários ao Código Penal*, v. IX, p. 110).

[48] Benefício previsto no art. 89 da Lei n. 9.099/95.

A única forma de tornar coerente a resposta punitiva decorrente da poluição de águas potáveis, em nosso sentir, é concluir-se pela **revogação total do art. 271 do CP**, assim como entendeu o Superior Tribunal de Justiça[49].

4. TIPO OBJETIVO

A **Lei Ambiental** prevê como conduta típica o ato de *causar* (normativamente) poluição, de qualquer natureza, em níveis capazes de gerar danos à saúde humana, ou provocar a mortandade de animais ou a destruição significativa da flora.

O fato engloba qualquer modalidade de poluição hídrica, pouco importando se as águas são potáveis ou não.

Se da conduta praticada houver o impedimento do abastecimento público de água em determinada comunidade, ficará sujeito o autor a uma pena mais grave, por força do § 2º do art. 54 da Lei n. 9.605/98.

Pune-se expressamente a forma **omissiva**, nos mesmos termos da figura qualificada (§ 2º) consistente em *"deixar de adotar, quando assim o exigir a autoridade competente, medidas de precaução em caso de risco de dano ambiental grave ou irreversível"* (§ 3º).

5. TIPO SUBJETIVO

A **Lei Ambiental** pune a forma **dolosa**, exigindo consciência e vontade de realizar os elementos objetivos do tipo e, ainda, a modalidade **culposa**, seja qual for a poluição provocada, inclusive a hídrica (§ 1º).

6. SUJEITOS DO CRIME

6.1. Sujeito ativo

O crime de poluição é **comum**, razão pela qual qualquer pessoa pode cometê-lo.

6.2. Sujeito passivo

O sujeito passivo é a coletividade, titular do meio ambiente, até porque, nos termos do art. 225, *caput*, da nossa Lei Fundamental, "todos têm

---

[49] "O tipo penal, posterior, específico e mais brando, do art. 54 da Lei n. 9.605/98 engloba completamente a conduta tipificada no art. 271 do Código Penal, provocando a ab-rogação do delito de corrupção ou poluição de água potável" (HC 178.423/GO, rel. Min. Gilson Dipp, 5ª T., j. 6-12-2011, *DJe* de 19-12-2011).

direito ao meio ambiente ecologicamente equilibrado, bem de uso comum do povo e essencial à sadia qualidade de vida (...)".

7. CONSUMAÇÃO E TENTATIVA

7.1. Consumação

O delito é **material**, motivo por que somente atinge seu *summatum opus* com a **efetiva poluição** provocada.

7.2. Tentativa

É admissível a forma tentada, muito embora, em alguns casos, possa ela configurar delito autônomo; isto porque a Lei Ambiental tipifica, em seu art. 60, o fato de "construir, reformar, ampliar, instalar ou fazer funcionar, em qualquer parte do território nacional, estabelecimentos, obras ou serviços potencialmente poluidores, sem licença ou autorização dos órgãos ambientais competentes, ou contrariando as normas legais e regulamentares pertinentes" (pena: detenção, de um a seis meses, ou multa, ou ambas as penas cumulativamente).

8. FORMAS AGRAVADAS DE CRIME DE PERIGO COMUM

Em virtude da revogação do art. 271 do CP pela Lei n. 9.605/98, não têm mais aplicação as causas de aumento de pena previstas no art. 258 do CP.

9. CLASSIFICAÇÃO JURÍDICA

O delito ambiental é *comissivo* (*caput* e §§ 1º e 2º) e *omissivo* (§ 3º), *doloso* (*caput* e §§ 2º e 3º) e *culposo* (§ 1º), *de forma ou ação livre* (pois a disposição engloba a poluição provocada por qualquer meio executivo), *comum* (qualquer pessoa pode praticá-lo), *monossubjetivo ou de concurso eventual* (pode ser perpetrado por um só indivíduo ou vários, em concurso de pessoas), *material ou de resultado* (porquanto requer a efetiva provocação da poluição ambiental), *de dano* (pois sua consumação se verifica com a efetiva lesão ao bem jurídico) e *instantâneo de efeitos permanentes*.

10. PENA E AÇÃO PENAL

As penas cominadas na Lei Ambiental são: reclusão, de um a quatro anos, e multa, para a modalidade fundamental; reclusão, de um a cinco anos, para a forma qualificada; detenção, de seis meses a um ano, e multa, para a figura culposa (que constitui infração de menor potencial ofensivo).

Nos dois primeiros casos, a competência será do juízo comum, mas se admitirá a suspensão condicional do processo (art. 89 da Lei n. 9.099/95).

ART. 272 – FALSIFICAÇÃO, CORRUPÇÃO, ADULTERAÇÃO OU ALTERAÇÃO DE SUBSTÂNCIA OU PRODUTOS ALIMENTÍCIOS

1. DISPOSITIVO LEGAL[50]

Falsificação, corrupção, adulteração ou alteração de substância ou produtos alimentícios

Art. 272. Corromper, adulterar, falsificar ou alterar substância ou produto alimentício destinado a consumo, tornando-o nocivo à saúde ou reduzindo-lhe o valor nutritivo:

Pena – reclusão, de 4 (quatro) a 8 (oito) anos, e multa.

§ 1º-A. Incorre nas penas deste artigo quem fabrica, vende, expõe à venda, importa, tem em depósito para vender ou, de qualquer forma, distribui ou entrega a consumo a substância alimentícia ou o produto falsificado, corrompido ou adulterado.

§ 1º Está sujeito às mesmas penas quem pratica as ações previstas neste artigo em relação a bebidas, com ou sem teor alcoólico.

Modalidade culposa

§ 2º Se o crime é culposo:

Pena – detenção, de 1 (um) a 2 (dois) anos, e multa.

2. VALOR PROTEGIDO (OBJETIVIDADE JURÍDICA)

A norma busca tutelar a **saúde pública**, nomeadamente por intermédio da tutela de substâncias ou alimentos destinados ao consumo humano, que possam ser nocivos ao **bem-estar** orgânico e psíquico das pessoas ou ser alterados em seu valor nutritivo[51].

3. TIPO OBJETIVO

3.1. Modalidade fundamental (*caput*)

O *crimen* em comento constitui delito de **ação múltipla**, pois o tipo penal tem natureza mista alternativa (prevê diversas ações, separadas pela

---

[50] O Código Penal de 1890 incriminava nos arts. 163 e 164 a alteração ou falsificação de substâncias destinadas à alimentação pública e a exposição à venda de tais produtos. Injustificadamente, contudo, não tipificava semelhantes atos no que toca a substâncias terapêuticas ou medicinais; falha suprida com o Código atual.

[51] "ADULTERAÇÃO DE PRODUTOS ALIMENTÍCIOS. O bem jurídico tutelado pelo tipo penal do art. 272 do Código Penal é a saúde pública. Daí a exigência, como elementar do tipo penal, de a conduta ser idônea a tornar o produto nocivo à saúde ou a reduzir seu valor nutritivo. Diferentemente, o tipo penal do art. 7º, III, da Lei 8.137/90, tutela a estabilidade e a lisura das relações de consumo, sendo indiferente a redução do valor nutricional do produto ou a sua nocividade à saúde" (TJRS, RC 70044363646, rel. Des. Nereu José Giacomolli, 2º Grupo de CCr, j. 14-10-2011).

conjunção "ou"). O cometimento, portanto, de mais de uma delas importa em único ilícito, desde que exista relação de causalidade entre elas.

As condutas nucleares são: *corromper, adulterar, falsificar ou alterar*. A escolha das ações típicas, do ponto de vista semântico, soa redundante; afinal, corromper significa alterar, que é sinônimo de adulterar, que é o mesmo que falsificar (substâncias alimentícias)[52].

A doutrina, contudo, procura diferenciá-las, indicando que ***corromper*** equivale a estragar, infectar, desnaturar a substância de modo a inferiorizá-la em sua essência; ***adulterar***, modificar para pior; ***falsificar***, contrafazer, dando ao que não é original a aparência de sê-lo, imitar substância genuína; *alterar*, mudar, transformar[53].

Os atos devem ser direcionados **a reduzir o valor nutritivo** ou **tornar o objeto material nocivo à saúde**[54]. Referidos resultados constituem o que

---

[52] O *Dicionário Aurélio* registra, em todos os vocábulos assinalados, uma expressão como um dos possíveis sinônimos da outra (*vide Novo Dicionário Aurélio da língua portuguesa*, 4. ed., Curitiba: Positivo, 2009).

[53] Paulo José da Costa Jr. bem anota a desnecessidade da inclusão do verbo "alterar" (efetuada pela Lei n. 9.677/98), esclarecendo que, de acordo com as exigências do tipo penal, no sentido de que a ação deva resultar na nocividade à saúde ou redução do valor nutricional da substância, qualquer "alteração" tendente a tais objetivos significaria uma modificação para pior (*in pejus*), ou seja, importaria numa "adulteração". Conclui o autor, portanto, que o dispositivo tornou-se redundante (*Curso de direito penal*, p. 705).

[54] "A conduta punível prevista no art. 272 do CP é de corromper (deteriorar, modificar para pior), adulterar (deturpar, deformar), falsificar (reproduzir por meio de imitação) ou alterar (transformar ou modificar) substância ou produto alimentício destinado a consumo, tornando-o nocivo, ou seja, capaz de causar efetivo dano ao organismo, seja pela prejudicialidade à saúde ou pela redução do valor nutritivo. 2. No presente caso, trata-se de adulteração de produto alimentício destinado a consumo, no caso, óleo de soja degomado que foi alterado na mistura de outros elementos, cujas empresas destinatárias do produto eram atuantes no ramo alimentício e na produção de óleo de cozinha. 3. A partir da moldura fática apresentada pelo Tribunal *a quo*, não ficou demonstrada que a adulteração em questão tornou o produto nocivo à saúde ou reduziu-lhe o valor nutritivo, ou seja, pela leitura do Laudo de Exame de Perícia Criminal de Identificação de Substância, considerado pela origem, não há qualquer afirmação acerca da comprovação de nocividade ao organismo ou da redução do valor nutritivo na deformação do óleo de soja degomado utilizado para a produção de alimentos. Dessa forma, não estando comprovados todos os elementos do tipo penal, a condenação pelo crime do art. 272 do CP deve ser afastada" (STJ, AgRg no AREsp 1.361.693/GO, rel. Min. Reynaldo Soares da Fonseca, 5ª T., j. 2-4-2019). Ver ainda: TJMG, ApCr 1.0079.13.073672-5/001, rel. Des. Bruno Terra Dias, 6ª CCr, j. 7-2-2023, TJSP, ApCr 1500086-92.2018.8.26.0412, rel. Des. André Carvalho e Silva de Almeida, 2ª CCr, j. 8-1-2022; TJSC, ApCr 0000771-02.2008.8.24.0083, rel. Des. Hildemar Meneguzzi de Carvalho, 1ª CCr, j. 14-11-2019, TJPR, ApCr 0072284-94.2010.8.16.0014, rel. Des.

Hungria denominou de *nocividade negativa* ("redução do valor nutricional ou do efeito benéfico da substância, sem perigo imediato à saúde") e *nocividade positiva* ("a capacidade de causar diretamente dano à saúde"[55]).

Os *objetos materiais* são a **substância** ou **produto alimentício** destinados a **consumo humano** (incluídas as **bebidas**, alcoólicas ou não – § 1º).

Podem ser mencionados alguns exemplos: a) "batismo do leite", ou seja, o ato de adicionar água ao leite, reduzindo seu valor nutricional[56]; b) adicionar farinha deteriorada à massa de pão; c) preparar queijo com leite de animais doentes; d) inserir lúmen para tornar alva a farinha.

Deve-se anotar que a "Lei dos Remédios" (Lei n. 9.677/98) modificou o espectro punitivo da norma, agravando também a sanção cominada.

Isto porque *antes* os objetos materiais eram substâncias *alimentícias ou medicinais*, exigindo-se que como resultado estes se tornassem *nocivos à saúde (nocividade positiva)*, punindo-se o fato com reclusão, *de dois a seis anos*, e multa (a produção da nocividade negativa, ou seja, redução do valor nutricional de substâncias alimentícias, era abrangida pelo art. 273, cuja pena era inferior).

As ações, *agora*, podem recair somente sobre *substância alimentícia* (as medicinais foram incorporadas ao art. 273); as condutas podem provocar tanto a *nocividade à saúde* quanto a *alteração no valor nutricional*; a pena passou a ser de *quatro a oito anos* de reclusão e multa.

Não há dúvida que a inclusão no tipo de atos tendentes a reduzir o valor nutricional, equiparando legalmente as nocividades positiva e negativa, constitui arrematado exagero, tornando a pena cominada **excessivamente desproporcional**.

Conforme já expusemos nesta obra, o princípio constitucional da proporcionalidade deve ser sempre utilizado (*cum grano salis*) para promover a readequação típica de eventuais comportamentos, quando se verificar

---

Luís Carlos Xavier, 2ª CCr, j. 26-9-2019, e TJMG, ApCr 1.0079.14.074593-0/001, rel. Des. Júlio César Lorens, 5ª CCr, j. 2-4-2019.

[55] Op. cit., v. IX, p. 115.

[56] "DOLO DEMONSTRADO. AS PROVAS DOS AUTOS REVELAM QUE OS RÉUS ADICIONARAM GRANDE QUANTIDADE DE ÁGUA AO LEITE COMERCIALIZADO PELA SUA EMPRESA. VALOR NUTRITIVO REDUZIDO. ILÍCITO CONFIGURADO. CONDENAÇÃO MANTIDA" (TJRS, AP 70067953836, rel. Des. Newton Brasil de Leão, 4ª CCr, j. 29-9-2016). "Reconstituição probatória suficiente a demonstrar a adulteração do leite, havida mediante a adição de solutos nocivos à saúde e que reduzem o valor nutritivo do alimento" (TJRS, AP 70073594855, rel. Des. Aristides Pedroso de Albuquerque Neto, 4ª CCr, j. 9-8-2017). Ver também: TJSC, ApCr 0000012-39.2018.8.24.0034, rel. Des. Ernani Guetten de Almeida, 3ª CCr, j. 18-2-2020.

uma gritante desproporção entre a sanção prevista e a gravidade concreta da conduta, como na hipótese em exame.

Com efeito, essa medida há de pressupor um excessivo e desarrazoado rigor punitivo. Como obtempera Luciano Feldens, "um tal juízo, consistente no deslocamento do fato a uma espécie normativa menos rigorosa, por implicar o afastamento, ainda que parcial e *in concreto*, da lei penal, não pode fazer-se sem mais. Pelo menos, conforme já aventado, não se pode fazê-lo mediante uma constatação eminentemente empírica sobre a desproporcionalidade de uma determinada medida, que nada mais seria do que uma concepção subjetiva de proporcionalidade ostentada pelo julgador. Reitere-se: apesar de não ser absoluta, a regra é, e seguirá sendo, a liberdade de configuração do legislador. Para contrarrestá-la, devemos encontrar pontos de apoio seguros. Não poderá o juiz, simplesmente, suplantar o legislador, limitando-se a dizer que tal ou qual situação é ofensiva do princípio da proporcionalidade porquanto assim lhe parece"[57].

Significa dizer, então, que **entendemos possível o afastamento da norma,** por aplicação do princípio da proporcionalidade, somente e quando a desproporção for inequívoca e insuperável. Isto porque se trata de submeter a atividade do parlamento ao manto da Constituição. O que não se pode é retirar do legislador a primazia da decisão política e seletiva sobre qual o tratamento penal que a conduta deve merecer, colocando-o nas mãos do julgador, por critérios exclusivamente subjetivos.

Quanto à hipótese ora analisada, deve-se considerá-la crime de **perigo concreto.** Dessa forma, **no que toca à alteração etc. que vise à redução do valor nutricional, salvo se comprovado pericialmente o efetivo risco (indireto) à saúde dos consumidores**[58], deve-se reconhecer aplicável o **crime contra as relações de consumo,** punido com dois a cinco anos de reclusão (ou multa), previsto nos incisos do art. 7º da Lei n. 8.137/90, que cuida da venda de mercadoria imprópria ao consumo, da fraude de preços mediante mistura de gêneros, entre outros.

---

[57] *A Constituição penal*: a dupla face da proporcionalidade no controle de normas penais, p. 195.

[58] "PENAL E PROCESSUAL PENAL. HABEAS CORPUS. CRIMES CONTRA A RELAÇÃO DE CONSUMO. ART. 7º, IX, Lei 8.137/90. FALSIFICAÇÃO, CORRUPÇÃO, ADULTERAÇÃO OU ALTERAÇÃO DE SUBSTÂNCIA OU PRODUTOS ALIMENTÍCIOS. ART. 272, §1º-A, CP. A venda de produtos impróprios ao uso e consumo, nocivos à saúde ou com valor nutricional reduzido, constituem delitos que deixam vestígios, sendo indispensável, nos termos do art. 158 do Código de Processo Penal, a realização de exame pericial que ateste a materialidade delitiva, não bastando, para tanto, mero laudo de constatação" (STJ, RHC 45.171/SC, rel. Min. Nefi Cordeiro, 6ª T., j. 3-5-2016).

3.2. Condutas equiparadas (§ 1º-A)

O § 1º-A determina que incorre na pena do *caput* quem **fabrica** (manufatura; produz em larga escala, mediante processo de fabricação manual ou mecanizado), **vende** (transfere a propriedade onerosamente), **expõe à venda** (exige aos potenciais compradores), **importa** (faz ingressar o objeto oriundo de outro país em território nacional), **tem em depósito para vender** ou, de qualquer forma, **distribui** ou **entrega** a consumo a substância alimentícia ou o produto falsificado, corrompido ou adulterado[59].

A mesma crítica efetuada quanto à desproporcionalidade da pena cominada ao crime do art. 272 do CP (*vide* item 3.1, *supra*), no que toca à conduta que recai sobre **produto ou substância alimentícia (tão somente) alterada em seu valor nutritivo**, aplica-se ao parágrafo citado, devendo promover-se, em tais casos, o deslocamento da figura típica para aquelas capituladas no **art. 7º da Lei n. 8.137/90** (crime contra as relações de consumo).

4. TIPO SUBJETIVO

O fato previsto no *caput* e § 1º-A somente é punido na forma dolosa. Requer-se, ademais, **dolo de perigo**, isto é, a vontade e a consciência de expor a saúde de um número indeterminado de pessoas a risco, em face do caráter nocivo do produto ou substância alimentícia destinados a consumo humano.

Não há elemento subjetivo específico algum. Desse modo, pouco importa o opróbrio motivador do ato (ganância, lucro fácil, prejudicar a concorrência com a redução excessiva de custos, por exemplo).

Se a conduta for praticada com dolo de dano, ou seja, se o agente pretender lesar a saúde ou a vida de pessoa determinada, fazendo-o mediante os comportamentos descritos no *caput*, haverá concurso formal ou ideal (CP, art. 70) entre a lesão corporal ou o homicídio e o delito contra a saúde pública.

---

[59] De acordo com o Tribunal de Justiça de São Paulo, "a adição de sulfito de sódio, vedada por lei, à carne crua e moída, configura crime contra a saúde pública – art. 272 e § 1º do CP. Por se tratar de delito de perigo, independe de prova de dano efetivo" (*RJTJSP* 104/425). "O fato de utilizar, na preparação de alimentos destinados à venda, óleo corrompido ou adulterado, sabendo da sua imprestabilidade, por ser nocivo à saúde pública, tipifica o delito previsto no art. 272, § 1º, do CP" (*RT* 402/107). "Além de se comprovar que os produtos alimentícios apreendidos em poder do denunciado eram adulterados (desde o rótulo), comprovou-se que também eram impróprios para o consumo, pois acondicionados em frascos reutilizados, com sinais de ferrugem, sem a devida vedação, permitindo a entrada de micro-organismos nocivos à saúde humana. (...) Condenação mantida" (TJPR, AP 1337532-1, rel. Des. José Carlos Dalacqua, 2ª CCr, j. 4-2-2016).

A forma **culposa** encontra-se prevista no § 2º, o que se comenta a título de registro, já que a culpa não constitui elemento subjetivo, mas normativo.

5. SUJEITOS DO CRIME

5.1. Sujeito ativo

O crime é **comum**, razão pela qual qualquer pessoa pode figurar como sujeito ativo.

5.2. Sujeito passivo

Sujeito passivo é a coletividade e, ademais, os titulares dos interesses (vida ou saúde) expostos a perigo em face do consumo dos produtos ou das substâncias alimentícias corrompidos, adulterados, falsificados ou alterados.

6. CONSUMAÇÃO E TENTATIVA

6.1. Consumação

O crime somente se consuma com a **consecução do risco à saúde coletiva**, que se dá com a corrupção, adulteração, falsificação ou alteração do produto ou substância alimentícios, tornando-os nocivos ao bem-estar orgânico e psíquico das pessoas.

6.2. Tentativa

Afigura-se admissível o *conatus proximus*, porquanto o *iter criminis* comporta cisão. Registre-se, contudo, que será difícil sua configuração, de vez que muitos atos preparatórios e executórios da infração foram transformados em delitos autônomos, por força do § 1º-A.

7. MODALIDADE CULPOSA (§ 2º)

Se a corrupção, adulteração, falsificação ou alteração do produto ou substância alimentícios, que os tornar nocivos à saúde humana, der-se mediante imprudência, negligência ou imperícia, ficará o sujeito ativo exposto a uma pena de detenção, de um a dois anos, e multa[60].

---

[60] "Venda de produto considerado impróprio para o consumo humano. Vidros de palmitos em conserva. Laudo pericial comprovando a presença de bactérias do grupo coliforme de origem fecal. Incerteza no tocante à existência do elemento subjetivo do

8. FORMAS AGRAVADAS DE CRIME DE PERIGO COMUM

De acordo com o art. 258 do CP, aplicável ao art. 272 por força da remissão prevista no art. 285: "Se do crime doloso de perigo comum resulta lesão corporal de natureza grave, a pena privativa de liberdade é aumentada de metade; se resulta morte, é aplicada em dobro. No caso de culpa, se do fato resulta lesão corporal, a pena aumenta-se de metade; se resulta morte, aplica-se a pena cominada ao homicídio culposo, aumentada de um terço".

É digna de nota a patente incongruência e desproporção entre os patamares punitivos impostos à figura culposa agravada pelo resultado, nomeadamente no que diz respeito ao piso legal (incoerência propiciada pela elevação efetuada pela Lei n. 9.677/98). Note-se que, *se sobrevier lesão corporal*, a *pena* será *de um ano e meio* até **três anos** de detenção (e multa). *Se ocorrer morte*, a sanção será *de um ano e quatro meses* até quatro anos.

Essa evidente desarmonia, que torna mais branda a pena mínima quando resulta morte do que a imposta quando ocorre lesão corporal, há de ser corrigida pelo princípio constitucional da proporcionalidade. Significa dizer que cabe ao aplicador da lei penal dar à resposta punitiva uma leitura conforme a Constituição, desprezando o aumento de metade quando do fato (culposo) resultar lesão corporal. Isto não importará em que a produção desse evento posterior será tida como irrelevante na dosagem da pena; pelo contrário, embora não sirva como causa de aumento, deverá ser tomada à apreciação quando do exame das circunstâncias judiciais (na primeira fase da dosimetria da pena), oportunidade em que se examinam as consequências do crime (fazendo, destarte, com que a pena se afaste do mínimo previsto no preceito secundário contido no § 2º da disposição).

9. CLASSIFICAÇÃO JURÍDICA

O crime tem natureza *comissiva, dolosa* (*caput* e § 1º-A), *preterdolosa* (quando aplicáveis as causas de aumento do art. 258 do CP) e *culposa* (§ 2º). Trata-se, ademais, de delito *de forma ou ação livre* (admite qualquer meio executivo – crime onímodo), *comum* (qualquer pessoa pode cometê-lo), *monossubjetivo ou de concurso eventual* (pode ser praticado por um só indivíduo ou vários, em concurso), *material ou de resultado* (porquanto se exige a efetiva alteração do objeto, tornando nocivo à saúde), *de perigo concreto ou real* (pois sua consumação se verifica somente com o efetivo risco causado) e *instantâneo* (sua consumação se produz imediatamente),

---

tipo (dolo). Desclassificação do delito para a modalidade culposa (art. 272, *caput*, § 2º, do CP) operada" (TJSC, *JC* 85/666).

salvo nas condutas "expor à venda" e "ter em depósito" (quando serão permanentes, prolongando-se no tempo o risco ao objeto jurídico).

10. PENA E AÇÃO PENAL

A pena cominada às figuras dolosas (*caput* e § 1º-A) é de reclusão, de quatro a oito anos, e multa. A forma procedimental aplicável será o rito comum ordinário (CPP, arts. 395 a 405).

Na forma culposa, pune-se o ato com detenção, de um a dois anos, e multa. O crime será de pequeno potencial ofensivo, nesse caso, sempre que inexistir a produção do evento morte, resultado agravador mencionado no art. 258 do CP (*vide* item 8, *supra*).

A ação penal é de **iniciativa pública** e independe de qualquer condição.

ART. 273 – FALSIFICAÇÃO, CORRUPÇÃO, ADULTERAÇÃO OU ALTERAÇÃO DE PRODUTO DESTINADO A FINS TERAPÊUTICOS OU MEDICINAIS

1. DISPOSITIVO LEGAL

Falsificação, corrupção, adulteração ou alteração de produto destinado a fins terapêuticos ou medicinais

Art. 273. Falsificar, corromper, adulterar ou alterar produto destinado a fins terapêuticos ou medicinais:

Pena – reclusão, de 10 (dez) a 15 (quinze) anos, e multa.

§ 1º Nas mesmas penas incorre quem importa, vende, expõe à venda, tem em depósito para vender ou, de qualquer forma, distribui ou entrega a consumo o produto falsificado, corrompido, adulterado ou alterado.

§ 1º-A. Incluem-se entre os produtos a que se refere este artigo os medicamentos, as matérias-primas, os insumos farmacêuticos, os cosméticos, os saneantes e os de uso em diagnóstico.

§ 1º-B. Está sujeito às penas deste artigo quem pratica as ações previstas no § 1º em relação a produtos em qualquer das seguintes condições:

I – sem registro, quando exigível, no órgão de vigilância sanitária competente;

II – em desacordo com a fórmula constante do registro previsto no inciso anterior;

III – sem as características de identidade e qualidade admitidas para a sua comercialização;

IV – com redução de seu valor terapêutico ou de sua atividade;

V – de procedência ignorada;

VI – adquiridos de estabelecimento sem licença da autoridade sanitária competente.

Modalidade culposa

§ 2º Se o crime é culposo:

Pena – detenção, de 1 (um) a 3 (três) anos, e multa.

2. VALOR PROTEGIDO (OBJETIVIDADE JURÍDICA)

O dispositivo em estudo, como os demais que integram o Capítulo III do Título VIII da Parte Especial, visa à salvaguarda da incolumidade pública por meio da proteção de um de seus aspectos fundamentais, qual seja, a **saúde pública**, isto é, a manutenção do **bem-estar** orgânico e psíquico de uma coletividade, indeterminadamente considerada[61].

2.1. Hediondez

O crime em estudo **tem natureza hedionda**, desde que incluído no rol do art. 1º da Lei n. 8.072/90 (inciso VII-B), por intermédio da Lei n. 9.695/98, sujeitando-se às consequências daí decorrentes:

a) insuscetibilidade de anistia, graça e indulto (CF, art. 5º, XLIII, e Lei n. 8.072, art. 2º, I);

b) inafiançabilidade (CF, art. 5º, XLIII, e Lei n. 8.072, art. 2º, II);

c) cumprimento de pena em regime inicialmente fechado (Lei n. 8.072, art. 2º, § 1º)[62];

d) progressão de regime somente após o cumprimento de 40% da pena (se primário) e de 60% (se reincidente em delito hediondo ou equiparado) (LEP, art. 112, V e VII);

e) cabimento de prisão temporária com prazo de até trinta dias, prorrogáveis por igual período em caso de extrema e comprovada necessidade (Lei n. 8.072, art. 2º, § 4º);

f) vedação de saída temporária (LEP, art. 122, § 2º);

g) livramento condicional somente depois de transcorridos mais de dois terços do cumprimento da pena, salvo se o sentenciado for reincidente

---

[61] "Não se aplica o princípio da insignificância ao crime de falsificação, corrupção, adulteração ou alteração de produto destinado a fins terapêuticos ou medicinais, por se tratar de conduta que afronta ao bem jurídico saúde pública" (TJDFT, ApCr 07308222420218 070001, rel. Des. Nilsoni de Freitas Custodio, 3ª T. Criminal, j. 13-4-2023).

[62] O STF considerou a determinação legal de cumprimento de pena em regime inicialmente fechado, presente na Lei n. 8.072/90, incompatível com o princípio da individualização da pena (CF, art. 5º, XLVI). A decisão, tomada por maioria de votos, foi proferida no HC 111.840, rel. Min. Dias Toffoli, j. 27-6-2012, e, posteriormente, reafirmada no julgamento do ARE 1.052.700, rel. Min. Edson Fachin, j. 3-11-2017, quando foi fixada tese com repercussão geral: "É inconstitucional a fixação *ex lege*, com base no artigo 2º, parágrafo 1º, da Lei 8.072/1990, do regime inicial fechado, devendo o julgador, quando da condenação, ater-se aos parâmetros previstos no artigo 33 do Código Penal".

específico em crimes dessa natureza (hipótese em que será proibido o benefício com respeito à segunda condenação) (CP, art. 83, V).

3. TIPO OBJETIVO

3.1. Síntese das alterações promovidas pela "Lei dos Remédios" (Lei n. 9.677/98)

Diversos delitos contra a saúde pública viram-se modificados com o advento da Lei n. 9.677/98, alcunhada pela doutrina como "Lei dos Remédios".

No que toca ao dispositivo em estudo, pode-se dizer comparativamente que:

a) em sua redação original, punia-se o ato de alterar substância alimentícia ou medicinal, modificando-lhe a qualidade ou reduzindo-lhe o valor nutritivo ou terapêutico, ou, ainda, suprimindo, total ou parcialmente, qualquer elemento de sua composição ou substituindo-o por outro de qualidade inferior (nocividade negativa[63]). A pena era de reclusão, de um a três anos, e multa. Incriminava-se, ainda, quem vendesse, expusesse a venda, tivesse em depósito para vender ou entregasse a consumo tais substâncias. Havia, ainda, a previsão da forma culposa;

b) com a modificação, a norma passa a penalizar quem corrompe, adultera, falsifica ou altera substância medicinal ou terapêutica (as substâncias alimentícias encontram-se abrangidas pelo atual art. 272 do CP). Além da ampliação dos verbos nucleares, deu-se um aumento no número de condutas equiparadas (*vide* §§ 1º e 1º-B). Houve, ainda, grande elevação no patamar punitivo (reclusão, de dez a quinze anos, e multa).

A doutrina tece severas críticas quanto à extensão do tipo para abranger a adulteração etc. de produtos cosméticos ou saneantes e sobre a elevada pena cominada, conforme se verá abaixo.

3.2. Modalidade fundamental (*caput*)

O legislador descreveu a conduta em **tipo misto alternativo**, o que faz resultar num delito de *ação múltipla*, em que o cometimento de mais de uma delas gera em crime único, conquanto haja relação de causalidade entre elas.

As condutas nucleares são as mesmas utilizadas no art. 272 do CP (do qual ele se distingue, fundamentalmente, no que toca ao objeto material): são os atos de corromper, adulterar, falsificar ou alterar. Mencionadas

---

[63] *Vide* estudo contido no art. 272, referente ao seu tipo objetivo (item 3).

ações, consoante ponderamos ao analisarmos o artigo precedente, são redundantes do ponto de vista semântico. Os léxicos, com efeito, atribuem a elas significações similares, senão, em alguns casos, idênticas[64]. A doutrina, contudo, procura dar-lhes um diferente sentido normativo, afirmando que *corromper* equivale a estragar, infectar, desnaturar a substância de modo a inferiorizá-la em sua essência; *adulterar*, modificar para pior; *falsificar*, contrafazer, dando ao que não é original a aparência de sê-lo, imitar substância genuína; *alterar*, mudar, transformar.

A conduta deve recair sobre **produto terapêutico** ou **medicinal** (objetos materiais).

O dispositivo legal não condiciona a incriminação à produção da nocividade positiva ou negativa decorrente da corrupção etc. dos produtos mencionados. Parece-nos, todavia, que no caso deste tipo penal, cuja sanção cominada é de dez a quinze anos de reclusão e multa, é mister tal exigência. A gravidade da pena prevista, em termos comparativos, corresponde, no patamar mínimo, ao dobro da imposta ao tráfico de drogas (art. 33 da Lei n. 11.343/2006), mostrando-se bem superior à do homicídio simples consumado.

Não se nega que condutas tendentes à adulteração de um medicamento, como o famoso caso envolvendo o "Androcur", utilizado no tratamento do câncer, ocorrido em 1998[65] e que chocou o país, tendo sido inclusive um dos motes utilizado pelo legislador na elaboração da "Lei dos Remédios"[66], tem uma potencialidade lesiva de elevadíssima magnitude e merecem severa repressão. Ocorre, todavia, que **a reprovabilidade do ato não decorre**, e isto deve ser acentuado, **da simples alteração (etc.) do medicamento, mas do possível efeito daí decorrente**, consistente na produção da nocividade positiva (tornando-o prejudicial à saúde) ou negativa (reduzindo ou eliminando suas propriedades terapêuticas ou curativas). Somente nestas condições é que se poderá dizer que a norma penal violou a saúde pública, valor fundamental que se procura tutelar.

---

[64] O *Dicionário Aurélio* registra, em todos os vocábulos assinalados, uma expressão como um dos possíveis sinônimos da outra (*vide Novo Dicionário Aurélio da língua portuguesa*, 4. ed., Curitiba: Positivo, 2009).

[65] "Não constitui constrangimento ilegal a prorrogação de prisão temporária de agente acusado de colocar a venda medicamentos falsos, indicados para o tratamento do câncer, pois, além de trazer consequências drásticas para os pacientes que dependem de tais remédios com a morte de algumas pessoas, provavelmente em virtude de ingestão do placebo, o crime contra a saúde pública, previsto no art. 272 do CP, passou a ser considerado hediondo após a edição da Lei n. 9.695/98" (TJSP, *RT* 761/595).

[66] O outro fato de grande repercussão que também contribuiu para a atitude de nosso Poder Legislativo foi a falsificação do medicamento contraceptivo "Microvlar".

O que se espera, com isso, é conferir à norma um sentido possível, alinhado com nossa Lei Fundamental, ou seja, trata-se de implementar a **interpretação conforme à Constituição.**

O art. 273, portanto, **somente poderá se compreender compatível** com a ordem normativa superior instaurada por nosso Texto Maior **quando se exigir,** tendo em conta os elevados níveis punitivos, **a produção do perigo concreto,** traduzido, insista-se, **na verificação da nocividade (positiva ou negativa) do produto.**

Não acreditamos que o dispositivo deva ser simplesmente tido por irremediavelmente inconstitucional, até porque, semelhante conclusão somente deve se extrair quando não couber, dentro de sua moldura hermenêutica, qualquer possibilidade de compreendê-la harmonicamente com o princípio ou a regra superior. Canotilho ensina que, quando se trata de normas plurissignificativas, deve-se dar "preferência à interpretação que lhe dê um sentido em conformidade com a Constituição"[67]. Essa técnica, de um lado, respeita o princípio da prevalência da Constituição e, de outro, assegura o princípio da conservação das normas. Evidente que somente cabe falar em tal método quando possível um "espaço de decisão" capaz de abranger diversas soluções, optando-se então por aquela que se coadunar com a Lei das Leis.

Calha à lembrança, ainda, o escólio de Luís Roberto Barroso: "A interpretação conforme a Constituição, categoria desenvolvida amplamente pela doutrina e pela jurisprudência alemãs, compreende sutilezas que se escondem por trás da designação altruística do princípio. Destina-se à preservação da validade de determinadas normas, suspeitas de inconstitucionalidade, assim como à atribuição de sentido às normas infraconstitucionais, da forma que melhor realizem os mandamentos constitucionais. Como se depreende da assertiva precedente, o princípio abriga, simultaneamente, uma técnica de interpretação e um mecanismo de controle de constitucionalidade"[68].

O método em comento possui claras vantagens sobre a decisão maniqueísta de simplesmente declarar a regra constitucional ou não. Exige, ademais, duas etapas: a primeira consiste em infirmar as possíveis interpretações em colidência com a norma hierarquicamente superior; a segunda, em afirmar aquela com a qual a Constituição se harmoniza.

"Trata-se de uma atuação 'corretiva', que importa na declaração de inconstitucionalidade sem redução do texto"[69].

---

[67] *Direito constitucional e teoria da Constituição*, p. 1226.

[68] *Curso de direito constitucional contemporâneo*: Os conceitos fundamentais e a construção do novo modelo, p. 301.

[69] Luís Roberto Barroso, op. et loc. cit.

Posta essa premissa, repisamos nosso pensamento a respeito do art. 273. *O único meio de compreendê-lo na esfera de um Direito Penal Constitucional é exigir dele a produção do perigo concreto*[70]; caso contrário, será impossível deixar de reconhecer a ofensa ao princípio da proporcionalidade. De acordo com este, em sua concepção originária (isto é, a proibição do excesso), entende-se que deve haver um limite ao poder estatal em face da esfera individual dos particulares; trata-se de estabelecer uma relação de equilíbrio entre o "meio" e o "fim", ou seja, entre o objetivo que a norma procura alcançar e os meios dos quais ela se vale[71].

No que toca às elementares do art. 273, relativamente àquelas ligadas ao objeto material, todas possuem significado normativo, de vez que a grande maioria dos conceitos encontra-se bem delimitada em outras normas jurídicas.

Recorde-se, nesse sentido, que a conduta criminosa deve necessariamente recair sobre produto terapêutico ou medicinal (*caput*), abrangidos os "medicamentos, as matérias-primas, os insumos farmacêuticos, os cosméticos, os saneantes e os de uso em diagnóstico" (§ 1º-A)[72].

---

[70] De acordo com Miguel Reale Jr., "os crimes do art. 273 e de seu § 1º, c/c o § 1º-A, devem, para se configurar, depender da comprovação de risco real à saúde pública, como um trecho verificável da realidade, em razão da *nocividade negativa*, ou seja, *da perda ou redução significativa dos predicados da substância*, de modo a se poder fazer um juízo de probabilidade de dano futuro à saúde" (A inconstitucionalidade da Lei dos Remédios, *RT* 763/425).

[71] Sua origem normativa repousa na Carta Magna de 1215, nos itens 20 e 21, quando dizia que "for a trivial offence, a free man shall be fined only in proportion to the degree of his offence..."; "earls and barons shall be fined only by their equals, and in proportion to the gravity of their offence". Montesquieu e Beccaria também desenvolveram o conceito de proporcionalidade, o último, como é cediço, o fez no âmbito do Direito Penal. A Declaração dos Direitos do Homem e do Cidadão, de 1789, declara que "a lei não deve estabelecer outras penas que não as estrita e evidentemente necessárias" (art. 8º). A evolução da proporcionalidade deve-se muito à contribuição de países ocidentais no pós-guerra, referentemente à vedação de arbitrariedade.

[72] "Falsificação, corrupção, adulteração ou alteração de produto destinado a fins terapêuticos ou medicinais. Descaracterização. Aplicação de vacina com prazo de validade vencido. Substância que não pode ser considerada medicamento, matéria-prima, insumo farmacêutico, cosmético, saneante, ou de uso em diagnóstico. Circunstância de a vacina estar vencida, ademais, que não implica o reconhecimento de que o produto esteja alterado. Atipicidade de conduta evidenciada. Inteligência do art. 273, § 1º, do CP. *Ementa oficial*: A aplicação de vacina com prazo de validade vencido, embora denote a negligência dos responsáveis pela clínica de vacinação, não caracteriza o crime previsto no art. 273, § 1º, do CP, por atipicidade de conduta, uma vez que vacina não pode ser considerada medicamento, matéria-prima, insumo farmacêutico, cosmético, saneante

Pois bem. Entende-se, assim, por *produto* qualquer objeto produzido ou fabricado; será *terapêutico ou medicinal* quando destinado a aliviar, tratar ou curar pessoas enfermas.

Medicamento, de acordo com o art. 4º, II, da Lei n. 5.991/73, é o "produto farmacêutico, tecnicamente obtido ou elaborado, com finalidade profilática, curativa, paliativa ou para fins de diagnóstico".

São *matérias-primas* as "substâncias ativas ou inativas que se empregam na fabricação de medicamentos e de outros produtos abrangidos por esta Lei, tanto as que permanecem inalteradas quanto as passíveis de sofrer modificações" (art. 3º, XII, da Lei n. 6.360/76).

Insumos farmacêuticos correspondem à "droga ou matéria-prima aditiva ou complementar de qualquer natureza, destinada a emprego em medicamentos, quando for o caso, e seus recipientes" (art. 4º, III, da Lei n. 5.991/73)[73].

São *cosméticos* os "produtos para uso externo, destinados à proteção ou ao embelezamento das diferentes partes do corpo, tais como pós faciais, talcos, cremes de beleza, creme para as mãos e similares, máscaras faciais, loções de beleza, soluções leitosas, cremosas e adstringentes, loções para as mãos, bases de maquilagem e óleos cosméticos, ruges, *blushes*, batons, lápis labiais, preparados antissolares, bronzeadores e simulatórios, rímeis, sombras, delineadores, tinturas capilares, agentes clareadores de cabelos, preparados para ondular e para alisar cabelos, fixadores de cabelos, laquês, brilhantinas e similares, loções capilares, depilatórios e epilatórios, preparados para unhas e outros" (art. 3º, V, da Lei n. 6.360/76).

Saneantes, por sua vez, são "substâncias ou preparações destinadas à higienização, desinfecção ou desinfestação domiciliar, em ambientes coletivos e/ou públicos, em lugares de uso comum e no tratamento da água, compreendendo: *a*) inseticidas – destinados ao combate, à prevenção e ao controle dos insetos em habitações, recintos e lugares de uso público e suas cercanias; *b*) raticidas – destinados ao combate a ratos, camundongos e outros roedores, em domicílios, embarcações, recintos e lugares de uso público, contendo substâncias ativas, isoladas ou em associação, que não ofereçam risco à vida ou à

---

ou substância de uso em diagnóstico. Além disso, o fato de a vacina estar vencida não implica o reconhecimento de que o produto esteja alterado, tendo em vista que o prazo de validade tem por escopo garantir a eficácia da substância" (TJSP, *RT* 835/551).

[73] "Alteração de substância medicinal. Configurado está o crime previsto no art. 273 do CP, quando, além da alteração do produto farmacêutico com modificação de sua composição química, reduzindo-lhe o valor terapêutico pela supressão parcial de elementos químicos que deviam integrá-lo, foi este produzido fora dos padrões técnicos estabelecidos, em laboratório clandestino, desprovido de maquinários, tanto que reconhecido por um dos apelantes" (TJMG, *JM* 161/604).

saúde do homem e dos animais úteis de sangue quente, quando aplicados em conformidade com as recomendações contidas em sua apresentação; *c*) desinfetantes – destinados a destruir, indiscriminada ou seletivamente, micro-organismos, quando aplicados em objetos inanimados ou ambientes; *d*) detergentes – destinados a dissolver gorduras e à higiene de recipientes e vasilhas, e a aplicações de uso doméstico" (art. 3º, VII, da Lei n. 6.360/76).

Os *produtos de uso em diagnóstico* trata-se daqueles utilizados para se aferir o "conhecimento de determinada doença"[74], como aqueles empregados para análise laboratorial, tais como os itens de radiologia, ultrassonografia, ecografia, entre outros.

3.3. Produtos cosméticos e saneantes

O art. 273 do CP, por força das alterações promovidas pela "Lei dos Remédios", passou a punir, consoante já destacamos, a corrupção, a adulteração, a falsificação ou a alteração de produtos cosméticos ou saneantes (*caput* e § 1º-A). As definições de cosméticos e saneantes já foram examinadas no item anterior, mas pode-se dizer, em síntese, que aqueles são os destinados a limpeza, proteção ou maquiagem da pele e estes, os direcionados à limpeza ou higiene humana.

O § 1º do art. 273, além disso, engloba na esfera de incriminação quem "importa, vende, expõe à venda, tem em depósito para vender ou, de qualquer forma, distribui ou entrega a consumo o produto falsificado, corrompido, adulterado ou alterado" e, ainda, o produto: "sem registro, quando exigível, no órgão de vigilância sanitária competente", "em desacordo com a fórmula constante do registro" no órgão mencionado, "sem as características de identidade e qualidade admitidas para a sua comercialização", "com redução de seu valor terapêutico ou de sua atividade", "de procedência ignorada" e "adquiridos de estabelecimento sem licença da autoridade sanitária competente" (§ 1º-B).

A se interpretar literalmente o dispositivo, portanto, aquele que fabricar dolosamente um cosmético qualquer alterando sua qualidade, como um batom, por exemplo, de modo a que não produza o brilho prometido ou não perdure o tempo assegurado, ficará sujeito a uma pena de reclusão, de dez a quinze anos, e multa.

Note que a pena mínima corresponde (conforma já dissemos) exatamente ao dobro daquela cominada ao tráfico de drogas (Lei n. 11.343/2006, art. 33), além de ser muito superior à do homicídio doloso simples (CP, art. 121, *caput*).

---

[74] Julio Fabbrini Mirabete e Renato Nascimento Fabbrini, *Manual de direito penal*: parte especial, p. 119.

A desproporção é evidente. Bem por isso, uma vez mais afigura-se-nos justo e correto invocarmos o princípio constitucional da proporcionalidade (na sua vertente tradicional de proibição do excesso) para promover a readequação típica dessa conduta[75].

Não se trata de considerar o ato penalmente irrelevante, mas de procurar ao comportamento ilícito uma adequada dimensão, posto que excessivo e desarrazoado o rigor punitivo.

Deve-se destacar, como já fizemos em outras passagens desta obra, que a atividade do parlamento deve submeter-se ao manto da Constituição. Isso não implica retirar do legislador a primazia da decisão política e seletiva sobre qual o tratamento penal que a conduta deve merecer, mas tão somente em reconhecer que esse poder não é absoluto, como de resto nenhum poder o é no bojo de um Estado Democrático de Direito, lastreado no princípio da dignidade da pessoa humana (CF, art. 1º, III).

A **interpretação possível**, reitere-se, **consiste em somente admitir como delito atentatório à saúde pública, comportamentos causadores de** *perigo concreto*, ou seja, que alterem o cosmético ou saneante, **tornando-os**

---

[75] Já se entendeu possível aplicar ao fato, diante de sua reduzida gravidade, a pena do tráfico de drogas. Confira-se no seguinte julgado, anterior à atual Lei Antidrogas: "Pena. Ofensa ao princípio da proporcionalidade. Redução. Parâmetro. Delito de tráfico ilícito de entorpecentes. Possibilidade de substituição. A pena do delito previsto no art. 273 do CP – com a redação que lhe deu a Lei n. 9.677, de 2-7-1998 (reclusão, de dez a quinze anos, e multa) – deve, por excessivamente severa, ficar reservada para punir apenas aquelas condutas que exponham a sociedade e a economia popular a 'enormes danos' (Exposição de Motivos). Nos casos de fatos que, embora censuráveis, não assumam tamanha gravidade, deve-se recorrer, tanto quanto possível, ao emprego da analogia em favor do réu, recolhendo-se, no corpo do ordenamento jurídico, parâmetros razoáveis que autorizem a aplicação de uma pena justa, sob pena de ofensa ao princípio da proporcionalidade. 'A criação de solução penal que descriminaliza, diminui a pena, ou de qualquer modo beneficia o acusado, não pode encontrar barreira para a sua eficácia no princípio da legalidade, porque isso seria uma ilógica solução de aplicar-se um princípio contra o fundamento que o sustenta' (Fábio Bittencourt da Rosa, *Direito penal*: parte geral, Rio de Janeiro: Impetus, 2003, p. 4). Hipótese em que ao réu, denunciado por introduzir, no território nacional, 6 comprimidos de *Cytotec,* medicamento desprovido de registro e de licença do órgão de Vigilância Sanitária competente (art. 273, § 1º-B, I, V e VI, do CP), foi aplicada a pena de três anos de reclusão, adotado, como parâmetro, o delito de tráfico ilícito de entorpecentes, o qual tem como bem jurídico tutelado também a saúde pública. Possibilidade de substituição da pena privativa de liberdade por restritivas de direito que se reconhece, seja porque o delito de tráfico foi tomado apenas como substrato para aplicação da pena, seja porque o remédio importado não era 'falsificado, corrompido, adulterado ou alterado' (inciso VII-B do art. 1º, c/c o § 1º do art. 2º da Lei n. 8.072/90)" (*RTRF-4ª R.* 56/188). Esse entendimento é acolhido atualmente pelo STJ (ver, entre outros, AgRg no AgRg no AREsp 1.610.153/PE, rel. Min. Jorge Mussi, 5ª T., j. 5-5-2020, e AgRg no REsp 1.509.051/RS, rel. Min. Rogerio Schietti Cruz, 6ª T., j. 3-9-2019).

nocivos à saúde humana. Posto que tais bens não se destinam à cura de moléstias, entendemos que, quanto a estes, o sentido correto de perigo real deve dirigir-se exclusivamente à ideia de **nocividade positiva**[76].

Quando se tratar, portanto, da redução de suas propriedades, sem a causação de danos ao bem-estar orgânico das pessoas, deve-se promover a readequação típica da conduta, para afastar o crime contra a incolumidade pública e afirmar, se preenchidas as elementares respectivas, um delito contra as relações de consumo, conforme descrito no **art. 7º da Lei n. 8.137/90**. Esta, em seus diversos incisos, pune com dois a cinco anos de reclusão (ou multa), a venda de mercadoria imprópria ao consumo, a fraude de preços mediante mistura de gêneros, entre outros[77].

3.4. Condutas equiparadas (§ 1º-B)

O legislador efetuou generoso elenco de condutas equiparadas, sujeitas às mesmas consequências sancionatórias do *caput*, muitas delas constituindo verdadeiras infrações a normas administrativas, criminalizadas sem qualquer critério ou respeito aos princípios basilares do Direito Penal.

De acordo com o § 1º-B, "está sujeito às penas deste artigo quem pratica as ações previstas no § 1º em relação a produtos em qualquer das seguintes condições: I – sem registro[78], quando exigível, no órgão de vigilância sanitária competente; II – em desacordo com a fórmula constante do registro previsto no inciso anterior; III – sem as características de identidade e qualidade admitidas

---

[76] O Tribunal de Justiça de São Paulo já determinou o trancamento de ação penal movida contra duas senhoras acusadas de venderem cosméticos sem indicação de procedência, incapazes de gerar danos à saúde humana, conforme se comprovou em exame pericial (*JTJ* 289/643).

[77] Com referência a produtos farmacêuticos, já se entendeu pela desclassificação do fato para crime contra as relações de consumo quando ausente a comprovação do perigo coletivo (e concreto): "Falsificação e adulteração de produto farmacêutico. Posse para comercialização. Imputando-se aos acusados a infração ao disposto no § 1º do art. 273 do CP (ter em depósito, para comércio, produtos farmacêuticos falsificados e adulterados), impõe-se a prova pericial de que os medicamentos são potencialmente lesivos à saúde pública, não bastando à configuração do delito o descumprimento de normas administrativas relativas à rotulagem e embalagem dos remédios, o que pode caracterizar crime contra as relações de consumo, mas não a colocação da saúde comum em estado de risco, ou a constatação de que alguns deles apresentam indícios de fraude, sem que se esclareça em que ela consiste e se dela pode resultar perigo coletivo" (TJRJ, *RDTJRJ* 54/295).

[78] O *registro* constitui a "inscrição, em livro próprio após o despacho concessivo do dirigente do órgão do Ministério da Saúde, sob número de ordem, dos produtos de que trata esta Lei, com a indicação do nome, fabricante, da procedência, finalidade e dos outros elementos que os caracterizem" (art. 3º, X, da Lei n. 6.360/76).

para a sua comercialização; IV – com redução de seu valor terapêutico ou de sua atividade; V – de procedência ignorada; VI – adquiridos de estabelecimento sem licença da autoridade sanitária competente"[79].

A simples leitura deste rol demonstra o absurdo daí decorrente. Vender um medicamento, por exemplo, sem registro (inciso I), em desconformidade com a fórmula neste contida (inciso II), com características diferentes (inciso III), sem identificação de origem (inciso V) ou comprado de local sem licença da autoridade sanitária (inciso VI), sujeita o infrator ao cumprimento de pena mínima de dez anos de reclusão, em regime inicial fechado, afora as outras consequências decorrentes da hediondez, e isso tudo **ainda que se verifique cuidar-se de produto inofensivo à saúde humana ou que mantenha as qualidades terapêuticas semelhantes à prometida.**

A gritante violação ao multicitado princípio da proporcionalidade levou Miguel Reale Jr. a declarar, com toda a razão, que "com a exceção do inciso IV, todos os incisos do § 1º-B descrevem meros ilícitos administrativos, já punidos brandamente na esfera administrativa, mas que foram, na esfera penal, elevados à condição de crimes *hediondos, sancionados com penas de reclusão de dez a quinze anos*". Por esse motivo, conclui o penalista, padecem de "incontornável inconstitucionalidade"[80]. Nem mesmo o método da interpretação conforme nos parece possível de ser invocado, porquanto se traduzem em ilícitos estritamente administrativos. Ademais, se houver o efetivo potencial lesivo à saúde coletiva, o ato poderá ser subsumido às outras condutas tipificadas no art. 273 do CP.

Diante da necessidade de serem sopesados os princípios da proporcionalidade e da razoabilidade[81], os Tribunais Superiores passaram a

---

[79] "Quem introduz clandestinamente em solo nacional produto de origem estrangeira destinado a fins terapêuticos ou medicinais, sem registro, de procedência ignorada e adquirido de estabelecimento sem licença do Órgão de Vigilância Sanitária competente, pratica o delito capitulado no art. 273, § 1º-B, I, V e VI, do CP" (*RTRF-4ª R. 56/188*). Discordamos respeitosamente do julgado transcrito, pois, como procuramos demonstrar no texto, esse comportamento encerra infração puramente administrativa.

[80] A inconstitucionalidade da Lei dos Remédios, *RT 763/431*. Rejeitando a tese ora sustentada: "Arguição de inconstitucionalidade das disposições da Lei 9.677/98. Rejeição" (TJRJ, *RDTJRJ 54/295*).

[81] Nesse sentido: Arguição de Inconstitucionalidade no HC 239.363/PR, rel. Min. Sebastião Reis Júnior, Corte Especial, j. 26-2-2015, *DJe* de 10-4-2015. *Vide*, ainda: "AGRAVO REGIMENTAL. RECURSO ESPECIAL. DIREITO PENAL. REVISÃO CRIMINAL. ART. 273, § 1º-B, I, DO CP. PRODUTOS DESTINADOS PARA FINS MEDICINAIS E TERAPÊUTICO SEM REGISTRO NO ÓRGÃO DE VIGILÂNCIA SANITÁRIA COMPETENTE. PRECEITO SECUNDÁRIO. ANALOGIA. PRINCÍPIO DA PROPORCIONALIDADE NA DOSIMETRIA. RETORNO DOS AUTOS

proferir decisões para corrigir o exagero da pena cominada ao art. 273, § 1º-B, do CP.

O Superior Tribunal de Justiça decidira que o ato de "ter em depósito, para venda, produto destinado a fins terapêuticos ou medicinais de procedência ignorada" deveria ser **apenado com a sanção prevista para o crime de tráfico ilícito de drogas (art. 33, *caput*, da Lei n. 11.343/2006)**[82].

O Supremo Tribunal Federal, porém, sedimentou solução diversa: no julgamento do RE 979.962/RS, realizado em 24 de março de 2021, fixou a

---

AO TRIBUNAL DE ORIGEM PARA FIXAÇÃO DEFINITIVA DA SANÇÃO PENAL. 1. A intervenção estatal por meio do Direito Penal deve ser sempre guiada pelo princípio da proporcionalidade, incumbindo também ao legislador o dever de observar esse princípio como proibição de excesso e como proibição de proteção insuficiente. 2. É viável a fiscalização judicial da constitucionalidade dessa atividade legislativa, examinando, como afirma o Ministro Gilmar Mendes, se o legislador considerou suficientemente os fatos e prognoses e se utilizou de sua margem de ação de forma adequada para a proteção suficiente dos bens jurídicos fundamentais. 3. Em atenção ao princípio constitucional da proporcionalidade e razoabilidade das leis restritivas de direitos (CF, art. 5º, LIV), é imprescindível a atuação do Judiciário para corrigir o exagero e ajustar a pena cominada à conduta inscrita no art. 273, § 1º-B, do Código Penal. 4. Retorno dos autos à origem para a fixação da sanção definitiva do réu e demais consectários legais, consoante a aplicação do preceito secundário do art. 33 da Lei n. 11.343/2006 em razão da condenação pelo crime previsto no art. 273, § 1º-B, I, do Código Penal. 5. O agravo regimental não merece prosperar, porquanto as razões reunidas na insurgência são incapazes de infirmar o entendimento assentado na decisão agravada. 6. Agravo regimental improvido" (STJ, AgRg no REsp 1.531.982/SP, rel. Min. Sebastião Reis Júnior, 6ª T., j. 11-10-2016, *DJe* de 28-10-2016).

[82] Salienta-se que, embora o Plenário não tenha se manifestado acerca dessa questão, existe precedente da Corte em sentido contrário ao STJ: "AGRAVO REGIMENTAL NO RECURSO EXTRAORDINÁRIO. PENAL E PROCESSUAL PENAL. ART. 273, § 1°-B, DO CÓDIGO PENAL. ALEGADA VIOLAÇÃO AO ART. 5º, XLVI, DA CONSTITUIÇÃO FEDERAL. MATÉRIA DE ÍNDOLE INFRACONSTITUCIONAL. OPÇÃO POLÍTICO-LEGISLATIVA PARA APENAR DETERMINADOS DELITOS COM MAIOR SEVERIDADE. INCOMPETÊNCIA DO PODER JUDICIÁRIO PARA INTERFERIR NAS ESCOLHAS FEITAS PELO PODER LEGISLATIVO. 1. A violação reflexa e oblíqua da Constituição Federal decorrente da necessidade de análise de malferimento de dispositivo infraconstitucional torna inadmissível o recurso extraordinário. 2. O Poder Judiciário não detém competência para interferir nas opções feitas pelo Poder Legislativo a respeito da apenação mais severa daqueles que praticam determinados crimes, sob pena de afronta ao princípio da separação dos poderes. 3. *In casu*, o acórdão extraordinariamente recorrido assentou: "PENAL. PROCESSO PENAL. ARTIGO 273, § 1º e § 1º-B, INCISOS V e VI DO CÓDIGO PENAL. TRANSNACIONALIDADE. COMPETÊNCIA DA JUSTIÇA FEDERAL. INCONSTITUCIONALIDADE AFASTADA. AUTORIA E MATERIALIDADE COMPROVADAS. DOLO DEMONSTRADO. RECONHECIDO CONCURSO FORMAL." 4. Agravo regimental DESPROVIDO" (RE 829.226 AgR/SP, rel. Min. Luiz Fux, 1ª T., j. 10-2-2015).

seguinte tese com repercussão geral (Tema 1003): "**É inconstitucional a aplicação do preceito secundário do art. 273 do Código Penal,** com a redação dada pela Lei 9.677/1998 – reclusão de 10 a 15 anos – à hipótese prevista no seu **parágrafo 1º-B, inciso I,** que versa sobre a importação de medicamento sem registro no órgão de vigilância sanitária. Para esta situação específica, fica **repristinado o preceito secundário** do art. 273, na redação originária – **reclusão de um a três anos e multa**". *Muito embora não tenha a Suprema Corte assentado na tese fixada, a pena repristinada é incompatível com a hediondez.* Ademais disso, a repristinação foi resultado do reconhecimento da inconstitucionalidade do preceito secundário, inserido no dispositivo pela Lei n. 9.677/98, a mesma que tornou hediondo o fato; ou seja, se ela é inconstitucional para efeito de estabelecer a pena, também o deve ser para fins de determinar eventual hediondez. E recentemente, a Corte Suprema deu provimento a Embargos de Declaração, para suprir omissão e readequar a aludida tese, estendendo-a aos demais núcleos verbais do tipo penal em questão, nos seguintes termos: "É inconstitucional a aplicação do preceito secundário do art. 273 do Código Penal, com redação dada pela Lei n. 9.677/98 (reclusão, de 10 a 15 anos, e multa), à hipótese prevista no seu § 1º-B, I, que versa sobre importar, vender, expor à venda, ter em depósito para vender ou, de qualquer forma, distribuir ou entregar produto sem registro no órgão de vigilância sanitária. Para estas situações específicas, fica repristinado o preceito secundário do art. 273, na sua redação originária (reclusão, de 1 a 3 anos, e multa)" (RE 979.962 ED, rel. Roberto Barroso, Tribunal Pleno, j. 13-6-2023).

É necessário observar, contudo, que a tese fixada pela Corte alcança unicamente a modalidade do inciso I[83], razão pela qual permanece válida a jurisprudência do Superior Tribunal de Justiça que fixa a sanção prevista para o crime de tráfico ilícito de drogas aos demais incisos do § 1º-B[84].

4. TIPO SUBJETIVO

Os fatos contidos no *caput* e §§ 1º e 1º-B somente são punidos na forma dolosa. Exige-se, ademais, **dolo de perigo**, ou seja, vontade e consciência de expor a saúde de um número indeterminado de pessoas a risco, em face do caráter nocivo do produto ou da redução de suas qualidades terapêuticas ou medicinais.

---

[83] TJDFT, Acórdão 1904094, 07367269320198070001, rel. Des. Jair Soares, 2ª T. Criminal, j. 15-8-2024.

[84] TJDFT, Acórdão 1697421, ApCr 07111331020208070007, rel. Des. Nilsoni De Freitas Custodio, 3ª T. Criminal, j. 11-5-2023.

Não há elemento subjetivo específico, sendo indiferente, portanto, a razão que levou o sujeito a cometer o delito (ganância, lucro fácil, prejudicar a concorrência com a redução excessiva de custos etc.).

Em havendo dolo de dano, ou seja, intenção de prejudicar a saúde ou a vida de pessoa determinada, poderá caracterizar-se o **concurso formal ou ideal** (CP, art. 70) entre a **lesão corporal** ou o **homicídio** e o delito contra a saúde pública.

A forma **culposa** encontra-se prevista no § 2º, lembrando-se, todavia, que a culpa **não constitui elemento subjetivo, mas normativo.**

5. SUJEITOS DO CRIME

5.1. Sujeito ativo

O dispositivo legal não faz exigência alguma quanto à qualidade ou condição do sujeito ativo, motivo por que pode ser praticado por qualquer pessoa (**crime comum**).

Vale aqui a mesma observação feita quando do estudo do art. 272 do CP, ou seja, mostra-se perfeitamente admissível o concurso de pessoas, inclusive de modo a abranger a participação de empregados que laborem no estabelecimento comercial ou industrial.

Como adverte Damásio de Jesus, contudo, "para que a responsabilidade do empregado seja afirmada, mister se faz que estejam presentes os requisitos do concurso de pessoas. São requisitos do concurso de pessoas: 1) pluralidade de condutas; 2) relevância causal de cada uma; 3) liame subjetivo; 4) identidade de infração para todos os participantes. Merece destaque, neste passo, o liame subjetivo entre os agentes do delito. Cada concorrente deve ter consciência de contribuir para a realização da obra comum, ou seja, cada sujeito deve ter vontade de contribuir para o crime. Assim, se o empregado do estabelecimento, conscientemente adere ao comportamento de seu patrão, realizando condutas que tenham relevância causal para a realização da obra comum, é coautor do delito"[85].

Se o funcionário desconhecer a origem espúria dos produtos, poder-se-á reconhecer, em seu favor, o *erro de tipo* (CP, art. 20, *caput*), excluindo o dolo, mas permitindo a punição por delito culposo, desde que evitável o equívoco cometido.

5.2. Sujeito passivo

O sujeito passivo é a coletividade e os titulares dos interesses (vida ou saúde) expostos a perigo em face do consumo dos produtos medicinais ou terapêuticos e dos outros referidos na disposição (§ 1º-A).

---

[85] *Direito penal*: parte especial, v. 3, p. 390.

6. CONSUMAÇÃO E TENTATIVA

6.1. Consumação

O *summatum opus* opera-se com a **produção do risco (concreto)** à saúde coletiva.

6.2. Tentativa

Admite-se a tentativa, de vez que o comportamento criminoso pode ser fracionado em diversos atos. De ver, entretanto, que será de difícil caracterização, porquanto muitos típicos de execução e preparação foram tornados delitos autônomos (§ 1º).

7. MODALIDADE CULPOSA (§ 2º)

Se a corrupção, adulteração, falsificação ou alteração do produto terapêutico ou medicinal, ou dos demais referidos no tipo (§ 1º-A), ocorrer mediante imprudência, negligência ou imperícia, ficará o sujeito ativo exposto a pena de detenção, de um a três anos, e multa.

8. FORMAS AGRAVADAS DE CRIME DE PERIGO COMUM

De acordo com o art. 258 do CP, aplicável ao art. 272 por força da remissão prevista no art. 285, "se do crime doloso de perigo comum resulta lesão corporal de natureza grave, a pena privativa de liberdade é aumentada de metade; se resulta morte, é aplicada em dobro. No caso de culpa, se do fato resulta lesão corporal, a pena aumenta-se de metade; se resulta morte, aplica-se a pena cominada ao homicídio culposo, aumentada de um terço".

Por ocasião do estudo do art. 272 do CP já anotávamos a patente incongruência e desproporção entre os patamares punitivos impostos à figura culposa agravada pelo resultado, nomeadamente no que diz respeito ao piso legal (incoerência propiciada pela elevação efetuada pela Lei n. 9.677/98). O defeito também ocorre no art. 273 e, nesse caso, de modo mais intenso, de vez que a incoerência estende-se ao mínimo e ao máximo das penas privativas de liberdade. Observe o quadro:

Pena privativa deliberdade	Conduta culposa agravada pela lesão corporal	Conduta culposa agravada pela morte
Pena mínima	*1 ano e 6 meses de detenção*	1 ano e 4 meses de detenção
Pena máxima	*4 anos e 6 meses de detenção*	4 anos de detenção

A desarmonia detectada acima deve ser expurgada do ordenamento jurídico, porquanto macula frontalmente o princípio constitucional da proporcionalidade. Reiteramos a tese sustentada no crime anteriormente examinado, no sentido de que seja **desprezado o aumento referido no art. 258 do CP quando do fato (culposo) resultar lesão corporal**. Isto não fará com que a produção desse evento será tida como irrelevante na dosagem da pena; pelo contrário, embora não sirva como causa de aumento, será tomada à apreciação quando do exame das **circunstâncias judiciais** (na primeira fase da dosimetria da pena), oportunidade em que se examinam as consequências do crime (fazendo, destarte, com que a pena se afaste do mínimo previsto no preceito secundário contido no § 2º da disposição).

9. CLASSIFICAÇÃO JURÍDICA

Cuida-se de delito *comissivo, doloso* (*caput* e §§ 1º e 1º-B), *preterdoloso* (nos termos do art. 258 do CP) e *culposo* (§ 2º), *de forma ou ação livre* (admite qualquer meio executivo – crime onímodo), *comum* (qualquer pessoa pode cometê-lo), *monossubjetivo ou de concurso eventual* (pode ser praticado por um só indivíduo ou vários, em concurso), *material ou de resultado* (porquanto se exige a efetiva alteração do objeto, tornando nocivo à saúde ou reduzindo suas qualidades terapêuticas ou medicinais), *de perigo concreto* (pois sua consumação está condicionada ao efetivo risco causado) e *instantâneo* (sua consumação se produz imediatamente), **salvo nas condutas "expor à venda" e "ter em depósito"** (quando serão **permanentes**, prolongando-se no tempo o risco ao objeto jurídico).

10. PENA E AÇÃO PENAL

A pena cominada às figuras dolosas (*caput* e §§ 1º e 1º-B) é de reclusão, de dez a quinze anos, e multa[86]. O rito processual adequado será o comum ordinário (CPP, arts. 395 a 405).

Na forma culposa, pune-se o ato com detenção, de um a três anos. A infração é de competência do juízo comum, devendo observar-se o rito comum sumário (CPP, arts. 395 a 399 e 531 a 536); admitir-se-á a suspensão condicional do processo (Lei n. 9.099/95, art. 89).

A ação penal é **pública incondicionada**.

---

[86] Conforme já anotamos, para o STJ, no caso do art. 273, § 1º-B, dada a desproporcionalidade da pena cominada no tipo penal, deve-se aplicar a sanção privativa de liberdade prevista para o crime de tráfico de drogas (reclusão, de cinco a quinze anos).

ART. 274 – EMPREGO DE PROCESSO PROIBIDO OU DE SUBSTÂNCIA NÃO PERMITIDA

1. DISPOSITIVO LEGAL

Emprego de processo proibido ou de substância não permitida

Art. 274. Empregar, no fabrico de produto destinado a consumo, revestimento, gaseificação artificial, matéria corante, substância aromática, antisséptica, conservadora ou qualquer outra não expressamente permitida pela legislação sanitária:

Pena – reclusão, de 1 (um) a 5 (cinco) anos, e multa.

2. VALOR PROTEGIDO (OBJETIVIDADE JURÍDICA)

É a **saúde pública**, um dos aspectos inerentes à incolumidade das pessoas indeterminadamente consideradas, pelos quais se procura deixá-las livres de comportamentos que ponham em risco seu **bem-estar** orgânico e psíquico. Tutela-se, ainda, a **vida** e a **saúde das pessoas diretamente expostas ao consumo do produto** em que se empregou matéria não permitida pela legislação sanitária[87].

3. TIPO OBJETIVO

A ação nuclear consubstancia-se no ato de *empregar*, ou seja, utilizar, adicionar, valer-se de algo como meio para a fabricação de produto.

O *objeto material* é o **produto voltado ao consumo público**, não só os **comestíveis**, mas também bens utilizáveis na **vestimenta, habitação**, em **brinquedos, pastas dentifrícias etc.**[88].

O emprego deve obrigatoriamente envolver a utilização de **revestimento** (envoltório integrante do produto ou aquele utilizado para seu acondicionamento, como o revestimento de um bolo ou a caixa utilizada para armazená-lo), **gaseificação artificial** (processo que visa a dissolver gases), **matéria corante** (aquela destinada a dar cor, destacando-se que são permitidos os corantes naturais e, como regra, vedados os artificiais), **substância aromática** (que busca dar aroma ou sabor ao produto), **antisséptica** (aquela cujo escopo é retardar ou evitar a fermentação da matéria orgânica), **conservadora** (destinada a prolongar a duração ou validade) ou **qualquer outra não expressamente permitida pela legislação sanitária.**

---

[87] "Tratando-se de crime de perigo e sendo este presumido pela lei, é irrelevante, para a existência da infração prevista no art. 274 do CP, qualquer *eventus damni*" (TACrSP, *RT* 355/315). "O delito previsto no art. 274 do CP é crime de perigo, presumido pela lei, de onde concluir-se que é dispensável qualquer dano advindo da ação incriminada" (*JTACrSP* 80/419).

[88] J. de Magalhães Drummond, *Comentários ao Código Penal*, v. IX, p. 122; Rogério Greco, *Curso de direito penal*, v. 4, p. 148.

Deve-se anotar que o texto se vale da **interpretação analógica**, na qual há um elenco casuístico seguido de uma fórmula geral. Como se sabe, em tais casos, gênero e espécie se autolimitam, servindo um à exata compreensão do outro. Assim, por exemplo, só haverá crime se o corante empregado não for expressamente permitido pela lei sanitária. Justamente por isso, ademais, está-se diante de uma *norma penal em branco*, cujo complemento indispensável à determinação da conduta incriminada requer a consulta a outras normas jurídicas. Das diversas que dispõem sobre o assunto, podem-se mencionar: o Decreto-Lei n. 986/69 (normas básicas sobre alimentos); a Lei n. 6.437/77 (infrações à legislação sanitária federal); a Lei n. 9.782/99 (relativa ao Sistema Nacional de Vigilância Sanitária); a Lei n. 8.918/94 (referente à fiscalização de bebidas); a Lei n. 9.832/99 (que veda o emprego de liga de chumbo e estanho em embalagens para acondicionamento de produtos alimentícios); a Lei n. 10.273/2001 (a qual impede o emprego de bromato de potássio na fabricação de produtos de panificação).

4. TIPO SUBJETIVO

O crime somente é punido na forma dolosa[89], exigindo-se a consciência e a vontade de concretizar os elementos objetivos do tipo (deve haver **dolo de perigo**).

É mister, ainda, que detenha o agente a ciência da natureza da substância empregada (sob pena de haver erro de tipo – art. 20, *caput*, do CP) e que saiba constituir-se em produto prejudicial à saúde ou proibido expressamente pela legislação sanitária (caso contrário incorrerá em erro de proibição – art. 21 do CP).

5. SUJEITOS DO CRIME

5.1. Sujeito ativo

O crime é **comum**, razão pela qual qualquer pessoa pode figurar como sujeito ativo.

5.2. Sujeito passivo

O sujeito passivo é a coletividade e, ademais, os titulares dos interesses (vida ou saúde) expostos a perigo em face do consumo dos produtos nos

---

[89] "Se a presença do ácido benzoico no refrigerante preparado pelo acusado se deve à mistura resultante do emprego do benzoato de sódio aos sucos cítricos, sem qualquer intenção dolosa daquele, não se caracteriza o delito do art. 274 do CP" (TACrSP, *RT* 295/329).

quais foram empregadas as substâncias não permitidas expressamente pela legislação sanitária.

6. CONSUMAÇÃO E TENTATIVA

6.1. Consumação

O momento consumativo, muito embora o tipo penal seja construído de modo a prescindir do perigo concreto, dá-se com a produção da nocividade negativa ou positiva (isto é, **a *possibilidade* de reduzir os valores nutritivos do produto destinado ao consumo ou de torná-lo prejudicial à saúde humana**[90]), pericialmente comprovada, decorrente do emprego da substância não permitida expressamente pela legislação sanitária.

A demonstração do risco faz-se necessária para se aferir a real objetividade jurídica da conduta, de modo a não considerar delito contra a saúde pública um ato lesivo às relações de consumo, ou, ainda, uma infração puramente administrativa.

Lembre-se, nesse sentido, que o art. 2º, III, da Lei n. 1.521/51, define o crime contra a economia popular consistente em vender ou expor à venda mercadoria ou produto alimentício cujo fabrico tenha sido realizado em desacordo com determinações oficiais quanto ao peso ou composição.

Assim, parece-nos adequado considerar o presente dispositivo como infração de **perigo concreto**[91].

6.2. Tentativa

A tentativa se mostra possível, uma vez que a infração penal é plurissubsistente.

---

[90] Com esta exigência, ficam bem próximas as figuras típicas dos arts. 272 e 274 do CP. O fator de discrímen, com as alterações decorrentes da "Lei dos Remédios", há de ser o *critério da especialidade*. Assim, quando se tratar de corrupção, adulteração, falsificação ou alteração de substância alimentícia, tornando-a nociva à saúde ou reduzindo seu valor nutritivo, ter-se-á o delito grave previsto no art. 272; quando a conduta for praticada mediante o emprego de revestimento, corante, substância aromática etc., não permitida expressamente na legislação sanitária, ocorrerá o *crimen* do art. 274.

[91] No mesmo sentido: Rogério Greco, *Curso de direito penal*, v. 4, p. 149. Predomina, contudo, o entendimento de que se trata de infração de perigo abstrato ou presumido; confira-se: "O delito previsto no art. 274 do CP é crime de perigo, presumido pela lei, de onde concluir-se que é dispensável qualquer dano advindo da ação incriminada" (*JTACrSP* 80/419). É a posição, por exemplo, de Guilherme Nucci (*Código Penal comentado*, p. 986).

7. FORMAS AGRAVADAS DE CRIME DE PERIGO COMUM (ART. 258)

O art. 258 do CP estabelece, aos delitos dolosos de perigo comum, nos quais se incluiu o art. 274 do CP, um aumento da pena privativa de liberdade, na fração de metade, se do ato resulta lesão corporal grave, e a elevação ao dobro, se resulta morte.

8. CLASSIFICAÇÃO JURÍDICA

O crime é *comissivo*, *doloso* (ou preterdoloso, na figura agravada prevista no art. 258 do CP), *de ação ou forma vinculada* (só pode ser praticada mediante os meios executivos mencionados na disposição, complementada pela legislação sanitária), *comum* (qualquer pessoa pode praticá-lo), *monossubjetivo ou de concurso eventual* (pode ser cometido por um agente ou vários, em concurso), *de mera conduta ou simples atividade* (o preceito primário limita-se a descrever um *facere*, sem aludir a qualquer resultado naturalístico), *de perigo concreto ou real* (já que a demonstração do risco deve ser exigida para aferir a verdadeira objetividade jurídica da conduta), *instantâneo de efeitos permanentes* (a consumação se produz imediatamente, mas seus efeitos lesivos podem se prolongar no tempo) e *plurissubsistente* (o *iter criminis* é fracionável).

9. PENA E AÇÃO PENAL

A pena cominada é de reclusão, de um a cinco anos, e multa. O fato não constitui infração de menor potencial ofensivo, embora admita a suspensão condicional do processo (art. 89 da Lei n. 9.099/95).

O procedimento a ser adotado será o comum ordinário (CPP, arts. 395 a 405).

A ação penal é de iniciativa pública incondicionada.

ART. 275 – INVÓLUCRO OU RECIPIENTE COM FALSA INDICAÇÃO

1. DISPOSITIVO LEGAL

Invólucro ou recipiente com falsa indicação

Art. 275. Inculcar, em invólucro ou recipiente de produtos alimentícios, terapêuticos ou medicinais, a existência de substância que não se encontra em seu conteúdo ou que nele existe em quantidade menor que a mencionada:

Pena – reclusão, de 1 (um) a 5 (cinco) anos, e multa.

2. VALOR PROTEGIDO (OBJETIVIDADE JURÍDICA)

O valor protegido na norma penal é a saúde pública, ou seja, o bem-estar orgânico e psíquico.

Justamente por essa razão, o delito somente existirá quando o ato praticado, **além de representar um engano ao consumidor,** tiver o **potencial de prejudicar sua saúde**[92].

3. TIPO OBJETIVO

A conduta típica traduz-se no ato de *inculcar*, isto é, apontar, citar, indicar, inserindo em invólucro ou recipiente de produtos alimentícios, terapêuticos ou medicinais, a existência de substância que não se encontra efetivamente em seu conteúdo ou que nele existe em quantidade inferior à mencionada.

O cerne da infração reside em **criar a ilusão em um número indeterminado de pessoas** (mediante proceder fraudulento) de se estar alimentando ou medicando, **sem que efetivamente se esteja consumindo os nutrientes esperados ou obtendo os benefícios terapêuticos almejados** e, com isso, gerando o prejuízo à saúde dos potenciais consumidores.

O *objeto material* é o produto alimentício ou medicinal. Produto significa qualquer objeto produzido ou fabricado; será **alimentício** quando voltado à nutrição humana (seja sólido ou líquido) e **terapêutico ou medicinal,** quando destinado a aliviar, tratar ou curar de pessoas enfermas.

Como já se adiantou, é preciso que a informação falsamente inserida no recipiente (o objeto que contém ou acondiciona) ou invólucro (aquilo que cobre, embrulha, reveste o produto) refira-se a substância benéfica à saúde humana, de modo que sua efetiva ausência ou inserção em quantidade menor do que a anunciada possa trazer algum comprometimento (direto ou indireto) ao bem-estar das pessoas.

4. TIPO SUBJETIVO

O fato é previsto exclusivamente na forma **dolosa,** o que implica em exigir a consciência e a vontade de concretizar os elementos objetivos do tipo. A conduta pressupõe dolo de perigo.

A figura culposa não tem previsão legal (CP, art. 18, parágrafo único)[93].

---

[92] No sentido em que sustentamos: "É indispensável à configuração do delito do art. 275 do CP a existência de perigo à saúde pública. Como vem decidindo este egrégio Tribunal, 'o simples fato de alguém, utilizando-se de vasilhame de uísque estrangeiro, colocar em seu interior uísque nacional, a fim de vendê-lo como produto alienígena, não basta à tipificação do crime, desde que não possua substância nociva à saúde'" (*JTACrSP* 78/250).

[93] Nunca é demais lembrar que a culpa é elemento normativo e não subjetivo do tipo.

5. SUJEITOS DO CRIME

5.1. Sujeito ativo

A infração penal insculpida no art. 275 do CP constitui **crime comum**, embora normalmente seja praticada por empresários e seus empregados.

5.2. Sujeito passivo

O sujeito passivo é a coletividade, juntamente com os titulares dos interesses (vida ou saúde) expostos a perigo em face do consumo dos produtos em cujo recipiente ou invólucro foi inserida a informação falsa.

6. CONSUMAÇÃO E TENTATIVA

6.1. Consumação

O tipo penal limita-se a descrever um comportamento positivo, de modo que a realização integral do tipo dá-se com a **inserção da informação falsa**, relativa a substância capaz de interferir no bem-estar orgânico ou psíquico dos consumidores (é necessário que o produto já tenha sido acondicionado no invólucro ou recipiente, não bastando a mera confecção destes)[94].

Calha aqui a mesma advertência feita quando do estudo do art. 274 do CP, ou seja, muito embora o tipo penal dispense a demonstração do risco efetivo à saúde pública, parece-nos que esta constatação é necessária para se aferir a verdadeira objetividade jurídica da conduta, de modo a não considerar delito contra a saúde pública um ato puramente lesivo às relações de consumo, ou, ainda, uma infração puramente administrativa.

6.2. Tentativa

A tentativa se mostra possível, uma vez que a infração penal é plurissubsistente. Pode o empresário, por exemplo, imprimir os invólucros com as indicações inverídicas, mas não chegar a utilizá-los em virtude de apreensão efetuada pela fiscalização sanitária.

7. FORMAS AGRAVADAS DE CRIME DE PERIGO COMUM (ART. 258)

De acordo com o art. 258 do CP, aos delitos dolosos de perigo comum incide uma causa de aumento da pena privativa de liberdade, na fração de metade, se do ato resulta **lesão corporal grave**, e a elevação ao dobro, se resulta **morte**. Trata-se de delitos preterdolosos.

---

[94] Segundo Rogério Greco, a consumação somente se dará quando o produto houver sido colocado à disposição do público (*Curso de direito penal*, v. 4, p. 155).

8. CLASSIFICAÇÃO JURÍDICA

O crime é *comissivo, doloso* (ou **preterdoloso**, na figura agravada prevista no art. 258 do CP), *de ação ou forma vinculada* (só admite os meios executivos mencionados na disposição), *comum* (qualquer pessoa pode praticá-lo), *monossubjetivo ou de concurso eventual* (pode ser cometido por um agente ou vários, em concurso), *de mera conduta ou simples atividade* (o preceito primário limita-se a descrever um *facere*, sem aludir a qualquer resultado naturalístico[95]), *de perigo concreto ou real* (já que a demonstração do risco deve ser exigida para aferir a verdadeira objetividade jurídica da conduta), *instantâneo de efeitos permanentes* (a consumação se produz imediatamente, mas seus efeitos lesivos podem se prolongar no tempo) e *plurissubsistente* (o *iter criminis* é fracionável).

9. PENA E AÇÃO PENAL

A pena cominada é de reclusão, de um a cinco anos, e multa. O fato não constitui infração de menor potencial ofensivo, embora admita a suspensão condicional do processo (art. 89 da Lei n. 9.099, de 1995).

O procedimento a ser adotado será o comum ordinário (CPP, arts. 395 a 405).

A ação penal é de iniciativa **pública incondicionada.**

ART. 276 - PRODUTO OU SUBSTÂNCIA NAS CONDIÇÕES DOS DOIS ARTIGOS ANTERIORES

1. DISPOSITIVO LEGAL

Produto ou substância nas condições dos dois artigos anteriores

Art. 276. Vender, expor à venda, ter em depósito para vender ou, de qualquer forma, entregar a consumo produto nas condições dos arts. 274 e 275:

Pena – reclusão, de 1 (um) a 5 (cinco) anos, e multa.

---

[95] Para Guilherme Nucci, cuida-se de crime formal, pois não exige para sua consumação resultado naturalístico, consistente em gerar dano efetivo a alguém (op. cit., p. 987). A ponderação do eminente professor nos parece correta, no sentido de que a consumação independe da produção de lesão efetiva à saúde das pessoas, até porque se trata de infração de perigo. Ocorre, todavia, que o dispositivo legal não menciona qualquer resultado naturalístico, ou seja, não alude a qualquer modificação no mundo exterior provocada pela conduta, característica que o torna, em nosso sentir, delito de mera conduta. Nunca é demais lembrar que os crimes formais (ou de consumação antecipada) são aqueles em que a norma descreve uma conduta e um resultado, mas não o exige para efeito de consumação, contentando-se com a primeira (dirigida ao último).

2. VALOR PROTEGIDO (OBJETIVIDADE JURÍDICA)

O dispositivo legal abarca em sua esfera de proteção a **saúde pública**, vale dizer, o **bem-estar** orgânico e psíquico das pessoas indeterminadamente consideradas.

3. TIPO OBJETIVO

Os comportamentos nucleares são: a) *vender*: transferir ou alienar a propriedade a título oneroso; b) *expor à venda*: exibir o produto a fim de que seja adquirido onerosamente por terceiros; c) *ter em depósito para vender*: manter guardado em depósito, manter o bem armazenado em algum local; d) *entregar a consumo*: ceder a outrem, de qualquer forma, a fim de que consuma o produto. Cuida-se de *tipo misto alternativo*.

Os objetos materiais são os **produtos mencionados nos arts. 274 e 275 do CP**, a saber:

a) o produto destinado a consumo no qual houve o emprego de revestimento (envoltório integrante do produto ou aquele utilizado para seu acondicionamento, como o revestimento de um bolo ou a caixa utilizada para armazená-lo), gaseificação artificial (processo que visa a dissolver gases), matéria corante (aquela destinada a dar cor, destacando-se que são permitidos os corantes naturais e, como regra, vedados os artificiais), substância aromática (que busca dar aroma ou sabor ao produto), antisséptica (aquela cujo escopo é retardar ou evitar a fermentação da matéria orgânica), conservadora (destinada a prolongar a duração ou validade) ou qualquer outra não expressamente permitida pela legislação sanitária (art. 274);

b) produto alimentício, terapêutico ou medicinal em cujo recipiente (o objeto que contém ou acondiciona) ou invólucro (aquilo que cobre, embrulha, reveste o produto) se haja inculcado (inserido, anotado) substância (benéfica à saúde humana), que não se encontra efetivamente em seu conteúdo ou que nele existe em quantidade inferior à mencionada (art. 275).

Em nosso sentir, conforme dissemos por ocasião do estudo dos artigos precedentes, é de se exigir que as condutas típicas neles previstas tragam **perigo concreto** à saúde pública (não se trata, insista-se, de exigir dano efetivo, mas risco potencial, pericialmente comprovado), sob pena de se verem configurados crimes contra as relações de consumo ou infrações meramente administrativas. Essa característica, por óbvio, reflete-se no art. 276, que nada mais é senão um prolongamento do *iter criminis* dos dois dispositivos antes dele previstos no Código[96].

---

[96] "O art. 276, como adverte a sua própria rubrica, é um complemento dos arts. 274 e 275" (Nelson Hungria, op. cit., v. IX, p. 121).

4. TIPO SUBJETIVO

A infração penal tem previsão legal somente a título de **dolo**, exigindo-se, portanto, a consciência e a vontade de concretizar os elementos objetivos do tipo. O dolo deve abranger o conhecimento acerca da irregularidade da substância, isto é, requer a ciência de que se trata de produtos elaborados nas condições mencionadas nos arts. 274 e 275 do CP; caso contrário, dar-se-á o erro sobre os elementos constitutivos do tipo (art. 20, *caput*, do CP).

Não há previsão acerca do elemento normativo traduzido na forma culposa (CP, art. 18, parágrafo único).

5. SUJEITOS DO CRIME

5.1. Sujeito ativo

O legislador não exige nenhuma qualidade ou condição especial por parte do sujeito ativo, de modo que se trata de **crime comum**. De regra, o fato será praticado por empresários e seus empregados, do mesmo modo como se dá nos dispositivos legais em que se fundam seus objetos materiais.

Se o autor da conduta for o mesmo que realizou os delitos antecedentes, ou seja, se aquele que vender o produto, por exemplo, for a mesma pessoa que empregou a substância não autorizada expressamente pela legislação sanitária (art. 274) ou inculcou no invólucro substância inexistente na composição do produto (art. 275), haverá **crime único**. Aplicar-se-á o princípio da consunção, de modo que o sujeito **responderá somente pelo crime-fim (art. 276)**, ficando absorvido o delito-meio (arts. 274 e 275).

5.2. Sujeito passivo

O sujeito passivo é a coletividade, e, além destes, os titulares dos interesses (vida ou saúde) potencialmente atingidos pela venda, exposição à venda etc. dos produtos ilegais referidos no tipo.

6. CONSUMAÇÃO E TENTATIVA

6.1. Consumação

O *summatum opus* ocorre quando o agente realiza o comportamento descrito no tipo; significa dizer que se trata de **delito de mera conduta ou simples atividade**. Não se pode prescindir, contudo, da **lesividade à saúde humana**, que já deve ter sido constatada em face do ato precedente (caso contrário existirá infração penal contra as relações de consumo ou ilícito puramente administrativo).

6.2. Tentativa

Admite-se a forma tentada, porquanto o tipo penal, muito embora consubstancie infração de mera conduta, cuida-se de **delito plurissubsistente**. Imagine-se que um empresário, tendo conhecimento da origem espúria do produto, adquira-o do fabricante, visando a revendê-lo, mas seja surpreendido pela Polícia antes de receber os bens.

7. FORMAS AGRAVADAS DE CRIME DE PERIGO COMUM (ART. 258)

Aplicam-se, em tese, ao art. 276 as causas de aumento de pena previstas no art. 258. Assim, incidirá a pena privativa de liberdade, que será elevada de metade, se do ato resulta **lesão corporal grave**, e ao dobro, se houver **morte** (pouco importa o número de pessoas cuja saúde ou vida foram efetivamente atingidas, visto que se cuida de crime contra a incolumidade pública).

Trata-se de delitos **preterdolosos**.

8. CLASSIFICAÇÃO JURÍDICA

O crime é *comissivo, doloso* (ou **preterdoloso**, na figura agravada prevista no art. 258 do CP), *de ação ou forma vinculada* (só admite os meios executivos mencionados na disposição), *comum* (qualquer pessoa pode praticá-lo), *monossubjetivo ou de concurso eventual* (pode ser cometido por um agente ou vários, em concurso), *de mera conduta ou simples atividade* (o preceito primário limita-se a descrever um *facere*, sem aludir a qualquer resultado naturalístico[97]), *de perigo concreto ou real* (já que a demonstração do risco deve ser exigida para aferir a verdadeira objetividade jurídica da conduta), *instantâneo de efeitos permanentes* (a consumação se produz imediatamente, mas seus efeitos lesivos podem se prolongar no tempo; **salvo nas modalidades "expor à venda" e "ter em depósito para vender"**) e *plurissubsistente* (o *iter criminis* é fracionável).

---

[97] Segundo Guilherme Nucci, estamos diante de um crime formal, pois não exige para sua consumação resultado naturalístico, consistente em gerar dano efetivo a alguém (op. cit., p. 988). A ponderação do eminente professor nos parece correta, no sentido de que a consumação independe da produção de lesão efetiva à saúde das pessoas, até porque se trata de infração de perigo. Ocorre, todavia, que o dispositivo legal não menciona qualquer resultado naturalístico, ou seja, não alude a qualquer modificação no mundo exterior provocada pela conduta, característica que o torna, em nosso sentir, delito de mera conduta. Nunca é demais lembrar que os crimes formais (ou de consumação antecipada) são aqueles em que a norma descreve uma conduta e um resultado, mas não o exige para efeito de consumação, contentando-se com a primeira (dirigida ao último).

9. PENA E AÇÃO PENAL

A conduta é punida com reclusão, de um a cinco anos, e multa. É cabível a suspensão condicional do processo (art. 89 da Lei n. 9.099/95). Quanto ao procedimento a ser adotado, será o comum ordinário (CPP, arts. 395 a 405).

A ação penal é de iniciativa **pública incondicionada.**

ART. 277 – SUBSTÂNCIA DESTINADA À FALSIFICAÇÃO

1. DISPOSITIVO LEGAL

Substância destinada à falsificação

Art. 277. Vender, expor à venda, ter em depósito ou ceder substância destinada à falsificação de produtos alimentícios, terapêuticos ou medicinais:

Pena – reclusão, de 1 (um) a 5 (cinco) anos, e multa.

2. VALOR PROTEGIDO (OBJETIVIDADE JURÍDICA)

O escopo de proteção da norma, como nas demais infrações contidas no Capítulo III do Título VIII da Parte Especial, é a **saúde pública,** ou seja, o **bem-estar** orgânico e psíquico de um número indeterminado de pessoas.

3. TIPO OBJETIVO

Os comportamentos nucleares são: a) *vender*: transferir a propriedade a título oneroso; b) *expor à venda*: exibir o produto a fim de que seja adquirido onerosamente por terceiros; c) *ter em depósito*: manter o bem armazenado em algum local; d) *ceder*: entregar a outrem, de qualquer forma; transferir a alguém; colocar à disposição de alguma pessoa.

Trata-se de **tipo misto alternativo,** de modo que o cometimento de mais de uma das ações configurará crime único, conquanto seja uma consequência da outra.

O *objeto material* consiste em substância destinada à falsificação de produtos alimentícios, terapêuticos ou medicinais. Conforme acentuamos no contexto dos dispositivos legais anteriores, produto é o bem resultante de produção ou fabricação. O **alimentício** é aquele destinado à nutrição das pessoas (sólido ou líquido); o **terapêutico ou medicinal** é o dirigido a aliviar, tratar ou curar de pessoas enfermas.

O legislador incrimina, como *delito autônomo,* **atos preparatórios das infrações previstas nos arts. 272 e 273. Há, de outro lado, uma exceção pluralista à teoria monista ou unitária;** isto porque o agente que vende substância destinada à falsificação do produto alimentício etc., ainda que o faça tendo ciência de que o comprador a utilizará para falsificar o produto, não será partícipe dos delitos tipificados nos arts. 272 e 273, mas autor daquele previsto no art. 277 (sujeitando-se, destarte, a uma pena menos rigorosa).

A **substância** empregada pode ser **lícita** ou **ilícita**. É preciso, contudo, que seja especificamente **destinada a falsear o produto, dando àquilo que é enganoso aparência verdadeira ou legítima** e, ademais disso, **que sua utilização possa trazer**, de algum modo, **nocividade (positiva ou negativa) ao produto**, condição indispensável para se configurar crime contra a saúde pública, em vez de delito contra as relações de consumo (Lei n. 8.078/90, arts. 61 a 74, e Lei n. 8.137/90, art. 7º).

4. TIPO SUBJETIVO

A infração somente é punida criminalmente quando houver **dolo**, o que demanda a existência de consciência e vontade de concretizar os elementos objetivos do tipo. Inexiste forma culposa (CP, art. 18, parágrafo único)[98].

5. SUJEITOS DO CRIME

5.1. Sujeito ativo

O fato pode ser praticado por qualquer pessoa (**crime comum**), embora normalmente o seja por parte de algum empresário e de seus funcionários.

5.2. Sujeito passivo

Quem figura como vítima (sujeito passivo primário ou eventual) é a coletividade, juntamente com os titulares dos interesses (vida ou saúde) expostos a risco.

6. CONSUMAÇÃO E TENTATIVA

6.1. Consumação

O *summatum opus* ocorre com a realização da conduta descrita no tipo, o qual não alude a qualquer resultado naturalístico. Trata-se, portanto, de **delito de mera conduta**.

---

[98] Recorde-se que a culpa constitui elemento normativo do tipo.

6.2. Tentativa

Mostra-se cabível a tentativa, em que pese não ser fácil sua configuração. Imagine-se, por exemplo, o empresário que dá início ao processo de fabricação de uma substância cuja finalidade é ser utilizada para falsificar produto alimentício, terapêutico ou medicinal, sendo surpreendido pela fiscalização sanitária.

7. FORMAS AGRAVADAS DE CRIME DE PERIGO COMUM (ART. 258)

As causas de aumento de pena especificamente aplicáveis ao art. 277 são aquelas previstas no art. 258 do CP, isto é, haverá elevação de metade, se do ato resultar **lesão corporal grave**, e ao dobro, se sobrevier **morte**. Trata-se de delitos preterdolosos, sendo indispensável que o evento agravador seja previsível.

8. CLASSIFICAÇÃO JURÍDICA

O crime é *comissivo, doloso* (ou **preterdoloso,** quando combinado com o art. 258 do CP), *de ação ou forma livre* (admite qualquer meio executivo), *comum* (não exige qualquer condição ou qualidade especial do sujeito ativo), *monossubjetivo ou de concurso eventual* (pode ser cometido por uma pessoa ou várias, em concurso – art. 29 do CP), *de mera conduta ou simples atividade* (o tipo penal não descreve resultado naturalístico algum[99]), *de perigo abstrato ou presumido* (pois o risco não é elementar, embora seja necessário aferir se a substância tinha o condão, ao menos em tese, de trazer nocividade à saúde humana), *instantâneo* (a consumação se produz imediatamente; **salvo nas modalidades "ter em depósito" e "expor à venda"**, em que a conduta se protrai no tempo) e *plurissubsistente* (o *iter criminis* é fracionável).

9. PENA E AÇÃO PENAL

O preceito secundário comina pena de reclusão, de um a cinco anos, e multa. Admite-se a suspensão condicional do processo (art. 89 da Lei n. 9.099/95), salvo na forma agravada (CP, art. 258).

O rito a ser adotado será o comum ordinário (CPP, arts. 395 a 405).

A ação penal é de iniciativa **pública incondicionada.**

---

[99] Para Guilherme Nucci, trata-se de crime formal, porquanto não exige para sua consumação resultado naturalístico, consistente em gerar dano efetivo a alguém (op. cit., p. 990).

ART. 278 - OUTRAS SUBSTÂNCIAS NOCIVAS À SAÚDE PÚBLICA

1. DISPOSITIVO LEGAL

Outras substâncias nocivas à saúde pública

Art. 278. Fabricar, vender, expor à venda, ter em depósito para vender ou, de qualquer forma, entregar a consumo coisa ou substância nociva à saúde, ainda que não destinada à alimentação ou a fim medicinal:

Pena – detenção, de 1 (um) a 3 (três) anos, e multa.

Modalidade culposa

Parágrafo único. Se o crime é culposo:

Pena – detenção, de 2 (dois) meses a 1 (um) ano.

2. VALOR PROTEGIDO (OBJETIVIDADE JURÍDICA)

O dispositivo legal contido no art. 278 do CP visa a tutelar a **saúde pública**, incriminando atos semelhantes aos três dispositivos que o antecedem, porém abarcando qualquer outra coisa ou substância prejudicial ao **bem-estar** orgânico e psíquico do homem, seja ou não destinada à alimentação ou a fins medicinais.

3. TIPO OBJETIVO

O crime em estudo foi construído com o escopo de **abranger eventual lacuna deixada pelos demais**, de modo a compreender **qualquer tipo de produto ou substância nociva à saúde.**

O **tipo penal é misto alternativo**, já que contém diversas ações em seu núcleo, de modo que o cometimento de mais de uma delas não enseja concurso de crimes, mas delito único, desde que, obviamente, seja uma consequência de outra, enfeixando elas o mesmo *iter criminis*.

Os verbos são: a) *vender*: transferir a propriedade a título oneroso; b) *expor à venda*: exibir o produto a fim de que seja adquirido onerosamente por terceiros; c) *ter em depósito*: manter o bem armazenado em algum local; d) *ceder*: entregar a outrem, de qualquer forma; transferir a alguém; colocar a disposição de alguma pessoa.

O *objeto material* é a coisa (qualquer bem corpóreo) ou substância **nociva à saúde, ainda que não dirigida à alimentação humana ou a fins medicinais.** É necessário que não se trate de substâncias falsificadas, corrompidas, adulteradas ou alteradas, caso contrário configurar-se-ão os arts. 272,

§ 1º-A, ou 273, § 1º, do CP[100] (a relação entre as figuras penais, neste aspecto, é de gênero – art. 277 – e espécies – arts. 272 e 273).

O crime é de **perigo concreto ou real**, posto que este figura como elementar da norma.

4. TIPO SUBJETIVO

O fato é apenado tanto na forma **dolosa** (elemento subjetivo do tipo) quanto **culposa** (elemento normativo).

A conduta dolosa pressupõe, como de ordinário, consciência e vontade de concretizar os elementos objetivos do tipo. Deve haver dolo de perigo. O desconhecimento acerca da nocividade do objeto empregado pode acarretar erro de tipo (CP, art. 20, *caput*).

5. SUJEITOS DO CRIME

5.1. Sujeito ativo

O crime é **comum**, pois a lei não exige qualquer qualidade ou condição especial do sujeito ativo.

5.2. Sujeito passivo

É a coletividade e as pessoas cujos interesses (vida ou saúde) forem expostos a risco.

6. CONSUMAÇÃO E TENTATIVA

6.1. Consumação

O *summatum opus* ocorre com a **produção do perigo concreto**, decorrente da realização da conduta descrita no tipo.

6.2. Tentativa

O *iter criminis* comporta fracionamento, razão pela qual se mostra possível o *conatus proximus*.

---

[100] Em que pese referido dispositivo não incluir o verbo "fabricar" dentre seus núcleos, a moldura abrangente do tipo legal abarcará atos praticados pelo fabricante, o qual, depois de manufaturar um produto terapêutico ou medicinal nocivo à saúde, por óbvio não irá consumi-lo, mas sim vendê-lo, distribuí-lo, entregá-lo a consumo...

7. MODALIDADE CULPOSA (PARÁGRAFO ÚNICO)

O legislador previu a forma culposa. Há que se ter em mente, todavia, que algumas condutas típicas são incompatíveis com tal modalidade, como é o caso dos atos de vender, expor à venda e ter em depósito para a venda. Isto porque a ideia de vender pressupõe intenção de transferir a propriedade a título oneroso, ou seja, cuida-se de um ato proposital (doloso). Ninguém vende etc. por imprudência, negligência ou imperícia. Essa constatação, entretanto, não conduz à desnecessidade ou inutilidade da previsão legal. Isto porque, graças ao parágrafo único, torna-se possível imaginar nesses casos a figura do **erro de tipo inescusável** (CP, art. 20, *caput*, parte final).

Explica-se: dá-se o erro de tipo quando alguém realiza um comportamento desconhecendo (ou seja, insciente) a presença de alguma situação concreta que configura elementar (ou circunstância) do tipo penal. Vale dizer, o sujeito forma uma imagem mental diversa da cena real (não capta, portanto, com perfeição a realidade ao seu redor). Pode ocorrer, então, de um comerciante vender substância nociva à saúde, desconhecendo o malefício que o objeto pode trazer ao bem-estar das pessoas. Caracteriza-se o erro de tipo, que, neste caso, afasta por completo o dolo, **mas permite a punição da conduta a título de culpa, quando houver previsão legal.** Considerando que no art. 278 do CP previu-se tal modalidade, responderá o agente pelo delito culposo, quando o erro em que incorreu for inescusável (também chamado de vencível ou evitável), isto é, quando se cuidar de um equívoco que uma pessoa de mediana prudência e discernimento teria percebido (no caso, quando a nocividade do objeto material não notada pelo agente pudesse ser detectada com diligência e atenção ordinárias).

8. FORMAS AGRAVADAS DE CRIME DE PERIGO COMUM (ART. 258)

Têm aplicação ao presente *crimen* as causas de aumento de pena contidas no art. 258 do CP (por determinação do art. 285), a saber: "Se do crime doloso de perigo comum resulta lesão corporal de natureza grave, a pena privativa de liberdade é aumentada de metade; se resulta morte, é aplicada em dobro. No caso de culpa, se do fato resulta **lesão corporal**, a pena aumenta-se de metade; se resulta **morte**, aplica-se a pena cominada ao homicídio culposo, aumentada de um terço".

9. CLASSIFICAÇÃO JURÍDICA

O crime é *comissivo* (e, como todo delito dessa natureza, admite a forma comissiva imprópria, desde que presente o dever jurídico de agir para evitar o resultado – art. 13, § 2º, do CP), *doloso* (no *caput*), *culposo* (no parágrafo único) *ou preterdoloso* (quando combinado com o art. 258 do CP), *de ação ou forma livre* (admite qualquer meio executivo), *comum* (pode ser cometido por qualquer pessoa), *monossubjetivo ou de concurso eventual* (admite execução individual ou concurso de pessoas), *de perigo concreto ou real* (pois o risco figura como elementar do tipo), *instantâneo* (a consumação se produz imediatamente; **salvo nas modalidades "expor à venda" e "ter em depósito para vender"**) e *plurissubsistente* (o *iter criminis* é fracionável).

10. PENA E AÇÃO PENAL

A pena imposta é de detenção, de um a três anos, e multa. Admite-se a suspensão condicional do processo (art. 89 da Lei n. 9.099/95), salvo na forma agravada (CP, art. 258).

Se o crime for culposo, a sanção será de dois meses a um ano de detenção (infração de menor potencial ofensivo).

O rito a ser adotado será o comum sumário (CPP, arts. 395 a 399 e 531 a 536), quando doloso o crime, e sumaríssimo, se culposo.

A ação penal é de iniciativa **pública incondicionada**.

ART. 279 – SUBSTÂNCIA AVARIADA

1. DISPOSITIVO LEGAL

Art. 279. (*Revogado pela Lei n. 8.137, de 27-12-1990*).

"Art. 279. Vender, ter em depósito para vender ou expor à venda ou, de qualquer forma, entregar a consumo substância alimentícia ou medicinal avariada:

Pena – detenção, de 1 (um) a 3 (três) anos, ou multa".

2. REVOGAÇÃO

O tipo penal foi expressamente **revogado** pela Lei n. 8.137/90 (art. 23). Manteve-se, contudo, o caráter criminoso do fato, pois o comportamento persistiu incriminado, sem qualquer solução de continuidade (*vide*, *infra*, o inciso IX do art. 7º da lei referida). A revogação da norma, portanto, não produziu *abolitio criminis* (CP, arts. 2º e 107, III).

De acordo com a Lei n. 8.137, constitui crime contra as relações de consumo (art. 7º):

"I – favorecer ou preferir, sem justa causa, comprador ou freguês, ressalvados os sistemas de entrega ao consumo por intermédio de distribuidores ou revendedores;

II – vender ou expor à venda mercadoria cuja embalagem, tipo, especificação, peso ou composição esteja em desacordo com as prescrições legais, ou que não corresponda à respectiva classificação oficial;

III – misturar gêneros e mercadorias de espécies diferentes, para vendê-los ou expô-los à venda como puros; misturar gêneros e mercadorias de qualidades desiguais para vendê-los ou expô-los à venda por preço estabelecido para os demais mais alto custo;

IV – fraudar preços por meio de:

a) alteração, sem modificação essencial ou de qualidade, de elementos tais como denominação, sinal externo, marca, embalagem, especificação técnica, descrição, volume, peso, pintura ou acabamento de bem ou serviço;

b) divisão em partes de bem ou serviço, habitualmente oferecido à venda em conjunto;

c) junção de bens ou serviços, comumente oferecidos à venda em separado;

d) aviso de inclusão de insumo não empregado na produção do bem ou na prestação dos serviços;

V – elevar o valor cobrado nas vendas a prazo de bens ou serviços, mediante a exigência de comissão ou de taxa de juros ilegais;

VI – sonegar insumos ou bens, recusando-se a vendê-los a quem pretenda comprá-los nas condições publicamente ofertadas, ou retê-los para o fim de especulação;

VII – induzir o consumidor ou usuário a erro, por via de indicação ou afirmação falsa ou enganosa sobre a natureza, qualidade do bem ou serviço, utilizando-se de qualquer meio, inclusive a veiculação ou divulgação publicitária;

VIII – destruir, inutilizar ou danificar matéria-prima ou mercadoria, com o fim de provocar alta de preço, em proveito próprio ou de terceiros;

IX – vender, ter em depósito para vender ou expor à venda ou, de qualquer forma, entregar matéria-prima ou mercadoria, em condições impróprias ao consumo".

A pena cominada é de detenção, de dois a cinco anos, ou multa. Nas hipóteses dos incisos II, III e IX pune-se a modalidade culposa, reduzindo-se a pena e a detenção de 1/3 (um terço) ou a de multa à quinta parte.

ART. 280 – MEDICAMENTO EM DESACORDO COM RECEITA MÉDICA

1. DISPOSITIVO LEGAL

Medicamento em desacordo com receita médica

Art. 280. Fornecer substância medicinal em desacordo com receita médica:

Pena – detenção, de um a três anos, ou multa.

Modalidade culposa

Parágrafo único. Se o crime é culposo:

Pena – detenção, de 2 (dois) meses a 1 (um) ano.

2. VALOR PROTEGIDO (OBJETIVIDADE JURÍDICA)

O objeto jurídico desta infração consubstancia-se na proteção do **bem-estar** orgânico e psíquico da coletividade, ou seja, na **saúde pública**. Não se olvide, ainda, da natureza pluriobjetiva dos delitos contra a incolumidade pública, que, num grau indireto, visam à tutela dos **interesses individuais** (vida ou saúde) das pessoas potencialmente expostas à situação de risco.

3. TIPO OBJETIVO

A ação típica funda-se no ato de **fornecer**, ou seja, entregar a alguém, de qualquer modo, a título gratuito ou oneroso, uma **substância medicinal** (aquela empregada para fins curativos ou terapêuticos, antissépticos ou anestésicos[101]), **sem receita médica**.

É preciso que o objeto material encontre-se em dissonância com a prescrição contida em receita médica. Trata-se de punir, por exemplo, o farmacêutico que entrega ao cliente substância diversa daquela indicada pelo médico. Anote-se, nesse aspecto, que, caso o farmacêutico depare-se com receita manifestamente incorreta, deve contatar o profissional que a prescreveu, para esclarecer eventuais problemas ou dúvidas detectados quando da avaliação (art. 75, § 1º, da Resolução da Diretoria Colegiada da ANVISA – RDC n. 44, de 17-8-2009), mas, em se tratando de situação urgente ou se não localizado o profissional prescritor, o farmacêutico pode corrigir a receita, acobertado pelo estado de necessidade, que é excludente de antijuricidade da conduta (art. 24 do CP).

A desconformidade da substância com a prescrição pode ter como base sua espécie, qualidade ou quantidade.

4. TIPO SUBJETIVO

A conduta prevista no art. 280 é incriminada na forma **dolosa** (elemento subjetivo), no *caput* da disposição, e **culposa** (elemento normativo).

---

[101] Definição baseada no Decreto n. 16.300/23. *Vide* Nelson Hungria, op. cit., v. IX, p. 109. O art. 4º, II, da Lei n. 5.991/73 define *medicamento* como "o produto farmacêutico, tecnicamente obtido ou elaborado, com finalidade profilática, curativa, paliativa ou para fins de diagnóstico".

A figura dolosa requer consciência e vontade de concretizar os dados objetivos do tipo, ou seja, o propósito deliberado ou o risco assumido de fornecer a substância medicinal divorciada da prescrição.

5. SUJEITOS DO CRIME

5.1. Sujeito ativo

O tipo penal, embora não o faça expressamente, exige qualidade especial do sujeito ativo, já que somente o profissional habilitado pode aviar receitar médicas (**crime próprio**). Nada impede a participação de terceiros que conscientemente concorram com a produção do resultado. A estes, a condição específica requerida se estenderá por força do art. 30 do CP[102].

5.2. Sujeito passivo

É a coletividade e as pessoas cujos interesses (vida ou saúde) forem expostos a risco.

6. CONSUMAÇÃO E TENTATIVA

6.1. Consumação

O fato atinge sua realização integral com a **entrega** da substância medicinal em desacordo com a prescrição. Cuida-se de delito de mera conduta.

6.2. Tentativa

Admite-se a forma tentada, pois a conduta é **plurissubsistente**. Imagine-se a situação em que o paciente encomenda o remédio e o estabelecimento, que o elaborou em desacordo com a receita médica, compromete-se a entregá-lo pelo correio, sendo a substância extraviada.

7. MODALIDADE CULPOSA (PARÁGRAFO ÚNICO)

O crime pode ser praticado na forma culposa. Para isso, far-se-á necessário: a) a elaboração da substância em desacordo com a receita médica;

---

[102] "O art. 280 trata de um *crime próprio*, isto é, que somente pode ser praticado por determinadas pessoas, em razão de sua qualidade" (Nelson Hungria, op. cit., v. IX, p. 125). Para Guilherme Nucci, contudo, cuida-se de delito comum, em razão do verbo nuclear "fornecer" (op. cit., p. 991).

b) que o fato decorre de imprudência, negligência ou imperícia; c) que a receita seja entregue ao ofendido.

Muito embora o legislador não tenha cominado alternativamente a pena de multa como o fez na figura dolosa, provocando injustificável distorção, a falha pode ser corrigida com o emprego da **multa vicariante ou substitutiva**, prevista no art. 44 do CP.

8. FORMAS AGRAVADAS DE CRIME DE PERIGO COMUM (ART. 258)

De acordo com o art. 258 do CP (combinado com o art. 285), "se do crime doloso de perigo comum resulta lesão corporal de natureza grave, a pena privativa de liberdade é aumentada de metade; se resulta morte, é aplicada em dobro. No caso de culpa, se do fato resulta lesão corporal, a pena aumenta-se de metade; se resulta morte, aplica-se a pena cominada ao homicídio culposo, aumentada de um terço".

9. CLASSIFICAÇÃO JURÍDICA

Cuida-se de crime *comissivo* (admitindo-se, como de ordinário, a forma comissiva imprópria, desde que presente o dever jurídico de agir para evitar o resultado – art. 13, § 2º, do CP), *doloso* (no *caput*), *culposo* (no parágrafo único) ou *preterdoloso* (quando combinado com o art. 258 do CP), *de ação ou forma livre* (a conduta pode ser realizada por qualquer meio executivo), *próprio* (somente pode ser cometido pelo profissional habilitado a aviar receitas), *monossubjetivo ou de concurso eventual* (admite execução individual ou concurso de pessoas), *de perigo abstrato ou presumido* (pois o risco não figura como elementar do tipo, sendo presumido pelo legislador), *instantâneo* (a consumação se produz imediatamente) e *plurissubsistente* (o *iter criminis* é fracionável).

10. PENA E AÇÃO PENAL

A pena imposta é de detenção, de um a três anos, e multa. Admite-se a suspensão condicional do processo (art. 89 da Lei n. 9.099/95), salvo na forma agravada (CP, art. 258).

Se o crime for culposo, a sanção será de dois meses a um ano de detenção (infração de menor potencial ofensivo).

O rito a ser adotado será o comum sumário (CPP, arts. 395 a 399 e 531 a 536), quando doloso o crime, e sumaríssimo, se culposo.

A ação penal é de iniciativa **pública incondicionada**.

ART. 281 - COMÉRCIO CLANDESTINO OU FACILITAÇÃO DE USO DE ENTORPECENTES

1. DISPOSITIVO LEGAL

Art. 281. (*Revogado pela Lei n. 6.368, de 21-10-1976*).

2. REVOGAÇÃO

O dispositivo legal punia o tráfico ilícito de entorpecentes e drogas afins e diversas condutas equiparadas. Atualmente, a legislação que cuida do assunto é a Lei n. 11.343, de 23-8-2006, que, por sua vez, revogou a antiga Lei de Tóxicos (Lei n. 6.368/76).

ART. 282 - EXERCÍCIO ILEGAL DA MEDICINA, ARTE DENTÁRIA OU FARMACÊUTICA

1. DISPOSITIVO LEGAL

Exercício ilegal da medicina, arte dentária ou farmacêutica

Art. 282. Exercer, ainda que a título gratuito, a profissão de médico, dentista ou farmacêutico, sem autorização legal ou excedendo-lhe os limites:

Pena – detenção, de 6 (seis) meses a 2 (dois) anos.

Parágrafo único. Se o crime é praticado com o fim de lucro, aplica-se também multa.

2. VALOR PROTEGIDO (OBJETIVIDADE JURÍDICA)

A norma volta-se à proteção da **saúde pública**, visando a colocar as pessoas a salvo do risco de serem tratadas por quem não possui qualificação técnica para o exercício da Medicina, da arte dentária ou farmacêutica.

3. TIPO OBJETIVO

3.1. Elementares

O crime ocorre quando o agente *exercer* as atividades previstas na disposição. O fato pressupõe que o sujeito realize um trabalho, dedique-se a uma atividade de maneira **estável**.

Pouco importa se o faz **remunerada** ou **gratuitamente** (se houver fim de lucro, aplica-se também a pena de multa); ainda que o dispositivo fale em "profissão", não há a necessidade de *animus lucrandi*. Como explicava Hungria, "o vocábulo 'profissão' é aqui empregado com o sentido de arte ou 'função' habitualmente praticada, e não como 'meio de vida' ou 'ganha-pão'"[103].

---

[103] Op. cit., v. IX, p. 145.

O verbo empregado ("exercer") faz supor que a conduta seja praticada de maneira **habitual**; significa que **um ato isolado será penalmente irrelevante**, somente advindo o delito se a atitude for repetida no tempo. Não fosse assim, poucos escapariam da sanção penal, pois, "de médico e louco todo mundo tem um pouco"[104].

Assim, por exemplo, se uma pessoa se faz passar por médico e, de modo habitual, começa a clinicar, incorre nas penas do crime do art. 282 do CP (exercício ilegal da Medicina). Saliente-se que não há um delito para cada ato praticado pelo falso médico, mas um só crime, o qual abrange todas as falsas consultas por ele realizadas. Essa é a principal característica da habitualidade, isto é, a reiteração de atos semelhantes não produz vários crimes, mas um só delito.

Cuida-se, ademais, de **crime habitual próprio** (ou necessariamente habitual), já que a habitualidade é requisito típico (implícito), de modo que, sem ela, não há crime algum[105].

É necessário que o agente dedique-se apenas à **medicina, *à* odontologia**[106] ou à **ciência farmacêutica**. Outras profissões relacionadas à área da saúde, porém não médica, não se enquadram nesse tipo penal. A exemplo

---

[104] Cuida-se da exata lembrança que fizera Hungria a seu tempo, comentando a disposição legal (op. cit., v. IX, p. 150).

[105] Há também os *crimes habituais impróprios (ou acidentalmente habituais)*: neste caso, a existência do crime não depende da reiteração da conduta; se esta ocorrer, entretanto, haverá um só crime.

[106] "O exercício ilegal da atividade odontológica deve ser severamente reprimido pelo perigo comum que representa à coletividade. É preciso resguardar a saúde dos incautos que possam ser enganados por um 'charlatão', por um 'doutor improvisado', por um 'aventureiro sem cartucho'. A ação dos poderes estatais deve ser enérgica e intransigente, fiscalizando, autuando e punindo todos aqueles que, com o fito de lucro ou não se proponham a desempenhar a delicadíssima profissão sem possuir a necessária habilitação. Na verdade o dentista, com frequência, é obrigado a receitar especialidades farmacêuticas, a aplicar anestesias, a empregar analgesia e até mesmo a hipnose, a manusear aparelhos de 'Raio-X' e usar de outros meios para cirurgias e tratamento dos pacientes. Todos esses aparatos podem comprometer a saúde e até mesmo a vida do cliente, se não forem usados por pessoa que tenha conhecimentos científicos, adquiridos em curso regular na Escola Superior. E tal habilitação ou capacidade somente pode ser comprovada mediante o 'diploma' conferido por Faculdade legalmente reconhecida, que, ademais, deverá ser registrado. Assim, não basta a hipotética 'habilitação de fato'; exige-se a 'habilitação legal'" (*JTACrSP* 91/302).

313

disso, o optometrista, com licença para realizar a avaliação primária da saúde visual e ocular[107].

Deve-se registrar que o exercício das profissões em geral sem o preenchimento das condições exigidas por lei importa no cometimento de uma contravenção penal (art. 47 da LCP). Em se tratando das três atividades elencadas, por envolverem a lida com a saúde das pessoas, mereceram elas tratamento especial, motivo pelo qual o Código lhes reservou um lugar dentre os delitos contra a incolumidade pública (no setor relativo às infrações contra a saúde pública)[108].

Duas são as formas de realizar a conduta criminosa: **exercer a atividade sem autorização legal** e **exercê-la excedendo seus limites**.

No primeiro caso, o agente não possui qualificação necessária ao exercício do mister (seja por não ostentar qualquer título ou por não tê-lo devidamente registrado perante os órgãos competentes); no outro, embora o tenha, extrapolou seus limites (o médico não pode se dedicar a extrair dentes das pessoas; o farmacêutico não pode prescrever medicamentos; o dentista não pode realizar um parto cesáreo).

Não se deve confundir o crime em estudo com aquele do art. 205 do CP, que atinge a organização do trabalho ("exercer atividade, de que está

---

[107] "É atípica a conduta descrita na denúncia, tendo sido comprovado que o paciente é profissional habilitado e licenciado junto ao Conselho Brasileiro de ótica e Optometria Regional da Bahia. Conforme verifica-se nos autos, o paciente é OPTOMETRISTA, que é o profissional da área da saúde, não médica, responsável pela avaliação primária da saúde visual e ocular. Está capacitado para identificar, diagnosticar, corrigir e prescrever soluções ópticas (óculos, lentes de contato, filtros, prismas, terapias e exercícios visuais) que irão compensar as alterações visuais (ex. miopia, astigmatismo, hipermetropia e presbiopia – 'vista cansada') e ou reabilitar as condições de todo o sistema visual. Não há de se falar deste modo, que a conduta descrita se encaixa no art. 282 do Código Penal, sendo o fato atípico" (TJBA, HC 00168627520168050000, rel. Des. Soraya Moradillo Pinto, 2ª CCr, j. 1º-2-2017).

[108] O elenco contido no art. 282 do CP é taxativo (não fosse assim, haveria irremediável ofensa ao princípio da legalidade). Outras profissões, portanto, ainda guardem relação com a área da saúde, não se encontram englobadas no dispositivo, devendo seu exercício ilegal subsumir-se à figura contravencional. Nesse sentido: "O art. 282 do CP taxativamente enumera as profissões de médico, dentista ou farmacêutico que, exercidas sem autorização legal, ou ultrapassados os limites de cada atividade, tornam-se criminosas. Outras profissões, mesmo que tenham por objeto a saúde humana, não se enquadram nesse dispositivo, *v.g.*, a enfermagem, a obstetrícia, a prática de massagens etc." (*RT* 339/282). Registre-se, porém, que a Lei n. 6.710/79, que regulamenta a atividade de técnico em prótese dentária, veda que este exerça a profissão de dentista, expressamente dispondo que, se o agente desrespeitar mencionada proibição, cometerá o crime do art. 282 do CP (*ex vi* do art. 8º da citada lei).

impedido por decisão administrativa"). Assim, por exemplo, o leigo que pratica a ciência médica incorre no delito do art. 282 do CP, mas o médico que, com seu exercício profissional suspenso por decisão do Conselho de Medicina, prossegue clinicando, incorre no art. 205[109]. **Se o óbice à atividade profissional houver sido imposto por decisão judicial**, quem a violar exercendo-a, **incorrerá no art. 359 do CP** ("exercer função, atividade, direito, autoridade ou múnus, de que foi suspenso ou privado por decisão judicial").

3.2. Excludente de ilicitude – estado de necessidade

De acordo com os arts. 23, I, e 24 do CP, não há crime quando o fato é praticado para salvar, de perigo atual, que não provocou por sua vontade nem podia de outro modo evitar, direito próprio ou alheio, cujo sacrifício nas circunstâncias não era razoável exigir-se. Cuida-se do *estado de necessidade*, que já foi diversas vezes reconhecido pela jurisprudência para excluir o caráter criminoso no comportamento de pessoas que exerceram a Medicina, a Odontologia ou a ciência farmacêutica em comunidades longínquas, que careciam de profissionais de saúde[110].

A solução mostra-se acertada e tem o aplauso unânime da doutrina. Hungria ponderava, a seu tempo: "Suponha-se que se verifique, numa distante aldeia sertaneja, desprovida de médico e de farmácia, um surto de malária, e que certo indivíduo, dispondo de uma grande provisão de quinino, cuide de reparti-la sucessivamente entre todos os febrentos. Ninguém

---

[109] Nesse sentido: "A conduta típica prevista no art. 205 do CP, por ser específica, exclui a do art. 282 também do CP, que trata do exercício ilegal da Medicina; portanto, o médico, que após ter cancelada a sua inscrição pelo Conselho Federal de Medicina continua a exercer a profissão, pratica o delito de exercício de atividade com infração de decisão administrativa" (*RT* 748/544).

[110] Confira-se, a título exemplificativo, os seguintes julgados: 1) "O reconhecimento do estado de necessidade para quem exercita ilegalmente a arte dentária na zona rural é admissível quando não há profissional habilitado em região afastada dos grandes centros e, sendo tal estado matéria fática, somente poderá ser apurado sob a ótica do contraditório, após produção de provas seguras e induvidosas" (*RT* 623/348); 2) "Reconhece-se o estado de necessidade em favor de quem exercita ilegalmente a arte dentária na zona rural, distante dos grandes centros e onde inexiste profissional habilitado" (*RT* 547/366); 3) "Em tema de exercício ilegal da arte farmacêutica, de se reconhecer presente o estado de necessidade e ausente o elemento moral do dolo tipificador do delito, em se cuidando de simples negociante de medicamentos industrializados que, embora sem autorização legal, exerce sua atividade em local afastado de recursos e em região inóspita, de real necessidade para os moradores da localidade" (*JTACrSP* 33/213).

poderia reconhecer aí um crime"[111]. No mesmo sentido a lição atual de Rogério Greco: "Há lugares isolados, onde não existem médicos, dentistas ou farmacêuticos. Se alguém, nessas localidades, que possui conhecimentos básicos das profissões mencionadas, com a finalidade de auxiliar aquela comunidade carente de recursos, vier a exercê-las com regularidade, não se poderá imputar-lhe o delito em estudo, tendo em vista tratar-se de uma situação pertinente ao raciocínio do estado de necessidade"[112].

4. TIPO SUBJETIVO

O fato somente é punido sob a forma dolosa (**dolo de perigo**), de modo que se exige consciência e vontade de concretizar os dados objetivos do tipo, ou seja, o propósito deliberado ou o risco assumido de realizar atos privativos de médico, dentista ou farmacêutico (sem ostentar tais qualificações ou extrapolando seus limites).

5. SUJEITOS DO CRIME

5.1. Sujeito ativo

Cuida-se de **crime comum**, de vez que inexiste qualquer exigência no tipo penal quanto a qualidade ou condição especial do sujeito ativo.

5.2. Sujeito passivo

É a coletividade e as pessoas cujos interesses (vida ou saúde) forem expostos a risco.

6. CONSUMAÇÃO E TENTATIVA

6.1. Consumação

Consoante se ponderou acima, o delito em estudo constitui **crime habitual**, razão pela qual sua **consumação pressupõe a reiteração** de atos tendentes ao exercício da Medicina, da ciência dentária ou farmacêutica. Cumpre lembrar que a repetição dos atos caracterizadores do exercício da profissão médica, da ciência dentária ou farmacêutica caracterizará uma só infração penal.

---

[111] Op. cit., v. IX, p. 150.

[112] Op. cit., v. 4, p. 180.

6.2. Tentativa

Acreditamos ser possível a forma tentada, embora de difícil configuração dado o caráter habitual da figura delitiva. Imagine-se, por exemplo, a conduta de um leigo que alugue um imóvel para utilizar de consultório médico, contrate funcionários, divulgue sua "clínica" e, já no primeiro dia de funcionamento, consiga lotar sua agenda com vários pacientes marcados, sendo surpreendido pela Polícia logo após sua primeira consulta. Muito embora inexista, ainda, reiteração, o *conatus proximus* afigura-se-nos devidamente caracterizado. Cremos possível, ainda, a prisão em flagrante, desde que observadas, obviamente, as regras da Lei n. 9.099/95, pois o fato constitui infração de menor potencial ofensivo.

7. FORMAS AGRAVADAS DE CRIME DE PERIGO COMUM (ART. 258)

De acordo com o art. 258 do CP (combinado com o art. 285), "se do crime doloso de perigo comum resulta **lesão corporal de natureza grave**, a pena privativa de liberdade é aumentada de metade; se resulta **morte**, é aplicada em dobro".

8. CLASSIFICAÇÃO JURÍDICA

Cuida-se de crime *comissivo*, *doloso* ou *preterdoloso* (quando combinado com o art. 258 do CP), *de ação ou forma vinculada* (só admite o meio executivo mencionado na disposição), *comum* (pode ser cometido por qualquer pessoa), *própria* (na segunda parte da disposição, em que se incrimina o exercício profissional extravasando os limites da atividade desempenhada), *monossubjetivo ou de concurso eventual* (admite execução individual ou concurso de pessoas), *de perigo abstrato ou presumido*[113] (pois o risco não figura como elementar do tipo, sendo presumido pelo legislador), *habitual próprio* (já que a reiteração de conduta constitui requisito típico), *instantâneo* (a consumação se produz imediatamente) e *plurissubsistente* (o *iter criminis* é fracionável).

9. PENA E AÇÃO PENAL

O fato é apenado com detenção, de seis meses a dois anos, razão pela qual constitui infração de menor potencial ofensivo (salvo na modalidade agravada, ou seja, quando do fato resultar lesão grave ou morte, por força

---

[113] "É manifesto o perigo à coletividade quando pessoas incapacitadas para exercer a profissão de médico as praticam. O bem jurídico protegido pelo delito é a saúde pública. O próprio perigo é presumido em caráter absoluto" (STJ, *JSTJ*-Lex 147/251).

do art. 258 do CP). Se houver ânimo de lucro, aplica-se também a pena de multa (parágrafo único).

A ação penal é de iniciativa **pública incondicionada**.

ART. 283 – CHARLATANISMO

1. DISPOSITIVO LEGAL

Charlatanismo

> **Art. 283.** Inculcar ou anunciar cura por meio secreto ou infalível:
>
> Pena – detenção, de 3 (três) meses a 1 (um) ano, e multa.

2. VALOR PROTEGIDO (OBJETIVIDADE JURÍDICA)

O escopo protetivo da norma em estudo não discrepa das demais contidas no Capítulo III, isto é, trata-se, primordialmente, da **saúde pública** (bem-estar orgânico e psíquico de um número indeterminado de pessoas).

3. TIPO OBJETIVO

A ação nuclear consubstancia-se nos atos de *inculcar*, aqui emprega-do no sentido de aconselhar, apontar, sugerir com empenho ou *anunciar*, ou seja, divulgar, noticiar. Cuida-se de **tipo misto alternativo**, de modo que a realização de mais de uma das condutas típicas caracterizará crime único.

Deve a conduta envolver a **inculcação ou anúncio de cura** (restabele-cimento da higidez orgânica ou psíquica) **por meio secreto** (oculto) **ou infa-lível** (completa e irrepreensivelmente eficaz).

Pretende a lei punir aqueles que, aproveitando-se do desespero ou da credulidade alheia, prometem curas milagrosas e infalíveis.

A descrição da conduta típica poderia fazer supor que determinadas religiões ou seitas importariam necessariamente na prática delitiva, quando apregoassem a cura mediante oração ou determinados rituais. Não parece ser assim. Deve-se lembrar que a Constituição Federal assegura a liberdade de crença e seu exercício e, ademais, que inexiste religiosidade sem a crença no sobrenatural. O que não se pode admitir, porque seria inequivocamente lesivo à saúde pública, é o ato de advogar a cura para doenças *somente* por meios secretos (supostamente sagrados) ou infalíveis, afastando o fiel do tratamento médico convencional.

4. TIPO SUBJETIVO

O charlatanismo é crime exclusivamente **doloso**. Atua a pessoa com dolo de perigo.

A crença do agente na infalibilidade do método anunciado ou inculcado não afasta a ilicitude da conduta. Para Hungria, contudo, "se o agente acredita, sinceramente, na eficácia do tratamento, será um ignorante, mas não um charlatão"[114]. Parece-nos que o velho mestre, nesse ponto, não deve ser acompanhado. Não se pode tolerar, nos dias de hoje, que alguém apregoe determinado método secreto ou infalível como atitude penalmente irrelevante, se o fizer afastando as pessoas do tratamento científico. Como pondera Nucci, "ainda que seja um crédulo no que faz, o fato é que não deve assim proceder, por colocar em risco a saúde pública, podendo levar pessoas a não se tratarem em outros locais para se aventurarem em seara desconhecida e perigosa"[115].

5. SUJEITOS DO CRIME

5.1. Sujeito ativo

A norma penal não requer nenhuma qualidade especial do sujeito ativo (**crime comum**). Até mesmo o médico pode praticá-lo se, afastando-se dos preceitos éticos e jurídicos de sua profissão, anunciar cura infalível ou por meios secretos.

5.2. Sujeito passivo

O sujeito passivo é a coletividade e as pessoas cujos interesses (vida ou saúde) forem expostos a risco.

6. CONSUMAÇÃO E TENTATIVA

6.1. Consumação

Cuida-se de **crime de mera conduta**, de vez que o tipo não menciona qualquer resultado naturalístico, limitando-se a descrever um comportamento positivo, **incriminado independentemente de as pessoas acreditarem ou não na cura propalada**. Registre-se, contudo, que **a cura divulgada deve ser minimamente convincente**, ou seja, apta a iludir determinado grupo de pessoas (ainda que não se mostre hábil a enganar a todos); se assim não for, haverá crime impossível por absoluta ineficácia do meio (CP, art. 17), caracterizando um fato penalmente atípico.

---

[114] Op. cit., v. IX, p. 154. Comunga desse ponto de vista Rogério Greco, op. cit., v. IV, p. 184-185).

[115] Op. cit., v. p. 994.

6.2. Tentativa

Parece-nos que não é possível a forma tentada, posto que se trata de crime unissubsistente.

7. FORMAS AGRAVADAS DE CRIME DE PERIGO COMUM (ART. 258)

Têm aplicação ao charlatanismo as causas de aumento de pena mencionadas no art. 258 do CP (dada sua combinação com o art. 285), "se do crime doloso de perigo comum resulta lesão corporal de natureza grave, a pena privativa de liberdade é aumentada de metade; se resulta morte, é aplicada em dobro".

8. CLASSIFICAÇÃO JURÍDICA

Cuida-se de crime *comissivo, doloso* ou *preterdoloso* (quando combinado com o art. 258 do CP), *de ação ou forma livre* (admite qualquer meio executivo), *comum* (pode ser cometido por qualquer pessoa), *monossubjetivo ou de concurso eventual* (admite execução individual ou concurso de pessoas), *de perigo abstrato ou presumido* (pois o risco não figura como elementar do tipo, sendo presumido pelo legislador), *instantâneo* (a consumação se produz imediatamente) e *unissubsistente* (o *iter criminis* não comporta divisão ou fracionamento).

9. PENA E AÇÃO PENAL

O fato é apenado com detenção, de três meses a um ano, e multa. Trata-se de infração de menor potencial ofensivo.

A ação penal é de iniciativa **pública incondicionada**.

ART. 284 - CURANDEIRISMO

1. DISPOSITIVO LEGAL

Curandeirismo

Art. 284. Exercer o curandeirismo:

I – prescrevendo, ministrando ou aplicando, habitualmente, qualquer substância;

II – usando gestos, palavras ou qualquer outro meio;

III – fazendo diagnósticos:

Pena – detenção, de 6 (seis) meses a 2 (dois) anos.

Parágrafo único. Se o crime é praticado mediante remuneração, o agente fica também sujeito à multa.

2. VALOR PROTEGIDO (OBJETIVIDADE JURÍDICA)

O objeto jurídico é a **saúde pública,** ou seja, visa-se à proteção do bem-estar orgânico e psíquico da coletividade.

3. TIPO OBJETIVO

3.1. Elementares

A conduta típica fundamental consiste em *exercer o curandeirismo.* **Pouco importa se o agente o faz gratuita ou remuneradamente** (neste caso, aplica-se também a pena de multa).

O verbo utilizado revela que **a conduta deve ser praticada de maneira habitual;** significa que um ato isolado será penalmente irrelevante, somente advindo o delito se a atitude for repetida no tempo. Cuida-se, ademais, de **crime habitual próprio** (ou necessariamente habitual), pois a reiteração de atos configura requisito típico (implícito), de modo que, sem ela, não há crime algum[116] (e, com ela, independentemente da quantidade de atos repetidos no tempo, comete o sujeito uma única infração).

Sem o requisito da habitualidade, quase todos seriam curandeiros, dado ser usual que as pessoas recomendem a outras determinados cuidados visando à melhora de sua saúde.

O curandeirismo constitui modalidade diferenciada de exercício ilegal da Medicina, em que o agente dispensa conhecimentos técnicos e emprega fórmulas esdrúxulas de cura (do ponto de vista científico)[117].

Drummond, discorrendo sobre a distinção entre os crimes tipificados nos arts. 282 a 284, dizia: "a) o criminoso do art. 282 pretende substituir-se ao profissional legalmente habilitado, passar por médico, por dentista ou por farmacêutico diplomado de acordo com a lei; b) o criminoso do art. 283 já não se contentaria em passar por diplomado, mas pretende superá-lo, atribuindo-se conhecimento de meios secretos para curas infalíveis, ou, simplesmente, poder para curas infalíveis por meios secretos ou não, e que transcendem a capacidade do portador do diploma acadêmico; c) finalmente, o criminoso do art. 284

---

[116] Há também os *crimes habituais impróprios (ou acidentalmente habituais):* neste caso, a existência do crime não depende da reiteração da conduta; se esta ocorrer, entretanto, haverá um só crime.

[117] "O curandeirismo é uma especial modalidade do crime de exercício ilegal da Medicina, consagrada, como figura autônoma. No seu exercício, a arte de curar despe-se inteiramente dos seus atributos científicos; serve-se da credulidade ingênua, da ignorância e, sobretudo, da superstição" (*RT* 577/384).

não pretende tampouco passar por *médico*, e a este se opõe, e com ele contrasta como *curandeiro*"[118].

O delito possui **forma vinculada**, já que a disposição **arrola taxativamente os meios executivos**; a saber:

a) prescrever (receitar, indicar para tratamento), ministrar (fornecer para a ingestão ou utilização de alguém) ou aplicar (administrar, introduzir no organismo), habitualmente, qualquer substância;

b) usar gestos (movimentos corpóreos dotados de algum simbolismo), palavras (tais como rezas ou benzeduras) ou qualquer outro meio (por exemplo, liberação de espíritos);

c) fazer diagnósticos (aferir o conhecimento de determinado mal físico ou psíquico a partir do estudo de seus sintomas)[119].

3.2. Liberdade religiosa

Nossa Lei Fundamental, embora professe sua crença na existência de Deus, como se nota em seu preâmbulo[120], não adotou qualquer religião como oficial.

Seu art. 5º, em extenso rol de liberdades públicas, inclui a de religião e de culto. O inciso VI declara ser "inviolável a liberdade de consciência e de crença, sendo assegurado o livre exercício dos cultos religiosos e garantida, na forma da lei, a proteção aos locais de culto e a suas liturgias".

---

[118] *Comentários ao Código Penal*, v. IX, p. 161. Segundo Hungria, com sua locução por vezes áspera: "Enquanto o *exercente ilegal da medicina* tem conhecimentos técnicos, embora não esteja habilitado para praticar a arte de curar, e o *charlatão* pode ser o próprio médico que abastarda a sua profissão com falsas promessas de cura, o *curandeiro* (*carimbamba, mezinheiro, raizeiro*) é o ignorante chapado, sem elementares conhecimentos de medicina, que se arvora em debelador dos males corpóreos" (op. cit., v. IX, p. 154).

[119] Exemplo: "evidencia-se a prática de curandeirismo quando falso médium, sob o argumento de fazer um 'descarrego', diagnosticava doenças inexistentes, ministrava remédios, enquanto fazia preces e gestos" (TJRS, AP 70029894383, rel. Des. Mario Rocha Lopes Filho, 6ª CCr, j. 9-7-2009).

[120] "Nós, representantes do povo brasileiro, reunidos em Assembleia Nacional Constituinte para instituir um Estado Democrático, destinado a assegurar o exercício dos direitos sociais e individuais, a liberdade, a segurança, o bem-estar, o desenvolvimento, a igualdade e a justiça como valores supremos de uma sociedade fraterna, pluralista e sem preconceitos, fundada na harmonia social e comprometida, na ordem interna e internacional, com a solução pacífica das controvérsias, promulgamos, *sob a proteção de Deus*, a seguinte CONSTITUIÇÃO DA REPÚBLICA FEDERATIVA DO BRASIL" (grifo nosso).

A importância da fé religiosa (seja qual for) não foi ignorada por nosso constituinte, tanto que no inciso VII assegura, nos termos da lei, "a prestação de assistência religiosa nas entidades civis e militares de internação coletiva". Garante-se, ainda, a escusa de consciência por motivo de convicção religiosa, de modo que "ninguém será privado de direitos" por escusar-se de cumprir obrigação a todos impostas por razões ligadas à sua fé (inciso VIII).

A liberdade de religião tal como prevista em nosso Texto Maior constitui desdobramento da liberdade de pensamento e sua manifestação. Engloba "a crença, a moral religiosa, os dogmas, a liturgia (cerimonial) e o culto"[121].

No dizer de José Afonso da Silva, o tratamento constitucional dado à matéria significa que "todos têm o direito de aderir a qualquer crença religiosa, como o de recusar qualquer delas, adotando o ateísmo, e inclusive o direito de criar sua própria religião, bem assim de seguir qualquer corrente filosófica, científica ou política ou de não seguir qualquer uma, encampando o ceticismo"[122].

As diversas manifestações religiosas podem e devem ser exercidas por todos em consonância com os princípios da tolerância e da convivência pacífica, aspectos subjacentes à liberdade em estudo[123], que, como qualquer outra, não tem caráter absoluto.

O Direito não pode, nesta senda, considerar válido, por exemplo, credo que professe o suicídio coletivo como recurso último para atingir a elevação de espírito ou crenças que adotem, em seus rituais, o sacrifício humano ou a tortura de quem quer que seja.

Além disso, como corolário da inviolabilidade asseverada no âmbito constitucional, não podem ser considerados criminosos determinados rituais ou cultos, ainda que em seu bojo se deem práticas semelhantes às atitudes descritas no art. 284 do CP. Assim, por exemplo, se vários fiéis, durante uma missa, a pedido do padre ou pastor, estendem a mão e coletivamente rezam pela cura de alguém, não se pode considerar o celebrante um curandeiro[124]. Do mesmo modo, quando uma pessoa faz os chamados "passes" para a

---

[121] André Ramos Tavares, *Curso de direito constitucional*, p. 542.

[122] *Comentário contextual à Constituição*, p. 93.

[123] J. M. Damião da Cunha, *Comentário conimbricense do Código Penal*, p. 638.

[124] "Se a cura que o réu apregoava, para os males de quem o procurava, era pedida comunitariamente, através de orações, pura questão de fé, tal prática não configura o delito de curandeirismo, tendo em vista a liberdade de culto assegurada pela Constituição" (*JTACrSP* 23/287).

convalescença de males físicos, inexiste comportamento delitivo. Cite-se, ainda, as chamadas "cirurgias espirituais", baseadas na crença recíproca entre o "cirurgião" e o "paciente".

Cremos, contudo, que pode haver excessos no exercício regular desse direito e, desta forma, subsistir base jurídica para a punição criminal. Isso se dará quando o agente afastar a pessoa do tratamento convencional como exigência para a eficácia de sua conduta. Isto porque, nesse caso, sua conduta colocará em risco a saúde do paciente e, desta forma, ofenderá o valor fundamental tutelado na norma.

Guilherme Nucci entende que o Estado nada pode fazer diante de práticas como a "cirurgia espiritual", que se baseiam na crença mútua das pessoas envolvidas, muito embora possa haver responsabilidade penal por eventuais danos causados à vítima (morte ou lesão corporal)[125]. Concordamos em parte com esse ponto de vista, pois, como já dissemos, se o autor da conduta *condicionar* a eficácia de sua cura ao afastamento do paciente do tratamento médico convencional, pensamos ser possível imputar a ele o crime do art. 284 do CP.

4. TIPO SUBJETIVO

O curandeirismo constitui crime **doloso**, exigindo consciência e vontade de concretizar os elementos objetivos do tipo. Atua a pessoa com **dolo de perigo**; se houver dolo de dano, isto é, intenção de ferir, agravar a saúde ou matar a vítima, responderá o agente por lesão corporal ou homicídio (tentados ou consumados).

5. SUJEITOS DO CRIME

5.1. Sujeito ativo

O fato constitui **crime comum**, podendo ser praticado por qualquer pessoa (delito comum), isolada ou conjuntamente com outras (infração monossubjetiva ou de concurso eventual), que com ele colaborem, hipótese em que se dará o concurso de agentes (CP, art. 29).

5.2. Sujeito passivo

É a coletividade e as pessoas expostas aos atos de curandeirismo, cujos interesses (vida ou saúde) sejam afetados pelo risco.

---

[125] Op. cit., p. 996.

6. CONSUMAÇÃO E TENTATIVA

6.1. Consumação

Deve-se reiterar que o curandeirismo constitui crime habitual, motivo pelo qual sua consumação **exige a reiteração de atos** semelhantes àqueles descritos no tipo penal.

Cuida-se, ademais, de crime de mera conduta, porquanto a norma não descreve qualquer resultado naturalístico[126].

Registre-se, contudo, que **o método empregado pelo agente há de ser minimamente convincente**, ou seja, apto a iludir determinado grupo de pessoas (ainda que não se mostre hábil a enganar a todos); se assim não for, haverá crime impossível por absoluta ineficácia do meio (CP, art. 17), caracterizando um fato penalmente atípico.

6.2. Tentativa

Filiamo-nos à corrente que admite a tentativa mesmo em crimes habituais, embora reconheçamos a dificuldade de sua configuração. Admitimos, portanto, o *conatus proximus* em se tratando de curandeirismo.

7. FORMAS AGRAVADAS DE CRIME DE PERIGO COMUM (ART. 258)

Aplicam-se ao curandeirismo as causas de aumento de pena mencionadas no art. 258 do CP (dada sua combinação com o art. 285), "se do crime doloso de perigo comum resulta lesão corporal de natureza grave, a pena privativa de liberdade é aumentada de metade; se resulta morte, é aplicada em dobro".

8. CLASSIFICAÇÃO JURÍDICA

O delito tem natureza *comissiva, dolosa* ou *preterdolosa* (quando combinado com o art. 258 do CP), *de ação ou forma vinculada* (só admite o meio executivo mencionado na disposição), *comum* (pode ser cometido por qualquer pessoa), *monossubjetivo ou de concurso eventual* (admite execução individual ou concurso de pessoas), *de perigo abstrato ou presumido* (pois o risco não figura como elementar do tipo, sendo presumido

---

[126] "O curandeirismo é crime contra a saúde pública, dito de perigo, porque se consuma pelo simples risco a esse bem jurídico comum, visado pelo legislador, sem necessidade de dano concreto" (*RT* 386/270).

pelo legislador), *instantâneo* (a consumação se produz imediatamente) e *plurissubsistente* (o *iter criminis* fracionamento).

9. PENA E AÇÃO PENAL

A pena cominada é de detenção, de seis meses a dois anos. A infração se insere dentre aquelas sujeitas à competência *ratione materiae* dos Juizados Especiais Criminais e às medidas despenalizadoras previstas na Lei n. 9.099/95 (salvo na modalidade agravada, que resulta da combinação dos arts. 284 e 258 do CP).

Se o agente atuar com finalidade de obter remuneração, aplicar-se-á também a pena de multa.

A ação penal é de iniciativa **pública incondicionada.**

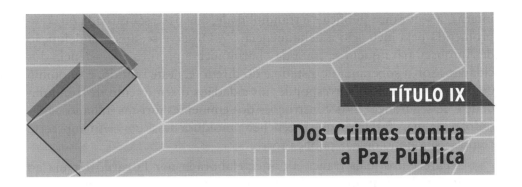

TÍTULO IX
Dos Crimes contra a Paz Pública

1. INTRODUÇÃO

O presente título propõe-se, como o demonstra sua rubrica, a proteger a **paz pública**, entendida como o **sentimento de tranquilidade** e **segurança coletiva**. Pode-se também definir o objeto jurídico como a salvaguarda de um estado psíquico das pessoas ou a sensação coletiva de paz que a ordem jurídica deve propiciar.

Deve-se anotar que a maioria das legislações penais reúne as infrações previstas neste setor do Código sob a qualificação de "crimes contra a ordem pública" (*vide*, p. ex., o CP da Itália, da Espanha e da Argentina), critério considerado por muitos inferior ao nosso. O Brasil seguiu, conforme registra Hungria, a sugestão das leis penais francesa, alemã e uruguaia[1]. Acrescente-se à lista, ainda, a preferência do atual Código Penal português.

Não se trata mesmo de delitos que alquebram a ordem jurídica pela simples razão de que todas as infrações penais o fazem, em nada justificando sejam estes assim cognominados[2]. A doutrina italiana, é bem verdade, procura justificar a escolha de seu legislador, de diversas maneiras, dentre as quais se pode citar a de Manzini, o qual pondera cingir-se a objetividade jurídica à "garantia da ordem pública em si mesma considerada, que se refere à paz

---

[1] Nelson Hungria. *Comentários ao Código Penal*. 2. ed. Rio de Janeiro: Forense, 1959, v. IX, p. 163.

[2] Conforme lembrava Magalhães Drummond, "todo crime atinge a ordem pública, mediata ou imediatamente, qualquer que seja o conceito que dela se tenha" (*Comentários ao Código Penal*. Rio de Janeiro: Forense, 1944, v. IX, p. 167).

interna, à segurança pública e à tranquilidade, que pode ser turbada ou comprometida pela incitação à delinquência..."[3]. Observe-se, ainda, a definição de Antolisei, para quem se trata da "harmônica e pacífica coexistência dos cidadãos sob a soberania do Estado e do direito e, neste sentido, é sinônimo de paz pública. A isso corresponde nos cidadãos o sentimento de tranquilidade e de segurança"[4]. As construções dos eminentes juristas italianos, contudo, nada mais fazem do que preencher a moldura desse conceito impreciso como se sinônimo de paz pública fosse.

Parece-nos mais franca a crítica elaborada por Edgardo Donna ao Código Penal argentino, o qual se filiou à corrente dominante, reunindo as infrações que serão estudadas a seguir sob a denominação "*Delitos contra el orden pública*". De acordo com o autor, contudo, "o que se protege, em síntese, a nosso juízo, é a *paz pública*, enquanto sentimento que têm as pessoas em geral acerca da segurança no direito e na fidelidade à ordem normativa, como a continuação e o estado de paz social"[5].

Há que se ter em mente, ademais, que as construções típicas inseridas no Título IX constituem nítida **antecipação da tutela penal**, ao tornarem criminosas condutas que configurariam tão somente atos preparatórios de outras infrações. Sob essa perspectiva, pode-se afirmar que esse quadrante do Código contém ilícitos pluriofensivos, os quais, além de mirarem a defesa da paz pública, entendida como aquele sentimento de tranquilidade e segurança social, também visam a pôr a salvo os valores constitucionais que poderiam ser lesados caso às infrações capituladas nos arts. 286 a 288-A se seguissem os delitos daí decorrentes[6].

2. CRIMES EM ESPÉCIE CONTRA A PAZ PÚBLICA

Com o pretexto de proteger a "paz pública", o legislador tipifica quatro comportamentos delitivos, a saber: a **incitação ao crime** (art. 286), a **apologia de crime ou criminoso** (art. 287), a **associação criminosa** (art. 288) e a **constituição de milícia privada** (art. 288-A).

---

[3] Vincenzo Manzini. *Trattato di diritto penale italiano (secondo Il Codice del 1930)*. Turim: Editrice Torinese, 1935, v. 6, p. 127.

[4] Francesco Antolisei. *Manuale de diritto penale;* parte speciale. 13. ed. atualizada por Luigi Conti. Milão: Dott. A. Giuffrè, 2000, p. 224.

[5] Edgardo Alberto Donna. *Derecho penal.* Parte especial. Santa Fe: Rubinzal-Culzoni, 2002, p. 277, t. II-C; grifo nosso.

[6] *Vide*, nesse sentido, analisando a incitação ao crime, a lição de Helena Moniz. *Comentário conimbricense do Código Penal;* parte especial, (arts. 202 a 307). Dirigido por Jorge de Figueiredo Dias. Coimbra: Coimbra Editora, 1999, t. II, p. 1140.

Mostra-se relevante anotar, ademais, que se encontra previsto, em legislação especial, o crime de organização criminosa (art. 2º da Lei n. 12.850/2013), o qual tutela valores similares aos dispositivos acima referidos.

3. HISTÓRICO

Dos delitos contidos no Título IX, aquele cuja previsão remonta à Antiguidade é a incitação ao crime, fato punível desde a Roma antiga, conquanto se tratasse da instigação para a prática de crimes contra o Estado, nos quais a *instigatio* ou a *exhortatio* era equiparada à execução; nos demais casos, a conduta era penalmente irrelevante (*nec consilium habuisse noceat, nisi et factum secutum fuerit*).

Durante a Idade Média e a Moderna, manteve-se o mesmo critério, ou seja, o da impunidade da instigação, tendo-se operado, no início do século XIX, uma alteração de rumo, com as legislações penais passando a incriminar a incitação feita publicamente. Conforme registrou Hungria: "Os primeiros Códigos em que se previu a nova entidade criminal foram o francês de 1810 (art. 293), o das Duas Sicílias (art. 440) e o sardo (art. 468)"[7].

Ao tempo das Ordenações do Reino, o que se poderia detectar de semelhante tratamento legislativo residia na imposição de pena capital aos que se reunissem, tramassem ou aconselhassem terceiros a realizar qualquer atentado contra a Coroa ou ao soberano e a sua família. O fato era considerado crime de lesa-majestade (*vide* Título VI do Código Filipino)[8].

O Código Criminal do Império (1830) não continha qualquer disposição similar. Já o primeiro republicano (1890) tipificava a provocação de alguns crimes contra o Estado, algo semelhante ao que se via nas antigas Leis de Imprensa (Lei n. 4.743/23) e de Segurança Nacional (Lei n. 38/35).

Digna de menção, ainda, a definição legal de "ajuntamento ilícito", que guardava alguma afinidade com a associação criminosa[9].

---

[7] *Comentários ao Código Penal*, v. IX, p. 165.

[8] Citem-se, para ilustrar, os Títulos II das Ordenações Afonsinas (Dos que fazem traição, ou aleive contra o Rei ou seu Estado Real) e o III das Ordenações Manuelinas (Da lesa majestade, e dos que cometem traição contra o Rei, ou seu Estado Real, ou fazem outros crimes atraiçoadamente).

[9] Segundo advertia Hungria, tal fato não equivalia ao atual art. 288, por ausência de qualquer requisito de estabilidade, não passando de uma forma de *"cumplicidade presumida*, consistente no *favorecimento*, mediante prestação de abrigo, a 'bandos' de *assassinos e roubadores*; mas tal cumplicidade referia-se aos crimes acaso praticados pelos bandidos, e não à respectiva associação, que, em si mesma, não era prevista como crime" (*Comentários ao Código Penal*, v. IX, p. 175).

4. REFERÊNCIA CONSTITUCIONAL

A *paz pública* e seu necessário equilíbrio e salvaguarda constituem, inegavelmente, um importante valor constitucional. Impende ter em conta algumas referências contidas em nossa Lei Fundamental, podendo-se citar os arts. 136, *caput*, e 144, *caput*.

O primeiro dispõe sobre o Estado de Defesa, medida de exceção que visa a "preservar ou prontamente restabelecer, em locais restritos e determinados, a ordem pública ou a *paz social*" (grifo nosso).

O segundo elege a segurança pública dever do Estado e, ademais, direito e responsabilidade de todos, devendo esta ser "exercida para a preservação da ordem pública e da incolumidade das pessoas e do patrimônio".

Deve-se sublinhar, outrossim, a já mencionada natureza pluriofensiva dos crimes contra a paz pública e, portanto, sua conexão com outros valores fundamentais previstos no Texto Maior, posto que essas infrações também são construídas com vistas à defesa mediata de outros bens, os quais restariam lesados se os delitos instigados ou para os quais as pessoas se reuniram fossem efetivamente praticados.

5. ATOS PREPARATÓRIOS PUNÍVEIS

Conforme se ponderou anteriormente, os ilícitos penais insculpidos no Título IX têm como traço comum a antecipação da tutela penal, ou seja, cuida-se de tipificar autonomamente comportamentos que constituem atos preparatórios de outras infrações.

Deve-se recordar que o art. 31 do CP dispõe que "o ajuste, a determinação ou instigação e o auxílio, salvo disposição expressa em contrário, não são puníveis, se o crime não chega, pelo menos, a ser tentado". Assim, se *A* incentivar *B* a matar *C*, e nada for feito no sentido de executar o plano homicida, ninguém responde pelo crime: *B*, porque não ingressou nos atos executórios do homicídio, e *A*, por conta do art. 31 do CP.

Francas exceções a essa regra, isto é, às situações em que o ajuste, a determinação ou instigação e o auxílio se tornam puníveis, ainda que o crime não chegue a ser tentado, encontram-se nos arts. 286 a 288-A do CP, que pune a *incitação ao crime*, a *apologia de crime ou criminoso*, a *associação criminosa* e a *constituição de milícia privada*.

Calha ressalvar que maior cuidado interpretativo se faz necessário quando se têm à frente delitos com tal característica, sob pena de se correr o risco de punir a simples intenção. O Estado jamais poderia legitimamente incriminar o mero pensar (*cogitationis poenam nemo patitur*).

ART. 286 – INCITAÇÃO AO CRIME

1. DISPOSITIVO LEGAL

Incitação ao crime

Art. 286. Incitar, publicamente, a prática de crime:

Pena – detenção, de 3 (três) a 6 (seis) meses, ou multa.

Parágrafo único. Incorre na mesma pena quem incita, publicamente, animosidade entre as Forças Armadas, ou delas contra os poderes constitucionais, as instituições civis ou a sociedade.

2. VALOR PROTEGIDO (OBJETIVIDADE JURÍDICA)

O cerne da incriminação reside na proteção da **paz pública,** entendida como o **sentimento de segurança** e **tranquilidade das pessoas.** Cuida-se, ademais, de infração pluriofensiva, que, além de assegurar a paz pública em si mesma, promove a tutela antecipada de outros valores que poderiam ser colocados em perigo pela conduta pública de incitar outras pessoas a cometerem crimes[10].

3. TIPO OBJETIVO

O comportamento delitivo consubstancia-se no ato de *incitar* (instigar, estimular, incentivar, provocar), em público, a prática de um crime determinado.

O traço essencial da infração consiste em se **praticar a conduta publicamente,** pouco importando o meio utilizado. Cuida-se daquilo que a doutrina denomina de incitação *coram multis personis.* **Não é necessário que o fato seja dirigido a pessoa(s) determinada(s)** (como ocorre quando alguém, por exemplo, discursa a uma plateia qualquer), podendo verificar--se igualmente quando voltado a pessoa(s) incerta(s) (p. ex., elaboração de um texto escrito a ser distribuído a desconhecidos numa estação do metrô). É possível até que o agente dirija sua fala a determinado interlocutor; nesse caso, **haverá crime se a incitação puder ser captada por um número indefinido de pessoas.** Sem essa característica, não seria possível cogitar de ofensa à paz *pública*[11].

---

[10] *Vide* Helena Moniz. *Comentário conimbricense do Código Penal,* p. 1140.

[11] "É mister que a incitação se faça perante certo número de pessoas; sem o quê, não se poderá falar em perturbação da paz pública, em alarma social" (*Jutacrim* 84/221). Nesse sentido: "Segundo a doutrina a respeito da incitação ao crime, 'o tipo penal tutela a paz pública, isto é, o sentimento de segurança e proteção necessários ao

Registre-se, ademais, que a quantidade de pessoas a quem a informação pode chegar não é o único elemento a denotar a publicidade, cumprindo verificar-se, ainda, o lugar e a forma empregada. Justamente por essa razão, se realizado o ato em ambiente fechado (p. ex., no interior de uma residência em conversa aos familiares), de modo que não seja percebida a conversa por um número indeterminado de pessoas, não há o crime em estudo. Aquele que incita outrem a cometer um delito em particular, sem a circunstância da publicidade, pode, ao revés, incorrer em participação criminosa (CP, art. 29), cabendo lembrar que, nesse caso, só será punido se o fato chegar, ao menos, a ser tentado por aquele que foi estimulado a infringir a lei penal (CP, art. 31).

A incitação ao crime constitui-se em *delito onímodo* (também denominado de infração de forma ou ação livre), por comportar qualquer meio executivo, desde que, repita-se, publicamente realizada. Pode ser praticada por *meio escrito* (como a divulgação de impressos, a elaboração de escritos em locais públicos[12], até mesmo por meio de veículos de comunicação social, enquanto não houver lei específica cuidando dos crimes de imprensa[13]), por *meio verbal* (p. ex., discursos, exortações, transmissões por qualquer meio tecnológico, promessas de recompensa oralmente efetuadas), *por gestos ou atitudes*[14] (p. ex., como o sinal de decapitação elaborado pelo líder de uma

---

convívio social', de modo que 'é imprescindível que a incitação à prática de crime seja pública, ou seja, destinada a um número indeterminado de pessoas, pois do contrário não há falar em ofensa à paz pública. Não é considerada lugar público, por exemplo, a residência familiar, ainda que presentes várias pessoas' (*Curso de direito penal*, volume 3, parte especial: arts. 213 a 359-H. 16. ed. atual. São Paulo: Saraiva Educação, 2018, p. 371-372). Não pratica incitação ao crime o candidato que, no dia das eleições, grava áudio e o remete a grupo privado de pessoas, pedindo que façam boca de urna em seu favor, porque não há veiculação pública dessa incitação, que possa comprometer a paz social, objeto de tutela da norma penal incriminadora. Embora mensagens e áudios enviados por aplicativo de telefone celular possam ter propagação ampla e irrestrita, por obra e ação de seus destinatários primários, o seu conteúdo não deixou de ser inicialmente privado, restrito aos participantes específicos do grupo, o que impede a caracterização da incitação ao crime" (TJSC, Ap 0900101-83.2016.8.24.0009, rel. Des. Leandro Passig Mendes, 6ª T. de Recursos, j. 26-9-2019).

[12] Exemplo típico é a publicação de um cartaz prometendo recompensa a quem ferir ou matar outrem.

[13] Lembre-se de que o STF, julgando a Ação de Descumprimento de Preceito Fundamental n. 130, considerou a Lei de Imprensa incompatível com o ordenamento constitucional vigente.

[14] Magalhães Drummond cita episódio ocorrido no Chile, durante uma revolução, em que um grupo de pessoas exaltadas retiraram do necrotério cadáveres de jovens

multidão em fúria, prestes a linchar um delinquente apanhado em flagrante[15]) ou *qualquer outro recurso de difusão do pensamento*.

O estímulo à prática criminosa feita pela internet sem dúvida enquadra-se no tipo penal[16]. Nos tempos atuais, ademais, é justamente essa forma de incitação ao crime que tem demonstrado grande incidência e, por isso, sido um foco de preocupação pelo abalo provocado à paz pública. Há, com efeito, diversos "sites" e páginas em comunidade de relacionamento social que estimulam o cometimento das mais variadas formas delitivas[17].

O *crimen* do art. 286 requer seja a **provocação dirigida à "prática de crime"**. Pouco importa qual seja a espécie criminosa[18]: incluem-se todas as infrações penais apenadas com reclusão ou detenção, mostrando-se indife-

---

estudantes mortos pela polícia horas antes e, com os corpos às costas, tomaram as ruas e, com essa atitude, estimularam uma multidão e, em breve tempo, derrubaram o governo (*Comentários ao Código Penal*, v. IX, p. 176).

[15] Hungria bem advertia que: "A mais perigosa instigação, porém, é a que se faz no seio da multidão em tumulto, cuja extrema sugestionabilidade é bem conhecida". O eminente autor, ademais, cita interessante passagem de Gabriel Tarde: "Um fenômeno difícil de ser compreendido, uma reunião de elementos heterogêneos, desconhecidos entre si, mas na qual, entretanto, apenas uma centelha de paixão se desprende de um deles e eletriza o ambiente coletivo, dá-se, de súbito, como por geração espontânea, uma espécie de organização" (*Comentários ao Código Penal*, v. IX, p. 167).

[16] Nesse sentido: "A alegada liberdade que propaga o ódio e consagra a prática de crimes é incompatível com o Estado Democrático de Direito. Assim, a conduta de postar em rede social que 'matar alguém é a melhor sensação do mundo' configura a infração penal de incitação ao crime, devendo a condenação ser mantida conforme a sentença" (TJDFT, Acórdão 1827796, ApCr 07034969120238070010, rel. Des. Waldir Leôncio Lopes Júnior, 3ª T. Criminal, j. 7-3-2024).

[17] Deve-se ressaltar, no que pertine à competência *ratione materiae*, que o simples fato de um delito ser cometido por meio da rede mundial de computadores não o torna crime federal. Nesse sentido: "Substância entorpecente (técnica de cultivo). Incitação ao crime (investigação). Internet (veiculação). Competência (Justiça estadual). 1. A divulgação, pela internet, de técnicas de cultivo de planta destinada à preparação de substância entorpecente não atrai, por si só, a competência federal. 2. Ainda que se trate, no caso, de hospedeiro estrangeiro, a ação de incitar desenvolveu-se no território nacional, daí não se justificando a aplicação dos incisos IV e V do art. 109 da Constituição. 3. Caso, pois, de competência estadual. Conflito do qual se conheceu, declarando-se competente o suscitante" (STJ, CC 62.949, rel. Min. Nilson Naves, 3ª S., *DJ* de 26-2-2007, p. 549).

[18] "O delito de incitação ao crime pressupõe, além da publicidade dos comentários de incentivo ao cometimento da infração penal, que seja possível extrair das palavras de estímulo referência a delitos determinados, pois a instigação genérica, por ser vaga, é ineficaz" (STJ, HC 659.499/SP, rel. Min. Reynaldo Soares da Fonseca, 5ª T., j. 8-6-2021).

rente a quantidade de pena cominada[19]; é irrelevante, ainda, saber se o fato se processa por ação pública (incondicionada ou condicionada) ou privada, ou se o crime encontra-se previsto no próprio Código ou em leis especiais.

Parece-nos que somente **não se pode considerar**, por incompossibilidade lógica, como integrante da moldura penal em exame, **a concitação ao cometimento de crimes culposos**. Isso porque o ato de estimular visa a incutir na pessoa um propósito, um objetivo, uma finalidade dirigida ao cometimento de um delito, o que se mostra incompatível com a figura da culpa[20].

O cometimento de contravenções (ou atos puramente imorais), ainda que estimulado pelo agente *coram populo*, escapa à incriminação. Anote-se, porém, que pode existir enquadramento específico, conforme o caso, cumprindo lembrar da instigação ao suicídio (art. 122) e da instigação à prostituição (arts. 218-B e 228).

Não é preciso indicar uma vítima específica. Trata-se daquilo que Hungria denominava de crime "precisamente individuado" (com designação de vítima, ou seja, furtar determinada pessoa, corromper determinado funcionário etc.) e apenas "indicado *in specie*" (praticar furto, roubo, estelionato, corrupção etc.). Ambas as formas estão incluídas na disposição. **Entende a doutrina que o incitamento para cometer crimes *in genere* não está abrangido pela disposição** (p. ex., concitar pessoas a serem criminosos, sem indicação da prática delitiva a se realizar)[21]. Parece-nos, contudo, que pode sim

---

[19] Exemplo: incitar "publicamente à prática de crime de resistência, chamando familiares de adolescentes detidos que se encontravam no local a resistirem às suas prisões, dizendo que eram ilegais, gerando tumulto" (TJSP, AP 0000404-75.2014.8.26.0094, rel. Des. Euvaldo Chaib, 4ª Câmara de Direito Criminal, j. 29-9-2015). No mesmo sentido, "o delito de incitação ao crime pressupõe, além da publicidade dos comentários de incentivo ao cometimento da infração penal, que seja possível extrair das palavras de estímulo referência a delitos determinados, pois a instigação genérica, por ser vaga, é ineficaz" (STJ, HC n. 659.499/SP, rel. Min. Reynaldo Soares da Fonseca, 5ª T., j. 8-6-2021).

[20] Como pondera Edgardo Donna, à luz do art. 209 do CP argentino, em comentário inteiramente aplicável ao art. 286 do CP: "Qualquer delito é possível de se instigar, salvo os culposos, devido à estrutura própria destes. Não é possível instigar publicamente a violar um semáforo vermelho para matar pessoas imprudentemente, já que isso se converte em delito doloso" (*Derecho Penal*, p. 287).

[21] Hungria ponderava que o dispositivo legal não incluía o "incitamento para delinquir *in genere*, pois à insensatez de tal procedimento corresponderia a sua inocuidade" (*Comentários ao Código Penal*, v. IX, p. 169). Nesse sentido: "Sindicância instaurada a partir de requerimento de Deputados da Assembleia Legislativa do Estado do Rio de Janeiro, com a finalidade de investigar o alegado cometimento de delito de incitação ao crime (CP, art. 286), que teria sido praticado, em tese, pelo Governador do Estado do Rio de Janeiro. 2. O Ministério Público Federal opinou pelo arquivamento

existir o delito em estudo em tais casos, desde que os receptores da mensagem possam, do estímulo realizado, interpretá-lo como incentivo para realizar infrações determinadas. Pense-se num discurso dirigido a um grupo de roubadores, no qual o concitador não menciona o delito patrimonial, mas os incentiva a violarem a lei penal (genericamente), tomando aqueles a fala como beneplácito para as ações a que se dedicam.

O fato de **alguém manifestar sua opinião a respeito da legalização de certo comportamento criminoso** (p. ex., porte de entorpecentes) **não é crime**, pois se trata de exercício regular de um direito constitucionalmente assegurado: a liberdade de manifestação de pensamento (art. 5º, IV). Essa conduta não extravasa a defesa de uma tese, inexistindo, nesse ato, qualquer *animus instigandi delicti*, mas somente uma opinião exarada *de lege ferenda*.

3.1. Concurso de crimes

O delito em estudo aperfeiçoa-se quando o autor estimula publicamente outrem a praticar algum crime, independentemente da subsequente prática, por terceiro, da conduta a que foi incitado.

É de se perguntar, contudo, qual deve ser o enquadramento legal se o incentivo se traduz em atitudes materiais por parte das pessoas a quem se dirige; ou seja, trata-se de saber se, em **ocorrendo o delito concitado, deve o autor da incitação responder por dois crimes em concurso (o art. 286 e o outro que se realizou), ou somente pelo último, absorvendo-se o primeiro?**

Em nosso modo de ver, a resposta dependerá, em primeiro lugar, da modalidade de incitação realizada. Quando se referir a *crime precisamente individuado* (isto é, com designação de vítima), haverá uma só infração, ficando o delito contra a paz pública absorvido pelo fato tentado ou consumado que a este se seguiu (CP, art. 31), desde que todos a quem o estímulo moral se dirigiu tenham tomado parte no crime subsequente. Se, contudo, somente alguns o fizerem, deverá se reconhecer a pluralidade de delitos: a

---

do procedimento criminal, em virtude da atipicidade da conduta, tendo em vista ser indispensável para a configuração do delito indicado, que o agente instigue pessoas determinadas ou indeterminadas da coletividade a praticar crimes específicos, sendo que, no caso concreto, há somente menção genérica a crimes. 3. A promoção ministerial deve ser deferida, nos termos em que postulada" (STJ, Sd 748/DF, rel. Min. Og Fernandes, Corte Especial, j. 16-10-2019). E ainda: "O delito de incitação ao crime pressupõe, além da publicidade dos comentários de incentivo ao cometimento da infração penal, que seja possível extrair das palavras de estímulo referência a delitos determinados, pois a instigação genérica, por ser vaga, é ineficaz" (STJ, HC 659.499/SP, rel. Min. Reynaldo Soares da Fonseca, 5ª T., j. 8-6-2021).

335

incitação no que toca àqueles que não praticaram a infração posterior e a participação criminosa no ato dos que o fizeram[22].

Em se tratando, por outro lado, de *infração apenas indicada* "in specie" (sem apontamento de maiores detalhes), a imputação do delito subsequente ao incitador não poderá, como regra, se dar, a não ser que tal resultado possa ser atribuído a título de dolo eventual (o que requer tenha sido previsto e anuído pelo agente). Se assim não for, corre-se o risco de produzir-se responsabilidade penal objetiva.

3.2. Crime de dano ou de perigo

Discute a doutrina se a incitação ao crime configura delito de dano ou de perigo[23].

Em nosso sentir, fixando-se a objetividade jurídica em torno da paz pública, trata-se inequivocamente de **delito de dano**. O fato representa, sem dúvida, um risco a outros bens, mas uma lesão *de per si* ao sentimento de segurança e tranquilidade das pessoas.

Recorde-se que se pode divisar na incitação ao crime a característica da pluriofensividade, pois a lei procura acautelar a paz pública em si mesma

---

[22] Em sentido semelhante encontra-se o pensamento de Guilherme Nucci: "se o destinatário da instigação for único e efetivamente cometer o crime, pode o autor da incitação ser considerado partícipe (art. 29, CP). Nessa hipótese, o crime de perigo (art. 286) é absorvido pelo crime de dano cometido. Entretanto, se forem vários os destinatários da incitação e apenas um deles cometer o crime, haverá concurso formal, isto é, o agente da incitação responderá pelo delito do art. 286 e também pelo crime cometido pela pessoa que praticou a infração estimulada" (*Código Penal comentado*. 9. ed. São Paulo: Revista dos Tribunais, 2009, p. 997). Helena Moniz, analisando o Código Penal português, aduz que pode se dar a relação de consunção quando da provocação pública somente resultar um fato típico ilícito consumado, "tendo sido igualmente o único fato praticado – ou seja, nestes casos o agente deverá apenas ser punido pelas regras gerais aplicáveis ao instigador, uma vez que se encontra assegurada a punibilidade subjacente à instigação prevista neste art. 297, o que se torna mais verdadeiro se considerarmos que o bem jurídico protegido por este tipo legal de crime é o bem jurídico protegido pelo crime provocado" (*Comentário conimbricense do Código Penal*, p. 1145).

[23] Entendendo ser crime de perigo: "De outro norte, a conduta de incitação ao crime prevista no art. 286 do CP é crime formal, de perigo abstrato, consumando-se independentemente do seu resultado naturalístico. A influência psíquica do agente consiste no induzimento que se concretiza em fazer surgir em terceiros um propósito criminoso que anteriormente não existia ou reforçar-lhes o propósito existente. O tipo penal do art. 286 do Código Penal alcança qualquer conduta apta a provocar ou a reforçar a intenção de prática criminosa" (TJDFT, Acórdão 1235211, 00013711820198070016, rel. Des. Arnaldo Corrêa Silva, 2ª T. Recursal, j. 11-3-2020).

e, indiretamente, proteger a vida, a saúde, o patrimônio, a honra, e tantos quantos forem os bens jurídicos capazes de serem atingidos caso o estímulo publicamente efetuado torne-se eficaz na mente das pessoas, convertendo-as em autores de delitos. Há, portanto, lesão efetiva à paz pública e perigo (presumido) aos demais bens passíveis de serem vulnerados.

4. TIPO SUBJETIVO

O elemento subjetivo do tipo (dolo) abrange a vontade e a consciência de incentivar pessoas, em público, a cometer delitos (*animus instigandi delicti*). Encontra-se abrangido pela disposição o **dolo direto** e **eventual**[24]. Mostra-se inerente ao *dolus* que o autor pretenda ou assuma o risco de que sua mensagem atinja terceiros e os influencie a cometer crime.

Discute-se se o agente deve conhecer o caráter criminoso do ato que estimula. Parece-nos que a resposta deve ser afirmativa. Se o agente fomenta pessoas, *coram populo*, a praticarem determinado comportamento, desconhecendo por completo seu caráter criminoso (ou seja, considerando de boa-fé ser lícita a conduta concitada), aplicar-se-á em seu favor o erro de tipo (CP, art. 20), o qual afastará o dolo da conduta.

5. SUJEITOS DO CRIME

5.1. Sujeito ativo

Qualquer pessoa pode figurar como sujeito ativo (**crime comum**).

5.2. Sujeito passivo

A vítima (sujeito passivo) é a coletividade; cuida-se, portanto, de *crime vago*.

6. CONSUMAÇÃO E TENTATIVA

6.1. Consumação

Dá-se a consumação com o **conhecimento por terceiros da incitação ao crime**. Não é necessário que os destinatários da conduta efetivamente

---

[24] "Incitar, consoante a melhor doutrina é instigar, provocar ou estimular e o elemento subjetivo consubstancia-se em ter o agente vontade consciente dirigida a estimular a discriminação ou preconceito racial. Para a configuração do delito, sob esse prisma, basta que o agente saiba que pode vir a causá-lo ou assumir o risco de produzi-lo (dolo direto ou eventual)" (STJ, REsp 157.805, rel. Min. Jorge Scartezzini, 5ª T., *DJ* de 13-9-1999, p. 87).

cometam delitos, pois a *fattispecie* do art. 286 é de **mera conduta ou simples atividade**[25] (ainda que o público rechace a sugestão, o delito subsistirá). É suficiente, portanto, que a atitude tenha sido idônea a estimular o terceiro, não sendo necessário que se tenha criado efetivamente a resolução criminosa[26].

Se os delitos forem de fato praticados, o incitador responderá pelos crimes na condição de partícipe (CP, art. 29, *caput*), ficando absorvido o crime do art. 286 do CP, *desde que se cuide de incitação a crime precisamente individuado* (*vide* item "3.1") e que todos os receptores do estímulo tenham tomado parte no delito subsequente.

6.2. Tentativa

O *conatus proximus* dependerá do meio executivo empregado. Quando o fato for cometido por meio verbal ou gestual, a infração será unissubsistente e, por tal motivo, não comportará tentativa. Caso opte o agente pela forma escrita, poderá se dar a forma imperfeita de crime, de vez que se estará diante de conduta plurissubsistente.

7. OUTRAS FORMAS DE INDUZIMENTO A CRIME

Existem na legislação penal outras formas de induzimento a crime especificamente tipificadas:

a) a incitação ao genocídio enquadra-se no art. 3º da Lei n. 2.889, de 1º-10-1956;

b) a instigação, induzimento ou auxílio ao suicídio é definida no art. 122 do CP;

c) a incitação à lascívia ou à prostituição configura os delitos dos arts. 218-B, 227 e 228 do CP;

d) o incentivo ao consumo de drogas enquadra-se no art. 33, § 2º, da Lei n. 11.343/2006 (Lei Antidrogas);

---

[25] No sentido de que se trata de crime formal: "No conceito de instigação acham-se compreendidas tanto a influência psíquica, representada pela determinação (induzimento), que se concretiza em fazer surgir em terceiros um propósito criminoso antes inexistente, quanto a instigação que é o reforçar propósito já existente. Instigar, como é cediço, indica cogitar, fazer com que outros se decidam a executar um ato, ou ao menos reforçar-lhes o propósito. Isto se faz provocando motivos impelentes, quer os consolidando, quer anulando ou reduzindo a rejeição. Além disso, sabe-se que a publicidade constitui elemento essencial do tipo, sem a qual ele não se aperfeiçoa, sendo o crime formal, ou seja, consuma-se com a incitação pública, desde que percebida por um número indeterminado de pessoas" (TJSP, *RT* 718/378).

[26] Para Helena Moniz (analisando disposição semelhante à nossa no CP português), contudo, o tipo somente estará integralmente preenchido quando o comportamento do agente provocar a resolução de uma prática criminosa (*Comentário conimbricense do Código Penal*, p. 1143).

e) o incitamento à desobediência, à indisciplina ou à prática de crime militar constitui fato especificamente apenado no art. 155 do Código Penal Militar.

8. CONDUTA EQUIPARADA

De acordo com o parágrafo único, incluído pela Lei n. 14.197, de 1º de setembro de 2021, incorre na mesma pena quem incita, publicamente, animosidade entre as Forças Armadas, ou delas contra os poderes constitucionais, as instituições civis ou a sociedade.

9. CLASSIFICAÇÃO JURÍDICA

Classifica-se como crime *de conduta livre* (admite qualquer meio executório), *comum* (qualquer pessoa pode praticá-lo), *unissubjetivo ou de concurso eventual* (pode ser praticado por uma pessoa ou várias em concurso), *de mera conduta* (a consumação ocorre com a prática do comportamento delitivo, independentemente da ocorrência de algum resultado naturalístico, ao qual o tipo nem sequer faz referência), *instantâneo* (a consumação dá-se instantaneamente, sem se prolongar no tempo), *monossubjetivo ou de concurso eventual* (pode ser cometido por uma só pessoa ou várias, em concurso) e *unissubsistente ou plurissubsistente* (a depender do meio empregado para a incitação).

10. PENA E AÇÃO PENAL

O fato é apenado com detenção, de três a seis meses, ou multa. Constitui infração de menor potencial ofensivo (Lei n. 9.099/95, art. 61), sujeitando-se ao procedimento sumaríssimo e às medidas despenalizadoras contidas no citado Diploma.

A ação penal é de iniciativa **pública incondicionada**.

ART. 287 – APOLOGIA DE CRIME OU CRIMINOSO

1. DISPOSITIVO LEGAL

Apologia de crime ou criminoso

Art. 287. Fazer, publicamente, apologia de fato criminoso ou de autor de crime:

Pena – detenção, de 3 (três) a 6 (seis) meses, ou multa.

2. VALOR PROTEGIDO (OBJETIVIDADE JURÍDICA)

De modo equivalente às demais infrações reunidas no Título IX, protege-se a **paz pública**, ou seja, o sentimento de tranquilidade e segurança das pessoas indistintamente consideradas.

Há também neste dispositivo o fim mediato de proteger outros bens cujos destinatários da mensagem apologética poderiam sentir-se animados a violar mediante o cometimento de crimes[27].

Deve-se ter em mente que a apologia de crime ou criminoso constitui forma oblíqua (ou indireta) de incitação ao delito.

3. TIPO OBJETIVO

A conduta nuclear radica-se no ato de *fazer apologia*, isto é, enaltecer com vigor, exaltar enfaticamente, tecer elogios rasgados, louvar com entusiasmo. Segundo os léxicos, entende-se por apologia o discurso destinado à defesa, justificação ou ao louvor; trata-se, juridicamente, do encômio superlativo.

Constitui *conditio sine qua non* seja o fato realizado publicamente. Esse é o traço comum entre o art. 287 e o precedente. O agente deve atuar, portanto, *coram multis personis*. Subsiste o delito independentemente de o fato ser dirigido a pessoa determinada (p. ex., discursar a uma plateia) ou incerta (*v.g.*, elaborar texto a ser distribuído a desconhecidos numa praça pública enaltecendo ato de corrupção *in specie* considerado). Pode ocorrer de a mensagem ser dirigida a um destinatário apenas, o que não impedirá o reconhecimento do delito, desde que a apologia possa ser captada por um número indefinido de pessoas, sob pena de inexistir a lesão ao bem protegido, que é a paz pública. Na determinação do caráter público, deve-se ter uma gama de fatores, dos quais a quantidade de pessoas a que se dirige a mensagem, o lugar e a forma de emissão devem ser analisados em conjunto. Vale aqui, portanto, a mesma advertência elaborada à luz da incitação ao crime, de que o fato será penalmente atípico quando realizado em ambiente fechado (p. ex., no interior de uma residência em conversa aos familiares), de modo que não seja percebida a conversa por um número indeterminado de pessoas.

O delito pode ser cometido por **qualquer meio executivo** (infração onímoda).

Admite-se o *meio escrito* (p. ex., elaboração de textos para serem distribuídos, inclusive por meio da imprensa, já que inexiste, por ora, lei respectiva[28]; confecção de dizeres em locais visíveis ao público; afixação de cartazes com mensagens apologéticas), o *meio verbal* (p. ex., discurso com encômios, exortações, falas transmitidas por qualquer mídia), o *meio gestual* (como si-

---

[27] Veja o escólio de Helena Moniz. *Comentário conimbricense do Código Penal*, p. 1149-1150.

[28] Lembre-se de que o STF, julgando a Ação de Descumprimento de Preceito Fundamental n. 130, considerou a Lei de Imprensa incompatível com o ordenamento constitucional vigente.

nais com as mãos de aprovação a fato criminoso, o aplauso entusiasmado a um facínora vendo-o fugir da abordagem policial) ou até mesmo *o virtual* (quando a conduta é praticada pela internet) ou outros (como o ato de recompensar publicamente um delinquente pelo ilícito penal cometido).

A ação deve recair sobre fato criminoso ou autor de crime.

Quando se trata de **apologia a fato delitivo**, discute a doutrina se a lei inclui, além do encômio ao fato concreto (isto é, ao crime já realizado), o preconício do delito em abstrato, enquanto entidade jurídica ou conduta *in thesi*. Explica-se: não há dúvida constituir o crime, por exemplo, dizer publicamente que foi correta e plenamente justificada a atitude de um homem que, vendo uma mulher em trajes provocantes recusar seu flerte, a estuprou (considerando ter esse fato realmente ocorrido). Mas se alguém diz ser louvável manter casa de prostituição de menores, como fato analisado abstratamente, pode-se dizer que cometeu a apologia a crime? No primeiro caso, o elogio recai sobre situação concretamente verificada (fato passado); no outro, sobre atitude abstratamente analisada (o ato como entidade jurídica).

Para Magalhães Drummond, ambas as condutas lesam igualmente a paz pública e, por isso, *de lege ferenda*, deveriam constituir o crime em estudo. Obtempera o penalista, contudo, que *de lege lata*, ao falar o Código em "fato criminoso" e em "autor de crime" não se inclui na moldura típica o louvor em tese realizado[29].

Nelson Hungria, de sua parte, ensinava que se mostrava irrelevante que a exaltação recaísse em crime considerado *in concreto* ou *in abstracto*, "como episódio ocorrido ou acontecimento futuro"[30], já que de ambas as situações poderia advir o alarma coletivo que se pretende evitar.

A explicação de Hungria, todavia, não convence e apenas ressoa o quanto já dizia, antes dele, Drummond, ou seja, as duas condutas são hábeis a ferir a paz pública, mas, dado o princípio da taxatividade da lei penal, somente a primeira encontra-se incluída na disposição. Insista-se, **o elogio deve ser voltado a um comportamento concreto e não abstrato** (ou seja, cuida-se de enaltecer vigorosamente um ato objetivamente realizado no passado e não um comportamento que possa ser, em tese, cometido).

O ato de elogiar os atributos físicos, intelectuais ou morais de autores de delitos não constitui o crime em questão, o qual requer que se enalteça sua conduta criminosa.

No caso de **autor de crime, não é necessário que a pessoa elogiada tenha sido condenada criminalmente.** Magalhães Drummond manifestara

---

[29] *Comentários ao Código Penal*, v. IX, p. 182.

[30] *Comentários ao Código Penal*, v. IX, p. 173.

opinião em sentido contrário, tendo recebido candente oposição de Hungria, o qual, depois de qualificar o comentário como "clamoroso equívoco", aduz: "Ninguém poderá deixar de reconhecer 'fato criminoso' em qualquer fato que corresponda a um tipo de crime, ainda que a seu respeito não tenha sido, sequer, aberto inquérito policial. Do mesmo modo, seria absurdo que não se pudesse considerar 'autor de crime', por exemplo, um assassino preso em flagrante, ou confesso, ou notoriamente reconhecido como tal, ainda que nem mesmo tenha sido ainda denunciado"[31].

A demonstração pública de solidariedade, defendendo autor de crime, configura exercício regular de um direito constitucionalmente assegurado: a liberdade de manifestação de pensamento (art. 5º, IV). Pode caracterizar, ademais, a concretização do princípio constitucional da ampla defesa (art. 5º, LV). Também não incorrem na infração, segundo a jurisprudência, os parlamentares a quem a Constituição Federal atribui a inviolabilidade por suas palavras, votos e opiniões. As imunidades parlamentares, no entanto, não são absolutas. Por essa razão, o STF decidiu que, no caso de manifestações dos parlamentares se revelarem estranhas ao exercício do mandato legislativo, ou seja, abusivas, admitir-se-á processo judicial[32].

---

[31] *Comentários ao Código Penal*, v. IX, p. 173. No mesmo sentido, Damásio de Jesus (*Código Penal anotado*. 19. ed. São Paulo: Saraiva, 2009, p. 890).

[32] Assim decidiu o STF: "Penal. Denúncia e queixa-crime. Incitação ao crime, injúria e calúnia. (...) Imunidade parlamentar. Incidência quanto às palavras proferidas no recinto da câmara dos deputados. Entrevista. Ausente conexão com o desempenho da função legislativa. Inaplicabilidade do art. 53 da constituição federal. Preenchimento dos requisitos do art. 41 do código de processo penal quanto aos delitos de incitação ao crime e de injúria. Recebimento da denúncia e rejeição parcial da queixa-crime, quanto ao crime de calúnia. (...) 9. *In casu*, (i) o parlamentar é acusado de incitação ao crime de estupro, ao afirmar que não estupraria uma Deputada Federal porque ela 'não merece'; (ii) o emprego do vocábulo 'merece', no sentido e contexto presentes no caso sub judice, teve por fim conferir a este gravíssimo delito, que é o estupro, o atributo de um prêmio, um favor, uma benesse à mulher, revelando interpretação de que o homem estaria em posição de avaliar qual mulher 'poderia' ou 'mereceria' ser estuprada. 10. A relativização do valor do bem jurídico protegido – a honra, a integridade psíquica e a liberdade sexual da mulher – pode gerar, naqueles que não respeitam as normas penais, a tendência a considerar mulheres que, por seus dotes físicos ou por outras razões, aos olhos de potenciais criminosos, 'mereceriam' ser vítimas de estupro. (...) 13. *In casu*, (i) a entrevista concedida a veículo de imprensa não atrai a imunidade parlamentar, porquanto as manifestações se revelam estranhas ao exercício do mandato legislativo, ao afirmar que 'não estupraria' Deputada Federal porque ela 'não merece'; (ii) o fato de o parlamentar estar em seu gabinete no momento em que concedeu a entrevista é fato meramente acidental, já que não foi ali que se tornaram públicas as ofensas, mas sim através da imprensa e da internet; (iii) a campanha '#eu não mereço ser estuprada', iniciada na internet em seguida à divulgação das de-

Não há crime quando se enaltece fato contravencional[33] ou imoral ou seus respectivos autores.

Entende a doutrina, com razão, que **a apologia de fato definido como crime culposo não constitui delito**, porque não ocorreria, nesse caso, qualquer violação à paz pública, isto é, o bem jurídico protegido no art. 287 do CP não sofreria dano[34].

3.1. Concurso de crimes

Afigura-se possível o *concursus delictorum* entre a apologia e o fato subsequente, a que o sujeito foi imbuído de cometer contagiado pela efusiva declaração de elogio do autor ou ao fato que cometeu, desde que presente o vínculo subjetivo, ou seja, o propósito de estimular o cometimento de atos semelhantes por parte dos destinatários da mensagem e que tal incentivo não tenha se exaurido no delito subsequente, o que ocorrerá quando todos os destinatários da mensagem apologética tomaram parte do ato posterior.

---

clarações do Acusado, pretendeu expor o que se considerou uma ofensa grave contra as mulheres do país, distinguindo-se da conduta narrada na denúncia, em que o vocábulo 'merece' foi empregado em aparente desprezo à dignidade sexual da mulher. (...) (iii) As declarações narradas na denúncia revelam, em tese, o potencial de reforçar eventual propósito existente em parte daqueles que ouviram ou leram as declarações, no sentido da prática de violência física e psíquica contra a mulher, inclusive novos crimes contra a honra de mulheres em geral. (iv) Conclusão contrária significaria tolerar a reprodução do discurso narrado na inicial e, consequentemente, fragilizar a proteção das mulheres perante o ordenamento jurídico, ampliando sua vitimização. (...) (ii) Os atos praticados em local distinto escapam à proteção da imunidade, quando as manifestações não guardem pertinência, por um nexo de causalidade, com o desempenho das funções do mandato parlamentar. (...) verifica-se a adequação da conduta ao tipo penal objetivo do crime de injúria, diante da exposição da imagem da Querelante à humilhação pública, preenchendo, ainda, o elemento subjetivo do art. 140 do Código Penal, concretizado no *animus injuriandi* e no *animus offendendi* (...)" (STF, Inq. 3932, rel. Min. Luiz Fux, 1ª T., j. 21-6-2016).

[33] *Vide*, nesse sentido, "RHC – Penal – Apologia de crime ou criminoso (...) A apologia de contravenção penal não satisfaz elemento constitutivo desse delito" (STJ, RHC 4.660, rel. Min. Cernicchiaro, 6ª T., *DJ* 30-10-1995, p. 36.810).

[34] *Vide*, por todos, Damásio de Jesus: "A apologia de fato criminoso culposo não constitui o delito porque é inconcebível que a paz pública, objeto jurídico, seja ameaçada pela exaltação de crime decorrente de culpa. É que não se pode admitir que alguém seja incitado (indiretamente) à prática de fatos criminosos decorrentes da inobservância do cuidado objetivo necessário. Tal apologia, se feita, resultaria inócua e não ofenderia o bem jurídico" (*Código Penal anotado*, p. 890). Em sentido contrário, Mirabete: "Ninguém negará que o elogio a um infrator do trânsito que praticou um ou vários homicídios culposos tem potencialmente a idoneidade para atingir a tranquilidade e segurança coletivas" (*Manual de direito penal*. Parte especial. 22. ed. São Paulo: Atlas, 2007, v. 3, p. 168).

Cuidar-se-á de **concurso formal** (e não material, como apontava boa parte dos autores, dentre os quais Hungria). Há uma só conduta, que terá produzido dois ou mais resultados jurídicos. Pode-se reconhecer o concurso ideal impróprio, dada a presença de desígnios autônomos (CP, art. 70, *caput*, parte final).

4. TIPO SUBJETIVO

O fato somente é punido na forma **dolosa**, de modo que se faz necessário tenha o autor a vontade de concretizar os elementos objetivos do tipo, sendo indispensável que o faça ciente de que a apologia se dirige a fato considerado criminoso por lei ou a autor de crime.

5. SUJEITOS DO CRIME

5.1. Sujeito ativo

Qualquer pessoa pode figurar como sujeito ativo (**crime comum**), porquanto dele não se exige nenhuma qualidade ou condição especial.

5.2. Sujeito passivo

A vítima (sujeito passivo) é a coletividade (crime vago).

6. CONSUMAÇÃO E TENTATIVA

6.1. Consumação

O *summatum opus* verifica-se com o conhecimento, por um número indeterminado de pessoas, da apologia a fato delitivo ou de autor de crime. A mensagem pode chegar ao conhecimento de qualquer pessoa, ainda que penalmente inimputável, desde que possua capacidade intelectiva suficiente para compreendê-la e condição volitiva bastante para com ela inspirar-se a realizar atos assemelhados[35].

Não é preciso que os destinatários sintam-se efetivamente animados a replicar a conduta elogiada ou a atitude do autor enaltecido; ainda que estes reprovem o encômio, o delito subsistirá. Pouco importa, pelas mesmas razões, que à conduta não se siga qualquer delito semelhante.

---

[35] Em sentido semelhante: Helena Moniz. *Comentário conimbricense do Código Penal*, p. 1152.

6.2. Tentativa

Admite-se a forma tentada, a depender do meio executivo. Se a conduta for praticada oral ou gestualmente, o fato consubstanciará crime unissubsistente; se por escrito, será plurissubsistente.

7. OUTRAS FORMAS DE APOLOGIA DE FATO CRIMINOSO OU DE AUTOR DE CRIME

Outras leis existem que também tipificam fato semelhante, diferenciando-se do art. 287 do CP pelo critério da especialidade. É o caso da apologia de crime militar ou seu autor, que se subsume ao art. 156 do Código Penal Militar (Decreto-Lei n. 1.001/69).

8. CLASSIFICAÇÃO JURÍDICA

Classifica-se como crime de *conduta livre ou onímodo* (pois admite qualquer meio executivo), *comum* (qualquer pessoa pode praticá-lo), *unissubjetivo ou de concurso eventual* (pode ser cometido por uma só pessoa ou várias em concurso), *de mera conduta* (a lei penal limita-se a descrever um *facere*, sem alusão a qualquer resultado naturalístico), *instantâneo* (consuma-se instantaneamente, sem prolongar-se no tempo), *unissubsistente ou plurissubsistente* (conforme o meio executório utilizado).

9. PENA E AÇÃO PENAL

Pune-se o ato com detenção, de três a seis meses, ou multa.

Trata-se de infração de menor potencial ofensivo (Lei n. 9.099/95, art. 61), sujeitando-se ao procedimento sumaríssimo e às medidas despenalizadoras contidas no citado Diploma.

A ação penal é de iniciativa **pública incondicionada**.

ART. 288 – ASSOCIAÇÃO CRIMINOSA

1. DISPOSITIVO LEGAL

Art. 288. Associarem-se 3 (três) ou mais pessoas, para o fim específico de cometer crimes:

Pena – reclusão, de 1 (um) a 3 (três) anos.

Parágrafo único. A pena aumenta-se até a metade se a associação é armada ou se houver a participação de criança ou adolescente.

Redação do **caput** *e parágrafo único decorrente da Lei n. 12.850/2013.*

2. VALOR PROTEGIDO (OBJETIVIDADE JURÍDICA)

O escopo da tutela penal diz respeito, imediatamente, à proteção da paz pública, ou seja, o **sentimento de segurança e tranquilidade das pessoas**[36]. Em caráter mediato, procura-se defender a integridade dos valores fundamentais que a colocação em prática do plano criminoso poderia atingir.

Os crimes contra a paz pública, consoante já se frisou, configuram hipóteses de antecipação da tutela penal, nas quais o legislador intenta resguardar bens jurídicos de agressões futuras, punindo as condutas potencialmente atentatórias a estes em seus estágios embrionários. Daí advém a natureza pluriofensiva destes delitos.

Como destaca Jorge Figueiredo Dias: "Trata-se de intervir num *estádio prévio*, através de uma dispensa *antecipada* de tutela quando a segurança e a tranquilidade públicas não foram ainda necessariamente perturbadas, mas se criou já um *especial perigo de perturbação* que só por si viola a paz pública"[37].

3. BREVE HISTÓRICO

A primeira legislação a contemplar semelhante figura foi o Código Penal francês de 1810 (arts. 265 e 266), embora somente reconhecesse a sociedade criminosa em matéria de delitos contra a propriedade ou contra a pessoa. Em seguida, adveio o Código das Duas Sicílias (1819), impondo o requisito mínimo de três pessoas para sua configuração[38].

No Brasil, foram pioneiros os Códigos Criminal de 1830 e Penal de 1890, os quais continham a figura do ajuntamento ilícito. Não se tratava, contudo, de *fattispecie* semelhante à associação criminosa, senão da punição de uma reunião acidental de sediciosos ou amotinados em praça pública, sem qualquer vínculo de estabilidade[39].

---

[36] O bem jurídico da associação é a paz pública e a natureza jurídica é crime de perigo abstrato (STJ, HC 131.838/SP, rel. Min. Nefi Cordeiro, 6ª T., j. 10-6-2014). No mesmo sentido: STJ, AgRg no HC 470.629/MS, Rel. Min. Felix Fischer, 5ª T., j. 19-3-2019, e HC 547.945/SP, rel. Min. Ribeiro Dantas, 5ª T., j. 4-2-2020.

[37] *Comentário conimbricense do Código Penal*, p. 1157.

[38] Zerboglio Adolfo. *Trattato di diritto penale*. Coordenado por Eugenio Florian. 4. ed. Milão: Casa Editrice Dottor Francesco Vallardi, 1935, p. 51.

[39] Segundo advertia Hungria, tal fato não equivalia ao atual art. 288, por ausência de qualquer requisito de estabilidade, não passando de uma forma de "*cumplicidade presumida*, consistente no *favorecimento*, mediante prestação de abrigo, a 'bandos' de *assassinos e roubadores*; mas tal cumplicidade referia-se aos crimes acaso praticados pelos bandidos, e não à respectiva associação, que, em si mesma, não era prevista como crime" (*Comentários ao Código Penal*, v. IX, p. 175).

O Projeto Alcântara Machado (que deu origem ao Código Penal de 1940) previa o fato de "aquadrilharem-se três ou mais pessoas para a prática de crimes" (art. 199). A redação dada pela Comissão Revisora, da qual resultou o atual art. 288, mostrou-se reconhecidamente superior e definia o fato com as seguintes elementares: "associarem-se mais de três pessoas, em quadrilha ou bando, para o fim de cometer crimes". Essa redação foi mantida até o advento da Lei n. 12.850/2013, que modificou o dispositivo para sua forma atual, com o nome jurídico "associação criminosa".

4. TIPO OBJETIVO

4.1. Ação nuclear

O verbo nuclear consiste no ato de *associarem-se*, isto é, reunirem-se, aliarem-se, ajuntarem-se formando uma sociedade (criminosa). Devem os agentes unir-se em "associação criminosa".

A redação anterior do dispositivo, ao se referir à associação de pessoas em "quadrilha ou bando", ensejava dúvidas quanto ao significado de tais expressões. Rogério Greco, embora reconhecesse terem elas o mesmo significado no Código Penal, acentuava que, morfologicamente, quadrilha deveria ser entendida como a reunião de quatro pessoas e bando, um número superior de indivíduos[40]. Marcelo Fortes Barbosa distinguia-os asseverando que a quadrilha constituía-se do ajuntamento criminoso urbano e o bando, do rural.

A associação de que cogita a lei consubstancia-se na **reunião em caráter estável, mediante a conjugação de esforços recíprocos**. Trata-se da fundação de uma empresa criminosa (*societas delinquendi*).

Zerboglio a definia como o ato de associarem-se um determinado número de pessoas como escopo de cometerem este ou aquele delito, independentemente de sua execução efetiva ou tentativa do mesmo crime[41]. Esse conceito, embora difundido, não pode ser tido como válido para o Direito pátrio justamente por não incorporar todos os elementos típicos necessários à sua configuração. Prefere-se, bem por isso, o de Hungria: "reunião estável ou permanente (que não significa *perpétua*), para o fim de perpetração de uma indeterminada série de crimes"[42].

---

[40] Rogério Greco. *Código Penal comentado*. 4. ed. Niterói: Impetus, 2010, p. 759.

[41] *Trattato di diritto penale*, p. 51. Nesse sentido: "A associação criminosa é crime formal, que se caracteriza pela simples reunião estável de três ou mais pessoas com a finalidade de cometer um ou alguns ilícitos. Não se exige, para sua consumação, a efetiva execução de delitos autônomos" (STJ, RHC 75.641/RJ, rel. Min. Rogerio Schietti Cruz, 6ª T., j. 5-11-2019).

[42] *Comentários ao Código Penal*, v. IX, p. 177.

4.2. Pluralidade de agentes (delito plurissubjetivo)

Para o surgimento da associação criminosa deve haver, **no mínimo, três pessoas**. A exigência de quórum como *conditio sine qua non* para sua existência torna-o delito de concurso necessário, também denominado de **plurissubjetivo (de condutas paralelas)**.

Cotejando-se o Direito Comparado, nota-se a ausência de uniformidade quanto ao número necessário de sujeitos para o aperfeiçoamento dessa figura penal[43]. Dentro da própria legislação brasileira se detecta alguma discrepância, valendo destacar o conceito de associação criminosa para o fim de cometer tráfico ilícito de drogas (art. 35 da Lei n. 11.343/2006), para o qual basta a concorrência de dois indivíduos[44]. Isso sem falar do crime de constituição de milícia privada (art. 288-A), incluído no Código Penal pela Lei n. 12.720/2012, o qual não faz alusão expressa ao número mínimo de integrantes necessários à sua configuração[45] e, por fim, o tipo de organização criminosa (art. 2º da Lei n. 12.850/2013), para o qual se faz mister a reunião estável e estruturada de ao menos quatro pessoas.

Uma vez atingida a quantidade de agentes prevista em lei, unindo-se todos de maneira estável e formando a sociedade criminosa, tem-se por completo o delito; sua consumação, a partir daí, prolonga-se no tempo, perdurando enquanto subsistir o vínculo para o esforço comum (**crime permanente**), ainda que nenhuma das infrações genericamente planejadas venha a ser efetivamente cometida.

---

[43] Na Argentina, exige-se o mínimo de três pessoas (CP, art. 210: "Será reprimido con prisión o reclusión de tres a diez años, el que tomare parte en una asociación o banda de tres o más personas destinada a cometer delitos por el solo hecho de ser miembro de la asociación. Para los jefes u organizadores de la asociación el mínimo de la pena será de cinco años de prisión o reclusión"). No Código Penal português, tipifica-se a associação criminosa (art. 299º), sem exigir número predeterminado.

[44] "Art. 35. Associarem-se duas ou mais pessoas para o fim de praticar, reiteradamente ou não, qualquer dos crimes previstos nos arts. 33, *caput* e § 1º, e 34 desta Lei: Pena – reclusão, de 3 (três) a 10 (dez) anos, e pagamento de 700 (setecentos) a 1.200 (mil e duzentos) dias-multa. Parágrafo único. Nas mesmas penas do *caput* deste artigo incorre quem se associa para a prática reiterada do crime definido no art. 36 desta Lei".

[45] A despeito da omissão do legislador quanto ao número necessário de pessoas para se ter a *milícia privada* (art. 288-A do CP), entendemos que se faz necessária a reunião de, ao menos, *quatro indivíduos*, porque referido conceito se assemelha, em sua configuração, ao tipo de organização criminosa (art. 2º da Lei n. 12.850/2013) e, ademais disso, o preceito primário faz alusão, entre outros, à constituição de "grupo", ideia que pressupõe, em termos legislativos, mais de três pessoas.

Se os integrantes da associação criminosa cambiarem ao longo do tempo, não deixa de existir o fato criminoso; caso, todavia, a retirada de um dos integrantes faça reduzir o quórum para abaixo do mínimo, cessa a permanência, mas não desaparece o ilícito anterior (*factum infectum fieri nequit*)[46]. Descabe falar, nesse caso, em desistência voluntária (CP, art. 15), de vez que o delito já atingira seu *summatum opus*, impedindo o reconhecimento desse instituto que configura causa de exclusão da adequação típica do delito tentado (se houve consumação, fica impossível cogitar-se do benefício mencionado).

Subsiste o fato, ainda, se houver entre os sujeitos associados **menores inimputáveis**[47], sejam crianças ou adolescentes, podendo estes ser **computados na aferição do número exigido**. Haverá, em tais casos, **a incidência da causa de aumento de pena (até a metade) prevista no parágrafo único do art. 288**[48]. É necessário, entretanto, que possuam **consciência** e **vontade** para concordar com o fim comum, compreendendo e tendo condições efetivas de colaborar com a empresa criminosa. Desse modo, não se poderá reconhecer o delito quando dois maiores se ajuntarem com uma criança de tenra idade, pois o menor não terá noção de que colabora para a formação de uma empresa criminosa. Há, nesse caso, mera autoria mediata, não se podendo considerar o infante senão como mero instrumento.

De acordo com a jurisprudência, **não é preciso a identificação de todos os agentes para a condenação** pelo crime de associação criminosa, bas-

---

[46] *Vide*, Nelson Hungria. *Comentários ao Código Penal*, v. IX, p. 179.

[47] "1. Para a configuração do crime previsto no art. 288 do CP é exigida a reunião duradoura, estável e permanente de pelo menos três pessoas. Mesmo que na associação existam inimputáveis, o delito subsiste, desde que o 'animus' associativo possua a finalidade específica de praticar uma série indeterminada de crimes. 2. Trata-se de crime formal, de modo que a simples associação destinada à prática reiterada de crimes é suficiente para sua configuração. Diga-se, não se exige a efetiva prática dos crimes para cujo cometimento o grupo se organizou. 3. Em se tratando de crime permanente, quando a consumação se protrai no tempo até a cessação da permanência, se durante a consumação do delito de associação criminosa um de seus integrantes alcançar a maioridade, ele será considerado imputável. Precedente" (TJDFT, ApCr 20150510107534APR, rel. Roberval Casemiro Belinati, 2ª T. Criminal, j. 9-3-2017). *Veja*, ainda: TJSP, *RT* 443/506; TJRJ, *RT* 550/353; e *Jutacrim* 44/172.

[48] "Para a caracterização do crime de associação criminosa, basta a comprovação do ato associativo entre três ou mais pessoas, em caráter estável e duradouro, com evidente organização e distribuição de tarefas, com a finalidade específica de cometer crimes. *In casu*, cuida-se de quadrilha cuja atividade desenvolvia-se com a participação efetiva de adolescente, razão pela qual se aplica ao caso o parágrafo único do art. 288 do Código Penal" (TJMS, ApCr 0013570-55.2014.8.12.0001, rel. Des. Dileta Terezinha Souza Thomaz, 3ª CCr, j. 26-7-2019). Essa exasperante foi introduzida pela Lei n. 12.850/2013, de modo que não tem aplicação retroativa, consubstanciando *novatio legis in pejus*.

tando a certeza de que colaborou com a *societas delinquendi* um número de pessoas suficiente para se atingir a exigência legal[49].

Não importa, ainda, que os quadrilheiros ou bandidos se conheçam pessoalmente, mas é preciso que saibam da existência um do outro.

4.3. Caráter duradouro da associação (e a diferença entre associação criminosa e concurso de pessoas)

A infração em estudo (*societas delinquendi*) não se confunde com o concurso de pessoas, previsto no art. 29 do CP (*societas in crimine* ou *societas criminis*).

No art. 288 do CP há **associação estável**[50] com o fim de cometer um **número indeterminado de crimes**, não individuados ou apenas combinados quanto à sua espécie (cometer roubos, sequestros relâmpagos, extorsões, estelionatos etc.).

---

[49] *Vide*, nesse sentido: 1) Para o reconhecimento do crime de formação de quadrilha, basta a comprovação da existência de associação estável de mais de três pessoas, com a intenção de praticar crimes diversos, sendo, pois, prescindível a identificação efetiva de todos os membros da quadrilha ou bando (TJAL, HC 0802510-84.2013.8.02.0900, rel. Des. Otávio Leão Praxedes, j. 15-1-2014). 2) "Não é necessária a identificação de todos os agentes da quadrilha, mas sim 'a comprovação de que o bando era integrado por quatro ou mais pessoas'" (TRF-1ª R., AP 0018671-51.2011.4.01.4000, rel. Des. Mário Cesar Ribeiro, 3ª T., j. 2-2-2018). 3) "Aferir a existência de provas para a condenação pelo crime de quadrilha não é adequado ao veio restrito do 'habeas corpus', sendo certo ainda que é dispensável, para a caracterização do delito, a identificação de todos os participantes do bando" (STJ, HC 382.800/SP, Rel. Min. Maria Thereza de Assis Moura, 6ª T., j. 1-6-2017). *Vide*, ainda, *RT* 833/631. No sentido de que a infração subsiste, ainda que tenha havido extinção da punibilidade em relação a um dos quadrilheiros: "Penal. Processual. Receptação e quadrilha. Número de agentes. Exame de provas. Extensão de decisão proferida em apelação (CPP, art. 580). *Habeas corpus*. 1. O número de agentes necessário à configuração do crime de quadrilha (CP, art. 288) deve ser considerado no momento em que consumado o delito. Eventual extinção de punibilidade de um dos corréus não exclui o crime. Precedentes. 2. As provas, em *habeas corpus*, devem ser incontroversas, e os fatos, convergentes. 3. Divergentes as situações objetivas e pessoais de cada corréu, não se concede a extensão de que trata o CPP, art. 580. 4. *Habeas corpus* conhecido; pedido indeferido" (STJ, *RSTJ* 13/519).

[50] "No que concerne à imputação do delito de associação criminosa, previsto no art. 288 do Código Penal, verifico que não basta apontar a prática de crimes por 3 (três) ou mais pessoas para configurar o delito, porquanto indispensável o dolo de associação, com demonstração de vínculo subjetivo e permanente entre os associados, pela vontade consciente de cometerem delitos" (STJ, RHC 98.228/PA, rel. Min. Reynaldo Soares da Fonseca, 5ª T., j. 7-6-2018). Ver ainda: STJ, RHC 147.000/DF, rel. Min. Antonio Saldanha Palheiro, 6ª T., j. 11-4-2023; e AgRg no AREsp 2.429.606/DF, rel. Min. Ribeiro Dantas, 5ª T., j. 20-8-2024.

Significa que **não basta um acordo meramente transitório ou ocasional**, visando à execução de uma infração especificamente planejada (ou mais de um delito particularmente engendrado). Isso não quer dizer que é preciso elaborar-se uma organização com estatuto próprio, estrutura hierárquica e formal divisão de funções, pois basta a existência de uma sociedade, ainda que rudimentar, em que há um concerto de vontades em busca do fim comum traduzido no cometimento dos ilícitos penais.

No **concurso de agentes,** por outro lado, a **associação é eventual** (ocasional, episódica) e **visa ao cometimento de determinado(s) crime(s)**[51].

Outro traço distintivo reside em que a associação criminosa subsiste mesmo que os fatos criminosos genericamente planejados sequer cheguem à esfera da execução, ao passo que a participação, modalidade de concurso de agentes, tem sua relevância típica condicionada a que o crime seja, ao menos, tentado (CP, art. 31).

4.4. A finalidade especial exigida para formar a associação (elemento subjetivo específico)

A associação criminosa requer tenha a união um escopo claramente delimitado: **o fim específico de cometer crimes.** Desde o advento da Lei n. 12.850/2013, exige-se a constituição de um ajuntamento estável com foco dirigido ao cometimento de infrações penais. Não se pode reconhecer, portanto, o delito, quando a sociedade se formou para a consecução de fins lícitos (p. ex.: uma empresa), embora seus integrantes tenham optado por realizar ações criminosas no desempenho de sua atividade (*v.g.*, crimes contra a ordem econômica, tributária, contra o meio ambiente etc.).

Como já se adiantou, **não é preciso que os delitos venham efetivamente a ser praticados.** A pluralidade de crimes não integra o tipo objetivo, mas forma a intenção dos agentes. Significa dizer que basta a associação estável das pessoas, com propósito voltado à consecução específica de ilícitos penais (salvo contravenções), para se ter realizada a infração em estudo,

---

[51] "O artigo 288 do Código Penal estabelece que a associação criminosa se configura quando três ou mais indivíduos se unem com o intuito específico de praticar crimes. Para a configuração do delito, exige-se união duradoura, estável e persistente entre os participantes, com a finalidade de cometer crimes de maneira reiterada. 1.1. A associação criminosa não se origina de ações isoladas, mas sim da colaboração constante e repetitiva entre os membros" (TJDFT, Acórdão 1758663, 07018957120238070003, rel. Des. Josapha Francisco dos Santos, 2ª T. Criminal, j. 14-9-2023).

ainda que não cheguem a cometer nenhum dos delitos planejados ou somente logrem praticar um deles. O efetivo cometimento dos crimes não constitui exigência legal, mas sim a intenção de praticá-los[52].

---

[52] Este foi o entendimento consolidado na AP 470, julgada pelo STF em 17-12-2012, de que para a configuração do delito de associação necessitará constatar a finalidade de cometer crimes: *"É necessária que se faça para a específica prática de crimes. A lei exige que a fé societatis seja afetada pela intenção específica de cometer crimes"*. No mesmo sentido, o entendimento do STJ: "Para caracterização do delito de associação criminosa, indispensável a demonstração de estabilidade e permanência do grupo formado por três ou mais pessoas, além do elemento subjetivo especial que consiste no ajuste prévio entre os membros com a finalidade específica de cometer crimes indeterminados. Ausentes tais requisitos, restará configurado apenas o concurso eventual de agentes, e não o crime autônomo do art. 288 do Código Penal" (HC 374.515/MS, rel. Min. Maria Thereza de Assis Moura, 6ª T., j. 7-3-2017) e "para caracterização do crime de quadrilha e bando, exige-se a demonstração do elemento subjetivo específico do tipo, do intuito de "cometer crimes". Ademais, faz-se necessário comprovar o caráter de durabilidade e estabilidade da associação, o que a distingue do concurso de pessoas" (HC 426.706/MG, rel. Min. Ribeiro Dantas, 5ª T., j. 17-4-2018). Ver também: TJSC, RC 40010237420178240000, rel. Des. Moacyr de Moraes Lima Filho, Seção Criminal, j. 26-7-2017. E, ainda, anotem-se os seguintes julgados: "Não há falar em crime de quadrilha quando o acordo é realizado para a prática de um só delito. Sem embargo disso, há considerar que no caso dos presentes autos, e em que pese os respeitáveis fundamentos do *decisum* objurgado, está-se em que o delito tipificado no art. 288 do Código Fundamental Repressivo não restou devidamente configurado, ante a ausência de um de seus elementos constitutivos, qual o de que a associação dos apelantes deveria ocorrer para a prática de indeterminado número de crimes. Ora, a redação do art. 288 do CP, de inescusável clareza, não deixa a menor dúvida quanto ao fim especial do delito de quadrilha ou bando, que é o de associarem-se mais de três pessoas para o fim de cometer crimes. Logo, *in fattispecie*, se o acordo dos apelantes visava a realização de um só crime, não há falar em caracterização do crime de quadrilha. Neste sentido, veja-se *RT* 520/433, citada por Celso Delmanto (*Código Penal comentado*. 3. ed. Rio de Janeiro: Renovar, 1991, p. 437) e Damásio E. de Jesus (*Código Penal anotado*, p. 741). Na realidade, os apelantes associaram-se para o cometimento de determinado crime, antes individuado, sequestro, de forma momentânea, recendendo a conduta deles a mera codelinquência, impunível, uma vez que *ex propria voluntate* desistiram da prática de delito. Destarte e respeitante a este aspecto, vale transcrita aqui a lição do mestre Damásio E. de Jesus exposta na obra e local acima citados, no que tange às distinções entre quadrilha e bando e concurso de pessoas, *in verbis*: 1ª na quadrilha ou bando os seus membros associam-se de forma estável e permanente, ao passo que na codelinquência os sujeitos se associam de forma momentânea; 2ª na codelinquência os participantes associam-se para a prática de determinado crime, antes individuado, ao passo que na quadrilha ou bando os seus componentes se associaram para a prática de indeterminado número de crimes" (TJSC, *RT* 725/651).

Não configura crime de associação criminosa a reunião para o cometimento de contravenções penais[53], atos puramente imorais ou atípicos[54], pois o preceito primário refere-se expressamente ao cometimento de *crimes*.

Pode-se dizer, em síntese, que configuram **requisitos** para o surgimento da presente figura delitiva: a) concurso necessário de pelo menos três pessoas, ainda que haja entre elas menores ou mesmo que não sejam todos identificados; b) finalidade específica dos agentes voltada ao cometimento de delitos; e c) exigência de estabilidade e de permanência da associação criminosa[55].

5. TIPO SUBJETIVO

O fato é incriminado exclusivamente sob a forma **dolosa**, exigindo-se consciência e vontade de manter associação estável, somada ao elemento subjetivo consistente no fim específico de cometer crimes.

Pode-se dizer, ademais, que se trata de um **elemento subjetivo específico negativo**, pois a vontade não pode ser dirigida ao cometimento de determinadas infrações penais, sob pena de outra figura típica se aperfeiçoar. Assim, se os indivíduos ajuntados objetivarem cometer **tráfico de drogas**, dar-se-á a associação prevista no **art. 35 da Lei n. 11.343/2006**. Se pretenderem praticar **crimes hediondos ou assemelhados** (salvo o tráfico de drogas), embora a conduta se amolde ao art. 288 do CP, **a pena será aquela prevista**

---

[53] TJMG, *JM* 145/379.

[54] "Idêntico raciocínio deve ser aplicado à persecução penal relativamente ao crime de quadrilha porque, embora autônomo, somente se configura quando a associação de pessoas tem o fim específico de cometer crimes, não subsistindo a justa causa para a ação penal se por força da questão prejudicial externa restar evidenciado que a associação se destinava à prática de fato atípico" (STJ, REsp 1.413.829, rel. Min. Maria Thereza de Assis Moura, 6ª T., j. 11-11-2014).

[55] "O crime de quadrilha ou bando compõe-se dos seguintes elementos: a) concurso necessário de, pelo menos, quatro pessoas; b) finalidade específica dos agentes de cometer crimes indeterminados (ainda que acabem não cometendo nenhum); c) estabilidade e permanência da associação criminosa. 2. A formação de quadrilha ou bando exige, para sua configuração, união estável e permanente de criminosos voltada para a prática indeterminada de vários crimes. Doutrina e jurisprudência. 3. *In casu*, as testemunhas de acusação apenas confirmaram a presença do réu em um evento onde se realizava rinha de galo, nada informando sobre sua possível associação com três ou mais pessoas para o fim de praticar indeterminadamente referido delito. 4. A presença das elementares típicas do crime de formação de quadrilha não restou demonstrada, à míngua de indício dos demais agentes com quem o réu se teria associado para prática de delitos, tampouco havendo indicação da existência de uma associação estável e permanente com fim de executar crimes" (STF, AP 932/RR, rel. Min. Luiz Fux, 1ª T., *DJe* de 23-6-2016).

no art. 8º da Lei n. 8.072/90[56] (reclusão, de três a seis anos). No caso, finalmente, de se reunirem para cometer atos de **terrorismo**, ficarão sujeitos à **Lei n. 13.260/2016**[57].

Calha, nesta senda, ecoar a advertência de René Ariel Dotti, no sentido de que "não há que se falar em quadrilha ou bando (anterior denominação do crime de associação criminosa) sem a caracterização do dolo pelo especial fim de agir. (...) Não é possível presumir que a reunião de pessoas desenvolvendo atividades inicialmente lícitas e em local de possível acesso ao público (instituições financeiras, escritórios profissionais etc.) seja arbitrariamente classificada como delituosa"[58].

A crítica do renomado autor ganhou reforço com a alteração promovida no tipo penal pela Lei n. 12.850/2013, quando passou a exigir que a associação tivesse o fim *específico* de praticar crimes.

6. SUJEITOS DO CRIME

6.1. Sujeito ativo

Qualquer pessoa pode figurar como sujeito ativo (**crime comum**), desde que reunida em caráter estável com *outras* duas, a fim de se atingir o quórum exigido por lei.

Consoante já se discorreu antes, subsiste o fato ainda que tomem parte na associação **inimputáveis** (desde que compreendam o caráter de sua colaboração). **Não é preciso que todos sejam identificados**, conquanto não haja dúvidas a respeito do envolvimento de no mínimo três pessoas.

6.2. Sujeito passivo

O sujeito passivo é, em primeiro lugar, a coletividade (crime vago) e, em caráter secundário, os titulares dos valores que os associados poderiam malferir caso pusessem em prática suas empreitadas criminosas.

---

[56] "Art. 8º Será de três a seis anos de reclusão a pena prevista no art. 288 do Código Penal, quando se tratar de crimes hediondos, prática da tortura, tráfico ilícito de entorpecentes e drogas afins ou terrorismo" (ressalve-se que esse dispositivo encontra-se parcialmente revogado no que tange à referência ao tráfico de drogas, em face da superveniência do art. 35 da Lei n. 11.343/2006 e, no que diz respeito ao terrorismo, por conta da Lei n. 13.260/2016).

[57] Segundo o art. 3º da Lei, constitui crime: "promover, constituir, integrar ou prestar auxílio, pessoalmente ou por interposta pessoa, a organização terrorista" (pena: reclusão, de cinco a oito anos, e multa).

[58] Um bando de denúncias por quadrilha, in *Boletim IBCCrim*, ano 15, n. 174 (maio 2007).

7. CONSUMAÇÃO E TENTATIVA

7.1. Consumação

Consuma-se o crime com a associação de três pessoas ou mais, de modo estável, ainda que não venham a cometer delito algum; trata-se do chamado "momento associativo". **Enquanto se mantiver a associação, o delito, por ser permanente, estará na fase consumativa.** Se os agentes praticarem efetivamente algum dos crimes planejados, haverá concurso material de delitos (CP, art. 69), seja pela diferente objetividade jurídica ou porque não se confunde a sociedade criminosa com os atos delitivos que ela venha a realizar. Há entre estes inegável autonomia e, por tal motivo, independem um do outro.

Há quem entenda necessário que os agentes que se associaram devem praticar atos materiais demonstrando que deram início à sua reunião estável com o objetivo criminoso. Tais exigências são absolutamente estranhas ao tipo penal e, por esse motivo, desnecessárias para a existência do delito, muito embora sem elas seja difícil comprovar-se a formação da *societas delinquendi*.

Para evitar *bis in idem*, o sujeito que consumar o delito de associação criminosa poderá ser condenado em apenas um único processo criminal, ou seja, se os sujeitos se associarem para cometer diversos crimes, e resultarem em diversos processos criminais, apenas em um dos processos poderão ser condenados pelo delito de associação criminosa e, quanto aos demais, só poderão responder pelos crimes a que se destinaram cometer[59].

7.2. Tentativa

Não se admite a forma tentada, uma vez que se trata da punição de atos preparatórios.

---

[59] Nesse sentido: "É preciso, então, ter muito cuidado na análise deste delito, a fim de evitar *bis in idem*, uma vez que não seria possível a condenação do mesmo acusado por este mesmo crime em inúmeros processos diferentes. Ou seja, se um dos agentes tiver sido condenado em um feito por formação de quadrilha, isto é, por associar-se com a intenção de praticar os crimes apurados na operação, não pode ser condenado em outro processo por este mesmo fato, pois a quadrilha era uma só" (TJRO, AP 0020475-86.2013.822.0501, rel. Des. Walter Waltenberg Silva Junior, 2ª Câmara Especial, j. 1º-8-2017). "Inexiste ofensa ao princípio da não culpabilidade, pelo fato de ter sido exasperada a pena por formação de quadrilha com fulcro no uso de arma de fogo, já tendo o réu sido condenado por roubo majorado também por este fator, uma vez que se trata de crimes autônomos com objetos jurídicos distintos" (TRF, 1ª R., AP 0004620-83.2012.4.01.3811, rel. Des. Ney Bello, 3ª T., j. 18-10-2016).

8. FORMA AGRAVADA

A pena aplicada é aumentada até a metade se a associação criminosa é armada ou envolve crianças ou adolescentes (parágrafo único).

O dispositivo não cita qualquer piso para a exasperação, motivo por que há de incidir a menor fração prevista no Código Penal (interpretação sistemática) em matéria de causas de aumento, isto é, um sexto.

O aumento incide qualquer que seja a arma, própria (aparato destinado especificamente a servir de instrumento de ataque ou defesa) ou imprópria (objeto com outra finalidade, empregado circunstancialmente para ataque ou defesa). Justifica-se a elevação pela maior periculosidade do ajuntamento e, como corolário, pela ofensa mais grave à paz pública. Não é preciso que todos estejam armados; basta um[60], até porque daí já advém a maior temibilidade da *societas delinquendi*.

No caso de *armas de fogo*, há concurso formal ou ideal (CP, art. 70) entre o crime do art. 288 do CP (na forma simples) e os delitos previstos nos arts. 12 a 18 do Estatuto de Desarmamento (Lei n. 10.826/2003). Não há crime único, porquanto se trata de objetividades jurídicas distintas (paz pública e incolumidade pública).

Se a associação armada cometer roubo ou extorsão utilizando-se da arma, deve incidir a causa de aumento em estudo, sem prejuízo do aumento de pena relativo ao emprego de arma de fogo, previsto nos arts. 157, § 2º-A, I, e 158, § 1º, do CP. Não há falar-se em *bis in idem*, conforme iremos expor no item seguinte[61].

---

[60] "Para configurar-se a associação criminosa armada, basta a um dos membros o porte de arma de fogo, com a ciência dos demais. Não há dupla incriminação pelo mesmo fato, considerando a caracterização do crime autônomo de porte de arma de fogo. Trata-se de fatos distintos, consumados em momentos diferentes, com plena autonomia jurídica" (TJDFT, AP 20160110598469APR, rel. George Lopes, 1ª Turma Criminal, j. 5-10-2017) e também STF, *RTJ* 168/863.

[61] Na jurisprudência: "Inexiste *bis in idem* em razão da condenação concomitante pelos delitos de roubo circunstanciado pelo emprego de arma de fogo e concurso de pessoas, de associação criminosa armada e com participação de adolescente e de corrupção de menores, porquanto as infrações são independentes entre si e tutelam bens jurídicos distintos" (TJMA, ApCr 0254062017, rel. Antonio Guerreiro Junior, 2ª CCr, j. 25-1-2018). Ainda: "Descabe falar em *bis in idem*, pois, evidenciado o vínculo associativo prévio entre os agentes com o intuito de cometer delitos, resta configurado o tipo penal do art. 288 do CP, sendo certo que a consumação do delito de associação criminosa independe da prática de qualquer crime posterior. De mais a mais, importa reconhecer que os bens jurídicos tutelados pelas normais penais incriminadoras são distintos, pois o art 288 do CP protege a paz pública, enquanto o de-

No caso de associação contendo menores inimputáveis, faz-se necessária, além da óbvia existência de alguém maior de idade, a presença de pelo menos outras duas pessoas contendo capacidade psíquica de discernimento e compreensão da finalidade a que se destina a sociedade formada.

9. CONCURSO DE CRIMES

Se os indivíduos associados efetivamente praticarem algum crime, haverá **concurso material** (art. 69 do CP) entre o art. 288 do CP e os delitos posteriormente cometidos[62].

Pouco importa, em nosso sentir, se as infrações cometidas forem daquelas que preveem o concurso de pessoas como circunstância de maior apenamento (caso do furto, roubo, extorsão e extorsão mediante sequestro). Isso porque a associação criminosa consuma-se em momento anterior à prática das infrações concertadas subjetivamente, o que, *de per se*, representa lesão à paz pública. Além disso, não há falar-se em *bis in idem* nesses casos, sobretudo em função da diversidade de bens jurídicos violados. Note-se, ainda, que os agentes, depois de se acertarem em torno de quais delitos irão praticar (p. ex., roubos a banco, furtos de automóveis etc.), podem decidir por agir individualmente, separando-se, de modo que cada um aja sozinho e, depois de consumado o delito, traga ao grupo o produto de sua atividade ilícita. Nesse caso, ninguém discutirá que houve concurso material entre o art. 288 e a infração subsequentemente cometida (seja furto, roubo ou outras). Ora, por que razão então desapareceria o delito contra a paz pública se os sujeitos decidissem, em vez de agir a sós, atuar em dupla (ou trio, ou quarteto...). Sustentar-se que, nesses casos, somente devem eles ser punidos pelo fato posterior com a agravação decorrente da pluralidade de sujeitos (p. ex., art. 155, § 4º, IV, do CP) significa apená-los de maneira idêntica ou mais branda do que na primeira situação (em que haveria o cúmulo material envolvendo a sanção, p. ex., dos arts. 288, *caput*, e 155, *caput*), olvidando que as causas de aumento ou qualificadoras previstas nos crimes contra o patrimônio ligadas à concorrência de

---

lito de extorsão visa a resguardar o patrimônio e, de forma mediata, a liberdade individual e a integridade física e psíquica da vítima" (STJ, HC 547.945/SP, rel. Min. Ribeiro Dantas, 5ª T., j. 4-2-2020).

[62] "O crime previsto no art. 288 do CP é autônomo, independendo da prática de delitos pelo grupo, eventuais infrações penais encetadas gerando, para seus envolvidos, direta ou indiretamente, concurso material entre o crime praticado, que pode, ou não, contar com o concurso de pessoas, e o delito de associação criminosa" (TJRS, AP 70071847040, rel. Des. Fabianne Breton Baisch, 8ª CCr, j. 26-7-2017). Ver também: TJMG, ApCr 1.0000.23.296060-9/001, rel. Des. Wanderley Paiva, 1ª CCr, j. 10-9-2024.

duas ou mais pessoas (ou à prática do fato por associação criminosa) fundam-
-se não na mera pluralidade de agentes, mas na maior facilidade por eles obtida com a participação de outros na agressão ao bem protegido[63].

Lembre-se, por fim, de que só o fato de alguém pertencer a uma associação criminosa qualquer não o tornará automaticamente coautor ou
partícipe dos delitos cometidos pelos demais membros da *societas delinquendi*, o que reforça a tese de que, se tomar parte destes, responderá por
ambos em concurso real (CP, art. 69).

10. LEIS ESPECIAIS

Nossa legislação apresenta algumas formas especiais de associação
criminosa, aqui relembradas: **a)** **associação criminosa para fins de tráfico
ilícito de entorpecentes** (art. 35 da Lei n. 11.343/2006); **b)** **associação criminosa para fins de cometer crimes hediondos e tortura** (art. 288 do CP c/c o
art. 8º da Lei n. 8.072/90). Se o agente integrar organização terrorista, aplica-se o art. 3º da Lei n. 13.260/2016.

11. CLASSIFICAÇÃO JURÍDICA

Trata-se de crime *de forma livre* (admite qualquer meio executório),
comum (qualquer pessoa pode cometê-lo), *de concurso necessário ou plurissubjetivo* (pois a pluralidade de agentes constitui elemento típico, sem o
qual o delito não se aperfeiçoa), *formal ou de consumação antecipada* (já
que seu *summatum opus* independe de se atingir o fim almejado – cometer
os crimes), *permanente* (sua consumação se prolonga no tempo) e *de perigo
abstrato ou presumido* (a lei presume de modo absoluto o perigo ao bem
jurídico em face da conduta criminosa).

12. PENA E AÇÃO PENAL

A pena cominada para a forma simples é de reclusão, de um a três
anos. Admite-se, diante do piso legal, a suspensão condicional do processo
(art. 89 da Lei n. 9.099/95). O procedimento aplicável será o comum sumário (arts. 395 a 399 e 531 a 538 do CPP), embora de regra o crime do
art. 288 do CP seja imputado em concurso com as infrações cometidas pelos
seus integrantes, o que resulta da aplicação do procedimento comum ordinário, em face do total das penas dos delitos imputados.

---

[63] Já chegamos, outrora, a cogitar de *bis in idem* em situações semelhantes, mas revimos
nosso posicionamento a respeito do assunto por ocasião deste trabalho.

Na figura exasperada, a pena de reclusão será elevada até a metade (segue-se o rito ordinário).

A ação penal é de iniciativa **pública incondicionada**.

13. DIFERENÇA ENTRE ASSOCIAÇÃO CRIMINOSA E ORGANIZAÇÃO CRIMINOSA

A Lei n. 12.850/2013 introduziu nova definição de organização criminosa, substituindo e, portanto, revogando tacitamente a que se encontrava prevista na Lei n. 12.694/2012.

Consubstancia-se a organização criminosa, nos termos do art. 1º, § 1º, da Lei de 2013, a associação de **quatro ou mais pessoas estruturalmente ordenada** e **caracterizada pela divisão de tarefas**, ainda que informalmente, com o objetivo de obter, direta ou indiretamente, **vantagem de qualquer natureza**, mediante a prática de **infrações penais** cujas **penas máximas sejam superiores a quatro anos**, ou que sejam de **caráter transnacional**.

São requisitos, portanto:

a) efetiva "associação", isto é, reunião de caráter estável e não meramente eventual;

b) grupo composto por quatro pessoas ou mais;

c) associação estruturalmente ordenada e caracterizada pela divisão de tarefas – é necessário, portanto, cuidar-se de verdadeira empresa criminosa, com arranjo interno, ainda que informal, peculiarizado pela repartição de funções, existência de hierarquia e comando (mesmo que compartilhados entre os membros);

d) finalidade de obter, direta ou indiretamente, qualquer vantagem (patrimonial ou não, lícita ou ilícita);

e) atuação desempenhada mediante a prática de infrações penais graves, assim entendidas aquelas cuja pena máxima seja superior a quatro anos ou possuam caráter transnacional.

É fundamental distinguir organização criminosa de associação criminosa. Neste caso, ocorre a "associação de três pessoas ou mais, para o fim específico de cometer crimes".

Há diferenças evidentes, como o **número mínimo de integrantes** (quatro na organização e três na associação) e a **exigência de que o grupo realize crimes graves** (organização criminosa) ou **quaisquer delitos** (associação criminosa). O art. 288 do CP, ainda, não requer possua o grupo qualquer **estrutura ou organização interna**, embora se exija reunião estável e não meramente eventual (tanto quanto ocorre na organização criminosa).

O fato de promover, constituir, financiar ou integrar, pessoalmente ou por interposta pessoa, organização criminosa é punido com reclusão, de três a oito anos, e multa, sem prejuízo das penas correspondentes às demais infrações praticadas (cúmulo material obrigatório) – art. 2º da Lei n. 12.850/2013.

A associação criminosa – art. 288 do CP – é apenada com reclusão, de um a três anos.

Pode-se concluir, em síntese, pelas seguintes diferenças entre "associação criminosa" e "organização criminosa"[64]:

Diferenças quanto ao(s):	Quadrilha ou bando	Organização criminosa
1) Número mínimo de integrantes	Três	Quatro
2) Crimes cometidos pelo grupo	Quaisquer crimes	Crimes graves (com pena de prisão superior a 4 anos)
3) Objetivo da associação	Fim específico de cometer crimes	Obter, direta ou indiretamente, vantagem de qualquer natureza, mediante a prática de infrações penais
4) Estrutura organizacional	Não se exige (pode ser rudimentar)	Ordenada e caracterizada pela divisão de tarefas
5) Previsão legal	CP, art. 288	Lei n. 12.850/2013, art. 2º

ART. 288-A – CONSTITUIÇÃO DE MILÍCIA PRIVADA

1. DISPOSITIVO LEGAL

Art. 288-A. Constituir, organizar, integrar, manter ou custear organização paramilitar, milícia particular, grupo ou esquadrão com a finalidade de praticar qualquer dos crimes previstos neste Código:

Pena – reclusão, de 4 (quatro) a 8 (oito) anos.

– *Incluído pela Lei n. 12.720/2012.*

2. VALOR PROTEGIDO (OBJETIVIDADE JURÍDICA)

Dirige-se o dispositivo legal, em primeiro plano, à tutela da paz pública, ou seja, o sentimento de tranquilidade e segurança coletiva, e, em se-

---

[64] "O traço que distingue as figuras jurídico-penais da associação criminosa e da organização criminosa é, portanto, o nível de hierarquia estrutural, planejamento, uso de meios tecnológicos, recrutamento de pessoas, divisão funcional de tarefas, conexão estrutural ou funcional, divisão territorial de tarefas etc." (TJRS, AP 70070935747, rel. Des. Fabianne Breton Baisch, 8ª CCr, j. 26-7-2017).

gundo plano, a vida, a integridade física e psíquica, o patrimônio das pessoas, bem como todos os demais bens jurídicos que a organização paramilitar, a milícia privada, o grupo ou o esquadrão, com sua efetiva atuação, poderiam macular.

Observe-se que a Constituição Federal assegura a todos a liberdade de associação, desde que esta se dê para a consecução de fins lícitos, vedando-se categoricamente a de caráter paramilitar (art. 5º, XVII).

3. BREVE HISTÓRICO

O dispositivo penal em estudo foi introduzido no Código por intermédio da Lei n. 12.720/2012, que dispõe, segundo sua ementa, sobre o "crime de extermínio de seres humanos". O Diploma, em verdade, não tipificou tal infração, embora o fizesse na versão original do Projeto de Lei, mas, em vez disso, confeccionou a incriminação em tela e inseriu nos delitos de homicídio e lesão corporal dolosos novas causas de aumento de pena (analisadas no volume 2 desta Coleção), decorrentes de ser o fato cometido por milícia privada, sob o pretexto de prestação de serviço de segurança, ou por grupo de extermínio (arts. 121, § 6º, e 129, § 7º).

A Lei mencionada entrou em vigor no dia 28 de setembro de 2012, aplicando-se, dado seu caráter gravoso, somente a partir desta data.

Deve-se anotar que *a formação de milícias privadas configurava fato penalmente típico antes da mencionada inovação legislativa*, subsumindo-se ao tipo penal genérico descrito no art. 288 do CP (então denominado "quadrilha ou bando") – nesse sentido: STJ, HC 209.006, rel. Min. Vasco Della Giustina – Desembargador convocado do TJRS, *DJe* de 12-3-2012. Trata-se, portanto, de *novatio legis in pejus*, pois, mantendo o caráter delitivo da conduta, tornou sua punição mais severa.

A Norma teve como fonte primeira o Projeto de Lei n. 370/2007, da Câmara dos Deputados, que conceituava detalhadamente o "extermínio de seres humanos", além de criar, em lei especial, o crime de constituição de grupo de extermínio ou de milícia privada. Durante sua tramitação, contudo, foi apensado a ele outro Projeto de Lei (n. 3.550, de 2008), sendo a proposição neste contida, com algumas emendas efetuadas pelo Senado Federal, a que, ao final, prevaleceu, posto que incluía a constituição de milícia privada como forma especial de associação criminosa no corpo do Código Penal, além das exasperantes do homicídio e lesão corporal dolosos antes citadas.

A disposição atendeu a uma realidade alarmante, presente em diversas metrópoles brasileiras e, em especial, no Rio de Janeiro, onde se proliferaram as chamadas "milícias privadas". "No vácuo criado pela omissão do Estado em determinados territórios, grupos compostos de civis e agentes públicos ali ingressaram a pretexto de prestar serviços de segurança. Com a ocupação dos territórios, diversificaram suas atividades, passando a prestar outros serviços como o transporte alternativo, distribuição de gás e água e ligações clandestinas de tevê a cabo. A frouxidão dos marcos regulatórios e fiscalizatórios de tais serviços criou campo fértil para a exploração de um novo nicho do mercado apropriado por tais grupos que, valendo-se de insígnias das forças de segurança pública, vêm promovendo a sua empresa pela disseminação do medo e da extorsão"[65].

A Lei Anticrime (Lei n. 13.964/2019), procurando imprimir maior rigor ao combate às milícias privadas, modificou o Código Penal, o Código de Processo Penal e a Lei de Execução Penal, criando diversas regras específicas, ora para o autor do crime de constituição de milícia privada, ora para sujeitos que cometam outros delitos, mas integrem alguma milícia privada.

São elas:

a) **liberdade provisória**: se o agente for preso em flagrante e o juiz verificar que o sujeito integra milícia privada, deverá negar-lhe a liberdade provisória (art. 310, § 2º, do CPP);

b) **perda dos instrumentos do crime**: quando se tratar de delito cometido por miliciano, assim reconhecido na sentença, poderá o magistrado decretar, como efeito específico da condenação, a perda dos instrumentos utilizados no crime, independentemente de se tratar de instrumentos ilícitos ou não (art. 91-A do CP);

c) **progressão de regime**: o condenado por crime de constituição de milícia privada somente poderá obter progressão de regime após o cumprimento de metade de sua pena (art. 112, VI, *c*, da LEP);

d) **regime disciplinar diferenciado**: o preso suspeito de integrar milícia privada, seja a que título for, fica sujeito ao regime disciplinar diferenciado (arts. 52, §§ 2º, II, e 4º, II, da LEP);

e) **liderança de milícia privada**: o preso que exercer liderança em milícia privada ficará obrigatoriamente recolhido, sob regime disciplinar diferenciado, em estabelecimento prisional federal, o qual deverá contar com alta segurança interna e externa (art. 52, §§ 3º e 5º, da LEP).

4. TIPO OBJETIVO

4.1. Ações nucleares e objetos materiais

A constituição de milícia privada, **forma especial de associação criminosa**, dá-se com as seguintes ações: *constituir* (formar, montar, compor

---

[65] Editorial do *Boletim do IBCCrim*, ano 20, n. 420, novembro de 2012, p. 1.

um todo), *organizar* (preparar logisticamente, planejar, estabelecer uma ordem ou organização interna), *integrar* (compor, pertencer, fazer parte), *manter* (promover a subsistência ou continuidade) e *custear* (financiar, prover materialmente, aportar recursos econômicos que busquem a constituição ou subsistência).

As condutas devem ser dirigidas às seguintes atividades:

a) organização paramilitar: associação civil estruturada de forma hierarquizada, com cadeia de comando, estrutura militar e armada, atuando de modo marginal ao Estado;

b) milícia particular: conjunto de pessoas associadas, agindo de maneira similar aos órgãos policiais, empregando seus métodos e rotina.

Segundo Rogério Greco, louvando-se das considerações do sociólogo Ignácio Cano, tais milícias possuem as seguintes características:

"1. controle de um território e da população que nele habita por parte de um grupo armado irregular;

2. o caráter coativo desse controle;

3. o ânimo de lucro individual como motivação central;

4. um discurso de legitimação referido à proteção dos moradores e à instauração de uma ordem;

5. a participação ativa e reconhecida dos agentes do Estado"[66].

c) grupo: expressão genérica que requer a junção (estável) de quatro ou mais pessoas, destinados a cometer os delitos previstos no Código Penal;

d) esquadrão: blocos organizados e armados, abrangendo tanto aqueles que operam como braços de organizações paramilitares ou milícias privadas ou, ainda, os que se formam e cognominam "esquadrões", agindo como verdadeiros justiceiros, como os infames "Esquadrão da Morte" (que atuava em São Paulo), "Esquadrão Le Cocq" (o qual operou no Rio de Janeiro) e "Esquadrão do Torniquete" (cujas atividades se deram na década de 1990 em Minas Gerais)[67].

4.2. Pluralidade de agentes (delito plurissubjetivo)

A infração penal insere-se na categoria dos crimes de **concurso necessário ou delitos plurissubjetivos**, pois sua prática exige a reunião (estável) de mais de uma pessoa.

---

[66] *Curso de direito penal*: parte especial, Rio de Janeiro: Impetus, volume 2, 2014, p. 181.

[67] *Vide* Rogério Greco. *Código Penal comentado*, Rio de Janeiro: Impetus, 2014, p. 923 e 924.

O dispositivo legal **não aponta um número mínimo de integrantes**, mas sua composição há de exigir, ao menos, **quatro membros**. Explica-se: a *constituição de milícia privada*, embora prevista como forma especial de associação criminosa, mais *se aproxima*, por sua estrutura interna, *das organizações criminosas*, as quais, segundo a definição contida na Lei n. 12.850/2013, ocorrem somente com a reunião de *mais de três pessoas*. Além disso, o tipo penal contém referência à formação de entidades que se peculiarizam pela elevada quantidade de sujeitos ("organização paramilitar", "milícia particular", "grupo" ou "esquadrão").

A reunião estável de *três* pessoas, unidas com o escopo de praticar crimes, não poderá, portanto, ser considerada como milícia privada, mas constituirá o delito de associação criminosa (art. 288 do CP).

4.3. Caráter duradouro

A própria ideia de organização paramilitar, milícia privada, grupo e esquadrão traduz uma reunião de pessoas de maneira estável, ainda que não prolongada, e não simples junção ocasional e episódica.

Aplica-se, destarte, o mesmo raciocínio interpretativo adotado quanto à associação criminosa (art. 288 do CP), ou seja, requer-se uma verdadeira *societas delinquendi* e não a mera *societas in crimine* ou *societas criminis*, as quais aludem à noção de concurso de pessoas, prevista no art. 29 do CP, e se caracterizam pela concorrência pontual, com liame subjetivo, de dois ou mais indivíduos, com o propósito de colaborarem com o cometimento de infração penal determinada (ou determinadas).

5. TIPO SUBJETIVO

A organização paramilitar, a milícia privada, o grupo e o esquadrão **devem atuar obrigatoriamente à margem da Lei e de maneira criminosa**. O tipo penal, nesse sentido, exige que o sujeito que a constitua, organize, integre, mantenha ou a custeie, vise, com isto, à prática de **qualquer dos crimes previstos no Código Penal** (homicídios, sequestros, extorsões, corrupção etc.).

Lamenta-se a infelicidade do legislador ao reduzir o alcance da disposição somente para grupos (em sentido lato) destinados ao cometimento de infrações previstas dentro do Código. Graças à omissão legislativa, portanto, não se aplicará o art. 288-A do CP quando os componentes da organização pretenderem, por exemplo, cometer tortura (delito tipificado na Lei n. 9.455/97), crimes de preconceito (previstos na Lei n. 7.716/89) ou outros capitulados na legislação extravagante. Podem-se imputar a eles, contudo, pela simples formação do respectivo grupo, os crimes de associação ou organização criminosa (art. 288 do CP e art. 2º da Lei n. 12.850/2013)[68]. Em matéria de tráfico de drogas, há previsão específica para a respectiva associação no art. 35 da Lei n. 11.343/2006.

6. SUJEITOS DO CRIME

6.1. Sujeito ativo

Qualquer pessoa pode cometer o crime de constituição de milícia privada, pois se cuida de **delito comum,** não se exigindo qualquer condição ou qualidade especial por parte do sujeito ativo.

6.2. Sujeito passivo

O sujeito passivo, titular do valor fundamental protegido na norma, é a *coletividade*.

7. CONSUMAÇÃO E TENTATIVA

7.1. Consumação

A determinação do momento consumativo varia conforme a conduta nuclear cometida pelo membro da milícia privada. Note-se, porém, que não é preciso que os delitos a que objetivam os agentes sejam, de fato, cometidos. A constituição de milícia privada tem natureza de **crime formal ou de consumação antecipada,** sendo desnecessária a consecução efetiva das infrações visadas.

Quando se cuidar de constitui-la, a realização integral do tipo dar-se-á com sua efetiva formação.

No caso de "organizar", é preciso que o sujeito realize comportamentos aptos a pôr em ordem a sua estrutura interna.

---

[68] Nesse sentido: "Na hipótese, o Tribunal de origem consignou, expressamente, que o grupo criminoso 'não se limitava somente aos crimes descritos no Código Penal, os quais podemos destacar: a posse e porte ilegais de armas de fogo de uso permitido e de uso restrito (Lei 10.826/03), agiotagem (art. 4º, 'a', da Lei 1.521/51), comércio ilegal de combustíveis (art. 1º, I, da Lei 8.176/91), entre tantos outros', motivo pelo qual a conduta dos recorridos foi desclassificada do delito previsto no art. 288-A do CP (milícia privada) para o crime tipificado no art. 288, parágrafo único, do mesmo Diploma Legal (associação criminosa armada), mais favorável aos réus. 3. Correta a conclusão da Corte *a quo*, pois a ampliação do alcance da norma disposta no art. 288-A do CP, para incluir no âmbito de atuação do grupo criminoso os crimes previstos em legislação extravagante, não pode ser admitida, na medida em que a interpretação extensiva *in malam partem* é vedada no âmbito do direito penal" (STJ, REsp 1.986.629/RJ, rel. Min. Joel Ilan Paciornik, 5ª T., j. 8-8-2023).

Em se tratando do verbo "integrar", a consumação coincidirá com o instante em que o autor passar a fazer parte da organização paramilitar, da milícia particular, do grupo ou do esquadrão.

Com respeito ao ato de "manter", o aperfeiçoamento da conduta típica dependerá da realização de atitudes tendentes a garantir a continuidade ou subsistência da milícia privada.

A ação de custear, por fim, consuma-se com o aporte de recursos materiais dirigidos ao abastecimento econômico do agrupamento ilícito.

7.2. Tentativa

A tentativa se afigura possível em todas as condutas retroassinaladas, porquanto a constituição de milícia privada tem natureza **plurissubsistente**, isto é, o *iter criminis* pode ser fracionado.

8. CONCURSO DE CRIMES

Há plena autonomia entre o delito de constituição de milícia privada e as infrações penais eventualmente cometidas. A infração contra a paz pública e os delitos subsequentes formarão o **concurso material ou real** (CP, art. 69), somando-se as respectivas penas, de vez que se trata de crimes cometidos mediante condutas diversas e previstos em tipos penais distintos.

9. CLASSIFICAÇÃO JURÍDICA

A constituição de milícia privada é crime *comum* (qualquer pessoa pode figurar como sujeito ativo), *plurissubjetivo* (requer, ao menos, quatro integrantes para sua existência), *formal ou de consumação antecipada* (posto consumar-se antes mesmo da prática dos crimes visados pelos membros da milícia), *plurissubsistente* (já que o *iter criminis* comporta cisão) e de *perigo* (pois se consuma com o risco à paz pública decorrente da formação, manutenção etc. da milícia privada).

10. PENA E AÇÃO PENAL

A pena é de reclusão, de quatro a oito anos. Segue-se, portanto, o procedimento comum ordinário (CPP, arts. 394 a 405). O sentenciado só poderá obter progressão de regime depois do cumprimento de metade da pena (LEP, art. 112, VI, *c*).

Entre a constituição de milícia privada e as infrações penais cometidas por seus membros haverá conexão objetiva ou material (CPP, art. 76, II), justificando-se a reunião de processos para julgamento conjunto.

A ação penal é de iniciativa **pública incondicionada**.

TÍTULO X
Dos Crimes contra a Fé Pública

"Desde o assento do seu nascimento até a notação de sua morte, vive o homem ligado a papéis escritos."[1]

1. INTRODUÇÃO

Os documentos, em sentido lato, surgiram na vida das pessoas como meio de registrar o pensamento humano, evitando que as ideias, as criações, as crenças religiosas, os ensinamentos etc., transmitidos através da palavra, se perdessem no tempo e na memória. Assim nascera o documento de caráter científico, artístico ou religioso, que servia como depositário do conhecimento humano.

Nos primórdios das civilizações, as diversas relações travadas entre as pessoas eram firmadas com base apenas no compromisso oral. Quando a obrigação, entretanto, não era adimplida ou não se honrava a palavra empenhada, surgia a necessidade de comprovar a relação jurídica travada, o que se fazia por meio de testemunhas ou do registro em meio físico, com a firma dos interessados: essa a origem do documento (*stricto sensu*) como meio de prova.

É justamente destes, pertinentes às relações entre os indivíduos ou entre estes e o Estado, que se cogitou de conferir especial proteção, notadamente à vista da tamanha dependência da sociedade moderna a estes objetos.

Conforme ponderava Sylvio do Amaral: "Tal é a ingerência do documento na existência do homem e das nações que, por força do instinto mais que da razão, a humanidade adotou em torno de sua autenticidade uma atitude coletiva de aceitação *a priori* por parte de cada indivíduo. Os homens organizados em sociedade sentiram, com o andamento da civilização, a indeclinável necessidade de crer na veracidade do documento até prova em

---

[1] Sylvio do Amaral. *Falsidade documental*. São Paulo: Revista dos Tribunais, 1958, p. 8.

contrário – gesto mental ditado, antes de tudo, por imperativo de ordem prática, pois as relações humanas a todo momento se atravancariam, e seriam por isso incapazes de desenvolvimento, se de cada documento relevante fosse mister pesquisar devidamente a autenticidade"[2].

Essa advertência se mostra cada vez mais viva nos dias atuais, com a diferença que a preocupação acerca da veracidade e autenticidade, antes depositada nos documentos escritos, hoje se transpõe, com maior ênfase, aos documentos eletrônicos.

2. A FÉ PÚBLICA ENQUANTO VALOR PROTEGIDO PELO DIREITO PENAL?

2.1. Conceito de fé pública e origem da expressão

A fé pública consiste na **crença coletiva que deve recair sobre a veracidade e a autenticidade dos documentos**, aí abrangidos os designativos de dinheiro de curso obrigatório, os papéis, os símbolos e os sinais utilizados nas relações entre particulares ou entre estes e o Estado.

A expressão fé pública surgiu pela primeira vez na obra de Filangieri, *Scienza della Legislazione* (1817). Muita celeuma já houve na doutrina a seu respeito, não sendo poucos os autores que chegaram a considerá-la criação artificial e, até mesmo, de duvidosa utilidade[3]. Na doutrina nacional, contudo, predomina o ponto de vista de que se trata de um interesse autônomo, que não foi inventado pela Ciência do Direito, mas por ela reconhe-

---

[2] *Falsidade documental*, p. 8. Veja, ainda, a lição de Damásio de Jesus: "O homem, por exigência prática e jurídica, diante da multiplicidade das relações sociais, elevou à categoria de imperativo de convivência a necessidade da crença na legitimidade e autenticidade dos documentos. Haveria obstáculo ao progresso se, a todo momento, em face de uma transação ou demonstração de um fato, surgisse a obrigação de provar-se a veracidade de um documento" (*Direito penal*. Parte especial. 13. ed. São Paulo: Saraiva, 2003, v. 4, p. 3).

[3] Conforme anotava Magalhães Noronha, Liszt, Binding, Gabba, Zerboglio e Lombardi eram alguns dos autores que lhe negaram existência (*Direito penal*. 2. ed. São Paulo: Saraiva, 1965, v. 4, p. 135). O mesmo autor asseverava que: "A fé pública é uma realidade e é um interesse que a lei deve proteger. Sem ela seria impossível a vida em sociedade. Fruto da civilização e do progresso – pois seria incompreensível ou inútil nas sociedades primitivas – hoje constitui um bem do qual a vida comunitária não pode absolutamente prescindir" (op. cit., p. 137). Como anotou Oscar Stevenson, Carmignani, mestre do célebre penalista Carrara, anotava que a fé pública não passava de uma opinião, não sendo possível explicar satisfatoriamente a formulação dos delitos sob tal denominador comum (Dos crimes contra a fé pública. *RDA* VIII/371).

368

cido enquanto fenômeno real e presente na vida das pessoas. "A *fé pública* é, sem dúvida, uma *realidade* da vida coletiva, é um *fenômeno social*, provocado pela necessidade do curso normal dos negócios"[4]. Daí a razão pela qual prepondera o aplauso à denominação escolhida pelo legislador ao Título X, cabendo registrar que a expressão encontra-se presente em boa parte das legislações penais[5].

2.2. Os crimes de falsidade como meios para o cometimento de outras infrações

No amplo debate a respeito da natureza do bem jurídico dos crimes de falsidade, mostra-se interessante o ponto de vista sustentado por Antolisei, o qual reconhece a fé pública como valor real, embora intangível, identificando-a como a confiança e a segurança que devem presidir as relações jurídicas, por meio da crença nos instrumentos que a consubstanciam ou lhe servem de prova. O jurista italiano, contudo, entendia que não poderia ser ela considerada o bem alvo de proteção, já que não é possível ver nos crimes de falso um fim em si mesmo. Destacava o autor, a título de exemplo e com razão, que ninguém falsifica uma moeda, um cheque ou produz uma escritura falsa (e assim por diante) para violar a fé pública, mas como meio para galgar algum objetivo ulterior ilícito (patrimonial ou não)[6].

---

[4] Nelson Hungria. *Comentários ao Código Penal*, v. IX, p. 188.

[5] É o caso, por exemplo, do Código Penal argentino, que dedica o Título XII de sua Parte Especial a punir os delitos contra a fé pública. Semelhante rubrica pode ser encontrada no Código Penal chileno (Título IV). No Código Penal português, contudo, tais delitos encontram-se reunidos sob a rubrica "Dos Crimes de Falsificação" (o mesmo ocorrendo no espanhol). É interessante notar, ainda, que o Diploma luso define, em seu art. 255º, diversos conceitos relevantes na interpretação dos tipos penais, entre eles, o documento, entendido como "a declaração corporizada em escrito, ou registrada em disco, fita gravada ou qualquer outro meio técnico, inteligível para a generalidade das pessoas ou para um certo círculo de pessoas, que, permitindo reconhecer o emitente, é idónea para provar facto juridicamente relevante, quer tal destino lhe seja dado no momento da sua emissão quer posteriormente; e bem assim o sinal materialmente feito, dado ou posto numa coisa para provar facto juridicamente relevante e que permite reconhecer à generalidade das pessoas ou a um certo círculo de pessoas o seu destino e a prova que dele resulta". O Código Penal espanhol também contém definição de documento: "Para os efeitos deste Código considera-se documento todo suporte material que expresse ou incorpore dados, fatos ou narrações com eficácia probatória ou qualquer outro tipo de relevância jurídica" (art. 26). O Código Penal francês, de 1994, inclui os delitos de falso (*faux*) dentre as infrações contra a "confiance publique".

[6] "*Conlui che, ad. es., falsifica una moneta, si propone forse di offendere la pubblica fede? Neanche per sogno!*" (*Manuale di diritto penale*, p. 63).

369

Essa possível natureza pluriofensiva dos crimes em comento, contudo, não nos parece ser o "calcanhar de Aquiles" da objetividade jurídica dos delitos de falsidade, embora revele uma característica que lhes seja imanente, consistente em serem estes o resultado da transformação, como delitos autônomos, de atos preparatórios ou executivos de outras infrações.

Não há dúvida de que todo falsário age com o escopo de auferir vantagem ilícita posterior[7]. O *falsum*, portanto, quase que invariavelmente integra o *iter criminis* de algum delito, embora essa constatação, por si só, não seja suficiente, repita-se, para pôr em xeque a opção por fincar a objetividade jurídica na fé pública.

A lição do jurista peninsular, não obstante, mostra-se de grande valia na compreensão do *crimen falsi*, pois deixa claro que **sempre que a potencialidade lesiva da falsificação documental se esgotar num evento criminoso subsequente, de cujo *iter* faça parte, deve ser considerada ante factum impunível.** Esse é o fundamento, aliás, que presidiu a elaboração da **Súmula 17 do STJ** ("Quando o falso se exaure no estelionato, sem mais potencialidade lesiva, é por este absorvido").

2.3. A fé pública enquanto qualidade e não como bem jurídico

Prosseguindo com a análise do objeto jurídico, cumpre salientar que um setor relevante da doutrina estrangeira desenvolve visão sutilmente diversa da predominante em nossas terras. Entende-se, com efeito, que a fé pública, é dizer essa crença coletiva na veracidade e na autenticidade, constitui uma **característica que emana de certos documentos**, isto é, **a qualidade de inspirarem confiança quanto à sua autoria e à verdade de seu conteúdo.**

São dotados desta condição os **instrumentos**, os **papéis** ou os **sinais** aos quais se atribui **valor probatório**, pouco importando se este valor seja preconcebido (isto é, se se trate de um documento adredemente confeccionado para servir como prova, tal qual ocorre, p. ex., nos instrumentos particulares que consubstanciam relações contratuais) ou acidental (como, p. ex., um e-mail enviado por uma empresa confirmando o pagamento de um produto, que o consumidor utiliza como prova de que o negócio foi adimplido)[8].

---

[7] Já dizia Hungria: "Os *crimina falsi* são lesivos, é certo, de *interesses* vários, mas entre estes se encontra e ressai o interesse correspondente à necessidade social da fé pública" (*Comentários ao Código Penal*, v. IX, p. 189).

[8] De acordo com o art. 212 do Código Civil: "Salvo o negócio a que se impõe forma especial, o fato jurídico pode ser provado mediante: (...) II – documento". Diz o art. 223 do mesmo Diploma que: "A cópia fotográfica de documento, conferida por tabelião de notas, valerá como prova de declaração da vontade, mas, impugnada sua autenticidade, deverá ser exibido o original".

O valor fundamental que se procuraria albergar, desse modo, não se confunde com a característica de que determinados documentos são dotados. Conforme acentua Helena Moniz, "na verdade, a fé pública não é um bem jurídico criminal, mas uma característica que emana de certos documentos, e a fé pública, a confiança pública na autenticidade e veracidade dos documentos será tanto maior quanto maior for a força probatória do documento. É este documento enquanto meio de prova que o direito quer proteger, quer tal destino (o de provar um fato) lhe seja dado desde o início quer posteriormente"[9].

Desse modo, a **objetividade jurídica** se traduziria na **preservação da segurança** e da **credibilidade no tráfico jurídico probatório**[10].

A tese alienígena se nos afigura correta, embora a consideremos perfeitamente conciliável com a vigente na doutrina pátria. Explica-se: ao se proteger por meio da criminalização da falsidade documental a força probante inerente a alguns documentos[11], reafirma-se, como consequência reflexa, a confiança que reina na coletividade em torno de sua veracidade e autenticidade. Vale dizer, com a "preservação, segurança e credibilidade no tráfico jurídico probatório", reforça-se a fé pública dos documentos; são como que duas faces do mesmo fenômeno que se interpenetram e se condicionam.

Cumpre destacar, por derradeiro e em reforço à linha de argumentação desenvolvida, que não são poucos os dispositivos legais em nosso ordenamento jurídico que claramente aludem à fé pública não como bens mas como qualidades de determinados documentos. Podem-se citar, como exemplo, o art. 215, *caput*, do Código Civil (*"a escritura pública, lavrada em notas de tabelião, é documento dotado de* fé pública, *fazendo prova plena"*) e os arts. 426 a 428 do novo Código de Processo Civil (*"o juiz apreciará fundamentadamente a* fé *que deva merecer o documento, quando em ponto substancial e sem ressalva contiver entrelinha, emenda, borrão ou cancelamento"*; *"cessa a fé do documento público ou particular sendo-lhe declarada judicialmente a falsidade"*; *"cessa a* fé *do documento particular quando: I – for impugnada sua autenticidade e enquanto não se comprovar sua veracidade; II – assinado em branco, for impugnado seu conteúdo, por preenchimento abusivo"*)[12].

---

[9] *Comentário conimbricense do Código Penal*, p. 680.

[10] Ibidem.

[11] A força probante dos documentos, ademais, encontra-se extensivamente disciplinada no novo Código de Processo Civil, nos arts. 405 a 429.

[12] Grifos nossos. Observe que o Texto Legal alude ao termo como qualidade e não como bem. Fosse a fé um bem, ela não "cessaria" com a declaração (judicial) de falsidade, mas se reconheceria "violada", "lesada", "vulnerada".

3. BREVE HISTÓRICO[13]

O primeiro Diploma de que se tem notícia a punir a falsificação de documentos foi a *Lex Cornelia de Falsis*, de 78 a.C., na Roma Antiga, o qual incriminava a falsificação de moedas, bem como a alteração, subtração, supressão, substituição ou abertura ilícita de testamento legítimo. As penas impostas, assim na *Lex Cornelia* como no Digesto, foram a *interdictio acqua et igni* ("privação da água e fogo")[14].

Foi valorosa a contribuição dos tratadistas, cabendo a Ulpiano a exigência de dolo na configuração do falso (*sciens dolo malo falsum fecit* e *quid quid in veritate non este sed sed pro veritate servatur*). Os jurisconsultos romanos também fizeram prevalecer, fortemente influenciados por preocupações privatísticas, o critério da relação patrimonial e a relevância do dano ou prejuízo alheio (*facta in alteris prejudicium*), além de fundarem a ideia de que a falsidade deve ser calcada na mutação do verdadeiro (*immutatio veritatis*).

A queda do Império Romano, como se sabe, acabou por conduzir a um retrocesso cultural, fazendo se perder, por considerável período, a doutrina jurídica sobre a falsidade documental.

A retomada do pensamento mais apurado sobre o assunto adveio no curso da História com o Direito Canônico, com a fórmula prevista no Decreto de Graciano (*rea linguam non facit nisi mens rea*), da qual se extraíram duas consequências: a incriminação da tentativa de falsificação (o que não se dava à luz do Direito Romano em face da exigência de dano ou prejuízo efetivo) e a reafirmação da exigência de dolo ou *animus fallendi*.

Durante o período de codificação moderna, pôde-se notar como pioneiro o Código Penal francês de 1810, o qual adotou um sistema considerado rígido, em que, no dizer de Ripolles, consistia no "formalismo mais rigoroso que se conhece, de proteção rígida da santidade indiscutível do documento, conceito de hermetismo desumanizado e quase mágico, muito próprio da ideologia do tempo e do clima intelectual em que foi concebido, no qual o racionalismo infalível no qual a deusa Razão era elevada a altares e

---

[13] Para referências mais detalhadas, *vide* Antonio Quintano Ripolles. *Tratado de la parte especial de derecho penal* (infracciones contra la comunidad social). Madrid: Editorial Revista de Derecho Privado, t. IV, p. 597 e s. Antes da *Lex Cornelia de Falsis* não havia incriminação entre os romanos dos delitos contra a fé pública, valendo mencionar a Lei das XII Tábuas, a qual previa o crime de falso testemunho (cuja objetividade jurídica não é a mesma dos *crimen falsi*, deve-se ressaltar).

[14] Tratava-se de privar o indivíduo de sua condição de cidadão, retirando-se dele os elementos essenciais àquele concedidos, representando verdadeira *capitis diminutio*.

em que ingenuamente tudo se acreditava redutível a teoremas"[15]. Contrastando com esse formalismo, o Código Penal alemão de 1870 utilizou-se de um sistema mais subjetivista e com características finalísticas bem delimitadas, caminho trilhado pelo Direito Penal português[16].

4. ANTECEDENTES DA LEGISLAÇÃO PENAL BRASILEIRA

Nas Ordenações Afonsinas e Manuelinas somente se detectava, como figura autônoma, o crime de *uso* de documento falsificado, embora se punisse com a morte a falsificação de moeda. No âmbito das Ordenações Filipinas, contudo, surgiram outras formas típicas, como a falsidade praticada pelo escrivão, a cometida por particulares e a falsificação de escrituras (*vide* os Títulos LII e LIII – relativos à falsificação de sinal ou selo do Rei, outros sinais autênticos ou selos e à falsificação de escrituras ou seu uso). As penas iam do confisco de bens, passando pelo degredo ao Brasil (quando, obviamente, cometidos em Portugal) até a morte natural. O falso numário[17] também era apenado, como nas legislações precedentes, com a pena capital (no caso, morte natural pelo fogo – Título XII)[18].

No Código Criminal de 1830, punia-se a "falsidade" no título relativo às infrações contra a boa ordem e a Administração Pública (art. 167) e a "moeda falsa" no art. 173, apenada com prisão com trabalho, de um a quatro anos e multa. Destaque-se que a lei determinava o cúmulo material compulsório quando o *falsum* resultasse em outro crime (art. 168).

Já no Código Penal de 1890, conferia-se tratamento mais detalhado ao tema, já reunido em título rubricado "Dos Crimes contra a Fé Pública" (arts. 239 a 264), muito embora o falso testemunho e a denunciação caluniosa aí se encontrassem regulados (arts. 261 a 264).

5. REQUISITOS ESSENCIAIS DOS CRIMES DE FALSO

5.1. Introdução

Como apontava com maestria Sylvio do Amaral, os elementos necessários à existência da falsidade documental podem ser decompostos em **quatro** requisitos:

---

[15] *Tratado de la parte especial de derecho penal*, t. IV, p. 611.

[16] *Tratado de la parte especial de derecho penal*, t. IV, p. 612.

[17] Trata-se da falsificação de moeda.

[18] As Ordenações Filipinas vigoraram no Brasil de 11 de janeiro de 1603 até 16 de dezembro de 1830, quando do advento do Código Criminal do Império, a primeira legislação penal genuinamente brasileira.

a) a **alteração da verdade** sobre **fato juridicamente relevante** (*immutatio veritatis*);

b) a **imitação da verdade** (*immitatio veritatis*);

c) a **potencialidade de dano** (*falsum punitur licet nemini damun inferret, sufficit enim quod potuit damnum inferre*);

d) o **dolo** (*animus fallendi*).

A doutrina predominante, contudo, reúne-os em três, pois funde a alteração e a imitação da verdade num único requisito[19]. De qualquer modo, todos se encontram entrelaçados e se complementam reciprocamente.

A alteração da verdade (*immutatio veritatis*) e a imitação da verdade (*imitatio veritatis*) se deduzem dos verbos nucleares empregados no Código, quais sejam: "falsificar" e "alterar". Quanto ao elemento subjetivo, isto é, a necessidade de dolo no proceder do agente, decorre essa exigência da falta de menção à forma culposa (requisito indispensável à sua configuração – art. 18, parágrafo único, do CP). No que concerne à potencialidade de dano, deduz-se tal necessidade do fato de que **os crimes de falsidade são formais**, ou seja, **prescindem da produção de dano efetivo para fins de consumação**[20].

5.2. *Immutatio veritatis*

Cuida-se da essência da infração, pois o que busca o falsário não é outra coisa senão **alterar a verdade** transposta num documento, modificando as condições relativas a um fato ou relação jurídica. Assim, quem reproduz fielmente um escrito, sem alterar-lhe o conteúdo, não comete o delito, pois lhe falta o substrato fundamental de que ora se cogita. Como ensinava Basileu Garcia, "Se eu substituo um instrumento particular por outro, que lhe faz as vezes com exatidão, sem causar prejuízo, dever-se-á concluir pela inexistência do elemento alteração da verdade, ainda que, materialmente, tenha havido radical alteração, que é a substituição"[21].

---

[19] Veja, por todos, Nelson Hungria: "Fixemos os três elementos. O dolo do *falsum* é a vontade e consciência de imitação da *verdade* inerente a certos objetos, sinais ou formas, de modo a criar a possibilidade de conculcação de relações jurídicas e consequente quebrantamento da confiança pública nesses objetos, sinais ou formas..." (*Comentários ao Código Penal*, p. 193).

[20] Há legislações penais que definem tais requisitos expressamente nos tipos penais, como a francesa, que esclarece no art. 441 do *Code Pénal* (1994), que o falso constitui "toda alteração fraudulenta da verdade, de tal natureza a causar um prejuízo e realizada por qualquer meio, efetuada num escrito ou qualquer outro meio que suporte a expressão do pensamento, que tenha por objeto ou que possa ter por efeito de estabelecer a prova de um direito ou de um fato com consequências jurídicas".

[21] *RT* 154/511.

Além disso, deve a alteração recair sobre **fato juridicamente relevante**, de vez que a falsificação inócua, por não trazer qualquer repercussão na órbita dos direitos ou obrigações, não altera o valor probante do documento (ou seja, não vulnera o objeto jurídico protegido) e, portanto, não constitui ilícito penal.

O requisito da alteração da verdade **não atua do mesmo modo em documentos públicos ou particulares.** Nestes, é imprescindível verificar, caso a caso, se o objeto possui efetivo valor probante, ao passo que nos documentos públicos, por envolverem relações com o Estado, tal qualidade sempre se presumirá, a não ser que por alguma razão excepcional seja este desprovido dessa força, como ocorre, por exemplo, com a alteração de uma certidão com prazo de validade vencido (nesses casos, contudo, embora inexista o crime de falsidade, pode haver estelionato).

5.3. *Immitatio veritatis*

Complementando o requisito anterior, entende-se indispensável a **imitação da verdade**, ou seja, o meio executivo do qual se vale o agente deve ter como alvo a reprodução do verdadeiro, de modo a iludir as pessoas. "Não se pode conceber a ideia de *falsificação* desacompanhada da ideia de *semelhança*, pois não se coaduna aquele conceito com o de *dissemelhança*"[22].

A falsificação deve ser **apta a enganar o homem médio**, ou seja, deve se prestar a reproduzir, com alguma fidelidade, o documento original. De regra, levar-se-á em conta como padrão para se aquilatar a aptidão ilusiva do *falsum* o critério de um homem de mediana prudência e discernimento. Por vezes, contudo, terão de se adotar como parâmetro determinadas habilidades específicas, como ocorre em se tratando de falsificação de selo ou peça filatélica, na qual a capacidade de enganar da reprodução feita terá que ser avaliada com base no padrão mediano dentre os filatelistas[23].

Do ponto de vista processual, será **indispensável**, em todos os casos de falso material, o **exame de corpo de delito**, nos termos do art. 158 do CPP.

O **falso grosseiro**, qual seja, aquele incapaz de induzir ou manter alguém em erro, por ser perceptível a olho nu (*ictu oculi*), **não constituirá jamais crime contra a fé pública**, por sua **absoluta incapacidade** de pôr em risco a força probante dos documentos, embora possa configurar **delito patrimonial** (estelionato, por exemplo). É o entendimento consubstanciado na **Súmula 73 do STJ**: "A utilização de papel-moeda grosseiramente falsificado configura, em tese, o crime de estelionato, da competência da Justiça Estadual".

---

[22] Sylvio do Amaral. *Falsidade documental*, p. 61.

[23] *Vide* art. 39 da Lei n. 6.538/78.

Quando se tratar de **falsidade ideológica** (e não material), **não se cogitará de** *immitatio veritatis*, mas sua noção haverá de ser entendida por outra com a qual possui total paralelismo, a **verossimilhança do conteúdo**. O falso ideal não envolve a modificação da peça, do instrumento, do objeto etc., mas a inserção de conteúdo inverídico sobre estes. Assim, deve a mentira aposta no documento ser hábil a iludir, o que jamais se cogitará quando a verdade falseada for inverossímil (p. ex., o tabelião que lavra uma escritura dizendo que perante ele compareceu determinada pessoa nacionalmente conhecida e ditou-lhe o testamento, sendo público e notório que o suposto testador já havia falecido muito antes do suposto comparecimento, pois seu óbito fora acompanhado por todos os meios de comunicação).

5.4. Potencialidade de dano

A *immitatio veritatis* e a potencialidade de dano guardam, como de resto todos os requisitos expostos, verdadeira interdependência.

Recorde-se, nesse sentido, que a lei penal visa tutelar a força probante dos documentos, por meio do reforço à crença de sua veracidade e autenticidade. Se a falsificação for **grosseira** ou **inverossímil**, o objeto produzido ou modificado será totalmente incapaz de enganar as pessoas, de modo que o agente **não lesará a fé pública** ou seu consectário, a segurança no tráfico jurídico probatório.

Note que não se exige dano efetivo, mas possibilidade de dano (essa é justamente a diferença entre os "crimes contra a fé pública" e os delitos contra o patrimônio que têm o falso como meio executivo). "Se a ação do falsário é dirigida no sentido de modificar o documento, visando primordialmente alterar suas qualidades intrínsecas ou extrínsecas como *meio de prova* de fato juridicamente relevante, basta que se criem condições de perigo de alteração da verdade a dano de outrem para a perfeita integração do crime *consumado* de falsidade; ao contrário, sempre que a enunciação mendaz feita através da falsificação não passa de meio ardiloso de que se vale o agente para ludibriar o ofendido, isto é, de instrumento material da fraude cometida, a figura delituosa (estelionato, sob qualquer de suas formas) se terá por meramente tentada, quando o prejuízo não vier a concretizar-se"[24].

Anote-se ainda que o **prejuízo visado não precisa ser de natureza econômica**, mas de qualquer ordem, conquanto possa ter o condão de macular algum bem ou direito alheio. O requisito estará aperfeiçoado, por exemplo, quando se falsifica receita médica para obtenção de drogas visando ao consumo, quando se altera o conteúdo de carta amorosa para provar

---

[24] Sylvio do Amaral. *Falsidade documental*, p. 67.

376

suposto adultério ou se modifica o nome de alguém em mandado de prisão, fazendo com que cumpra a pena pessoa inocente[25].

5.5. Dolo

Todas as infrações penais constantes do Título X são punidas exclusivamente na forma dolosa. Por vezes, constam dos tipos penais elementos subjetivos específicos, ou seja, uma intenção específica à qual deve a conduta do agente dirigir-se, para fins de enquadramento penal. É o caso da falsidade ideológica, que, além do dolo, demanda que a conduta se dê com o fim de "prejudicar direito, criar obrigação ou alterar a verdade sobre fato juridicamente relevante".

6. DIVISÃO DO TÍTULO X

O Título X divide-se em cinco capítulos: 1º) "Da moeda falsa" (arts. 289 a 292); 2º) "Da falsidade de títulos e outros papéis públicos" (arts. 293 a 295); 3º) "Da falsidade documental" (arts. 296 a 305); 4º) "De outras falsidades" (arts. 306 a 311); e 5º) "Das fraudes em certames de interesse público" (art. 311-A).

7. OUTROS CRIMES DE FALSO

Interessante lembrar, por fim, que existem outros crimes que, embora não constem do presente título, também possuem a falsidade como requisito essencial, como o falso testemunho (art. 342) e a fraude processual (art. 347). Tais delitos, todavia, não ofendem a segurança no tráfico jurídico probatório ou a crença na veracidade ou autenticidade dos documentos, mas se dirigem primordialmente contra a administração da Justiça, tendo sido bem situados no Código Penal no Capítulo III do Título XI.

---

[25] *Vide* Nelson Hungria. *Comentários ao Código Penal*, v. IX, p. 253.

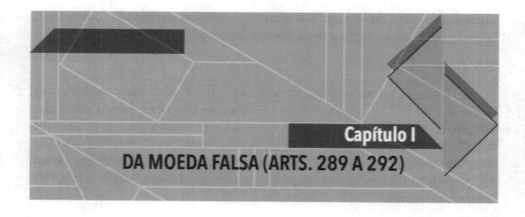

Capítulo I
DA MOEDA FALSA (ARTS. 289 A 292)

1. HISTÓRICO

O vocábulo "moeda" tem sua raiz vinculada à deusa Juno Moneta, protetora do local em que, na Roma Antiga, eram cunhadas as peças metálicas (em geral circulares), para serem utilizadas como meio de troca e medida de valor.

Há controvérsia sobre sua invenção, existindo aqueles que atribuem seu surgimento ao povo lídio[1], no século VII a.C., embora existam informações destacando seu uso na China antes dessa época.

De início, as moedas apresentavam valor real, ou seja, correspondiam ao custo da espécie e quantidade de metal empregado em sua confecção (ouro, prata, cobre). Posteriormente, passaram a conter valor nominal, simbolizando unidades monetárias que não correspondiam ao preço despendido em sua fabricação.

Na Roma Antiga, depois da adoção do monopólio estatal para sua confecção, cogitou-se punir a falsificação de moeda, objeto de previsão da *Lex Cornelia de Falsis*, no ano 78 a.C. Durante o Império, passou a ser considerado delito de lesa-majestade, por representar a violação à prerrogativa do Estado em sua cunhagem e um insulto à imagem do soberano nela representada, havendo então considerável exacerbação nas penas cominadas.

Durante a Idade Média (séculos XII e XIII) surgiu o papel-moeda, ou seja, a cédula monetária, inicialmente com o intuito de circular fazendo as vezes da moeda metálica depositada em bancos. A proteção penal, evidentemente, a ela se estendeu.

---

[1] Viviam na região da Grécia Antiga, vizinhos aos jônios.

O Código Penal francês a previu como crime de falsidade apenado com a morte (até o advento de uma lei de 1832 que modificou a sanção para trabalhos forçados). A doutrina da época, contudo, insistia em que o fato deveria ser qualificado como infração patrimonial, olvidando de seu caráter essencial.

Em nosso país, ao tempo das Ordenações o fato era apenado com morte. O Código Criminal de 1830 o inclui dentre os crimes contra o Tesouro Público (art. 173) e o Código Penal de 1890, finalmente, capitulou-o entre os crimes contra a fé pública.

2. CONSTITUIÇÃO FEDERAL, LEGISLAÇÃO ORDINÁRIA E DOCUMENTOS INTERNACIONAIS SOBRE EMISSÃO DE MOEDA

A Constituição Federal dispõe, em seu art. 48, XIV, que compete ao Congresso Nacional, com a sanção do Presidente da República, dispor sobre "moeda, seus limites de emissão, e montante da dívida mobiliária federal".

A Lei n. 4.595/64 institui a Política e as Instituições Monetárias, Bancárias e Creditícias, declarando competir ao Conselho Monetário Nacional regular o valor interno da moeda e autorizar sua emissão, em conformidade com as diretrizes emanadas pelo Presidente da República. A emissão do papel-moeda e da moeda metálica incumbe ao Banco Central, nas condições e nos limites autorizados pelo Conselho Monetário Nacional.

No plano internacional, regula a falsificação de moeda a *Convenção Internacional para a Repressão da Moeda Falsa*, de 1929, da qual o Brasil é signatário, tendo sido esse documento aprovado, no plano jurídico interno, por meio do Decreto Presidencial n. 3.074, de 14-9-1938.

ART. 289 - MOEDA FALSA

1. DISPOSITIVO LEGAL

Moeda falsa

Art. 289. Falsificar, fabricando-a ou alterando-a, moeda metálica ou papel-moeda de curso legal no país ou no estrangeiro:

Pena – reclusão, de 3 (três) a 12 (doze) anos, e multa.

§ 1º Nas mesmas penas incorre quem, por conta própria ou alheia, importa ou exporta, adquire, vende, troca, cede, empresta, guarda ou introduz na circulação moeda falsa.

§ 2º Quem, tendo recebido de boa-fé, como verdadeira, moeda falsa ou alterada, a restitui à circulação, depois de conhecer a falsidade, é punido com detenção, de 6 (seis) meses a 2 (dois) anos, e multa.

§ 3º É punido com reclusão, de 3 (três) a 15 (quinze) anos, e multa, o funcionário público ou diretor, gerente, ou fiscal de banco de emissão que fabrica, emite ou autoriza a fabricação ou emissão:

I – de moeda com título ou peso inferior ao determinado em lei;

II – de papel-moeda em quantidade superior à autorizada.

§ 4º Nas mesmas penas incorre quem desvia e faz circular moeda, cuja circulação não estava ainda autorizada.

2. VALOR PROTEGIDO

A objetividade jurídica, vale dizer, o bem tutelado pela norma penal, é, segundo o Código Penal, a *fé pública*, ou seja, a **crença na autenticidade e veracidade das moedas de curso legal**.

Em nosso sentir, todavia, protege-se, na verdade, não só a fé pública, qualidade que devem conter as moedas de curso obrigatório, mas primeiramente seu tráfico jurídico, ou seja, sua **regular circulação no meio econômico**[2].

3. TIPO OBJETIVO

A ação nuclear consubstancia-se em *falsificar*, seja *fabricando* moeda falsa (formando cédula ou moeda metálica inexistente – cuida-se da contrafação ou formação total), seja *alterando* moeda verdadeira (modificando seu conteúdo, seu valor facial, seu peso etc.).

Cuida-se de crime onímodo, ou seja, de **forma ou ação livre**, razão pela qual admite qualquer meio executivo; pouco importa o processo utilizado na falsificação (cerceamento, raspagem, limadura, serradura, coloração, banhos químicos, substituição de dizeres ou algarismos etc.).

O *objeto material*, conforme expressamente consignado no tipo, é tanto a **moeda metálica** quanto o **papel-moeda** (ou seja, "o valorímetro dos bens econômicos, o denominador comum a que se reduz o valor das coisas úteis"[3]) **de curso legal no Brasil ou no exterior** (essa equiparação, inexistente no Direito anterior, entre dinheiro nacional e estrangeiro, deriva de exigência da Convenção de Genebra, de 1929, mencionada no item "2" do Capítulo I e, nos termos do art. 5º de tal Diploma, independe de reciprocidade com outras nações).

---

[2] Para Almeida Costa, contudo, o bem jurídico relativo aos delitos de moeda falsa consiste na "pureza ou autenticidade do sistema monetário" ou, com outras palavras, "na integridade ou intangibilidade do sistema monetário legal *em si mesmo considerado*, enquanto instrumento indispensável para a subsistência e o desenvolvimento das coletividades modernas" (*Comentário conimbricense do Código Penal*, p. 749).

[3] Nelson Hungria. *Comentários ao Código Penal*, v. IX, p. 202-203.

Não se inclui na disposição a falsificação de cheques de viagem ou *traveller checks*, sob pena de violação ao princípio da taxatividade da lei penal. O ato, contudo, configura crime de falsidade material (CP, art. 298) ou ideológica (CP, art. 299)[4].

A moeda ou *numisma* consiste numa peça de metal (pouco importando se nobre, como o ouro, ou vil, como o ferro), com determinado peso, dimensões e valor atribuído pelo Estado, que lhe dá o cunho e o curso obrigatório. O papel-moeda constitui-se da cédula de circulação compulsória, que contém valor monetário atribuído pelo Conselho Monetário Nacional.

Exige-se **moeda de curso legal**, ou seja, **cuja aceitação é obrigatória nas relações econômicas**. Conforme elucida Nucci: "Cabe ao Conselho Monetário Nacional estabelecer o valor interno da moeda (art. 3º, II, da Lei n. 4.595/64), bem como autorizar as emissões de papel-moeda (art. 4º da mesma Lei). Ao Banco Central do Brasil compete emitir papel-moeda e moeda metálica, conforme autorização dada pelo Conselho Monetário Nacional (art. 10 da citada Lei, bem como art. 164 da Constituição Federal). Por outro lado, à Casa da Moeda compete a fabricação, em caráter exclusivo, de papel-moeda e moeda metálica (art. 2º da Lei n. 5.895/73), fixando as características técnicas e artísticas do papel-moeda (art. 5º da Lei n. 4.511/64)"[5].

Na hipótese de o valorímetro não mais encontrar-se em circulação (p. ex., cédulas do Império ou moedas do período colonial) e for objeto de falsificação, haverá delito de estelionato (CP, art. 171). Imagine-se, por exemplo, a pessoa que falsifica cédula monetária do Império, visando a ludibriar o colecionador (ou numismata). A doutrina, nesse passo, destaca a diversidade de tratamento jurídico dada à falsificação de determinados documentos colecionáveis, notadamente a de selos e a de moedas. Isso porque, no primeiro caso, a conduta é punida no art. 39 da Lei n. 6.538/78 (reprodução ou adulteração de selo ou peça filatélica) e, no segundo caso, o fato não se insere dentre os delitos contra a fé pública (embora, como se anotou, possa se subsumir a crime patrimonial).

Deve-se notar, a propósito das moedas de curso legal, que Lei das Contravenções Penais pune com multa o ato de "recusar-se a receber pelo seu valor, moeda de curso legal no País" (art. 43), bem como o de "usar,

---

[4] "A possível falsificação que permeia a hipótese não é de outro documento senão cheques de viagem, os quais não se confundem com moeda, elemento objetivo do tipo de moeda falsa (art. 289 do CPB)" (STJ, CC 94.848, rel. Min. Napoleão Nunes Maia Filho, 3ª S., *DJe* de 20-3-2009).

[5] Guilherme de Souza Nucci. *Código Penal comentado*, p. 1004.

como propaganda, de impresso ou objeto que pessoa inexperiente ou rústica possa confundir com moeda" (art. 44).

A conduta deve visar à modificação que busque a outorga de maior valor ao objeto, sob pena de inexistir crime. Conforme lição de Antolisei reproduzida na introdução do Título X, os *crimen falsi* e, em especial, a moeda falsa não constituem um fim em si mesmo[6], de modo que a falsificação, *in casu*, deve buscar a obtenção de alguma vantagem, o que jamais ocorreria, por exemplo, quando se procurasse reduzir o valor da moeda ou cédula ou, ainda, alterar-lhe símbolos ou sinais que em nada interferissem em seu poder de compra (como o caso dos sequestradores que modificam o número de série do dinheiro recebido como pagamento pela libertação da vítima, de modo a evitar sua identificação pela Polícia). Anote-se, ainda, que o indivíduo que falsifica uma nota de cinquenta reais para transformá-la em cédula de vinte merece, não a repressão pela imposição da pena, mas uma cuidadosa avaliação psiquiátrica para eventual interdição civil, pois, como dizia Hungria, "seu ato equivaleria ao de *jogar fora* ou *rasgar* dinheiro, isto é, ao mais iniludível indício de loucura, segundo o jocoso mas acertado provérbio popular"[7].

Não se exige falsificação perfeita, capaz de iludir peritos, mas tão somente que a moeda contrafeita ou alterada tenha **aptidão para enganar o homem médio**[8]. A *immitatio veritatis* não precisa ser de tal ordem que só aos mais atentos possa enganar, mas deve ser apta a iludir pessoas de vigilância ordinária.

Deve-se notar, no que toca ao nível de semelhança que se deve exigir para a configuração do delito, que dentro de um mesmo país, como anota Almeida Costa, há diversos estratos populacionais, com níveis de cultura, educação e experiência variados, refletindo no grau de permeabilidade do documento falsificado. Além disso, não se sabe de antemão (via de regra) o grupo social em que o objeto do *falsum* irá circular, razão pela qual há de se tomar como parâmetro o "limiar mínimo", ou seja, uma semelhança cir-

---

[6] "Conlui che, ad. es., falsifica una moneta, si propone forse di offendere la pubblica fede? Neanche per sogno!" (*Manuale di diritto penale*, p. 63).

[7] *Comentários ao Código Penal*, v. IX, p. 208. Também é o pensamento de Magalhães Noronha, como se nota em seu *Direito penal*, v. 4, p. 145. Veja, ainda, a opinião de Rogério Greco (*Curso de direito penal*. 6. ed. Niterói: Impetus, 2010, v. 4, p. 225).

[8] Nesse sentido: "tratando-se de cédulas aptas a enganar o homem médio, não há falar em falsificação grosseira" (TRF, 4ª R., AP 5020515-03.2016.4.04.7100, rel. Des. João Pedro Gebran Neto, 8ª T., j. 4-7-2018). "O Superior Tribunal de Justiça possui entendimento de que a verificação se a falsificação é ou não capaz de enganar um homem médio cabe apenas ao Juiz da causa, sendo desnecessária a elaboração de um terceiro laudo quando já estiver comprovada a falsificação das notas por outras perícias" (STJ, RHC 27.099/SP, rel. Min. Gurgel de Faria, 5ª T., j. 12-5-2015).

cunscrita "ao que se afigura necessário para a sua aceitação, como verdadeira, pela generalidade dos indivíduos que compõem o estrato menos exigente dos que integram o 'âmbito pessoal' de aplicação da lei penal..."[9].

Sendo **grosseira a falsificação** deixa de existir lesão ao valor protegido pela norma, tipificando-se então o crime de **estelionato** (CP, art. 171). Isso também importará em modificação da competência *ratione materiae*, pois o crime do art. 289 do CP, por acarretar lesão a interesse da União, é processado e julgado pela Justiça Comum Federal, ao passo que a mencionada infração ao patrimônio é de competência da Justiça Estadual[10].

Quanto à aplicação do princípio da insignificância ao crime de moeda falsa (p. ex., falsificação de cédula de dez reais), orienta-se a jurisprudência no sentido de sua inadmissibilidade, em razão do objeto jurídico inerente a infração do art. 289 do CP[11]. Nos Tribunais Superiores, deve-se anotar,

---

[9] *Comentário conimbricense do Código Penal*, p. 753-754. Na jurisprudência, veja os seguintes julgados: 1) "Constatado por laudo pericial não se tratar de falsificação grosseira, estando a nota apta a circular livremente no mercado por reunir condições de ludibriar o homem comum, não há que se falar em aplicação do enunciado n. 73 da Súmula do STJ, caracterizando-se, em tese, o crime de moeda falsa, de competência da Justiça Federal" (STJ, HC 119.340, rel. Min. Paulo Gallotti, 6ª T., *DJe* de 30-3-2009). 2) O TRF manteve a condenação pelo art. 289 no seguinte caso: "*A falsidade das cédulas é evidenciada no Laudo de Perícia Criminal (...) a falsificação não é grosseira, tendo potencialidade para passar por autêntica no meio circulante, enganando terceiros de boa-fé, conforme laudo pericial*" (TRF, 4ª R., AP 5003280-06.2015.404.7117, rel. Des. Gerson Luiz Rocha, j. 18-7-2017). 3) "Na espécie, a perícia concluiu que a falsificação da moeda 'foi realizada com conhecimentos e equipamentos técnicos, resultando em características macroscópicas (visíveis a olho nu) com qualidade, podendo ser confundido com documento autêntico, dependendo do meio, do conhecimento e da atenção do observador'. Destarte, tendo em vista que a moeda poderia ser tida por autêntica, está configurada a competência da Justiça Federal para julgamento do delito tipificado no art. 289 do Código Penal – CP" (STJ, CC 170.644/SC, rel. Min. Joel Ilan Paciornik, 3ª S., j. 13-5-2020).

[10] "A utilização de papel-moeda grosseiramente falsificado configura, em tese, o crime de estelionato, da competência da Justiça Estadual" (Súmula 73 do STJ).

[11] Fundamentam-se nossos tribunais no fato de que é "inaplicável o princípio da insignificância, porquanto a conduta delitiva ofendeu a fé pública, bem jurídico protegido pelo tipo" (TRF, 4ª R., AP 5010373-31.2016.4.04.7102, rel. Des. Salise Monteiro Sanchotene, 7ª T., j. 3-7-2018) e de que "o bem jurídico tutelado é a fé pública e não o seu valor em pecúnia" (TRF, 3ª R., *RT* 816/713) *Vide*, ainda, o seguinte julgado: "No que diz respeito à alegação concernente ao pequeno valor da cédula falsa encontrada com o réu, tal fato não interfere na tipificação ou na consumação do delito de moeda falsa, previsto no art. 289 do CP, eis que o objeto jurídico primordialmente tutelado pelo tipo penal é a fé pública" (*JSTJ-LEX* 169/492). Há entendimento no sentido contrário: TRF, 1ª R., *RT* 837/683.

encontra-se firmada a tese acerca da **inaplicabilidade do princípio da insignificância** a tais infrações[12].

Quando o agente sobrepõe em cédula números e letras de outra, visando atribuir-lhe valor maior, incorre no art. 289, *caput*, porquanto realiza verdadeira contrafação ou alteração de moeda verdadeira. Não se fala no delito previsto no art. 290, *caput*, primeira figura ("Formar cédula, nota ou bilhete representativo de moeda com fragmentos de cédulas, notas ou bilhetes verdadeiros"), justamente porque, nesse caso, exige-se a formação ou criação de uma nova moeda, utilizando-se de fragmentos de outras, com características similares.

O desconhecimento da falsidade da moeda afasta o dolo, configurando erro de tipo (CP, art. 20). Incumbe ao agente, entretanto, demonstrar sua insciência quanto ao fato ("ao Ministério Público cabe a prova da realização da conduta criminosa"[13], todavia, "a exclusão do dolo por erro de tipo exige prova consistente do desconhecimento da elementar do tipo, ônus que incumbe ao acusado que o alegou"[14]).

A competência para apuração do delito é, como dissemos, da **Justiça Federal**, porquanto há lesão a interesse da União (CF, art. 109, IV). Não há nulidade alguma, entretanto, se a prisão em flagrante for realizada pela Polícia Civil, desde que eventual denúncia seja ajuizada perante a Justiça competente, pelo Ministério Público Federal (TRF, 4ª R., *RT* 807/719).

4. TIPO SUBJETIVO

O elemento subjetivo do injusto consiste na vontade e consciência de falsificar moeda metálica ou papel-moeda de curso legal no país ou no exterior. Prescinde-se de elemento subjetivo específico, muito embora o sujeito,

---

[12] "Nesse sentido o STF: "Moeda falsa – Insignificância – Afastamento. Descabe cogitar da insignificância do ato praticado uma vez imputado o crime de circulação de moeda falsa" (HC 126.285/MG, rel. Min. Marco Aurélio, 1ª T., j. 13-9-2016). O STJ: "não se cogita a aplicação do princípio da insignificância aos crimes de moeda falsa, pois o bem jurídico protegido de forma principal é a fé pública, ou seja, a segurança da sociedade, sendo irrelevante o número de notas, o seu valor ou o número de lesados" (AgRg no CC 176.929/MG, rel. Min. Antonio Saldanha Palheiro, 3ª S., j. 24-3-2021). Na mesma esteira, STJ, AgRg no HC 772.340/MT, rel. Min. Reynaldo Soares da Fonseca, 5ª T., j. 18-10-2022; e AgRg no REsp 2.143.901/MA, rel. Min. Antonio Saldanha Palheiro, 6ª T., j. 19-8-2024. *Vide*, ainda, TRF, 4ª R. (AP 5075047-92.2014.404.7100, rel. Des. Rodrigo Kravetz, 7ª T., j. 26-1-2016).

[13] TRF, 4ª R., RT 792/737

[14] TRF, 4ª R., AP 5012831-83.2014.404.7104, rel. Des. Nivaldo Brunoni, 8ª T., j. 20-7-2016.

ao falsificar a moeda, sempre aja com o intuito de obter alguma vantagem ilícita subsequente.

Conforme lembrava Hungria, em clássica lição, "é irrelevante o motivo da ação", não se isentando de pena até mesmo quem aja impelido por motivos políticos ou patrióticos, como o antigo caso do príncipe Windisch-Gratz, que foi responsável pela falsificação de notas de mil francos, com o intuito de abalar a cotação do dinheiro francês e financiar o movimento socialista húngaro[15].

Discute-se se o dolo exigido é de dano ou de perigo. Predomina a concepção de que os crimes de falsidade, dentre os quais o do art. 289, exigem **dolo de dano**, traduzido na vontade de agredir a fé pública, ou seja, abalar (mesmo que isso não se configure como o fim precípuo) a confiança na autenticidade e veracidade da moeda de curso legal (e não o patrimônio de alguém).

5. SUJEITOS DO CRIME

5.1. Sujeito ativo

O delito em exame constitui **crime comum**, podendo ser praticado por qualquer pessoa.

5.2. Sujeito passivo

Sujeito passivo é o Estado e, secundariamente, a pessoa física ou jurídica prejudicada com a falsificação[16].

6. CONSUMAÇÃO E TENTATIVA

6.1. Consumação

Consuma-se o fato com a **falsificação da moeda, independentemente de sua efetiva circulação (crime formal)**. É necessário que o proceder do agente produza, no objeto material, uma mudança que o torne capaz de

---

[15] *Comentários ao Código Penal*, v. IX, p. 217.

[16] "A fé pública do Estado é o bem jurídico tutelado no delito do art. 289, § 1º, do Código Penal, o que não induz à conclusão de que o Estado seja vítima exclusiva do delito. Em virtude da diversidade de meios com que a introdução da moeda falsa em circulação pode ser perpetrada, não há como negar que vítima pode ser, além do Estado, uma pessoa física, ou um estabelecimento comercial, dado o notório prejuízo experimentado por esses últimos" (STJ, HC 211.052/RO, rel. Min. Sebastião Reis Júnior, rel. para o acórdão Min. Rogério Schietti Cruz, j. 5-6-2014, noticiado no *Informativo* n. 546).

iludir terceiros, conferindo-lhe a possibilidade de circular entre as pessoas com um mínimo grau de aceitabilidade ou receptividade.

Basta, por outro lado, a produção ou alteração de um só exemplar da moeda. Quanto maior a quantidade de cédulas ou moedas metálicas falsificadas, maior deverá ser a pena-base, pois se agravam as consequências, efetivas ou potenciais, do crime, influindo negativamente nas circunstâncias judiciais (art. 59, *caput*, do CP)[17]. Dando-se, contudo, a falsificação das diversas moedas em ocasiões distintas, há crime continuado (art. 71 do CP)[18].

Não é preciso, ademais, que o sujeito ativo obtenha vantagem ou, ainda, que provoque algum prejuízo ao patrimônio de terceiros; se isso vier a ocorrer, ter-se-á exaurimento, repercutindo desfavoravelmente na pena-base.

Também não se aplica o arrependimento posterior (art. 16 do CP) ao crime de moeda falsa, haja vista o bem jurídico tutelado ser a fé pública, que não é passível de reparação[19].

6.2. Tentativa

Admite-se a forma tentada, porquanto se trata de **crime plurissubsistente**. Advirta-se, ademais, que algumas condutas que poderiam configurar atos meramente preparatórios dessa infração penal são punidas como crime autônomo de petrechos para falsificação de moeda (art. 291: "Fabricar, adquirir, fornecer, a título oneroso ou gratuito, possuir ou guardar maquinismo, aparelho, instrumento ou qualquer objeto especialmente destinado à falsificação de moeda").

7. CLASSIFICAÇÃO JURÍDICA

Trata-se de crime *de forma ou ação livre* (pode ser praticado por qualquer meio escolhido pelo sujeito ativo), *comum* (qualquer pessoa pode praticá-lo), *formal ou de consumação antecipada* (sua consumação dá-se independentemente da verificação de um resultado naturalístico – basta a fabricação ou alteração da moeda, mesmo que não se dê sua circulação), *de perigo concreto ou real*[20] (porquanto seu *summatum opus* contenta-se com a exposição

---

[17] Nesse sentido: STJ, AgRg no REsp 1.957.527/SP, rel. Min. Ribeiro Dantas, 5ª T., j. 11-10-2022.

[18] Ver: STJ, AgRg no REsp 1.931.359/RS, rel. Min. Sebastião Reis Júnior, 6ª T., j. 7-12-2021.

[19] REsp 1.242.294/PR, rel. Min. Sebastião Reis Júnior, rel. para o acórdão Min. Rogério Schietti Cruz, 6ª T., j. 18-11-2014, *DJe* de 3-2-2015 (*Informativo*, n. 554).

[20] "Os crimes contra a fé pública são crimes de perigo, formais, onde se tutela imediatamente a fé pública e apenas mediatamente o patrimônio particular. O que se exige é a potencialidade lesiva do objeto material do falso e não a ocorrência de lesão efetiva. A consumação do crime independe da introdução da moeda falsa em circulação, a

do bem protegido a um risco de lesão, já que é desnecessário colocar-se a moeda falsificada em efetiva circulação; o perigo, por outro lado, é concreto, já que a idoneidade ilusiva do *falsum* configura condição indispensável para a existência da infração)[21], ***instantâneo*** (sua consumação não se prorroga no tempo, dando-se instantaneamente), ***unissubjetivo ou de concurso eventual*** (pode ser cometido por uma só pessoa ou várias, em concurso de agentes) e ***plurissubsistente*** (seu *iter criminis* admite fracionamento).

8. CONDUTAS EQUIPARADAS (ART. 289, § 1º)

O falsário, conforme já se assentou, não obra por amor à arte de imitar o original; age, como é cediço, buscando introduzir em circulação o objeto contrafeito ou alterado e, com isso, auferir alguma vantagem. Ele próprio, por vezes, encarrega-se de toda a "cadeia produtiva" do falso numário. Casos há, entretanto, e não são poucos, em que se conta com a ajuda de terceiros, os quais agem após a consumação do delito, engendrando esforços para guardar, distribuir, colocar na economia etc. as moedas ou cédulas espúrias. Para eles, o legislador reservou diversas condutas equiparadas no § 1º da disposição.

Trata-se de incriminar quem, ***por conta própria ou alheia, importa moeda falsa*** (i.e., promove sua entrada no território brasileiro[22]) ou a ***exporta***

---

mera ação de 'adquirir' ou 'guardar' a cédula, tendo ciência de sua inautenticidade, já configura o delito" (*RT* 765/732). E também: "No delito de moeda falsa, não há se falar em aplicação do princípio da lesividade, pois há perigo presumido de lesão contra a fé pública" (TRF, 4ª R., AP 5075047-92.2014.404.7100, rel. Des. Rodrigo Kravetz, 7ª T., j. 26-1-2016).

[21] De ver que o STJ possui precedente no sentido de se tratar de crime de perigo abstrato. Confira-se: "O crime de moeda falsa (CP, art. 289, *caput*, e § 1º do Código Penal) é formal e de perigo abstrato, tendo em vista que a mera execução da conduta típica presume absolutamente o perigo ao bem jurídico tutelado, sendo prescindível a obtenção de vantagem ou prejuízo a terceiros para a consumação (HC n. 210.764/SP, relator Ministro Ribeiro Dantas, Quinta Turma, julgado em 21/6/2016, *DJe* de 28/6/2016)" (STJ, AgRg no AREsp .548.079/RS, rel. Min. Reynaldo Soares da Fonseca, 5ª T., j. 11-6-2024). Anotamos, porém, que o fundamento do acórdão parece confundir os conceitos de crime de mera conduta (que é inegavelmente o caso do art. 289 do CP), com delito de perigo abstrato (cuja periculosidade é presumida de forma absoluta pelo ato material descrito na conduta tipificada). No caso de uma cédula inapta a enganar, embora o agente tenha realizado o ato descrito no tipo penal, a conduta não se reveste de tipicidade material, daí porque entendemos ser correto classificar como crime de perigo concreto.

[22] Tornaram-se célebres, na primeira metade do século XVIII, as importações oriundas de Portugal de estátuas de santos, feitas de madeira aparentemente maciça, com dinheiro falso em seu interior (santos do pau oco).

(efetua a saída do objeto de nossas fronteiras), a *adquire* (obtém a qualquer título e sob qualquer condição, até mesmo ilícita), a *vende* (aliena, transfere a propriedade onerosamente), a *troca* (permuta, transfere mutua e simultaneamente o objeto recebendo outro), a *cede* (transfere a posse ou propriedade a título gratuito), a *empresta* (fornece por tempo limitado), a *guarda* (mantém armazenada, consigo ou alhures[23]), ou a *introduz na circulação* (faz inserir no meio circulante, de modo a servir de meio de pagamento na economia). Na última ação, pressupõe-se a **boa-fé** do recipiente; nas demais, o terceiro a quem é repassada ou de quem ela provém encontra-se igualmente de **má-fé**, ou seja, tem ciência da natureza do dinheiro e, por isso, também comete o crime.

A infração subsiste mesmo quando a moeda de curso forçado é dada como forma de contraprestação por negócios ilícitos ou imorais, como aquele que remunera o furtador ou paga dívida de jogo com cédulas falsas.

Em todas as modalidades, admite-se a forma tentada, por se tratar de condutas **plurissubsistentes**. O núcleo "guardar" tem natureza permanente, autorizando, destarte, a prisão em flagrante enquanto o dinheiro estiver à disposição do agente (consigo próprio ou em outro local).

A realização de mais de uma conduta típica pelo mesmo sujeito, enfeixando um só contexto, de modo que um ato seja subsequente a outro (p. ex., importar e, em seguida, guardar cédulas falsas), configura uma só infração, embora o cometimento de mais de uma ação deva ser tomado em conta na dosimetria da pena. O dispositivo contém, portanto, **delito de ação múltipla ou conteúdo variado**[24].

Os comportamentos referidos no § 1º constituem, todos eles, **atos subsequentes à falsificação** e, de regra, compõem o *iter criminis* do agir efetuado pelo próprio falsário; sendo assim, se o mesmo sujeito que realiza a contrafação ou alteração da moeda a colocar em circulação, ou efetuar sua venda etc., haverá **crime único**, pois esses atos absorverão o *falsum* anterior[25].

---

[23] Note que o dispositivo expressamente amplia o alcance dos verbos, com a expressão inicialmente consignada na norma: "por conta própria ou alheia".

[24] "Tratando-se de crime de ação múltipla, o agente responde por crime único, mesmo que pratique várias das ações descritas no tipo penal" (TRF, 1ª R., AP 0001153-25.2013.4.01.3500, rel. Des. Mário César Ribeiro, j. 28-10-2016).

[25] Hungria ensinava que: "Na hipótese de haver identidade pessoal entre o agente da falsificação e o introdutor da moeda falsa, o crime é juridicamente uno (*crime progressivo* ou irrelevância do *anteato em face do post ato*). Se há vários atos de falsificação (separados no tempo) ou vários atos sucessivos de introdução na circulação (ainda pressuposta a *mesmeidade* do agente), apresentar-se-á *crime continuado*" (*Comentários ao Código Penal*, v. IX, p. 219).

8.1. Concurso com estelionato

O crime contra a fé pública em estudo não se confunde com o delito patrimonial mencionado na rubrica, seja pelo bem penalmente protegido, seja pela necessidade de produção do resultado naturalístico (necessária tão somente no estelionato).

A conduta do agente que utiliza moeda falsa, pouco importando seu objetivo, se subsumirá à infração mais grave prevista no art. 289 do CP, ainda que o faça visando a enganar terceiro e, com isso, obter vantagem ilícita. A lesão à fé pública, valor protegido segundo o critério legal, dá-se com a imitação da verdade no documento espúrio, de modo a lhe conferir mínimo grau de aceitabilidade ou receptividade ou, no caso das condutas equiparadas, com quaisquer de suas ações.

É possível, no entanto, que **o sujeito falsifique a moeda ou a obtenha do falsário ciente de sua natureza (consumando a infração em estudo) e, em seguida, utilize-a para enganar outrem.** Afigure-se o seguinte exemplo: "A" dirige-se a um estabelecimento empresarial e, pretendendo adquirir determinado produto, paga-o com dinheiro falso, levando a mercadoria em prejuízo da vítima. O fato de portar as cédulas espúrias indica que antes as adquiriu, de modo que já se encontra incurso no falso numário e, o engodo subsequente torna-o autor do estelionato. De notar-se que, dada a pluralidade de ações e diferente espécie de crimes, há **concurso material ou real** (CP, art. 69).

9. FORMA PRIVILEGIADA (ART. 289, § 2º)

A pessoa que **receber moeda falsa de boa-fé**, isto é, acreditando na veracidade da moeda metálica ou do papel-moeda, e, **depois de constatar o *"falsum"*, passá-la adiante, reintroduzindo-a em circulação,** incorre na figura privilegiada, sujeitando-se a uma pena de detenção, de seis meses a dois anos, e multa.

O dolo há de ser subsequente (*dolus subsequens* ou *superveniens*) ao recebimento, mas antecedente (*antecedens*) à devolução do dinheiro falso à circulação.

O apenamento mais brando justifica-se porque o sujeito, no caso do *delictum privilegiatum*, não atua com intenção de lucro, mas apenas para evitar um dano, pois isso não ofende o princípio da proporcionalidade[26].

---

[26] "A redação do art. 289 do Código Penal não ofende o princípio da proporcionalidade ao aplicar pena mais severa ao agente que promove a circulação de moeda falsa para obter vantagem financeira indevida, em comparação ao que, após receber

Não busca, ademais, prejudicar terceiro, posto agir na esperança de que o dinheiro continue circulando.

Se a pessoa não se deu conta da falsidade, por desatenção exacerbada, e a repassou, não comete a infração, punida somente na forma dolosa.

O tipo derivado pressupõe tenha o dinheiro ingressado de boa-fé, o que inexistirá quando houver furto ou roubo (ou outro ato delituoso) das cédulas falsificadas, supondo-as verdadeiras e, ao depois, reposição do objeto em circulação. Quando o sujeito as reintroduzir no meio circulante, incorrerá no art. 289, § 1º, do CP[27].

10. FORMAS QUALIFICADAS (ART. 289, §§ 3º E 4º)

Pune-se com reclusão, de três a quinze anos, e multa, o funcionário público ou diretor, gerente, ou fiscal de banco de emissão que fabrica, emite ou autoriza a fabricação ou emissão: a) de moeda com título (teor da liga metálica)[28] ou peso inferior ao determinado em lei; b) de papel-moeda em quantidade superior à autorizada (§ 3º). De notar que a emissão excessiva de moeda metálica não constitui o crime, até porque, dado seu reduzido valor, jamais terá o condão de acarretar danos macroeconômicos, como uma descontrolada inflação ou depreciação do valor real do dinheiro.

O fato em estudo consubstancia **crime próprio**, à medida que só o **funcionário público, diretor, gerente** ou **fiscal de banco de emissão de moeda** pode praticá-lo. Admite-se o concurso de terceiros, os quais incorrem na figura qualificada, por força do art. 30 do CP.

Sofre, ademais, idêntica sanção quem **desvia e faz circular moeda cuja circulação não estava ainda autorizada** (§ 4º). Nesse caso, tem-se **crime comum**.

11. EXTRATERRITORIALIDADE DA LEI PENAL

A lei penal brasileira aplica-se, de regra, a fatos cometidos dentro do território nacional (art. 5º do CP) e, excepcionalmente, a infrações praticadas no exterior (art. 7º do CP); nesse caso, dá-se o fenômeno da extraterritorialidade.

---

uma cédula falsa de boa-fé, para não sofrer prejuízo, a repassa a terceiros" (STJ, AgRg no AREsp 815.155/SP, rel. Min. Maria Thereza de Assis Moura, 6ª T., j. 15-12-2015). No mesmo sentido: STJ, AgRg no HC 345.352/SP, rel. Min. Felix Fischer, 5ª T., j. 2-8-2016.

[27] Nesse sentido: Nelson Hungria. *Comentários ao Código Penal*, v. IX, p. 222.

[28] Ou, em outras palavras, "proporção que deve existir entre o metal fino e a liga metálica empregados na confecção da moeda" (Damásio de Jesus. *Direito penal*. 15. ed. São Paulo: Saraiva, 2010, v. 4, p. 16).

Dentre as hipóteses legais em que a lei pátria incide a atos perpetrados fora do Brasil, encontra-se a de serem cometidos crimes contra a fé pública da União (art. 7º, I, *b*), o que ocorre em se tratando de falsificação de moeda brasileira no estrangeiro. Isto é, se alguém falsificar cédulas de reais no exterior, aplicar-se-á o art. 289 do CP à hipótese. De observar-se que o caso será de extraterritorialidade incondicionada, vale dizer, o Código Penal incidirá independentemente de qualquer condição (art. 7º, § 1º).

12. PENA E AÇÃO PENAL

O fato é punido, na modalidade fundamental, com pena de reclusão, de três a doze anos, e multa.

A mesma sanção se aplica nas figuras equiparadas.

Nas figuras qualificadas, pune-se o agente com reclusão, de três a quinze anos, e multa.

Nos casos assinalados, o procedimento a ser aplicado será o comum ordinário (CPP, arts. 395 a 405).

Na forma privilegiada, a pena é de detenção, de seis meses a dois anos, e multa. Cuida-se de infração de menor potencial ofensivo, sujeitando--se à incidência da Lei n. 9.099/95 e à competência *ratione materiae* dos Juizados Especiais Criminais.

A ação penal é de iniciativa **pública incondicionada**, em todas as modalidades do crime.

ART. 290 – CRIMES ASSIMILADOS AO DE MOEDA FALSA

1. DISPOSITIVO LEGAL

Crimes assimilados ao de moeda falsa

Art. 290. Formar cédula, nota ou bilhete representativo de moeda com fragmentos de cédulas, notas ou bilhetes verdadeiros; suprimir, em nota, cédula ou bilhete recolhidos, para o fim de restituí-los à circulação, sinal indicativo de sua inutilização; restituir à circulação cédula, nota ou bilhete em tais condições, ou já recolhidos para o fim de inutilização:

Pena – reclusão, de 2 (dois) a 8 (oito) anos, e multa.

Parágrafo único. O máximo da reclusão é elevado a 12 (doze) anos e multa, se o crime é cometido por funcionário que trabalha na repartição onde o dinheiro se achava recolhido, ou nela tem fácil ingresso, em razão do cargo.

2. VALOR PROTEGIDO (OBJETIVIDADE JURÍDICA)

O valor protegido pela norma penal, segundo o critério legal, é a fé pública e, secundariamente, o **patrimônio do prejudicado** pelo falsário (dada a possível natureza pluriofensiva dos delitos de falsidade).

De ver, contudo, que se protege não só a fé pública, qualidade que devem conter as moedas de curso obrigatório, mas primeiramente seu tráfico jurídico, ou seja, sua **regular circulação no meio econômico.**

3. TIPO OBJETIVO

A primeira das três ações nucleares previstas é a *formação*, isto é, a criação ou composição de cédula, nota ou bilhete falsos. Exige-se que isso se dê por meio da junção de fragmentos de cédulas, notas ou bilhetes verdadeiros.

Aquele que apõe números e letras de notas ou cédulas verdadeiras em outras, a fim de que apresentem valor mais elevado, não incorre no art. 290, mas no 289, já que não forma documento novo, mas altera o já existente.

Como dissertava Magalhães Noronha: "O art. 290 cuida da *formação*, isto é, criação de uma cédula com fragmentos de outras já sem valor; trata também da nota existente, de que se faz desaparecer o sinal indicativo da inutilização; a terceira hipótese é a da restituição à circulação de cédulas nessas condições. Frequentes vezes, nossos tribunais, inclusive o Supremo, assim têm julgado: o crime é o do art. 289"[29]. Segundo Hungria, que comungava de semelhante ponto de vista: "No famoso 'Caso da Caixa de Conversão', as cédulas recolhidas (destinadas à incineração) eram picotadas, e os agentes do crime (funcionários da repartição) destacavam as múltiplas partes não atingidas pelo picote e com elas, habilmente ajustadas, formavam novas cédulas (e por muito tempo passou despercebido que cada um dos exemplares assim formados apresentava duplicidade de numeração)"[30].

Os *objetos materiais* são a cédula, a nota ou o bilhete representativo de moeda, não se incluindo na incriminação a moeda metálica (cuja falsificação tipifica o delito do art. 289 do CP).

Pune-se, ainda, a *supressão* (i. e., eliminação ou ato de fazer desaparecer), em nota, cédula ou bilhete recolhidos, para o fim de restituí-los à circulação, de sinal indicativo de sua inutilização.

---

[29] *Direito penal*, v. 4, p. 146-147. "Alterar moeda-papel, com aposição de fragmentos de uma cédula sobre outra, para aparentar maior valor, é delito punido pelo art. 289 e não pelo art. 290 do CP" (STF, *RTJ* 33/506).

[30] Nelson Hungria. *Comentários ao Código Penal*, v. IX, p. 211. Veja, na jurisprudência, o seguinte julgado: "O delito do art. 290 do CP consiste em formar cédula com fragmentos de outras, ou seja, tomar as partes ou porções de cédulas diversas e com elas construir uma terceira. Mas quem tem a cédula perfeita e lhe adiciona fragmentos de outra ou outras não reúne fragmentos diversos, mas a um inteiro adiciona frações. Alterando duas cédulas de papel-moeda verdadeiro, para conseguir uma outra de sua inventiva, o réu pratica o delito de alteração, e não de formação, de papel-moeda, previsto no art. 289 daquele Diploma" (*RF* 184/279).

Encontra-se englobado na tipificação, finalmente, o ato de *restituir* à circulação cédula, nota ou bilhete em tais condições, ou já recolhidos para o fim de inutilização.

Se o mesmo agente forma cédula falsa mediante a justaposição de fragmentos de cédulas verdadeiras ou suprime sinal indicativo da inutilização de cédula recolhida e, depois, a restitui à circulação, comete **crime único**. A **restituição** (terceira conduta típica) considera-se um **fato posterior (*post factum*) impunível,** pelo princípio da consunção.

Como assinala Damásio de Jesus, "ao contrário do que ocorre com o crime de moeda falsa (CP, art. 289), a aquisição e o recebimento da moeda nas condições descritas no art. 290, *caput*, não foram elevados à categoria de crime principal, subsistindo o delito de receptação. Da mesma forma, só há receptação quando o sujeito recebe a moeda, nas condições do art. 290, de boa-fé, e a devolve à circulação"[31].

A competência para apuração do delito é da **Justiça Federal,** porquanto há lesão a interesse da União (CF, art. 109, IV).

4. TIPO SUBJETIVO

Em todas as condutas exige-se o mesmo elemento subjetivo genérico: o **dolo,** consistente na vontade e consciência de realizar as características objetivas do tipo.

Na **segunda figura** (suprimir sinal indicativo da inutilização de nota, cédula ou bilhete recolhidos), entretanto, há um **elemento subjetivo específico,** consistente na necessidade de a conduta ter como objetivo restituir os objetos materiais à circulação ("para o fim de restituí-los à circulação").

5. SUJEITOS DO CRIME

5.1. Sujeito ativo

O delito em exame constitui **crime comum,** podendo ser praticado por qualquer pessoa. Quando a conduta for levada a efeito por funcionário público que trabalha na repartição onde o dinheiro se achava recolhido, ou tem fácil acesso a ela em razão do cargo, dá-se a figura qualificada, prevista no parágrafo único, aumentando-se o máximo da pena privativa de liberdade para doze anos de reclusão.

---

[31] *Código Penal anotado,* p. 904.

5.2. Sujeito passivo

O sujeito passivo é o Estado e, eventualmente, a pessoa prejudicada financeiramente.

6. CONSUMAÇÃO E TENTATIVA

6.1. Consumação

Nas duas primeiras figuras, o fato consuma-se com a formação da cédula, nota ou bilhete ou com a supressão do sinal indicativo da inutilização, visando restituí-la à circulação. Trata-se de **crimes formais**, não se exigindo a efetiva circulação. Na terceira conduta típica, dá-se por consumado o crime quando o objeto volta à circulação.

De modo semelhante ao art. 289, não é necessário que o sujeito ativo aufira alguma vantagem ou, ainda, que cause prejuízo ao patrimônio de terceiros.

6.2. Tentativa

Admite-se a forma tentada, porquanto se trata de **crimes plurissubsistentes**.

7. CLASSIFICAÇÃO JURÍDICA

As figuras típicas insculpidas no art. 290 consubstanciam crimes *de forma ou ação livre* (i. e., admite qualquer meio executivo), *comuns* (qualquer pessoa pode figurar como sujeito ativo), *monossubjetivos ou de concurso eventual* (pode ser realizado por um só agente ou vários, em concurso – art. 29 do CP), *formais ou de consumação antecipada* (seu *summatum opus* independe da produção de dano efetivo), *instantâneos* (consuma-se instantaneamente, prolonga--se no tempo) e *plurissubsistentes* (o *iter criminis* comporta fracionamento).

8. FORMA QUALIFICADA

O parágrafo único pune severamente, elevando o máximo da pena privativa de liberdade, de oito para doze anos de reclusão, quando as condutas descritas no *caput* da norma forem praticadas por **funcionário público** que trabalha na repartição onde o dinheiro estava recolhido, ou que tem fácil acesso a ela em razão do cargo (crime próprio e funcional).

9. PENA E AÇÃO PENAL

No tipo principal, a pena é de reclusão, de dois a oito anos, e multa e, no derivado, de dois a doze anos, além da pena pecuniária.

O rito procedimental aplicável será o comum ordinário (CPP, arts. 395 a 405).

A ação penal é de **iniciativa pública** e não se sujeita a qualquer condição específica.

ART. 291 - PETRECHOS PARA FALSIFICAÇÃO DE MOEDA

1. DISPOSITIVO LEGAL

Petrechos para falsificação de moeda

Art. 291. Fabricar, adquirir, fornecer, a título oneroso ou gratuito, possuir ou guardar maquinismo, aparelho, instrumento ou qualquer objeto especialmente destinado à falsificação de moeda:

Pena – reclusão, de 2 (dois) a 6 (seis) anos, e multa.

2. VALOR PROTEGIDO (OBJETIVIDADE JURÍDICA)

O presente dispositivo protege, mediante antecipação da tutela penal, a **crença na autenticidade** e **veracidade** das moedas de curso obrigatório (fé pública) e sua **regular circulação no meio econômico.**

3. TIPO OBJETIVO

A infração penal descrita no art. 291 constitui **ato tipicamente preparatório daquela constante do art. 289**[32]. Como se sabe, os atos meramente preparatórios são, de regra, atípicos, salvo quando o legislador os pune como crimes autônomos, exatamente como ocorre na figura em exame.

Os verbos núcleos do tipo penal são: a) *fabricar* (construir, formar, cunhar, produzir mecanicamente); b) *adquirir* (obter a título gratuito ou oneroso); c) *fornecer* (ceder, de qualquer forma, a outrem); d) *possuir* (ter a posse do bem); e) *guardar* (ter sob sua guarda ou vigilância).

Trata-se de **tipo misto alternativo** (ou crime de conduta mista), no qual o cometimento de mais de uma conduta, pelo mesmo agente, havendo entre elas relação causal, importa a ocorrência de crime único.

Os *objetos materiais*, de sua parte, são: maquinismo, aparelho, instrumento ou qualquer objeto especialmente (e não exclusivamente) destinado à falsificação de moeda. Por exemplo: prelos, cunhos, moldes, matrizes,

---

[32] "A guarda de petrechos para falsificação de moeda configura, no caso dos autos, mera fase preparatória para a contrafação das cédulas. Aplicável o princípio da consunção" (TRF, 4ª R., AP 5075047-92.2014.404.7100, rel. Des. Rodrigo Kravetz, 7ª T., j. 26-1-2016).

formas, clichês, substâncias químicas, tintas etc. O legislador deixou claro que a incriminação abarca qualquer objeto cuja função seja a falsificação de moeda, ainda que não sirva exclusivamente para tal fim. Assim, o agente que possui microcomputador e impressora programados com a finalidade principal de produzir moedas falsas incorre no tipo penal[33].

O agente que possui os objetos voltados à falsificação de moeda e efetivamente os utiliza comete um só crime: o do art. 289 (crime-fim), o qual absorve, pelo princípio da consunção, o crime do art. 291 (crime-meio) – ocorre a figura do crime progressivo.

Novamente estamos diante de crime de competência da **Justiça Federal**, uma vez que são lesados interesses da União (CF, art. 109, IV).

4. TIPO SUBJETIVO

Trata-se do **dolo**, ou seja, a vontade e a consciência de realizar as condutas descritas no *caput* da disposição, ciente de que os objetos destinam-se à falsificação de moeda.

5. SUJEITOS DO CRIME

5.1. Sujeito ativo

Nota-se pela análise do tipo que qualquer pessoa pode ser sujeito ativo da infração prevista no art. 291 (**crime comum**).

5.2. Sujeito passivo

O sujeito passivo é o Estado, responsável pelo tráfico jurídico das moedas, isto é, sua regular circulação no meio econômico.

---

[33] Nesse sentido, o entendimento do STJ: "O art. 291 do Código Penal tipifica, entre outras condutas, a posse ou guarda de maquinismo, aparelho, instrumento ou qualquer objeto especialmente destinado à falsificação de moeda. 2. A expressão "especialmente destinado" não diz respeito a uma característica intrínseca ou inerente ao objeto. Se assim fosse, só o maquinário exclusivamente voltado para a fabricação ou falsificação de moedas consubstanciaria o crime, o que implicaria a absoluta inviabilidade de sua consumação (crime impossível), pois nem mesmo o maquinário e insumos utilizados pela Casa de Moeda são direcionados exclusivamente para a fabricação de moeda. 3. A dicção legal está relacionada ao uso que o agente pretende dar ao objeto, ou seja, a consumação depende da análise do elemento subjetivo do tipo (dolo), de modo que, se o agente detém a posse de impressora, ainda que manufaturada visando ao uso doméstico, mas com o propósito de a utilizar precipuamente para contrafação de moeda, incorre no referido crime" (REsp 1.758.958/SP, rel. Min. Sebastião Reis Júnior, 6ª T., j. 11-9-2018).

6. CONSUMAÇÃO E TENTATIVA

6.1. Consumação

Dá-se a consumação do ilícito com a posse, fabricação, aquisição (ainda que não haja efetiva tradição), fornecimento ou guarda do maquinismo, instrumento, aparelho ou objeto voltado à falsificação de moeda. O delito é **formal**, porquanto não requer resultado naturalístico para tais fins. Repita-se que, como nos delitos anteriormente estudados neste capítulo, não é preciso que o sujeito ativo obtenha alguma vantagem ou, ainda, que provoque algum prejuízo ao patrimônio de terceiros.

6.2. Tentativa

Admite-se, majoritariamente, a forma tentada, visto que se trata de **crime plurissubsistente** (p. ex., quando o agente, visando adquirir máquina de falsificar dinheiro, paga o valor a quem a produziu mas, por circunstâncias alheias à sua vontade, não a recebe)[34].

7. CLASSIFICAÇÃO JURÍDICA

Constitui crime *de forma ou ação livre* (pode ser praticado por qualquer meio executório), *de conteúdo múltiplo ou variado* (o tipo apresenta diversas ações nucleares alternativamente descritas), *comum* (qualquer pessoa pode figurar como sujeito ativo), *monossubjetivo ou de concurso eventual* (pode ser cometido por um agente ou vários, em concurso de pessoas – art. 29 do CP), *formal ou de consumação antecipada* (seu *summatum opus* independe da produção de resultado naturalístico), *instantâneo* (a consumação se dá imediatamente com a realização das ações nucleares sobre os objetos materiais, não se prolongando no tempo), **salvo nas modalidades "guardar" e "possuir"**, em que se têm crimes *permanentes*, e *plurissubsistente* (seu *iter criminis* comporta cisão).

8. PENA E AÇÃO PENAL

A pena é de dois a seis anos de reclusão e multa. O teto punitivo torna o fato, que é de competência federal, sujeito ao procedimento comum ordinário (CPP, arts. 395 a 405).

A ação penal é de iniciativa **pública incondicionada**.

---

[34] Nesse sentido: Damásio de Jesus, *Código Penal anotado*, p. 905. Guilherme de Souza Nucci entende inadmissível a tentativa, "pois se trata da tipificação da preparação do crime previsto no art. 289" (*Código Penal comentado*, p. 1009).

ART. 292 – EMISSÃO DE TÍTULO AO PORTADOR SEM PERMISSÃO LEGAL

1. DISPOSITIVO LEGAL

Emissão de título ao portador sem permissão legal

Art. 292. Emitir, sem permissão legal, nota, bilhete, ficha, vale ou título que contenha promessa de pagamento em dinheiro ao portador ou a que falte indicação do nome da pessoa a quem deva ser pago:

Pena – detenção, de 1 (um) a 6 (seis) meses, ou multa.

Parágrafo único. Quem recebe ou utiliza como dinheiro qualquer dos documentos referidos neste artigo incorre na pena de detenção, de quinze dias a três meses, ou multa.

2. VALOR PROTEGIDO (OBJETIVIDADE JURÍDICA)

A objetividade jurídica, segundo o critério legal e o respaldo unânime da doutrina pátria, é a fé pública. Delmanto acrescenta, além disso, a "proteção da moeda contra a concorrência de títulos ao portador"[35].

Em nosso sentir, todavia, *a fé pública não está em jogo na norma em estudo*. O que se busca proteger é tão somente a **integridade ou intangibilidade do sistema monetário legal**[36]. Isso fica claro quando se verifica, pela leitura do tipo penal, que o comportamento em questão nada tem que ver com falsidade documental (ou de moeda). O agente, ao emitir o título ao portador sem permissão legal, não procura confeccionar documento falso aparentando-o verdadeiro. Não há, *in casu*, os traços fundamentais dos *crimen falsi*, notadamente a *immutatio veritatis* e a *immitatio veritatis*.

Vale anotar, do ponto de vista de sua evolução histórica, que durante o Império a conduta configurava tão somente ilícito fiscal, tendo o então marquês do Paraná, em mensagem ao Poder Legislativo, alertado para a emissão abusiva desses documentos, os quais permaneciam em circulação indefinidamente e, assim, "faziam as vezes de moeda"[37]. O fato tornou-se penalmente relevante em 1893, sendo posteriormente incorporado à Consolidação das Leis Penais (1932), ainda como contravenção e, em 1940, no Código Penal como delito. A gênese da infração confirma, em nosso modo de ver, que jamais se cogitou de vislumbrar em seu âmbito qualquer lesão à fé pública, conforme sustentamos acima.

---

[35] *Código Penal comentado*, p. 838.

[36] *Vide* Almeida Costa. *Comentário conimbricense do Código Penal*, p. 749.

[37] *Vide* Nelson Hungria. *Comentários ao Código Penal*, v. IX, p. 231.

3. TIPO OBJETIVO

Pune-se o fato de *emitir*, ou seja, *colocar em circulação* vale, nota, bilhete, ficha ou título que contenha promessa de pagamento em dinheiro ao portador ou a que falte indicação do nome da pessoa a que deveria ser pago.

Há um **elemento normativo** no tipo penal, o qual exige que a ação ou omissão se dê **"sem permissão legal"**, sob pena de se praticar fato penalmente atípico. É o que se dá, por exemplo, com a emissão de nota promissória, a qual recebe a necessária autorização da lei.

O fundamento da incriminação reside em **impedir a indevida concorrência de títulos ao portador com a moeda de curso legal**, o que representaria um atentado contra o monopólio estatal calcado no art. 48, XIV, da CF.

Veem os autores, ademais, similitude entre a emissão do título ao portador sem autorização legislativa e a elaboração de moeda falsa, daí a razão de ser o fato tratado sob o denominador comum dos crimes contra a fé pública. Parece-nos, entretanto, que a equiparação presente na *communis opinio doctorum* mostra-se improcedente, com a devida vênia. A emissão de um documento com indicação de pagamento ao portador não produz descrédito à autenticidade ou veracidade das moedas de curso forçado, embora, como dissemos, atente contra o monopólio do Estado nesse setor (o que justifica a incriminação do comportamento).

Não se incluem na moldura típica documentos não vocacionados a circular como se dinheiro fossem, como aqueles em que o emissor se obriga a entregar mercadoria. O mesmo ocorre com os vales íntimos[38] (destinados a circular num âmbito restrito, como um estabelecimento empresarial[39], escritório ou consultório) ou vales de caixa (aquele utilizado no comércio para indicar empréstimo ao funcionário ou retirada de dinheiro para posterior reposição).

4. TIPO SUBJETIVO

Cuida-se do **dolo**, consistente na vontade e na consciência de emitir os títulos ao portador, substitutos de moeda de curso forçado, ciente da inexistência de permissão legal.

---

[38] Expressão de Pontes de Miranda.

[39] "Emissão de título ao portador sem permissão legal – Delito não caracterizado, sequer em tese – Certificados emitidos pelo paciente que davam direito à retirada de mercadorias no estabelecimento de sua usina – Desvirtuamento do mesmo como dinheiro que não lhe pode ser imputado (...). O art. 292 do CP veda a emissão, sem permissão legal, de título que contenha promessa de pagamento em dinheiro ao portador. Tal proibição não alcança os papéis ou signos ao portador, em que a promessa seja de serviços, utilidades ou mercadorias" (TACRIM-SP, *RT* 432/339).

5. SUJEITOS DO CRIME

5.1. Sujeito ativo

O delito em exame **constitui** crime **comum**, podendo ser praticado por qualquer pessoa.

5.2. Sujeito passivo

O sujeito passivo é o Estado, a quem incumbe a primazia de controlar a circulação de moeda de curso obrigatório, livre da concorrência de outros meios semelhantes.

6. CONSUMAÇÃO E TENTATIVA

6.1. Consumação

Consuma-se o fato com a emissão da nota, vale, ficha, bilhete ou título contendo promessa de pagamento em dinheiro ao portador ou a que falte indicação do nome da pessoa a quem deva ser pago. Somente o **efetivo lançamento em circulação do objeto material caracteriza crime consumado** (frise-se que emissão não se confunde com simples confecção do documento).

6.2. Tentativa

O *conatus proximus* mostra-se admissível, já que o *iter criminis* comporta cisão. A mera fabricação do título, não posto em circulação por circunstâncias alheias à vontade do agente, configura exemplo de tentativa.

7. CLASSIFICAÇÃO JURÍDICA

Trata-se de crime *de forma ou ação livre* (admite qualquer meio executivo), *comum* (qualquer pessoa pode cometê-lo, pois não se exige qualquer qualidade ou condição especial do sujeito ativo), *monossubjetivo ou de concurso eventual* (uma pessoa pode praticá-lo ou várias, em concurso – art. 29 do CP), *formal ou de consumação antecipada* (consuma-se com a efetiva colocação do título ao portador em circulação, sem a necessidade de se produzir qualquer resultado naturalístico), *instantâneo* (a consumação se dá imediatamente, sem efeito protraído no tempo) e *plurissubsistente* (o *iter criminis* admite fracionamento).

8. FIGURA PRIVILEGIADA

O parágrafo único sanciona o ato de **quem recebe ou utiliza como dinheiro** quaisquer dos documentos referidos no *caput* (nota, bilhete, ficha, vale ou título), apenando-o com detenção, de quinze dias a três meses.

9. PENA E AÇÃO PENAL

O tipo básico é apenado com detenção, de um a seis meses, ou multa. O tipo privilegiado, com detenção de quinze dias a três meses, ou multa. Ambos constituem infrações de menor potencial ofensivo, sujeitando às disposições da Lei n. 9.099/95 (ou seja, à competência dos Juizados Especiais Criminais, à adoção do rito sumaríssimo, à transação penal etc.).

A ação penal é de iniciativa **pública incondicionada**.

Capítulo II
DA FALSIFICAÇÃO DE TÍTULOS E OUTROS PAPÉIS PÚBLICOS (ARTS. 293 A 295)

1. INTRODUÇÃO

O presente capítulo cuida da falsificação de determinados papéis ou títulos públicos que, embora não se confundam com as moedas de curso legal, também representam algum valor econômico pela declaração que contêm e possuem aptidão para circular.

Hungria, membro da Comissão Revisora do Código Penal, justificou sua inserção em capítulo autônomo, após os crimes de moeda falsa mas antes da falsidade documental, destacando que os crimes dos arts. 293 e 294 se aproximavam, embora sem identidade absoluta, a ambos, cumprindo fossem previstos neste setor intermédio: "Dada essa proximidade, mas não identidade, quer com o *falsum* numário, quer com o *falsum* documental, o legislador entendeu de bom aviso reunir os crimes contra a fé pública atinente a tais papéis entre aquelas duas *species* de *falsum*"[1].

Os delitos compreendidos no Capítulo II são a falsificação de papéis públicos (art. 293), o qual possui rubrica genérica, mas alcance restrito aos objetos materiais contidos na disposição, em face do princípio da taxatividade da lei penal, e os petrechos de falsificação de tais papéis (art. 294), que pune como infração autônoma atos preparatórios do delito que o antecede.

2. BREVE HISTÓRICO

Na legislação anterior, punia-se semelhante conduta nos arts. 245 a 250. Em seguida, o Decreto n. 4.780, de 27-12-1923, modificou esses delitos, os quais passaram a incorporar a Consolidação das Leis Penais.

---

[1] *Comentários ao Código Penal*, v. IX, p. 237.

Deve-se apontar, ainda, que o dispositivo foi parcialmente revogado pela Lei Postal (Lei n. 6.538/78), no tocante à falsificação de selo, estampilha ou vale postal e, posteriormente, foi alterado pela Lei n. 11.035/2004.

ART. 293 - FALSIFICAÇÃO DE PAPÉIS PÚBLICOS

1. DISPOSITIVO LEGAL

Falsificação de papéis públicos

Art. 293. Falsificar, fabricando-os ou alterando-os:

I – selo destinado a controle tributário, papel selado ou qualquer papel de emissão legal destinado à arrecadação de tributo;

II – papel de crédito público que não seja moeda de curso legal;

III – vale postal;

IV – cautela de penhor, caderneta de depósito de caixa econômica ou de outro estabelecimento mantido por entidade de direito público;

V – talão, recibo, guia, alvará ou qualquer outro documento relativo a arrecadação de rendas públicas ou a depósito ou caução por que o poder público seja responsável;

VI – bilhete, passe ou conhecimento de empresa de transporte administrada pela União, por Estado ou por Município:

Pena – reclusão, de 2 (dois) a 8 (oito) anos, e multa.

§ 1º Incorre na mesma pena quem:

I – usa, guarda, possui ou detém qualquer dos papéis falsificados a que se refere este artigo;

II – importa, exporta, adquire, vende, troca, cede, empresta, guarda, fornece ou restitui à circulação selo falsificado destinado a controle tributário;

III – importa, exporta, adquire, vende, expõe à venda, mantém em depósito, guarda, troca, cede, empresta, fornece, porta ou, de qualquer forma, utiliza em proveito próprio ou alheio, no exercício de atividade comercial ou industrial, produto ou mercadoria:

a) em que tenha sido aplicado selo que se destine a controle tributário, falsificado;

b) sem selo oficial, nos casos em que a legislação tributária determina a obrigatoriedade de sua aplicação.

§ 2º Suprimir, em qualquer desses papéis, quando legítimos, com o fim de torná-los novamente utilizáveis, carimbo ou sinal indicativo de sua inutilização:

Pena – reclusão, de 1 (um) a 4 (quatro) anos, e multa.

§ 3º Incorre na mesma pena quem usa, depois de alterado, qualquer dos papéis a que se refere o parágrafo anterior.

§ 4º Quem usa ou restitui à circulação, embora recibo de boa-fé, qualquer dos papéis falsificados ou alterados, a que se referem este artigo e o seu § 2º, depois de conhecer a falsidade ou alteração, incorre na pena de detenção, de 6 (seis) meses a 2 (dois) anos, ou multa.

§ 5º Equipara-se a atividade comercial, para os fins do inciso III do § 1º, qualquer forma de comércio irregular ou clandestino, inclusive o exercido em vias, praças ou outros logradouros públicos e em residências.

2. VALOR PROTEGIDO (OBJETIVIDADE JURÍDICA)

O valor protegido pela norma penal incriminadora (objetividade jurídica) é, nos termos da descrição legal, a fé pública, ou seja, a **crença na autenticidade** e **veracidade dos documentos**.

"Compreende-se a lesão que existe à fé pública, na falsificação, *v.g.*, de um papel de crédito público, pela crença ou confiança que todos têm em seu valor, legitimidade etc.; ou, p. ex., ainda, na contrafação de um bilhete de empresa de transporte, administrada pela União, por Estado ou Município, que, dada a peculiaridade de suas funções, necessita confiar no público que o porta ou possui; ou, finalmente, na falsificação de uma cautela de penhor ou caderneta de caixa econômica, oriundas de estabelecimento público e por isso mesmo merecendo a confiança coletiva"[2].

Tutela-se, ademais, o **erário**, já que boa parte dos objetos materiais referidos na disposição legal é criada para se controlar o pagamento de tributos[3]. Mas como nos demais crimes contra a pública, não se admite a aplicação do princípio da insignificância[4].

---

[2] Magalhães Noronha. *Direito penal*, v. 4, p. 170.

[3] Nesse sentido: José Silva Júnior e Guilherme Madeira Dezem. In: Alberto Silva Franco; Rui Stocco (Org.). *Código Penal e sua interpretação*. 8. ed. São Paulo: Revista dos Tribunais, 2007, p. 1379. *Vide*, ainda, a anotação de Delmanto, em *Código Penal comentado*, p. 840, o qual aponta a fé pública e, em alguns casos, a ordem tributária como os objetos de proteção da norma. Para exemplificar: "As provas produzidas na fase inquisitiva e confirmadas na fase processual, demonstraram que o réu falsificou uma guia de recolhimento de multa emitida pelo Detran-DF, alterando, no documento, o nome do proprietário, inserindo o próprio nome, com o intuito de retirar o automóvel que havia sido apreendido. Tal fato é corroborado pela confissão do réu e depoimentos testemunhais constantes nos autos, como também pelo Laudo de Perícia Criminal realizado, que concluiu que o documento apresentado (pelo réu) estava adulterado, em virtude de montagem. 3. Demonstrado nos autos que houve plena subsunção dos fatos à norma incriminadora descrita no art. 293, inciso V, do Código Penal, não merece acolhida a tese de desclassificação do crime de falsificação de papéis públicos para o crime de falsidade ideológica" (TJDFT, Acórdão 1438192, ApCr 00011236320168070014, rel. Des. Josaphá Francisco dos Santos, 2ª T. Criminal, j. 14-7-2022).

[4] Nessa esteira: "A falta de selo oficial prejudica a confiança depositada em papéis representativos da regularização fiscal das mercadorias expostas à venda, perante o fisco e os particulares. A fé pública, bem intangível a que se refere o Título X da Parte Especial do Código Penal, deixou de ser analisada para fins de aplicação do princí-

3. TIPO OBJETIVO

3.1. Falsificação de papéis públicos (art. 293, *caput*)

A ação nuclear consubstancia-se em *falsificar*, seja fabricando papéis públicos (formando papéis inexistentes, i. e., a contrafação propriamente dita), seja alterando papéis verdadeiros (modificando seu conteúdo, seu valor facial etc.).

Exige-se, como em todos os crimes de falso, que a falsificação **seja apta a enganar o homem médio**, sob pena de caracterizar-se crime impossível ou, caso o documento espúrio sirva como meio para enganar terceiro e provocar-lhe prejuízo econômico, ter-se-á estelionato (CP, art. 171)[5].

O tipo elenca uma série de papéis públicos passíveis de falsificação (objetos materiais):

a) selo destinado a controle tributário, papel selado ou qualquer papel de emissão legal destinado à arrecadação de tributo (é o caso, p. ex., dos selos apostos em maços de cigarro, os quais comprovam a arrecadação do imposto devido);

b) papel de crédito público que não seja moeda de curso legal (como, p. ex., as apólices, debêntures ou letras do Tesouro);

---

pio da insignificância. A instância ordinária, para afirmar a atipicidade material da conduta, analisou somente o valor dos tributos suprimidos em decorrência das mercadorias apreendidas sem selo, mas o agravante não foi denunciado por incursão no art. 1º da Lei n. 8.137/1990. [...] Sob a ótica do bem jurídico tutelado, não pode ser reconhecida a inexistência de periculosidade social da ação. O acórdão proferido pela instância ordinária está em confronto com a reiterada jurisprudência desta Corte, firme em assinalar que não se aplica o princípio da insignificância aos crimes contra a fé pública. (AgInt no REsp n. 1.347.319/SC, Ministro Rogerio Schietti Cruz, Sexta Turma, *DJe* 16/2/2017) (AgRg no REsp n. 1.644.250/RS, Ministro Sebastião Reis Junior, Sexta Turma, DJe 30/5/2017)" (STJ, AgRg no REsp 1.960.147/SP, rel. Min. Sebastião Reis Júnior, 6ª T., j. 21-6-2022).

5   Contudo: "APELAÇÃO CRIMINAL – APLICAÇÃO DO PRINCÍPIO DA CONSUNÇÃO ENTRE O ESTELIONATO E A FALSIFICAÇÃO DE PAPÉIS PÚBLICOS – INVIABILIDADE – SUBSISTÊNCIA DO POTENCIAL LESIVO NO DOCUMENTO FALSO – CONDENAÇÃO NO DELITO DE FALSIFICAÇÃO DE PAPÉIS PÚBLICOS – NECESSIDADE – CONDENAÇÃO NO PAGAMENTO DAS CUSTAS RECURSAIS – IMPOSSIBILIDADE – RECURSO PARCIALMENTE PROVIDO. O princípio da consunção deve ser aplicado quando um crime constituir fase normal de preparação ou execução de um crime-fim. Em respeito à Súmula 17 do STJ, se o potencial lesivo do documento falso não se exauriu por completo no crime de estelionato, é impossível a aplicação do princípio da consunção. Comprovado que o réu praticou o delito de falsificação de bilhete de transporte público, é imperiosa a sua condenação" (TJMG, ApCr 1.0223.20.007400-1/001, rel. Des. Luzia Divina de Paula Peixôto, 1ª CCr, j. 21-6-2022).

c) **vale postal** (este inciso se encontra revogado tacitamente pela Lei n. 6.538/78, que tipifica semelhante ato em seu art. 36);

d) **cautela de penhor** (título endossável referente a contratos de penhor privativos das caixas econômicas[6]), **caderneta de depósito de caixa econômica ou de outro estabelecimento mantido por entidade de direito público** (as cadernetas de depósito eram documentos, hoje praticamente inexistentes, em que se identificavam os depósitos efetuados em contas de poupança[7]);

e) **talão** (documento de quitação composto de uma parte destacável, a partir de um livro, libreto ou caderno, e de outra, com idênticos dizeres, denominada canhoto ou toco), **recibo** (declaração de recebimento de coisas ou valores), **guia** (documento destinado a comprovar o recolhimento de impostos ou taxas), **alvará** (documento elaborado por autoridade administrativa ou judicial para autorizar depósito ou arrecadação) ou **qualquer outro documento relativo à arrecadação de rendas públicas ou a depósito ou caução por que o Poder Público seja responsável**;

f) **bilhete** (título que, após seu pagamento, dá ao portador o direito ao transporte), **passe** (documento que autoriza o transporte ou ingresso no local de embarque) ou **conhecimento de empresa de transporte** (papel que certifica a entrega de coisas para transporte), **administrada pela União, por Estado ou por Município** (não se exige empresa pública, mas que, ainda quando privada, seja administrada pela União, pelo Estado ou pelo Município)[8].

---

[6] Conforme explicava Hungria: "Somente a falsificação de cautela emitida por caixa econômica (que atualmente, aliás, monopoliza o 'comércio' de empréstimos sob penhor) se enquadra no art. 293. Se se retornasse ao sistema de livre concorrência, com o restabelecimento das antigas 'casas de penhores' particulares, a falsificação das cautelas por estas emitidas seria *falsum* documental (i. é., em documento público, *ut* 2º do art. 297), e não o crime de que ora se trata" (*Comentários ao Código Penal*, v. IX, p. 240).

[7] No caso de cadernetas de poupança em contas mantidas em instituições privadas, sua falsificação poderá se subsumir aos arts. 298 ou 299 do CP.

[8] Nesse sentido: "Bilhetes únicos cujas recargas de créditos foram feitas de maneira irregular e fraudulenta – Município de São Paulo que é o ente controlador e administrador da 'SPTrans' – Titularidade do serviço de transporte coletivo urbano de passageiros permanece com o ente municipal – Adulteração de bilhete para leitura por processo eletrônico que se encontra abrangida pelo art. 293, inc. VI, do CP – Crime contra a fé pública caracterizado – Impossibilidade de aplicação do princípio da insignificância – Condenação mantida" (TJSP, ApCr 0001086-45.2017.8.26.0540, rel. Des. Roberto Porto, 4ª CCr, j. 10-3-2023). Ver também: TJSP, ApCr 1502105-02.2023.8.26.0540, rel. Des. Erika Soares de Azevedo Mascarenhas, 15ª CCr., j. 8-7-2024.

Advirta-se que a falsificação de bilhete de loteria enquadra-se no art. 54 do Decreto-Lei n. 6.259/44, e não no art. 293, II, do CP.

A redação original do inciso I, anterior à edição da Lei n. 11.035, de 22-12-2004, previa a falsificação de selo postal ou estampilha. Nesse aspecto, o legislador cuidou de adaptar o Código à legislação postal, uma vez que a conduta mencionada encontrava-se tacitamente revogada pelo art. 36 da Lei n. 6.538/78 ("Falsificar, fabricando ou adulterando, selo, outra fórmula de franqueamento ou vale postal: pena – reclusão, até 8 anos, e pagamento de 5 a 15 dias-multa. Parágrafo único. Incorre nas mesmas penas quem importa, exporta, adquire, vende, troca, cede, empresta, guarda, fornece, utiliza ou restitui à circulação, selo, outra fórmula de franqueamento ou vale postal falsificados").

Lamenta-se não ter o legislador cuidado de corrigir o inciso III do *caput* do art. 293, o qual se encontra igualmente revogado pela referida Lei.

3.2. Uso de papéis públicos (art. 293, § 1º)

O § 1º, com redação da Lei n. 11.035, de 22-12-2004, pune com a mesma pena do *caput* as seguintes condutas:

I) usar (fazer uso de qualquer modo), guardar (manter guardado, consigo ou alhures), possuir ou deter (ter sob sua posse ou detenção) qualquer dos papéis falsificados a que se refere o *caput* do dispositivo;

II) importar (promover a entrada no território brasileiro), exportar (efetuar a saída do objeto de nossas fronteiras), adquirir (obter a qualquer título e sob qualquer condição), vender (alienar), trocar (permutar, transferir mutua e simultaneamente o objeto recebendo outro), ceder (transferir a posse ou propriedade a título gratuito), emprestar (fornecer por tempo limitado), guardar (manter armazenada, consigo ou alhures), fornecer ou restituir à circulação (entregar ou restabelecer ao meio circulante) selo falsificado destinado a controle tributário;

III) importar, exportar, adquirir, vender, expor à venda (exibir para efeito de alienar), manter em depósito (manter guardado em depósito), guardar, trocar, ceder, emprestar, fornecer, portar (trazer consigo) ou, de qualquer forma, utilizar em proveito próprio ou alheio, no exercício de atividade comercial ou industrial, produto ou mercadoria:

a) em que tenha sido aplicado selo que se destine a controle tributário, falsificado;

b) sem selo oficial, nos casos em que a legislação tributária determina a obrigatoriedade de sua aplicação. Nesse tipo, revela-se **dispensável a constituição definitiva do crédito tributário para efeito de consumação, pois se** trata de delito formal (a ele não se aplica, destarte, a Súmula Vinculante 24). Sua realização integral se dá quando o agente importar, exportar, adquirir, vender, expuser à venda, mantiver em depósito, guardar, trocar, ceder, emprestar, fornecer, portar ou, de qualquer forma, utilizar em proveito próprio ou alheio, no exercício de atividade comercial ou industrial, produto ou mercadoria sem selo oficial[9].

Equipara-se a atividade comercial, nos termos do § 5º, "qualquer forma de comércio irregular ou clandestino, inclusive o exercido em vias, praças ou outros logradouros públicos e em residências".

Em sua redação original, o preceito legal apenas previa o verbo "usar", gerando discussão quanto aos comportamentos de simples guarda ou depósito, os quais, segundo parte da doutrina, escapavam à punição do art. 293, configurando crime de receptação ou favorecimento real. A alteração promovida pela Lei n. 11.035 encerrou a discussão, de modo que o ato de guardar ou deter, inclusive ter em depósito, qualquer dos papéis falsificados a que se refere o art. 293, configura o crime em estudo.

Aquele que falsifica e, de qualquer modo, utiliza o mesmo papel público comete somente um delito. Aplica-se o princípio da consunção, de modo que o uso configura fato posterior (*post factum*) impunível (trata-se de conduta praticada contra a mesma vítima – o Estado –, ofendendo o mesmo bem jurídico).

3.3. Supressão de carimbo ou sinal indicativo da inutilização de papéis públicos (art. 293, § 2º)

Por supressão entende-se o ato de retirar, fazer desaparecer. O agente deve suprimir carimbo ou sinal indicativo da inutilização de qualquer dos papéis públicos (verdadeiros) mencionados no *caput*, com o fim de torná-los novamente utilizáveis (elemento subjetivo específico).

A supressão de selos ou outras formas de franqueamento ou vale postal encontra-se prevista no art. 37 da Lei n. 6.538/78 ("Suprimir, em selo, outra fórmula de franqueamento ou vale postal, quando legítimos, com o fim de torná-los novamente utilizáveis, carimbo ou sinal indicativo de sua utilização: pena – reclusão, até 4 anos, e pagamento de 5 a 15 dias-multa").

---

[9] STJ, REsp 1.332.401/ES, rel. Min. Maria Thereza de Assis Moura, 6ª T., j. 19-8-2014 (*Informativo STJ*, n. 546).

3.4. Uso de papéis públicos cujo sinal ou carimbo indicativo da inutilização foi suprimido (art. 293, § 3º)

Aquele que de algum modo usar, ou seja, utilizar-se de papéis públicos cujo sinal ou carimbo indicativo foi retirado incorre nas mesmas penas do § 2º (salvo selo ou outras formas de franqueamento ou vale postal, para os quais incide o § 1º do art. 37 da Lei n. 6.538/78).

Novamente cabe recordar que, se o sujeito suprime sinal ou carimbo de papel público e o utiliza, comete somente um delito, pelo princípio da consunção.

3.5. Usar ou restituir à circulação papéis recebidos de boa-fé (art. 293, § 4º)

Se o agente, depois de receber de boa-fé, isto é, insciente da falsificação ou alteração do papel público, dele se utilizar ou restituí-lo à circulação, incorre na figura privilegiada (infração de menor potencial ofensivo). "Não constitui delito restituir o objeto material à própria pessoa de quem o sujeito o recebeu"[10].

Em função de sua pena, aplica-se a Lei n. 9.099/95 (infração de menor potencial ofensivo).

4. TIPO SUBJETIVO

O elemento subjetivo do tipo é **dolo**, ou seja, a vontade e a consciência de realizar a conduta legalmente descrita.

Não há elemento subjetivo específico em quaisquer das figuras penais.

5. SUJEITOS DO CRIME

5.1. Sujeito ativo

Os delitos em exame constituem **crimes comuns**, podendo ser praticados por qualquer pessoa. **Quando cometidos por funcionário público (CP, art. 327), prevalecendo-se do cargo ou função, aplica-se o art. 295 (causa de aumento de pena).**

5.2. Sujeito passivo

O sujeito passivo é o Estado e, mediatamente, a pessoa prejudicada financeiramente.

---

[10] Damásio de Jesus. *Código Penal anotado*, p. 913.

6. CONSUMAÇÃO E TENTATIVA

6.1. Consumação

Consuma-se o fato com a falsificação do papel público, independentemente de sua efetiva circulação, ou com a supressão de carimbo ou sinal indicativo de sua inutilização, com o fim de restituí-lo à circulação (crimes formais). Não é preciso, ademais, que o sujeito ativo obtenha alguma vantagem ou, ainda, que provoque algum prejuízo ao patrimônio de terceiros.

6.2. Tentativa

Admite-se a forma tentada, porquanto se trata de **crimes plurissubsistentes**.

O crime de **uso** de papéis falsificados ou alterados (§ 1º, I, primeira figura, e § 3º), entretanto, **não permite tentativa**, por ser unissubsistente (o primeiro ato relativo ao uso já representa consumação). Nos demais verbos previstos no referido inciso, acrescidos por conta da citada Lei n. 11.035, o *conatus* afigura-se possível.

Advirta-se, ademais, que alguns comportamentos que poderiam configurar atos meramente preparatórios dessa infração penal são punidos como crime autônomo de petrechos de falsificação (art. 294).

7. CAUSA DE AUMENTO DE PENA

Se o agente é **funcionário público (CP, art. 327)** e comete o crime **prevalecendo-se do cargo**, aumenta-se a pena de sexta parte (art. 295).

8. CLASSIFICAÇÃO JURÍDICA

Cuida-se de infração *de forma ou ação livre* (pode ser cometida por qualquer meio executivo), *comum* (não se exige nenhuma qualidade especial do sujeito ativo), *unissubjetivo ou de concurso eventual* (pode ser cometido por uma só pessoa ou várias em concurso), *formal ou de consumação antecipada* (prescinde do resultado naturalístico para fins de realização integral), *instantâneo* (sua fase consumativa não se prolonga no tempo) e *plurissubsistente* (o *iter criminis* comporta cisão), **salvo no uso** (§§ 1º e 3º), em que se têm crimes unissubsistentes.

9. PENA E AÇÃO PENAL

A pena é de reclusão, de dois a oito anos, e multa. O procedimento aplicável é o comum ordinário (CPP, arts. 395 a 405).

A ação penal é de iniciativa **pública incondicionada**, em todas as modalidades do crime.

ART. 294 – PETRECHOS DE FALSIFICAÇÃO

1. DISPOSITIVO LEGAL

Petrechos de falsificação

Art. 294. Fabricar, adquirir, fornecer, possuir ou guardar objeto especialmente destinado à falsificação de qualquer dos papéis referidos no artigo anterior:

Pena – reclusão, de 1 (um) a 3 (três) anos, e multa.

2. VALOR PROTEGIDO (OBJETIVIDADE JURÍDICA)

Tutela-se a fé pública, traduzida na **crença acerca da autenticidade** e **veracidade** que se deve tributar aos documentos referidos no art. 293, cujas condutas definidas na presente norma incriminadora põem em perigo.

3. TIPO OBJETIVO

As ações nucleares são *fabricar* (criar, manufaturar, produzir), *adquirir* (comprar, obter), *fornecer* (proporcionar, guarnecer), *possuir* (ter a posse) e *guardar* (manter consigo, abrigar). Os *objetos materiais* são todos os objetos **especialmente** (não exclusivamente) destinados à falsificação dos papéis públicos mencionados no art. 293[11].

A destinação específica (embora não exclusiva) integra o tipo penal. Consideram-se objetos tais carimbos, máquinas, computadores e impressoras, prelos, matrizes etc.

O agente que possui objeto especificamente voltado à falsificação de papéis públicos e efetivamente os produz somente responde pelo crime do art. 293 (crime-fim, que absorve o crime-meio, pelo princípio da consunção). Nesse sentido: STJ, *RT* 781/553.

Ressalve-se que se o objeto destinar-se à falsificação de selos ou outra forma de franqueamento ou vale-postal, incide o art. 38 da Lei n. 6.538/78 ("Fabricar, adquirir, fornecer, ainda que gratuitamente, possuir, guardar, ou colocar em circulação objeto especialmente destinado à falsificação de selo,

---

[11] "Se os objetos apreendidos na residência do réu não eram especialmente destinados à falsificação de quaisquer dos papéis referidos no art. 293 do CP, não restou configurado o crime de petrechos de falsificação (art. 294, CP), sendo imperativa a absolvição do denunciado" (TJMG, ApCr 1.0105.16.017529-2/001, rel. Des. Júlio César Lorens, 5ª CCr, j. 14-2-2023).

outra fórmula de franqueamento ou vale-postal: pena – reclusão, até três anos, e pagamento de cinco a quinze dias-multa").

4. TIPO SUBJETIVO

O elemento subjetivo do tipo é o **dolo**, exigindo-se a ciência da destinação específica do bem.

5. SUJEITOS DO CRIME

5.1. Sujeito ativo

O delito em exame constitui **crime comum**, podendo ser praticado por qualquer pessoa. No caso de **funcionário público (CP, art. 327) que se prevalece do cargo, aumenta-se a pena da sexta parte.**

5.2. Sujeito passivo

O sujeito passivo é o Estado.

6. CONSUMAÇÃO E TENTATIVA

6.1. Consumação

Dá-se a consumação com a posse, fabricação, aquisição (ainda que não haja efetiva tradição), fornecimento ou guarda do objeto voltado à falsificação de papel público. O delito é **formal**, porquanto não requer resultado naturalístico para tais fins (não é preciso que o sujeito ativo obtenha alguma vantagem ou, ainda, que provoque prejuízo ao patrimônio de terceiros).

6.2. Tentativa

Admite-se a forma tentada, tendo em vista que se cuida de **delito plurissubsistente**. Imagine-se, por exemplo, o agente que, pretendendo adquirir maquinário destinado à falsificação dos papéis públicos referidos no art. 293 do CP, escolha-os junto a um fornecedor e, no momento da tradição, antes de esta se consumar, veja seu intento frustrado pela intervenção da Polícia.

7. CAUSA DE AUMENTO DE PENA

"Se o agente é **funcionário público** (art. 327 do CP) e comete o crime prevalecendo-se do cargo, aumenta-se a pena de sexta parte" (parêntese meu) – art. 325 do CP.

8. CLASSIFICAÇÃO JURÍDICA

Trata-se de crime *de forma ou ação livre* (também denominado crime onímodo, posto que admite qualquer meio executivo), *de conteúdo múl-*

tiplo ou variado (possui diversos verbos nucleares, alternativamente enca-deados, de modo que o cometimento de mais de uma ação, no mesmo con-texto fático, isto é, em face do mesmo objeto material, enseja delito único), *comum* (qualquer pessoa pode praticá-lo), *unissubjetivo ou de concurso eventual* (pode ser cometido por uma só pessoa ou várias em concurso de agentes – art. 29 do CP), *formal ou de consumação antecipada* (consuma-se independentemente da produção de qualquer resultado naturalístico), *ins-tantâneo* (seu *summatum opus* opera-se imediatamente, sem prolongar-se no tempo, salvo nas condutas "possuir" e "guardar", que o delito tem natu-reza permanente) e *plurissubsistente* (o *iter criminis* comporta cisão e, via de consequência, admite-se a forma tentada).

9. PENA E AÇÃO PENAL

A pena é de reclusão, de um a três anos, e multa. Admite, em face do patamar punitivo mínimo, a suspensão condicional do processo (art. 89 da Lei n. 9.099/95) e se submete, agora diante do teto legal, ao procedimento comum sumário (CPP, arts. 395 a 399 e 531 a 538).

A ação penal é de iniciativa **pública incondicionada**.

Capítulo III
DA FALSIDADE DOCUMENTAL
(ARTS. 296 A 305)

1. INTRODUÇÃO

O presente capítulo é, sem dúvida, o mais importante dentre aqueles do Título X e contém as infrações que, por excelência, constituem os crimes de falsidade documental, daí a rubrica que o legislador lhe deu.

Calha recordar que, segundo magistério de Sylvio do Amaral, são quatro os elementos necessários à existência do *falsum*: a) **a alteração da verdade sobre fato juridicamente relevante** (*immutatio veritatis*); b) **a imitação da verdade** (*immitatio veritatis*); c) **a potencialidade de dano** (*falsum punitur licet nemini damun inferret, sufficit enim quod potuit damnum inferre*); d) **o dolo** (*animus fallendi*).

Conforme já estudamos no item "5" da apresentação ao Título X (ao qual se remete o leitor para maior aprofundamento), esses requisitos se entrelaçam e se complementam mutuamente.

O falsário sempre procura alterar a verdade (*immutatio veritatis*) sobre fato juridicamente relevante, imitando no falso o que é verdadeiro (*immitatio veritatis*), ou seja, dando ao que não é a aparência de ser, a fim de iludir terceiros, podendo causar-lhes dano (embora não seja necessário que tal resultado efetivamente ocorra).

2. O OBJETO MATERIAL DOS DELITOS CONTIDOS NO CAPÍTULO III

A coisa sobre a qual deve recair a atividade do agente deve ser, por óbvio, o **documento**, **público** ou **particular**, **físico** ou **eletrônico**, desde que diverso daqueles referidos nas disposições legais precedentes, ou seja, o papel-moeda, o título ao portador transmissível, os papéis públicos mencionados no art. 293[1].

Trata-se ele de *elemento normativo do tipo*, sendo sua exata compreensão decisiva na análise de cada um dos delitos que integram o Capítulo III. De ver que o legislador penal optou por não o definir, mas sua moldura pode e deve ser verificada a partir do exame de outras normas jurídicas.

Dado que a finalidade precípua do documento não é outra senão a comprovação de um ato juridicamente relevante, o ponto de partida há de ser o estudo das regras processuais ligadas ao tema. O CPP, em seu art. 232, conceitua-o como quaisquer "escritos, instrumentos ou papéis, públicos ou particulares"[2]. Não menos importante é o CPC, que apesar de não apresentar definição, traça-lhe detalhadamente os requisitos para se lhe outorgar valor probatório (arts. 405 a 429).

Tais Diplomas fornecem as bases sobre as quais se deve erguer a ideia de documento para efeitos penais, sendo relevante anotar, ainda, que a interpretação do tipo deve sempre mirar o valor fundamental protegido, neste caso a segurança e credibilidade do tráfico jurídico probatório (isto é, a força probante dos documentos).

Pode-se dizer, então, que o documento somente poderá ser aquele instrumento que reunir em torno de si três funções: a) **a função de perpetuidade**, no sentido de que deve constituir-se do *registro de um pensamento humano*; b) **a função probatória**, porquanto deve ser a *peça hábil a servir como prova no âmbito das relações jurídicas* (seja entre particulares ou entre estes e o Estado); c) **a função de garantia** (sem a qual fica prejudicada sua força probante), consistente *na possibilidade de se identificar seu autor* (seja para permitir que este comprove a autenticidade do registro ou que possa por ele ser responsabilizado, já que, em não sendo assim, o instrumento será desprovido de relevância jurídica no tráfico probatório)[3].

---

[1] Registre-se que no caso do art. 296 do CP, que inaugura o Capítulo III, o objeto material não é o documento impresso, mas o sinal ou selo público utilizado para se apor ao documento. Significa dizer que não se pune a falsificação da figura impressa, mas do objeto impressor.

[2] De acordo com o parágrafo único da disposição: "À fotografia do documento, devidamente autenticada, se dará o mesmo valor do original".

[3] *Vide* Helena Moniz. *Comentário conimbricense do Código Penal*, p. 667. Rogério Greco ensina, na mesma ordem de ideias, que: "O documento de que cuida a lei penal deverá cumprir determinadas *funções*, sob pena de ser descaracterizado. Dessa forma, para efeito de reconhecimento do documento como tal, ele deverá possuir três qualidades básicas, a saber: a) ser um meio de perpetuação e constatação do seu conteúdo; b) poder, por intermédio dele, ser identificado o seu autor, exercendo uma função

2.1. Documento público e privado

Há duas categorias de documentos cujas relevância e distinção são decisivas para a interpretação dos tipos penais inseridos no Título X, notadamente em seus Capítulos II e III. Trata-se de saber diferenciar o documento público do privado, até porque a falsificação do primeiro é sensivelmente mais grave que a do segundo, pois sua alteração afeta não só a força probante do registro maculado, mas também representa um atentado contra a autoridade estatal.

Existem quatro fatores nos quais a distinção *supra* deve ser fincada: a) quanto à procedência; b) quanto à exigibilidade; c) quanto à relevância jurídica; d) quanto à responsabilidade civil. Todos eles serão analisados a seguir:

2.1.1. Quanto à procedência

O *documento público* sempre é **expedido pelo Estado,** por meio de algum **funcionário público** (*vide* o conceito do art. 327 do CP[4]) **no exercício de função legal ou regulamentar.** Pouco importa o cargo ocupado pelo agente, pois desde o Presidente da República até o menos graduado dos funcionários emitem documentos públicos, desde que ajam no exercício de seus misteres[5].

Essa vinculação com o exercício funcional, portanto, é que constitui o traço decisivo, até porque **se um servidor elaborar, por ocasião de seu trabalho, algum registro não relacionado com suas atribuições, agirá como particular e tal será a natureza do documento que elaborou** (é o caso, por exemplo, de uma carta ou *e-mail* enviado pelo funcionário ao seu chefe, cumprimentando-o por seu aniversário).

---

denominada de *garantia* de sua autoria; c) servir como instrumento de prova do seu conteúdo" (*Código Penal comentado*, p. 781).

Hungria definia-o como "todo escrito especialmente destinado a servir ou eventualmente utilizável como meio de prova de fato juridicamente relevante" (*Comentários ao Código Penal*, v. IX, p. 250). O conceito clássico olvida, contudo, da necessidade de identificação de sua autenticidade, sem o quê perde o escrito sua força probante e sua função de garantia.

4 "Considera-se funcionário público, para os efeitos penais, quem, embora transitoriamente ou sem remuneração, exerce cargo, emprego ou função pública."

5 "Seja através do humilde empregado extranumerário, como por intermédio do alto dignitário, é o próprio Estado que subscreve o documento sempre que qualquer deles o faça na execução de suas atribuições legais" (Sylvio do Amaral. *Falsidade documental*, p. 12).

2.1.2. Quanto à exigibilidade

Qualquer pessoa pode exigir do Estado que emita um documento público, sempre que preenchidos os requisitos legais (sem falar das hipóteses em que o Estado o faz *ex officio*). Assim, por exemplo, se alguém solicitar ao Poder Judiciário a emissão de uma certidão sobre distribuições judiciais, cumprindo as exigências para a confecção do documento, terá o Estado o dever de apresentá-la; o mesmo se diga de alguém que requer a elaboração de sua carteira de identidade, de seu documento de habilitação para conduzir veículos automotores etc.

O mesmo não ocorre com um particular, o qual não pode ser coagido a elaborar qualquer tipo de documento, sob pena de ser vítima de constrangimento ilegal ou exercício arbitrário das próprias razões. O único recurso que resta ao interessado na declaração deste particular consiste em ingressar em juízo, a fim de que a sentença judicial substitua o documento cuja elaboração não se deu, satisfazendo sua pretensão.

2.1.3. Quanto à relevância jurídica

Os documentos públicos sempre são dotados de importância jurídica, posto que capazes de criar, extinguir ou modificar direitos, embora o mesmo não se possa dizer dos particulares. Esse traço tem relevo na compreensão da adequação típica do comportamento praticado, pois que só há delito de falso se a alteração da verdade comporta relevância jurídica, algo que, portanto, será indiscutível no plano dos documentos públicos, mas dependerá da análise do caso concreto nos particulares.

2.1.4. Quanto à responsabilidade civil

Os documentos públicos, justamente porque elaborados por agentes estatais no exercício de suas atribuições legais, são emitidos em nome do próprio Estado, daí resultando que este estará civilmente obrigado a fazer frente às responsabilidades dele oriundas.

2.2. O documento eletrônico

A Lei n. 11.419/2006, que regula a informatização do processo judicial, fornece as bases para a compreensão do documento eletrônico.

Cuida-se tal espécie daquele documento elaborado por "qualquer forma de armazenamento ou tráfego de documentos e arquivos digitais" (art. 1º, § 2º, I, da Lei).

Tais documentos, desde que se assegure a garantia de origem e de seu signatário, serão considerados originais "para todos os efeitos legais", conforme expressamente determina o art. 11, *caput*, do Diploma citado. Essa equiparação produz efeitos, inclusive, na órbita penal.

3. A *SUMMA DIVISO* DOS CRIMES DE FALSIDADE DOCUMENTAL

Os delitos reunidos pelo legislador no Capítulo III podem ser compartidos em **duas seções**: uma relativa à *falsidade material* e a outra, à *falsidade ideológica*. Compreendem a primeira categoria os arts. 296, 297, 298, 301, § 1º, 303 e 305. Constituem a segunda os arts. 299, 300, 301 e 302[6]. Há, ainda, o uso de documento falsificado (art. 304), crime remetido que caberia nos dois setores, ou seja, é comum tanto ao falso material quanto ao ideal.

3.1. Falsidade material – contrafação e alteração

Dá-se a **falsidade material** (ou externa) quando o falso recai sobre a **integridade física do documento**.

Pode ocorrer quando se fabrica documento similar ao verdadeiro (**contrafação**) ou quando se modifica em parte o documento verdadeiro preexistente (**alteração**).

Assim, por exemplo, aquele que obtém papel semelhante ao original e, sobre ele, produz um diploma falso, realiza a falsidade material sob a forma de *contrafação*; mas o agente que se utiliza de um diploma verdadeiro anterior e, aplicando qualquer técnica sobre o papel, altera o nome do formando, também comete o falso material, porém na modalidade *alteração*. No primeiro caso, o documento nasce do fruto do trabalho do agente; no outro, preexiste à sua ação.

A contrafação pode ser total ou parcial (e mesmo esta não se confunde com a alteração).

A *contrafação*, como se viu, consiste na **ação de fabricar um documento semelhante ao verdadeiro**, promovendo-se a criação de um objeto (no todo ou em parte) até então inexistente, como produto da "arte" do falsário. Será **total**, quando a **ação resultar num documento até então inexistente** (por exemplo: o agente elabora, a partir de uma folha em branco, um falso instrumento de compra e venda de bem móvel, preenchendo-o com dizeres e assinaturas inverídicos) e **parcial**, quando resultar na confecção de parte de um documento anterior, composto de duas ou mais partes perfeitamente individualizáveis, sendo uma delas, até então, inexistente (por exemplo: quando se tratar de

---

[6] Ressalte-se, ainda, que o art. 297, §§ 3º e 4º, do CP, com a redação que lhe deu a Lei n. 9.983/2000, inseriu no dispositivo referente à falsidade material em documento público condutas características de falsidade ideológica.

emissão do warrant e do conhecimento de depósito, os quais constituem títulos xifópagos, pode-se fabricar um deles, sendo o outro inteiramente legítimo ou, ainda, quando ao pé de um requerimento legítimo de certidão negativa de impostos lançar o agente certidão apócrifa com o teor pretendido).

A *alteração*, repise-se, dá-se quando a **ação do falsário recair sobre documento verdadeiro preexistente, modificando-o em partes juridicamente relevantes.**

Assim, quando o Código Penal refere-se à *falsificação parcial*, há de se entender como a *contrafação parcial* de que cogitamos acima, sob pena de não se poder distingui-la da alteração, a que os tipos penais fazem referência logo em seguida ("falsificar, no todo ou em parte, ou alterar...")[7].

3.2. Falsidade ideológica

Ocorre o falso ideal quando alguém mente no tocante ao **conteúdo de documento fisicamente verdadeiro.** Não é o exterior que é falso, mas o interior, *a ideia* exposta no documento. Cuida-se a falsidade ideológica, portanto, da mentira reduzida a termo.

Neste, "o agente forma um documento até então inexistente para, através dele, fraudar a verdade. O documento assim elaborado pelo falsificador é extrinsecamente verdadeiro, pois quem o escreve é efetivamente quem aparece no texto como seu autor; o que há nele de inverídico é o conteúdo ideológico, pois seu texto é falso ou omisso em relação à realidade que deveria consignar"[8].

Daí se extrai uma relevantíssima diferença entre o falso material total e o ideal, pois este é cometido pelo autor ostensivo ou declarado documento, ao passo que aquele é praticado por outrem, fazendo-se passar pelo autor do objeto material, o qual se esconde debaixo da identidade alheia. "Enquanto o falsário ideológico proclama sem dissimulação a sua identidade, o autor do falso material embuça-se em personalidade emprestada"[9]. O ardil do primeiro se resume à mentira narrada ou à verdade relevante omitida, ao passo que

---

[7] Nesse sentido: Sylvio do Amaral, *Falsidade documental*, p. 45. Exemplifica o autor, ilustrando a distinção entre a contrafação parcial e a alteração: "Aquele que, no espaço existente entre a última linha de uma carta verdadeira e a assinatura do missivista, intercala toda uma frase, por maior que seja, comete pura e simplesmente uma *alteração* do documento, do mesmo modo que se acrescentasse apenas uma letra ou um algarismo; enquanto que realiza uma *falsificação parcial* de documento o indivíduo que acrescenta a uma carta verdadeira um recado aditivo atribuído ao punho de outrem que não o autor da carta" (op. cit., p. 46).

[8] Sylvio do Amaral. *Falsidade documental*, p. 47.

[9] Sylvio do Amaral, *Falsidade documental*, p. 47.

o segundo não só falseia o que deveria constar do documento, como também mascara sua identidade. Não é por outro motivo que o falso material é punido mais severamente que o ideal.

É de ver que o legislador brasileiro, ao conceituar a falsidade ideológica (que Magalhães Drummond denominava falsidade expressional), o fez de modo abrangente[10], a ponto de incluir em sua moldura típica tanto a que resulta do ato de um particular que declara falsamente o teor do documento (ou omite fato juridicamente relevante que dele deveria constar), quanto a do funcionário público, que produz documento extrinsecamente verdadeiro, nele apondo informações inverídicas (*vide* art. 299 do CP).

ART. 296 - FALSIFICAÇÃO DE SELO OU SINAL PÚBLICO

1. DISPOSITIVO LEGAL

Falsificação do selo ou sinal público

Art. 296. Falsificar, fabricando-os ou alterando-os:

I – selo público destinado a autenticar atos oficiais da União, de Estado ou de Município;

II – selo ou sinal atribuído por lei a entidade de direito público, ou a autoridade, ou sinal público de tabelião:

Pena – reclusão, de 2 (dois) a 6 (seis) anos, e multa.

§ 1º Incorre nas mesmas penas:

I – quem faz uso do selo ou sinal falsificado;

II – quem utiliza indevidamente o selo ou sinal verdadeiro em prejuízo de outrem ou em proveito próprio ou alheio.

III – quem altera, falsifica ou faz uso indevido de marcas, logotipos, siglas ou quaisquer outros símbolos utilizados ou identificadores de órgãos ou entidades da Administração Pública.

§ 2º Se o agente é funcionário público, e comete o crime prevalecendo-se do cargo, aumenta-se a pena de sexta parte.

2. BREVE HISTÓRICO

A incriminação da falsificação de selo ou sinal público, em nossas terras, remonta ao tempo das Ordenações do Reino de Portugal, como se observa no Título LII do Livro V do Código Filipino, o qual punia a falsificação de selo ou sinal do rei, ou outros sinais autênticos, como o do tabelião ou do escrivão.

---

[10] É o que revela não só a leitura do tipo penal do art. 299 do CP, mas também o item "83" da Exposição de Motivos da Parte Especial do CP, onde consta ter o legislador encontrado uma "fórmula suficientemente ampla e explícita".

Ao depois, viu-se a omissão do legislador imperial em cuidar de uma figura própria ao ato em questão, pois o Código Criminal de 1830 somente tipificava a falsidade de modo abrangente em seu art. 167, como o ato de fabricar qualquer escritura, papel ou assinatura falsa.

O Código Penal de 1890 colmatou a lacuna e previu o fato no art. 246, o qual teve sua redação ampliada em 1923 (Decreto n. 4.780) para abarcar a alteração de selo ou sinal também dos municípios.

2.1. Valor protegido (objetividade jurídica)

A objetividade jurídica, segundo proclama o Código Penal, é a fé pública, ou seja, a crença na autenticidade e na veracidade dos selos ou sinais públicos. Preserva-se, ainda, sua **segurança** e **credibilidade** e, por derradeiro, tutela-se igualmente a Administração Pública no que toca aos signos que utiliza para identificar seus atos ou órgãos.

3. TIPO OBJETIVO

3.1. Falsificação de selo ou sinal público (art. 296, *caput*)

O *caput* do dispositivo pune quem *falsificar*, por fabricação (ou seja, contrafação total ou parcial) ou alteração (modificação em objeto preexistente), *selo* ou *sinal público*.

A ação nuclear ("falsificar") pressupõe a *immutatio* e a *immitatio veritatis*, ou seja, a alteração e a imitação da verdade. Cuida-se, portanto, de modificá-la, elaborando selo ou sinal público ilegítimo, o qual deve apresentar alguma semelhança com o objeto verdadeiro.

Deve-se recordar que toda falsificação, para ser considerada delito contra a fé pública, pressupõe a **aptidão de enganar o homem médio**, vale dizer, deve se prestar a reproduzir, com alguma fidelidade, o objeto original[11]. É preciso lembrar que **não se exige dano efetivo a terceiro** (no caso, à Administração ou entidade pública defraudada), mas tão somente a **possibilidade de dano** (nesse ponto é que reside a distinção entre os "crimes contra

---

[11] Recorde-se de que o falso grosseiro, qual seja, aquele incapaz de induzir ou manter alguém em erro, por ser perceptível a olho nu (*ictu oculi*), não constituirá jamais crime contra a fé pública, por sua absoluta incapacidade de pôr em risco a força probante dos documentos, embora possa configurar delito patrimonial (estelionato, por exemplo). É o entendimento consubstanciado na Súmula 73 do STJ: "A utilização de papel-moeda grosseiramente falsificado configura, em tese, o crime de estelionato, da competência da Justiça Estadual". Ver: TJMG, ApCr 1.0672.15.022678-1/001, rel. Des. Rubens Gabriel Soares, 6ª CCr, j. 14-9-2021.

a fé pública" e os delitos contra o patrimônio que têm o falso como meio executivo)[12]. O **prejuízo** visado **não precisa ser de natureza econômica**, mas de qualquer ordem, conquanto possa ter o condão de macular algum bem ou direito alheio.

Os *objetos materiais* são o **selo** público destinado a autenticar atos oficiais da União[13], de Estado ou de Município e o selo ou sinal atribuído por lei a entidade de direito público, ou a autoridade, ou **sinal** público de tabelião (o carimbo de reconhecimento de firma em cartório não está abrangido na disposição[14]).

Calha a pena advertir que, no dispositivo em questão, **não se pune a alteração do selo ou sinal já estampado ou impresso no documento (neste caso, haverá o crime do art. 298 do CP)**. Como adverte Sylvio do Amaral: "*Ao contrário do que pode parecer à primeira vista, o Código não se ocupa,*

---

[12] "Se a ação do falsário é dirigida no sentido de modificar o documento, visando primordialmente alterar suas qualidades intrínsecas ou extrínsecas como *meio de prova* de fato juridicamente relevante, basta que se criem condições de perigo de alteração da verdade a dano de outrem para a perfeita integração do crime *consumado* de falsidade; ao contrário, sempre que a enunciação mendaz feita através da falsificação não passa de meio ardiloso de que se vale o agente para ludibriar o ofendido, isto é, de instrumento material da fraude cometida, a figura delituosa (estelionato, sob qualquer de suas formas) se terá por meramente tentada, quando o prejuízo não vier a concretizar-se" (Sylvio do Amaral. *Falsidade documental*, p. 67). *Vide*, na jurisprudência: "O tipo restringe-se à mera conduta, sendo despiciendo o prejuízo a terceiro. A substituição de folha do processo por outra numerada por pessoa estranha ao Cartório, com imitação da rubrica do serventuário, alcança o objeto jurídico protegido pelo dispositivo legal – a fé pública, considerado o sinal de autenticidade. O dolo decorre da vontade livre e consciente de praticar o ato" (STF, *RTJ* 135/693).

[13] "É firme a jurisprudência deste Supremo Tribunal no sentido de que a competência da Justiça Federal para julgar o crime de falsificação de documentos somente será fixada nos casos em que comprovada a intenção do agente em causar lesão a bens, interesse ou patrimônio da União. Precedentes. 2. No caso dos autos, verifica-se que o entendimento prolatado pelo Tribunal *a quo*, ao fixar a competência do feito perante a Justiça Comum Estadual, não destoa da jurisprudência desta Corte Suprema, eis que deixou expressamente consignado que 'a falsificação de selo ou sinal público (art. 296, § 1º, inciso II, do Código Penal) foi usada para dar aos produtos de origem animal uma falsa aparência de regularidade, em prejuízo das relações de consumo', o que afasta a competência da Justiça Federal, tendo em vista a inexistência de interesse direto e específico da União" (STF, ARE 1.413.769 AgR, rel. Min. Edson Fachin, 2ª T., j. 27-3-2023). No mesmo sentido: STJ, AgRg no CC 181.690/PB, rel. Min. Laurita Vaz, 3ª S., j. 9-2-2022.

[14] Nesse sentido: "Não tipifica o delito de falsidade de sinal público de tabelião previsto no art. 296, II, do CP, quando o agente falsifica o carimbo para reconhecimento de firma em tabelionato em certificados de registro de veículos, uma vez que esse carimbo não é sinal público, já que a assinatura nele lançada é simples e, na maior parte das vezes, o reconhecedor é escrevente autorizado, e não o próprio tabelião" (TJSP, *RT* 803/552). *Vide*, ainda: "Não tipifica o delito do art. 296, II, do CP quando o acusado falsifica o carimbo para reconhecimento de firma em tabelionato. Esse carimbo não é sinal público" (TJRS, *RT* 571/394).

no art. 296, da figura impressa, mas do objeto impressor. Embora encaixada em capítulo relativo à falsidade documental, a disposição mencionada focaliza, na realidade, apenas a falsificação (mediante a fabricação ou alteração) do instrumento de gravação do selo público, e não a do sinal já estampado em documento (na colocação da matéria obedeceu, por certo, o legislador à consideração de que os selos públicos destinam-se exclusivamente à formalização de documentos, e, por consequência, a ação do falsificador há de visar sempre, ainda que indiretamente, a falsidade documental). Não há outro entendimento possível, quando se atenta para a circunstância de que a lei pune o **uso do selo falsificado** (art. 296, § 1º, n. I como crime autônomo). Se o caso fosse de falsificação da figura impressa, essa hipótese constituiria o delito de uso de documento falso (art. 304)"[15].

3.2. Uso de selo ou sinal falsificado (art. 296, § 1º, I)

O uso de selo ou sinal público falsificado mereceu previsão específica, diversamente do que se dá com relação às demais infrações penais contidas no Capítulo III do Título X, cujo uso constitui o tipo do art. 304 do CP.

Como assinala Damásio de Jesus: "O Código Penal não pune o fato de qualquer uso, uma vez que o verbo deve ser interpretado à luz dos dois incisos do *caput* do dispositivo. Cuida-se do uso que se refere à destinação regular e normal do selo ou sinal de natureza pública, i. e., o emprego do objeto material para autenticar documentos oficiais"[16].

Pelo **princípio da consunção**, se o usuário do selo ou sinal for o próprio autor da falsificação, haverá **crime único**. Há, nesse caso, duas correntes doutrinárias e jurisprudenciais, uma em favor da **prevalência do falso sobre o uso**, o qual se torna fato posterior impunível (tese amplamente **majoritária**[17]) e outra defendendo que o uso, sendo o delito-fim, absorve o *falsum*, crime-meio.

---

[15] *Falsidade documental*, p. 154. No mesmo sentido: Rogério Greco. *Código Penal comentado*, p. 779; José Silva Júnior e Guilherme Madeira Dezem (*Código Penal e sua interpretação*, p. 1.389).

[16] *Código Penal anotado*, p. 916.

[17] "O uso dos papéis falsificados, quando praticado pelo próprio autor da falsificação, configura 'post factum' não punível, mero exaurimento do 'crimen falsi', respondendo o falsário, em tal hipótese, pelo delito de falsificação de documento público (CP, art. 297) ou, conforme o caso, pelo crime de falsificação de documento particular (CP, art. 298). Doutrina. Precedentes (STF). – Reconhecimento, na espécie, da competência do Poder Judiciário local, eis que inocorrente, quanto ao delito de falsificação documental, qualquer das situações a que se refere o inciso IV do art. 109 da Constituição da República. – Irrelevância de o documento falsificado haver sido ulteriormente utilizado, pelo próprio autor da falsificação, perante repartição pública federal, pois, tratando-se de 'post factum' impunível, não há como afirmar-se caracterizada a competência penal da Justiça Federal, eis que inexistente, em tal hipótese, fato delituoso a reprimir" (STF, HC 84.533, rel. Min. Celso de Mello, 2ª T., j. 14-9-2004, *DJ* de 30-6-2006, p. 35).

3.3. Utilização indevida de selo ou sinal legítimo (art. 296, § 1º, II)

O delito em apreço pressupõe selo ou sinal verdadeiro, ilicitamente utilizado. O tipo penal exige utilização indevida de objeto material legítimo. Indevido é o emprego do selo ou sinal verídico para finalidade diversa daquela prevista em lei.

O fato configura **crime comum**. Pode ser cometido, portanto, pelo funcionário público encarregado de fazer uso do selo ou sinal ou por terceiro. Caso o agente tenha obtido ilicitamente o selo ou sinal verdadeiros, por exemplo, furtando-o, haverá concurso de crimes[18].

O dispositivo contém **elemento subjetivo específico** consistente em **visar à provocação de prejuízo alheio ou à obtenção de proveito para si ou para outrem**. Cuida-se de resultados alternativamente mencionados como inerentes à finalidade do agente e desnecessários para efeito de consumação (trata-se, bem por isso, de crime formal ou de consumação antecipada).

3.4. Emprego indevido de símbolos identificadores da Administração Pública (art. 296, § 1º, III)

O inciso em questão foi acrescido ao CP pela Lei n. 9.983/2000. Pune-se o fato de alterar, falsificar ou indevidamente utilizar marcas, logotipos, siglas e outros símbolos identificadores de órgãos da Administração Pública.

As condutas nucleares são semelhantes àquelas previstas nos dispositivos anteriores, aos quais se remete o leitor.

Os objetos materiais são as *marcas*, ou seja, os sinais destinados a identificar órgãos públicos, representados por letras, desenhos ou emblemas; os *logotipos*, isto é, agrupamento de letras fundidas em um só tipo, formando sigla ou palavra; as *siglas*, vale dizer, o conjunto de letra ou letras iniciais de um vocábulo, configurando abreviatura. Abrangem-se, ainda, outros "**símbolos identificadores**" de órgãos públicos.

Deve-se anotar que para a doutrina, dada a precária técnica legislativa, somente se puniu a falsificação destes objetos e o uso indevido de objetos legítimos (verdadeiros), olvidando a incriminação da utilização das marcas, logotipos, siglas ou outros símbolos falsificados. Como ponderam José Silva Júnior e Guilherme Madeira Dezem: "Ora, pode-se ocorrer a seguinte curiosa situação: se 'A' falsifica o logotipo do INSS, responde pelo crime, mas se 'B' que recebera de 'A' tal logotipo usá-lo em sua casa não haverá o crime

---

[18] Nesse sentido: Damásio de Jesus (*Código Penal anotado*, p. 917).

por ausência de tipicidade objetiva"[19]. Para o Superior Tribunal de Justiça, porém, "o objeto material do tipo previsto no art. 296, § 1º, inciso III, do Código Penal são marcas, logotipos, siglas ou quaisquer outros símbolos utilizados ou identificadores de órgãos ou entidades da Administração Pública, inexistindo em sua redação qualquer menção ou exigência de que sejam verdadeiros, até porque o bem jurídico tutelado é a fé pública, cuja violação é ainda mais presente quando se trata de sinal falsificado" (AgRg no HC 501.603/SP, rel. Min. Jorge Mussi, 5ª T., j. 4-2-2020).

3.5. Exame de corpo de delito (CPP, art. 158)

É importante registrar, outrossim, que a falsidade material, de que trata o art. 296 do CP, pressupõe, como toda sorte de falso desta natureza, que sua materialidade seja comprovada mediante perícia, de vez que se trata de prova indispensável em face de se cuidar de infração penal que deixa vestígios (delito não transeunte), a qual deve obedecer ao disposto no art. 158 do CPP[20].

4. TIPO SUBJETIVO

O fato é apenado somente na forma **dolosa**, exigindo-se, portanto, a consciência e a vontade de realizar os elementos objetivos do tipo. Inexiste, como regra, elemento subjetivo especial, salvo no caso do § 1º, II, do art. 296.

5. SUJEITOS DO CRIME

5.1. Sujeito ativo

Os delitos em exame são **crimes comuns**, posto que a lei penal não requer qualquer qualidade ou condição especial do sujeito ativo. Se o agente é funcionário público e comete a infração prevalecendo-se do cargo, a pena será aumentada em um sexto (§ 2º).

5.2. Sujeito passivo

O sujeito passivo é o Estado.

---

[19] *Código Penal e sua interpretação*, p. 1.392.

[20] O exame de corpo de delito, contudo, não é o único meio de se demonstrar a materialidade da infração penal, admitindo a lei processual penal seja sua falta suprida por prova testemunhal, nos termos do art. 167 do CPP.

6. CONSUMAÇÃO E TENTATIVA

6.1. Consumação

A consumação ocorre com a fabricação ou alteração dos objetos materiais ou com sua utilização efetiva (**crimes formais**).

6.2. Tentativa

A tentativa é possível, **salvo** no fato de *usar*, em razão de se tratar de crime unissubsistente.

7. CLASSIFICAÇÃO JURÍDICA

Cuida-se de crime *de forma ou ação livre* (admite qualquer meio executivo – delito onímodo), *de conduta mista ou tipo misto alternativo* (já que contém mais de uma ação nuclear alternativamente prevista), *comum* (pode ser praticado por qualquer pessoa), *monossubjetivo ou de concurso eventual* (comporta execução por uma só pessoa ou várias, em concurso), *formal ou de consumação antecipada* (porquanto não se exige a produção de resultado naturalístico para efeito de consumação), *instantâneo* (a fase consumativa não se prolonga no tempo) e *plurissubsistente* (o *iter criminis* comporta cisão, salvo no fato de "usar").

8. CAUSA DE AUMENTO DE PENA

Se o agente é **funcionário público** e comete o crime **prevalecendo-se do cargo**, aumenta-se a pena de sexta parte (§ 2º).

9. PENA E AÇÃO PENAL

O fato é apenado com reclusão, de dois a seis anos, e multa. Submete-se, portanto, ao procedimento comum ordinário (CPP, arts. 395 a 405).

A ação penal é de iniciativa **pública incondicionada**, em todas as modalidades típicas.

ART. 297 – FALSIFICAÇÃO DE DOCUMENTO PÚBLICO

1. DISPOSITIVO LEGAL

Falsificação de documento público

Art. 297. Falsificar, no todo ou em parte, documento público, ou alterar documento público verdadeiro:

Pena – reclusão, de 2 (dois) a 6 (seis) anos, e multa.

§ 1º Se o agente é funcionário público, e comete o crime prevalecendo-se do cargo, aumenta-se a pena de sexta parte.

§ 2º Para os efeitos penais, equiparam-se a documento público o emanado de entidade paraestatal, o título ao portador ou transmissível por endosso, as ações de sociedade comercial, os livros mercantis e o testamento particular.

§ 3º Nas mesmas penas incorre quem insere ou faz inserir:

I – na folha de pagamento ou em documento de informações que seja destinado a fazer prova perante a previdência social, pessoa que não possua a qualidade de segurado obrigatório;

II – na Carteira de Trabalho e Previdência Social do empregado ou em documento que deva produzir efeito perante a previdência social, declaração falsa ou diversa da que deveria ter sido escrita;

III – em documento contábil ou em qualquer outro documento relacionado com as obrigações da empresa perante a previdência social, declaração falsa ou diversa da que deveria ter constado.

§ 4º Nas mesmas penas incorre quem omite, nos documentos mencionados no § 3º, nome do segurado e seus dados pessoais, a remuneração, a vigência do contrato de trabalho ou de prestação de serviços.

2. VALOR PROTEGIDO (OBJETIVIDADE JURÍDICA)

O valor protegido, consoante a dicção do Código, é a fé pública, vale dizer, a crença coletiva que deve recair sobre a veracidade e a autenticidade dos documentos. Lembre-se, todavia, de que tal fé constitui uma característica que emana de certos documentos, isto é, a qualidade de inspirarem confiança quanto à sua autoria e à verdade de seu conteúdo. Desse modo, a objetividade jurídica se traduziria, mais precisamente, na **preservação da segurança** e da **credibilidade no tráfico jurídico probatório**[21]. Ao se proteger por meio da criminalização da falsidade documental a força probante inerente a alguns documentos[22], reafirma-se, como consequência reflexa, a confiança que reina na coletividade em torno de sua veracidade e autenticidade. Vale dizer, com a "preservação, segurança e credibilidade no tráfico jurídico probatório" reforça-se a fé pública dos documentos; são como que duas faces do mesmo fenômeno que se interpenetram e se condicionam.

Protege-se, ademais, a regularidade dos atos praticados pela Administração Pública.

---

[21] Idem, ibidem.

[22] A força probante dos documentos, ademais, encontra-se extensivamente disciplinada no novo Código de Processo Civil, nos arts. 405 a 429.

3. TIPO OBJETIVO

3.1. Conduta nuclear

Pune-se o ato de *falsificar* (contrafação) o documento (público ou equiparado), no todo ou em parte, ou alterar o documento verdadeiro.

Falsificar significa contrafazer, ou seja, formar elemento inexistente até então; consiste, portanto, no **ato de fabricar um documento semelhante ao verdadeiro**, de modo que a criação do objeto (ou parte dele perfeitamente individualizável) seja produto integral da "arte" do falsário. Pode ela ser total ou parcial.

Diz-se **total** a contrafação que resulta no **surgimento de um documento**, até então inexistente, íntegro e não cindível internamente (por exemplo: uma cédula de identidade, um atestado de antecedentes criminais etc.).

Será **parcial**, de outra banda, quando **gerar a confecção de parte de um documento anterior, composto este de duas ou mais partes perfeitamente individualizáveis**, sendo aquela sobre a qual recai a conduta até então inexistente (p. ex., quando ao pé de um requerimento legítimo de certidão negativa de impostos lança o agente certidão apócrifa com o teor pretendido, no campo que deveria ser preenchido somente pelo funcionário público competente ou, ainda, a inserção de aval falso em título de crédito verdadeiro preenchido). Dá-se ainda a falsificação parcial com a **introdução de dados falsos por quem não tem competência para fazê-lo**. Assim, se o agente obtém um impresso verdadeiro e em branco, referente a um Certificado de Registro de Veículo Automotor (CRVL), e o preenche, sem ter competência para tanto, incorre no art. 297 do CP, na modalidade falsificação parcial. **Se, contudo, detiver competência para o preenchimento** (p. ex., funcionário do Detran), **mas inserir dados falsos, pratica falsidade ideológica (art. 299 do CP)**.

A **falsificação parcial não se confunde com a** *alteração*. Conforme já se expôs, neste caso, a ação do falsário atinge **documento verdadeiro** preexistente, modificando-o em partes juridicamente relevantes[23].

---

[23] Essa é a única interpretação capaz de permitir alguma distinção entre o ato de "falsificar, no todo ou em parte, o documento" e o de "alterar documento verdadeiro". Repise-se, então, que quando o Código Penal alude à falsificação parcial deve-se entender como tal a contrafação parcial, sob pena de não se poder distingui-la da alteração, a que o tipo faz expressa referência. Nesse sentido: Sylvio do Amaral. *Falsidade documental*, p. 45. Exemplifica o autor, ilustrando a distinção entre a contrafação parcial e a alteração: "Aquele que, no espaço existente entre a última linha de uma carta verdadeira e a assinatura do missivista, intercala toda uma frase, por maior que seja, comete pura e simplesmente uma *alteração* do documento, do mesmo modo que se acrescentasse apenas

Registre-se que a mera supressão de palavras, letras ou outros sinais gráficos, que não se confunde com a inserção ou modificação, tipifica o delito do art. 305 do CP.

3.2. Requisitos do falso documental[24]

São quatro:

a) a **alteração da verdade sobre fato juridicamente relevante** (*immutatio veritatis*);

b) a **imitação da verdade** (*immitatio veritatis*);

c) a **potencialidade de dano** (*falsum punitur licet nemini damun inferret, sufficit enim quod potuit damnum inferre*);

d) o **dolo** (*animus fallendi*).

A doutrina predominante, contudo, os reúne em três, pois funde a alteração e a imitação da verdade em um só único requisito[25]. De qualquer modo, todos se encontram entrelaçados e se complementam reciprocamente.

A alteração da verdade (*immutatio veritatis*) e a imitação da verdade (*imitatio veritatis*) se deduzem dos verbos nucleares empregados no Código, quais sejam: "falsificar" e "alterar". Quanto ao elemento subjetivo, isto é, a necessidade de dolo no proceder do agente, decorre essa exigência da falta de menção à forma culposa (requisito indispensável à sua configuração – art. 18, parágrafo único, do CP). No que concerne à potencialidade de dano, deduz tal necessidade do fato de que **os crimes de falsidade são formais,** ou seja, **prescindem da produção de dano efetivo para sua consumação.**

3.2.1. *Immutatio veritatis*

Cuida-se da essência da infração, pois o que busca o falsário não é outra coisa senão **alterar a verdade transposta num documento,** modificando

---

uma letra ou um algarismo; enquanto que realiza uma *falsificação parcial* de documento o indivíduo que acrescenta a uma carta verdadeira um recado aditivo atribuído ao punho de outrem que não o autor da carta" (op. cit., p. 46).

[24] Muito embora tais requisitos já tenham sido estudados na introdução ao Título X, entendemos por bem, para facilitar a compreensão do dispositivo, por reproduzir a essência da explicação mencionada, até porque é justamente nos crimes dos arts. 297 a 299 que tais elementos se fazem mais visíveis.

[25] Veja, por todos, Nelson Hungria: "Fixemos os três elementos. O dolo do *falsum* é a vontade e consciência de imitação da *verdade* inerente a certos objetos, sinais ou formas, de modo a criar a possibilidade de conculcação de relações jurídicas e consequente quebrantamento da confiança pública nesses objetos, sinais ou formas (...)" (*Comentários ao Código Penal*, p. 193).

as condições relativas a um fato ou relação jurídica. Assim, quem reproduz fielmente um escrito, sem alterar-lhe o conteúdo, não comete o delito.

Além disso, deve a alteração recair sobre fato juridicamente relevante, de vez que a falsificação inócua, por não trazer qualquer repercussão na órbita dos direitos ou obrigações, não altera o valor probante do documento (ou seja, não vulnera o objeto jurídico protegido) e, portanto, não constitui ilícito penal.

Destaque-se, todavia, que em se tratando de documento público, em razão de sua natureza, **qualquer modificação ou falsificação sobre ele introduzida terá relevância jurídica**. Isto porque, por envolverem relações com o Estado, tal qualidade sempre se presumirá, a não ser que por alguma razão excepcional seja este desprovido dessa força, como ocorre, por exemplo, com a alteração de uma certidão com prazo de validade vencido (nesses casos, contudo, embora inexista o crime de falsidade, pode haver estelionato).

3.2.2. *Immitatio veritatis*

Complementando o requisito anterior, entende-se indispensável a imitação da verdade, ou seja, o meio executivo do qual se vale o agente deve ter como alvo a reprodução do verdadeiro, de modo a iludir as pessoas. "Não se pode conceber a ideia de *falsificação* desacompanhada da ideia de *semelhança*, pois não se coaduna aquele conceito com o de *dissemelhança*"[26].

A falsificação deve ser **apta a enganar o homem médio**, ou seja, deve se prestar a reproduzir, com alguma fidelidade, o documento original. De regra, levar-se-á em conta como padrão para se aquilatar a aptidão ilusiva do *falsum* o critério de um homem de mediana prudência e discernimento.

Do ponto de vista processual, será indispensável, em todos os casos de falso material, o exame de corpo de delito, nos termos do art. 158 do CP[27].

O **falso grosseiro**, qual seja, aquele incapaz de induzir ou manter alguém em erro, por ser perceptível a olho nu (*ictu oculi*), **não constituirá jamais crime contra a fé pública**, por sua absoluta incapacidade de pôr em risco a força probante dos documentos[28], embora possa configurar **delito patrimonial**

---

[26] Sylvio do Amaral. *Falsidade documental*, p. 61.

[27] O exame de corpo de delito, contudo, não é o único meio de se demonstrar a materialidade da infração penal, admitindo a lei processual penal seja sua falta suprida por prova testemunhal, nos termos do art. 167 do CPP.

[28] Por outro lado, "Inviável reconhecer tese defensiva de crime impossível por falsificação grosseira, quando empreendidas diligências para se constatar a falsidade da documentação, especialmente quando o exame pericial detecta, por meio de instrumentos óticos específicos, semelhanças entre o documento falso e o original" (TJDFT, ApCr

(estelionato, por exemplo). É o entendimento consubstanciado na **Súmula 73 do STJ**: "A utilização de papel-moeda grosseiramente falsificado configura, em tese, o crime de estelionato, da competência da Justiça Estadual".

3.2.3. Potencialidade de dano

A *immitatio veritatis* e a potencialidade de dano guardam, como de resto todos os requisitos expostos, verdadeira interdependência.

Recorde-se, nesse sentido, que a lei penal visa tutelar a força probante dos documentos, por meio do reforço à crença de sua veracidade e autenticidade. Se a falsificação for grosseira ou inverossímil, o objeto produzido ou modificado será totalmente **incapaz de enganar as pessoas,** de modo que o agente **não lesará a fé pública** ou seu consectário, a segurança no tráfico jurídico probatório.

Note que **não se exige dano efetivo, mas possibilidade de dano** (esta é justamente a diferença entre os "crimes contra a fé pública" e os delitos contra o patrimônio que têm o falso como meio executivo)[29]. "Se a ação do

---

07249205020228070003, rel. Des. Sandoval Oliveira, 3ª T. Criminal, j. 21-9-2023). E ainda: "A adulteração de documento público não pode ser considerada grosseira, a ponto de implicar na absolvição por atipicidade da conduta, se o documento falsificado for capaz de enganar o homem médio" (TJMG, ApCr 1.0000.23.043932-5/001, rel. Des. Milton Lívio Salles (JD Convocado), 1ª CCr, j. 8-8-2023). Na mesma linha, ver: AgRg no HC 870.500/RJ, rel. Min. Jesuíno Rissato (Desembargador Convocado do TJDFT), 6ª T., j. 17-6-2024; e TJMG, ApCr 1.0000.24.177236-7/001, rel. Des. Doorgal Borges de Andrada, 4ª CCr., j. 10-7-2024.

[29] Nesse sentido: "O crime de falsificação de documento público (art. 297 do CP) é um crime formal, ou seja, é aquele que não exige resultado naturalístico decorrente da conduta, e, é, ainda, um crime de perigo abstrato, ou seja, para configurar risco de dano à fé pública, que é presumido, basta a contrafação ou modificação do documento público. Ou seja, a intenção de lucro ilícito não é inerente ao tipo de falsificação de documento público, não sendo necessário para configuração do crime que o réu tenha obtido qualquer vantagem econômica, bastando a simples falsificação do documento, como ocorreu no presente. 3. Não há como falar em ausência de dolo se o réu afirma ter pegado os dados de terceiro e levado para o contrafrator no intuito de confeccionar diploma sabidamente falsificado, prestando-lhe colaboração material efetiva, ainda mais, quando o próprio acusado também afirma ter recebido dinheiro por ocasião da intermediação" (TJDFT, Acórdão 1258651, 0001754322015807017, rel. Des. Robson Barbosa de Azevedo, 2ª T. Criminal, j. 18-6-2020). E também: "A materialidade e autoria do delito de falsificação de documento público, o qual não exige nenhuma finalidade específica, o uso do documento ou a efetiva ocorrência de prejuízo, restou devidamente configurada" (TJAL, Ap 0727668-17.2013.8.02.0001, rel. Des. Sebastião Costa Filho, Câmara Criminal, j. 13-3-2019). Ainda: "O delito de falsificação de documento público é um crime formal, não exige resultado naturalístico, consistente no efetivo prejuízo causado a alguém pela falsificação, e de perigo abstrato,

falsário é dirigida no sentido de modificar o documento, visando primordialmente alterar suas qualidades intrínsecas ou extrínsecas como *meio de prova* de fato juridicamente relevante, basta que se criem condições de perigo de alteração da verdade a dano de outrem para a perfeita integração do crime *consumado* de falsidade; ao contrário, sempre que a enunciação mendaz feita através da falsificação não passa de meio ardiloso de que se vale o agente para ludibriar o ofendido, isto é, de instrumento material da fraude cometida, a figura delituosa (estelionato, sob qualquer de suas formas) se terá por meramente tentada, quando o prejuízo não vier a concretizar-se"[30].

Anote-se ainda que o **prejuízo visado não precisa ser de natureza econômica**, mas de qualquer ordem, conquanto possa ter o condão de macular algum bem ou direito alheio. O requisito estará aperfeiçoado, por exemplo, quando se modifica o nome de alguém em mandado de prisão, fazendo com que cumpra a pena pessoa inocente[31].

3.2.4. Dolo

Cuida-se da vontade e consciência de praticar os elementos objetivos do tipo. A falsificação de documento público, como os demais delitos constantes do Título X, é punida exclusivamente na forma dolosa. Não há qualquer elemento subjetivo específico no tipo penal de que ora se cogita, razão pela qual se mostra irrelevante perquirir a finalidade ulterior a que se dirigia a conduta.

3.3. Objeto material

3.3.1. Documento público

O documento público (elemento normativo do tipo) é todo escrito, dotado de determinada formalidade, voltado à comprovação de um fato, emanado de funcionário público competente, nacional ou estrangeiro (p. ex., documento de identidade[32] – RG, CPF, CNH, carteiras funcionais ou

---

uma vez que, para configurar risco de dano à fé pública, que é presumido, basta a contrafação ou modificação do documento" (TJPB, Acórdão 00001253220178150081, rel. Des. João Benedito da Silva, Câmara Especializada Criminal, j. 11-9-2018). Igualmente: "Para a caracterização do crime de falsificação de documento público despicienda ocorrência de prejuízo efetivo, estando consumado com a simples adulteração do documento" (TJRS, ApCr 70057415416, rel. Newton Brasil de Leão, 4ª CCr, j. 3-4-2014). Ver também: TJMG, ApCr 1.0000.23.038019-8/001, rel. Des. Cássio Salomé, 7ª CCr, j. 9-8-2023.

[30] Sylvio do Amaral. *Falsidade documental*, p. 67.

[31] *Vide* Nelson Hungria. *Comentários ao Código Penal*, v. IX, p. 253.

[32] "Crime contra a fé pública. Falsidade documental. Professor que estimula a adulteração da carteira de identidade de alunos para simular a idade necessária à participação

profissionais, como a dos advogados ou médicos, CRVL, escrituras públicas, diploma de curso superior[33], livro de registro de inquérito policial[34] etc.)[35].

Conforme já se explanou, o documento público **distingue-se do particular sob quatro aspectos**[36]: em razão da **procedência** (é sempre expedido pelo Estado no exercício de função legal ou regulamentar), em face da sua **exigibilidade** (qualquer pessoa pode exigir do Estado que o emita, desde que preencha os requisitos legais), em virtude de sua **relevância jurídica** (que se presume nos documentos públicos) e por força da **responsabilidade civil** que enseja (o Estado responde pelas declarações registradas no documento público).

A doutrina distingue os documentos objeto do art. 297 em **formal e substancialmente público** (i. e., elaborado por funcionário público, com conteúdo e relevância jurídica de direito público, como uma sentença judicial ou uma ordem administrativa) e **formalmente público e substancialmente privado** (i. e., embora feito por funcionário público, destina-se a produzir efeitos em relações de direito privado, como a escritura pública de compra e venda de um bem).

A **cópia reprográfica de documento público ou equiparado sem autenticação não constitui documento**, à luz do art. 232 do CPP, motivo pelo qual sua falsificação não se enquadra no art. 297 do CP. **Havendo autenticação, há o crime em estudo.** Note que a falsificação de cópia autenticada de documento particular configura falsificação de documento particular (art. 298 do CP); a não ser que o objeto da falsificação seja o sinal indicativo da autenticação, hipótese em que ocorre a infração punida no art. 297 do CP.

---

em campeonato desportivo. Contribuição moral legalmente relevante para a consecução do delito. Vínculo psicológico comprovado. Condenação que se impõe. Sentença mantida. Recurso não provido" (TJSC, *JC* 103/816).

[33] *RT* 798/722. Salienta-se, ainda, a possibilidade de configuração desse tipo penal como crime meio do exercício ilegal da medicina: "A falsificação de documento público – diploma de conclusão do curso superior de medicina – visando ao exercício ilegal da profissão de médico, consubstanciado no requerimento de exames clínicos, prescrição de medicamentos e realização de plantões médicos em hospital, constitui crime meio, que deve ser absorvido pelo crime fim, pois a falsificação em questão se exauriu no exercício ilegal da medicina" (TJES, RSE 00030204620078080069, rel. Des. Pedro Valls Feu Rosa, 1ª CCr, *DJe* de 6-12-2012).

[34] *RT* 774/560.

[35] A falsificação (contrafação) de carteira de trabalho (CTPS) se subsume ao art. 49 da CLT (a inserção de dados falsos, contudo, tipifica o § 3º).

[36] Para um exame mais detalhado, *vide* o item "2" da introdução ao Capítulo III do Título X (acima).

Discute-se se a **substituição de fotografia em cédula de identidade** importa em falsidade documental (CP, art. 297) ou falsa identidade (CP, art. 307). A melhor orientação é que há **falso material (ou uso de documento falso, conforme seja o agente o responsável pela confecção ou pela utilização do documento)**; é a corrente amplamente vencedora na jurisprudência[37]. Nesses casos, ainda, não se aplica a tese de que o comportamento não é antijurídico quando cometido no exercício da autodefesa (por exemplo: foragido que falsifica cédula de identidade), porque não há confundir-se o delito de falsidade material com o de falsa identidade, previsto no art. 307 do CP[38].

3.3.2. Documento público por equiparação (§ 2º)

Também se consideram documentos públicos, por equiparação, nos termos do § 2º, os seguintes:

a) o documento emitido por entidade paraestatal (autarquias)

No que concerne a tal hipótese, a equiparação mostra-se desnecessária, notadamente porque tais entes são pessoas jurídicas de direito público, criadas por lei e disciplinadas pelo Estado, ainda que contem com certa autonomia em relação à Administração Pública direta (isto é, ao ente federativo

---

[37] Confira-se: "É atípica a conduta de falsificar Carteira Nacional de Habilitação mediante fotocópia da CNH original do agente com a alteração, unicamente, da fotografia, mormente quando o documento original pertence a um homem e a falsificação apresenta a fotografia de uma mulher, a qual cobre, inclusive, o número da habilitação" (TJSC, AP 0016633-72.2013.8.24.0039, rel. Des. Sérgio Rizelo, 2ª CCr., j. 8-5-2018). No sentido de ser típica a conduta: TJSP, AP 0089124-34.2006.8.26.0050, rel. Des. Lauro Mens de Mello, 6ª CCr, j. 12-4-2018.

[38] "O Supremo Tribunal Federal sedimentou entendimento no sentido de que a utilização de documento falso para ocultar a situação de foragido é fato típico, conduta não abarcada pelo princípio constitucional da autodefesa" (TJRS, ApCr 70080863434, rel. Rogerio Gesta Leal, 4ª CCr, j. 25-7-2019). "O direito de autodefesa constitui a impossibilidade de se obrigar o réu de se manifestar contra si próprio, não se punindo, assim, a mentira autodefensiva relacionada às questões fáticas da acusação. A autodefesa, no entanto, não abrange o crime de falsificação de documento público praticado com a finalidade de impossibilitar a identificação de pessoa procurada em virtude de condenação penal, uma vez que o falsum não foi engendrado para autodefender-se de uma acusação, mas sim como atribuição inverídica de personalidade a fim de ludibriar o Estado em virtude dos antecedentes do réu" (TJSP, RT 836/543). No mesmo sentido: "E nem se alegue atipicidade quanto ao crime de uso de documento público falso, por exercício de autodefesa. É que não existe excludente de antijuridicidade de condutas ilícitas destinadas a acobertar criminosos, auxiliando-os a examinarem-se da responsabilização criminal já imposta pela Justiça" (TJSP, AP 0055094-94.2011.8.26.0050, rel. Des. Luis Soares de Mello, 4ª CCr, j. 8-3-2016).

ao qual são ligadas). A despeito dessa constatação, contudo, o excesso de cautela do Código em matéria de explicitação do alcance do tipo penal não parece criticável, mas digno de encômios em face do princípio da taxatividade da lei penal.

b) o título ao portador ou transmissível por endosso (como letras de câmbio, notas promissórias, cheques, duplicatas etc.)

Os títulos a que alude o Texto Legal foram equiparados a documentos públicos (embora sejam documentos tipicamente privados) em razão de sua transmissibilidade por simples **endosso**, o que os torna de intensa circulação no seio coletivo, demonstrando que a crença em sua autenticidade e veracidade torna-se digna de mais acentuada proteção legal.

A exata compreensão do que se entende por título ao portador ou transmissível por endosso depende de conceitos de direito mercantil, podendo tal disposição, desta feita, ser considerada elemento normativo do tipo. Lembre-se, nesse diapasão, de que a lei comercial contém diversas exigências para que o documento torne-se efetivamente um título de crédito, razão pela qual somente se poderá falar no delito do art. 297 do CP se todas as exigências forem cumpridas. Faltando qualquer uma delas, de modo a que o objeto não possa ser qualificado como título de crédito, poderá se cogitar de falsidade de documento particular (CP, art. 298), desde que se possa vislumbrar papel capaz de gerar obrigações jurídicas.

Situação de frequente ocorrência é a do agente que falsifica documento, como meio de induzir alguém em erro, obtendo vantagem ilícita, para si ou para outrem. Exemplo: o sujeito **falsifica a assinatura de um fólio de cheque**, fazendo-se passar pelo titular da conta, e adquire bens em determinado estabelecimento comercial; contador recebe quantia em dinheiro para pagar imposto e, em vez de fazê-lo, embolsa o numerário, apresentando ao cliente recibos bancários falsificados. Há várias posições sobre o assunto, predominando o entendimento de que o **estelionato absorve o falso, com base no princípio da consunção (ou absorção)**; é a solução preconizada na **Súmula 17 do STJ**: "Quando o falso se exaure no estelionato, sem mais potencialidade lesiva, é por este absorvido"; pouco importa, para o STJ, se o crime-meio é mais ou menos grave, sendo importante apenas que exista entre ambos a relação consuntiva (meio-fim) e que a infração anterior esgote toda sua lesividade no ato subsequente[39].

---

[39] "Em relação à conduta de falsificação de documentos, visando à liberação das parcelas do financiamento de projetos de desenvolvimento da Amazônia, esta Corte também firmou entendimento de que ficam absorvidos os crimes de falsificação, ainda que estes possuam penas mais graves, desde que realizados unicamente como meio

A nota promissória ou cheque **emitidos em branco (e assinados)** poderão vir a ser objeto material do delito, desde que obtidos ilicitamente (furtados, roubados etc.). Quando, todavia, seu **preenchimento tiver sido confiado ao agente para fazê-lo seguindo as instruções do signatário**, mas aquele, traindo tal confiança, **inserir outros dados,** haverá **falsidade ideológica, salvo se houver revogação de mandato,** o que deslocará o fato para a figura típica em estudo.

c) as ações de sociedade comercial

As ações das sociedades empresariais são documentos representativos de uma parcela do capital social da pessoa jurídica e, do mesmo modo que os títulos de crédito, têm aptidão para se dispersar e circular intensamente perante o público, justificando a maior preocupação do legislador penal.

d) os livros mercantis (obrigatórios ou facultativos)

Os livros mercantis são aqueles dos quais o empresário se utiliza para escriturar as atividades importantes que exerce no desempenho de sua atividade. Há livros obrigatórios e facultativos, ambos compreendidos na exegese da disposição legal.

e) o testamento particular (hológrafo)

Os testamentos, segundo o Código Civil, são os documentos em que alguém registra suas disposições de última vontade, de modo a estabelecer, entre outras coisas, como seu patrimônio livre será transferido. Dividem-se em testamentos ordinários (art. 1.862 do CC) e especiais (art. 1.886 do CC). Aqueles se subdividem em público, cerrado e particular; estes, em marítimo, aeronáutico e militar.

Sob a ótica penal, são documentos públicos por sua natureza o testamento público, o qual só pode ser lavrado por tabelião ou seu substituto legal (art. 1.864, I, do CC), o cerrado, que só é válido quando aprovado por tais servidores (art. 1.868 do CC), o marítimo e o aeronáutico, quando confeccionados a bordo de veículos militares (arts. 1.888 e 1.889 do CC) e o militar (art. 1.893 do CC). A falsificação dos dois primeiros se subsume diretamente ao preceito primário do art. 297 do CP; quanto aos demais, o enquadramento poderá se dar à luz do dispositivo legal em estudo ou do art. 311 do Código Penal Militar (desde que o fato atente contra a administração ou o serviço militar).

A **equiparação** prevista no § 2º do art. 297 alcança, portanto, o **testamento ordinário particular** e os **especiais, marítimo** ou **aeronáutico, quando**

---

para a realização do delito" (STJ, AgRg no AREsp 897.927/TO, rel. Min. Maria Thereza de Assis Moura, 6ª T., j. 18-8-2016).

elaborados em veículos privados. Sua *ratio* funda-se em que todos os testamentos, independentemente de sua natureza, cumprem o mesmo objetivo e produzem idênticos efeitos, enquanto atos de disposição de última vontade, tendo semelhante importância na vida do indivíduo e da coletividade, em nada justificando que a lei penal lhes dispense tratamento díspar[40].

Deve-se anotar que a falsificação do testamento consuma-se antes mesmo da morte do testador, quando suas disposições de última vontade produziriam efeitos civis, até porque não há confundir-se o falso (consumado quando da contrafação ou alteração do documento) com o uso posterior (cujo *summatum opus* se daria no instante em que fosse aberto o testamento e as disposições nele contidas passassem a produzir consequências na órbita jurídica).

3.4. Falsificação seguida de uso do documento falso

É comum que o falsário utilize-se do produto de sua "arte", ou seja, faça ele próprio uso do documento que falsificou. Deve responder, nesse caso, por um só crime, não cabendo falar em concurso de delitos (entre os arts. 297 e 304 do CP), sob pena de caracterizar-se o *bis in idem*.

Discute-se, nesses casos, por qual infração deve o agente responder. A primeira corrente sustenta que **somente subsiste o falso,** considerando-se o uso (CP, art. 304) *post factum* impunível (é a tese amplamente vencedora[41]). A outra defende a tese de que o falso, constituindo-se em crime-meio, é absorvido pelo uso, crime-fim, delito pelo qual o agente responderá.

4. TIPO SUBJETIVO

O art. 297 do CP constitui infração penal exclusivamente **dolosa,** conforme já se expôs, razão pela qual deve o agente ser dotado de vontade

---

[40] Sylvio do Amaral. *Falsidade documental*, p. 32.

[41] De acordo com o STF: "De acordo com a jurisprudência do Supremo Tribunal Federal e do Superior Tribunal de Justiça, o crime de uso, quando cometido pelo próprio agente que falsificou o documento, configura 'post factum' não punível, vale dizer, é mero exaurimento do crime de falso. Impossibilidade de condenação pelo crime previsto no art. 304 do Código Penal" (AP 530, rel. Min. Rosa Weber, 1ª T., j. 9-9-2014). Em consonância com o STJ: "A teor da jurisprudência desta Corte, o uso de documento falsificado (CP, art. 304) deve ser absorvido pela falsificação do documento público (CP, art. 297), quando praticado por mesmo agente, caracterizando o delito de uso 'post factum' não punível, ou seja, mero exaurimento do crime de falso, não respondendo o falsário pelos dois crimes, em concurso material" (HC 371.623/AL, rel. Min. Ribeiro Dantas, 5ª T., j. 8-8-2017). Ver também: STJ, HC 226.128/TO, rel. Min. Rogério Schietti Cruz, 6ª T., j. 7-4-2016. E ainda: TJMG, ApCr 1.0058.18.001845-7/001, rel. Des.(a) Maria Luíza de Marilac, 3ª CCr, j. 11-2-2020; e TJSP, ApCr 1500448-65.2022.8.26.0344, rel. Des. Marcos Zilli, 16ª CCr., j. 22-7-2024.

e consciência de concretizar os elementos objetivos do tipo. Não há elemento subjetivo específico.

5. SUJEITOS DO CRIME

5.1. Sujeito ativo

O falso material é **crime comum**. Quando o agente for funcionário público e se aproveitar das facilidades propiciadas pelo cargo para cometer o ilícito, incide a causa de aumento prevista no § 1º.

5.2. Sujeito passivo

São sujeitos passivos o Estado e os terceiros que sofrerem prejuízos com a conduta delitiva.

6. CONSUMAÇÃO E TENTATIVA

6.1. Consumação

Consuma-se o fato com a contrafação ou alteração do documento público ou equiparado (*editio falsi*), independentemente de qualquer resultado naturalístico (**crime formal**[42]).

Não é preciso, ademais, que o sujeito ativo obtenha alguma vantagem ou, ainda, que provoque algum prejuízo ao patrimônio de terceiros[43].

---

[42] Nesse sentido: "O delito de falsificação trata-se de crime formal, uma vez que sua consumação independe de qualquer resultado naturalístico, bastando a falsificação ou alteração do documento público, não se exigindo a efetiva produção de dano, sendo prescindível também que o documento venha a ser utilizado" (TJMG, ApCr 1.0148.14.003883-4/001, rel. Des. Wanderley Paiva, 1ª CCr, j. 29-1-2019). E ainda: "Consumação do delito que ocorre no momento em que se opera a contrafação ou alteração do documento, independentemente de seu uso efetivo ou de qualquer resultado lesivo concreto" (TJPR, AP 12104128, rel. Des. Laertes Ferreira Gomes, 2ª CCr, j. 7-5-2015). Ver também: TJSP, ApCr 0017164-02.2014.8.26.0482, rel. Des. Sérgio Ribas, 8ª CCr, j. 30-5-2020; e TJDFT, Acórdão 1903362, ApCr 00114744720158070009, rel. Des. Leila Arlanch, 1ª T. Criminal, j. 8-8-2024.

[43] "Para a caracterização do delito de falsificação do documento público basta sua adulteração, pouco importando o prejuízo real ou potencial, pois o bem lesado é a fé pública" (TJSP, AP 0016221-98.2007.8.26.0071, rel. Des. Machado de Andrade, 6ª CCr, j. 24-5-2018). E ainda: "O crime de falsificação de documento público (art. 297 do CP) é um crime formal, ou seja, é aquele que não exige resultado naturalístico decorrente da conduta, e, é, ainda, um crime de perigo abstrato, ou seja, para configurar risco de dano à fé pública, que é presumido, basta a contrafação ou modificação do documento público. Ou seja, a intenção de lucro ilícito não é inerente ao tipo de falsificação de docu-

Justamente por esse motivo, eventual reparação de danos materiais produzidos pelo agente não exclui o caráter criminoso de sua conduta. Essa atitude, ao que nos parece, não pode sequer operar como causa de redução de pena (art. 16 do CP) ou atenuante genérica (art. 65, III, *b*, última figura, do CP), posto que o objeto jurídico do delito não é o patrimônio, mas, conforme previsão legal, a fé pública.

Se o falsário fizer uso do objeto material que produziu, responderá somente pelo *falsum*, tornando-se o *usum* fato posterior impunível, segundo orientação dominante[44].

6.2. Tentativa

Admite-se a forma tentada, porquanto se trata de **crime plurissubsistente**. Para reconhecê-la, porém, é necessário que o objeto material não tenha sido formado ou definitivamente alterado, sendo o agente impedido de concluir a contrafação ou alteração por circunstâncias alheias à sua vontade.

7. FIGURA AGRAVADA (ART. 297, § 1º)

Se o sujeito é **funcionário público** e **comete o delito prevalecendo-se do cargo**, aumenta-se a pena de um sexto. O conceito de funcionário (ou servidor) público encontra-se no art. 327 do CP e abrange "...quem, embora transitoriamente ou sem remuneração, exerce cargo, emprego ou função pública" (*caput*) e, ainda, "quem exerce cargo, emprego ou função em entidade paraestatal, e quem trabalha para empresa prestadora de serviço contratada ou conveniada para a execução de atividade típica da Administração Pública" (§ 1º).

O Supremo Tribunal Federal considerou incorrer no crime de falsificação de documento público em sua figura agravada o prefeito que, ao sancio-

---

mento público, não sendo necessário para configuração do crime que o réu tenha obtido qualquer vantagem econômica, bastando a simples falsificação do documento, como ocorreu no presente" (TJDFT, Acórdão 1258651, 00017543220158070017, rel. Des. Robson Barbosa de Azevedo, 2ª T. Criminal, j. 18-6-2020).

[44] Nesse sentido: STF, AP 530, rel. Min. Rosa Weber, 1ª T., j. 9-9-2014; STJ, HC 371.623/AL, rel. Min. Ribeiro Dantas, 5ª T., j. 8-8-2017, e HC 226.128/TO, rel. Min. Rogério Schietti Cruz, 6ª T., j. 7-4-2016. E ainda: "Na esteira do entendimento dos Tribunais Superiores, restando demonstrado que o documento público adulterado foi utilizado pelo próprio autor da falsificação, impõe-se o reconhecimento da consunção da conduta descrita no art. 304 por aquela prevista no art. 297 do Código Penal, pois, neste caso, o uso do documento público caracteriza *post factum* impunível" (TJMG, ApCr 1.0058.18.001845-7/001, rel. Des. Maria Luíza de Marilac, 3ª CCr, j. 11-2-2020). Ver também: TJPR, ApCr 0000269-86.2019.8.16.0152, rel. Des. Laertes Ferreira Gomes, 2ª CCr, j. 30-3-2020.

nar lei aprovada pela Câmara dos Vereadores, inclui artigo que não constava originalmente no projeto votado. O Ministro Edson Fachin observou, ainda, em seu voto, que a condição de prefeito deveria ser usada como majorante, e não como circunstância desfavorável na pena-base[45].

Discute-se se referida causa de aumento se aplica às condutas equiparadas dos §§ 3º e 4º, incluídas no art. 297 do Código Penal por força da Lei n. 9.983/2000. Para Luiz Régis Prado, a resposta há de ser negativa, em virtude da posição topográfica da exasperante[46]. Cremos, todavia, que a razão está com José Silva Júnior e Guilherme Dezem, segundo os quais "...a análise geográfica do artigo deve ceder ante a necessidade de maior agravamento da conduta daquele que macula o cargo público. Ademais, ao equiparar as condutas ao *caput*, acaba por aceitar também a causa de aumento de pena"[47].

8. CLASSIFICAÇÃO JURÍDICA

Trata-se de crime *de forma ou ação livre* (pode ser cometido por qualquer meio executivo), *comum* (qualquer pessoa pode figurar como sujeito ativo, pois não se exige qualquer qualidade ou condição especial do agente), *monossubjetivo ou de concurso eventual* (posto admitir a comissão por uma só pessoa ou várias, em concurso), *formal ou de consumação antecipada* (já que independe da produção de resultado naturalístico, entendido como o dano a terceiro), *instantâneo* (seu *summatum opus* produz-se instantaneamente, sem prolongar-se no tempo) e *plurissubsistente* (o *iter criminis* admite fracionamento).

9. FALSIFICAÇÃO DE DOCUMENTO PÚBLICO PREVIDENCIÁRIO (ART. 297, §§ 3º E 4º)

De acordo com o § 3º, incorre nas mesmas penas quem: "insere ou faz inserir: I – na folha de pagamento ou em documento de informações que seja destinado a fazer prova perante a previdência social, pessoa que não possua a qualidade de segurado obrigatório; II – na Carteira de Trabalho e Previdência Social do empregado ou em documento que deva produzir efeito perante a previdência social, declaração falsa ou diversa da que deveria ter sido escrita; III – em documento contábil ou em qualquer outro documento relacionado com as obrigações da empresa perante a previdência social, declaração falsa ou diversa da que deveria ter constado".

---

[45] STF, AP 971/RJ, rel. Min. Edson Fachin, 1ª T., j. 28-6-2016 (*Informativo STJ* n. 832).

[46] Luiz Régis Prado. *Curso de direito penal brasileiro*. 4. ed. São Paulo: Revista dos Tribunais, 2006, v. 3, p. 180.

[47] *Código Penal e sua interpretação*, p. 1396.

A disposição foi incluída no CP pela Lei n. 9.983/2000. Os comportamentos típicos ("inserir" e "fazer inserir") indicam falsidade ideológica e não material. Significa dizer que o legislador incluiu no falso material comportamentos que não guardam com ele qualquer conexão[48]. Bem por isso, muito embora se trate da inserção de parágrafos ao art. 297 do CP, **não se trata de tipos derivados, mas autônomos.** Possuem verbo, sujeito e objeto particulares e distintos daqueles previstos na cabeça do artigo.

Inserir significa incluir, colocar, apor. Dá-se quando o próprio agente é o responsável pela colocação das informações. *Fazer inserir* quer dizer agir para que outrem inclua os dados no documento. Pune-se indistintamente, portanto, a conduta direta e a indireta.

O inciso I refere-se à colocação, em folha de pagamento ou documento de informações que seja destinado a fazer prova perante a previdência social, de pessoa que não possua a qualidade de segurado obrigatório[49]. Essa regra "muito se assemelha à revogada alínea *g* do art. 95 da Lei n. 8.212, de 24 de julho de 1991 (Lei Orgânica da Seguridade Social), os elementos espaciais são a folha de pagamento ou outro documento de informações. Devem possuir a destinação específica de fazer prova perante a Previdência Social. O elemento normativo do tipo volta-se aos segurados obrigatórios, como tais considerados aqueles catalogados no art. 9º do Decreto n. 3.048, de 6 de maio de 1999 (Regulamento da Previdência Social)"[50].

O inciso II pune a introdução na Carteira de Trabalho e Previdência Social do empregado ou em documento que deva produzir efeito perante a previdência social, declaração falsa ou diversa da que deveria ter sido escrita.

Nessa modalidade, o Superior Tribunal de Justiça firmou entendimento de que "a simples omissão de anotação na Carteira de Trabalho e Previdência Social (CTPS) não configura, por si só, o crime de falsificação de documento público (art. 297, § 4º, do CP). Isso porque é imprescindível

---

[48] Conforme ensinam Delmanto e outros: "Ao contrário do *caput*, a falsidade empregada pelo agente neste § 3º é a ideológica, que se refere ao conteúdo do documento. Por esse motivo, de melhor técnica legislativa seria a inclusão dos §§ 3º e 4º no art. 299 do Código Penal, que cuida da falsidade ideológica" (*Código Penal comentado*, p. 851). José Silva Júnior e Guilherme Madeira Dezem advogam ponto de vista distinto, ao ponderar que: "Trata-se de falsidade material, ideológica. O núcleo *insere ou faz inserir* concerne à falsificação ou contrafação, direta ou indiretamente, parcial ou total, na parte externa (física) do papel, ou alteração (modificação) de documento verdadeiro" (*Código Penal e sua interpretação*, p. 1397).

[49] O rol dos segurados obrigatórios encontra-se no art. 11 da Lei n. 8.213/91 e é complementado pelo art. 9º do Decreto n. 3.048/99.

[50] Damásio de Jesus. *Código Penal anotado*, p. 925.

441

que a conduta do agente preencha não apenas a tipicidade formal, mas antes e principalmente a tipicidade material, ou seja, deve ser demonstrado o dolo de falso e a efetiva possibilidade de vulneração da fé pública"[51].

Esse dispositivo "guarda similitude com a não mais vigente alínea *h* do art. 95 da Lei n. 8.212/91. Na atual redação, substituiu-se a Seguridade Social (que abrange a Saúde, a Previdência e a Assistência Social, nos termos dos arts. 194 a 204 da CF de 1988) pela Previdência Social, restringindo-se o conceito. O elemento espacial é a Carteira de Trabalho e Previdência Social e os documentos que devam produzir efeito perante a Previdência Social"[52].

O inciso III, por fim, refere-se à inserção em documento contábil ou em qualquer outro documento relacionado com as obrigações da empresa perante a previdência social, declaração falsa ou diversa da que deveria ter constado.

Nesse caso, o inciso assemelha-se com "a revogada alínea *i* do art. 95 da Lei n. 8.212/91, dela se separa no aspecto de que não consta a conduta comissiva prevista naquela alínea. O objeto material deve ser um documento relacionado com as obrigações da empresa perante a Previdência Social, cabendo aqui a interpretação analógica, sendo que a declaração não precisa ser escrita, mas deve ser aquela que deveria ter constado. Saliente-se que em todos os crimes nos quais se encontra a falsidade, esta deve ser idônea, i. e., ter a capacidade de enganar, de ser potencialmente lesiva. Não pode, portanto, ser grosseira, sob pena de atipicidade. O § 4º do art. 297 é um crime remetido, pois se refere às condutas do § 3º. Tem semelhança com a parte final da alínea *i* do art. 95 da Lei n. 8.212/91. A omissão incide ou sobre o nome do segurado e seus dados pessoais, ou sobre a sua remuneração, ou sobre a vigência do seu contrato de trabalho, ou, ainda, sobre a sua prestação de serviço"[53].

O § 4º pune, ainda, quem omite, nos documentos mencionados no § 3º, nome do segurado e seus dados pessoais, a remuneração, a vigência do contrato de trabalho ou de prestação de serviços[54].

Não se devem confundir as figuras penais dos §§ 3º e 4º do art. 297 com aquela do art. 337-A, também incluída no Código pela Lei n. 9.983/2000. Nesse caso, cuida-se de conduta omissiva especialmente dirigida à sonegação de contribuições previdenciárias, elemento subjetivo ausente nos delitos

---

[51] REsp 1.252.635/SP, rel. Min. Marco Aurélio Bellizze, 5ª T., j. 24-4-2014 (noticiado no *Informativo* n. 539).

[52] Damásio de Jesus. *Código Penal anotado*, p. 925.

[53] Damásio de Jesus. *Código Penal anotado*, p. 926.

[54] Nesse sentido: STJ, AgRg no REsp n. 1.947.635/PA, rel. Min. Laurita Vaz, 6ª T., j. 6-12-2022.

ora examinados, em que se têm crimes formais, com condutas positivas, nas quais se faz suficiente a inserção de dados falsos para consumá-los[55].

Os comportamentos criminosos anteriormente mencionados, por ferirem interesse da União, já que são condutas destinadas à tutela da Previdência Social, são de competência da Justiça Federal, como reiteradamente decidiram nossos Tribunais Superiores[56], embora em ocasião específica, destoando do padrão da própria Corte, o Ministro Marco Aurélio, do Supremo Tribunal, tenha decidido cuidar-se de fato de competência da Justiça Estadual[57].

10. PENA E AÇÃO PENAL

A pena é de reclusão, de dois a seis anos, e multa. O fato submete-se, portanto, ao procedimento comum ordinário (CPP, arts. 395 a 405).

A ação penal é de iniciativa **pública incondicionada,** em todas as modalidades do art. 297.

ART. 298 – FALSIFICAÇÃO DE DOCUMENTO PARTICULAR

1. DISPOSITIVO LEGAL

Art. 298. Falsificar, no todo ou em parte, documento particular ou alterar documento particular verdadeiro:

Pena – reclusão, de 1 (um) a 5 (cinco) anos, e multa.

Falsificação de cartão

Parágrafo único. Para fins do disposto no *caput*, equipara-se a documento particular o cartão de crédito ou débito.

– Parágrafo incluído pela Lei n. 12.737, de 30-11-2012.

---

[55] Damásio de Jesus. *Código Penal anotado*, p. 925.

[56] "Compete à Justiça Federal – e não à Justiça Estadual – processar e julgar o crime caracterizado pela omissão de anotação de vínculo empregatício na CTPS (art. 297, § 4º, do CP). A Terceira Seção do STJ modificou o entendimento a respeito da matéria, posicionando-se no sentido de que, no delito tipificado no art. 297, § 4º, do CP – figura típica equiparada à falsificação de documento público –, o sujeito passivo é o Estado e, eventualmente, de forma secundária, o particular – terceiro prejudicado com a omissão das informações –, circunstância que atrai a competência da Justiça Federal, conforme o disposto no art. 109, IV, da CF (CC 127.706-RS, 3ª S., *DJe* 3-9-2014). Precedente citado: AgRg no CC 131.442-RS, 3ª S., *DJe* 19-12-2014" (STJ, CC 135.200/SP, rel. originário Min. Nefi Cordeiro, rel. para o acórdão Min. Sebastião Reis Júnior, *DJe* de 2-2-2015, noticiado no *Informativo* n. 554).

[57] "COMPETÊNCIA – CONFLITO NEGATIVO DE ATRIBUIÇÃO – MINISTÉRIO PÚBLICO ESTADUAL E FEDERAL – O Ministério Público estadual possui legitimidade para apurar suposto crime de omissão de anotação de dados em carteira de trabalho" (Pet 5084 AgR, rel. Min. Marco Aurélio, 1ª T., *DJe* de 5-5-2016).

2. VALOR PROTEGIDO (OBJETIVIDADE JURÍDICA)

O objeto jurídico, nos termos da Lei, é a fé pública, i. e., a *crença na veracidade e na autenticidade dos documentos*. Conforme já ressaltamos anteriormente, tal fé é uma *característica* que emana de certos documentos, consistente na qualidade de inspirarem confiança quanto à sua autoria e à verdade de seu conteúdo. Por essa razão é que um setor da doutrina aduz que o bem tutelado, mais precisamente, seria a **preservação da segurança** e da **credibilidade no tráfico jurídico probatório**[58]. Ao se proteger por meio da criminalização da falsidade documental a força probante inerente a alguns documentos[59], reafirma-se, como consequência reflexa, a confiança que reina na coletividade em torno de sua veracidade e autenticidade. Em outras palavras: com a preservação da segurança e credibilidade no tráfico jurídico probatório reforça-se a fé pública dos documentos.

3. TIPO OBJETIVO

3.1. Conduta nuclear

As condutas nucleares são: *falsificar* e *alterar* (no todo ou em parte). *Falsificar* tem o sentido de **formar objeto inexistente até então**; trata-se de fabricar documento semelhante ao verdadeiro, de modo que a criação do objeto (ou parte dele perfeitamente individualizável) seja produto integral da "arte" do falsário.

A contrafação será **total** quando resultar no **surgimento de um documento**, até então inexistente, íntegro e não cindível internamente (p. ex., um instrumento relativo a um contrato de compra e venda de bem móvel).

Será **parcial** quando **gerar a confecção de parte de um documento anterior, composto este de duas ou mais partes perfeitamente individualizáveis**, sendo aquela sobre a qual recai a conduta até então inexistente (por exemplo: acrescentar a uma carta verdadeira um recado aditivo, atribuído ao punho de outrem que não o autor da missiva)[60]. Pode-se falar, ainda, em

---

[58] Idem, ibidem.

[59] A força probante dos documentos, ademais, encontra-se extensivamente disciplinada no novo Código de Processo Civil, nos arts. 405 a 429.

[60] Conforme ensinava Sylvio do Amaral: "Aquele que, no espaço existente entre a última linha de uma carta verdadeira e a assinatura do missivista, intercala toda uma frase, por maior que seja, comete pura e simplesmente uma *alteração* do documento, do mesmo modo que se acrescentasse apenas uma letra ou um algarismo; enquanto que realiza uma *falsificação parcial* de documento o indivíduo que acrescenta a uma carta verdadeira um recado aditivo atribuído ao punho de outrem que não o autor da carta" (*Falsidade documental*, p. 46).

falsificação parcial com a **introdução de dados falsos por quem não tem competência para fazê-lo**. Assim, se o agente recebe um documento particular e apõe nos campos que outra pessoa deveria escrever informações inverídicas, seu ato constitui falsificação parcial.

A *alteração* reside na **modificação de documento preexistente e verdadeiro**, de modo a modificar-lhe o conteúdo, total ou parcialmente. Recorde-se que a supressão de palavras, letras ou outros símbolos gráficos tipifica o delito do art. 305 do CP.

3.2. Requisitos do falso documental[61]

Conforme já expusemos nesta obra, são quatro:

a) a **alteração da verdade sobre fato juridicamente relevante** (*immutatio veritatis*);

b) a **imitação da verdade** (*immitatio veritatis*);

c) a **potencialidade de dano** (*falsum punitur licet nemini damun inferret, sufficit enim quod potuit damnum inferre*);

d) o **dolo** (*animus fallendi*).

A doutrina dominante os reúne em três, pois cuida da alteração e da imitação da verdade como se um só requisito fosse[62] De qualquer modo, todos se encontram entrelaçados e se complementam um ao outro.

3.2.1. *Immutatio veritatis*

Trata-se da **alteração da verdade** transposta num documento, modificando as condições relativas a um fato ou relação jurídica. Deve recair sobre **fato juridicamente relevante**, porquanto a falsificação inócua, por não trazer qualquer repercussão na órbita dos direitos ou obrigações, não altera o valor probante do documento (ou seja, não vulnera o objeto jurídico protegido) e, portanto, não constitui ilícito penal. Diferentemente dos documentos públicos, no caso dos particulares tal relevância **não se presume**.

---

[61] Muito embora tais requisitos já tenham sido estudados na introdução ao Título X, entendemos por bem, para facilitar a compreensão do dispositivo, por reproduzir a essência da explicação mencionada, até porque é justamente nos crimes dos arts. 297 a 299 que tais elementos se fazem mais visíveis.

[62] Veja, por todos, Nelson Hungria: "Fixemos os três elementos. O dolo do *falsum* é a vontade e consciência de imitação da *verdade* inerente a certos objetos, sinais ou formas, de modo a criar a possibilidade de conculcação de relações jurídicas e consequente quebrantamento da confiança pública nesses objetos, sinais ou formas (...)" (*Comentários ao Código Penal*, p. 193).

3.2.2. Immitatio veritatis

Refere-se à imitação da verdade e atua como indispensável complemento ao requisito anterior. O meio executivo do qual se vale o falsário deve ter como alvo a reprodução do verdadeiro, de modo a iludir as pessoas[63]. A falsificação tem que ser **apta a enganar o homem médio**, ou seja, a reproduzir, com alguma fidelidade, o documento original. Vale lembrar que o **falso grosseiro** (incapaz de induzir ou manter alguém em erro, por ser perceptível a olho nu) **não constituirá jamais crime contra a fé pública**, por sua absoluta incapacidade de pôr em risco a força probante dos documentos, embora possa configurar **delito patrimonial** (estelionato, por exemplo)[64].

3.2.3. Potencialidade de dano

Da *immitatio veritatis* infere-se a potencialidade de dano como condição *sine qua non* para a existência do crime. **Não se exige dano efetivo, mas simples possibilidade** (essa é justamente a diferença entre os "crimes contra a fé pública" e os delitos contra o patrimônio que têm o falso como meio executivo)[65]. "Se a ação do falsário é dirigida no sentido de modificar o documento, visando primordialmente alterar suas qualidades intrínsecas ou extrínsecas como *meio de prova* de fato juridicamente relevante, basta que se criem condições de perigo de alteração da verdade a dano de outrem para a perfeita integração do crime *consumado* de falsidade; ao contrário, sempre que a enunciação mendaz feita através da falsificação não passa de meio ardiloso de que se vale o agente para ludibriar o ofendido, isto é, de

---

[63] "Não se pode conceber a ideia de *falsificação* desacompanhada da ideia de *semelhança*, pois não se coaduna aquele conceito com o de *dissemelhança*" (Sylvio do Amaral. *Falsidade documental*, p. 61).

[64] É o entendimento consubstanciado na Súmula 73 do STJ: "A utilização de papel-moeda grosseiramente falsificado configura, em tese, o crime de estelionato, da competência da Justiça Estadual".

[65] Nesse sentido: "O crime previsto no art. 298 do CP é delito formal, ou seja, prescinde de resultado naturalístico, tendo como vítima a fé pública (Estado) e eventual terceiro lesado, sendo irrelevante o assentimento desse terceiro lesado para a configuração do crime. Assim, falsificar assinatura em documento particular sob vontade livre e consciente é figura típica, sendo a condenação medida de rigor" (TJMS, ApCr 0001459-55.2013.8.12.0007, rel. Des. Manoel Mendes Carli, 1ª CCr, j. 8-11-2016). E ainda: "Para a configuração do crime tipificado no art. 298 do CP, é de se mencionar que basta a vontade livre e consciente de falsificar ou alterar o documento particular, não sendo necessária a demonstração do prejuízo, bastando a potencialidade do dano" (STJ, AgRg no REsp 1.400.170, rel. Min. Marco Aurélio Bellize, 5ª T., j. 8-5-2014). Ver também: TRF, 4ª R., AP 5002162-88.2011.404.7002, rel. Des. João Pedro Gebran Neto, 8ª T., j. 3-12-2014.

instrumento material da fraude cometida, a figura delituosa (estelionato, sob qualquer de suas formas) se terá por meramente tentada, quando o prejuízo não vier a concretizar-se"[66].

O **prejuízo visado não precisa ser de natureza econômica,** mas de qualquer ordem, conquanto possa ter o condão de macular algum bem ou direito alheio[67].

3.2.4. Dolo

Cuida-se da vontade e consciência de praticar os elementos objetivos do tipo. A falsificação de documento particular é punida exclusivamente na forma dolosa. Não há qualquer elemento subjetivo específico no tipo penal, razão pela qual se mostra irrelevante perquirir a finalidade ulterior a que se dirigia a conduta.

3.3. Objeto material

A coisa sobre a qual deve recair a conduta do falsário há de ser o documento **particular,** cuja definição se dá por exclusão, ou seja, **todo aquele que não se amoldar à figura típica do art. 297 do CP** (falsificação de documento público) forçosamente configurará objeto material do crime em estudo.

Deve-se lembrar que somente constitui documento o instrumento que reunir em torno de si três funções: **a) a função de perpetuidade,** no sentido de que deve constituir-se do *registro de um pensamento humano*; **b) a função probatória,** porquanto deve ser a *peça hábil a servir como prova no âmbito das relações jurídicas* (seja entre particulares ou entre estes e o Estado); **c) a função de garantia** (sem a qual fica prejudicada sua força probante), consistente *na possibilidade de se identificar seu autor* (seja para permitir que este comprove a autenticidade do registro ou que possa por ele ser responsabilizado, já que, em não sendo assim, o instrumento será desprovido de relevância jurídica no tráfico probatório)[68].

---

[66] Sylvio do Amaral. *Falsidade documental*, p. 67.

[67] *Vide,* Nelson Hungria. *Comentários ao Código Penal,* v. IX, p. 253.

[68] *Vide* Helena Moniz. *Comentário conimbricense do Código Penal,* p. 667. Rogério Greco ensina, na mesma ordem de ideias, que: "O documento de que cuida a lei penal deverá cumprir determinadas *funções*, sob pena de ser descaracterizado. Dessa forma, para efeito de reconhecimento do documento como tal, ele deverá possuir três qualidades básicas, a saber: a) ser um meio de perpetuação e constatação do seu conteúdo; b) poder, por intermédio dele, ser identificado o seu autor, exercendo uma função denominada de *garantia* de sua autoria; c) servir como instrumento de prova do seu conteúdo" (*Código Penal comentado*, p. 781).

Hungria definia-o como "todo escrito especialmente destinado a servir ou eventualmente utilizável como meio de prova de fato juridicamente relevante" (*Comentários*

A doutrina pátria costuma se referir aos traços indispensáveis à caracterização de um documento, explicitados nas funções anteriormente destacadas, referindo-se sinteticamente ao cumprimento das seguintes exigências: a) **forma escrita; b) autor determinado; c) escrito que possua manifestação de vontade ou exposição de um fato; d) relevância jurídica.**

A Lei n. 12.737, de 2012, equiparou a documento particular o **cartão de débito ou de crédito,** permitindo, destarte, que sua falsificação seja enquadrada no art. 298 do CP. Referida prática consiste na chamada "clonagem" de cartões e, de regra, figura como meio executório de infrações patrimoniais. Se o mesmo sujeito, portanto, clonar o cartão e, com ele, subtrair valores da conta bancária do ofendido, responde somente pelo **furto qualificado pela fraude** (CP, art. 155, § 4º, II), sendo o *falsum* por este absorvido[69].

3.4. Falsificação seguida de uso do documento falso

Consoante já dissemos anteriormente, é comum que o falsário utilize-se do produto de sua "arte", ou seja, faça ele próprio uso do documento que falsificou. Deve responder, nesse caso, por um só crime, não cabendo falar em

---

ao Código Penal, v. IX, p. 250). O conceito clássico olvida, contudo, da necessidade de identificação de sua autenticidade, sem o quê perde o escrito sua força probante e sua função de garantia.

[69] "A jurisprudência, antes da entrada em vigor da Lei n. 12.737/2012, passou ao largo do assento discutido neste caso (se a falsificação de cartão de crédito poderia se enquadrar como falsificação de documento particular). A presença do elemento normativo 'documento' possibilitou ao aplicador da lei compreender que o cartão de crédito ou bancário enquadrar-se-ia no conceito de documento particular, para fins de tipificação da conduta, principalmente porque dele constam dados pessoais do titular e da própria instituição financeira (inclusive na tarja magnética) e que são passíveis de falsificação. Isso pode ser constatado pelo fato de os inúmeros processos que aportaram nesta Corte antes da edição da referida lei e que tratavam de falsificação de documento particular em casos de 'clonagem' de cartão de crédito não haverem reconhecido a atipicidade da conduta. 3. Assim, a inserção do parágrafo único ao art. 298 do Código Penal apenas ratificou e tornou explícito o entendimento jurisprudencial da época, relativamente ao alcance do elemento normativo 'documento', clarificando que cartão de crédito é considerado documento. Não houve, portanto, uma ruptura conceitual que justificasse considerar, somente a partir da edição da Lei n. 12.737/2012, cartão de crédito ou de débito como documento. Seria incongruente, a prevalecer a tese da atipicidade anterior à referida lei, reconhecer que todos os casos anteriores assim definidos pela jurisprudência, por meio de legítima valoração de elemento normativo, devam ser desconstituídos justamente em face da edição de uma lei interpretativa que veio em apoio à própria jurisprudência já então dominante" (STJ, REsp 1.578.479/SC, rel. Min. Maria Thereza de Assis Moura, rel. para o acórdão Min. Rogério Schietti Cruz, 6ª T., j. 2-8-2016, *DJe* de 3-10-2016, noticiado no *Informativo* n. 591).

concurso de delitos (entre os arts. 297 e 304 do CP), sob pena de caracterizar-se o *bis in idem*. Discute-se, nesses casos, por qual infração deve o agente responder. A primeira corrente sustenta que **somente subsiste o falso, considerando-se o uso (CP, art. 304)** *post factum* **impunível (corrente majoritária)**[70]. A outra, defende a tese de que o falso, constituindo-se em crime-meio, é absorvido pelo uso, crime-fim, delito pelo qual o agente responderá.

4. TIPO SUBJETIVO

O art. 298 do CP constitui infração penal exclusivamente **dolosa**, conforme já se expôs, razão pela qual deve o agente ser dotado de vontade e consciência de concretizar os elementos objetivos do tipo, pouco importando seu objetivo ulterior, haja vista que o tipo não possui qualquer elemento subjetivo específico.

5. SUJEITOS DO CRIME

5.1. Sujeito ativo

O falso material é **crime comum**, motivo pelo qual qualquer pessoa pode figurar como sujeito ativo da infração, até mesmo o funcionário público, conquanto não se encontre no exercício de sua função.

5.2. Sujeito passivo

São sujeitos passivos o Estado e os terceiros que sofrerem prejuízos com a conduta delitiva.

---

[70] Conforme destacou a Ministra Rosa Weber: "De acordo com a jurisprudência do Supremo Tribunal Federal e do Superior Tribunal de Justiça, o crime de uso, quando cometido pelo próprio agente que falsificou o documento, configura 'post factum' não punível, vale dizer, é mero exaurimento do crime de falso. Impossibilidade de condenação pelo crime previsto no art. 304 do Código Penal. A alteração do contrato social não constitui novo crime, já que a finalidade do agente já havia sido atingida quando da primeira falsificação do contrato social. 6. O contrato social não pode ser equiparado a documento público, que é criado por funcionário público, no desempenho das suas atividades, em conformidade com as formalidades previstas em lei" (STF, AP 530, rel. Min. Rosa Weber, 1ª T., j. 9-9-2014). De igual modo, para o STJ: "A teor da jurisprudência desta Corte, o uso de documento falsificado (CP, art. 304) deve ser absorvido pela falsificação do documento público ou privado (CP, arts. 297 e 298), quando praticado pelo mesmo agente, caracterizando o delito de uso *post factum* não punível, ou seja, mero exaurimento do crime de falso, não respondendo o falsário pelos dois crimes, em concurso material" (AgRg no RHC 112.730/SP, rel. Min. Ribeiro Dantas, 5ª T., j. 3-3-2020). Ver também: TJSP, ApCr 1500448-65.2022.8.26.0344, rel. Des. Marcos Zilli 16ª CCr., j. 22-7-2024.

6. CONSUMAÇÃO E TENTATIVA

6.1. Consumação

Consuma-se o fato com a contrafação ou alteração do documento (*editio falsi*), independentemente de qualquer resultado naturalístico (crime formal[71]). Não é preciso, ademais, que o sujeito ativo obtenha alguma vantagem ou, ainda, que provoque algum prejuízo ao patrimônio de terceiros.

Se o falsário fizer uso do objeto material que produziu, responderá somente pelo *falsum*, configurando-se o *usum* pós-fato impunível (segundo entendimento prevalente).

6.2. Tentativa

Admite-se a forma tentada, porquanto se trata de **crime plurissubsistente**. É necessário, porém, que o objeto material não tenha sido formado ou definitivamente alterado, sendo o agente impedido de fazê-lo por circunstâncias alheias à sua vontade.

7. CLASSIFICAÇÃO JURÍDICA

Trata-se de crime *de forma ou ação livre* (pode ser cometido por qualquer meio executivo), *comum* (qualquer pessoa pode figurar como sujeito ativo, pois não se exige qualquer qualidade ou condição especial do agente), *monossubjetivo ou de concurso eventual* (posto admitir a comissão por uma só pessoa ou várias, em concurso), *formal ou de consumação antecipada* (já que independe da produção de resultado naturalístico, entendido como o dano a terceiro), *instantâneo* (seu *summatum opus* produz-se instantaneamente, sem prolongar-se no tempo) e *plurissubsistente* (o *iter criminis* admite fracionamento).

8. PENA E AÇÃO PENAL

A pena é de reclusão, de um a cinco anos, e multa. O fato submete-se, portanto, ao procedimento comum ordinário (CPP, arts. 395 a 405). Admite-se a suspensão condicional do processo (art. 89 da Lei n. 9.099/95).

A ação penal é de iniciativa **pública incondicionada**.

---

[71] *Vide* STJ, AgRg no HC 267.373/SP, rel. Min. Marco Aurelio Belizze, 5ª T., j. 4-12-2013; TJPR, CJ 12445995, rel. Des. Marcio José Tokars, 2ª CCr em Composição Integral, j. 6-11-2014; TJMS, ApCr 0001459-55.2013.8.12.0007, rel. Des. Manoel Mendes Carli, 1ª CCr, j. 8-11-2016.

ART. 299 – FALSIDADE IDEOLÓGICA

1. DISPOSITIVO LEGAL

Art. 299. Omitir, em documento público ou particular, declaração que dele devia constar, ou nele inserir ou fazer inserir declaração falsa ou diversa da que devia ser escrita, com o fim de prejudicar direito, criar obrigação ou alterar a verdade sobre fato juridicamente relevante:

Pena – reclusão, de 1 (um) a 5 (cinco) anos, e multa, se o documento é público, e reclusão de 1 (um) a 3 (três) anos, e multa, se o documento é particular.

Parágrafo único. Se o agente é funcionário público, e comete o crime prevalecendo-se do cargo, ou se a falsificação ou alteração é de assentamento de registro civil, aumenta-se a pena de sexta parte.

2. VALOR PROTEGIDO (OBJETIVIDADE JURÍDICA)

O valor protegido, consoante indicação legislativa, é a *fé pública*, que se traduz na *crença coletiva que deve recair sobre a veracidade e a autenticidade dos documentos*. Conforme já dissemos na introdução ao Título X, todavia, tal fé constitui uma qualidade que emana de certos documentos, isto é, o predicado de inspirarem confiança quanto à sua autoria e à verdade de seu conteúdo. Desse modo, a objetividade jurídica residiria, mais precisamente, na **preservação da segurança** e da **credibilidade no tráfico jurídico probatório**[72]. De qualquer modo, quando se outorga tutela criminal à falsidade documental, garante-se a força probante dos documentos[73] e, com isso, reafirma-se, a confiança em torno de sua veracidade e autenticidade; é dizer, com a preservação da segurança e credibilidade no tráfico jurídico probatório reforça-se a fé pública dos documentos.

3. A FALSIDADE IDEOLÓGICA (*VERSUS* A FALSIDADE MATERIAL)

Dá-se o falso ideal, moral ou intelectual[74] quando alguém **mente** ou **omite a verdade no tocante ao conteúdo de documento verdadeiro.** Não é o exterior que é falso, mas o interior, *a ideia* exposta no documento. Cuida-se a falsidade ideológica, portanto, da mentira registrada em documento físico ou eletrônico. "O agente forma um documento até então inexistente para, através

---

[72] Idem, ibidem.

[73] A força probante dos documentos, ademais, encontra-se extensivamente disciplinada no novo Código de Processo Civil, nos arts. 405 a 429.

[74] Magalhães Drummond a denominava falsidade expressional.

451

dele, fraudar a verdade. O documento assim elaborado pelo falsificador é extrinsecamente verdadeiro, pois quem o escreve é efetivamente quem aparece no texto como seu autor; o que há nele de inverídico é o conteúdo ideológico, pois seu texto é falso ou omisso em relação à realidade que deveria consignar"[75].

Sendo assim, surge no falso moral um **documento verdadeiro** e formalmente perfeito, mas **com conteúdo falso** (o que nele consta não condiz com a realidade), **diversamente da falsidade material** (arts. 297 e 298 do CP), em que há **contrafação (formação de documento falso)** ou **alteração de documento verdadeiro**. *A falsidade ideológica, bem por isso, **não requer demonstração pericial**,* ao passo que a falsidade material dela depende, a fim de se constatarem rasuras, borrões, substituição ou acréscimo indevido de palavras, letras, números etc.

Outra relevantíssima diferença entre o falso material total e o ideal consiste em que **este é cometido pelo autor ostensivo ou declarado do documento**, ao passo que **aquele é praticado por outrem**, fazendo-se passar pelo autor do objeto material, o qual se esconde debaixo da identidade alheia. "Enquanto o falsário ideológico proclama sem dissimulação a sua identidade, o autor do falso material embuça-se em personalidade emprestada"[76]. O ardil do primeiro resume-se à mentira narrada ou à verdade relevante omitida, ao passo que o segundo não só falseia o que deveria constar do documento, como também mascara sua identidade. Não é por outro motivo que o falso material é punido mais severamente que o ideal.

É de ver que o legislador brasileiro, ao conceituar a falsidade ideológica, o fez de modo abrangente[77], a ponto de incluir em sua moldura típica tanto a que resulta do ato de um particular que declara falsamente o teor do documento (ou omite fato juridicamente relevante que dele deveria constar) quanto a do funcionário público, que produz documento extrinsecamente verdadeiro, nele apondo informações inverídicas.

4. TIPO OBJETIVO

4.1. Conduta típica

O primeiro comportamento típico consubstancia-se no ato de *omitir declaração que deveria constar* no documento, público ou particular. Cuida-se de conduta **omissiva** própria. Por exemplo: esconder doenças graves preexis-

---

[75] Sylvio do Amaral. *Falsidade documental*, p. 47.

[76] Idem, ibidem.

[77] É o que revela não só a leitura do tipo penal do art. 299 do CP, mas também o item "83" da Exposição de Motivos da Parte Especial do CP, onde consta ter o legislador encontrado uma "fórmula suficientemente ampla e explícita".

tentes quando do preenchimento de ficha cadastral para admissão em emprego cujo exercício seja incompatível com a enfermidade.

Pune-se, ainda, quem *inserir ou fazer inserir declaração falsa ou diversa da que deveria constar*. Trata-se da forma **comissiva**. Por exemplo: inserir falsa declaração de emprego em carteira de trabalho[78]; fazer constar da carteira nacional de habilitação a aptidão para conduzir motocicletas, sendo o motorista habilitado somente a conduzir automóveis; fornecer dados alusivos a outra pessoa, diversa daquela cuja fotografia foi aposta em passaporte[79]; inserir declaração falsa acerca do verdadeiro condutor de veículo envolvido em sinistro de trânsito, pois o fato pode prejudicar direitos e criar obrigações nas searas administrativa, civil e penal[80]. Interessante acrescentar que, no entender do STJ, **não configura o crime em questão a inserção de informações falsas em currículo "lattes"**, uma vez que não pode ser considerado documento eletrônico e, ainda, **por se tratar de informações passíveis de verificação**[81].

Pode ser *objeto material* tanto o **documento particular** (nesse caso, a pena é de um a três anos de reclusão e multa) como o **público** (um a cinco anos de reclusão e multa).

4.2. Os requisitos dos crimes de falsidade documental em matéria de falsidade ideológica

O falso ideal também fica sujeito à verificação dos quatro requisitos gerais relativos à falsidade documental; a saber: a mudança da verdade (*immutatio veritatis*), a imitação da verdade (*immitatio veritatis*), a potencialidade de dano (*falsum punitur licet nemini damun inferret, sufficit enim quod potuit damnum inferre*) e o dolo (*animus fallendi*).

Há, entretanto, algumas ponderações a serem feitas, pois, em se tratando de falsidade ideológica, não se cogitará de *immitatio veritatis*, mas sua noção haverá de ser entendida por outra com a qual possui total paralelis-

---

[78] *RTJ* 113/1061.

[79] *RT* 780/707.

[80] STJ, HC 380.622/SP, rel. Min. Maria Thereza de Assis Moura, 6ª T., j. 7-3-2017. Ver também: "Acusado que, após cometer infração de trânsito, contratou um despachante para indicar falsamente terceira pessoa como sendo o 'condutor infrator'. Fraude descoberta, pois o terceiro indicado era pessoa falecida. Acusado que tinha pleno conhecimento da ilicitude dos fatos, na medida em que requisitou e remunerou o despachante, a fim de alterar a verdade sobre fato juridicamente relevante. Perfeita caracterização do delito de falsidade ideológica" (TJSP, ApCr 1508977-89.2019.8.26.0114, rel. Des. Alcides Malossi Junior, 9ª CCr., j. 15-5-2024).

[81] RHC 81.451/RJ, rel. Min. Maria Thereza de Assis Moura, j. 22-8-2017, noticiado no *Informativo STJ* n. 610.

mo, **a verossimilhança do conteúdo**. O falso ideal, deve-se recordar, não envolve a modificação da peça, do instrumento, do objeto etc., mas a inserção de conteúdo inverídico sobre estes. Assim, deve a mentira aposta no documento ser hábil a iludir, o que jamais se cogitará quando a verdade falseada for inverossímil (por exemplo, o tabelião que lavra uma escritura dizendo que perante ele compareceu determinada pessoa nacionalmente conhecida e ditou-lhe o testamento, sendo público e notório que o suposto testador já havia falecido muito antes do suposto comparecimento, pois seu óbito fora acompanhado por todos os meios de comunicação).

A falsidade ideológica pressupõe, portanto, como em todos os crimes contra a fé pública, **idoneidade (capacidade de enganar o homem médio)** e **potencialidade lesiva**[82].

Com respeito ao **dolo**, outra característica do falso ideal reside em que não basta o elemento subjetivo genérico, pois requer a existência de uma finalidade ulterior à qual deve a conduta do agente dirigir-se, consistente no fim de "**prejudicar direito, criar obrigação ou alterar a verdade sobre fato juridicamente relevante**".

Note que a lei condiciona a existência do delito a que o conteúdo do falso refira-se a *fato juridicamente relevante*. Entende-se como tal a **declaração capaz de criar, alterar ou extinguir relações jurídicas**, algo que constitua a essência do ato ou documento, e não uma simples mentira sem maiores consequências legais.

4.3. Documento sujeito a verificação oficial

Cabe acrescentar que "a declaração do particular, para configurar a infração penal, deve ser capaz, em si mesma, de concretizar o documento. Se cumpre ao funcionário que a recebe verificar a veracidade de seu conteúdo (documento sujeito a verificação oficial), **inexiste o crime**"[83]; por exemplo: declaração de não possuir títulos protestados ou de falso extravio de título; atestado de pobreza para fins de obtenção dos benefícios da Justiça gratuita[84]; indicação de endereço incorreto em petição inicial para fins de alteração

---

[82] STJ, RT 776/530, e TJMG, AP 10079130676376001, rel. Des. Kárin Emmerich, 1ª CCr, j. 6-4-2018. No mesmo sentido: "O crime de falsidade ideológica do art. 299 do Código Penal demanda a comprovação da potencialidade lesiva da conduta, de modo que a inserção de declaração falsa em documento público que se revele incapaz de prejudicar direito, criar obrigação ou alterar veracidade sobre fato juridicamente relevante, afasta a tipicidade penal" (TJMS, ApCr 0002427-85.2013.8.12.0007, rel. Des. Emerson Cafure, 1ª CCr, j. 30-5-2019).

[83] Damásio de Jesus. *Código Penal anotado*, p. 956; TJSP, *RT* 779/548.

[84] "O Superior Tribunal de Justiça – STJ tem se posicionado no sentido de que a mera

da competência do juízo, tendo em vista que a veracidade do domicílio será objeto de verificação pelo oficial de justiça[85].

No sentido oposto, há quem sustente que "a possibilidade de verificação do conteúdo do documento que se atribui a qualidade de falso não é fato que, por si só, exclua a tipicidade da conduta. Isso porque, se assim fosse, estar-se-ia esvaziando o tipo penal, já que todo o caso de falsidade ideológica em que se constatasse a inveracidade das informações seria atípico. Ademais, por interlocução lógica, tão somente a possibilidade de verificação da falsidade é que permite o descobrimento desse tipo de conduta e o seu processamento criminal". Com base nestes argumentos, o STJ considerou típica a conduta de inserir declaração falsa em documento dirigido ao Departamento Jurídico da Prefeitura aduzindo a inexistência de parentesco entre a declarante e servidores comissionados do município com o objetivo de alterar a verdade sobre fato juridicamente relevante e afastar a vedação da prática de nepotismo[86].

4.4. Abuso de folha em branco

Quando alguém receber, em confiança, o encargo de preencher um documento em branco (total ou parcialmente) seguindo as instruções do signatário, mas, traindo tal confiança, inserir outros dados, haverá falsidade ideológica, salvo se houver revogação de mandato, o que deslocará o fato para a figura típica dos arts. 297 ou 298 do Código Penal (falso material). Se a folha em branco houver sido obtida ilicitamente ou entregue apenas para ficar sob a guarda do agente, ter-se-á falsidade material.

4.5. Simulação

A simulação (ilícito civil) ocorre quando os contratantes **fingem realizar um negócio inexistente,** com o escopo de prejudicar terceiros (p. ex., o marido doa imóvel à amante, mas, para obter a outorga uxória, simula tratar-se de uma compra e venda). **Se a atitude for apta a criar obrigação, prejudicar direito ou alterar a verdade sobre fato juridicamente relevante,** a si-

---

declaração falsa de hipossuficiência com a finalidade de obtenção da justiça gratuita, nos termos da Lei n. 1.060/50, por ter presunção apenas relativa, podendo ser contraditada pela parte contrária ou aferida de ofício pelo Magistrado, não pode ser considerada documento para fins penais, não se inserindo, portanto, no tipo penal de falsidade ideológica (RHC 53.237/MG, rel. Min. Ericson Maranho (Desembargador convocado do TJ/SP), 6ª T., j. 18-12-2014). Igualmente a 5ª Turma: AgRg no HC 473.361/SP, rel. Min. Felix Fischer, 5ª T., j. 26-2-2019.

[85] STJ, HC 379.353/SP, rel. Min. Maria Thereza de Assis Moura, 6ª T., j. 7-2-2017 e STJ, RHC 70.596/MS, rel. Min. Jorge Mussi, 5ª T., j. 1º-9-2016.

[86] STJ, AgRg no AREsp 1.341.054/GO, rel. Min. Felix Fischer, 5ª T., j. 24-5-2018.

mulação configurará falsidade ideológica, ou, eventualmente, outro delito, como sonegação fiscal, duplicata simulada, delito falimentar, entre outros[87].

4.6. Petição judicial

A petição elaborada por advogado em juízo não é considerada documento para fins penais, escapando da incidência da norma incriminadora em estudo, "pois seu conteúdo estará sempre sujeito ao crivo da parte contrária e, também, da própria Justiça"[88], "dependendo de outras verificações para que sua fidelidade seja atestada"[89].

4.7. Fotocópia simples

Não configura objeto material idôneo a fotocópia simples, justamente pela sua **inaptidão a servir como elemento de prova**, o que lhe retira a fé pública, ou seja, a capacidade de induzir à crença sobre sua autenticidade e conteúdo. Pode se cogitar, todavia, de estelionato, se o sujeito utiliza-se da fotocópia simples e, com isso, busca obter indevida vantagem patrimonial, gerando prejuízo a terceiro[90].

4.8. Cola eletrônica

Discute-se na jurisprudência se o ato de fraudar o conteúdo de provas de vestibular ou concursos públicos, mediante o emprego de dispositivo eletrônico que permita ao candidato obter de outrem as respostas, configura delito de falsidade ideológica. A resposta é negativa, pois o agente, ao obter ilicitamente o gabarito, não está inserindo na folha de respostas declaração falsa. A conduta, porém, pode se subsumir ao crime do art. 311-A do CP, que incrimina o ato de utilizar, com o fim de beneficiar a si ou a outrem, conteúdo sigiloso de concurso público, avaliação ou exame públicos, processo seletivo

---

[87] Damásio de Jesus. *Código Penal anotado*, p. 957.

[88] TJMG, *RT* 779/634.

[89] STJ, RHC 70.596/MS, rel. Min. Jorge Mussi, 5ª T., j. 1-9-2016.

[90] "Na linha dos precedentes desta Corte Superior de Justiça, a petição inicial contendo indicação incorreta de endereço não é considerado documento para fins de tipificação do crime de falsidade ideológica. O mesmo posicionamento é adotado para a hipótese de inserção de dados inverídicos em declaração de hipossuficiência" (STJ, AgRg no HC 473.361/SP, rel. Min. Felix Fischer, 5ª T., j. 26-2-2019). No mesmo sentido: "A indicação incorreta de endereço da parte em petição inicial não caracteriza documento de que trata o crime de falsidade ideológica, pois sujeita à verificação e apreciação do juízo. Fato eticamente censurável, mas que não encontra suporte no tipo previsto no art. 299 do Código Penal" (TJRS, ApCr 70066759143, rel. Ivan Leomar Bruxel, 4ª CCr, j. 27-7-2017).

para ingresso no ensino superior ou outro exame ou processo seletivo previsto em lei. Esse fato é punido com reclusão, de um a quatro anos, e multa.

5. TIPO SUBJETIVO

Exigem-se a vontade e a consciência de concretizar os elementos objetivos do tipo (**dolo**), pressupondo-se, então, o conhecimento do agente acerca da necessidade de constar a informação omitida ou da inveracidade daquela que inseriu ou fez inserir. Requer-se, ademais, **elemento subjetivo específico**, consistente na finalidade de "prejudicar direito, criar obrigação ou alterar a verdade sobre fato juridicamente relevante"[91].

6. SUJEITOS DO CRIME

6.1. Sujeito ativo

O falso ideal é **crime comum**, podendo ser praticado por qualquer pessoa. Quando o agente é **funcionário público** (CP, art. 327) e realiza o ato prevalecendo-se de seu cargo, **aumenta-se a pena** da sexta parte (parágrafo único).

6.2. Sujeito passivo

O sujeito passivo é o Estado e, mediatamente, a pessoa prejudicada com a declaração.

7. CONSUMAÇÃO E TENTATIVA

7.1. Consumação

Dá-se por consumado o falso moral com a omissão ou inclusão direta ou indireta da declaração falsa ou diversa, com o fim de prejudicar terceiro. Trata-se de **crime formal ou de consumação antecipada**. Não é preciso, portanto, que da conduta resulte efetivamente prejuízo a alguém. Se isso ocorrer, verifica-se exaurimento, situação que influenciará negativamente a dosimetria da pena.

7.2. Tentativa

A tentativa é admissível, **salvo na modalidade omissiva** (omitir declaração), porquanto nesse caso o delito é unissubsistente (*iter criminis* indivisível).

---

[91] *Vide* TJRS, AP 70071265185, rel. Des. Mauro Evely Vieira de Borba, 4ª CCr, j. 23-2-2017; e TJMG, ApCr 1.0000.24.104359-5/001, rel. Des. Doorgal Borges de Andrada, 4ª CCr., j. 5-6-2024.

8. FALSIDADE DE REGISTRO CIVIL (ART. 299, PARÁGRAFO ÚNICO)

O art. 299 prevê duas situações em que a pena é agravada em um sexto; além da hipótese em que o agente é funcionário público e pratica o fato prevalecendo-se do cargo, *incide a exasperação quando se falsifica ou se altera assentamento de registro civil* (Lei n. 6.015, de 31-12-1973 – p. ex., inscrições de nascimento, casamento, emancipações, óbitos etc.).

Conforme a hipótese, em vez de falsidade ideológica, pode surgir crime contra o estado de filiação. Isso ocorre na chamada "adoção à brasileira" (registro de filho alheio como próprio), a qual tipifica o delito do art. 242 do CP, e na conduta de "promover no registro civil a inscrição de nascimento inexistente" (art. 241).

8.1. Falsificação ou alteração de assentamento de registro civil e a prescrição

Convém recordar que a prescrição consubstancia-se na causa extintiva da punibilidade por meio da qual o Estado, em face de sua inércia somada ao decurso do tempo, perde o direito de punir.

O lapso temporal da prescrição da pretensão punitiva (aquela que ocorre antes do trânsito em julgado) inicia sua fluência, como *regra*, da data da consumação do delito, e não o da eventual reiteração de seus efeitos (CP, art. 111, I)[92]. Em se tratando de *falsificação ou alteração de assentamento de registro civil*, entretanto, o termo inicial corresponde à data em que o fato se torna conhecido, o que se dá com o uso do documento falso.

Justifica-se a exceção porque o delito em apreço é praticado, por óbvias razões, às ocultas. O agente procura de todas as formas esconder o ato praticado e, de regra, permanece assim durante longo tempo. Se a prescrição corresse da consumação do delito o fato estaria fadado à impunidade.

As causas interruptivas do prazo prescricional são as mesmas aplicáveis aos demais delitos, a saber: o recebimento da denúncia ou queixa, a publicação da sentença ou acórdão condenatórios recorríveis e o trânsito em julgado da condenação (CP, art. 117).

O mesmo se diga sobre as causas suspensivas, merecendo referência particular aquela prevista no art. 116, I, do CP. De acordo com o Código Penal, não corre a prescrição enquanto não for resolvida, em outro processo, questão de que dependa a existência do crime. A norma refere-se aos casos de suspensão do processo penal por força de questões prejudiciais (CPP, arts. 92 a 94).

---

[92] STJ, RvCr 5.233-DF, rel. Min. Reynaldo Soares da Fonseca, 3ª S., j. 13-5-2020 (*informativo* n. 672).

9. CLASSIFICAÇÃO JURÍDICA

A falsidade ideológica constitui *tipo misto alternativo* (há mais de um verbo nuclear alternativamente previsto, de modo que o cometimento de mais de um deles acarreta delito único), crime de *forma ou ação livre* (pode ser cometido por qualquer meio executivo), *comum* (o tipo não requer nenhuma qualidade ou condição especial do sujeito ativo), *unissubjetivo ou de concurso eventual* (uma só pessoa pode cometê-lo, ou várias, em concurso de agentes), *formal ou de consumação antecipada* (consuma-se independentemente da produção do resultado naturalístico), *instantâneo* (seu momento consumativo opera-se imediatamente, sem prolongar-se no tempo) e *plurissubsistente* (o *iter criminis* admite fracionamento, **salvo na conduta negativa, "omitir"**, em que ocorre delito *unissubsistente*).

10. CONFLITO APARENTE DE NORMAS

10.1. Crime contra a ordem tributária

A inserção de dados falsos em documentos de natureza fiscal pode caracterizar crimes contra a ordem tributária, nos termos do art. 2º, I, da Lei n. 8.137/90: "fazer declaração falsa ou omitir declaração sobre rendas, bens ou fatos, ou empregar outra fraude, para eximir-se, total ou parcialmente, de pagamento de tributo"[93].

10.2. Uso de documento falso (CP, art. 304)

Quando a mesma pessoa falsifica o documento e o utiliza, há crime único, configurando o uso (CP, art. 304). Discute-se, porém, se a falsidade ideológica prevalece, sendo o uso considerado posterior impunível[94], ou se,

---

[93] Nesse sentido: "Mantém-se a condenação pelos crimes contra a ordem tributária, previstos no art. 1º, inc. II, da Lei 8.137/90, quando comprovada a conduta deliberada de fraudar a fiscalização tributária, inserindo elementos inexatos, ou omitindo operação de qualquer natureza em documento ou livro exigido pela lei fiscal. 2. Se a falsidade ideológica e o uso de documento falso consistiram em simples meio para se alcançar o fim almejado pelos réus, ou seja, a sonegação fiscal, correta a aplicação do princípio da consunção" (TJDFT, Acórdão 1918117, Processo 07060887220228070001, rel. Des. Jansen Fialho de Almeida, 3ª T. Criminal, j. 5-9-2024).

[94] Nesse sentido: "(...) Comprovadas a materialidade e a autoria, inclusive pela confissão da acusada, impossível a absolvição pelo uso de documento falso, mas aplicado, de ofício, o princípio da absorção da conduta da falsidade ideológica, uma vez que o uso de documento falso pelo próprio autor da falsidade configura um só crime, qual seja, o da falsificação" (TJGO, ApCr 333166-03.2013.8.09.0087, rel. Des. Nicomedes Domingos Borges, 1ª CCr, j. 31-1-2019). E ainda: "De acordo com a jurisprudência

como acreditamos correto, prevalece o crime-fim (uso), o qual absorve o crime-meio. Foi nesse sentido a decisão do Plenário do STF, ao julgar a AO 2411/PA (rel. Dias Toffoli, j. 13-4-2023)[95].

11. PENA E AÇÃO PENAL

A pena é de reclusão, de um a cinco anos, e multa, se o documento é público, e reclusão, de um a três anos, e multa, se o documento é particular.

O procedimento será o comum ordinário (CPP, arts. 395 a 405) quando se tratar de documento público e sumário (CPP, arts. 395 a 399 e 531 a 538), quando particular. Em todos os casos admitir-se-á a suspensão condicional do processo (art. 89 da Lei n. 9.099/95).

A ação penal é de iniciativa **pública incondicionada**, em todas as modalidades de falso ideal.

ART. 300 – FALSO RECONHECIMENTO DE FIRMA OU LETRA

1. DISPOSITIVO LEGAL

Art. 300. Reconhecer, como verdadeira, no exercício de função pública, firma ou letra que o não seja:

Pena – reclusão, de 1 (um) a 5 (cinco) anos, e multa, se o documento é público; e de 1 (um) a 3 (três) anos, e multa, se o documento é particular.

---

do Supremo Tribunal Federal e do Superior Tribunal de Justiça, o crime de uso, quando cometido pelo próprio agente que falsificou o documento, configura 'post factum' não punível, vale dizer, é mero exaurimento do crime de falso. Impossibilidade de condenação pelo crime previsto no art. 304 do Código Penal. A alteração do contrato social não constitui novo crime, já que a finalidade do agente já havia sido atingida quando da primeira falsificação do contrato social" (STF, AP 530, rel. Min. Rosa Weber, 1ª T., j. 9-9-2014). Ver também: TJSC, ApCr 0002178-13.2016.8.24.0067, rel. Des. Antônio Zoldan da Veiga, 5ª CCr, j. 23-4-2020.

[95] Na mesma linha: "Considerar a absorção do uso do documento falso pela falsidade ideológica significa conferir prevalência ao crime-meio sobre o crime-fim, o que é, *data venia*, conceitualmente inadequado, além de conduzir a situações de manifesta perplexidade, como o reconhecimento da prescrição todas as vezes que um documento falso é utilizado após o decurso de alguns anos de sua confecção, a depender do caso. Nesse contexto, fica mantida a aplicação do princípio da consunção, mediante o reconhecimento de que o crime-meio – falsidade ideológica – exauriu a sua potencialidade lesiva no crime-fim – uso desse documento falso –, e não o contrário" (STJ, AgRg no AgRg no AREsp 2.077.019/RJ, rel. Min. Daniela Teixeira, rel. p/ ac. Min. Reynaldo Soares da Fonseca, 5ª T., j. 19-3-2024. Ver também: TJDFT, Acórdão 1860211, HC 07129907320248070000, rel. Des. Waldir Leôncio Lopes Júnior, 3ªT. Criminal, j. 9-5-2024.

2. VALOR PROTEGIDO (OBJETIVIDADE JURÍDICA)[96]

Tutela-se a fé pública (critério legal), ou seja, a crença na veracidade e na autenticidade dos documentos, notadamente aquela depositada na firma ou letra reconhecida como verdadeira. A finalidade última da proteção penal, todavia, não recai exatamente na fé pública, qualidade inerente a determinados documentos, mas na **credibilidade** e **segurança do tráfico jurídico probatório**.

Ofende-se, ainda, a Administração Pública, no que tange ao exercício da atividade notarial concernente ao reconhecimento de firmas ou letras.

3. TIPO OBJETIVO

O art. 300 do Código Penal enseja **modalidade especial de falsidade ideológica**, em que o agente reconhece como verdadeira *firma* (assinatura manuscrita ou gravada) ou *letra* (símbolo gráfico representativo dos fonemas do idioma) que não o seja[97].

"Não há certamente forma de autenticação documental mais difundida que o reconhecimento de firma ou letra. Seja em obediência a exigências legais ou regulamentares, seja para precatar-se contra a eventualidade da fraude, todo cidadão socorre-se amiúde da consulta ao tabelião para comprovar a veracidade de assinaturas lançadas em documentos de seu interesse. Para a coletividade em geral uma firma reconhecida pelo tabelião provém indiscutivelmente do punho que o nome indica"[98].

Reconhecer significa identificar, atestar, asseverar a condição de verdadeira da firma ou letra aposta. É indiferente verificar se o reconhecimento se deu por autenticidade[99] (quando a assinatura é exarada em presença do agente) ou por semelhança (quando confrontada aquela aposta no documento com a constante das fichas ou arquivos do cartório), já que em ambos os casos pratica-se, em tese, o crime em estudo[100]. "Ninguém vai ao Cartório

---

[96] A origem da figura penal em nossa legislação remonta ao Decreto n. 4.780, de 1923, tendo sido posteriormente introduzida na Consolidação das Leis Penais, de 1932, no art. 252.

[97] Conforme lembrava Fragoso, antes do Código Civil de 2002: "O falso reconhecimento será sempre feito por atestação escrita e em geral diz respeito à firma (sendo raro exigir a lei o reconhecimento da letra, como no caso dos testamentos escritos de próprio punho)" (*Lições de direito penal*. 3. ed. Rio de Janeiro: Forense, 1981, v. III, p. 361).

[98] Sylvio do Amaral. *Falsidade documental*, p. 120.

[99] O reconhecimento autêntico também é denominado "por certeza" ou "verdadeiro".

[100] "O art. 300 do CP, ao dizer que constitui crime reconhecer, como verdadeira, no exercício da função pública, firma ou letra que não o seja, nenhuma distinção faz entre o reconhecimento por certeza e o reconhecimento por semelhança" (TJSP, *RT* 286/90).

para que o serventuário diga que a firma lançada em documento do seu interesse é *semelhante* à verdadeira (ou que sua genuinidade foi afirmada pelo próprio autor, ou que o foi por duas pessoas). O que se quer é que o tabelião reconheça como verdadeira a firma exibida – ou não a reconheça como tal. A realidade dos fatos empresta, portanto, ao ato do reconhecimento de firma (por semelhança ou sob qualquer outra modalidade) o caráter fundamental de certificação da autenticidade da firma examinada, – e assim o ato é encarado, bem o sabemos, também pelos próprios tabeliães"[101].

O objeto material é a **firma** ou **letra** constante de **documento público** ou **particular**, punindo-se o fato mais severamente no primeiro caso.

O agente deve necessariamente encontrar-se no **exercício da função pública** à qual se outorga o dever de reconhecer os objetos mencionados; pressupõe-se, dessarte, a **efetiva investidura no cargo**.

Sendo o fato cometido para fins eleitorais, tipifica-se o delito previsto no art. 352 do Código Eleitoral (Lei n. 4.737/65).

4. TIPO SUBJETIVO

O crime é **doloso** (elemento subjetivo genérico), uma vez que se exige o conhecimento da falsidade da firma ou letra reconhecida. Quando isso não ocorrer, por exemplo, em face da semelhança entre as assinaturas, não tendo o agente notado a falsidade, o fato é atípico, já que não se pune a forma culposa[102]. Pode haver **dolo eventual**, se o funcionário público, tendo fundadas suspeitas da falsidade, mesmo assim reconhecer a firma ou letra como verdadeira[103].

5. SUJEITOS DO CRIME

5.1. Sujeito ativo

O reconhecimento de firma só pode ser feito por funcionário público especialmente habilitado a tanto (tabelião, escreventes, oficiais de registro civil, agente consular), tratando-se, pois, de **crime próprio**. O particular pode ser concorrente do crime em questão (CP, arts. 29 e 30).

5.2. Sujeito passivo

São sujeitos passivos o Estado e, eventualmente, o prejudicado com a conduta.

---

[101] Sylvio do Amaral. *Falsidade documental*, p. 124-125.
[102] Lembre-se de que a culpa constitui elemento normativo do tipo.
[103] Magalhães Noronha. *Direito penal*, v. 4, p. 220.

6. CONSUMAÇÃO E TENTATIVA

6.1. Consumação

O *summatum opus* independe da produção de qualquer resultado naturalístico, ou seja, da existência de dano a terceiro, já que se está diante de um **crime formal**. Dá-se, portanto, com o **encerramento das formalidades ínsitas ao reconhecimento, independentemente da devolução do documento ao interessado**[104].

6.2. Tentativa

Afigura-se possível a forma tentada, porquanto a conduta típica é **plurissubsistente**. Pode o notário tentar atestar falsamente, como verdadeira, firma ou letra, mas ser surpreendido por terceiro, impossibilitando a consumação. Imagine-se, por exemplo, o escrevente que apõe o carimbo indicando ter efetuado a conferência e, portanto, atestar a semelhança entre a assinatura aposta e aquela mantida em arquivo, visando a que o notário firme o seu reconhecimento, mas este não o faça, por verificar que a assinatura discrepa do molde armazenado em cartório. Nesse caso, o escrevente deu início à execução do delito, mas não o consumou por circunstâncias alheias à sua vontade[105].

7. CLASSIFICAÇÃO JURÍDICA

Cuida-se de crime de *forma ou ação vinculada* (porquanto só se admite um único meio executivo), *próprio* (somente o funcionário público habilitado ao reconhecimento de firmas ou letras pode cometê-lo), *unissubjetivo ou de concurso eventual* (pode ser cometido por um só agente, ou por vários, inclusive particulares, em concurso de pessoas), *formal ou de consumação antecipada* (consuma-se independentemente da produção de resultado material), *instantâneo* (seu *summatum opus* dá-se instantaneamente, sem se prolongar no tempo) e *plurissubsistente* (o *iter criminis* admite fracionamento).

8. PENA E AÇÃO PENAL

A pena é de reclusão, de um a cinco anos, e multa, se o documento é público; e de um a três anos, e multa, se o documento é particular.

---

[104] "O crime do art. 300 do CP se consuma com o remate da atestação (fórmula do reconhecimento), independentemente da devolução do documento ao apresentante. Trata-se, pois, de delito que se consuma, independentemente do fim que seja dado ao documento em que ocorreu o reconhecimento da firma" (STF, *RT* 524/458).

[105] Para Guilherme Nucci, todavia, a infração é unissubsistente, porquanto o "agente reconhece a assinatura em ato único, não sendo cabível fracioná-lo para representar o *iter criminis*" (*Código Penal comentado*, p. 1035).

As formas procedimentais aplicáveis serão o procedimento comum ordinário (CPP, arts. 395 a 405), no caso de documento público, e comum sumário, se particular (CPP, arts. 395 a 405 e 531 a 538). Admite-se a suspensão condicional do processo (art. 89 da Lei n. 9.099/95).

A ação penal é de iniciativa **pública incondicionada**.

ART. 301, *CAPUT* – CERTIDÃO OU ATESTADO IDEOLOGICAMENTE FALSO

1. DISPOSITIVO LEGAL

Art. 301. Atestar ou certificar falsamente, em razão de função pública, fato ou circunstância que habilite alguém a obter cargo público, isenção de ônus ou de serviço de caráter público, ou qualquer outra vantagem:

Pena – detenção, de 2 (dois) meses a 1 (um) ano.

2. OBJETIVIDADE JURÍDICA (VALOR PROTEGIDO)

O valor protegido, segundo o critério legal, é a crença na veracidade e na autenticidade (fé pública) dos atestados ou certidões emitidas por órgãos públicos, destinadas a habilitar pessoa a obter cargo público, a isentá-la de ônus ou serviço público ou qualquer outra vantagem. Há violação, ainda, à Administração Pública.

3. TIPO OBJETIVO

As ações típicas são *atestar* ou *certificar*. Atestar significa afirmar ou provar algo, em caráter oficial. Certificar quer dizer emitir certidão consignando um fato.

O conteúdo do atestado ou da certidão deve ser falso, ou seja, divorciado da realidade. Deve, ainda, necessariamente referir-se a fato ou circunstância que habilite alguém: a) a obter cargo público; b) a isentar de ônus; c) a isentar de serviço público; d) a obter qualquer outra vantagem. Exemplos: atestado de bom comportamento carcerário; atestar falsamente que o cidadão já atuou como jurado para impedir que conste de lista geral nos próximos 12 meses seguidos ao exercício efetivo dessa função, isentando-o, portanto, dessa obrigação legal; atestar o servidor do INSS como verdadeiros, autenticando-os, documentos sabidamente falsos para instruir pedido de benefício de aposentadoria por tempo de serviço[106]; emitir falso certificado de vacinação contra a febre aftosa[107]; certificar falsamente o oficial de justiça que o réu se oculta para não ser citado etc.

---

[106] *RT* 801/473.

[107] TJRS, *RJTJRS* 44/42.

A falsificação de certidão de aprovação em curso colegial ou supletivo, objetivando inscrição em curso superior, caracteriza, segundo entendimento majoritário, o delito do art. 297 do CP.

Os *objetos materiais* são o **atestado** ou a **certidão**. "A diferença entre ambos reside em que a certidão tem por fundamento um documento guardado em repartição pública (ou nela em tramitação), enquanto o atestado constitui um testemunho ou depoimento por escrito do funcionário público (na hipótese do tipo) sobre um fato ou circunstância"[108].

É preciso, ainda, que os fatos ou as circunstâncias falsas se refiram à pessoa a quem o atestado ou certidão se destina.

Destaque-se, além disso, que **o tipo não abrange a hipótese de o sujeito atestar falsamente fato ou circunstância para beneficiar a si próprio**, embora nossos tribunais entendam configurado o delito por **interpretação extensiva** (entende-se que a expressão "alguém" engloba o terceiro ou a própria pessoa). Nesse caso, se a mesma pessoa falsifica e usa a certidão ou atestado falsos, a conduta posterior configurará *post factum* impunível. Sendo diversas a pessoa do falsário e a do usuário, o primeiro incorre no art. 301 e o outro, no 304.

Se o fato for praticado para fins eleitorais, aplica-se o art. 350 do Código Eleitoral (Lei. n. 4.737/65).

4. TIPO SUBJETIVO

Os crimes de falso, sem exceção, são **dolosos**, motivo pelo qual é necessário haver consciência e vontade de concretizar os elementos objetivos do tipo, conhecendo-se a falsidade daquilo que se atesta ou se certifica. Há, ainda, **elemento subjetivo específico**, consistente em que a ação do falsário tenha como escopo **fazer prova de fato ou circunstância que habilite alguém (o próprio agente ou terceiro) a obter cargo público, isenção de ônus ou serviço público ou qualquer outra vantagem** (em benefício do sujeito ativo ou de terceiro).

5. SUJEITOS DO CRIME

5.1. Sujeito ativo

O sujeito ativo só pode ser o funcionário público no exercício de sua função ou em razão dela (**crime próprio**).

5.2. Sujeito passivo

O sujeito passivo é o Estado e, eventualmente, a pessoa lesada com a conduta.

---

[108] Damásio de Jesus. *Código Penal anotado*, p. 961.

6. CONSUMAÇÃO E TENTATIVA

6.1. Consumação

Embora não se discuta que o crime é **formal**, diverge-se quanto ao exato momento em que se dá sua consumação. Alguns entendem que basta a falsificação[109] (posição que adotamos), outros sustentam a necessidade de entrega a terceiro e, ainda, há os que exigem o efetivo uso.

6.2. Tentativa

Quanto à tentativa, é admissível, sempre que o agente não lograr realizar a falsificação por circunstâncias alheias à sua vontade.

7. FIGURA AGRAVADA

Se o crime for praticado com o objetivo de **lucro**, aplica-se, além da pena de detenção, a de **multa** (§ 2º). Não se trata propriamente de qualificadora, porquanto não impõe elevações no mínimo e máximo abstratamente cominados, mas acresce a pena pecuniária à privação da liberdade prevista no preceito secundário.

8. CLASSIFICAÇÃO JURÍDICA

Cuida-se de crime **de forma ou ação vinculada** (porquanto só se admite um único meio executivo), *próprio* (somente o funcionário público habilitado ao reconhecimento de firmas ou letras pode cometê-lo), *unissubjetivo ou de concurso eventual* (pode ser cometido por um só agente, ou por vários, inclusive particulares, em concurso de pessoas), *formal ou de consumação antecipada* (consuma-se independentemente da produção de resultado material), *instantâneo* (seu *summatum opus* dá-se instantaneamente, sem se prolongar no tempo) e *plurissubsistente* (o *iter criminis* admite fracionamento).

9. PENA E AÇÃO PENAL

A pena é de detenção, de dois meses a um ano. Trata-se de infração de menor potencial ofensivo, sujeitando-se às medidas despenalizadoras previstas na Lei n. 9.099/95, bem como à competência *ratione materiae* dos Juizados Especiais e ao rito comum sumaríssimo.

A ação penal é de iniciativa **pública incondicionada**.

---

[109] "No delito previsto no § 1º do art. 301 do CP, não é o momento da utilização do documento em que foi introduzida a falsidade que caracteriza a consumação, mas quando da efetiva falsificação" (*JUTACRIM* 78/262).

ART. 301, § 1º – FALSIDADE MATERIAL DE ATESTADO OU CERTIDÃO

1. DISPOSITIVO LEGAL

Art. 301. (...)

§ 1º Falsificar, no todo ou em parte, atestado ou certidão, ou alterar o teor de certidão ou de atestado verdadeiro, para prova de fato ou circunstância que habilite alguém a obter cargo público, isenção de ônus ou de serviço de caráter público, ou qualquer outra vantagem:

Pena – detenção, de 3 (três) meses a 2 (dois) anos.

2. OBJETIVIDADE JURÍDICA (VALOR PROTEGIDO)[110]

Tutela-se a crença na veracidade e na autenticidade (fé pública) dos atestados ou certidões destinadas a habilitar pessoa a obter cargo público, a isentá-la de ônus ou serviço público ou qualquer outra vantagem.

3. TIPO OBJETIVO

Os verbos nucleares são *falsificar*, no todo ou em parte, atestado ou certidão, ou *alterar* o teor de certidão ou de atestado verdadeiro.

Por **falsificar** entende-se formar o documento (contrafação) até então inexistente. **Alterar** tem o sentido de modificar o atestado ou certidão preexistente.

É preciso que se cuide de objeto destinado a provar fato ou circunstância que habilite alguém a obter cargo público, isenção de ônus ou de serviço de caráter público, ou qualquer outra vantagem.

Em edições anteriores, defendíamos que nesse dispositivo também se enquadrava o **particular que falsificasse materialmente atestado médico visando a obter vantagem,** como a falta justificada a determinada atividade letiva ou profissional.

Ocorre, entretanto, que se firmou na jurisprudência dos tribunais superiores o entendimento de que a conduta **configura o crime de falsificação de documento público ou particular** (arts. 297 ou 298 do CP, **conforme a natureza do estabelecimento de saúde que supostamente tenha emitido o atestado**). Considera-se inaplicável o art. 301, § 1º, do CP, porque neste a

---

[110]O Código Criminal de 1830 não previu semelhante figura típica, ao menos não de modo específico. O Código Penal de 1890, de sua parte, incriminava o ato no art. 252, posteriormente ampliado pelo Decreto n. 4.780, de 1932, passando a integrar o art. 257 da Consolidação das Leis Penais.

vantagem pretendida deve ter natureza pública, o que não se verifica no caso de justificação de ausência ao trabalho (vantagem de cunho particular, consistente em evitar descontos no salário pelo dia não trabalhado, ainda que o empregador seja um ente público)[111].

Se o **agente falsifica o próprio atestado e o utiliza**, comete crime único[112], havendo discussão se prevalece o crime de falsificação ou o de uso de documento, sendo o entendimento majoritário dos tribunais o de que o infrator **responde apenas pelo falso**, sendo o uso pós-fato impunível; para nós,

---

[111] Nesse sentido: "Embargos infringentes. Uso de falso documento. Embargante condenada como incursa no art. 304 combinado com o art. 297, ambos do Código Penal. Pleito objetivando o prevalecimento do voto vencido que desclassificou a conduta para o art. 304 combinado com o art. 301, § 1º, do mesmo diploma. Inviabilidade. Em que pese ter ocorrido a falsificação de atestado médico, a referida contrafação foi fornecida pela embargante, perante a empresa particular empregadora, com o fito de abonar faltas no trabalho, mas não com a finalidade específica de obter qualquer vantagem relativa ao setor público. Figura do art. 301 que exige dolo específico, voltado ao prejuízo no âmbito público. Exata tipificação conferida pelo voto vencedor. Precedentes do STJ. Embargos rejeitados" (TJSP, Embargos Infringentes e de Nulidade 0005477-78.2015.8.26.0066, rel. Des. Guilherme de Souza Nucci, 16ª CCr, j. 4-7-2020). Ver também: STJ, REsp 1.757.386/DF, rel. Min. Nefi Cordeiro, 6ª T., j. 7-5-2019; TJSP, ApCr 0004956-31.2015.8.26.0197, rel. Des. Airton Vieira, 6ª CCr, j. 5-10-2023; TJSC, ApCr 0130871-86.2013.8.24.0045, rel. Des. José Everaldo Silva, 4ª CCr, j. 18-6-2020; TJDFT, Acórdão 1245404, 07271369220198070001, rel. Des. Silvanio Barbosa dos Santos, 2ª T. Criminal, j. 23-4-2020; TJRS, ApCr 70080555519, rel. Julio Cesar Finger, 4ª CCr, j. 27-6-2019; TJMS, ApCr 0001397-33.2013.8.12.0001, rel. Des. Jonas Hass Silva Júnior, 2ª CCr, j. 13-9-2018; e TJMG, ApCr 1.0079.12.032756-8/001, rel. Des. Jaubert Carneiro Jaques, 6ª CCr, j. 7-2-2017.

[112] Nesse sentido: "A conduta de apresentar à empresa privada atestado médico com o timbre da rede pública de saúde, ainda que conste a identificação de médico não pertencente ao serviço público, configura o delito de uso de documento público falso" (STJ, REsp 1.757.386/DF, rel. Min. Nefi Cordeiro, 6ª T., j. 7-5-2019). E ainda: "Apelação Criminal. Art. 304, *caput*, do CP. Uso de documento particular falso. Provas da autoria e materialidade. Condenação mantida. 1. Não há dúvidas de que a ré fez uso de atestado médico falso, a fim de justificar afastamento do trabalho. Circunstâncias do caso que evidenciam que a apelante tinha conhecimento da falsidade do documento utilizado. A falsificação apta a enganar o cidadão comum não é grosseira. Condenação mantida" (TJRS, ApCr 70080555519, rel. Julio Cesar Finger, 4ª CCr, j. 27-6-2019). "Documento falso apto a induzir terceiros em erro. Grosseria da falsificação não constatada. Condenação mantida. Desclassificação do delito para aquele previsto no artigo 301, § 1º, do CP. Impossibilidade. Conduta que não se amolda no referido tipo penal, em que o agente visa a obtenção de vantagem de natureza pública. Precedentes do STJ. De rigor a classificação jurídica do delito com falsificação de documento público. Acusada que falsificou e utilizou documento público, devendo prevalecer a primeira conduta" (TJSP, ApCr 0010099-29.2016.8.26.0047, rel. Des. Leme Garcia, 16ª CCr, j. 21-8-2019).

contudo, o *usum* absorve o *falsum,* pois se cuida de reconhecer a relação de meio e fim entre os comportamentos (princípio da consunção ou absorção).

Ressalte-se que o médico que emite falso atestado responde pelo crime do art. 302 do CP.

4. TIPO SUBJETIVO

O fato somente é punido na forma **dolosa,** motivo pelo qual são indispensáveis a consciência e a vontade de concretizar os elementos objetivos do tipo. Há, ainda, **elemento subjetivo específico,** consistente em que a ação do falsário tenha como escopo **fazer prova de fato ou circunstância que habilite alguém (o próprio agente ou terceiro) a obter cargo público, isenção de ônus ou serviço público ou qualquer outra vantagem** (em benefício do sujeito ativo ou de terceiro)[113].

5. SUJEITOS DO CRIME

5.1. Sujeito ativo

Qualquer pessoa pode figurar como sujeito ativo. Diversamente do delito contido na cabeça da disposição, a falsidade material de atestado ou certidão constitui **crime comum**[114], exatamente como já decidiu o Superior Tribunal de Justiça: "A falsidade material de atestado ou certidão, na moldura típica do § 1º do art. 301 do Código Penal, é crime comum quanto ao sujeito ativo, podendo ser praticado por qualquer pessoa"[115].

---

[113] "A jurisprudência do Superior Tribunal de Justiça é no sentido de que, apesar de o delito do art. 301, § 1º, do Código Penal poder ser praticado por qualquer pessoa, a interpretação deve ser coerente com o *caput* do dispositivo, de modo que o atestado ou certificado deve ter relação com a função pública, tanto no que concerne ao emissor quanto ao benefício, hipótese inocorrente, não sendo possível, na espécie (uso de atestado falso de gravidez – art. 304/CP), a pretendida desclassificação da conduta para o art. 301, § 1º – CP" (STJ, REsp 1.918.661/RS, rel. Min. Olindo Menezes (Desembargador Convocado do TRF 1ª Região), 6ª T., j. 17-8-2021).

[114] Guilherme de Souza Nucci é categórico nesse sentido, como se nota em seu *Código Penal comentado*, p. 1.038. No mesmo sentido o escólio de José Silva Júnior e Guilherme Madeira Dezem: "A matéria contida no § 1º que ora se examina, deveria constituir artigo autônomo, assim como a que trata o § 2º, o que recomendam Magalhães Drummond e Noronha. O sujeito ativo pode ser, aqui, qualquer pessoa..." (*Código Penal e sua interpretação*, p. 1408).

[115] REsp 209.696/DF, rel. Min. Vicente Leal, 6ª T., j. 3-10-2000. No mesmo sentido: "O crime previsto no § 1º do art. 301 do Código Penal (falsidade material de atestado ou certidão), diverso daquele tipificado no 'caput' do aludido dispositivo, não é delito

5.2. Sujeito passivo

O sujeito passivo é o Estado e, eventualmente, a pessoa lesada com a conduta.

6. CONSUMAÇÃO E TENTATIVA

6.1. Consumação

O crime em estudo tem natureza **formal**, consumando-se com a formação do documento novo ou a alteração do preexistente, não se exigindo qualquer resultado naturalístico.

6.2. Tentativa

Admite-se o *conatus proximus*, porquanto consubstancia o atestado ou certidão materialmente falsos em **crime plurissubsistente**.

7. FORMA AGRAVADA (ART. 301, § 2º)

Se o crime for praticado com o objetivo de **lucro**, aplica-se, além da pena de detenção, a de **multa**. Não se trata de qualificadora, uma vez que não impõe elevações no mínimo e máximo abstratamente cominados, mas acresce a pena pecuniária à privação da liberdade prevista no preceito secundário.

8. CLASSIFICAÇÃO JURÍDICA

Cuida-se de crime *de forma ou ação vinculada* (porquanto só se admite um único meio executivo), *comum* (qualquer pessoa pode praticá-lo), *unissubjetivo ou de concurso eventual* (pode ser cometido por um só agente, ou por vários, inclusive particulares, em concurso de pessoas), *formal ou de consumação antecipada* (consuma-se independentemente da produção de resultado material), *instantâneo* (seu *summatum opus* dá-se instantaneamente, sem se prolongar no tempo) e *plurissubsistente* (o *iter criminis* admite fracionamento).

9. PENA E AÇÃO PENAL

A pena é de detenção, de três meses a dois anos. Cuida-se de delito de pequeno potencial ofensivo, de competência dos Juizados Especiais Criminais, ao qual se aplicam as medidas despenalizadoras e o rito comum sumaríssimo, previstos na Lei n. 9.099/95.

A ação penal é de iniciativa **pública incondicionada**.

---

próprio de servidor público, podendo ser praticado por qualquer pessoa" (REsp 251.009/DF, rel. Min. Fernando Gonçalves, 6ª T., j. 1º-10-2002).

ART. 302 – FALSIDADE DE ATESTADO MÉDICO

1. DISPOSITIVO LEGAL

Art. 302. Dar o médico, no exercício da sua profissão, atestado falso:

Pena – detenção, de 1 (um) mês a 1 (um) ano.

Parágrafo único. Se o crime é cometido com o fim de lucro, aplica-se também multa.

2. VALOR PROTEGIDO (OBJETIVIDADE JURÍDICA)

O objeto de proteção da norma penal é a fé pública, conforme se deduz do critério legal. Entende-se por tal a **crença na veracidade e na autenticidade dos atestados médicos.** Conforme já expusemos, contudo, o foco primário da tutela penal radica-se no tráfico jurídico probatório dos documentos (nesse caso, do atestado médico).

3. TIPO OBJETIVO

A ação nuclear consiste em "dar atestado", ou seja, emitir, expedir, elaborar o atestado médico com conteúdo inverídico. Pune-se, dessa forma, o médico que, no exercício de sua profissão, dá atestado falso. O delito nada mais é que uma modalidade (branda) de falso ideal.

O profissional enquadra-se no art. 302 e o paciente que utiliza o atestado falso, apresentando-o, por exemplo, a seu empregador para faltar ao serviço, por qual delito responde?

Depende. **Se o paciente fizer uso de atestado (ideologicamente) falsificado pelo próprio médico, responderá por uso de atestado médico falso (CP, art. 304 combinado com o art. 302).** Ocorre, porém, que a situação mais comum em inquéritos policiais e processos criminais é a do **empregado que falsifica ele próprio o atestado** (p. ex.: altera o número de dias de afastamento que o médico prescreveu) ou **compra atestado médico preenchido por quem não ostenta essa qualidade profissional.** Nesse caso, quando o sujeito apresenta o atestado à empresa, comete **uso de documento particular falsificado** (CP, art. 304 combinado com art. 298) ou **uso de documento público falsificado** (CP, art. 304 combinado com art. 297), a depender da natureza (particular ou pública) do estabelecimento de saúde (supostamente) emissor do atestado[116].

---

[116] "A conduta de apresentar à empresa privada atestado médico com o timbre da rede pública de saúde, ainda que conste a identificação de médico não pertencente ao serviço público, configura o delito de uso de documento público falso" (STJ, REsp 1.757.386/DF, rel. Min. Nefi Cordeiro, 6ª T., j. 7-5-2019). "(...) Impossibilidade de aplicação do

Se o próprio médico autor do atestado utilizá-lo, responderá pelo delito em estudo, de vez que a utilização será considerada fato posterior impunível. Se o particular falsificar atestado médico, o que não raro ocorre, responderá este pelo crime do art. 301, § 1º, do CP[117].

O *objeto material* (atestado) deve ser escrito, materialmente autêntico, mas ideologicamente falso.

A falsidade deve recair sobre fato juridicamente relevante e relacionado com as funções típicas do médico, como atestar a existência de determinada doença, a necessidade de repouso, o atendimento de alguém em consulta etc.

4. TIPO SUBJETIVO

O único elemento subjetivo do tipo é o **dolo** (elemento genérico), motivo por que se mostra irrelevante a finalidade pretendida, sendo suficiente o conhecimento da falsidade da informação atestada. Havendo fim de lucro, aplica-se cumulativamente a pena pecuniária.

5. SUJEITOS DO CRIME

5.1. Sujeito ativo

O sujeito ativo é necessariamente o médico (**crime próprio**). Quando se cuidar de médico que cometer o fato no exercício de função pública, responderá pelo crime do art. 301 do CP, desde que o atestado habilite o terceiro a obter cargo público, isenção de ônus ou de serviço de caráter público, ou qualquer outra vantagem[118].

---

preceito secundário previsto no art. 302 do Código Penal. Exigência que o atestado médico seja emitido pelo próprio profissional. Crime próprio. Autoria e materialidade delitivas demonstradas pelos depoimentos da médica, cujo nome foi falsamente utilizado no atestado, bem como do empregador, que não deixam dúvidas de que o acusado fez uso do atestado médico falsificado para se ausentar de suas atividades laborativas. Entrega do atestado médico, com brasão da prefeitura e símbolo do SUS, pelo apelante na empresa. Laudo pericial que comprova a falsificação, aliado aos demais elementos probatórios constantes nos autos. (...)" (TJSC, ApCr 0003240-60.2015.8.24.0023, rel. Des. Antônio Zoldan da Veiga, 5ª CCr, j. 13-12-2018). No mesmo sentido: TJPR, ApCr 0000271-29.2013.8.16.0035, rel. Juíza Maria Roseli Guiessmann, 2ª CCr, j. 17-4-2020.

[117] Nos centros de algumas metrópoles costuma se ver com frequência a "venda" de atestados médicos por quem não ostenta tal qualidade.

[118] Damásio de Jesus. *Código Penal anotado*, p. 939. No mesmo sentido, Nelson Hungria (*Comentários ao Código Penal*, p. 295).

5.2. Sujeito passivo

O sujeito passivo é o Estado e, secundariamente, a pessoa prejudicada (por exemplo, o empregador que abonou a falta do trabalhador em razão da doença falsamente atestada no documento).

6. CONSUMAÇÃO E TENTATIVA

6.1. Consumação

Consuma-se o fato com a **entrega do atestado**, independentemente de sua utilização (**crime formal**)[119].

6.2. Tentativa

Admite-se a forma tentada, porquanto o documento pode ser confeccionado mas não entregue, por circunstâncias alheias à vontade do agente.

7. PENA CUMULATIVA

Se o delito for praticado com objetivo de **lucro**, aplica-se, além da pena privativa de liberdade, a de **multa** (parágrafo único).

É de ver que referida exasperação não constitui verdadeira qualificadora, justamente por não estabelecer novos limites abstratos, mas determinar o acréscimo obrigatório da sanção pecuniária.

8. CLASSIFICAÇÃO JURÍDICA

A falsidade de atestado médico consubstancia crime *de forma ou ação livre* (admite qualquer meio executivo), *próprio* (somente o médico no exercício de sua profissão pode cometê-lo), *monossubjetivo ou de concurso eventual* (pode ser praticado por um agente ou vários em concurso de pessoas – art. 29 do CP), *formal ou de consumação antecipada* (já que se aperfeiçoa independentemente da produção do resultado naturalístico, traduzida no prejuízo a terceiro decorrente da utilização do falso atestado), *instantâneo* (a consumação não se protrai no tempo) e *plurissubsistente* (o *iter criminis* comporta fracionamento).

9. PENA E AÇÃO PENAL

A pena é de detenção, de um mês a um ano. Trata-se de infração penal de menor potencial ofensivo, submetendo-se, portanto, ao regime jurídico

---

[119] "O delito consuma-se no momento em que o médico fornece o atestado sem examinar o paciente, assumindo os eventuais riscos de seu 'ato'" (*JUTARS* 87/130).

da Lei n. 9.099/95, bem como à competência *ratione materiae* dos Juizados Especiais e ao rito comum sumaríssimo.

A ação penal é de iniciativa **pública incondicionada.**

ART. 303 – REPRODUÇÃO OU ADULTERAÇÃO DE SELO OU PEÇA FILATÉLICA

1. DISPOSITIVO LEGAL

Art. 303. Reproduzir ou alterar selo ou peça filatélica que tenha valor para coleção, salvo quando a reprodução ou a alteração está visivelmente anotada na face ou no verso do selo ou peça:

Pena – detenção, de 1 (um) a 3 (três) anos, e multa.

Parágrafo único. Na mesma pena incorre quem, para fins de comércio, faz uso do selo ou peça filatélica.

2. VALOR PROTEGIDO (OBJETIVIDADE JURÍDICA)

Protege-se primordialmente a crença na veracidade e na autenticidade das peças filatélicas de valor colecionável e, ainda, o tráfico jurídico de tais objetos bem como, em caráter secundário, o patrimônio dos possíveis adquirentes, salvaguardando-os de possíveis fraudes.

3. REVOGAÇÃO TÁCITA

O art. 303 do CP encontra-se tacitamente revogado pelo art. 39 da Lei n. 6.538/78, que contém semelhante redação e lhe é posterior: "*Reproduzir ou alterar selo ou peça filatélica de valor para coleção, salvo quando a reprodução ou a alteração estiver visivelmente anotada na face ou no verso do selo ou peça*" (caput). "*Incorre nas mesmas penas quem, para fins de comércio, faz uso de selo ou peça filatélica de valor para coleção, ilegalmente reproduzidos ou alterados*" (parágrafo único).

4. TIPO OBJETIVO

4.1. Modalidade fundamental (*caput*)

A origem da incriminação remonta a um reclamo dos filatelistas que, reunidos no 2º Congresso Filatélico Brasileiro, rogaram ao governo federal que, "no interesse geral da filatelia", incluísse no Projeto de Código Penal dispositivo coibindo o ato de "adulterar, falsificar ou negociar com selos ou peças filatélicas falsas, ressalvando-se os casos de venda ou troca em que a falsificação estiver expressamente anotada de forma clara e visível, ou na face ou no verso do próprio selo ou peça"[120].

---

[120]Nelson Hungria. *Comentários ao Código Penal*, v. IX, p. 296.

474

Pune-se o ato de *reproduzir*, isto é, imitar a peça verdadeira mediante a confecção de uma nova ou *alterar*, ou seja, modificar o selo postal ou peça filatélica existente. Trata-se, portanto, da falsidade material que recai sobre objeto determinado e, por isso, recebe tratamento particular.

A **reprodução** nada mais é do que a **contrafação** e pode ser, também, total ou parcial. Será total quando o falsário lograr reproduzir integralmente o selo postal, como o agente que contrafaz o famoso "olho de boi" (primeiro selo postal brasileiro e segundo no Mundo, emitido em 1º-8-1843). Haverá contrafação parcial quando se cuidar de peça filatélica composta de duas ou mais partes, distintas e individualizáveis, dando-se a reprodução em uma delas.

A alteração pode se dar de várias formas: por exemplo, suprimindo o carimbo do selo, mediante processo químico de lavagem, a fim de lhe dar aparência de novo, incrementando seu valor de mercado; apondo falso carimbo raro em carta verdadeira circulada no século XIX etc.

Todos os requisitos do falso documental devem estar presentes, notadamente a **aptidão para enganar o homem médio**, reproduzindo com alguma fidelidade o documento original. Anote-se, todavia, que não se terá em conta como padrão para se aquilatar a aptidão ilusiva do *falsum* o critério de um homem de mediana prudência e discernimento, mas, nesse caso, as **habilidades dos filatelistas medianos**, já que se cuida de proteção penal ligada a essa atividade colecionista[121].

O *objeto material* é o selo postal (usado ou novo, desde que, nesse caso, fora de uso) ou a peça filatélica, incluindo-se, portanto, os cartões-postais, os inteiros postais, os máximos postais, os envelopes de primeiro dia de circulação, os blocos, as estampilhas (selo fiscal[122]), as cartas com valor postal, as "provas" ou "ensaios" etc. Também são abrangidos pela tutela legal os selos oficializados, os quais eram emitidos por empresas privadas de transporte aéreo, a fim de encaminhar a correspondência por esta via; caso dos selos "Varig" (que circularam na primeira metade do século XX).

Casos há em que a falsificação não se encontra anotada na própria peça, mas é de notório conhecimento entre os especialistas que comercializam o selo falsificado, por vezes com elevado valor comercial, em razão do interesse que desperta entre os colecionadores. Não são poucos os casos em que, descoberta a falsificação (independentemente da punição ou não do

---

[121] *Vide* art. 39 da Lei n. 6.538/78.

[122] Com relação aos selos fiscais ou estampilhas, deve-se anotar, somente constituirão objeto material do crime em estudo depois de sua efetiva utilização, quando se tornarem, portanto, artigos colecionáveis. Antes de seu uso, quando falsificados visando a enganar a fiscalização tributária, dar-se-á o crime do art. 293 do Código Penal (nesse sentido: Sylvio do Amaral. *Falsidade documental*, p. 136).

falsário), o produto contrafeito torna-se conhecido no meio filatélico, transmudando-se em objeto colecionável. Nesse caso, inexiste crime quando de sua comercialização, em primeiro lugar, porque não há nenhuma possibilidade ou intenção de lesar a fé pública (isso ocorreu quando o selo circulou e iludiu os Correios). Além disso, os comerciantes filatélicos expressamente alertam possíveis compradores para a falsidade, inclusive por terem interesse econômico, dado o seu considerável valor. Se, entretanto, venderem selo verdadeiro como sendo o raro falso que supostamente circulou ou quando comercializam peça falsa (que não circulou) como se verdadeira fosse, enganando o comprador, cometem, em tese, **estelionato** (art. 171, *caput*, do CP).

4.2. Modalidade equiparada (parágrafo único)

De acordo com o dispositivo epigrafado: "Incorre nas mesmas penas quem, para fins de comércio, faz uso de selo ou peça filatélica de valor para coleção, ilegalmente reproduzidos ou alterados".

A Lei Postal comina a mesma sanção a quem se utiliza comercialmente do selo ou peça filatélica de valor para coleção. Quando forem os mesmos agentes os responsáveis pela produção do falso e subsequente uso comercial, haverá **crime único**, configurando o *usum* pós-fato impunível.

Deve-se notar que **não é qualquer uso que a lei pune, mas somente aquele com interesse econômico, isto é, para fins de comércio**. Não é necessário que se cuide de empresário filatelista, já que a lei abrange também o agente que, em caráter eventual, vende o objeto sabidamente falso, com o fim de obter lucro. O texto não fala em "atividade comercial", mas para fins de comércio. Não há crime, contudo, se ausente esse *animus* para a utilização, como ocorre com o agente que, visando montar coleção para exposição, utiliza-se de uma peça falsificada para obter maior nota ao conjunto de selos postais exibido.

5. TIPO SUBJETIVO

É o **dolo**, ou seja, a consciência e a vontade de reproduzir ou alterar selo ou peça filatélica.

6. SUJEITOS DO CRIME

6.1. Sujeito ativo

Qualquer pessoa pode figurar como sujeito ativo do crime, não só o filatelista. Trata-se, portanto, de **crime comum**.

6.2. Sujeito passivo

É o Estado, em caráter principal, titular da fé pública e, secundariamente, o titular do interesse lesado com a conduta criminosa.

7. CONSUMAÇÃO E TENTATIVA

7.1. Consumação

Na modalidade fundamental (*caput*), consuma-se a infração com a confecção do selo ou peça filatélica falsificados (*editio falsi*), independentemente do seu uso, que consubstancia delito autônomo.

Na hipótese do parágrafo único, o *summatum opus* dá-se com a utilização comercial do objeto. Não é necessário que a peça seja efetivamente negociada, bastando que seja exposta à venda, pois isso já caracteriza uso comercial.

7.2. Tentativa

Admite-se a forma tentada somente na modalidade principal, já que no uso (comercial) o fato é unissubsistente.

8. CLASSIFICAÇÃO JURÍDICA

O falso filatélico configura delito *de forma ou ação livre* (admite qualquer meio executivo), *comum* (qualquer pessoa pode figurar como sujeito ativo), *monossubjetivo ou de concurso eventual* (pode ser realizado por um só agente ou vários, em concurso de pessoas – art. 29 do CP), *formal ou de consumação antecipada* (pois independe do resultado naturalístico para fins de consumação, ou seja, é desnecessário demonstrar-se o prejuízo a outrem), *instantâneo* (já que sua realização integral dá-se imediatamente, sem se prolongar no tempo) e *plurissubsistente* (o *iter criminis* comporta cisão), salvo no parágrafo único (em que o fato é *unissubsistente*).

9. PENA E AÇÃO PENAL

As penas cominadas são detenção, até dois anos, e multa (de três a dez dias-multa). Trata-se de infração de menor potencial ofensivo, sujeitando-se ao regime jurídico da Lei n. 9.099/95.

A ação penal é de iniciativa **pública incondicionada**.

ART. 304 - USO DE DOCUMENTO FALSO

1. DISPOSITIVO LEGAL

Art. 304. Fazer uso de qualquer dos papéis falsificados ou alterados, a que se referem os arts. 297 a 302:

Pena – a cominada à falsificação ou à alteração.

2. VALOR PROTEGIDO (OBJETIVIDADE JURÍDICA)

De acordo com o critério legal, o valor protegido corresponde à fé pública (a crença coletiva que deve recair sobre a veracidade e a autenticidade dos documentos).

Deve-se lembrar, contudo, que tal fé constitui uma característica que emana de certos documentos, isto é, o predicado de inspirarem confiança quanto à sua autoria e à verdade de seu conteúdo. Desse modo, a objetividade jurídica traduz-se, particularmente no uso de documento falso, na **preservação da segurança** e da **credibilidade no tráfico jurídico probatório**[123]. Evidentemente que, ao se estender o manto da proteção penal à força probante inerente aos documentos[124], reafirma-se, como consequência reflexa, a confiança que reina na coletividade em torno de sua veracidade e autenticidade. Como já dissemos em outras passagens, a preservação da segurança e credibilidade no tráfico jurídico probatório reforça a fé pública dos documentos.

Quando o objeto material constituir-se de documento público, proteger-se-á também a **regularidade dos atos praticados pela Administração Pública**.

3. TIPO OBJETIVO

O art. 304 incrimina o comportamento de **quem faz uso de qualquer dos papéis falsificados ou alterados,** a que se referem os **arts. 297 a 302,** impondo pena semelhante à cominada à falsificação ou à alteração. Constitui **crime remetido,** porquanto sua descrição típica e sanção remetem a outros dispositivos[125]. Note-se que não estão abrangidos todos os delitos do Capítulo III, já que a utilização dos documentos falsificados a que aludem os arts. 296 e 303 (este revogado pelo art. 39 da Lei Postal[126]) tem incriminação autônoma da utilização de seus objetos materiais.

A ação nuclear consubstancia-se com o *uso* de documento, atestado ou certidão falsos (coisas sobre as quais recaem as condutas típicas dos arts. 297 a 302), como se verdadeiros fossem.

O *uso* pode se dar de qualquer forma (**judicial** ou **extrajudicial**), abrangendo assim todo e qualquer ato de aplicação do documento conside-

---

[123]Idem, ibidem.

[124]A força probante dos documentos, ademais, encontra-se extensivamente disciplinada no novo Código de Processo Civil, nos arts. 405 a 429.

[125]"No dizer da doutrina, o tipo penal sob enfoque refere-se a crime remetido. A existência da falsidade penalmente reconhecida é pressuposto básico para a responsabilização pelo uso. Ausente o documento capaz de configurar o *falsum*, impossível dar-se como tipificado o uso" (TJRS, *RJTJRGS* 195/153).

[126]Lei n. 6.538/78.

rado meio de prova[127], motivo pelo qual se trata de delito *onímodo* (p. ex., tentativa de embarcar em voo internacional com passaporte contendo visto falsificado[128]; instruir petição inicial com o documento espúrio).

A figura do "**estelionato judiciário**", consistente no uso de documentos particulares, tais como procuração e declaração de hipossuficiência que contenham informações inconsistentes e não condizentes com a realidade, é **atípica** para o Superior Tribunal de Justiça, pois entende-se que tais documentos "gozam de presunção relativa de veracidade, passíveis de prova em contrário no curso do devido processo legal"[129].

O chamado **uso** *ad pompam,* em que o agente **exibe o** *falsum* **a outro somente para se gabar,** sem pretender daí extrair qualquer efeito jurídico, **escapa à incriminação.**

A fotocópia simples (sem autenticação) não se considera documento (*v.* art. 232 do CPP), motivo pelo qual a **utilização de xérox simples falsificada não é crime**[130].

---

[127] "É preciso que o documento saia da esfera pessoal do agente, iniciando-se uma relação qualquer com outra pessoa, de modo a determinar efeitos jurídicos" (*Comentários ao Código Penal*, v. IX, p. 298).

[128] "A apresentação de passaporte contendo visto consular materialmente falsificado no momento de embarque para viagem aos Estados Unidos da América, constitui o delito de uso de documento público falso. Em que pese se tratar de documentos distintos com finalidades diversas, o visto consular constitui parte integrante do passaporte" (TRF, 1ª R., REse 0026251-14.2015.4.01.3800, rel. Des. Ney Bello, 3ª T., j. 2-8-2016). **Hipótese de excludente de culpabilidade:** "Uso de documento falso. Passaporte. Direito de liberdade em confronto com a fé pública. Dirimente de culpabilidade. O uso de passaporte falso por cidadãos de país que se encontra em guerra civil há mais de cinco anos (Síria), durante passagem pelo Brasil, com destino a outro país, justifica-se pelo fato de eles terem fugido da guerra que, além de haver destruído seu meio de sustento e não oferecer oportunidades de desenvolvimento econômico, ameaça seu direito à vida como também o de locomoção. Assim, configura-se circunstância dirimente de culpabilidade ante a inviabilidade de se exigir conduta diferente. Precedentes. Unânime" (TRF, 1ª R., AP 0035720-37.2012.4.01.3300, 3ª T., rel. Des. Guilherme Fabiano Julien de Rezende, j. 13-9-2016).

[129] HC 664.970/PR, rel. Min. Sebastião Reis Júnior, 3ª S., j. 25-8-2021.

[130] "(...) quando do preenchimento da ficha de matrícula e apresentação da documentação necessária junto à Diretoria de Educação para o Trânsito, o recorrido não se utilizou de original falsificado, e sim de xerocópia simples não autenticada de documento público alterado, consoante se depreende da prova oral e documental coligida aos autos. E por não constituírem documentos, as reproduções não autenticadas não são aptas a servirem de objeto material do delito de falso" (TJSP, AP 0001154-44.2014.8.26.0590, rel. Des. Walter da Silva, 14ª CCr, j. 5-4-2017). *Vide* também STJ, RHC 64.718/SP, rel. Min. Jorge Mussi, 5ª T., j. 17-11-2015, *DJe* de 26-11-2015. Em se tratando de *fax* não autenticado, *v.* TRF, 2ª R., *RT* 778/707.

Também **não há delito** quando o documento utilizado foi **grosseiramente falsificado**[131] ou a **falsidade nele contida for inócua** (incapaz de prejudicar terceiros)[132]. Há, em tais casos, **crime impossível** (CP, art. 17), por absoluta impropriedade do objeto – o que conduz à atipicidade da ação realizada.

De acordo com os tribunais superiores, o **princípio da insignificância** é inaplicável aos crimes contra a fé pública[133], ao menos, como regra. Casos há, todavia, em que se admite – em caráter excepcional – o reconhecimento de que a utilização do Direito Penal para punir determinadas falsidades se revelaria demasiada, sobretudo quando o fato já é sancionado por outros ramos jurídicos. Esse entendimento prestigia o caráter subsidiário do Direito Penal. O STJ aplicou esse raciocínio julgando caso concreto no qual o autor falsificou atestado odontológico para justificar sua dispensa ao trabalho.

---

[131] Nesse sentido: 1) "Falsificação grosseira não verificada. A suspeita de uso de documento falso, por parte de pessoas habituadas à conferência, *per si*, não configura falsificação grosseira, mormente se, para a constatação da falsificação, demandou-se análise mais detalhada, por perícia. Precedentes. Acusado que, ademais, confirmou em juízo ter apresentado o mesmo documento em outras oportunidades, sem que ninguém notasse a contrafação" (TJSP, ApCr 0026765-33.2017.8.26.0577, rel. Des. Alcides Malossi Junior, 9ª CCr, j. 9-6-2020). 2) "Para que seja configurada a falsificação grosseira, é necessário que a falsidade seja perceptível ao homem comum, sem conhecimento técnico específico, o que não se estende ao policial militar, o qual é treinado para suspeitar da idoneidade de um documento, além de se tratar de fato corriqueiro de sua atividade" (TJMG, ApCr 1.0432.13.002730-8/001, rel. Des. Júlio César Lorens, 5ª CCr, j. 11-2-2020). 3) "O entintamento nos números contidos no campo 'local e data' e a rasura na data do selo de autenticação da assinatura aposta no documento são flagrantes, tornando-se imprestável o seu reconhecimento para o fim a que se destina, sendo facilmente perceptível pelo indivíduo de senso comum, configurando falsificação grosseira" (TJRS, AP 70074130733, rel. Des. Rogerio Gesta Leal, 4ª CCr, j. 3-8-2017). Ver também: TJMS, ApCr 0002219-79.2016.8.12.0045, rel. Des. Jairo Roberto de Quadros, 3ª CCr, j. 19-6-2020; TJSC, ApCr 0000168-26.2018.8.24.0002, rel. Des. Cinthia Beatriz da Silva Bittencourt Schaefer, 5ª CCr, j. 10-6-2020; TJMG, ApCr 1.0701.18.002975-6/001, rel. Des. Octavio Augusto De Nigris Boccalini, 3ª CCr, j. 7-4-2020; e TJRS, ApCr 70081775348, rel. Des. Rogerio Gesta Leal, 4ª CCr, j. 25-7-2019.

[132] Nesse sentido: TRF, 3ª R., *RT* 774/706 e STJ, AgRg no HC 557.776/ES, rel. Min. Rogerio Schietti Cruz, 6ª T., j. 10-8-2021 ("O Tribunal *a quo* consignou que somente quando o objeto ou o meio forem absolutamente impróprios é que não se pune a conduta. Não é o caso, pois o documento exibido pelo réu era apto a iludir e prejudicar direitos. Desse modo, inviável a tese de crime impossível que só se caracteriza quando o meio empregado pelo agente for absolutamente ineficaz para a produção de resultado, o que não é o caso dos autos").

[133] Nesse sentido: AgRg no AREsp 1134866/SP, rel. Min. Rogerio Schietti Cruz, 6ª T., j. 10-8-2021.

Entendeu que as sanções previstas na legislação trabalhista já seriam suficientes para coibir adequadamente a conduta[134]. Com o devido respeito, ainda que se possa admitir, de forma excepcional, a aplicação do princípio da insignificância a crimes contra a fé pública, não se pode tratar como fato banal ou irrelevante sob a ótica penal a falsificação de documentos para burlar direitos trabalhistas. Trata-se de comportamentos que merecem a censura não só do Direito do Trabalho, mas igualmente do Direito Penal.

Existe discussão doutrinária sobre a configuração do delito quando se trata de **simples porte de documento falsificado**. Predomina o entendimento de que o comportamento é penalmente **atípico, salvo quando se tratar de documento de porte obrigatório**, como a CNH (Carteira Nacional de Habilitação) e o CRVL (Certificado de Registro de Veículo Automotor)[135]. Se o documento foi solicitado (ou mesmo exigido) por servidores públicos no exercício de sua função e o agente, voluntariamente, exibiu a eles o documento falso, dele fez uso, consumando-se a infração[136].

---

[134] STJ, HC 366.703/SP, rel. Min. Reynaldo Soares da Fonseca, 5ª T., j. 15-3-2018. Igualmente, o TRF da 1ª Região: "é aplicável o princípio da insignificância, bem como o princípio da ofensividade, a crime de uso de documento falso quando não verificada a efetiva lesividade ao bem jurídico tutelado pela norma penal, como no caso de apresentação de atestado médico falso para fins de ausência no trabalho. Efetivada punição administrativa, com a pena de demissão, não há necessidade de intervenção do Direito Penal" (TRF-1R, RSE 00022507-40.2017.4.01.3800, rel. Des. (p/ Acórdão) Leão Aparecido Alves, 3ª T, j. 8-5-2018).

[135] Nesse sentido, o seguinte trecho de acórdão proferido pelo TJSP: "Aliás, cabe ressaltar que, conforme firme entendimento jurisprudencial, considerando que o porte da Carteira Nacional de Habilitação é obrigatório quando o agente está na condução de veículo automotor (art. 159, § 1º, do CTB), o simples ato de portar configura uma das modalidades de uso do documento. Nesse contexto, o crime estaria configurado ainda que o acusado não tivesse efetivamente apresentado a CNH falsa aos policiais" (ApCr 0003506-22.2014.8.26.0445, rel. Luis Augusto de Sampaio Arruda, 13ª CCr, j. 4-7-2019). E ainda: "Apelação crime. Uso de documento falso. Portar/trazer consigo carteira de identidade falsificada. Documento de porte não obrigatório. Ausência de apresentação aos policiais. Fato atípico. Rejeição da denúncia mantida. Recurso do ministério público improvido. Unânime" (TJRS, AP 70073458325, rel. Des. Aristides Pedroso de Albuquerque Neto, 4ª CCr, j. 8-6-2017). Igualmente: "Não há dúvidas de que o réu fez uso de CRLV comprovadamente falsa, referente a automóvel clonado que conduzia. O CRLV é documento de porte obrigatório, a teor do art. 133 do CTB, a demonstrar que, ainda que o réu não houvesse entregado o documento aos policiais, estaria caracterizado o crime imputado na inicial, pois estava fazendo efetivo uso do documento ao conduzir o veículo apreendido" (TJRS, ApCr 70082286675, rel. Des. Rogerio Gesta Leal, redator Des. Julio Cesar Finger, 4ª CCr, j. 26-9-2019).

[136] "O crime previsto no artigo 304 do Código Penal configura-se com a conduta de apresentar documento falso, sendo irrelevante o fato de a exibição ter decorrido de solici-

A autonomia entre o uso e o falso determina a subsistência daquele, ainda que o crime antecedente encontre-se com a punibilidade extinta por qualquer razão. É o que decorre expressamente do art. 108 do CP, primeira parte, segundo o qual: *"A extinção da punibilidade de crime que é pressuposto, elemento constitutivo ou circunstância agravante de outro não se estende a este"*.

4. TIPO SUBJETIVO

A infração somente é punida na forma **dolosa** (elemento subjetivo genérico), exigindo-se o conhecimento da falsidade[137], sob pena de considerar-se atípica a conduta, aplicando-se os princípios do erro de tipo (art. 20 do CP). Não é necessário, por óbvio, que exista conluio entre o falsificador e o usuário, até porque constituem estes delitos autônomos.

5. SUJEITOS DO CRIME

5.1. Sujeito ativo

Pode ser praticado por qualquer pessoa (**crime comum**), salvo o falsário (que só responde pelo delito anterior).

---

tação de policiais ou de iniciativa do próprio agente, até porque este teria a opção de não o apresentar. Precedente" (TJSP, Embargos Infringentes e de Nulidade 0001452-02.2017.8.26.0535, rel. Des. Gilda Alves Barbosa Diodatti, 15ª CCr, j. 6-7-2020). E também: "As circunstâncias evidenciadas na oportunidade que envolveu a prisão em flagrante não deixam dúvida de que o réu fez uso de carteira de identidade comprovadamente falsa, em razão de sua condição de foragido. Pouco importa se o acusado apresentou espontaneamente o documento ou se foi instado a fazê-lo. Tanto em uma como em outra hipótese, caracteriza-se o crime do uso de documento falso. A versão de que não apresentou o documento perde força em vista das circunstâncias registradas" (TJRS, ApCr 70080406309, rel. Julio Cesar Finger, 4ª CCr, j. 25-4-2019).

[137] "A caracterização do delito previsto no artigo 304 do Código Penal depende da presença das elementares também do tipo a que remete, uma vez que aquele faz expressa menção aos tipos penais de falsidade material e ideológica previstos nos artigos 297 a 302 do Código Penal. Exige-se, desse modo, a comprovação da falsidade, da potencialidade lesiva do documento e da ciência do agente quanto à inautenticidade do documento de que se utilizou" (TRF4, ApCr 5003483-30.2017.4.04.7009, rel. Des. João Pedro Gebran Neto, 8ª T., j. 24-6-2020). E ainda: "Não há dúvidas de que o réu, motorista de transporte rodoviário coletivo, fez uso de Autorização de Viagem, supostamente emitida pela ANTT, comprovadamente falsa. Circunstâncias do caso que evidenciam que o acusado fez uso e tinha conhecimento da falsidade do documento utilizado" (TJRS, ApCr 70083544189, rel. Des. Julio Cesar Finger, 4ª CCr, j. 7-5-2020). Também: "No crime previsto no art. 304 do CP, se o agente deliberadamente se utiliza de documento falso, resta caracterizado o elemento subjetivo do tipo, afastando-se a ausência de dolo" (TJMG, ApCr 1.0000.24.193932-1/001, rel. Des. Paulo de Tarso Tamburini Souza, 3ª CCr., j. 3-9-2024).

Conforme já explicamos em outros trechos desta obra, quando a **mesma pessoa falsifica o documento e o utiliza** de qualquer modo, comete apenas **um crime**. Discute-se, todavia, se o falso deve prevalecer, considerando-se o uso fato posterior impunível[138] ou, identificando na espécie o crime progressivo, há de se considerar que o *falsum* é absorvido pelo *usum* – crime-fim.

Sylvio do Amaral, uma das maiores autoridades no assunto, defendia o acerto da última solução. "Quando o agente falsifica e em seguida usa o *falsum*", dizia o autor, "ele realiza tipicamente um crime *progressivo*, uma série de fatos delituosos tendentes a um objetivo fundamental, norteador de todo o procedimento e absorvente do sentido geral das ações precedentes – o *emprego* do documento falso"[139].

Nossos tribunais, todavia, consideram acertada a primeira corrente, isto é, **a falsificação (arts. 297 a 302) prevalece sobre o uso (art. 304)**. De acordo com o STF: "(...) o crime de uso, quando cometido pelo próprio agente que falsificou o documento, configura *post factum* não punível, vale dizer, é mero exaurimento do crime de falso" (AP 530, rel. Min. Rosa Weber, rel. p/ acórdão Min. Roberto Barroso, 1ª T., j. 9-9-2014). Para o STJ: "o uso de documento falsificado (CP, art. 304) deve ser absorvido pela falsificação do documento público ou privado (CP, arts. 297 e 298), quando praticado pelo mesmo agente, caracterizando o delito de uso *post factum* não punível, ou seja, mero exaurimento do crime de falso, não respondendo o falsário pelos dois crimes, em concurso material" (RHC 112.730/SP, rel. Min. Ribeiro Dantas, 5ª T., j. 3-3-2020).

---

[138] Nesse sentido: "Se o usuário do documento falsificado ou alterado é o próprio falsificador, deve ser a ele imputado somente o crime de falsificação, já que o uso do documento falso se trata de *post factum* impunível (princípio da consunção)" (TJMG, ApCr 1.0699.17.010253-6/001, rel. Des. Rubens Gabriel Soares, 6ª CCr, j. 9-6-2020).

[139] *Falsidade documental*, p. 148. Nessa mesma linha: "O crime de falso foi meio para a consecução do de uso de documento público falsificado e por este deve ser absorvido. O delito de uso de documento falso (crime-fim), absorve o delito de falsificação de documento público ou particular (crime-meio), sendo irrelevante, para fins de condenação pelo crime de uso de documento falso, perquirir se o réu foi ou não o autor da falsificação, posto que o sujeito ativo desse crime é o usuário do documento falso. No caso em tela, verifica-se a prática de duas condutas, mas com relação de *minus* e *plus*, de continente e conteúdo, sendo de rigor a incidência do *ante factum* impunível – pois, no caso, o crime de falsificação de documento constituiu, essencialmente, meio necessário para a prática do delito de uso do documento como forma de não ser pego em razão de mandado de prisão em aberto que contra si possuía" (TJMS, ApCr 0005860-27.2014.8.12.0019, rel. Juiz Lúcio R. da Silveira, 1ª CCr, j. 21-11-2019).

5.2. Sujeito passivo

O sujeito passivo é o Estado e, mediatamente, o prejudicado pela utilização do documento falso.

6. CONSUMAÇÃO E TENTATIVA

6.1. Consumação

Dá-se a consumação com o efetivo uso, independentemente da comprovação de que o ato resultou prejuízo a terceiros. Os *crimen falsii* configuram delitos formais ou de consumação antecipada[140].

---

[140] Nesse sentido: 1) "Ademais 'é pacífico o entendimento neste Superior Tribunal de Justiça de que, tratando-se de crime formal, o delito tipificado no art. 304 do Código Penal consuma-se com a utilização ou apresentação do documento falso, não se exigindo a demonstração de efetivo prejuízo à fé pública nem a terceiros' (AgInt no AREsp 1.229.949/RN, rel. Min. Maria Thereza de Assis Moura, 6ª T., j 6-3-2018, *DJe* 14-3-2018). 8. Agravo regimental a que se nega provimento" (STJ, AgRg no AREsp 656.601/SC, rel. Min. Ribeiro Dantas, 5ª T., j. 23-10-2018). 2) "O delito de uso de documento falso, tipificado no art. 304 do Código Penal, é crime formal e se consuma no momento da sua utilização, prescindindo da comprovação de eventual fim específico. Sua consumação independe do efeito proveito da conduta, pois a vontade do agente ao usar o documento falso viola a fé pública, bem jurídico protegido pela norma penal. Por se tratar de crime formal, o simples uso do documento contrafeito é suficiente para a sua consumação" (TRF, 1ª R., AP 0001905-67.2013.4.01.3800, rel. Des. Ney Bello, j. 18-8-2017). 3) "O delito de uso de documento falso, previsto no art. 304 do Código Penal, consuma-se com a utilização de qualquer dos papéis falsificados ou alterados a que se referem os artigos 297 a 302 como se fossem verdadeiros, independentemente de obtenção de proveito" (TJMG, ApCr 1.0704.16.002579-4/001, rel. Des. Anacleto Rodrigues, 8ª CCr, j. 2-7-2020). 4) "Em harmonia com a confissão apresentada pelo réu, os Policiais Militares responsáveis pela ocorrência esclareceram que abordaram o réu em bloqueio de trânsito, consultaram o documento CNH apresentado pelo réu e não constava no sistema. Crime de natureza formal – sua consumação independe da prova de prejuízo a terceiros. Trata-se de crime que lesionou a fé pública, causando prejuízo à Sociedade" (TJSP, ApCr 0000136-71.2017.8.26.0205, rel. Des. Ely Amioka, 8ª CCr, j. 24-6-2020). 5) "A conduta descrita no artigo 304 do Código Penal refere-se a crime formal, de consumação antecipada ou de resultado cortado, que se aperfeiçoa com a efetiva e dolosa utilização, ainda que por uma única vez, de qualquer dos papéis falsificados ou alterados, a que se referem aos artigos 297 a 302 do referido diploma legal, a dispensar a ocorrência de resultado naturalístico" (TJMS, ApCr 0003708-53.2016.8.12.0013, rel. Des. Jairo Roberto de Quadros, 3ª CCr, j. 18-12-2019). Ver também: TJMG, ApCr 1.0000.24.202675-5/001, rel. Des. Henrique Abi-Ackel Torres, 8ª CCr., j. 22-8-2024.

6.2. Tentativa

Não se admite a forma tentada (**delito unissubsistente**).

7. CLASSIFICAÇÃO JURÍDICA

O uso de documento falso constitui *crime de forma ou ação livre ou onímodo* (pode ser praticado por qualquer meio executivo), *comum* (qualquer pessoa pode figurar como sujeito ativo), *monossubjetivo ou de concurso eventual* (pode ser cometido por uma só pessoa ou várias em concurso de agentes – art. 29 do CP), *formal ou de consumação antecipada* (sua consumação independe da produção de prejuízo a terceiros), *instantâneo* (o *summatum opus* não se prolonga no tempo) e *unissubsistente* (sua conduta típica não comporta fracionamento).

8. CONCURSO DE INFRAÇÕES OU CONFLITO DE NORMAS

Várias hipóteses podem ser cogitadas:

1ª) **uso reiterado do mesmo documento**: enseja **continuidade delitiva** (CP, art. 71);

2ª) **utilização simultânea de vários documentos falsos: crime único** (há uma só lesão à fé pública);

3ª) **uso com o fim de obter vantagem ilícita em prejuízo alheio:** "quando o falso se exaure no **estelionato**, sem mais potencialidade lesiva, é por este absorvido" (Súmula 17 do STJ)[141];

4ª) **uso pelo falsário**: só há o **crime antecedente** (arts. 297 a 302), sendo o uso fato posterior impunível;

5ª) **uso de documento falso para cometer crime contra a ordem tributária**: aplica-se o **art. 1º, IV, da Lei n. 8.137/90**;

---

[141] "Aplica-se o princípio da consunção quando o delito meio é instrumento ou etapa necessária à execução do delito fim, devendo, por isso, ser pelo último absorvido. 2. Seguindo tal entendimento, o enunciado n. 17 da Súmula desta Corte, estabelece que, quando o falso se exaure no estelionato, sem mais potencialidade lesiva, é por este absorvido. 3. No caso, o disposto no referido enunciado já foi devidamente observado pelas instâncias de origem, tanto que a agravante foi apenada apenas pela prática dos seis estelionatos, sem que, em relação àqueles fatos, tenha havido a punição cumulada pelos delitos de falsificação de documento e uso de documento falso, ante a aplicação do princípio da consunção. 4. Entretanto, em relação aos demais fatos criminosos nos quais não houve a prática de estelionato, mas apenas dos crimes autônomos previstos no artigo 304, c/c artigo 297, ambos do Código Penal, não há que se falar em consunção ou absorção, porquanto derivam de fatos diversos e não representaram meio necessário para a prática de qualquer delito" (STJ, AgRg no HC 756.132/DF, rel. Min. Reynaldo Soares da Fonseca, 5ª T., j. 28-8-2023).

6ª) uso de documento falso para cometer crime de descaminho: há crime único e o agente responde apenas pelo descaminho[142];

7ª) uso de documento verdadeiro, pertencente a terceiro, como se fosse do agente, que se faz passar por outra pessoa: ocorre falsa identidade (CP, art. 308).

9. PENA E AÇÃO PENAL

A pena será a mesma cominada à falsificação (crime remetido). Assim, por exemplo, quando há uso de documento público falsificado, a pena será de reclusão, de dois a seis anos, e multa. Se particular, reclusão, de um a cinco anos, e multa.

A ação penal é de iniciativa pública incondicionada.

ART. 305 – SUPRESSÃO DE DOCUMENTO

1. TIPO PENAL

Art. 305. Destruir, suprimir ou ocultar, em benefício próprio ou de outrem, ou em prejuízo alheio, documento público ou particular verdadeiro, de que não podia dispor:

Pena – reclusão, de 2 (dois) a 6 (seis) anos, e multa, se o documento é público, e reclusão, de 1 (um) a 5 (cinco) anos, e multa, se o documento é particular.

2. BREVE HISTÓRICO

A inclusão da supressão de documento entre os crimes de falso remonta à *Lex Cornelia de falsis*, tendo sido mantida durante a Idade Média.

No Brasil, o Código Penal de 1890, seguindo critério adotado no Código Penal francês de 1810, o considerou como modalidade de delito patrimonial (dano). O Código atual não aquiesceu com esse ponto de vista, situando-o na classe dos delitos contra a fé pública.

3. CONFLITO APARENTE DE NORMAS

3.1. Demais formas de supressão de documentos

Há no Código diversas infrações que são construídas de maneira semelhante ao art. 305. Veja os arts. 314 (crime cometido por funcionário

---

[142]Nesse sentido: "Ocorre crime único de descaminho quando a falsificação ou o uso de documento falso, pouco importando o momento de utilização, visa única e exclusivamente suprimir ou reduzir tributo devido pela entrada, saída ou consumo de mercadorias" (STJ, AgRg no AREsp 1.749.741/ES, rel. Min. Ribeiro Dantas, 5ª T., j. 4-5-2021).

contra a Administração Pública), 337 (crime praticado por particular contra a Administração) e 356 (delito contra a administração da Justiça).

A despeito da multiplicidade de capitulações jurídicas, o campo de incidência de cada uma delas pode ser facilmente distinguido tendo em vista a objetividade jurídica, o elemento subjetivo do injusto, o sujeito ativo e, por vezes, o objeto material.

O mais grave de todos os delitos está previsto no art. 305 do CP, de que ora se cuida. Pune-se todo aquele que destruir, suprimir ou ocultar, em benefício próprio ou de outrem, ou em prejuízo alheio, documento público ou particular verdadeiro, de que não podia dispor (a pena é de reclusão, de dois a seis anos, e multa, se o documento é público, e reclusão, de um a cinco anos, e multa, se o documento é particular).

A conduta se subsumirá ao presente tipo penal sempre que o ato dirigir-se ao fim de locupletação ("em benefício próprio ou de outrem") ou prejuízo de terceiro e, além disso, buscar-se assacar a força probante do documento (público ou particular verdadeiro).

Os arts. 314 e 337 são os que encontram maior proximidade entre si, cabendo anotar que ambos são expressamente subsidiários (notadamente em relação ao art. 305). Há coincidência quanto aos objetos materiais: livros oficiais ou documentos (o art. 337 também inclui o processo) e no que se refere ao valor fundamental atingido: a Administração Pública.

O *discrimen* baseia-se na qualidade do sujeito ativo. O art. 314 constitui crime próprio e só pode ser praticado pelo funcionário público encarregado da guarda do livro oficial ou documento. O art. 337 consubstancia crime comum, podendo ter qualquer pessoa como sua autora, notadamente o particular ou servidor público atuando fora do exercício de suas funções.

Diferenciam-se no que pertine às condutas nucleares, uma vez que o art. 314 emprega os verbos: "extraviar", "sonegar" e "inutilizar" (total ou parcialmente) e o art. 337: "subtrair"[143] e "inutilizar". O primeiro fala em extravio porque pressupõe guarda lícita do objeto material por parte do sujeito ativo, ao passo que o outro usa o termo subtrair, justamente por ser cometido por quem não possui tal relação com o livro oficial, processo ou documento.

---

[143] Se o funcionário se encontra na guarda do livro oficial, processo ou documento, não poderia "subtraí-lo" (ato que pressupõe a tomada do bem e a consequente retirada da esfera de disponibilidade de seu detentor). Justamente por essa razão o art. 314, que tem como elementar a guarda do objeto material, não usa o termo "subtrair", mas "extraviar".

O art. 356, por fim, é o menos severamente punido (detenção, de seis meses a três anos, e multa). Cuida-se de tipo penal menos abrangente que os demais, pois só pode figurar como sujeito ativo o advogado ou procurador que, nessa qualidade, recebeu autos, documentos ou objeto de valor probatório, inutilizando-os (no todo ou em parte) ou deixando de restituí-los.

3.2. Crime patrimonial (CP, arts. 155 ou 163)

A ação de suprimir, destruir ou ocultar o documento pode, por vezes, constituir crime contra o patrimônio. Se o autor agir com *animus nocendi* ou *animus furandi* ter-se-á configurado crime de dano ou furto, respectivamente. É essencial, nesses casos, que não se procure macular o valor probatório do objeto, mas destruí-lo simplesmente ou subtraí-lo.

Imagine que a vítima possua algum documento com valor pecuniário por se tratar de objeto colecionável (por exemplo: uma carta manuscrita pela Princesa Isabel) e o agente, visando prejudicar o ofendido, o destrua ou, pretendendo auferir lucro, o subtraia.

4. VALOR PROTEGIDO (OBJETIVIDADE JURÍDICA)

Na "supressão de documento" não há propriamente lesão à fé pública, já que a conduta do agente não macula a crença na veracidade e na autenticidade do documento, mas efetivamente a **tutela do tráfico jurídico probatório**, isto é, da força probante inerente aos documentos, que se verão anuladas com a sua destruição, supressão ou ocultação irregular[144]. Como ponderava Hungria, membro da Comissão Revisora do Código: "Fazer desaparecer uma prova verdadeira de um fato verdadeiro é dar aparência de não provado ou de inexistente aquilo que é verdadeiro e juridicamente certo (...)"[145].

5. TIPO OBJETIVO

As ações nucleares são: *destruir*[146] (extinguir, anular, eliminar etc.), *suprimir* (fazer desaparecer como documento) e *ocultar* (esconder). Assim,

---

[144] De acordo com o STJ: "O bem jurídico posto sob tutela é a fé pública, no que toca à segurança dos documentos como meio de prova. Com efeito, quem suprime, definitiva ou temporariamente, um documento útil à demonstração de um fato ou circunstância juridicamente relevante frustra um elemento de certeza e segurança nas relações jurídicas e, pois, turba a fé pública" (*RSTJ* 193/625).

[145] *Comentários ao Código Penal*, v. IX, p. 301.

[146] "Buscando o réu eximir-se de obrigação de saldar a dívida, ao rasgar cheque por ele emitido, comete o crime de supressão de documento, devendo ser majorada a pena

exemplificativamente, quem incendeia o papel o destrói, aquele que apõe tinta sobre ele, tornando-o ilegível, o suprime, e o agente que o guarda em local inacessível ou desconhecido dos interessados, o oculta.

O **tipo é misto alternativo**, de modo que a prática de mais de um comportamento, como a destruição parcial seguida da ocultação, configura delito único, podendo a multiplicidade de ações ser considerada para efeito de agravar a pena (por ocasião do exame das circunstâncias judiciais).

O *objeto material* é o **documento público** (reclusão, de dois a seis anos, e multa) **ou particular** (reclusão, de um a cinco anos, e multa) **originais**, dos quais o agente não podia dispor (p. ex., duplicata ou fólio de cheque). Se não houver original, pode haver crime com a supressão, destruição ou ocultação de cópia autêntica (desde que outra não possa ser facilmente obtida, pois, nesse caso, não se macula o valor protegido – tráfico jurídico probatório). A supressão de autos de processo enquadra-se no art. 356 do CP.

Só comete o *crimen* quem não podia dispor do documento. É irrelevante a maneira como o obteve (lícita ou ilicitamente).

A infração penal exige que se cuide de documento verdadeiro. A supressão, destruição ou ocultação de documento falso somente se subsumirá ao tipo quando este constituir-se, em si mesmo, o corpo de delito de alguma infração.

A **retirada de palavras, letras ou demais sinais gráficos do documento**, de modo a alterar o sentido e as consequências jurídicas, tipifica o delito em estudo.

---

vez que o cheque, para efeitos penais, é considerado documento público" (TJSP, *RT* 623/281). E ainda: "Réu que deu cheque como pagamento pela compra de um animal de estimação, mesmo sabendo que a cártula pertencia a outra pessoa e, portanto, não seria descontada, e, após, rasgou-a para evitar que a dívida fosse cobrada. Autoria e materialidade evidenciadas. Elemento integrante do meio ardil evidenciado. Agir não que não pode ser considerado somente como desacerto comercial. Condenação mantida. Apelo defensivo improvido" (TJRS, ApCr 70081535478, rel. Des. Newton Brasil de Leão, 4ª CCr, j. 29-8-2019). Se permanecer acessível e legível, a fé pública não será lesionada: "Apelação criminal. Penal. Estelionato (art. 171, *caput*, do Código Penal) e supressão de documento (art. 305, do Código Penal). Emissão de cheques sem provisão de fundos. Ausência de dolo anterior à entrega dos cheques e ao recebimento da vantagem ilícita. Inexistência de fraude. Atipicidade. Caracterização de mero ilícito civil. Documento público danificado. Conteúdo que, no entanto, permanece acessível e legível. Fé pública não afetada. Absolvições mantidas. Recurso desprovido" (TJPR, AP 1328210-1, rel. Des. Rogério Kanayama, 3ª CCr, j. 16-7-2015). "Apelação criminal. Supressão de documento. Tipicidade objetiva. A conduta de meramente danificar o documento, que todavia não o impediu de prestar-se a seu fim próprio, não se tipifica à luz do artigo 305 do Código Penal" (TJSP, ApCr 0014416-18.2017.8.26.0344, rel. Des. Sérgio Mazina Martins, 2ª CCr, j. 2-3-2020).

489

A **mera retenção de documento** não caracteriza a supressão, salvo se o interessado, em função disso, desconhecer o paradeiro do objeto material[147].

6. TIPO SUBJETIVO

Além do elemento subjetivo genérico (**dolo**), requer-se intenção de obter benefício para si ou para outrem, ou gerar prejuízo a terceiro[148].

7. SUJEITOS DO CRIME

7.1. Sujeito ativo

Qualquer pessoa pode figurar como sujeito ativo da infração (**crime comum**).

7.2. Sujeito passivo

O Estado e aquele que sofre o prejuízo decorrente da supressão do documento.

8. CONSUMAÇÃO E TENTATIVA

8.1. Consumação

Com a destruição, ainda que parcial, ocultação ou supressão do objeto material, mesmo que o agente não obtenha a vantagem esperada ou gere o prejuízo visado (**crime formal**)[149].

---

[147] *Vide* TJRJ, *RT* 777/677.

[148] "Exige-se, para a integração do tipo previsto no art. 305 do CP, o dolo específico, uma vez que não basta destruir, suprimir ou ocultar documento público ou particular, urge que tal prática seja cometida com o especial fim de agir de obter vantagem ou proveito de qualquer natureza (em benefício próprio ou de outrem) ou, ainda, de causar prejuízo a terceira pessoa" (TJMG, ApCr 1.0220.15.001132-2/001, rel. Des. Eduardo Brum, 4ª CCr, j. 19-6-2019). Registre-se que o acórdão emprega o termo "dolo específico", mas, tecnicamente, está se referindo à inexigência de "elemento subjetivo específico" do tipo penal para a existência do delito. "Para a configuração do crime do art. 305 do Código Penal, não se exige que o dolo seja restrito a atingir o documento em si, estando a pretensão de causar prejuízo a outrem, inserta no elemento subjetivo do crime em questão. Na hipótese, restou devidamente evidenciado que a ré destruiu os documentos da vítima com a finalidade de prejudicá-la, não havendo de se falar em atipicidade da conduta. Condenação mantida" (TJMS, ApCr 0004954-53.2008.8.12.0114, rel. Des. José Ale Ahmad Netto, 2ª CCr, j. 22-10-2017).

[149] "O delito do art. 305 do Código Penal se consuma com simples destruição, supressão ou ocultação do documento, não se exigindo um dano efetivo. A restauração dos

8.2. Tentativa

Admite-se o *conatus proximus*, de vez que o ato tem **natureza plurissub-sistente**. Comete-o, por exemplo, quem dilacera o papel em pedaços que podem ser recompostos, de modo a permitir a restauração da peça e a leitura integral de seu teor (não há falar-se em destruição parcial, que é a definitiva inutiliza-ção de parte do documento, de modo que não possa mais ser recomposta)[150].

9. CLASSIFICAÇÃO JURÍDICA

Consiste em crime *de forma ou ação livre* (pode ser praticado por qualquer meio), *comum* (não se exige nenhuma qualidade ou condição especial do sujeito ativo), *unissubjetivo ou de concurso eventual* (um só agente pode praticá-lo, ou vários em concurso de pessoas – art. 29 do CP), *formal ou de consumação antecipada* (consuma-se independentemente da produção do resultado naturalístico, isto é, do prejuízo a outrem)[151], *instantâneo* (sua consumação opera-se instantaneamente, sem se prolongar no tempo) e *plurissubsistente* (o *iter criminis* comporta fracionamento).

10. PENA E AÇÃO PENAL

A pena é de reclusão, de dois a seis anos, e multa, se o documento é público, e reclusão, de um a cinco anos, e multa, se o documento é particular.

O procedimento será o comum ordinário (CPP, arts. 395 a 405), admitindo-se a suspensão condicional do processo, quando se cuidar de documento particular (art. 89 da Lei n. 9.099/95).

A ação penal é de iniciativa **pública incondicionada**.

---

autos não configura atipicidade" (STJ, AgRg no AREsp 606.549/MS, rel. Min. Joel Ilan Paciornik, 5ª T., j. 6-11-2018).

[150] "Comete crime de Supressão de Documento, na modalidade tentada, pessoa que tenta ocultar em suas vestes ficha de identificação utilizada para cotejo na formação de novos documentos, com dados originais de assinatura e impressões digitais, ainda que ideolo-gicamente falso, pois constitui prova de relação jurídica e eventual corpo de delito, dele não podendo dispor o particular" (TJSP, AP 0086265-50.2003.8.26.0050, rel. Des. Willian Campos, j. 23-8-2011). *Vide* também o julgado do TJSP, *RJTJSP* 52/325.

[151] "O delito do art. 305 do Código Penal se consuma com simples destruição, supressão ou ocultação do documento, não se exigindo um dano efetivo. A restauração dos autos não configura atipicidade" (stj, AgRg no AREsp 606.549/MS, rel. Ministro Joel Ilan Paciornik, 5ª T., j. 6-11-2018). No mesmo sentido, ver: TJMG, ApCr 1.0000.23.247305-8/001, rel. Des. Agostinho Gomes de Azevedo, 7ª CCr., j. 6-3-2024.

Capítulo IV
DE OUTRAS FALSIDADES
(ARTS. 306 A 311-A)

INTRODUÇÃO

No último capítulo do Título X, dedica-se o legislador a comportamentos que também considera vulneradores da fé pública. Os objetos materiais são, nesse âmbito, os mais variados, indo desde a marca ou o sinal empregado pelo poder público no contraste de metal precioso ou na fiscalização alfandegária até sinais identificadores de veículos automotores (em face da modificação introduzida no Texto Legal em 1996). Há, ainda, a incriminação da "falsidade pessoal", i. e., a que recai sobre a identidade, estado, qualidade ou condição da pessoa (falsa identidade) e aquela acerca de nome, qualidade ou condição de estrangeiro.

O legislador não inseriu a falsificação de pesos e medidas visando a enganar o consumidor, que, segundo Hungria[1], constitui "clássica modalidade de *falsum*", presente em diversas legislações penais. A omissão, como destacava o mestre, não é bastante para tornar lacunosa a lei penal brasileira, de vez que o comportamento foi capitulado dentre os crimes contra a economia popular, inicialmente no art. 2º, IX, da Lei n. 1.521/51 (*"fraudar pesos ou medidas padronizados em lei ou regulamentos; possuí-los ou detê--los, para efeitos de comércio, sabendo estarem fraudados"*) e, atualmente, no art. 7º, II e IV, da Lei n. 8.137/90) (*"vender ou expor à venda mercadoria cuja embalagem, tipo, especificação, peso ou composição esteja em desacordo com as prescrições legais, ou que não corresponda à respectiva classificação oficial"* e *"fraudar preços por meio de: a) alteração, sem modificação essencial ou de qualidade, de elementos tais como denominação, sinal externo, marca, embalagem, especificação técnica, descrição, volume, peso, pintura*

---

[1] *Comentários ao Código Penal*, v. IX, p. 305. No mesmo sentido: Magalhães Noronha. *Direito penal*, v. 4, p. 230.

ou acabamento de bem ou serviço; b) divisão em partes de bem ou serviço, habitualmente oferecido à venda em conjunto; c) junção de bens ou serviços, comumente oferecidos à venda em separado; d) aviso de inclusão de insumo não empregado na produção do bem ou na prestação dos serviços”).

ART. 306 – FALSIFICAÇÃO DE SINAL EMPREGADO NO CONTRASTE DE METAL PRECIOSO OU NA FISCALIZAÇÃO ALFANDEGÁRIA, OU PARA OUTROS FINS

1. DISPOSITIVO LEGAL

Art. 306. Falsificar, fabricando-o ou alterando-o, marca ou sinal empregado pelo poder público no contraste de metal precioso ou na fiscalização alfandegária, ou usar marca ou sinal dessa natureza, falsificado por outrem:

Pena – reclusão, de 2 (dois) a 6 (seis) anos, e multa.

Parágrafo único. Se a marca ou sinal falsificado é o que usa a autoridade pública para o fim de fiscalização sanitária, ou para autenticar ou encerrar determinados objetos, ou comprovar o cumprimento de formalidade legal:

Pena – reclusão ou detenção, de 1 (um) a 3 (três) anos, e multa.

2. VALOR PROTEGIDO (OBJETIVIDADE JURÍDICA)

A esfera de proteção penal engloba a **autenticidade** e a **veracidade** das marcas ou sinais empregados pelo poder público, seja no contraste de metal precioso ou na fiscalização alfandegária, os quais poderiam ver sua confiança abalada se incerta sua legitimidade. A tutela criminal também inclui a **Administração Pública**, responsável pelo emprego de referidos sinais ou marcas.

3. TIPO OBJETIVO

Pune-se, no *caput*, o ato de *falsificar, fabricando ou alterando* o objeto material. O legislador reuniu, sob um mesmo signo linguístico (ato de “fabricar”), duas condutas distintas: a fabricação ou alteração das marcas ou sinais utilizados em contraste de metal precioso ou na fiscalização aduaneira.

A *fabricação* corresponde à contrafação, ou seja, à formação de elemento inexistente até então, fazendo surgir objeto semelhante ao verdadeiro, de modo que sua criação seja produto integral da “arte” do falsário.

A *alteração* se dá quando o agente modifica as características (juridicamente relevantes) de sinal ou marca verdadeiros, *preexistentes*.

O **uso também está incluído na conduta punível**, integrando a parte final da disposição legal, embora punido quando outra pessoa a responsável pela falsificação. Se o mesmo sujeito contrafaz ou altera o bem e dele se utiliza, portanto, será enquadrado na falsificação, atitude que, por si só, além de se subsumir perfeitamente ao preceito primário, ofende o bem protegido na norma, justificando a imposição da pena.

O **tipo** é, portanto, **misto alternativo**, razão pela qual a prática de mais de uma conduta, inseridas todas na mesma linha de desdobramento causal, produz unidade de infração (e não concurso de crimes).

Os *objetos materiais* são o **sinal** ou a **marca** utilizados no contraste de metal precioso ou na fiscalização alfandegária. Noronha[2] corretamente ponderava que marcas ou sinais constituem termos sinônimos, podendo ambos serem reduzidos ao seguinte denominador: representações ou signos cuja finalidade é atestar alguma característica do objeto. Podem ser utilizados: **a) no contraste de metal precioso**, é dizer, seu título ou a relação entre o metal precioso e a liga da qual é composto, indicando seu peso e quilate; e **b) na fiscalização aduaneira**, isto é, o signo empregado pela alfândega que atesta a liberação da mercadoria para entrada ou saída no território nacional.

4. TIPO SUBJETIVO

O fato somente é punido a título de **dolo**, exigindo-se, destarte, a vontade e a consciência de concretizar os elementos objetivos do tipo. Em se tratando do uso, o dolo deve abranger, por óbvio, o conhecimento de que o objeto foi falsificado.

5. SUJEITOS DO CRIME

5.1. Sujeito ativo

Qualquer pessoa pode figurar como sujeito ativo da infração, de vez que o tipo não insere qualidades ou condições especiais (**crime comum**).

5.2. Sujeito passivo

É o Estado e, secundariamente, a pessoa prejudicada com a infração.

6. CONSUMAÇÃO E TENTATIVA

6.1. Consumação

O *summatum opus* dá-se com a produção ou alteração do objeto material, no caso de falsificação, ou, na conduta "usar", com sua aplicação, por qualquer meio. Em ambos os casos, não se exige a produção de prejuízo a terceiros, pois se trata de **crime formal**.

---

[2] Magalhães Noronha. *Direito penal*, v. 4, p. 232.

6.2. Tentativa

A tentativa é possível na conduta "falsificar", cuja natureza é **plurissub-sistente**, o mesmo não se podendo dizer no caso do **uso**, fato **unissubsistente**.

7. FIGURA PRIVILEGIADA

O parágrafo único (cuja pena é sensivelmente mais branda) refere-se à falsificação que recai sobre marcas ou sinais relativos à fiscalização sanitária, na autenticação ou encerramento de determinados objetos ou, ainda, para comprovar o cumprimento de formalidade legal.

Autenticar é reconhecer como autêntico, original, verdadeiro. Encerrar significa, nesse caso, guardar em lugar cerrado (fechado), visando a evitar qualquer mácula no objeto. Comprovar tem o sentido de demonstrar, provar, que determinada rotina ou praxe utilizada pelo poder público foi devidamente cumprida.

8. CLASSIFICAÇÃO JURÍDICA

Crime *de forma ou ação livre* (pode ser praticado por qualquer meio executivo), *comum* (qualquer pessoa pode figurar como sujeito ativo), *monossubjetivo ou de concurso eventual* (um só agente pode cometê-lo ou vários em concurso de pessoas), *formal ou de consumação antecipada* (consuma-se independentemente da produção do resultado naturalístico – prejuízo a terceiro), *instantâneo* (sua consumação não se prolonga no tempo) e *plurissubsistente* (o *iter criminis* comporta cisão, salvo na modalidade "usar").

9. PENA E AÇÃO PENAL

A pena é de reclusão, de dois a seis anos, e multa. A forma procedimental adequada será o rito comum ordinário (CPP, arts. 395 a 405).

No caso da figura privilegiada, a sanção cominada é de reclusão ou detenção, de um a três anos, e multa; segue-se o procedimento comum sumário (CPP, arts. 395 a 399 e 531 a 538), admitindo-se a suspensão condicional do processo (art. 89 da Lei n. 9.099/95).

A ação penal é de iniciativa **pública incondicionada**.

ARTS. 307 E 308 – FALSA IDENTIDADE

1. DISPOSITIVOS LEGAIS

Art. 307. Atribuir-se ou atribuir a terceiro falsa identidade para obter vantagem, em proveito próprio ou alheio, ou para causar dano a outrem:

Pena – detenção, de 3 (três) meses a 1 (um) ano, ou multa, se o fato não constitui elemento de crime mais grave.

Art. 308. Usar, como próprio, passaporte, título de eleitor, caderneta de reservista ou qualquer documento de identidade alheia ou ceder a outrem, para que dele se utilize, documento dessa natureza, próprio ou de terceiro:

Pena – detenção, de 4 (quatro) meses a 2 (dois) anos, e multa, se o fato não constitui elemento de crime mais grave.

2. BREVE HISTÓRICO

A falsidade pessoal era reprimida desde a Antiguidade no Direito Romano, conforme noticia Fragoso, o qual destaca o tratamento dado no sentido de se equiparar ao *falsum* a atribuição inverídica de identidade ou da qualidade de soldado[3].

Nossos Códigos Penais trataram do assunto como contravenção penal. Assim, em 1830, o fato figurava dentre os "crimes policiais" (termo empregado pela legislação criminal do Império que correspondia aos delitos anões), no seu art. 301. Em 1890, o art. 338 punia quem usasse de "nome suposto, trocado ou mudado, de título distintivo, uniforme ou condecoração que não tenha".

3. VALOR PROTEGIDO (OBJETIVIDADE JURÍDICA)

O Código Penal situa a falsa identidade dentre os crimes contra a fé pública. Não se trata exatamente da proteção do valor probatório de documentos ou na crença sobre sua autenticidade ou sobre a veracidade de seu conteúdo, mas na **confiança na identidade inculcada pelas pessoas**[4].

4. TIPO OBJETIVO

4.1. Falsa identidade (art. 307)

Dá-se tal crime, objetivamente, com o ato de *atribuir* (imputar, inculcar) a si ou a terceiro falsa identidade. A conduta típica consiste, portanto, em **se fazer passar por outra pessoa**, pouco importando se esta realmente exista (substituição de pessoa) ou se seja produto da imaginação do sujeito (identidade imaginária).

---

[3] *Lições de direito penal*, v. 3, p. 380.

[4] Fragoso descrevia o objeto jurídico como a "fé pública pessoal" (*Lições de direito penal*, v. 3, p. 380).

A identidade de alguém compreende todo o conjunto de caracteres próprios e exclusivos de uma pessoa, tais como nome, idade, sexo, estado, profissão[5], condições sociais etc.

O delito pode ser praticado por qualquer meio (oral ou escrito). A doutrina afasta, contudo, a possibilidade de cometimento do fato por omissão (p. ex., a pessoa tem sua identidade confundida com outra e mantém em erro, pelo silêncio, aquele que se equivocou)[6]. É fundamental que se cuide de **meio idôneo**, ou seja, **apto a enganar**, iludir terceiros e, ainda, tenha a **possibilidade**, mesmo que em tese, **de obter indevida vantagem (de qualquer ordem) ou provocar dano a alguém.**

É **indiferente**, como se disse, **a espécie de benefício visado.** Pode ser de ordem moral, material ou sexual. Aquele que, para favorecer alguém, em razão de laços de amizade, por ele se passa e realiza prova em seu lugar, comete o delito. Da mesma forma, a pessoa que, não figurando em lista privada de ingresso a determinado estabelecimento, apresenta-se ao porteiro como sendo um dos convidados.

Deve-se ter em mente que o delito é **expressamente subsidiário**, como deixa claro seu preceito secundário. A norma, nesse caso, assim se autoproclama. O fato perderá sua autonomia, desta feita, quando figurar como meio para a prática de um *estelionato* (p. ex., o sujeito se faz passar pelo correntista para emitir cheque pertencente a outrem e, assim, enganar o lojista, levando as mercadorias pagas com a cártula falsificada); *violação sexual mediante fraude* (p. ex., um homem, aproveitando-se da ausência de seu vizinho, por ele se faz passar e, no escuro do quarto, deita-se com a esposa dele); *induzimento a erro essencial ao matrimônio* (p. ex., fazer se passar por outra pessoa, assumindo sua identidade, para ludibriar alguém e com ela se casar) etc.

Aquele que simplesmente se omite, não declarando sua identidade verdadeira, quando instado por autoridade pública a fazê-lo, comete a **contravenção** prevista no art. 68 da LCP ("Recusar à autoridade, quando por esta justificadamente solicitados ou exigidos, dados ou indicações concernentes à própria identidade, estado, profissão, domicílio e residência: pena – multa"). Por outro lado, **a pessoa que se arroga a condição de funcionário público, sem objetivar vantagem alguma ou prejuízo a quem quer que seja,**

---

[5] "Comete o delito do art. 307 do CP aquele que se intitula falsamente oficial do Exército, com o intuito de influir no espírito do guarda que o multava por infração de trânsito" (*RT* 428/355).

[6] Nesse sentido: Cláudio Heleno Fragoso (*Lições de direito penal*, p. 381), José Silva Júnior e Guilherme Madeira Dezem (*Código Penal e sua interpretação*, p. 1.421) e Rogério Greco (*Código Penal comentado*, p. 809).

responde pela **contravenção** do art. 45 da LCP ("Fingir-se funcionário público: pena – prisão simples, de um a três meses, ou multa").

Há divergência a respeito da existência da infração em estudo quando alguém, **preso** ou **investigado criminalmente, declina outro nome, atribuindo a si identidade falsa** (existente ou inventada). Durante muitos anos, prevaleceu na jurisprudência, notadamente no STJ, o entendimento acerca da licitude da conduta, que seria englobada pelo direito à ampla defesa[7]. Sempre ressaltamos, porém, que semelhante comportamento por vezes acarreta o envolvimento do nome (utilizado pelo agente) de um inocente em investigação ou processo penal, trazendo-lhe irremediáveis prejuízos, motivo pelo qual não aquiescemos com a tese vencedora. Como bem ressalta Rogério Greco: "A autodefesa diz respeito (...) a *fatos*, e não a uma autoatribuição falsa de identidade. O agente pode até mesmo dificultar a ação da Justiça Penal no sentido de não revelar situações que seriam indispensáveis à elucidação dos fatos. No entanto, não poderá eximir-se de se identificar. É um direito do Estado saber em face de quem propõe a ação penal e uma obrigação do indiciado/acusado revelar sua identidade. Essa autoatribuição falsa de identidade nada tem a ver com o direito de autodefesa, ou de, pelo menos, não fazer prova contra si mesmo, de não autoincriminar-se"[8].

O ponto de vista que sustentamos, isto é, de que **configura falsa identidade** a conduta de quem se atribui nome falso, agora é amplamente dominante na jurisprudência, desde que o Plenário do STF assim decidiu no julgamento do Recurso Extraordinário 640.139 (rel. Min. Toffoli, j. 7-10-2011). O STJ, depois disso, alterou sua orientação e editou Súmula a respeito do assunto ("A conduta de atribuir-se falsa identidade perante autoridade policial é típica, ainda que em situação de alegada autodefesa" – **Súmula 522**)[9].

---

[7] De rigor observar que o Supremo Tribunal Federal, no julgamento do RE 640.139/DF (rel. Min. Dias Toffoli, Tribunal Pleno, j. 22-9-2011), firmou a seguinte tese: "O princípio constitucional da autodefesa (art. 5º, LXIII, da CF/88) não alcança aquele que atribui falsa identidade perante autoridade policial com o intento de ocultar maus antecedentes, sendo, portanto, típica a conduta praticada pelo agente (art. 307 do CP)".

[8] *Código Penal comentado*, p. 808.

[9] Nesse sentido: "O Superior Tribunal de Justiça, a quem compete, por força constitucional, uniformizar a jurisprudência e interpretar a lei federal de natureza infraconstitucional, diante dos múltiplos recursos com o mesmo fundamento, ao interpretar o art. 307 do Código Penal, no julgamento do Recurso Especial paradigma n. 1.362.524-MG, Relator Ministro Sebastião Reis Júnior, na linha da jurisprudência do Supremo Tribunal Federal, firmou entendimento no sentido de que é típica a conduta de atribuir-se falsa identidade perante autoridade policial, ainda que em situação de alegada autodefesa (Súmula 522)" (TJMG, ApCr 1.0672.19.000024-6/001, rel. Des.(a) Lílian

Não se deve confundir, todavia, **a ação de quem simplesmente inculca a si nome falso, daquele que faz uso de documento espúrio, para ocultar sua verdadeira identidade.** Nesse caso, o delito cometido é o do **art. 304 do CP** (combinado com o art. 297 do CP)[10], infração na qual sequer se discute, dada sua evidente gravidade e notória lesão à fé pública, a aplicação do princípio da ampla defesa para tornar lícita a conduta. Também configura delito mais grave o fato de o agente atribuir a si identidade de outra pessoa, inserindo declaração falsa em documento, assinando-o como se fosse o terceiro, no intuito de alterar a verdade sobre fato juridicamente relevante; há, nesse caso, o crime de *falsidade ideológica* do art. 299 do CP[11].

Maciel, 8ª CCr, j. 21-5-2020). E ainda: "O argumento de que o apelante agiu em autodefesa quando se apresentou em Delegacia de Polícia não implica no reconhecimento da atipicidade do delito de falsa identidade, porquanto o direito constitucional à ampla defesa é limitado pelo devido processo legal, não autorizando a prática de um novo delito a pretexto de que no que exercício de um direito. Súmula n. 522 do e. STJ" (TJRS, RESE 70083936435, rel. Des. Rosaura Marques Borba, 2ª CCr, j. 25-6-2020). "A conduta de atribuir-se falsa identidade perante autoridade policial é típica, ainda que em situação de alegada autodefesa, pois há periculosidade social na ação e grau elevado de reprovabilidade no comportamento do apelante" (TJMS, ApCr 0003904-88.2018.8.12.0001, rel. Des. Luiz Claudio Bonassini da Silva, 3ª CCr, j. 19-6-2020). Ver também: STJ, AgRg no AgRg no HC 698.509/SP, rel. Min. Messod Azulay Neto, 5ª T., j. 30-5-2023; AgRg no HC 827.848/SP, rel. Min. Jesuíno Rissato (Desembargador Convocado do TJDFT), 6ª T., j. 11-12-2023; e TJMG, ApCr 1.0000.24.263425-1/001, rel. Des. Âmalin Aziz Sant'Ana, 8ª CCr., j. 12-9-2024.

[10] "Uso de documento falso. Agente que, ao ser abordado por policial, atribui a si próprio outra identidade mediante apresentação de cédula de identidade falsa. Suficiência da prova. Aquele que, ao ser abordado por policial, atribui a si próprio falsa identidade não exercita simples direito de autodefesa, incorrendo, antes, no tipo penal do art. 307 do CP (falsa identidade). Se, todavia, ao fazê-lo, o averiguado ao mesmo tempo apresenta voluntariamente, de modo espontâneo ou provocado, documento falso, sua conduta se desloca e passa a se subsumir ao tipo penal do art. 304 do CP (uso de documento falso), uma vez que a utilização do instrumento adulterado ou forjado é mais severamente apenada, e deve prevalecer sobre a mera autoatribuição fictícia, que passa a ter relevância tão somente subsidiária" (TJSP, ApCr 0003321-40.2017.8.26.0360, rel. Des. Grassi Neto, 9ª CCr, j. 2-7-2020).

[11] "Fazer inserir declaração falsa em documentos públicos do inquérito e da ação penal, consistente em inserção de nome do irmão, inclusive com aposição de assinatura pelo réu, simulando ser o terceiro, com claro objetivo de alterar a verdade sobre fato juridicamente relevante, culmina em subsunção à tipificação de falsidade ideológica, o que torna incabível a desclassificação da conduta para o delito do art. 307 do Código Penal, mormente porque a falsa identidade é crime tipicamente subsidiário, que, em consonância com o preceito normativo secundário, 'só incidirá se a atribuição de falsa identidade não constituir delito mais grave'. 2. Não se descura da corrente jurisprudencial no sentido de que a atribuição de falsa identidade perante a autoridade

4.2. Uso de documento de outrem (art. 308)

O art. 308, por sua vez, pune quem "usar, como próprio, passaporte, título de eleitor, caderneta de reservista ou qualquer documento de identidade alheia ou ceder a outrem, para que dele se utilize, documento dessa natureza, próprio ou de terceiro".

Dá-se com o *uso* (de qualquer forma, judicial ou extrajudicial) de documento de identidade (autêntico) alheio, fazendo-se passar por seu titular ou com a cessão (tradição) de tal objeto para terceiro dele se utilizar, como se fora o cedente.

A conduta deve se dar com o emprego de passaporte, título de eleitor, caderneta de reservista ou qualquer outro documento de identidade. O legislador, na enumeração exemplificativa, vale-se do recurso da **interpretação analógica**, em que se utiliza uma fórmula genérica, acompanhada de exemplificação casuística. Quando isso se dá, gênero e espécie se autolimitam, vale dizer, não podem ser compreendidos um sem o outro. Assim, por exemplo, incorre no dispositivo o agente que se utiliza de carteira nacional de habilitação de outrem[12], pois se cuida de verdadeiro documento de identidade, como os demais expressamente mencionados no artigo.

---

policial para ocultar antecedentes, para evitar cumprimento de mandado prisional ou para ocultar a evasão do sistema carcerário configurariam o crime de falsa identidade, sendo a posterior assinatura falsa em documento público logo após o flagrante apenas o exaurimento delitivo. 3. Ocorre que, conforme circunstâncias concretas delineadas, o réu não pretendia apenas inculcar falsa identidade para frustrar de alguma forma o cumprimento da lei por ocasião do flagrante, pois persistiu em seu intento criminoso, ao fazer inserir declaração inverídica em documentos públicos diversos, por várias vezes e em diferentes ocasiões, ou seja, posteriormente à inicial atribuição de falsa identidade, inclusive após se ver diante de uma ação penal, ulteriores condutas de falsidade ideológica que perdurariam por indefinido lapso temporal, não fossem os depoimentos da vítima, bem assim do irmão do agente, de quem foi utilizado o nome de forma antijurídica. 4. Até para evitar ofensa ao *non bis in idem*, na sentença foi aplicada em favor do réu a absorção da imputação acusatória alusiva ao art. 307 pelas oito condutas do art. 299 do Código Penal, em consonância com a figura do *ante factum* impunível, na medida em que o inicial fato precedente de falsa identidade, embora tenha desdobrado as posteriores ofensas maiores ao bem jurídico tutelado (fé pública), não foi meio necessário à realização do delito mais grave de falsidade ideológica" (TJMS, ApCr 0003938-43.2017.8.12.0019, rel. Des. Jairo Roberto de Quadros, 3ª CCr, j. 15-5-2020).

[12] "Comete o delito de falsa identidade, previsto no art. 308 do Código Penal, o agente que utiliza, como própria, Carteira Nacional de Habilitação de terceiro, perante Policiais Rodoviários Federais, se o fato não constituir elemento de crime mais grave" (TRF, 4ª R., AP 5003130-33.2016.404.7200, rel. Des. Danilo Pereira Junior, 8ª T., j. 1º-2-2017).

O uso de documento de outrem configura modalidade de falsa identidade e, assim como o crime do art. 307, é **expressamente subsidiário** (portanto, **se o agente substitui no documento a fotografia verdadeira por sua foto, incorre no tipo do art. 297 do CP).**

5. TIPO SUBJETIVO

O **art. 307 do CP** exige, além do **dolo** (elemento subjetivo genérico), a intenção de obter vantagem, em proveito próprio ou alheio, ou de causar prejuízo a outrem (**elemento subjetivo específico**). Sem esse desiderato, não há o crime[13].

No caso do **art. 308, primeira figura**, basta a vontade e a consciência de utilizar-se do documento de outrem, fazendo se passar por esta pessoa; na **segunda figura**, além do **dolo** de ceder, é preciso o **elemento subjetivo especial** de fazê-lo para que a pessoa utilize-o fazendo se passar pelo cedente.

6. SUJEITOS DO CRIME

6.1. Sujeito ativo

Os delitos em exame constituem **crimes comuns,** podendo ser praticados por qualquer pessoa.

6.2. Sujeito passivo

O sujeito passivo é o Estado, titular da fé pública, e, secundariamente, o terceiro prejudicado com a conduta (p. ex., a verdadeira pessoa cuja identidade foi utilizada pelo agente).

7. CONSUMAÇÃO E TENTATIVA

7.1. Consumação

Consuma-se o fato com a atribuição da identidade falsa, ainda que o sujeito não obtenha a vantagem pretendida ou provoque o dano a terceiro

---

[13] *Vide* TJRJ, *RT* 815/663. "Para a configuração do crime de falsa identidade, exige-se que estejam presentes os elementos subjetivos do tipo, traduzidos no dolo de atribuir falsa identidade, com o intuito de obter vantagem ou causar dano a outrem. O crime do art. 307 do Código Penal é delito formal, não exigindo para sua consumação a efetiva obtenção da vantagem pretendida" (TJDFT, Acórdão 1258226, 07195214520198070003, rel. Des. Waldir Leôncio Lopes Júnior, 3ª T. Criminal, j. 18-6-2020).

(crime formal)[14]. O prejuízo a terceiro também não é exigido no caso do art. 308, consumando-se o crime com o uso ou a cessão do objeto material (dirigida à finalidade mencionada no tipo)[15].

Anote-se que em 23-4-2024 houve decisão de afetação em recurso especial no âmbito do Superior Tribunal de Justiça justamente para definir, à luz da jurisprudência da Corte: "se o delito de falsa identidade é crime formal, que se consuma quando o agente fornece, consciente e voluntariamente, dados inexatos sobre sua real identidade e, portanto, independe da ocorrência de resultado naturalístico" (Tema Repetitivo 1255).

7.2. Tentativa

A forma tentada só é possível quando a conduta for praticada por escrito (no caso do art. 307) e em se tratando de **cessão do documento próprio para outrem dele fazer uso** (art. 308)[16]. Nos demais casos (atribuição

---

[14] "O crime de falsa identidade (art. 307 do CP) é de natureza formal, independe da produção de um resultado naturalístico e consuma-se no momento em que o agente atribui, a si, a identidade de outrem, sendo irrelevante eventual retratação antes da identificação criminal pela autoridade policial" (TJDFT, Acórdão 1258365, 0002085362018870008, rel. Des. Waldir Leôncio Lopes Júnior, 3ª T. Criminal, j. 18-6-2020). "A partir da prova produzida, não houve dúvida de que o acusado praticou o delito previsto no art. 307 do CP, ao atribuir-se falsa identidade, para esconder a condição de foragido. Trata-se de crime formal, que independe da obtenção de vantagem para sua consumação. Delito que se consumou e se mostrou apto a ludibriar os policiais, que somente descobriram a identidade verdadeira do réu ao consultar o sistema informatizado, não caracterizado, portanto, o crime impossível" (TJRS, ApCr 70081459505, rel. Des. Julio Cesar Finger, 4ª CCr, j. 28-5-2020). Ver também: TJMG, ApCr 1.0000.24.313220-6/001, rel. Des. Anacleto Rodrigues, 8ª CCr., j. 5-9-2024.

[15] "O delito penal previsto no art. 308 do Código Penal (uso próprio de identidade alheia) é consumado pela ação de 'usar, como próprio, passaporte, título de eleitor, caderneta de reservista ou documento de identidade alheia ou ceder a outrem, para que dele se utilize, documento dessa natureza, próprio ou de terceiro'. Na variante inicial desse delito penal, consagrada pela conduta de 'usar', o elemento subjetivo é o dolo genérico, cuja configuração está dissociada de qualquer finalidade específica. Portanto, basta que o agente faça uso efetivo do documento alheio como se seu fosse, sendo desnecessária qualquer outra intenção direcionada a obtenção de vantagem ou benefício indevido. Feito isso, verificar-se-á a ofensa ao bem jurídico tutelado pela norma penal, ou seja, a fé pública, reputando-se, pois, consumada a espécie delitiva. No caso, pode-se verificar que os elementos de provas sinalizaram no sentido de que o apelante fez uso de documento de terceira pessoa, tudo no sentido de 'esconder' sua real identidade, situação que fez consumar o crime" (TJMS, ApCr 0004175-43.2018.8.12.0019, rel. Des. Luiz Gonzaga Mendes Marques, 2ª CCr, j. 5-6-2019).

[16] Segundo Magalhães Noronha, afigura-se possível a forma tentada em se cuidando de cessão, pois, "o agente pode ser surpreendido ao entregar o passaporte etc., para que outrem o use" (*Direito penal*, v. 4, p. 220).

verbal de falsa identidade e uso de documento de terceiro), a infração é unissubsistente, motivo pelo qual incogitável o *conatus proximus*.

8. CLASSIFICAÇÃO JURÍDICA

São crimes *de forma ou ação livre* (admitem qualquer meio executivo), *comuns* (podem ser praticados por qualquer pessoa), *unissubjetivos ou de concurso eventual* (uma só pessoa pode cometê-los ou várias, em concurso – art. 29 do CP), *formais ou de consumação antecipada* (inexigem resultado naturalístico para efeito de consumação)[17], *instantâneos* (consumam-se instantaneamente, sem prolongar-se no tempo) e *unissubsistentes* (**salvo** quando se cuidar de falsa identidade praticada por **escrito** – art. 307 ou de **cessão de documento próprio** – art. 308, segunda parte, em que se pode admitir o fracionamento do *iter criminis*).

9. PRINCÍPIO DA SUBSIDIARIEDADE EXPRESSA

Os arts. 307 e 308 do CP são expressamente subsidiários. Consubstanciam normas subsidiárias ou famulativas, cuja aplicação se condiciona à inexistência de delito mais grave (norma primária), por exemplo, estelionato, violação sexual mediante fraude etc. Pode-se citar, como exemplo de norma mais grave, o art. 16 da Lei n. 13.869, de 2019, que pune com detenção, de seis meses a dois anos, e multa, o agente público que deixar de identificar-se ou identificar-se falsamente ao preso por ocasião de sua captura ou quando deva fazê-lo durante sua detenção ou prisão. O parágrafo único desse dispositivo também tipifica o fato de o responsável por interrogatório em sede de procedimento investigatório de infração penal, deixar de identificar-se ao preso ou atribuir a si mesmo falsa identidade, cargo ou função.

10. PENA E AÇÃO PENAL

A pena é de detenção, de três meses a um ano, ou multa, no caso do art. 307; e detenção, de quatro meses a dois anos, e multa, no do art. 308. Ambos constituem infrações de menor potencial ofensivo e, por isso, encontram-se sujeitas às normas da Lei n. 9.099/95.

A ação penal é de iniciativa **pública incondicionada**.

---

[17] "O crime de falsa identidade é formal, ou seja, consuma-se com a simples conduta de atribuir-se falsa identidade, apta a ocasionar o resultado jurídico do crime, sendo dispensável a ocorrência de resultado naturalístico, consistente na obtenção de vantagem para si ou para outrem ou de prejuízo a terceiros, ocorrendo inclusive em situação de autodefesa" (AgRg no HC 821.195/SP, rel. Min. Joel Ilan Paciornik, 5ª T., j. 28-8-2023).

ART. 309 – FRAUDE DE LEI SOBRE ESTRANGEIROS

1. DISPOSITIVO LEGAL

Art. 309. Usar o estrangeiro, para entrar ou permanecer no território nacional, nome que não é o seu:

Pena – detenção, de 1 (um) a 3 (três) anos, e multa.

Parágrafo único. Atribuir a estrangeiro falsa qualidade para promover-lhe a entrada em território nacional:

Pena – reclusão, de 1 (um) a 4 (quatro) anos, e multa.

2. VALOR PROTEGIDO (OBJETIVIDADE JURÍDICA)

O legislador inseriu a fraude de lei sobre estrangeiros dentre as infrações contra a fé pública. Ocorre que, mais do que a crença na veracidade da identificação apresentada pelo estrangeiro, procura-se proteger a **integridade das normas relativas à entrada ou permanência do alienígena em território nacional**, mediante falsa atribuição de nome ou qualidade; trata-se, portanto, da **tutela criminal da política imigratória**.

3. TIPO OBJETIVO

A conduta nuclear consiste no ato de *usar* (fazer uso, utilizar) *nome falso*, isto é, que não seja do próprio agente (pouco importa se é fictício ou de terceiro). O fato pode ser praticado por qualquer meio (crime onímodo), oral ou escrito.

4. TIPO SUBJETIVO

O delito somente é punido na forma **dolosa**, exigindo-se, além da consciência e vontade de utilizar-se de nome que não seja o próprio, da finalidade de fazê-lo para ingressar ou permanecer irregularmente em território brasileiro (**elemento subjetivo específico**)[18].

---

[18] "(...) Para a configuração do delito não basta a vontade livre e consciente do agente, estrangeiro, de utilizar nome que não é seu. A lei penal exige que sua vontade seja dirigida a uma finalidade especial, qual seja, entrar ou permanecer no território nacional. No presente caso, é patente a intenção do réu em utilizar nome que não o seu para permanecer no território nacional. 2. Não prospera o pedido de desclassificação do crime para o delito previsto no art. 307 do Código Penal, uma vez que restou configurado o especial fim de agir do recorrente em permanecer no território nacional, devendo-se considerar que o crime de fraude de lei sobre o estrangeiro é especial em relação ao crime de falsa identidade" (TRF, 3ª R., ApCr

5. SUJEITOS DO CRIME

5.1. Sujeito ativo

Cuida-se de **crime próprio**, pois só o **estrangeiro** pode praticá-lo. O brasileiro pode figurar como coautor ou partícipe, a ele se comunicando a condição pessoal exigida no tipo por força do art. 30 do CP.

5.2. Sujeito passivo

O sujeito passivo é o Estado.

6. CONSUMAÇÃO E TENTATIVA

6.1. Consumação

A infração consuma-se com o uso do nome, ainda que o objetivo almejado (a entrada ou permanência irregular no Brasil) não seja logrado (**crime formal**).

6.2. Tentativa

Não se admite a tentativa, pois o uso constitui ato **unissubsistente, salvo se praticado por meio escrito,** caso em que se torna possível o *conatus proximus.*

7. FORMA QUALIFICADA

Pune-se com maior rigor quem **atribuir falsamente a estrangeiro qualidade que este não possua,** para viabilizar seu ingresso em território nacional. A qualidade a que se refere o tipo é aquela que, se existente, permitiria ou facilitaria a entrada no Brasil.

0006299-98.2013.4.03.6181, rel. Des. Paulo Fontes, 5ª T., j. 19-3-2018). E ainda: "Crime de fraude de lei sobre estrangeiro. Art. 309 do Código Penal. Fim específico de utilização do documento para 'entrar ou permanecer no Território Nacional', exigido pelo delito do artigo 309 do Código Penal, não evidenciado nos autos. 2. A ré não tinha a finalidade específica de entrar ou permanecer no Brasil, violando a política imigratória. Seu intuito era utilizar-se do documento falso perante autoridade brasileira para que fosse erroneamente identificada, já que trazia consigo substância entorpecente. Absolvição em relação ao delito do art. 309 do Código Penal" (TRF, 3ª R., ApCr 0004818-22.2013.4.03.6110, rel. Des. José Lunardelli, 11ª T., j. 28-10-2014).

8. COMPETÊNCIA

É competente para o processo e julgamento desta infração a Justiça Comum Federal, por se tratar de delito relacionado com o ingresso ou permanência irregular de estrangeiro (CF, art. 109, X).

9. CLASSIFICAÇÃO JURÍDICA

Trata-se de crime *de forma ou ação livre* (pode ser perpetrado por qualquer meio), *próprio* (o tipo exige qualidade especial do sujeito ativo; salvo na figura qualificada, em que qualquer brasileiro pode figurar como agente), *monossubjetivo ou de concurso eventual* (pode ser praticado por uma só pessoa ou várias em concurso), *formal ou de consumação antecipada* (consuma-se independentemente da produção de resultado naturalístico, ou seja, do ingresso ou da permanência irregular do estrangeiro), *instantâneo* (sua fase consumativa não se prolonga no tempo) e *unissubsistente* (salvo se praticado por escrito).

10. PENA E AÇÃO PENAL

A pena é de detenção, de um a três anos, e multa, na modalidade fundamental; e de reclusão, de um a quatro anos, e multa, no caso do parágrafo único.

O procedimento aplicável é o comum sumário (CPP, arts. 395 a 399 e 531 a 538), na modalidade fundamental; e comum ordinário (CPP, arts. 395 a 405) na figura qualificada; em ambas, admite-se a suspensão condicional do processo (Lei n. 9.099/95).

A ação penal é de iniciativa **pública incondicionada.**

ART. 310 - FRAUDE DE LEI SOBRE ESTRANGEIROS

1. DISPOSITIVO LEGAL

Art. 310. Prestar-se a figurar como proprietário ou possuidor de ação, título ou valor pertencente a estrangeiro, nos casos em que a este é vedada por lei a propriedade ou a posse de tais bens:

Pena – detenção, de 6 (seis) meses a 3 (três) anos, e multa.

2. OBJETIVIDADE JURÍDICA

O legislador inclui o *crimen* no seio daqueles lesivos à fé pública. Ocorre, todavia, que o objetivo precípuo da incriminação reside em proteger o **patrimônio** e a **soberania nacional**, no que toca à propriedade de ações, títulos ou valores que só o nacional pode ser proprietário ou possuidor.

3. TIPO OBJETIVO

O verbo núcleo do tipo consubstancia-se no ato de *prestar-se*, vale dizer, dispor-se, aceitar, concordar em figurar como proprietário ou possuidor de ação, título ou valor pertencente a estrangeiro.

Incrimina-se a conduta do testa de ferro, ou seja, da **pessoa que empresta seu nome para permitir o embuste, a fraude, acobertando a verdadeira propriedade ou relação de posse existente entre alguém e o objeto e, com isso, violar a legislação pátria sobre a matéria.**

A realização do tipo requer que se cuide de situação em que a posse ou propriedade seja vedada, por lei, ao indivíduo não nacional. Nesse ponto, pode-se identificar tratar-se de **norma penal em branco,** dada a necessidade de se recorrer a outras normas jurídicas para completar o alcance e o sentido desta disposição penal. Assim, terá o intérprete que se valer da Constituição Federal (arts. 176, 190 e 222) e da Lei n. 13.445/2017 (Lei de Migração).

4. TIPO SUBJETIVO

Cuida-se de crime **doloso.** Há a necessidade, portanto, de que o sujeito ativo tenha consciência e vontade de figurar fraudulentamente como proprietário ou possuidor da ação, título ou valor, ciente de que tais relações jurídicas são vedadas aos estrangeiros.

5. SUJEITOS DO CRIME

5.1. Sujeito ativo

A fraude de lei sobre estrangeiros configura **crime comum,** já que não se exige qualquer qualidade ou condição especial do sujeito ativo.

5.2. Sujeito passivo

O sujeito passivo é o Estado.

6. CONSUMAÇÃO E TENTATIVA

6.1. Consumação

O *summatum opus* dá-se com a ação de se **prestar a figurar como proprietário ou possuidor do bem.** Não é preciso que exista título jurídico formalizando a falsa posse ou propriedade, sendo suficiente que o nome do agente seja utilizado perante terceiros para acobertar a realidade a respeito do titular da *res*.

6.2. Tentativa

Afigura-se possível, pois o comportamento tem caráter **plurissub-sistente**.

7. CLASSIFICAÇÃO JURÍDICA

O delito é *de forma ou ação livre* (pode ser praticado por qualquer meio), *comum* (qualquer pessoa pode ser sujeito ativo), *unissubjetivo ou de concurso eventual* (um só agente pode cometê-lo ou vários, em concurso de pessoas – imagine-se que vários indivíduos apresentem-se falsamente como coproprietários de bem pertencente, de fato, a estrangeiro), *formal ou de consumação antecipada* (não se exige a produção de qualquer resultado naturalístico), *instantâneo* (ou eventualmente permanente, conforme a conduta do agente) e *plurissubsistente* (o *iter criminis* comporta fracionamento).

8. PENA E AÇÃO PENAL

A sanção cominada no preceito secundário é de detenção, de seis meses a três anos, e multa. O procedimento aplicável é o comum sumário (CPP, arts. 395 a 399 e 531 a 538); cabe suspensão condicional do processo (Lei n. 9.099/95).

A ação penal é de iniciativa **pública incondicionada**.

ART. 311 – ADULTERAÇÃO DE SINAL IDENTIFICADOR DE VEÍCULO

1. DISPOSITIVO LEGAL

Art. 311. Adulterar, remarcar ou suprimir número de chassi, monobloco, motor, placa de identificação, ou qualquer sinal identificador de veículo automotor, elétrico, híbrido, de reboque, de semirreboque ou de suas combinações, bem como de seus componentes ou equipamentos, sem autorização do órgão competente:

Pena – reclusão, de três a seis anos, e multa.

§ 1º Se o agente comete o crime no exercício da função pública ou em razão dela, a pena é aumentada de um terço.

§ 2º Incorrem nas mesmas penas do *caput* deste artigo:

I – o funcionário público que contribui para o licenciamento ou registro do veículo remarcado ou adulterado, fornecendo indevidamente material ou informação oficial;

II – aquele que adquire, recebe, transporta, oculta, mantém em depósito, fabrica, fornece, a título oneroso ou gratuito, possui ou guarda maquinismo, aparelho, instrumento ou objeto especialmente destinado à falsificação e/ou adulteração de que trata o *caput* deste artigo; ou

III – aquele que adquire, recebe, transporta, conduz, oculta, mantém em depósito, desmonta, monta, remonta, vende, expõe à venda, ou de qualquer forma utiliza, em proveito próprio ou alheio, veículo automotor, elétrico, híbrido, de reboque, semirreboque ou suas combinações ou partes, com número de chassi ou monobloco, placa de identificação ou qualquer sinal identificador veicular que devesse saber estar adulterado ou remarcado.

§ 3º Praticar as condutas de que tratam os incisos II ou III do § 2º deste artigo no exercício de atividade comercial ou industrial:

Pena – reclusão, de 4 (quatro) a 8 (oito) anos, e multa.

§ 4º Equipara-se a atividade comercial, para efeito do disposto no § 3º deste artigo, qualquer forma de comércio irregular ou clandestino, inclusive aquele exercido em residência.

2. OBJETIVIDADE JURÍDICA

A objetividade jurídica, nos termos do Código, é a fé pública.

3. TIPO OBJETIVO

3.1. *Caput*

O art. 311 do CP sofreu diversas modificações estruturais com o advento da Lei n. 14.562, de 26-4-2023, que entrou em vigor na data de sua publicação, e a nova redação impactou outros tipos penais, notadamente a receptação, já que condutas antes enquadradas no crime contra o patrimô-nio agora se adequam ao delito contra a fé pública. Também foi alterado o *nomen juris*, que agora faz referência apenas a "veículo", retirando-se a ex-pressão "automotor".

Os verbos núcleos do tipo, desde 1996, consistiam apenas em adulterar, isto é, falsificar, viciar, e *remarcar*, pôr nova marca, mas agora também foi in-serida expressamente a conduta de *suprimir*, ou seja, apagar, depredar. O *obje-to material* também foi ampliado, porque se limitava ao número do chassi (si-nal constante da parte do veículo composta dos órgãos necessários à sua loco-moção e que suporta sua carroçaria) ou qualquer outro sinal identificador de veículo automotor (como sua placa – *RT 772/541*), de seu componente ou equipamento. Agora, passaram a constituir objetos materiais do delito: núme-ro de chassi, **monobloco, motor, placa de identificação,** ou qualquer sinal iden-tificador de veículo automotor, **elétrico, híbrido, de reboque, de semirreboque ou de suas combinações,** bem como de seus componentes ou equipamentos.

A ampliação contida na nova redação visa a resolver questões que eram rotineiramente suscitadas nos tribunais, com decisões distintas acerca do alcance do tipo penal, como, por exemplo, saber se o tipo penal abarcava adulterações efetuadas em reboque ou semirreboque. Assim, pacificou-se a matéria. Também se vislumbra na alteração legislativa o cuidado com a necessária adaptação às novas tecnologias veiculares, com a inclusão dos veículos elétricos e híbridos. Ademais, ficou claro que incide o tipo penal na conduta de adulteração, remarcação ou supressão de qualquer sinal identificador do veículo, com especificações expressas meramente exemplificativas, já que se fez o uso da expressão "ou qualquer outro", permitindo uma interpretação analógica, para abranger eventuais sinais identificadores diversos.

Requer-se para a existência do crime que a alteração tenha caráter permanente. A alteração de placa de carro mediante aposição de fitas adesivas, visando evitar recebimento de multas de trânsito, em nosso entendimento, caracteriza infração meramente administrativa, justamente por não ser definitiva (TJSP, *RT* 842/537; *RT* 836/540, em que o TJSP entendeu que a simples troca de placas de automóvel constitui infração puramente administrativa; STF, HC 86.424, j. 11-10-2005). Esse não é, porém, o entendimento atualmente predominante na jurisprudência: "A jurisprudência deste **Superior Tribunal entende que a simples conduta de adulterar a placa de veículo automotor é típica**, enquadrando-se no delito descrito no art. 311 do Código Penal. Não se exige que a conduta do agente seja dirigida a uma finalidade específica, basta que modifique qualquer sinal identificador de veículo automotor" (AgRg no AREsp 1.828.958/SE, rel. Min. Reynaldo Soares da Fonseca, 5ª T., j. 11-5-2021)[19].

---

[19] No mesmo sentido: 1) "Réu que admitiu em ambas as fases da persecução penal que colocou as fitas para 'sair' do rodízio veicular – Relatos seguros dos Policiais Rodoviários Federais narrando que, em fiscalização rotineira de trânsito, abordaram o automóvel conduzido pelo acusado e, posteriormente, constataram a existência da adulteração – Placa – Reconhecimento como sinal identificador – Bem jurídico violado – Desnecessidade de que a alteração seja definitiva – Condenação que se impõe" (TJSP, ApCr 0006075-26.2014.8.26.0338, rel. Des. Ely Amioka, 8ª CCr, j. 8-7-2020). 2) "Adulteração de sinal identificador de veículo automotor (art. 311 do Código Penal). Autoria e materialidade comprovadas. Confissão do réu e declarações dos policiais rodoviários federais. Réu que alterou a placa do caminhão, com o intuito de não ser identificado, ao se evadir do pedágio sem pagar. Dolo caracterizado. Conduta típica. Pleito de aplicação do princípio da insignificância. Não acolhimento. Crime contra a fé pública. Precedentes. Manutenção da condenação (...) 2. No caso, é típica a conduta praticada pelo réu que fixa fita adesiva para alterar a numeração e a identificação das placas do veículo, com o intuito de não ser identificado pela fiscalização de trânsito. 3. Essa conduta ilícita, além de configurar infração administrativa, ofende a fé pública, situação que impede a aplicação do princípio da insignificância" (TJPR, ApCr 0001588-10.2019.8.16.0146, rel. Des. José Maurício Pinto de Almeida, 2ª CCr, j. 6-3-2020). 3) "A aposição de fita adesiva nas placas de veículo automotor, de tal sorte a modificar os caracteres originais do

3.2. Figura equiparada (art. 311, § 2º, do CP)

Outra inovação legislativa trazida pela Lei n. 14.562/2023 foi a inclusão do § 2º, que possui três figuras equiparadas, consistentes em:

a) **Contribuir** (auxiliar de qualquer modo) o **funcionário público** (aplica-se o conceito legal do art. 327 do CP) **para o licenciamento ou registro do veículo remarcado ou adulterado, fornecendo indevidamente material ou informação oficial** (inciso I).

Evidente que, por se cuidar de delito punido na forma exclusivamente dolosa, não alcance o servidor público que, por culpa, seja falta de zelo, atenção ou descuido, contribui, direta ou indiretamente, para que se dê o licenciamento ou registro do veículo remarcado ou adulterado em seus sinais identificadores.

Esse **crime** é **próprio**, por exigir qualidade especial do sujeito ativo. Se o funcionário público receber ou aceitar promessa de vantagem ilícita para efetuar tal licenciamento ou registro, deve responder, em concurso formal, pelo crime de corrupção passiva.

É importante registrar que as figuras do art. 311, § 2º, e do art. 317, *caput*, do CP possuem bens jurídicos diversos e elementares diversas. Além disso, é possível, embora incomum, excogitar-se de servidor que incorra no crime do art. 311 mas não receba qualquer contrapartida financeira ou vantagem; nesse caso, aplica-se apenas o delito contra a fé pública. Assim, ocorrendo o "plus" da corrupção, no sentido de aceitar ou receber (ou solicitar) vantagem indevida, deve ser reconhecido o concurso ideal (CP, art. 70) com o delito contra a Administração Pública.

O particular que concorre para o ato, induzindo ou instigando o funcionário público, não incorre neste inciso I, mas no inciso III do mesmo § 2º (*vide* letra c, abaixo).

---

automóvel, cuidando-se de inserção de boa qualidade na espécie, pois capaz de induzir a erro as autoridades, configura o crime inserto no art. 311 do Código Penal" (TJMG, ApCr 1.0024.14.165067-1/001, rel. Des. Beatriz Pinheiro Caires, 2ª CCr, j. 5-3-2020). 4) "A conduta de alterar placa de automotor, por meio de utilização de fita adesiva, é típica e configura o delito do art. 311 do Código Penal, sendo irrelevante que o proprietário tenha feito a adulteração pessoalmente ou por intermédio de outra pessoa, além de não se exigir o dolo específico acerca da prática de outra infração, nem mesmo o de fraudar a ordem pública, conforme consolidada jurisprudência do Superior Tribunal de Justiça" (TJPE, ApCr 500966-30003377-42.2015.8.17.1250, rel. Des. Évio Marques da Silva, 1ª Câmara Regional de Caruaru, 2ª T., j. 19-12-2019). Ver também: STJ, REsp 2.050.396/MG, rel. Min. Jesuíno Rissato (Desembargador Convocado do TJDFT), 6ª T., j. 12-12-2023; e AgRg no HC 739.277/SC, rel. Min. Jesuíno Rissato (Desembargador Convocado do TJDFT), 6ª T., j. 11-3-2024.

b) Adquirir, receber, transportar, ocultar, manter em depósito, fabricar, fornecer a título gratuito ou oneroso, possuir ou guardar maquinismo, aparelho, instrumento ou objeto especialmente destinado à falsificação e/ou adulteração de sinal identificador de veículo (inciso II).

c) Adquirir, receber, transportar, conduzir, ocultar, manter em depósito, desmontar, montar, remontar, vender, expor à venda ou utilizar de qualquer modo, em proveito próprio ou alheio veículo automotor, elétrico, híbrido, de reboque, semirreboque ou suas combinações ou partes, com número de chassi ou monobloco, placa de identificação ou qualquer sinal identificador veicular que devesse saber estar adulterado ou remarcado (inciso III).

Nesse caso, a conduta se enquadrava, anteriormente, no crime de receptação (CP, art. 180). Isto porque quem adquiria, recebia, conduzia etc. veículo com sinal identificador adulterado, praticava tais condutas em relação a algo que era produto de crime (o delito do art. 311 do CP). Em nossa passagem de mais de uma década na Assessoria Jurídica da PGJ/SP, foram inúmeros os casos em que o PGJ/SP, em face da aplicação do art. 28 do CPP, determinou que promotores de justiça oferecessem denúncia por receptação.

Existia, de fato, alguma controvérsia acerca da incidência do tipo penal supracitado, mas, com o advento da Lei n. 14.562/2023, não há mais razão alguma para tergiversar a respeito do tema. O fato se subsume à figura equiparada em análise. Se alguém, ao tempo da entrada em vigor da Lei n. 14.562/2023, estiver respondendo pela conduta descrita no art. 311, § 2º, III, do CP, capitulada originalmente como receptação, o juiz não deve aplicar o novo tipo penal, pois sua pena é mais severa, tratando-se de *novatio legis in pejus*.

3.3. Figura qualificada (art. 311, §§ 3º e 4º, do CP)

O legislador, ao editar a Lei n. 14.562/2023, ainda criou uma figura qualificada, prevista no § 3º, a qual é semelhante à receptação qualificada, pois determina que quem praticar as condutas equiparadas dos incisos II e III do § 2º no exercício de atividade comercial ou industrial fica sujeito à pena de reclusão, de 4 a 8 anos, e multa.

O 4º esclarece (exatamente como ocorre no art. 180 do CP) que se equipara a atividade comercial, para efeito do disposto no § 3º deste artigo, qualquer forma de comércio irregular ou clandestino, inclusive aquele exercido em residência.

4. TIPO SUBJETIVO

Cuida-se de delito exclusivamente **doloso**, exigindo-se, como de ordinário em tais infrações, a consciência e a vontade de concretizar os elementos objetivos do tipo.

5. SUJEITOS DO CRIME

5.1. Sujeito ativo

O delito em exame constitui **crime comum**, podendo ser praticado por qualquer pessoa. **Quando o agente for funcionário público e cometer o fato no exercício de suas funções ou em razão dela, ou contribuir para o licenciamento ou registro de veículo remarcado ou adulterado (ciente disso),** fornecendo material ou informação oficial, incorre na **figura agravada**, aumentando-se a pena de um terço (§§ 1º e 2º).

5.2. Sujeito passivo

O sujeito passivo é o Estado e, mediatamente, o prejudicado com a adulteração ou remarcação.

6. CONSUMAÇÃO E TENTATIVA

6.1. Consumação

Consuma-se o fato com a adulteração ou remarcação, independentemente de qualquer resultado posterior (**crime formal**).

6.2. Tentativa

Admite-se a forma tentada.

7. CLASSIFICAÇÃO JURÍDICA

Trata-se de *crime de forma ou ação livre* (admite qualquer meio executivo), *comum* (qualquer pessoa pode figurar como sujeito ativo; em se tratando de funcionário público no exercício da função, incide a exasperante do § 1º), *unissubjetivo ou de concurso eventual* (pode ser cometido por uma só pessoa ou várias em concurso – art. 29), *formal ou de consumação antecipada* (consuma-se independentemente da produção do resultado naturalístico), *instantâneo* (a consumação não se prolonga no tempo) e *plurissubsistente* (o *iter criminis* admite cisão).

8. PENA E AÇÃO PENAL

A sanção cominada é de reclusão, de três a seis anos, e multa. Para a modalidade qualificada, é de reclusão, de quatro a oito anos, e multa. A forma procedimental aplicável é o rito comum ordinário (CPP, arts. 305 a 405).

A ação penal é de iniciativa **pública incondicionada.**

9. VIGÊNCIA DO DISPOSITIVO

Há controvérsia sobre a vigência do art. 311 do CP em razão da superveniência do Código de Trânsito (Lei n. 9.503/97), o qual teria regulado por completo a matéria atinente ao tráfego lícito e ilícito de veículos automotores, prevendo comportamentos relacionados à adulteração de sinais identificadores de tais objetos somente na esfera das infrações administrativas.

O entendimento predominante, contudo, é no sentido de que a norma penal em estudo continua **vigente**. O fato de a Lei Especial não possuir tipo correspondente ao art. 311 do CP, antes de demonstrar sua revogação, confirma sua vigência, pois somente se cogitaria de revogação tácita quando sobreviesse norma regulando o mesmo assunto de maneira distinta, o que não ocorreu. O argumento de que o Código de Trânsito referiu-se ao ato somente como ilícito administrativo não convence, em primeiro lugar, porque pode haver ilícitos pluriobjetivos (a ofensa a normas administrativas não impede, ao mesmo tempo, que ocorra a vulneração de regras penais). Além isso, a conduta punida na Lei de Trânsito com multa gravíssima, apreensão e remoção do veículo não se confunde com aquela descrita no art. 311 do CP (este pune quem adultera, remarca ou suprime o sinal identificador, e aquele, quem conduz veículo com o sinal adulterado ou remarcado).

ART. 311-A - FRAUDES EM CERTAMES DE INTERESSE PÚBLICO

1. DISPOSITIVO LEGAL

Fraudes em certames de interesse público

Art. 311-A. Utilizar ou divulgar, indevidamente, com o fim de beneficiar a si ou a outrem, ou de comprometer a credibilidade do certame, conteúdo sigiloso de:

I – concurso público;

II – avaliação ou exame públicos;

III – processo seletivo para ingresso no ensino superior; ou

IV – exame ou processo seletivo previstos em lei:

Pena – reclusão, de 1 (um) a 4 (quatro) anos, e multa.

§ 1º Nas mesmas penas incorre quem permite ou facilita, por qualquer meio, o acesso de pessoas não autorizadas às informações mencionadas no caput.

§ 2º Se da ação ou omissão resulta dano à administração pública:

Pena – reclusão, de 2 (dois) a 6 (seis) anos, e multa

§ 3º Aumenta-se a pena de 1/3 (um terço) se o fato é cometido por funcionário público.

2. VALOR PROTEGIDO (OBJETIVIDADE JURÍDICA)

O valor protegido no tipo penal reside na **preservação da lisura** e da **credibilidade** de que devem ser dotados **os certames de interesse público.**

O dispositivo encontra-se inserido dentre os crimes contra a fé pública, devendo esta ser aqui considerada como a crença coletiva na isenção, impessoalidade e imparcialidade das provas, concursos, avaliações ou exames públicos.

Foi inserido no CP pela Lei n. 12.550, de 2011, entrando em vigor no dia 16 de dezembro do ano mencionado.

Trata-se a norma, em boa parte, de *novatio legis* incriminadora, aplicando-se somente a fatos ocorridos a partir de sua entrada em vigor, em obediência aos arts. 5º, XL, da CF e 2º do CP.

Registre-se que alguns comportamentos agora tipificados no art. 311-A já possuíam natureza criminosa, à luz do art. 325 do CP (violação de sigilo funcional), cuja pena é inferior à do atual delito (houve, nesse aspecto, *novatio legis in pejus* – igualmente irretroativa).

A incriminação se fazia necessária em face dos inúmeros casos de fraudes em certames de interesse público, como no caso do exame nacional do ensino médio (ENEM), os quais não encontravam tipificação na legislação anterior.

Entre os casos agora regidos pela novel incriminação pode-se citar a **"cola eletrônica"**, quando o candidato **utiliza aparelhos de comunicação à distância para fraudar a prova**, colhendo assim as respostas, desde que estas sejam obtidas mediante violação de sigilo inerente ao certame (elementar do tipo).

3. TIPO OBJETIVO

A lei incrimina o ato de *utilizar* (empregar de qualquer forma, fazer uso) ou *divulgar* (comunicar a terceiras pessoas), *indevidamente* (elemento normativo do tipo), o *conteúdo sigiloso*[20] *de concurso público* (p. ex.: concurso

---

[20] "A expressão 'conteúdo sigiloso' previsto no artigo 311-A do Código Penal não deve se restringir, exclusivamente, ao gabarito oficial da Instituição organizadora do certame, mas, igualmente, abranger aquele especialista que realiza a prova e, antes de terminar o período de duração do certame, transmite, por meio eletrônico, as respostas corretas ou o seu próprio gabarito, ainda que sem correção doutrinária/legal, a outros candidatos que ainda encontram-se realizando o certame, pois, antes do término do prazo de duração da prova, as respostas de um candidato são sigilosas em relação aos demais candidatos que ainda encontram-se na realização do processo seletivo. Tipicidade da denominada 'cola eletrônica' desde que cometida após a entrada em vigor do artigo 311-A do Estatuto Penalista, inserido pela Lei n. 12.550/11, como na espécie, em que os fatos datam do ano de 2015" (STJ, RHC 81.735/PA, rel. Min. Reynaldo Soares da Fonseca, 5ª T., j. 17-8-2017).

de ingresso às carreiras do Ministério Público, da Magistratura, da Defensoria Pública), *avaliação ou exame públicos* (p. ex.: o ENEM – Exame Nacional do Ensino Médio), *processo seletivo para ingresso no ensino superior* (caso dos vestibulares para ingresso em faculdades ou universidades), *exame ou processo seletivo previstos em lei.*

É o que ocorre, por exemplo, em concursos para o provimento de cargos públicos, nos quais servidores encarregados da organização do certame têm acesso às questões e transmitem o gabarito a determinados candidatos.

Pune-se, ainda, quem *permite* (autoriza) ou *facilita* (elimina dificuldades ou embaraços), de qualquer modo, *o acesso* de pessoas não autorizadas ao mencionado *conteúdo sigiloso das provas* (§ 1º).

4. TIPO SUBJETIVO

A fraude em certames de interesse público é crime **doloso**, exigindo do agente a ciência de que utiliza ou divulga conteúdo sigiloso da prova. Insciente dessa informação, não incorre no crime do art. 311-A (verifica-se o erro de tipo – art. 20, *caput*, do CP).

Além disso, para cometer o delito deve o agente fazê-lo com o propósito de beneficiar a si ou a terceiro ou, ainda, de comprometer a credibilidade do certame. Essas finalidades constituem **elementos subjetivos específicos do tipo**.

5. SUJEITOS DO DELITO

5.1. Sujeito ativo

Qualquer pessoa pode figurar como sujeito ativo (**crime comum**). A lei não exige que o fato seja cometido por quem tem o dever de zelar pelo segredo.

Será **autor** do delito, portanto, **aquele que fraudar o sigilo** em proveito próprio, alheio ou para comprometer a credibilidade da prova e, ainda, o **beneficiário da fraude**, isto é, o candidato que se vale do conhecimento obtido com o rompimento do sigilo, o qual será enquadrado na conduta "utilizar".

Se o autor do crime for **funcionário público**, a pena será **aumentada de 1/3** (§ 3º). Aplica-se, no caso, a definição do art. 327, *caput*, do CP, "(...) quem, embora transitoriamente ou sem remuneração, exerce cargo, emprego ou função pública".

5.2. Sujeito passivo

O sujeito passivo (material ou eventual) – titular do valor protegido – é a coletividade em primeiro plano e, secundariamente, o responsável ou responsáveis pela organização do certame público.

Os demais candidatos que, em razão do crime, forem de qualquer modo prejudicados ocuparão a condição de prejudicados (pois sofreram prejuízo moral ou material), mas não serão sujeitos passivos, uma vez que não são titulares dos bens tutelados na norma.

6. CONSUMAÇÃO E TENTATIVA

6.1. Consumação

O *summatum opus* dá-se com a utilização, de qualquer modo, ou a comunicação a terceiros, do conteúdo sigiloso, visando a beneficiar a si mesmo, a outrem ou a prejudicar a credibilidade da prova. Esses resultados almejados pelo sujeito ativo não precisam efetivamente ocorrer para efeito de consumação, porque se cuida de **crime formal.**

No verbo "divulgar", a realização integral do tipo não exige que a informação ilicitamente obtida chegue a um número indeterminado de pessoas (requisito presente, p. ex., no art. 153 do CP). A conduta em destaque deve ser interpretada de acordo com o valor protegido (preservação da credibilidade e da lisura do certame), razão pela qual basta que o conteúdo secreto chegue ao conhecimento de terceira pessoa.

Se houver **dano à Administração Pública**, incide a figura **qualificada**, punindo-se o ato com pena de reclusão, de 2 a 6 anos, e multa (§ 2º). Esse dano pode ser **moral** (p. ex., demérito à credibilidade do certame) ou **material** (v.g., anulação da prova).

6.2. Tentativa

A tentativa é possível, quando o sujeito tentar fraudar o exame, procurando obter acesso ao conteúdo sigiloso e não conseguir fazê-lo, ou, ainda, quando se tratar do detentor da informação, obrigado a guardá-la em sigilo e, procurando repassá-la ("divulgar") a terceiros, não obtiver sucesso por circunstâncias alheias à sua vontade.

7. CLASSIFICAÇÃO JURÍDICA

Trata-se de crime de *forma ou ação livre* (admite qualquer meio executivo), *comum* (pode ser cometido por qualquer pessoa; em se tratando de funcionário público, incide a causa de aumento contida no § 3º), *unissubjetivo ou de concurso eventual* (pode ser praticado por uma só pessoa ou várias em concurso – art. 29), *formal ou de consumação antecipada* (realiza-se integralmente independentemente da obtenção do resultado naturalístico esperado – "beneficiar a si próprio ou a outrem" ou "comprometer a credibilidade do certame"), *instantâneo* (a consumação não se prolonga no tempo) e *plurissubsistente* (o *iter criminis* comporta fracionamento).

8. PENA E AÇÃO PENAL

A pena é de reclusão, de um a quatro anos, e multa. Adota-se, portanto, o procedimento comum ordinário (CPP, arts. 394 a 405), admitindo-se a suspensão condicional do processo (art. 89 da Lei n. 9.099/95). Se o agente for funcionário público ou se houver dano à Administração, não caberá o benefício mencionado, em face da elevação da pena decorrente dos §§ 2º e 3º do dispositivo.

Anote-se que a Lei n. 12.550/2011, responsável pela inserção do delito de fraude em certames de interesse público no Código, introduziu nova **pena de interdição temporária de direitos** (art. 47, V), consistente na **proibição de se inscrever em concurso, avaliação ou exame públicos**. Referida sanção possui caráter substitutivo, vale dizer, deve ser imposta como medida alternativa à pena privativa de liberdade, desde que presentes os requisitos (cumulativos) previstos no art. 44 do CP:

a) aplicada pena privativa de liberdade não superior a quatro anos;

b) crime cometido sem violência ou grave ameaça à pessoa;

c) o réu não reincidente em crime doloso, salvo se a medida for socialmente recomendável e a reincidência não se tenha operado em virtude da prática do mesmo crime;

d) a culpabilidade, os antecedentes, a conduta social e a personalidade do condenado, bem como os motivos e as circunstâncias, indicarem que essa substituição seja suficiente.

Destaque-se, outrossim, que por sua origem legislativa e correlação entre o fato e a punição, mencionada pena restritiva de direitos deve ser aplicada preferencialmente ao dispositivo legal em estudo.

A ação penal é **pública incondicionada**.

TÍTULO XI
Dos Crimes contra a Administração Pública

1. NOÇÕES PRELIMINARES

O legislador reservou para o penúltimo título da Parte Especial a definição dos *crimes contra a Administração Pública*. A designação empregada pelo legislador pátrio remonta ao Código Zanardelli (1889), um dos poucos que, ao seu tempo, utilizavam semelhante epígrafe.

A maneira como se encontra estruturado este setor do Código apresenta-se superior à de seus antecessores. O Imperial de 1830, cuja importância histórica e vanguardismo não se podem negar (tendo por parâmetro os padrões da época), reunia os delitos de que ora se cuida sob o denominador comum de "Crimes contra a boa ordem e Administração Pública", incluindo aqueles cometidos por funcionários públicos, salvo o peculato, que optara por inserir dentre os crimes contra o tesouro e a propriedade pública. O Código Penal de 1890, editado tão logo a República fora proclamada, repetia a epígrafe e o conteúdo e inseria o desacato, a resistência, a tirada ou fugida de presos, o arrombamento de cadeias e a desobediência no rol dos crimes "contra a segurança interna da república", juntamente com atos como a conspiração e a sedição (embora sejam estes inequivocamente crimes políticos).

O Código atual ocupa-se, no Título em questão, de infrações penais que atentam contra o correto funcionamento do aparato estatal, em seus aspectos externo (relações do Estado com os indivíduos) e interno (referente à organização estatal propriamente dita ou às relações do ente público com seus servidores). Não descreve, de outra parte, crimes de natureza política ou contra o Estado Democrático de Direito, aos quais se reservou o Título XII deste Código.

Muitos dos fatos reunidos nesta classe de ilícitos, notadamente aqueles em que o sujeito ativo é o servidor que se encontra no desempenho de suas funções, têm natureza *pluriobjetiva*; significa dizer que constituem, além de infrações penais, ilícitos administrativos.

Outra nota marcante neste setor do Código Penal consiste em que grande parte dos comportamentos antijurídicos aqui reunidos é lesiva não só ao Estado, enquanto pessoa jurídica de direito público, mas sobretudo à população em geral, que direta ou indiretamente arca com os efeitos concretos do ato cometido. Assim, por exemplo, quando um funcionário desvia bens públicos em seu favor ou aceita propina de um empresário para favorecê-lo em determinada obra pública, não é só a Administração que sofre as consequências, mas sobretudo o povo (a quem o agente deveria servir e em cujo benefício teria de atuar). Isso revela a natureza transindividual do bem protegido no Título XI, podendo ser qualificado como verdadeiro *bem jurídico difuso*[1].

---

[1] Nas palavras de Sérgio Shimura: "A proteção ao erário constitui-se patrimônio público e social, espécie de interesse difuso, disperso por toda a sociedade" (*Tutela coletiva e sua efetividade*. São Paulo: Método, 2006, p. 58).

Registre-se que Gianpaolo Poggio Smanio, em abalizado ensaio intitulado "Princípios da tutela penal dos interesses ou direitos difusos", propõe a seguinte classificação de bens jurídicos: "a) Primeiramente, os bens jurídico-penais: de natureza individual, que são os referentes aos indivíduos, dos quais estes têm disponibilidade, sem afetar os demais indivíduos. São, portanto, bens jurídicos divisíveis em relação ao titular. Citamos como exemplo a vida, a integridade física, a propriedade, a honra *etc*. b) Os bens jurídico-penais de natureza coletiva, que se referem à coletividade, de forma que os indivíduos não têm disponibilidade sem afetar os demais titulares do bem jurídico. São, dessa maneira, indivisíveis em relação aos titulares. No Direito Penal, os bens de natureza coletiva estão compreendidos dentro do interesse público. Podemos exemplificar com a tutela: incolumidade pública, da paz pública etc. c) Os bens jurídico-penais de natureza difusa, que também se referem à sociedade em sua totalidade, de forma que os indivíduos não têm disponibilidade sem afetar a coletividade. São, igualmente, indivisíveis em relação aos titulares. Ocorre que os bens de natureza difusa trazem uma *conflituosidade social* que contrapõe diversos grupos dentro da sociedade, como na *proteção ao meio ambiente,* que contrapõe, por exemplo, os interesses econômicos industriais e o interesse na preservação ambiental, ou na *proteção das relações de consumo,* em que estão contrapostos os fornecedores e os consumidores, a *proteção da saúde pública,* enquanto referente à produção alimentícia e de remédios, a *proteção da economia popular, da infância e juventude, dos idosos* etc." (*Justitia*, São Paulo, 64 (197), jul./dez. 2007; p. 216-217). Nota-se, então, que, seguindo o critério proposto por Smanio, a Administração Pública constituir-se-ia em bem jurídico transindividual, de natureza *coletiva*, pois diz respeito à noção de interesse público, faltando-lhe a característica da conflituosidade social (a qual, segundo o autor, seria inerente aos bens difusos).

2. ADMINISTRAÇÃO PÚBLICA

A Administração Pública compreende, em sua acepção lata (que é a empregada pelo Código), a atividade desempenhada pelo Estado visando à consecução de seus fins. Engloba tanto os atos praticados na esfera do **Poder Executivo** (Administração Pública *stricto sensu*) quanto do **Legislativo**, do **Judiciário** e do **Ministério Público**, sem falar dos **entes da Administração Pública indireta** (como as autarquias, fundações e empresas públicas e sociedades de economia mista).

Nota-se, portanto, que a ideia de Administração Pública no contexto da proteção jurídico-penal há de ser entendida em **sentido funcional**, isto é, como o conjunto das funções que o Estado assume para a consecução de seus fins.

3. ANCORAGEM CONSTITUCIONAL

A tutela penal somente encontra legitimidade política quando se propõe a salvaguardar valores fundamentais expostos (direta ou indiretamente) em nossa Constituição. Essa assertiva deriva, em primeiro lugar, do fato de nosso país constituir-se em Estado Democrático de Direito. Decorre, ademais, da força normativa (hoje amplamente reconhecida) de nossa Lei Fundamental.

Durante o século XX, uma das mais significativas mudanças de paradigma no plano do Direito foi a outorga à norma constitucional do *status* de norma jurídica, dotada de imperatividade e observância cogente (sob pena de desencadear procedimentos específicos para sua salvaguarda e prevalência). Isto é, a Constituição deixa de ser mera carta programática ou um conjunto de ideais a serem implementados ao talante dos Poderes Constituídos e se torna verdadeiro documento, superior a todos os outros, nos quais as leis devem retirar seu fundamento e encontrar sua validade.

Daí por que deve preceder a análise dos tipos penais a busca por identificar nestes qual o constitucional que procura albergar.

Luís Roberto Barroso assevera, com propriedade, que "o direito penal, a exemplo dos demais ramos do Direito, sujeita-se aos princípios e regras da Constituição. Disso resulta, como já assinalado, a centralidade dos direitos fundamentais, tanto na sua versão subjetiva como na objetiva. Com essa observação, examinam-se as premissas de trabalho na matéria: (i) reserva legal e liberdade de conformação do legislador; (ii) garantismo; e (iii) dever de proteção". Mais adiante, pondera o constitucionalista que "o direito penal atua como expressão do dever de proteção do Estado aos bens jurídicos constitucionalmente relevantes, como a vida, a dignidade, a integridade das pessoas e a propriedade. A tipificação de delitos e a atribuição de penas também são mecanismos de proteção a direitos fundamentais"[2].

Nessa medida é que se faz necessário estabelecer, na esfera de incidência a que se propõe o Título XI da Parte Especial do Código, qual ou quais os valores maiores em jogo.

Deve-se ter em mente, logo de início, que o Brasil é uma *república*, ou seja, *res publicae*, daí por que *todo poder emana do povo*, que o exerce por meio de seus representantes (art. 1º, parágrafo único, da CF). Logo, o agente responsável pela gestão da coisa pública há de se ater fiel à ideia de que age em nome alheio e, como representante popular, tem que zelar para a boa e honesta gestão dos negócios do Estado.

Anote-se, ainda, que o Texto Maior, em seu art. 37, *caput*, ao dispor acerca da *Administração Pública*, determina deva esta obedecer aos *princípios de legalidade, impessoalidade, moralidade, publicidade e eficiência*.

Lembre-se também de que, no regime jurídico administrativo, há o princípio da supremacia do interesse público sobre o interesse privado. Esse imperativo de ordem lógica pode ser compreendido com a seguinte imagem: "se idealizarmos uma balança imaginária, constataremos que o prato sobre o qual repousa o interesse público muito mais peso possui que aquele em que está o interesse individual"[3].

Essas as raízes constitucionais em que se estrutura a tutela penal da Administração Pública, seja no tocante aos delitos cometidos por agentes públicos em seu detrimento, bem como naqueles praticados por particulares contra esta.

4. PANORAMA DO TÍTULO XI

O Título em questão encontra-se dividido em *seis capítulos*:

1º) "Dos crimes praticados por funcionário público contra a Administração em geral" (arts. 312 a 327);

2º) "Dos crimes praticados por particular contra a Administração em geral" (arts. 328 a 337-A);

3º) "Dos crimes praticados por particular contra a Administração Pública estrangeira" (arts. 337-B a 337-D);

---

[2] *Curso de direito constitucional contemporâneo* – os conceitos fundamentais e a construção do novo modelo. 1. ed. 3ª tir. São Paulo: Saraiva. 2009, p. 379 e 381.

[3] Emerson Garcia. In: Emerson Garcia; Rogério Pacheco Alves (Coord.). *Improbidade administrativa*. 4. ed. Rio de Janeiro: Lumen Juris, 2008, p. 56.

4º) "Dos crimes em licitações e contratos administrativos" (arts. 337-E a 337-P);

5º) "Dos crimes contra a administração da Justiça" (arts. 338 a 359);

6º) "Dos crimes contra as finanças públicas" (arts. 359-A a 359-H).

Este título sofreu inúmeras modificações recentes:

– Lei n. 9.983/2000 (acrescentou os arts. 313-A, 313-B e 337-A, e os §§ 1º e 2º ao art. 325, e alterou o § 1º do art. 327);

– Lei n. 10.028/2000 (alterou o art. 339 e introduziu o Capítulo IV);

– Lei n. 10.268/2001 (modificou a redação dos arts. 342 e 343);

– Lei n. 10.467/2002 (introduziu o Capítulo II-A);

– Lei n. 10.763/2003 (elevou a pena da corrupção ativa e passiva);

– Lei n. 11.466/2007 (criminalizou a omissão funcional quanto ao ingresso de aparelho de comunicação móvel em estabelecimento prisional – art. 319-A);

– Lei n. 12.012/2009 (tipificou a entrada de particular em estabelecimento prisional com aparelho de comunicação móvel – art. 349-A).

5. REPARAÇÃO DOS DANOS AO ERÁRIO COMO CONDIÇÃO PARA A PROGRESSÃO DE REGIMES

O art. 33, § 4º, do Código Penal determina que as pessoas que cumprem pena privativa de liberdade por crime contra a Administração Pública somente poderão obter a progressão de regimes (p. ex., transferência do regime fechado para o semiaberto) quando, além dos requisitos gerais previstos no art. 112 da LEP (cumprimento de um sexto da pena e bom comportamento carcerário), **repararem integralmente os danos causados ao erário** ou **devolverem o produto do ilícito praticado,** com os acréscimos legais incidentes.

Essa regra foi introduzida na legislação penal por força da Lei n. 10.763/2003, que entrou em vigor no dia 12 -11-2003. Como se trata de disposição gravosa (*novatio legis in pejus*), somente se aplica a fatos ocorridos a partir da data mencionada; deve-se lembrar que, para tais efeitos, adota-se como parâmetro a data da ação ou omissão, ainda que outra seja a do resultado (CP, art. 4º).

A restrição acima indicada **estende-se a todos os delitos contidos no Título XI da Parte Especial,** desde que a conduta tenha **produzido danos ao Poder Público.** Não abrange, por exemplo, o crime de desobediência (art. 330), consistente em não cumprir ordem legal emanada por funcionário público no exercício de sua função ou em razão dela, posto que tal conduta não produz qualquer prejuízo econômico ao Estado. Também **não atinge o peculato culposo** (art. 312, § 3º), no qual **a reparação do dano possui**

efeito distinto (se anterior à sentença irrecorrível, **extingue a punibilidade**; se posterior, **reduz de metade a pena imposta**).

Para o Superior Tribunal de Justiça, "não havendo na sentença condenatória transitada em julgado determinação expressa de reparação do dano ou de devolução do produto do ilícito, **não pode o juízo das execuções inserir referida condição para fins de progressão**, sob pena de se ter verdadeira revisão criminal contra o réu"[4].

6. PRINCÍPIO DA INSIGNIFICÂNCIA

Há discussão sobre a possibilidade de aplicação do princípio da insignificância aos crimes contra a Administração Pública.

O Superior Tribunal de Justiça entende que não se pode reconhecer a atipicidade da conduta, diante da inexpressividade da lesão ao erário, visto que dentre os bens tutelados se encontra a probidade administrativa, cuja ofensa independe do valor do objeto material[5]. Nesse sentido, inclusive, editou a **Súmula 599**[6].

Esse entendimento, todavia, é relativizado pela própria Corte Superior, podendo serem citados os seguintes casos concretos: i) a importação clandestina de medicamentos configura crime de contrabando, aplicando-se, excepcionalmente, o princípio da insignificância aos casos de importação não autorizada de pequena quantidade para uso próprio; ii) o crime de descaminho (art. 334, CP), quando o valor do débito tributário não ultrapassar o limite de R$ 20.000,00 (vinte mil reais), a teor do disposto no art. 20 da Lei n. 10.522/2002, ressalvados os casos de habitualidade delitiva; iii) o crime de sonegação de contribuição previdenciária, quando o valor do tributo ilidido não ultrapassa o patamar de R$ 20.000,00 (vinte mil reais) previsto no art. 20 da Lei n. 10.522/2002[7]. Também há entendimento jurisprudencial no sentido

---

[4] HC 686.334-PE, rel. Min. Reynaldo Soares da Fonseca, 5ª T., j. 14-9-2021 (*Informativo* n. 709).

[5] "Quanto ao pedido de trancamento da ação penal, por ser hipótese de aplicação do princípio da insignificância, o Superior Tribunal de Justiça é firme em salientar a impossibilidade de aplicação do princípio da insignificância no caso de delitos contra a Administração Pública, visto que o bem jurídico tutelado é a própria moralidade administrativa, insuscetível de valoração econômica" (STJ, AgRg no HC 540.196/AC, rel. Min. Rogerio Schietti Cruz, 6ª T., j. 2-6-2020). No mesmo sentido: STJ, AgRg no HC 633.285/SC, rel. Min. Reynaldo Soares da Fonseca, 5ª T., j. 2-2-2021.

[6] "O princípio da insignificância é inaplicável aos crimes contra a Administração Pública."

[7] Julgados extraídos da série "Jurisprudência em teses", do Superior Tribunal de Justiça, Edição n. 81: crimes contra a administração pública II.

de "considerar que a conduta de importar pequenas quantidades de sementes de maconha não se adequa à forma prevista no art. 33 da Lei de Drogas, subsumindo-se, formalmente, ao tipo penal descrito no art. 334-A do Código Penal, mas cuja tipicidade material é afastada pela aplicação do princípio da insignificância"[8].

O Supremo Tribunal Federal, por sua vez, já admitiu a incidência do princípio da bagatela a esse tipo de delito quando preenchidos os quatro vetores necessários para tanto[9].

7. RESPONSABILIDADE CIVIL E ADMINISTRATIVA DE PESSOAS JURÍDICAS POR ATOS CONTRA A ADMINISTRAÇÃO

Como já abordado no Volume 1, no nosso Direito pátrio, a responsabilidade penal das pessoas jurídicas só ocorre em relação aos crimes ambientais, não havendo sanções positivadas nas demais esferas penais.

As pessoas jurídicas que cometerem atos lesivos à Administração Pública, porém, ficam sujeitas a sanções administrativas e civis, com fundamento na Lei n. 12.846, de 1º de agosto de 2013, que dispõe justamente a respeito da responsabilização administrativa e civil de pessoas jurídicas pela prática de atos contra a Administração Pública, nacional ou estrangeira.

---

[8] STJ, RHC 123.402/RS, Rel. Min. Reynaldo Soares da Fonseca, 5ª T., j. 23-3-2021.

[9] São eles: 1) ausência de periculosidade social da ação; 2) reduzida reprovabilidade do fato; 3) mínima ofensividade; e 4) inexpressividade da lesão jurídica. Nesse sentido, ver também: STF, HC 112.388/SP, rel. Min. Ricardo Lewandowski, rel. p/ o ac. Min Cezar Peluso, 2ª T., j. 21-8-2012. Em caso recente envolvendo corrupção ativa, o STF afastou a alegação de bagatela: "Cuidando-se de corrupção ativa, crime contra a administração pública, a pequenez do suborno oferecido jamais poderia atrair a aplicação do princípio da insignificância (pelo contrário, pela humilhação que acarreta ao servidor, quiçá pudesse acarretar concurso formal entre a corrupção ativa e o desacato...)" (STF, RHC 199.851 AgR, rel. Min. Ricardo Lewandowski, 2ª T., j. 12-5-2021).

Capítulo I
DOS CRIMES PRATICADOS POR FUNCIONÁRIO PÚBLICO CONTRA A ADMINISTRAÇÃO EM GERAL (ARTS. 312 A 327)

1. INTRODUÇÃO – CRIMES FUNCIONAIS

O Capítulo I (arts. 312 a 326) trata dos chamados crimes funcionais, aqueles em que a condição de funcionário público figura como elementar ou circunstância especial do tipo. Classificam-se em próprios (ou típicos) e impróprios.

Os **crimes funcionais próprios** são os tipicamente funcionais, ou seja, aqueles que *só podem ser praticados por funcionário público*, i. e., quando ausente tal condição, desaparece por completo o delito (atipicidade total ou absoluta). Exemplo: a prevaricação ocorre quando o funcionário retarda ou deixa de praticar ato de ofício, ou o pratica contra disposição expressa de lei, para satisfazer interesse ou sentimento pessoal (art. 319 do CP); se um particular realiza conduta semelhante no desempenho de sua profissão ou atividade não comete delito algum, uma vez que o fato é penalmente atípico.

Os **crimes funcionais impróprios** são os que, *retirada a qualidade especial do sujeito ativo, a figura típica se transforma (atipicidade relativa)*, ou seja, há um fato típico correspondente que pune os não funcionários, quando realizam ações ou omissões semelhantes. Exemplo: o peculato-furto, de sua parte, é crime funcional impróprio, pois a conduta descrita no art. 312, § 1º, quando cometida exclusivamente por particular, configura furto (art. 155).

Existem delitos funcionais fora do Capítulo I do Título XI. Lembre-se de que consideram-se como tais aqueles em que **a condição de servidor atua como elementar** ou **circunstância** do tipo. É o que ocorre, por exemplo, nos arts. 150, § 2º (violação de domicílio cometida por funcionário público), 289, § 3º (moeda falsa praticada por servidor público), 295 (petrechos para falsificação de moeda cometido por tal agente), 296, § 2º (falsificação de selo ou sinal público praticada por agente público), 297, § 1º (falsidade material realizada pelo funcionário estatal), 299, parágrafo único (falsidade ideológica perpetrada por servidor), 311, § 2º (adulteração de sinal identificador de veículo automotor) etc.

Ressalte-se que alguns autores tratam as expressões "crimes de responsabilidade" e "crimes funcionais" como sinônimas. A boa técnica, contudo, recomenda que se faça uma distinção. **Crimes de responsabilidade**, na acepção estrita do termo, não são sequer verdadeiras infrações penais, mas **político-administrativas**. Isso porque não acarretam a imposição de pena criminal (privativa de liberdade, restritiva de direitos ou multa), mas de perda do cargo ou mandato e suspensão dos direitos políticos. Elas estão definidas na Constituição Federal (*v.* arts. 85 e 86) e seu procedimento encontra-se regulado, principalmente, pela Lei n. 1.079/50.

2. SUJEITOS DO CRIME

Todos os crimes constantes do Capítulo I são próprios (*delicta propria*), justamente por exigirem do sujeito ativo a condição de funcionário público (CP, art. 327; *v.* item 3, abaixo). Particulares poderão, entretanto, ser enquadrados nesses delitos, desde que concorram, mediante coautoria ou participação, ao fato praticado por funcionário público. Estes serão denominados *intraneus* e aqueles, *extraneus*.

Os **particulares ver-se-ão incursos nos delitos previstos nos arts. 312 a 326**, na situação acima aventada, porquanto **a qualidade de funcionário, elementar de tais infrações, a eles se comunica**, por força do art. 30 do CP. Tal comunicabilidade, entretanto, depende da efetiva ciência pelo particular de que coopera com um funcionário público. Se isso não ocorrer, não se poderá imputar ao *extraneus* crime funcional, mas sim eventual delito correspondente. Assim, se uma pessoa auxilia um oficial de promotoria a, prevalecendo-se da facilidade proporcionada pelo cargo, subtrair computadores do Ministério Público, responde por peculato-furto (art. 312, § 1º), se ciente da qualidade de seu comparsa, e por furto (art. 155), se a desconhecer.

Se o *extraneus* colaborar para um crime funcional próprio e **desconhecer a *condição especial* do comparsa** (p. ex., alguém incentiva funcionário a não praticar ato de ofício, visando satisfazer interesse pessoal, insciente da profissão por ele exercida), **não responde por crime algum**, pois não há delito correspondente em que ele possa ser enquadrado (a essa situação aplicam-se os princípios do erro de tipo – art. 20 do CP).

O sujeito passivo, em todos esses crimes, será o Estado, e, secundariamente, a pessoa que sofrer prejuízo patrimonial.

3. CONCEITO DE FUNCIONÁRIO PÚBLICO (ART. 327)

Considera-se funcionário público, para fins penais, todo aquele que: "embora transitoriamente ou sem remuneração, exerce cargo, emprego ou função pública" (*caput*).

Equipara-se, ademais, a funcionário "quem exerce cargo, emprego ou função em entidade paraestatal, e quem trabalha para empresa prestadora de serviço contratada ou conveniada para a execução de atividade típica da Administração Pública" (§ 1º).

Consoante esclarecedora síntese de Damásio de Jesus, o funcionário público por equiparação pode ser, "quanto à vinculação funcional ou empregatícia":

"a) vinculado ao Poder Público de forma indireta (CP, art. 327, § 1º, primeira parte);

b) vinculado diretamente a empresa privada e ao Poder Público por contrato ou convênio (CP, art. 327, § 1º, parte final):

1) pessoa física incumbida do exercício de função em entidades da Administração Pública indireta (autarquias, fundações, empresas públicas, sociedades de economia mista e suas subsidiárias, coligadas ou incorporadas);

2) pessoa física vinculada a empresa ou particular que, por contrato ou convênio, se obriga a prestar serviços públicos.

Fica excluída do conceito legal: pessoa física que mantém vinculação contratual com a Administração Pública para realizar atribuição que não lhe seja típica"[1].

Podem ser citados, a título de exemplo, portanto: magistrados, membros do Ministério Público, parlamentares, serventuários da justiça, estagiários do Ministério Público ou da Defensoria Pública, peritos judiciais, funcionários de cartórios judiciais ou extrajudiciais, funcionários do Banco do Brasil ou da Caixa Econômica Federal, militares, procuradores do Estado ou de Municípios etc.[2].

Deve-se enfatizar que esse conceito se estende a toda a legislação penal, salvo para os crimes relacionados com licitações públicas e contratos administrativos, que, embora previstos no Código Penal, seguem o conceito específico de agente público da Lei n. 14.133/2021. A comparação entre as

---

[1] *Código Penal anotado*, p. 1.009.

[2] O preso que executa trabalho no interior do estabelecimento penitenciário não se inclui no conceito – *RT* 797/570.

definições revela que a prevista na Lei n. 14.133/2021 é mais restrita, pois não inclui (como o faz o Código) as pessoas que trabalham para empresa prestadora de serviço contratada ou conveniada para a execução de atividade típica da Administração Pública.

De ver que a definição de **funcionário público por equiparação** somente se aplica na conceituação dele como **sujeito ativo** do crime. Com relação aos **crimes praticados contra funcionário público,** figurando ele, portanto, como sujeito passivo, **aplica-se só o** *caput.* Assim, se um funcionário do Banco do Brasil (sociedade de economia mista) ou da Caixa Econômica Federal (empresa pública) se apropria de valores de que tenha posse em razão do cargo, comete peculato-apropriação (art. 312, *caput*); se um cliente da agência bancária se portar inconvenientemente e furar a fila do caixa, deixando de acatar uma ordem por aquele emitida para que retorne ao início, não comete desobediência (art. 330)[3].

3.1. Funcionário público estrangeiro (art. 337-D, acrescentado ao CP pela Lei n. 10.467/2000)

O legislador entendeu por bem conceituar funcionário público estrangeiro, tendo em vista as alterações promovidas no Código Penal pela Lei n. 10.467/2000, que inseriu no Título XI o Capítulo II-A, intitulado "Dos crimes praticados por particular contra a administração pública estrangeira".

Essa subclasse de infrações contra a Administração Pública contém dois delitos, a corrupção ativa e o tráfico de influência, nas transações comerciais internacionais (arts. 337-B e 337-C).

Ambos os tipos penais utilizam-se da elementar "funcionário público estrangeiro", daí surgindo a necessidade de conceituá-lo. É de ver que este

---

[3] Nesse sentido: Hungria (*Comentários ao Código Penal*, v. IX, p. 404) e Damásio (*Código Penal anotado*, p. 1.009-1.010). O STF já decidiu em sentido contrário: STF, *RT* 788/526 ("O art. 327 do CP equipara a funcionário público servidor de sociedade de economia mista. Essa equiparação não tem em vista os efeitos penais somente com relação ao sujeito ativo do crime, mas abarca também o sujeito passivo"). Veja, ainda, o seguinte julgado do STJ, sufragando a tese dominante na Corte Suprema: "A teor do disposto no art. 327 do Código Penal, considera-se, para fins penais, o estagiário de autarquia funcionário público, seja como sujeito ativo ou passivo do crime. (Precedente do Pretório Excelso)" (HC 52.989, rel. Min. Felix Fischer, 5ª T., j. 23-5-2006, *DJ* de 1º-8-2006, p. 484). Em sentido contrário: "Impossibilidade de se estender o conceito de funcionário público por equiparação aos sujeitos passivos do delito de desacato, nos termos do art. 327, § 1º do Código Penal" (TRF, 1ª R., AP 355211520124013300, rel. Des. Pablo Zuniga Dourado, 3ª T., j. 29-7-2014); e também TJSP, AP 2009202-74.2017.8.26.0000, rel. Des. Xavier de Souza, 11ª CCr, j. 29-3-2017.

servidor não é o sujeito ativo do crime (como se estudará oportunamente), mas a pessoa que o agente pretende subornar ou aduz exercer influência.

De acordo com o art. 337-D, "considera-se funcionário público estrangeiro, para os efeitos penais, quem, ainda que transitoriamente ou sem remuneração, exerce cargo, emprego ou função pública em entidades estatais ou em representações diplomáticas de país estrangeiro" (*caput*). O parágrafo único acrescenta que se equipara a ele: "quem exerce cargo, emprego ou função em empresas controladas, diretamente ou indiretamente, pelo Poder Público de país estrangeiro ou em organizações públicas internacionais".

3.2. Os jurados

Cuidam-se os jurados de cidadãos **maiores de 18 anos**, possuidores de **notória idoneidade**, convocados para servir como julgadores perante o Tribunal do Júri.

O Código de Processo Penal determina que tais juízes leigos, no exercício de sua função ou a pretexto de exercê-la, são responsáveis criminalmente nos mesmos termos em que o são os juízes togados (art. 445). Daí decorre que podem estes, em tese, ser **sujeitos ativos de todas as infrações penais** definidas no Capítulo I do Título XI da Parte Especial do Código.

4. CAUSA DE AUMENTO DE PENA (ART. 327, § 2º)

A pena será aumentada de um terço "quando os autores dos crimes previstos neste Capítulo forem ocupantes de **cargos em comissão** ou de **função de direção ou assessoramento** de órgão da administração direta, sociedade de economia mista, empresa pública ou fundação instituída pelo poder público".

5. EFEITOS DA CONDENAÇÃO

A condenação criminal produz uma série de efeitos penais (principais e secundários) e extrapenais (genéricos e específicos).

São **extrapenais específicos** os que repercutem em outro ramo do direito, que não o Penal, e que só se aplicam a alguns crimes, sempre mediante **expressa declaração na sentença**. O art. 92, I, do CP prevê, dentre esses, a perda do cargo, função pública ou mandato eletivo, cabível quando: a) a pena aplicada ao agente for igual ou superior a um ano, em crimes praticados com abuso de poder ou violação de dever para com a Administração Pública; e b) a pena aplicada for superior a quatro anos, qualquer que seja a infração penal.

Nota-se, então, que a condenação por crime praticado por funcionário público contra a Administração pode levar, quando a pena for igual ou superior a 1 ano, à perda do cargo ou função pública antes exercidos pelo agente.

Trata-se de **efeito permanente**, é dizer, o agente não só perde o cargo ou a função, mas se torna também incapacitado *in genere* para o exercício de outro cargo ou função pública. **Somente por meio da reabilitação criminal** (CP, arts. 93 a 95) **poderá readquirir sua capacidade de ocupar novo cargo ou função, vedando-se, entretanto, o restabelecimento da situação anterior,** ou seja, o retorno ao cargo ou função pública antes ocupados.

6. OBJETIVIDADE JURÍDICA E AÇÃO PENAL

Todos os crimes funcionais possuem como objeto jurídico a Administração Pública. Secundariamente, a norma também protege o patrimônio do particular afetado pela conduta do agente.

A ação penal é sempre **pública incondicionada**, seja por força do art. 100, *caput*, do CP, seja em razão do art. 24, § 2º, do CPP ("seja qual for o crime, quando praticado em detrimento do patrimônio ou interesse da União, Estado e Município, a ação penal será pública").

7. ASPECTOS PROCESSUAIS

Os delitos dos arts. 312 a 326 seguem o **rito previsto nos arts. 513 a 518 do CPP**. Deles destacam-se as seguintes peculiaridades: defesa preliminar, anterior ao recebimento da denúncia ou queixa – art. 514, e possibilidade de "rejeição da inicial" com base na inexistência do crime ou improcedência da ação – art. 516 (no mais, observam-se as normas relativas ao procedimento comum ordinário ou sumário, conforme a pena máxima cominada ao delito, nos termos do art. 394 do CPP, com redação dada pela Lei n. 11.719/2008).

Esclareça-se que, de acordo com o STJ, a defesa preliminar do art. 514 do CPP somente será necessária quando a ação penal não for baseada em inquérito policial, mas em peças de informação (Súmula 330 do STJ[4]). De ver, contudo, que o STF já entende de modo diverso, determinando a obrigatoriedade desta manifestação em todas as acusações relativas a delitos funcionais afiançáveis, ainda quando lastreadas em elementos informativos colhidos em inquérito policial[5].

---

[4] "É desnecessária a resposta preliminar de que trata o art. 514 do Código de Processo Penal, na ação penal instruída por inquérito policial."

[5] "A justa causa para a ação penal consiste na exigência de suporte probatório mínimo a indicar a legitimidade da imputação e se traduz na existência, no inquérito policial ou nas peças de informação que instruem a denúncia, de elementos sérios e idôneos que demonstrem a materialidade do crime e de indícios razoáveis de autoria" (*destaque nosso*, STF, Inq. 4.019/AP, rel. Min. Dias Toffoli, 2ª T., j. 23-2-2016).

Frise-se, ainda, que a defesa preliminar se aplica a todos os crimes funcionais, ou seja, àqueles previstos nos arts. 312 a 326 do CP, pois, embora o CPP restrinja a medida apenas aos delitos funcionais afiançáveis, todos passaram a admitir fiança desde alterações ocorridas no CPP em 2011 (decorrentes da Lei n. 12.403).

Não se pode excluir, ainda, a incidência da Lei n. 9.099/95 (arts. 61 e s.), quando a pena máxima cominada ao fato não for superior a dois anos, ou multa. Importante ressaltar que a conceituação de um delito como infração de menor potencial ofensivo independe da natureza do rito processual a que ele se sujeita; em outras palavras, a Lei dos Juizados Especiais Criminais aplica-se a todos os crimes cuja pena máxima não exceda o patamar acima referido, tenham eles procedimento comum ou especial (como ocorre com os crimes funcionais), conforme entendimento pacífico do STJ, já respaldado, inclusive, pelo STF.

Acrescente-se, por fim, que aos ilícitos penais cuja pena mínima não ultrapassar um ano, será cabível, nos termos do art. 89 da Lei n. 9.099/95, a suspensão condicional do processo.

8. INDEPENDÊNCIA DAS INSTÂNCIAS PENAL E ADMINISTRATIVA

Muito embora os crimes contra a Administração Pública possam constituir, ao mesmo tempo, ilícitos administrativos, gerando consequências, portanto, nas duas órbitas, as instâncias penal e administrativa são independentes (até porque o ilícito administrativo representa um *minus* em relação ao ilícito penal). Em outras palavras, o reconhecimento da existência de uma infração administrativa não indica, necessariamente, a presença de infração penal, cuja caracterização submete-se a critérios mais densos.

ARTS. 312 E 313 – PECULATO

1. TIPOS PENAIS

Peculato

Art. 312. Apropriar-se o funcionário público de dinheiro, valor ou qualquer outro bem móvel, público ou particular, de que tem a posse em razão do cargo, ou desviá-lo, em proveito próprio ou alheio:

Pena – reclusão, de 2 (dois) a 12 (doze) anos, e multa.

§ 1º Aplica-se a mesma pena, se o funcionário público, embora não tendo a posse do dinheiro, valor ou bem, o subtrai, ou concorre para que seja subtraído, em proveito próprio ou alheio, valendo-se de facilidade que lhe proporciona a qualidade de funcionário.

Peculato culposo

§ 2º Se o funcionário concorre culposamente para o crime de outrem:

Pena – detenção, de 3 (três) meses a 1 (um) ano.

§ 3º No caso do parágrafo anterior, a reparação do dano, se precede à sentença irrecorrível, extingue a punibilidade; se lhe é posterior, reduz de metade a pena imposta.

Peculato mediante erro de outrem

Art. 313. Apropriar-se de dinheiro ou qualquer utilidade que, no exercício do cargo, recebeu por erro de outrem:

Pena – reclusão, de 1 (um) a 4 (quatro) anos, e multa.

2. BREVE HISTÓRICO

A expressão peculato remonta ao Direito Romano, embora em seus primórdios fosse utilizada com significação distinta da atual. O vocábulo deriva do latim *peculatus* ou *depeculatus* cuja origem data de época anterior à introdução da moeda, quando o gado era o mais importante patrimônio mobiliário da Antiguidade. A *lex Julia de residuis* configurava-o tendo em conta o objeto material (coisas sagradas, religiosas ou públicas) e não a condição do sujeito ativo (que podia ser também o particular).

Durante a Idade Média, era comum punir-se o delito com penas severas, incluindo-se até a morte e a infâmia.

As Ordenações Filipinas dedicavam seu Título "LXXIIII" (74) à incriminação dos oficiais do Rei que lhe furtavam ou deixavam perder sua fazenda por malícia. O Código Criminal de 1830 o previa como infração atentatória do tesouro e da propriedade pública (a pena era de perda do emprego, prisão com trabalho e multa). O Código de 1890 o colocava na classe dos crimes contra a "boa ordem e a administração pública". Suas penas foram agravadas pelo Decreto n. 4.780, de 1923, o que depois foi incorporado à Consolidação das Leis Penais.

3. PANORAMA DO TRATAMENTO LEGISLATIVO

Nosso Código Penal divide-o em *peculato doloso* e *culposo*. Aquele subdivide-se em: **a) peculato-apropriação; b) peculato-desvio** (os dois primeiros são considerados espécies do gênero "peculato próprio"); **c) peculato-furto; d) peculato-estelionato** (ou mediante erro de outrem). Há, ainda, os arts. 313-A e 313-B, que um setor da doutrina também inclui como variantes do peculato, designando-os como peculato **"pirataria de dados"** e peculato **"hacker"**. Inclua-se, por fim, o peculato por equiparação.

A forma culposa não contém subdivisões, encontrando-se no art. 312, § 2º.

4. VALOR PROTEGIDO (OBJETIVIDADE JURÍDICA)

Em todas as suas modalidades, figuram como objetos jurídicos a Administração Pública, a propriedade pública ou particular[6] e a probidade administrativa.

5. REPARAÇÃO DOS DANOS

A reparação do dano opera efeitos extremamente benéficos no peculato culposo (*vide* art. 312, § 3º), posto que pode gerar a extinção da punibilidade ou a redução da pena pela metade.

No peculato doloso, diante da ausência de previsão legal, a reparação do dano antes do recebimento da denúncia não tem o condão de excluir o crime[7]. Para o Superior Tribunal de Justiça, neste caso, configurará no máximo arrependimento posterior (art. 16 do CP)[8]. Sendo reparado o dano depois do recebimento da denúncia até a sentença, poderá incidir a atenuante genérica (art. 65, III, *b*) ou, nos demais casos, a atenuante prevista no art. 66. A reparação do dano também repercute como condição para a progressão de regimes penitenciários durante a execução da pena (art. 33, § 4º, do CP).

6. CAUSA DE AUMENTO DE PENA (ART. 327, § 2º)

Deve-se lembrar que a pena será aumentada de um terço quando os autores do peculato (doloso ou culposo) forem ocupantes de cargos em

---

[6] Quando o bem objeto do peculato for particular (que se encontrar sob a responsabilidade do Poder Público), o delito será denominado de malversação (terminologia inspirada no Código Penal italiano, o qual tipifica semelhante comportamento em seu art. 315 com o *nomen iuris* "malversazione"). No Código Penal da Espanha, o Capítulo VII do Título XIX do Livro II intitula-se "Malversación", o qual tipifica entre outros comportamentos que correspondem ao art. 312 do nosso Código. No Código Penal argentino a descrição do peculato (art. 261) encontra-se inserida no capítulo denominado "Malversación de caudales públicos". Nas legislações espanhola e argentina, portanto, o vocábulo malversação, no sentido criminal, indica o gênero, do qual o peculato figura como espécie.

[7] Jurisprudência em Teses do STJ. Edição 57: crimes contra a administração pública.

[8] "É devido o reconhecimento da causa de diminuição de pena do arrependimento posterior, previsto no art. 16 do Código Penal, ao crime de peculato doloso, em suas diversas vertentes, desde que procedida pelo agente, de forma voluntária, a restituição da coisa, apropriada ou desviada, ou reparado o dano o Erário, até o recebimento da denúncia, sob pena de se configurar aplicação da atenuante genérica estatuída no art. 65, inciso III, alínea *b*, do CP. O *quantum* de redução da pena deve ser modulado, de 1/3 a 2/3 (um a dois terços), de forma proporcional à presteza e ao grau de voluntariedade por este externados" (STJ, AgRg no AREsp 1.467.975/DF, rel. Min. Laurita Vaz, 6ª T., j. 23-6-2020).

comissão ou de **função de direção ou assessoramento** de órgão da administração direta, sociedade de economia mista, empresa pública ou fundação instituída pelo poder público.

ART. 312, *CAPUT* - PECULATO PRÓPRIO

1. DISPOSITIVO LEGAL

Art. 312. Apropriar-se o funcionário público de dinheiro, valor ou qualquer outro bem móvel, público ou particular, de que tem a posse em razão do cargo, ou desviá-lo, em proveito próprio ou alheio.

2. TIPO OBJETIVO

O art. 312, *caput* (peculato próprio), consubstancia **tipo misto alternativo**, já que pode ser cometido mediante duas condutas alternativamente previstas no enunciado legislativo ("**apropriar-se**" ou "**desviar**").

2.1. Peculato-apropriação (art. 312, *caput*, 1ª parte)

Dá-se o peculato-apropriação **quando o funcionário público em cuja posse legítima se encontra o bem passa a agir como se fosse dono.** Por exemplo: "agente que toma para si livros e periódicos, doados a universidade federal, impedindo sua utilização pelo público (...)"[9]. Trata-se de **crime funcional impróprio**, de vez que ausente a condição de funcionário público por parte do sujeito ativo, subsiste o caráter criminoso da conduta, a qual se subsumirá ao tipo penal insculpido no art. 168 do CP (apropriação indébita).

Para o STJ, o **depositário judicial não é funcionário público para fins penais**, ainda que a ele seja atribuído um *munus* pelo Poder Judiciário. Desse modo, o fato por ele praticado não pode configurar peculato, mas se adéqua, em tese, ao crime de apropriação indébita[10].

A ação nuclear consiste em *apropriar-se*, isto é, tomar como seu, agindo como verdadeiro proprietário. O comportamento nuclear pode ser cometido por ação (apropriação propriamente dita) ou omissão (negativa de restituição). Pressupõe-se em ambos os casos que o sujeito *legitimamente* tenha a posse do objeto, em razão do cargo público que ocupa, e, a partir de um dado momento, passe a agir como se dono fosse (*uti dominus*).

Pode-se dizer, então, que são três os **requisitos** exigidos para a configuração típica do peculato (os dois primeiros oriundos da compreensão

---

[9] TRF 4ª R., *RT* 771/729.

[10] STJ, HC 402.949/SP, rel. Min. Maria Thereza de Assis Moura, 6ª T., j. 13-3-2018.

da elementar "apropriação" e o terceiro decorrente da natureza do fato, o qual constitui crime funcional). São eles: *1º) posse lícita e legítima; 2º) inversão do ânimo da posse (animus rem sibi habendi); 3º) posse decorrente do cargo público.*

Na hipótese de o funcionário público ingressar ilicitamente na posse do bem, poderá responder por peculato-furto (art. 312, § 1º).

Anote-se que o servidor **responderá por peculato ainda que aja, desde o início, com a intenção de se apoderar do objeto material** (*dolo ab initio*), conquanto o ingresso do bem em sua esfera de disponibilidade tenha se dado exclusivamente em decorrência do cargo ocupado. Se o servidor atuar mediante violência ou grave ameaça contra pessoa e, por conta disso, obtiver o domínio sobre a *res*, haverá roubo ou extorsão (arts. 157 e 158). Existe a possibilidade, ainda, de a posse derivar de erro cometido por terceiro, situação em que se aperfeiçoará o delito do art. 313 (peculato mediante erro de outrem).

A inversão do ânimo da posse ou *animus rem sibi habendi* pode se dar de dois modos: a) *apropriação propriamente dita*, quando o sujeito pratica atos de disposição, vendendo, desviando, doando, consumindo, ocultando ou alugando o bem, por exemplo; b) *a negativa de restituição*, i. e., quando o servidor nega-se a devolver o bem ou dar-lhe o encaminhamento necessário, no instante em que deveria fazê-lo (nesse caso, não se admite a tentativa).

Os **objetos materiais** (coisas sobre as quais pode recair a conduta típica) são: **dinheiro, valores** ou quaisquer outros **bens móveis** (públicos ou particulares sob a guarda ou custódia do Estado). A enumeração do tipo não deixa dúvidas quanto à possibilidade de **bens fungíveis** (i. e., os que podem ser substituídos por outros da mesma espécie, qualidade e quantidade) servirem como objetos do peculato próprio.

Entende-se por *dinheiro* qualquer moeda metálica ou papel-moeda de curso legal; valor significa título ou papel representativo de crédito, como ações, apólices, letras de câmbio etc. e, por fim, *bem móvel* é a substância *corpórea* suscetível de deslocamento espacial, ou, ainda, de apreensão ou transporte, incluindo-se a energia elétrica[11].

De notar que o **apoderamento de bem particular, cuja guarda ou custódia estava confiada à Administração**, denomina-se *peculato-malversação*[12] (p. ex., policial prende alguém em flagrante por furto e se apropria da *res furtivae*). Se o bem, entretanto, não se encontrava sob guarda ou custódia do Poder Público, ocorre *apropriação indébita* (art. 168), pela ausência da elementar "de que tem a posse em razão do cargo".

---

[11] *Vide* art. 83, I, do Código Civil.

[12] O termo encontra inspiração no art. 315 do Código Penal italiano, denominado *malversazione*.

O **tipo penal não inclui a apropriação ou uso de** *serviços* da Administração Pública, de modo que o servidor que se utiliza da mão de obra de funcionários em proveito próprio ou alheio não pratica peculato, embora seu comportamento configure *ato de improbidade administrativa*[13]. De ver, contudo, que, em se tratando de **prefeitos municipais,** o comportamento tem **natureza criminosa,** à luz do Decreto-Lei n. 201, de 1967[14].

O peculato requer, ainda, que a **posse** (em sentido amplo, abrangendo a mera detenção[15]) **do bem tenha se dado em razão do cargo,** *ou seja, ratione officii.* Caso o agente não tenha a posse ou detenção do bem, mas se aproveite das facilidades trazidas pela função para se apoderar da *res*, comete peculato-furto (art. 312, § 1º).

Quando o agente visa, com o apoderamento do bem, a ressarcir-se de eventual crédito que tenha para com o Estado (compensação), também há peculato, e não exercício arbitrário das próprias razões.

O funcionário que recebe a posse de um bem em razão do cargo, dele se utiliza sem autorização, mas o restitui ("peculato de uso"), não incorre no

---

[13] O art. 9º da Lei n. 8.429/92 dispõe que: "constitui ato de improbidade administrativa importando enriquecimento ilícito auferir qualquer tipo de vantagem patrimonial indevida em razão do exercício de cargo, mandato, função, emprego ou atividade nas entidades mencionadas no art. 1º desta lei, e notadamente: (...) IV – utilizar, em obra ou serviço particular, veículos, máquinas, equipamentos ou material de qualquer natureza, de propriedade ou à disposição de qualquer das entidades mencionadas no art. 1º desta lei, bem como o trabalho de servidores públicos, empregados ou terceiros contratados por essas entidades".

[14] "Art. 1º São crimes de responsabilidade dos Prefeitos Municipal, sujeitos ao julgamento do Poder Judiciário, independentemente do pronunciamento da Câmara dos Vereadores: (...) Il – utilizar-se, indevidamente, em proveito próprio ou alheio, de bens, rendas ou serviços públicos."

[15] "A *posse* aqui deve ser entendida em sentido amplo, compreendendo não só o poder material de disposição sobre a coisa, como também a chamada disponibilidade jurídica, isto é, a possibilidade de livre disposição que ao agente faculta (legalmente) o cargo que desempenha. (...). Tem, assim, a posse, o funcionário a quem incumbe receber, guardar ou conferir a coisa, como também o seu chefe e superior hierárquico, que dela pode dispor mediante ordens ou requisições" (Cláudio Heleno Fragoso. *Lições de direito penal*, v. 3, p. 398-399). Significa dizer que, embora não se refira à detenção, encontra-se esta abrangida na larga ideia de posse *lato sensu*. De acordo com Conceição Ferreira da Cunha, dissertando sobre o peculato à luz do Código Penal português: "O conceito de posse, para efeitos deste tipo legal, deve, de facto, entender-se em sentido lato, englobando quer a detenção material quer a disponibilidade jurídica do bem, ou seja, a detenção indirecta – quando a detenção material pertence a outrem, mas o agente pode dispor do bem ou conseguir a sua detenção material mediante um acto para o qual tem competência em razão das suas funções" (*Comentário Conimbricense do Código Penal*, p. 964).

delito em estudo, justamente pela ausência do *animus rem sibi habendi*[16]. Assim, por exemplo, se o delegado de polícia se utiliza de veículo apreendido em inquérito policial para fins particulares, não comete peculato (o consumo da gasolina pode configurar o crime). O agente, entretanto, terá cometido ato de improbidade administrativa (art. 9º, IV, da Lei n. 8.429/92, com redação dada pela Lei n. 14.230/2021). **Há exceções:** 1ª) se o bem era **fungível**, embora inexista peculato-apropriação, há **peculato-desvio** (p. ex., emprego de dinheiro do Estado para fins particulares, ainda que posteriormente os valores sejam devolvidos); e 2ª) em se tratando de **Prefeito Municipal**, tipifica-se o delito previsto no **art. 1º, II, do Decreto-lei n. 201/67.**

2.2. Peculato-desvio (art. 312, *caput*, parte final)

A outra modalidade de peculato próprio consiste em *desviar* o bem (dinheiro, valor ou outro bem móvel, público ou particular), cuja posse deriva do cargo público ocupado, em proveito próprio ou alheio. Cuida-se de *delito funcional próprio*, posto que ausente a qualidade de funcionário público do agente, a conduta torna-se penalmente atípica.

Tal ação nuclear indica o fato de mudar o curso, o destino, descaminhar bem que detém licitamente, em razão do cargo. São exemplos: a) "a retenção dos valores descontados da folha de pagamento dos servidores públicos que recebiam seus vencimentos já com os descontos dos valores de retenção a título de empréstimo consignado, mas, por ordem de administrador, os repasses às instituições financeiras credoras não eram realizados"[17]; b) "Coletor estadual que empregou o dinheiro público em fim diverso daquele para o qual lhe fora confiado"[18]; c) "(...) o funcionário de empresa de economia mista que, utilizando-se de seu cargo diretivo, determina a emissão

---

[16] "Não se caracteriza o crime de peculato, em face da atipicidade da conduta, se o agente apenas utiliza mão de obra pública, veículos e equipamentos pertencentes à Administração Pública, uma vez que o tipo legal previsto no art. 312 do CP e seus parágrafos têm como pressuposto a apropriação ou desvio de coisa móvel, inexistindo, também, a figura de peculato de uso" (TJSP, *RT* 749/669). De anotar-se que o Código Penal português tipifica expressamente tal figura em seu art. 376º: "O funcionário que fizer uso ou permitir que outra pessoa faça uso, para fins alheios àqueles que se destinem, de veículos ou de outras coisas móveis de valor apreciável, públicos ou particulares, que lhe forem entregues, estiverem na sua posse ou lhe forem acessíveis em razão das suas funções, é punido com pena de prisão de até 1 ano ou com pena de multa de até 120 dias".

[17] STJ, APn 814-DF, Rel. Min. Mauro Campbell Marques, rel. Acd. Min. João Otávio de Noronha, Corte Especial, *DJe* 4-2-2020 (*Informativo* n. 664).

[18] *RJTJSP* 19/484.

538

de cheque nominal à própria empresa, assina-o e saca-o em proveito próprio, sabendo tratar-se de verba indenizatória"[19].

O desvio deve dar-se em benefício (material ou moral, como prestígio político) do **próprio funcionário** ou de **terceiro** (elemento subjetivo específico). Quando a alteração do destino ocorre em favor da própria Administração, não há peculato-desvio, mas *emprego irregular de verbas públicas (art. 315)*[20]. Por exemplo, o servidor recebe verba destinada à construção de um hospital, mas a emprega no calçamento de via pública em que seu conhecido reside.

O Supremo Tribunal Federal considerou **atípica** a conduta do servidor público que se **utiliza de mão de obra de outro servidor para realizar serviços particulares de seu interesse** (exceto **prefeito**, que está sujeito às penas do art. 1º, II, do Decreto-Lei n. 201/67). Como ocorreu no caso concreto em que um deputado federal utilizou os serviços da secretária parlamentar (que também figurava como administradora da empresa cujo deputado era sócio) para fins particulares[21]. Para o Superior Tribunal de Justiça, é atípica a

---

[19] TJRO, *RT* 794/677. Hungria assim exemplificava: "o funcionário empresta, com ou sem juro, o dinheiro recebido *ratione officii*, ao invés de recolhê-lo ao erário público" (*Comentários ao Código Penal*, v. IX, p. 335-336).

[20] Nessa esteira: "O desvio de recursos para finalidades públicas não configura o crime de peculato. O proveito à administração pública não se enquadra no conceito de proveito próprio ou alheio exigido pelo tipo penal. Desclassificação para o art. 315 do CP" (STF, Inq 3.731/DF, rel. Min. Gilmar Mendes, 2ª T., j. 2-2-2016).

[21] "Apelação. Ação penal. Peculato-desvio (art. 312, CP). Deputado federal. Utilização de secretária parlamentar para fins particulares. Prática de inúmeros atos na condição de administradora, de fato, da empresa da qual o parlamentar é sócio. Funcionária pública que também exerceu as atribuições inerentes a seu cargo. Inteligência do art. 8º do Ato da Mesa n. 72/97, da Câmara dos Deputados. Atividades que não se circunscreveram ao interesse exclusivamente particular do apelante nem se restringiram àquelas típicas de secretário parlamentar. Fato penalmente atípico. Recurso provido, para o fim de se absolver o apelante, com fundamento no art. 386, III, do Código de Processo Penal. 1. Como já decidido pelo Supremo Tribunal Federal, existe significativa 'diferença entre usar funcionário público em atividade privada e usar a Administração Pública para pagar salário de empregado particular, o que configura peculato' (Inq n. 3.776/TO, Primeira Turma, Relatora a Ministra Rosa Weber, *DJe* de 4-11-2014). 2. A atividade de secretário parlamentar não se limita ao desempenho de tarefas burocráticas (pareceres, estudos, expedição de ofícios, acompanhamento de proposições, redação de minutas de pronunciamento, emissão de passagens aéreas, emissão de documentos, envio de mensagens eletrônicas oficiais etc.), compreendendo outras atividades de apoio intrinsecamente relacionadas ao exercício do mandato parlamentar, como o atendimento à população (art. 8º do Ato da Mesa n. 72/97, da Câmara dos Deputados). 3. Essas atribuições devem ser desempenhadas no gabinete parlamentar na Câmara dos Deputados ou no escritório político do deputado federal em seu estado de representação (art. 2º do Ato da Mesa n. 72/97). 4. Na espécie, a secretária parlamentar efetivamente exerceu as atribuições inerentes a seu cargo público, ainda que também tenha desempenhado outras atividades no estrito interesse particular do deputado federal, na condição de administradora, de

conduta do político que nomeia funcionário fantasma, pois não se pode apropriar ou desviar bens, valores ou dinheiro a que o agente já fazia *jus* em razão do cargo que ocupa, havendo no máximo ato de improbidade administrativa. Assim, por exemplo, sendo nomeado um agente para exercer cargo na Câmara Municipal, que apenas comparece ao trabalho para assinar o ponto, sem, contudo, exercer suas atribuições do cargo, não há que se imputar o delito de peculato-desvio[22]. O Superior Tribunal de Justiça entende, ainda, que é atípico "o ato do servidor que se apropria de valores que já lhe pertenceriam, em razão do cargo por ele ocupado. Assim, a conduta da parte ora agravante poderia ter repercussões disciplinares ou mesmo no âmbito da improbidade administrativa, mas não se ajusta ao delito de peculato, porque seus vencimentos efetivamente lhe pertenciam. Se o servidor merecia perceber a remuneração, à luz da ausência da contraprestação respectiva, é questão a ser discutida na esfera administrativo-sancionadora, mas não na instância penal, por falta de tipicidade"[23].

Por fim, a aprovação de contas pelo Tribunal de Contas (da União, do Estado ou do Município), conforme o caso, não elide o crime (conclusão que se aplica a ambas as modalidades de peculato próprio)[24].

2.3. Peculato por equiparação (CLT, art. 552)

A Consolidação das Leis Trabalhistas equipara a peculato doloso quaisquer atos que acarretem **malversação** ou **dilapidação do patrimônio das associações ou entidades sindicais**.

3. TIPO SUBJETIVO

O peculato próprio constitui delito **doloso**, exigindo-se a consciência e a vontade de concretizar os elementos objetivos do tipo penal. Há, ainda,

---

fato, da empresa da qual ele é sócio. 5. Hipótese em que não houve a utilização da Administração Pública para pagar o salário de empregado particular, mas sim o uso de mão de obra pública em desvio para atender interesses particulares. 6. O uso de secretário parlamentar que, de fato, exercia as atribuições inerentes a seu cargo para prestar outros serviços de natureza privada constitui conduta penalmente atípica. Precedentes. 7. Apelação provida, para o fim de se absolver o apelante, por atipicidade dos fatos a ele imputados, com fundamento no art. 386, III, do Código de Processo Penal" (STF, AP 504, rel. Min. Cármen Lúcia, 2ª T., *DJe* de 1º-8-2017).

[22] AgRg no AREsp 2.073.825-RS, rel. Min. Ribeiro Dantas, 5ª T., j. 16-8-2022.

[23] AgRg no AREsp 2.073.825/RS, rel. Min. Ribeiro Dantas, 5ª T., j. 16-8-2022. Na mesma linha: STJ, APn 1.044/DF, rel. Min. João Otávio de Noronha, Corte Especial, j. 19-4-2023.

[24] "Consoante orientação jurisprudencial, inclusive do STF, a aprovação de contas não exclui o crime de peculato, como também é desnecessária a perícia contábil para a sua constatação se a apropriação fica comprovada por outro meio" (TJPR, *RT* 692/297).

elementos subjetivos específicos: a) no peculato-apropriação, o ânimo de assenhoreamento definitivo (*animus rem sibi habendi*)[25]; b) no peculato-desvio, o benefício (de qualquer ordem, ainda que não patrimonial) próprio ou alheio.

A forma culposa[26] encontra-se definida no art. 312, § 2º, e será adiante estudada.

4. SUJEITOS DO CRIME

4.1. Sujeito ativo

O peculato constitui *crime próprio*, porquanto se exige condição especial do sujeito ativo, o qual deve ser necessariamente funcionário público (nos termos do art. 327 do CP).

O **particular** pode figurar como **coautor** ou **partícipe** do crime, posto que a qualidade exigida pelo tipo a ele se comunicará, *ex vi* do art. 30 do CP. Lembre-se de que o funcionário público é designado como *intraneus* e o particular concorrente, *extraneus*.

O Prefeito Municipal que se apropriar de bens ou rendas públicas, ou desviá-los em proveito próprio ou alheio, bem como utilizar-se, indevidamente, em proveito próprio ou alheio, de bens, rendas ou serviços públicos, responde pela infração penal capitulada no art. 1º do Decreto-Lei n. 201, de 1967.

4.2. Sujeito passivo

É o Estado, mais precisamente o ente da Administração Pública cujo bem foi objeto de apropriação e a coletividade, em segundo plano, lesada com o prejuízo econômico experimentado pelo erário. Pode também o particular figurar como sujeito passivo, desde que se cuide de peculato-malversação.

5. CONSUMAÇÃO E TENTATIVA

5.1. Consumação

O **peculato-apropriação** é **crime material**, consumando-se com a **inversão do ânimo da posse**, seja mediante a prática de algum ato de disposição (venda, doação, consumo do bem etc.), seja quando ocorre a negativa de restituição[27].

---

[25] Anote-se que sem esta intenção de assenhoreamento definitivo não se aperfeiçoa o peculato-apropriação, embora possa configurar-se o peculato-desvio (art. 312, *caput*, parte final).

[26] Vale lembrar que a culpa não tem natureza subjetiva, mas normativa (pois não se extrai da mente do sujeito, mas a partir de um juízo de valor, comparando-se a diligência empregada pelo agente com aquela exigível de uma pessoa de mediana prudência e discernimento, na situação em que o fato foi praticado).

[27] Nesse sentido: STJ, *RT* 792/578. E ainda: "O peculato apropriação se configura no mo-

O peculato-desvio, **delito formal**, atinge seu *summatum opus* com o **emprego do bem em finalidade diversa daquela a que se destinava**, independentemente da obtenção da vantagem pretendida[28].

5.2. Tentativa

A tentativa é possível, salvo quando se tratar de peculato-apropriação cometido por meio de negativa de restituição, já que, nesse caso, o crime tem natureza unissubsistente[29].

6. CLASSIFICAÇÃO JURÍDICA

Cuida-se de crime *de conduta mista* (ou tipo misto alternativo), *de forma livre* (admite qualquer meio executivo), *próprio* (exige-se qualidade especial do sujeito ativo), *material ou de resultado* (somente se consuma com a superveniência do resultado naturalístico, **exceto no peculato-desvio**, pois não se exige que o benefício visado seja efetivamente conquistado), *instantâneo* (consuma-se no instante da apropriação ou com o desvio, sem que tal fase do *iter criminis* se prolongue no tempo), *unissubjetivo ou de concurso eventual* (pode ser cometido por uma pessoa ou várias em concurso de agentes, inclusive particulares, a quem a condição de funcionário público se estenderá) e *plurissubsistente* (a conduta típica comporta fracionamento; **salvo na modalidade negativa de restituição**).

7. PENA E AÇÃO PENAL

A pena é de reclusão, de dois a doze anos, e multa.

A forma procedimental aplicável é aquela prevista nos arts. 513 a 518 do CPP. Cuidando-se de infração penal afiançável, deverá o acusado ser notificado para apresentar a defesa preliminar (CPP, art. 514). Ressalvadas

---

mento em que o agente altera seu *animus* com relação ao bem, valor ou dinheiro. Isto quer dizer que enquanto o agente detém a posse em nome alheio, não há crime, mas a partir do momento que o agente inverte este seu *animus* é que ocorre o crime" (TJMG, ApCr 1.0625.14.013173-5/001, rel. Des. Doorgal Borges de Andrada, 4ª CCr, j. 21-2-2018).

[28] "A consumação do crime de peculato-apropriação (art. 312, *caput*, 1.ª parte, do Código Penal) ocorre no momento da inversão da posse do objeto material por parte do funcionário público" (Jurisprudência em Teses do STJ, edição n. 57: crimes contra a Administração).

[29] "A consumação do crime de peculato-desvio (art. 312, *caput*, 2ª parte, do CP) ocorre no momento que o funcionário efetivamente desvia o dinheiro, valor ou outro bem móvel, em proveito próprio ou de terceiro, ainda que não obtenha a vantagem indevida." (Jurisprudência em Teses do STJ, edição n. 57: crimes contra a Administração).

as peculiaridades inerentes ao rito mencionado, incidem as normas relativas ao procedimento comum ordinário (CPP, arts. 395 a 405).

A ação penal é de iniciativa **pública incondicionada.**

ART. 312, § 1º – PECULATO-FURTO OU PECULATO IMPRÓPRIO

1. DISPOSITIVO LEGAL

Art. 312. (...)

§ 1º Aplica-se a mesma pena, se o funcionário público, embora não tendo a posse do dinheiro, valor ou bem, o subtrai, ou concorre para que seja subtraído, em proveito próprio ou alheio, valendo-se de facilidade que lhe proporciona a qualidade de funcionário.

2. TIPO OBJETIVO

O verbo núcleo do tipo é *subtrair*, vale dizer, inverter o título da posse, retirando o objeto da esfera de disponibilidade e vigilância da Administração, visando a tê-lo para si ou para outrem. Exige ânimo de assenhoreamento definitivo (*animus rem sibi habendi*). São exemplos: a) "Agente que, aproveitando-se da condição de vigilante da Empresa Brasileira de Correios e Telégrafos, furta objetos do interior de correspondências..."[30]. b) "Gerente da Caixa Econômica Federal que efetua débitos irregulares em contas correntes de clientes, depositando os valores em conta própria e de parentes"[31].

Deve-se acentuar que no peculato impróprio, diversamente da modalidade fundamental, **a condição de funcionário não atua como causa, mas ocasião para a prática do crime**[32].

---

[30] TRF, 3ª R., *RT* 771/721. E também: "Cometem peculato-furto vigilante e particular que, mediante comunhão de esforços e unidade de desígnios, subtraem bens tais como estepes, rádios e outros de veículos apreendidos pela Receita Federal, aproveitando-se da facilidade de acesso ao local decorrente da função de vigilante desempenhada por um dos réus, comunicando-se a elementar funcionário público ao extraneus" (TRF, 4ª R., AP 5007928-54.2013.404.7002, rel. Des. Leandro Paulsen, 8ª T., j. 14-3-2016).

[31] TRF, 2ª R., *RT* 802/702. E também: "Materialidade e respectiva autoria delitivas inequívocas, vez que a ré, na condição de gerente de relacionamento empresarial da Caixa Econômica Federal, durante o período de junho de 2004 a maio de 2005, concedeu irregularmente empréstimos a empresa, sem que esta preenchesse os requisitos legais, com inobservância de normas internas, no montante de R$ 269.114,87 (duzentos e sessenta e nove mil, cento e catorze reais e oitenta e sete centavos), sendo que parcela dos valores emprestados foram destinados à ré" (TRF, 3ª R., AP 0007812-71.2005.4.03.6120, rel. Des. Antônio Cedenho, 2ª T., j. 21-10-2014).

[32] Nelson Hungria. *Comentários ao Código Penal*, p. 350.

Também se verifica quando o **funcionário público concorre para que o bem seja subtraído por outrem**. A fórmula ("concorre para que seja subtraído"), que poderia parecer supérflua à primeira vista, em face do art. 29 do CP, mostra-se fundamental para evitar dúvidas de enquadramento. Com efeito, não fossem tais elementares, quando um particular subtraísse bens da Administração, auxiliado materialmente por um funcionário público que se aproveitou das facilidades trazidas pelo cargo, teríamos a seguinte situação: o *extraneus*, responsável pela conduta principal, seria considerado autor de um furto (art. 155) e o *intraneus*, cujo comportamento seria visto como acessório, responderia como partícipe desse delito (art. 155 c/c o art. 29), sujeitando-se, ambos, a uma pena inferior à do art. 312.

O art. 312, § 1º, ademais, pressupõe que **o funcionário se tenha valido da facilidade que o cargo lhe proporciona**. O servidor que retira do patrimônio público determinado bem, transferindo-o ao seu, sem se aproveitar de qualquer modo de facilidades decorrentes do cargo, comete *furtum* (art. 155); será assim, *v.g.*, se "o funcionário arromba uma porta e, penetrando na repartição vizinha, subtrai bens públicos"[33].

Exige, ainda, que o agente **não tenha a posse ou detenção do bem**, caso contrário, aplica-se o *caput*.

3. TIPO SUBJETIVO

O peculato-furto constitui crime **doloso**, exigindo-se vontade e consciência de concretizar os elementos objetivos do tipo e, ademais, a **intenção de assenhoreamento definitivo (elemento subjetivo específico)**[34].

---

[33] Damásio de Jesus. *Código Penal anotado*, p. 964.

[34] Mas não se exige uma finalidade específica. Nesse sentido: "A leitura das decisões proferidas pelas instâncias ordinárias revela que não foram imputados crimes eleitorais ao paciente. A menção, na denúncia, ao propósito eleitoreiro é circunstância adjeta, caracterizadora de mero proveito da conduta típica. Elemento subjetivo do tipo penal do peculato-furto é o dolo, que se aperfeiçoa independente da finalidade específica ou do objetivo remoto da conduta. Dessa forma, em análise tipológica, os interesses politico-eleitorais envolvidos no peculato são írritos para fins de definição de competência da Justiça Eleitoral" (STJ, HC 746.737/DF, rel. Min. Joel Ilan Paciornik, 5ª T., j. 6-9-2022). Ver também: "A inversão da posse do bem subtraído evidencia a consumação do crime, afastando-se a possibilidade de reconhecimento do peculato de uso, sobretudo quando comprovado que o apelante utilizou-se do bem por lapso temporal significante. Quando não comprovada a restituição do bem de forma voluntária pelo próprio agente, incabível o reconhecimento do arrependimento posterior, conforme elencado no artigo 16 do Código Penal" (TJMG, ApCr 1.0686.14.020095-3/001, rel. Des. Glauco Fernandes, 2ª CCr., j. 8-8-2023).

4. SUJEITOS DO CRIME

4.1. Sujeito ativo

O tipo exige condição especial do sujeito ativo, motivo pelo qual somente o funcionário público (art. 327 do CP) pode figurar como autor. O particular (*extraneus*) que concorrer de qualquer modo para a infração penal também responderá por peculato impróprio, pois a ele se comunicará a elementar pessoal (art. 30 do CP).

4.2. Sujeito passivo

O sujeito passivo material (titular do bem jurídico protegido) é o Estado e, eventualmente, o particular cujo bem foi subtraído.

5. CONSUMAÇÃO E TENTATIVA

5.1. Consumação

Consuma-se quando **o bem sai da esfera de disponibilidade do Estado**.

5.2. Tentativa

Admite-se a tentativa, porquanto o *iter criminis* é fracionável. Pode o servidor dar início à subtração, tomando em suas mãos o objeto material, mas ser surpreendido por um colega que impede a consumação do fato.

6. CLASSIFICAÇÃO JURÍDICA

Trata-se de crime *de forma ou ação livre* (admite qualquer meio executório), *próprio* (cuida-se de delito que só pode ter o funcionário público como sujeito ativo), *monossubjetivo ou de concurso eventual* (outros podem concorrer para a infração penal, como coautores ou partícipes, sejam servidores ou particulares, aos quais se comunicará a elementar "funcionário público" por força do art. 30 do CP), *material ou de resultado* (somente se consuma com o resultado naturalístico, traduzido na retirada do bem da esfera de disponibilidade da Administração Pública), *instantâneo* (a fase consumativa não se prolonga no tempo) e *plurissubsistente* (o *iter criminis* admite cisão).

7. PENA E AÇÃO PENAL

É a mesma do *caput*, valendo, portanto, os mesmos comentários efetuados a respeito.

ART. 312, § 2º - PECULATO CULPOSO

1. DISPOSITIVO LEGAL

Art. 312. (...)

§ 2º Se o funcionário concorre culposamente para o crime de outrem:

Pena – detenção, de 3 (três) meses a 1 (um) ano.

2. TIPO OBJETIVO

Dá-se quando o funcionário, **por imprudência, negligência ou imperícia, concorre, ou seja, de algum modo coopera ou contribui para o crime doloso (funcional ou não) de outrem (particular ou servidor)**, por exemplo: furto (art. 155), roubo (art. 157), peculato-furto (art. 312, § 1º).

Deve-se recordar que não se pune a participação culposa em crime doloso, motivo pelo qual cuidou o legislador de criar cominação específica para o *intraneus* que, por incúria, colabora de qualquer maneira para que outra pessoa cause prejuízo à Administração Pública cometendo subsequente delito doloso.

Podem figurar-se os seguintes exemplos: a) servidor se esquece de trancar as portas da repartição, facilitando a entrada de furtadores, que subtraem equipamentos eletrônicos; b) "funcionário de agência de correio que, por negligência, concorreu com o desvio e a apropriação do valor de reembolsos postais por outrem"[35].

É indispensável haver nexo de causalidade entre a conduta culposa do agente e a subtração praticada por terceiro[36]. Deve existir, ainda, dano decorrente da prática delituosa.

3. TIPO NORMATIVO

É a **culpa**, ou seja, a negligência (falta de adoção de uma cautela que a experiência recomenda), a imprudência (o agir descuidado, afoito, açodado) ou a imperícia (culpa manifestada no desempenho de arte ou profissão) – art. 18, II, do CP.

---

[35] *RT* 814/700.

[36] O art. 13, *caput*, do CP dispõe que a relação de causalidade deve ser identificada com base na teoria da equivalência dos antecedentes (ou da *conditio sine qua non*), por meio da qual todo dado anterior ao resultado que sobre ele exercer alguma influência guardará com este nexo causal. A aferição deste liame funda-se no juízo de eliminação hipotética, por meio do qual se deve abstrair mentalmente o dado examinado e verificar se, sem ele, o evento teria ocorrido da maneira como se deu. Quando a resposta for afirmativa, isto é, concluir-se que com ou sem o dado excluído hipoteticamente o resultado se produziria da forma como ocorreu, não haverá entre o fator excluído e o evento final relação de causalidade. Se, do contrário, após a eliminação mental notar-se que não se produziria o resultado (ou este ocorreria, mas de modo diverso), ficará demonstrado o nexo causal.

4. SUJEITOS DO CRIME

4.1. Sujeito ativo

O peculato culposo constitui **crime próprio,** pois se exige a condição especial de funcionário público para subsumir a conduta ao tipo.

4.2. Sujeito passivo

É o Estado e, eventualmente, o particular cujo bem se encontrava sob a guarda ou vigilância da Administração.

5. CONSUMAÇÃO E TENTATIVA

5.1. Consumação

A realização integral do peculato culposo depende da efetiva **consumação do crime para o qual o funcionário concorreu.**

5.2. Tentativa

Não se admite tentativa de crime culposo.

6. CLASSIFICAÇÃO JURÍDICA

Cuida-se de crime de *forma ou ação livre* (pode ser cometido por qualquer meio executivo, conquanto derivado de imprudência, negligência ou imperícia), *próprio* (exige-se qualidade especial do sujeito ativo), *monossubjetivo ou de concurso eventual* (admite-se coautoria, quando dois ou mais servidores concorrerem culposamente para o evento), *material ou de resultado* (sua realização integral depende da consumação do delito subsequente de outrem), *de dano ou de lesão* (porquanto requer a produção de efetiva lesão ao patrimônio da Administração ou a subtração do bem particular que estava em sua posse) *instantâneo* (o *summatum opus* não se prolonga no tempo) e *unissubsistente* (o *iter criminis* não comporta fracionamento).

7. REPARAÇÃO DO DANO (§ 3º)

De acordo com o dispositivo, no caso do peculato culposo, a reparação do dano, **se precede à sentença irrecorrível, extingue a punibilidade; se lhe é posterior, reduz pela metade a pena imposta.**

Entendeu por bem o legislador conferir à reparação dos danos causados especial conotação. Por esse motivo, declarou o Código que se ela ocorrer até o momento anterior ao trânsito em julgado da sentença, dar-se-á a extinção da punibilidade. Como se trata de fulminar o direito de punir do Estado antes da irrecorribilidade de eventual condenação, não restam dúvidas de que se atinge a pretensão punitiva (e não a executória).

Na hipótese de a reparação verificar-se após a prolação do édito condenatório, a pena deverá ser reduzida de metade. Essa diminuição incumbirá ao próprio juízo das execuções penais, sem a necessidade de ingressar-se com revisão criminal.

Os efeitos mencionados no § 3º somente alcançam o peculato culposo, não ao crime doloso praticado por terceiro.

8. PENA E AÇÃO PENAL

A pena é de detenção, de três meses a um ano. Cuida-se de delito de pequeno potencial ofensivo, de competência dos Juizados Especiais Criminais, ao qual se aplicam as medidas despenalizadoras e o rito comum sumaríssimo previstos na Lei n. 9.099/95.

A ação penal é de iniciativa **pública incondicionada.**

ART. 313 – PECULATO-ESTELIONATO OU MEDIANTE ERRO DE OUTREM

1. DISPOSITIVO LEGAL

Art. 313. Apropriar-se de dinheiro ou qualquer utilidade que, no exercício do cargo, recebeu por erro de outrem:

Pena – reclusão, de 1 (um) a 4 (quatro) anos, e multa.

2. TIPO OBJETIVO

A conduta típica fundamenta-se no ato de apropriar-se, o qual, conforme se estudou por ocasião do art. 312, *caput*, do CP, traduz-se na **ação de agir como se dono fosse**, seja mediante a **negativa de restituição** (conduta omissiva) ou **apropriação propriamente dita** (conduta comissiva), consistente na prática de atos de disposição, os quais pressupõem o domínio (propriedade) do bem (p. ex., venda, aluguel, consumo etc.).

Os **objetos materiais** (coisas sobre as quais a ação ou omissão podem incidir) são **dinheiro** (papel-moeda ou moeda de curso legal) ou **qualquer utilidade** (tudo o que puder ser utilizado para consumo, uso ou proveito econômico ou quantificável em dinheiro), *recebidos no exercício do cargo mediante erro de outrem.*

Assim, por exemplo, comete peculato-estelionato: "...o escrivão do Cartório de Notas que, tendo recebido dinheiro de partes para pagamento de sisa e lavratura de escritura, se apropria do numerário deixando de praticar referidos atos"[37].

O **erro deve ser espontâneo (e não induzido pelo agente)** e pode recair sobre a coisa que é entregue, a pessoa que a recebe ou a obrigação da qual se origina. Se o funcionário o provocou, comete *estelionato* (art. 171)[38].

O fato constitui **crime funcional impróprio**, de vez que ausente a condição de funcionário público, subsiste o caráter criminoso da conduta, a qual se subsumirá ao tipo penal insculpido no art. 169, *caput*, do CP.

3. TIPO SUBJETIVO

O peculato mediante erro de outrem configura delito **doloso,** exigindo-se a vontade e a consciência de concretizar os elementos objetivos do tipo. Há o **elemento subjetivo específico** consistente no **ânimo de assenhoreamento definitivo** (*animus rem sibi habendi*).

4. SUJEITOS DO CRIME
4.1. Sujeito ativo

Trata-se o peculato-estelionato de **crime próprio,** porquanto exige uma qualidade especial do sujeito ativo: ser funcionário público. Nada impede que um particular responda pelo delito, se de qualquer modo concorrer para sua prática (arts. 29 e 30 do CP).

4.2. Sujeito passivo

É o Estado. O particular pode figurar como sujeito passivo desde que o bem apropriado tenha natureza privada, embora esteja sob a custódia da Administração Pública.

5. CONSUMAÇÃO E TENTATIVA
5.1. Consumação

Por ser **crime material,** somente se dará por consumado com a **efetiva apropriação** (mediante cometimento de atos de disposição ou negativa de restituição).

---

[37] TACrimSP, *JTACrim-SP*, 43/179-80.

[38] "A funcionária pública que, induzindo a erro caixa de agência bancária, obtém vantagem econômica ilícita com desconto de cheque que havia subtraído da entidade em que era vinculada, pratica o delito de estelionato qualificado previsto no art. 171, § 3º, do CP e não de peculato-estelionato previsto no art. 313, também do CP" (TRF 5ª R., *RT* 760/757).

5.2. Tentativa

É admissível a forma tentada, porquanto a conduta típica admite cisão em vários atos.

6. CLASSIFICAÇÃO JURÍDICA

Trata-se de crime de *forma ou ação livre* (comporta qualquer meio executório), *próprio* (somente o funcionário público pode cometê-lo), *unissubjetivo ou de concurso eventual* (um só agente pode praticá-lo ou vários, em concurso de pessoas), *material ou de resultado* (requer a produção do resultado naturalístico para efeito de consumação), *instantâneo* (a consumação não se prolonga no tempo) e *plurissubsistente* (o *iter criminis* admite fracionamento).

7. PENA E AÇÃO PENAL

A pena é de reclusão, de um a quatro anos, e multa.

A forma procedimental aplicável é aquela prevista nos arts. 513 a 518 do CPP. Cuidando-se de infração penal afiançável, deverá o acusado ser notificado para apresentar a defesa preliminar (CPP, art. 514). Ressalvadas as peculiaridades inerentes ao rito mencionado, incidem as normas relativas ao procedimento comum ordinário (CPP, arts. 395 a 405). Caberá, ainda, a suspensão condicional do processo (Lei n. 9.099/95, art. 89), salvo quando o agente ocupar cargo em comissão ou função de direção ou assessoramento em virtude do aumento de pena a que fica sujeito (art. 327, § 2º).

A ação penal é de iniciativa **pública incondicionada.**

ART. 313-A – PECULATO ELETRÔNICO: PECULATO-PIRATARIA DE DADOS

1. DISPOSITIVO LEGAL

Inserção de dados falsos em sistema de informações

Art. 313-A. Inserir ou facilitar, o funcionário autorizado, a inserção de dados falsos, alterar ou excluir indevidamente dados corretos nos sistemas informatizados ou bancos de dados da Administração Pública com o fim de obter vantagem indevida para si ou para outrem ou para causar dano:

Pena – reclusão, de 2 (dois) a 12 (doze) anos, e multa.

2. VALOR PROTEGIDO (OBJETIVIDADE JURÍDICA)

O presente dispositivo, muito embora inserido pela Lei n. 9.983/2000, no conjunto dos crimes contra a Administração Pública, também visa à

proteção da confiabilidade e **integridade dos sistemas informatizados** sob a responsabilidade do Estado.

A maioria da doutrina enxerga no delito uma forma equiparada ao peculato, notadamente em razão do *locus* em que o dispositivo foi inserido pelo legislador, daí por que a epígrafe **"peculato eletrônico"** ou **"peculato--pirataria de dados"**. "A criação desse novo tipo penal", argumenta Nucci, "incluindo-o à Lei n. 9.983/2000 no contexto do peculato, equivale a compará-lo com o peculato impróprio ou o peculato-estelionato"[39]. É de ver, contudo, que o confronto das elementares do art. 313-A com a de seus dois antecessores revela que as diferenças são em maior número que as semelhanças. Como pondera Bitencourt, "No *peculato impróprio*, o texto legal nem sequer menciona a exigência de *vantagem indevida* (ilícita) e muito menos *prejuízo alheio*. Aliás, não há falar em crime de *estelionato* sem a produção de *prejuízo* efetivo a alguém, e o crime de *inserção de dados falsos em sistema de informações* pode configurar-se sem a produção de *prejuízo*, tratando-se, pois, de *crime formal*, enquanto o *estelionato* é crime material no qual o resultado integra o próprio tipo penal"[40].

3. TIPO OBJETIVO

O tipo penal, de **natureza mista cumulativa**[41], pode ser cindido, para melhor compreensão, em duas partes. Na primeira, pune-se quem **inserir ou facilitar a inserção de dados falsos** em sistema informatizado ou banco de dados da Administração Pública. Na segunda, aquele que **alterar ou excluir (indevidamente) dados corretos (verdadeiros)** no sistema de informações.

Em ambos os casos, deve o agente **buscar a obtenção de vantagem indevida** ou **causar dano a outrem**.

Inserir significa introduzir, alimentar o sistema de informações (com os dados espúrios). *Facilitar a inserção* quer dizer colaborar, por qualquer meio, para que o dado seja incluído na programação informatizada ou banco de dados.

Excluir tem o sentido de retirar a informação (verdadeira) e *alterar*, modificá-la.

O objeto material é o dado (falso ou verdadeiro), isto é, o elemento de informação, ou a representação de fatos ou de instruções, em forma tal que permita o armazenamento, o processamento ou sua transmissão.

---

[39] *Código Penal comentado*, p. 1061.

[40] *Código Penal comentado*, p. 998.

[41] Dada essa natureza, o cometimento da conduta inserida na parte inicial, seguida daquela consubstanciada na parte final, gera concurso de crimes.

Esses dados devem estar contidos em qualquer **sistema de informação** (expressão contida na rubrica do dispositivo) **pertencente à Administração Pública**. Pode-se dizer que o sistema de informação é o gênero, cujas espécies são os *sistemas informatizados* e os *bancos de dados*. O que os difere é a natureza do local em que o elemento de informação é armazenado (eletrônico, no primeiro caso, como um computador, uma rede de informática ou qualquer outro meio semelhante; e físico, no segundo, como arquivos impressos, fichas cadastrais etc.).

O tipo penal em estudo havia sido concebido, inicialmente, com o escopo de tutelar a integridade do sistema de informações da previdência social, tanto que o projeto de lei que resultou na modificação do Código Penal continha expressamente tal restrição. Preferiu-se, todavia, ampliar o alcance do preceito primário, de modo a abranger qualquer ente da Administração Pública. Assim, por exemplo, incorre no dispositivo o servidor autorizado da previdência que altera informação relativa a segurado, de modo a fazer constar que este possui tempo de contribuição superior ao verdadeiro[42],

---

[42] Nesse sentido: 1) "A conduta descrita está prevista no art. 313-A do Código Penal, pois funcionário autorizado inseriu dados falsos no sistema informatizado do INSS com o fim de obter o benefício previdenciário (vantagem indevida) para os terceiros envolvidos" (STJ, AgRg no HC 798.591/ES, rel. Min. Joel Ilan Paciornik, 5ª T., j. 14-8-2023). 2) "Na hipótese dos autos, o réu, servidor do INSS, em conluio com outra agente, inseriu dados falsos nos sistemas informatizados a que tinha acesso em razão de seu cargo, com a finalidade de obter vantagem indevida para terceiros, consistente em benefícios previdenciários a que não tinham direito. 4. Do cotejo entre os tipos penais previstos nos arts. 171, § 3º, e 313-A do CP, colhe-se que os dois versam sobre a obtenção de vantagem indevida mediante fraude, mas um deles especifica as condições do engodo (inserção de dados falsos em sistema informatizado ou banco de dados da Administração) e circunstância de caráter pessoal de seu agente (funcionário autorizado). 5. O art. 313-A do CP é norma especial em relação ao art. 171, § 3º, do mesmo estatuto, porquanto acrescenta circunstâncias elementares à descrição típica do estelionato, as quais se comunicam a todos os coautores do delito delas cientes, nos termos do art. 30 do CP" (STJ, AgRg no AREsp 1.466.958/DF, rel. Min. Rogerio Schietti Cruz, 6ª T., j. 14-3-2023). Ver também: "Restando comprovado que a acusada, na condição de funcionária pública, diretora do Instituto da Previdência municipal, amoldando-se, portanto, ao artigo 327, §1º, do Código Penal, apropriou-se de dinheiro de que tinha posse em razão da função, deve ser mantida a condenação nas iras do artigo 312 do Código Penal. Tendo sido a vantagem indevida auferida em detrimento da Administração Pública alcançada por meio de um especial modo de agir, consistente na inserção de informações falsas nos sistemas informatizados do ente municipal, constata-se apenas uma lesão ao bem jurídico tutelado, sendo imperiosa a aplicavão do princípio da consunção. Diante do concurso aparente de normas penais aplicáveis, a aplicação do princípio da consunção deve ocorrer com o afastamento da condenação referente ao crime de peculato, já que o delito descrito no artigo 313-A do Código Penal disciplina, na íntegra, os

mas também o pratica, p. ex., o funcionário do departamento estadual de trânsito que modifica no sistema informação relativa a multas de um veículo, de modo a cancelar autuações impostas a determinado motorista.

Deve-se enfatizar que o *crimen* somente pode ser cometido pelo **"funcionário autorizado" a manipular o sistema de informação**. Ausente essa condição particular do servidor, não haverá o delito do art. 313-A (salvo se o fizer em conluio com aquele). Cuida-se de restrição injustificada ao alcance do tipo. Concordamos com o ponto de vista de Nucci, quando aduz que "a limitação não deveria ter sido estabelecida e qualquer funcionário público que tivesse acesso ao sistema, por qualquer meio que fosse, alterando-o, deveria ser igualmente punido"[43].

4. TIPO SUBJETIVO

Requer-se, além do **dolo**, o **elemento subjetivo específico** consistente no **fim de obter vantagem indevida** (para si ou para outrem) ou **no propósito de causar dano a terceiro** (particular ou à própria Administração)[44]. Sem esse objetivo particular, o crime a se reconhecer poderá ser o do art. 313-B.

A **vantagem** indevida a que alude a disposição pode ser de **qualquer natureza**, não só econômica, posto que a lei assim não a restringiu. De lembrar-se que o texto legal, quando visa a limitar o benefício almejado pelo agente, o faz de modo expresso, como se verifica em muitos crimes

---

fatos praticados pela acusada. Ausente comprovação do ressarcimento integral do dano de forma voluntária pela acusada, impossível a reduçãoo da pena pelo arrependimento posterior, previsto no artigo 16 do Código Penal" (TJMG, ApCr 1.0126.15.002362-3/001, rel. Des. Anacleto Rodrigues, 8ª CCr, j. 15-12-2022).

[43] *Código Penal comentado*, p. 1.062.

[44] "Comete o delito de peculato eletrônico aquele que insere ou facilita a inserção de dados falsos, alteração ou exclusão indevida de dados corretos nos sistemas informatizados ou bancos de dados da Administração Pública com o fim de obter vantagem indevida para si ou para outrem ou para causar dano. Não demonstrada a real intenção do agente na alteração de dados lançados no prontuário do veículo junto ao DETRAN, impõe-se a absolvição. Não comprovado o fim de obtenção de vantagem indevida ou de causar dano, correta a sentença que absolveu o Réu" (TJMG, ApCr 1.0313.12.009486-4/001, rel. Des. Anacleto Rodrigues, 8ª CCr, j. 20-2-2020). E ainda: "Apelação – Peculato mediante inserção de dados falsos em sistema – Sentença absolutória – Materialidade e autoria comprovadas – Prova cabal a demonstrar que o recorrido burlou sistema de ponto biométrico eletrônico do local de trabalho a fim de obter vantagem econômica ilícita em prejuízo à Administração Pública" (TJSP, ApCr 0002416-27.2018.8.26.0416, rel. Des. Fátima Gomes, 9ª CCr, j. 20-6-2020).

patrimoniais (p. ex., art. 158). Haverá subsunção, dessa forma, independentemente da natureza do ganho pretendido[45].

5. SUJEITOS DO CRIME

5.1. Sujeito ativo

Só o funcionário público autorizado a manipular os sistemas informatizados da Administração pode cometer o crime. O servidor a quem não se atribui referida permissão somente pode figurar como coautor ou partícipe do crime (o mesmo vale para o particular que, de qualquer modo, concorre para a infração[46]) – art. 30 do CP.

Quando se tratar de funcionário não autorizado ou particular que ilicitamente invadir o programa de computador da Administração (*hacker*), sem o concurso do servidor autorizado, outra será a *fattispecie* verificada (crime contra a fé pública ou contra o patrimônio)[47].

5.2. Sujeito passivo

É o Estado e, secundariamente, a pessoa (física ou jurídica) cujos dados foram criminosamente adulterados.

6. CONSUMAÇÃO E TENTATIVA

6.1. Consumação

O crime é **formal** ou de consumação antecipada, uma vez que não é necessário, para efeito de consumação, que o funcionário autorizado logre a vantagem indevida objetivada ou provoque efetivo dano a outrem[48].

---

[45] Essa posição é defendida atualmente por Guilherme Nucci (*Código Penal comentado*, p. 1.063). Já era a tese sustentada por Cezar Bitencourt (*Código Penal comentado*. 5. ed., p. 997).

[46] Nesse sentido, ver: TJMG, ApCr 1.0271.17.008264-5/002, rel. Des. Rinaldo Kennedy Silva, 5ª CCr., j. 2-7-2024.

[47] Nesse sentido, o pensamento de Rui Stoco e Tatiana Stoco, em *Código Penal e sua interpretação*. 5. ed. São Paulo: Revista dos Tribunais, 2007, p. 1.443: "Inserir dados falsos, alterar ou excluir indevidamente dados corretos nos sistemas informatizados é o mesmo que falsificá-los. O banco de dados constitui um documento virtual, que pode ser materializado sob diversas formas. Está-se diante de um falso ideológico, em que o agente – funcionário público – comete o crime prevalecendo-se do cargo, subsumindo-se a hipótese, em tese, no art. 299 e seu parágrafo único do CP".

[48] Nessa linha, ver: STJ, AgRg no AREsp 2.436.652/SP, rel. Min. Rogerio Schietti Cruz, 6ª T., j. 20-8-2024.

6.2. Tentativa

O *conatus proximus* mostra-se viável, de vez que o *iter criminis* é cindível. Pode o funcionário tentar inserir os dados falsos, mas, por circunstâncias alheias à sua vontade, não conseguir fazê-lo. Imagine-se, por exemplo, o servidor do INSS, responsável por manipular computadores da Previdência, surpreendido por seu supervisor no momento em que inseria informação falsa (antes porém de confirmar sua inclusão definitiva no sistema), apontando que determinado trabalhador completara o tempo de aposentadoria.

7. CLASSIFICAÇÃO JURÍDICA

Crime de *conduta vinculada* (**salvo na modalidade facilitar a inserção**, em que se admite qualquer meio executivo), *próprio* (só o servidor autorizado a manipular o sistema de informática pode cometê-lo), *monossubjetivo ou de concurso eventual* (pode ser cometido por uma só pessoa ou várias em concurso), *formal ou de consumação antecipada* (sua realização integral independe do resultado naturalístico – obtenção da vantagem indevida ou provocação de dano), *instantâneo* (seu *summatum opus* não se prolonga no tempo) e *plurissubsistente* (a conduta típica comporta fracionamento).

8. CRIME ELEITORAL

A Lei n. 9.504/97, que estabelece normas gerais para as eleições, incrimina com penas severas (reclusão, de cinco a dez anos) condutas tendentes a fraudar o resultado do pleito eleitoral (art. 72). Os incs. I e II, em face de sua especialidade, prevaleceram sobre o art. 313-A do CP: "I – obter acesso a sistema de tratamento automático de dados usado pelo serviço eleitoral, a fim de alterar a apuração ou a contagem de votos"; "II – desenvolver ou introduzir comando, instrução, ou programa de computador capaz de destruir, apagar, eliminar, alterar, gravar ou transmitir dado, instrução ou programa ou provocar qualquer outro resultado diverso do esperado em sistema de tratamento automático de dados usados pelo serviço eleitoral"[49].

9. PENA E AÇÃO PENAL

A pena cominada é de reclusão, de dois a doze anos, e multa (aplica-se a causa de aumento de pena prevista no art. 327, § 2º, quando o agente ocupar cargo em comissão ou função de direção ou assessoramento).

---

[49] O inciso III do dispositivo tipifica o ato de "causar, propositadamente, dano físico ao equipamento usado na votação ou na totalização de votos ou a suas partes".

A ação penal é de natureza **pública incondicionada**. O procedimento cabível encontra-se definido nos arts. 513 a 518 do CPP, registrando-se que, por admitir fiança, far-se-á necessária a notificação do servidor acusado para apresentação da defesa preliminar a que alude o art. 514 do Estatuto Processual Penal.

Ressalvadas as peculiaridades inerentes ao rito mencionado, devem ser observadas as normas relativas ao procedimento comum ordinário (CPP, arts. 395 a 405).

ART. 313-B – PECULATO ELETRÔNICO: PECULATO-*HACKER*

1. DISPOSITIVO LEGAL

Art. 313-B. Modificar ou alterar, o funcionário, sistema de informações ou programa de informática sem autorização ou solicitação de autoridade competente:

Pena – detenção, de 3 (três) meses a 2 (dois) anos, e multa.

Parágrafo único. As penas são aumentadas de um terço até a metade se da modificação ou alteração resulta dano para a Administração Pública ou para o administrado.

2. VALOR PROTEGIDO (OBJETIVIDADE JURÍDICA)

Busca-se a tutela da **Administração Pública** e da **integridade e confiabilidade do seu sistema de informações ou programas informáticos**.

3. TIPO OBJETIVO

A conduta nuclear consiste nos atos de *modificar* ou *alterar* sistema de informações ou programa de informática. Os verbos utilizados sugerem comportamentos idênticos, isto é, dão a entender que o legislador teria sido redundante na descrição típica. Não é essa, contudo, a conclusão a que se deve chegar. Isso porque a interpretação, cuja missão precípua consiste em extrair dos signos linguísticos empregados pelo legislador sua verdadeira compreensão e alcance, não se esgota em seu ponto de partida, qual seja, o método gramatical. Há que se utilizar do método sistemático e, sobretudo, do teleológico. Deve buscar-se a harmonização do texto legal, que se enfeixa com todos os seus dispositivos num só corpo, os quais hão de caminhar na mesma direção. Cumpre-se, ainda, investigar a finalidade da norma de conduta criada, o que não se pode fazer senão por meio da análise do valor fundamental que ela busca proteger.

Registre-se, nesse sentido, que o núcleo "alterar" é empregado em diversas construções típicas ao longo do Código desacompanhado da conduta "modificar"; assim, por exemplo, nos arts. 297, 298, 299, 301 e 313-A. Daí conclui-se que o acréscimo desta ação no art. 313-B revela a pretensão da lei de indicar algo diverso (a lei, como se sabe, não possui palavras inúteis).

Modificar, portanto, quer dizer **mudar por completo** o sistema de informações ou programa de informática. *Alterar*, de sua parte, significa **efetuar mudanças parciais**. É necessário que a alteração seja **potencialmente prejudicial à Administração ou a terceiros**, sem o quê não se poderá reconhecer mais do que uma infração administrativa, dada a atipicidade material da conduta. **Não é preciso**, contudo, que cause **dano efetivo**, mas deve ao menos gerar a possibilidade de fazê-lo. **Em havendo dano, incide o aumento de pena** previsto no parágrafo único.

Buscou-se, assim, coibir qualquer tentativa de desvirtuar o funcionamento ou o conteúdo registrado em bancos de dados da Administração Pública.

Os **objetos materiais** (aquilo sobre o que recai a conduta) são:

a) o sistema de informações, que se divide (consoante se estudou por ocasião do art. 313-A) em sistema informatizado (meio eletrônico de armazenamento e interação de dados) e banco de dados (registro de elementos de informação por qualquer outro meio físico), e;

b) o programa de informática (ou software), que, segundo dispõe o art. 1º da Lei n. 9.609/98, é "a expressão de um conjunto organizado de instruções em linguagem natural ou codificada, contida em suporte físico de qualquer natureza, de emprego necessário em máquinas automáticas de tratamento da informação, dispositivos, instrumentos ou equipamentos periféricos, baseados em técnica digital ou análoga, para fazê-los funcionar de modo e para fins determinados".

A conduta deve se dar sem autorização ou solicitação de autoridade competente (elementos normativos do tipo).

Note-se que o art. 313-B não delimita (expressamente) que o comportamento do *hacker* deva recair sobre sistemas de informação ou programas de informática da Administração Pública, como o faz o art. 313-A. Ocorre, todavia, que somente assim se pode entender, pois se trata de delito inserido no Capítulo I do Título XI da Parte Especial do Código, o qual abarca os crimes cometidos por funcionário *contra a Administração em geral*[50].

4. TIPO SUBJETIVO

O fato somente é incriminado sob a forma **dolosa**, o que pressupõe tenha o servidor atuado com consciência e vontade de alterar ou modificar

---

[50] Segundo Delmanto e outros: "O sistema de informações ou programa de informática deverá ser da Administração Pública" (*Código Penal comentado*, p. 899).

o sistema de informação ou *software* da Administração Pública. Não se exclui a possibilidade de imputar o crime a título de **dolo eventual**, quando, por exemplo, o servidor insere no seu terminal arquivo indevido, sabedor de que este contém vírus, o qual se introduz nos arquivos da Administração, contaminando-os de modo a alterá-los de alguma forma.

Não há qualquer elemento subjetivo específico.

5. SUJEITOS DO CRIME

5.1. Sujeito ativo

Exige-se qualidade especial do sujeito ativo, motivo pelo qual se cuida de *delicta propria*. Note-se, todavia, que **qualquer funcionário público** pode figurar como sujeito ativo, **não só o "funcionário autorizado"**, como ocorre no delito precedente.

5.2. Sujeito passivo

É o Estado, por meio do ente público cujo sistema de informações ou programa informatizado foi comprometido em razão da modificação ou alteração operada.

6. CONSUMAÇÃO E TENTATIVA

6.1. Consumação

O delito é de **mera conduta ou simples atividade**, já que o tipo não menciona qualquer resultado naturalístico.

6.2. Tentativa

Mostra-se possível o *conatus proximus*, muito embora se cuide de infração de mera conduta, já que seu *iter criminis* pode ser fracionado. Assim, por exemplo, o funcionário pode acessar a programação principal do sistema informatizado da Administração, visando a modificá-lo mediante a inserção de um vírus, mas ser impedido de concretizar sua façanha por circunstâncias alheias à sua vontade, tal como um poderoso antivírus instalado na máquina.

7. CAUSA DE AUMENTO DE PENA (PARÁGRAFO ÚNICO)

A pena será aumentada de um terço até a metade se da modificação ou alteração **resultar dano para a Administração Pública ou para o administrado**.

Não se pode olvidar, ainda, da possibilidade de incidência da exasperante prevista no art. 327, § 2º, do Código Penal (aumento da terça parte), a qual tem lugar sempre que o agente for ocupante de **cargo em comissão** ou de **função de direção ou assessoramento** de órgão da administração direta, sociedade de economia mista, empresa pública ou fundação instituída pelo poder público.

Recorde-se que a pluralidade de causas de aumento de pena na Parte Especial faz com que o magistrado, na terceira fase da dosimetria da sanção, tenha que decidir pela aplicação de ambas ou então de uma só delas, conquanto opte pela maior (art. 68, parágrafo único, do CP).

8. CLASSIFICAÇÃO JURÍDICA

O crime é de *forma ou ação livre* (pode ser cometido mediante qualquer meio executivo), *próprio* (somente o funcionário público pode figurar como sujeito ativo), *monossubjetivo ou de concurso eventual* (o servidor pode agir sozinho ou acompanhado de terceiros, inclusive particulares, os quais responderão pelo crime na medida de sua culpabilidade – arts. 29 e 30 do CP), *de mera conduta ou simples atividade* (o tipo somente descreve um *facere*, sem aludir a qualquer resultado naturalístico), *instantâneo* (o *summatum opus* esgota-se com a alteração ou modificação do objeto material, embora seus efeitos possam se prolongar no tempo) e *plurissubsistente* (o *iter criminis* comporta cisão).

9. PENA E AÇÃO PENAL

A pena é de detenção, de três meses a dois anos, e multa. Cuida-se de infração de menor potencial ofensivo, submetendo-se, portanto, ao regime jurídico da Lei n. 9.099/95. Note-se que, se presente causa de aumento de pena (seja a do parágrafo único do art. 313-B ou a do art. 327, § 2º), ficará afastada a competência *ratione materiae* dos Juizados Especiais Criminais, bem como a incidência da transação penal. Caberá, contudo, a suspensão condicional do processo (art. 89 da citada Lei).

A ação penal é de iniciativa **pública incondicionada**.

ART. 314 – EXTRAVIO, SONEGAÇÃO OU INUTILIZAÇÃO DE LIVRO OU DOCUMENTO

1. DISPOSITIVO LEGAL

Art. 314. Extraviar livro oficial ou qualquer documento, de que tem a guarda em razão do cargo; sonegá-lo ou inutilizá-lo, total ou parcialmente:

Pena – reclusão, de 1 (um) a 4 (quatro) anos, se o fato não constitui crime mais grave.

2. VALOR PROTEGIDO (OBJETIVIDADE JURÍDICA)

Trata-se da **Administração Pública**, abrangendo o **dever de lealdade para com o ente estatal** e o zelo para com a guarda dos registros a este confiados ou sob sua responsabilidade[51].

3. TIPO OBJETIVO

Os verbos núcleos do tipo são: a) *extraviar*: significa desencaminhar, fazer desaparecer fraudulentamente; b) *sonegar*: conduta omissiva de tirar às escondidas, deixar de relacionar ou apresentar; c) *inutilizar*: fazer perecer, retirar a utilidade do objeto, total ou parcialmente. Nas três condutas, pode-se atingir total ou parcialmente o objeto material.

O dispositivo pune o extravio, a sonegação ou inutilização de **livro oficial** ou de qualquer **documento (público ou particular), de que o agente tenha a guarda em razão do cargo** (*ratione officii*). Abrangem-se, por exemplo, registros, protocolos, pareceres, papéis de arquivos ou de museus, plantas, projetos, autos de procedimentos administrativos[52], propostas de concorrência, provas de concursos públicos[53] etc.

Com a crescente informatização dos registros públicos que, cada vez mais, substituem os livros e documentos tradicionais, é de se perguntar se o **extravio, a sonegação ou a inutilização de tais objetos sob a forma eletrônica** encontra-se abrangida pelo tipo. A resposta deve ser afirmativa, em nosso sentir, sem que isso configure qualquer vulneração ao princípio da taxatividade da lei penal. Conforme se explicou por ocasião do estudo dos delitos contra a fé pública, entende-se por documento não só o registro em suporte físico (como o papel), mas também aquele em meio eletrônico ou virtual, cujo conceito se extrai do art. 1º, § 2º, I, da Lei n. 11.419/2006 ("qualquer forma de armazenamento ou tráfego de documentos e arquivos digitais"). Tais docu-

---

[51] Referida tipificação não encontra paralelo em nossas codificações anteriores. Segundo o registro de Fragoso, o legislador de 1940 inspirou-se no art. 200 do Código Penal holandês (*Lições de direito penal*, v. 3, p. 409).

[52] "O desaparecimento de autos, que estavam sob a guarda do paciente em razão do cargo, constitui, em tese, o delito de extravio e sonegação de documentos, não sendo lícito, pois, falar em inépcia da denúncia, se descreve fato típico nem tampouco discutir no âmbito do *habeas corpus* matéria de prova" (TJSP, *RT* 453/340). Veja, ainda: "Extravio, Sonegação ou Inutilização de Livro ou Documento. Caracterização. Extravio de processos de cartório. Escrivão, suspenso preventivamente, que agiu com dolo ao sonegá-los aos exames correcionais. Condenação confirmada. Recurso não provido" (TJSP, *RJTJSP* 128/451).

[53] Nelson Hungria. *Comentários ao Código Penal*.

mentos, desde que se assegure a garantia de origem e de seu signatário, serão considerados originais "para todos os efeitos legais" (inclusive penais), conforme expressamente determina o art. 11, *caput*, do Diploma citado.

Note-se, porém, que o art. 314 constitui **infração expressamente subsidiária**. Destarte, quando se der a exclusão indevida de dados corretos (inclusive documentos) nos sistemas informatizados da Administração Pública, com o fim de obter vantagem indevida para si ou para outrem ou para causar dano, o fato se subsumirá ao art. 313-A do Código Penal (cuja sanção é mais elevada). Prevalecerá, outrossim, o art. 305 em detrimento do art. 314 quando se cuidar de livro oficial ou documento (em suporte físico) destruído, suprimido ou ocultado em benefício próprio ou alheio ou em prejuízo de terceiro.

4. TIPO SUBJETIVO

É o **dolo**, o qual abrange a consciência e a vontade de extraviar, sonegar, inutilizar ou desviar o objeto material, cuja guarda detém por força de seu cargo.

O art. 314 não exige elemento subjetivo específico, apenas o dolo (elemento subjetivo genérico), sendo esse o ponto que o distingue dos arts. 305 ("supressão de documento") e 313-A ("inserção de dados em sistema de informações"), delitos mais graves.

5. SUJEITOS DO CRIME

5.1. Sujeito ativo

A infração constitui **delito próprio**, já que somente o funcionário público pode figurar como sujeito ativo.

Se o autor do fato for *particular ou outro funcionário não responsável pela guarda* do livro ou documento, tipifica-se o *art. 337*, cuja pena é de reclusão, de dois a cinco anos, e multa. Por outro lado, o *advogado ou procurador* que, nessa condição, receber autos, documento ou qualquer objeto de valor probatório e inutilizá-lo, total ou parcialmente, ou deixar de restituí-lo, comete o delito do *art. 356* (apenado com detenção, de seis meses a três anos, e multa).

5.2. Sujeito passivo

É o Estado, por meio do ente público titular do livro ou documento oficial, e o particular interessado no registro suprimido, sonegado ou extraviado.

6. CONSUMAÇÃO E TENTATIVA

6.1. Consumação

Cuida-se de **crime formal**, motivo por que seu momento consumativo corresponde ao do **efetivo extravio ou inutilização, total ou parcial**, ainda que o agente não logre resultado naturalístico algum em função disso, como algum prejuízo efetivo à Administração[54]. Quando se cuidar de **sonegação**, o *summatum opus* dar-se-á com o **surgimento da exigência legal ou regulamentar de apresentar o livro ou documento.**

6.2. Tentativa

Admite-se a forma tentada, *salvo* quando se tratar de "*sonegação*", pois nesse caso o crime é unissubsistente (*iter criminis* indivisível).

7. CLASSIFICAÇÃO JURÍDICA

Trata-se de crime *de ação ou forma livre* (pode ser cometido por qualquer meio executivo), *próprio* (somente o funcionário público pode figurar como sujeito ativo, sem prejuízo da concorrência de um particular – *extraneus* – nos termos dos arts. 29 e 30 do Código Penal), *monossubjetivo ou de concurso eventual* (pode ser cometido por uma só pessoa ou várias, em concurso), *formal ou de consumação antecipada* (sua consumação independe da produção de qualquer resultado naturalístico), *permanente* (sua fase consumativa se prolonga no tempo; salvo na modalidade "inutilização", em que haverá crime instantâneo de efeitos permanentes) e *plurissubsistente* (exceto no verbo "sonegar", em que a conduta é unissubsistente).

8. CONFLITO APARENTE DE NORMAS

O art. 3º, I, da Lei n. 8.137/90, define como "crime funcional contra a ordem tributária" o ato de "extraviar livro oficial, processo fiscal ou qualquer documento, de que tenha a guarda em razão da função; sonegá-lo, ou inutilizá-lo, total ou parcialmente, acarretando pagamento indevido ou inexato de tributo ou contribuição social", punindo-o com reclusão, de três a oito anos, e multa.

---

[54] Nesse sentido, acórdão relatado pelo eminente desembargador Dirceu de Mello: "Para a caracterização do delito, não importa a ocorrência ou não de prejuízo a alguém, pois o dano, efetivo ou potencial, não é elemento do tipo penal" (TJSP, *RT 639/277*). E também: "Por se tratar de crime formal, no qual o mero extravio já configura prejuízo ao bem jurídico, não importa a finalidade do apossamento dos receituários" (TJMG, AP 10518091847377001, rel. Des. Catta Preta, 2ª CCr, j. 24-3-2014).

O que distingue o campo de incidência do art. 314 do Código Penal e da infração tributária mencionada é o **critério da especialidade,** já que esta pressupõe que as ações recaiam sobre livro oficial, processo fiscal ou documento cujo extravio, sonegação ou inutilização possam conduzir a uma **lesão ao fisco.**

A disparidade punitiva entre as disposições não passou despercebida à arguta pena de Rui e Tatiana Stoco, os quais ponderam que: "A nós parece que a imposição de penas diversas para hipóteses assemelhadas ofende o princípio da isonomia, pois o que se pune é o patrocínio de interesse privado perante a Administração Pública. A objetividade jurídica é uma só, pouco importando se o servidor age quando responsável pelo recolhimento de imposto ou por processo licitatório"[55].

Em nosso sentir, entretanto, a exacerbação da sanção prevista na lei especial justifica-se conquanto se entenda que, além da diferença acima exposta entre as figuras legais, tenha-se em conta que **o art. 314 do Código Penal contém delito de mera conduta** (o qual não faz alusão a qualquer finalidade ulterior ou resultado naturalístico) ao passo que o **art. 3º, I, da Lei especial constitui crime material,** cujo *summatum opus* dá-se somente com a efetiva lesão patrimonial ao fisco. Daí se permite concluir que a objetividade jurídica é mais ampla no caso do crime especial, abrangendo também a defesa do erário, justificando o tratamento legislativo diferenciado.

9. PENA E AÇÃO PENAL

A pena é de reclusão, de um a quatro anos, se o fato não constitui crime mais grave. Na forma simples[56], admitir-se-á a suspensão condicional do processo (art. 89 da Lei n. 9.099/95).

O rito processual aplicável funda-se nos arts. 513 a 518 do CPP. Tendo em vista o piso punitivo, o delito é afiançável, o que enseja o cabimento da defesa preliminar prevista no art. 514 do CPP; no mais, observam-se as regras inerentes ao procedimento comum ordinário (CPP, arts. 395 a 405).

A ação penal é de iniciativa **pública incondicionada.**

ART. 315 – EMPREGO IRREGULAR DE RENDAS PÚBLICAS

1. DISPOSITIVO LEGAL

Art. 315. Dar às verbas ou rendas públicas aplicação diversa da estabelecida em lei:
Pena – detenção, de 1 (um) a 3 (três) meses, ou multa.

---

[55] *Código Penal e sua interpretação,* p. 1.451.

[56] A forma agravada encontra-se no art. 327, § 2º, do Código Penal.

2. VALOR PROTEGIDO (OBJETIVIDADE JURÍDICA)

O tipo penal tutela a **Administração Pública** e o **dever de probidade administrativa** e fidelidade do agente para com o *regime legal* de destinação das verbas ou rendas públicas.

Deve-se frisar que o princípio da legalidade, em matéria administrativa, possui contornos peculiares, de vez que não deixa espaço ao administrador para agir senão conforme o que estiver previsto em lei. Sua atividade há de ser, portanto, *sublegal*. Fora daí, o ato por ele praticado será acoimado de nulidade, sujeitando-o à responsabilidade civil, administrativa e penal, tal como ocorre em se tratando da violação ao correto destino conferido às rendas ou verbas públicas.

3. TIPO OBJETIVO

O Código sanciona o fato de o **agente público utilizar verbas ou rendas públicas** (objeto material) **em desconformidade com aquela prevista em lei,** *porém em prol da Administração*. Assim, por exemplo, incorre no delito o administrador que determina a construção de pórtico na entrada da cidade com verbas previstas em lei orçamentária destinadas a erguer escola pública na periferia do Município. **Se o agente o fizer visando beneficiar a si próprio ou a terceiro, comete** *peculato-desvio* (art. 312, *caput*, parte final).

Discorrendo sobre os objetos materiais, ensina Damásio de Jesus que: "Verbas correspondem às especificações quantitativas do custo da execução de um determinado serviço público. Rendas: valores em dinheiro recebidos pela Fazenda Pública"[57].

A existência do crime capitulado no art. 315 condiciona-se, em primeiro lugar, à **inobservância da destinação dada ao dinheiro público.** Inexistindo tal finalidade, não há crime. Requer-se, ademais, **violação à** *lei (orçamentária original ou suplementar)*[58]; exclui-se, portanto, o desrespeito às prescrições contidas somente em atos administrativos – se o funcionário, portanto, dá destino diferente à verba ou renda pública, desobedecendo a decreto, regulamento, portaria etc., comete apenas ilícito administrativo.

Pouco importa a moralidade ou ausência desta quanto ao desvio operado, razão pela qual subsiste a infração penal ainda que o agente tenha se utilizado de sobras ou *superávit* para a destinação *contra legem* dada à verba ou renda pública.

---

[57] *Código Penal anotado*, p. 972.

[58] "A configuração do crime tipificado no art. 315 do CP não prescinde da existência de lei, em sentido formal e material, a prever a destinação da verba" (STF, *RT* 833/461).

4. TIPO SUBJETIVO

O elemento subjetivo genérico é o **dolo,** o qual abrange o conhecimento de que o objeto material está sendo empregado para finalidade diversa da estabelecida em lei.

Quando o agente público dá outra destinação a determinada verba pública, desobedecendo a lei, para **evitar situação de calamidade pública ou salvar a vida de pessoas** (enchentes, incêndios de grandes proporções etc.), pode-se cogitar de **estado de necessidade** (CP, art. 24), o que exclui a ilicitude do comportamento.

5. SUJEITOS DO CRIME

5.1. Sujeito ativo

É o **funcionário público** (art. 327 do CP) encarregado de dar às verbas ou rendas públicas o destino previsto em lei. Admite-se a concorrência de terceiros, inclusive particulares, aos quais se poderá imputar a responsabilidade criminal pelo delito em estudo com fundamento nos arts. 29 e 30 do Código.

Quando o autor for **Prefeito Municipal,** aplica-se o **Decreto-Lei n. 201/67,** que pune conduta semelhante no art. 1º, III, e prevalece em razão de sua especialidade.

Na hipótese de o agente ser Presidente da República, Presidente de Tribunal Superior, Estadual ou Regional, Chefe do Ministério Público (seja Estadual ou da União), da Advocacia-Geral ou Juiz de Direito diretor de foro, além da infração penal ora estudada, há também crime de responsabilidade, consoante dispõem os arts. 11, 39-A e 40-A da Lei n. 1.079/50. Deve-se anotar que não se trata de *bis in idem,* de vez que os "crimes de responsabilidade" não constituem ilícitos penais, mas infrações político-administrativas.

5.2. Sujeito passivo

É o Estado, por meio do ente público titular das verbas ou rendas públicas desviadas.

6. CONSUMAÇÃO E TENTATIVA

6.1. Consumação

Dá-se a consumação com o **efetivo desvio** da verba ou renda pública.

6.2. Tentativa

Afigura-se possível a forma tentada quando o funcionário, por circunstâncias alheias à sua vontade, não logra desviar o dinheiro público (p. ex., o Ministério Público, ciente de que a verba seria empregada em finalidade diversa daquela estipulada legalmente, ingressa com ação civil pública e, obtendo liminar favorável, impede que o desvio do dinheiro público seja concretizado).

7. CLASSIFICAÇÃO JURÍDICA

Classifica-se como crime de *ação ou forma livre* (admite qualquer meio executivo – crime onímodo), *próprio* (exige-se qualidade especial do sujeito ativo), *unissubjetivo ou de concurso eventual* (a conduta típica pode ser realizada por uma só pessoa ou várias em concurso de agentes), *material* (sua consumação requer a produção do resultado naturalístico), *instantâneo* (a fase consumativa opera-se instantaneamente, sem prolongar-se no tempo) e *plurissubsistente* (o *iter criminis* admite fracionamento).

8. PENA E AÇÃO PENAL

A pena é de detenção, de um a três meses, ou multa. Trata-se de infração de menor potencial ofensivo, sujeitando-se às prescrições da Lei dos Juizados Especiais Criminais (Lei n. 9.099/95).

A ação penal é de iniciativa pública incondicionada.

ART. 316, *CAPUT* – CONCUSSÃO

1. DISPOSITIVO LEGAL

Concussão

Art. 316. Exigir, para si ou para outrem, direta ou indiretamente, ainda que fora da função ou antes de assumi-la, mas em razão dela, vantagem indevida:

Pena – reclusão, de 2 (dois) a 12 (doze) anos, e multa.

2. VALOR PROTEGIDO (OBJETIVIDADE JURÍDICA)

Protege-se a **Administração Pública**, bem como a **moralidade e probidade administrativas**[59].

---

[59] Como declaram Jean Pradel e Michel Danti-Juan, à luz do art. 432-11 do atual Código Penal francês: "Cette infraction constitue un évident manquement au devoir de probité" (*Manuel de Droit Pénal Spécial*. 4. ed. Paris: Cujas, 2007-2008, p. 792).

3. BREVE HISTÓRICO

A origem da concussão[60] remonta à Antiguidade romana, quando se coibiam altos funcionários públicos (como magistrados e oficiais do exército) de receber dádivas como forma de recompensa pelo cumprimento de seus deveres cívicos. De início, a conduta era considerada ilícito civil (impondo a repetição do valor indevidamente pago – *pecunias repetere*), mas com a expansão do Império Romano e o aumento dos casos de recebimento de tais vantagens, criminalizou-se o fato.

Durante a Idade Média, concussão (*concussio*) e corrupção (*corruptio*) foram confundidas, embora houvesse praxistas que definissem a primeira como o recebimento de vantagens ilícitas antecedido de alguma exigência (agindo a vítima por temor ou medo de alguma represália) e, a outra, por ato espontâneo do interessado.

O *Code Pénal* de 1791 tipificou a conduta, definida posteriormente no Código Napoleônico[61], donde adveio a inspiração de nosso legislador imperial, que descreveu o ato, e suas diversas modalidades, no Código de 1830 (incluindo ao seu lado a arrecadação fiscal por meios mais gravosos que os admitidos em lei ou vexatórios), modelo diverso daquele empregado no Código Penal de 1890 (art. 219).

A Lei Anticrime (Lei n. 13.964/2019) corrigiu, em parte, grave distorção que havia no preceito secundário do art. 316, *caput*, desde 2003, quando o legislador elevou a pena do crime de corrupção passiva (art. 317), passando a ser de dois a **doze anos** de reclusão, mas não alterou a punição da concussão (dois a **oito anos** de reclusão); *ou seja, em 2003, a concussão, delito mais grave, passou a ter pena menor*. Agora, porém, ambos os delitos possuem a mesma sanção (dois a doze anos de reclusão).

Não é o ideal, pois, dada a natureza da concussão, sua punição deveria ser mais exacerbada; nela, o servidor público, conforme se estudará, pratica uma **exigência** de obtenção de vantagem indevida, enquanto na corrupção passiva ele *solicita*, *recebe* ou *aceita* tal vantagem.

---

[60] O termo deriva do latim *concutere*, que designa o ato de balançar uma árvore a fim de fazer cair-lhe os frutos.

[61] O atual Código Penal francês prevê a corrupção passiva e a concussão no art. 432, n. 10 e 11. Segundo Jean Pradel e Michel Danti-Juan, a distinção entre as infrações, à luz do Direito Penal gaulês, reside em que, na corrupção passiva, o funcionário desonesto solicita vantagem de uma pessoa que tem liberdade para não ceder, enquanto na concussão o funcionário exige somas que ele sabe serem excessivas ou o pagamento de valores que a vítima não tem liberdade para recusar (*Manuel de Droit Pénal Spécial*, p. 793).

Advirta-se que o aumento da pena máxima do crime de concussão (de oito para doze anos de reclusão) somente se aplica a fatos cometidos a partir do dia 23 de janeiro de 2020, quando a Lei Anticrime entrou em vigor.

4. TIPO OBJETIVO

4.1. Conceito

Pune-se o funcionário público que *exige, em razão do cargo* (ainda que fora de sua função ou antes de assumi-la), *para si ou para outrem, vantagem indevida.*

Trata-se de uma "espécie de extorsão praticada por funcionário público, com abuso de autoridade contra o particular, que cede ou virá ceder *metu publicae potestatis*"[62].

Podem se afigurar, a título de introdução, os seguintes exemplos: a) médico que exige de paciente atendido mediante convênio com o SUS o pagamento de honorários, sob pena de não tratá-lo[63]; b) delegado de polícia que exige dinheiro para permitir o funcionamento de prostíbulos[64]; c) vereador que recebe indevidamente parte do salário exigido de seu assessor administrativo[65].

4.2. Verbo nuclear

A ação nuclear dá o tom da gravidade da conduta: *exigir*, ou seja, impor, determinar, constranger alguém, *de modo direto* (*a viso aperto; facie*

---

[62] Nelson Hungria. *Comentários ao Código Penal*, v. IX, p. 358. *Vide*, ainda, *RT* 492/309.

[63] "A extensão do conceito de funcionário público para médico e funcionária de hospital particular, que não obstante credenciado pelo Sistema Único de Saúde, exigiam pagamento aos beneficiários só é possível após a vigência da Lei n. 9.983/2000, que alterou a redação do art. 327 do Código Penal. Para a configuração do crime de concussão é imprescindível que o sujeito ativo seja funcionário público" (TJSP, AP 0008604-68.1998.8.26.0050, rel. Des. Willian Campos, 15ª CCr, j. 11-5-2015). E também: "Segundo orientação jurisprudencial desta Corte e do egrégio STF, em casos onde se apura crime de concussão e outros, oriundos da cobrança indevida de valores a pacientes do SUS para a realização de procedimentos médicos, a competência é da Justiça Estadual. Precedentes. A Lei n. 9.983/00, que deu nova redação ao § 1º do art. 327 do CP, esclarece que se equipara a funcionário público quem exerce cargo, emprego ou função em entidade paraestatal, e quem trabalha para empresa prestadora de serviço, contratada ou conveniada, para a execução de atividade típica da Administração Pública" (STJ, HC 69585, rel. Min. Nefi Cordeiro, 6ª T., j. 12-6-2015). Ver ainda: TJRS, ApCr 70082366402, rel. Des. Julio Cesar Finger, 4ª CCr, j. 7-5-2020.

[64] *RJTJSP* 7/468; TJRJ, AP 0283981-18.2012.8.19.0001, rel. Des. Antonio Eduardo Ferreira Duarte, 4ª CCr, j. 13-1-2015.

[65] *RT* 778/563.

ad faciem, ou seja "cara a cara") *ou **indireto*** (por interposta pessoa ou de modo velado, capcioso).

Não é preciso que o autor do fato prenuncie **mal grave e injusto**, sendo suficiente o temor que o cargo inspira (*metus publicae potestatis*). Exemplo: Promotor de Justiça, após chegar à comarca, procura empresário local e exige, valendo-se do temor que seu cargo inspira, a entrega de eletrodomésticos em sua residência a preço vil.

4.3. Exigência em razão da função (embora não contemporânea ao seu exercício)

O tipo não requer seja a conduta contemporânea ao exercício efetivo da função. Subsistirá a infração penal, portanto, **ainda que o agente se encontre licenciado, em férias ou não tenha assumido o cargo**, mas já tenha sido **aprovado no concurso público** ou nomeado formalmente para exercer cargo em comissão. Isso porque o art. 316 alcança dentro de sua moldura típica exigências feitas *fora da função ou antes de assumi-la* (desde que em razão dela).

Não se pode olvidar, contudo, que estas elementares devem ser analisadas à luz do conceito legal de funcionário público (art. 327). Significa dizer que, embora não se exija efetivo exercício funcional no momento da conduta, é imperioso que o sujeito ativo goze do *status* de servidor no sentido criminal (além da evidente correlação que há de existir entre a ameaça e a função); caso contrário, não se poderá imputar concussão.

4.4. Elemento normativo do tipo (vantagem indevida)

A vantagem exigida (para si ou para outrem) deve ser *indevida*, ou seja, **ilícita** (como se trata de dado que demanda análise de conceitos jurídicos – legalidade *versus* ilegalidade, consubstancia elemento normativo do tipo).

Se devida a vantagem exigida pelo servidor, não há concussão, mas crime diverso, como exercício arbitrário das próprias razões (art. 345 do CP). O mesmo ocorre quando se verifica uma errônea suposição no sentido de tratar-se devida uma vantagem que, na verdade, é ilícita, aplicando-se os princípios do erro de tipo (art. 20 do CP).

Note que **não se exige vantagem patrimonial** (até porque não se cuida de delito contra o patrimônio, mas infração que atenta contra o dever de probidade e moralidade administrativas)[66]. Esse o pensamento predominante na

---

[66] Nelson Hungria considerava que o tipo somente abrangia a vantagem de natureza econômica (cf. *Comentários ao Código Penal*, p. 361). O célebre penalista, contudo, fundava-se muito mais na tradição histórica vinculada à punição da concussão do que em sua exata compreensão à luz das peculiaridades da legislação pátria.

doutrina, podendo citar-se, entre outros: Cézar Bitencourt, Guilherme Nucci[67] e Rogério Greco[68]. Como disserta o primeiro, "(...) no crime de concussão, a vantagem indevida pode ser de qualquer natureza: patrimonial, quando a vantagem exigida referir-se a bens ou valores materiais; não patrimonial, de valor imaterial, simplesmente para satisfazer sentimento pessoal, buscar uma forma de reconhecimento, por pura vaidade, como por exemplo, a concessão de um título honorífico, a conferência de um título de graduação, enfim, a vantagem indevida pode não ter necessariamente valor econômico"[69].

Deve, ademais, referir-se a **vantagem em proveito do agente** ou de terceiro (elemento subjetivo específico, ao lado do dolo, elemento genérico). **Se em favor da Administração, não há concussão** (pode ocorrer, contudo, excesso de exação – art. 316, § 1º).

O particular que ceder à exigência não cometerá crime algum. Não há falar em corrupção ativa (art. 333), porquanto tal ilícito exige do *extraneus* que "ofereça" ou "prometa" vantagem indevida a funcionário (não se pune a conduta de "dar" ou "entregar"). Ademais, o *particular é vítima* da concussão e, se entregou a vantagem, o fez em razão da ameaça.

5. TIPO SUBJETIVO

O fato somente é punido na forma **dolosa**. São misteres, destarte, a consciência e a vontade de concretizar os elementos objetivos do tipo. Além do dolo, há **elemento subjetivo específico**, consistente na busca de obtenção da vantagem indevida em benefício próprio ou de outrem ("em proveito próprio ou alheio")[70].

---

[67] *Código Penal comentado*, p. 1015: Diz o autor: "(...) há casos concretos em que o funcionário deseja obter somente um elogio, uma vingança ou mesmo um favor sexual, enfim, algo imponderável no campo econômico e, ainda assim, corrompe-se para prejudicar ato de ofício".

[68] *Código Penal comentado*, p. 835.

[69] *Tratado de direito penal*. São Paulo: Saraiva, 2007, v. 5, p. 65.

[70] "O crime de concussão, a despeito de prescindir de resultado naturalístico e de se caracterizar de forma livre, deve ser, sempre, doloso, uma vez que não comporta modalidade culposa. 02. Havendo dúvida quanto ao dolo dos acusados de, efetivamente, exigirem para si ou para outrem, direta ou indiretamente, em razão da função pública que ocupam, alguma vantagem indevida, impõe a prolação de édito absolutório. 03. A cobrança de taxas relativas às despesas com manifestação de Juiz de Paz ou com a publicação de editais de proclamas, quando realizada por Oficial do Cartório de Registro Civil das pessoas naturais com base no art. 6º, § 2º, da Lei Estadual n. 15.424/04, não induz à certeza sobre o dolo característico do crime de concussão (art. 316 do CP), notadamente diante da divergência interpretativa que recai sobre o aludido dispositivo legal" (TJMG, ApCr 1.0686.12.014461-9/001, rel. Des. Rubens Gabriel Soares, 6ª CCr, j. 17-9-2019).

6. SUJEITOS DO CRIME

6.1. Sujeito ativo

Cuida-se a concussão de **crime próprio**, pois requer qualidade especial do sujeito ativo. Não é fundamental que o autor se encontre no exercício efetivo da função, consoante se expôs acima, bastando que infunda o *metus publicae potestatis* e aja em razão da função (mesmo que antes de assumi-la ou fora dela).

6.2. Sujeito passivo

É o Estado, por meio do ente público a que pertence o autor da conduta, e, secundariamente, o particular achacado pela conduta criminosa.

7. CONSUMAÇÃO E TENTATIVA

7.1. Consumação

A concussão consubstancia *delito formal* (ou de consumação antecipada), motivo por que sua realização integral típica coincide com o exato momento em que a **exigência chega ao conhecimento do sujeito passivo (secundário)**. O posterior recebimento da vantagem constitui mero exaurimento (com reflexos negativos na pena do agente, por se tratar de circunstância judicial desfavorável)[71].

Com frequência, ocorrem **prisões no momento em que o funcionário recebe a vantagem anteriormente exigida**: o particular, após receber a ameaça, procura a Polícia e, em seguida, combina dia, hora e local para a entrega do dinheiro ao *intraneus*, que é preso nesse exato instante. É fundamental destacar que, nesse contexto, *não há estado flagrancial* (CPP, art. 302), pois a consumação se deu há vários dias. A legitimidade da custódia depende de prévia decretação de prisão preventiva do agente. Nesse sentido: "Nulidade da prisão (em flagrante) do servidor, dias depois da exigência da vantagem indevida, quando a recebia"[72]. Frise-se que a nulidade se cinge à prisão em flagrante efetuada em tais condições, mas não elide

---

[71] "A configuração do crime descrito no art. 316 do Código Penal, a 'exigência' está desvinculada de outra conduta ou da comprovação do benefício oferecido pelo servidor público, mas se caracteriza apenas em razão do núcleo do tipo exigir e da condição de agente público, os quais restaram devidamente comprovados na ação de origem" (TJDFT, Acórdão 1744137, 07141039620238070000, rel. Des. Leila Arlanch, CCr j. 21-8-2023). Ver também: STJ, AgRg no AREsp 2.385.562/PR, rel. Min. Ribeiro Dantas, 5ª T., j. 12-12-2023.

[72] STF, *RT*, 780/540, parêntese meu.

o crime ou a prova eventualmente colhida, sendo inaplicável à hipótese a Súmula 145 do STF ("Não há crime quando a preparação do flagrante pela polícia torna impossível a consumação"); é de observar, ademais, que **não houve preparação**, isto é, induzimento algum pelos policiais, e, além disso, o **fato já se havia consumado**[73].

7.2. Tentativa

A tentativa é admissível, embora exista divergência doutrinária a respeito, salvo quando a exigência for verbal e direta (*facie ad faciem*[74]), porquanto nesse caso o fato será unissubsistente.

Pode-se cogitar do *conatus proximus*, por exemplo, quando o ato é realizado por interposta pessoa e o *iter criminis* for interrompido antes que a ameaça chegasse ao conhecimento do ofendido, ou quando realizada por escrito e o documento for extraviado antes de chegar às mãos do particular que seria achacado.

8. CLASSIFICAÇÃO JURÍDICA

Consubstancia delito de *ação ou forma livre* (admite qualquer meio executório – crime onímodo), *próprio* (exige-se qualidade especial do sujeito ativo), *monossubjetivo ou de concurso eventual* (pode ser cometido por uma só pessoa ou várias – inclusive particulares – em concurso de agentes), *formal ou de consumação antecipada* (consuma-se independentemente da produção do resultado naturalístico, traduzido no recebimento da vantagem indevida exigida), *instantâneo* (sua fase consumativa não se prolonga no tempo) e *plurissubsistente* (o *iter criminis* comporta fracionamento, salvo na exigência verbal, em que se terá conduta unissubsistente).

9. CONFLITO APARENTE DE NORMAS

9.1. Concussão e corrupção passiva (art. 317)

A corrupção passiva constitui tipo misto alternativo. A conduta "solicitar" pode assemelhar-se à concussão. A distinção, porém, é marcante no

---

[73] V. STF, *RT* 780/540 e TRF, 2ª R., *RT* 775/697. *Vide*, ainda: "Afasta-se a alegação de flagrante preparado quando a atividade policial não provoca nem induz o cometimento do crime (...) Da decisão homologatória do flagrante, extrai-se que não houve induzimento por parte do Ministério Público ou da autoridade policial, vez que somente aguardaram o momento da prática do delito, que já havia sido notificado anteriormente pela vítima ao Ministério Público" (STJ, RHC 103.623/PR, rel. Min. Ribeiro Dantas, 5ª T., j. 1º-9-2020).

[74] Face a face.

que diz respeito à forma como a vantagem indevida é requerida[75]. Na **corrupção passiva**, o funcionário formula um **simples pedido**, uma solicitação, **sem trazer embutida qualquer ameaça**, implícita ou explicitamente. Na **concussão**, todavia, ocorre uma verdadeira **exigência**, ou seja, uma **ameaça**. Assim, por exemplo, comete corrupção passiva o funcionário que "apenas solicita valor indevido para a expedição de cédula de identidade, sem que a vítima tenha cedido à exigência exclusivamente por temor, mas por entender tratar-se de quantia devida e necessária para a expedição do documento"[76].

A concussão, portanto, encerra conduta mais grave que a corrupção passiva, embora, atualmente, possuam a mesma pena.

9.2. Concussão e corrupção ativa (art. 333)

Conforme se destacou anteriormente, o particular a quem é dirigida a concussão, isto é, de quem se exige a vantagem indevida, não comete crime algum, pois é vítima do fato. Não há falar em **corrupção ativa** de sua parte (art. 333), de vez que a conduta do *extraneus* jamais encontraria subsunção ao tipo, o qual **descreve o ato de** *oferecer* ou *prometer* **vantagem indevida a funcionário**, não incluindo entre suas ações nucleares os verbos dar ou entregar[77].

---

[75] "Incorre nas penas do art. 317 do CP aquele que solicita vantagem indevida, em razão do exercício da função pública, a título de descabido ressarcimento com despesas de combustível e pagamentos de diárias durante a prática do serviço. 2. Pratica o crime do art. 316 do CP o agente que, em virtude da função desempenhada, exige vantagem indevida para prestar serviços funerários oferecidos gratuitamente à população de baixa-renda" (TJRS, ApCr 70079205944, rel. Des. Julio Cesar Finger, 4ª CCr, j. 12-9-2019).

[76] TJMG, *RT* 774/646.

[77] De acordo com o STF: "Pelas mesmas ações, são incompossíveis os crimes de corrupção ativa praticado pelo particular e de concussão cometido pela autoridade pública. Em virtude desse princípio, ocorre, no caso, falta de justa causa com relação a um dos pacientes. Recurso ordinário a que se dá provimento, em parte" (*RTJ* 93/1.023). Para o STJ: "A Turma entendeu presente o crime de corrupção ativa, na medida em que o paciente propôs entregar outro valor ao invés do exigido pelo funcionário público para deixar de realizar atos legítimos de seu ofício. Haveria concussão se o particular agisse com o intuito de evitar ameaça de dano injusto feita pelo funcionário. HC 16.779-SP, Rel. Min. Edson Vidigal, julgado em 7/8/2001", noticiado no *Informativo n. 103*. E ainda: "É atípica a conduta de quem, em razão da exigência formulada pelo funcionário público, efetua o pagamento da vantagem indevida, não podendo ser responsabilizado por corrupção ativa (...) A exigência de vantagem indevida ficou bem delineada nos autos, pois demonstrado que se não ocorresse o pagamento da propina demandada, o contrato com a Secretaria de Transportes não seria assinado, gerando imensurável prejuízo pelo não retorno do capital aplicado na cooperativa,

9.3. Concussão e extorsão (art. 158)

Quando o autor do fato utiliza, como meios executórios, **violência ou grave ameaça à pessoa**, seu ato **não pode ser considerado mera exigência**, mas verdadeiro **constrangimento**, nos moldes do art. 158 do Código, o qual tipifica a *extorsão*[78]. Afigure-se o seguinte exemplo: um carcereiro exige de preso condenado por estupro dinheiro para não colocá-lo em cela onde seria alvo de sevícias sexuais por parte de outros presos. Esse ato não traduz mais do que exigência (no sentido jurídico-penal), diante da grave ameaça que embute, traduzindo-se em verdadeiro constrangimento.

Há também extorsão quando se tratar de particular que se fizer passar por funcionário público e, nesse contexto, formular a exigência. Assim, p. ex., fingindo-se fiscal de ICMS, particular exige de comerciante dinheiro para não autuá-lo por sonegação fiscal.

9.4. Concussão e crime contra a ordem tributária

O art. 3º, II, da Lei n. 8.137/90 tipifica o fato de "exigir (...), para si ou para outrem, direta ou indiretamente, ainda que fora da função ou antes de iniciar seu exercício, mas em razão dela, vantagem indevida; ou aceitar promessa de tal vantagem, para deixar de lançar ou cobrar tributo ou contribuição social, ou cobrá-los parcialmente" (pena – reclusão, de três a oito anos, e multa).

Assim, por exemplo, o fiscal de rendas que exige dinheiro para não lavrar auto de infração e imposição de multa, responde pelo crime contra a

---

circunstância que configura o crime de concussão" (TJDFT, Acórdão 1170126, 20151110041556APR, rel. Des. Silvanio Barbosa dos Santos, revisor Des. João Timóteo de Oliveira, 2ª T. Criminal, j. 9-5-2019).

[78] Nesse sentido: "(...) A concussão, delito funcional próprio, previsto na norma do artigo 316 do Código Penal, caracteriza-se quando presentes elementos especializantes em relação à extorsão – a condição de servidor público do sujeito ativo e a ameaça, explícita ou implícita, que diz respeito à função pública. Ocorre que, na hipótese dos autos, constata-se que os agentes em muito extrapolaram o limite das funções públicas, não apenas exercendo-as com abuso de autoridade, mas desferindo disparos de arma de fogo, amarrando e agredindo pessoas, retirando e devolvendo um preso temporário ao estabelecimento prisional, por diversas vezes, inclusive durante a madrugada, mantendo-o custodiado sempre à mercê de agentes armados. E assim, então, incidiram no delito de extorsão, pois não somente a elementar grave ameaça ficou caracterizada – a liberdade é dos bens jurídicos mais relevantes –, mas também a violência" (TJRS, ApCr 70058543075, rel. Des. Dálvio Leite Dias Teixeira, 8ª CCr, j. 30-11-2016). Ver também: STJ, AgRg nos EDcl no REsp n. 1.732.520/RS, rel. Min. Ribeiro Dantas, 5ªT., j. 7-11-2019. Não se exclui a possibilidade de reconhecer-se verdadeiro roubo (art. 157), a depender do *modus operandi* empregado pelo sujeito ativo e, ademais, da indispensabilidade da ação subsequente da vítima para o êxito da lesão patrimonial.

ordem tributária acima mencionado, e não por concussão, em razão de sua **especialidade** (*lex specialis derrogat generalis*)[79].

10. CAUSA DE AUMENTO DE PENA (ART. 327, § 2º)

Dar-se-á a figura agravada ou circunstanciada sempre que o agente for ocupante de **cargo em comissão** ou de **função de direção ou assessoramento** de órgão da **administração direta, sociedade de economia mista, empresa pública** ou **fundação instituída pelo poder público** (impor-se-á em tais casos acréscimo de um terço na pena aplicada).

11. PENA E AÇÃO PENAL

A pena é de reclusão, de dois a doze anos, e multa.

A ação penal é de **iniciativa pública** e não se sujeita a qualquer condição específica. O processo seguirá o rito dos crimes funcionais, com a necessidade de notificação do servidor acusado para apresentar defesa preliminar (CPP, arts. 513 e 518), aplicando-se, no mais, as regras relativas ao procedimento comum ordinário (CPP, arts. 395 a 405).

ART. 316, § 1º - EXCESSO DE EXAÇÃO

1. DISPOSITIVO LEGAL

Art. 316. (...)

Excesso de exação

§ 1º Se o funcionário exige tributo ou contribuição social que sabe ou deveria saber indevido, ou, quando devido, emprega na cobrança meio vexatório ou gravoso, que a lei não autoriza:

Pena – reclusão, de 3 (três) a 8 (oito) anos, e multa.

§ 2º Se o funcionário desvia, em proveito próprio ou de outrem, o que recebeu indevidamente para recolher aos cofres públicos:

Pena – reclusão, de 2 (dois) a 12 (doze) anos, e multa.

2. VALOR PROTEGIDO (OBJETIVIDADE JURÍDICA)

Tutela-se a **Administração Pública** e, em particular, a **probidade** e **moralidade** administrativas, além do **patrimônio do Estado,** que se vê afetado na hipótese descrita no § 2º da disposição.

Anote-se que a redação desse dispositivo foi alterada pela Lei n. 8.137/90, que elevou a pena mínima para três anos de reclusão (a sanção tornou-se, com isso, desproporcional, conforme analisamos a seguir – item "8").

---

[79] Nesse sentido: TJSP, *RT* 750/595.

Muito embora a *fattispecie* localize-se em parágrafos do art. 316, sugerindo haver entre a concussão e o excesso de exação alguma proximidade, pouco há de comum entre as incriminações. Teria sido de melhor aviso, portanto, a descrição deste em artigo próprio[80].

3. TIPO OBJETIVO

3.1. Tipo misto cumulativo

O excesso de exação consubstancia **tipo misto cumulativo**, já que, muito embora a construção típica contenha dois comportamentos distintos separados por locução alternativa, o que se nota na comparação das condutas é que estas se excluem reciprocamente, não se admitindo convivam num só contexto e sejam praticadas como se uma fora uma fase normal de preparação ou execução da outra.

O primeiro ato que se subsume ao excesso de exação consiste em **exigir tributo** ou **contribuição social**, que sabe ou deveria saber *indevido*.

O segundo, **empregar na cobrança** de **tributo** ou **contribuição social** *devidos* meio vexatório ou **gravoso**.

Note-se que *uma conduta pressupõe exigência de algo que é indevido*, ilícito, isto é, a cobrança de algo, sob a forma de tributo ou contribuição social, que o ofendido não tem a obrigação jurídica de pagar. *Noutra, cobra- -se vexatória ou gravosamente aquilo que o agente efetivamente deve pagar, a cobrança é devida*, o meio de fazê-lo, contudo, é que é criminoso.

Conclui-se, daí, que o servidor cometerá *dois delitos*, em **concurso**, quando a um só tempo **cobrar de alguém imposto que sabe ser indevido**, exigindo que tal pagamento se faça segundo suas determinações e, ao mesmo tempo, **empregar na cobrança de tributo efetivamente devido meio vexatório não autorizado por lei**.

---

[80] Hungria assinalou que a modalidade de excesso de exação consistente na cobrança vexatória ou excessiva constitui peculiaridade da legislação brasileira, que remonta ao Código Criminal de 1830 (*Comentários ao Código Penal*, p. 363). Para Fernando Henrique Mendes de Almeida, as três figuras insertas no art. 316 configuram modalidades de concussão. A do *caput* seria principal ou típica; a do § 1º, primeira parte, a concussão própria com excesso de exação (ou abuso de poder); a do § 1º, segunda parte, a concussão imprópria com excesso de exação (ou abuso de poder) (*Dos crimes contra a Administração Pública*. São Paulo: Saraiva, 1955, p. 50). Parece-nos, consoante assinalamos no texto, que não lhe assiste razão. De melhor técnica, nesse ponto, Códigos Penais como o espanhol, de 1995, o qual definiu as *exacciones ilegales* em disposição própria (art. 437).

3.2. Exigência de tributo indevido (art. 316, § 1º, 1ª parte)

Pune-se, em primeiro lugar, o funcionário que exige tributo ou contribuição social que sabe ou deveria saber indevido.

A ação nuclear consubstancia-se no ato de *exigir*, isto é, compelir, obrigar, forçar. A exigência deve recair sobre tributo ou contribuição social. A compreensão destas elementares demanda a análise de normas extrapenais; trata-se de conceitos jurídicos e, portanto, configuram elementos normativos do tipo.

Tributo, de acordo com o Código Tributário Nacional (art. 3º), é "toda prestação pecuniária compulsória, em moeda ou cujo valor nela se possa exprimir, que não constitua sanção de ato ilícito, instituída em lei e cobrada mediante atividade administrativa plenamente vinculada"; cuida-se de um gênero que compreende as seguintes espécies (art. 5º): a) os impostos; b) as taxas; e c) as contribuições de melhoria.

A *contribuição social*, embora não se subsuma ao conceito legal de tributo, submete-se ao regime jurídico destes, cuidando-se de exação prevista na Constituição Federal, que pode ser instituída pela União com vistas a atender necessidades da seguridade social (arts. 195, I a IV, e 201), do seguro-desemprego (art. 239, § 4º), entre outras a serem criadas por lei.

Discute-se se **emolumentos devidos a cartórios extrajudiciais** podem ser considerados tributos, de modo a subsumir sua exigência indevida ao excesso de exação. O Superior Tribunal de Justiça modificou seu entendimento anterior e, atualmente, considera aplicável o art. 316, § 1º, do Código em tais casos[81].

O agente deve exigir o pagamento sabendo-o indevido ou devendo saber. As fórmulas "sabe" e "deve saber", segundo orientação dominante em doutrina, aludem respectivamente ao **dolo direto** e ao **eventual**. Significam que o sujeito ativo tem plena ciência da ilicitude da cobrança ou, ao menos, embora não o tenha na mente como algo ilícito, possua razões suficientes para, mediante diligência empregada por profissional medianamente preparado, saber que a exigência desrespeita a lei.

Pouco importa a razão da ilicitude da exigência efetuada. É indiferente, destarte, saber se isso decorreu da ausência do fato gerador, de declaração ju-

---

[81] "(...) De acordo com a jurisprudência desta Corte e do Pretório Excelso as custas e os emolumentos concernentes aos serviços notariais e registrais possuem natureza tributária, qualificando-se como taxas remuneratórias de serviços públicos (Precedentes do STJ e do STF e *Informativo STF*, n. 461). IV – Desta forma, comete o crime de excesso de exação aquele que exige custas ou emolumentos que sabe ou deveria saber indevido. Recurso desprovido" (REsp 899.486, rel. Min. Felix Fischer, 5ª T., *DJU* de 3-9-2007, p. 216).

dicial acerca da inconstitucionalidade do imposto, da prescrição da obrigação tributária etc. Para o Superior Tribunal de Justiça, contudo, a mera interpretação equivocada da norma tributária, diante da complexidade de determinada lei fiscal, sendo escusável, não configura o delito em questão[82].

3.3. Cobrança vexatória ou gravosa (art. 316, § 1º, 2ª parte)

A parte final da disposição incrimina o emprego de método vexatório ou gravoso, na cobrança de tributo ou contribuição social devidos, não autorizado em lei.

Coíbe-se, mediante ameaça da pena, a cobrança de tais exações por **meios humilhantes** ou **exageradamente rigorosos** ou **que impliquem despesas excessivas.**

3.4. Diferenças com a concussão

O excesso de exação difere da concussão por duas razões: 1ª) a exigência (indevida, vexatória ou gravosa) ocorre *em favor da própria Administração*, e não em proveito próprio ou alheio[83]; 2ª) a exigência refere-se a tributo ou contribuição social, que o agente sabe ou deveria saber indevido.

Pune-se, ademais, o emprego de meio vexatório (humilhante) ou gravoso (excessivamente opressor ou que importe em maiores despesas), não autorizado em lei, na cobrança de tributo ou contribuição social.

4. TIPO SUBJETIVO

O excesso de exação constitui delito exclusivamente doloso. Exige-se, por conseguinte, a vontade e a consciência de concretizar os elementos objetivos do tipo. Em se tratando de exigência de tributo ou contribuição social (art. 316, § 1º, 1ª parte), é mister que o agente saiba (**dolo direto**) ou deva saber (**dolo eventual**) que tais exações são indevidas.

5. SUJEITOS DO CRIME

5.1. Sujeito ativo

Cuida-se o art. 316, § 1º, de **crime próprio**, de vez que somente o servidor encarregado da cobrança de tributos ou contribuições sociais pode

---

[82] REsp 1.943.262-SC, rel. Min. Antônio Saldanha Palheiro, 6ª T., j. 5-10-2021.

[83] "Se a vantagem indevidamente exigida não se destinava aos cofres públicos, mas ao proveito próprio dos agentes, não resta caracterizado o delito de excesso de exação, devendo a conduta ser desclassificada para o crime de concussão" (TJDFT, Acórdão 740329, 20080310090117APR, rel. Des. João Batista Teixeira, revisor Des. Jesuino Rissato, 3ª T. Criminal, j. 28-11-2013).

figurar como sujeito ativo. Nada impede, por óbvio, a concorrência de outras pessoas, inclusive particulares, os quais poderão responder pelo fato como coautores ou partícipes do crime (arts. 29 e 30 do Código).

5.2. Sujeito passivo

É o Estado e o particular de quem se exigiu a cobrança indevida, vexatória ou gravosa.

6. CONSUMAÇÃO E TENTATIVA

6.1. Consumação

Consuma-se com a exigência (**crime formal**), ou com o emprego de meio vexatório ou gravoso na cobrança (**crimes de mera conduta**).

6.2. Tentativa

Admite-se a forma tentada, notadamente quando a exigência se dá por interposta pessoa ou é feita por escrito.

7. CLASSIFICAÇÃO JURÍDICA

Cuida-se de crime de *ação ou forma livre* (admite qualquer meio executivo), *próprio* (exige-se qualidade especial do sujeito ativo), *monossubjetivo ou de concurso eventual* (pode ser praticado por uma só pessoa ou várias em concurso), *formal ou de consumação antecipada* (prescinde do recebimento da exação indevida para sua consumação) e *de mera conduta* (na modalidade emprego de meio vexatório ou gravoso na cobrança), *instantâneo* (a consumação não se prolonga no tempo) e *plurissubsistente* (a conduta pode ser cindida em mais de um ato; **salvo quando se cuidar de exigência verbal** efetuada diretamente pelo servidor ao sujeito passivo – comportamento *unissubsistente*).

8. FIGURA QUALIFICADA (ART. 316, § 2º)

"Se o funcionário desvia, em proveito próprio ou de outrem, o que recebeu indevidamente para recolher aos cofres públicos" (pena – reclusão, de dois a doze anos, e multa).

O ato descrito no § 2º do art. 316, que inequivocamente relaciona-se com o preceito anterior (§ 1º), nada tendo a ver com o *caput* (concussão), **pressupõe que o excesso de exação, na modalidade cobrança indevida, já se**

encontre exaurido (i. e., houve a consumação com a exigência ilegal e o posterior recebimento deste valor; é mister, contudo, que o produto do crime não tenha ingressado no patrimônio da Administração, pois, nesse caso, operando-se subsequentemente o desvio, dá-se o peculato – crime autônomo – em vez do tipo qualificado em questão).

Na redação original do Código, referido comportamento possuía punição mais severa que a forma simples, como reclama o princípio constitucional da proporcionalidade das penas (i. e., para condutas mais graves, mais intensa há de ser a resposta penal). O excesso de exação (simples), então, era apenado com detenção, de seis meses a dois anos (ou multa), e a forma qualificada, com reclusão, de dois a doze anos (e multa). A Lei n. 8.137/90 elevou para reclusão, de *três* a oito anos (e multa) a sanção prevista no § 1º, mas manteve inalterada a do § 2º. Isto é, passou-se a punir de forma mais rigorosa a figura simples e mais branda a qualificada (notadamente no que alude à pena mínima). Quer dizer, em outras palavras, que a interpretação literal dos dispositivos leva à conclusão de que exigir tributo ou contribuição social indevidos, *em favor da Administração*, importa, no mínimo, três anos de reclusão; fazê-lo, porém, em benefício próprio ou alheio (i. e, em prejuízo do contribuinte vítima *e* da Administração Pública), enseja pena menor (dois anos de reclusão, no piso legal).

É fundamental, nesse contexto, que o intérprete efetue o necessário redimensionamento da pena, a fim de equalizá-la com o princípio constitucional da proporcionalidade.

O Direito Penal não pode servir como instrumento de mera intimidação, exigindo-se racionalidade, razoabilidade e proporcionalidade nas medidas que prescreve, até porque implica atingir de maneira mais intensa o *jus libertatis* do indivíduo, algo que somente deve ocorrer *quando* e *na medida do absolutamente necessário* para garantir a eficácia das normas de conduta e, com isso, assegurar os pressupostos de uma convivência social pacífica.

A conclusão possível, destarte, à luz da disparidade assinalada, reside em estender ao excesso de exação o mínimo do *caput* e do § 2º, ou seja, dois anos de reclusão[84].

---

[84] Nesse sentido, Roberto Delmanto e outros: "Em face dos princípios da razoabilidade e da proporcionalidade, ínsitos ao conceito de *devido processo legal substantivo*, pensamos que o juiz, em caso de condenação pelo 1º, deverá considerar o mínimo abstratamente cominado aquele do *caput* e do 2º, ou seja, dois anos e não três" (*Código Penal comentado*, p. 903). Para Guilherme Nucci: "após a modificação imposta pela Lei n. 8.137/90, a pena do excesso de exação tornou-se desproporcional e exagerada,

9. CAUSA DE AUMENTO DE PENA (ART. 327, § 2º)

A pena será elevada à terça parte se o agente for ocupante de **cargo em comissão** ou de **função de direção ou assessoramento** de órgão da **administração direta, sociedade de economia mista, empresa pública** ou **fundação instituída pelo poder público.**

10. PENA E AÇÃO PENAL

De acordo com o preceito secundário do art. 316, § 1º, do Código, o excesso de exação é apenado com reclusão, de três a oito anos, e multa. Como dissemos anteriormente (item "8"), entretanto, há de se considerar que o piso punitivo, sob pena de permitir injustificável e desarrazoada desproporção, deve ser semelhante àquele das demais figuras insertas no artigo, ou seja, *dois anos.*

Aplica-se às figuras simples e qualificada (esta sancionada com dois a doze anos de reclusão, além da multa) o rito dos crimes funcionais, inclusive com a defesa preliminar regulada no art. 514 do CPP. Ressalvadas as peculiaridades contidas nos arts. 513 a 518, observam-se os preceitos relativos ao procedimento comum ordinário (CPP, arts. 395 a 405).

A ação penal é de iniciativa **pública incondicionada.**

ART. 317 - CORRUPÇÃO PASSIVA

1. DISPOSITIVO LEGAL

Corrupção passiva

Art. 317. Solicitar ou receber, para si ou para outrem, direta ou indiretamente, ainda que fora da função ou antes de assumi-la, mas em razão dela, vantagem indevida, ou aceitar promessa de tal vantagem:

Pena – reclusão, de 2 (dois) a 12 (doze) anos, e multa.

§ 1º A pena é aumentada de um terço, se, em consequência da vantagem ou promessa, o funcionário retarda ou deixa de praticar qualquer ato de ofício ou o pratica infringindo dever funcional.

§ 2º Se o funcionário pratica, deixa de praticar ou retarda ato de ofício, com infração de dever funcional, cedendo a pedido ou influência de outrem:

Pena – detenção, de 3 (três) meses a 1 (um) ano, ou multa.

---

mormente quando considerada em confronto com as figuras do *caput* (concussão) e do § 2º (exação qualificada). Reclama o tipo penal, pois, em razão do princípio da proporcionalidade das penas, uma correção" (*Código Penal comentado*, p. 1070).

2. VALOR PROTEGIDO (OBJETIVIDADE JURÍDICA)

O objeto jurídico é a **Administração Pública**, em seus valores de moralidade e probidade[85] administrativas, consagrados como pilares de nosso regime constitucional.

3. O TRATAMENTO JURÍDICO DA CORRUPÇÃO

3.1. Notícia histórica

Os registros históricos da incriminação da corrupção são encontrados nas mais antigas legislações. Na lei mosaica, punia-se o juiz venal com a flagelação; na Grécia e Roma Antigas, com a morte. Na Lei das XII Tábuas, via-se o preceito: *si judex aut arbiter jure datur ob rem judicandam pecuniam acceperit capite luito*. Sucessivas leis romanas também cuidaram do assunto, como as leis Calpúrnia, Servília, Cornélia e Júlia *de repetundis* (todas regulando conjuntamente a corrupção com a concussão).

Durante a Idade Média, manteve-se o mesmo padrão, ou seja, penas severas (tanto à *corruptio* quanto à *concussio*, que se confundiam) mas punições rarefeitas.

No Brasil, ao tempo das Ordenações do Reino, incriminava-se o fato no Título 71 do Livro V ("Dos Oficiais do Rei que recebem serviços ou peitas, e das partes, que lhas dão, ou prometem"), apenando-o com o confisco de bens, a perda do cargo e o degredo para a África (Livro V, Título 75)[86]. O Código Criminal do Império (1830) dava-lhe o nome de *peita* ou *suborno*, o mesmo fazendo-o o Código Penal de 1890.

O Código atual (inspirado na legislação suíça) distingue a corrupção da concussão, dividindo aquela em passiva e ativa. A primeira designa o funcionário corrompido e vem definida no art. 317 do Código; a outra, o particular corruptor, encontrando-se tipificada no art. 333 do CP (dentro dos crimes cometidos por particular contra a Administração).

---

[85] "A concussão ou a corrupção passiva praticadas por funcionário estadual são graves violações do dever fundamental de probidade, cujo sujeito passivo primário é a entidade estatal à qual a relação funcional vincula o agente, no caso, o Estado-membro; não o converte em delito contra a administração pública da União a circunstância de ser o sujeito passivo secundário da ação delituosa um condenado pela Justiça Federal, que, por força de delegação legal, cumpre pena em estabelecimento penitenciário estadual" (STF, *RT* 758/486).

[86] Ressalvava-se, porém, o recebimento de pão, vinho, carnes e frutas, "e outras cousas de comer, que entre os parentes e amigos se costumão dar, e receber das pessoas, que com elles tiverem razão de parentesco (...)".

Há alguns anos, elevou-se a pena imposta à corrupção passiva (Lei n. 10.763/2003), produzindo uma absurda incoerência, já que esta passou a receber reprimenda mais intensa que a concussão (art. 316, *caput*)[87]. Essa disparidade foi sanada em parte pela Lei Anticrime (Lei n. 13.964/2019), que equiparou as penas da corrupção passiva e da concussão.

Importante Diploma para o combate à venalidade no setor público é a Lei n. 8.429/92 (Lei de Improbidade Administrativa), que embora não tenha natureza penal, impõe diversas sanções (civis, administrativas, funcionais e políticas) aos responsáveis pela má gestão da *res publicae*.

A corrupção, enfim, é um mal que assola (e sempre assolou) todas as nações no Mundo[88]. Maurice Garçon a considerou um mal do século XX[89]. Hungria, em seus *Comentários*, sentenciou: "A corrupção campeia como um *poder* dentro do Estado. E em todos os setores: desde o 'contínuo', que não move um papel sem a percepção da propina, até a alta esfera administrativa, onde tantos *misteriosamente* enriquecem da noite para o dia. De quando em vez, rebenta um escândalo, em que se ceva o sensacionalismo jornalístico. A opinião pública vozeia indignada e Têmis ensaia o seu gládio; mas os processos penais, iniciados com estrépito, resultam, as mais das vezes, num completo fracasso, quanto não na iniquidade da condenação de uma meia dúzia de *intermediários* deixados à sua própria sorte"[90]. Pode-se associá-la à fragilidade ética de um povo, já que os agentes públicos não são mais que membros de uma sociedade determinada; um povo que preza a honestidade não escolherá governantes sabidamente desonestos.

Neste século caberia perguntar se há algo de novo. A nós parece, sem ufanismos, que o horizonte (ainda longínquo, é verdade) mostra-se menos sombrio que o passado. No plano internacional, nota-se um esforço, sobretudo em organismos não governamentais, para combater esse eterno mal. A ONG *Transparência Internacional*, desde a década de 1990, estabelece medidores da percepção da corrupção em diversos países (tais como o *corruption perception index*, o *bribe payers index* e o *global corruption barometer*)[91].

---

[87] Ambos os crimes são punidos com no mínimo dois anos de reclusão e multa. A corrupção passiva, porém, com até *doze anos* de reclusão e a concussão era apenada, até 23 de janeiro de 2020, com oito anos. A Lei Anticrime, todavia, elevou para doze anos a pena máxima da concussão.

[88] Segundo Montesquieu, teria sido a razão da queda do Império Romano.

[89] *Apud* Nelson Hungria. *Comentários ao Código Penal*, v. IX, p. 364.

[90] *Comentários ao Código Penal*, v. IX, p. 364.

[91] No índice de percepção da corrupção (2009), nosso país ocupou o 75º lugar (de um total de 180), abaixo de nações como Uruguai, Gana e Namíbia.

A busca pela exposição pública, mediante a transparência e a constante fiscalização, é importante mecanismo, cada vez mais implementado no combate à corrupção, prática punida nos quatro cantos do planeta, com as mais variadas sanções e reações em face dos casos registrados[92]; mas o que realmente tem o condão de coibi-la, sem dúvida, é a efetividade (e não mero rigor) das cominações legais – para isso, armas como a transparência, a fiscalização e um arcabouço jurídico material e processual são indispensáveis.

3.2. Corrupção e improbidade administrativa

A noção vulgar de corrupção (no setor público[93]) encontra-se comumente vinculada à ideia de desvio de poder e de enriquecimento ilícito[94]. Nesse sentido, poderia abarcar diversas condutas incriminadas no Capítulo I do Título XI do Código Penal, não só aquela descrita no art. 317[95]. O conceito jurídico-penal, contudo, é mais estrito, posto que apenas compreende a conduta do funcionário público que solicita, recebe (direta ou indiretamente) ou aceita, em razão da função (mesmo antes de assumi-la ou fora dela), vantagem (econômica ou não) indevida para si ou para outrem.

Os atos de improbidade administrativa, assim definidos na Lei n. 8.429/92, com as alterações efetuadas pela Lei n. 14.230/2021, abrangem um leque de comportamentos comissivos ou omissivos, dolosos, que podem importar enriquecimento ilícito (art. 9º), causar dolosamente prejuízo efetivo e comprovado ao erário (art. 10), ou atentar contra os princípios da Administra-

---

[92] Conforme anotou Emerson Garcia, baseando-se em conclusões do Banco Mundial publicadas na Revista *Veja*, edição n. 1.491, "No Japão, país opaco, políticos e empresários que são flagrados recebendo regalos em troca de benefícios se matam de vergonha. Na Itália, perdem o poder. Na Arábia Saudita, perdem a mão. Em Cingapura, paraíso da transparência, são condenados à morte" (*Improbidade administrativa*, p. 21; nota de rodapé n. 28).

[93] O vocábulo corrupção, no sentido vernacular, indica degradação, decomposição ou degeneração. Pode-se falar em corrupção moral, sexual, biológica etc. O próprio texto legal utiliza-se por vezes da palavra "corrupção" empregando-lhe conotação completamente diversa daquela do art. 317 do CP. Veja, por exemplo, os arts. 271 (corrupção ou poluição de água potável), 272 (corrupção de substância ou produto alimentício), 273 (corrupção de produto terapêutico ou medicinal), todos do CP, ou o art. 244-B do ECA (corrupção sexual de criança ou adolescente).

[94] *Vide* Emerson Garcia. *Improbidade administrativa*, p. 7.

[95] Fernando Henrique Mendes de Almeida, em sua obra *Dos crimes contra a Administração Pública*, p. 62, associa três delitos à ideia fundamental de corrupção no setor público. Diz o autor: "Peculato, concussão e corrupção passiva formam o tríptico constitutivo de poderosos índices de dissolução moral de um povo, no que concerne à esfera dos delitos do funcionário público".

ção Pública (art. 11). Trata-se de ilícitos extrapenais, que sujeitam seus infratores a sanções de natureza administrativa, funcional, política e civil (art. 12).

Pode-se dizer que corrupção e improbidade administrativa estão um para o outro como a espécie e o gênero. É o mesmo que dizer que **toda corrupção importa em improbidade administrativa, embora nem todo ato que a caracterize enseje corrupção.**

Do ponto de vista jurídico, os reflexos são de grande relevância, notadamente no que se refere à responsabilidade dos agentes públicos envolvidos na apuração destes ilícitos.

Assim, se o membro do Ministério Público encarregado de instaurar o inquérito civil concluir pela comprovação e subsequente ajuizamento de ação civil pública por ato de improbidade administrativa, deverá extrair cópias dos elementos que amealhou, a fim de encaminhá-las ao setor responsável, dentro da própria Instituição a que pertence, pela responsabilização criminal do funcionário público ou agente político. A este cumprirá verificar se o ilícito extrapenal também importou no cometimento de crime contra a Administração Pública (o que nem sempre pode ocorrer), seja porque a noção de improbidade é mais ampla que a de corrupção (ou mesmo de crimes contra a Administração Pública), seja porque a responsabilidade penal exige pressupostos mais densos que a administrativa.

Pode ocorrer, contudo, o caminho inverso. Se o representante do *Parquet* ingressar com denúncia imputando a servidor ou agente político crime funcional, notadamente corrupção passiva (espécie), terá havido inexoravelmente ato de improbidade administrativa (gênero). É evidente que a adoção de medidas na esfera da tutela de interesses difusos, notadamente quando couber a outro membro do Ministério Público, ficará sujeita à sua independência funcional (nos termos do art. 127, § 1º, da CF). É de ver, contudo, que a unidade do *Parquet*, também assegurada no plano da Lei Fundamental, reclama atuação harmônica de seus membros em tais situações.

Como bem pondera Pedro Henrique Demercian: "(...) o princípio da unidade (e seu corolário, a indivisibilidade) não se esgota na simples afirmação de que o Ministério Público é um único órgão dirigido por um só chefe. Na verdade, esse conceito limita o sentido da regra e não traduz, na plenitude, o seu real significado, notadamente quando cotejado com o conceito corrente e amplo que se dá, como será visto, à independência funcional. (...) Esse princípio do Ministério Público, portanto, é pleno de significado e aplicabilidade, como, aliás, atestou, em voto vencido, o eminente ministro Sepúlveda Pertence, e indica para o legislador infraconstitucional os parâmetros para a estruturação da *instituição*, que, não se duvida, deve ser plasmada pelo critério da hierarquia... Contudo, a regulamentação deve seguir o princípio da *concordância prática* ou da *harmonização*, que impõe:

'(...) *a coordenação e combinação dos bens jurídicos em conflito de forma a evitar o sacrifício (total) de uns em relação aos outros*' (...) A unidade, mais do que sugere a definição, tem a relevante e indeclinável finalidade de preservar a isonomia de tratamento dos arguidos (objetivo, aliás, precípuo de um processo penal baseado no garantismo) e busca viabilizar uma resposta célere, eficaz e coordenada à sociedade quanto aos métodos e medidas empreendidas no combate às mais variadas formas e expressões de criminalidade"[96].

No que se refere à decisão judicial, contudo, dada a independência das instâncias penal, civil e administrativa, há de se concluir que a condenação proferida em processo administrativo ou ação civil pública por ato de improbidade não importará obrigatoriamente em ação e posterior condenação penal (até porque, como já dissemos, nem toda improbidade administrativa também caracteriza infração penal)[97]. O mesmo se pode dizer do raciocínio inverso, isto é, pode existir, em tese, condenação penal sem responsabilização administrativa ou judicial por ato de improbidade. Nesse caso, porém, a disparidade de soluções aparenta-se, a princípio, injustificável, pois, se havia base para o mais (a imposição da sanção penal), não se concebe como pode não ter existido para o menos.

3.3. A corrupção e os documentos internacionais ratificados pelo Brasil

Dos diversos documentos internacionais celebrados por nosso país com vistas a combater a corrupção, dois deles merecem destaque: a) Convenção das Nações Unidas contra a Corrupção, ratificada pelo Decreto-Legislativo n. 348, de 18-5-2005, e aprovada pelo Decreto Presidencial n. 5.687, de 31-1-2006; b) a Convenção Interamericana contra a Corrupção (OEA), ratificada pelo Decreto-Legislativo n. 152, de 25-6-2002, e aprovada pelo Decreto Presidencial n. 4.410, de 7-10-2002.

---

[96] *Regime jurídico do Ministério Público no processo penal*. São Paulo: Verbatim, 2009, p. 78-79.

[97] O mesmo se diga da absolvição na instância administrativa. Nesse sentido: "O crime que o recorrente responde é formal, ou seja, basta oferecer a vantagem indevida, o que deve ser apurado na esfera penal e não na administrativa, porque independentes" (STJ, RHC 42.103/RJ, rel. Min. Moura Ribeiro, 5ª T., j. 6-2-2014). "O Superior Tribunal de Justiça firmou a compreensão de que as esferas cível, administrativa e penal são independentes, com exceção dos casos de absolvição, no processo criminal, por afirmada inexistência do fato ou inocorrência de autoria. Daí porque não se sustenta a tese de que eventual absolvição ocorrida em sede de processo administrativo comunica-se à ação penal decorrente do mesmo fato. 5. Não há ilegalidade em condenação lastreada em provas inicialmente produzidas na esfera administrativa e, depois, reexaminadas na instrução criminal, com observância do contraditório e da ampla defesa" (STJ, RHC 61.021/DF, rel. Min. Gurgel de Faria, 5ª T., *DJe* de 5-2-2016).

3.4. Sistemas de incriminação da corrupção

Há dois sistemas adotados para tipificá-la. Existem legislações que enfeixam a corrupção passiva e ativa numa unidade, tornando-a crime bilateral ou de concurso necessário. É o que ocorre, atualmente, no Código Eleitoral (art. 299).

Existe, ainda, aquele em que se descrevem separadamente as duas formas de *corruptio*. Nosso Código seguiu esse caminho (arts. 317 e 333 – corrupção passiva e ativa respectivamente), de modo que se trata de **exceção pluralística à teoria monista** (prevista no art. 29, *caput*, do CP). *Pode haver, portanto, uma sem a outra;* o *intraneus* pode solicitar indevida vantagem em razão da função e ver negado seu pedido, do mesmo modo que o *extraneus* pode oferecê-la, sendo ela recusada pelo servidor[98].

Pode-se concluir, então, que a punição do corrupto pode prescindir da penalização do corruptor. Se porventura ambos concorrerem para a ofensa aos deveres de probidade e moralidade administrativas, tendo o corruptor ofertado e o corrupto aceito a propina, justifica-se sejam processados num só feito, até porque se tratará de infrações conexas, as quais demandam o *simultaneus processus*.

4. TIPO OBJETIVO

4.1. Elementares

As ações nucleares são: *solicitar* (pedir, requerer), *receber* (obter, entrar na posse ou detenção) e *aceitar* (concordar, anuir).

Na primeira conduta, a iniciativa é do funcionário, ao passo que nas outras, do particular, o qual figura como corruptor e responde por corrupção ativa (art. 333). Ocorre, como dissemos, uma exceção pluralista à teoria unitária ou monista (CP, art. 29, *caput*), segundo a qual todos os concorrentes respondem pelo mesmo crime, na medida de sua culpabilidade, uma vez

---

[98] "Prevalece na jurisprudência do STF e do STJ a inexistência de bilateralidade entre os crimes de corrupção passiva e ativa, pois, de regra, tais comportamentos delitivos, 'por estarem previstos em tipos penais distintos e autônomos, são independentes, de modo que a comprovação de um deles não pressupõe a do outro'" (STJ, HC 306.397/DF, rel. Min. Gurgel de Faria, 5ª T., j. 24-2-2015). No mesmo sentido: STJ, AgInt no AREsp 1.064.109/GO, rel. Min. Reynaldo Soares da Fonseca, 5ª T., j. 12-9-2017, e AgRg nos EDcl no AREsp 1.986.902/MS, rel. Min. Laurita Vaz, 6ª T., j. 16-5-2023. E ainda: TJRS, Revisão Criminal 70073611717, rel. Diogenes Vicente Hassan Ribeiro, 2º Grupo de CCr, j. 9-3-2018.

que, embora colaborem para o mesmo fato, **corruptor e corrompido ver-se-
-ão incursos em dispositivos diversos (arts. 333 e 317, respectivamente)**[99].

Difere da concussão, como se viu acima, porquanto no art. 316, *caput*,
ocorre verdadeira exigência, envolvendo alguma ameaça direta ou indireta (*metus publicae potestatis*). **Na concussão, o *extraneus* é vítima; na corrupção passiva, pode ser vítima ou autor de delito autônomo – corrupção ativa (art. 333).**

No mais, assemelham-se as elementares. Assim, a conduta pode ser
praticada de modo **direto** (*a viso aperto*; *facie ad faciem*) ou **indireto** (por
interposta pessoa ou de modo velado, capcioso).

**A solicitação de vantagem indevida deve guardar relação com a fun-
ção pública**[100], embora não precise ser contemporânea ao seu exercício. Haverá o delito, portanto, ainda que o agente se encontre **licenciado, em férias
ou não tenha assumido o cargo**[101], **mas já tenha sido aprovado no concurso
público ou nomeado formalmente para exercer cargo em comissão.** É fundamental, porém, que o sujeito ativo possa ser considerado funcionário público à luz do art. 327 do CP[102].

Os Tribunais Superiores entendem que **o crime se configura mesmo
quando o "ato de ofício" não esteja diretamente relacionado às atribuições**

---

[99] Nesse sentido: "Para que o Agente seja condenado pelo crime de corrupção passiva é
despiciendo identificar ou mesmo condenar o corruptor ativo, pois a eventual bilateralidade das condutas é tão somente fático-jurídica, não alcançando a seara processual, porquanto esses delitos, '[...] por estarem previstos em tipos penais distintos e
autônomos, são independentes, de modo que a comprovação de um deles não pressupõe a do outro' (RHC 52.465/PE, Rel. Ministro JORGE MUSSI, QUINTA TURMA,
julgado em 23/10/2014, *DJe* 31/10/2014)" (STJ, AgRg nos EDcl no AREsp 1.986.902/
MS, rel. Min. Laurita Vaz, 6ª T., j. 16-5-2023).

[100] A depender do cargo ocupado, poderá haver maior grau de reprovabilidade da conduta, que influenciará em circunstância desfavorável: "O fato de o crime de corrupção passiva ter sido praticado por Promotor de Justiça no exercício de suas atribuições institucionais pode configurar circunstância judicial desfavorável na dosimetria
da pena. Isso porque esse fato revela maior grau de reprovabilidade da conduta, a
justificar o reconhecimento da acentuada culpabilidade, dada as específicas atribuições do promotor de justiça, as quais são distintas e incomuns se equiparadas aos
demais servidores públicos *latu sensu*. Assim, a referida circunstância não é inerente
ao próprio tipo penal" (STJ, REsp 1.251.621/AM, rel. Min. Laurita Vaz, j. 16-10-
2014, noticiado no *Informativo* n. 552).

[101] "Tipificado está o delito previsto no art. 317 do CP, mesmo que, ao solicitar a vantagem indevida em troca de ato de ofício, o agente não tenha assumido a função pública, pouco importando que não tenha recebido qualquer forma de pagamento, visto
tratar-se de crime formal de mera conduta" (TJSP, *RT* 774/570).

[102] Nessa senda: STJ, EDcl no AgRg no RHC 123.419/DF, rel. Min. Joel Ilan Paciornik,
rel. p/ ac. Min. João Otávio de Noronha, 5ª T., j. 16-8-2022.

formais do cargo[103], mas o agente público, pela natureza ou relevância de sua função, tenha condições de intervir direta ou indiretamente para a concretização do ato esperado pelo beneficiário da corrupção; do contrário, um guarda de trânsito que solicita propina para não aplicar uma multa teria sua conduta subsumida ao crime, ao passo que um senador que comercializa favores durante o exercício de seu mandato ficaria ileso[104-105].

O tipo requer seja a **vantagem** solicitada, recebida ou aceita **indevida,** i. e., **ilícita** (elemento normativo do tipo). *Sendo devida* (ou acreditando o agente que o seja[106]), responde o *intraneus* por *prevaricação* (art. 319 do Código). O mesmo ocorre quando se verifica uma errônea suposição no sentido de tratar-se devida uma vantagem que, na verdade, não é lícita, aplicando-se os princípios do erro de tipo (art. 20 do CP).

Do mesmo modo que na concussão, **a vantagem não precisa ser patrimonial** (embora normalmente o seja). Não estamos diante de crime contra o patrimônio, mas de ato atentatório dos deveres de probidade e moralidade administrativas. Esse o pensamento predominante na doutrina[107].

Para o STF, consoante decidiu a maioria de seus ministros no julgamento da Ação Penal n. 470 ("Caso do Mensalão"), o cometimento de corrupção passiva não exige uma relação entre a vantagem solicitada, aceita ou recebida e um ato de ofício concreto e determinado, sendo suficiente que aquela seja vinculada a um ato potencial e futuro, de interesse do corruptor[108].

---

[103] Nesse sentido: STF, AP 996/DF, rel. Min. Edson Fachin, 2ª T., j. 29-5-2018, e STJ, REsp 1.745.410/SP, rel. Min. Sebastião Reis Júnior, rel. p/ o ac. Min. Laurita Vaz, 6ª T., j. 2-10-2018.

[104] Trata-se de ponderação do Eminente Min. Roberto Barroso, no voto proferido no Inq 4.506/DF do STF, p. 2.052.

[105] Interessante lembrar dos crimes de tráfico de influência (art. 332) e de exploração de prestígio (art. 357), conhecidos tradicionalmente como *venditio fumi* ("venda de fumaça"), os quais ocorrem quando o agente (particular ou funcionário público) *alega* ter capacidade de influir em ato a ser praticado por algum servidor, o qual desconhece por completo a trama urdida entre o agente e o interessado. Este é o crime que se verifica no exemplo clássico do juiz que recebe propina *alegando* ter condição de influir em seu colega, a fim de que este prolate sentença favorável à parte.

[106] Aplicam-se, nesse caso, os princípios do erro de tipo (art. 20, *caput*, do CP).

[107] Hungria considerava de modo distinto, reduzindo o alcance do tipo às indevidas vantagens de natureza patrimonial (*Comentários ao Código Penal*, p. 370). Nossa doutrina atual (Damásio, Bitencourt, Nucci e Rogério Greco), todavia, vê de modo diverso a questão.

[108] Anote-se que: "A lavagem de valores oriundos de corrupção passiva, quando praticada pelo próprio agente, constitui mera consumação do delito de corrupção passiva na forma objetiva 'receber'. 2. Quando as condutas do agente tidas como 'lavagem' nada

Esse entendimento já começava a se firmar no julgamento da Ação Penal n. 307 ("Caso Collor"), ocasião em que a Corte Suprema admitiu bastar que a vantagem indevida solicitada, recebida, aceita ou prometida tenha decorrido da perspectiva de prática ou omissão do ato funcional, independentemente de ter sido efetivamente realizado, para que o delito de corrupção passiva atinja a consumação.

O tipo penal ainda exige que a conduta se refira a **vantagem em proveito do agente ou de terceiro** (elemento subjetivo específico, ao lado do dolo, elemento genérico). **Se o funcionário não busca tal benefício ilícito, mas age cedendo a pedido ou influência de outrem**, responde pela figura privilegiada (art. 317, § 2º).

O particular que ceder à exigência não cometerá crime algum[109]. Não há falar em corrupção ativa (art. 333), porquanto tal ilícito exige do *extraneus* que "ofereça" ou "prometa" vantagem indevida a funcionário (não se punem os atos de "dar" ou "entregar").

Podem se figurar os seguintes exemplos: a) delegado de polícia que, em coautoria com particular, solicita e recebe quantia em dinheiro para não incluir nome de pessoa que vendeu arma de fogo a autor de homicídio[110]; b) policiais que surpreendem indivíduo conduzindo veículo sem habilitação e aceitam promessa de vantagem indevida para não o envolver em infração penal[111].

4.2. Espécies de corrupção

Há duas espécies de corrupção: a *própria* ocorre quando o **ato** que pretende o funcionário realizar é **ilegal**, e a *imprópria*, por sua vez, quando **lícito** o ato funcional visado. Em ambos os casos o agente incorre no art. 317, embora se deva reconhecer a menor gravidade da segunda modalidade. Países

---

mais são que o método escolhido para receber a vantagem ilícita objeto do crime de corrupção, o crime de lavagem deve ser considerado mero exaurimento do crime de corrupção, que, por sua natureza, é um tipo penal misto alternativo. Portanto, a prática de mais de um dos verbos não o descaracteriza, devendo ser vista como mero desdobramento do crime de corrupção passiva (STF, APn n. 470/MG, Tribunal Pleno)" (STJ, EDcl no AgRg no REsp 1.856.938/PR, rel. Min. João Batista Moreira (Desembargador Convocado do TRF1), rel. p/ ac. Min. João Otávio de Noronha, 5ª T., j. 14-2-2023).

[109] "Prevalece na doutrina que sendo o delito de corrupção passiva praticado na modalidade solicitar, não há a figura do corruptor, pois quem apenas dá dinheiro, mas não oferece ou promete vantagem, é vítima da fraude" (TJDFT, Acórdão 1160402, 20100110528818APR, rel. Des. J. J. Costa Carvalho, revisor Des. Carlos Pires Soares Neto, 1ª T. Criminal, j. 21-2-2019).

[110] TJPR, *RT* 810/674.

[111] TJSP, *RT* 808/621.

há que expressamente conferem a ambas distinto tratamento, como o atual Código Penal português, o qual as tipifica, respectivamente, nos arts. 372º e 373º, punindo a primeira com prisão, de um a oito anos, e a outra com privação da liberdade por até dois anos ou multa.

Classifica-se, ademais, em corrupção *antecedente* (a vantagem é recebida **antes** do ato do funcionário) e *subsequente* (é entregue **após**). Em todos os casos há o crime do art. 317.

4.3. Descrição do ato de ofício na denúncia

A jurisprudência tem exigido que a acusação descreva na denúncia qual o ato (legal ou não) vinculado à vantagem indevida, que se espera do funcionário. Muito embora não se cuide de elementar do tipo, é inerente à conduta e, portanto, justifica-se tal necessidade, inclusive para que não se incorra em violação ao princípio da ampla defesa.

4.4. Gratificações de pequeno valor

O recebimento de gratificações de pouco valor, fornecidas por vezes como forma de agradecimento, caracteriza fato penalmente **atípico** (doações natalinas etc.). Tal conduta pode ser questionada do ponto de vista moral ou administrativo, não sob o enfoque penal. Tais dádivas não podem ser objeto material do crime; ademais, nessas situações o funcionário não a recebe como contrapartida pela prática de um ato. Pode haver nesses casos, contudo, *improbidade administrativa* (Lei n. 8.429/92)[112].

---

[112] "Art. 9º Constitui ato de improbidade administrativa importando enriquecimento ilícito auferir qualquer tipo de vantagem patrimonial indevida em razão do exercício de cargo, mandato, função, emprego ou atividade nas entidades mencionadas no art. 1º desta lei, e notadamente: I – receber, para si ou para outrem, dinheiro, bem móvel ou imóvel, ou qualquer outra vantagem econômica, direta ou indireta, a título de comissão, percentagem, gratificação ou presente de quem tenha interesse, direto ou indireto, que possa ser atingido ou amparado por ação ou omissão decorrente das atribuições do agente público." Sérgio Turra Sobrane, discorrendo sobre tal modalidade de ato de improbidade administrativa, ensina que: "Não é necessário que a ação ou omissão ocorra efetivamente para amparar o interesse daquele de quem provém a vantagem, sendo suficiente para a caracterização da improbidade o recebimento do bem que representará o enriquecimento do agente público ou de outrem. Importa que a vantagem econômica seja entregue com a intenção de se auferir proteção ou amparo a um interesse do terceiro. A vantagem pode ser percebida antes ou depois da conduta do agente (ação ou omissão), podendo ser *comissão, percentagem, gratificação* ou *presente*" (Sérgio Turra Sobrane. *Improbidade administrativa – aspectos materiais, dimensão difusa e coisa julgada*. São Paulo: Atlas, 2010, p. 40).

Anote-se, porém, que há regulamentos administrativos autorizando o recebimento de presentes *sem dimensão econômica* ou distribuídos generalizadamente a título de divulgação ou propaganda. Referidas permissões costumam ser dispostas nos Códigos de Ética Funcional, como ocorre, *v.g.*, naquele relativo aos agentes públicos em exercício na Presidência e Vice-Presidência da República (art. 10, § 1º, do Decreto n. 4.081/2002)[113]; em tais casos, à toda evidência, o fato será atípico e não importará em improbidade administrativa.

5. TIPO SUBJETIVO

A corrupção passiva constitui crime **doloso**; deve haver, portanto, consciência e vontade de realizar os elementos objetivos do tipo. Há, ainda, o elemento subjetivo especial traduzido na expressão: **"para si ou para outrem"**[114].

6. SUJEITOS DO CRIME

6.1. Sujeito ativo

Cuida-se de **crime próprio**, pois se exige um predicado do sujeito ativo, consistente em ostentar a qualidade de funcionário público (art. 327 do CP). Nada impede a concorrência de particular como colaborador do esquema ilícito e possível cobeneficiário da vantagem indevida, *ex vi* dos arts. 29 e 30 do CP (este não se confunde com o corruptor, isto é, o agente que oferece ou promete a vantagem indevida)[115]. Assim, por exemplo, se

---

[113] "Não se consideram presentes, para os fins deste artigo, os brindes que: I – não tenham valor comercial; ou, II – sejam distribuídos de forma generalizada por entidades de qualquer natureza a título de cortesia, propaganda, divulgação habitual ou por ocasião de eventos especiais ou datas comemorativas, desde que não ultrapassem o valor de R$ 100,00 (cem reais)."

[114] Rui e Tatiana Stoco argumentam que, como toda vantagem há de ser entregue para si ou para outrem, não se cuida de elemento especializante, mas generalizante, posto que previsto justamente para englobar a totalidade das dádivas recebidas pelo servidor (*Código Penal e sua interpretação*, p. 1471).

[115] Nesse sentido: "(...) é possível a participação de pessoa que não exerce cargo público no crime de corrupção passiva, quando o particular colabora com o funcionário público na prática da conduta típica, tendo em vista a comunicabilidade das condições de caráter pessoal elementares do crime" (STJ, RHC 78.959/SP, rel. Min. Felix Fischer, 5ª T., j. 19-9-2017). E ainda: "O crime de corrupção passiva é um delito próprio, cometido por pessoa que ostenta a condição de funcionário público. Todavia, não há vedação à participação de particular na sua prática, visto que a condição pessoal de funcionário público, exigida pelo tipo penal, por ser elementar do crime,

particulares e servidores públicos engendram esquema de recebimento de propinas em determinada repartição pública, dividindo os lucros, são coautores da infração capitulada no art. 317 do Código; as pessoas que sofrerem os achaques serão vítimas do crime.

6.2. Sujeito passivo

É o Estado, por meio do ente ao qual se vincula o servidor corrupto.

7. CONSUMAÇÃO E TENTATIVA

7.1. Consumação

O momento consumativo corresponde ao da **solicitação, aceitação** ou **recebimento** da vantagem indevida (*crime formal*, portanto)[116]. Quando se trata de **solicitação**, é preciso que ela **chegue ao conhecimento do terceiro**.

O efetivo cumprimento da promessa, com a prática do ato esperado pelo funcionário, configura exaurimento, refletindo na pena, nos termos do § 1º[117].

---

comunica-se ao coautor ou ao partícipe, nos termos do art. 30 do Código Penal" (TRF, 3ª R., ApCr 0009195-51.2012.4.03.6181, rel. Des. Nino Toldo, 11ª T., j. 4-6-2019). Igualmente: "Conduta típica. Particular pode ser coautor ou partícipe da corrupção passiva. IGOR tinha conhecimento da condição de funcionária púbica equiparada da autora DAIANE. Condições de caráter pessoal podem se comunicar quando são elementares do crime. Inteligência dos artigos 29 e 30 do Código Penal" (TJSP, ApCr 0003514-19.2017.8.26.0081, rel. Des. Péricles Piza, 1ª CCr, j. 4-11-2019).

[116] "O crime de corrupção passiva (art. 317 do CP) é um tipo penal misto alternativo que comporta as condutas de solicitar, receber ou aceitar, de modo que a prática de mais de uma delas importa em infração penal única. 2. O efetivo exercício de cargo público não é elemento objetivo do crime de corrupção passiva (art. 317 do CP), que criminaliza a venalidade das atribuições funcionais efetivas ou potenciais do agente. 3. O art. 317 do CP prevê a possibilidade de consumação do delito de corrupção passiva ainda que o agente esteja fora da função ou antes de assumi-la. 4. A expressão "fora da função" não alcança aqueles que estão definitivamente desligados de seus cargos, pois desvestidos de qualquer poder ou ingerência na administração pública. 5. No delito de corrupção passiva (art. 317 do CP) a percepção dos valores exigidos é mero exaurimento do delito" (STJ, EDcl no AgRg no RHC 123.419/DF, rel. Min. Joel Ilan Paciornik, rel. p/ ac. Min. João Otávio de Noronha, 5ª T., j. 16-8-2022). Ver também: STJ, AgRg no AREsp 2.010.695/DF, rel. Min. Olindo Menezes (Desembargador Convocado do TRF 1ª Região), 6ª T., j. 7-6-2022; e TJMG, ApCr 1.0000.23.107973-2/001, rel. Des. Júlio César Lorens, 5ª CCr., j. 10-9-2024.

[117] No Código Penal português, se o servidor público desiste voluntariamente de praticar o ato ilícito mercadejado, repudiando o benefício ou restituindo-o, caso já aceito, será dispensado de pena (art. 372, n. 3). Cuida-se de perdão judicial, inserido na legislação por fins de política criminal. Inspirado nos mesmos propósitos, a legislação criminal

7.2. Tentativa

A tentativa é, de regra, inadmissível: ou o sujeito recebe ou aceita a vantagem (e o delito se consumou), ou não a recebe ou a recusa (e não há crime). Na modalidade "solicitação", quando cometida verbalmente, também é inviável a forma tentada. Só caberá o *conatus proximus*, enfim, quando se tratar de solicitação escrita, pois ela pode ser extraviada sem chegar ao conhecimento do particular.

8. CLASSIFICAÇÃO JURÍDICA

Trata-se de crime de *forma ou ação livre* (admite qualquer meio executório), *próprio* (exige-se qualidade especial do sujeito ativo), *monossubjetivo ou de concurso eventual* (pode ser cometido por uma só pessoa ou várias em concurso), *formal ou de consumação antecipada* (na modalidade "solicitar") e *material ou de resultado* (na ação "receber"), *instantâneo* (a consumação não se protrai no tempo) e *unissubsistente* (a conduta típica não admite cisão, salvo quando se cuidar de solicitação elaborada por escrito).

9. CAUSA DE AUMENTO DE PENA (ART. 317, § 1º)

9.1. Exaurimento do crime

A pena é aumentada de um terço se, em consequência da vantagem ou promessa, o funcionário *retarda ou deixa de praticar algum ato de ofício ou o pratica com infração a dever funcional.*

Diversamente da regra geral, em que o exaurimento consubstancia circunstância judicial desfavorável, na corrupção passiva atua como causa de aumento de pena[118].

9.2. Função comissionada, de direção ou assessoramento (art. 327, § 2º)

Também provoca a elevação da sanção imposta em um terço o fato de o agente ser ocupante de cargo em comissão ou de função de direção ou

---

lusitana prevê, ainda, a delação premiada quando o corrupto auxilia concretamente no encontro de provas decisivas para a identificação ou a captura de outros responsáveis pelo crime (art. 372º, n. 4). Cremos que, a despeito dos razoáveis questionamentos éticos que sofre, a delação premiada é, por vezes, o único e eficaz meio de desmantelar quadrilhas de corruptos, cujos malefícios ao erário e à população, como consequência, são notórios.

[118] Ver: STJ, AgRg no REsp 1.825.536/RJ, rel. Min. Antonio Saldanha Palheiro, 6ª T., j. 13-2-2023.

assessoramento de órgão da administração direta, sociedade de economia mista, empresa pública ou fundação instituída pelo poder público.

9.3. Pluralidade de causas de aumento e seu reflexo na dosagem da pena

É possível, em tese, que mais de uma exasperante incida sobre o mesmo fato concreto. Em se tratando de corrupção passiva, tal pode se dar quando o autor da conduta ocupa **cargo em comissão** e efetivamente **deixa de praticar o ato de ofício para o qual recebeu a vantagem indevida.**

O juiz sentenciante, na hipótese de condenação, **deverá aplicar as duas causas de aumento,** provocando **exasperações cumulativas,** isto é, depois de elevar a pena provisória à terça parte (com base no art. 317, § 1º), aplica novo aumento de um terço (com fundamento no art. 327, § 2º). Anote-se que o art. 68, parágrafo único, do Código determina que "no concurso de causas de aumento ou de diminuição previstas na parte especial, pode o juiz limitar-se a um só aumento ou a uma só diminuição, prevalecendo, todavia, a causa que mais aumente ou diminua". Poder-se-ia supor, então, que na situação acima analisada caberia, em tese, a aplicação de um só fator de elevação. Ocorre, entretanto, que a incidência de apenas uma das causas pressupõe tenham estas patamares distintos, já que para o juiz se limitar a um só aumento deve adotar a "causa que mais aumente" (algo inviável nos dispositivos destacados, cujas elevações se encontram no mesmo patamar).

10. FORMA PRIVILEGIADA (ART. 317, § 2º)

Se o funcionário pratica, deixa de praticar ou retarda ato de ofício, infringindo dever funcional, **cedendo a pedido ou por influência de outrem,** fica sujeito à pena de detenção, de três meses a um ano, ou multa. O *intraneus* não busca, portanto, vantagem indevida alguma, mas trai seu dever funcional para bajular ou ser agradável a alguém.

Nesta figura privilegiada há uma infração de menor potencial ofensivo em que **o *intraneus* não objetiva a obtenção, para si ou para outrem, de vantagem alguma,** apenas pratica ato de ofício, deixa de praticá-lo ou o retarda cedendo a pedido ou influência de alguém. Havendo indulgência por parte de funcionário, que não pune seu subordinado, responderá aquele por condescendência criminosa (art. 320 do CP).

11. TIPOS ESPECIAIS

11.1. Corrupção passiva tributária

Constitui crime funcional contra a ordem tributária o ato de "exigir, solicitar ou receber, para si ou para outrem, direta ou indiretamente, ainda que fora da função ou antes de iniciar seu exercício, mas em razão dela, vantagem indevida; ou aceitar promessa de tal vantagem, para deixar de lançar ou cobrar tributo ou contribuição social, ou cobrá-los parcialmente" (art. 3º, II, Lei n. 8.137/90).

A pena mínima cominada é superior à do art. 317 do Código (reclusão, de três a oito anos, e multa).

Note-se que o tipo acima descrito não engloba somente a **corrupção passiva**, mas também a **concussão**, consubstanciada no verbo "exigir".

11.2. Corrupção passiva de testemunha, perito, tradutor ou intérprete judicial

O art. 342, § 1º, do CP pune quem fizer afirmação falsa, ou negar ou calar a verdade como testemunha, perito, contador, tradutor ou intérprete em processo judicial, ou administrativo, inquérito policial, ou em juízo arbitral, com reclusão, de um a três anos, e multa, **elevando-se de um sexto a um terço a sanção quando o fato é praticado mediante suborno.**

11.3. Corrupção praticada por militar

O Código Penal Militar contém modalidade de corrupção passiva (art. 308), descrita nos mesmos moldes do Código Penal, porém aplicável quando a conduta é praticada por militar em situação de serviço (e nas demais hipóteses caracterizadoras de delitos militares impróprios contidas no art. 9º, II, do CPM).

11.4. Corrupção eleitoral

De acordo com o Código Eleitoral (Lei n. 4.737/65), pune-se com reclusão de até quatro anos e cinco a quinze dias-multa o ato de "dar, oferecer, prometer, solicitar ou receber, para si ou para outrem, dinheiro, dádiva, ou qualquer outra vantagem, para obter ou dar voto e para conseguir ou prometer abstenção, ainda que a oferta não seja aceita" (art. 299)[119].

Nota-se que o legislador especial **unificou as formas de corrupção ativa e passiva num único dispositivo**, incluindo a punição do corrupto e do corruptor, opção que, segundo anota Antônio Carlos da Ponte, "não se afigura como a mais recomendável, dados os elementos normativos da corrupção eleitoral passiva e as características dos autores de tal infração"[120].

---

[119] V. STJ, *RT* 783/575.

[120] *Crimes eleitorais*. São Paulo: Saraiva, 2008, p. 89.

Tais infrações, reunidas num só arquétipo punitivo, constituem delitos de tendência transcendente ou excessiva, isto é, "a conduta do agente sempre será dirigida ao alcance de um objetivo que vai além do simples resultado. Muito embora em tais crimes ocorra a consumação quando o agente dá, oferece ou promete dinheiro, dádiva ou qualquer outra vantagem para obter o voto ou para conseguir a abstenção (corrupção eleitoral ativa), ou no momento em que o eleitor solicita ou recebe, para si ou para outrem, dinheiro, dádiva ou qualquer outra vantagem para dar o voto ou prometer a abstenção (corrupção eleitoral passiva). Com tais comportamentos, procuram os autores de tais infrações quebrar a paridade necessária no processo eleitoral, buscando fazer com que um determinado candidato alcance um mandato parlamentar não obedecendo às regras estabelecidas pela ética, moral e lei"[121].

11.5. Corrupção entre particulares: Lei Geral do Esporte e Código de Propriedade Industrial

A legislação brasileira possui um viés de combate à corrupção na esfera das relações de Direito Público, como se percebe no Título XI da Parte Especial do Código. Há, porém, tipos penais na legislação extravagante que punem a corrupção no âmbito privado, como se percebe na Lei Geral do Esporte e no Código de Propriedade Industrial.

Interessante observar que a Organização das Nações Unidas aprovou a Convenção de Mérida, em 2003, que reconhece "a gravidade dos problemas e as ameaças decorrentes da corrupção, para a estabilidade e a segurança das sociedades". Nesse documento, foram impostos diversos preceitos normativos destinados à necessidade de aprimoramento ao tratamento jurídico de combate à corrupção, inclusive tendências para a necessidade de um combate em todas as faces do direito, seja público ou privado.

A Lei Geral do Esporte (Lei n. 14.597, de 14-6-2023), que sucedeu o Estatuto do Torcedor (Lei n. 10.671, de 15-5-2003), manteve algumas incriminações originalmente previstas neste, dentre as quais a **corrupção passiva e ativa destinada a falsear o resultado de competição esportiva** (arts. 198 e 199). Interessante notar que, nesse ponto, o fato se manteve criminoso sem solução de continuidade, operando-se a **continuidade típico-normativa.** Houve, ademais, **uma ampliação do tipo penal,** que antes só punia o ato destinado a alterar o resultado da própria competição desportiva e, agora, inclui o falseamento de resultado associado à competição; quanto a esta, não se admite, por óbvio, aplicação retroativa.

---

[121] *Crimes eleitorais*, p. 106.

Pune-se, dessa forma, com reclusão de dois a seis anos, e multa, quem: "solicitar ou aceitar, para si ou para outrem, vantagem ou promessa de vantagem patrimonial ou não patrimonial para qualquer ato ou omissão destinado a alterar ou falsear o resultado de competição esportiva ou evento a ela associado" (**corrupção passiva desportiva**).

A censura penal também se dá para o ato de: "dar ou prometer vantagem patrimonial ou não patrimonial com o fim de alterar ou falsear o resultado de uma competição desportiva ou evento a ela associado", fato igualmente punido com reclusão, de dois a seis anos, e multa (**corrupção ativa desportiva**).

Os elementos distintivos entre a corrupção passiva comum e a desportiva encontram-se sintetizados no seguinte quadro:

	Corrupção passiva comum	Corrupção passiva desportiva
Condutas típicas	"Solicitar ou receber, para si ou para outrem, direta ou indiretamente, ainda que fora da função ou antes de assumi-la, mas em razão dela, vantagem indevida, ou aceitar promessa de tal vantagem"	"Solicitar ou aceitar, para si ou para outrem, vantagem ou promessa de vantagem patrimonial ou não patrimonial para qualquer ato ou omissão destinado a alterar ou falsear o resultado de competição esportiva ou evento a ela associado".
Objetividade jurídica	Administração Pública (probidade e moralidade administrativas)	Regularidade das competições desportivas e tutela dos direitos do torcedor
Fator especializante	A propina destina-se ao cometimento de atos ou omissões em prejuízo da Administração Pública	A propina destina-se a fraudar o resultado de competição esportiva
Pena cominada	Reclusão, de dois a doze anos, e multa	Reclusão, de dois a seis anos, e multa

Além da corrupção desportiva, o **Código de Propriedade Industrial** (Lei n. 9.279/96) também previu em seu art. 195, X, um tipo penal específico de corrupção na esfera privada, consistente na figura da **concorrência desleal**, destinada a punir com detenção de 3 (três) meses a 1 (um) ano ou multa quem "recebe dinheiro ou outra utilidade, ou aceita promessa de paga ou recompensa, para, faltando ao dever de empregado, proporcionar vantagem a concorrente do empregador".

12. PENA E AÇÃO PENAL

A pena cominada no preceito secundário é de reclusão, de dois a doze anos, e multa[122].

---

[122] Para fatos praticados antes de 23 de janeiro de 2020, quando a pena máxima da corrupção passiva era de doze anos, mais grave, portanto, que a anterior pena máxima

A ação penal é de **iniciativa pública** e não se sujeita a qualquer condição específica.

O procedimento adequado a se observar será aquele consubstanciado nos arts. 513 a 518 do CPP, seguindo-se, no mais, o rito comum ordinário (arts. 395 a 405 do CPP).

ART. 318 – FACILITAÇÃO DE CONTRABANDO OU DESCAMINHO

1. DISPOSITIVO LEGAL

Facilitação de contrabando ou descaminho

Art. 318. Facilitar, com infração de dever funcional, a prática de contrabando ou descaminho (art. 334):

Pena – reclusão, de 3 (três) a 8 (oito) anos, e multa.

2. VALOR PROTEGIDO (OBJETIVIDADE JURÍDICA)

Protege-se, em primeiro plano, a **Administração Pública**, no que tange aos específicos deveres funcionais ligados à coibição de contrabando ou descaminho e, em segundo lugar, o **erário**, bem como qualquer outro objeto jurídico cuja defesa se busque conferir por meio das regras aplicáveis à importação e exportação de produtos, como a tutela da indústria nacional, a saúde pública etc.

Note-se que a Lei n. 13.008, de 26-6-2014, alterou o tipo penal do art. 334, que até então capitulava duas infrações penais (o contrabando e o descaminho), desmembrando-o em dois dispositivos, cada qual contendo uma das condutas delituosas antes reunidas. Assim, o art. 334 do CP passou a punir o descaminho e o art. 334-A, o contrabando. Essa modificação em nada altera o art. 318, pois o preceito primário, apesar de citar apenas o "art. 334", expressamente se refere à facilitação da prática de *contrabando* ou *descaminho* (denominações contidas nas rubricas dos tipos penais citados).

---

da concussão (art. 316, *caput*), que era de oito anos, sustentávamos que o teto punitivo do art. 317 deveria respeitar o do art. 316, *caput*; em outras palavras, a pena da corrupção passiva a ser considerada pelo juiz deveria ser de *dois a oito anos de reclusão*, pois, do contrário, o delito mais grave (concussão) possuiria pena menor, o que ofende o princípio da proporcionalidade. Essa incongruência foi sanada – em parte – pela Lei Anticrime (Lei n. 13.964/2019), que aumentou para doze a pena máxima da concussão (os crimes citados, portanto, passaram a ter a mesma pena abstrata). Ocorre que tal mudança, por ser gravosa, não tem aplicação retroativa, motivo por que seguimos defendendo que, para corrupções passivas anteriores a 23 de janeiro de 2020, deve ser considerado o preceito secundário anterior do art. 316, *caput*.

3. TIPO OBJETIVO

A ação nuclear corresponde à *facilitação* (i. e., desimpedimento, auxílio visando a tornar mais fácil, afastamento de dificuldades).

O *intraneus*, violando específico dever funcional, facilita contrabando ou descaminho praticados por outrem. Nosso Código distinguiu tais figuras, devendo então serem assim compreendidas: a) o **contrabando** consiste na importação ou exportação de **produtos proibidos** – pode se tratar de proibição absoluta, quando se trata de bem cuja entrada ou saída do país é vedada por sua natureza, ou relativa, se tais destinações somente forem defesas mediante determinadas condições; b) o *descaminho* significa a entrada ou saída do território nacional de **produtos lícitos**, com **burla ao pagamento do imposto aduaneiro**.

A fórmula legislativa "com infração de dever funcional" foi empregada para se punir, de maneira mais severa, aquele servidor encarregado de fiscalizar o ingresso e a saída de bens materiais do Brasil. Este, portanto, será enquadrado no art. 318 e o *extraneus*, no art. 334 ou 334-A (**exceção pluralística à teoria unitária ou monista** do art. 29, *caput*, do CP).

São **crimes conexos**, julgados ambos pela **Justiça Federal** (posto que cometidos em detrimento de interesse da União, a quem incumbe arrecadar os impostos aduaneiros e fiscalizar nossas fronteiras).

Repise-se que o delito do art. 318 do CP só pode ser cometido por quem tem como atribuição específica prevenir e reprimir contrabando e descaminho[123]. Caso o agente não tenha essa função, poderá ser considerado coautor ou partícipe dos crimes dos arts. 334 ou 334-A do CP.

Destaque-se que os Tribunais Superiores, com base na Lei n. 10.522, de 19-7-2002, que dispensa a Fazenda de promover a execução fiscal de tributo quando o valor do principal e acessórios não ultrapassa a cifra de R\$ 20.000,00 (vinte mil reais)[124], construíram o entendimento de que, nessas condições, aplica-se o princípio da insignificância na esfera penal, tendo em vista a intervenção mínima e a subsidiariedade, não se configurando o crime de descaminho (CP, art. 344), já que a judicialização criminal tem caráter de *ultima ratio*.

---

[123] Nesse sentido: TRF, 1ª R., AP 2005.39.00.003589-0, rel. Des. Olindo Menezes, 4ª T., j. 18-2-2014. E ainda: "Tratando-se de réu que possui a atribuição de reprimir crimes de contrabando e descaminho, inviável a desclassificação do delito do artigo 318 para o artigo 334 ou 334-A do Código Penal" (TRF, 4ª R., ApCr 5006683-24.2012.4.04.7202, rel. Des. Cláudia Cristina Cristofani, 7ª T., j. 8-7-2020).

[124] Frise-se que a Lei mencionada estabelece como valor a cifra de R\$ 10.000,00 (dez mil reais), o qual foi atualizado pela Portaria n. 75, de 2012, do Ministério da Economia, para R\$ 20.000,00 (vinte mil reais).

Esse entendimento, contudo, **não se estende à conduta do facilitador do descaminho,** porque o comportamento do servidor público que auxilia terceiro a entrar no país sonegando tributo relativo a produto importado se enquadra formal e materialmente ao tipo penal do art. 318 do CP, crime autônomo em relação aos nele mencionados (arts. 334 e 334-A), que se consuma independentemente da realização integral do contrabando ou do descaminho, bastando a conduta dolosa em ofensa ao dever de probidade perante a Administração Pública[125].

4. TIPO SUBJETIVO

Cuida-se de infração exclusivamente **dolosa,** a qual demanda, como de ordinário, consciência e vontade de concretizar os elementos objetivos do tipo. Não há qualquer elemento subjetivo específico, razão por que é irrelevante distinguir se o servidor age visando lograr algum benefício financeiro ou se o faz para satisfazer interesse ou sentimento pessoal (não há, em tais casos, corrupção ou prevaricação, pelo princípio da especialidade).

5. SUJEITOS DO CRIME

5.1. Sujeito ativo

A facilitação de contrabando ou descaminho constitui **crime próprio,** o qual requer, além do predicado específico de cuidar-se o agente de funcionário público (art. 327 do Código), estar entre suas atribuições o dever de prevenir contrabandos ou descaminhos. O servidor que não apresentar tal qualidade deverá ser considerado concorrente do contrabando ou descaminho, ou seja, a ele se imputará coautoria ou participação no art. 334 (descaminho) ou 334-A (contrabando) do CP.

5.2. Sujeito passivo

É o Estado, por meio da União, ente a que pertencem os servidores alfandegários e que figura como titular dos bens relacionados com a fiscalização da entrada e saída de bens ou produtos de nossas fronteiras.

6. CONSUMAÇÃO E TENTATIVA

6.1. Consumação

Dá-se o momento consumativo dessa infração independentemente do resultado naturalístico, ou seja, da efetiva entrada ou saída da mercado-

---

[125] STF, ARE 1.162.384/SP, rel. Min. Gilmar Mendes, j. 19-10-2018.

ria contrabandeada ou descaminhada do território nacional. Tem-se, portanto, um *crime formal*, que se verifica plenamente realizado ainda quando o contrabando ou descaminho facilitado atinjam seu *summatum opus*.

6.2. Tentativa

Admite-se tentativa (desde que a facilitação se dê comissivamente; a facilitação omissiva configura crime unissubsistente e, por tal motivo, lhe é inconcebível o *conatus proximus*).

7. CAUSA DE AUMENTO DE PENA

Aplica-se à facilitação de contrabando a causa de elevação de pena do art. 327, § 2º, relativa às situações em que o autor da conduta ocupar cargo de direção, comissionado ou de assessoramento (resultando num aumento de um terço da pena).

8. CLASSIFICAÇÃO JURÍDICA

Consubstancia crime *de ação ou forma livre* (admite qualquer meio executivo), *próprio* (exige-se qualidade específica do sujeito ativo – servidor encarregado de zelar pela entrada e saída de produtos de nosso território segundo as prescrições legais ou regulamentares), *monossubjetivo ou de concurso eventual* (pode ser cometido por uma só pessoa ou várias, devendo lembrar-se, contudo, que o particular que promove a entrada ou saída do bem responde por descaminho ou contrabando – arts. 334 ou 334-A), *formal ou de consumação antecipada* (pois sua realização integral típica prescinde da efetiva entrada ou saída da mercadoria), *instantâneo* (a consumação não se prolonga no tempo) e *plurissubsistente* (o *iter criminis* admite fracionamento – salvo quando praticado omissivamente).

9. PENA E AÇÃO PENAL

A pena imposta é de reclusão, de três a oito anos, e multa.

O procedimento aplicável será aquele consubstanciado nos arts. 513 a 518 do CPP, salvo quanto à defesa preliminar do art. 514 (já que se cuida de infração que não admite fiança[126]); destacadas as peculiaridades contidas nas disposições mencionadas, aplica-se o procedimento comum ordinário (CPP, arts. 395 a 405).

---

[126] "A notificação para apresentação de resposta preliminar por funcionário público, prevista no art. 514 do CPP, só é exigível quando o crime for afiançável, o que não ocorre quando o agente está sendo processado por facilitação de contrabando, previsto no art. 318 do CP" (TRF 4ª R., *RT* 768/728).

A ação penal é de iniciativa **pública incondicionada**.

Será competente, *ratione materiae*, a Justiça Comum Federal.

ART. 319 – PREVARICAÇÃO[127]

1. DISPOSITIVO LEGAL

Prevaricação

Art. 319. Retardar ou deixar de praticar, indevidamente, ato de ofício, ou praticá-lo contra disposição expressa de lei, para satisfazer interesse ou sentimento pessoal:

Pena – detenção, de 3 (três) meses a 1 (um) ano, e multa.

2. VALOR PROTEGIDO (OBJETIVIDADE JURÍDICA)

Busca-se a tutela da Administração Pública, nomeadamente no que se refere aos **deveres de probidade** e **moralidade administrativas**.

3. BREVE HISTÓRICO

A incriminação do ato encontra suas origens no Direito Romano. Etimologicamente, o termo deriva do latim *praevaricatio*, que se refere ao ato de deambular com as pernas tortas ou cambaias; o *praevaricator*, portanto, é o indivíduo que anda obliquamente ou desviando do caminho escorreito. De início, o termo era utilizado para designar o procurador que defendia uma causa, mas favorecia a parte contrária. Esse uso perdurou durante a Idade Média e, aos poucos, passou a ter conotação ampla, sendo associado ao funcionário infiel ao próprio cargo.

Com o surgimento dos códigos, houve aqueles que se mantiveram firmes à tradição romana e outros que optaram pelo conceito amplo (caso do *Code Pénal* de 1810).

Nossa legislação trilhou por defini-la como delito funcional, mas diverso da corrupção (peita ou suborno), justamente pelo motivo que impelia o servidor (afeição, ódio, contemplação ou interesse pessoal). Foi assim nos Códigos Criminais do Império (1830) e no primeiro republicano (1890), embora este ampliasse o alcance do tipo para englobar atos de infidelidade ou tergiversação do advogado ou procurador judicial.

O Código atual, por fim, a considera crime funcional próprio, o qual pode ter qualquer servidor (indistintamente) como sujeito ativo. A infidelidade ou duplicidade do patrono judicial foi destacada como infração autônoma,

---

[127] Há autores que alcunham a prevaricação de *autocorrupção própria*.

inserida no capítulo dos crimes contra a administração da Justiça (sob as rubricas "patrocínio infiel" e "patrocínio simultâneo ou tergiversação")[128].

4. TIPO OBJETIVO

Três são as condutas nucleares: *retardar* (atrasar), *deixar de praticar* (não realizar) ou *praticar* (realizar) contra disposição expressa de lei ato de ofício (aquele que o agente deve praticar, conforme seus deveres funcionais).

As duas primeiras condutas, ou seja, o ato de retardar ou deixar de praticar indevidamente, consubstanciam *crimes omissivos*.

A última delas, isto é, praticar contra disposição expressa de lei, contém *delito comissivo*.

Dá-se o **retardamento** quando o servidor público responsável pela prática do ato deixa de fazê-lo quando expira o prazo legal ou regulamentar assinalado a tanto (ainda que possa realizá-lo posteriormente). **Deixa de praticar o ato** o agente que não o faz em caráter final ou definitivo.

Em ambos os casos, pressupõe-se que o **ato omitido seja lícito**; isto é, deve se cuidar de verdadeiro e legítimo **ato de ofício** (todo aquele que se insere dentro das atribuições funcionais do agente).

Não se pode olvidar do elemento normativo do tipo – *indevidamente* – ligado a tais condutas. É preciso que se cuida de um *non facere* contrário às leis ou aos regulamentos, o que não se dá, por exemplo, quando a inação foi inspirada por motivos de força maior.

Ao tipificar a **prevaricação na modalidade ativa**, exigiu o legislador que o ato praticado **contrarie** *expressa* disposição legal. Casos há em que o texto normativo admite dúbia interpretação, podendo o funcionário ter optado por uma delas, ainda que não a mais razoável. A conduta, em tais situações, será penalmente atípica.

O **ato praticado em afronta à literalidade da lei pode ter natureza administrativa**, sendo irrelevante, inclusive, a possibilidade de interposição de recurso. No que se refere ao **ato judicial** (ou seja, realizado por um magistrado no exercício de sua função), parece-nos que **devem ser distinguidos aqueles com natureza administrativa** (como a expedição de portarias) dos atos jurisdicionais (decisões, sentenças ou votos em acórdãos), pois só aqueles podem ser objeto material de prevaricação, estando os últimos fora da moldura típica do art. 319 do Código[129].

---

[128] Nelson Hungria. *Comentários ao Código Penal,* p. 375-377.

[129] Veja, em sentido semelhante, o seguinte acórdão do STJ: "O magistrado não pode ser censurado penalmente pela prática de atos jurisdicionais, principalmente quando o

Pode-se afigurar, por derradeiro, o seguinte exemplo de prevaricação colhido da jurisprudência: "Delegada de Polícia que, sob a justificativa de que a conduta de portar ilegalmente arma é atípica, deixa de lavrar termo circunstanciado ou de instaurar inquérito policial, devolvendo, ainda, a arma apreendida ao agente. Satisfação de interesse pessoal e sentimento de amizade amplamente comprovados"[130].

5. TIPO SUBJETIVO

O crime é **doloso**, de modo que o agente há de possuir consciência e vontade de retardar, omitir ou praticar o ato de ofício contra disposição expressa de lei. Requer-se, ademais, **elemento subjetivo específico**, referente à *intenção de satisfazer interesse ou sentimento pessoal*.

Interesse pessoal abrange qualquer proveito auferido pelo agente (salvo de ordem econômica, caso em que se dá a corrupção passiva); **sentimento pessoal** corresponde à disposição afetiva do agente com relação a algo ou a alguém (p. ex., respeito, ódio, amizade, vingança, simpatia, afeição, prazer de prepotência, subserviência, receio de molestar poderosos etc.).

A jurisprudência exige que a denúncia descreva qual o interesse ou sentimento pessoal que o agente pretendia satisfazer, sob pena de inépcia[131].

---

próprio representante do Ministério Público, que atuava nos feitos, afirmava serem a conexão e a prevenção inquestionáveis e a decisão exarada foi tida como ilícita, confirmada pelo colegiado do próprio Tribunal e os recursos especiais interpostos sequer foram conhecidos pela 6ª Turma deste STJ. – Denúncia rejeitada" (Apn 411/SP, Rel. Min. Francisco Peçanha Martins, Corte Especial, j. 15-3-2006, *DJ* 24-4-2006, p. 340). "A Representação Criminal descreve a conduta da impetrante/paciente (magistrado) ter designado conciliadores não remunerados para condução de audiência de conciliação junto à Vara Única da Comarca (...) A caracterização do delito de prevaricação (art. 319 do CP) exige a conduta de deixar de realizar ato de ofício, retardar, procrastinar, ou fazê-lo contra disposição expressa de lei, com o intuito de satisfazer interesse ou sentimento pessoal (dolo específico)" (TJPI, HC 201400010080511, rel. Des. Presidente Erivan Lopes, j. 21-7-2016).

[130] TJRO, *RT* 772/677.

[131] "Não se configura o delito de prevaricação quando o agente policial retarda o cumprimento de mandado de prisão com autorização da autoridade policial superior, bem como quando não demonstrado o seu interesse pessoal no adiamento da prática do ato" (TJDF, AP 0047339-63.2012.8.07.0001, rel. Des. Souza e Avila, 2ª Turma Criminal, j. 12-2-2015). No mesmo sentido: STJ, RHC 38.471/SP, rel. Min. Laurita Vaz, 5ª T., j. 8-5-2014.

6. SUJEITOS DO CRIME

6.1. Sujeito ativo

A prevaricação pode ser praticada por qualquer funcionário público (crime próprio) e, em caráter de coautoria ou participação, até por particulares (à luz dos arts. 29 e 30 do Código).

6.2. Sujeito passivo

O sujeito passivo é o Estado, notadamente o ente a que pertence o funcionário prevaricador e, em caráter secundário, eventual particular prejudicado pela conduta típica.

7. CONSUMAÇÃO E TENTATIVA

7.1. Consumação

Nas modalidades omissivas (retardamento ou omissão indevida de ato de ofício), a consumação dá-se com o decurso do prazo legal ou regulamentar previsto para a sua prática.

Na forma comissiva, com a realização do ato contrário à expressa disposição legal.

Para a realização integral típica, em quaisquer das formas assinaladas, é irrelevante que o sentimento ou interesse pessoal visado não se satisfaça (*crime formal ou de consumação antecipada*).

7.2. Tentativa

A tentativa é viável, **salvo nas condutas omissivas**, porque nestas o fato é unissubsistente.

8. CLASSIFICAÇÃO JURÍDICA

Constitui crime *de forma ou ação livre* (pode ser cometido por qualquer meio executivo), *próprio* (exige-se qualidade especial do sujeito ativo), *monossubjetivo ou de concurso eventual* (pode ser realizado por uma só pessoa ou várias em concurso de agentes – art. 29 do CP), *formal ou de consumação antecipada* (sua realização integral típica independe do resultado pretendido pelo sujeito ativo, isto é, da satisfação do interesse ou sentimento pessoal), *instantâneo* (sua fase consumativa não se prolonga no tempo) e *plurissubsistente* (o *iter criminis* é fracionável, **salvo nas condutas omissivas**).

9. CAUSA DE AUMENTO DE PENA

Pode incidir à prevaricação a exasperante do art. 327, § 2º, relativa às situações em que o **agente ocupe cargo de direção, comissionado ou de assessoramento** (o que importa em elevação da pena à razão de um terço).

10. FUNCIONÁRIO QUE DESCUMPRE ORDEM JUDICIAL

O servidor público a quem se emite ordem judicial tem o dever funcional de cumpri-la. O inadimplemento enseja responsabilidade administrativa e criminal. Discute-se, entretanto, qual o crime cometido.

Para alguns, há **desobediência** (art. 330 do CP), que consiste em "desobedecer a ordem legal de funcionário público". Esse entendimento, contudo, é questionado por um setor da doutrina, porquanto o delito assinalado está inserido nos crimes cometidos por *particular* contra a Administração Pública, de modo que o sujeito ativo não pode ser funcionário público. Para estes, haveria **prevaricação**, desde que identificado o interesse ou sentimento pessoal a cuja satisfação o agente visava[132]. É de ver que, em se tratando de **descumprimento de decisões judiciais proferidas em mandado de segurança,** o crime a se reconhecer por parte do servidor que, na condição de autoridade coatora, descumprir a ordem judicial emanada será o do **art. 330 do CP**, por expressa determinação do art. 26 da Lei n. 12.016/2009 (Lei do Mandado de Segurança).

Na Lei n. 11.340/2006 (violência doméstica e familiar contra a mulher), o § 2º do art. 22 dispõe que o juiz poderá aplicar, como medida protetiva de urgência que obriga o agressor que se encontre em uma das condições mencionadas no art. 6º, *caput* e incisos, da Lei n. 10.826/2003, a suspensão da posse ou restrição do porte de armas, com a consequente comunicação ao respectivo órgão, corporação ou instituição à qual o agressor estiver vinculado, prevendo expressamente que o cumprimento da decisão ficará sob a responsabilidade do superior imediato do agressor responsável sob pena de incorrer nos crimes de prevaricação ou de desobediência, conforme o caso. Se o agente tiver que cumprir a ordem como dever de ofício, ou seja, se o ato a ser cumprido é inerente ao exercício da sua função do superior imediato, haverá prevaricação, caso contrário o delito será o de desobediência.

11. PENA E AÇÃO PENAL

A pena é de detenção, de três meses a um ano, e multa. Trata-se de infração de menor potencial ofensivo, sujeita às regras especiais da Lei n. 9.099/95,

---

[132] Essa a posição, entre outros, de Hungria (*Comentários ao Código Penal*, p. 379).

bem como ao seu procedimento sumaríssimo e à competência *ratione mate-riae* dos Juizados Especiais Criminais.

A ação penal é de iniciativa pública incondicionada.

ART. 319-A - PREVARICAÇÃO IMPRÓPRIA

1. DISPOSITIVO LEGAL

Art. 319-A. Deixar o Diretor de Penitenciária e/ou agente público, de cumprir seu dever de vedar ao preso o acesso a aparelho telefônico, de rádio ou similar, que permita a comunicação com outros presos ou com o ambiente externo:

Pena – detenção, de 3 (três) meses a 1 (um) ano.

2. VALOR PROTEGIDO (OBJETIVIDADE JURÍDICA)

O valor protegido é a Administração Pública, mais especificamente no que toca à **moralidade** e **probidade** que cercam a atividade da Administração Penitenciária.

3. BREVE HISTÓRICO

A utilização de aparelhos de comunicação móvel em estabelecimentos prisionais tornou-se, a partir da última década, grave problema de segurança pública.

No início dos anos 2000, viu-se um progressivo crescimento da telefonia celular móvel em nosso país, acompanhado da oferta, cada vez mais intensa e menos exigente de formalidades (notadamente na modalidade de aparelhos e *chips* pré-pagos), de dispositivos para conversação a distância.

Os criminosos não ficaram alheios a tais facilidades e aproveitaram para se abastecer de incontáveis linhas telefônicas móveis, com as quais começaram a cometer delitos do interior de prisões, coordenar ações e a gerenciar organizações criminosas. O Estado, então, se apercebeu da necessidade de combater esse expediente. No plano jurídico, a primeira tentativa de reprimir o ato deu-se com a edição de regulamentos administrativos no âmbito estadual, impondo sanções disciplinares que levavam à cassação de benefícios, como se falta grave fosse.

Ocorre, todavia, que a Lei de Execução Penal somente autoriza o Estado-membro a dispor sobre faltas leves e médias, sendo as graves albergadas por reserva de lei federal (art. 49 da LEP, *a contrario sensu*). Justamente com esse fundamento, o Superior Tribunal de Justiça cassou inúmeras decisões que impuseram a perda dos dias remidos a presos flagrados com aparelho celular (posto que tal consequência somente pode advir de falta grave)[133].

Nossos legisladores, então, visando a suprir a lacuna identificada, apressaram-se em aprovar a Lei n. 11.466/2007, que incluiu no inciso VII do art. 50 da Lei de Execução Penal, considerando como falta grave o ato de ter na "posse, utilizar ou fornecer aparelho telefônico, de rádio ou similar, que permita a comunicação com outros presos ou com o ambiente externo". Além disso, incluíram no Código Penal o art. 319-A, punindo o diretor de penitenciária ou agente público que se omitir no dever de impedir o ingresso de tais objetos no ambiente prisional.

Colmatava-se, então, a lacuna acima mencionada. Outra, todavia, permanecera, porquanto os particulares responsáveis pela introdução dos aparelhos no estabelecimento prisional, salvo quando conluiados com o servidor penitenciário, permaneciam impunes. Por esse motivo, adveio, em 2009, a Lei n. 12.012, incluindo no Código o art. 349-A, com vistas a tipificar referida conduta ("ingressar, promover, intermediar, auxiliar ou facilitar a entrada de aparelho telefônico de comunicação móvel, de rádio ou similar, sem autorização legal, em estabelecimento prisional").

4. TIPO OBJETIVO

A ação nuclear consiste em **deixar de cumprir o dever de vedar ao preso o acesso**. O dever a que alude a disposição legal é aquele de proibir *acessos indevidos*. Casos há em que, no interior do local, existe aparelho de telefonia fixa instalado para uso dos presos, mediante vigilância. A Resolução n. 14, de 11-11-1994, do Conselho Nacional de Política Criminal e Penitenciária, em seu art. 33, § 2º, dispõe ser lícito ao preso comunicar-se periodicamente com sua família, parentes, amigos ou instituições idôneas, por meio de correspondências ou visitas, facultando-se ao diretor do estabelecimento autorizar o uso dos serviços de telecomunicações.

---

[133] *Vide*, por exemplo, "1. Antes do advento da Lei n. 11.466 de 29 de março de 2007, a posse de aparelho telefônico não constava do rol taxativo previsto no art. 50 da Lei de Execuções Penais, onde estão previstas as condutas caracterizadoras de falta disciplinar de natureza grave, razão pela qual não está autorizado o reconhecimento da falta por este motivo, sob pena de violação do princípio da legalidade e da irretroatividade da lei penal mais rigorosa. 2. Resolução da Secretaria de Administração Penitenciária do Estado de São Paulo tipificando a conduta como falta grave não é suficiente para legitimar a decisão, pois nos termos do art. 49 da Lei n. 7.210/84, a legislação local somente está autorizada a especificar as condutas que caracterizem faltas leves ou médias e suas respectivas sanções" (STJ, HC 155.372/SP, rel. Min. Marco Aurélio Bellizze, 5ª T., j. 2-8-2012).

O art. 319-A consubstancia *delito de* forma ou ação livre, posto que pode ser cometido por qualquer meio executivo, *comissivo ou omissivo*. Assim, incorre na infração, por descumprir mencionado dever funcional, tanto o carcereiro que, vendo o preso com o aparelho celular, nada faz para impedir seu uso, como aquele que entrega o objeto para o detento com ele se comunicar.

O *objeto material* é o aparelho telefônico, de rádio ou similar que permita a comunicação com outros presos ou com o ambiente externo; p. ex., o aparelho de telefone fixo instalado no ambiente prisional, o aparelho de telefonia móvel, os radiocomunicadores, *walkie-talkies* etc.

Discute-se se a infração deve abranger o acesso a partes do aparelho, como o *chip*, a bateria, a antena de telefones celulares.

Parece-nos que a resposta deve ser afirmativa. Não se trata de analogia *in malam partem* (vedada), mas de **interpretação extensiva (permitida)**. A diferença entre aquela forma de integração do ordenamento jurídico e esse meio de interpretação jurídica consiste em que, naquela, amplia-se a norma para fora de seu âmbito, de modo a que atinja situação nela não prevista, ao passo que, nesta, estende-se a norma para o limite de seu próprio âmbito, quando se verifica que o legislador disse menos do que queria (*lex dixit minus quam voluit*). A criminalização do descumprimento do dever de vedar ao preso o acesso ao aparelho (*majus*) engloba a proibição da entrada de partes deste (*minus*).

A prevalecer solução diversa, a lei coibiria o ingresso do aparelho intacto, mas incentivaria sua entrada fracionada, o que se mostra de todo absurdo.

O Superior Tribunal de Justiça já decidiu várias vezes, no que se refere à caracterização de **falta grave** (art. 50, VII, da LEP), que a posse de *chip* de aparelho celular configura o ilícito penitenciário tanto quanto a do objeto inteiro[134]. Parece-nos que idêntico raciocínio há de prevalecer para a caracterização da prevaricação imprópria, até porque os princípios constitucionais penais, como a legalidade e a retroatividade benéfica, são aplicáveis à esfera da execução penal e, se não há ofensa a eles na fase executiva, não há por que reconhecê-lo no que toca à tipificação do art. 319-A. No entanto, com relação ao delito do art. 349-A (favorecimento real impróprio), a Corte decidiu que a conduta do particular que ingressa com *chip* de celular é atípica, em atenção ao princípio da legalidade[135].

---

[134] Nesse sentido: "Segundo entendimento adotado pelo Superior Tribunal de Justiça, após o advento da Lei n. 11.466/2007, a posse de aparelho celular, bem como de seus componentes essenciais, tais como *chip*, carregador ou bateria, constitui falta disciplinar de natureza grave" (AgRg no HC 662.734/SP, rel. Min. Ribeiro Dantas, 5ª T., j. 3-8-2021). Na mesma linha: AgRg no HC 845.565/SP, rel. Min. Rogerio Schietti Cruz, 6ª T., j. 25-9-2023.

[135] HC 619.776/DF, rel. Min. Ribeiro Dantas, 5ª T., j. 20-4-2021.

O tipo penal refere-se ao dever de impedir o acesso ao *preso* a aparelho que permita sua comunicação com outros *detentos* ou com o ambiente externo. Os termos destacados permitem formar a moldura típica, no sentido de estabelecer em quais locais o fato pode ocorrer. Nesse sentido, "preso" pode ser tanto o indivíduo condenado definitivamente a uma pena privativa de liberdade (reclusão, detenção ou prisão simples), quanto aquele detido provisoriamente, por força de prisão temporária (Lei n. 7.960/89), flagrante delito (CPP, arts. 301 a 310) ou prisão preventiva (CPP, arts. 311 a 316).

Conclui-se, então, que a prevaricação imprópria abrange comportamentos praticados no interior de estabelecimentos prisionais e cadeias públicas. Aqueles **compreendem os locais destinados ao recolhimento de pessoas em cumprimento de penas privativas de liberdade, independentemente do regime penitenciário (fechado, semiaberto ou aberto)**. Há o crime, portanto, se o fato ocorreu em penitenciária, colônia penal ou casa de albergado. Incluem-se na disposição, ainda, as cadeias públicas ou carceragens de distritos policiais, ambientes destinados à contenção de indivíduos presos provisoriamente.

Não há o crime, porém, quando se trata de fatos ocorridos **no interior de instituições referentes ao cumprimento de medida socioeducativa de internação** (cominada a adolescentes autores de atos infracionais graves). Isso porque "internação" não se confunde com "prisão" e, via de consequência, "interno" não é o mesmo que "preso".

5. TIPO SUBJETIVO

Cuida-se de infração **dolosa**, a qual requer consciência e vontade por parte do servidor integrante da administração penitenciária de omitir-se em seu dever de impedir o acesso do preso ao aparelho de telefonia ou similar.

6. SUJEITOS DO CRIME

6.1. Sujeito ativo

Trata-se de *delicta propria*, porquanto só pode ter como sujeito ativo o **funcionário público** a quem incumbe o dever de impedir o acesso do preso a aparelhos de comunicação móvel. O **particular que colaborar com o servidor** não será partícipe deste crime, mas **autor de favorecimento real impróprio (art. 349-A do CP)**; há uma **exceção pluralística à teoria monista** do art. 29 do CP.

6.2. Sujeito passivo

O sujeito passivo é o Estado, notadamente a Administração Penitenciária.

7. CONSUMAÇÃO E TENTATIVA

7.1. Consumação

Cuida-se de *crime material ou de resultado*, cuja consumação dá-se com o efetivo acesso do preso ao objeto material (aparelho telefônico etc.).

7.2. Tentativa

Admite-se a forma tentada, porquanto o comportamento típico é plurissubsistente, ou seja, a conduta pode ser fracionada (*salvo quando se cuidar de conduta exclusivamente omissiva*).

Parte da doutrina entende descabido o *conatus proximus*, uma vez que o delito teria natureza omissiva própria[136]. Ocorre, todavia, que a infração em estudo pode ser cometida por ação ou omissão. Conforme já dissemos, deixa de cumprir seu dever de proibir o acesso do preso ao aparelho de comunicação com o ambiente externo, tanto o carcereiro que se omite na revista e permite que um parente do detento ingresse no estabelecimento com telefone celular para entregar ao sentenciado, como o servidor que, ele próprio, entrega-o ao preso.

8. CAUSA DE AUMENTO DE PENA

Aplica-se, em tese, a causa de aumento de pena prevista no art. 327, § 2º, relativa às situações em que o agente ocupe **cargo comissionado** ou de **assessoramento** (o que importa em elevação da pena à razão de um terço).

No que tange à exasperação decorrente do fato de o sujeito ativo ocupar *cargo de direção*, contudo, embora também esteja prevista no dispositivo acima mencionado, ela **não se aplica ao art. 319-A**, pois o fato de **ser** o agente "diretor de penitenciária" constitui elementar do crime. Dessa forma, o agravamento resultaria em evidente *bis in idem*.

9. CLASSIFICAÇÃO JURÍDICA

É delito de *forma ou ação livre* (admite qualquer meio executivo), *comissivo ou omissivo próprio* (pode ser praticado por meio de um *facere* ou de um *non facere*), *próprio* (exige-se qualidade especial do sujeito ativo), *monossubjetivo ou de concurso eventual* (pode ser cometido por uma só pessoa ou várias em concurso de agentes), *material ou de resultado* (pois exige o efetivo acesso do preso ao objeto material), *instantâneo* (a fase con-

---

[136] Assim, por exemplo, Rogério Greco. *Código Penal comentado*, p. 849.

sumativa não se prolonga no tempo) e ***plurissubsistente*** (o *iter criminis* admite fracionamento, **salvo** quando praticado de modo **omissivo**).

10. PENA E AÇÃO PENAL

A pena é de detenção, de três meses a um ano. Constitui infração de menor potencial ofensivo, sujeita, portanto, às medidas despenalizadoras da Lei n. 9.099/95.

A ação penal é de iniciativa **pública incondicionada**.

ART. 320 – CONDESCENDÊNCIA CRIMINOSA

1. DISPOSITIVO LEGAL

Condescendência criminosa

Art. 320. Deixar o funcionário, por indulgência, de responsabilizar subordinado que cometeu infração no exercício do cargo ou, quando lhe falte competência, não levar o fato ao conhecimento da autoridade competente:

Pena – detenção, de 15 (quinze) dias a 1 (um) mês, ou multa.

2. VALOR PROTEGIDO (OBJETIVIDADE JURÍDICA)

O valor fundamental tutelado é a **Administração Pública,** por meio dos deveres de **moralidade, probidade** e **eficiência** administrativas.

3. TIPO OBJETIVO

A incriminação recai sobre o ato do funcionário público que, movido por sentimento de indulgência, deixa de punir seu subordinado ou de comunicar o fato à autoridade competente para responsabilizá-lo. Assim, por exemplo, incorre na disposição "diretora da Febem (atual "Fundação CASA") que deixa de apurar fuga de menor infrator" e, com isso, de responsabilizar o servidor omisso[137].

Os verbos nucleares demonstram tratar-se de ***crime omissivo próprio***: *deixar de responsabilizar* ou *não levar o fato ao conhecimento da autoridade competente*.

O CP refere-se à situação em que algum servidor, *no exercício de suas atribuições,* cometeu falta funcional e contou com a omissão de seu superior ou colega. Estes responderão por condescendência criminosa (art. 320). O

---

[137] *RT* 701/321.

colega de repartição, porque não comunicou a infração a quem de direito, e o superior hierárquico, por não haver punido devidamente seu subordinado.

Ressalte-se não haver crime na conduta do servidor que, *justificadamente*, deixa de responsabilizar seu subordinado. Exige-se nesse caso, porém, motivação, até para resguardar o servidor que deixou de punir ou comunicar a quem de direito a falta cometida. Nesse sentido, ensina Celso Spitzcovsky que "a ausência de motivação naquelas circunstâncias em que a penalidade não for aplicada quando, em tese, deveria sê-lo, pode resultar na caracterização de crime de condescendência. Percebe-se, portanto, que nesse particular a motivação, embora imprescindível, assume uma vertente diferenciada, voltada à proteção não do servidor que deixou de sofrer a penalidade, mas sim do agente que deixou de aplicá-la, de forma a evitar o enquadramento no tipo penal"[138].

Aquele que **deixa de comunicar condutas impróprias de servidores, que não se relacionam com sua função** (p. ex., embriaguez contumaz fora do horário de trabalho, vício de jogos etc.), **não comete delito.**

4. TIPO SUBJETIVO

O fato é punido exclusivamente na forma **dolosa**. É mister, portanto, consciência da falta cometida e a vontade de não tomar qualquer providência diante dela.

Exige-se igualmente **elemento subjetivo específico**: ser o fato praticado por *indulgência* (brandura, perdão, compaixão ou condescendência). Se outro for o móvel, não se aplicará o art. 320. Assim, p. ex., sendo movido por sentimento de amizade, comete prevaricação (art. 319); objetivando recebimento de indevida vantagem, corrupção passiva (art. 317).

5. SUJEITOS DO CRIME

5.1. Sujeito ativo

Cuida-se de **crime próprio**, já que a lei faz depender da existência do fato a qualidade do agente, que deve ser funcionário público. O particular pode figurar como coautor ou partícipe, com fundamento nos arts. 29 e 30 do CP.

---

[138] Celso Spitzcovsky. *Direito administrativo*. 5. ed. São Paulo: Editora Damásio de Jesus, 2003, p. 60.

5.2. Sujeito passivo

É o Estado, por intermédio do ente público a que pertence o funcionário faltoso e o servidor omisso.

6. CONSUMAÇÃO E TENTATIVA

6.1. Consumação

O momento consumativo ocorre **com a simples conduta negativa**. Como ensinava Magalhães Noronha, "conhecida a infração, não há prazo para a iniciativa do funcionário; deve agir imediatamente"[139]. Em reforço à tese, cite-se o art. 143 da Lei n. 8.112/90, que cuida do regime jurídico dos servidores da União, autarquias e fundações públicas federais; segundo o dispositivo apontado: "A autoridade que tiver ciência de irregularidade no serviço público é obrigada a promover a sua *apuração imediata*, mediante sindicância ou processo administrativo disciplinar, assegurada ao acusado ampla defesa"[140].

6.2. Tentativa

A condescendência criminosa **não admite tentativa**, porquanto se trata de **infração omissiva própria ou pura**.

7. CONCEITO NEGATIVO EMITIDO POR FUNCIONÁRIO PÚBLICO NO EXERCÍCIO DE SUA FUNÇÃO

Ao tratar dos crimes contra a honra[141], o Código Penal estabelece que não são puníveis a *difamação e a injúria* em três situações (art. 142):

a) na ofensa irrogada em juízo, na discussão da causa, pela parte ou por seu procurador;

b) na opinião desfavorável da crítica literária, artística ou científica, salvo quando inequívoca a intenção de injuriar ou difamar;

c) *no conceito desfavorável emitido por funcionário público, em apreciação ou informação que preste no cumprimento de dever do ofício.*

Nesse caso, não poderia haver mesmo crime contra a honra da parte do servidor, já que conceitos negativos emitidos no exercício de seu mister podem estar dentre suas atribuições funcionais.

---

[139] *Direito penal*, v. 4, p. 263.

[140] Grifo nosso.

[141] Calúnia, difamação e injúria – arts. 138 a 140.

Ainda quando não tenha o agente público competência para apurar faltas funcionais, incumbe-lhe o dever de comunicá-las às autoridades responsáveis a tanto (sob pena de praticar condescendência criminosa). Também não há falar-se em difamação ou injúria nesses casos, ainda que o fato transmitido ao conhecimento de quem de direito seja desabonador à honra do suposto faltoso.

É fundamental perceber que as imunidades legais relativas aos crimes contra a honra não abrangem a calúnia. Nem poderia ser diferente, já que a calúnia constitui que a imputação do fato criminoso seja *falsa*.

8. CAUSA DE AUMENTO DE PENA

Pode incidir à condescendência criminosa a exasperante do art. 327, § 2º, relativa às situações em que o agente ocupe **cargo de direção, comissionado ou de assessoramento** (o que importa em elevação da pena à razão de um terço).

9. CLASSIFICAÇÃO JURÍDICA

Cuida-se de crime *omissivo puro* (a conduta típica consubstancia--se em um *non facere*, sem alusão a qualquer resultado naturalístico), *próprio* (somente o funcionário público pode figurar como sujeito ativo), *monossubjetivo ou de concurso eventual* (pode ser cometido por uma só pessoa ou várias, em concurso), *de mera conduta ou simples inatividade* (a lei somente descreve a conduta e, como já dissemos, não menciona qualquer resultado material), *instantâneo* (a fase consumativa não se prolonga no tempo) e *unissubsistente* (o *iter criminis* não admite fracionamento).

10. PENA E AÇÃO PENAL

A pena cominada é de detenção, de quinze dias a um mês, ou multa. Trata-se de infração de menor potencial ofensivo, sujeitando-se às medidas despenalizadoras previstas na Lei n. 9.099/95, bem como à competência *ratione materiae* dos Juizados Especiais e ao rito comum sumaríssimo.

A ação penal é de iniciativa **pública incondicionada**.

ART. 321 – ADVOCACIA ADMINISTRATIVA

1. DISPOSITIVO LEGAL

Advocacia administrativa

Art. 321. Patrocinar, direta ou indiretamente, interesse privado perante a administração pública, valendo-se da qualidade de funcionário:

Pena – detenção, de 1 (um) a 3 (três) meses, ou multa.

Parágrafo único. Se o interesse é ilegítimo:

Pena – detenção, de 3 (três) meses a 1 (um) ano, além da multa.

2. VALOR PROTEGIDO (OBJETIVIDADE JURÍDICA)

Tutela-se a **Administração Pública,** no que tange aos deveres de **probidade** e **moralidade** administrativas.

3. TIPO OBJETIVO

Dá-se o delito quando o funcionário público, valendo-se de seu cargo, *patrocina* (i. e., defende, postula, pleiteia etc.) interesse privado perante a Administração Pública; ou seja, **usa seu cargo para fins particulares**[142].

O patrocínio pode-se dar perante o próprio órgão em que o agente exerce suas funções ou em outros. **Não há crime,** entretanto, **se o interesse particular postulado é do próprio funcionário.** Sendo **ilegítimo** o interesse defendido, incide a **figura qualificada.**

A postulação, ademais, pode ocorrer de modo **formal e explícito** (elaborando arrazoados, petições, requerimentos etc.) ou **veladamente** (conversando com outros funcionários para acompanhar procedimentos e solicitar este ou aquele desfecho etc.). Pode ser **direta** ou **indireta.**

Como observa Rogério Greco, "não se configura a infração penal em estudo quando o funcionário, por exemplo, explica ao interessado os seus direitos perante a administração. O que a lei penal proíbe, na verdade, é que o funcionário assuma a 'causa' do particular e pratique atos concretos que importem na sua defesa perante a administração pública"[143].

---

[142] "Conforme decidido pelos integrantes da Sexta Turma desta Casa no julgamento do REsp n. 1.770.444/DF, de minha relatoria, o crime de advocacia administrativa demanda, para sua configuração, a influência do funcionário público sobre outro colega no patrocínio de interesse privado. Sendo assim, o servidor não age de ofício, mas postula perante outro funcionário público, direta ou indiretamente, interesse privado de outrem" (STJ, RHC 99.411/RJ, rel. Min. Antonio Saldanha Palheiro, 6ª T., j. 25-6-2019). E ainda: "Para a tipificação do crime de advocacia administrativa, mostra-se por essencial que o agente patrocine interesse privado, valendo-se da qualidade de funcionário público, junto à Administração Pública. Não é possível, portanto, que se dê interpretação extensiva ao tipo penal para incluir o patrocínio de interesses particulares junto a entidade estranha ao Poder Público, sob pena de violação ao princípio da legalidade" (TJMG, ApCr 1.0183.12.008790-7/001, rel. Des. Júlio Cezar Guttierrez, 4ª CCr, j. 6-5-2020).

[143] *Código Penal comentado*, p. 853. Nesse sentido: "É atípica a conduta do agente que, no exercício de sua função pública, limita-se a indicar a assistido pela Defensoria

Lembra o citado doutrinador, ainda, que o art. 117, XI, da Lei n. 8.112/90[144] dispõe ser vedado ao funcionário "atuar, como procurador ou intermediário, junto a repartições públicas, salvo quando se tratar de benefícios previdenciários ou assistenciais de parentes até o segundo grau, e de cônjuge ou companheiro". Nesse caso, o comportamento, embora represente o patrocínio de interesse particular junto à Administração Pública, será penalmente atípico, à luz da teoria da imputação objetiva, tendo em vista que se cuida de risco juridicamente permitido (em face de expressa autorização legal). Para a doutrina tradicional, há exercício regular de um direito (excludente de ilicitude prevista no art. 23, III, do CP).

De ver que o delito é previsto não só no art. 320, mas também no **art. 337-G (patrocínio de contratação indevida)** e na **Lei n. 8.137/90, art. 3º, III (Lei dos Crimes contra a Ordem Tributária)**. Estes últimos, especiais em relação ao art. 320, preferirão (respectivamente) quando a advocacia administrativa der "causa à instauração de licitação ou à celebração de contrato" (invalidado pelo Poder Judiciário) ou quando o interesse privado for patrocinado perante a administração *fazendária*.

4. TIPO SUBJETIVO

A advocacia administrativa configura delito exclusivamente **doloso**, de modo que é necessário ter o agente consciência e vontade de concretizar os elementos objetivos do tipo.

5. SUJEITOS DO CRIME

5.1. Sujeito ativo

Só o funcionário público pode cometer o delito (**crime próprio**). O titular do interesse privado a cujo patrocínio o servidor se dedica, caso tenha aquiescido com a conduta, responde pelo fato, nos termos dos arts. 29 e 30 do Código.

5.2. Sujeito passivo

É o Estado, notadamente por intermédio do ente público com o qual o sujeito ativo possui vínculo.

Pública um escritório de advocacia privado, sem praticar qualquer ato com vistas a intermediar os interesses deste junto à Administração Pública" (TJMG, ApCr 1.0183.12.008790-7/001, rel. Des. Júlio Cezar Guttierrez, 4ª CCr, j. 6-5-2020).

[144] Regime jurídico dos servidores públicos civis da União, autarquias e fundações públicas.

6. CONSUMAÇÃO E TENTATIVA

6.1. Consumação

Dá-se a realização integral típica com o primeiro ato inequívoco de patrocínio, ainda que o pleito sufragado não seja acolhido (**crime formal**).

6.2. Tentativa

A tentativa é possível, porquanto o crime é **plurissubsistente**. Assim, por exemplo, pode o servidor elaborar petição formulando a defesa do interesse particular, sem que esta chegue ao órgão destinatário por ter sido extraviada.

7. FORMA QUALIFICADA

Dá-se a advocacia administrativa qualificada quando o **interesse postulado é ilegítimo,** isto é, não tem amparo na lei.

8. CAUSA DE AUMENTO DE PENA

Aplica-se ao crime em estudo a causa de aumento de pena referente ao fato de ocupar o agente **cargo de direção, comissionado ou de assessoramento,** incorrerá na exasperante prevista no art. 327, § 2º, do CP (a sanção será elevada à fração de um terço).

9. CLASSIFICAÇÃO JURÍDICA

Classifica-se como crime *de forma ou ação livre* (pode ser cometido por qualquer meio executivo), *próprio* (exige-se qualidade especial do sujeito ativo), *monossubjetivo ou de concurso eventual* (pode ser praticado por uma só pessoa ou várias em concurso de agentes), *formal ou de consumação antecipada* (consuma-se independentemente do acatamento da postulação deduzida), *instantâneo* (sua fase consumativa não se prolonga no tempo) e *plurissubsistente* (o *iter criminis* comporta fracionamento).

10. PENA E AÇÃO PENAL

A pena é de detenção, de um a três meses, ou multa. Se o interesse patrocinado não for legítimo, dá-se a forma qualificada, punida com detenção, de três meses a um ano, além da multa.

A advocacia administrativa (simples ou qualificada) constitui infração de menor potencial ofensivo, sujeita à disciplina da Lei n. 9.099/95, notadamente à competência *ratione materiae* dos Juizados Especiais e ao rito comum sumaríssimo.

A ação penal é de iniciativa **pública incondicionada.**

ART. 322 – VIOLÊNCIA ARBITRÁRIA

1. DISPOSITIVO LEGAL

Violência arbitrária

Art. 322. Praticar violência, no exercício de função ou a pretexto de exercê-la:

Pena – detenção, de 6 (seis) meses a 3 (três) anos, além da pena correspondente à violência.

2. BREVE HISTÓRICO

A incriminação da violência arbitrária encontra seus antecedentes nos Códigos de 1830 (art. 145) e 1890 (art. 231), os quais davam semelhante descrição ao ato: "cometer qualquer violência no exercício das funções do emprego, ou a pretexto de exercê-las".

O CP manteve a estrutura típica, aprimorando-a com a substituição da ação nuclear "cometer (qualquer violência)" por "praticar (violência)" e da elementar "exercício das funções do emprego" por "exercício de função".

3. VIGÊNCIA

Há controvérsia na doutrina acerca da vigência do dispositivo. Isso porque a antiga Lei de Abuso de Autoridade (Lei n. 4.898/65), descrevia, entre o extenso rol de condutas delitivas, o ato de atentar contra a incolumidade física do indivíduo (art. 3º, *i*), apenado com detenção, de dez dias a seis meses.

O **entendimento predominante em doutrina** é no sentido da **insubsistência do art. 322** em face da Lei especial mencionada. É o que pensam, entre outros, Fragoso[145], Damásio[146], Nucci[147] e Rogério Greco[148].

No sentido da vigência do art. 322 do CP, a doutrina de Noronha[149] e Delmanto[150].

---

[145] *Lições de direito penal*, v. 3, p. 439.

[146] *Código Penal anotado*, p. 993.

[147] *Código Penal comentado*, p. 1083.

[148] *Código Penal comentado*, p. 854.

[149] *Direito penal*, v. 4, 2003, p. 283.

[150] *Código Penal comentado*, p. 921.

A nós parece que o dispositivo do Código subsiste, porque **o art. 3º da revogada Lei dos Crimes de Abuso de Autoridade**, em função da obscuridade de sua descrição típica, **configurava *tipo penal vago***, atentatório ao princípio da taxatividade da lei penal. Em razão disso, **não houve revogação tácita do art. 322 do CP.**

O princípio da taxatividade constitui imperativo do princípio constitucional da legalidade (art. 5º, XXXIX), reproduzido no art. 1º do CP, e determina que o crime se encontre descrito em lei no sentido formal (*lege scripta*), anterior à conduta (*lege praevia*) e, além disso, que possua conteúdo determinado (*lege certa*). A última característica é justamente aquela ausente no extinto art. 3º da Lei n. 4.898/65. A norma incriminadora há de possuir moldura típica, ou seja, limites que permitam estabelecer suas fronteiras, seu exato alcance, ainda que este se mostre abrangente (caso dos tipos penais abertos); não se admite, porém, uma norma sem moldura, ou seja, um tipo penal cuja extensão não possa ser previamente definida. Nesses casos, viola-se o mandato de certeza inerente ao tipo penal, característica fundamental para fornecer a indispensável segurança jurídica que o *nullum crimen, nulla poena sine praevia lege* pretende garantir. O dispositivo citado declarava que "constitui abuso de autoridade qualquer atentado: (...) à incolumidade física do indivíduo". Com esses dizeres, não estávamos diante de um tipo aberto (aquele que possui conteúdo determinado, embora tenha amplo alcance), mas de verdadeiro tipo vago (cujo conteúdo é indeterminado).

Por essa razão, filiamo-nos à corrente de pensamento que apregoa a vigência do art. 322 do Código, o qual, ademais, pune de maneira muito mais adequada e proporcional esse grave desvio de poder cometido por alguns funcionários públicos que, no desempenho de seus misteres (ou a pretexto de assim o fazer), praticam arbitrariamente violência contra as pessoas.

Na jurisprudência, merece registro a postura do **STJ**, para quem o art. 322 do Código Penal **encontra-se em vigor**[151].

---

[151] "*Habeas corpus*. Penal. Artigo 322 do Código Penal. Crime de violência arbitrária. Eventual revogação pela Lei n. 4.898/65. Inocorrência. Precedentes do STF. 1. O crime de violência arbitrária não foi revogado pelo disposto no art. 3º, alínea *i*, da Lei de Abuso de Autoridade. Precedentes da Suprema Corte. 2. Ordem denegada" (STJ, HC 48.083, rel. Min. Laurita Vaz, 5ª T., *DJe* de 7-4-2008). Do voto da eminente relatora, colhe-se o seguinte ensinamento: "Com efeito, a violência arbitrária, tipificada no art. 322 do Código Penal (*Praticar violência, no exercício de função ou a pretexto de exercê-la*), é entendida como aquela ilegalidade do funcionário público que, violando o Direito da Administração Pública, age arbitrariamente, isto é, sem autorização de qualquer norma legal que lhe justifique a conduta, contra o cidadão. E, por sua vez, não está compreendida no 'atentado à incolumidade física do indivíduo', previsto na alínea *i*, do art. 3º, da Lei n. 4.898/65, norma referente ao abuso de autoridade ou

4. VALOR PROTEGIDO (OBJETIVIDADE JURÍDICA)

É a **Administração Pública**, no que toca aos deveres de **probidade** e **moralidade**, bem como a **integridade corporal dos particulares**.

5. TIPO OBJETIVO

A ação nuclear consubstancia-se no verbo *praticar*, que significa pôr em prática, realizar, perpetrar, efetuar.

A disposição refere-se à prática de *violência*, aqui entendida no sentido de **agressão física**, excluindo-se, portanto, a violência psíquica ou moral. Isso porque, quando pretende estender o alcance do tipo à violência psíquica, o legislador deixa expressa sua intenção, com os dizeres "violência ou grave ameaça" (como nos arts. 157, 158, 213, entre outros). Assim, incorre na disposição o servidor que lesiona fisicamente o particular no exercício de sua função, mas não aquele que o aterroriza com promessa de inflição de mal grave e injusto (nesse caso, deve responder por outro crime).

É necessário que o ato seja cometido *arbitrariamente*, ou seja, sem motivo legítimo. Não se pode olvidar a rubrica da disposição ("violência *arbitrária*"). Por esse motivo, quando o servidor se vale de violência física no exercício de sua função e na medida daquilo que o autoriza a lei, não incorre na disposição; é o caso, por exemplo, do policial que, perseguindo um foragido, utiliza-se de força física a fim de contê-lo e cumprir a ordem de recaptura. Tais comportamentos não têm caráter criminoso, ainda que seja empregada violência na execução do ato (e desde que não se ultrapassem os limites do necessário para efetivar a ordem)[152]. O que se apresenta é um fato

---

exercício arbitrário de poder, pela qual o funcionário, ao executar sua atividade, excede-se no Poder Discricionário, que facultaria a escolha livre do método de execução, ou desvia, ou foge da sua finalidade, descrita na norma legal que autorizava o Ato Administrativo, ocorrendo aí uma lesão de direito que no campo penal toma forma de abuso de poder ou exercício arbitrário de poder". De se destacar, ainda, o REsp 1.177.910/SE, rel. Min. Herman Benjamin, 1ª S., j. 26-8-2015, *DJe* de 17-2-2016. Ver também: "O crime de Violência Arbitrária, tipificado no art. 322 do Código Penal, não foi tacitamente revogado pelo art. 3º, 'i' da Lei n. 4.898/65, que disciplina o Abuso de Autoridade, porquanto os tipos penais visam coibir condutas distintas" (TJMG, RESE 1.0707.09.185293-9/002, rel. Des. Octavio Augusto De Nigris Boccalini, 3ª CCr, j. 20-2-2018).

[152] Veja os arts. 284 e 292 do CPP. O primeiro dispõe que: "Não será permitido o emprego de força, salvo a indispensável no caso de resistência ou de tentativa de fuga do preso" e o segundo, "se houver, ainda que por parte de terceiros, resistência à prisão em flagrante ou à determinada por autoridade competente, o executor e as pessoas

penalmente atípico, segundo a teoria da imputação objetiva, pois tais condutas produzem riscos juridicamente permitidos.

O ato deve ser praticado **no exercício da função ou a pretexto de exercê-la**. Significa que o agente deve se encontrar no desempenho de seu múnus público ou agir invocando-o de qualquer modo.

6. TIPO SUBJETIVO

O fato é apenado somente na forma **dolosa**, pressupondo-se a consciência e a vontade de concretizar os elementos objetivos do tipo. Não incorre na disposição, portanto, o servidor que culposamente provocou lesões no particular no desempenho de sua função.

7. SUJEITOS DO CRIME

7.1. Sujeito ativo

A violência arbitrária configura **crime próprio**, somente podendo ser praticado por funcionário público (art. 327 do CP). Nada impede, como nos demais delitos inseridos no Capítulo I deste Título, que um particular concorra para o ato, à luz dos arts. 29 e 30 do Código.

7.2. Sujeito passivo

É o Estado, por meio do ente público a que pertence o funcionário, além do particular que sofre a violência arbitrária.

8. CONSUMAÇÃO E TENTATIVA

8.1. Consumação

O *summatum opus* dá-se com a produção do resultado naturalístico, qual seja, com a **efetiva produção da violência (física)**. Não é necessário, contudo, que a vítima sofra lesões corporais, até porque a *vis corporalis* também abrange as vias de fato (LCP, art. 21), isto é, agressões físicas que não deixam vestígios no corpo do ofendido.

8.2. Tentativa

Admite-se a forma tentada porque a conduta típica pode ser fracionada (**crime plurissubsistente**).

---

que o auxiliarem poderão usar dos meios necessários para defender-se ou para vencer a resistência, do que tudo se lavrará auto subscrito também por duas testemunhas".

9. CAUSA DE AUMENTO DE PENA

Caso o sujeito ativo ocupe **cargo de direção, comissionado ou de assessoramento**, incorrerá na exasperante prevista no art. 327, § 2º, do CP (que determina elevação da pena em um terço).

10. CLASSIFICAÇÃO JURÍDICA

Cuida-se de crime *de forma ou ação livre* (admite qualquer meio executivo), *próprio* (exige-se condição especial do sujeito ativo), *monossubjetivo ou de concurso eventual* (pode ser praticado por uma só pessoa ou várias em concurso), *material ou de resultado* (requer a produção de resultado naturalístico para efeito de consumação), *instantâneo* (a fase consumativa não se prolonga no tempo) e *plurissubsistente* (o *iter criminis* pode ser cindido em vários atos, admitindo, por isso, a forma tentada).

11. PENA E AÇÃO PENAL

A pena é de detenção, de seis meses a três anos, além da pena correspondente à violência. Quando do fato resultar lesão corporal (ainda que leve) ou morte, dar-se-á o cúmulo material obrigatório, por determinação do preceito secundário da disposição.

A sanção cominada (desconsiderando o possível concurso real compulsório) admite a suspensão condicional do processo (art. 89 da Lei n. 9.099/95). O rito processual haverá de ser aquele relativo aos delitos funcionais (CPP, arts. 513 a 518), acrescido das disposições do procedimento comum sumário (CPP, arts. 531 a 538).

A ação penal é de iniciativa **pública incondicionada**.

ART. 323 - ABANDONO DE FUNÇÃO

1. DISPOSITIVO LEGAL

Abandono de função

Art. 323. Abandonar cargo público, fora dos casos permitidos em lei:

Pena – detenção, de 15 (quinze) dias a 1 (um) mês, ou multa.

§ 1º Se do fato resulta prejuízo público:

Pena – detenção, de 3 (três) meses a 1 (um) ano, e multa.

§ 2º Se o fato ocorre em lugar compreendido na faixa de fronteira:

Pena – detenção, de 1 (um) a 3 (três) anos, e multa.

2. VALOR PROTEGIDO (OBJETIVIDADE JURÍDICA)

A esfera de proteção da norma compreende a **Administração Pública**, no que toca à **regularidade das funções desempenhadas** pelos detentores de cargo público. A *ratio* dessa incriminação é semelhante à presente na figura da "deserção" no Código Penal Militar.

3. TIPO OBJETIVO

A Lei Penal sanciona o efetivo *abandono* de cargo público fora dos casos permitidos por lei (licença, férias, afastamentos etc.), isto é, a conduta do **servidor que deixa o cargo acéfalo por tempo juridicamente relevante.** Abandonar tem o sentido, portanto, de **deixar ao desamparo.**

Note-se que, apesar do *nomen iuris* ("abandono de função"), o tipo somente pune o **abandono de *cargo público*** (i. e., posto criado por lei na estrutura da Administração Pública, com denominação e vencimentos específicos; *v.* art. 3º da Lei n. 8.112/90), o que limita o alcance da norma. **O conceito amplo de funcionário público descrito no art. 327 do CP** (estudado no início do Título XI), portanto, **não se aplica ao delito em questão.** Não se pode olvidar que todo cargo público possui função, mas há função sem cargo.

Deve-se anotar que a mera ausência momentânea ou falta no serviço, ainda que não justificada, não constitui "abandono", razão pela qual não se subsume ao tipo (constitui apenas infração administrativa). A Lei n. 8.112/90 (Regime Jurídico dos Servidores Públicos Civis da União) dispõe, no art. 138, que o abandono de cargo dá-se com a ausência intencional do servidor por mais de 30 dias consecutivos.

Os **traços distintivos entre o ilícito penal e o administrativo** residem em que: a) a lei penal não condiciona a existência do crime a qualquer prazo, mas requer, como condição indispensável, que o cargo seja efetivamente deixado ao desamparo, ou seja, acéfalo (daí advém a potencialidade de dano à continuidade do serviço público – *conditio sine qua non* para a existência do art. 323); b) a infração administrativa somente se dá com o decurso do prazo assinalado (30 dias), mas subsiste ainda que não tenha havido a possibilidade de prejuízo em razão da substituição oportuna do servidor ausente.

4. TIPO SUBJETIVO

O elemento subjetivo genérico é o **dolo**, o qual abrange a vontade e a consciência de deixar o cargo, abandonando-o de modo que este fique acéfalo. Se o comportamento foi motivado por razões de força maior (calamidade, prisão etc.) ou greve de servidores, enquanto não declarada ilegal, entende-se não haver crime.

5. SUJEITOS DO CRIME

5.1. Sujeito ativo

Cuida-se de crime próprio, o qual somente pode ser cometido pelo detentor de *cargo público*, ou seja, o posto criado por lei na estrutura da Administração Pública, com denominação e vencimentos específicos. Dessa forma, nem todos os funcionários públicos (considerando o conceito amplo do art. 327) podem figurar como sujeitos ativos.

5.2. Sujeito passivo

É o Estado, por meio do órgão público a que o servidor faltoso encontra-se vinculado.

6. CONSUMAÇÃO E TENTATIVA

6.1. Consumação

Dá-se a consumação com o abandono, por tempo juridicamente relevante.

6.2. Tentativa

Não se admite a forma tentada (como todo crime omissivo próprio, o abandono de função é unissubsistente).

7. TIPOS QUALIFICADOS (ART. 323, §§ 1º E 2º)

7.1. Prejuízo efetivo à função pública

De acordo com o § 1º, "se do fato resulta prejuízo público", a pena será elevada para três meses a um ano de detenção, e multa. Trata-se de tipo qualificado pelo resultado. A incidência dessa qualificadora depende, em primeiro lugar, do efetivo prejuízo ao erário e, além disso, da previsão ou, ao menos, previsibilidade desse prejuízo por parte do agente (*v.* art. 19 do CP: "pelo resultado que agrava especialmente a pena, só responde o agente que o houver causado ao menos culposamente").

Não se deve confundir possibilidade de dano com prejuízo efetivo. Aquela é condição para a existência do crime e esta, para a incidência da majoração.

7.2. Abandono em faixa de fronteira

Conforme preceitua o § 2º, "se o fato ocorre em lugar compreendido na faixa de fronteira", a sanção será de um a três anos de detenção e multa.

Não existe dúvida de que **o abandono de função exercida na faixa de fronteira possui gravidade acentuada,** justificando a reprimenda mais severa prevista em lei; ainda mais num país com as dimensões continentais como o nosso e com milhares de quilômetros de fronteiras com outros países desprotegidas de efetiva vigilância.

De acordo com o art. 20, § 2º, da CF: "A faixa de até cento e cinquenta quilômetros de largura, ao longo das fronteiras terrestres, designada como faixa de fronteira, é considerada fundamental para defesa do território nacional, e sua ocupação e utilização serão reguladas em lei". O art. 1º da Lei n. 6.634/79 dispõe, ainda, que: "É considerada área indispensável à Segurança Nacional a faixa interna de 150 km (cento e cinquenta quilômetros) de largura, paralela à linha divisória terrestre do território nacional, que será designada como Faixa de Fronteira".

7.3. Pluralidade de qualificadoras

Quando o abandono se der em lugar compreendido na faixa de fronteira *e* acarretar prejuízo (efetivo) à Administração, deverá aplicar-se somente a qualificadora do § 2º, servindo a do § 1º como circunstância judicial desfavorável (CP, art. 59, *caput*), notadamente porque entre tais fatores, que devem ser analisados pelo juiz na primeira fase da dosimetria da pena, encontram-se as "consequências do crime".

8. CAUSA DE AUMENTO DE PENA

A pena será aumentada de um terço na hipótese de o sujeito ativo ocupar **cargo em comissão ou de função de direção ou assessoramento** de órgão da administração direta, sociedade de economia mista, empresa pública ou fundação instituída pelo poder público (art. 327, § 2º).

9. CLASSIFICAÇÃO JURÍDICA

Trata-se de crime de *forma ou ação livre* (pode ser cometido por qualquer meio), *omissivo puro* (o tipo limita-se a descrever um *non facere*, sem aludir a qualquer resultado naturalístico), *de mão própria* (além de exigir qualidade especial do sujeito ativo, não admite coautoria, somente participação), *monossubjetivo ou de concurso eventual* (pode ser cometido por uma só pessoa, ou por várias, em concurso de agentes – desde que na qualidade de partícipes), *formal ou de consumação antecipada* (sua realização integral típica prescinde de resultado naturalístico, ou seja, do efetivo prejuízo à administração; **salvo na figura qualificada prevista no § 1º – se do abandono resulta prejuízo público**), *permanente* (sua fase consumativa prolonga-se no tempo) e *unissubsistente* (o *iter criminis* não comporta fracionamento).

10. PENA E AÇÃO PENAL

A pena cominada é de detenção, de quinze dias a um mês, ou multa. Cuida-se de infração de menor potencial ofensivo, sujeita à Lei n. 9.099/95, salvo na figura qualificada prevista no § 2º (ou seja, quando o abandono do cargo ocorrer "em lugar compreendido na faixa de fronteira").

O procedimento aplicável será o comum sumaríssimo. No caso do § 2º, adotar-se-á o rito dos crimes funcionais, complementado pelas disposições do procedimento sumário – arts. 513 a 518 e 531 a 538 do CPP. Caberá nessa hipótese, ainda, a suspensão condicional do processo (art. 89 da Lei n. 9.099/95).

A ação penal é de iniciativa **pública incondicionada.**

ART. 324 – EXERCÍCIO FUNCIONAL ILEGALMENTE ANTECIPADO OU PROLONGADO

1. DISPOSITIVO LEGAL

Exercício funcional ilegalmente antecipado ou prolongado

Art. 324. Entrar no exercício de função pública antes de satisfeitas as exigências legais, ou continuar a exercê-la, sem autorização, depois de saber oficialmente que foi exonerado, removido, substituído ou suspenso:

Pena – detenção, de 15 (quinze) dias a 1 (um) mês, ou multa.

2. VALOR PROTEGIDO (OBJETIVIDADE JURÍDICA)

Protege-se a **Administração Pública**, proibindo-se que alguém, sem condição jurídica para tanto, aja em nome do Estado.

A legislação anterior cuidava do fato juntamente com a usurpação de função pública, que o Código entendeu por bem destacar no Capítulo II do Título XI (art. 328), já que, nesse caso, trata-se de um particular que arbitrariamente realiza a função pública, e não de alguém que será ou foi ocupante de um cargo, antecipando ou prolongando seu exercício.

3. TIPO OBJETIVO

Pune-se o exercício irregular de função pública, seja porque indevidamente antecipado, seja por ter sido ilicitamente prorrogado. Como já se acentuou, não há confundir-se este crime com a usurpação de função pública (art. 328), no qual um particular, ilegalmente, exerce tal função, praticando ato de ofício.

Duas são as condutas típicas incriminadas no art. 324: **a)** *entrar no exercício* de função pública antes de satisfeitas as exigências legais (p. ex., antes da posse, embora após a aprovação no concurso e subsequente nomeação) – deve-se verificar, contudo, quais os requisitos para o exercício funcional caso a caso, consultando-se a legislação pertinente, motivo por que o dispositivo é considerado norma penal em branco; **b)** *continuar a exercê-la*, **sem autorização, depois de saber oficialmente que foi removido, substituído, suspenso ou exonerado.**

No primeiro caso, exige-se tenha sido o funcionário devidamente nomeado para a função pública (se não o foi, pode haver, em tese, usurpação de função pública – art. 328 do CP).

Na outra modalidade, ocorre o prolongamento do exercício funcional, sem autorização, após ter sido o agente *oficial e pessoalmente comunicado* de sua exoneração, remoção, substituição ou suspensão. **Discute-se a existência de crime quando a função é exercida depois da** *aposentadoria compulsória* **do** *intraneus*.

Prevalece na doutrina a tese de que, nesse caso, **basta o exercício funcional após ter o agente completado a idade** para que o crime se dê. Isto porque os efeitos de tal aposentadoria são compulsórios (art. 187 da Lei n. 8.112/90), de modo que, **completados os 70 anos de idade, deve o funcionário imediatamente afastar-se do exercício funcional, independentemente da publicação do decreto de aposentadoria**, sob pena de incorrer na sanção penal[153].

Registre-se, por fim, que não se pode afastar a possibilidade de exercício antecipado ou prolongado em situação de necessidade (CP, art. 24), afastando o caráter criminoso da conduta. Isso pode ocorrer, por exemplo, quando um servidor, atuando na faixa de fronteira, for comunicado de sua exoneração, mas permanecer no cargo por mais alguns dias, até a chegada de seu substituto, evitando, assim, desproteger o país de iminente invasão territorial.

4. TIPO SUBJETIVO

O elemento subjetivo genérico (**dolo**) requer vontade e consciência de exercer antecipadamente ou usurpar o exercício da função pública.

---

[153] Em sentido contrário: Julio F. Mirabete, o qual assevera que o funcionário aposentado não pratica o crime, em virtude da omissão constante do tipo penal (*Código Penal interpretado*. São Paulo: Atlas, 1999, p. 1.742).

Com relação ao exercício funcional indevidamente prolongado, deve o agente receber comunicação formal do ato que o exonerou, o removeu, o substituiu ou o suspendeu (salvo, como se apontou no item acima, quando se tratar de aposentadoria compulsória).

5. SUJEITOS DO CRIME

5.1. Sujeito ativo

O tipo requer qualidade especial do sujeito ativo (**crime próprio**), pois somente pode cometê-lo o agente que antecipou o exercício funcional, ou seja, encontrava-se habilitado a ocupar o cargo, mas iniciou antes do preenchimento dos requisitos formais, bem como aquele que, tendo sido investido na função, ilicitamente estendeu seu exercício.

5.2. Sujeito passivo

É o Estado, por meio do ente público cujas atribuições foram usurpadas.

6. CONSUMAÇÃO E TENTATIVA

6.1. Consumação

Dá-se por consumado o crime com a prática do primeiro ato de ofício antes de entrar no exercício da função ou depois da comunicação oficial da exoneração, remoção, suspensão ou substituição.

6.2. Tentativa

Não há cogitar-se do *conatus proximus*, pois se cuida de **delito unissubsistente**.

7. CAUSA DE AUMENTO DE PENA

Aplica-se à disposição a exasperante do art. 327, § 2º, ou seja, a elevação da pena em um terço quando o autor do crime for ocupante de **cargo em comissão ou de função de direção ou assessoramento** de órgão da administração direta, sociedade de economia mista, empresa pública ou fundação instituída pelo poder público.

8. CLASSIFICAÇÃO JURÍDICA

Consubstancia-se em crime de *forma ou ação livre* (pode ser cometido por qualquer meio), *omissivo puro* (o tipo limita-se a descrever um *non facere*, sem aludir a qualquer resultado naturalístico), *de mão própria* (além de exigir qualidade especial do sujeito ativo, não admite coautoria, somente participação), *monossubjetivo ou de concurso eventual* (pode ser cometido por uma só pessoa, ou por várias, em concurso de agentes – desde que na qualidade de partícipes), *formal ou de consumação antecipada* (sua realização integral típica prescinde de resultado naturalístico), *instantâneo* (sua fase consumativa não se prolonga no tempo) e *unissubsistente* (o *iter criminis* não comporta fracionamento).

9. PENA E AÇÃO PENAL

A pena é de detenção, de quinze dias a um mês, ou multa. Cuida-se de delito de pequeno potencial ofensivo, de competência dos Juizados Especiais Criminais, ao qual se aplicam as medidas despenalizadoras e o rito comum sumaríssimo, previstos na Lei n. 9.099/95.

A ação penal é de iniciativa **pública incondicionada**.

ART. 325 – VIOLAÇÃO DE SIGILO FUNCIONAL

1. DISPOSITIVO LEGAL

Violação de sigilo funcional

Art. 325. Revelar fato de que tem ciência em razão do cargo e que deva permanecer em segredo, ou facilitar-lhe a revelação:

Pena – detenção, de 6 (seis) meses a 2 (dois) anos, ou multa, se o fato não constitui crime mais grave.

§ 1º Nas mesmas penas deste artigo incorre quem:

I – permite ou facilita, mediante atribuição, fornecimento e empréstimo de senha ou qualquer outra forma, o acesso de pessoas não autorizadas a sistemas de informações ou banco de dados da Administração Pública;

II – se utiliza, indevidamente, do acesso restrito.

§ 2º Se da ação ou omissão resulta dano à Administração Pública ou a outrem:

Pena – reclusão, de 2 (dois) a 6 (seis) anos, e multa.

2. VALOR PROTEGIDO (OBJETIVIDADE JURÍDICA)

Tutela-se a **Administração Pública**, no que se refere ao dever de **moralidade, probidade** e de **manutenção do sigilo profissional**.

3. TIPO OBJETIVO

3.1. Elementares do *caput*

As condutas previstas na norma incriminadora são: **a)** *revelar*, isto é, divulgar, dar publicidade, tornar conhecido de terceiro (a doutrina denomina essa hipótese "revelação direta"); b) *facilitar a revelação*, ou seja, proporcionar ou viabilizar, por qualquer meio, o conhecimento do fato por terceiros ("revelação indireta"). Exemplo: "Pratica o delito do art. 325 do CP o professor, integrante de banca examinadora de universidade federal, que, antecipadamente, fornece a alguns dos alunos cópias das questões que iam ser formuladas nas provas" (*RTRF* 61/100).

O objeto material é o *fato* de que o agente *tem ciência em razão do cargo* e sobre o qual deva guardar segredo, cuja divulgação **ofenda interesse público**. A quebra de sigilo, violando interesse meramente particular, configura "violação de segredo profissional" (art. 154 do CP)[154].

A **possibilidade de dano** é condição *sine qua non* para o delito. Além disso, se o terceiro já tinha conhecimento do fato, não há crime.

A pessoa que se limita a tomar conhecimento do fato revelado pelo funcionário não incorre no tipo; caso, entretanto, tenha concorrido de algum modo para a quebra do sigilo, poderá ser considerada coautora ou partícipe do crime.

A violação de sigilo funcional pode ser praticada por funcionário público, ainda que aposentado ou posto em disponibilidade, desde que subsista o dever de segredo.

3.1.1. Violação de sons e imagens capturadas em estabelecimentos penais federais

A Lei n. 11.761/2008, que regula os estabelecimentos penais federais de segurança máxima, determina que estes deverão dispor de sistema de monitoramento de áudio e vídeo no parlatório e nas áreas comuns, para fins de preservação da ordem interna e da segurança pública, estipulando que a divulgação do conteúdo capturado, pelo servidor público que tenha acesso ao material, configura crime de violação de sigilo funcional.

3.2. Princípio da subsidiariedade expressa

O delito em estudo tem **natureza expressamente subsidiária**[155]. Aplica-se, portanto, somente se o fato não constituir crime mais grave. Anote-se

---

[154] Hungria explicava que o crime contra a Administração Pública refere-se a "... segredo de interesse *público*, pois a violação de segredo privado, ainda que obtido *ratione officii*, constitui o crime previsto no art. 154" (*Comentários ao Código Penal*, v. IX, p. 397).

[155] "Uma vez que a revelação de informações sigilosas, às quais o réu tinha acesso em razão de função pública, foi cometida apenas como meio a consumação do crime de corrupção passiva, o delito de violação de sigilo funcional restou absorvido pela conduta mais severa tipificada no art. 317 do Código Penal, tendo em vista o princípio da consunção, não havendo que se falar em desclassificação" (TJMG, ApCr 1.0079.11.063387-6/001, rel. Des. Jaubert Carneiro Jaques, 6ª CCr, j. 18-8-2015).

que há outras figuras típicas que punem de maneira mais rigorosa a revelação de determinados segredos[156]:

a) *violação de sigilo em licitação* (art. 337-J do CP): "Devassar o sigilo de proposta apresentada em processo licitatório ou proporcionar a terceiro o ensejo de devassá-lo" (pena – detenção, de dois a três anos, e multa).

b) *espionagem* (art. 359-K do CP): "Entregar a governo estrangeiro, a seus agentes, ou a organização criminosa estrangeira, em desacordo com determinação legal ou regulamentar, documento ou informação classificados como secretos ou ultrassecretos nos termos da lei, cuja revelação possa colocar em perigo concreto a preservação da ordem constitucional ou a soberania nacional" (pena – reclusão, de três a doze anos).

c) *revelação de segredos relativos a energia nuclear* (Lei n. 6.453/77, art. 23): "transmitir ilicitamente informações sigilosas, concernentes à energia nuclear" (pena – reclusão, de quatro a oito anos).

d) *violação de sigilo de instituição financeira* (art. 18 da Lei n. 7.492/86): "violar sigilo de operação ou de serviço prestado por instituição financeira ou integrante do sistema de distribuição de títulos mobiliários de que tenha conhecimento, em razão de ofício" (pena – reclusão, de um a quatro anos, e multa).

e) *uso indevido de informação privilegiada no mercado de valores mobiliários* (art. 27-D da Lei n. 6.385/76, inserido pela Lei n. 10.303/2001), também conhecido como *insider trading*: "utilizar informação relevante ainda não divulgada ao mercado, de que tenha conhecimento e da qual deva manter sigilo, capaz de propiciar, para si ou para outrem, vantagem indevida, mediante negociação, em nome próprio ou de terceiro, com valores mobiliários" (pena – reclusão, de um a cinco anos, e multa de até três vezes o montante da vantagem ilícita obtida em decorrência do crime).

f) *fraude em certames de interesse público* (art. 311-A do CP): ocorre tal infração quando o sujeito utiliza ou divulga indevidamente o conteúdo sigiloso de concurso público, avaliação ou exame públicos, processo seletivo para ingresso no ensino superior, exame ou processo seletivo previstos em lei. A pena é de reclusão, de um a quatro anos, e multa.

---

[156] O CPM tipifica, em seu art. 326, o ato de "revelar fato de que tem ciência em razão do cargo ou função e que deva permanecer em segredo, ou facilitar-lhe a revelação, em prejuízo da administração militar" (pena – detenção, de seis meses a dois anos, se o fato não constitui crime mais grave). A relação existente entre o delito militar e o crime comum, cuja gravidade abstrata é a mesma, é de gênero e espécie (e não de subsidiariedade); isto é, o art. 326 do CPM é especial em face do art. 326 do CP.

g) *violação de sigilo de investigações criminais em que haja ação controlada ou infiltração de agentes* (art. 20 da Lei n. 12.850/2013): a Lei do Crime Organizado dispõe a respeito de medidas investigativas específicas no combate a tal modalidade de delito. A ação controlada consiste em retardar a intervenção policial ou administrativa relativa à ação praticada por organização criminosa ou a ela vinculada, desde que mantida sob observação e acompanhamento para que a medida legal se concretize no momento mais eficaz à formação de provas e obtenção de informações (art. 8º); admite-se, ainda, a infiltração de agentes de polícia na organização criminosa, sempre mediante sigilosa autorização judicial (art. 10). A defraudação do sigilo de tais providências consubstancia infração penal autônoma: "descumprir determinação de sigilo das investigações que envolvam a ação controlada e a infiltração de agentes: pena, reclusão, de um a quatro anos, e multa" (art. 20 da Lei citada).

h) *violação de sigilo processual da criança e do adolescente vítima ou testemunha de violência* (art. 24 da Lei n. 13.431, de 4-4-2017): a lei que estabelece o sistema de garantia de direitos da criança e do adolescente nessas situações pune com pena de reclusão, de um a quatro anos, e multa, a conduta de "violar sigilo processual, permitindo que depoimento de criança ou adolescente seja assistido por pessoa estranha ao processo, sem autorização judicial e sem o consentimento do depoente ou de seu representante legal".

Registre-se que o **art. 28 da Lei n. 13.869/2019** prevê, como forma de abuso de autoridade, a conduta do agente público que divulga gravação ou trecho de gravação sem relação com a prova que se pretenda produzir, expondo a intimidade ou a vida privada ou ferindo a honra ou a imagem do investigado ou acusado. Nesse caso, a informação divulgada pode ou não estar acobertada de sigilo, até porque se trata de crime mais grave que o art. 325 do CP (tipo expressamente subsidiário), pois sua pena é de detenção, de 1 a 4 anos, e multa.

3.3. Condutas equiparadas (art. 325, § 1º)

O § 1º, acrescentado pela Lei n. 9.983/2000, estabelece que incorre nas mesmas penas quem: "permite ou facilita, mediante atribuição, fornecimento e empréstimo de senha ou qualquer outra forma, o acesso de pessoas não autorizadas a sistemas de informações ou banco de dados da Administração Pública" (inciso I) ou "se utiliza, indevidamente, do acesso restrito" (inciso II)[157].

---

[157] "Paciente denunciado pela suposta prática do crime do crime do art. 325, § 1º, inc. II, na forma do artigo 69 do Código Penal. 2. Denúncia que imputa ao paciente a conduta de utilizar-se, indevidamente, do acesso restrito ao Sistema de Consultas Integradas da Secretaria de Segurança Pública do Rio Grande do Sul, por meio de senha pessoal, qualificando o acesso indevido pelas circunstâncias do uso pessoal, da ausên-

Os verbos nucleares são *permitir* (autorizar) ou *facilitar* (ajudar, auxiliar), atribuindo (conferindo), fornecendo (outorgando) ou emprestando (cedendo) senha (códigos restritos) ou agindo de qualquer outra forma. A conduta visa a franquear pessoas não autorizadas (particulares ou servidores) a acessarem **sistema de informações ou banco de dados da Administração Pública**. A expressão "sistema de informação" é empregada com o sentido de sistema informatizado (em que o dado se encontra virtualmente recolhido). O "banco de dados" refere-se, portanto, a meios físicos, como arquivos impressos ou fichas cadastrais.

4. TIPO SUBJETIVO

O elemento subjetivo genérico (**dolo**) abarca a vontade e a consciência de tornar público o fato confidencial, do qual tem conhecimento em razão da função. Quando o *intraneus* age motivado pela intenção de salvaguardar algum direito, próprio ou de terceiro, pode restar caracterizada uma excludente de ilicitude.

5. SUJEITOS DO CRIME

5.1. Sujeito ativo

Só pode figurar como sujeito ativo o **funcionário público que possui o dever de manter em segredo a informação**. Nas condutas equiparadas, o autor do fato é o **titular da senha funcional de acesso irrestrito** que a utiliza indevidamente ou a atribui, fornece ou empresta a terceiro para que este obtenha a informação protegida.

5.2. Sujeito passivo

É o Estado e, secundariamente, o titular da informação protegida pelo sigilo.

6. CONSUMAÇÃO E TENTATIVA

6.1. Consumação

Consuma-se o delito **quando o terceiro toma conhecimento do segredo revelado direta ou indiretamente**. Não é preciso divulgação a um número indeterminado de pessoas (basta uma só), nem mesmo que haja danos à

---

cia de autorização da chefia e do acesso em horário de trabalho. Conduta típica devidamente descrita" (TJRS, HC 70079436705, rel. Des. Newton Brasil de Leão, redator Des. Julio Cesar Finger, 4ª CCr, j. 6-12-2018).

Administração (basta a possibilidade de isto ocorrer) ou a terceiros (se prejuízo existir, incide o § 2º).

6.2. Tentativa

A tentativa é admissível, salvo na revelação verbal, em que a conduta é unissubsistente.

7. FORMA QUALIFICADA (ART. 325, § 2º)

O § 2º (acrescentado pela Lei n. 9.983/2000) dispõe que se da ação ou omissão **resulta dano à Administração Pública ou a outrem**, a pena é de reclusão, de dois a seis anos, e multa.

A presente qualificadora aplica-se ao *caput* e ao § 1º. Lembre-se de que "pelo resultado que agrava especialmente a pena, só responde o agente que o houver causado ao menos culposamente" (art. 19 do CP); é necessário, por conseguinte, que o funcionário tenha previsto o dano ou, então, que tal resultado lhe fosse previsível quando de seu comportamento criminoso.

8. CAUSA DE AUMENTO DE PENA

A pena será aumentada de um terço quando o sujeito ativo for ocupante de **cargo em comissão ou de função de direção ou assessoramento** de órgão da administração direta, sociedade de economia mista, empresa pública ou fundação instituída pelo poder público (art. 327, § 2º).

9. CLASSIFICAÇÃO JURÍDICA

Classifica-se como crime *de forma ou ação livre* (pode ser cometido por qualquer meio executivo), *próprio* (exige-se predicado especial do sujeito ativo, embora terceiros possam figurar como autores ou partícipes nos termos dos arts. 29 e 30 do CP), *monossubjetivo ou de concurso eventual* (admite execução por uma só pessoa ou várias, em concurso de agentes), *formal ou de consumação antecipada* (consuma-se independente do dano efetivo à Administração ou ao terceiro, que, se vier a ocorrer, gerará a qualificadora do § 2º), *instantâneo* (a fase consumativa não se prolonga no tempo) e *plurissubsistente* (o *iter criminis* admite fracionamento; unissubsistente, quando a revelação do segredo se der verbalmente).

10. PENA E AÇÃO PENAL

A pena é de detenção, de seis meses a dois anos, ou multa, se o fato não constitui crime mais grave. Configura infração de menor potencial ofensivo, sujeita à Lei n. 9.099/95, art. 61, salvo na figura qualificada (§ 2º).

A ação penal é de iniciativa **pública incondicionada**.

ART. 326 – VIOLAÇÃO DO SIGILO DE PROPOSTA DE CONCORRÊNCIA

1. DISPOSITIVO LEGAL

Violação do sigilo de proposta de concorrência

Art. 326. Devassar o sigilo de proposta de concorrência pública, ou proporcionar a terceiro o ensejo de devassá-lo:

Pena – Detenção, de 3 (três) meses a 1 (um) ano, e multa.

2. REVOGAÇÃO

Esse dispositivo foi **tacitamente revogado** pelo art. 94 da Lei n. 8.666/93, o qual, por sua vez, foi substituído, em 2021, pelo art. 337-J deste Código. O fato antes tipificado na Lei n. 8.666/93 manteve seu caráter criminoso, sem solução de continuidade, passando, porém, a ser previsto no Código Penal. Não houve, com tal transposição, *abolitio criminis*, pois respeitado o princípio da continuidade típico-normativa. Remete-se o leitor, para maiores detalhes, ao **art. 337-J**, estudado adiante.

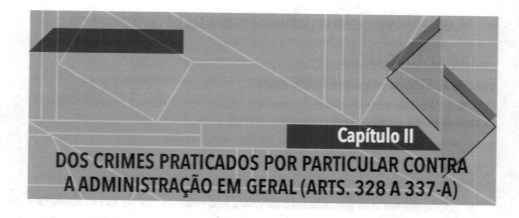

Capítulo II
DOS CRIMES PRATICADOS POR PARTICULAR CONTRA A ADMINISTRAÇÃO EM GERAL (ARTS. 328 A 337-A)

1. INTRODUÇÃO

O Capítulo II trata de delitos cometidos por *particular* contra a Administração Pública em geral. O objeto de proteção das normas inseridas nesse setor do Código, do mesmo modo como no capítulo precedente, é a regularidade e o normal funcionamento da máquina estatal.

2. SUJEITOS ATIVO E PASSIVO

As infrações descritas no Capítulo II consubstanciam *crimes comuns*, diversamente daqueles estudados anteriormente (arts. 312 a 326), todos próprios (alguns de mão própria).

O sujeito ativo será sempre o *particular*. Excepcionalmente, contudo, poderá ser cometido por funcionário público, conquanto aja fora do exercício de suas funções (p. ex., oficial de justiça, em férias com a família, desacata policial que lhe aplicou multa de trânsito).

Não se pode ignorar, ainda, a possibilidade de um particular realizar a conduta auxiliado de algum modo por um funcionário público, o qual será considerado coautor ou partícipe do fato (CP, art. 29).

O sujeito passivo, de outro lado, será sempre o Estado, e, secundariamente, o funcionário ou o terceiro que sofrerem prejuízo patrimonial ou moral.

ART. 328 – USURPAÇÃO DE FUNÇÃO PÚBLICA

1. DISPOSITIVO LEGAL

Usurpação de função pública

Art. 328. Usurpar o exercício de função pública:
Pena – detenção, de 3 (três) meses a 2 (dois) anos, e multa.

Parágrafo único. Se do fato o agente aufere vantagem:

Pena – reclusão, de 2 (dois) a 5 (cinco) anos, e multa.

2. VALOR PROTEGIDO (OBJETIVIDADE JURÍDICA)

Protege-se o **bom funcionamento da Administração** contra pessoas que, não tendo atribuição legal para exercer determinado *munus*, o fazem ilicitamente.

O Estado detém a prerrogativa de escolha e investidura daqueles a quem irá confiar o desempenho das funções que lhe incumbem, justificando-se a incriminação de quem as usurpa.

O Código Penal de 1890 fundia a usurpação de função pública e o seu exercício ilegalmente antecipado ou prorrogado num só dispositivo. O legislador, em 1940, houve por bem cindir as figuras típicas, até porque a usurpação tem como sujeito ativo o particular, ao passo que o exercício funcional indevidamente antecipado ou prolongado, o funcionário público.

3. TIPO OBJETIVO

A ação nuclear consiste em *usurpar*, isto é, **exercer indevidamente** ou **assumir de modo ilícito**. Trata-se de "assumir e exercitar, indevidamente, funções ou atribuições que não competem ao agente. Com a *usurpação de função* há indevida e ilegítima intromissão no aparato legal da Administração Pública de um *extraneus* que se arroga prerrogativas de funcionário, que não as tem, e pratica atos de ofício, como se funcionário competente fosse"[1].

O *objeto material* é a *função pública* (de qualquer natureza, ainda que não remunerada). **Se a função pública inexiste,** ou **se a lei permite que o ato seja realizado por particulares,** ainda que excepcionalmente, **não há crime** (p. ex., o guarda civil municipal que efetua prisão em flagrante não comete usurpação de função pública, porque não se trata de ato privativo de agentes estatais, tanto que a prisão em flagrante pode ser efetuada por qualquer pessoa do povo, nos termos do art. 301 do CPP[2]).

---

[1] Cézar Roberto Bitencourt. *Tratado de direito penal*, v. 5, p. 153.

[2] Nesse sentido: TACrimSP, *RT* 791/634. Ainda foi considerada atípica a conduta de ex-policial que realizava diligências voluntárias: "embora o acusado tenha atuado após sua aposentadoria na polícia, realizando intimações na localidade próxima à sua residência, o fez com o consentimento dos próprios Delegados de Polícia, tão somente para se ocupar e auxiliar à própria Delegacia de Polícia, sem qualquer ônus para o Estado. Assim, não lesou a Administração Pública, tampouco afrontou a moralidade e a probidade administrativa, donde não vejo em sua conduta qualquer fraude indicativa de crime" (TJMG, AP 10090090255424001, rel. Des. Júlio Cezar Guttierrez, 4ª CCr, j. 9-4-2014).

4. TIPO SUBJETIVO

Exige-se **dolo** (elemento subjetivo genérico), consistente na vontade e na consciência de usurpar alguma função estatal. Não há elemento subjetivo específico. Se o agente **visar a auferir alguma vantagem**, responderá pela forma **qualificada** (parágrafo único). Se tal objetivo for efetivamente alcançado, consumar-se-á o tipo derivado; caso contrário, tendo usurpado a função pública mas não logrando obter a vantagem pretendida, haverá tentativa[3].

5. SUJEITOS DO CRIME

5.1. Sujeito ativo

O fato pode ser cometido por **particular** ou, ainda, por **funcionário público** que indevidamente venha a praticar ato de ofício relativo à **função diversa** da que ocupa (há quem discorde dessa possibilidade, apenas admitindo o *extraneus* como sujeito ativo)[4].

---

[3] "A aferição de vantagem não é condição necessária para a tipificar do crime previsto no *caput* do art. 328 do Código Penal. Essa circunstância só é exigida para caracterizar a forma qualificada do crime, razão pela qual não há que se falar em atipicidade da conduta" (STJ, AgRg nos EDcl no HC 665.271/SP, rel. Min. Reynaldo Soares da Fonseca, 5ª T., j. 8-6-2021).

[4] "O crime de usurpação de função pública está inserido no Código Penal entre os 'Crimes Praticados por Particular contra a Administração em Geral', não sendo tipificado quando o agente é funcionário da própria administração, salvo se em atividade de tal forma gritantemente anômala, que o faça igual ao particular intruso" (*RT* 687/305). Sobre essa temática, ver ainda o seguinte julgado: "Remessa de ofício em *Habeas Corpus* preventivo, impetrado pela União, em favor de Policiais Rodoviários, ameaçados de autuação e persecução penal por parte da Polícia Civil da Paraíba, pela suspeita da prática do crime de usurpação de função pública (art. 328 do CP). 2. A controvérsia em evidência se refere à possibilidade de os Policiais Rodoviários Federais lavrarem Termo Circunstanciado de Ocorrência, visto que não teriam atribuição de investigação criminal. 3. Além de a Constituição Federal não assegurar exclusividade para o registro da ocorrência de crimes, neste caso, além de constar no próprio Regimento Interno da Polícia Rodoviária Federal, há recomendação do Departamento de PRF, no sentido de que eles devem lavrar TCO, ao fundamento de que seriam autoridades policiais. E mais, na Paraíba, Estado em que foi impetrado o presente *writ*, a Corregedoria do Tribunal de Justiça expediu a Recomendação CGJ/PB n. 05/2013, de 1º-11-2013, recomendando aos Juízes de Direito o recebimento dos TCOs lavrados por Policiais Rodoviários Federais, prática esta verificada em outros Estados. 4. Deve ser mantida a sentença que concedeu o *habeas corpus*, por atipicidade da conduta. 5. Remessa oficial não provida" (TRF 5ª R., REO 0000263-32.2016.4.05.8201, rel. Des. Élio Wanderley de Siqueira Filho, 1ª T., j. 20-10-2016). O posicionamento do Superior Tribunal de Justiça é no sentido de que o funcionário

5.2. Sujeito passivo

É o Estado, por meio do ente público cuja função foi usurpada.

6. CONSUMAÇÃO E TENTATIVA

6.1. Consumação

Trata-se de *crime formal*, motivo por que seu momento consumativo corresponde à prática do primeiro ato de ofício relativo à atribuição usurpada. A mera ostentação, como lembrava Hungria, não satisfaz as exigências do tipo penal (*vide* item "8", abaixo).

6.2. Tentativa

Admite-se a tentativa, já que o *iter criminis* pode ser cindido em vários atos.

7. TIPO QUALIFICADO PELO RESULTADO (PARÁGRAFO ÚNICO)

"Se do fato o agente **aufere vantagem**", o crime deixa de ser de menor potencial ofensivo, submetendo-se o infrator a uma pena de reclusão, de dois a cinco anos, e multa.

Dá-se a qualificadora quando o sujeito ativo, tendo realizado algum ato de ofício e, portanto, usurpado de função pública, aufere alguma vantagem (patrimonial ou não, uma vez que a lei não distingue).

8. CONCURSO APARENTE DE NORMAS

O agente que se limita a **simular a qualidade de funcionário público** incorre na **contravenção penal** prevista no art. 45 da LCP ("fingir-se funcionário público"). Quando o autor do fato, entretanto, após se fazer passar por funcionário, efetivamente realizar algum ato de ofício, o delito do art. 328 do CP absorve a contravenção penal (princípio da consunção). Conforme se destacou acima, a mera ostentação (jactância, bazófia) da qualidade de funcionário não constitui crime ou contravenção penal.

Destaque-se, ainda, que a circunstância de o funcionário realizar ato de ofício, dentro de sua esfera de atribuição, **após ter sido suspenso de suas funções por determinação judicial**, configura o delito previsto no **art. 359**

---

público pode cometer o delito do art. 328 quando o ato praticado for diverso da função que ocupa: AgRg nos EDcl no HC 665.271/SP, rel. Min. Reynaldo Soares da Fonseca, 5ª T, j. 8-6-2021.

do CP. Se a suspensão foi decorrente de **decisão administrativa**, contudo, o fato será penalmente **atípico**.

Registre-se, por fim, que o **ato de se fazer passar por servidor público, assim se intitulando (sem realizar qualquer ato de ofício)**, de modo a induzir outrem em erro com o escopo de obter vantagem econômica, caracteriza **estelionato** (CP, art. 171)[5]. Essa situação não se confunde com a descrita no parágrafo único do art. 328, em que o particular efetivamente usurpa uma função estatal objetivando com isso obter alguma vantagem (patrimonial ou não).

9. CLASSIFICAÇÃO JURÍDICA

Trata-se de crime de *ação ou forma livre* (pode ser cometido por qualquer meio executório), *comum* (qualquer pessoa pode figurar como sujeito ativo, inclusive o servidor público, desde que se encontre fora de suas atribuições legais), *unissubjetivo ou de concurso eventual* (pode ser cometido por uma só pessoa ou por várias em concurso de agentes – art. 29 do CP[6]), *formal ou de consumação antecipada* (seu *summatum opus* independe de qualquer dano à administração), *instantâneo* (sua fase consumativa não se prolonga no tempo) e *plurissubsistente* (o *iter criminis* admite cisão).

10. PENA E AÇÃO PENAL

A pena é de detenção de três meses a dois anos, e multa. Cuida-se de infração de menor potencial ofensivo (Lei n. 9.099/95), submetendo-se à competência *ratione materiae* dos Juizados Especiais, ao procedimento sumaríssimo e às respectivas medidas despenalizadoras. Na figura qualificada, contudo, o fato se processará perante o Juízo Comum, obedecendo-se ao rito comum ordinário (CPP, arts. 395 a 405).

A ação penal é de iniciativa **pública incondicionada**.

---

[5] Nesse sentido: Cézar Roberto Bitencourt. *Tratado de direito penal*, v. 5, p. 154.

[6] "I – Hipótese em que funcionários de uma copiadora utilizavam carimbos de autenticação pertencentes ao 4º Ofício de Notas de Brasília/DF – fornecidos pelo próprio Tabelião –, em cópias de documentos, encaminhando-as, posteriormente, ao cartório, para a aposição de assinaturas por escreventes autorizados. II – O ora denunciado, embora não tenha praticado qualquer ato executório, concorreu de algum modo para a realização do crime, razão pela qual é forçoso reconhecer a figura do concurso de pessoas no presente caso. III – Recurso provido, nos termos do voto do Relator" (STJ, REsp 688.339, 5ª T., rel. Min. Gilson Dipp, *DJU* de 16-5-2005).

ART. 329 – RESISTÊNCIA

1. DISPOSITIVO LEGAL

Resistência

Art. 329. Opor-se à execução de ato legal, mediante violência ou ameaça a funcionário competente para executá-lo ou a quem lhe esteja prestando auxílio:

Pena – detenção, de 2 (dois) meses a 2 (dois) anos.

§ 1º Se o ato, em razão da resistência, não se executa:

Pena – reclusão, de 1 (um) a 3 (três) anos.

§ 2º As penas deste artigo são aplicáveis sem prejuízo das correspondentes à violência.

2. VALOR PROTEGIDO (OBJETIVIDADE JURÍDICA)

Tutela-se a **Administração Pública**, notadamente no que tange à **primazia do interesse público sobre o particular** e à proeminência e **resguardo da autoridade estatal.**

Deve-se sempre lembrar que "autoridade" não se confunde com "autoritarismo", ou seja, a prática de arbitrariedades no exercício de algum múnus público. Justamente por isso a lei penal somente coloca sob sua proteção os *atos legais praticados por quem tem competência para executá-los* (ou contra o terceiro que empresta auxílio ao funcionário correspondente); a oposição exercida contra estes constitui crime de resistência, ao passo que a repulsa a arbitrariedades configura legítima defesa[7].

3. TIPO OBJETIVO

A conduta típica corresponde ao comportamento de *opor-se* (i. e., **colocar obstáculos, apresentar-se com objeção**) à execução de *ato legal*, utilizando-se de **violência** ou **ameaça a funcionário competente para executá-lo**, ou a quem lhe esteja auxiliando. A violência empregada contra particular, *desacompanhado de funcionário*, não caracteriza resistência; assim, por exemplo, se uma pessoa do povo efetua prisão em flagrante, louvando-se da faculdade prevista no art. 301 do CPP, e o preso opõe-se ao ato, não comete resistência, mas crime contra a pessoa.

---

[7] Como bem pondera Edgardo Alberto Donna, "(...) para que a resistência do autor seja antijurídica é necessário que o funcionário tenha atuado juridicamente" (*Derecho penal*, p. 71).

Os *meios executórios*, essenciais para que haja delito, são: a) *violência* à pessoa (**funcionário ou terceiro que lhe auxilie**); b) *ameaça* (verbal, escrita ou real[8]; **não se exige "grave" ameaça**).

A violência deve ser empregada diretamente contra os executores do ato ou, indiretamente, sobre terceiros, não estando incluída na disposição aquela efetuada contra coisas[9], sob pena de ofensa ao princípio da legalidade. Nelson Hungria admitia a existência do delito mesmo quando se cuidasse de violência contra a coisa, quando esta repercutisse na oposição à execução do ato legal, fornecendo os seguintes exemplos: derrubar a escada que o policial pretende utilizar para ascender até o local em que se encontra o agente ou matar o cavalo do soldado responsável pela perseguição[10].

A **ofensa** dirigida a quem pretenda executar o ato ou prestar auxílio para tanto **não configura resistência**, podendo caracterizar **injúria** (assim, p. ex., se a pessoa ofende o policial, ou escarra sobre o servidor). Caso o sujeito ofenda o funcionário e, além disso, fora do mesmo contexto fático, resista à prisão, haverá concurso material entre os delitos dos arts. 329 e 140[11].

Não se pune a chamada resistência passiva[12], justamente porque não exercida mediante violência ou ameaça a pessoa. Assim, por exemplo, inexiste o crime em estudo se o sujeito: a) sair correndo a fim de evitar sua prisão; b) demorar a franquear a entrada do oficial de justiça que executa mandado de penhora ou deixar de abrir-lhe a porta; c) agarrar-se a uma árvore para evitar ser conduzido ao Distrito Policial ou atirar-se no chão com esse propósito (nesses casos, pode caracterizar-se crime de **desobediência** – art. 330 do CP).

É preciso que o *ato* ao qual se opõe resistência seja *legal* (do ponto de vista substancial e formal).

A *legalidade formal* diz respeito ao cumprimento dos requisitos extrínsecos, como a exibição do mandado judicial por parte de seu executor, a

---

[8] A ameaça real dá-se mediante a prática de atos intimidativos, como brandir um punhal, mostrar os punhos cerrados de maneira ameaçadora, apontar arma contra o funcionário público.

[9] Nesse sentido, entre outros, Damásio de Jesus (*Código Penal anotado*, p. 1013).

[10] *Comentários ao Código Penal*, v. IX, p. 412.

[11] Nesse sentido: TACrimSP, *RT* 799/599 e 795/616.

[12] Nesse sentido: "A resistência passiva ou desobediência, configurada quando o agente se debate ou esperneia, ou quando dirige agressão à coisa – e não ao funcionário público – não caracteriza o ilícito do art. 329 do CP" (TJMG, ApCr 1.0000.24.326874-5/001, rel. Des. Marcílio Eustáquio Santos, 7ª CCr., j. 11-9-2024).

observância do horário em que se autoriza o cumprimento de tais ordens no interior do domicílio alheio[13].

A *legalidade material ou substancial* constitui aquela relativa à observância dos requisitos intrínsecos para a prática do ato e não deve ser confundida com a eventual injustiça que este pode conter. Se o policial efetua a prisão em flagrante de um juiz de direito por crime afiançável, o ato é materialmente ilegal, pois os magistrados só podem ser presos em tais condições por delitos inafiançáveis – daí por que eventual resistência será lícita; se a Polícia, contudo, cumpre um mandado de prisão e o preso considera injusta a medida por julgar-se inocente, sua resistência será criminosa.

A *dúvida séria e fundada acerca da legalidade do ato*, por parte de quem a ele se opôs, *torna o fato atípico*, à luz do art. 20 do CP (erro de tipo – o qual excluirá o dolo).

Configura elementar do tipo, ademais, **ter o agente estatal *competência*** (leia-se: atribuição legal) **para praticar o ato**. Podem ser objetos materiais o funcionário ou o *extraneus* que lhe empresta auxílio, o qual age como *longa manus*. Reitere-se que, nesse caso, exige-se a presença do assistido. Como se expôs anteriormente, o particular que, *sponte propria*, efetua prisão em flagrante, age no exercício regular de um direito, mas a resistência contra ele oferecida não se subsume ao delito em estudo, embora possa configurar lesão corporal (art. 129 do CP), ameaça (art. 147 do CP) etc.

Pode-se concluir, em síntese, que os elementos constitutivos da resistência (de natureza objetiva) são:

1) oposição ativa, por meio de violência ou grave ameaça;

2) ordem formal e substancialmente legal;

3) funcionário competente para o ato.

3.1. Direito de resistência contra o arbítrio do Estado

Vem de longa data a discussão acerca da possibilidade de o indivíduo resistir de maneira ativa ao arbítrio do agente público. Há **três teorias** acerca do assunto. Defende-se, por um lado, o princípio da obediência passiva ou absoluta. Para esta concepção, **nem mesmo a ilegalidade do ato oficial permite a oposição do particular**, o qual deve se submeter incondicionalmente à ação do Estado, ressalvando-se apenas a possibilidade de buscar, *a posteriori*, responsabilização dos servidores e reparação dos danos sofridos. Contrapon-

---

[13] A Constituição Federal somente autoriza o ingresso em domicílio alheio, contra a vontade do morador, para prestar socorro, em caso de desastre, flagrante delito ou, *durante o dia*, se houver ordem judicial – art. 5º, XI.

do-se a esse enfoque, há a tese segundo a qual o particular não tem apenas um direito, mas verdadeiro **dever de resistir a ações ilegais,** pois quem se curva ao arbítrio dos agentes públicos os habitua à prepotência, concorrendo para a generalização desse hábito pernicioso. Sustenta-se, por fim, que **a resistência somente se tornará legítima quando a ilegalidade do ato (formal ou substancial) mostrar-se evidente.** Aquele que reagir diante de arbítrios encontrar-se-á em legítima defesa (própria ou de terceiro), de modo que sua oposição será lícita, nos termos dos arts. 23, II, e 25 do Código. Esta solução intermediária resguarda o princípio da autoridade estatal e, ao mesmo tempo, respeita a dignidade da pessoa humana. Cuida-se da corrente mais aceita nos dias atuais.

4. TIPO SUBJETIVO

O elemento subjetivo genérico (**dolo**) consiste na intenção de impedir a execução de ato legal. Quando o sujeito agir movido por outros interesses, poderá incorrer em diferentes normas incriminadoras. Assim, por exemplo, se uma pessoa, com o objetivo de vingar-se de policiais, efetuar disparos de arma de fogo contra eles durante a execução de uma ordem de prisão, visando a atingi-los fatalmente, responde por homicídio, consumado ou tentado; se o agente, no entanto, agiu desse modo para evitar o cumprimento da ordem de prisão contra si ou contra terceiro expedida, responde por resistência e homicídio, tentado ou consumado, em concurso material, por força do § 1º.

Há grande **divergência** em nossos tribunais **sobre a compatibilidade do delito com o estado de embriaguez.** Há três posições acerca do tema: 1ª) a da irrelevância da ebriez na aferição do elemento subjetivo do injusto; 2ª) a da incompatibilidade total desse estado com o *animus* inerente à resistência; 3ª) a da incompatibilidade relativa, admitindo que a embriaguez somente excluirá o delito quando retirar do agente a condição de compreender o caráter ilícito de seu ato.

Parece-nos que a razão se encontra com a primeira linha de pensamento exposta, sendo esta a única corrente compatível com nosso ordenamento jurídico-penal. Isso porque, como regra, a circunstância de estar o agente alcoolizado não retira dele a responsabilidade penal, já que o art. 28 do Código somente considera inimputável a pessoa acometida de embriaguez completa e involuntária, capaz de suprimir inteiramente as capacidades intelectiva e volitiva do agente. Fora daí, o agente responde pelo fato praticado[14].

---

[14] Segundo Rogério Greco, adepto da terceira corrente: "É claro que se o agente estiver embriagado a ponto de não saber o que faz, não teremos condições de identificar o dolo, principalmente se proferiu ameaças, no sentido de opor-se à execução do ato legal. Entretanto, se a embriaguez foi um fator que teve o poder de soltar os freios

5. SUJEITOS DO CRIME

5.1. Sujeito ativo

Qualquer pessoa pode figurar como sujeito ativo da resistência (**crime comum**), não somente aquele a quem se dirige o ato legal contra o qual se oferece oposição, já que terceiros (como parentes ou amigos) podem intentar impedir a execução da função estatal desempenhada.

5.2. Sujeito passivo

É o Estado, por meio do ente público responsável pela execução do ato legal, e, eventualmente, o particular que lhe empresta auxílio, atuando como *longa manus*.

6. CONSUMAÇÃO E TENTATIVA

6.1. Consumação

Dá-se a consumação **com o emprego da violência ou ameaça,** tanto ao funcionário cumpridor do ato quanto ao terceiro que lhe ajude. Trata-se de *crime formal*, pois se realiza integralmente ainda que o ato seja executado, apesar da resistência oposta[15]. **Caso, entretanto, a oposição acabe por inviabilizar a execução do ato, operando-se o exaurimento,** responderá o agente pela forma **qualificada** (§ 1º).

6.2. Tentativa

Afigura-se possível a tentativa, quando o agente não conseguir empregar violência ou concretizar a ameaça por circunstâncias alheias à sua vontade.

7. FORMA QUALIFICADA (ART. 329, § 1º)

O **exaurimento** da oposição ativa empregada, isto é, aquele **que resulta na inexecução do ato,** qualifica o crime, sujeitando o agente a uma

---

inibidores do agente, não podemos descartar a caracterização do delito" (*Código Penal comentado*, p. 871).

[15] "A efetiva ofensa à integridade corporal do funcionário executor do ato legal não é elementar do delito de resistência, de modo que o fato de não ter havido o efetivo atropelamento dos agentes policiais não exclui a prática do crime, que se consuma no momento em que o acusado opõe-se a ordem por meio de uma conduta violenta ou ameaçadora" (STJ, AgRg no AREsp 2.121.731/SP, rel. Min. Rogerio Schietti Cruz, 6ª T., j. 13-12-2022).

pena de reclusão, de um a três anos. Nesse caso, deixa o ato de ser considerado infração penal de menor potencial ofensivo, embora admita, em tese, a suspensão condicional do processo (art. 89 da Lei n. 9.099/95).

8. CÚMULO MATERIAL NECESSÁRIO (ART. 329, § 2º)

O § 2º da disposição declara que as penas da resistência devem ser impostas sem prejuízo daquelas decorrentes da violência empregada. Trata-se do cúmulo material compulsório ou necessário, em que o legislador obriga a que se proceda à soma das sanções, afastando a regra do concurso formal (CP, art. 70)[16].

Assim, por exemplo, se o agente opuser resistência lesionando o ofendido, receberá cumulativamente as penas da lesão corporal. Se lhe produzir a morte, as do homicídio (art. 121). Quando o meio executivo resumir-se a **vias de fato ou ameaça**, ter-se-á **apenas o crime de resistência**, já que tais expedientes se exaurem nas elementares do tipo[17].

Anote-se, por derradeiro, que o agente, depois de preso, fugir ou tentar fazê-lo utilizando-se de violência contra a pessoa, cometerá também o *crimen* tipificado no art. 352 do CP.

---

[16] Nesse sentido: STJ, *RT* 778/559 e TJSP, AP 9000010-83.2013.8.26.0405, rel. Des. Edison Brandão, 4ª CCr, j. 8-3-2016. E ainda: "Apesar do mesmo contexto fático em que foram praticados os crimes de resistência e de lesão corporal, não há que se cogitar concurso formal de crimes, ante o disposto no § 2° do art. 329 do Código Penal, o qual prevê que o agente responde não só pela resistência como também pela violência cometida, atraindo, assim, a incidência do concurso material de crimes" (TJDFT, Acórdão 1226699, 00017984020188070019, rel. Des. Carlos Pires Soares Neto, 1ª T. Criminal, j. 23-1-2020). No sentido de ser possível o concurso formal, aplicando-se o concurso material apenas quando houver desígnios autônomos: "A regra prevista no art. 329, § 2º, do Código Penal determina apenas que, se durante o ato de resistência, o acusado vier a lesionar a vítima, responderá autonomamente pelo delito do art. 129 do Código Penal, mas não impõe a regra do concurso de crimes a ser observada. Assim, se o caso concreto refere-se a uma única ação, que deu origem a dois delitos diferentes, mediante desígnio único, mostra-se viável a adoção da regra do concurso formal próprio entre os crimes, nos termos do art. 70, primeira parte, do Código Penal" (TJMG, ApCr 1.0317.19.001289-6/001, rel. Des. Márcia Milanez, 6ª CCr, j. 28-4-2020).

[17] "Restando demonstrado que o agente utilizou-se de violência ou ameaça, a fim de evitar a execução de ato legal, bem como de que a ação legítima deixou de se realizar em razão da oposição oferecida, resta configurado o crime de resistência qualificada. Verificando-se que o disparo de arma de fogo tratou-se do meio de execução do crime de resistência (crime-fim), deve ser aplicado o princípio da consunção. O art. 15 da Lei de Armas preceitua que a infração tem caráter subsidiário" (TJMG, ApCr 1.0000.22.231490-8/001, rel. Des. Doorgal Borges de Andrada, 4ª CCr, j. 7-12-2022).

9. ROUBO SEGUIDO DE RESISTÊNCIA

Trata-se da situação em que roubadores, **após a subtração do bem, se valem de violência ou ameaça contra policiais, objetivando garantir sua impunidade,** evitando serem presos. Para um setor de nossa jurisprudência, tal conduta deve ser considerada um desdobramento da violência inerente ao crime patrimonial. Essa orientação, em nosso modo de ver, não se afigura acertada, visto que não se pode confundir a violência empregada como meio executório da subtração, cujo alvo é a vítima desse crime (esta sim inerente ao roubo), e aquela exercida posteriormente, com o escopo de evitar a prisão, cujo alvo são os policiais. No último caso, cremos que há concurso material de crimes[18].

10. CLASSIFICAÇÃO JURÍDICA

Classifica-se como crime de *ação ou forma livre* (pode ser cometido por qualquer meio executório, desde que constitua oposição *ativa*, isto é, exercida com violência ou grave ameaça contra a pessoa), *comum* (qualquer indivíduo pode figurar como sujeito ativo), *monossubjetivo ou de concurso eventual* (pode ser cometido por um só agente ou vários, em concurso), *formal ou de consumação antecipada* (seu *summatum opus* independe da realização do resultado pretendido pelo agente, isto é, da frustração do ato oficial; se o ato não for executado, haverá exaurimento, o qual resultará na forma qualificada prevista no § 1º), *instantâneo* (sua consumação não se prolonga no tempo) e *plurissubsistente* (o *iter criminis* é fracionável).

11. PENA E AÇÃO PENAL

A pena é de detenção, de dois meses a dois anos. Trata-se de infração de menor potencial ofensivo, sujeita ao procedimento comum sumaríssimo e às medidas despenalizadoras da Lei n. 9.099/95, além da competência *ratione materiae* dos Juizados Especiais Criminais.

Na figura qualificada, a pena é de reclusão, de um a três anos. O rito cabível é o comum sumário (CPP, arts. 395 a 399 e 531 a 538). Admite-se a suspensão condicional do processo.

A ação penal é de iniciativa **pública incondicionada.**

---

[18] Nesse sentido: "Alegação de não ter sido o autor dos disparos durante a resistência – Absolvição – Impossibilidade – Adesão à conduta dos comparsas – Regime prisional fechado de rigor – Concurso material de crimes – Ocorrência – Tratando-se de condutas com objetividades jurídicas diversas, oriundos de desígnios autônomos, necessário o cúmulo material" (TJSP, AP 9000010-83.2013.8.26.0405, rel. Des. Edison Brandão, 4ª CCr, j. 8-3-2016).

ART. 330 - DESOBEDIÊNCIA

1. DISPOSITIVO LEGAL

Desobediência

Art. 330. Desobedecer a ordem legal de funcionário público:

Pena – detenção, de 15 (quinze) dias a 6 (seis) meses, e multa.

2. VALOR PROTEGIDO (OBJETIVIDADE JURÍDICA)

O manto protetivo ergue-se com vistas à salvaguarda da **Administração Pública,** no que tange ao **caráter cogente e vinculante que emana de suas determinações** e, secundariamente, a **primazia do interesse público** sobre o particular.

A desobediência **assemelha-se, quanto à sua** *ratio,* à resistência. Distancia-se dela, todavia, porque no art. 330 nota-se a **ausência das elementares** "violência ou grave ameaça contra a pessoa". A grande proximidade entre as infrações permite referir-se à **resistência** como "desobediência belicosa" e à **desobediência** como "resistência passiva"[19].

Relembre-se, como dissemos por ocasião do estudo do art. 329, que "autoridade" não se confunde com "autoritarismo", é dizer, a prática de arbitrariedades no exercício de algum múnus público. Justamente por isso, a lei penal somente coloca sob sua proteção *ordens legais emanadas por funcionários públicos, no exercício de sua competência;* o desatendimento de tais ordens configura o crime, ao passo que a recusa em acatar arbitrariedades considera-se lícita.

3. TIPO OBJETIVO

3.1. Elementares

A ação nuclear consiste em *desobedecer,* isto é, infringir, transgredir, descumprir. Pode dar-se de maneira comissiva ou omissiva. Se a ordem demandar uma ação do particular, cometerá crime quando se omitir; caso exija dele uma inação, caracterizar-se-á a conduta criminosa com a prática da ação proibida.

Pune-se o destinatário do comando (em regra, um particular) que desatender à ordem expedida por algum funcionário público.

Constitui *elemento normativo do tipo* tratar-se de *ordem legal* (verbal ou escrita). Por "ordem" entenda-se a inequívoca determinação, e não a simples recomendação, solicitação ou pedido. É preciso que o comando te-

---

[19] *Vide* Nelson Hungria. *Comentários ao Código Penal,* v. IX, p. 419.

nha *base legal*, e não meramente **administrativa**. Justamente por esse motivo, o desrespeito à determinação elaborada por delegados de polícia ou juízes eleitorais vedando o consumo de bebidas alcoólicas, às vésperas da eleição, não configura desobediência[20].

A **legalidade** deve se dar nos **planos formal e substancial** (do mesmo modo como se asseverou por ocasião do estudo do crime de resistência), isto é, devem ser atendidos os requisitos extrínsecos e intrínsecos para a emissão da ordem. Se houver dúvida séria e fundada a esse respeito, incidirá em favor do destinatário a regra do art. 20, *caput*, do Código (erro de tipo), fator que conduz à exclusão do dolo. A justiça (ou injustiça) do comando é indiferente para fins penais.

Vale lembrar que constitui elemento do crime cuidar-se de determinação emanada por "funcionário público". Este figura como *vítima* do crime, o que conduz a uma **conceituação restrita** desta elementar, fundada tão somente no *caput* do art. 327 do CP. Em outras palavras, **não se aplica a equiparação contida no** § 1º do dispositivo mencionado, a qual só tem incidência quando o *intraneus* figurar como sujeito ativo do crime. Dessa maneira, **o descumprimento de ordem emitida por servidor lotado em autarquia, sociedade de economia mista ou empresa pública não configura desobediência.**

De outro lado, o **funcionário deve ser competente** para emitir o comando. **Quando age extravasando suas atribuições, não há crime por parte de quem o desobedece**, pois quando o servidor atua fora dos limites de sua atribuição, age ilegalmente, o que desqualifica a ordem por ele emanada como subsumível ao tipo.

Constitui requisito *sine qua non* para a prática do crime, por fim, que o destinatário tenha sido formal e inequivocamente comunicado a respeito da determinação[21] e, ademais, que possua condições materiais para cumpri-la (caberá a ele, se for o caso, demonstrar tal impossibilidade[22]).

---

[20] TJDF, *RT* 801/584.

[21] "Para caracterizar o crime de desobediência é necessária a ciência inequívoca da ordem legal e da sanção prevista para o descumprimento, mediante comprovação da notificação pessoal do acusado. 2 – No caso em exame, a notificação por via postal foi recebida por terceira pessoa e não há comprovação de que dela teve ciência o denunciado" (TJRS, RC 71004774923, rel. Des. Volcir Antônio Casal, Turma Recursal Criminal, j. 9-6-2014). E também: STJ, HC 226.512/RJ, rel. Min. Sebastião Reis Júnior, 6ª T., j. 9-10-2012).

[22] Como asseveram Delmanto *et al.*: "Também não há crime se o agente, apesar de receber a ordem legal, não possui condições materiais de cumpri-la, o que deverá restar devidamente comprovado por ele. Melhor que o agente justifique por escrito, e a tempo, a impossibilidade do cumprimento da ordem legal a si dirigida" (*Código Penal comentado*, p. 937).

3.2. Inexistência de cominação específica para o caso de descumprimento da ordem

Casos há em que a lei comina sanções específicas (civis ou administrativas) ao ato do particular que desrespeita o comando emanado por funcionário público. Quando isso ocorrer, a caracterização do crime de desobediência ficará condicionada à existência de previsão expressa nesse sentido no preceito violado. É o que se dá, por exemplo, quando a testemunha desatende ao chamado judicial, pois o art. 458 do CPP dispõe que ela ficará sujeita ao pagamento de multa (sanção administrativa), "*sem prejuízo da ação penal pela desobediência*"[23]. Se esta ressalva não existir, o inadimplemento do comando emitido não configurará o delito em questão[24]. Assim, por exemplo, se um motorista deixa de cumprir a ordem de um guarda de trânsito, no sentido de retirar um veículo de determinado local, não pratica o delito contra a Administração Pública, justamente porque a lei de trânsito prescreve sanções na órbita administrativa (como multa de trânsito e o guinchamento do veículo), nada dispondo sobre o crime de desobediência[25]. De igual modo, o desrespeito a ordem de parada emanada de agente de trânsito ou outra autoridade no desempenho dessa função específica constitui mera infração administrativa (prevista no art. 195 do CTB), ao passo que desobedecer a mesma ordem quando proveniente de policiais militares no exercício de atividade ostensiva, em meio a operação de combate a crimes, configura o fato típico em apreço[26].

No caso de descumprimento de medidas protetivas previstas na Lei Maria da Penha, até o advento da Lei n. 13.641/2018, entendia-se que essa postura não configurava crime, pois o legislador estipulava consequência específica para tal descumprimento, consistente na decretação da prisão preventiva do agente. A referida Lei, que entrou em vigor no dia 4 de abril de 2018, alterou o tratamento da matéria, ao criar um tipo penal específico, consistente em "descumprir decisão judicial que defere medidas protetivas de urgência previstas nesta Lei", apenado com detenção, de três meses a dois anos (art. 24-A da Lei n. 11.340/2006)[27].

---

[23] Grifo meu.

[24] *RT* 798/637.

[25] Nesse sentido: STF, HC 219.465, rel. Min. Gilmar Mendes, j. 1º-9-2022 e STJ, AgRg no REsp n. 1.954.136/MS, rel. Min. Reynaldo Soares da Fonseca, 5ª T., j. 14-6-2022.

[26] REsp 1.859.933-SC, rel. Min. Antonio Saldanha Palheiro, 3ª Seção, j. 9-3-2022 (Recurso Repetitivo – Tema 1060). Na mesma linha: STJ, AgRg no REsp 2.085.510/MG, rel. Min. Rogerio Schietti Cruz, 6ª T., j. 2-9-2024.

[27] "Art. 24-A. Descumprir decisão judicial que defere medidas protetivas de urgência previstas nesta Lei:

3.3. Privilégio contra a autoincriminação

Trata-se de garantia constitucional a prerrogativa de não poder o indivíduo ser obrigado a se autoincriminar (*nemo tenetur se ipsum accusare*)[28]. Bem por isso, ensinam Grinover, Scarance e Magalhães que não se mostra razoável exigir-se a cooperação do acusado para a obtenção de provas po-

---

Pena – detenção, de 3 (três) meses a 2 (dois) anos.

§ 1º A configuração do crime independe da competência civil ou criminal do juiz que deferiu as medidas.

§ 2º Na hipótese de prisão em flagrante, apenas a autoridade judicial poderá conceder fiança.

§ 3º O disposto neste artigo não exclui a aplicação de outras sanções cabíveis."

De acordo com o STJ: "Não prospera a alegação de que a hipótese de descumprimento de medida protetiva é de crime contra a Administração da Justiça, e de que o art. 41 da Lei n. 11.340/2006, que afasta a aplicação da Lei n. 9.099/95 e, consequentemente, todos os seus benefícios, não deveria ser observado no caso específico dessa infração penal, na tese de que não haveria violência doméstica contra a mulher. A realidade é que a mulher é a vítima da conduta, ficando absolutamente exposta com o descumprimento das ordens judiciais a ela pertinentes. 2. Ainda que tenha havido o descumprimento de ordem judicial, não se afasta o fato de ser a mulher, na qualidade de vítima, a beneficiária direta e imediata das disposições previstas na Lei n. 11.340/2006, diante da necessidade de se resguardar a integridade física da vítima da violência doméstica" (AgRg no RHC n. 157.235/SC, rel. Min. Olindo Menezes (Desembargador convocado do TRF 1ª Região), 6ª T., j. 9-8-2022).

[28] Para o STJ: "Como é de conhecimento, o direito ao silêncio é um consectário do *nemo tenetur se detegere*, sendo este uma garantia da não autoincriminação, segundo a qual ninguém é obrigado a produzir prova contra si mesmo, ou seja, ninguém pode ser forçado, por qualquer autoridade ou particular, a fornecer involuntariamente qualquer tipo de informação ou declaração que o incrimine, direta ou indiretamente. Trata-se de princípio de caráter processual penal, já que intimamente ligado à produção de provas incriminadoras. 2. Consequência lógica da aplicação do direito ao silêncio é a exigência que se impõe às autoridades, policiais e judiciais, da advertência ao réu de seu direito de permanecer em silêncio (art. 186, *caput*, CPP), sob pena de nulidade. Não fosse assim, na prática, o princípio jamais seria observado, como não o foi no famoso e paradigmático precedente da jurisprudência norte-americana, Miranda vs. Arizona, em 1966, no qual se anulou a confissão prestada pelo réu, por ausência de informação de seus direitos constitucionais, entre os quais o de permanecer calado. Nesse sentido, STF, HC n. 78.708-1/SP, rel. Min. Sepúlveda Pertence, *DJ* 16-4-1999. Mais que uma exigência ética de observância do Direito, a informação da existência do direito ao silêncio presta-se também a evitar a prática de métodos extorsivos da confissão, que vem a ser a *ratio essendi* da norma (*Curso de processo penal*/Eugênio Pacelli. 22. ed. rev., atual. e ampl. São Paulo: Atlas, 2018, p. 386)" (RHC n. 131.030/SP, rel. Min. Reynaldo Soares da Fonseca, 5ª T., j. 3-11-2020).

tencialmente incriminadoras[29]. Podem-se fornecer os seguintes exemplos de práticas ilícitas por ofensa ao princípio mencionado: a) obrigar alguém a se submeter a interrogatório com o polígrafo (detector de mentiras); b) constranger pessoa a realizar, contra a sua vontade, o exame de alcoolemia por meio do etilômetro[30]; c) compelir o indivíduo a fornecer material para realização de exame grafotécnico[31]; d) exigir do suspeito que participe da reprodução simulada dos fatos[32]; e) forçar alguém a deixar registrar seus padrões vocais para subsidiar perícia de confronto de voz a partir de material colhido em interceptação telefônica[33]; f) a fixação de *astreintes* em desfavor do réu que descumpre ordem emanada pelo Juízo Criminal[34].

Nesses casos, é **impossível falar-se no cometimento de crime de desobediência**, porquanto age a pessoa (segundo a doutrina tradicional) no **exercício regular de um direito (constitucionalmente assegurado)**. Cuida-se, a bem da verdade, da produção de um *risco juridicamente permitido*, o que torna o *comportamento penalmente atípico* frente ao art. 330 do Código Penal, com base na teoria da imputação objetiva[35].

4. TIPO SUBJETIVO

O elemento subjetivo genérico (**dolo**) abrange a vontade e a consciência de desobedecer a ordem, exigindo-se o prévio conhecimento de que se trata de comando oriundo de agente estatal[36].

---

[29] *As nulidades no processo penal*. São Paulo: Revista dos Tribunais, 2007, p. 94.

[30] Ou, como se diz coloquialmente, o exame do bafômetro. No sentido do reconhecimento do privilégio contra a autoincriminação, proibindo reconhecer consequências negativas da recusa em se submeter ao exame do etilômetro: STF, HC 93.916, rel. Min. Cármen Lúcia, 1ª T., *DJe* de 27-6-2008.

[31] Visando à análise comparativa da grafia do indivíduo, por exemplo, para verificar se é dele a firma detectada em documento falsificado.

[32] STF, HC 69.026, *RTJ* 142/855.

[33] STF, HC 83.096, *Informativo STF* n. 330.

[34] Para o STJ, é possível a fixação de *astreintes* em desfavor de terceiros, não participantes do processo, pela demora ou não cumprimento de ordem emanada do Juízo Criminal. No entanto, em caso de *astreintes* aplicadas em desfavor do réu, o posicionamento da Corte é de que há clara violação ao princípio do *nemo tenetur se detegere* (REsp 1.568.445/PR, rel. Min. Rogerio Schietti Cruz, 3ª S., j. 24-6-2020).

[35] Contudo, destaque-se que não há falar em direito de desrespeitar "ordem de parada emanada por agentes públicos, em contexto de policiamento ostensivo, para encobrirem a prática de outros crimes e escaparem da prisão em flagrante, eis que o direito a não autoincriminação, assim como qualquer outro, não é absoluto e não há de ser invocado para justificar a prática de condutas típicas" (STJ, AgRg no REsp 2.006.197/MG, rel. Min. Joel Ilan Paciornik, 5ª T., j. 26-6-2023).

[36] "Para configuração do crime de desobediência, exige-se que a ordem, revestida de legalidade formal e material, seja dirigida expressamente a quem tem o dever de obedecê-la,

Não há elemento subjetivo específico. Caso o sujeito ativo, todavia, sendo funcionário público, descumprir ordem cujo acatamento correspondia às suas funções e agir motivado por satisfazer sentimento ou interesse pessoal, cometerá prevaricação (salvo na hipótese a que alude o art. 26 da Lei do Mandado de Segurança e no § 2º do art. 22 da Lei n. 11.340/2006)[37].

5. SUJEITOS DO CRIME

5.1. Sujeito ativo

Trata-se de *crime comum*, cujo sujeito ativo pode ser qualquer pessoa (como todos os delitos tipificados no Capítulo II). Discute-se, entretanto, se somente o *particular* pode praticá-lo, prevalecendo amplamente esse ponto de vista. Afinal, não se pode ignorar a natureza do crime, cuja objetividade jurídica se radica no predomínio do interesse público sobre o privado, figurando a desobediência entre as infrações cometidas por "particulares contra a Administração em geral"[38]. Na hipótese de um **funcionário público descumprir ordem legal emanada por outro, *no exercício de sua competência*, poderá imputar-se a ele o crime de prevaricação** (art. 319 do CP). Há, todavia, **três exceções:**

1ª) quando o funcionário destinatário da ordem não se encontrar no exercício de suas atribuições[39];

2ª) quando a questão envolver o desatendimento de ordens judiciais proferidas em mandado de segurança;

---

e que o agente voluntária e conscientemente a ela se oponha" (TJRS, ApCr 70083226472, rel. Des. Aristides Pedroso de Albuquerque Neto, 4ª CCr, j. 7-5-2020). E ainda: "O crime de desobediência é comum e formal, cujo núcleo típico é desobedecer, no sentido de desatender ou recusar. O verbo do tipo recai sobre o elemento normativo, consistente na legalidade da ordem do funcionário público, seja sob o aspecto formal da competência daquele que emite ou executa a ordem, seja sob o aspecto substancial. Para a configuração do tipo, sob o aspecto subjetivo, necessário o conhecimento da ordem não manifestamente ilegal, independentemente de qualquer finalidade específica. Ressalte-se, por óbice do princípio do *nemo tenetur se detegere*, inexistir o dolo de desobediência da ordem se esta implicar autoincriminação ou situação jurídica desfavorável" (STJ, RHC 85.496/BA, rel. Min. Ribeiro Dantas, 5ª T., j. 23-4-2019).

[37] STJ, *RT* 791/562.

[38] De acordo com o STJ, o crime "pressupõe atuação criminosa do *particular* contra a Administração" (*v. RT* 776/528, 777/559 e 781/530).

[39] Veja, no sentido de admitir o *intraneus* como autor do delito, TJRS, HC 71005463195, rel. Des. Madgeli Frantz Machado, Turma Recursal, j. 25-5-2015. É o entendimento prevalente na doutrina, valendo citar, por todos, Damásio de Jesus (*Código Penal anotado*, p. 1016).

3ª) quando o juiz aplicar, no âmbito da violência doméstica e familiar contra a mulher, medida protetiva contra o agressor (investido em uma das qualidades previstas no *caput* e incisos do art. 6º da Lei n. 10.826/2003) de suspensão da posse ou restrição do porte de armas, com comunicação ao órgão competente, e o superior imediato responsável pelo cumprimento da ordem judicial, deixar de cumprir a determinação (art. 22, § 2º, da Lei n. 11.340/2006).

Nossos tribunais já se encaminhavam no sentido de reconhecer o delito nesses casos[40], embora frisassem que a infração somente se aperfeiçoaria quando a ordem judicial no *mandammus* não contivesse expressa cominação de sanções administrativas para seu inadimplemento[41].

Atualmente, contudo, o tema encontra-se regulado expressamente no art. 26 da Lei do Mandado de Segurança (Lei n. 12.016/2009), *in verbis*: "constitui crime de desobediência, nos termos do art. 330 do Decreto-Lei n. 2.848, de 7 de dezembro de 1940, o não cumprimento das decisões proferidas em mandado de segurança, *sem prejuízo das sanções administrativas e da aplicação da Lei n. 1.079, de 10 de abril de 1950, quando cabíveis*"[42].

---

[40] "Não deve, portanto, prevalecer o argumento de que esse delito somente pode ser praticado por particular, por estar elencado no capítulo dos crimes praticados por particular contra a administração em geral, pois o funcionário público é destinatário do *decisum* como qualquer outro cidadão, sendo que sua desobediência atinge de forma penalmente reprovável o princípio da autoridade, fora da vinculação funcional-administrativa" (STJ, *RT* 791/562).

[41] "Consoante firme jurisprudência desta Corte, para a configuração do delito de desobediência de ordem judicial é indispensável que inexista a previsão de sanção de natureza civil, processual civil ou administrativa, salvo quando a norma admitir expressamente a referida cumulação. Se a decisão proferida nos autos do Mandado de Segurança, cujo descumprimento justificou o oferecimento da denúncia, previu multa diária pelo seu descumprimento, não há que se falar em crime, merecendo ser trancada a Ação Penal, por atipicidade da conduta" (STJ, HC 92.655, rel. Min. Napoleão Nunes Maia Filho, 5ª T., *DJU* de 25-2-2008, p. 352). E ainda: "MANDADO DE SEGURANÇA. MEDICAMENTOS. NÃO CUMPRIMENTO DA ORDEM. ENVIO DOS AUTOS À PROMOTORIA CRIMINAL. CRIME DE DESOBEDIÊNCIA. POSSIBILIDADE. COBRANÇA DA MULTA FIXADA. DESNECESSIDADE. I. Restando devidamente comprovado nos autos a morosidade do Agravante para cumprimento da ordem judicial de entrega de medicamento, correto o envio dos autos à Promotoria Criminal para apuração de crime de desobediência. II. É desnecessária a cobrança da multa fixada pelo descumprimento da ordem judicial já que, sendo constatado o crime de desobediência, as penalidades a ele impostas são bem mais severas" (TJMG, AP 10702120255055001, rel. Des. Washington Ferreira, 7ª Câmara Cível, j. 24-5-2013).

[42] Grifo nosso.

Ressalve-se que **Prefeitos Municipais,** no exercício de suas funções, não podem incorrer no art. 330 do CP, enquadrando-se sua conduta, em tese, no **art. 1º, XIV, do Decreto-Lei n. 201/67**[43].

Acrescente-se que a **recusa ou omissão em fornecer dados cadastrais, registros, documentos e informações requisitadas pelo juiz, pelo Ministério Público ou delegado de polícia,** no curso de investigação ou processo criminal, configura delito capitulado no **art. 21 da Lei n. 12.850/2013,** apenado com reclusão, de seis meses a dois anos, e multa.

5.2. Sujeito passivo

Figuram como sujeitos passivos o Estado e, secundariamente, o funcionário cuja ordem não foi acatada.

6. CONSUMAÇÃO E TENTATIVA

6.1. Consumação

O momento consumativo da desobediência depende da natureza da ordem legal emanada. Quando esta **exigir uma abstenção de um comportamento (omissão),** o fato se consuma com **a prática da ação proibida.** Quando se referir a uma **ação,** dar-se-á o *summatum opus* com **a inação** de seu destinatário. Ressalve-se que se a determinação estipular prazo para o cumprimento, a realização integral típica somente ocorrerá com o seu transcorrer.

6.2. Tentativa

A tentativa é admissível, salvo na forma omissiva (pois, nesse caso, o *iter criminis* será incindível).

---

[43] "Negar execução a lei federal, estadual ou municipal, ou deixar de cumprir ordem judicial, sem dar o motivo da recusa ou da impossibilidade, por escrito, à autoridade competente." O fato é punido com a pena de detenção, de três meses a três anos. Vide, a título de ilustração: "A conduta delituosa prevista no art. 1º, XIV, do Decreto-Lei n. 201/1967 exige prova cabal de que o Prefeito Municipal tenha querido negar execução à lei federal, estadual ou municipal, ou deixar de cumprir ordem judicial. Na ausência de prova de que ele agiu com dolo, é de rigor a manutenção da absolvição. – Para a configuração do delito de desobediência não basta apenas o não cumprimento de uma ordem judicial, sendo indispensável que inexista a previsão de sanção específica em caso de seu descumprimento. Precedentes. – É atípica a conduta se a ordem judicial supostamente descumprida pelo agente estabelece outros desdobramentos, diversos das sanções penais, sem qualquer ressalva da possibilidade de cumulação" (TJMG, ApCr 1.0040.09.097342-7/005, rel. Des. Wanderley Paiva, 1ª CCr, j. 10-12-2019).

7. LEIS ESPECIAIS

7.1. Lei do Mandado de Segurança (Lei n. 12.016/2009)

De acordo com o art. 26 da Lei n. 12.016/2009, "constitui crime de desobediência, nos termos do art. 330 do Decreto-Lei n. 2.848, de 7 de dezembro de 1940, o não cumprimento das decisões proferidas em mandado de segurança, sem prejuízo das sanções administrativas e da aplicação da Lei n. 1.079, de 10 de abril de 1950, quando cabíveis".

7.2. Lei da Ação Civil Pública (Lei n. 7.347/85)

O art. 10 da mencionada Lei dispõe constituir crime, punido com pena de reclusão de um a três anos, e multa, "a recusa, o retardamento ou a omissão de dados técnicos indispensáveis à propositura da ação civil, quando requisitados pelo Ministério Público".

7.3. Crime eleitoral

O Código Eleitoral tipifica, em seu art. 347, o ato de "recusar alguém cumprimento ou obediência a diligências, ordens ou instruções da Justiça Eleitoral ou opor embaraços à sua execução", punindo-o com detenção de três meses a um ano e pagamento de dez a vinte dias-multa.

8. CLASSIFICAÇÃO JURÍDICA

Cuida-se de *crime de forma livre* (pode ser cometido por qualquer meio), comum (qualquer pessoa pode praticá-lo), *monossubjetivo ou de concurso eventual* (pode ter um só agente como responsável pela infração ou vários, quando agirem em concurso de pessoas – art. 29 do CP), *formal ou de consumação antecipada* (à medida que não requer a produção de resultado naturalístico), *instantâneo* (sua fase consumativa não se prolonga no tempo) e *plurissubsistente* (a conduta típica comporta cisão, **salvo** quando do a ordem emanada exigir uma **omissão** do destinatário).

9. PENA E AÇÃO PENAL

A pena é de detenção, de quinze dias a seis meses, e multa. Consubstancia infração de menor potencial ofensivo, sujeitando-se às medidas despenalizadoras previstas na Lei n. 9.099/95, bem como à competência *ratione materiae* dos Juizados Especiais e ao rito comum sumaríssimo.

A ação penal é de iniciativa **pública incondicionada**.

ART. 331 – DESACATO

1. DISPOSITIVO LEGAL

Desacato

Art. 331. Desacatar funcionário público no exercício da função ou em razão dela:

Pena – detenção, de 6 (seis) meses a 2 (dois) anos, ou multa.

2. VALOR PROTEGIDO (OBJETIVIDADE JURÍDICA)

O que se busca tutelar é a **dignidade da Administração Pública,** bem como o **regular desempenho de suas funções.** "Todo funcionário", dizia Hungria, "desde o mais graduado ao mais humilde, é um instrumento da soberana vontade e atuação do Estado"[44], motivo por que o assaque moral contra ele dirigido, se referente – direta ou indiretamente – à função pública exercida, deve ser definido no contexto do Título XI da Parte Especial do Código Penal.

3. BREVE HISTÓRICO

Durante a Antiguidade, constituía crime dos mais graves qualquer ataque à integridade corporal ou moral da autoridade pública, notadamente quando se tratava de magistrados (considerada nesse caso *injuria atrox*), conotação que subsistiu na Idade Média. Ao tempo das codificações, notou-se divergência da maneira como o assunto passou a ser tratado, variando entre modelos que definem o ato como crime contra a honra agravado e outros em que constitui delito *sui generis*.

As Ordenações do Reino Português, vigentes no Brasil até 1830[45], incriminavam as injúrias praticadas contra julgadores e seus oficiais. O Código Imperial tipificou o ato como calúnia ou injúria agravadas, diversamente do Código Penal de 1890, que a regulou com o *nomen iuris* atual, embora com definição diversa daquela adotada em 1940.

De ver que com a adesão do Brasil à Convenção Americana de Direitos Humanos, seguida de sua incorporação ao ordenamento jurídico brasileiro e o reconhecimento de seu caráter supralegal pelo STF (R. Ext. n. 466.343), ganhou força a tese de que o art. 331 se revela inconvencional, ou seja, incompatível com referido Diploma, pois contraria seu art. 13, o qual assegura a liberdade de expressão.

---

[44] *Comentários ao Código Penal*, v. IX, p. 420-421.

[45] No que tange à parte criminal.

Essa tese foi acolhida pelo STJ, em 15 de dezembro de 2016, no julgamento do Recurso Especial n. 1.640.084, rel. Min. Ribeiro Dantas. Segundo o STJ, citando jurisprudência da Comissão Interamericana de Direitos Humanos (CIDH), "as leis de desacato se prestam ao abuso, como meio para silenciar ideias e opiniões consideradas incômodas pelo *establishment*, bem assim proporcionam maior nível de proteção aos agentes do Estado do que aos particulares, em contravenção aos princípios democrático e igualitário". De acordo com o Ministro relator: "Punir o uso de linguagem e atitudes ofensivas contra agentes estatais é medida capaz de fazer com que as pessoas se abstenham de usufruir do direito à liberdade de expressão, por temor de sanções penais, sendo esta uma das razões pelas quais a CIDH estabeleceu a recomendação de que os países aderentes ao Pacto de São Paulo abolissem suas respectivas leis de desacato". Destacou, porém, que: "o afastamento da tipificação criminal do desacato não impede a responsabilidade ulterior, civil ou até mesmo de outra figura típica penal (calúnia, injúria, difamação etc.), pela ocorrência de abuso na expressão verbal ou gestual utilizada perante o funcionário público".

Não obstante este posicionamento, a 3ª Seção, que reúne os ministros da 5ª e 6ª Turma, por ampla maioria, confirmou a vigência do art. 331 do CP (HC 379.269/MS). Conforme se destacou nesse julgamento, a CIDH **não possui função jurisdicional** e caráter decisório, conforme estabelecido pelo art. 41 do Pacto de São José da Costa Rica, mas apenas de "**recomendação**". Por essa razão, "o crime de desacato não pode, sob qualquer viés, seja pela ausência de força vinculante às recomendações expedidas pela CIDH, seja pelo viés interpretativo, ter sua tipificação penal afastada"[46].

O STF, em decisão proferida por seu Pleno, em 19 de junho de 2020, no julgamento da ADPF 496, fixou, por maioria de votos, a tese da **recepção do crime de desacato pela Constituição Federal, afastando a alegação de que o tipo penal viola a liberdade de expressão**[47]. Trata-se de decisão com efeito vinculante e caráter *erga omnes*.

Em seu voto, o Ministro Luís Barroso afirmou que os agentes públicos, no exercício de sua função, representam a Administração Pública e são

---

[46] HC 379.269/MS, rel. Min. Reynaldo Soares da Fonseca, rel. para acórdão Min. Antônio Saldanha Palheiro, por maioria, j. 24-5-2017, *DJe* de 30-6-2017, noticiado no *Informativo* n. 607.

[47] O questionamento do tipo penal partiu do Conselho Federal da Ordem dos Advogados do Brasil, que sustentava ausência de conduta específica, com normatização extremamente vaga, de modo que estaria sendo usado para reprimir a liberdade de expressão de cidadãos, intimidando-os a não se manifestarem perante condutas praticadas por agentes públicos, sendo incompatível, ainda, com previsão da Convenção Americana sobre Direitos Humanos.

dotados de deveres e prerrogativas, tanto que são punidos de modo mais rigoroso que os particulares ao praticarem condutas similares, justificando-se, na mesma linha, que possuam meios que lhes garantam atender ao interesse público de maneira adequada, destacando que o bem jurídico tutelado é a própria Administração Pública, e não a honra do servidor. Segundo o Ministro: "Não se trata de conferir um tratamento privilegiado ao funcionário público. Trata-se, isso sim, de proteger a função pública exercida pelo funcionário, por meio da garantia, reforçada pela ameaça de pena, de que ele não será menosprezado ou humilhado enquanto se desincumbe dos deveres inerentes ao seu cargo ou função públicos". Observou o Ministro, ainda, que a liberdade de expressão, como qualquer direito fundamental, possui limites, destacando, porém, que a tipificação do desacato deve ser interpretada restritivamente, evitando que ocorram punições injustas e desarrazoadas. Lembrou, ademais, que, embora o exercício da função, pela exposição à opinião pública, exija maior tolerância dos agentes públicos diante da insatisfação dos particular, os excessos nos meios de exteriorização da indignação ou discordância são puníveis, reservando-se o tipo penal "a casos graves e evidentes de menosprezo à função pública, como a prolação de ofensa grosseira e exagerada ao agente de trânsito que, no cumprimento de seu dever, procura realizar testes de alcoolemia; o rasgamento de mandado judicial entregue pelo oficial de justiça; o desferimento de tapa em funcionário público que procura cumprir seu dever etc."[48].

4. TIPO OBJETIVO

O crime em estudo dá-se com a **irrogação de ofensas ao funcionário em razão de seu ofício.**

A ação nuclear consiste no ato de *desacatar*, ou seja, ofender, humilhar, menoscabar ou desprezar. Assim como na descrição típica do crime de desobediência, constitui elementar e, portanto, requisito essencial do crime, que a ofensa seja proferida **contra "funcionário público"**, termo que deve ser compreendido restritamente, de modo a abranger somente quem exerça cargo, emprego ou função pública, ainda que transitoriamente ou sem remune-

---

[48] Nesse sentido: "O crime de desacato inserto no art. 331 do CP revela-se constitucional, porquanto a ofensa ilegítima e gratuita direcionada a funcionário público não significa liberdade de expressão, sob pena de se permitir que entre o particular e o agente público se estabeleça o caos" (TJMG, Embargos Infringentes e de Nulidade 1.0647.16.010291-7/002, rel. Des. Jaubert Carneiro Jaques, 6ª CCr, j. 3-10-2023).

ração (art. 327, *caput*). **Não incide, portanto, a equiparação contida no § 1º do art. 327**, pois o *intraneus* figura como sujeito passivo da infração[49].

Pode o ato ser cometido por *qualquer meio*, tais como por meio de *palavras* (p. ex., xingamentos, sarcasmo), *gestos* (p. ex., apontar o dedo médio), risos debochados, vias de fato (p. ex., tapa na cara) etc.[50], que deverão ser detalhadamente descritos na denúncia, sob pena de inépcia. **Não se admite, contudo, a forma escrita**[51]. Nesse caso, dá-se crime **contra a honra**, agravado pelo fato de se tratar de funcionário público seu destinatário (CP, art. 141).

A doutrina costuma destacar as duas formas de se cometer o desacato, traduzidas nas elementares "no exercício da função" ou "em razão dela", como indicativas, respectivamente, do *nexo ocasional* e do *nexo causal*. Significa que, no primeiro caso, **basta que o funcionário encontre-se no regular desempenho de seus misteres, pouco importando**, segundo majoritariamente se sustenta, **os motivos da ofensa**, que poderiam até ser de natureza privada (é dizer, completamente alheios ao exercício funcional). No segundo caso (nexo causal), **o servidor não está no exercício de seus deveres legais, devendo então a ofensa vincular-se obrigatoriamente à função pública** (se decorrente de motivos alheios, haverá crime contra a honra)[52].

Bitencourt discorda desse ponto de vista e aduz que o essencial é, em qualquer caso, a existência do *nexo funcional* (ou seja, o ataque deve ser dirigido, direta ou indiretamente, à função pública). De acordo com o eminente tratadista: "Considerando que a *finalidade* da norma penal é tutelar a *função pública* e, por extensão, a Administração Pública; considerando que o tipo penal exige como *elemento subjetivo especial* o propósito de depreciar a função pública e, secundariamente, o próprio funcionário; e, ainda, considerando que o *ofensor deve ter consciência* da condição de funcionário

---

[49] Em sentido contrário, admitindo a aplicação do art. 327, § 1º, *v. RT* 772/721.

[50] "Pratica o delito de desacato o indivíduo que age de forma desrespeitosa, ofensiva, com o funcionário público no exercício ou em razão de sua função, seja humilhando-o, ameaçando-o, agredindo-o ou proferindo qualquer palavra desrespeitosa. No caso, as palavras proferidas pelo acusado não guardam relação com a liberdade de expressão ou mero descontentamento com a atividade policial, havendo notícia de que, inclusive, utilizou-se na ocasião de argumento de autoridade, afirmando que conhecia superior hierárquico na Brigada Militar. Sentença reformada para condenar o acusado também pela prática do crime previsto no art. 331 do CP" (TJRS, ApCr 70083705152, rel. Des. Julio Cesar Finger, 4ª CCr, j. 7-5-2020).

[51] *RT* 801/640. A utilização de meio escrito para veicular o menoscabo configura, em tese, crime contra a honra.

[52] Nesse sentido: STJ, *RT* 815/532, e TJDF, AP 20110310247410, rel. Des. Silva Lemos, 1ª Turma Criminal, j. 11-6-2015.

do ofendido e de que se encontra no exercício da função (ou em razão dela), deve-se entender que 'no exercício da função' significa que a *ofensa* irrogada necessita, obrigatoriamente, *relacionar-se a fato inerente à função do ofendido*, isto é, que a motivação do sujeito ativo represente sua insatisfação com a prática ou postura do ofendido *no exercício de dita função pública*. (...). Por isso, mesmo que o ofensor encontre o ofendido e, nesse momento, no exercício de sua função, se o *ofender* moralmente, por *razões particulares*, sem qualquer vínculo com a sua função, ainda que no exercício dela se encontre, com a *venia devida*, o *crime será contra a honra*, jamais de *desacato*, pois o *propósito de ofender* é pessoal, e não funcional"[53].

A objeção ao pensamento dominante nos parece justa. Não é possível dar-se ao tipo do desacato alargamento maior do que aquele que cabe dentro de sua esfera de proteção, circunscrita à dignidade da Administração Pública. A objetividade jurídica deve sempre servir de elemento interpretativo para se conhecer o verdadeiro alcance da norma, o que, no presente caso, faz com que dele se exclua toda e qualquer ofensa que não ocorra *propter officium*, deslocando-a para a classe dos delitos contra a honra.

Deve-se frisar, ainda, que **só existe desacato quando a conduta é praticada na presença do funcionário público.** Não é preciso que estejam face a face o agente e o ofendido, mas devem se encontrar próximos, de modo a que o *intraneus* possa captar com clareza, seja ouvindo ou vendo, o ato do *extraneus*.

4.1. Provocação da ofensa por parte do funcionário

Em Direito Penal, **a provocação da vítima não exclui o crime, embora deva ser levada em conta na dosagem da pena,** de modo a refletir favoravelmente na sanção imposta pelo autor. Esse reflexo pode se dar de distintas maneiras. Nos crimes de homicídio e lesão corporal dolosa, a injusta provocação da vítima, quando produzir no agente reação imediata dominada por violenta emoção, gera redução de pena, de um sexto a um terço (CP, arts. 121, § 1º, e 129, § 4º). Há, ainda, a atenuante genérica prevista no art. 65, III, *c*, parte final, que se dá quando o ofendido provoca injustamente o autor, que reage sob a influência de violenta emoção. Pode ocorrer, por fim, de não ser aplicável quaisquer dos benefícios anteriores, mas a atitude do sujeito passivo ser tomada como circunstância judicial favorável ao réu, quando da fixação da pena-base, já que, entre outros fatores, nesse contexto deve-se analisar o "comportamento da vítima" (art. 59, *caput*, *in fine*).

Em se tratando de desacato, a questão ganha contornos especiais, não sendo possível, via de regra, resolver a questão com a aplicação dos

---

[53] *Tratado de direito penal*, v. 5, p. 178-179.

critérios gerais acima expostos (notadamente como atenuante genérica ou simplesmente como circunstância judicial favorável). Isso porque a vontade do agente de desacatar deve ser livre e o descontrole psicológico passageiro, mesmo que decorrente de indignação ou raiva, costuma ser inerente ao tipo penal, de modo que, no caso de injusta provocação da vítima, poderá ensejar, no máximo, a atenuação da pena com base no art. 65, III, *c*, do CP, se o caso concreto trouxer elementos bastantes nesse sentido, o que será analisado pelo juiz ao longo da instrução criminal[54].

Deve-se ter presente que o agente estatal, quando pratica alguma atitude reprovável, como ilegal provocação ao particular, despe-se de sua condição funcional e como pessoa física passa a agir. O ordenamento jurídico não dá aos seus representantes, seja qual for seu *status*, a prerrogativa de humilhar, menoscabar, denegrir a honra alheia. Se assim agirem, o fazem em nome próprio e não da *autoritas* que personificam. Por esse motivo, quando o servidor provoca ilicitamente o *extraneus*, qualquer resposta que lhe seja dirigida deve ser analisada no contexto dos crimes contra a honra. Nesse sentido, deve ter aplicação o art. 140, § 1º, do Código, que determina a incidência do perdão judicial (causa extintiva da punibilidade) sempre que o ofendido, de forma reprovável, provocar diretamente a injúria, ou ainda, no caso de retorsão imediata que consistir em outra injúria[55].

5. TIPO SUBJETIVO

O elemento subjetivo do tipo, **dolo** (elemento genérico), abarca a vontade e a consciência de menoscabar a função exercida, personificada no servidor que a cumpre[56]. É indispensável a ciência de que o destinatário da ofensa seja funcionário público (caso contrário haverá crime contra a honra – arts. 138 a 140 do CP, aplicando-se os princípios do erro de tipo – art. 20 do CP[57]).

---

[54] Nessa esteira: STJ, RHC 81.292/DF, rel. Min. Ribeiro Dantas, 5ª T., j. 5-10-2017. Ver também: TJMG, ApCr 1.0024.10.074825-0/001, rel. Des. Cássio Salomé, 7ª CCr, j. 23-1-2019.

[55] Magalhães Noronha aduzia que: "quem primeiramente ofendeu a dignidade da função foi o servidor público, que não pode, dessarte, exigir seja ela respeitada" (*Direito penal*, v. 4, p. 375).

[56] "O crime de desacato pressupõe a depreciação da função pública e do próprio funcionário, elementos configurados nos autos. III – O réu agiu com a vontade de praticar especificamente a conduta delituosa. Assim, ainda que estivesse exaltado na ocasião, não desconstitui o dolo em sua conduta. Comportamento reconstituído nos autos que demonstra o intuito de humilhar e desrespeitar o servidor público" (TJRS, ApCr 70083832592, rel. Des. Rogerio Gesta Leal, 4ª CCr. j. 16-4-2020).

[57] *Vide RT* 796/739.

Na apreciação do dolo devem ser levadas em conta as condições socioculturais do sujeito ativo (uma pessoa inculta e de poucas letras, que não saiba expressar-se com clareza ou proficiência, pode utilizar palavras ou gestos descorteses sem intenção de ofender).

Inexiste elemento subjetivo específico.

6. SUJEITOS DO CRIME

6.1. Sujeito ativo

Qualquer pessoa pode figurar como sujeito ativo da infração penal, que constitui **crime comum**. Discute-se, entretanto, se também o **funcionário público**, além do particular, pode figurar como autor.

Como se procurou ressaltar na introdução ao presente capítulo, embora a lei prescreva inserir-se o desacato entre os crimes praticados por *particular* contra a Administração Pública, o *intraneus* pode ser sujeito ativo de duas formas: a) **quando não estiver exercendo suas funções** (p. ex., oficial de justiça, em férias com a família, desacata policial que lhe aplicou multa de trânsito); b) **quando no exercício de seu múnus desacatar outro servidor, à medida que ao fazê-lo se despe da condição de agente estatal e age como se particular fosse**. Pondere-se, ainda, que sendo o valor protegido a dignidade da Administração, não há razão para restringir o alcance dessa figura típica às ações cometidas por *extranei. O raciocínio aplica-se ainda quando se trate o funcionário ofensor de superior hierárquico daquele ultrajado*. Não era o pensamento de Hungria, para o qual, louvando-se em Manzini, "a autoridade superior absorve a inferior (*major absorbet minorem*), e como ninguém pode ofender a si próprio, a autoridade não pode ofender a si mesma"[58]. Equivocava-se o saudoso mestre, contudo, porque o objeto jurídico em discussão não é a honra do servidor, mas a dignidade da Administração Pública, que se vê vulnerada seja qual for o *status* do funcionário público desacatado. Assim, por exemplo, pode o promotor de justiça, em tese, desacatar o oficial de promotoria com quem trabalha, do mesmo modo que o juiz de direito também pode cometer o crime quando menoscabar o escrevente de sala.

6.2. Sujeito passivo

É o Estado e, secundariamente, o funcionário a quem o desacato foi dirigido.

---

[58] *Comentários ao Código Penal*, v. IX, p. 425.

665

7. CONSUMAÇÃO E TENTATIVA

7.1. Consumação

Consuma-se com a ofensa irrogada *na presença do funcionário*. É indiferente que ele se sinta ou não ofendido, porquanto o bem tutelado não é sua honra subjetiva, mas a dignidade da Administração[59].

7.2. Tentativa

Não se admite a forma tentada, uma vez que o delito é **unissubsistente**. Há em doutrina quem conceba a possibilidade do *conatus proximus*, exemplificando com o ato do sujeito que, preparando-se para jogar dejetos no servidor, acaba impedido por terceiros ou, ainda, arremessa-os, mas erra o alvo. Parece-nos, todavia, que nesse caso, como obtempera com agudeza Damásio de Jesus, o menoscabo à Administração Pública já se consumou com a atitude desrespeitosa; logo, não há tentativa, mas consumação no exemplo cogitado[60].

8. QUESTÕES

8.1. A imunidade judiciária do advogado abrange o crime de desacato?

O Código Penal (art. 142, I) exclui a ilicitude do crime contra a honra (notadamente da *difamação e da injúria*) quando se tratar de ofensa praticada em juízo, na discussão da causa, seja pela parte ou por seu procurador. A medida justifica-se para o pleno exercício do contraditório e da ampla defesa. É de ver que o **Estatuto da OAB (Lei n. 8.906/94, art. 7º, § 2º) amplia a imunidade** para manifestações extraprocessuais e, ainda, **para o delito de** *desacato*.

Muito embora o dispositivo citado preceitue estender-se a imunidade profissional do advogado ao crime contra a Administração Pública, o STF

---

[59] "O art. 331 do CP não prevê elemento subjetivo do tipo específico para o delito de desacato, de modo que o menosprezo da função pública livre e conscientemente externado pelos xingamentos e ofensas dirigidas a agentes públicos encontra a reprimenda da Lei Penal, independentemente da existência de finalidade específica do agente quando da prática da conduta típica. Ademais, sendo o Estado o titular imediato do bem jurídico legalmente protegido, é irrelevante para a consumação do crime se os agentes de polícia se sentiram ou não ofendidos em sua honra em decorrência da conduta criminosa. 3. O estado de ânimo exaltado do réu ou o fato de estar sob o efeito de bebida alcoólica no momento dos fatos não afastam a configuração do delito, o qual geralmente ocorre quando o agente está sob forte emoção" (TJDFT, ApCr 07500272820208070016, rel. Des. Robson Barbosa de Azevedo, 2ª T. Criminal, j. 22-6-2023).

[60] *Direito penal*: parte especial, p. 232.

entendeu que a regra, nesse ponto, mostrava-se **inconstitucional**, assim o declarando na ação direta de inconstitucionalidade n. 1.127.

8.2. Qual a diferença entre desacato e injúria contra funcionário público (CP, art. 140 c/c o art. 141, II)?

Se o fato for cometido *na presença* do funcionário, há desacato (é fundamental que o ofendido se encontre a uma distância suficiente para ouvir ou perceber diretamente a desonra). **Quando a ofensa for irrogada sem que a vítima se encontre presente, há injúria** (cuja consumação se dará quando ele tomar conhecimento do fato). Assim, por exemplo, dá-se o delito contra a honra quando a ofensa é proferida via telefone[61].

8.3. Embriaguez e ânimo alterado excluem o crime?

Há grande divergência em nossos tribunais sobre a compatibilidade do delito com o estado de embriaguez. Embora existam julgados entendendo que ela exclui a infração penal (porque o dolo do desacato não se coadunaria com a ebriez), essa solução não condiz com o Texto Legal (art. 28, II)[62].

O mesmo se diga a respeito do ânimo exaltado, acerca do qual se trava semelhante debate. Nesse caso, acreditamos que a infração penal subsiste, tendo em conta que o Código declara que "a emoção ou a paixão" não excluem o crime (art. 28, I)[63]. É de ver que, para nossos tribunais, quando tal

---

[61] TJRS, AP 0008522-50.2011.8.19.0026, rel. Des. Carlos Fernando Potyguara Pereira, 2ª Turma Recursal Criminal, *DJe* de 25-9-2014.

[62] Nesse sentido: TJRJ, *RT* 811/684. "Embora a embriaguez, voluntária ou culposa, não exclua a imputabilidade penal, todavia, no caso, consta dos autos que o acusado estava drogado, não se podendo concluir estivesse agindo com dolo de menosprezar a função pública. Impraticável concluir-se a respeito da efetiva capacidade de entender o caráter ilícito do fato ou de determinar-se sobre ele. APELO PROVIDO" (TJRS, RC 71004792552, rel. Des. Edson Jorge Cechet, Turma Recursal Criminal, j. 17-3-2014). De outro lado: "Juizado especial criminal. Crime de desacato. Crime formal. Dolo específico. Vontade livre e consciente de humilhar, desprestigiar e desrespeitar funcionário público no exercício da função. Embriaguez voluntária. Não excludente. Art. 28, inciso II, do código penal. Teoria da actio libera in causa. Configuração do crime" (TJDF, AP 20130410151532, rel. Des. Antônio Fernandes da Luz, 2ª Turma Recursal, j. 3-2-2015). No mesmo sentido: TJRS, ApCr 70083423178, rel. Des. Julio Cesar Finger, 4ª CCr, j. 28-5-2020; e TJMG, ApCr 1.0514.18.004941-3/001, rel. Des. Agostinho Gomes de Azevedo, 7ª CCr, j. 12-2-2020.

[63] Nesse sentido, verifica-se que, em situação de desobediência a ordem de funcionário público, a indignação seguida de palavras de baixo calão não elide o dolo do desacato: "O dolo, no crime de desobediência, configura-se com a simples vontade do agente em desobedecer a ordem legal de funcionário público. Configura crime de desacato profe-

estado de espírito beirar o descontrole emocional, poderá se dar a exclusão do delito, se demonstrado não ter sido a conduta motivada pela intenção de menosprezar a função pública[64].

8.4. Ofensa proferida contra vários funcionários públicos, no mesmo contexto, enseja concurso formal?

Não. Quando num mesmo contexto fático, o agente desacata mais de um funcionário público, há **crime único** (embora a conduta seja mais grave e, portanto, merecedora de reprimenda proporcionalmente severa), porquanto o *sujeito passivo primário* é o Estado (e não cada um dos servidores atingidos).

9. CLASSIFICAÇÃO JURÍDICA

O desacato configura crime de *ação ou forma livre* (pode ser cometido por qualquer meio executivo), *comum* (qualquer pessoa pode figurar como sujeito ativo, até mesmo o funcionário público, nas condições mencionadas no item "5.1"), *monossubjetivo ou de concurso eventual* (admite concurso de pessoas – art. 29 do CP), *de mera conduta ou simples atividade* (o tipo penal limita-se a descrever uma ação, sem referir-se a qualquer resultado naturalístico), *instantâneo* (sua fase consumativa dá-se instantaneamente) e *unissubsistente* (o *iter criminis* não comporta fracionamento, salvo se praticado por escrito).

10. PENA E AÇÃO PENAL

A pena é de detenção, de seis meses a dois anos, ou multa. O fato constitui, portanto, infração penal de menor potencial ofensivo, encontrando-se sujeito à esfera de incidência da Lei n. 9.099/95.

A ação penal é de iniciativa **pública incondicionada**.

---

rir palavras de baixo calão contra agente policial no exercício da função. Eventual estado de revolta por parte do acusado na prática do desacato não descaracteriza o dolo. Inviável a absorção do crime de desacato pelo crime de desobediência, porque praticados com evidentes desígnios autônomos" (TJDFT, Acórdão 1209344, 20170310142308APR, rel. Des. Mario Machado, 1ª T. Criminal, j. 3-10-2019). E ainda: "O crime de desacato se caracteriza quando o autor profere ofensas contra o funcionário público no exercício da função ou em razão dela, em nítido menosprezo ao exercício das funções atribuídas ao agente. 3. O estado de exaltação do agente não impede a configuração do desacato, pois não se exige, no tipo penal, ânimo calmo para a configuração do delito" (TJDFT, Acórdão 1913920, Ap 07324024920228070003, rel. Des. Sandoval Oliveira, 3ª T. Criminal, j. 29-8-2024).

[64] Entendimento majoritário; *v.* TJDF, *RT* 779/621.

ART. 332 – TRÁFICO DE INFLUÊNCIA

1. DISPOSITIVO LEGAL

Tráfico de Influência

Art. 332. Solicitar, exigir, cobrar ou obter, para si ou para outrem, vantagem ou promessa de vantagem, a pretexto de influir em ato praticado por funcionário público no exercício da função:

Pena – reclusão, de 2 (dois) a 5 (cinco) anos, e multa.

Parágrafo único. A pena é aumentada da metade, se o agente alega ou insinua que a vantagem é também destinada ao funcionário.

2. VALOR PROTEGIDO (OBJETIVIDADE JURÍDICA)

Protege-se a **Administração Pública,** no que toca ao seu **prestígio, bom nome** e **respeitabilidade.**

Denominava-se a figura penal, em sua redação original, "exploração de prestígio". A Lei n. 9.217/95, contudo, alterou para "tráfico de influência" e, ademais disso, ampliou o alcance da figura típica, com a inserção de outros verbos (anteriormente a única conduta típica era "obter"), além de acrescentar ao tipo a elementar "em ato praticado" (por funcionário público) e aumentar a pena mínima de um para dois anos de reclusão.

A rubrica atual encontra-se em sintonia com a legislação comparada, como se percebe mediante a análise de outros Códigos Penais, notadamente o português e o espanhol, ambos de 1995[65].

Lamenta-se, contudo, não ter o legislador tido o cuidado de ajustar o *nomen iuris* e sobretudo a pena da figura típica irmã contida no art. 357. Referido dispositivo remanesce intitulado "exploração de prestígio" e, de modo absolutamente injustificado, persiste com a pena privativa de liberdade

---

[65] O CP da Espanha descreve o "tráfico de influência" em seus arts. 428 a 430, associando tal denominação à conduta de efetivamente exercer influência sobre funcionário público, ou mercadejar com a potencial capacidade de sobre ele influir, a fim de que este pratique ato do qual possa resultar benefício ao agente ou a terceiro (veja, por exemplo, os arts. 428 a 430 do CP espanhol). No CP português, o fato é punido no art. 335º, com a seguinte descrição: "1 – Quem, por si ou por interposta pessoa, com o seu consentimento ou ratificação, solicitar ou aceitar, para si ou para terceiro, vantagem patrimonial ou não patrimonial, ou a sua promessa, para abusar da sua influência, real ou suposta, junto de qualquer entidade pública (...). 2 – Quem, por si ou por interposta pessoa, com o seu consentimento ou ratificação, der ou prometer vantagem patrimonial ou não patrimonial às pessoas referidas no número anterior para os fins previstos na alínea *a*".

originariamente cominada, ou seja, um a cinco anos de reclusão. Essa falta de visão sistemática tem sido uma constante de parte de nosso Congresso Nacional, com o aplauso, muitas vezes, do Poder Executivo, os quais, para dar satisfação à sociedade, alteram dispositivos inseridos no Código Penal, olvidando cuidar-se de um todo harmônico. Não se pode enxergar cada dispositivo uma ilha, como se sua mudança não refletisse nos demais. Foi assim com o art. 332 de que ora se cuida; o mesmo se viu com o art. 317, alterado em 2003, que analisamos precedentemente. A incoerência sistemática, *in casu*, reside em cominar-se pena de reclusão, de dois a cinco anos, para o ato de "vender" a terceiros prestígio (real ou suposto) junto a servidores públicos em geral (como agora se faz no "tráfico de influência") e estipular-se pena mínima de um ano (ensejando benefícios como o *sursis* processual) quando o agente público "vendido" for, por exemplo, juiz, jurado ou órgão do Ministério Público (situação subsumível ao art. 357).

3. BREVE HISTÓRICO

A presente incriminação, segundo ensina-nos a doutrina clássica, remonta aos juristas práticos italianos da Idade Média, embora já se encontrasse a punição de semelhante conduta no antigo Direito Romano, sob o nome de *venditio fumi* ("venda de fumaça"). Lampridio, em sua obra *Vita di Alessandro Severo*, narra que um tal Vetronio Turino vangloriava-se de sua influência sobre o Imperador, verberando que podia dele conseguir o que bem quisesse, fazendo, então, mercancia do propalado prestígio. Sabendo disso, o Imperador Alessandro pediu que uma pessoa fingisse pretender obter uma importante graça do Imperador junto a Vetronio, que caiu na cilada, sendo acusado e condenado. A pena imposta foi a morte. O criminoso foi cercado por palha úmida e lenha verde, acesas, sufocando-o com a fumaça emanada, enquanto a ele gritava o carrasco: *fumo punitur, qui fumo vendidit*[66].

No Brasil, desconhecíamos o fato como crime autônomo em nossa legislação pretérita, embora fosse possível enquadrá-lo como estelionato.

O Código atual inspirou-se no italiano, donde se extrai a mesma separação aqui adotada entre as duas formas de exploração de prestígio (ou "tráfico de influência", considerando a linguagem atual), uma de caráter genérico situada dentre os crimes contra a Administração Pública em geral (art. 332) e outra, de cunho especial, na classe dos crimes contra a administração da Justiça (art. 357)[67].

---

[66] Cf. Manzini, em *Trattato di diritto penale italiano*, v. 5, p. 446, nota 1.

[67] O Código Penal italiano de 1930 distingue as condutas em seus arts. 346 (*millantato credito*) e 382-383 (*millantato credito del patrocinatore*).

4. TIPO OBJETIVO

O tipo penal é *misto alternativo*, de modo que a incursão em mais de uma ação nuclear, no mesmo contexto fático configura **crime único**; considerar-se-ão condutas em semelhante contexto quando tendentes a influenciar o mesmo ato funcional. A pluralidade de ações, todavia, deverá ser tomada em consideração pelo juiz ao proferir a sentença condenatória, refletindo desfavoravelmente na fixação da pena-base (art. 59, *caput*, do CP).

Os verbos inseridos no núcleo do tipo são: *solicitar* (pedir, requerer), *exigir* (determinar, reclamar imperiosamente, embutindo uma ameaça), *cobrar* (demandar pagamento da vantagem) e *obter* (receber a qualquer título).

A conduta daquele que solicita, exige, cobra ou obtém a vantagem alegando ter condições de influir no comportamento de determinado servidor público, ofende o prestígio da Administração Pública e enseja uma **espécie de fraude**. Pode-se dizer ao certo, como lembrava Carrara, que o critério essencial deste crime é a falsidade do favor alardeado[68].

Exigem-se, no mínimo, três pessoas para se cogitar do tráfico de influência: a) o sujeito que se irroga prestígio e capacidade de influir em ato oficial (trata-se do *venditor fumi*); b) o interessado na prática do ato (é o "comprador" do prestígio); c) o funcionário sobre o qual se alega ter ascendência ou intimidade (que não precisa ser nominado e pode até ser imaginário).

O fato pode ser cometido por qualquer meio. Cuida-se, destarte, de *crime onímodo*. Admite-se a forma **verbal, escrita** ou até mesmo o **silêncio**. É o que se dá, por exemplo, quando o interessado acredita que o agente possui o prestígio junto ao servidor cujo ato pretende influenciar (p. ex., acredita que mantenham relação amorosa), mas o autor não o nega, permanecendo em silêncio até receber a oferta e obter a vantagem prometida.

Subsiste a infração, inclusive, quando se alega ter prestígio junto a terceira pessoa (p. ex., cônjuge ou filho do servidor) que, com o "preço" acertado, se valeria de sua intimidade ou proximidade para influir no ato funcional.

A norma penal originariamente dizia "a pretexto de influir em funcionário público no exercício da função". Com o advento da Lei n. 9.127/95, passou a dizer "a pretexto de influir *em ato praticado* por funcionário público no exercício da função". Nesse passo, nota-se ter havido aperfeiçoamento redacional, mas nenhuma diferença concreta quanto à aplicação do dispositivo. Advirta-se que os elementos acrescidos hão de ser compreendidos,

---

[68] Francesco Carrara. *Programma de diritto criminale*: parte speciale. 9. ed. Florença: Casa Editrice Libraria: Fratelli Cammeli, v. 5, p. 174, 1911 (§ 2.589).

evidentemente, como "ato a ser praticado...". Este, ademais, pode ser lícito ou ilícito. O que se pune é a jactância relacionada com a mercancia da função pública. Justamente por tal razão, repise-se, **não é necessário sequer nominar-se o agente estatal a respeito do qual se alega ter prestígio** (sendo **desnecessário, inclusive, que este efetivamente exista**[69]).

Há grande similitude entre a *venditio fumi* e o estelionato[70]. No **tráfico de influência, o sujeito ativo alega *fraudulentamente* que detém poder de influência junto ao *intraneus*[71] ou que o utilizará (caso realmente o possua) para beneficiar o interessado.** É o que se dessume da elementar "a pretexto de influir" (em ato praticado por funcionário público no exercício de sua função). Daí reside a proximidade com o **estelionato,** o qual está **implícito no modo de agir do *venditor fumi*.** O delito patrimonial mencionado, entretanto, não subsiste como ilícito autônomo, em razão de sua **subsidiariedade tácita em relação ao art. 332 do CP** (se alguma elementar deste delito não se caracterizar, remanesce a possibilidade de enquadramento no art. 171, *caput*, do CP, o qual opera, neste caso, como norma subsidiária ou famulativa).

A **vantagem** (ou promessa de vantagem) objetivada pelo autor (para si próprio ou para terceiro) pode ser **de qualquer natureza,** não somente patrimonial, embora de regra assim se configure. Esse alcance se justifica diante da extensão dada pelo próprio tipo penal, que não a limita à busca de benefícios materiais, podendo abarcar, dessarte, outros como os de natureza moral (*v.g.*, a concessão de títulos honoríficos), ou até mesmo de outra ordem, como favores sexuais.

No delito em estudo, **o funcionário público sobre o qual o autor alegou exercer algum prestígio,** e em cujo ato oficial irá influenciar, **desconhece a atitude do agente** e, por óbvio, não está com este conluiado. Se estivessem, cometeriam corrupção passiva (art. 317) ou concussão (art. 316), a depender da ação praticada ("solicitar" ou "exigir").

Não se deve confundir o tráfico de influência (art. 332) com a exploração de prestígio (art. 357). Embora se trate de figuras irmãs, este constitui crime contra a administração da Justiça e ocorre quando o agente "solicitar ou receber dinheiro ou qualquer outra utilidade, a pretexto de influir em

---

[69] É necessário, todavia, que a falácia seja verossímil, sob pena de haver crime impossível por absoluta ineficácia do meio executório (art. 17 do CP).

[70] Lembre-se, inclusive, de que, na legislação criminal brasileira pretérita, por inexistir tipificação autônoma da exploração de prestígio, hoje, tráfico de influência, a conduta era subsumível ao tipo penal do estelionato.

[71] Ou, ainda, não nega o poder que o interessado a ele atribuiu e obtém a vantagem prometida.

juiz, jurado, órgão do Ministério Público, funcionário de justiça, perito, tradutor, intérprete ou testemunha"[72]. **A relação entre tais infrações é de gênero e espécie.** O art. 357, destarte, contém todas as elementares do art. 332 (salvo os verbos "exigir" e "obter"), acrescida de outras que o especializam; por esse motivo, aquele prefere em relação a este. Significa dizer que, **se o servidor público que o agente alega ter capacidade de influenciar for magistrado, membro do Ministério Público etc., o ato será considerado delito contra a administração da Justiça;** se não, haverá crime contra a Administração Pública em geral. Se a conduta do agente for praticada a pretexto de influir em ato de **Delegado de Polícia**, por ser este servidor público administrativo e não se enquadrar nos casos previstos no art. 357 do CP, o crime será o **tráfico de influência,** e não exploração de prestígio.

Atente-se, por fim, que em se tratando de **tráfico de influência** *em transações comerciais internacionais* aplica-se o art. 337-C. A relação entre as normas é, novamente, de **especialidade.** O elemento especializante também se radica na qualidade do servidor em que o agente diz ter condição de influenciar: tratando-se de funcionário público *estrangeiro*, assim definido no art. 337-D do Código, configura-se o tipo especial.

5. TIPO SUBJETIVO

O tráfico de influência é incriminado somente na forma **dolosa.** É necessário agir com consciência e vontade de concretizar os elementos objetivos do tipo.

A conduta deve ser praticada com o intuito de obter, para si ou para outrem, vantagem de qualquer ordem (**elemento subjetivo específico**).

6. SUJEITOS DO CRIME

6.1. Sujeito ativo

O delito descrito no art. 332 consubstancia *crime comum*, já que pode ter qualquer pessoa como sujeito ativo.

Discute-se se o interessado (i. e., o "comprador" do prestígio) deve ser considerado coautor ou partícipe do delito, juntamente com o *venditor fumi*.

Para Rui Stoco e Tatiana Stoco, a resposta há de ser afirmativa, notadamente quando o potencial beneficiário do ato atendeu à solicitação,

---

[72] Grifos nossos.

exigência ou cobrança do intermediador para fazer uso de sua influência sobre o *intraneus*[73].

Cremos, todavia, que não se pode considerar essa pessoa sujeito ativo da infração.

No que se refere às condutas típicas "exigir", "solicitar" e "cobrar" tal impossibilidade radica-se na *inexistência*, frente ao nosso ordenamento jurídico-penal, *de concorrência delitiva posterior à consumação do crime*. Nesses casos, a iniciativa da *venditio fumi* é do autor da bazófia, consumando-se o crime com a mera exigência, solicitação ou cobrança. Se o interessado, portanto, aderir à atitude ilegal, prestará *colaboração posterior à realização integral típica*.

Uma vez operada a lesão ao bem jurídico (*in casu*, a respeitabilidade da Administração Pública), qualquer atitude posterior de terceiro, não previamente conluiado com o agente, jamais poderá ser considerada de coautoria ou participação. Não se poderá afirmar que o interessado "concorreu" para o crime, como exige o art. 29, *caput*, do CP, pois o respectivo *iter criminis* já havia se encerrado.

De lembrar-se que a punibilidade da contribuição dada depois da realização completa da figura típica somente ocorre quando o ato for subsumível a outro tipo penal (é o que se dá, p. ex., com a receptação – art. 180, com o favorecimento pessoal – art. 348 e com o favorecimento real – art. 349).

O entendimento predominante na doutrina, com o qual aquiescemos, embora com distinta fundamentação, nega a concorrência delitiva por parte do potencial beneficiário no ato que se pretende influir. Nossos autores, de regra, cogitam da inexistência de concurso de pessoas analisando tão somente a conduta típica "obter" (único verbo presente no dispositivo até o advento da Lei n. 9.127/95). Em tal quadro, o "comprador" do prestígio toma a iniciativa de ofertar a vantagem e o *venditor fumi* a recebe.

Em que pese notar-se aí a chamada "torpeza bilateral", não há falar-se, uma vez mais, em coautoria ou participação, porque, na mente do interessado, ele concorre para um ato de corrupção, ao acreditar erroneamente

---

[73] Segundo os doutrinadores mencionados: "Assim, segundo nosso entendimento, não obstante posição contrária de outros ilustres penalistas, parece-nos que são sujeitos ativos e praticam o crime de tráfico de influência tanto o intermediador que exige, cobra ou obtém a vantagem ou promessa de vantagem, como o beneficiário do ato praticado (ou não) pelo funcionário para o qual o primeiro solicitou esse benefício e que acede à solicitação, exigência ou cobrança (ou, ainda, entrega, desde logo, o que foi pedido) daquele intermediário e que, portanto, estava ciente de que aderia a uma prática ilegal e não permitida" (*Código Penal e sua interpretação*, p. 1554).

que o dinheiro (ou qualquer outra vantagem) será utilizado para a "compra de um favor", o que, em verdade, não ocorrerá. Ele "participa", portanto, de uma *fantasiosa* corrupção ativa. Há de sua parte um **delito putativo**, isto é, um crime imaginário, o qual fica alheio a qualquer punição[74].

6.2. Sujeito passivo

É o Estado, por intermédio da pessoa jurídica à qual o funcionário público sobre o qual se alegou ter ascendência é vinculado. O "comprador" do prestígio figura, em plano secundário, como vítima (até porque, consoante se ponderou no estudo do tipo objetivo, há na espécie uma forma de estelionato)[75].

7. CONSUMAÇÃO E TENTATIVA

7.1. Consumação

O momento consumativo corresponde ao da **solicitação, exigência, aceitação** ou obtenção da vantagem ou promessa de vantagem. Nos três primeiros casos, o delito é *formal* (ou de consumação antecipada), porquanto não se requer o efetivo recebimento ou a realização da promessa para fins de consumação. No último caso ("**obter**"), o crime é *material* (ou de resultado).

Quando se trata de solicitação, é preciso que ela chegue ao conhecimento do terceiro.

7.2. Tentativa

A tentativa é admissível somente: a) na modalidade **obtenção**, já que, conforme se destacou acima, o delito é material ou de resultado; e b) na **solicitação** ou **exigência, quando elaboradas por escrito** (p. ex., se a carta contendo a solicitação for extraviada).

---

[74] Veja, por todos, Damásio de Jesus, que considera a pessoa que compra o prestígio sujeito passivo secundário, pois ele "entrega ou promete a vantagem na ilusão de concretizar um interesse ilegítimo. Ele supõe que, em concurso, está cometendo um delito de corrupção com o funcionário. Na verdade, está participando de uma farsa. Há, por parte do comprador do prestígio, delito putativo (pensa que está realizando corrupção ativa)" (*Direito penal*: parte especial. 15. ed. São Paulo: Saraiva, 2009, v. 4, p. 234).

[75] Conforme acentua Rogério Greco: "O *sujeito passivo* é o Estado, bem como aquele que, de maneira secundária, foi vítima de um dos comportamentos praticados pelo sujeito ativo" (*Código Penal comentado*, p. 881).

8. CAUSA DE AUMENTO DE PENA (ART. 332, PARÁGRAFO ÚNICO)

É a pena aumentada da metade se o agente alega ou insinua que a vantagem é também destinada ao funcionário. Importante frisar que a exasperante ocorre com a *simples insinuação* de que o funcionário também receberá a vantagem.

Na hipótese de a alegação ou insinuação serem verdadeiras, ou seja, de o funcionário realmente estar conluiado com o particular para receberem a vantagem, haverá corrupção passiva ou concussão (conforme a ação praticada) por parte do servidor público e do agente; assim, por exemplo, se o sujeito "solicitar" a vantagem ou promessa de vantagem, respondem ele e o *intraneus* (que agem combinados) por corrupção; se "exigir", cometem concussão.

9. CLASSIFICAÇÃO JURÍDICA

Trata-se de *crime de forma ou ação livre* (pode ser cometido por qualquer meio executório), *comum* (não se exige nenhuma qualidade especial do sujeito ativo), *monossubjetivo ou de concurso eventual* (pode ser praticado por uma só pessoa ou várias em concurso de agentes), *formal ou de consumação antecipada* (consuma-se independentemente da produção do resultado naturalístico esperado, consistente na obtenção da vantagem; salvo no verbo "obter", em que o delito tem natureza material), *instantâneo* (sua fase consumativa não se prolonga no tempo) e *unissubsistente*, como regra (o *iter criminis* não admite fracionamento).

10. PENA E AÇÃO PENAL

A pena cominada é de reclusão, de dois a cinco anos, e multa. Adota-se o procedimento comum ordinário, consubstanciado nos arts. 395 a 405 do CPP.

A ação penal é de iniciativa **pública incondicionada**.

ART. 333 - CORRUPÇÃO ATIVA

1. DISPOSITIVO LEGAL

Corrupção ativa

Art. 333. Oferecer ou prometer vantagem indevida a funcionário público, para determiná-lo a praticar, omitir ou retardar ato de ofício:

Pena – reclusão, de 2 (dois) a 12 (doze) anos, e multa.

Parágrafo único. A pena é aumentada de um terço, se, em razão da vantagem ou promessa, o funcionário retarda ou omite ato de ofício, ou o pratica infringindo dever funcional.

2. VALOR PROTEGIDO (OBJETIVIDADE JURÍDICA)

O objeto jurídico é a **Administração Pública,** em seus valores de **moralidade** e **probidade administrativas,** os quais configuram pilares do regime constitucional.

3. EXCEÇÃO PLURALÍSTICA À TEORIA MONISTA

A corrupção sempre envolve, no mínimo, duas pessoas: o corruptor e o corrupto, de modo que ambos concorrem para a vulneração do objeto jurídico tutelado. Nesse caso, contudo, **embora colaborem para o mesmo resultado normativo, não respondem pelo mesmo crime.** Entendeu por bem nosso legislador desdobrar a corrupção em duas figuras típicas, uma inserida na classe dos crimes cometidos por funcionário público contra a Administração Pública em geral (**corrupção passiva** – art. 317) e outra, de que agora se cuida, situada dentre os delitos praticados por particular contra a Administração (**corrupção ativa**). Cuida-se, portanto, de **exceção pluralística à teoria unitária ou monista** prevista no art. 29, *caput*, do CP.

Ao optar pela descrição em separado, permite-se reconhecer uma figura penal sem a outra. Pode, por exemplo, o *intraneus* solicitar indevida vantagem em razão da função e ver negado seu pedido, do mesmo modo que o *extraneus* pode oferecê-la, sendo ela recusada pelo servidor[76]. Significa, em outras palavras, que a punição do funcionário corrupto pode prescindir da penalização do particular corruptor. Se porventura ambos concorrerem para a ofensa aos deveres de probidade e moralidade administrativas, tendo o corruptor ofertado e o corrupto aceito a propina, justifica-se sejam processados num só feito, até porque se tratará de infrações conexas, as quais demandam o *simultaneus processus*.

No que tange a referências históricas e a normas internacionais, remetemos o leitor ao estudo correspondente (*vide* art. 317, item "3").

4. TIPO OBJETIVO

Os verbos que descrevem as ações típicas são *oferecer* (propor, sugerir alguma dádiva) e *prometer* (fazer promessa, declarar que dará recompensa). O tipo é **misto alternativo,** portanto.

---

[76] Nesse sentido: "O delito de corrupção é unilateral, tanto que legalmente existem duas formas autônomas, conforme a qualidade do agente. A existência de crime de corrupção passiva não pressupõe necessariamente o de corrupção ativa (APn n. 224/SP, Min, Fernando Gonçalves, Corte Especial, *DJ* 26-4-2004)" (STJ, RHC 70.059/GO, rel. Min. Sebastião Reis Júnior, 6ª T., j. 11-10-2016). No mesmo sentido: STJ, AgRg no AREsp n. 1.800.259/MS, rel. Min. Laurita Vaz, 6ª T., j. 24-5-2022.

O objeto material é a concessão de alguma *vantagem indevida* pelo particular (ou funcionário atuando fora de suas funções) ao servidor, para que este **pratique, omita** ou **retarde ato de ofício**[77].

Praticam o delito, por exemplo, a pessoa surpreendida conduzindo veículo sem habilitação que oferece aos policiais vantagem indevida para não autuá-lo[78], ou a pessoa flagrada por policiais militares com drogas ilícitas para consumo próprio que oferece quantia em dinheiro para que não seja conduzido à autoridade judiciária ou à Delegacia de Polícia[79].

A **proposta** pode ser **expressa** ou **implícita**[80], como no caso do empresário que deixa envelope com elevada quantia em dinheiro na gaveta do servidor público, como recompensa por ato a ser praticado.

---

[77] Há entendimento jurisprudencial no sentido de ser atípica a conduta quando não há ato de ofício para se retardar: "não está presente o elemento subjetivo do referido tipo penal, consistente no dolo de 'fazer o funcionário público praticar, omitir ou retardar ato de ofício'. A própria peça acusatória informa que o recorrido atendeu prontamente à determinação do agente público de apresentar os documentos. Além disso, 'os policiais procederam à fiscalização e nada encontraram de errado com os documentos do veículo e do condutor' (...) Assim, também não se constata, na hipótese, ato de ofício (multa ou retenção de veículo) a ser omitido ou retardado" (TRF, 1ª R., RSE 0005407-45.2012.4.01.3801, rel. Des. Monica Sifuentes, 3ª T., *DJe* de 22-8-2014). E ainda: "É atípica a conduta de funcionário público consistente em 'sugerir conversar' com um particular. 5.4. O conteúdo de chamada telefônica legalmente monitorada, no sentido de que o acusado, funcionário público, esperava receber determinada quantia de um particular, aliado ao depoimento deste cidadão, que declarou que efetivamente entregou dinheiro ao servidor público, e que tal quantia era referente à 'gratificação por indicação' de clientes, é prova suficiente da ocorrência e da autoria do delito de corrupção passiva a ponto de autorizar o decreto condenatório. 6. É inviável a condenação de particular pela prática do crime de corrupção ativa se a vantagem pecuniária indevida que foi por ele entregue a funcionário público tinha relação com o fato de o servidor civil indicar-lhe clientes, e não com algum ato de ofício que o funcionário público deveria praticar, omitir ou retardar" (TJSC, ApCr 0006751-47.2012.8.24.0031, rel. Des. Sérgio Rizelo, 2ª CCr, j. 7-5-2019).

[78] TJRS, AP 70071496640, rel. Des. Julio Cesar Finger, 4ª CCr, j. 30-3-2017.

[79] STJ, AREsp 2.007.599-RJ, rel. Min Jenuíno Rissato (Desembargador convocado do TJDFT), 5ª T., j. 3-5-2022.

[80] "O núcleo do tipo penal previsto no art. 333 do CP, consistente em 'oferecer', pode, perfeitamente, ser compreendido de forma análoga ao verbo 'propor' e, por ser a corrupção ativa um crime formalmente livre, que independe, até mesmo, da efetiva prestação de alguma vantagem ilícita, a citada 'proposta' pode se dar por diversos meios, tais como sinais, gestos, escritos ou mesmo conversas explícitas. 02. Comprovadas a materialidade e a autora delitivas, bem como o dolo na conduta do agente, não há que se falar em absolvição, devendo ser mantida a condenação do apelante" (TJMG, ApCr 1.0024.19.039141-7/001, rel. Des. Rubens Gabriel Soares, 6ª CCr, j. 2-6-2020).

Exige-se que a **vantagem** ofertada ou prometida seja *indevida*, isto é, *ilícita* (elemento normativo do tipo). *Sendo devida*, inexiste crime. O mesmo ocorre quando, embora ilícita, acredita o agente, de boa-fé, que o valor é efetivamente devido; nesse caso, deve-se aplicar o art. 20, *caput*, do CP – reconhecendo-se o erro de tipo.

A **vantagem pode ter qualquer natureza**, econômica ou não. Isso se dá porque a norma incriminadora não está vinculada ao enriquecimento sem causa do servidor (embora seja esta a situação mais frequente) e não pertence à classe dos crimes contra o patrimônio, mas se trata de regra penal criada para resguardar os deveres de probidade e moralidade administrativas.

Acrescente-se não existir crime quando a promessa é *absolutamente* impossível de concretizar-se (p. ex., prometer uma viagem no tempo). O mesmo se dá com promessas virtualmente impossíveis (p. ex., prometer a um funcionário integrante de time de várzea que incluirá sua equipe na série A do campeonato brasileiro)[81]. Ao primeiro caso aplica-se o art. 17 do CP; ao outro, dada a falta de seriedade da proposta, fica excluída a presença do elemento subjetivo do tipo (dolo, consistente na vontade e consciência de ofertar contraprestação real para a realização, omissão ou retardamento de ato de ofício)[82].

A recompensa deve se destinar a determinar o *intraneus* a praticar, omitir ou retardar ato de ofício. Podem figurar-se os seguintes exemplos: a) vantagem destinada à prática de ato de ofício: oferecer dinheiro a policial para encontrar veículo furtado[83]; b) promessa de benefício dirigida a uma omissão funcional: oferecer propina a fiscal para deixar de autuar empresa por sonegação fiscal; c) recompensa voltada ao retardamento de ato: prometer contratar em escritório de advocacia com bom salário um serventuário da Justiça, desde que este não dê andamento célere a processo-crime, visando a prescrição; d) oferta de dinheiro aos policiais para que deixassem de efetuar a prisão do acusado, detido após ofender o Oficial de Justiça e os próprios policiais[84].

Acentue-se que **o ato funcional esperado pode ser lícito ou ilícito**. O tipo proíbe as duas situações, pois preocupado com a mercancia da função pública, além dos multicitados deveres de probidade e moralidade administrativas. Quando o ato esperado mostra-se **lícito**, diz-se *corrupção própria*; quando **ilícito**, *corrupção imprópria*.

De ver, contudo, que **oferecer vantagem para que o servidor não cometa ato ilegal não é crime** (p. ex., prometer dinheiro para evitar prisão

---

[81] *Vide JTJ-LEX* 240/291 e *RT* 830/525.

[82] *V. RT* 788/581.

[83] STF, *RT* 603/445.

[84] TJRS, AP 70072242639, rel. Des. Julio Cesar Finger, 4ª CCr, j. 11-5-2017.

ilegal). **O funcionário, no entanto, responde pela ilegalidade que pretendia praticar** (p. ex., abuso de autoridade) e, **se aceitou o dinheiro, por corrupção passiva.**

Na hipótese de o **particular solicitar** ao agente público que pratique, omita ou retarde ato de ofício *sem oferecer ou prometer qualquer vantagem* (p. ex., "dar um jeitinho") e o **funcionário ceder ao pedido**, ambos estarão incursos no art. 317, § 2º (**corrupção passiva privilegiada** – o *intraneus* como autor e o *extraneus*, como partícipe).

O ato de presentear funcionários com gratificações, por vezes como forma de agradecimento, caracteriza fato penalmente atípico. O **CP pune a outorga de vantagem para realização de** *ato futuro,* e não a concessão de dádivas como forma de gratidão por ato passado[85]. Deve-se ter redobrada cautela em tais situações, já que a obtenção do ganho, ainda quando subsequente ao ato, pode significar o cumprimento de uma *promessa* anterior, confirmando a prática da corrupção, consumada desde o momento em que tal promessa fora feita. Quando a **vantagem precede ao ato**, há a chamada "**corrupção antecedente**"; quando lhe é posterior, "**corrupção subsequente**".

É fundamental destacar, ainda, que pode se reconhecer o delito mesmo quando o benefício foi dado como forma de gratificação posterior se, embora não prometido expressamente, *já era esperado*, por ter se tornado, por exemplo, praxe entre determinado particular e servidor público. Importante lembrar, por fim, que o recebimento de tais "presentes" constitui ato de improbidade administrativa (Lei n. 8.429/92)[86].

---

[85] Nesse sentido: TJSP, *RT* 792/626.

[86] "Art. 9º Constitui ato de improbidade administrativa importando enriquecimento ilícito auferir qualquer tipo de vantagem patrimonial indevida em razão do exercício de cargo, mandato, função, emprego ou atividade nas entidades mencionadas no art. 1º desta lei, e notadamente: I – receber, para si ou para outrem, dinheiro, bem móvel ou imóvel, ou qualquer outra vantagem econômica, direta ou indireta, a título de comissão, percentagem, gratificação ou presente de quem tenha interesse, direto ou indireto, que possa ser atingido ou amparado por ação ou omissão decorrente das atribuições do agente público." Sérgio Turra Sobrane, discorrendo sobre tal modalidade de ato de improbidade administrativa, ensina que: "Não é necessário que a ação ou omissão ocorra efetivamente para amparar o interesse daquele de quem provém a vantagem, sendo suficiente para a caracterização da improbidade o recebimento do bem que representará o enriquecimento do agente público ou de outrem. Importa que a vantagem econômica seja entregue com a intenção de se auferir proteção ou amparo a um interesse do terceiro. A vantagem pode ser percebida antes ou depois da conduta do agente (ação ou omissão), podendo ser *comissão, percentagem, gratificação* ou *presente*" (*Improbidade administrativa*, p. 40).

Anote-se que há regulamentos administrativos autorizando o recebimento de dádivas *sem dimensão econômica* ou distribuídas generalizadamente a título de divulgação ou propaganda. Referidas permissões costumam ser dispostas nos Códigos de Ética Funcional, como ocorre, p. ex., naquele relativo aos agentes públicos em exercício na Presidência e Vice-Presidência da República (art. 10, § 1º, do Decreto n. 4.081, de 2002)[87]; em tais casos, à toda evidência, o fato será atípico.

Quando o funcionário público *exige* a vantagem indevida, comete concussão (art. 316), figurando o particular que cedeu à pressão, diante do temor incutido pela função desempenhada (i. e., *metus publicae potestatis*), como vítima. O mesmo ocorre quando o servidor toma a iniciativa do negócio escuso e *solicita* o pagamento da vantagem. Inexiste, nesse contexto, corrupção ativa, porquanto tal ilícito exige do *extraneus* que "ofereça" ou "prometa" a vantagem ilícita – isto é, **deve ser sua a iniciativa e não do servidor. O art. 333 não inclui os verbos "dar" ou "entregar"** no seu preceito primário. Comparando os tipos penais da corrupção ativa e da passiva nota-se uma correspondência em quase todas as condutas. Quando o particular *oferece ou promete* a vantagem ilícita e o funcionário a *aceita*, ambos estarão incursos no CP, imputando-se a eles, respectivamente, corrupção ativa e passiva. Sublinhe-se que, nas hipóteses retratadas, a iniciativa foi do *extraneus* (ou seja, o particular é que corrompeu o servidor). Dando-se o inverso (ou seja, se a proposta partir do funcionário), repise-se, só ele comete crime. Vale anotar, todavia, que em matéria de ***corrupção ativa nas transações comerciais internacionais*** (art. 337-B), pune-se não só os atos de "**prometer**" e "**oferecer**", mas também a conduta de "**dar**" vantagem indevida.

5. TIPO SUBJETIVO

A corrupção ativa consubstancia crime exclusivamente **doloso**; deve haver, portanto, consciência e vontade de realizar os elementos objetivos do tipo. Há **elemento subjetivo específico**, já que a dádiva ofertada ou prometida deve destinar-se a determinar o servidor a praticar, omitir ou retardar ato de ofício.

---

[87] "Não se consideram presentes, para os fins deste artigo, os brindes que: I – não tenham valor comercial; ou, II – sejam distribuídos de forma generalizada por entidades de qualquer natureza a título de cortesia, propaganda, divulgação habitual ou por ocasião de eventos especiais ou datas comemorativas, desde que não ultrapassem o valor de R$ 100,00 (cem reais)."

6. SUJEITOS DO CRIME

6.1. Sujeito ativo

Cuida-se de **crime comum**, pois não se exige qualquer predicado do sujeito ativo. Pode o **particular** cometê-lo ou até mesmo o **funcionário público**, quando se dirigir a colega com a oferta ou promessa de vantagem indevida visando a algum benefício próprio ou alheio.

6.2. Sujeito passivo

É o Estado, por meio do ente ao qual se vincula o servidor abordado.

7. CONSUMAÇÃO E TENTATIVA

7.1. Consumação

O momento consumativo dá-se quando **a oferta ou promessa, expressa ou velada, chega ao conhecimento do funcionário**[88]. Trata-se de *crime formal*, já que sua consumação não está atrelada à aceitação da vantagem indevida por parte do funcionário (se isso ocorrer, este será incurso no art. 317 do CP[89]).

---

[88] TJMG, ApCr 1.0707.09.187835-5/001, rel. Des. Wanderley Paiva, 1ª CCr, j. 20-11-2018. Para o STJ, os crimes de corrupção passiva e ativa se consumam com a simples prática de um dos verbos previstos nos arts. 317 e 333 do Código Penal (RHC 134.084/SP, rel. Min. Nefi Cordeiro, 6ª T., j. 23-2-2021). "O delito de corrupção ativa, por se tratar de crime formal, prescinde da efetiva obtenção da indevida vantagem para sua consumação" (STJ, AgRg no HC 703.604/PE, rel. Min. João Otávio de Noronha, 5ª T., j. 10-5-2022). Ver também: STJ, AgRg no AREsp 2.304.920/SP, rel. Min. Joel Ilan Paciornik, 5ª T., j. 19-3-2024. E ainda: "A falta de identificação do Policial ou Agente Público corrompido não descaracteriza o crime de corrupção ativa se há provas da oferta e promessa de vantagem; até mesmo porque, a corrupção ativa é delito formal que independe da aceitação do funcionário público para sua caracterização e o sujeito passivo direto é o Estado" (STJ, AgRg nos EDcl no AgRg no AREsp 2.294.876/SP, rel. Min. Joel Ilan Paciornik, 5ª T., j. 6-2-2024).

[89] Nessa esteira, a aceitação é mero exaurimento do crime de corrupção ativa (STJ, RHC 47.432/SP, rel. Min. Felix Fischer, 5ª T., *DJe* de 2-2-2015). 1) "O delito de corrupção ativa possui natureza formal e consuma-se com a simples oferta ou promessa de vantagem indevida ao funcionário público para que pratique, omita ou retarde ato de ofício, sendo irrelevante a aceitação daquele e a efetiva prática; o recebimento da vantagem é mero exaurimento do crime, que já se aperfeiçoou" (TJMG, ApCr 1.0114.19.005968-2/001, rel. Des. Cássio Salomé, 7ª CCr, j. 4-3-2020). Nesse sentido: 2) "Testemunho policial apto a demonstrar a ocorrência do crime de corrupção ativa, eis que crível e verossímil, não existindo qualquer fato que gerasse suspeição de seu relato. O fato de o acusado não ter dinheiro para oferecer ao agente policial em nada desnatura a ocorrência do crime, que é formal" (TJRS, ApCr 70081079212, rel. Des. Julio Cesar Finger, 4ª CCr, j. 29-8-2019). 3) "O crime de

Caso o servidor aceite a vantagem ou sua promessa e efetivamente omita, retarde ou pratique o ato de ofício esperado, dar-se-á *exaurimento*, incidindo a ambos, corruptor e corrompido, causa de **aumento de pena** (em um terço), conforme dispõem os arts. 317, § 1º, e 333, parágrafo único.

7.2. Tentativa

A tentativa é admissível quando a oferta ou promessa forem elaboradas por **escrito** e, por alguma circunstância alheia à vontade do agente, não chegarem ao conhecimento do servidor.

8. CLASSIFICAÇÃO JURÍDICA

Trata-se de crime **de *forma ou ação livre*** (admite qualquer meio executório), ***comum*** (não se exige qualidade especial do sujeito ativo), ***monossubjetivo ou de concurso eventual*** (pode ser cometido por uma só pessoa ou várias em concurso), ***formal ou de consumação antecipada*** (seu *summatum opus* independe da efetiva prática, retardamento ou omissão do ato de ofício – os quais constituirão mero exaurimento, influindo na dosagem da pena – art. 333, parágrafo único), ***instantâneo*** (a consumação não se protrai no tempo) e ***unissubsistente*** (a conduta típica não admite cisão, salvo quando se cuidar de oferta ou promessa elaboradas por escrito).

9. TIPOS ESPECIAIS

9.1. Corrupção ativa nas transações comerciais internacionais

O fato encontra-se descrito no art. 337-B da seguinte maneira: "Prometer, oferecer ou dar, direta ou indiretamente, vantagem indevida a funcionário público estrangeiro, ou a terceira pessoa, para determiná-lo a praticar, omitir ou retardar ato de ofício relacionado à transação comercial internacional". A pena é de reclusão, de um a oito anos, e multa.

---

corrupção ativa possui natureza formal e não exige para sua consumação resultado naturalístico consistente no efetivo pagamento ou recebimento da propina oferecida, independendo, ainda, de sua apreensão, pois consuma-se com o simples oferecimento ou a promessa da vantagem indevida a funcionário público para fins de determiná-lo a praticar, omitir ou retardar ato de ofício, sendo o pagamento ou recebimento da vantagem mero exaurimento do delito" (TJMS, ApCr 0000521-35.2014.8.12.0101, rel. Des. Elizabete Anache, 1ª CCr, j. 20-3-2019). 4) "O crime de corrupção ativa consuma-se com a simples oferta ou promessa de vantagem indevida por parte do agente, pouco importando a recusa do servidor ou a prática de ato ilícito anterior à oferta" (TJAP, ApCr 0031801-48.2015.8.03.0001, rel. Des. Gilberto Pinheiro, Câmara Única, *DJe* de 9-11-2018).

A pena é aumentada em um terço quando, em razão da vantagem ou promessa, o funcionário público estrangeiro retarda ou omite o ato de ofício, ou o pratica infringindo dever funcional.

9.2. Corrupção ativa de testemunha, perito, tradutor ou intérprete judicial

Aplica-se, nesse caso, o art. 343 do CP: "Dar, oferecer ou prometer dinheiro ou qualquer outra vantagem a testemunha, perito, contador, tradutor ou intérprete, para fazer afirmação falsa, negar ou calar a verdade em depoimento, perícia, cálculos, tradução ou interpretação" (pena – reclusão, de três a quatro anos, e multa). Nos termos do parágrafo único: "As penas aumentam-se de um sexto a um terço, se o crime é cometido com o fim de obter prova destinada a produzir efeito em processo penal ou em processo civil em que for parte entidade da administração pública direta ou indireta".

9.3. Corrupção ativa praticada por militar

O Código Penal Militar contém modalidade de corrupção ativa (art. 309), descrita nos mesmos moldes do Código Penal, porém aplicável quando a conduta atentar contra interesse das instituições militares.

9.4. Corrupção eleitoral

De acordo com o Código Eleitoral (Lei n. 4.737/65), pune-se com reclusão de até quatro anos e cinco a quinze dias-multa o ato de "dar, oferecer, prometer, solicitar ou receber, para si ou para outrem, dinheiro, dádiva, ou qualquer outra vantagem, para obter ou dar voto e para conseguir ou prometer abstenção, ainda que a oferta não seja aceita" (art. 299)[90].

Nota-se que o legislador especial **unificou as formas de corrupção ativa e passiva num único dispositivo**, incluindo a punição do corrupto e do corruptor, opção que, segundo anota Antônio Carlos da Ponte, "não se afigura como a mais recomendável, dados os elementos normativos da corrupção eleitoral passiva e as características dos autores de tal infração"[91].

Tais infrações, reunidas num só arquétipo punitivo, constituem delitos de tendência transcendente ou excessiva, isto é, "a conduta do agente sempre será dirigida ao alcance de um objetivo que vai além do simples resultado. Muito embora em tais crimes ocorra a consumação quando o agente dá, oferece ou promete dinheiro, dádiva ou qualquer outra vantagem para obter o voto ou para conseguir a abstenção (corrupção eleitoral ativa), ou no momento em que o eleitor solicita ou recebe, para si ou para outrem, dinheiro, dádiva ou qualquer outra vantagem para dar o voto ou prometer a abstenção (cor-

---

[90] V. STJ, *RT* 783/575.
[91] *Crimes eleitorais*, p. 89.

rupção eleitoral passiva). Com tais comportamentos, procuram os autores de tais infrações quebrar a paridade necessária no processo eleitoral, buscando fazer com que um determinado candidato alcance um mandato parlamentar não obedecendo às regras estabelecidas pela ética, moral e lei"[92].

9.5. Corrupção desportiva

A Lei Geral do Esporte (Lei n. 14.597, de 14-6-2023), que sucedeu o Estatuto do Torcedor (Lei n. 10.671, de 15-5-2003), manteve algumas incriminações originalmente previstas neste, dentre as quais a **corrupção passiva e ativa destinada a falsear o resultado de competição esportiva** (arts. 198 e 199). Interessante notar que, nesse ponto, o fato se manteve criminoso sem solução de continuidade, operando-se a **continuidade típico-normativa.** Houve, ademais, **uma ampliação do tipo penal,** que antes só punia o ato destinado a alterar o resultado da própria competição desportiva e, agora, inclui o falseamento de resultado associado à competição; quanto a esta, não se admite, por óbvio, aplicação retroativa.

Pune-se, dessa forma, com reclusão de dois a seis anos, e multa, quem: "solicitar ou aceitar, para si ou para outrem, vantagem ou promessa de vantagem patrimonial ou não patrimonial para qualquer ato ou omissão destinado a alterar ou falsear o resultado de competição esportiva" (corrupção passiva desportiva).

A censura penal também se dá para o ato de: "dar ou prometer vantagem patrimonial ou não patrimonial com o fim de alterar ou falsear o resultado de uma competição desportiva", fato igualmente punido com reclusão de dois a seis anos, e multa (corrupção ativa desportiva).

Os elementos distintivos entre a corrupção ativa comum e a desportiva encontram-se sintetizados no seguinte quadro:

	Corrupção ativa comum	Corrupção ativa desportiva
Condutas típicas	"Oferecer ou prometer vantagem indevida a funcionário público, para determiná-lo a praticar, omitir ou retardar ato de ofício"	"Dar ou prometer vantagem patrimonial ou não patrimonial com o fim de alterar ou falsear o resultado de uma competição desportiva ou evento a ela associado"
Objetividade jurídica	Administração Pública (probidade e moralidade administrativas)	Regularidade das competições desportivas e tutela dos direitos do torcedor
Fator especializante	A propina destina-se ao cometimento de atos ou omissões em prejuízo da Administração Pública	A propina destina-se a fraudar o resultado de competição esportiva
Pena cominada	Reclusão, de dois a doze anos, e multa	Reclusão, de dois a seis anos, e multa

---

[92] *Crimes eleitorais*, p. 106.

10. PENA E AÇÃO PENAL

A pena cominada no preceito secundário é de reclusão, de dois a doze anos, e multa (por força da Lei n. 10.763/2003). Registre-se que, como infelizmente tem sido a regra, olvidou o legislador dos possíveis reflexos decorrentes da elevação punitiva efetuada. A incongruência, nesse caso, reside em que a corrupção ativa nas transações comerciais internacionais, originariamente apenada nos mesmos patamares do art. 333, manteve (injustificadamente) a cominação nos mesmos níveis, tornando-se menos grave do que a corrupção ativa interna (*vide* análise efetuada adiante, à luz do art. 337-B do Código Penal; item "3").

O procedimento adequado a se observar será aquele consubstanciado nos arts. 395 a 405 do CPP – rito comum ordinário.

A ação penal é de **iniciativa pública** e não se sujeita a qualquer condição específica.

ART. 334 - DESCAMINHO

1. DISPOSITIVO LEGAL

Descaminho

Art. 334. Iludir, no todo ou em parte, o pagamento de direito ou imposto devido pela entrada, pela saída ou pelo consumo de mercadoria:

Pena – reclusão, de 1 (um) a 4 (quatro) anos.

§ 1º Incorre na mesma pena quem:

I – pratica navegação de cabotagem, fora dos casos permitidos em lei;

II – pratica fato assimilado, em lei especial, a descaminho;

III – vende, expõe à venda, mantém em depósito ou, de qualquer forma, utiliza em proveito próprio ou alheio, no exercício de atividade comercial ou industrial, mercadoria de procedência estrangeira que introduziu clandestinamente no País ou importou fraudulentamente ou que sabe ser produto de introdução clandestina no território nacional ou de importação fraudulenta por parte de outrem;

IV – adquire, recebe ou oculta, em proveito próprio ou alheio, no exercício de atividade comercial ou industrial, mercadoria de procedência estrangeira, desacompanhada de documentação legal ou acompanhada de documentos que sabe serem falsos.

§ 2º Equipara-se às atividades comerciais, para os efeitos deste artigo, qualquer forma de comércio irregular ou clandestino de mercadorias estrangeiras, inclusive o exercido em residências.

§ 3º A pena aplica-se em dobro se o crime de descaminho é praticado em transporte aéreo, marítimo ou fluvial.

– *Redação dada pela Lei n. 13.008, de 26-6-2014.*

2. VALOR PROTEGIDO (OBJETIVIDADE JURÍDICA)

Protege-se a Administração Pública, notadamente no que tange à tutela do **erário federal**.

A atual redação do art. 334 do CP decorre da Lei n. 13.008, de 26-6-2014, que entrou em vigor na data de sua publicação, ou seja, em 27 de junho de 2014.

A modificação teve como origem o Projeto de Lei n. 634, de 2011, cujo *escopo principal era o de elevar os patamares punitivos* do descaminho e do contrabando, estabelecidos em 1 a 4 anos de reclusão, para 2 a 5 anos e, assim, imprimir maior rigor no combate a tais infrações, impedindo benefícios legais como a suspensão condicional do processo, prevista no art. 89 da Lei n. 9.099/95. *Esse desiderato*, todavia, *somente prevaleceu quanto ao contrabando*, optando o Congresso Nacional por desmembrar os delitos, prevendo-os em tipos penais diversos e mantendo a pena imposta ao descaminho.

Outra modificação promovida consistiu na *inserção de novas exasperantes* (§ 3º), de modo a incluir, para efeito de apenamento em dobro, não só a prática do crime por meio de *transporte aéreo*, mas *também pelas vias marítima e fluvial*.

3. TIPO OBJETIVO

3.1. Tipo fundamental

O verbo nuclear consubstancia-se no ato de *iludir* (dissimular, enganar, defraudar, mascarar) o *pagamento de direito ou imposto* devido pela entrada ou saída ou consumo de mercadoria.

Os impostos em questão são: o **Imposto de Importação** (II) ou o **Imposto sobre Produtos Industrializados** (IPI).

O descaminho, também chamado de **"contrabando impróprio"**, significa, portanto, **a entrada ou saída do território nacional de produtos lícitos, com burla ao pagamento do imposto aduaneiro**[93].

Trata-se de ***norma penal em branco***, complementada por leis e atos administrativos que regulam o ingresso e a saída de mercadorias de nosso país.

---

[93] A legislação penal pretérita não fazia semelhante distinção, agregando as duas condutas definidas no art. 334 sob a mesma rubrica: contrabando (CP de 1890, art. 265). Nossa doutrina, contudo, desde essa época separava as duas figuras, inspiradas no Código Penal português então vigente (arts. 279 e 280).

A infração tem **natureza fiscal**, devendo se submeter, portanto, ao regramento pertinente aos crimes contra a ordem tributária, notadamente ao disposto na Súmula Vinculante 24 do Supremo Tribunal Federal, segundo a qual: "Não se tipifica crime material contra a ordem tributária, previsto no art. 1º, incisos I a IV, da Lei n. 8.137/90, antes do lançamento definitivo do tributo"[94].

3.2. Condutas equiparadas (art. 334, § 1º)

De acordo com o CP, incorre na mesma pena quem:

a) pratica navegação de cabotagem (i. e., aquela realizada entre portos ou pontos do território brasileiro, utilizando a via marítima ou esta e as vias navegáveis interiores[95]), fora dos casos permitidos em lei (norma penal em branco);

b) pratica fato assimilado, em lei especial, a descaminho (p. ex., saída da Zona Franca de Manaus com mercadorias além do limite permitido para isenção de tributos);

c) vende, expõe à venda, mantém em depósito ou, de qualquer forma, utiliza em proveito próprio ou alheio, no exercício de atividade comercial ou

---

[94] Em posição contrária: "No julgamento do HC 218.961/SP, a 5ª Turma do Superior Tribunal de Justiça consolidou entendimento no sentido de que o crime de descaminho é de natureza formal e se aperfeiçoa mediante o não pagamento do imposto devido em razão da entrada de mercadoria no país, sendo prescindível o exaurimento da esfera administrativa com o lançamento do débito fiscal como condição para a persecução penal. 5. A exigência da prévia constituição definitiva do crédito tributário para o início da ação penal, conforme preconiza a Súmula Vinculante 24/STF, aplica-se apenas aos crimes tributários de natureza material, previstos no art. 1º, I a IV, da Lei n. 8.137/90" (RHC 47.893/SP, rel. Min. Ribeiro Dantas, 5ª T., j. 14-2-2017). E ainda: "É entendimento sedimentado desta Corte que, nas hipóteses de descaminho, não é exigida a constituição definitiva do crédito tributário para a consumação do delito" (STJ, AgRg no REsp 1.807.259/SC, rel. Min. Nefi Cordeiro, 6ª T., j. 25-6-2019). Por outro lado, se a decisão administrativa ou judicial for favorável ao contribuinte, caracteriza questão prejudicial: "a existência de decisão administrativa ou judicial favorável ao contribuinte provoca inegável repercussão na própria tipificação do delito, caracterizando questão prejudicial externa facultativa que autoriza a suspensão do processo penal, a teor do art. 93 do Código de Processo Penal. 4. Assim, ainda que o descaminho seja delito de natureza formal, a decisão judicial que conclui pela inexistência de importação irregular de mercadorias e anula o auto de infração, o relatório de perdimento e o processo administrativo fiscal repercute na própria tipicidade do fato, constituindo questão prejudicial externa que justifica e até recomenda a suspensão do processo penal instaurado até o trânsito em julgado da ação civil" (STJ, REsp 1.413.829/CE, rel. Min. Maria Thereza de Assis Moura, 6ª T., j. 11-11-2014).

[95] Lei n. 9.432/97, art. 2º, IX.

industrial, mercadoria de procedência estrangeira que introduziu clandestinamente no País ou importou fraudulentamente ou que sabe ser produto de introdução clandestina no território nacional ou de importação fraudulenta por parte de outrem (p. ex., utilização de microcomputadores trazidos clandestinamente do exterior em estabelecimento comercial);

d) adquire, recebe ou oculta, em proveito próprio ou alheio, no exercício de atividade comercial ou industrial, mercadoria de procedência estrangeira, desacompanhada de documentação legal, ou acompanhada de documentos que sabe serem falsos (cuida-se de "receptação" de mercadorias descaminhadas sem documentos hábeis ou com estes falsificados; no último caso, o *falsum* terá natureza subsidiária em relação ao crime contra a Administração Pública).

Nas **letras** *c* e *d* exige o tipo que o fato seja praticado "no exercício de atividade comercial ou industrial". Para que isso se configure, requer-se *habitualidade*, ou seja, reiteração de atos de comércio ou indústria; é fundamental perceber que a habitualidade deve dar-se na execução de tais atos (não no crime). De observar que a lei equipara a atividade comercial "qualquer forma de comércio irregular ou clandestino de mercadorias estrangeiras, inclusive o exercido em residências" (§ 2º) (p. ex., camelôs, "sacoleiros" etc.).

Qual crime comete o sujeito responsável por **adquirir, receber ou ocultar, em proveito próprio ou alheio,** *fora do exercício de atividade comercial ou industrial*, mercadoria de procedência estrangeira, desacompanhada de documentação legal, ou acompanhada de documentos que sabe serem falsos?

A conduta, embora não se subsuma à modalidade equiparada de descaminho, mencionada acima (letra "d" e prevista no inciso IV do § 1º do art. 334 do CP), configura *receptação* (CP, art. 180).

E **se o sujeito** *não tiver efetiva ciência* de que se trata de mercadoria de procedência estrangeira, desacompanhada de documentação ou com documentos falsos, **mas possuir condições de presumir**, por emprego de diligência mediana, que se cuida de produto objeto de descaminho, em virtude de sua natureza ou pela desproporção entre o valor e o preço, ou pela condição de quem a oferece?

Não há descaminho por assimilação, de vez que o fato é punido somente na forma dolosa. Incorre o agente, porém, na figura da *receptação culposa* (CP, art. 180, § 3º).

3.3. Descaminho e o princípio da insignificância

O Supremo Tribunal Federal e o Superior Tribunal de Justiça consolidaram entendimento no sentido de que deve se reconhecer **aplicável** o princípio da insignificância sempre que o valor do tributo devido e acessórios (como a multa), o qual não for pago pelo agente, totalizar montante inferior ao mínimo necessário para o ajuizamento de execução fiscal.

Para os Tribunais Superiores, esse valor encontra-se definido na Lei n. 10.522/2002 (objeto de conversão da Medida Provisória 2.176-79) e foi atualizado pelas Portarias 75 e 130/2012 do Ministério da Fazenda, correspondendo a **R$ 20.000,00 (vinte mil reais)**[96]. De acordo com o Texto mencionado, dar-se-á o arquivamento das execuções fiscais cujo valor consolidado for igual ou inferior ao patamar citado, devendo os autos de execução serem reativados somente quando os débitos inscritos como Dívida Ativa da União pela Procuradoria-Geral da Fazenda Nacional ultrapassarem esse número.

Essa solução adotada, em nosso sentir, mostra-se justa, embora discordemos do fundamento invocado.

Não parece adequado considerar insignificante lesão jurídica que atinja tamanho valor, ainda quando se tenha em vista uma suposta irrelevância econômica frente ao erário federal. Trata-se de valor que atinge mais de 20 vezes o salário mínimo vigente no país, suficiente para abastecer o patrimônio público federal com recursos que, considerando a globalidade desses "descaminhos de pequeno valor", poderiam bem atender à implementação de diversas políticas públicas.

Ainda que não se possa reputar ínfima a lesão jurídica, *não deve haver persecução penal em tais casos*. O cerne da questão, contudo, é outro e se radica na *subsidiariedade do Direito Penal*. Com efeito, devem as leis penais incidir somente em casos em que normas extrapenais não deem resposta adequada à proteção de valores constitucionais. Cuida-se de considerar o Direito Penal como a *ultima ratio*, já que esse ramo do Direito contém as sanções mais graves que a Constituição Federal permite sejam aplicadas. Em outras palavras, sempre que houver medidas legais menos agressivas à liberdade do indivíduo, deve-se optar por elas, mantendo-se as penas criminais somente para os casos extremos.

---

[96] Nesse sentido, o STJ julgou o Recurso Especial 1.709.029/MG, rel. Min. Sebastião Reis Júnior, 3ª S., j. 28-2-2018, em sede de recurso repetitivo (Tema Repetitivo 157). Ver ainda: AgRg no AREsp 1.259.739/SP, rel. Min. Joel Ilan Paciornik, 5ª T., j. 30-5-2019. Para o STF: "Nos termos da jurisprudência deste Tribunal, o princípio da insignificância deve ser aplicado ao delito de descaminho quando o valor sonegado for inferior ao estabelecido no art. 20 da Lei 10.522/2002, com as atualizações feitas pelas Portarias 75 e 130, ambas do Ministério da Fazenda. Precedentes" (HC 139.393/PR, rel. Min. Ricardo Lewandowski, 2ª T., j. 18-4-2017). E também: HC 130.453/MT, rel. Min. Edson Fachin, 2ª T., *DJe* de 22-8-2017, e ARE 1.031.579 AgR/MG, rel. Min. Gilmar Mendes, 2ª T., j. 5-4-2019.

Em matéria de descaminho, existindo lei que dispensa o ajuizamento da execução fiscal quando o tributo devido não ultrapassa determinado montante, não faz sentido, nesses casos, dar azo à persecução penal; do contrário, o Direito Penal não será utilizado como a *ultima ratio*, mas como a *prima ratio*. Pode-se dizer, portanto, que se o Estado considera desnecessária a persecução fiscal, não se pode admitir que atue a persecução penal.

Anota-se, contudo, que o STJ fixou a tese de que "A reiteração da conduta delitiva obsta a aplicação do princípio da insignificância ao crime de descaminho – independentemente do valor do tributo não recolhido –, ressalvada a possibilidade de, no caso concreto, se concluir que a medida é socialmente recomendável. A contumácia pode ser aferida a partir de procedimentos penais e fiscais pendentes de definitividade, sendo inaplicável o prazo previsto no art. 64, I, do CP, incumbindo ao julgador avaliar o lapso temporal transcorrido desde o último evento delituoso à luz dos princípios da proporcionalidade e razoabilidade" (Tema Repetitivo 1218).

4. TIPO SUBJETIVO

O fato é apenado somente na forma **dolosa**, exigindo-se, por conseguinte, consciência e vontade de concretizar os elementos objetivos do tipo.

5. SUJEITOS DO CRIME

5.1. Sujeito ativo

O delito pode ser cometido por qualquer pessoa (**crime comum**). Anote-se que **o funcionário público que concorre para o fato será incurso no art. 318 (facilitação de contrabando ou descaminho)**; há, destarte, uma exceção pluralista à teoria monista ou unitária do art. 29, *caput*, do CP.

5.2. Sujeito passivo

É o Estado, por meio da União, ente responsável pela fiscalização e pelo recolhimento de tributos relativos à entrada e saída de bens ou produtos de nossas fronteiras.

6. CONSUMAÇÃO E TENTATIVA

6.1. Consumação

A realização integral do tipo, por se cuidar de *delito material ou de resultado*, exige a ilusão do pagamento de direito ou imposto, ainda que parcial, isto é, requer-se efetivo prejuízo ao Fisco.

Nos tribunais superiores, porém, adota-se o entendimento de que se trata de **crime formal**. De ver que o STJ possuía decisões em ambos os sentidos, mas pacificou a tese contrária à que defendemos, ou seja, reconhecendo a natureza formal do crime, alinhando-se, com isso, à orientação adotada pela Suprema Corte[97].

6.2. Tentativa

A tentativa é possível, de vez que as condutas típicas admitem cisão.

7. CAUSA DE AUMENTO DE PENA (ART. 334, § 3º)

A pena é aplicada em dobro se o crime de descaminho é praticado em transporte aéreo, marítimo ou fluvial.

A aplicação dessa causa de aumento restringe-se a *transportes realizados por tais vias de maneira clandestina*, uma vez que se fundamenta na maior dificuldade de repressão ao fato cometido nessas condições. Dessa forma, em voos ou navegações regulares, nos quais o Estado detém ampla possibilidade de realizar a fiscalização aduaneira, não incide o aumento em questão.

8. DESCAMINHO E A EXTINÇÃO DA PUNIBILIDADE PELO PAGAMENTO DO TRIBUTO

O delito em estudo, por sua natureza, pode ser incluído na classe genérica dos crimes contra a ordem tributária, afinal de contas, o objeto jurídico não é outro senão o erário federal, no que pertine à arrecadação de impostos devidos por ocasião da entrada ou saída de mercadorias do território nacional.

---

[97] Para o STJ: "Nos termos do art. 334 do Código Penal, o crime de descaminho se perfaz com o ato de iludir o pagamento de imposto devido pela entrada de mercadoria no país. Desnecessária, portanto, a apuração administrativo-fiscal do montante que deixou de ser recolhido para a configuração do delito. O mesmo raciocínio deve ser aplicado ao delito de contrabando" (REsp n. 1.964.529/CE, rel. Min. Olindo Menezes (Desembargador convocado do TRF 1ª Região), 6ª T., j. 7-6-2022). No mesmo sentido: "O crime de descaminho, por ter natureza formal, dispensa até mesmo a conclusão do procedimento administrativo fiscal" (AgRg no REsp n. 1.964.478/RS, rel. Min. Joel Ilan Paciornik, 5ª T, j. 14-12-2021). E ainda: "O delito de descaminho consuma-se no momento em que a mercadoria destinada à importação ou exportação irregular ingressa no território nacional, com a ilusão dos tributos devidos, ainda que dentro dos limites da zona fiscal" (AgRg no AREsp 2.324.431/SP, rel. Min. Sebastião Reis Júnior, 6ª T., j. 15-8-2023).

De ver, contudo, que injustificadamente inexiste regra aplicável ao descaminho determinando a extinção da punibilidade pelo pagamento do tributo e acessórios, embora haja no tocante aos demais crimes de sonegação fiscal.

Referido tratamento desigual mostra-se desarrazoado, devendo ter aplicação, por analogia *in bonam partem*, a sistemática preconizada nos arts. 34, *caput*, da Lei n. 9.249/95, 9º, § 2º, da Lei n. 10.684/2003 e 83, § 4º, da Lei n. 9.430/96, com redação dada pela Lei n. 12.382/2011, que determina a extinção do direito de punir do Estado quando se verifica o pagamento da dívida fiscal, embora o Superior Tribunal de Justiça entenda atualmente em sentido contrário[98].

9. COMPETÊNCIA

No que pertine à competência *ratione materiae*, cuida-se de delito de competência da **Justiça Federal**, pois sempre envolve lesão a interesse da União (CF, art. 109, IV).

Com referência à competência *ratione loci* (ou territorial), deve o fato ser julgado perante o Juízo Federal do lugar em que houve a apreensão dos bens (Súmula 151 do STJ).

10. CLASSIFICAÇÃO JURÍDICA

Cuida-se de *crime de forma ou ação livre* (pode ser cometido por qualquer meio), *comum* (qualquer pessoa pode figurar como sujeito ativo), *monossubjetivo ou de concurso eventual* (pode ser realizado por uma só pessoa ou várias em concurso, cabendo lembrar que o servidor encarregado

---

[98] Nesse sentido: "... Assim, mostra-se possível a extinção da punibilidade pelo delito de descaminho, ante o pagamento do tributo devido, nos termos do que disciplinam os arts. 34, *caput*, da Lei n. 9.249/95, 9º, § 2º, da Lei n. 10.684/2003 e 83, § 4º, da Lei n. 9.430/96, com redação dada pela Lei n. 12.382/2011" (STJ, HC 265.706/RS, rel. Min. Marco Aurélio Bellizze, 5ª T., j. 28-5-2013, *DJe* de 10-6-2013). Contrariamente: "Cuidando-se de crime formal, **mostra-se irrelevante o parcelamento e pagamento do tributo, não se inserindo, ademais, o crime de descaminho entre as hipóteses de extinção da punibilidade listadas na Lei n. 10.684/2003**. De fato, referida lei se aplica apenas aos delitos de sonegação fiscal, apropriação indébita previdenciária e sonegação de contribuição previdenciária. Dessa forma, cuidando-se de crime de descaminho, não há se falar em extinção da punibilidade pelo pagamento. 4. Habeas corpus não conhecido" (STJ, HC 271.650/PE, rel. Min. Reynaldo Soares da Fonseca, 5ª T., j. 3-3-2016). Este último é o posicionamento atual do STJ, consoante se verifica do AgRg no REsp 1.810.491/SP, rel. Min. Nefi Cordeiro, 6ª T., j. 27-10-2020.

da fiscalização alfandegária que facilita o descaminho responde pelo crime do art. 318), *material ou de resultado* (sua consumação dá-se com a ilusão do pagamento de direito ou imposto, ainda que parcial, gerando prejuízo ao Fisco; para o STJ, porém, trata-se de **delito formal**), *instantâneo* (salvo nas condutas equiparadas de "expor à venda", "manter em depósito" e "ocultar", nas quais o crime é permanente) e *plurissubsistente* (o *iter criminis* é cindível).

11. PENA E AÇÃO PENAL

A pena é de reclusão, de um a quatro anos. Pode-se estranhar, à primeira vista, a falta de menção à multa, já que o autor age, de regra, motivado pela cobiça. Ocorre, entretanto, que pareceu ao legislador suficientes a apreensão e o confisco dos bens, bem como a imposição da multa fiscal.

Admite-se a suspensão condicional do processo (art. 89 da Lei n. 9.099/95), tendo em conta o piso punitivo. O procedimento aplicável é o comum ordinário (CPP, arts. 395 a 405).

A ação penal é de iniciativa **pública incondicionada**.

ART. 334-A – CONTRABANDO

1. DISPOSITIVO LEGAL

Contrabando

Art. 334-A. Importar ou exportar mercadoria proibida:

Pena – reclusão, de 2 (dois) a 5 (cinco) anos.

§ 1º Incorre na mesma pena quem:

I – pratica fato assimilado, em lei especial, a contrabando;

II – importa ou exporta clandestinamente mercadoria que dependa de registro, análise ou autorização de órgão público competente;

III – reinsere no território nacional mercadoria brasileira destinada à exportação;

IV – vende, expõe à venda, mantém em depósito ou, de qualquer forma, utiliza em proveito próprio ou alheio, no exercício de atividade comercial ou industrial, mercadoria proibida pela lei brasileira;

V – adquire, recebe ou oculta, em proveito próprio ou alheio, no exercício de atividade comercial ou industrial, mercadoria proibida pela lei brasileira.

§ 2º Equipara-se às atividades comerciais, para os efeitos deste artigo, qualquer forma de comércio irregular ou clandestino de mercadorias estrangeiras, inclusive o exercido em residências.

§ 3º A pena aplica-se em dobro se o crime de contrabando é praticado em transporte aéreo, marítimo ou fluvial.

– Incluído pela Lei n. 13.008, de 26-6-2014.

2. VALOR PROTEGIDO (OBJETIVIDADE JURÍDICA)

Protege-se a **Administração Pública**, nomeadamente no que pertine às regras aplicáveis à importação e exportação de produtos, bem como a **saúde pública e outros valores** que podem ser maculados pela introdução de produtos proibidos em território nacional.

O art. 334-A do CP foi introduzido pela Lei n. 13.008, de 26-6-2014, que passou a vigorar na data de sua publicação, ou seja, em 27 de junho de 2014.

Não se cuida, porém, de nova incriminação, pois o delito já se encontrava capitulado na anterior redação do art. 334. Trata-se, em verdade, de ***novatio legis in pejus***, em face do aumento da pena imposto ao contrabando, antes sancionado com reclusão, de 1 a 4 anos e, agora, punido com 2 a 5 anos. A elevação mencionada somente se aplica a fatos cometidos a partir do início da vigência da Lei n. 13.008.

Conforme destacamos por ocasião do estudo do art. 334 do CP, a mudança originou-se do Projeto de Lei n. 634, de 2011, cujo *escopo principal era o de elevar os patamares punitivos* do descaminho e do contrabando, impedindo benefícios legais como a suspensão condicional do processo, prevista no art. 89 da Lei n. 9.099/95. *Esse desiderato*, todavia, *somente prevaleceu quanto ao contrabando*, de vez que, nesse caso, o valor fundamental protegido revela-se mais caro que o tutelado pelo crime de descaminho, por abranger não só questões aduaneiras, senão também a defesa de interesses como a saúde pública e a segurança nacional.

Outras modificações, ademais, foram efetuadas pela Lei n. 13.008, além dos citados desmembramento dos tipos penais e exasperação da pena, consistentes na **inserção de novas figuras equiparadas a contrabando** (§ 1º) e na inclusão, para efeito de **apenamento em dobro**, ao lado do contrabando efetuado por **transporte aéreo**, aquele realizado **pelas vias marítima e fluvial** (§ 3º)

3. TIPO OBJETIVO

3.1. Tipo fundamental

Os verbos nucleares são *importar* (efetuar a entrada do bem no território nacional, considerados seus limites marítimo, aéreo e terrestre) e *exportar* (promover a saída do objeto de nossas fronteiras terrestres, mar territorial e espaço aéreo).

Os *objetos materiais* são as *mercadorias* (coisas móveis, apropriáveis e suscetíveis de negociação) *proibidas*, **absoluta** ou **relativamente** (por exemplo, a importação de matérias-primas e produtos de origem animal sem a autorização prévia dos órgãos competentes[99], a importação de colete à prova de balas e de arma de ar comprido[100]).

Há **proibição absoluta** quando a entrada ou saída do bem é vedada por sua natureza e **relativa**, se o impedimento se der mediante determinadas condições.

Trata-se de **norma penal em branco**, complementada por leis e atos administrativos que regulam o ingresso e a saída de mercadorias de nosso país.

De ver que existem normas especiais incriminando a importação e a exportação de determinados produtos proibidos, muitas vezes com maior severidade, como se observa na Lei de Drogas e no Estatuto do Desarmamento. Assim, portanto, quando se cuidar de droga ilícita, haverá tráfico (transnacional) de substâncias psicoativas (art. 33, c/c art. 40, I, da Lei n. 11.343/2006); quando envolver arma de fogo, acessório ou munição, ocorrerá a figura prevista no art. 18 da Lei n. 10.826/2003 (tráfico internacional de arma de fogo). Nesses casos, *lex specialis derogat generalis* (art. 12 do CP).

Observa-se que, recentemente, ao julgar recurso repetitivo (Tema 1143), o Superior Tribunal de Justiça fixou a tese: "O princípio da insignificância é aplicável ao crime de contrabando de cigarros quando a quantidade apreendida não ultrapassar 1.000 (mil) maços, seja pela diminuta reprovabilidade da conduta, seja pela necessidade de se dar efetividade à repressão ao contrabando de vulto, excetuada a hipótese de reiteração da conduta, circunstância apta a indicar maior reprovabilidade e periculosidade social da ação" (REsp 1.971.993/SP e REsp 1.977.652/SP, rel. Min. Sebastião Reis Júnior, 3ª S., j. 13-9-2023)[101].

---

[99] "É firme a jurisprudência desta Corte Superior no sentido de que a importação de mercadoria de proibição relativa, sem a prévia autorização ou licença da autoridade administrativa, configura o delito de contrabando, que tem como bem juridicamente tutelado não apenas o interesse econômico, mas também a segurança, incolumidade e saúde públicas. Precedentes" (STJ, AgRg no REsp 1.907.570/SC, rel. Min. Reynaldo Soares da Fonseca, 5ª T., j. 15-6-2021).

[100] "A importação de colete à prova de balas está sujeita a proibição relativa, uma vez que sua prática exige prévia autorização do Comando do Exército, configurando crime de contrabando as condutas perpetradas fora dos moldes previstos no regulamento próprio" (STJ, RHC 62.851/PR, rel. Min. Sebastião Reis Júnior, 6ª T., j. 16-2-2016). E também: "A importação de arma de pressão, mercadoria de proibição relativa, sem a prévia autorização ou licença da autoridade administrativa, configura o delito de contrabando, por tutelar não apenas interesse econômico, mas também a segurança e a incolumidade pública, afastando a incidência do princípio da insignificância. Precedentes". (STJ, AgRg no AREsp 1.685.158/SP, rel. Min. Nefi Cordeiro, 6ª T., j. 30-6-2020).

[101] Observa-se que houve modulação de efeitos, devendo a tese ser aplicada apenas aos feitos ainda em curso na data em que encerrado o julgamento do AgRg no HC 821.959/SP, rel. Min. Laurita Vaz, 6ª T., j. 14-8-2023, respeitado o trânsito em julgado.

3.2. Condutas equiparadas (art. 334-A, § 1º)

De acordo com o CP, incorre na mesma pena quem:

a) pratica fato assimilado, em lei especial, a contrabando;

b) importa ou exporta clandestinamente mercadoria que dependa de registro, análise ou autorização de órgão público competente;

c) reinsere no território nacional mercadoria brasileira destinada à exportação;

Esse comportamento se subsumia, antes da entrada em vigor da Lei n. 13.008/2014, a contrabando na modalidade principal (art. 334, *caput*, do CP).

d) vende, expõe à venda, mantém em depósito ou, de qualquer forma, utiliza em proveito próprio ou alheio, *no exercício de atividade comercial ou industrial*, mercadoria proibida pela lei brasileira;

Nesse caso, pouco importa se foi o agente ou terceiro o responsável pela introdução da mercadoria proibida em território brasileiro. Quando se tratar da mesma pessoa, porém, há **crime único** e não concurso de infrações, aplicando-se o princípio da consunção ou absorção.

e) adquire, recebe ou oculta, em proveito próprio ou alheio, *no exercício de atividade comercial ou industrial*, mercadoria proibida pela lei brasileira (trata-se de "receptação" de mercadorias contrabandeadas).

Como se anotou, nas letras *d* e *e* exige-se fato praticado no "no exercício de atividade comercial ou industrial", o que demanda **habitualidade**, isto é, reiteração de atos de comércio ou indústria. Anote-se que a habitualidade deve se operar na execução de tais atos (não no crime). Registre-se que o Código equipara a atividade comercial "qualquer forma de comércio irregular ou clandestino de mercadorias estrangeiras, inclusive o exercido em residências" (§ 2º) (p. ex., camelôs, "sacoleiros" etc.).

Se a conduta descrita na letra "e" não for cometida no exercício de atividade comercial ou industrial (adquirir, receber ou ocultar, em proveito próprio ou alheio, mercadoria proibida pela lei brasileira), incorre o agente no *crime de receptação*. Nesse caso, se deter conhecimento de que a mercadoria é proibida, há receptação dolosa (CP, art. 180, *caput*); se desconhecer a informação, mas pela natureza da mercadoria, ou pela desproporção entre o valor e o preço, ou pela condição de quem a oferece, puder presumir-se contrabandeada, comete receptação culposa (CP, art. 180, § 3º).

4. TIPO SUBJETIVO

O fato é apenado somente na forma **dolosa**, exigindo-se, por conseguinte, consciência e vontade de concretizar os elementos objetivos do tipo.

Não se exclui a possibilidade de haver erro de proibição (CP, art. 21), acaso o sujeito desconheça a existência da norma extrapenal que veda a importação ou exportação da mercadoria.

5. SUJEITOS DO CRIME

5.1. Sujeito ativo

O delito pode ser cometido por qualquer pessoa (**crime comum**). O servidor público que colabora, moral ou materialmente, com o fato será enquadrado no art. 318 (facilitação de contrabando); trata-se, destarte, de exceção pluralista à teoria monista ou unitária adotada no art. 29, *caput*, do CP.

5.2. Sujeito passivo

É o Estado, por meio da União, ente responsável pela normatização da entrada e saída de bens ou produtos de nossas fronteiras.

6. CONSUMAÇÃO E TENTATIVA

6.1. Consumação

Dá-se a consumação com o **ingresso** ou **saída da mercadoria do território nacional** (crime material).

No que toca à **exportação**, é preciso que a mercadoria *deixe o setor alfandegário*, pois só então poderá dizer-se que houve a saída do bem de nosso país; com respeito à importação, não é preciso que este chegue ao destinatário, posto que, encontrando-se o objeto na zona fiscal, já terá ingressado no Brasil, consumando-se a importação.

6.2. Tentativa

A tentativa é possível, de vez que as condutas típicas admitem cisão.

7. CAUSA DE AUMENTO DE PENA (ART. 334-A, § 3º)

A pena é aplicada em dobro se o crime de contrabando é praticado em **transporte aéreo, marítimo ou fluvial**.

Do mesmo modo que no descaminho, prevalece o entendimento de que a incidência da exasperante se cinge a **transportes realizados por tais vias de maneira** *clandestina*, uma vez que se fundamenta na maior dificuldade de repressão ao fato cometido nessas condições[102].

---

[102] "A incidência da majorante está condicionada a um dado objetivo, a realização da conduta por meio de transporte aéreo, marítimo ou fluvial. Há, porém, corrente no sentido

8. COMPETÊNCIA

No que pertine à competência *ratione materiae*, cuida-se de delito de competência da Justiça Federal, pois sempre envolve lesão a interesse da União (CF, art. 109, IV).

Com referência à competência *ratione loci* (ou territorial), deve o fato ser julgado perante o **Juízo Federal** do lugar em que houve a apreensão dos bens (Súmula 151 do STJ).

9. CONFLITO APARENTE DE NORMAS

Há diversas leis especiais que descrevem condutas relacionadas com a importação ou exportação de produtos absoluta ou relativamente proibidos. Duas delas já foram mencionadas no item "3.1": Lei de Drogas (Lei n. 11.343/2006) e Estatuto do Desarmamento (Lei n. 10.826/2003), relativamente ao tráfico transnacional de drogas e ao tráfico internacional de armas de fogo, acessório ou munição.

Outras também podem ser lembradas, como a Lei n. 9.112/95, relativas à exportação de bens sensíveis, assim considerados os de uso duplo e os de utilização na área nuclear, química e biológica. Cuida-se de ilícito pluriobjetivo que, na esfera penal, é apenado com um a quatro anos de reclusão (art. 7º). Anote-se, ainda, que a Lei n. 9.279/96 (Código de Propriedade Industrial) regula a importação ou exportação de produto com violação de patente de invenção ou modelo de utilidade, de desenho industrial ou marca registrados, ou ainda que apresentem falsa indicação geográfica (arts. 184, 188, 190 e 192).

10. CLASSIFICAÇÃO JURÍDICA

Cuida-se de crime *de forma ou ação livre* (pode ser cometido por qualquer meio), *comum* (qualquer pessoa pode figurar como sujeito ativo), *monossubjetivo ou de concurso eventual* (pode ser realizado por uma só pessoa ou várias em concurso, cabendo lembrar que o servidor encarregado da fiscalização alfandegária que facilita o contrabando responde pelo crime do art. 318), *material ou de resultado* (sua consumação dá-se com o efetivo ingresso ou saída da mercadoria do território brasileiro), *instantâneo* (salvo nas

---

de que o aumento de pena, por ser muito expressivo, exige que, além da utilização de um dos meios de transporte mencionados, exista a clandestinidade no procedimento do agente, pois só assim se identificaria um maior desvalor da ação e, ademais, evita-se que a exasperante seja a regra na grande maioria dos casos de descaminho. A 2ª Turma do STF acolheu essa tese no julgamento de um *habeas corpus*, em que houve empate na votação" (STF, HC 162.553 AgR/CE, rel. Min. Edson Fachin, redator do acórdão Min. Gilmar Mendes, j. 14-9-2021 – noticiado no *Informativo* n. 1.030).

condutas equiparadas de "expor à venda", "manter em depósito" e "ocultar", nas quais o crime é permanente) e *plurissubsistente* (o *iter criminis* é cindível).

11. PENA E AÇÃO PENAL

A pena é de reclusão, de dois a cinco anos. Para fatos cometidos antes da entrada em vigor da Lei n. 13.008, que se deu em 27 de junho de 2014, a pena aplicável será a anteriormente prevista, ou seja, de um a quatro anos de reclusão.

Não se admite a suspensão condicional do processo (art. 89 da Lei n. 9.099/95), salvo aos fatos cuja ação ou omissão tenha ocorrido antes da data acima mencionada.

O procedimento aplicável é o comum ordinário (CPP, arts. 395 a 405).

A ação penal é de iniciativa **pública incondicionada**.

12. CONTRABANDO OU DESCAMINHO PRATICADOS COM EMPREGO DE VEÍCULO AUTOMOTOR

Se o sujeito ativo de quaisquer desses crimes se valer de veículo automotor para praticar os delitos, por exemplo, tendo utilizado o automóvel para transportar objetos descaminhados (como mercadorias trazidas de outro país em porta-malas, sem o pagamento do imposto) ou contrabandeados (como cigarros ilegalmente importados de outro país), no caso de ser condenado, o **juiz deverá decretar a cassação de seu documento de habilitação ou proibi-lo de obter habilitação para conduzir veículo automotor por cinco anos.**

Esse efeito deverá ser decretado na sentença. Embora tenha caráter **obrigatório, não é automático**, isto é, exige expressa fundamentação. A determinação somente será eficaz, contudo, após o trânsito em julgado da condenação, nos termos do art. 278-A do CTB.

Depois de superado o prazo de cinco anos, o condutor poderá requerer, no juízo criminal, sua reabilitação (CP, arts. 93 a 95), submetendo-se, depois de deferida, a novos exames, nos termos do Código de Trânsito (art. 278-A, § 1º).

Note ainda que o CTB dispõe, no caso de **prisão em flagrante** por crime de contrabando ou descaminho, que o juiz, em qualquer fase da investigação ou da ação penal, poderá, se houver necessidade para a garantia da ordem pública, como **medida cautelar**, de ofício, ou a requerimento do Ministério Público ou ainda mediante representação da autoridade policial, decretar, em decisão motivada, a **suspensão da permissão ou da habilitação para dirigir veículo automotor, ou a proibição de sua obtenção** (CTB, art. 278-A, § 2º).

700

ART. 335 – IMPEDIMENTO, PERTURBAÇÃO OU FRAUDE DE CONCORRÊNCIA

1. DISPOSITIVO LEGAL

Impedimento, perturbação ou fraude de concorrência

Art. 335. Impedir, perturbar ou fraudar concorrência pública ou venda em hasta pública, promovida pela administração federal, estadual ou municipal, ou por entidade paraestatal; afastar ou procurar afastar concorrente ou licitante, por meio de violência, grave ameaça, fraude ou oferecimento de vantagem:

Pena – detenção, de 6 (seis) meses a 2 (dois) anos, ou multa, além da pena correspondente à violência.

Parágrafo único. Incorre na mesma pena quem se abstém de concorrer ou licitar, em razão da vantagem oferecida.

2. REVOGAÇÃO

O dispositivo havia sido **tacitamente revogado** pelos arts. 93 e 95 da Lei n. 8.666/93. Com o advento da Lei n. 14.133/2021, todos os crimes da Lei n. 8.666/93 foram expressamente revogados para serem inseridos em um novo Capítulo dos Crimes praticados contra a Administração Pública (Capítulo II-B - Dos Crimes em Licitações e Contratos Administrativos).

A conduta descrita nos revogados arts. 93 e 95 da Lei n. 8.666/93 encontra-se prevista, respectivamente, nos arts. 337-I ("Perturbação de processo licitatório") e 337-K ("Afastamento de licitante") do Código Penal, a cuja leitura remete-se o leitor.

ART. 336 – INUTILIZAÇÃO DE EDITAL OU DE SINAL

1. DISPOSITIVO LEGAL

Inutilização de edital ou de sinal

Art. 336. Rasgar ou, de qualquer forma, inutilizar ou conspurcar edital afixado por ordem de funcionário público; violar ou inutilizar selo ou sinal empregado, por determinação legal ou por ordem de funcionário público, para identificar ou cerrar qualquer objeto:

Pena – detenção, de 1 (um) mês a 1 (um) ano, ou multa.

2. VALOR PROTEGIDO (OBJETIVIDADE JURÍDICA)

Tutela-se a **Administração Pública**, notadamente a **publicidade dos editais** e a **integridade dos selos ou sinais empregados para a identificação ou cerramento de qualquer objeto.**

3. TIPO OBJETIVO

Cuida-se de **tipo misto cumulativo**, já que o dispositivo reúne dois delitos distintos sob o mesmo artigo de lei. O cometimento de ambas as infrações penais constituirá concurso de crimes.

3.1. Inutilização de edital (art. 336, *caput*, 1ª parte)

Dá-se o delito quando o agente *rasgar* (lacerar no todo ou em parte) ou, de qualquer forma, *inutilizar* (deteriorar, tornar ilegível) ou *conspurcar* (manchar, macular) o *edital* (objeto material do crime) afixado por ordem de funcionário público.

O **edital** referido pode ser **judicial** ou **administrativo**, já que ambos são afixados por ordem de funcionário público. São exemplos do primeiro o edital de citação, o edital de praça ou hasta pública, o edital de casamento. Do segundo, pode-se citar o edital de concurso público, de concorrência pública etc.

A conduta de quem rasga, inutiliza ou conspurca o edital, além do menoscabo demonstrado à autoridade pública, compromete ou dificulta a publicidade da informação que se pretende divulgar às pessoas de modo geral.

3.2. Inutilização de sinal (art. 336, *caput*, 2ª parte)

Consubtancia-se o crime no ato de *violar* (romper, devassar, afastar, retirar) ou *inutilizar* (destruir, deteriorar) *selo ou sinal* (objeto material do crime) **empregado**, por determinação legal ou por ordem de funcionário público, **para identificar ou cerrar** qualquer objeto.

Assim, por exemplo, comete a infração o sujeito que viola o lacre público que guarnece recipiente em que se encontram objetos apreendidos em inquérito policial. Pratica-o, ainda, quem viola lacre inserido pela municipalidade à porta de estabelecimento empresarial interditado, nele ingressando a fim de retomar suas atividades ou quem retira a faixa de interdição aposta pela Anvisa em estabelecimento flagrado vendendo medicamentos falsificados.

4. TIPO SUBJETIVO

Os fatos são apenados somente na forma **dolosa**, exigindo-se consciência e vontade de concretizar os elementos objetivos do tipo, o que abrange, a toda evidência, o conhecimento de que se cuida de edital, selo ou sinal públicos.

Não há elemento subjetivo específico, razão pela qual pouco importa o motivo que fez o agente macular o edital ou romper o sinal ou selo empregado.

5. SUJEITOS DO CRIME

5.1. Sujeito ativo

Cuida-se de **crimes comuns**, os quais podem ser praticados por qualquer pessoa.

5.2. Sujeito passivo

É o Estado, por intermédio do ente público responsável pela afixação do edital ou pela aposição do selo ou sinal destinados a identificar ou cerrar o objeto.

6. CONSUMAÇÃO E TENTATIVA

6.1. Consumação

Consuma-se quando o edital é rasgado, inutilizado ou conspurcado ou quando se viola ou se inutiliza selo ou sinal empregado para identificar ou cerrar algum objeto (**crimes materiais ou de resultado**).

6.2. Tentativa

A forma tentada é admissível em ambas as figuras penais.

7. CLASSIFICAÇÃO JURÍDICA

Classifica-se como crimes *de forma ou ação livre* (podem ser praticados por qualquer meio executivo), *comuns* (qualquer pessoa pode cometê--los), *monossubjetivos ou de concurso eventual* (podem ser perpetrados por um só agente ou vários em concurso), *materiais ou de resultado* (exigem a produção de resultado naturalístico para efeito de consumação, traduzido na mácula ao objeto material – edital, selo ou sinal público), *instantâneos* (a fase consumativa não se prolonga no tempo) e *plurissubsistentes* (o *iter criminis* comporta cisão).

8. PENA E AÇÃO PENAL

A pena é de detenção, de um mês a um ano, ou multa. Trata-se, destarte, de infrações de menor potencial ofensivo, sujeitas à competência do Juizado Especial Criminal e às medidas despenalizadoras da Lei n. 9.099/95.

A ação penal é de iniciativa **pública incondicionada**.

ART. 337 – SUBTRAÇÃO OU INUTILIZAÇÃO DE LIVRO OU DOCUMENTO

1. DISPOSITIVO LEGAL

Subtração ou inutilização de livro ou documento

Art. 337. Subtrair, ou inutilizar, total ou parcialmente, livro oficial, processo ou documento confiado à custódia de funcionário, em razão de ofício, ou de particular em serviço público:

Pena – reclusão, de 2 (dois) a 5 (cinco) anos, se o fato não constitui crime mais grave.

2. VALOR PROTEGIDO (OBJETIVIDADE JURÍDICA)

O objeto jurídico resguardado é a **Administração Pública**, notadamente os deveres de **probidade administrativa** e de **guarda** dos **livros oficiais**, **processos** ou **documentos confiados à custódia do Estado** (seja nas mãos de funcionário em razão de ofício ou particular em serviço público).

3. CONFLITO APARENTE DE NORMAS

Nosso Código possui diversas infrações construídas de maneira análoga ao art. 337, protegendo documentos particulares ou públicos, tais como livros oficiais, processos ou documentos confiados à custódia estatal. É o que se nota nos **arts. 305** (crime contra a fé pública), **314** (crime cometido por funcionário contra a Administração Pública) e **356** (delito contra a administração da Justiça).

A despeito da multiplicidade de capitulações jurídicas, o campo de incidência de cada uma delas pode ser facilmente distinguido tendo em vista a objetividade jurídica, o elemento subjetivo do injusto, o sujeito ativo e, por vezes, o objeto material.

O mais grave de todos os delitos é aquele previsto no art. 305 do Código Penal (supressão de documento). Pune-se todo aquele que destruir, suprimir ou ocultar, em benefício próprio ou de outrem, ou em prejuízo alheio, documento público ou particular verdadeiro, de que não podia dispor (a pena é de reclusão, de dois a seis anos, e multa, se o documento é público, e reclusão, de um a cinco anos, e multa, se o documento é particular).

A conduta se subsumirá ao mencionado tipo penal sempre que o ato dirigir-se ao fim de locupletação ("em benefício próprio ou de outrem") ou prejuízo de terceiro e, além disso, buscar-se assacar a força probante do documento (público ou particular verdadeiro).

Os arts. 314 e 337 são os que encontram maior proximidade entre si, cabendo anotar que ambos são expressamente subsidiários (notadamente em relação ao art. 305). Há coincidência quanto aos objetos materiais: livros oficiais ou documentos (o art. 337 também inclui o processo) e no que se refere ao valor fundamental atingido: a Administração Pública. O *discrimen* baseia-se na qualidade do sujeito ativo. O art. 314 constitui crime próprio e só pode ser praticado pelo funcionário público encarregado da guarda do livro oficial ou documento. O art. 337 consubstancia crime comum, podendo ter qualquer pessoa como sua autora, notadamente o particular ou servidor público atuando fora do exercício de suas funções.

Diferenciam-se no que pertine às condutas nucleares, uma vez que o art. 314 emprega os verbos: "extraviar", "sonegar" e "inutilizar" (total ou parcialmente) e o art. 337: "subtrair" e "inutilizar". O primeiro fala em extravio porque pressupõe guarda lícita do objeto material por parte do sujeito ativo, ao passo que o outro usa o termo subtrair, justamente por ser cometido por quem não possui tal relação com o livro oficial, processo ou documento.

O art. 356, por fim, é o menos severamente punido (detenção, de seis meses a três anos, e multa). Cuida-se de tipo penal menos abrangente que os demais, pois só pode figurar como sujeito ativo o advogado ou procurador que, nessa qualidade, recebeu autos, documentos ou objeto de valor probatório, inutilizando-os (no todo ou em parte) ou deixando de restituí-los.

4. TIPO OBJETIVO

Os verbos núcleos do tipo são: **a)** *subtrair:* retirar da esfera de disponibilidade, apoderar-se (os atos de substituição e ocultação consideram-se abrangidos por tal conduta, pois são modos de retirar da esfera de disponibilidade do titular a guarda e a detenção do objeto); **b)** *inutilizar:* fazer perecer, retirar a utilidade, total ou parcialmente.

O dispositivo pune a subtração ou inutilização de *livro oficial* (aquele criado por lei ou regulamento, destinado a registros, termos, atas etc.), **processo** (leiam-se: *autos de procedimento* judicial ou administrativo, ou seja, a reunião coordenada de atos visando ao atingimento de determinado fim) ou *documento* (**público ou particular**[103]) **confiado à custódia de funcionário, em razão de ofício, ou de particular em serviço público.**

Podem ser citados como exemplos de objetos materiais do art. 337: os livros obrigatórios contidos em delegacias de polícia (como o de registro de fiança), promotorias de justiça (p. ex., o livro de registro de inquéritos civis) ou varas judiciais (tal como o livro de registro de sentenças); os procedimentos administrativos (como o inquérito policial, segundo a jurisprudência[104]) e documentos (p. ex., as provas de candidatos a concursos públicos de provas e títulos; boletins de ocorrência policial; termos circunstanciados).

---

[103] Desde que não destinados à comprovação de alguma relação jurídica; do contrário, ter-se-á o crime do art. 305 do CP.

[104] *RT* 519:534.

705

É preciso que os objetos materiais estejam confiados à custódia de funcionário, em razão de ofício, ou de particular em serviço público.

Configura a subtração ou inutilização de livro ou documento **infração expressamente subsidiária**. Tal norma famulativa somente deverá ser aplicada quando a conduta não constituir crime mais grave, por exemplo, supressão de documento em benefício próprio ou alheio ou em prejuízo de outrem (art. 305 do CP).

5. TIPO SUBJETIVO

O art. 337 não exige elemento subjetivo específico, apenas o **dolo** (elemento subjetivo genérico), sendo esse um dos pontos que o distinguem do art. 305 ("supressão de documento"), delito mais grave.

Como já dissemos, se o autor do fato for advogado ou procurador que, nessa condição, receber autos, documento ou qualquer objeto de valor probatório e inutilizá-lo, total ou parcialmente, ou deixar de restituí-lo, comete o delito do art. 356.

6. SUJEITOS DO CRIME

6.1. Sujeito ativo

Qualquer pessoa pode figurar sujeito ativo da infração, de vez que se cuida de **delito comum**. Reitere-se que até mesmo o servidor público pode ser autor deste crime, conquanto não seja o responsável pela guarda do objeto material subtraído[105] ou inutilizado (do contrário, responderá pelo art. 314 do CP).

6.2. Sujeito passivo

É o Estado, por meio do ente público sob cuja responsabilidade encontrava-se o livro, processo ou documento e, em caráter secundário, a pessoa interessada nas informações registradas no objeto material subtraído ou inutilizado.

7. CONSUMAÇÃO E TENTATIVA

7.1. Consumação

Dá-se a consumação com a subtração (retirada da esfera de disponibilidade e vigilância do servidor ou particular) ou inutilização, total ou parcial, do objeto (**crime material ou de resultado**).

---

[105] Repise-se que, se o funcionário estiver na guarda do livro oficial, processo ou documento, não poderá jamais "subtraí-lo" (o que pressupõe a tomada do bem e a consequente retirada da esfera de disponibilidade de seu detentor). Não é por outro motivo que o art. 314, o qual possui como elementar a guarda do objeto material, não utiliza o termo "subtrair", mas "extraviar".

7.2. Tentativa

O *conatus proximus* é possível de se afigurar, porquanto as condutas típicas têm **natureza plurissubsistente** e o crime somente se consuma com a efetiva produção do resultado naturalístico.

8. CLASSIFICAÇÃO JURÍDICA

Consubstancia delito *de forma ou ação livre* (pode ser cometido por qualquer meio executório), *comum* (não se exige qualquer predicado por parte do sujeito ativo), *monossubjetivo ou de concurso eventual* (admite a prática por uma só pessoa ou várias em concurso), *material ou de resultado* (somente se consuma com a produção do resultado naturalístico), *instantâneo* (sua fase consumativa não se prolonga no tempo, embora possa ter efeitos permanentes) e *plurissubsistente* (o *iter criminis* comporta fracionamento).

9. PENA E AÇÃO PENAL

A pena é de reclusão, de dois a cinco anos, se o fato não constitui crime mais grave.

O procedimento aplicável será o comum ordinário, consubstanciado nos arts. 395 a 405 do CPP.

A ação penal é de iniciativa **pública incondicionada.**

ART. 337-A – SONEGAÇÃO DE CONTRIBUIÇÃO PREVIDENCIÁRIA

1. DISPOSITIVO LEGAL

Sonegação de contribuição previdenciária

Art. 337-A. Suprimir ou reduzir contribuição social previdenciária e qualquer acessório, mediante as seguintes condutas:

I – omitir de folha de pagamento da empresa ou de documento de informações previsto pela legislação previdenciária segurados empregado, empresário, trabalhador avulso ou trabalhador autônomo ou a este equiparado que lhe prestem serviços;

II – deixar de lançar mensalmente nos títulos próprios da contabilidade da empresa as quantias descontadas dos segurados ou as devidas pelo empregador ou pelo tomador de serviços;

III – omitir, total ou parcialmente, receitas ou lucros auferidos, remunerações pagas ou creditadas e demais fatos geradores de contribuições sociais previdenciárias:

Pena – reclusão, de 2 (dois) a 5 (cinco) anos, e multa.

§ 1º É extinta a punibilidade se o agente, espontaneamente, declara e confessa as contribuições, importâncias ou valores e presta as informações devidas à previdência social, na forma definida em lei ou regulamento, antes do início da ação fiscal.

§ 2º É facultado ao juiz deixar de aplicar a pena ou aplicar somente a de multa se o agente for primário e de bons antecedentes, desde que:

I – (Vetado)

II – o valor das contribuições devidas, inclusive acessórios, seja igual ou inferior àquele estabelecido pela previdência social, administrativamente, como sendo o mínimo para o ajuizamento de suas execuções fiscais.

§ 3º Se o empregador não é pessoa jurídica e sua folha de pagamento mensal não ultrapassa R$ 1.510,00 (um mil, quinhentos e dez reais), o juiz poderá reduzir a pena de um terço até a metade ou aplicar apenas a de multa.

§ 4º O valor a que se refere o parágrafo anterior será reajustado nas mesmas datas e nos mesmos índices do reajuste dos benefícios da previdência social.

2. VALOR PROTEGIDO (OBJETIVIDADE JURÍDICA)

Protege-se o **patrimônio da União**, por meio da Seguridade Social, cujo provimento é necessário fazer frente às necessidades públicas destinadas a arcar com o respectivo sistema[106].

O Direito Penal é chamado a intervir para assegurar ao Estado a necessária coercitividade de que carecem as normas tributárias, isto é, atua como meio de assegurar a eficácia de tais comandos deônticos. O aparato penal, aí incluídos a Polícia, o Ministério Público e a Justiça Criminal, é chamado a empreender seus esforços visando a compelir os sujeitos passivos da relação tributária a adimplir com suas obrigações. Tais instituições atuam, nessa medida, como verdadeiros cobradores de tributos. Essa tese é confirmada pelo efeito que se outorga ao pagamento da quantia devida, consistente na extinção da pretensão punitiva estatal. Cria-se, então, o seguinte mecanismo: se a contribuição previdenciária não for adimplida, a questão se torna "caso de Polícia", e assim persiste até que o débito seja adimplido.

A *ratio* de incriminações deste jaez, portanto, reside antes na satisfação dos cofres públicos do que na repressão e/ou prevenção de atos lesivos à paz e ao convívio social. Nota-se de maneira mais acentuada, em semelhantes tipificações, que a função do Direito Penal centra-se na garantia da eficácia da norma, embora sua legitimação política radique-se na proteção dos valores fundamentais albergados na Constituição Federal.

---

[106] "O delito previsto no art. 337-A do Código Penal consuma-se com a supressão ou redução da contribuição previdenciária e acessórios, sendo o objeto jurídico tutelado a Seguridade Social" (STJ, CC 105.637/SP, rel. Min. Arnaldo Esteves Lima, 3ª S., j. 10-3-2010, *DJe* de 29-3-2010). No mesmo sentido: TRF, 3ª R., rel. Des. Mauricio Kato, 5ª T., j. 27-3-2017.

Não se pretende, com as observações anteriores, questionar a legitimidade do chamado "Direito Penal Tributário". Isso porque a tutela se mostra, nesses casos, constitucionalmente respaldada. Há, em tais casos, o atendimento a um mandado implícito de criminalização contido em nossa Lei Fundamental. "No Brasil, ante a constatação acerca da ineficácia de outros instrumentos menos invasivos no combate a tais ilícitos (sanções tributárias, administrativas etc.), o recurso à sanção por meio de normas penais (...) parece afigurar-se como um meio necessário à preservação do bem jurídico imediato e, por conseguinte, das finalidades constitucionais mediatamente alcançáveis pela tributação"[107].

3. TIPO OBJETIVO

O **tipo é misto alternativo**, englobando em sua esfera de abrangência atos lesivos aos cofres da Previdência Social, cometidos mediante **supressão** (sonegação de todo o montante devido) ou **redução** (sonegação parcial ou diminuição indevida da quantia de que é credor o Estado) **de contribuição social previdenciária e qualquer acessório.**

As contribuições previdenciárias são modalidade de contribuição social e se submetem ao regime jurídico dos tributos (opinião dominante em doutrina e jurisprudência). Tais exações encontram-se previstas na Constituição Federal e podem ser instituídas pela União, nos termos dos arts. 195, I a III, e 201.

O que se suprime ou reduz, deve-se esclarecer, não é o tributo em si (ou seja, a obrigação jurídica instituída em lei), mas o **montante devido** por alguém a esse título.

Cuida-se de **crime de conduta vinculada**, já que o tipo penal, depois de enunciar as ações principais, enumera os distintos **meios executórios** por meio dos quais o crime pode ser praticado, quais sejam:

a) omitir de folha de pagamento da empresa ou de documento de informações previsto pela legislação previdenciária segurados empregado, empresário, trabalhador avulso ou trabalhador autônomo ou a este equiparado que lhe prestem serviços (inciso I);

b) deixar de lançar mensalmente nos títulos próprios da contabilidade da empresa as quantias descontadas dos segurados ou as devidas pelo empregador ou pelo tomador de serviços (inciso II);

---

[107]Luciano Feldens. *A Constituição Penal* – a dupla face da proporcionalidade no controle de normas penais. Porto Alegre: Livraria do Advogado Editora, 2005, p. 208-209.

c) omitir, total ou parcialmente, receitas ou lucros auferidos, remunerações pagas ou creditadas e demais fatos geradores de contribuições sociais previdenciárias (inciso III).

Todos os meios executivos arrolados consubstanciam **condutas omissivas próprias**, cuja finalidade é a lesão ao erário da Previdência.

Trata-se, ainda, de **norma penal em branco**, porquanto carece de complemento, traduzido no regime jurídico pertinente às contribuições previdenciárias. Deve-se recorrer ao exame da Lei n. 8.212/91, que dispõe sobre a organização da Seguridade Social, e ao Decreto n. 3.048, de 1999, que a regulamentou.

4. TIPO SUBJETIVO

O fato somente é apenado na forma **dolosa**, exigindo-se, portanto, consciência e vontade de suprimir ou reduzir o valor devido a título de contribuição previdenciária, mediante alguma das condutas descritas nos incisos do art. 337-A.

Não há elemento subjetivo específico[108], razão pela qual pouco importa demonstrar-se a razão pela qual se deu o inadimplemento da obrigação jurídica. É possível, em tese, reconhecer-se o **estado de necessidade** em favor do agente (CP, art. 24), conquanto se demonstre ter inadimplido com o tributo para salvar direito próprio ou alheio de perigo atual, por ele não provocado voluntariamente e que não podia de outro modo evitar e cujo sacrifício, nas circunstâncias, não era razoável exigir-se.

5. SUJEITOS DO CRIME

5.1. Sujeito ativo

Cuida-se de **crime próprio**, porquanto exige qualidade implícita do sujeito ativo, consistente em ser o devedor da contribuição previdenciária ou o responsável pelo inadimplemento de pessoa jurídica de quem a Previdência Social é credora.

5.2. Sujeito passivo

É o Estado, por meio da União, responsável pela manutenção e gestão da Previdência Social. Justamente por esse motivo, cuida-se de crime de competência federal (CF, art. 109, IV).

---

[108] Nesse sentido: STJ, AgRg no AREsp 2.137.812/RJ, rel. Min. Jesuíno Rissato (Desembargador Convocado do TJDFT), 6ª T., j. 20-6-2023.

6. CONSUMAÇÃO E TENTATIVA

6.1. Consumação

Trata-se de **crime material ou de resultado,** pois seu *summatum opus* atinge-se com a efetiva supressão ou redução da contribuição previdenciária[109].

O exato momento em que se opera a realização integral do tipo é aquele em que o responsável legal efetua a entrega da guia de informação prevista no art. 225 do Decreto n. 3.048, de 1999, ao órgão previdenciário, deixando de inserir as informações necessárias à aferição do débito fiscal.

6.2. Tentativa

Não se admite a forma tentada, porquanto os meios executivos arrolados nos incisos do *caput* do art. 337-A consubstanciam-se em crimes omissivos próprios, cuja natureza é **unissubsistente.**

7. EXTINÇÃO DA PUNIBILIDADE (ART. 337-A, § 1º)

De acordo com o dispositivo epigrafado, "É extinta a punibilidade se o agente, de forma espontânea, declara e confessa as contribuições, importâncias ou valores e presta as informações devidas à Previdência Social, consoante o definido em lei ou regulamento, antes do início da ação fiscal".

Muito embora a norma transcrita só admita o efeito citado quando a atitude for praticada antes do início da ação fiscal, **a Lei n. 10.684, de 30-5-2003, ampliou consideravelmente o alcance da extinção da punibilidade decorrente do** *adimplemento* **da obrigação tributária.** Seu art. 9º determina que fica **suspensa a pretensão punitiva estatal** sempre que a pessoa jurídica relacionada com o agente dos crimes tipificados nos arts. 1º e 2º da Lei n. 8.137, de 1990, e nos arts. 168-A e 337-A do Código Penal, estiver incluída no regime de **parcelamento** (durante esse período não corre o prazo prescricional). O § 2º da citada norma determina a **extinção** do di-

---

[109] Nesse sentido: "Conforme precedentes, o delito do art. 337-A do CP é material, consuma-se com o resultado que, por seu turno, ocorre com a constituição definitiva do crédito tributário" (STJ, AgRg no AREsp 1.293.461/MG, rel. Min. Joel Ilan Paciornik, 5ª T., 16-5-2019) e também "é desnecessário o elemento subjetivo especial para consumação do crime de sonegação de contribuições previdenciárias" (STJ, AgRg no AREsp 2.031.491/SP, rel. Min. Rogerio Schietti Cruz, 6ª T., j. 15-3-2022). E ainda: "O delito de sonegação de contribuições previdenciárias, previsto no art. 337-A do CP é de natureza material, consiste na efetiva supressão ou omissão de valor de contribuição social previdenciária, não sendo criminalizada a mera inadimplência tributária" (STJ, AgRg no AREsp 1.940.726/RO, rel. Min. Jesuíno Rissato (Desembargador Convocado do TJDFT), rel. p/ ac. Min. João Otávio de Noronha, 5ª T., j. 6-9-2022).

reito de punir estatal no que toca aos crimes aludidos quando a pessoa jurídica relacionada com o agente **efetuar o pagamento integral** dos débitos oriundos de tributos e contribuições sociais, *inclusive acessórios*.

É relevante anotar que essa regra não condiciona o efeito benéfico a algum momento processual específico. Significa, portanto, que **não mais se aplica o limite asseverado no § 1º do art. 337-A (antes do início da ação fiscal)**[110], **devendo incidir, inclusive, após o recebimento da denúncia ou queixa-subsidiária**[111].

Deve-se advertir que o tema se encontra regulado, atualmente, nos arts. 67 a 69 da Lei n. 11.941/2009, cuja redação é semelhante aos dispositivos do Diploma anteriormente mencionado[112].

---

[110] De acordo com o STF, dado o caráter benéfico em relação ao art. 337, § 1º, o dispositivo contido na Lei n. 10.684/2003 tem efeito retroativo: HC 81.929/RJ, rel. Min. Sepúlveda Pertence, rel. para o ac. Min. Cezar Peluso, 1ª T., j. 16-12-2003, noticiado no *Informativo STF* n. 334.

[111] Conforme, aliás, já decidiu o STJ: "Com a edição da Lei n. 10.684/2003, deu-se nova disciplina aos efeitos penais do pagamento do tributo, nos casos dos crimes previstos nos arts. 1º e 2º da Lei n. 8.137, de 27 de dezembro de 1990, e 168-A e 337-A do Código Penal" (STJ, HC 84.798, rel. Min. Arnaldo Esteves Lima, 5ª T., j. 6-10-2009, *DJe* de 3-11-2009), por esse motivo, "apenas o pagamento integral do tributo devido tem repercussão na condenação imposta ao Réu. Assim, 'Comprovado o pagamento integral dos débitos oriundos de sonegação fiscal, ainda que efetuado posteriormente ao recebimento da denúncia, mas anterior ao trânsito em julgado da sentença condenatória, extingue-se a punibilidade, independentemente de ter se iniciado a execução penal, nos termos do art. 9º, § 2º, da Lei 10.684/03'" (STJ, AgRg no AREsp 292.390/ES, rel. Min. Laurita Vaz, 5ª T., *DJe* de 3-2-2014). No mesmo sentido: TJMG, RSE 1.0408.16.001429-1/001, rel. Des. Eduardo Brum, 4ª CCr, j. 29-5-2019. Dessa maneira, verifica-se também que "a adesão ao programa de parcelamento suspende o andamento do prazo prescricional até sua revogação ou a posterior extinção da punibilidade, em razão do pagamento integral" (STJ, AgRg no AREsp 774.580/SC, rel. Min. Jorge Mussi, 5ª T., j. 20-3-2018).

[112] "Art. 67. Na hipótese de parcelamento do crédito tributário antes do oferecimento da denúncia, essa somente poderá ser aceita na superveniência de inadimplemento da obrigação objeto da denúncia. Art. 68. É suspensa a pretensão punitiva do Estado, referente aos crimes previstos nos arts. 1º e 2º da Lei n. 8.137, de 27 de dezembro de 1990, e nos arts. 168-A e 337-A do Decreto-Lei n. 2.848, de 7 de dezembro de 1940 – Código Penal, limitada a suspensão aos débitos que tiverem sido objeto de concessão de parcelamento, enquanto não forem rescindidos os parcelamentos de que tratam os arts. 1º a 3º desta Lei, observado o disposto no art. 69 desta Lei. Parágrafo único. A prescrição criminal não corre durante o período de suspensão da pretensão punitiva. Art. 69. Extingue-se a punibilidade dos crimes referidos no art. 68 quando a pessoa jurídica relacionada com o agente efetuar o pagamento integral dos débitos oriundos de tributos e contribuições sociais, inclusive acessórios, que tiverem sido objeto de concessão de parcelamento. Parágrafo único. Na hipótese de pagamento efetuado pela pessoa física prevista no § 15 do art. 1º desta Lei, a extinção da punibilidade ocorrerá com o pagamento integral dos valores correspondentes à ação penal."

8. PERDÃO JUDICIAL E PRIVILÉGIO (ART. 337-A, § 2º)

Faculta-se ao juiz **deixar de aplicar a pena, ou aplicar somente a de multa**, se o agente for **primário** e de **bons antecedentes**, desde que **o valor das contribuições devidas, inclusive acessórios, seja igual ou inferior ao estabelecido pela Previdência Social, administrativamente, como sendo o mínimo para o ajuizamento de suas execuções fiscais**. A escolha entre conceder o perdão judicial (deixando de aplicar a pena) ou o privilégio (aplicando somente a multa), após a constatação do preenchimento dos requisitos legais, deve pautar-se pelo exame acurado das **circunstâncias judiciais** (art. 59, *caput*, do CP); se totalmente favoráveis, dá-se o perdão judicial; caso contrário, incide o privilégio.

9. CAUSA DE DIMINUIÇÃO DE PENA (ART. 337-A, § 3º)

Se o empregador **não for pessoa jurídica** e sua folha de pagamento mensal não ultrapassar R$ 1.510,00, o juiz poderá **reduzir a pena de um terço até a metade ou aplicar apenas a de multa**.

Esse valor será reajustado nas mesmas datas e nos mesmos índices do reajuste dos benefícios da Previdência Social (§ 4º)[113].

10. CLASSIFICAÇÃO JURÍDICA

Cuida-se de crime *de forma ou ação vinculada* (somente pode ser cometido mediante um dos meios executivos mencionados na disposição), *próprio* (já que há qualidade implícita do sujeito ativo necessária à prática do crime, consistente em ser este o sujeito passivo da relação tributária ou o responsável por pessoa jurídica encarregada do recolhimento do tributo e acessórios), *monossubjetivo ou de concurso eventual* (pode ser praticado por uma só pessoa ou várias em concurso), *material ou de resultado* (somente se consuma com a efetiva supressão ou redução do tributo), *instantâneo* (sua fase consumativa não se prolonga no tempo) e *unissubsistente* (o *iter criminis* não se fraciona).

11. PRINCÍPIO DA INSIGNIFICÂNCIA

Para o Superior Tribunal de Justiça, **não se aplica** o princípio da insignificância ao crime do art. 337-A do CP, uma vez que nesse crime (assim como no delito de apropriação indébita previdenciária – art. 168-A do CP)

---

[113] O valor em questão é de R$ 5.679,82 (cinco mil, seiscentos e setenta e nove reais e oitenta e dois centavos), conforme estipulado na Portaria SEPRT n. 477, de 12 de janeiro de 2021.

protege-se a própria subsistência da Previdência Social, de tal modo que se mostra elevado o grau de reprovabilidade da conduta, violadora de bem jurídico de natureza supraindividual[114].

12. PENA E AÇÃO PENAL

A pena cominada é de reclusão, de dois a cinco anos, e multa.

A forma procedimental aplicável é o rito comum ordinário (CPP, arts. 395 a 405).

A ação penal é de iniciativa **pública incondicionada e só pode ser iniciada depois de encerrado o procedimento administrativo-fiscal de que resultar o reconhecimento definitivo da obrigação tributária**[115]. Deve incidir ao art. 337-A o enunciado contido na **Súmula Vinculante 24 do STF**, segundo o qual: "*Não se tipifica crime material contra a ordem tributária, previsto no art. 1º, I a IV, da Lei n. 8.137/90, antes do lançamento definitivo do tributo*". Significa que o tipo penal não se aperfeiçoa enquanto não se reconhecer, na esfera própria, a existência do débito fiscal. Mais do que uma condição de procedibilidade (como antes entendiam nossos tribunais), cuida-se de pressuposto para a subsunção da conduta ao preceito primário. Várias são as consequências desse entendimento pretoriano, das quais se

---

[114] "No julgamento da RvCr n. 4.881/RJ, a Terceira Seção concluiu, em julgamento unânime, acompanhando entendimento do Supremo Tribunal Federal, que o princípio da insignificância não se aplicaria aos crimes de apropriação indébita previdenciária (art. 168-A do Código Penal) e de sonegação de contribuição previdenciária (art. 337-A do Código Penal)" (STJ, AgRg no REsp 1.832.011/MG, rel. Min. Antonio Saldanha Palheiro, 6ª T., j. 10-8-2021).

[115] "Penal. Rejeição da denúncia. Recurso em Sentido Estrito. Ilegitimidade ativa do Ministério Público Federal em 1ª Instância. Réu com prerrogativa de foro. Legitimidade do Procurador-Geral da República. Falsificação de documento Público (GFIP). Sonegação de contribuição previdenciária. Falso utilizado como crime-meio para a sonegação. Princípio da consunção. Ausência de constituição definitiva do crédito. Súmula Vinculante n. 24 do STF. Recurso não provido" (STF, Inq 3.102/MG, rel. Min. Gilmar Mendes, Tribunal Pleno, j. 25-4-2013). No mesmo sentido, o STJ: "Segundo entendimento adotado por esta Corte Superior de Justiça, os crimes de sonegação de contribuição previdenciária e apropriação indébita previdenciária, por se tratar de delitos de caráter material, somente se configuram após a constituição definitiva, no âmbito administrativo, das exações que são objeto das condutas. 2. No caso dos autos, o crédito tributário estava definitivamente constituído à época do recebimento da denúncia, o que é suficiente para que possa ser deflagrada a persecução penal, não havendo que se falar em ilegalidade no acórdão recorrido" (AgRg no AREsp 774.580/SC, rel. Min. Jorge Mussi, 5ª T., j. 20-3-2018). Ver também: STJ, RHC 44.669/RS, rel. Min. Nefi Cordeiro, 6ª T., j. 5-4-2016, *DJe* de 18-4-2016.

destaca a impossibilidade de ajuizamento da denúncia (ou queixa-subsidiária) sem que antes haja a efetiva conclusão do procedimento administrativo, culminando com o reconhecimento da dívida. Muito embora a Súmula Vinculante refira-se aos delitos previstos na Lei n. 8.137/90, dada sua natureza semelhante àquele tipificado no art. 337-A, deve a este ter inteira aplicação. *Ubi eadem ratio, ibi eadem ius.*

Registre-se, por fim, que o art. 67 da Lei n. 11.941/2009 impõe condição para o recebimento da inicial, consistente na análise da pendência de parcelamento do crédito tributário. Conforme dispõe o citado preceito legal: *"na hipótese de parcelamento do crédito tributário antes do oferecimento da denúncia, essa somente poderá ser aceita na superveniência de inadimplemento da obrigação objeto da denúncia".*

Capítulo II-A
DOS CRIMES PRATICADOS POR PARTICULAR CONTRA A ADMINISTRAÇÃO PÚBLICA ESTRANGEIRA (ARTS. 337-B A 337-D)

1. INTRODUÇÃO

O presente capítulo foi acrescido ao Código Penal por intermédio da Lei n. 10.467, de 11-6-2002, visando dar efetiva aplicação à Convenção sobre o Combate da Corrupção de Funcionários Públicos Estrangeiros nas Transações Comerciais Internacionais (ONU), ratificada pelo Decreto Legislativo n. 125, de 14-6-2000, e promulgada pelo Decreto n. 3.678, de 30-11-2000.

2. FUNCIONÁRIO PÚBLICO ESTRANGEIRO (ART. 337-D)

O legislador pátrio optou por definir, para os efeitos do presente capítulo, o conceito de *funcionário público estrangeiro*. Considera-se como tal, dessa forma, "quem, ainda que transitoriamente ou sem remuneração, exerce cargo, emprego ou função pública em entidades estatais ou em representações diplomáticas de país estrangeiro" (art. 337-D, *caput*).

Há, ainda, o funcionário público estrangeiro por equiparação; trata-se daquele que "exerce cargo, emprego ou função em empresas controladas, diretamente ou indiretamente, pelo Poder Público de país estrangeiro ou em organizações públicas internacionais" (art. 337-D, parágrafo único).

As definições de funcionário público brasileiro e estrangeiro equivalem-se em todos os seus aspectos, exceção feita ao fato de que o último exerce seu cargo, emprego ou função perante **entidades estatais ou representações diplomáticas estrangeiras.**

O mesmo não se pode afirmar, no entanto, no que tange à definição de funcionário público por equiparação.

Em se tratando de brasileiro, tal equiparação abrange:

a) o *extraneus* que exerça cargo, emprego ou função em entidade paraestatal (autarquias, empresas públicas e sociedades de economia mista) – art. 327, § 1º, parte inicial; e

b) as pessoas que trabalhem em empresa prestadora de serviços, contratada ou conveniada com o Poder Público para o desempenho de atividade típica da Administração Pública – art. 327, § 1º, parte final.

No que diz respeito a *funcionário público estrangeiro*, são equiparados somente os que exerçam cargo, emprego ou função em empresas controladas, direta ou indiretamente, pelo Poder Público de país estrangeiro ou por organizações públicas internacionais.

3. VALOR PROTEGIDO (OBJETIVIDADE JURÍDICA)

O objeto jurídico das infrações descritas no Capítulo II-A é a **lealdade no comércio exterior**, com vistas a uma economia mundial competitiva e moralmente hígida. Não é outra a conclusão a que se chega ao analisar o preâmbulo da convenção internacional acima mencionada; *in verbis*: "*Considerando que a corrupção é um fenômeno difundido nas Transações Comerciais Internacionais, incluindo o comércio e o investimento, que desperta sérias preocupações morais e políticas, abala a boa governança e o desenvolvimento econômico, e distorce as condições internacionais de competitividade*".

4. ANCORAGEM CONSTITUCIONAL

As infrações contidas neste setor do Código Penal encontram seu fundamento em vários preceitos de nossa Lei Fundamental, a começar pelo compromisso assumido por nossos constituintes originários, declarado logo no preâmbulo da Constituição, no sentido de instituir um Estado Democrático fundado no desenvolvimento, na igualdade e na justiça como valores supremos.

Além disso, o art. 4º, que se ocupa dos princípios regentes da nossa República no âmbito internacional, expressamente enuncia a igualdade entre os Estados (inciso V) e a cooperação entre os povos para o progresso da humanidade (inciso IX) como vetores a serem obedecidos.

Cite-se, ainda, o art. 170, o qual regula a ordem econômica, declarando deva esta observar, dentre outros, o princípio da livre concorrência (inciso IV), um dos que mais sofrem abalo com as práticas ilícitas no âmbito das relações comerciais internacionais.

ART. 337-B – CORRUPÇÃO ATIVA EM TRANSAÇÃO COMERCIAL INTERNACIONAL

1. DISPOSITIVO LEGAL

Corrupção ativa em transação comercial internacional

Art. 337-B. Prometer, oferecer ou dar, direta ou indiretamente, vantagem indevida a funcionário público estrangeiro, ou a terceira pessoa, para determiná-lo a praticar, omitir ou retardar ato de ofício relacionado à transação comercial internacional:

Pena – reclusão, de 1 (um) a 8 (oito) anos, e multa.

Parágrafo único. A pena é aumentada de 1/3 (um terço), se, em razão da vantagem ou promessa, o funcionário público estrangeiro retarda ou omite o ato de ofício, ou o pratica infringindo dever funcional.

2. VALOR PROTEGIDO (OBJETIVIDADE JURÍDICA)

O objeto jurídico da corrupção ativa nas transações comerciais internacionais consiste na **lealdade no comércio exterior**, com vistas a uma economia mundial competitiva e moralmente hígida.

3. TIPO OBJETIVO

O dispositivo apresenta consideráveis semelhanças com a norma incriminadora do art. 333 do CP (corrupção ativa), a começar pelo fato de se tratar de **tipo misto alternativo** (já que contém mais de uma ação nuclear alternativamente relacionada) e pela **quebra da teoria unitária ou monista**, segundo a qual todas as pessoas que concorrem para o resultado respondem pelo mesmo crime.

A lei brasileira pune o corruptor, deixando a cargo da legislação estrangeira a punição do funcionário corrupto. As demais semelhanças podem ser percebidas abaixo, comparando-se as respectivas exposições.

Cabe frisar, entretanto, que há uma distinção de relevo entre as figuras típicas no tocante à *pena*. **A corrupção ativa "comum" (art. 333) é mais grave que a praticada em transações comerciais internacionais.** A primeira, em função da Lei n. 10.763/2003, é punida com reclusão, de dois a doze anos, e multa; a outra, com reclusão, de um a oito anos, e multa. Tal distorção punitiva **agride o princípio da proporcionalidade** e contraria recomendação da Convenção sobre o Combate da Corrupção de Funcionários Públicos Estrangeiros nas Transações Comerciais Internacionais[1] (art. 3, n. 1[2]).

---

[1] Ratificada pelo Brasil por meio do Decreto Legislativo n. 125, de 14-6-2000, e promulgada pelo Decreto Presidencial n. 3.678, de 30-11-2000.

[2] "A corrupção de um funcionário público estrangeiro deverá ser punível com penas criminais efetivas, proporcionais e dissuasivas. A extensão das penas deverá ser com-

As ações nucleares, que definem a conduta penalmente relevante, são *prometer* (asseverar, afirmar que fará), *oferecer* (propor, sugerir dádiva) e *dar* (entregar, ceder).

A promessa, oferta ou dação devem referir-se a **vantagem *indevida*** (ou seja, ilícita); se devida, não há crime. Devem, ainda, ser voltadas a funcionário público estrangeiro (art. 337-D) ou a terceira pessoa, a fim de determinar o servidor a praticar, omitir ou retardar ato de ofício relacionado com a transação comercial internacional.

A **proposta** pode ser **expressa** ou **implícita**, elaborada **diretamente** (face a face) ou **por interposta pessoa**.

A **vantagem indevida pode ter qualquer natureza**, patrimonial ou não (moral, sexual etc.). Acrescente-se não haver crime quando a oferta ou promessa é absolutamente impossível de se concretizar (p. ex., prometer um encontro com Cleópatra). O mesmo se dá com promessas virtualmente impossíveis (p. ex., prometer a um funcionário o papel de protagonista numa superprodução de cinema). Ao primeiro caso aplica-se o art. 17 do CP; ao outro, a falta de seriedade da proposta retira a presença do elemento subjetivo do tipo.

Quanto à concessão, oferta ou promessa de vantagem indevida, deve estar vinculada à prática de algum ato de ofício (conforme a legislação a que se submeta o funcionário).

Se o ato esperado for **lícito**, fala-se em *corrupção própria*; se **ilícito**, *corrupção imprópria* (há crime nos dois casos).

Na hipótese de o particular solicitar ao funcionário que pratique ato de ofício *sem oferecer ou prometer qualquer vantagem* (p. ex., "dar um jeitinho"), ainda que o funcionário ceda ao pedido a conduta será penalmente **atípica**, ao menos à luz do direito penal brasileiro. O ato de presentear funcionários públicos estrangeiros com gratificações, por vezes como forma de agradecimento, caracteriza, da mesma forma, fato penalmente irrelevante. O Código Penal pune a outorga de vantagem para realização de *ato futuro*, e não a concessão de dádivas como forma de gratidão por ato passado. Deve-se ter, entretanto, redobrada cautela em tais situações, já que a obtenção do ganho, ainda quando subsequente ao ato, pode significar o cumprimento de uma *promessa* anterior, confirmando a realização do tipo, consumado desde o momento em que tal promessa fora feita. Quando a **vantagem precede ao ato**, há a chamada *"corrupção antecedente"*; **quando lhe é posterior**, *"corrupção subsequente"*.

---

parável àquela aplicada à corrupção do próprio funcionário público da Parte e, em caso de pessoas físicas, deverá incluir a privação da liberdade por período suficiente a permitir a efetiva assistência jurídica recíproca e a extradição."

Importante destacar que só há crime quando a conduta envolve transação comercial internacional (p. ex., acordos internacionais referentes a importação ou exportação de produtos nacionais ou estrangeiros, empréstimos financeiros etc.). Fora daí, o fato não constitui ilícito penal (p. ex., convênios meramente culturais ou políticos, sem conteúdo econômico relacionado direta ou indiretamente).

4. TIPO SUBJETIVO

Há dois elementos subjetivos do tipo. O **dolo**, como elemento genérico, consistente na vontade e consciência de corromper funcionário público estrangeiro e, ainda, o fim especial de determiná-lo a omitir, praticar ou retardar ato de ofício (**elemento subjetivo específico do tipo**).

5. SUJEITOS DO CRIME

5.1. Sujeito ativo

O sujeito ativo é o particular ou funcionário público (despido dessa condição), nacionais ou estrangeiros. Trata-se de **crime comum**.

5.2. Sujeito passivo

O sujeito passivo é o Estado estrangeiro. Podem ser apontados, ainda, como prejudicados pelo crime as pessoas físicas ou jurídicas que sofrerem a desleal concorrência nas transações comerciais internacionais ilicitamente celebradas, sem falar dos nacionais do país cujo representante lavrou o acordo colocando em segundo plano os interesses da coletividade.

6. CONSUMAÇÃO E TENTATIVA

6.1. Consumação

O momento consumativo ocorre quando a **oferta** ou **promessa**, expressa ou velada, **chega ao conhecimento do funcionário**. Nesses casos, trata-se de **crime formal** ou de consumação antecipada, já que sua consumação independe da aceitação da vantagem indevida por parte do funcionário.

Na modalidade "**dar**", a consumação ocorre **com a entrega do bem** (**crime material ou de resultado**).

Caso o funcionário público estrangeiro aceite a promessa ou vantagem e, em razão dela, omita, retarde ou pratique o ato, infringindo dever funcional, haverá exaurimento, e o corruptor sujeitar-se-á a uma causa de aumento de pena (em um terço), conforme dispõe o parágrafo único do art. 337-B.

6.2. Tentativa

A tentativa é admissível quando a *oferta* ou *promessa* **forem elaboradas por escrito** e, por algum motivo, **não chegarem ao conhecimento do servidor**. O *conatus proximus* ocorre, ademais, quando o agente **tenta** *dar* **a promessa mas não obtém êxito por circunstâncias alheias à sua vontade**; advirta-se, contudo, que, se o sujeito ofereceu ou prometeu a vantagem, antes de dá-la, o crime já está consumado (nesse contexto, se depois da oferta ou promessa houver a entrega da vantagem indevida, há crime único pelo princípio da alternatividade).

7. CLASSIFICAÇÃO JURÍDICA

A corrupção ativa em transação comercial internacional constitui crime *de forma ou ação livre* (admite qualquer meio executivo), *comum* (qualquer pessoa pode figurar como sujeito ativo, pois o tipo não exige deste nenhuma condição especial), *monossubjetivo ou de concurso eventual* (pode ser praticado por um só agente ou vários em concurso de pessoas), *formal ou de consumação antecipada* (nas condutas *prometer* e *oferecer*) e *material ou de resultado* (na conduta *dar*), *instantâneo* (sua fase consumativa não se prolonga no tempo) e *plurissubsistente* (o *iter criminis* admite cisão, salvo quando se tratar de promessa ou oferta verbais).

8. PENA E AÇÃO PENAL

A pena é de reclusão, de um a oito anos, e multa. Convém reiterar a crítica de que a disparidade punitiva entre a corrupção ativa nas transações comerciais internacionais e a modalidade comum, prevista no art. 333 do Código, resulta em violação ao princípio da proporcionalidade e em franco descumprimento ao quanto determina a "Convenção sobre o Combate da Corrupção de Funcionários Públicos Estrangeiros em Transações Comerciais Internacionais".

O fato admite suspensão condicional do processo, tendo em vista a pena mínima cominada (art. 89 da Lei n. 9.099/95).

O procedimento aplicável é o comum ordinário (CPP, arts. 395 a 405).

A ação penal é de iniciativa **pública incondicionada**.

ART. 337-C – TRÁFICO DE INFLUÊNCIA EM TRANSAÇÃO COMERCIAL INTERNACIONAL

1. DISPOSITIVO LEGAL

Tráfico de influência em transação comercial internacional

Art. 337-C. Solicitar, exigir, cobrar ou obter, para si ou para outrem, direta ou indiretamente, vantagem ou promessa de vantagem a pretexto de influir em ato praticado por funcionário público estrangeiro no exercício de suas funções, relacionado a transação comercial internacional:

Pena – reclusão, de 2 (dois) a 5 (cinco) anos, e multa.

Parágrafo único. A pena é aumentada da metade, se o agente alega ou insinua que a vantagem é também destinada a funcionário estrangeiro.

2. VALOR PROTEGIDO (OBJETIVIDADE JURÍDICA)

A esfera de proteção da norma penal abrange a **lealdade no comércio exterior**, orientado por uma economia mundial competitiva e moralmente hígida.

3. TIPO OBJETIVO

O **tipo penal é misto alternativo**, já que prevê mais de uma conduta nuclear, de modo que a incursão em mais de uma delas, no mesmo contexto fático (i. e., relacionadas com o mesmo ato praticado por funcionário estrangeiro), acarreta um só crime (caberá ao juiz considerar a pluralidade de ações como circunstância judicial desfavorável na dosimetria da pena – art. 59, *caput*, do CP).

O comportamento delitivo pressupõe as seguintes condutas: *solicitar* (pedir, requerer), *exigir* (determinar, reclamar imperiosamente, embutindo uma ameaça), *cobrar* (demandar pagamento da vantagem) e *obter* (receber a qualquer título).

Em virtude da quase integral correspondência entre este e o tipo penal insculpido no art. 332 (**tráfico de influência "comum"**), serão destacados os aspectos distintos do art. 337-C, remetendo-se o leitor ao estudo efetuado por ocasião do crime contra a Administração Pública brasileira.

Diversamente do que se viu na corrupção ativa em transação comercial internacional, cuja pena é inferior à do art. 333, o legislador, em matéria de tráfico de influência (arts. 332 e 337-C), **respeitou o princípio da proporcionalidade** e acatou recomendação da Convenção sobre o Combate da Corrupção de Funcionários Públicos Estrangeiros nas Transações

Comerciais Internacionais (art. 3, n. 1), no sentido de possuírem tais ilícitos a mesma sanção.

Os elementos especializantes do art. 337-C (em relação ao art. 332) são:

a) o agente alega ao terceiro ter prestígio junto a funcionário público estrangeiro (art. 337-D), solicitando vantagem ou promessa de vantagem a pretexto de influir em seu comportamento (se ele insinua que o benefício a este se destina, torna-se merecedor do aumento de pena previsto no parágrafo único);

b) o ato do servidor estrangeiro que se alega pretender influir deve ter alguma relação com transação comercial internacional (p. ex., acordos internacionais referentes a importação ou exportação de produtos nacionais ou estrangeiros, empréstimos financeiros, participação em licitações no exterior etc.); fora daí o fato não constitui ilícito penal (p. ex., convênios meramente culturais ou políticos, sem conteúdo econômico relacionado direta ou indiretamente).

4. TIPO SUBJETIVO

O crime é punido somente a título de **dolo,** de modo que se exige consciência e vontade de concretizar os elementos objetivos do tipo.

5. SUJEITOS DO CRIME

5.1. Sujeito ativo

A norma penal incriminadora não exige qualquer predicado do sujeito ativo (**crime comum**), o qual pode ser, portanto, o particular ou funcionário público (despido dessa condição), nacionais ou estrangeiros.

5.2. Sujeito passivo

O sujeito passivo é o Estado estrangeiro. Do mesmo modo que se apontou por ocasião do estudo da corrupção ativa nas transações comerciais internacionais, podem ser apontados como prejudicados pelo crime as pessoas físicas ou jurídicas que sofrerem a desleal concorrência nas transações comerciais internacionais ilicitamente celebradas, sem falar dos nacionais do país cujo representante lavrou o acordo colocando em segundo plano os interesses da coletividade.

6. CONSUMAÇÃO E TENTATIVA

6.1. Consumação

Opera-se a consumação no exato momento da solicitação, exigência, aceitação ou obtenção da vantagem ou promessa de vantagem. Nos **três primeiros** casos, o delito é **formal** (ou de consumação antecipada), porquanto não se requer o efetivo recebimento ou a realização da promessa para fins de consumação. No último caso (**obter**), o crime é **material**.

Quando se trata de **solicitação** ou **exigência**, é preciso que ela **chegue ao conhecimento do terceiro**.

6.2. Tentativa

A tentativa é admissível somente: a) na modalidade **obtenção**; e b) na **solicitação, cobrança** ou **exigência**, quando elaboradas **por escrito** (p. ex., a carta contendo a solicitação é extraviada).

7. CAUSA DE AUMENTO DE PENA (ART. 337-C, PARÁGRAFO ÚNICO)

Dar-se-á aumento da pena pela metade quando o agente **alegar** ou **insinuar** que a vantagem é também destinada a funcionário estrangeiro.

Basta a mera insinuação ou alegação para que se aplique a exasperante.

Se o *intraneus* efetivamente estiver conluiado com o agente, ambos cometerão corrupção ativa nas transações comerciais internacionais.

8. CLASSIFICAÇÃO JURÍDICA

O tráfico de influência em transação comercial internacional classifica-se como delito *de forma ou ação livre* (pode ser cometido por qualquer meio), *comum* (não se exige qualquer qualidade ou condição especial por parte do sujeito ativo), *monossubjetivo ou de concurso eventual* (pode ser cometido por uma só pessoa ou várias, em concurso de agentes), *formal ou de consumação antecipada* (pois não requer a produção de resultado naturalístico para efeito de consumação, salvo na conduta *obter*), *instantâneo* (sua fase consumativa não se prolonga no tempo) e *unissubsistente* (o *iter criminis* não se fraciona, exceto quando a cobrança, solicitação ou exigência forem escritas ou no caso da conduta "obter").

9. PENA E AÇÃO PENAL

A pena é de reclusão, de dois a cinco anos, e multa. A forma procedimental adequada é o rito comum ordinário (CPP, arts. 395 a 405).

A ação penal é de iniciativa **pública incondicionada**.

Capítulo II-B
DOS CRIMES EM LICITAÇÕES E CONTRATOS ADMINISTRATIVOS ARTS. 337-E A 337-P

1. INTRODUÇÃO

O presente Capítulo disciplina os crimes em licitações e contratos administrativos. A licitação, ou procedimento licitatório, constitui – via de regra – o antecedente lógico e necessário para que a Administração Pública possa celebrar contratos administrativos, tanto por força de comando constitucional expresso (art. 37, inciso XXI) quanto pela necessidade de observar os princípios da impessoalidade, da isonomia, da publicidade, da moralidade e probidade administrativa, entre outros.

A Norma Geral de Licitações e Contratos Administrativos é a Lei n. 14.133, que entrou em vigor no dia 1º de abril de 2021, data de sua publicação no *Diário Oficial*. Foi ela a responsável pela inclusão, no Código Penal, do Capítulo II-B ao Título XI da Parte Especial.

Na legislação pretérita, os crimes em licitações encontravam-se capitulados nos (revogados) arts. 89 a 98 da Lei n. 8.666/93[1]. O legislador, em 2020, optou por transpor esses tipos penais, quase que os reproduzindo literalmente ao corpo do Código Penal, aumentando, na maior parte dos casos, a pena cominada.

O Capítulo em estudo compreende os arts. 337-E a 337-P, perfazendo, ao todo, onze tipos penais. É importante frisar que não se trata de *abolitio criminis*, pois as condutas nele descritas (na sua quase totalidade) já possuíam caráter criminoso sob a égide da Lei n. 8.666/93. Nessa mudança de diplomas legislativos, observou-se o **princípio da continuidade típico-normativa**, isto é, manteve-se o caráter delituoso dos fatos, sem solução de continuidade, impedindo, desse modo, a descriminalização das condutas.

---

[1] Vale destacar que o art. 190 da Lei n. 14.133/2021 revogou expressamente toda a parte penal e processual penal da Lei n. 8.666/93 (arts. 89 a 108).

O que ocorreu em grande parte, repise-se, foi a manutenção das condutas delituosas, com acréscimo punitivo (*novatio legis in pejus*, portanto). Dada a natureza gravosa da maioria das mudanças, somente se aplicam a fatos cometidos a partir do dia 1º de abril, quando a Lei n. 14.133/2021 entrou em vigor. Os fatos anteriores a esta data, quando sujeitos a punição mais branda pela Lei n. 8.666/93, serão por esta regidos, de maneira que ela possuirá, em tais casos, eficácia ultrativa.

2. CONCEITOS FUNDAMENTAIS

Para bem compreender os crimes em licitações e contratos administrativos, é mister revisitar alguns conceitos fundamentais de direito administrativo, bem como os princípios e objetivos que regem a atividade estatal de contratar e o dever antecedente de licitar.

2.1. Licitação

Licitação, na lição de Adilson Abreu Dallari, é um "procedimento administrativo que tem por objeto a seleção de um contratante com a Administração Pública"[2]. Para Maria Sylvia Zanella di Pietro, trata-se do "procedimento administrativo pelo qual um ente público, no exercício da função administrativa, abre a todos os interessados, que se sujeitam às condições fixadas no instrumento convocatório, a possibilidade de formularem propostas dentre as quais selecionará e aceitará a mais conveniente para a celebração de contrato"[3].

A licitação, como regra, precede o contrato administrativo e, desse modo, propicia à Administração Pública, em tese, a celebração do contrato mais vantajoso; de outro lado, assegura aos administrados a possibilidade, impessoal e isonômica, de contratar com o Poder Público.

Nesse sentido, o art. 11 da Lei n. 14.133/2021 enumera como **objetivos do procedimento licitatório**:

a) assegurar a seleção da proposta apta a gerar o resultado de contratação mais vantajoso para a Administração Pública, inclusive no que se refere ao ciclo de vida do objeto;

b) assegurar tratamento isonômico entre os licitantes, bem como a justa competição;

c) evitar contratações com sobrepreço ou com preços manifestamente inexequíveis e superfaturamento na execução dos contratos;

---

[2] *Aspectos jurídicos da licitação*. 6. ed. São Paulo: Saraiva, 2003, p. 29.

[3] *Direito administrativo*. 23. ed. São Paulo: Atlas, 2010, p. 350.

d) incentivar a inovação e o desenvolvimento nacional sustentável.

Como bem esclarece Silvio Luís Ferreira da Rocha, "a licitação é uma sucessão ordenada de atos destinados a escolher dentro do universo de licitantes o que ofereceu proposta mais vantajosa para a Administração, de acordo com os critérios objetivos de julgamento previamente estipulados"[4].

O procedimento licitatório é composto de uma série de atos, concatenados em fases, assim organizadas pelo legislador (art. 17 da Lei n. 14.133/2021):

1ª) fase preparatória ou interna, "destinada a firmar a intenção da entidade licitante e a obter certas informações necessárias à consolidação da licitação"[5], essa fase se desenrola na intimidade do órgão público, sem produzir efeitos jurídicos relevantes perante terceiros;

2ª) divulgação do edital da licitação, documento fundamental que contém todas as regras que dirigiram a licitação;

3ª) apresentação de propostas e lances, quando for o caso;

4ª) julgamento;

5ª) habilitação[6];

6ª) fase recursal;

7ª) homologação.

Depois de homologado o procedimento licitatório, dá-se a adjudicação do objeto da licitação ao licitante que se sagrou vencedor.

Enquanto a Lei n. 8.666/93 enumera como modalidades de licitação a concorrência, a tomada de preços, o convite, o leilão, o concurso e o pregão (art. 23), a Lei n. 14.133/2021 traz o pregão, a concorrência, o concurso, o leilão e o diálogo competitivo (art. 28). Os crimes em licitação podem ocorrer em quaisquer destas modalidades.

Interessante destacar que a Lei n. 8.666/93 teve sua vigência prolongada, no que se refere às normas de direito administrativo, pelo prazo de dois anos da publicação da Lei n. 14.133/2021 no *Diário Oficial* (ou seja, 1º de abril de 2023), de maneira que o Poder Público poderá licitar, durante esse prazo, de acordo com ambas as legislações, devendo, porém, indicar expressamente no edital qual norma regerá o certame[7].

---

[4] *Crimes na licitação*. São Paulo: Contracorrente, 2016, p. 17.

[5] Idem, ibidem, p. 17.

[6] Interessante destacar que a fase de habilitação, pela Lei n. 14.133/2021, sempre será posterior ao julgamento, diversamente do que ocorria na Lei n. 8.666/93, de maneira que só será habilitado o vencedor do certame.

[7] Arts. 190, II, e 191, § 2º, da Lei n. 14.133/2021.

2.2. Administração Pública no contexto dos crimes em licitação

Administração Pública, segundo o art. 6º, inciso III, da Lei n. 14.133/ 2021, abrange toda a "administração direta e indireta da União, dos Estados, do Distrito Federal e dos Municípios, inclusive as entidades com personalidade jurídica de direito privado sob controle do poder público e as fundações por ele instituídas ou mantidas".

Muito embora a Lei Geral de Licitações e Contratos Administrativos não se aplique a **empresas públicas** e **sociedades de economia mista,** por estarem estas sujeitas a regime jurídico próprio (Lei n. 13.303/ 2016), o legislador teve o cuidado de declarar expressamente a **incidência dos crimes dos arts. 337-E a 337-O do Código a procedimentos licitatórios instaurados por tais entidades** (*vide* art. 1º, § 1º, parte final e art. 186 da Lei n. 14.133/2021).

2.3. Demais conceitos legislativos com repercussão na esfera criminal

A Lei n. 14.133/2021, em seu art. 6º, traz diversas definições que repercutem no alcance dos tipos penais deste Capítulo, dentre as quais destacamos:

a) **agente público**: indivíduo que, em virtude de eleição, nomeação, designação, contratação ou qualquer outra forma de investidura ou vínculo, exerce mandato, cargo, emprego ou função em pessoa jurídica integrante da Administração Pública;

b) **autoridade**: agente público dotado de poder de decisão;

c) **contratante**: pessoa jurídica integrante da Administração Pública responsável pela contratação;

d) **contratado**: pessoa física ou jurídica, ou consórcio de pessoas jurídicas, signatária de contrato com a Administração Pública;

e) **licitante**: pessoa física ou jurídica, ou consórcio de pessoas jurídicas, que participa ou manifesta a intenção de participar de processo licitatório, sendo-lhe equiparável, para os fins dessa lei, o fornecedor ou o prestador de serviço que, em atendimento à solicitação da Administração, oferece proposta.

2.4. Sujeito ativo dos crimes próprios em licitação e contratos administrativos

Os crimes em licitações e contratos administrativos podem ser comuns, quando admitirem qualquer pessoa na condição de sujeito ativo, ou próprios, acaso exijam qualidade especial do autor do fato, como é o caso, por exemplo, do art. 337-G, que só pode ser praticado por agente público.

Tendo em vista a elaboração de um conceito específico de agente público no âmbito da Lei n. 14.133/2021, com repercussão na órbita dos delitos cometidos em licitação e contratos administrativos, a estes não se aplica o conceito de funcionário público do art. 327 do Código. **A comparação entre as definições revela que a prevista na Lei n. 14.133/2021 é mais restrita, pois não inclui** (como o faz o Código) as **pessoas que trabalham para empresa prestadora de serviço contratada ou conveniada para a execução de atividade típica da Administração Pública.**

3. VALOR PROTEGIDO (OBJETIVIDADE JURÍDICA)

O Capítulo em análise tem sua proteção voltada à **Administração Pública,** em particular, à salvaguarda dos **princípios e objetivos da licitação** (a impessoalidade, a isonomia, a moralidade e a probidade administrativas), bem como a tutela do **caráter competitivo** e a **lisura do procedimento** licitatório.

Como regra, o aperfeiçoamento dos delitos em licitação e contratos administrativos **não demanda efetivo dano ao erário.** São, portanto, **crimes de perigo.** Casos há, contudo, em que a **lesão ao patrimônio público é reclamada,** como no caso do **art. 337-H do Código.**

Como obtempera João Paulo Martinelli: "As condutas criminalmente tipificadas apresentam grau de perigo ao erário público e sua consumação está condicionada à prática de suas elementares, dispensando a verificação de dano efetivo (o que é muito difícil). Não há necessidade de aguardar o colapso real das contas públicas para confirmar o dano ao bem jurídico. A frustração das expectativas de funcionamento regular, dentro dos moldes legais, do procedimento licitatório, com a prática das condutas ali previstas, é suficiente para a consumação do crime"[8].

4. ANCORAGEM CONSTITUCIONAL

Os crimes previstos neste Capítulo visam conferir adequada e suficiente proteção ao comando previsto no inciso XXI do art. 37 da Constituição Federal[9], que impõe à Administração Pública o **dever de licitar,** bem

---

[8] Crimes da Lei de Licitações. In: Luciano Anderson de Souza; Marina Pinhão Coelho Araújo (Coords.). *Direito penal econômico:* leis penais especiais. São Paulo: Revista dos Tribunais, 2020, p. RB-4.8, v. 2.

[9] "Ressalvados os casos especificados na legislação, as obras, serviços, compras e alienações serão contratados mediante processo de licitação pública que assegure igualdade de condições a todos os concorrentes, com cláusulas que estabeleçam obrigações de pagamento, mantidas as condições efetivas da proposta, nos termos da lei, o qual somente permitirá as exigências de qualificação técnica e econômica indispensáveis à garantia do cumprimento das obrigações."

como se prestam a dar eficácia aos princípios da impessoalidade, isonomia, moralidade e probidade administrativas, no contexto de licitações e contratos administrativos.

5. DISPOSIÇÕES GERAIS DE CARÁTER PENAL

5.1. Efeitos da condenação

Os agentes públicos condenados por crimes em licitações e contratos administrativos ficam sujeitos ao disposto no art. 92, inciso I, do Código Penal, ou seja, se condenados a **pena privativa de liberdade igual ou superior a um ano**, sofrerão a **perda do cargo ou função pública**, somando-se a esta a **inabilitação** *in genere* para exercício de outro cargo ou função, de maneira que somente poderão voltar a ocupar um novo cargo ou função pública no futuro, se, depois de cumprida ou extinta a pena, obtiverem reabilitação criminal (arts. 93 a 95 do CP).

Trata-se de **efeito extrapenal específico da condenação**, o qual exige expressa declaração na sentença (não constitui efeito automático, portanto). Além disso, deve haver pedido da acusação na denúncia (ou em aditamento à peça acusatória), abrindo-se, com isso, a possibilidade de a defesa, no curso do processo, oferecer impugnação.

5.2. Pena de multa nos crimes em licitação

A multa nos crimes dos arts. 337-E a 337-O sujeita-se aos critérios de aplicação da Parte Geral do Código, com uma ressalva referente ao *valor mínimo*, já que este **não poderá ser inferior a 2% do valor do contrato licitado ou celebrado em contratação direta** (art. 337-P do CP).

O juiz, desse modo, ao fixar a pena de multa, deverá calculá-la valendo-se do sistema do dia-multa (art. 49 do CP), em que, por primeiro, impõe-se a quantidade de dias-multa a que o réu fica sujeito (de 10 a 360) e, em seguida, fixa-se seu valor unitário (de 1/30 até 15 vezes[10] o salário mínimo vigente ao tempo do fato). Se o magistrado verificar que o montante da pena pecuniária ficou aquém do correspondente a 2% do valor do contrato (licitado ou celebrado em contratação direta), tomará este parâmetro para estipular o montante da multa criminal.

Vale destacar que essa regra especial se aplica quando se tratar de conduta delituosa em que existiu um contrato (efetivamente) *licitado* ou *celebrado*

---

[10] Embora o art. 49 afirme que o teto do valor unitário do dia-multa é o quíntuplo do salário mínimo, o art. 60 autoriza que este seja triplicado, quando insuficiente, dada a situação econômica do réu.

em contratação direta; em face disso, é necessário que o fato criminoso tenha sido realizado em contexto no qual o **procedimento licitatório foi concluído em definitivo,** com a adjudicação do objeto, no caso de contratação direta (isto é, nas hipóteses de **dispensa ou inexigibilidade** de licitação), que tenha sido **realizada a formalização de um contrato administrativo** ou **instrumento equivalente.**

Fora desses casos não se aplica a norma específica do art. 337-P do Código, incidindo normalmente os critérios da Parte Geral. Assim, por exemplo, se o agente público devassar o sigilo de proposta apresentada em processo licitatório (CP, art. 337-J), consumando-se o crime, sendo o fato descoberto e o certame anulado, a multa seguirá integralmente as regras gerais, não incidindo o citado art. 337-P, uma vez que inexistirá, em tal cenário, contrato *licitado* ou *celebrado.*

5.3. Aplicabilidade dos arts. 337-E a 337-O a licitações celebradas por empresas públicas e sociedades de economia mista

As empresas públicas e sociedades de economia mista estão sujeitas a um regramento específico quanto ao processo licitatório e aos contratos por ela celebrados, o qual se vê disposto no Estatuto Jurídico das Empresas Públicas e das Sociedades de Economia Mista – Lei n. 13.303/ 2016.

Esse diploma contém regramento detalhado das licitações e contratos celebrados por empresas públicas e sociedades de economia mista, os quais se destinam a "assegurar a seleção da proposta mais vantajosa, inclusive no que se refere ao ciclo de vida do objeto, e a evitar operações em que se caracterize sobrepreço ou superfaturamento". Além disso, devem "observar os princípios da impessoalidade, da moralidade, da igualdade, da publicidade, da eficiência, da probidade administrativa, da economicidade, do desenvolvimento nacional sustentável, da vinculação ao instrumento convocatório, da obtenção de competitividade e do julgamento objetivo" (art. 31).

Muito embora o regramento administrativo da Lei n. 14.133/2021 não se aplique às licitações celebradas por tais pessoas jurídicas, como deixa claro seu art. 1º, § 1º, o mesmo raciocínio não vale para os tipos penais contidos no Capítulo II-B do Título XI da Parte Especial do Código. Isto porque o legislador teve o cuidado de declarar expressamente a **incidência dos crimes dos arts. 337-E a 337-O do Código a licitações praticadas por empresas públicas, sociedades de economia mista e suas subsidiárias** (*vide* art. 1º, §1º, parte final e art. 186 da Lei n. 14.133/2021).

6. CRIMES PLURIOFENSIVOS

Os crimes em licitações e contratos administrativos são, todos eles, **pluriofensivos,** pois dizem respeito a comportamentos que, além de constituírem ilícitos penais, também consubstanciam infrações administrativas e, muitos deles, ilícitos civis.

O art. 155 da Lei n. 14.133/2021 enumera as infrações administrativas no contexto das licitações e contratos administrativos e o art. 156 da lei comina as sanções correspondentes: *advertência, multa, impedimento de licitar e contratar* e *declaração de inidoneidade para licitar ou contratar*, sendo esta a mais grave dentre as estipuladas.

A declaração de inidoneidade será imposta, de acordo com o art. 156, § 5º, da lei, quando o sujeito apresentar declaração ou documentação falsa exigida para o certame ou prestar declaração falsa durante a licitação ou a execução do contrato; fraudar a licitação ou praticar ato fraudulento na execução do contrato; comportar-se de modo inidôneo ou cometer fraude de qualquer natureza; praticar atos ilícitos com vistas a frustrar os objetivos da licitação; ou praticar ato lesivo à Administração Pública, nacional ou estrangeira, previsto no art. 5º da Lei n. 12.846/2013 (Lei Anticorrupção). Essa penalidade também é cabível em outros ilícitos administrativos, quando se entender que estes, por sua gravidade, justificam a imposição de pena mais severa.

A pessoa física ou jurídica declarada inidônea ficará impedida de licitar ou contratar com todos os entes da Administração Pública, direta ou indireta, no âmbito de todos os entes da Federação, pelo prazo de 3 a 6 anos.

Os órgãos e entidades de todos os Poderes da República, nos níveis federal, estadual, distrital e municipal, deverão manter atualizados os dados relativos às sanções que impuserem, para fins de publicidade no CEIS – Cadastro Nacional de Empresas Inidôneas e Suspensas e no CNEP – Cadastro Nacional de Empresas Punidas.

Importante registrar que **o ato de admitir à licitação ou celebrar contrato com empresa ou pessoa declarada inidônea constitui crime**, tipificado no art. 337-M do Código; o dispositivo pune não só o agente público que admite a licitação ou celebra o contrato, mas também o particular que, declarado inidôneo, licitou ou contratou com a Administração Pública durante o período de vigência da punição administrativa.

7. QUADRO COMPARATIVO DOS CRIMES EM LICITAÇÃO

A seguir, apresentam-se lado a lado os crimes correspondentes na legislação anterior e na atual. Note que no Código Penal o legislador inseriu *nomen iuris* aos delitos. As indicações em vermelho referem-se a trechos suprimidos e, em azul, a termos novos, acrescidos pelo legislador na estrutura do tipo. Indicamos em itálico as penas aumentadas.

Lei n. 8.666/93	Código Penal
Art. 89. Dispensar ou inexigir licitação fora das hipóteses previstas em lei, ou deixar de observar as formalidades pertinentes à dispensa ou à inexigibilidade: Pena – detenção, de 3 (três) a 5 (cinco) anos, e multa. Parágrafo único. Na mesma pena incorre aquele que, tendo comprovadamente concorrido para a consumação da ilegalidade, beneficiou-se da dispensa ou inexigibilidade ilegal, para celebrar contrato com o Poder Público.	**Contratação direta ilegal** Art. 337-E. Admitir, possibilitar ou dar causa à contratação direta fora das hipóteses previstas em lei: *Pena – reclusão, de 4 (quatro) a 8 (oito) anos, e multa.*
Art. 90. Frustrar ou fraudar, mediante ajuste, combinação ou qualquer outro expediente, o caráter competitivo do procedimento licitatório, com o intuito de obter, para si ou para outrem, vantagem decorrente da adjudicação do objeto da licitação: Pena – detenção, de 2 (dois) a 4 (quatro) anos, e multa	**Frustração do caráter competitivo de licitação** Art. 337-F. Frustrar ou fraudar, com o intuito de obter para si ou para outrem vantagem decorrente da adjudicação do objeto da licitação, o caráter competitivo do processo licitatório: *Pena – reclusão, de 4 (quatro) anos a 8 (oito) anos, e multa.*
Art. 91. Patrocinar, direta ou indiretamente, interesse privado perante a Administração, dando causa à instauração de licitação ou à celebração de contrato, cuja invalidação vier a ser decretada pelo Poder Judiciário: Pena – detenção, de 6 (seis) meses a 2 (dois) anos, e multa.	**Patrocínio de contratação indevida** Art. 337-G. Patrocinar, direta ou indiretamente, interesse privado perante a Administração Pública, dando causa à instauração de licitação ou à celebração de contrato cuja invalidação vier a ser decretada pelo Poder Judiciário: *Pena – reclusão, de 6 (seis) meses a 3 (três) anos, e multa.*
Art. 92. Admitir, possibilitar ou dar causa a qualquer modificação ou vantagem, inclusive prorrogação contratual, em favor do adjudicatário, durante a execução dos contratos celebrados com o Poder Público, sem autorização em lei, no ato convocatório da licitação ou nos respectivos instrumentos contratuais, ou, ainda, pagar fatura com preterição da ordem cronológica de sua exigibilidade, observado o disposto no art. 121 desta Lei. Pena – detenção, de dois (2) a quatro (4) anos, e multa.	**Modificação ou pagamento irregular em contrato administrativo** Art. 337-H. Admitir, possibilitar ou dar causa a qualquer modificação ou vantagem, inclusive prorrogação contratual, em favor do contratado, durante a execução dos contratos celebrados com a Administração Pública, sem autorização em lei, no edital da licitação ou nos respectivos instrumentos contratuais, ou, ainda, pagar fatura com preterição da ordem cronológica de sua exigibilidade:
Parágrafo único. Incide na mesma pena o contratado que, tendo comprovadamente concorrido para a consumação da ilegalidade, obtém vantagem indevida ou se beneficia, injustamente, das modificações ou prorrogações contratuais.	*Pena – reclusão, de 4 (quatro) anos a 8 (oito) anos, e multa.*

Lei n. 8.666/93	Código Penal
Art. 93. Impedir, perturbar ou fraudar a realização de qualquer ato de procedimento licitatório: Pena – detenção, de 6 (seis) meses a 2 (dois) anos, e multa.	**Perturbação de processo licitatório** Art. 337-I. Impedir, perturbar ou fraudar a realização de qualquer ato de processo licitatório: *Pena – detenção, de 6 (seis) meses a 3 (três) anos, e multa.*
Art. 94. Devassar o sigilo de proposta apresentada em procedimento licitatório, ou proporcionar a terceiro o ensejo de devassá-lo: Pena – detenção, de 2 (dois) a 3 (três) anos, e multa.	**Violação de sigilo em licitação** Art. 337-J. Devassar o sigilo de proposta apresentada em processo licitatório ou proporcionar a terceiro o ensejo de devassá-lo: *Pena – detenção, de 2 (dois) anos a 3 (três) anos, e multa.*
Art. 95. Afastar ou procurar afastar licitante, por meio de violência, grave ameaça, fraude ou oferecimento de vantagem de qualquer tipo: Pena – detenção, de 2 (dois) a 4 (quatro) anos, e multa, além da pena correspondente à violência. Parágrafo único. Incorre na mesma pena quem se abstém ou desiste de licitar, em razão da vantagem oferecida.	**Afastamento de licitante** Art. 337-K. Afastar ou tentar afastar licitante por meio de violência, grave ameaça, fraude ou oferecimento de vantagem de qualquer tipo: *Pena – reclusão, de 3 (três) anos a 5 (cinco) anos, e multa,* além da pena correspondente à violência. Parágrafo único. Incorre na mesma pena quem se abstém ou desiste de licitar em razão de vantagem oferecida.
Art. 96. Fraudar, em prejuízo da Fazenda Pública, licitação instaurada para aquisição ou venda de bens ou mercadorias, ou contrato dela decorrente: I – elevando arbitrariamente os preços; II – vendendo, como verdadeira ou perfeita, mercadoria falsificada ou deteriorada; III – entregando uma mercadoria por outra; IV – alterando substância, qualidade ou quantidade da mercadoria fornecida; V – tornando, por qualquer modo, injustamente, mais onerosa a proposta ou a execução do contrato: Pena – detenção, de 3 (três) a 6 (seis) anos, e multa.	**Fraude em licitação ou contrato** Art. 337-L. Fraudar, em prejuízo da Administração Pública, licitação ou contrato dela decorrente, mediante: I – entrega de mercadoria ou prestação de serviços com qualidade ou em quantidade diversas das previstas no edital ou nos instrumentos contratuais; II – fornecimento, como verdadeira ou perfeita, de mercadoria falsificada, deteriorada, inservível para consumo ou com prazo de validade vencido; III – entrega de uma mercadoria por outra; IV – alteração da substância, qualidade ou quantidade da mercadoria ou do serviço fornecido; V – qualquer meio fraudulento que torne injustamente mais onerosa para a Administração Pública a proposta ou a execução do contrato. *Pena – reclusão, de 4 (quatro) anos a 8 (oito) anos, e multa.*

Lei n. 8.666/93	Código Penal
Art. 97. Admitir à licitação ou celebrar contrato com empresa ou profissional declarado inidôneo: Pena – detenção, de 6 (seis) meses a 2 (dois) anos, e multa. Parágrafo único. Incide na mesma pena aquele que, declarado inidôneo, venha a licitar ou a contratar com a Administração.	**Contratação inidônea** Art. 337-M. Admitir à licitação empresa ou profissional declarado inidôneo: *Pena – reclusão, de 1 (um) ano a 3 (três) anos, e multa.* § 1º Celebrar contrato com empresa ou profissional declarado inidôneo: *Pena – reclusão, de 3 (três) anos a 6 (seis) anos, e multa.* § 2º Incide na mesma pena do *caput* deste artigo aquele que, declarado inidôneo, venha a participar de licitação e, na mesma pena do § 1º deste artigo, aquele que, declarado inidôneo, venha a contratar com a Administração Pública.
Art. 98. Obstar, impedir ou dificultar, injustamente, a inscrição de qualquer interessado nos registros cadastrais ou promover indevidamente a alteração, suspensão ou cancelamento de registro do inscrito: Pena – detenção, de 6 (seis) meses a 2 (dois) anos, e multa.	**Impedimento indevido** Art. 337-N. Obstar, impedir ou dificultar injustamente a inscrição de qualquer interessado nos registros cadastrais ou promover indevidamente a alteração, a suspensão ou o cancelamento de registro do inscrito: *Pena – reclusão, de 6 (seis) meses a 2 (dois) anos, e multa.*
Sem correspondente na Lei n. 8.666/93.	**Omissão grave de dado ou de informação por projetista** Art. 337-O. Omitir, modificar ou entregar à Administração Pública levantamento cadastral ou condição de contorno em relevante dissonância com a realidade, em frustração ao caráter competitivo da licitação ou em detrimento da seleção da proposta mais vantajosa para a Administração Pública, em contratação para a elaboração de projeto básico, projeto executivo ou anteprojeto, em diálogo competitivo ou em procedimento de manifestação de interesse. *Pena – reclusão, de 6 (seis) meses a 3 (três) anos, e multa.* § 1º Consideram-se condição de contorno as informações e os levantamentos suficientes e necessários para a definição da solução de projeto e dos respectivos preços pelo licitante, incluídos sondagens, topografia, estudos de demanda, condições ambientais e demais elementos ambientais impactantes, considerados requisitos mínimos ou obrigatório sem normas técnicas que orientam a elaboração de projetos. § 2º Se o crime é praticado com o fim de obter benefício, direto ou indireto, próprio ou de outrem, aplica-se em dobro a pena prevista no *caput* deste artigo.

Lei n. 8.666/93	Código Penal
Art. 99. A pena de multa cominada nos arts. 89 a 98 desta Lei consiste no pagamento de quantia fixada na sentença e calculada em índices percentuais, cuja base corresponderá ao valor da vantagem efetivamente obtida ou potencialmente auferível pelo agente. § 1º Os índices a que se refere este artigo não poderão ser inferiores a 2% (dois por cento), nem superiores a 5% (cinco por cento) do valor do contrato licitado ou celebrado com dispensa ou inexigibilidade de licitação. § 2º O produto da arrecadação da multa reverterá, conforme o caso, à Fazenda Federal, Distrital, Estadual ou Municipal.	Art. 337-P. A pena de multa cominada aos crimes previstos neste Capítulo seguirá a metodologia de cálculo prevista neste Código e não poderá ser inferior a 2% (dois por cento) do valor do contrato licitado ou celebrado com contratação direta.

ART. 337-E – CONTRATAÇÃO DIRETA ILEGAL

1. DISPOSITIVO LEGAL

Contratação direta ilegal

Art. 337-E. Admitir, possibilitar ou dar causa à contratação direta fora das hipóteses previstas em lei:

Pena – reclusão, de 4 (quatro) a 8 (oito) anos, e multa.

2. VALOR PROTEGIDO (OBJETIVIDADE JURÍDICA)

O objeto jurídico é a **Administração Pública**, no plano geral e, sob o ângulo específico, a impessoalidade, a isonomia, a moralidade e a probidade administrativas, bem como a tutela do caráter competitivo do procedimento licitatório.

3. LEGISLAÇÃO ANTERIOR

O dispositivo encontra correspondência no revogado art. 89 da Lei n. 8.666/93. A redação dos tipos é linguisticamente distinta, mas similar do ponto de vista semântico, isto é, mudaram-se as palavras, porém se pune o mesmo fato.

O art. 89 da lei anterior descrevia como infração penal o ato de "dispensar ou inexigir licitação, fora das hipóteses legais ou deixar de observar as formalidades inerentes à dispensa ou inexigibilidade". O art. 337-E incrimina a ação de admitir, possibilitar ou dar causa à contratação direta fora das hipóteses previstas em lei; ora, contratação direta é justamente a realizada sem licitação, seja por inexigibilidade ou dispensa (arts. 72 a 75 da Lei n. 14.133/2021).

Note que o dispositivo revogado também punia a **contratação direta sem a observância das formalidades legais,** mas tal comportamento não foi reproduzido no Código Penal, ficando, portanto, sem correspondência típica, de maneira que, nesse aspecto unicamente, deu-se *abolitio criminis.* A conduta descriminalizada, é importante frisar, diz respeito a situações em que cabia – em tese – a contratação direta (inexigibilidade ou dispensa), porém esta se deu sem a observância das formalidades legais. Agiu bem o legislador, de vez que não se justifica impor pena criminal à inobservância de aspectos meramente formais, quando, em essência, cabia a contratação direta.

Registre-se que houve substancial **aumento de pena** (antes punia-se o fato com reclusão, de 3 a 5 anos, e multa; agora, a pena é de reclusão, de 4 a 8 anos, e multa). Trata-se, nessa medida, de *novatio legis in pejus,* de modo que a sanção majorada somente se aplica a fatos praticados a partir do dia 1º de abril de 2021, em respeito à irretroatividade da lei penal gravosa (CF, art. 5º, XL, e CP, art. 2º).

De ver que, além da responsabilidade penal, os sujeitos que concorrerem para a contratação direta ilegal, sejam eles contratados ou agentes públicos, ficam sujeitos à responsabilidade civil solidária pelo dano causado ao erário (art. 73 da Lei n. 14.133/2021).

4. TIPO OBJETIVO

O crime de contratação direta ilegal constitui **norma penal em branco homogênea,** por exigir complemento, o qual se encontra em norma jurídica da mesma hierarquia, qual seja, os arts. 71 a 73 da Lei n. 14.133/2021, que definem os casos de dispensa e inexigibilidade de licitação.

Pune-se as ações de admitir, possibilitar ou dar causa à contratação direta fora das hipóteses previstas em lei.

Admitir significa *aceitar, acolher.*

Possibilitar tem o sentido de *viabilizar, tornar possível,* agir no sentido de *afastar os obstáculos.*

Dar causa quer dizer *concorrer,* de qualquer modo, para que ocorra.

O **objeto material** é a **contratação direta ilegal.**

A contratação direta compreende, nos termos do art. 72 da Lei n. 14.133/2021, aquelas realizadas nos casos taxativamente enumerados de **inexigibilidade** e de **dispensa de licitação.**

A **licitação** será **inexigível** quando inviável a competição, o que se dá, por exemplo, na contratação de profissional do setor artístico consagrada pela crítica ou pela opinião pública (art. 74, II, da Lei n. 14.133/2021), ou, ainda, na contratação de serviços de natureza predominantemente intelectual ou empresas de notória especialização que envolvam o patrocínio ou a defesa de causas judiciais ou administrativas (art. 74, III, *e*, da lei). No que tange aos **serviços profissionais de advogado**, dispõe o art. 3º-A do Estatuto da OAB (Lei n. 8.906/94) que são, "por sua natureza, técnicos e singulares, quando comprovada sua notória especialização, nos termos da lei". Para tais fins, considera-se "notória especialização o profissional ou a sociedade de advogados cujo conceito no campo de sua especialidade, decorrente de desempenho anterior, estudos, experiências, publicações, organização, aparelhamento, equipe técnica ou de outros requisitos relacionados com suas atividades, permita inferir que o seu trabalho é essencial e indiscutivelmente o mais adequado à plena satisfação do objeto do contrato".

Antes do advento da Lei n. 14.133/2021, para a configuração dessa hipótese de inexigibilidade da licitação, exigia-se o cumprimento de três requisitos: i) serviço técnico; ii) serviço singular e iii) notória especialização do contratado. A singularidade era demonstrada pelo administrador quando comprovada a excepcionalidade da necessidade a ser satisfeita e a impossibilidade da execução por parte de um profissional comum.

A nova redação legislativa, no entanto, não mais prevê a necessidade de demonstração da singularidade dos serviços, bastando agora apenas que o serviço seja i) técnico; ii) especializado e iii) de natureza predominantemente intelectual. Os serviços de profissionais de advogados, por terem a natureza de serviço intelectual e singular expressamente previstos no Estatuto da OAB, caso demonstrada a notória especialização e a necessidade do ente público, se enquadraram na hipótese de dispensa de licitação. Aliás, conforme entendimento do Superior Tribunal de Justiça, "a mera existência de corpo jurídico próprio, por si só, não inviabiliza a contratação de advogado externo para a prestação de serviço específico para o ente público"[11].

A **licitação** considera-se **dispensável**, por sua vez, nos termos do art. 75 da Lei n. 14.133/2021. Cite-se, *v.g.*, a contratação de valores inferiores a R$ 100.000,00 nos casos de obras e serviços de engenharia ou manutenção de veículos automotores (inciso I) ou a contratação em valores inferiores a R$ 50.000,00, no caso de outros serviços ou compras (inciso II).

---

[11] AgRg no HC 669.347/SP, rel. Min. Jesuíno Rissato (Desembargador convocado do TJDFT), rel. p/ acórdão Min. João Otávio de Noronha, 5ª T., *DJe* 14-2-2022.

A doutrina aponta, ainda, uma *terceira modalidade* de contratação direta, que se dá nos casos de **licitação dispensada**, figura descrita nos incisos I e II do art. 17 da Lei n. 8.666/93, aos quais correspondem os incisos I e II do art. 76 da Lei n. 14.133/2021. Segundo Silvio Luís Ferreira da Rocha: "Dispensada significa que a licitação foi efetivamente afastada pelo legislador e, desta forma, cabe à autoridade administrativa apenas reconhecer a dispensa, enquanto dispensável significa que diante de situações hipoteticamente descritas (...) compete à autoridade administrativa deliberar se a licitação pública afetaria a tutela do interesse público"[12].

5. TIPO SUBJETIVO

A contratação legal direta possui dois elementos subjetivos.

O **dolo**, como elemento genérico, traduzido na vontade e consciência de contratar sem licitação, fora dos casos previstos na Lei n. 14.133/2021.

Requer-se, ademais, um **elemento subjetivo específico** (implícito no tipo penal), consistente no **"fim de lesar o erário ou promover enriquecimento ilícito dos acusados"**[13]; do contrário, há apenas ilícito administrativo. Esse entendimento das Cortes Superiores, construído à luz do art. 89 da Lei n. 8.666/93, foi reafirmado recentemente pela jurisprudência do Superior Tribunal de Justiça (AgRg no HC 669.347/SP, *DJe* 14-2-2022).

De acordo com o STF, quando **o administrador realiza a contratação direta amparado por parecer jurídico interno, não incorre no delito, ainda que se considere ilegal** a inexigibilidade ou dispensa de licitação[14], salvo se houver elementos que apontem claro desvio de finalidade ou conluio com o parecerista[15].

---

[12] *Crimes na licitação*. São Paulo: Contracorrente, 2016, p. 66.

[13] STF, Inq. 3.674, rel. Luiz Fux, 1ª T., j. 7-3-2017, *DJe* 15-9-2017. No mesmo sentido: STF, AP 580, rel. Rosa Weber, 1ª T., j. 13-12-2016, *DJe* 26-6-2017. O STJ adota a mesma linha: "A consumação do crime descrito no art. 89 da Lei n. 8.666/93, agora disposto no art. 337-E do CP (Lei n. 14.133/2021), exige a demonstração do dolo específico de causar dano ao erário, bem como efetivo prejuízo aos cofres públicos" (AgRg no HC 669.347/SP, rel. Min. Jesuíno Rissato – Desembargador convocado do TJDFT, rel. p/ acórdão Min. João Otávio de Noronha, 5ª T., *DJe* 14-2-2022). (*Vide*, ainda, STJ, AgRg no AREsp 1.630.006/DF, rel. Min. Reynaldo Soares da Fonseca, 5ª T., j. 25-8-2020, *DJe* 31-8-2020 e STJ, HC 588.359/PE, rel. Min. Sebastião Reis Júnior, 6ª T., j. 8-9-2020, *DJe* 14-9-2020.)

[14] Inq. 3.753, rel. Luiz Fux, 1ª T., j. 18-4-2017, *DJe* 30-5-2017.

[15] Inq. 3.621, rel. Rosa Weber, rel. p/ ac. Alexandre de Moraes, 1ª T., j. 28-3-2017, *DJe* 23-6-2017.

6. SUJEITOS DO CRIME

6.1. Sujeito ativo

Qualquer pessoa pode figurar como sujeito ativo do crime, tanto o particular (contratante, por exemplo), como o agente público responsável por viabilizar a contratação direta ilegal (**crime comum**).

O antecessor do art. 337-E (art. 89 da Lei n. 8.666/93) possuía como verbos nucleares "dispensar" e "inexigir" (licitação fora das hipóteses previstas em lei), de maneira que somente poderia figurar como autor do crime o agente público responsável pela dispensa ou inexigibilidade ilegais. Ao particular, não obstante, imputava-se a conduta equiparada contida no parágrafo único da disposição, assim redigido: "Na mesma pena incorre aquele que, tendo comprovadamente concorrido para a consumação da ilegalidade, beneficiou-se da dispensa ou inexigibilidade ilegal, para celebrar contrato com o Poder Público".

No caso do art. 337-E, as ações nucleares são "admitir", "possibilitar" e "dar causa"; tais comportamentos podem ser realizados diretamente tanto pelo agente público quanto pelo particular que agiu em conluio. Ambos ocuparão a posição de **coautores** do delito.

6.2. Sujeito passivo

O sujeito passivo é o Estado, nomeadamente o ente público responsável pela contratação.

7. CONSUMAÇÃO E TENTATIVA

7.1. Consumação

A consumação ocorre com a publicação do ato administrativo autorizando a Administração Pública a realizar a contratação direta, notadamente nos verbos nucleares "admitir" e "possibilitar" (a contratação direta ilegal). Nestes casos, portanto, não é necessária a efetiva celebração do contrato administrativo[16] não precedido por licitação ou, quando o caso, por

---

[16] Luiz Régis Prado, analisando o revogado art. 89 da Lei n. 8.666/93, afirma que o delito se consuma com o ato administrativo que libera o órgão integrante da Administração Pública de realizar o procedimento licitatório, sendo desnecessária a assinatura ou celebração do contrato administrativo (*Direito penal econômico*. 8. ed. São Paulo: Forense, 2018, p. 409). Silvio Luís Ferreira da Rocha, refletindo sobre o mesmo dispositivo, explica que a consumação ocorre com a "edição da decisão e respectivo ato administrativo

instrumento equivalente, como carta-contrato, nota de empenho ou autorização de compra ou ordem de execução do serviço[17]. **Não é necessário, ainda, que haja efetivo prejuízo à Administração Pública**[18]. Assim, se o contrato for celebrado, mas o pagamento for obstado, por exemplo, por determinação judicial em ação civil pública, embora não tenha existido dano material ao erário, o delito atingiu sua realização integral.

No verbo "**dar causa**", porém, é necessário que tenha ocorrido a celebração da contratação direta ilegal; afinal, "dar causa" significa concorrer para que algo ocorra, de maneira que a realização da contratação direta é necessária, nessa hipótese, para a consumação do fato.

7.2. Tentativa

A tentativa é admissível, por se cuidar de **delito plurissubsistente**. Ocorre quando o sujeito realiza atos destinados à publicação do ato administrativo permitindo a contratação direta ilegal, mas este não se formaliza por circunstâncias alheias à vontade do agente.

8. CLASSIFICAÇÃO JURÍDICA

A contratação legal direta constitui crime *de forma ou ação livre* (admite qualquer meio executivo), *comum* (qualquer pessoa pode figurar como sujeito ativo, pois o tipo não exige deste nenhuma condição especial), *monossubjetivo ou de concurso eventual* (pode ser praticado por um só agente ou vários em concurso de pessoas), *formal ou de consumação antecipada* (pois, embora dependa da efetiva celebração do contrato, não exige a demonstração de prejuízo ao erário; **salvo, contudo, no verbo "dar causa", que dá ensejo a crime material ou de resultado**), **instantâneo** (sua fase consumativa não se prolonga no tempo[19]) e **plurissubsistente** (o *iter criminis* admite cisão).

---

que dispensa a Administração Pública da obrigatoriedade de licitar e a autoriza a contratar diretamente" (*Crimes na licitação*. São Paulo: Contracorrente: 2016, p. 76).

[17] O art. 95 da Lei n. 14.133/2021 preceitua que: "o instrumento de contrato é obrigatório, salvo nas seguintes hipóteses, em que a Administração poderá substituí-lo por outro instrumento hábil, como carta-contrato, nota de empenho de despesa, autorização de compra ou ordem de execução de serviço: I – dispensa de licitação em razão de valor (...)".

[18] STF, AP 580, rel. Rosa Weber, 1ª T., j. 13-12-2016, *DJe* 26-6-2017.

[19] Em sentido contrário, afirmando que se cuida de delito permanente, cuja consumação se prolonga no tempo: TJMG, Proc. Investigatório MP 1.0000.17.007709-3/000, rel. Des. Pedro Vergara, rel. p/ ac.: Des. Eduardo Machado , 5ª Câm. Crim., j. 28-6-2019, publicação da súmula em 15-7-2019.

9. CORRUPÇÃO PASSIVA E ATIVA E O CRIME DE CONTRATAÇÃO DIRETA ILEGAL

O crime de contratação direta ilegal exige, para sua configuração, o elemento subjetivo específico (implícito no tipo), referente ao fim de lesar o erário ou promover enriquecimento ilícito dos agentes[20]; do contrário, há apenas infração administrativa. Bem por isso, sua prática envolve necessariamente uma atitude que visa à obtenção de alguma vantagem indevida. Em razão disso, ainda que o particular ofereça ou prometa propina ao agente público responsável pela contratação, responderá apenas pelo crime do art. 337-E, não se podendo imputar, em concurso, o crime de corrupção ativa (art. 333 do Código), sob pena de verificar-se um *bis in idem*, pois a mesma conduta, do ponto de vista formal e material, daria ensejo a dois delitos diversos[21].

O mesmo raciocínio se aplica à corrupção passiva (art. 317 do Código). Vale dizer, quando se cuidar do agente público que, tomando a iniciativa, solicitar ao potencial contratante a vantagem indevida para realizar contrato administrativo com dispensa ou inexigibilidade ilegais de licitação, ou, recebendo a proposta nesse sentido, a receber ou a aceitar a vantagem indevida, cometerá apenas o delito de contratação direta ilegal.

10. PENA E AÇÃO PENAL

A pena é de reclusão, de quatro a oito anos, e multa.

O procedimento aplicável é o comum ordinário (CPP, arts. 395 a 405).

A ação penal é de iniciativa **pública incondicionada.**

ART. 337-F - FRUSTRAÇÃO DO CARÁTER COMPETITIVO DE LICITAÇÃO

1. DISPOSITIVO LEGAL

Frustração do caráter competitivo de licitação

Art. 337-F. Frustrar ou fraudar, com o intuito de obter para si ou para outrem vantagem decorrente da adjudicação do objeto da licitação, o caráter competitivo do processo licitatório:

Pena – reclusão, de 4 (quatro) anos a 8 (oito) anos, e multa.

---

[20] É justamente tal exigência que, segundo os tribunais, permite distinguir o mero ilícito administrativo da infração penal.

[21] Nesse sentido: João Paulo Martinelli. Crimes da Lei de Licitações. In: Luciano Anderson de Souza; Marina Pinhão Coelho Araújo (Coords.). *Direito penal econômico:* leis penais especiais. São Paulo: Revista dos Tribunais, 2020, p. RB-4.8, v. 2.

2. VALOR PROTEGIDO (OBJETIVIDADE JURÍDICA)

O objeto jurídico é a **Administração Pública,** especificamente no que pertine a um dos **objetivos do procedimento licitatório:** a lisura das licitações, com a preservação do caráter competitivo do certame, de modo a assegurar a seleção da proposta apta a gerar o resultado de contratação mais vantajoso para a Administração Pública (art. 11, I, da Lei n. 14.133/2021).

3. LEGISLAÇÃO ANTERIOR

O art. 337-F é o sucessor do revogado art. 90 da Lei n. 8.666/93, de modo que não se trata de novel incriminação, mas de *novatio legis in pejus.* O confronto entre a redação dos dispositivos revela que se promoveu ajuste redacional, com a supressão de elementares supérfluas antes encontradas no tipo penal, além de **expressivo aumento de pena** (antes: detenção, de 2 a 4 anos, e multa; agora: reclusão, de 4 a 8 anos, e multa).

4. TIPO OBJETIVO

A conduta incriminada reside em frustrar ou fraudar o caráter competitivo do processo licitatório. Há, ainda, elemento subjetivo específico ("intuito de obter para si ou para outrem vantagem decorrente da adjudicação do objeto da licitação"), o qual será analisado no item a seguir.

Dentre os objetivos do processo licitatório, está o de permitir à Administração Pública a seleção da proposta apta a gerar o resultado mais vantajoso, por meio de justa competição, evitando contratações com sobrepreço, com preços manifestamente inexequíveis e superfaturamento na execução dos contratos (art. 11 da Lei n. 14.133/2021). O art. 337-F criminaliza justamente atitudes que malferem tais finalidades, quando realizadas com o propósito de lograr vantagem oriunda da adjudicação do objeto do certame.

Frustrar significa *privar, impedir; fraudar* tem o sentido de *enganar, burlar, trapacear, iludir,* lograr algo por meio de fraude (procedimento ilusório, que falseia a realidade e leva alguém a erro).

O crime pode ser cometido por **qualquer meio executório.**

São exemplos do crime: a divulgação de notícia falsa no sentido de que a licitação foi cancelada ou adiada; a antecipação indevida do prazo de habilitação de potenciais licitantes, findando antes que outros interessados possam comparecer ao procedimento; o ajuste efetuado entre licitantes para apresentação de propostas previamente combinadas, a fim de que um deles se sagre vencedor, ainda que não apresente a proposta mais vantajosa à Administração Pública; "os concorrentes que participam sempre das licitações, operando um rodízio de vitórias entre si, para impedir que alguém de fora possa participar em condições de competição (as empresas A, B e C combinam as propostas para que somente estas possam vencer o certame, de maneira que outros interessados percam a chance de competir de verdade)"[22]; servidor que elabora edital com exigências fabricadas para permitir que somente um dos possíveis interessados cumpra os requisitos impostos para participação no certame.

Se o agente afasta ou tenta afastar outro licitante, com emprego de violência, grave ameaça, fraude ou oferecimento de vantagem, com o intuito de frustrar o caráter competitivo do procedimento licitatório, *mas não consegue frustrar a competitividade do certame* (seja porque o licitante-vítima não se afastou da concorrência ou porque, apesar de afastado, havia outros licitantes), responde pelo crime do **art. 337-K (afastamento de licitante)**. Caso a conduta atinja o objetivo e realmente o sujeito consiga, com tal atitude, **retirar a natureza competitiva do certame,** responde somente pelo delito do **art. 337-F, funcionando o art. 337-K como *ante factum*** impunível, dada a relação de meio-fim entre ambos. Será ele o crime consunto e a frustração do caráter competitivo de licitação, o delito consuntivo.

5. TIPO SUBJETIVO

A frustração do caráter competitivo de licitação possui, como elemento subjetivo genérico, o **dolo**, que se dá com a consciência e vontade de frustrar ou fraudar a natureza competitiva do processo licitatório.

Há, ainda, o **elemento subjetivo especial,** expresso no tipo, referente **à intenção de obter, para si ou para outrem, vantagem decorrente da adjudicação do objeto da licitação.** Advirta-se que **a vantagem não precisa ter natureza econômica,** podendo ser de outra ordem.

A adjudicação é o ato pelo qual o vencedor do certame é definido como futuro contratante, ou seja, a Administração Pública, por meio da autoridade competente, atribui a ele o objeto da licitação. Trata-se do ato final do procedimento licitatório e lhe confere o direito de não ser preterido, caso a Administração decida levar adiante a avença e realizar contratação[23].

6. SUJEITOS DO CRIME

6.1. Sujeito ativo

Trata-se de **crime comum**[24], o qual pode ser cometido por qualquer pessoa, particular ou agente público. Quando o ato for cometido pelo servidor

---

[22] João Paulo Martinelli. Crimes da Lei de Licitações. In: Luciano Anderson de Souza; Marina Pinhão Coelho Araújo (Coords.). *Direito penal econômico:* leis penais especiais. São Paulo: Revista dos Tribunais, 2020, p. RB-4.11, v. 2.

[23] Silvio Luís Ferreira da Rocha. *Crimes na licitação.* São Paulo: Contracorrente, 2016, p. 37.

[24] "A jurisprudência deste Tribunal Superior firmou-se no sentido de que o crime previsto no art. 90 da Lei n. 8.666/1993 (antecessor do art. 337-F do Código Penal)

responsável por zelar pela higidez do certame, haverá a incidência da agravante genérica do art. 61, II, *g*, do Código, relativa a cometer o delito com violação de dever inerente ao cargo público[25].

6.2. Sujeito passivo

O sujeito passivo é o Estado, representado pelo ente público responsável pela licitação cujo caráter competitivo foi ilicitamente afastado.

7. CONSUMAÇÃO E TENTATIVA

7.1. Consumação

A consumação do crime ocorre com a efetiva retirada do caráter competitivo da licitação, ainda que seu objeto não venha a ser adjudicado ao licitante.

Cuida-se, portanto, de **crime formal**[26].

---

classifica-se como comum, não se exigindo, assim, do sujeito ativo nenhuma qualidade em específico. 2. Mostra-se idônea a valoração negativa do vetor da culpabilidade pelo fato de o agente exercer o cargo de Chefe do Poder Executivo Municipal, ocupação que demanda exercício com efetivas lisura e ética, inexistentes *in casu*" (STJ, AgRg no REsp 1.795.894/PB, rel. Min. Antonio Saldanha Palheiro, 6ª T., j. 26-3-2019, *DJe* 8-4-2019; parêntese nosso).

[25] "Não há *bis in idem* na incidência da agravante genérica prevista no art. 61, II, *g*, do Código Penal ao de fraude em licitação, uma vez que a violação do dever inerente à função pública não integra o tipo previsto no art. 90 da Lei n. 8.666/93 (que corresponde ao art. 337-F do Código Penal)" (STJ, AgRg no AgRg no AREsp 1.223.079/SP, rel. Min. Ribeiro Dantas, 5ª T., j. 4-2-2020, *DJe* 12-2-2020; parêntese nosso).

[26] "O Plenário desta Corte já decidiu que o delito previsto no art. 90 da Lei n. 8.666/93 (similar ao art. 337-F do Código Penal) é formal, cuja consumação dá-se mediante o mero ajuste, combinação ou adoção de qualquer outro expediente com o fim de fraudar ou frustrar o caráter competitivo da licitação, com o intuito de obter vantagem, para si ou para outrem, decorrente da adjudicação do seu objeto, de modo que a consumação do delito independe da homologação do procedimento licitatório" (STF, HC 116.680, rel. Min. Teori Zavascki, 2ª T., j. 18-12-2013, *DJe* 13-2-2014; parêntese nosso). E ainda: "Quanto ao crime do art. 90 da Lei n. 8.666/1993, é prescindível a produção de prova pericial para apurar o valor de eventual dano ao erário, por se tratar de delito formal, consoante a Súmula 645/STJ (...) Não houve *abolitio criminis* das condutas tipificadas nos arts. 90 e 96, I, da Lei n. 8.666/1993 pela Lei n. 14.133/2021, permanecendo sua criminalização nos arts. 337-F e 337-L, V, do CP. Incidência do princípio da continuidade típico-normativa" (STJ, AgRg no AREsp 2.035.619/SP, rel. Min. Ribeiro Dantas, 5ª T., j. 26-4-2022).

O delito pode restar configurado, inclusive, quando demonstrado que houve benefício financeiro à Administração Pública[27].

7.2. Tentativa

A tentativa é admissível, quando o sujeito procurar retirar a natureza concorrencial do certame, mas não lograr afastá-la por circunstâncias alheias à sua vontade.

8. CLASSIFICAÇÃO JURÍDICA

A frustração do caráter competitivo de licitação consubstancia crime *de forma ou ação livre* (admite qualquer meio executivo), *comum* (qualquer pessoa pode figurar como sujeito ativo, pois o tipo não exige deste nenhuma condição especial), *monossubjetivo ou de concurso eventual* (pode ser praticado por um só agente ou vários em concurso de pessoas), *formal* (pois prescinde do resultado naturalístico, consistente na obtenção da vantagem decorrente da adjudicação do objeto da licitação), *instantâneo* (sua fase consumativa não se prolonga no tempo) e *plurissubsistente* (o *iter criminis* admite cisão).

9. PENA E AÇÃO PENAL

A pena é de reclusão, de quatro a oito anos, e multa.

O procedimento aplicável é o comum ordinário (CPP, arts. 395 a 405).

A ação penal é de iniciativa **pública incondicionada**.

---

[27] "Nos termos da jurisprudência deste Superior Tribunal, diversamente do que ocorre com o delito previsto no art. 89 da Lei n. 8.666/93, o art. 90 desta lei (que corresponde ao art. 337-F do CP) não demanda a ocorrência de prejuízo econômico para o poder público, haja vista que o dano se revela pela simples quebra do caráter competitivo entre os licitantes interessados em contratar, ocasionada com a frustração ou com a fraude no procedimento licitatório. De fato, a ideia de vinculação de prejuízo à Administração Pública é irrelevante, na medida em que o crime pode se perfectibilizar mesmo que haja benefício financeiro da Administração Pública. (REsp n. 1.484.415/DF, rel. Min. Rogerio Schietti Cruz, 6ª T., *DJe* 22-2-2016), não havendo falar em necessidade de comprovação de prejuízo à Administração ou mesmo em obtenção de lucro pelos agentes" (STJ, AgRg no REsp 1.824.310/MG, rel. Min. Sebastião Reis Júnior, 6ª T., j. 9-6-2020, *DJe* 18-6-2020; parêntese nosso).

ART. 337-G – PATROCÍNIO DE CONTRATAÇÃO INDEVIDA

1. DISPOSITIVO LEGAL

Patrocínio de contratação indevida

Art. 337-G. Patrocinar, direta ou indiretamente, interesse privado perante a Administração Pública, dando causa à instauração de licitação ou à celebração de contrato cuja invalidação vier a ser decretada pelo Poder Judiciário:

Pena – reclusão, de 6 (seis) meses a 3 (três) anos, e multa.

2. VALOR PROTEGIDO (OBJETIVIDADE JURÍDICA)

A tutela penal visa salvaguardar a **Administração Pública,** no que concerne aos deveres de **probidade** e **moralidade** administrativas em matéria de licitações e contratos administrativos.

O dispositivo reproduz, integralmente, o art. 91 da Lei n. 8.666/93, mas impõe aumento de pena máxima, pois o fato, até então, constituía infração de menor potencial ofensivo (pena de detenção, de 6 meses a 2 anos, e multa) e agora passa a ser apenado com reclusão, de 6 meses a 3 *anos*, e multa.

Cuida-se de uma **forma especial de advocacia administrativa,** delito previsto no art. 321 do Código ("patrocinar, direta ou indiretamente, interesse privado perante a administração pública, valendo-se da qualidade de funcionário" – pena, detenção de 1 a 3 meses, ou multa e, se o interesse patrocinado for ilegítimo, a pena é de detenção 3 meses a 1 ano, e multa).

3. TIPO OBJETIVO

O dispositivo incrimina aquele que, valendo-se de sua condição de agente público, *patrocina* (i.e., defende, postula, pleiteia etc.) interesse privado perante a Administração Pública, de modo a contribuir para a deflagração de procedimento licitatório ou a realização de contrato administrativo irregulares.

Importante assinalar que o tipo penal exige, como **condição de punibilidade,** que **o certame ou a avença venham a ser anuladas pelo** *Poder Judiciário.* Se houver anulação pela autoridade administrativa, o que pode se dar nos termos do art. 72, inciso III, da Lei n. 14.133/2021, o delito não se configura. O mesmo vale nos casos de suspensão liminar de procedimentos licitatórios supostamente irregulares[28]. Nada impede, porém, que ao agente se impute o crime do art. 321 do Código Penal (advocacia administrativa).

---

[28] TJMG, Apelação Criminal 1.0461.06.038069-2/001, rel. Des. Adilson Lamounier, 5ª Câm. Crim., j. 25-11-2014, publicação da súmula em 1º-12-2014.

João Paulo Martinelli, objetando pensamento de Paulo José da Costa Júnior, afirma que a invalidação pelo Judiciário não é condição objetiva de punibilidade, mas elementar do tipo[29]. Em nosso entender, não há qualquer impedimento de que uma condição desta natureza seja inserida no preceito primário. O tipo penal pode conter, dentre suas elementares, condições postas como necessárias à punibilidade do fato. Significa dizer que a invalidação, nos termos do art. 337-G, é ao mesmo tempo elementar do tipo e condição objetiva de punibilidade, com as repercussões jurídicas daí decorrentes[30].

Quanto à **invalidação judicial, não se faz necessário seja esta reconhecida por decisão transitada em julgado.** Havendo sentença judicial, ainda que sujeita a recurso, está preenchida a condição de punibilidade exigida no tipo penal. Pode-se, a partir de então, deflagrar a investigação ou a ação penal[31]. Nesse instante, ainda, consuma-se a infração e **tem início o prazo prescricional** (CP, art. 111, I). Caso a decisão que invalidou o certame ou o contrato administrativo venha a ser reformada por decisão transitada em julgado, tranca-se a investigação penal, a ação penal eventualmente instaurada ou, se já houve condenação criminal irrecorrível, pode-se ajuizar revisão criminal ou até mesmo se admite a impetração de *habeas corpus* para cassar a decisão proferida na esfera penal.

O patrocínio do interesse particular pode-se dar perante o próprio órgão em que o agente exerce suas funções ou em outros. A postulação, ainda, pode ocorrer de modo **formal e explícito** (elaborando arrazoados, petições, requerimentos etc.) ou **veladamente** (conversando com outros funcionários para acompanhar procedimentos e solicitar este ou aquele desfecho etc.). Pode ser **direta** ou **indireta**. O patrocínio direto é o efetuado pelo próprio agente público, ao passo que o indireto é aquele efetuado por terceiro, que age com o respaldo ou como "porta-voz" do agente público.

---

[29] João Paulo Martinelli. Crimes da Lei de Licitações. In: Luciano Anderson de Souza; Marina Pinhão Coelho Araújo (Coords.). *Direito penal econômico: leis penais especiais.* São Paulo: Revista dos Tribunais, 2020, p. RB-4-11, v. 2.

[30] No sentido de se tratar de condição objetiva de punibilidade: Silvio Luís Ferreira da Rocha (*Crimes na licitação.* São Paulo: Contracorrente, 2016, p. 90) e Cézar Roberto Bitencourt (*Direito penal das licitações.* São Paulo: Saraiva, 2012, p. 225).

[31] Instaurada a investigação ou ação penal sem a verificação da citada condição objetiva de punibilidade, carecerão estas de justa causa. Nesse sentido: STJ, HC 114.717/MG, rel. Min. Nilson Naves, rel. p/ ac. Min. Maria Thereza de Assis Moura, 6ª T., j. 17-12-2009, *DJe* 14-6-2010.

4. TIPO SUBJETIVO

O crime só é punido na forma **dolosa**, de maneira que se exige, por parte do sujeito ativo, consciência e vontade de provocar a realização de licitação ou a celebração de contrato administrativo, ciente de que há irregularidade passível de provocar sua anulação pelo Poder Judiciário.

5. DIFERENÇAS ENTRE ADVOCACIA ADMINISTRATIVA E PATROCÍNIO DE CONTRATAÇÃO INDEVIDA

Os tipos penais diferem quanto à exigência de resultado para sua configuração e à pena, conforme tabela comparativa abaixo.

	Patrocínio de contratação indevida	Advocacia administrativa
Tipo penal	Patrocinar, direta ou indiretamente, interesse privado perante a Administração Pública, dando causa à instauração de licitação ou à celebração de contrato cuja invalidação vier a ser decretada pelo Poder Judiciário.	Patrocinar, direta ou indiretamente, interesse privado perante a Administração Pública, valendo-se da qualidade de funcionário.
Condição de punibilidade	Invalidação da licitação ou contrato administrativo pelo Poder Judiciário.	Não há.
Pena	Reclusão, de 6 meses a 3 anos, e multa.	Detenção, de 1 a 3 meses, ou multa.

6. SUJEITOS DO CRIME

6.1. Sujeito ativo

Trata-se de **crime próprio**, pois somente o agente público pode figurar como sujeito ativo[32]. O patrocínio de contratação indevida visa tutelar o

---

[32] "Em primeiro lugar, concordamos com Costa Jr., que reconhece a condição de funcionário público como elementar implícita do tipo. Assim, se a advocacia administrativa tiver como finalidade um procedimento licitatório ou celebração de contrato, aplica-se o art. 91 da Lei n. 8.666/93, em respeito ao princípio da especialidade. Se assim não fosse, teríamos a incongruência de um crime próprio, mais genérico, contra a Administração Pública e um crime comum, mais específico, apenas para os casos envolvendo licitação. A autoria só pode ser assumida por servidor público, no entanto, é possível o concurso com particular, na condição de partícipe" (João Paulo Martinelli. Crimes da Lei de Licitações. In: Luciano Anderson de Souza; Marina Pinhão Coelho Araújo (Coords.). *Direito penal econômico*: leis penais especiais. São Paulo: Revista dos Tribunais, 2020, p. RB-4.11, v. 2. No mesmo sentido: Luiz Régis Prado. *Direito penal econômico*. 8. ed. São Paulo: Forense, 2018, p. 412).

dever de probidade e moralidade dos integrantes da Administração Pública. Não faz sentido criminalizar o ato do particular que faz gestões perante órgãos públicos, dando causa à realização de procedimentos licitatórios ou à celebração de contratos administrativos, pois se cuida de atividade legítima.

O particular, contudo, pode ser punido na condição de partícipe, caso concorra para que um servidor público patrocine, no âmbito da Administração, seu interesse privado, nos termos do tipo penal.

6.2. Sujeito passivo

O sujeito passivo é o Estado, representado pela pessoa jurídica que instaurou o procedimento licitatório ou celebrou o contrato administrativo.

7. CONSUMAÇÃO E TENTATIVA

7.1. Consumação

O momento consumativo é a **invalidação da licitação ou do contrato administrativo pelo Poder Judiciário**. Esse evento, além de assinalar a consumação, é **condição de punibilidade do fato**. Significa dizer que, sem a anulação do certame ou do contrato administrativo, não há o crime, embora possa se reconhecer eventual advocacia administrativa (Código Penal, art. 321).

7.2. Tentativa

A tentativa não é admissível, porquanto se trata de crime condicionado ao resultado, no caso, a invalidação do procedimento licitatório ou do contrato administrativo pelo Poder Judiciário[33].

8. CLASSIFICAÇÃO JURÍDICA

Trata-se o patrocínio de contratação indevida de crime *de forma ou ação livre* (admite qualquer meio executivo), *próprio* (só o agente público pode figurar como sujeito ativo), *monossubjetivo ou de concurso eventual* (pode ser praticado por um só agente ou vários em concurso de pessoas), *material ou de resultado, instantâneo* (sua fase consumativa

---

[33] Nesse sentido: João Paulo Martinelli. Crimes da Lei de Licitações. In: Luciano Anderson de Souza; Marina Pinhão Coelho Araújo (Coords.). *Direito penal econômico:* leis penais especiais. São Paulo: Revista dos Tribunais, 2020, p. RB-4.11, v. 2; e Silvio Luís Ferreira da Rocha. *Crimes na licitação*. São Paulo: Contracorrente, 2016, p. 91.

não se prolonga no tempo) e *plurissubsistente* (o *iter criminis* admite cisão, embora não admita tentativa, pois o resultado é colocado pelo legislador como condição de punibilidade).

9. PENA E AÇÃO PENAL

A pena é de reclusão, de seis meses a três anos, e multa.

Admite-se suspensão condicional do processo, nos termos do art. 89 da Lei n. 9.099/95.

Segue-se o procedimento dos crimes funcionais (CPP, arts. 513 a 518), acrescido das disposições relativas ao rito sumário (CPP, arts. 531 a 538).

A ação penal é de iniciativa **pública incondicionada.**

ART. 337-H – MODIFICAÇÃO OU PAGAMENTO IRREGULAR EM CONTRATO ADMINISTRATIVO

1. DISPOSITIVO LEGAL

Modificação ou pagamento irregular em contrato administrativo

Art. 337-H. Admitir, possibilitar ou dar causa a qualquer modificação ou vantagem, inclusive prorrogação contratual, em favor do contratado, durante a execução dos contratos celebrados com a Administração Pública, sem autorização em lei, no edital da licitação ou nos respectivos instrumentos contratuais, ou, ainda, pagar fatura com preterição da ordem cronológica de sua exigibilidade:

Pena – reclusão, de 4 (quatro) anos a 8 (oito) anos, e multa.

2. VALOR PROTEGIDO (OBJETIVIDADE JURÍDICA)

O objeto jurídico é a **Administração Pública,** no que tange à **impessoalidade,** a **probidade** e a **moralidade** administrativas, impedindo o favorecimento de particulares em detrimento do interesse público.

3. TIPO OBJETIVO

O art. 337-H constitui **tipo misto cumulativo,** por conter dois comportamentos criminosos distintos: a *modificação irregular* em contrato administrativo e o *pagamento irregular* em contrato administrativo.

Conforme acentua Luiz Régis Prado: "A primeira e a segunda parte da incriminação consubstanciam condutas distintas (apesar da conjunção 'ou'). No caso de sua realização (*v.g.*, prorrogação contratual e alteração na ordem de pagamento em favor do contratado), há concurso material de crimes (tipo misto cumulativo)"[34].

3.1. Modificação irregular em contrato administrativo

Cuida-se do ato de *admitir* (i.e. aceitar, acolher), *possibilitar* (tornar viável, afastar obstáculos) ou *dar causa* (*promover, concorrer*, de qualquer modo, para que ocorra) a qualquer **modificação ou vantagem**, inclusive prorrogação contratual, em favor do contratado (pessoa física ou jurídica, ou consórcio de pessoas jurídicas, signatária de contrato com a Administração Pública[35]), *durante a execução dos contratos* celebrados com a Administração Pública (elemento temporal), **sem autorização em lei, no edital da licitação ou nos respectivos instrumentos contratuais** (elementos normativos).

A Lei n. 14.133/2021 preconiza que os contratos administrativos deverão estabelecer com clareza e precisão as condições para sua execução, expressas em cláusulas que definam os direitos, as obrigações e as responsabilidades das partes, em conformidade com os termos do edital de licitação e os da proposta vencedora ou com os termos do ato que autorizou a contratação direta e os da respectiva proposta (art. 89, § 2º). Dispõe, ainda, que os contratos deverão ser executados fielmente pelas partes, de acordo com as cláusulas avençadas e as normas legais (art. 115, *caput*, da Lei n. 14.133/2021).

De notar que a Administração Pública pode efetuar modificações contratuais, tanto unilateralmente, desde que respeite a lei e aja em prol do interesse público (e não do interesse particular do contratado) – art. 104 da Lei n. 14.133/2021 e art. 124, inciso I, como de comum acordo entre as partes (inciso II). Nestes casos, por óbvio, o fato será penalmente atípico.

As alterações efetuadas unilateralmente pela Administração Pública permitidas pelo legislador, as quais não podem transfigurar o objeto da contratação (art. 126), são as seguintes:

a) quando houver modificação do projeto ou das especificações, para melhor adequação técnica a seus objetivos;

b) quando for necessária a modificação do valor quantitativo de seu objeto, nos limites permitidos pela própria lei.

As realizadas consensualmente entre as partes, admitidas pelo legislador, podem se dar:

---

[34] *Direito penal econômico*. 8. ed. São Paulo: Forense, 2018, p. 416. O comentário se refere ao art. 92 da Lei n. 8.666/93, cuja construção típica é quase idêntica ao art. 337-H do Código.

[35] Conceito extraído do art. 6º, VIII, da Lei n. 14.133/2021.

a) quando conveniente a substituição da garantia de execução;

b) quando necessária a modificação do regime de execução da obra ou do serviço, bem como do modo de fornecimento, em face de verificação técnica da inaplicabilidade dos termos contratuais originários;

c) quando necessária a modificação da forma de pagamento por imposição de circunstâncias supervenientes, mantido o valor inicial atualizado e vedada a antecipação do pagamento em relação ao cronograma financeiro fixado sem a correspondente contraprestação de fornecimento de bens ou execução de obra ou serviço;

d) para restabelecer o equilíbrio econômico-financeiro inicial do contrato em caso de força maior, caso fortuito ou fato do príncipe ou em decorrência de fatos imprevisíveis ou previsíveis de consequências incalculáveis, que inviabilizem a execução do contrato tal como pactuado, respeitada, em qualquer caso, a repartição objetiva de risco estabelecida no contrato.

3.2. Pagamento irregular em contrato administrativo

O segundo comportamento incriminado na norma, que não se confunde com o anterior e possui elementares próprias, trata-se de **pagar fatura com preterição da ordem cronológica de sua exigibilidade.**

Como explica Silvio Luís Ferreira da Rocha: "Pagar fatura significa a entrega de uma soma de dinheiro correspondente ao valor da fatura emitida e cobrada em razão do contrato celebrado com a Administração Pública"[36].

O art. 141 da Lei n. 14.133/2021 estatui que a Administração deverá observar, no dever de pagamento, a ordem cronológica para cada fonte diferenciada de recursos, divididas nas categorias de fornecimento de bens, locações, prestação de serviços e realização de obras. De ver que o § 1º do art. 141 da Lei autoriza a alteração da ordem cronológica de pagamento, mediante prévia justificativa da autoridade competente e posterior comunicação ao órgão de controle interno da Administração e ao tribunal de contas competente, exclusivamente nas seguintes situações:

a) grave perturbação da ordem, situação de emergência ou calamidade pública;

b) pagamento a microempresa, empresa de pequeno porte, agricultor familiar, produtor rural pessoa física, microempreendedor individual e sociedades cooperativas, desde que demonstrado o risco de descontinuidade do cumprimento do objeto do contrato;

---

[36] *Crimes na licitação.* São Paulo: Contracorrente, 2016, p. 95.

c) pagamento de serviços necessários ao funcionamento dos sistemas estruturantes, desde que demonstrado o risco de descontinuidade do cumprimento do objeto do contrato;

d) pagamento de direitos oriundos de contratos em caso de falência, recuperação judicial ou dissolução da empresa contratada;

e) pagamento de contrato cujo objeto seja imprescindível para assegurar a integridade do patrimônio público ou para manter o funcionamento das atividades finalísticas do órgão ou entidade, quando demonstrado o risco de descontinuidade da prestação de um serviço público de relevância, ou o cumprimento da missão institucional.

O art. 145 da lei, por sua vez, veda o pagamento antecipado, parcial ou total, relativo a parcelas contratuais vinculadas ao fornecimento de bens, à execução de obras ou à prestação de serviços, salvo quando propiciar sensível economia de recursos ou se representar condição indispensável para a obtenção do bem ou para a prestação do serviço, hipótese que deverá ser previamente justificada no processo licitatório e expressamente prevista no edital de licitação ou instrumento formal de contratação direta.

4. TIPO SUBJETIVO

Os crimes são punidos unicamente na forma **dolosa**, o que demanda consciência e vontade de dar azo à modificação contratual ou vantagem, no curso da execução do contrato, ao arrepio da lei, do edital, dos respectivos instrumentos contratuais ou pagar fatura preterindo sua ordem cronológica de exigibilidade.

Para o Superior Tribunal de Justiça, em entendimentos formados à luz do art. 92 da Lei n. 8.666/93 (que possui as mesmas elementares do art. 337-H), existem **duas especificidades**: o crime somente é compatível com o **dolo direto**, não se admitindo, portanto, o dolo eventual[37] e se reco-

---

[37] "Segundo a jurisprudência desta Corte, o crime do art. 92 da Lei n. 8.666/93 depende, ademais da existência de prejuízo para a Administração, do reconhecimento de dolo direto, não se admitindo apenas a modalidade eventual. O elemento subjetivo, entrementes, especializa-se (figura, em doutrina antiga, denominada como dolo específico), não bastando o dolo genérico. Na espécie, restou demonstrado que o paciente, na qualidade de Prefeito Municipal, agiu com consciência e vontade, mirando na satisfação de pretensões particulares em detrimento do interesse público primário. Ademais, restou consignado que o licitante vencedor do certame recebeu, de modo ilegal, em razão de sucessivas e írritas repactuações, mais do que a Administração, originariamente, havia se predisposto a desembolsar" (STJ, HC 253.013/SP, rel. Min. Maria Thereza Assis Moura, j. 18-6-2014).

nhece um **elemento subjetivo especial**, implícito no tipo, qual seja, a intenção de causar dano ao erário[38].

5. SUJEITOS DO CRIME

5.1. Sujeito ativo

O sujeito ativo é o agente público com atribuição legal para efetuar a modificação ou concessão de vantagens ilegais ou o pagamento irregular.

O particular beneficiado pode responder pelo crime desde que, consciente da ilegalidade, concorra para sua consecução.

5.2. Sujeito passivo

O sujeito passivo é o Estado, representado pelo ente contratante.

6. CONSUMAÇÃO E TENTATIVA

6.1. Consumação

A consumação ocorre, no caso de **modificação ilegal de contrato, com a produção do efetivo dano ao erário**, decorrente da indevida alteração ou vantagem contratuais e, na hipótese de **pagamento irregular de contrato, com a realização deste em detrimento da ordem cronológica**. Cuida-se, em ambos os casos, de **crime material**[39].

6.2. Tentativa

A tentativa é admissível, pois o agente público pode praticar as condutas ilegais, mas não produzir prejuízo efetivo ao erário por circunstâncias alheias à sua vontade (por exemplo, quando o pagamento indevido, embora autorizado, for obstado por liminar em ação civil pública).

7. CLASSIFICAÇÃO JURÍDICA

A modificação ou o pagamento irregular em contrato administrativo são crimes *de forma ou ação livre* (admitem qualquer meio executivo),

---

[38] (AgRg no AREsp 1.265.657/MT, rel. Min. Joel Ilan Paciornik, 5ª T., j. 14-5-2019, *DJe* 20-5-2019). No mesmo sentido: TJDFT, Ac. 1.294.443, 00002026220158070007, rel. Carlos Pires Soares Neto, 1ª T. Crim., j. 29-10-2020, *DJe* 9-11-2020.

[39] O STJ firmou o entendimento de que: "Para a configuração do delito tipificado no art. 92 da Lei n. 8.666/93 (que corresponde ao art. 337-H do CP), deve-se demonstrar, ao menos em tese, o dolo específico de causar dano ao erário, bem como o efetivo prejuízo causado à administração pública" (AgRg no AREsp 1.265.657/MT, rel. Min. Joel Ilan Paciornik, 5ª T., j. 14-5-2019, *DJe* 20-5-2019; parêntese nosso).

próprios (só o agente público pode figurar como sujeito ativo), *monossub-jetivos ou de concurso eventual* (podem ser praticados por um só agente ou vários em concurso de pessoas), *materiais ou de resultado* (por demanda-rem efetivo prejuízo ao erário), *instantâneos* (sua fase consumativa não se prolonga no tempo) e *plurissubsistentes* (o *iter criminis* admite cisão).

8. PENA E AÇÃO PENAL

A pena é de reclusão, de quatro a oito anos, e multa.

O procedimento aplicável é o comum ordinário (CPP, arts. 395 a 405).

A ação penal é de iniciativa pública incondicionada.

ART. 337-I – PERTURBAÇÃO DE PROCESSO LICITATÓRIO

1. DISPOSITIVO LEGAL

Perturbação de processo licitatório

Art. 337-I. Impedir, perturbar ou fraudar a realização de qualquer ato de processo licitatório:

Pena – detenção, de 6 (seis) meses a 3 (três) anos, e multa.

2. VALOR PROTEGIDO (OBJETIVIDADE JURÍDICA)

A norma incriminadora tutela a **Administração Pública**, no que pertine à boa consecução, à lisura e à livre concorrência do procedimento licitatório.

3. TIPO OBJETIVO

As ações nucleares são *impedir* (obstar, obstruir, impossibilitar a exe-cução ou o prosseguimento), *perturbar* (turbar, atrapalhar, embaraçar, tu-multuar) ou *fraudar* (enganar, iludir).

O **tipo é misto alternativo**, significa que o cometimento de mais de uma conduta não importa em concurso de crimes, mas infração única, desde que se refiram ao mesmo ato em procedimento licitatório.

As condutas devem se dirigir a (qualquer) **ato de procedimento licita-tório** *(objeto material)*. Compreendem-se, portanto, desde o **ato de abertura do processo,** os subsequentes, como o edital, a apresentação de propostas, a habilitação e **os atos finais,** como o julgamento e a adjudicação. Doutrinado-res há que criticam a amplitude desta elementar, que, da forma como descrita, abarca, consoante se frisou, a fase preparatória, aí incluída até mesmo a reda-ção dos editais[40]. A observação parece-nos justa, embora se deva anotar que,

---

[40] Paulo José da Costa Júnior. *Direito penal das licitações*, p. 42.

nas etapas prévias, faltará, via de regra, idoneidade da atitude turbadora para comprometer ou mesmo atrapalhar efetivamente o procedimento licitatório, podendo se reconhecer até a figura do crime impossível – art. 17 do CP (quando constatada a ineficácia absoluta do meio executório empregado).

Casos há em que o impedimento ou perturbação mostram-se justos, por exemplo, quando efetuados por licitante que se julga indevidamente preterido e impetra mandado de segurança obstando o certame. Nesse caso, a conduta é atípica, afastando-se a imputação objetiva do resultado pela produção de risco permitido.

4. TIPO SUBJETIVO

Cuida-se de delito **doloso**, exigindo-se a consciência e a vontade de concretizar os elementos objetivos do tipo.

5. SUJEITOS DO CRIME

5.1. Sujeito ativo

O crime pode ser cometido por qualquer pessoa, inclusive o agente público encarregado do certame (**crime comum**).

5.2. Sujeito passivo

É o Estado, por meio do ente responsável pelo procedimento licitatório.

6. CONSUMAÇÃO E TENTATIVA

6.1. Consumação

A consumação dar-se-á quando o ato componente do procedimento licitatório for **efetivamente impedido, turbado** ou **fraudado**.

6.2. Tentativa

A tentativa é admissível. Na modalidade "impedir" será de difícil configuração, pois, ainda quando não obstado completamente o ato visado, a conduta do agente poderá tê-lo atrapalhado, consumando-se a infração na modalidade "perturbar".

7. CLASSIFICAÇÃO JURÍDICA

A perturbação de processo licitatório constitui crime *de forma ou ação livre* (pode ser cometido por qualquer meio), *comum* (não requer qualquer predicado do sujeito ativo), *monossubjetivo ou de concurso eventual* (pode ser praticado por uma só pessoa ou várias, em concurso), *material ou de resultado* (pois exige a produção do resultado naturalístico para efeito de consumação) e *plurissubsistente* (o *iter criminis* comporta fracionamento).

8. PENA E AÇÃO PENAL

A pena é de detenção, de seis meses a três anos, e multa.

Admite-se suspensão condicional do processo, nos termos do art. 89 da Lei n. 9.099/95.

O procedimento aplicável é o comum sumário (CPP, arts. 531 a 538).

A ação penal é de iniciativa **pública incondicionada**.

ART. 337-J - VIOLAÇÃO DE SIGILO EM LICITAÇÃO

1. DISPOSITIVO LEGAL

Violação de sigilo em licitação

Art. 337-J. Devassar o sigilo de proposta apresentada em processo licitatório ou proporcionar a terceiro o ensejo de devassá-lo:

Pena – detenção, de 2 (dois) anos a 3 (três) anos, e multa.

2. VALOR PROTEGIDO (OBJETIVIDADE JURÍDICA)

O escopo protetivo da norma incriminadora contida na Lei de Licitações reside na tutela da **Administração Pública**, notadamente no que pertine à **competitividade**, à **imparcialidade**, **impessoalidade** e **lisura do procedimento licitatório** e, consequentemente, nos deveres de **moralidade** e **probidade** administrativas.

3. TIPO OBJETIVO

A ação nuclear reside no ato de *devassar*, que significa desvelar, tomar conhecimento, ainda que parcialmente.

O delito pode ser cometido por **qualquer meio executivo** (crime onímodo), embora, via de regra, se dê mediante o descerramento do envelope, sendo irrelevante que, após, seja este novamente selado.

O objeto material é a **proposta** apresentada em procedimento licitatório, a qual se encontra expressamente **acobertada de sigilo**, até a respectiva abertura por ocasião do certame correspondente (art. 13, parágrafo único, da Lei n. 14.133/2021).

Pune-se, ainda, aquele que **proporcionar a terceiro a possibilidade** de devassar a proposta. Nesse caso, **basta que o servidor franqueie o aces-**

so, ainda que não haja a revelação do conteúdo cerrado, para que o fato esteja consumado.

Caso os licitantes revelem um ao outro o teor de suas propostas, poderão responder pelo delito capitulado no art. 337-F do Código Penal[41].

Discute a doutrina se o agente que rompe o lacre em que se encontra guardada a proposta visando à devassa de seu teor deve responder por uma só infração ou se há concurso de crimes (supressão de documento – art. 305 – em concurso material com o delito especial).

Para Vicente Greco Filho[42], dá-se o cúmulo material de infrações, opinião da qual dissentimos, pois, como ensina Paulo José da Costa Júnior: "O agente, na hipótese apresentada, não suprimiu nem ocultou o documento (no caso, a proposta). Tampouco o destruiu. Destruir, consoante a Exposição de Motivos do Código Penal italiano vigente, 'significa fazer com que não mais subsista o documento na sua materialidade, no todo ou em parte juridicamente relevante'. Ora, o lacre não configura parte relevante do documento. Nada mais é ele senão um obstáculo que se apresenta à devassa da proposta apresentada"[43]. Acrescente-se, ainda, ser inegável constituir o rompimento do lacre meio executório para desvelar o segredo, justificando-se a absorção pelo delito capitulado na Lei Especial.

4. TIPO SUBJETIVO

O elemento subjetivo genérico é o dolo, consistente na vontade e consciência de concretizar os elementos objetivos do tipo, obtendo-se o acesso ao teor da proposta ou franqueando-o a terceiro.

5. SUJEITOS DO CRIME

5.1. Sujeito ativo

Cuida-se de crime próprio, de vez que o sujeito ativo deve ser o agente público responsável pela manutenção do segredo em torno da proposta apresentada. O extraneus pode figurar como concorrente do delito, haja vista o disposto nos arts. 29 e 30 do CP.

---

[41] "Frustrar ou fraudar, com o intuito de obter para si ou para outrem vantagem decorrente da adjudicação do objeto da licitação, o caráter competitivo do processo licitatório: Pena – reclusão, de 4 (quatro) anos a 8 (oito) anos, e multa."

[42] Vicente Greco Filho. Dos crimes da Lei de Licitações. São Paulo: Saraiva, p. 42, apud Paulo José da Costa Júnior. Direito penal das licitações – comentários aos arts. 89 a 99 da Lei n. 8.666, de 21-6-1993. 2. ed. São Paulo: Saraiva, 2004, p. 48.

[43] Direito penal das licitações, p. 49.

5.2. Sujeito passivo

É o Estado e, secundariamente, a pessoa física ou jurídica cuja proposta foi devassada.

6. CONSUMAÇÃO E TENTATIVA

6.1. Consumação

Dá-se o *summatum opus* com a efetiva ciência indevida do teor da proposta em procedimento licitatório ou, na parte final do dispositivo, quando o *intraneus* proporciona o acesso indevido, ainda que não ocorra a efetiva devassa. Não se exige a produção de dano efetivo à Administração Pública (crime formal).

6.2. Tentativa

Afigura-se admissível a forma tentada, em razão da **natureza plurissubsistente** da conduta típica.

7. CLASSIFICAÇÃO JURÍDICA

Trata-se de crime *de ação ou forma livre* (admite qualquer meio executório), *próprio* (só o funcionário público pode praticá-lo), *monossubjetivo ou de concurso eventual* (pode ser cometido por uma só pessoa ou várias em concurso), *formal ou de consumação antecipada* (sua realização integral típica independe de efetivo prejuízo à Administração), *instantâneo* (a fase consumativa não se prolonga no tempo) e *plurissubsistente* (o *iter criminis* admite fracionamento).

8. PENA E AÇÃO PENAL

A pena é de detenção, de dois a três anos, e multa.

Admite-se acordo de não persecução penal, conforme dispõe o art. 28-A do CPP.

Segue-se o procedimento dos crimes funcionais (CPP, arts. 513 a 518), acrescido das disposições relativas ao rito sumário (CPP, arts. 531 a 538).

A ação penal é de iniciativa **pública incondicionada**.

ART. 337-K – AFASTAMENTO DE LICITANTE

1. DISPOSITIVO LEGAL

Afastamento de licitante

Art. 337-K. Afastar ou tentar afastar licitante por meio de violência, grave ameaça, fraude ou oferecimento de vantagem de qualquer tipo:

Pena – reclusão, de 3 (três) anos a 5 (cinco) anos, e multa, além da pena correspondente à violência.

Parágrafo único. Incorre na mesma pena quem se abstém ou desiste de licitar em razão de vantagem oferecida.

2. VALOR PROTEGIDO (OBJETIVIDADE JURÍDICA)

A norma incriminadora tutela a **Administração Pública**, no que pertine à **competitividade**, à **boa consecução**, à **lisura** e à **livre concorrência do procedimento licitatório**.

3. TIPO OBJETIVO

A ação nuclear consiste em *afastar* (retirar, pôr de parte, tirar do caminho) ou *tentar afastar* (tentar apartar ou retirar). Cuida-se de **crime de atentado ou empreendimento,** em que o tipo equipara a forma tentada e a consumada, reunindo ambas como formas de realização integral do tipo.

O *objeto material* é o **licitante**, é dizer, qualquer pessoa física ou jurídica que intente participar de certame, seja qual for sua modalidade: pregão, concorrência, concurso, leilão ou diálogo competitivo (ou, ainda, nas licitações realizadas sob a égide da Lei n. 8.666/93, além da concorrência, concurso, leilão e o pregão, há também a tomada de preços e o convite)[44].

Os *meios executivos* são: a **violência** (vias de fato, lesão, sequestro ou homicídio), a **grave ameaça** (promessa de causar mal grave e injusto), a **fraude** (utilização de artifício, ardil ou outro meio ilusório) e o **oferecimento de qualquer vantagem.**

Incorre na mesma pena, ainda, o licitante que se abstém ou desiste de licitar em razão da vantagem oferecida (parágrafo único).

4. TIPO SUBJETIVO

O **dolo,** como elemento subjetivo genérico, é o único presente no tipo penal e consiste na vontade e consciência de afastar ou tentar afastar o licitante, empregando os meios previstos no preceito primário.

5. SUJEITOS DO CRIME

5.1. Sujeito ativo

Qualquer pessoa pode ocupar a condição de sujeito ativo, pois o legislador não exige deste qualquer qualidade especial (**crime comum**).

---

[44] Vale lembrar que a Lei n. 14.133/2021 autoriza o Poder Público a realizar licitações com base na Lei n. 8.666/93, até a data de 1º de abril de 2021 (arts. 190, II, e 191, § 2º).

761

5.2. Sujeito passivo

O sujeito passivo é o Estado, por meio do ente responsável pelo procedimento licitatório e, em caráter secundário, o licitante afastado (ou que se tentou afastar), exceto quando recebe vantagem de qualquer natureza e, passando a agir em conluio com o proponente, abstém-se ou desiste de licitar.

6. CONSUMAÇÃO E TENTATIVA

6.1. Consumação

A consumação se dá com a **tentativa de afastamento (ou retirada efetiva) do licitante** do respectivo procedimento. Caso a conduta atinja o objetivo e realmente o sujeito consiga, com tal atitude, **afastar o licitante** e, além disso, **retirar por completo a natureza competitiva do certame, responde somente pelo delito do art. 337-F, funcionando o art. 337-K** como *ante factum* impunível, dada a relação de meio-fim entre ambos. Será ele o crime consunto e a frustração do caráter competitivo de licitação, o delito consuntivo.

6.2. Tentativa

A tentativa **não é admissível,** por se cuidar de **crime de atentado ou de empreendimento,** o qual não comporta a forma imperfeita de realização típica, já que, tentar agir da maneira proibida na norma penal já enseja a forma consumada.

7. CLASSIFICAÇÃO JURÍDICA

O afastamento de licitante é delito *de forma ou ação livre* (admite qualquer meio executivo), *comum* (qualquer pessoa pode figurar como sujeito ativo, pois o tipo não exige deste nenhuma condição especial), *monossubjetivo ou de concurso eventual* (pode ser praticado por um só agente ou vários em concurso de pessoas), *formal ou de consumação antecipada (já que não é necessário o efetivo afastamento do licitante), instantâneo* (sua fase consumativa não se prolonga no tempo) e *plurissubsistente* (o *iter criminis* admite cisão, **embora não caiba a forma tentada,** em face da construção típica como delito de atentado ou empreendimento).

8. CONDUTA EQUIPARADA

De acordo com o parágrafo único, incorre na mesma pena, ainda, o licitante que se abstém ou desiste de licitar **em razão da vantagem** oferecida.

9. PENA E AÇÃO PENAL

A pena é de reclusão, de três a cinco anos, e multa, além da pena correspondente à violência.

Admite-se acordo de não persecução penal, conforme dispõe o art. 28-A do CPP, salvo quando cometido com emprego de violência ou grave ameaça contra a pessoa.

O procedimento aplicável é o comum ordinário (CPP, arts. 395 a 405).

A ação penal é de iniciativa **pública incondicionada.**

ART. 337-L - FRAUDE EM LICITAÇÃO OU CONTRATO

1. DISPOSITIVO LEGAL

Fraude em licitação ou contrato

Art. 337-L. Fraudar, em prejuízo da Administração Pública, licitação ou contrato dela decorrente, mediante:

I – entrega de mercadoria ou prestação de serviços com qualidade ou em quantidade diversas das previstas no edital ou nos instrumentos contratuais;

II – fornecimento, como verdadeira ou perfeita, de mercadoria falsificada, deteriorada, inservível para consumo ou com prazo de validade vencido;

III – entrega de uma mercadoria por outra;

IV – alteração da substância, qualidade ou quantidade da mercadoria ou do serviço fornecido;

V – qualquer meio fraudulento que torne injustamente mais onerosa para a Administração Pública a proposta ou a execução do contrato.

Pena – reclusão, de 4 (quatro) anos a 8 (oito) anos, e multa.

2. VALOR PROTEGIDO (OBJETIVIDADE JURÍDICA)

O objeto jurídico é a **Administração Pública,** no que tange à tutela de seu **patrimônio,** bem como à seleção e à consecução da proposta capaz de trazer o **resultado de contratação mais vantajoso** ao Poder Público.

3. LEGISLAÇÃO ANTERIOR

O art. 337-L sucede o art. 96 da Lei n. 8.666/93. Há, porém, mudanças substanciais que apontam para um alargamento do alcance do tipo penal.

Na legislação revogada, punia-se somente a fraude em licitação instaurada para aquisição ou venda de bens ou mercadorias ou contratos dela decorrentes. Bem por isso, o Supremo Tribunal Federal já havia reconhecido que, no caso de fraude em licitações de obras ou serviços públicos, o fato era penalmente atípico à luz do art. 96 da Lei n. 8.666/93[45]. Agora, **pune-se a fraude em qualquer licitação ou contrato administrativo**, permitindo, de maneira escorreita, a criminalização de diversos comportamentos extremamente lesivos ao bem jurídico protegido, mas que ficavam à margem do direito penal pelo princípio da legalidade estrita.

4. TIPO OBJETIVO

O Código criminaliza condutas específicas, pelas quais o agente frauda, em prejuízo da Administração Pública, (qualquer) licitação ou contrato dela decorrente.

O verbo núcleo do tipo é *fraudar*, isto é, *enganar, burlar, trapacear, iludir, lograr algo por meio de fraude* (procedimento ilusório, que falseia a realidade e leva alguém a erro).

O ato deve ser praticado **em prejuízo da Administração Pública**, que, para fins licitatórios, compreende a "administração direta e indireta da União, dos Estados, do Distrito Federal e dos Municípios, inclusive as entidades com personalidade jurídica de direito privado sob controle do poder público e as fundações por ele instituídas ou mantidas" (art. 6º, III, da Lei n. 14.133/2021).

A fraude pode ser cometida em qualquer modalidade de licitação (concorrência, leilão etc.) ou contrato, o qual deve ser tomado em sentido amplo, de maneira a compreender o contrato administrativo *stricto sensu*, bem como os instrumentos equivalentes, como a carta-contrato, a nota de empenho de despesa, a autorização de compra ou ordem de execução de serviço (art. 95 da Lei n. 14.133/2021). Como esclarece Silvio Luís Ferreira da Rocha, analisando o art. 96 da Lei n. 8.666/93: "o que se busca proteger, em última análise, além dos valores e princípios da moralidade, é o princípio da justiça contratual, a comutatividade e a boa-fé que deve orientar a execução dos contratos firmados"[46]. Esse entendimento se fortalece, em nosso modo de ver, quando se analisa o inciso I da disposição, que emprega o termo "instrumentos contratuais", sinalizando que o legislador penal pretendeu inequivocamente incluir, além do contrato administrativo em sentido estrito, os demais instrumentos acima citados.

---

[45] "(...). Em razão do princípio da taxatividade (art. 5º, XXXIX, da Constituição Federal), a conduta de quem, em tese, frauda licitação ou contrato dela decorrente, cujo objeto é a contratação de obras e serviços, não se enquadra no art. 96, I, da Lei n. 8.666/93, pois esse tipo penal contempla apenas licitação ou contrato que tem por objeto aquisição ou venda de bens e mercadorias. (...)" (STF, AP 991 QO, rel. Min. Edson Fachin, 2ª T., j. 28-11-2017, *DJe* 15-12-2017).

[46] *Crimes na licitação*. São Paulo: Contracorrente, 2016, p. 128.

O ato fraudulento deve consistir:

a) na entrega de mercadoria ou prestação de serviços com qualidade ou em quantidade diversas das previstas no edital ou nos instrumentos contratuais;

A primeira espécie de fraude em licitação ou contrato reside na entrega (fornecimento) de mercadoria (coisa móvel objeto de transação comercial) ou prestação de serviço em qualidade ou quantidade diferentes das previstas no edital ou nos instrumentos contratuais. Por óbvio, a qualidade e a quantidade devem ser em padrão inferior ao estipulado, porque se cuida de fato cometido necessariamente em *prejuízo* da Administração Pública. Cite-se, como exemplo, o contratante que, sagrando-se vencedor de licitação para entrega de 100 *notebooks* com determinada configuração, entrega à Administração 90 máquinas ou, ainda, entrega 100 equipamentos com processador interno com capacidade à estipulada no edital.

A aferição da qualidade ou quantidade a menor é mais fácil de ser estimada quando se cuidar de mercadorias; no caso de prestação de serviços, exige-se uma avaliação objetiva e cuidadosa, de maneira a se concluir pela *inequívoca* prática da fraude, com vistas a lesar o erário, prestando serviço em qualidade ou quantidade inferiores. É oportuno acentuar que se cuida de crime doloso, de maneira que uma prestação de serviços em nível inferior por desídia, por exemplo, embora possa constituir infração administrativa, não será ilícito penal.

b) no fornecimento, como verdadeira ou perfeita, de mercadoria falsificada, deteriorada, inservível para consumo ou com prazo de validade vencido;

Nessa modalidade de fraude em licitação ou contrato, o agente fornece à Administração Pública mercadoria falsificada (isto é, adulterada, contrafeita, inautêntica, dissimulada) como se verdadeira fosse ou, ainda, mercadoria deteriorada (arruinada, estragada, depreciada), inservível para o consumo ou com prazo de validade expirado, como se perfeita ou apta ao consumo estivesse. Imagine, por exemplo, uma licitação para a compra de produtos perecíveis para abastecer escolas públicas, na qual o agente entregue leite com validade expirada.

c) na entrega de uma mercadoria por outra;

Trata-se do sujeito que entrega mercadoria diversa da estipulada no instrumento de licitação ou no contrato celebrado; por exemplo, fornecimento de lote com milhares de copos de plástico em vez de copos de papelão biodegradável.

d) na alteração da substância, qualidade ou quantidade da mercadoria ou do serviço fornecido;

A fraude em apreço consiste em alterar a essência, a qualidade ou a quantidade da mercadoria ou serviço fornecido. Recorde-se que, como o ato se dá *em prejuízo* da Administração Pública, é necessário que a alteração seja para um patamar inferior ou quantidade a menor, de maneira a causar malefício ao erário. É preciso, neste caso, que a mercadoria ou serviço já tenham sido entregues, pois o dispositivo requer tenham sido eles *forneci-dos*. Assim, por exemplo, o contratante, depois de entregar as mercadorias à Administração, a elas tendo acesso, desvia parte em seu proveito, gerando prejuízo ao poder público.

e) em qualquer meio fraudulento que torne injustamente mais onerosa para a Administração Pública a proposta ou a execução do contrato.

Trata-se aqui de modalidade genérica de fraude em licitação em contrato, uma vez que pode se dar com a realização de "qualquer meio fraudulento", desde que este torne *injustamente* mais onerosa à Administração a proposta ou a execução do contrato.

Interessante notar que o tipo penal vale-se da **interpretação analógica**, método de construção típica em que se utilizam hipóteses casuísticas, no caso, os incisos I a IV (que correspondem às letras *a* a *d*, acima), seguida de uma cláusula genérica, correspondente ao inciso V (letra *e*, *supra*).

Conforme escólio de Luiz Régis Prado, a elementar "injustamente" faz referência a uma possível causa de exclusão da ilicitude, que pode surgir "quando a onerosidade maior é plenamente justificável nas circunstâncias fáticas", tornando lícita a conduta do agente[47].

5. TIPO SUBJETIVO

O **dolo**, como elemento subjetivo genérico, consiste na vontade e consciência de fraudar a licitação ou contrato administrativo dela decorrente. Há, ainda, **elemento subjetivo específico**, traduzido no **propósito de gerar prejuízo à Administração Pública**.

6. SUJEITOS DO CRIME

6.1. Sujeito ativo

O sujeito ativo é o particular, adjudicatário ou contratante (**crime próprio**), e, por óbvio, todo aquele que com ele concorrer para a prática do delito.

6.2. Sujeito passivo

O Estado figura como sujeito passivo, representado pelo ente de Administração Pública em cujo prejuízo o ato fraudulento foi cometido.

---

[47] *Direito penal econômico*. 8. ed. São Paulo: Forense, 2018, p. 428.

7. CONSUMAÇÃO E TENTATIVA

7.1. Consumação

A fraude em licitação ou contrato é **crime material,** porque sua consumação **depende da efetiva produção de prejuízo à Administração Pública,** mediante a realização dos comportamentos arrolados no tipo penal[48].

7.2. Tentativa

A tentativa é admissível, porque o *iter criminis* pode ser frustrado por circunstâncias alheias à vontade do agente.

8. CLASSIFICAÇÃO JURÍDICA

A fraude em licitação ou contrato consubstancia crime *de forma ou ação livre* (admite qualquer meio executivo, pois, embora os incisos I a IV estabeleçam meios executórios específicos, o inciso V admite qualquer outro meio fraudulento apto a tornar a proposta ou execução injustamente mais onerosa à Administração Pública), *próprio* (só o contratante ou adjudicatário podem figurar como sujeito ativo), *monossubjetivo ou de concurso eventual* (pode ser praticado por um só agente ou vários em concurso de pessoas), *material ou de resultado* (porque requer efetivo prejuízo à Administração Pública), *instantâneo* (sua fase consumativa não se prolonga no tempo) e *plurissubsistente* (o *iter criminis* admite cisão).

9. PENA E AÇÃO PENAL

A pena é de reclusão, de quatro a oito anos, e multa.

O procedimento aplicável é o comum ordinário (CPP, arts. 395 a 405).

A ação penal é de iniciativa **pública incondicionada.**

ART. 337-M – CONTRATAÇÃO INIDÔNEA

1. DISPOSITIVO LEGAL

Contratação inidônea

Art. 337-M. Admitir à licitação empresa ou profissional declarado inidôneo:

Pena – reclusão, de 1 (um) ano a 3 (três) anos, e multa.

---

[48] Nesse sentido, há precedente do STJ à luz do revogado art. 96, V, da Lei n. 8.666/93, que corresponde ao art. 337-L, V, do Código (STJ, RMS 63.289/MG, rel. Min. Laurita Vaz, 6ª T., j. 8-9-2020, *DJe* 22-9-2020).

§ 1º Celebrar contrato com empresa ou profissional declarado inidôneo:

Pena – reclusão, de 3 (três) anos a 6 (seis) anos, e multa.

§ 2º Incide na mesma pena do *caput* deste artigo aquele que, declarado inidôneo, venha a participar de licitação e, na mesma pena do § 1º deste artigo, aquele que, declarado inidôneo, venha a contratar com a Administração Pública.

2. VALOR PROTEGIDO (OBJETIVIDADE JURÍDICA)

O objeto jurídico é, como nos demais crimes em licitações e contratos administrativos, a **Administração Pública**, por meio da **moralidade** administrativa e do **zelo às normas que visam a garantir a higidez do processo licitatório** e a conferir **eficácia às sanções** impostas às empresas ou profissionais declarados inidôneos.

3. TIPOS OBJETIVOS

O art. 337-M do Código contém **dois delitos distintos**, embora relacionados, descritos respectivamente no *caput* e no § 1º; este, portanto, não é uma figura qualificada, mas uma infração penal autônoma e diversa da contida no topo da norma.

A cabeça do dispositivo criminaliza o ato de *admitir* (*autorizar a participação, aceitar, acolher*) à licitação empresa ou profissional declarado inidôneo.

Alguém é admitido à licitação quando se concretiza o ato de habilitação, praticado pela Comissão de Licitação ou autoridade responsável.

De acordo com Silvio Luís Ferreira da Rocha: "Há de se distinguir habilitação, de fase de habilitação. Habilitar é reconhecer no interessado capacidade para licitar. Este reconhecimento acerca da aptidão para licitar ocorre em todos os procedimentos licitatórios, tenham ou não uma fase de habilitação. (...). A distinção interessa-nos porque para fins penais pode cometer o crime aquele que na concorrência declara habilitado alguém sancionado com a declaração de inidoneidade; na tomada de preços inscreve no registro cadastral quem foi declarado inidôneo e depois o admite no procedimento licitatório, ou, ainda, aquele que no convite convoca pessoa declarada inidônea, que, então, aceita participar da licitação. Em todas essas situações é imprescindível que o inidôneo participe realmente da licitação"[49]. Acrescente-se à explicação do autor que, no caso da modalidade de licitação denominada diálogo competitivo, regulada no art. 32 da Lei n. 14.133/2021, a habilitação se dá quando, publicados os critérios de pré-seleção no respectivo

---

[49] *Crimes na licitação*. São Paulo: Contracorrente: 2016, p. 136-137.

edital, o agente público admitir o profissional ou empresa a participar do certame, reconhecendo (ilicitamente) que preenchem os requisitos objetivos previamente estipulados (art. 32, § 1º, da Lei).

O § 1º considera delito o fato de *celebrar* contrato (*firmar* ou *formalizar vínculo contratual*) com empresa ou profissional declarado inidôneo.

O contrato é celebrado com a formalização do vínculo. Pouco importa a modalidade jurídica celebrada; seja ela o contrato administrativo em sentido estrito ou outros instrumentos equivalentes (carta-contrato, nota de empenho de despesa, autorização de compra ou ordem de execução de serviço – art. 95 da Lei n. 14.133/2021). É irrelevante, ainda, para a configuração do ilícito penal, que a contratação tenha sido precedida de licitação ou que se cuide de contratação direta (decorrente de dispensa ou inexigibilidade de licitação).

O *caput* e o § 1º referem-se a condutas que punem o **agente público** responsável pelo procedimento licitatório ou pela realização do contrato administrativo. O **particular** (profissional) que, **declarado inidôneo**, participa de licitação ou contrata com a Administração também **responde pelo fato**, em virtude da equiparação efetuada pelo § 2º.

É fundamental que a pessoa admitida ao certame ou com quem a Administração Pública contrata tenha sido **formalmente declarada inidônea (elemento normativo do tipo).**

O art. 155 da Lei n. 14.133/2021 enumera as infrações administrativas no contexto das licitações e contratos administrativos e o art. 156 da lei comina as sanções correspondentes: advertência, multa, impedimento de licitar e contratar e *declaração de inidoneidade para licitar ou contratar*, sendo esta a mais grave dentre as estipuladas.

A **declaração de inidoneidade**, que consiste numa presunção absoluta de que a pessoa não atende aos requisitos mínimos para participar de licitação ou contratar com o Poder Público, será imposta, de acordo com o art. 156, § 5º, da Lei, quando o sujeito apresentar declaração ou documentação falsa exigida para o certame ou prestar declaração falsa durante a licitação ou a execução do contrato; fraudar a licitação ou praticar ato fraudulento na execução do contrato; comportar-se de modo inidôneo ou cometer fraude de qualquer natureza; praticar atos ilícitos com vistas a frustrar os objetivos da licitação; ou, praticar ato lesivo à Administração Pública, nacional ou estrangeira, previsto no art. 5º da Lei n. 12.846/2013 (Lei Anticorrupção). Essa penalidade também é cabível em outros ilícitos administrativos, quando se entender que estes, por sua gravidade, justificam a imposição de pena mais severa.

A **pessoa física** ou **jurídica declarada inidônea ficará impedida** de licitar ou contratar com todos os entes da Administração Pública, direta ou indireta, no âmbito de todos os entes da federação, pelo **prazo de 3 a 6 anos.**

Os órgãos e entidades de todos os Poderes da República, nos níveis federal, estadual, distrital e municipal, deverão manter atualizados os dados relativos às sanções que impuserem, para fins de publicidade no CEIS – Cadastro Nacional de Empresas Inidôneas e Suspensas e no CNEP – Cadastro Nacional de Empresas Punidas.

Discute-se se subsiste o crime quando, durante a realização do certame ou a vigência do contrato, a declaração de inidoneidade vem a ser anulada pela via administrativa ou por força de decisão judicial. Para Diógenes Gasparini, o crime deixa de existir[50]. Em nosso modo de ver, não lhe assiste razão, pois a futura anulação da sanção administrativa não elide o fato de que, no momento anterior, quando a pessoa foi admitida a licitar ou contratada, vigorava formalmente a punição administrativa e o agente público, fazendo dela tábula rasa, a menosprezou e praticou o comportamento delituoso, realizando todas as elementares do tipo penal.

4. CONDUTA EQUIPARADA

De acordo com o § 2º do art. 337-M do Código, aquele que, declarado inidôneo, participa de licitação ou contrata com a Administração Pública fica sujeito, respectivamente, à pena do *caput* (reclusão, de 1 a 3 anos, e multa) ou do § 1º (reclusão, de 3 a 6 anos, e multa).

O dispositivo incrimina tão somente o profissional que, declarado inidôneo, participou de alguma licitação ou formalizou vínculo contratual com a Administração Pública, durante a vigência da punição administrativa.

Quando se tratar de **empresa** declarada inidônea que venha a participar de licitação ou a celebrar contrato administrativo, **haverá crime somente por parte do agente público** que a admitiu ao certame ou celebrou o contrato, mas não da parte da pessoa jurídica de direito privado. Isto porque **não se admite, nesta hipótese, responsabilidade penal da pessoa jurídica** e, ademais, em razão do princípio da legalidade estrita, já que o **dispositivo é expresso ao punir o agente (isto é, pessoa física)** que "declarado inidôneo" toma parte em licitação ou contrata com o Poder Público.

5. TIPO SUBJETIVO

O **dolo**, como elemento genérico, consistente na vontade e consciência de admitir ao certame ou celebrar o vínculo contratual com profissional ou empresa, ciente de que foram declarados inidôneos.

---

[50] *Crimes na licitação*. 4. ed. São Paulo: NDJ, 2011 (rev. e atual. por Jair Eduardo Santana), p. 114.

O desconhecimento a respeito da imposição da penalidade afasta o dolo, em razão do disposto no art. 20, *caput*, do Código (erro de tipo). Note, porém, que será de difícil comprovação a insciência a respeito da existência da punição e de sua vigência, tendo em vista que o agente público tem o dever de consultar o CEIS e o CNEP (, que são acessíveis por meio do PNCP – Portal Nacional de Contratações Públicas (arts. 90, § 4º, 160 e 174 da Lei n. 14.133/2021).

No caso do § 2º, o elemento subjetivo (dolo) reside na vontade e consciência de participar efetivamente e contratar com a Administração, durante a vigência da declaração de inidoneidade.

6. SUJEITOS DO CRIME

6.1. Sujeito ativo

O sujeito ativo, no *caput* e no § 1º, é o agente público responsável por admitir ao procedimento licitatório ou celebrar o contrato administrativo com a empresa ou profissional declarado inidôneo. Trata-se de **crime próprio**, portanto.

No § 2º, o autor do fato é o profissional declarado inidôneo. A **pessoa jurídica declarada inidônea** que participa de licitação ou contrata com o Poder Público **não comete delito, nem os seus administradores ou dirigentes, ainda que tenham ciência da existência da punição administrativa.** Note que no § 2º estamos diante de um **crime de mão própria ou atuação pessoal,** o qual não admite coautoria (apenas participação); só o profissional declarado inidôneo pode figurar como autor.

6.2. Sujeito passivo

O sujeito passivo é o Estado, na pessoa do ente público responsável pela licitação ou contrato administrativo.

7. CONSUMAÇÃO E TENTATIVA

7.1. Consumação

O momento consumativo varia conforme o crime praticado. No caso do *caput*, este se dá com a admissão formal do profissional ou empresa inidônea a participar do certame. A conduta descrita no § 1º consuma-se com a efetiva celebração do vínculo contratual ou instrumento jurídico correspondente. Quanto ao fato equiparado (§ 2º), a realização integral ocorre com a inscrição do profissional ao certame, ainda que este não venha a ser habilitado, e, na hipótese de contratar com a Administração, com a formalização do vínculo. São **delitos de mera conduta**, de vez que o tipo penal só descreve a ação, sem fazer alusão à produção de resultado naturalístico (dispensável o prejuízo ao erário para a consumação).

7.2. Tentativa

A tentativa é admissível, salvo na modalidade consistente em admitir à licitação o profissional ou a empresa inidôneos, pois o ato de admissão não admite fracionamento (crime unissubsistente).

8. CLASSIFICAÇÃO JURÍDICA

A contratação inidônea constitui delito *de forma ou ação vinculada* (porquanto sua realização se dá mediante meio executório específico, consistente na realização de atos formais de participação em licitações e celebração de contratos administrativos), *próprio* (no caso do *caput* e do § 1º) e *de mão própria* (no caso do § 2º), *monossubjetivo ou de concurso eventual* (pode ser praticado por um só agente ou vários em concurso de pessoas), *de mera conduta* (de vez que o tipo penal só descreve a ação, sem fazer alusão à produção de resultado naturalístico, o que significa dizer que é irrelevante determinar se houve prejuízo ao erário), *permanente* (sua fase consumativa se prolonga no tempo, pois vigora enquanto persistir o procedimento licitatório ou vigorar o contrato administrativo celebrado) e *plurissubsistente* (o *iter criminis* admite cisão, salvo na modalidade "admitir à licitação").

9. PENA E AÇÃO PENAL

A pena é de reclusão, de um a três anos, e multa, no caso de admissão à licitação de profissional ou empresa declarada inidônea (*caput*) e reclusão, de três a seis anos, e multa, quando se tratar de celebração de contrato com profissional ou empresa declarada inidônea (§ 1º).

O profissional considerado inidôneo responderá pelas mesmas penas acima descritas, conforme venha a participar de licitação ou contratar com a Administração Pública (§ 2º).

O *caput* e o § 2º, primeira parte, admitem a suspensão condicional do processo (art. 89 da Lei dos Juizados Especiais Criminais), ao passo que os §§ 1º e 2º, parte final, revelam-se compatíveis com o acordo de não persecução penal (art. 28-A do CPP).

Aos fatos menos graves se aplica o rito comum sumário (CPP, arts. 531 a 538) e aos demais, o procedimento comum ordinário (CPP, arts. 395 a 405).

A ação penal é de iniciativa **pública incondicionada.**

ART. 337-N – IMPEDIMENTO INDEVIDO

1. DISPOSITIVO LEGAL

Impedimento indevido

Art. 337-N. Obstar, impedir ou dificultar injustamente a inscrição de qualquer interessado nos registros cadastrais ou promover indevidamente a alteração, a suspensão ou o cancelamento de registro do inscrito:

Pena – reclusão, de 6 (seis) meses a 2 (dois) anos, e multa.

2. VALOR PROTEGIDO (OBJETIVIDADE JURÍDICA)

O objeto jurídico é a **certeza e segurança dos registros cadastrais de licitantes** e, ainda, o dever de **moralidade** e **probidade** administrativa e, em último plano, a salvaguarda da **impessoalidade** e do **caráter competitivo** do procedimento licitatório.

3. TIPO OBJETIVO

O tipo penal **contém dois crimes** que, embora separados pela conjunção "ou", representam condutas autônomas, admitindo concurso de delitos. Melhor seria se a rubrica do dispositivo fosse "impedimento ou alteração indevida de registro".

3.1. Impedimento indevido (em sentido estrito)

As ações nucleares são *obstar* (proibir, vetar), *impedir* (sinônimo de obstar) ou *dificultar* (impor dificuldade, criar embaraços ou exigências desarrazoadas). Trata-se de **tipo misto alternativo**, de maneira que a incursão em mais de uma ação nuclear não enseja concurso de delitos, mas crime único, com reflexos na dosimetria da pena.

Há **elemento normativo** representando pela expressão "*injustamente*", isto é, sem amparo na legislação. A imposição de impedimento ou obstáculo *justos*, portanto, constitui fato atípico. Será justo o óbice ou a barreira colocada quando amparada por lei.

Embora o legislador não especifique, é evidente que o **registro cadastral** a que alude a norma penal é aquele relativo às pessoas inscritas para participar em licitações ou celebrar contratos com a Administração Pública.

O registro cadastral é um "sistema de armazenamento dos dados necessários à comprovação da regularidade jurídica, fiscal, técnica e econômico-financeira. Cuida-se de serviço de documentação e arquivamento de dados com o propósito de facilitar a participação de licitantes"[51]. Trata-se de um "procedimento simplificador da fase de procedimento de habilitação, na medida em que o licitante inscrito fica dispensado de apresentar os documentos no momento específico, pois sua habilitação foi realizada previamente"[52].

O art. 87 da Lei n. 14.133/2021 estabelece que os órgãos e entidades da Administração Pública deverão utilizar o sistema de registro cadastral unificado disponível no Portal Nacional de Contratações Públicas (PNCP), para efeito de cadastro unificado de licitantes. Determina o dispositivo, ainda, que o sistema de registro cadastral unificado será público e deverá ser amplamente divulgado e estar permanentemente aberto aos interessados (§ 1º).

A inclusão no cadastro é de suma relevância, inclusive porque o legislador admite que a Administração realize licitações restritas a fornecedores nele inscritos (art. 87, § 3º).

Se o profissional ou empresa preencherem todos os requisitos necessários para figurar nos registros cadastrais terão direito subjetivo público à inscrição ou manutenção. Caso o agente público ofereça qualquer resistência ou barreira, a despeito do cumprimento das exigências legais, comete o crime em estudo.

3.2. Alteração indevida de registro

O preceito primário do art. 337-N também inclui o fato de promover indevidamente a alteração, a suspensão ou o cancelamento do registro do inscrito.

A ação que representa o núcleo do tipo é *promover* (*efetuar*, *realizar*). O objeto material é a alteração (modificação, mudança), a suspensão (imposição de ineficácia temporária) ou o cancelamento (ato de tornar nulo ou sem efeito) do registro do inscrito. A realização destas medidas deve se dar de maneira *indevida* (elemento normativo do tipo), vale dizer, sem amparo na legislação pertinente, para que se aperfeiçoe o comportamento criminoso.

Note que o art. 88, § 5º, da Lei n. 14.133/2021 determina que o agente público responsável pelo cadastro poderá, a qualquer tempo, alterar, suspender ou cancelar o registro de inscrito **que deixar de satisfazer exigências determinadas por esta lei ou por regulamento**. Nesse cenário, por óbvio, o fato será penalmente **atípico**.

---

[51] *Crimes na licitação*. São Paulo: Contracorrente: 2016, p. 141.

[52] *Crimes na licitação*. São Paulo: Contracorrente: 2016, p. 142.

4. TIPO SUBJETIVO

O dispositivo legal contém apenas o elemento subjetivo genérico (**dolo**), correspondente à vontade consciente de impedir ou dificultar o registro no cadastro ou promover a alteração, a suspensão ou o cancelamento do registro do inscrito.

Importante lembrar que o delito requer seja a atitude do agente público efetuada injustamente/indevidamente.

5. SUJEITOS DO CRIME

5.1. Sujeito ativo

O "impedimento indevido" é **crime próprio**, porquanto só pode ser cometido pelo agente público responsável pela inscrição do profissional ou empresa no cadastro, ou pela manutenção destes como inscritos no registro.

Há autores que afirmam cuidar-se o ato de impedir, obstar ou dificultar o registro cadastral crime comum[53], argumentando que também um particular poderia impor tais barreiras, não só o agente público. Não nos parece. O fato só tem caráter delituoso, nos termos do art. 337-N, quando se tratar de impedimento ou dificuldade *injustas*, ou seja, não amparados por lei, o que alude às normas atinentes à confecção do "cadastro unificado de licitantes", que é de responsabilidade integral de órgão e entidades da Administração Pública. Se um particular impuser embaraços a que outrem faça sua inscrição, a conduta poderá até constituir infração penal, como ameaça (CP, art. 147), constrangimento ilegal (CP, art. 146), estelionato (CP, art. 171), a depender de como aja o autor, mas não poderá se subsumir ao crime do art. 337-N.

5.2. Sujeito passivo

O Estado é o sujeito passivo, representado pelo ente público mantenedor do cadastro. Em caráter secundário, a vítima é o profissional ou empresa cujo cadastro foi de qualquer forma dificultado, obstado de modo ilícito ou, ainda, cuja inscrição foi indevidamente alterada, suspensa ou cancelada.

---

[53] Nesse sentido: Silvio Luís Ferreira da Rocha. *Crimes na licitação*. São Paulo: Contracorrente: 2016, p. 144; Diógenes Gasparini. *Crimes na licitação*. 4. ed. rev. e atual. por Jair Eduardo Santana. São Paulo: NDJ, 2011, p. 120; e Luiz Régis Prado. *Direito penal econômico*. 8. ed. São Paulo: Revista dos Tribunais, 2018, p. 432.

6. CONSUMAÇÃO E TENTATIVA

6.1. Consumação

O impedimento indevido em sentido estrito (art. 337-N, primeira parte) consuma-se com a imposição do obstáculo de modo desarrazoado. Trata-se de **crime de mera conduta ou simples atividade**. Não é necessário, portanto, para sua realização integral, que o profissional ou empresa tenha sua inscrição indeferida em caráter definitivo. Do mesmo modo, se houve a imposição injusta (e dolosa) de alguma barreira, ainda que esta venha a ser superada, por exemplo, com a interposição de recurso administrativo ou medida judicial, efetuando-se a inscrição, o delito não deixa de existir.

A **alteração indevida de registro**, por sua vez, é **crime material ou de resultado**, porque requer a **efetiva modificação** do cadastro, sua suspensão ou cancelamento da inscrição do profissional ou empresa.

6.2. Tentativa

A tentativa é admissível, porque o agente público pode tentar impor algum obstáculo ou modificar o cadastro do inscrito e não lograr seu intento, por circunstâncias alheias à sua vontade.

7. CLASSIFICAÇÃO JURÍDICA

O crime do art. 337-N do Código possui *forma ou ação livre* (admite qualquer meio executivo), é delito *próprio* (só o agente público responsável pelo cadastro pode figurar como sujeito ativo), *monossubjetivo ou de concurso eventual* (pode ser praticado por um só agente ou vários em concurso de pessoas), *de mera conduta* (na primeira parte do dispositivo) e *material ou de resultado* (na parte final – "alteração indevida de registro"), *instantâneo* (sua fase consumativa não se prolonga no tempo) e *plurissubsistente* (o *iter criminis* admite cisão).

8. PENA E AÇÃO PENAL

A pena é de reclusão, de seis meses a dois anos, e multa.

Trata-se de infração de menor potencial ofensivo, sujeita a procedimento sumaríssimo (Lei n. 9.099/95). Ressalve-se, porém, que se a causa for complexa, o que é possível pela natureza da infração, o fato tramitará perante o juízo comum, observando o procedimento sumário (CPP, arts. 531 a 538).

A ação penal é de iniciativa **pública incondicionada**.

ART. 337-O – OMISSÃO GRAVE DE DADO OU DE INFORMAÇÃO POR PROJETISTA

1. DISPOSITIVO LEGAL

Omissão grave de dado ou de informação por projetista

Art. 337-O. Omitir, modificar ou entregar à Administração Pública levantamento cadastral ou condição de contorno em relevante dissonância com a realidade, em frustração ao caráter competitivo da licitação ou em detrimento da seleção da proposta mais vantajosa para a Administração Pública, em contratação para a elaboração de projeto básico, projeto executivo ou anteprojeto, em diálogo competitivo ou em procedimento de manifestação de interesse.

Pena – reclusão, de 6 (seis) meses a 3 (três) anos, e multa.

§ 1º Consideram-se condição de contorno as informações e os levantamentos suficientes e necessários para a definição da solução de projeto e dos respectivos preços pelo licitante, incluídos sondagens, topografia, estudos de demanda, condições ambientais e demais elementos ambientais impactantes, considerados requisitos mínimos ou obrigatório sem normas técnicas que orientam a elaboração de projetos.

§ 2º Se o crime é praticado com o fim de obter benefício, direto ou indireto, próprio ou de outrem, aplica-se em dobro a pena prevista no *caput* deste artigo.

2. VALOR PROTEGIDO (OBJETIVIDADE JURÍDICA)

O objeto jurídico é a **Administração Pública,** no que concerne à proteção ao **caráter competitivo da licitação** e ao interesse do Estado em contratar a **proposta mais vantajosa.**

3. TIPO OBJETIVO

As ações nucleares são *omitir* (sonegar a informação, deixar de revelar, esconder algo da realidade), *modificar* (alterar, mudar) ou *entregar* (fornecer).

O dispositivo constitui uma **forma especial de falsidade ideológica,** o que, por óbvio, afasta a incidência do art. 299 do Código (princípio da especialidade).

O destinatário da conduta é a Administração Pública, assim entendida como toda "administração direta e indireta da União, dos Estados, do Distrito Federal e dos Municípios, inclusive as entidades com personalidade jurídica de direito privado sob controle do poder público e as fundações por ele instituídas ou mantidas" (art. 6º, III, da Lei n. 14.133/2021).

Os atos devem recair sobre o *levantamento cadastral* ou *condição de contorno* (objetos materiais), os quais haverão de, em virtude da omissão, da modificação ou no ato da entrega, mostrarem-se em **relevante dissonância com a realidade.**

A discrepância entre o levantamento cadastral e a condição de contorno e a realidade dos fatos deve ser "relevante", isto é, determinante a ponto de causar ao agente público receptor da informação uma percepção que o induza a erro sobre o caráter competitivo da licitação ou a escolha da proposta mais vantajosa ao Estado.

A conduta, por fim, somente terá caráter criminoso quando praticada em contratação para a elaboração de *projeto básico, projeto executivo* ou *anteprojeto*, em diálogo competitivo ou em procedimento de manifestação de interesse.

3.1. Crítica à construção do tipo penal

O preceito primário encontra-se mal redigido. O legislador lançou mão de três verbos nucleares, sem conectar todos eles de maneira lógica com o restante do dispositivo.

É fácil compreender o sentido da conduta consistente em *entregar* à Administração Pública levantamento cadastral ou condição de contorno que estejam em relevante dissonância com a realidade, de modo a frustrar o caráter competitivo da licitação ou em detrimento da seleção da proposta mais vantajosa para a Administração Pública etc. Nesse caso, existe uma clara correlação semântica entre a ação e seu objeto.

Quanto aos verbos *modificar* e *omitir* a situação é diferente.

Ao incriminar o ato de alterar projeto básico, projeto executivo ou anteprojeto, supõe-se que estes já tenham sido entregues ao Poder Público e, então, realize-se a modificação ilícita, tornando-os em relevante dissonância com a realidade a fim de retirar o aspecto competitivo da licitação ou induzir o ente estatal a contratar a proposta que não seja realmente a mais vantajosa. Isto porque, se o agente modificou o projeto (básico ou executivo) ou anteprojeto, mas, ao final, voluntariamente optou por não o entregar à Administração Pública, não há crime: trata-se de desistência voluntária (CP, art. 15).

No que tange ao verbo *omitir*, do mesmo modo, supõe-se que o agente tenha omitido informação em projetos (básico ou executivo) ou anteprojetos efetivamente entregues por ele ao ente público, e, com a supressão da informação, os tenha tornado em relevante divórcio com a realidade, de maneira a frustrar o caráter competitivo do certame ou induzir a Administração a contratar uma proposta supondo, erroneamente, cuidar-se da mais vantajosa ao Poder Público.

3.2. Definições legais necessárias à compreensão do tipo

O preceito primário do art. 337-O contém diversos elementos normativos jurídicos, cuja compreensão requer a leitura de outras normas contidas na Lei n. 14.133/2021, abaixo transcritas, exceto as expressões "levantamento cadastral" e "condição de contorno", esta definida no próprio dispositivo legal (§ 1º).

3.2.1. Projeto básico (art. 6º, inciso XXV)

Trata-se de um conjunto de elementos necessários e suficientes, com nível de precisão adequado para definir e dimensionar perfeitamente a obra ou o serviço, ou o complexo de obras ou de serviços objeto da licitação, elaborado com base nas indicações dos estudos técnicos preliminares, que assegure a viabilidade técnica e o adequado tratamento do impacto ambiental do empreendimento e que possibilite a avaliação do custo da obra e a definição dos métodos e do prazo de execução, devendo conter os seguintes elementos:

a) levantamentos topográficos e cadastrais, sondagens e ensaios geotécnicos, ensaios e análises laboratoriais, estudos socioambientais e demais dados e levantamentos necessários para execução da solução escolhida;

b) soluções técnicas globais e localizadas, suficientemente detalhadas, de forma a evitar, por ocasião da elaboração do projeto executivo e da realização das obras e montagem, a necessidade de reformulações ou variantes quanto à qualidade, ao preço e ao prazo inicialmente definidos;

c) identificação dos tipos de serviços a executar e dos materiais e equipamentos a incorporar à obra, bem como das suas especificações, de modo a assegurar os melhores resultados para o empreendimento e a segurança executiva na utilização do objeto, para os fins a que se destina, considerados os riscos e os perigos identificáveis, sem frustrar o caráter competitivo para a sua execução;

d) informações que possibilitem o estudo e a definição de métodos construtivos, de instalações provisórias e de condições organizacionais para a obra, sem frustrar o caráter competitivo para a sua execução;

e) subsídios para montagem do plano de licitação e gestão da obra, compreendidos a sua programação, a estratégia de suprimentos, as normas de fiscalização e outros dados necessários em cada caso;

f) orçamento detalhado do custo global da obra, fundamentado em quantitativos de serviços e fornecimentos propriamente avaliados, obrigatório exclusivamente para os regimes de execução previstos nos incisos I, II, III, IV e VII do *caput* do art. 46 da Lei n. 14.133/2021.

3.2.2. Projeto executivo (art. 6º, inciso XXVI)

Consiste num conjunto de elementos necessários e suficientes à execução completa da obra, com o detalhamento das soluções previstas no projeto básico, a identificação de serviços, de materiais e de equipamentos a serem incorporados à obra, bem como suas especificações técnicas, de acordo com as normas técnicas pertinentes.

3.2.3. Anteprojeto (art. 6º, inciso XXIV)

É a peça técnica com todos os subsídios necessários à elaboração do projeto básico, que deve conter, no mínimo, os seguintes elementos:

a) demonstração e justificativa do programa de necessidades, avaliação de demanda do público-alvo, motivação técnico-econômico-social do empreendimento, visão global dos investimentos e definições relacionadas ao nível de serviço desejado;

b) condições de solidez, de segurança e de durabilidade;

c) prazo de entrega;

d) estética do projeto arquitetônico, traçado geométrico e/ou projeto da área de influência, quando cabível;

e) parâmetros de adequação ao interesse público, de economia na utilização, de facilidade na execução, de impacto ambiental e de acessibilidade;

f) proposta de concepção da obra ou do serviço de engenharia;

g) projetos anteriores ou estudos preliminares que embasaram a concepção proposta;

h) levantamento topográfico e cadastral;

i) pareceres de sondagem;

j) memorial descritivo dos elementos da edificação, dos componentes construtivos e dos materiais de construção, de forma a estabelecer padrões mínimos para a contratação.

3.2.4. Levantamento cadastral

Trata-se de conceito empregado na medição de imóveis e se refere à realização de medições *in loco* com o intuito de registrar o que existe de fato no local.

3.2.5. Condição de contorno (CP, art. 337-0, § 1º)

Segundo a definição do próprio dispositivo, trata-se das informações e dos levantamentos suficientes e necessários para a definição da solução de projeto e dos respectivos preços pelo licitante, incluídos sondagens, topografia, estudos de demanda, condições ambientais e demais elementos ambientais impactantes, considerados requisitos mínimos ou obrigatório sem normas técnicas que orientam a elaboração de projetos.

3.2.6. Diálogo competitivo (art. 6º, inciso XLII)

É a modalidade de licitação para contratação de obras, serviços e compras em que a Administração Pública realiza diálogos com licitantes previamente selecionados mediante critérios objetivos, com o intuito de desenvolver uma ou mais alternativas capazes de atender às suas necessidades, devendo os licitantes apresentar proposta final após o encerramento dos diálogos.

Segundo Rafael Sérgio de Oliveira: "A ideia subjacente nessa modalidade de licitação é a de que o setor privado pode contribuir para as soluções públicas. Por isso, ele é apropriado para aquelas situações nas quais o poder público sabe da sua necessidade, mas não sabe como supri-la. No diálogo competitivo, o objeto da contratação é concebido no curso da licitação. A peculiaridade desse procedimento é que antes do julgamento das propostas há uma etapa de qualificação técnica e econômico-financeira e outra de diálogo com os candidatos. A qualificação e julgamento das propostas pouco se diferem do que existe na concorrência na forma como regulada hoje, sendo a fase de qualificação, digamos assim, equivalente à habilitação técnica e econômico-financeira. Na etapa do diálogo, cada candidato apresenta a sua solução à Administração"[54].

3.2.7. Manifestação de interesse (arts. 77, inciso III, e 80)

O procedimento de manifestação de interesse é um procedimento auxiliar das licitações e das contratações em que os integrantes da iniciativa privada são chamados a propor e a realizar estudos, investigações, levantamentos e projetos de soluções inovadoras que contribuam com questões de relevância pública.

4. TIPO SUBJETIVO

O **dolo**, como elemento genérico, consistente na vontade e consciência de omitir, modificar ou entregar o levantamento cadastral ou condição de contorno divorciados da realidade.

Há, ainda, **elementos subjetivos (alternativos) implícitos,** consistentes em **frustrar o caráter competitivo da licitação ou lesar a Administração Pública,** no sentido de que não selecione a proposta mais vantajosa.

Se o crime é praticado com o fim de obter benefício, direto ou indireto, próprio ou de outrem, aplica-se em dobro a pena (forma majorada).

---

[54] Disponível em: http://www.novaleilicitacao.com.br/2020/12/18/10-topicos-mais-relevantes-do-projeto-da-nova-lei-de-licitacao-e-contrato/. Acesso em: 1º jan. 2021.

5. SUJEITOS DO CRIME

5.1. Sujeito ativo

O sujeito ativo é o projetista ou responsável pela entrega, modificação ou omissão no levantamento cadastral ou condição de contorno (**crime próprio**).

5.2. Sujeito passivo

O sujeito passivo é o Estado, representado pelo ente público a quem se destinava o levantamento cadastral ou condição de contorno.

6. CONSUMAÇÃO E TENTATIVA

6.1. Consumação

A consumação do fato se dá quando o levantamento cadastral ou condição de contorno é formalmente entregue à Administração ou, depois de entregue, é alterado.

Não é necessário que haja efetivo prejuízo ao Poder Público.

O crime tem natureza **formal**, bastando que o agente, com a conduta, busque induzir a erro a Administração Pública, efetuando substancial mudança da realidade dos fatos, com o escopo de burlar o caráter competitivo do procedimento licitatório ou fazendo com que a contratação não se realize com a proposta mais vantajosa do ponto de vista do ente estatal.

6.2. Tentativa

A tentativa não é admissível, por se cuidar de **delito unissubsistente**: ou realizou-se a entrega (com a informação fraudada ou omitida) e o fato atingiu sua realização integral ou o sujeito não a fez, e a conduta será atípica.

Na ação de "alterar", porém, o *iter criminis* pode ser fracionado.

7. CLASSIFICAÇÃO JURÍDICA

O crime de omissão grave de dado ou de informação por projetista é *de forma ou ação livre* (admite qualquer meio executivo), *próprio* (pois requer qualidade especial do sujeito ativo), *monossubjetivo ou de concurso eventual* (pode ser praticado por um só agente ou vários em concurso de pessoas), *formal ou de consumação antecipada* (*uma vez que basta a prática da conduta, ainda que o resultado pretendido não seja atingido*), *instantâneo* (sua fase consumativa não se prolonga no tempo) e *unissubsistente* (salvo no verbo "alterar").

8. FORMA MAJORADA

A pena é de reclusão, de um a seis anos, e multa, **se o crime é praticado com o fim de obter benefício,** direto ou indireto, próprio ou de outrem.

Note que não importa, para fins de aplicação da majorante, a natureza do benefício visado; pode ele ter caráter econômico ou não, portanto.

9. PENA E AÇÃO PENAL

A pena é de reclusão, de seis meses a três anos, e multa.

Admite-se suspensão condicional do processo, nos termos do art. 89 da Lei n. 9.099/95.

O procedimento aplicável é o comum sumário (CPP, arts. 531 a 538).

Na forma qualificada (§ 2º), a pena é de reclusão, de um a seis anos, e multa, o que impõe a observância do procedimento comum ordinário.

A ação penal é de iniciativa **pública incondicionada.**

Capítulo III
DOS CRIMES CONTRA A ADMINISTRAÇÃO DA JUSTIÇA
(ARTS. 338 A 359)

INTRODUÇÃO

A nota comum entre as infrações capituladas no penúltimo capítulo do Título XI da Parte Especial reside em que todas elas consubstanciam delitos que atingem, direta ou indiretamente, a **administração da Justiça**.

Nosso legislador seguiu o modelo utilizado no Código Penal italiano, já que anteriormente nossas leis penais não utilizavam semelhante epígrafe. Cuida-se de reunir sob uma mesma classe infrações destinadas a conferir eficácia à atividade jurisdicional e à submissão dos particulares à autoridade da Justiça.

Impende consignar que se trata de levar a *ultima ratio* do Direito Penal à defesa de um valor albergado explicitamente em nossa Constituição Federal, pois que esta confere especial tratamento ao Poder Judiciário (p. ex., arts. 2º, 5º, XXXV, 85, II, 92 a 126), bem como aos diversos instrumentos processuais dirigidos à tutela dos direitos e garantias individuais e coletivos (p. ex., art. 5º, LXVIII a LXXVIII).

A imensa gama de tipos penais definidos neste setor do Código, contudo, demonstra que o termo "Justiça" não foi empregado em seu sentido técnico, permitindo, dessarte, agrupá-los em **três subclasses**: crimes que atingem a administração da Justiça tomada em sentido amplíssimo; que a vulneram em seu sentido amplo; e, por fim, os que a violam em sentido estrito[1].

No primeiro conjunto (Justiça em sentido amplíssimo), encontram-se as infrações que visam a impedir a vingança privada (arts. 345 e 346).

No segundo (Justiça em sentido amplo), vislumbram-se delitos voltados à salvaguarda (direta ou indireta) da autoridade e eficácia de decisões

---

[1] Conforme Vincenzo Manzini. *Trattato di diritto penale italiano*, v. 6, p. 569.

judiciais ou administrativas (caso dos arts. 338, 348, 349, 349-A, 351 a 354 e 358 e 359).

No terceiro (Justiça em sentido estrito), encontram-se os crimes que atingem, de modo reflexo ou imediato, a função jurisdicional (arts. 339 a 344, 347 e 355 a 357).

ART. 338 – REINGRESSO DE ESTRANGEIRO EXPULSO

1. DISPOSITIVO LEGAL

Reingresso de estrangeiro expulso

Art. 338. Reingressar no território nacional o estrangeiro que dele foi expulso:

Pena – reclusão, de 1 (um) a 4 (quatro) anos, sem prejuízo de nova expulsão após o cumprimento da pena.

2. VALOR PROTEGIDO (OBJETIVIDADE JURÍDICA)

O valor fundamental protegido é a **autoridade e eficácia das decisões soberanas do Estado brasileiro relativas à expulsão de estrangeiros do território nacional**, nos termos da Lei n. 13.445/2017 (Lei de Migração).

3. EXPULSÃO DO ESTRANGEIRO

De acordo com a Lei de Migração, ficará sujeito à medida epigrafada o estrangeiro que vier a ser condenado com sentença transitada em julgado pela prática de crime de genocídio, crime contra a humanidade, crime de guerra ou crime de agressão, nos termos definidos pelo Estatuto de Roma do Tribunal Penal Internacional, de 1998, promulgado pelo Decreto n. 4.388, de 25-9-2002, ou por crime comum doloso passível de pena privativa de liberdade, consideradas a gravidade e as possibilidades de ressocialização em território nacional (art. 54).

A medida deve ser precedida de procedimento administrativo (passível de controle judicial). Se o estrangeiro não possuir defensor constituído, a Defensoria Pública da União será notificada da instauração de processo para oficiar em favor do alienígena.

Anote-se que há na lei hipóteses de exclusão da expulsabilidade (art. 55 da Lei de Migração), ou seja, casos em que não se procederá à expulsão do estrangeiro. São eles: a) quando a medida configurar extradição inadmitida pela legislação brasileira; b) quando o expulsando tiver filho brasileiro que esteja sob sua guarda ou dependência econômica ou socioafetiva ou tiver pessoa brasileira sob sua tutela[2]; c) quando o expulsando tiver cônjuge ou companheiro residente no Brasil, sem discriminação alguma, reconhecido judicial ou legalmente; d) quando o estrangeiro tiver ingressado no Brasil até os 12 (doze) anos de idade, residindo desde então no país; e) quando o expulsando for pessoa com mais de 70 (setenta) anos que resida no país há mais de 10 (dez) anos, considerados a gravidade e o fundamento da expulsão.

Vale ressaltar que não se admite a expulsão coletiva, ou seja, aquela que não individualiza a situação migratória irregular de cada pessoa (art. 61 da Lei n. 13.445/2017). Proíbe-se, ainda, a expulsão quando houver indícios de que a medida possa colocar em risco a vida ou a integridade pessoal (art. 62 da Lei n. 13.445/2017). Por fim, a existência de processo de expulsão não impede a saída voluntária do expulsando do país (art. 60).

4. TIPO OBJETIVO

Dá-se o ilícito penal com a entrada do estrangeiro anteriormente expulso em território nacional. Para esses fins, considera-se território brasileiro todo o espaço físico, marítimo ou aéreo em que o Brasil exerce sua soberania. O território compreende, portanto, os limites inerentes às fronteiras nacionais, nosso mar territorial, ou seja, a faixa de 12 milhas contadas da linha litorânea média e todo o espaço aéreo subjacente ao nosso solo e território marítimo. Não abrange o território por extensão, é dizer, o interior de embarcações ou aeronaves brasileiras públicas (em qualquer lugar), privadas nacionais (salvo quando no espaço aéreo ou mar territorial estrangeiro), privadas estrangeiras quando nas lindes de nosso espaço aéreo ou marítimo.

O que se pune é o ingresso (i. e., a entrada) no Brasil e não a recusa em sair, praticada por algum estrangeiro (pessoa que detém vínculo jurídico--político com outro Estado) expulso de nosso país.

O tipo apenas se aplica aos **não nacionais regularmente *expulsos*** (*v*. arts. 55 a 62 da Lei n. 13.455/2017).

Não incide nas penas cominadas ao art. 338 do CP o estrangeiro *deportado*, i. e., quando sua entrada ou estada no país se der em caráter

---

[2] Para o STJ, "não se viabiliza a expulsão de estrangeiro visitante ou migrante do território nacional quando comprovado tratar-se de pai de criança brasileira que se encontre sob sua dependência socioafetiva (art. 55, II, *a*, da Lei n. 13.445/2017). Precedentes: STF, RE 608.898, rel. Min. Marco Aurélio, Tribunal Pleno, *DJe* 6-10-2020; STF, RHC 123.891-AgR, rel. Min. Rosa Weber, 1ª T., *DJe* 4-5-2021. 2. O princípio da prioridade absoluta no atendimento dos direitos e interesses da criança e do adolescente, em cujo rol se inscreve o direito à convivência familiar (art. 227 da CF), direciona, *in casu*, para solução que privilegie a permanência do genitor em território brasileiro, em harmonia, também, com a doutrina da proteção integral (HC n. 666.247/DF, rel. Min. Sérgio Kukina, 1ª Seção, j. 10-11-2021).

irregular (art. 50 da Lei de Migração), o *repatriado* (art. 49 da Lei de Migração) ou o *extraditado* (cujo envio ao exterior foi solicitado por outro país) que reingressem em nosso território.

5. TIPO SUBJETIVO

O fato é punido exclusivamente a título de **dolo**. Exige-se, portanto, consciência e vontade de concretizar os elementos objetivos do tipo. Inexiste qualquer elemento subjetivo específico.

6. SUJEITOS DO CRIME

6.1. Sujeito ativo

Cuida-se de **crime de mão própria** ou atuação pessoal. **Só o estrangeiro anteriormente expulso pode cometê-lo.** Enquadram-se nessa categoria os não nacionais, conceito encontrado pela interpretação *a contrario sensu* do art. 12 da CF. Brasileiros podem, obviamente, cometer o crime na condição de partícipes (CP, arts. 29 e 30). Não se admite, entretanto, coautoria, porquanto se cuida de delito de mão própria[3]. Importante destacar que, a depender da conduta do brasileiro, a ele se imputará o crime autônomo de promoção de migração ilegal, descrito no art. 232-A do CP.

6.2. Sujeito passivo

O sujeito passivo é o Estado.

7. CONSUMAÇÃO E TENTATIVA

7.1. Consumação

Tem-se por consumado com a entrada do alienígena expulso; pouco importa o período de tempo que pretendia permanecer no Brasil. **É mister que efetivamente adentre os limites de nossas fronteiras**, assim considerando-se o agente que se encontra em nossos portos ou aeroportos, **mesmo que não tenha transposto o setor de fiscalização de ingresso da Polícia Federal.**

7.2. Tentativa

Admite-se a forma tentada, pois o crime é **plurissubsistente** (*iter criminis* fracionável). Pode o agente ser impedido, por circunstâncias alheias à

---

[3] STJ, *RT* 784/581.

sua vontade, de desembarcar da aeronave e, dessa forma, não logre reingressar em solo brasileiro.

8. COMPETÊNCIA MATERIAL

Trata-se de crime de competência da Justiça Federal, por força do art. 109, X, da CF.

9. CLASSIFICAÇÃO JURÍDICA

Constitui crime *de forma ou ação livre* (pode ser cometido por qualquer meio executivo), *de mão própria ou atuação pessoal* (exige condição especial do sujeito ativo e não comporta coautoria, somente participação), *monossubjetivo ou de concurso eventual* (já que admite o concurso de pessoas, nos termos retromencionados), *formal ou de consumação antecipada* (não exige a produção de resultado naturalístico)[4], *instantâneo* (sua fase consumativa não se prolonga no tempo[5]; registre-se que há entendimento no sentido de que o crime é permanente, autorizando prisão em flagrante a qualquer momento) e *plurissubsistente* (o *iter criminis* admite cisão).

---

[4] No sentido de que se cuida de crime material: Cézar Bitencourt (*Tratado de direito penal*, v. 5, p. 265).

[5] "Controvérsia a respeito da classificação do delito: se instantâneo, a competência é verificada pelo local onde se deu o reingresso do estrangeiro expulso; se permanente: será determinada pelo lugar em que ocorreu a prisão do estrangeiro, pois, enquanto permanecer em território nacional, o delito estará sendo praticado. O reingresso de estrangeiro expulso é crime instantâneo, consumando-se no momento em que o estrangeiro reingressa no País. A competência é firmada, nos termos do art. 70 do Código de Processo Penal, pelo lugar da consumação do delito" (STJ, CC 40.112/MS, rel. Min. Gilson Dipp, 3ª S., j. 10-12-2003, *DJU* de 16-2-2004, p. 202). No mesmo sentido: TRF, 4ª R., AP 5006587-84.2013.404.7101, rel. Des. Leandro Paulsen, 8ª T., j. 14-12-2016. Em sentido oposto: "PENAL. CONFLITO DE COMPETÊNCIA. REINGRESSO DE ESTRANGEIRO EXPULSO. ART. 338 DO CP. CRIME PERMANENTE. REGRA DA PREVENÇÃO. COMPETÊNCIA DO JUÍZO DO LOCAL ONDE OCORREU A PRISÃO EM FLAGRANTE. 1. Constitui crime permanente a conduta delituosa prevista no art. 338 do CP, de reingresso de estrangeiro expulso, aplicando-se as regras de fixação de competência previstas nos arts. 71 e 83 do CPP. 2. Conflito conhecido para declarar competente o Juízo Federal da 3ª Vara Criminal da Seção Judiciária do Estado do Rio de Janeiro, suscitado" (STJ, CC 40.338/RS, rel. Min. Arnaldo Esteves Lima, 3ª S., j. 23-2-2005).

10. PENA E AÇÃO PENAL

A pena é de reclusão, de um a quatro anos, sem prejuízo de nova expulsão após o cumprimento da pena (a Lei de Migração assegura que o estrangeiro cumprindo pena não poderá sofrer nenhum tratamento desigual em relação aos presos nacionais, isto é, não poderá ser prejudicado quanto à progressão de regime, ao cumprimento da pena, à suspensão condicional do processo, à comutação da pena ou à concessão de pena alternativa, de indulto coletivo ou individual, de anistia ou de quaisquer benefícios – art. 54, § 3º).

O procedimento adequado para apuração do crime em estudo é o comum ordinário (CPP, arts. 395 a 405). Cabe, em tese, suspensão condicional do processo (Lei n. 9.099/95, art. 89).

A ação penal é de iniciativa pública **incondicionada**.

ART. 339 - DENUNCIAÇÃO CALUNIOSA

1. DISPOSITIVO LEGAL

Denunciação caluniosa

Art. 339. Dar causa à instauração de investigação policial, de procedimento investigatório criminal, de processo judicial, de processo administrativo disciplinar, de inquérito civil ou ação de improbidade administrativa contra alguém, imputando-lhe crime, infração ético-disciplinar ou ato ímprobo de que o sabe inocente:

Pena – reclusão, de 2 (dois) a 8 (oito) anos, e multa.

§ 1º A pena é aumentada de sexta parte, se o agente se serve de anonimato ou de nome suposto.

§ 2º A pena é diminuída de metade, se a imputação é de prática de contravenção.

2. BREVE HISTÓRICO

A incriminação do ato de imputar falsamente um crime a alguém, sabendo-o inocente, remonta à Antiguidade romana, quando o fato era considerado *calumnia* (*lex Remmia*). Houve um período, segundo notícia de Hungria, no qual se deixou de punir o ato, com o escopo de estimular o denuncismo, mas logo se retornou à situação anterior[6].

Fragoso relata que, durante boa parte do período romano, notadamente após o Imperador Constantino (319 d.C.), a pena aplicada baseava-se no princípio do Talião, ou seja, impunha-se ao agente a mesma sanção do

---

6 *Comentários ao Código Penal*, v. IX, p. 460.

delito falsamente imputado. Essa solução draconiana perdurou ao longo da Idade Média e foi adotada no Brasil nos Códigos de 1830 e 1890. O Imperial classificava o delito como crime contra a honra (art. 235) e o Republicano (art. 264), como infração lesiva à fé pública. De melhor técnica o atual, pois situa corretamente o ilícito entre os crimes contra a administração da Justiça[7].

3. VALOR PROTEGIDO (OBJETIVIDADE JURÍDICA)

O objeto jurídico é, primariamente, a **administração da Justiça**, pois o mecanismo repressivo do Estado é posto em marcha inutilmente, e, em caráter secundário, o *status libertatis* (**direito de liberdade**) ou *dignitatis* (**honra**) do sujeito a quem o fato foi falsamente atribuído e contra quem se instaurou o procedimento[8].

Outras infrações há que também apresentam a mesma nota, porquanto retratam situações em que o aparato persecutório criminal é colocado indevidamente em ação por conta de uma falsa informação: isso ocorre com a falsa comunicação de crime ou contravenção (art. 340) e com a autoacusação falsa (art. 341). Bem por isso Noronha sustentava que o parentesco entre tais delitos justificaria a criação de um capítulo próprio[9] ou, como melhor nos parece, uma seção destacada dentro do setor relativo aos crimes contra a administração da Justiça.

4. TIPO OBJETIVO

4.1. Introdução

O verbo nuclear consubstancia-se no ato de *dar causa*, isto é, dar início, provocar a instauração (direta ou indiretamente).

---

[7] Esse modelo é observado por várias codificações, não somente a italiana, que foi no qual nosso legislador se inspirou; é o caso, por exemplo, dos Códigos Penais espanhol (art. 456º), austríaco (§ 297), alemão (§ 164), suíço (art. 303) e português (art. 365º). O francês, fiel ao modelo adotado desde a codificação napoleônica, o descreve dentre os crimes contra a pessoa (art. 226-10). *Vide* Manuel da Costa Andrade. *Comentário conimbricense do Código Penal*, p. 520, e Jean Pradel e Michel Danti-Juan. *Droit Pénal Spécial*. 4. ed. Paris: Cujas, 2007-2008, p. 403 e s.

[8] "A despeito das alterações promovidas pela Lei n. 14.110/2020, não houve mudança substancial nos elementos constitutivos do tipo penal disposto no art. 339, *caput*, do Código Penal, sobretudo porque, igualmente, o legislador continuou a tutelar tanto a Administração da Justiça quanto a honra objetiva da pessoa ofendida" (STJ, HC n. 585.748/CE, rel. Min. Sebastião Reis Júnior, 6ª T., j. 2-2-2021).

[9] *Direito penal*, v. 4, p. 419.

O que se deve começar, com base na imputação infundada, é um inquérito policial (CPP, arts. 4º a 23), procedimento investigatório criminal[10], processo judicial, processo administrativo disciplinar, inquérito civil (Lei n. 7.434/85) ou ação de improbidade administrativa (Lei n. 8.429/92) contra alguém (pessoa determinada ou determinável). Requer-se, ademais, que se impute a tal pessoa um crime (ou contravenção – § 2º), uma infração ético-disciplinar ou um ato de improbidade administrativa de que o agente o sabe inocente.

Pode-se dizer, então, que dois são os requisitos necessários para a subsunção da conduta ao tipo:

1º) **imputar falsamente o ato ilícito (crime, contravenção penal, infração ético-disciplinar ou ato ímprobo) a alguém sabendo-o inocente (conduta);**

2º) **provocar, com isso, a instauração de inquérito policial, procedimento investigatório criminal, processo judicial, processo administrativo disciplinar, inquérito civil ou ação de improbidade administrativa (resultado naturalístico)[11].**

---

[10] Em nosso entender, a expressão "procedimento investigatório criminal" foi tomada pelo legislador em sentido amplo, incluindo todo procedimento instaurado com vistas à apuração de uma infração penal, seja ela crime ou contravenção, o que inclui, por exemplo, o termo circunstanciado (art. 69 da Lei n. 9.099/95) ou o procedimento investigatório criminal instaurado pelo Ministério Público. Este, em particular, é assim definido: "o procedimento investigatório criminal é instrumento sumário e desburocratizado de natureza administrativa e investigatória, instaurado e presidido pelo membro do Ministério Público com atribuição criminal, e terá como finalidade apurar a ocorrência de infrações penais de iniciativa pública, servindo como preparação e embasamento para o juízo de propositura, ou não, da respectiva ação penal" (art. 1º da Resolução n. 181/2017, do Conselho Nacional do Ministério Público). Cuida-se, portanto, da investigação penal conduzida pelo membro do Ministério Público. Vale lembrar que no ano de 2015 o STF fixou tese, com repercussão geral, reconhecendo que o Ministério Público detém poderes investigatórios na esfera criminal ("O Ministério Público dispõe de competência para promover, por autoridade própria, e por prazo razoável, investigações de natureza penal, desde que respeitados os direitos e garantias que assistem a qualquer indiciado ou a qualquer pessoa sob investigação do Estado, observadas, sempre, por seus agentes, as hipóteses de reserva constitucional de jurisdição e, também, as prerrogativas profissionais de que se acham investidos, em nosso País, os Advogados (Lei n. 8.906/94, art. 7º, notadamente os incisos I, II, III, XI, XIII, XIV e XIX), sem prejuízo da possibilidade, sempre presente no Estado democrático de Direito, do permanente controle jurisdicional dos atos, necessariamente documentados (Súmula Vinculante n. 14), praticados pelos membros dessa Instituição").

[11] "A moldura típica do crime de denunciação caluniosa circunscreve-se a duas ordens de situação, uma envolvendo a conduta de 'dar causa (motivar, provocar, originar) à

4.2. Imputação falsa de fato criminoso, infração ético-disciplinar ou ato ímprobo

O tipo penal desdobra-se, conforme dito, em dois momentos. O primeiro correspondente à *conduta* consiste em **efetuar a falsa imputação** de um crime, infração ético-disciplinar ou ato de improbidade administrativa a uma pessoa determinada ou determinável, **sabendo o agente que se cuida de um inocente**. O seguinte diz respeito ao *resultado* e reside em **provocar a instauração de um procedimento legal**, a que a autoridade foi levada a fazer em razão da imputação mentirosa que se deduziu.

No que concerne ao momento inicial, deve-se frisar desde já que se trata de *delito de forma ou ação livre*. Admite-se, portanto, qualquer meio executivo, seja ele verbal, escrito ou mediante a encenação de uma astuciosa farsa (crime onímodo, portanto). Pode o agente atuar diretamente, levando pessoalmente ao conhecimento da autoridade a informação (p. ex., a pessoa se dirige à Delegacia de Polícia para lavrar boletim de ocorrência delatando como criminoso ou contraventor alguém que sabe ser inocente), ou pode fazê-lo por interposta pessoa. Admite-se, ainda, que aja de maneira maliciosa, induzindo terceiro de boa-fé a acreditar na veracidade da *notitia criminis* e a levá-la ao conhecimento do servidor responsável por apurá-la (*v.g.*, o agente, visando a incriminar terceiro, espalha notícia falsa de que tal pessoa cometeu delito, a fim de que alguém, insciente da mentira, comunique o fato à autoridade). A denunciação caluniosa também pode ser cometida por meio de maquinações astuciosas, como se dá no clássico exemplo do sujeito que coloca junto aos pertences de alguém objeto ilícito, sem que a vítima o perceba e, em seguida, provoca a ação da autoridade, acusando-o de furto ou outra infração, como tráfico ou porte de drogas (quando quem o fizer for policial, poderá se configurar abuso de autoridade – art. 23 da Lei n. 13.869/2019). Do mesmo modo, comete-o quem se autolesiona, imputando a autoria dos ferimentos a terceiro, que acusa levianamente (de estupro, de lesão corporal etc.), a fim de que se instaure, contra este, a *persecutio criminis*. Outro exemplo que pode ser formulado reside no ato de

---

instauração de investigação policial, de processo judicial, instauração de investigação administrativa, inquérito civil ou ação de improbidade administrativa contra alguém' (Luiz Régis Prado Júnior. *Curso de direito penal*, v. 4, p. 584); e outra de imputar um fato definido como crime. Se a queixa aponta que não foi a querelada quem fez a denúncia contra a pessoa do querelante que redundou no procedimento de investigação, por certo que falta justa causa a ação penal em virtude da atipicidade manifesta de conduta que se restringiu ao mero impulso oficial e regular atuação do múnus ministerial. Queixa-crime rejeitada" (STJ, APn 842/AP, rel. Min. Maria Thereza de Assis Moura, Corte Especial, j. 29-3-2017).

telefonar anonimamente ou enviar carta apócrifa ao Ministério Público, para que o respectivo órgão instaure inquérito civil dedicado a apurar ato lesivo ao meio ambiente (e que ao mesmo tempo configure delito ambiental); nesses casos, aliás, por ter o agente se servido do anonimato, aplica-se a causa de aumento do § 1º.

No que pertine ao **objeto da notícia,** deve este constituir-se de **crime, infração ético-disciplinar, ato de improbidade administrativa** (*caput*) ou **contravenção penal** (§ 2º).

Em sua redação original, o tipo somente abrangia a imputação falsa de infrações penais (crimes ou contravenções). A Lei n. 14.110, de 18 de dezembro de 2020, porém, ampliou o alcance do dispositivo, passando a incluir, desde sua entrada em vigor (que se deu em 21-12-2020), a atribuição mendaz de infração ético-disciplinar ou ato ímprobo.

No que pertine à imputação de **infração ético-disciplinar,** dando causa à instauração de procedimento administrativo disciplinar, trata-se de *novatio legis* incriminadora, pois tal conduta era, até então, penalmente atípica.

Com relação à atribuição de **atos de improbidade administrativa,** houve *novatio legis in pejus,* porque o fato já possuía caráter criminoso, à luz do art. 19 da Lei n. 8.492/92, ficando agora sujeito à pena maior contida no preceito secundário do art. 339 do Código[12].

Infrações ético-disciplinares são aquelas que violam preceitos específicos de determinada categoria profissional, como os atos que atentam contra as normas do Código de Ética e Disciplina da OAB, do Código de Ética Médica etc. Cite-se, como exemplo, a conduta do advogado que, durante sustentação oral, profere xingamentos aos julgadores. Se alguém imputar mentirosamente a um advogado semelhante conduta perante a Comissão de Ética e Disciplina da OAB, comete denunciação caluniosa[13].

Os atos ímprobos, ou atos de improbidade administrativa, encontram-se enumerados nos arts. 9º a 11 da Lei n. 8.492/92, com as alterações efetuadas pela Lei n. 14.230/2021, e abrangem um leque de comportamentos comissivos ou omissivos, dolosos, que podem importar enriquecimento ilícito (art. 9º), causar dolosamente prejuízo efetivo e comprovado ao erário

---

[12] A pena do art. 19 da Lei n. 8.492/92 era de detenção, de seis a dez meses, e multa, ao passo que a pena da denunciação caluniosa é de reclusão, de dois a oito anos, e multa. O art. 19 da Lei de Improbidade Administrativa foi tacitamente revogado pela Lei n. 14.110/2020.

[13] Se o procedimento administrativo disciplinar não for instaurado, há crime tentado; em sendo iniciado, consuma-se a denunciação caluniosa.

(art. 10), ou atentar contra os princípios da Administração Pública (art. 11). Trata-se de *ilícitos extrapenais*, que sujeitam seus infratores a sanções de natureza administrativa, funcional, política e civil (art. 12).

Antes da alteração efetuada no tipo penal pela Lei n. 14.110/2020, para que a falsa imputação consubstanciasse **denunciação caluniosa, devia o ato de improbidade configurar, ao mesmo tempo, infração penal.** Do contrário, **se o ato constituísse unicamente improbidade administrativa** e não se subsumisse, ao mesmo tempo, a nenhum tipo penal, responderia o agente pelo **crime do art. 19 da Lei n. 8.492/92**[14]. Agora, não mais. O legislador alargou o espectro do dispositivo do Código Penal, de maneira a incluir a atribuição mentirosa de qualquer ato de improbidade administrativa, independentemente de ser ele igualmente infração penal. Encontra-se **revogado tacitamente**, portanto, o **art. 19 da Lei de Improbidade Administrativa** ("Constitui crime a representação por ato de improbidade contra agente público ou terceiro beneficiário quando o autor da denúncia o sabe inocente").

4.2.1. Imputações não abrangidas pelo tipo penal

O tipo penal não abrange a falsa imputação de **atos infracionais** (ou seja, comportamentos que a lei define como crime ou contravenção penal, mas que foram praticados por menores de 18 anos)[15]. Do mesmo modo, não configura denunciação caluniosa a falsa notícia de **fato realizado sob o amparo de excludente de ilicitude** (CP, arts. 23 a 25) ou **de culpabilidade** (CP, arts. 21, 22, 26 a 28) ou, ainda, **quando extinta a punibilidade** por qualquer motivo (como a prescrição ou a morte do agente[16]) e se, ademais, se

---

[14] "Art. 19. Constitui crime a representação por ato de improbidade contra agente público ou terceiro beneficiário, quando o autor da denúncia o sabe inocente. Pena – detenção de seis a dez meses e multa."

[15] Conforme ensina Jorge Assaf Maluly: "A falsa notícia-crime pode recair, também, sobre um menor inimputável. Contudo, se isto ocorrer, não há que se falar em denunciação caluniosa. De fato, o menor de 18 anos é penalmente inimputável e, por isso, não está sujeito a processo-crime ou a aplicações de sanções de natureza penal, mas sim a implicações previstas na legislação especial (art. 228 da CF; art. 27 do CP; e art. 104 do Estatuto da Criança e do Adolescente)" (*Denunciação caluniosa* – a acusação falsa de crimes ou atos de improbidade. Rio de Janeiro: Aide, 2001, p. 65). O autor destaca, todavia, que o STJ já decidiu o contrário: "Recurso Especial. Penal. Denunciação caluniosa. Art. 339, *caput*, do Código Penal. Vítima menor de 18 anos. Agente que lhe irroga conduta criminosa, sabendo ser ela inocente. Conduta típica" (REsp 160.988/RS, rel. Min. José Arnaldo da Fonseca, 5ª T., j. 8-9-1998).

[16] Tal conduta pode, contudo, subsumir-se ao tipo penal do art. 138 do CP: calúnia.

fizer presente causa impeditiva da ação estatal, como alguma escusa absolutória (p. ex., art. 181 do CP).

4.2.2. Fato fictício, fato verdadeiro cometido por outrem ou mais grave que o efetivamente praticado

A imputação há de ser (obviamente) **falsa,** podendo tanto referir-se a *fato fictício* (**infração que nunca ocorreu**) ou a *fato verdadeiro praticado por outrem*. Entende-se haver delito até mesmo quando se imputa a uma pessoa (verdadeiramente culpada) **infração mais grave do que aquela efetivamente praticada** (p. ex., roubo em vez de furto, extorsão mediante sequestro no lugar de sequestro etc.). O acréscimo de simples circunstância inexistente a fato verdadeiro, contudo, não se subsume ao tipo da denunciação caluniosa, como ocorre quando alguém denuncia à autoridade executor (realmente culpado) de homicídio alegando mentirosamente que o fato ocorreu por motivo fútil (banal, de somenos importância), quando na verdade tal qualificadora não tem fundamento algum. Nesse caso, diversamente da situação anteriormente exposta, a atitude censurável do agente não se encaixa no tipo porque a falsidade não recai sobre a atribuição de um crime, mas tão somente de uma circunstância.

4.2.3. Espontaneidade da imputação como exigência implícita do tipo

Entendem doutrina e jurisprudência que só incorre no dispositivo a pessoa que deu causa *espontaneamente* a investigação, inquérito ou ação. Por esse motivo, **se o agente, na condição de testemunha ou réu, respondendo a perguntas, imputou falsamente um crime a alguém, não pratica denunciação caluniosa** (o réu, entretanto, pode ser responsabilizado por calúnia, salvo quando agiu para se escusar de responsabilidade, situação em que sua conduta é amparada pelo princípio constitucional da ampla defesa; a testemunha, de sua parte, comete, em tese, falso testemunho, salvo nas hipóteses dos arts. 206 e 208 do CPP).

Calha lembrar a justa advertência de Nucci, com respeito à autodefesa de réu em processo ou de indiciado em inquérito policial, quando assevera que poderá ele responder por denunciação caluniosa, excepcionalmente, quando assumir a responsabilidade por um delito e, falsamente, indicar outra pessoa como coautora ou partícipe, sabendo-a inocente. Como esclarece o jurista: "Sua intenção, nesse caso, não é defender-se, mas prejudicar outrem, incluindo-o onde não merece, motivo pelo qual cremos poder responder por denunciação caluniosa"[17]. Em adendo à argumentação, acrescentamos que,

---

[17] *Código Penal comentado*, p. 1143.

muito embora já exista nesses casos procedimento legal formalmente iniciado, este passará a correr, também, contra o inocente, de modo que o ato se subsumirá à ação de dar causa à instauração de investigação etc. contra alguém, que antes não figurava no polo passivo.

4.2.4. Pessoa determinada ou determinável

É necessário que a imputação se refira a pessoa *determinada* ou *determinável* (p. ex., indicando a descrição física, sinais ou informações que conduzam a pessoa certa), caso contrário pode ocorrer o delito do art. 340 do CP (comunicação falsa de crime ou contravenção). O elemento diferenciador entre ambos reside justamente em que, neste, não há acusação contra ninguém.

4.2.5. Falsidade objetiva e subjetiva

Relevante destacar que a *denúncia deve ser objetiva e subjetivamente falsa*, isto é, deve estar divorciada da realidade e, ademais, deve o agente ter pleno conhecimento disso. **Se alguém delata um inocente acreditando ser ele culpado, não comete o crime;** do mesmo modo, o sujeito responsável por acusar quem pensa ser inocente, mas, ao final, se prova o verdadeiro culpado (nesse caso, há um delito putativo).

4.2.6. Crime de abuso de autoridade

A denunciação caluniosa não se confunde com a requisição ou instauração de procedimento investigatório criminal ou administrativo sem justa causa. Essa conduta, prevista no art. 27 da Lei n. 13.869/2019 (Lei dos Crimes de Abuso de Autoridade) se dá quando o agente "requisitar instauração ou instaurar procedimento investigatório de infração penal ou administrativa, em desfavor de alguém, à falta de qualquer indício da prática de crime, de ilícito funcional ou de infração administrativa" (não há crime no caso de sindicância ou investigação preliminar sumária devidamente justificada – art. 27, parágrafo único, da Lei). *No caso da Lei especial*, diversamente do CP, o agente instaura o procedimento ou requisita sua instauração sem base fática alguma, *desconhecendo se o alvo da investigação é ou não inocente.*

4.3. Instauração inútil de inquérito policial, procedimento investigatório criminal, processo judicial, processo administrativo disciplinar, inquérito civil ou ação de improbidade administrativa

Deve-se recordar que o objeto jurídico reside na tutela da administração da Justiça, pondo-a a salvo de inúteis movimentações. Esse, inclusive, o traço distintivo entre a calúnia e a denunciação caluniosa, já que em ambos ocorre a falsa imputação de fato criminoso, mas nesta, além da mácula à honra do imputado, provoca-se gravame ainda maior, porque tal informação é levada (direta ou indiretamente) ou ao conhecimento de agentes públicos que, com base nela, empreendem inúteis esforços para a apuração de um fato criminoso contra um inocente.

O art. 339 abrange a instauração de diversos procedimentos legais, todos dispostos como *numerus clausus*, a saber: inquérito policial, procedimento investigatório criminal, processo judicial, processo administrativo disciplinar, inquérito civil ou ação de improbidade administrativa.

No que pertine à instauração de ***investigação policial***, divergia a doutrina quanto à necessidade de que se procedesse à efetiva instauração de inquérito policial ou se, por outro lado, a realização de diligências preliminares à efetiva instauração deste procedimento já configurava delito consumado.

Hungria sustentava a suficiência de que se procedesse a simples investigação policial, sem a necessidade de revestir-se do formalismo de um inquérito propriamente dito[18], pensamento do qual comungava Noronha[19]. Fragoso, por sua vez, entendia de modo diverso, argumentando que a simples realização de uma sindicância policial não bastava à realização integral do tipo (poderia, em tese, configurar tentativa)[20]. Damásio considerava despicienda a formalização do inquérito[21], opinião também acolhida por Rogério Greco[22] e Jorge Maluly[23].

A Lei n. 14.110/2020, contudo, conferiu novos contornos à discussão. Tendo o legislador substituído no *caput* do art. 339 do Código o termo "investigação penal" por "inquérito policial", **não há mais como admitir que a realização de diligências investigatórias preliminares, que antecedem a efetiva instauração de um inquérito policial, dão ensejo ao crime consumado.**

Registre-se a posição mais restritiva de Nucci, o qual defende exigir-se não só a instauração de inquérito policial, mas também que deva haver o *indiciamento* do ofendido para efeito de consumação do crime, pois o tipo

---

[18] *Comentários ao Código Penal*, v. IX, p. 461.

[19] *Direito penal*, v. 4, p. 425.

[20] *Lições de direito penal*, v. 3, p. 511.

[21] *Código Penal anotado*, p. 1075.

[22] *Código Penal comentado*, p. 906.

[23] *Denunciação caluniosa*, p. 73.

penal, segundo obtempera, tipifica o fato de dar causa à instauração de investigação penal etc. "contra alguém"[24].

Anote-se, porém, que o Superior Tribunal de Justiça já decidiu no sentido da **desnecessidade do indiciamento para configurar o delito**[25], reconhecendo, inclusive, a atipicidade superveniente da conduta imputada aos fatos anteriores que não ensejaram a abertura de inquérito policial ou de procedimento investigatório criminal contra a vítima, nem de procedimento administrativo disciplinar[26].

A substituição da expressão "investigação policial" por "inquérito policial" dá ensejo a uma discussão: **a imputação falsa de infração de menor potencial ofensivo constitui denunciação caluniosa?**

Haverá aqueles que responderão negativamente ao argumento de que a comunicação de uma infração de menor potencial ofensivo (crime com pena máxima não superior a dois anos ou contravenções penais) não gera a instauração de "inquérito policial", mas de "termo circunstanciado", nos termos do art. 69 da Lei n. 9.099/95.

Não é o que pensamos.

Deve-se acentuar, por primeiro, que o tipo penal descreve o ato de imputar falsamente crime (*caput*), *seja qual for sua pena*, ou contravenção penal (§ 2º), sabendo ser a pessoa inocente. Além disso, a disposição inclui não só a notícia mendaz que ensejou a instauração de inquérito policial, mas também a abertura de um **procedimento investigatório criminal**.

Ademais, quem se dirige espontaneamente à Polícia para comunicar falsamente uma infração penal cometida por outrem, sabendo-o inocente, não tem controle sobre qual procedimento será instaurado pelo Delegado de Polícia (inquérito policial ou termo circunstanciado). Não teria sentido concluir

---

[24] *Código Penal comentado*, p. 1138-1139. Diz o renomado penalista: "Ora, a autoridade policial somente volta a investigação *contra* alguém quando não somente instaura o inquérito, mas sobretudo indicia o suspeito. Esse é o motivo pelo qual defendemos que a simples instauração de investigação, sem o inquérito, é irrelevante penal. Instaurando-se o inquérito, mas sem indiciamento, estar-se-á na esfera da tentativa" (p. 1138).

[25] "Não autoriza a desclassificação do crime de denunciação caluniosa (art. 339 do CP) para a conduta do art. 340 do mesmo Estatuto, o fato de que aqueles que foram falsamente apontados como autores do delito inexistente não tenham chegado a ser indiciados no curso do inquérito policial, em virtude da descoberta da inveracidade da imputação" (STJ, REsp 1.482.925/MG, rel. Min. Sebastião Reis Júnior, 6ª T., j. 6-10-2016, noticiado no *Informativo* n. 592).

[26] AgRg nos EDcl na PET no AREsp 1.770.572/PR, rel. Min. Reynaldo Soares da Fonseca, 5ª T., j. 27-4-2021.

798

que, no caso de a autoridade policial decidir instaurar inquérito para apurar a notícia falsa vinculando um inocente a determinada infração penal, reconhecer-se a denunciação caluniosa, mas, quando esta optasse por lavrar termo circunstanciado, afirmar que o fato é atípico. A conduta do denunciante é, em essência, a mesma. Em ambos os casos, atinge-se o bem jurídico tutelado pela norma penal, movimentando-se desnecessariamente a máquina estatal, com potencial de prejudicar terceiro inocente.

Entendemos, portanto, que pratica denunciação caluniosa aquele que, sabendo da inocência de alguém, atribui a essa pessoa uma infração penal de menor potencial ofensivo (como, por exemplo, um crime de ameaça), dando causa à lavratura de um termo circunstanciado.

O que se entende, enfim, por "procedimento investigatório criminal"?

A elementar deve ser interpretada extensivamente, de modo a incluir todo procedimento **formal** instaurado com vistas ao esclarecimento de uma infração penal, não só o "procedimento investigatório criminal" em sentido estrito, que é o instaurado pelo membro do Ministério Público para apurar infração penal de sua atribuição (disciplinado na Resolução n. 181/2017, do Conselho Nacional do Ministério Público).

No que toca ao **processo judicial**, debatia-se se este se limitava ao de índole criminal ou se abrangia também o processo civil. A discussão se encontra superada desde o ano 2000, quando o dispositivo foi modificado pela Lei n. 10.028/2000, incluindo, naquela oportunidade, a instauração de inquérito civil e ação de improbidade administrativa.

Há denunciação caluniosa, outrossim, quando se instaura **processo administrativo disciplinar**, seja quando tal procedimento deve ter sido motivado pela falsa imputação de ilícito penal ou infração ético-disciplinar. Assim, por exemplo, incorre no art. 339 do CP o agente que narra falsamente ao órgão correicional o cometimento de um ato delituoso por parte de um servidor público, motivando a instauração de uma sindicância contra este. Do mesmo modo, pratica denunciação caluniosa o paciente que comunica ao Conselho Regional de Medicina uma falsa infração ético-disciplinar perpetrada por médico, sabendo-o inocente.

Nota-se, novamente, que o legislador alterou a redação do dispositivo que utilizava o termo "investigação administrativa" para "processo administrativo disciplinar". Para parcela da doutrina, teria o legislador restringido o alcance do tipo penal para não mais abranger as sindicâncias e quaisquer outros processos administrativos disciplinares de caráter investigativo ou preparatório. Por outro lado, há posicionamentos no sentido de que "a sindicância em si, já se constitui num procedimento administrativo disciplinar em caráter preparatório, em que no âmbito do Serviço Público se inicia por ato de autoridade, com nomeação e delegação a Pessoas ou Comissões, não havendo qualquer distinção axiológica em relação ao procedimento administrativo disciplinar principal, eis que é mais abrangente (CARVALHO FILHO, José dos Santos. *Manual de direito administrativo*. 34. ed. São Paulo: Atlas, 2020, p. 1063), razão pela qual o tipo penal descrito no artigo 339 do Código Penal, mesmo após a alteração promovida pela Lei n. 14.110/2020, compreende a instauração de sindicâncias administrativas"[27].

Também comete o crime contra a administração da Justiça quem dá ensejo à deflagração de **inquérito civil** (atribuindo outrem crime de que o sabe inocente). Entende-se como tal, no dizer de Eurico Ferraresi, a "investigação administrativa, de caráter inquisitorial, unilateral e facultativo, instaurado e presidido pelo Ministério Público e destinado a apurar a ocorrência de danos efetivos ou potenciais a direitos ou interesses difusos, coletivos ou individuais homogêneos, servindo como preparação para o exercício das atribuições inerentes às suas funções institucionais"[28]. Sua disciplina encontra-se na Lei n. 7.347/85 (Lei da Ação Civil Pública).

Como última possibilidade de subsunção ao tipo, menciona-se a instauração maliciosamente provocada de **ação de improbidade administrativa**. Referida medida judicial pressupõe a imputação de ato de improbidade administrativa, assim definido na Lei n. 8.429/92. Como já ressaltamos, não é mais necessário, desde a alteração promovida pela Lei n. 14.110/2020, que o ato constitua igualmente infração penal. A falsa imputação de qualquer ato ímprobo, ainda que este não tenha natureza criminal, constitui denunciação caluniosa.

5. TIPO SUBJETIVO

5.1. Dolo direto

O elemento subjetivo do tipo (dolo) engloba a vontade e a consciência de imputar a alguém a prática de crime, contravenção, infração ético-disciplinar ou ato ímprobo, dando causa à instauração de investigação policial etc., *sabendo-o inocente* (**dolo direto**)[29]. Assim, se o agente tinha razões para acre-

---

[27] TJDFT, HC 0704100-53.2021.8.07.0000, rel. Des. João Timóteo de Oliveira, 2ª T, j. 15-4-2021.

[28] Eurico Ferraresi. *Inquérito civil*. Rio de Janeiro: Forense, 2010, p. 10.

[29] "No delito de denunciação caluniosa exige-se que haja por parte do agente a certeza da inocência da pessoa a quem se atribui a prática criminosa. Em outras palavras, deve o agente atuar contra a própria convicção, intencionalmente e com conhecimento de causa, sabendo que o denunciado é inocente. (Precedentes). Em relação à instauração de investigação ou processo judicial é que basta a ocorrência do dolo eventual.

ditar que a pessoa era culpada, embora não houvesse certeza (dolo eventual), não comete crime[30]. Não se pune, com mais razão, a conduta culposa[31].

O legislador teve a sensata preocupação de limitar o alcance do tipo às situações em que o denunciante age com inegável má-fé, tendo conhecimento da mentira que deduz. Não fosse esse cuidado na descrição da conduta típica, se uma pessoa delatasse alguém, que supõe ser criminoso, embora não tivesse certeza disso, seria ela punida caso o delatado fosse, ao final, comprovadamente inocente. Punir-se-ia quem agiu sem a necessária má-fé. Criar-se-ia, com isso, um efeito pernicioso, consistente em inibir as pessoas de modo geral a delatarem criminosos, agentes públicos ímprobos ou profissionais que violam os preceitos éticos de sua atividade, salvo quando absolutamente certas de sua culpa. Quem perderia, obviamente, seria a Justiça e, em última análise, o interesse coletivo na apuração de ilícitos e no combate à impunidade.

5.2. Dolo subsequente

Dá-se o dolo subsequente ou *dolus subsequens* quando, até a consumação do crime, encontrava-se o sujeito insciente de que realizava um ato

---

Ademais, a denunciação caluniosa exige que a imputação verse sobre fato definido como crime (NILO BATISTA, in O Elemento Subjetivo do Crime de Denunciação Caluniosa, Ed. Liber-Juris, Rio de Janeiro, 1975, p. 55)" (STJ, RHC 43.131/MT, rel. Min. Felix Fischer, 5ª T., j. 16-6-2015). No mesmo sentido: STF, Inq 3.133/AC, rel. Min. Luiz Fux, 1ª T., j. 5-8-2014, noticiado no *Informativo* n. 753. Ver também: STJ, AgRg no HC 501.188/RO, rel. Ribeiro Dantas, 5ª T., j. 20-2-2020. E ainda: "Demonstradas a materialidade e a autoria do delito tipificado no artigo 339, do Código Penal, bem como comprovado o dolo da ré de prejudicar a vítima, imputando-lhe crime, a despeito de ter ciência da inocência do acusado, inviável o acolhimento da tese absolutória. A consciência da ilicitude do ato de imputação de crime falso a alguém é esperada de um cidadão médio, devidamente incluído no convívio social" (TJDFT, Acórdão 1903414, ApCr 07105047420228070004, rel. Des. Esdras Neves, 1ª T. Criminal, j. 8-8-2024).

[30] TJSP, *RT* 776/566; TJMG, *RT* 776/644. STF, HC 106.466/SP, rel. Min. Ayres Britto, 2ª T., j. 14-2-2012. Segundo o STJ: "Para a caracterização do delito de denunciação caluniosa é necessário o dolo específico, consistente na vontade de induzir o julgador em erro, prejudicando a Administração da Justiça. 3. Na hipótese, o Tribunal de origem entendeu que 'a paciente agiu no exercício do seu direito de defesa, pois, sentindo-se vítima, procurou a autoridade competente e noticiou os fatos, conduta que lhe é juridicamente permitida'. 4. De modo que, pela lógica do relator, a intenção da acusada não era a de incriminar deliberadamente outrem (no caso, a vítima), o dolo da ré seria, clara e exclusivamente, o de autodefesa, razão pela qual não haveria justa causa para o prosseguimento da ação penal pelo delito de denunciação caluniosa, por ausência de dolo específico" (AgRg no AREsp 2.546.608/GO, rel. Min. Reynaldo Soares da Fonseca, 5ª T., j. 22-4-2024). Na mesma linha, ver: AgRg no AREsp 2.408.484/RJ, rel. Min. Antonio Saldanha Palheiro, 6ª T., j. 27-2-2024.

[31] Não se pode olvidar que a culpa constitui elemento normativo do tipo.

criminoso (agia de boa-fé, portanto), recebendo posteriormente essa informação e, ainda assim, persistindo com sua atitude (agora de má-fé).

Transportando a figura à denunciação caluniosa, se reconhecerá semelhante situação quando alguém levar ao conhecimento da autoridade a *notitia* de uma infração penal imputando-a a alguém que pensa ser o culpado, mas, posteriormente, vindo a saber, com grau de certeza, que o investigado ou réu é inocente, mantendo-se, a partir de então, em silêncio, deixando de levar ao conhecimento oficial a informação que agora detém.

Esse comportamento, embora ética e socialmente censurável, mostra-se penalmente atípico[32], pois no instante em que se realiza a conduta e se produz a consumação, *inexiste dolo*. De acordo com o **princípio da coincidência ou congruência**, todos os elementos objetivos e subjetivos do tipo devem estar presentes, concomitantemente, no momento da conduta delitiva. Cuida-se de exigir uma relação entre as diversas categorias sistemáticas da infração penal, de modo a que elas constituam uma "unidade lógico-temporal"[33].

Não é possível sequer imputar àquele que se queda inerte e não repara a injustiça que ele próprio (inconscientemente) provocou omissão penalmente relevante (art. 13, § 2º, do CP). Isso porque o resultado previsto no tipo é a instauração do procedimento legal, evento que já se verificou. Vale dizer que não é possível obrigá-lo a impedir a consumação do crime, pois este já se consumou. Poderia cogitar-se de exigir do sujeito responsabilidade penal por omissão penalmente relevante, nos termos da alínea *c* do dispositivo citado, quando ele soubesse da inocência de quem acusou antes da instauração do procedimento correspondente, de modo que seria obrigado, pela informação que agora possui, a revelá-la ao mesmo órgão para quem denunciou o inocente.

Rogério Greco pensa de modo diverso, obtemperando que a imputação que ao depois se soube falsa cria para o agente "a responsabilidade de impedir o resultado que, nesse caso, seria sua condenação por um delito que não cometeu"[34], admitindo-se dessarte considerar existente a denunciação caluniosa por meio da omissão imprópria. Parece-nos, entretanto, que não se pode dar ao tipo tão larga extensão, justamente porque o crime do art. 339 do CP não tem como *resultado* eventual *condenação* do inocente,

---

[32] Esse entendimento predomina na doutrina. Veja, por todos, Jorge Assaf Maluly. *Denunciação caluniosa*, p. 91-92.

[33] Sobre o princípio mencionado *vide* Ujala Joshi Jubert. *La doctrina de la "actio libera in causa" en el derecho penal*, p. 335.

[34] *Curso de direito penal*, v. 4, p. 565.

mas, repita-se, atinge seu *summatum opus* com a *instauração* de um procedimento contra ele (algo que já ocorreu).

6. SUJEITOS DO CRIME

6.1. Sujeito ativo

De regra, qualquer pessoa pode praticá-lo (**crime comum**, portanto). Quando a conduta se refere a fato que constitui crime de ação privada ou pública condicionada à representação, contudo, só a pessoa que teria legitimidade para dar início à persecução penal (vítima ou seu representante legal, quando ela for menor de 18 anos) pode ser autora do crime.

O advogado pode, em tese, cometer denunciação caluniosa, desde que tenha plena ciência da falsidade da imputação[35].

Não pode ser sujeito ativo do crime a própria autoridade responsável pela instauração do procedimento investigatório ou pela propositura da ação penal, pois, nesse caso, em face do princípio da especialidade, deverá ela responder pelo **crime de abuso de autoridade**, previsto no art. 30 da Lei n. 13.869/2019 ("dar início ou proceder à persecução penal, civil ou administrativa sem justa causa fundamentada ou contra quem sabe inocente"), apenado com detenção, de 1 a 4 anos, e multa.

6.2. Sujeito passivo

O sujeito passivo é o Estado, e, secundariamente, o inocente falsamente acusado, cuja honra, dignidade e, eventualmente, liberdade sofreram a mácula decorrente da imputação mentirosa.

7. CONSUMAÇÃO E TENTATIVA

7.1. Consumação

O momento consumativo ocorre com a **produção do resultado**, ou seja, com: a) instauração do inquérito policial ou do procedimento investigatório criminal; b) do processo judicial ou administrativo; c) com a expedi-

---

[35] "Pratica, portanto, o crime de denunciação caluniosa pessoa, inclusive o advogado, que, tendo ciência da inocência da vítima, imputa a ela a prática de diversos crimes supostamente cometidos no decorrer de instrução criminal na qual não teve seus interesses e/ou de seus clientes atendidos, levando o caso a conhecimento dos órgãos de correição local e nacional, desprovido de mínimo lastro probatório" (STJ, AgRg no HC 339.782/ES, rel. Min. Rogério Schietti Cruz, 6ª T., j. 3-5-2016). Ver também: TJSP, *RT* 771/588 e 776/583.

ção de portaria instaurando inquérito civil pelo órgão do Ministério Público; d) com a propositura da ação civil por improbidade administrativa (bastando o ajuizamento da ação).

Cuida-se de **crime material ou de resultado**, em que o tipo pode ser desdobrado em dois momentos: o da conduta criminosa, traduzido na formulação da denúncia falsa, e o do resultado material, consistente na instauração do procedimento legal, cuja responsabilidade incumbe ao agente público[36].

7.2. Tentativa

Mostra-se possível o *conatus proximus* quando, por exemplo, se leva à autoridade a *notitia criminis* imputando falsamente fato a terceiro, mas o delegado não procede a investigação alguma, porque o verdadeiro culpado já havia se apresentado; quando o juiz rejeita a denúncia oferecida pelo Ministério Público; quando o órgão do *Parquet* indefere o requerimento de instauração de procedimento investigatório criminal ou inquérito civil etc.[37].

8. PREJUDICIALIDADE DA CONCLUSÃO DO PROCEDIMENTO INSTAURADO CONTRA O INOCENTE EM RELAÇÃO À APURAÇÃO DA DENUNCIAÇÃO CALUNIOSA

Muito embora, consoante alerta a maioria da doutrina, não exista disposição legal condicionando a apuração do crime de denunciação calu-

---

[36] "O delito de denunciação atingiu a consumação, pois, ainda que a queixa-crime não tenha sido recebida, o recorrente levou ao conhecimento do poder judiciário fato desprovido de mínimo lastro probatório, movimentando a máquina pública de maneira indevida, o que, inclusive, deu ensejo à instauração de processo judicial e à realização de uma série de atos para a apuração de conduta da qual sabia ser a pessoa alvo da imputação inocente" (AgRg no AREsp 1.994.946/RS, rel. Min. Olindo Menezes (Desembargador Convocado do TRF 1ª Região), 6ª T., j. 17-5-2022).

[37] Para o STJ, se a lavratura do "boletim de ocorrência não deu causa à deflagração de inquérito policial ou de qualquer outro procedimento criminal, falta o elemento objetivo do tipo para configurar o crime do art. 339 do Código Penal", o fato é penalmente atípico (STJ, HC 115.935/DF, rel. Min. Jorge Mussi, 5ª T., j. 21-5-2009, *DJe* de 15-6-2009). Cremos, entretanto, que impõe fazer uma distinção. Se a notícia levada ao conhecimento da autoridade e registrada no boletim de ocorrência era idônea e apta a motivar a instauração do inquérito policial, não tendo isso ocorrido por circunstâncias alheias à vontade do agente, como a descoberta oportuna pela autoridade de que se cuidava de uma farsa urdida para incriminar um inocente, deve se reconhecer a forma tentada. Se, por outro giro, mostrava-se a notícia inverossímil de plano, isto é, inidônea e inapta a conduzir a uma investigação policial, o fato será mesmo penalmente atípico em razão da absoluta ineficácia do meio, nos termos do art. 17 do CP (crime impossível). Ver ainda: EDcl nos EDcl no HC 585.748/CE, rel. Min. Sebastião Reis Júnior, 6ª T., j. 14-9-2021.

niosa ao desfecho do procedimento instaurado contra o inocente, recomenda-se que se aguarde a conclusão desse procedimento.

9. CAUSAS DE AUMENTO E DIMINUIÇÃO DA PENA (ART. 339, §§ 1º E 2º)

"A pena é aumentada de sexta parte, se o agente se serve de **anonimato** ou de **nome suposto**" (§ 1º).

"A pena é diminuída de metade, se a imputação é de prática de **contravenção**" (§ 2º).

10. CLASSIFICAÇÃO JURÍDICA

Cuida-se de crime de *conduta ou forma livre* (admite qualquer meio executório), *comum* (qualquer pessoa pode praticá-lo, com regra), *monossubjetivo ou de concurso eventual* (pode ser cometido por um só agente ou vários em concurso de pessoas), *material ou de resultado* (pois exige a produção de resultado naturalístico – entendido como a instauração do procedimento legal – para fins de consumação), *instantâneo* (sua consumação não se prolonga no tempo) e *plurissubsistente* (o *iter criminis* comporta fracionamento).

11. DENUNCIAÇÃO CALUNIOSA ELEITORAL

A Lei n. 13.834/2019 inseriu no Código Eleitoral o art. 326-A, criando um tipo especial de denunciação caluniosa, punido com reclusão, de dois a oito anos, e multa. Incorre nesse delito o agente que der causa à instauração de investigação policial, de processo judicial, de investigação administrativa, de inquérito civil ou ação de improbidade administrativa, atribuindo a alguém a prática de crime ou ato infracional de que o sabe inocente, com finalidade eleitoral.

Os tipos penais possuem pena idêntica. O que distingue a denunciação caluniosa comum (Código Penal) da especial (Código Eleitoral) é: **(i) o elemento subjetivo do tipo**, já que a segunda exige que o comportamento tenha finalidade eleitoral, vale dizer, é preciso que o fato tenha como propósito refletir em disputa eleitoral, seja beneficiando ou prejudicando quaisquer dos candidatos a cargo público eletivo, buscando afetar, desse modo, a regularidade ou a competitividade do pleito; e **(ii) o alcance do tipo penal quanto à natureza do fato mentirosamente imputado**, uma vez que o tipo especial, diferentemente do Código Penal, também prevê a conduta de atribuir falsamente a prática de **ato infracional**.

No que tange à falsa imputação de ato infracional, vale lembrar que, embora se trate de ilícito em que o autor seja menor de 18 anos de idade, as medidas socioeducativas dele decorrentes podem ser aplicadas mesmo após o sujeito atingir a maioridade, conquanto não tenha completado 21 anos, consoante se depreende do art. 2º, *caput* e parágrafo único, c.c. art. 104, *caput* e parágrafo único, c.c. art. 121, § 5º, todos do Estatuto da Criança e do Adolescente[38]. Nesse sentido, a Súmula 605 do STJ[39]. Assim, um candidato a vereador que ainda não tenha atingido a idade de 21 anos pode ser afetado em seu desempenho eleitoral pela falsa imputação do ato infracional. Pergunta-se: incorre no tipo especial quem atribuiu falsamente um ato infracional a um candidato com mais de 21 anos de idade e que, portanto, não fica mais sujeito às medidas socioeducativas previstas no ECA? Sim, pois embora não possa ser réu numa ação socioeducativa perante a Vara da Infância, a falsa imputação pode comprometer seu desempenho eleitoral, prejudicando sua imagem perante os eleitores.

O art. 326-A do Código Eleitoral prevê causa de aumento e de diminuição de pena em seus parágrafos: (i) **haverá o acréscimo de um sexto, quando o autor utilizar-se de anonimato ou de nome suposto (§ 1º)**; e (ii) **ocorrerá a redução de metade, se o fato imputado falsamente corresponder à prática de contravenção (§ 2º)**. Frise-se que tais majorante e minorante são idênticas às previstas nos §§ 1º e 2º do art. 339 do Código Penal, de modo que se observou o critério da proporcionalidade no sistema criminal brasileiro.

Estabelece o § 3º do crime eleitoral a figura **divulgação de "*fake news*" eleitoral**, impondo a mesma pena cominada ao crime denunciação caluniosa eleitoral para o sujeito que, comprovadamente ciente da inocência do denunciado e com finalidade eleitoral, decidir divulgar ou propalar, por qualquer meio ou forma, o ato ou fato que lhe foi falsamente atribuído

12. PENA E AÇÃO PENAL

A pena é de reclusão, de dois a oito anos, e multa. A forma procedimental aplicável será o rito comum ordinário (CPP, arts. 395 a 405).

A ação penal é de iniciativa **pública incondicionada**.

---

[38] "Art. 2º Considera-se criança, para os efeitos desta Lei, a pessoa até doze anos de idade incompletos, e adolescente aquela entre doze e dezoito anos de idade. Parágrafo único. Nos casos expressos em lei, aplica-se excepcionalmente este Estatuto às pessoas entre dezoito e vinte e um anos de idade"; "Art. 104. São penalmente inimputáveis os menores de dezoito anos, sujeitos às medidas previstas nesta Lei. Parágrafo único. Para os efeitos desta Lei, deve ser considerada a idade do adolescente à data do fato"; "Art. 121. A internação constitui medida privativa da liberdade, sujeita aos princípios de brevidade, excepcionalidade e respeito à condição peculiar de pessoa em desenvolvimento. (...) § 5º A liberação será compulsória aos vinte e um anos de idade."

[39] "A superveniência da maioridade penal não interfere na apuração de ato infracional nem na aplicabilidade de medida socioeducativa em curso, inclusive na liberdade assistida, enquanto não atingida a idade de 21 anos."

ART. 340 – COMUNICAÇÃO FALSA DE CRIME OU DE CONTRAVENÇÃO

1. DISPOSITIVO LEGAL

Comunicação falsa de crime ou de contravenção

Art. 340. Provocar a ação de autoridade, comunicando-lhe a ocorrência de crime ou de contravenção que sabe não se ter verificado:

Pena – detenção, de 1 (um) a 6 (seis) meses, ou multa.

2. VALOR PROTEGIDO (OBJETIVIDADE JURÍDICA)

O valor fundamental que se objetiva proteger é a **administração da Justiça,** a fim de **impedir que o aparato repressivo do Estado seja posto em marcha inutilmente.** Nesse aspecto, aproximam-se os crimes de denunciação caluniosa (art. 339) e autoacusação falsa (art. 341).

3. TIPO OBJETIVO

O comportamento delitivo pressupõe a conduta de *provocar* (estimular, incitar) a ação de autoridade (delegado de polícia, policial militar, representante do MP, magistrado etc.), comunicando-lhe infração penal (crime ou contravenção penal de qualquer natureza) inexistente (embora minimamente verossímil). A comunicação falsa pode ser desdobrada em dois momentos (de modo similar à denunciação caluniosa – art. 339): o primeiro corresponde àquele em que o agente realiza a conduta e se dá com a comunicação do fato criminoso ou contravencional não verificado; o segundo consiste na produção do resultado naturalístico e decorre da ação da autoridade provocada pela *notitia* mentirosa.

Note que **não se exige a instauração de procedimento formal ou solene,** sendo suficiente que a autoridade a quem a notícia foi encaminhada **adote alguma medida legal destinada à elucidação do fato.** Incorre na infração, desta feita, quem informa à autoridade policial e esta lavra o boletim de ocorrência[40]; aquele que leva o fato ao conhecimento do representante do Ministério Público ou da autoridade judiciária e estes, por dever de ofício, requisitam a instauração de inquérito policial; bem como quem traz ao conhecimento do órgão ministerial a *notitia criminis*, motivando que este instaure um procedimento administrativo criminal.

Deve-se acentuar que o tipo admite **qualquer meio executório,** seja ele verbal, escrito, direto ou indireto.

---

[40] TJSP, *RT* 774/566.

A falsidade deve recair sobre o fato e não sobre sua autoria, caso contrário outra infração se verificará (denunciação caluniosa ou autoacusação falsa). Do mesmo modo, se a comunicação envolver *pessoa determinada ou determinável*, haverá denunciação caluniosa (art. 339, acima). Se o agente, entretanto, aponta um suposto autor, mas se cuida de pessoa inexistente, subsume-se a conduta ao art. 340.

A comunicação falsa de infração penal cuja punibilidade já se extinguiu não é alcançada pelo tipo, pois não se pode provocar a ação de autoridade alguma comunicando, por exemplo, crime prescrito (nesse caso, a autoridade pública é proibida de agir). Raciocínio idêntico se aplica quando a notícia envolve situação para a qual existe escusa absolutória (p. ex., furto praticado por ascendente contra descendente – art. 181, II, do CP).

Não responde pelo ilícito em estudo, ainda, o agente que narra fato inacreditável ou absolutamente inverossímil, devendo reconhecer-se, nesse caso, uma tentativa inidônea (ou crime impossível, a teor do art. 17 do CP), de vez que absolutamente ineficaz será o meio executório.

A notícia de fato diverso do ocorrido (comunicar um roubo quando na realidade houve furto), segundo a doutrina dominante, não enseja o crime em estudo, salvo quando as infrações (verdadeira e falsa) possuem natureza essencialmente distinta (p. ex., furto e estupro). Isso porque, no primeiro caso, a atividade estatal empreendida não terá sido inútil, de modo que não haverá lesão ao bem jurídico protegido.

4. TIPO SUBJETIVO

O fato somente é punido na forma dolosa, exigindo-se consciência e vontade de provocar a ação da autoridade comunicando-lhe crime ou contravenção penal inocorrentes. Além disso, requer-se a plena ciência de que o fato inexiste (elemento subjetivo específico). Havendo dúvida, não há crime.

É indiferente o motivo que impulsionou o sujeito a realizar a falsa comunicação de crime ou contravenção (para encobrir outro delito, por espírito de emulação etc.). Note-se, entretanto, que se a pessoa visou a comunicar falsamente uma infração penal para evitar que se descubra outro fato delitivo por ele praticado, responde por ambos os fatos (o que pretendia encobrir e a falsa comunicação) em concurso material – art. 69 do Código. Assim, por exemplo, se o empregado de uma empresa comunica falsamente ter sido roubado, visando a impedir que se descubra ter ele se apropriado do dinheiro de sua empregadora, responde pela apropriação indébita em concurso material com a comunicação falsa de crime.

Na hipótese de a falsa comunicação de crime ser cometida como meio executório para a prática de outro delito, neste se exaurindo sua potencialidade

lesiva, haverá crime único. É o caso frequente da pessoa que comunica mentirosamente o furto inocorrente de seu veículo com o escopo de receber indenização paga pelo seguro. Predomina o entendimento de que o agente só deve
responder pelo crime-fim, no caso, o art. 171, § 2º, V, do CP[41].

5. SUJEITOS DO CRIME

5.1. Sujeito ativo

A falsa comunicação de crime ou contravenção penal constitui **crime
comum,** de vez que não se exige qualquer qualidade do sujeito ativo.

5.2. Sujeito passivo

O sujeito passivo é o Estado, cujo aparato persecutório é colocado
em marcha inutilmente.

6. CONSUMAÇÃO E TENTATIVA

6.1. Consumação

Opera-se a consumação com o **primeiro ato oficial praticado pela
autoridade (resultado naturalístico), destinado a apurar o fato inexistente,**
não se exigindo, no caso de investigação policial, a efetiva instauração de
inquérito policial[42].

Admite-se **arrependimento eficaz** (CP, art. 15) se, logo **após a comunicação e antes de se praticar qualquer ato persecutório,** o sujeito revela a
falsidade da infração comunicada. Esta causa de exclusão da adequação típica do crime tentado fará com que o agente não responda por delito algum.

6.2. Tentativa

A tentativa é admissível quando, apesar da comunicação, não se pratica qualquer ato por circunstâncias alheias à vontade do agente.

7. CLASSIFICAÇÃO JURÍDICA

Configura crime *de forma ou ação livre* (admite qualquer meio executivo), *comum* (qualquer pessoa pode praticá-lo), *monossubjetivo ou de con-*

---

[41] Em sentido contrário: Cláudio Heleno Fragoso (*Lições de direito penal*, v. 3, p. 515).

[42] Nesse sentido: "Para fins de consumação do crime descrito no art. 340 do CP, basta
que a Autoridade Policial tenha, efetivamente, diligenciado, por qualquer ação, para
apuração do delito que lhe foi falsamente comunicado" (TJMG, ApCr 1.0223.
15.018851-2/001, rel. Des. Marcílio Eustáquio Santos , 7ª CCr, j. 11-8-2016).

curso eventual (pode ser cometido por um só agente ou vários em concurso de pessoas), *material ou de resultado* (pois sua consumação depende do resultado naturalístico, identificado com a ação oficial levada a efeito por conta da comunicação falsa), *instantâneo* (a fase consumativa não se prolonga no tempo) e *plurissubsistente* (o *iter criminis* admite fracionamento).

8. PENA E AÇÃO PENAL

A pena é de detenção, de um a seis meses, ou multa. Cuida-se, portanto, de infração de menor potencial ofensivo, sujeita aos benefícios e ao rito procedimental contidos na Lei n. 9.099/95.

A ação penal é de iniciativa **pública incondicionada.**

ART. 341 – AUTOACUSAÇÃO FALSA

1. DISPOSITIVO LEGAL

Autoacusação falsa

Art. 341. Acusar-se, perante a autoridade, de crime inexistente ou praticado por outrem:

Pena – detenção, de 3 (três) meses a 2 (dois) anos, ou multa.

2. VALOR PROTEGIDO (OBJETIVIDADE JURÍDICA)

A objetividade jurídica recai sobre a **administração da Justiça,** já que a norma incriminadora busca **impedir que o aparato repressivo do Estado seja posto em marcha inutilmente ou que se encubra infração praticada por outrem.** A atividade persecutória pode resultar, dessarte, na condenação de um inocente e na impunidade do verdadeiro culpado.

Conforme dissemos por ocasião do estudo dos arts. 339 e 340, estes e o presente integram um só conjunto, dado o traço comum de que, em todos, ilude-se o aparato persecutório estatal com falsas informações. Na denunciação caluniosa (art. 339), imputa-se mentirosamente a terceiro um crime ou uma contravenção penal, dando causa, com isso, à instauração de algum procedimento legal contra o inocente. Na falsa comunicação de crime ou contravenção (art. 340), a falsidade recai sobre a existência do fato noticiado, sem que este seja atribuído a quem quer que seja (direta ou indiretamente). Na autoacusação falsa (art. 341), por fim, o indivíduo atribui a si próprio o delito inexistente ou cometido por terceiro.

3. TIPO OBJETIVO

Pune-se o ato de acusar-se (imputar a si próprio) de *crime (e não de contravenção penal)* inexistente ou praticado por outrem. Embora o tipo mencione acusar-se "perante a autoridade", não é preciso que a conduta seja praticada na presença dela. Exige-se, isto sim, que o fato chegue a seu conhecimento. Entendem-se como "**autoridade**" os agentes estatais encarregados de dar início à atividade persecutória do Estado: **delegado de polícia** (a quem incumbe instaurar e presidir o inquérito policial e o termo circunstanciado), **representante do Ministério Público** (o qual pode deflagrar uma investigação penal ou ingressar a ação penal em juízo) e o **juiz de direito** (que tem o poder de requisitar investigações criminais e, obviamente, de julgar pessoas acusadas de delito).

A conduta de acusar-se falsamente diante de particular ou funcionário que não seja "autoridade" é penalmente atípica, a não ser que o agente o faça visando utilizar-se dessa pessoa como instrumento para que a notícia chegue ao conhecimento daquela.

A execução do fato pode se dar por **qualquer meio** (escrito ou verbal, direto ou indireto). Não importa o motivo que levou o agente a autoacusar-se; basta a vontade e consciência de fazê-lo, e a ciência plena de que o crime não existiu ou foi cometido por outra pessoa. Aquele que assume integralmente a responsabilidade por fato para o qual concorreu, seja como autor, coautor ou partícipe, não comete crime, embora minta, pois não se trata de fato praticado por *outrem*.

É indiferente ter sido a **autoacusação espontânea** ou **provocada** (produzida em interrogatório, depoimento ou declarações) – em ambos os casos há crime[43].

Se a pessoa imputa a si própria *e a terceiro* a prática de delito inexistente (ou cometido por outras pessoas), responde por autoacusação falsa e denunciação caluniosa, em concurso formal heterogêneo (art. 70 do CP).

Registre-se, por fim, que, se a pessoa, na qualidade de testemunha, atribui a si crime que não perpetrou, sua conduta melhor se amolda ao crime de falso testemunho (art. 342, § 1º, do CP)[44].

4. TIPO SUBJETIVO

O fato só é punível na forma **dolosa**. Não se exige elemento subjetivo específico, de modo que se mostram irrelevantes as razões que impeliram o agente a se autoincriminar. Pode ter sido o sujeito movido pelo propósito de

---

[43] "Comete o crime previsto no artigo 341 do Código Penal o acusado que, para proteger, por qualquer motivo, terceiro, assuma a responsabilidade de delito que não praticou, prejudicando o bom andamento do aparelhamento policial ou judiciário" (TJMG, ApCr 1.0435.17.000108-3/002, rel. Des. Eduardo Machado, 5ª CCr, j. 9-11-2021).

[44] TJDFT, Acórdão 1440543, Processo 07356315720218070001, rel. Des. Jair Soares, 2ª T. Criminal, j. 21-7-2022.

auferir alguma vantagem (caso daquele que se acusa para livrar outrem mediante paga ou promessa de recompensa), para dar a si próprio um álibi (auto-acusar-se falsamente de furto para justificar a impossibilidade de ter cometido homicídio do qual figura como suspeito) ou até por um nobre propósito (como o de ajudar amigo ou familiar); em todos os casos, incorre no tipo penal, muito embora o móvel que o inspirou deva ser considerado na dosagem da pena.

A escusa absolutória prevista para o crime de favorecimento pessoal, constante do art. 348, § 2º, do CP[45], não tem incidência neste caso.

5. SUJEITOS DO CRIME

5.1. Sujeito ativo

Qualquer pessoa pode incorrer nesta infração penal, que se trata, portanto, de **crime comum**.

Caso o autor da autoacusação demonstre traços de insanidade mental, deverá instaurar-se, no procedimento contra ele movido para apurar o delito contra a administração da Justiça, incidente de insanidade mental (CPP, arts. 149 a 152).

5.2. Sujeito passivo

O sujeito passivo é o Estado.

6. CONSUMAÇÃO E TENTATIVA

6.1. Consumação

Perfaz-se a consumação quando o **fato chega ao conhecimento da autoridade**, ainda que não tome providência alguma em razão disso (**crime formal**).

6.2. Tentativa

A tentativa, como regra, não será possível, porque a conduta típica é **unissubsistente**; a não ser que o fato seja praticado por **escrito**, hipótese em que será possível cogitar de fracionamento do *iter criminis*.

7. CLASSIFICAÇÃO JURÍDICA

Constitui crime de *forma ou conduta livre* (admite qualquer meio executivo), *comum* (o dispositivo legal não exige qualquer predicado por

---

[45] "Se quem presta o auxílio é ascendente, descendente, cônjuge ou irmão do criminoso, fica isento de pena."

parte do sujeito ativo), *monossubjetivo ou de concurso eventual* (pode ter uma só pessoa como sujeito, ou várias, que atuam em concurso de agentes), *formal ou de consumação antecipada* (seu *summatum opus* ocorre independentemente de qualquer resultado naturalístico), *instantâneo* (sua consumação não se protrai no tempo) e *unissubsistente* (sua conduta típica não comporta cisão, salvo quando praticado por meio escrito).

8. PENA E AÇÃO PENAL

A pena é de detenção, de três meses a dois anos, ou multa. O fato constitui, portanto, infração penal de menor potencial ofensivo, ficando submetido aos ditames da Lei n. 9.099/95.

A ação penal é de iniciativa **pública incondicionada.**

ART. 342 – FALSO TESTEMUNHO OU FALSA PERÍCIA

1. DISPOSITIVO LEGAL

Falso testemunho ou falsa perícia

Art. 342. Fazer afirmação falsa, ou negar ou calar a verdade como testemunha, perito, contador, tradutor ou intérprete em processo judicial, ou administrativo, inquérito policial, ou em juízo arbitral:

Pena – reclusão, de 2 (dois) a 4 (quatro) anos, e multa.

– Pena decorrente da Lei n. 12.850/2013.

§ 1º As penas aumentam-se de um sexto a um terço, se o crime é praticado mediante suborno ou se cometido com o fim de obter prova destinada a produzir efeito em processo penal, ou em processo civil em que for parte entidade da administração pública direta ou indireta.

§ 2º O fato deixa de ser punível se, antes da sentença no processo em que ocorreu o ilícito, o agente se retrata ou declara a verdade.

2. VALOR PROTEGIDO (OBJETIVIDADE JURÍDICA)

O valor que se procura resguardar com a presente incriminação é a **administração da Justiça,** com ênfase no interesse na **correta apuração da verdade** em processos judiciais, administrativos, inquéritos policiais e em juízo arbitrais e, consequentemente, na **adequada aplicação do direito.**

3. BREVE HISTÓRICO

A censura ao falso testemunho (seja social ou jurídica) acompanha, na história da humanidade, a importância conferida desde épocas longínquas ao depoimento testemunhal. Já na Lei das XII Tábuas (século V a.C.) e no Código de Manu (século II a.C.) encontravam-se preceitos incriminando-o. Durante a Idade Média, o delito foi considerado uma quebra do juramento anterior à colheita das declarações, sendo tratado como perjúrio (*perjurium*).

As Ordenações do Reino, desde as Afonsinas, puniam o ato de maneira severa. Estas, impunham o açoite e mandavam cortar a língua do agente (Título 37). As Filipinas cominavam a morte e a perda de bens (Título 54).

O Código Criminal do Império (1830) previa-o dentre os crimes contra a boa ordem e Administração Pública, e o Penal, de 1890, inseria-o na classe das infrações contra a fé pública, além de exigir o juramento ou compromisso como pressuposto do crime. O atual suprimiu tal necessidade e ampliou o tipo para abranger a falsidade manifestada por perito, tradutor e intérprete.

A Lei n. 10.268/2001 inseriu a figura do contador e aperfeiçoou a redação da norma substituindo o termo "processo policial" para "inquérito policial".

A Lei n. 12.850/2013, relativa às organizações criminosas, redimensionou a pena cominada ao delito do art. 342, elevando-a de um a três anos de reclusão, e multa, para dois a quatro anos, além da sanção pecuniária. Referida alteração configura *novatio legis in pejus* e, portanto, não se aplica a fatos praticados antes de sua entrada em vigor, que se deu no dia 19 de setembro de 2013.

4. TIPO OBJETIVO

4.1. Falso testemunho

O falso testemunho pode ser cometido de **três modos distintos**: mediante uma afirmação falsa, negando-se a verdade ou calando-se a respeito desta. Cuida-se de **tipo misto alternativo** (se o sujeito, portanto, realiza mais de uma das ações nucleares no mesmo depoimento, comete crime único).

No primeiro caso, ocorre a *falsidade positiva*: assevera-se um fato ou informação mentirosa. No segundo, a *falsidade negativa*: nega-se a verdade da qual se tem conhecimento. No último, a *reticência*: silencia-se a respeito do que se sabe ou explicitamente se recusa a externar a informação.

Em todas as modalidades, que são equiparadas para efeitos legais, o que justifica a incriminação não é, como dizia Hungria, o contraste entre o depoimento e a realidade dos fatos, mas entre o conteúdo das declarações e a *ciência da testemunha*[46]. Calha recordar, neste diapasão, que duas teorias existem sobre a caracterização do falso testemunho. São elas:

---

[46] *Comentários ao Código Penal*, v. IX, p. 476.

1ª) *Teoria objetiva da verdade:* não há crime quando a informação transmitida ou omitida corresponde ao que ocorre no mundo real. Dessa forma, aquele que declara fato totalmente verdadeiro nunca cometerá crime (ainda que alegue, p. ex., tê-lo presenciado, quando efetivamente não o viu).

2ª) *Teoria subjetiva da verdade:* considera-se a verdade do ponto de vista da testemunha, i. e., entre o que ela viu, ouviu ou soube e o que relatou.

A **segunda** é que foi **acolhida em nossa legislação penal**. Sendo assim, incorre no dispositivo aquele que falseia, omite ou oculta aquilo que sabe (o que não precisa ser necessariamente o que realmente ocorreu). Assim, por exemplo, pode a testemunha ter ouvido, por terceiros, que determinada pessoa cometeu o crime. Se declarar em juízo que nunca ouviu nenhum comentário sobre a autoria da infração, pratica falso testemunho, pois falta com a verdade a respeito do que realmente tem ciência, independentemente de saber se aquele que "protege" é o verdadeiro culpado. Pelas mesmas razões, ainda, se subsume ao tipo a atitude de asseverar informação verdadeira falseando sobre a maneira como soube: caso da testemunha que apenas ouviu dizer, declarando em juízo o fato (verdadeiro) e afirmando (mentirosamente) que o presenciou.

O que é decisivo em ambos os casos é que a mentira recaiu sobre fato juridicamente relevante (nos exemplos, respectivamente, negar algo que efetivamente ouviu e declarar ter presenciado o que jamais visualizou, apenas soube por outros).

Exige o tipo, ainda, que a conduta seja praticada em **processo judicial** (pouco importa sua natureza: penal, cível ou trabalhista), **administrativo** (engloba sindicâncias, inquérito civil público, procedimentos disciplinares), **inquérito policial** ou **juízo arbitral**; inclui-se na enumeração o inquérito elaborado por **comissão parlamentar**, por força do art. 4º, II, da Lei n. 1.579/52. Não há previsão de crime de falso testemunho em termo circunstanciado lavrado em face de infração de menor potencial ofensivo.

O delito pressupõe **potencialidade lesiva**, entendida como a **relevância jurídica da informação** falseada ou ocultada, sua pertinência com o *thema probandum* e a possibilidade de influir na solução do processo, procedimento, inquérito policial, juízo arbitral ou comissão parlamentar de inquérito.

De ver que a mentira deve recair sobre o conteúdo das declarações prestadas, pois, se atingir a qualificação da testemunha, há, em tese, o crime do art. 307 do CP (falsa identidade)[47].

---

[47] Para Hungria, dava-se o crime, quando, por exemplo, ocultava a testemunha seus dados qualificativos, deixando de informar seu parentesco com alguma das partes interessadas no processo (*Comentários ao Código Penal*, v. IX, p. 478).

A pessoa que mente coagida por terceiro não responde pelas penas do falso, por força do art. 22 do CP (coação moral irresistível); o autor da ameaça, por sua vez, comete coação no curso do processo (art. 344 do CP).

A testemunha que omite a verdade por medo de represálias, ainda que não tenha sido alvo de ameaças concretas, também deve ser isenta de pena, em função de ser-lhe *inexigível conduta diversa* (é preciso, contudo, que seu receio seja sério e fundado, p. ex., alguém se nega a declarar o nome de um homicida porque sabe que se trata de um psicopata notório por matar testemunhas de seus crimes, ou, ainda, preso que não delata comparsa de cela em razão da "lei do silêncio" existente no estabelecimento penitenciário).

4.2. Falsa perícia (interpretação, tradução ou contabilidade)

O dispositivo legal inclui, ainda, a falsidade externada, calada ou omitida por perito, intérprete, tradutor ou contador. O crime será cometido quando tais profissionais defraudarem seu dever legal e, de maneira dolosa, falsearem a verdade sobre o que souberam no exercício de seu mister, ou seja, em perícia, interpretação, tradução ou cálculos.

As considerações efetuadas acerca do falso testemunho aplicam-se à falsa perícia. Assim, o fato comporta três modalidades (a falsidade positiva, a negativa e a reticência). O que importa é a diversidade entre o que se consignou e a ciência do profissional (teoria subjetiva da verdade). Deve haver em torno da informação falseada, ademais, a **relevância jurídica** e a **potencialidade lesiva**.

5. TIPO SUBJETIVO

O elemento subjetivo genérico (**dolo**) engloba a vontade e a consciência de falsear a verdade, negá-la ou omiti-la. Não importa o fim que motivou o agente a fazê-lo; se agiu por suborno, incide na causa de aumento de pena prevista no § 1º. Não se pune a conduta culposa[48], motivo por que é atípico o lapso de memória ou a declaração fantasiosa efetuada com base em sincera crença subjetiva.

6. SUJEITOS DO CRIME

6.1. Sujeito ativo

6.1.1. Crime de mão própria

O falso testemunho ou falsa perícia constitui **crime de mão própria**, de modo que somente podem cometê-los a *testemunha* (pessoa estranha ao ocor-

---

[48] Recorde-se de que a culpa constitui elemento normativo do tipo.

rido, chamada a depor sobre fatos que caíram sobre seus sentidos), o *perito* (sujeito que detém conhecimentos técnicos, científicos ou artísticos), o *contador* (perito encarregado da elaboração de cálculos), o *tradutor* (pessoa incumbida de verter para o idioma nacional texto escrito em língua estrangeira) ou o *intérprete* (sujeito processual a quem compete transmitir em língua portuguesa e de modo inteligível informações dadas por quem não domina o idioma pátrio ou não consegue, por algum modo, externar seu pensamento pela linguagem tradicional – surdo-mudo analfabeto, p. ex.).

6.1.2. Concurso de pessoas no falso testemunho

Questão das mais importantes consiste em saber se é possível concurso de agentes em crime de falso testemunho ou falsa perícia.

A **coautoria**, evidentemente, mostra-se **inadmissível**, porquanto se trata de crime de mão própria ou atuação pessoal (posição pacífica). Se duas testemunhas combinam prestar depoimento falso, objetivando uma corroborar com a mentira da outra, cada uma comete um crime autônomo (em conexão – art. 76 do CPP).

A **participação**, por sua vez, **é punível**, seja mediante induzimento (p. ex., advogado sugere à testemunha que forneça álibi falso ao réu), seja por instigação (p. ex., alguém convence a testemunha, que pensava em mentir mas não se havia decidido a fazê-lo) ou auxílio (p. ex., fornecimento de documento escrito com o conteúdo de depoimento para que a testemunha o decore e minta em juízo)[49].

Sobre essa exegese, convém ressaltar, ainda, o entendimento já adotado pelos tribunais sobre a figura da **testemunha ouvida na condição de sus-**

---

[49] Nossos tribunais superiores possuem firme entendimento no sentido de que o advogado pode figurar como partícipe do falso testemunho. De acordo com o STF: "Advogado que instrui testemunha a prestar depoimento falso objetivando resultado positivo a favor de seu cliente em demanda judicial. Participação que se dá em face de a pessoa poder contribuir moralmente para o crime, se fizer nascer no agente a vontade delitiva, ainda quando se consagre a tese de que o crime do art. 342 do CP é de mão própria, somente atribuível à testemunha, perito, tradutor ou intérprete. Aplicabilidade do art. 29 do CP" (STF, *RT* 801/464). O STJ, de modo semelhante, entende que: "(...) apesar do crime de falso testemunho ser de mão própria, pode haver a participação do advogado no seu cometimento" (HC 30.858/RS, rel. Min. Paulo Gallotti, 6ª T., j. 12-6-2006, *DJU* de 1º-8-2006, p. 549). Veja, ainda, a seguinte decisão: "A Corte local assentou que 'os Tribunais Superiores têm entendimento pacificado no sentido de que advogado pode ser partícipe em crime de falso testemunho". De fato, é "perfeitamente admissível, na modalidade de participação, o concurso de agentes. Nada impede, tecnicamente, que uma pessoa induza, instigue ou auxilie outra a mentir em juízo ou na polícia" (NUCCI, Guilherme de Souza. *Código Penal comentado*. 14. ed. rev., atual. e ampl. Rio de Janeiro: Forense, 2014, p. 1.384). Precedentes" (STJ, RHC 106.395/SP, rel. Min. Reynaldo Soares da Fonseca, 5ª T., j. 26-3-2019).

peita, segundo a qual também lhe é **assegurada o direito de não se autoincriminar**. Por lógica, se sua conduta é atípica, a ausência da elementar estender-se-á ao advogado que lhe induziu[50].

Ressalve-se, entretanto, que há autores que negam tal possibilidade, com o argumento de que as únicas formas de participação em falso testemunho penalmente relevantes são aquelas especificamente previstas no art. 343 do Código Penal (corrupção ativa de testemunha). Afirma-se que, se o legislador pretendesse punir todas as formas de participação no crime de falso testemunho, seria desnecessário tipificar autonomamente o ato de dar, oferecer ou prometer dinheiro ou outra vantagem a testemunha, perito etc. Significa, com outras palavras, que, ao considerar delito apenas essas modalidades de participação, teria excluído as demais (induzimento, instigação ou auxílio desacompanhados de qualquer promessa).

Não nos parece correta, contudo, semelhante exegese. A razão de o legislador ter inserido no art. 343 somente determinadas formas de participação, notadamente aquelas em que se nota o escopo de corromper a testemunha, o perito, o intérprete, o tradutor ou o contador, deu-se porque considerou tais condutas merecedoras de maior censura (tanto que as pune com reclusão, de três a quatro anos). Não se trata, portanto, de selecionar hipóteses específicas de auxílio para excluir do alcance das leis penais as outras, mas de destacar aquelas que denotam maior reprovabilidade e tipificá-las autonomamente, deixando as demais formas de participação sujeitas às penas comparativamente menores do art. 342.

6.1.3. Vítima do crime que presta declarações mentirosas sobre o fato

Não pode figurar como sujeito ativo do crime, uma vez que o **ofendido não é considerado testemunha**, tanto que a legislação processual penal cuida das declarações vitimárias em setor diferente daquele reservado ao depoimento testemunhal (CPP, art. 201). Sua mentira, entretanto, poderá configurar denunciação caluniosa (CP, art. 339).

6.1.4. Informantes (CPP, arts. 206 e 208)

São informantes e, por essa razão, não se sujeitam ao compromisso de dizer a verdade, formalidade prevista no art. 203 do CPP, as seguintes pessoas: ascendente, descendente, afim em linha reta, cônjuge, irmão, pai, mãe e filho adotivo do acusado (art. 206) e os menores de 14 anos, assim como os doentes e deficientes mentais (art. 208).

---

[50] TJSC, AP 0900156-96.2014.8.24.0011, rel. Des. Getúlio Corrêa, 2ª CCr, j. 21-11-2017.

Os parentes próximos do réu, referidos no art. 206, não têm a obrigação de prestar depoimento, mas, se quiserem, poderão fazê-lo (a não ser quando a prova do fato não puder ser obtida de outro modo, hipótese em que serão obrigados a depor). Em qualquer caso, todavia, deles não se toma o compromisso de dizer a verdade. Discute-se, então, se essas pessoas, quando faltarem com a verdade, podem ser enquadradas no art. 342 do CP; ou seja, **o fato de o CPP isentá-las do compromisso impede a caracterização do falso testemunho?**

Prevalece na doutrina, sobretudo dentre os penalistas, o entendimento segundo o qual **as pessoas arroladas no art. 206 do CPP podem ser sujeitos ativos do crime de falso testemunho.** A justificativa apresentada é de que o compromisso representa tão só um estímulo moral à testemunha, a fim de compeli-la à verdade, não se tratando de requisito, pressuposto ou elementar do delito de falso testemunho[51].

Alguns processualistas penais, todavia, têm pensamento diferente; é o caso de Tourinho Filho, cuja lição, por sua clareza e correção, serão transcritas:

"Por que as pessoas referidas no art. 206 estão desobrigadas desse dever? Se, prestando ou não prestando compromisso, a testemunha pode ser processada por falso, nos termos do art. 342 do CP, por que desobrigar os parentes do réu de prestá-lo? A nós nos parece que quando da elaboração do CPP, nos idos de 1940, o legislador, ainda preso à ideia de que a testemunha para ser sujeito ativo do falso devia prestar juramento ou compromisso, tal como exigido pelo Código de 1890 (art. 261. Asseverar em juízo como testemunha, sob juramento ou afirmação, qualquer que seja o estado da causa e a natureza do processo, uma falsidade; ou negar a verdade...), e, não pretendendo envolver o cônjuge, ascendente, descendente ou irmão do réu num processo criminal por falso testemunho, porquanto as relações de família deviam e devem sobrepor-se ao interesse público, desobrigou-os daquele dever sem saber que os responsáveis pela elaboração do CP haviam expungido do falso testemunho o elemento normativo 'prestar juramento ou compromisso'. Por isso mesmo o entendimento majoritário é no sentido de que a testemunha descompromissada não comete o *falsum* (*RT*, 546/383, 597/333, 607/305, 693/348 e 710/267)"[52].

Acrescente-se, ainda, o seguinte julgado do **Superior Tribunal de Justiça:** "Tratando-se de testemunha com fortes laços de afetividade (esposa) com o réu, não se pode exigir-lhe diga a verdade, justamente em detrimento da pessoa pela qual nutre afeição, pondo em risco até mesmo a própria unidade familiar. Ausência de ilicitude na conduta. Conclusão condizente com

---

[51] Veja, por todos, Nelson Hungria. *Comentários ao Código Penal*, v. IX, p. 485.

[52] Fernando da Costa Tourinho Filho. *Manual de processo penal*. São Paulo: Saraiva, 2001, p. 401-402.

o art. 206 do Código de Processo Penal que autoriza os familiares, inclusive o cônjuge, a recusarem o depoimento"[53].

A mesma Corte ainda tem o posicionamento no sentido de que em sendo o falso testemunho praticado no bojo de processo civil, a qualidade das testemunhas deve ser aferida de acordo com o art. 447, § 2º, I, do CPC (que considera impedidos "o cônjuge, o companheiro, o ascendente e o descendente em qualquer grau e o colateral, até o terceiro grau, de alguma das partes, por consanguinidade ou afinidade"). Sendo o falso testemunho perpetrado no âmbito de processo penal, afere-se a qualidade das testemunhas de acordo com os arts. 202 e 206 do CPP[54].

6.1.5. O colaborador na delação premiada

A Lei n. 12.850/2013, em seu art. 4º, prevê a figura da colaboração efetiva e voluntária, por parte do agente, de modo a permitir que, durante a investigação criminal ou o processo judicial, ocorra um ou mais dos seguintes resultados: a) a identificação dos demais coautores e partícipes da organização criminosa e das infrações penais por eles praticadas; b) a revelação da estrutura hierárquica e da divisão de tarefas da organização criminosa; c) a prevenção de infrações penais decorrentes das atividades da organização criminosa; d) a recuperação total ou parcial do produto ou do proveito das infrações penais praticadas pela organização criminosa; ou e) a localização de eventual vítima com a sua integridade física preservada.

Como consequência de sua colaboração, dar-se-á em favor do agente o perdão judicial (art. 4º, *caput*, da citada Lei), podendo, ainda, o Ministério Público deixar de oferecer denúncia contra ele (art. 4º, § 4º, do mesmo Diploma).

Pergunta-se: **responde por falso testemunho o colaborador que, visando a beneficiar-se indevidamente das medidas previstas na Lei do Crime Organizado ou a prejudicar terceiro, falsear a verdade, prestando informações inverídicas?**

Não. O agente que, fazendo parte de organização criminosa, entabular com a autoridade policial ou com o órgão do Ministério Público acordo de colaboração, estará sujeito ao compromisso legal de dizer a verdade com relação aos fatos e às pessoas delatadas, respondendo criminalmente por seus atos, nos termos do art. 4º, § 14, da Lei n. 12.850/2013.

---

[53] HC 92.836, rel. Min. Maria Thereza de Assis Moura, 6ª T., j. 27-4-2010, *DJe* de 17-5-2010. No mesmo sentido: STJ, AgRg no HC 660.380/SP, rel. Min. Felix Fischer, 5ª T., j. 25-5-2021.

[54] AgRg no RHC 108.823/SP, rel. Min. Reynaldo Soares da Fonseca, 5ª T., j. 15-8-2019.

A conduta, porém, **não constitui falso testemunho, em razão do princípio da especialidade,** devendo se aplicar, nesse caso, o **art. 19 da Lei do Crime Organizado,** assim descrito: "*Imputar falsamente, sob pretexto de colaboração com a Justiça, a prática de infração penal a pessoa que sabe ser inocente, ou revelar informações sobre a estrutura de organização criminosa que sabe inverídicas*" (pena: reclusão, de um a quatro anos, e multa).

Não haverá delito, porém, em hipótese alguma, se a mentira disser respeito tão somente a fatos que, se revelados, puderem incriminar o próprio delator. Nesse caso, opera em seu favor o privilégio contra autoincriminação (*nemo tenetur se detegere*).

6.2. Sujeito passivo

O sujeito passivo é o Estado, notadamente por meio do ente a quem incumbia conhecer da prova e encaminhar o procedimento em que o fato foi cometido. Pode-se apontar, ainda, em caráter secundário, a parte interessada no procedimento legal que se viu prejudicada com o falseamento ou com a ocultação da realidade.

7. CONSUMAÇÃO E TENTATIVA

7.1. Consumação

Consuma-se com o **término do depoimento** em que se proferiu a afirmação falsa ou com a negativa ou omissão da verdade ou, tratando-se de falsa perícia, **com a entrega do laudo.**

Embora se exija **potencialidade lesiva** (fato falseado relevante e pertinente com a discussão), **não é preciso que o depoimento, tradução etc., tenha influenciado no julgamento,** porquanto constitui **crime formal**[55].

---

[55] "O entendimento consolidado nesta eg. Corte Superior é no sentido de que delito de falso testemunho consiste em crime formal, cuja consumação ocorre no momento da afirmação falsa a respeito de fato juridicamente relevante (...). Por conseguinte, irrelevante aferir a eventual potencialidade lesiva do falso testemunho ou o seu grau de influência no convencimento do julgador do processo principal" (STJ, AgRg no HC 660.380/SP, rel. Min. Felix Fischer, 5ª T., j. 25-5-2021). E também: 1) "O crime de falso testemunho não reclama resultado efetivo, tendo em vista a sua natureza de crime formal. Entretanto, é imprescindível a demonstração da possibilidade de interferência juridicamente relevante no resultado do processo a partir da afirmação falsa prestada pela testemunha, ou seja, deve ela versar sobre aspecto essencial da controvérsia, apta para interferir no seu mérito" (TJRS, ApCr 70082883240, rel. Des. Rogerio Gesta Leal, 4ª CCr, j. 28-11-2019). 2) "É assente nesta Corte que o falso testemunho (art. 342, § 1º, do Código Penal) é crime formal, cuja consumação ocorre com

Se a testemunha mentir várias vezes na mesma causa, há crime único (p. ex., testemunha em processo de júri mente durante o inquérito policial, na fase do sumário da culpa e no julgamento em plenário).

O falso cometido em precatória deve ser processado perante o juízo deprecado, pois é esse o foro em que se deu a consumação do fato (art. 70 do CPP)[56].

7.2. Tentativa

Como regra, não se admite o *conatus proximus*, uma vez que se cuida de crime unissubsistente (*iter criminis* não admite fracionamento), **salvo quando o depoimento for prestado por escrito** (*v.* art. 221, § 1º, do CPP) **ou, ainda, quando for proferida a mentira mas o depoimento, por alguma razão, não se encerrar.**

Em se tratando de falsa perícia, contudo, pode ocorrer tentativa quando o laudo for elaborado falsamente, mas, por circunstâncias alheias à vontade do perito, extraviar-se antes de chegar ao cartório.

8. CAUSA DE AUMENTO DE PENA (ART. 342, § 1º)

As penas são aumentadas de um sexto a um terço se "o crime é praticado mediante suborno ou se cometido com o fim de obter prova destina-

---

a afirmação falsa sobre fato juridicamente relevante, e prescinde do compromisso, do grau de influência no convencimento do julgador e do devido aferimento de vantagem ilícita (STJ, RHC n. 150.509/MG, rel. Min. Rogerio Schietti Cruz, 6ª T., j. 21-6-2022). *Vide*, ainda, TRF 4ª Região, *RT* 815/731; TJSP, *RT* 777/592.

[56] Ressalve-se, contudo, a clássica posição em sentido contrário endossada por Nelson Hungria, para quem: "Embora se consume com o *fecho* do depoimento, o foro competente para o processo e julgamento do testemunho falso é sempre o do lugar em que se cria o perigo de dano à administração da justiça. Assim, se o falso depoimento é prestado quando do cumprimento de uma precatória, o foro competente não é o do juiz deprecado, mas o do juiz deprecante" (*Comentários ao Código Penal*, v. IX, p. 478). O ilustre professor Antônio Carlos da Ponte também é partidário dessa opinião: "ao ordenar a expedição de precatória, para a oitiva de testemunhas em outra comarca, delega o juiz funções que lhe são próprias, sem, contudo, abrir qualquer exceção ao princípio da indeclinabilidade da jurisdição. Tal circunstância, avaliada perfunctoriamente, aliada ao fato de o crime em apreço possuir natureza formal e instantânea, e a própria regra geral da competência estampada no art. 70 do Código de Processo Penal, pode levar a uma conclusão totalmente equivocada, ao analisar-se a situação apontada, ou seja, de que o juízo deprecado é o competente para análise e julgamento do crime de falso testemunho praticado" (*Falso testemunho no processo*. São Paulo, Atlas, 2000, p. 42). Essa posição é atualmente acolhida pela Procuradoria-Geral de Justiça de São Paulo, que assim tem orientado a solução de conflitos de atribuição entre promotores de justiça paulistas (*vide* Protocolado n. 115.910/09 – PGJ-SP).

da a produzir efeito em **processo penal,** ou em **processo civil em que for parte entidade da administração pública direta ou indireta**"[57]. A redação desse parágrafo foi dada pela Lei n. 10.268/2001.

9. RETRATAÇÃO (ART. 342, § 2º)

"O fato deixa de ser punível se, antes da sentença no processo em que ocorreu o ilícito, o agente se retrata ou declara a verdade." É de observar que este parágrafo também teve sua redação alterada pela Lei n. 10.268/2001.

A retratação, que deve ser cabal e completa, constitui **causa extintiva da punibilidade** (CP, art. 107, VI) no crime de falso testemunho ou falsa perícia. Seu limite temporal é a **publicação da sentença** (decisão de primeira instância), que se dá com a sua leitura em audiência ou com a sua entrega ao escrivão do feito (CPP, art. 389).

No **procedimento do júri**, é cabível **até o julgamento em plenário** (e não até a pronúncia), segundo opinião dominante.

A retratação configura **circunstância comunicável** no concurso de pessoas, já que beneficia os partícipes do delito (isso porque a lei diz que, com a retratação, *o fato deixa de ser punível*).

Se o processo em que o falso foi praticado for **anulado,** deixa de existir o crime, pois a conduta padecerá de relevância jurídica.

10. PRIVILÉGIO CONTRA AUTOINCRIMINAÇÃO

O STF reconhece à testemunha o direito de silenciar a respeito de fatos que possam incriminá-la, estendendo-lhe o privilégio contra a autoincriminação, cujo fundamento constitucional é o art. 5º, LXIII[58].

---

[57] "Se o réu atribui a si crime que não cometeu, na qualidade de testemunha compromissada em ação penal, com o fim de inocentar um dos réus da ação penal, comete o crime de falso testemunho (art. 342, § 1º, do CP) e não o de autoacusação falsa (art. 341 do CP)" (TJDFT, Acórdão 1440543, 07356315720218070001, rel. Des. Jair Soares, 2ª T. Criminal, j. 21-7-2022).

[58] Nesse sentido: "Este Superior Tribunal já decidiu ser atípica a conduta de falso testemunho, quando a testemunha, compromissada em juízo, desobriga-se de dizer a verdade, com o fim de evitar sua acusação pela prática de algum crime, tendo em vista os postulados constitucionais do direito ao silêncio e da não autoincriminação" (STJ, RHC 66.908/SP, rel. Min. Sebastião Reis Júnior, 6ª T., j. 10-11-2016). Ver também: TJDFT, Acórdão 1255853, 07136328520208070000, rel. Des. Roberval Casemiro Belinati, 2ª T. Criminal, j. 18-6-2020; e TJSP, ApCr 0001917-59.2016.8.26.0498, rel. Leme Garcia, 16ª Câmara de Direito Criminal, j. 18-6-2019.

11. CLASSIFICAÇÃO JURÍDICA

Cuida-se de crime *de forma ou ação vinculada* (só admite como meios executórios aqueles indicados no tipo penal), de *mão própria, atuação pessoal ou de conduta infungível* (exige-se qualidade especial do sujeito ativo e não se admite coautoria, somente participação), *monossubjetivo ou de concurso eventual* (comporta o concurso de pessoas, desde que sob a forma da participação, consoante referido anteriormente), *formal ou de consumação antecipada* (sua realização integral prescinde do resultado naturalístico), *instantâneo* (sua fase consumativa não se prolonga no tempo) e *unissubsistente* (o *iter criminis* não comporta cisão, como regra).

12. PENA E AÇÃO PENAL

A pena é de reclusão, de dois a quatro anos, e multa. O procedimento cabível é o comum sumário (CPP, arts. 395 a 399 e 531 a 538), não se admitindo a suspensão condicional do processo (Lei n. 9.099/95, art. 89), salvo a fatos cometidos antes de 19 de setembro de 2013, quando a pena prevista era de um a três anos de reclusão, além da multa.

A ação penal é de iniciativa **pública incondicionada**, e pode, em tese, ser ajuizada antes da conclusão do procedimento em que o fato foi cometido. Deve-se recordar, nesse sentido, que o fato se consuma com o encerramento do depoimento em que se deu a afirmação falsa, negação ou omissão da verdade ou com a entrega do laudo.

A fim de evitar decisões conflitantes, notadamente que o falso é praticado em processo judicial, o feito relativo ao falso testemunho ou à falsa perícia não poderá ser julgado antes da conclusão da ação em que o depoimento falso foi cometido[59].

---

[59] A 5ª Turma do STJ firmou posicionamento no sentido de que "não é imprescindível a sentença, no feito principal, para o início da ação penal por crime de falso testemunho, ainda que se faça a ressalva de que a decisão sobre o perjúrio não deve preceder à do feito principal". Não há, portanto, "óbice ao oferecimento da denúncia pela prática do delito de perjúrio antes do trânsito em julgado da sentença condenatória onde tal delito teria ocorrido, não há que se falar em constrangimento na simples instauração de inquérito policial para a apuração da suposta prática criminosa" (HC 73.059/SP, rel. Min. Gilson Dipp, 5ª T., j. 17-5-2007).

ART. 343 – CORRUPÇÃO ATIVA DE TESTEMUNHA

1. DISPOSITIVO LEGAL

Art. 343. Dar, oferecer ou prometer dinheiro ou qualquer outra vantagem a testemunha, perito, contador, tradutor ou intérprete, para fazer afirmação falsa, negar ou calar a verdade em depoimento, perícia, cálculos, tradução ou interpretação:

Pena – reclusão, de 3 (três) a 4 (quatro) anos, e multa.

Parágrafo único. As penas aumentam-se de um sexto a um terço, se o crime é cometido com o fim de obter prova destinada a produzir efeito em processo penal ou em processo civil em que for parte entidade da administração pública direta ou indireta.

2. VALOR PROTEGIDO (OBJETIVIDADE JURÍDICA)

De modo similar ao artigo precedente (falso testemunho ou falsa perícia), a objetividade jurídica recai sobre a **administração da Justiça**, notadamente no interesse na correta **apuração da verdade** em processos judiciais, administrativos, inquéritos policiais e em juízo arbitrais visando à adequada aplicação do direito.

Esse dispositivo, assim como o anterior, teve a redação alterada pela Lei n. 10.268/2001.

3. TIPO OBJETIVO

Cuida-se do terceiro dispositivo do Código Penal que pune a corrupção ativa (*vide* arts. 333, 337-B e 343). Dentre todos estes, o art. 333 contém o tipo geral e os demais, 337-B e 343, os tipos especiais. No presente caso, os elementos especializantes são os objetos jurídico (acima tratado) e material (a pessoa sobre a qual recai a conduta deve ser obrigatoriamente a testemunha, o perito, o intérprete, o tradutor ou o contador) e, ainda, o elemento subjetivo específico (a vantagem deve se destinar a estimular ao falseamento ou ocultação da realidade em depoimento, perícia, interpretação, tradução ou cálculo).

Trata-se, do mesmo do que as demais figuras acima citadas, de **tipo misto alternativo** (pois contém mais de uma ação nuclear alternativamente relacionada). Identifica-se aqui, igualmente, uma **exceção pluralista à teoria unitária ou monista,** pois o corruptor responde pelo crime em estudo (punido mais severamente) e a testemunha etc. pelo art. 342.

Os verbos nucleares são *dar* (entregar, ceder), *prometer* (asseverar, afirmar que fará) ou *oferecer* (propor, sugerir dádiva).

A dação, promessa ou oferta devem referir-se a *dinheiro* ou *qualquer outra vantagem* (lícita ou ilícita; patrimonial ou de outra ordem) e hão de representar a contrapartida para que a pessoa falseie ou oculte a realidade. O delito é onímodo, isto é, admite **qualquer meio executório** (verbal ou escrito) e, ademais, podem a oferta ou a proposta formuladas serem expressas ou implícitas, elaboradas diretamente (*facie ad faciem*)[60] ou por interposta pessoa.

A inidoneidade absoluta da vantagem ofertada ou prometida não desqualifica por completo o caráter criminoso da conduta (diversamente do que se via nas modalidades anteriormente estudadas de corrupção ativa), pois ainda quando seja esta impossível de concretizar-se (p. ex., ofertar conceder ao agente o "Cristo Redentor"), o ato praticado poderá configurar participação no crime do art. 342. Este, conforme se estudou, admite tal modalidade de concurso de pessoas.

A conduta deve recair, conforme já dissemos, sobre testemunha, perito, intérprete, tradutor ou contador[61]. Vale anotar que, segundo nossos tribunais, é fundamental que essas pessoas efetivamente ostentem a condição jurídica **no momento da conduta**. Essa qualidade específica deve ser, portanto, atual; vale dizer: contemporânea ao ato, sob pena de inexistência de crime[62].

4. TIPO SUBJETIVO

O fato somente é punido sob a forma **dolosa**, exigindo-se, destarte, consciência e vontade de concretizar os elementos objetivos do tipo. Há, ainda, o **elemento subjetivo especial**, consistente em que a vantagem destine--se a fazer com que a testemunha, perito, tradutor, intérprete ou contador façam afirmação falsa (falsidade positiva), neguem (falsidade negativa) ou calem a verdade (reticência) em depoimento, perícia, tradução, interpretação ou cálculo que venham a efetuar.

Aplica-se, tanto quanto no art. 342 do CP, a **teoria subjetiva da verdade**, significando que o fundamental é que se tenha como escopo lograr um *contraste entre o conteúdo das declarações, perícia, tradução, cálculo ou interpretação e a ciência da testemunha, perito, tradutor, intérprete ou contador*. Considera-se, portanto, a verdade *do ponto de vista de tais pessoas* (que não precisa corresponder fielmente à realidade).

---

[60] Face a face.

[61] Para a doutrina, quando se tratar de tradutor, perito, intérprete ou contador oficiais o delito a se reconhecer será a corrupção ativa comum (art. 333), pois o ato viola o dever de probidade e moralidade inerente a tais cargos públicos.

[62] Nesse sentido: TJSP, *RT* 812/547 ("Oferecimento de dinheiro às testemunhas para mudarem seus depoimentos já prestados na fase policial. Conduta atípica. Testemunhas não atuais. Inteligência do art. 343 do CP").

5. SUJEITOS DO CRIME

5.1. Sujeito ativo

Cuida-se a corrupção ativa de testemunha de **crime comum**, de vez que a norma penal não exige qualquer predicado do sujeito ativo.

5.2. Sujeito passivo

É o Estado e, secundariamente, a parte interessada no procedimento legal que se viu prejudicado com o falseamento ou ocultação da realidade.

6. CONSUMAÇÃO E TENTATIVA

6.1. Consumação

Cuida-se de **crime formal**, cuja consumação se dá com a oferta ou promessa, ainda que haja recusa por parte da testemunha, perito, tradutor, intérprete ou contador[63]. Na dação, o momento consumativo ocorre com o recebimento, ainda que a testemunha, perito etc. não venha a mentir, omitir ou calar a verdade.

6.2. Tentativa

Afigura-se admissível a forma tentada no verbo "dar" e nas demais condutas, quando cometidas por meio escrito.

7. CAUSA DE AUMENTO DE PENA (PARÁGRAFO ÚNICO)

As penas são aumentadas de um sexto a um terço se o crime é cometido com a finalidade de obter prova destinada a produzir efeito em **processo penal** ou em **processo civil em que for parte entidade da Administração Pública direta ou indireta**.

8. CLASSIFICAÇÃO JURÍDICA

Constitui crime *de forma ou conduta livre* (admite qualquer meio executivo), *comum* (qualquer pessoa pode praticá-lo), *monossubjetivo ou de concurso eventual* (pode ser cometido por uma só pessoa ou várias em concurso de agentes – art. 29 do Código), *formal ou de consumação antecipada* (independe da produção do resultado naturalístico visado, consistente no falseamento ou ocultação da verdade, para fins de consumação), *instan-*

---

[63] *Vide* TJPR, *RT* 809/640.

tâneo (sua fase consumativa não se prolonga no tempo) e *unissubsistente* (o *iter criminis* não admite fracionamento, exceto no verbo "dar" e quando se cuidar de oferta ou promessa escritas).

9. PENA E AÇÃO PENAL

A pena cominada é de reclusão, de três a quatro anos, e multa. O processo sujeitar-se-á ao rito comum ordinário (CPP, arts. 395 a 405).

A ação penal é de iniciativa **pública incondicionada**.

ART. 344 - COAÇÃO NO CURSO DO PROCESSO

1. DISPOSITIVO LEGAL

Coação no curso do processo

Art. 344. Usar de violência ou grave ameaça, com o fim de favorecer interesse próprio ou alheio, contra autoridade, parte, ou qualquer outra pessoa que funciona ou é chamada a intervir em processo judicial, policial ou administrativo, ou em juízo arbitral:

Pena – reclusão, de 1 (um) a 4 (quatro) anos, e multa, além da pena correspondente à violência.

Parágrafo único. A pena aumenta-se de 1/3 (um terço) até a metade se o processo envolver crime contra a dignidade sexual.

2. VALOR PROTEGIDO (OBJETIVIDADE JURÍDICA)

O legislador, depois de censurar o emprego de suborno para o fim de perturbar a administração da Justiça, incrimina a utilização de violência ou grave ameaça realizadas com o mesmo objetivo.

O valor fundamental albergado nesta norma penal, portanto, é semelhante ao anterior, embora aqui se identifique, ainda, a proteção à **integridade física e psíquica da autoridade, parte** ou **pessoa** que funciona ou é **chamada a intervir em processo judicial, policial** ou **administrativo** ou em **juízo arbitral**.

Deve-se registrar que a Lei n. 10.268/2001, responsável pelo aperfeiçoamento dos tipos penais antecedentes, deveria ter efetuado os mesmos ajustes também na coação no curso do processo, por exemplo, substituindo a expressão "processo policial" por "inquérito policial" (como fez no art. 342). O maior defeito, contudo, reside na desproporção provocada entre as sanções ora cominadas aos arts. 343 e 344 do Código.

Pune-se agora, de maneira mais grave, o fato de subornar alguém para falsear a verdade em procedimentos legais do que a conduta de praticar contra a pessoa atos de violência ou grave ameaça (originariamente dava-se o inverso[64]). Note que o piso punitivo é, no caso do art. 343, de três anos de reclusão (além da pena pecuniária) e, no art. 344, um ano (mais a multa). Não se nega que tal desconformidade tende a ser amenizada pelo cúmulo material obrigatório declarado no preceito secundário do tipo penal em estudo ("além da pena correspondente à violência"), mas, ainda assim, mostra-se necessário reformular os patamares punitivos da coação no curso do processo.

3. TIPO OBJETIVO

A conduta típica consiste em *usar* (utilizar-se de) violência ou grave ameaça, visando favorecer interesse (moral ou material) próprio ou de terceiro, contra autoridade (magistrado, membro do Ministério Público, delegado de polícia etc.), parte (p. ex., autor, réu, reclamante, reclamado, querelante, querelado, assistente de acusação) ou qualquer pessoa que funciona ou é chamada a intervir (p. ex., jurado, perito, testemunha, vítima etc.) em processo judicial (de qualquer natureza: civil, trabalhista ou penal), policial ou administrativo (abrangendo neste o Procedimento Investigatório Criminal realizado pelo Ministério Público[65]), ou em juízo arbitral. Em se tratando de **comissão parlamentar de inquérito**, aplicam-se as penas do **art. 329 do CP**, por força do art. 4º, I, da Lei n. 1.579/52.

Pode-se citar como exemplo o ato do acusado que profere ameaças e promessas de vingança contra juiz durante audiência[66] ou, ainda, o parente do réu que intimida as testemunhas convocadas a depor pela acusação, a fim de que se retratem.

São *meios executórios:* **a)** **violência contra a pessoa** (vias de fato, lesão corporal ou morte); ou, ainda, **b)** **a grave ameaça** (promessa séria de inflição mal grave, justo ou injusto).

Em se cuidando do **emprego de violência**, ordena o Código que se **aplique cumulativamente a pena a esta correspondente**. Refere-se o legislador, nesse caso, a possíveis lesões corporais (de qualquer natureza) e à morte.

---

[64] A corrupção ativa de testemunha era apenada com reclusão, de um a três anos, e multa e a coação no curso do processo, do mesmo modo que hoje, com reclusão, de um a quatro anos, e multa (além da pena correspondente à violência).

[65] "O crime de coação no curso do processo (art. 344 do CP) pode ser praticado, em tese, no âmbito de Procedimento Investigatório Criminal instaurado no âmbito do Ministério Público. (...) Além de servir o PIC ministerial para os mesmos fins e efeitos do inquérito policial, já reconheceu esta Corte que mesmo ameaças proferidas antes da formalização do inquérito policial, desde que realizadas com o intuito de influenciar o resultado de eventual investigação criminal, caracterizam o crime de coação no curso do processo" (STJ, HC 315.743/ES, rel. Min. Nefi Cordeiro, j. 6-8-2015, *DJe* 26-8-2015). No mesmo sentido, o STF: HC, 130.218/ES, rel. Min. Teori Zavascki, 2ª T., j. 1º-3-2016.

[66] TJSP, *RT* 815/582.

Quando se cuidar de vias de fato (LCP, art. 21), consideram-se estas absorvidas pela elementar "violência" contida no *caput* do art. 344, de modo que não se cogita de cúmulo de sanções.

Quando o *modus operandi* eleito for a ameaça, não se poderá imputar o crime autônomo do art. 147 do Código, sequer cumulativamente, em face do princípio da subsidiariedade (implícita)[67]. Cuida-se, *in casu*, de norma penal que figura como elementar de outra e, portanto, apresenta natureza subsidiária ou famulativa.

Se porventura não existir processo judicial ou administrativo em andamento, ou ainda inquérito policial em curso, a violência ou grave ameaça perpetradas não ficarão impunes, mas se subsumirão aos tipos penais a que corresponderem, ou seja, vias de fato (art. 21 da LCP), lesão corporal (art. 129 do CP), homicídio (art. 121 do CP) ou ameaça (art. 147 do CP), por exemplo.

4. TIPO SUBJETIVO

O elemento subjetivo é o **dolo** (elemento genérico) e abarca a vontade e a consciência de usar de violência ou grave ameaça contra autoridade, parte, ou qualquer outra pessoa que funciona ou é chamada a intervir em processo judicial, policial ou administrativo, ou em juízo arbitral.

Há, ainda, **elemento subjetivo específico,** consistente no escopo de **favorecer interesse pessoal ou de outrem**[68]. Pouco importa, deve-se frisar, a natureza do interesse que se busca privilegiar.

---

[67] Anote-se que: "No crime de coação no curso do processo, a ameaça é geralmente cometida na clandestinidade, razão pela qual é conferida especial relevância à palavra das vítimas, principalmente quando os relatos prestados em solo policial são coerentes entre si e ratificados em juízo. Servem, portanto, para amparar a condenação quando não infirmadas por outros elementos de prova, tal como no caso em exame" (TJDFT, Acórdão 1910557, Ap 07025120220218070003, rel. Des. Sandoval Oliveira, 3ª T. Criminal, j. 22-8-2024).

[68] "O crime de coação no curso do processo (artigo 344, do Código Penal) exige que a violência ou a grave ameaça seja dirigida com o intuito de obter algum favorecimento de interesse próprio ou alheio que esteja sendo considerado em processo judicial, policial ou administrativo, ou ainda em juízo arbitral. 2. No caso, não demonstrado o dolo específico, e evidenciado que a ameaça feita pelo agente objetivava atingir somente a pessoa da ofendida, configura-se o crime do artigo 147, do Código Penal" (TJDFT, Acórdão 1252932, 00057220920158070005, rel. Des. Jesuino Rissato, 3ª T. Criminal, j. 4-6-2020). E ainda: "Configura-se o crime de coação no curso do processo quando presentes tanto o elemento subjetivo do tipo, o dolo de, por livre e consciente vontade, usar de grave ameaça contra autoridade, parte, ou qualquer outra pessoa que funcione ou é chamada a intervir em processo judicial, policial ou administrativo, ou em juízo arbitral, aliado ao elemento subjetivo específico, de favorecer interesse próprio ou alheio" (TJDFT, ApCr 07074966420238070001, rel. Des. Leila Arlanch, 1ª T. Criminal, j. 31-8-2023).

5. SUJEITOS DO CRIME

5.1. Sujeito ativo

A coação no curso do processo pode ser praticada por qualquer pessoa (**crime comum**). Admite-se tanto em processo penal, civil ou trabalhista como em procedimento administrativo, policial ou juízo arbitral. No caso do processo penal, se o réu ameaçar testemunhas ou vítimas, além de cometer, em tese, coação no curso do processo, pode ter sua prisão preventiva decretada, como meio de assegurar a conveniência da instrução criminal (desde que preenchidos todos os requisitos dos arts. 312 e 313 do CPP).

5.2. Sujeito passivo

É o Estado, em caráter primário[69], e a autoridade, parte ou pessoa chamada a colaborar, a intervir ou que funciona no processo, inquérito ou juízo arbitral e sofre a violência ou grave ameaça praticadas pelo agente.

6. CONSUMAÇÃO E TENTATIVA

6.1. Consumação

O momento consumativo corresponde ao **instante em que se utiliza da ameaça ou violência contra a pessoa**, independentemente da consecução do fim visado pelo agente, ou seja, da satisfação do interesse próprio ou alheio que procura favorecer (**crime formal ou de consumação antecipada**)[70].

---

[69] Nesse sentido, TJDFT, ApCr 07188780720218070007, rel. Des. Josapha Francisco dos Santos, 2ª T. Criminal, j. 21-9-2023.

[70] "O crime de coação no curso do processo se configura com a promessa de causar mal futuro, sério e verossímil a autoridade, parte ou pessoa chamada a intervir no processo judicial, bem como na investigação policial ou administrativa. 4. A doutrina registra que sendo apta a ameaça a intimidar os ofendidos, é desnecessário que a vítima sinta-se ameaçada ou ainda que o pretendido pelo réu se consume, pois tais circunstâncias consistem no exaurimento do crime (DELMANTO, C.; DELMANTO, R.; JUNIOR, R.D.D. Código Penal Comentado, 1ª edição. São Paulo: Saraiva, 2016). 5. Na situação descrita, as instâncias deixaram consignado que a vítima sentiu-se, de fato, ameaçada pelas palavras contidas nas comunicações enviadas pelo agravante, não havendo que se falar em atipicidade da conduta" (STJ, AgRg nos EDcl no HC 665.271/SP, rel. Min. Reynaldo Soares da Fonseca, 5ª T., j. 8-6-2021). E ainda: "O delito de coação no curso do processo é crime formal, cuja consumação ocorre com o mero emprego de violência ou ameaça, com o fim de favorecer interesse próprio ou alheio, em processo judicial, policial ou administrativo, ou em juízo arbitral, sendo despicienda a produção de resultado naturalístico" (TJMG, ApCr 1.0000.23.077688-2/001, rel. Des. Paula Cunha e Silva, 6ª CCr, j. 3-10-2023). Destaca-se que, "Nos

6.2. Tentativa

Admite-se a tentativa, de vez que o *iter criminis* comporta, em tese, fracionamento. Exemplo: réu elabora bilhete ameaçador, endereçado ao magistrado, que se extravia.

7. FORMA MAJORADA

A Lei n. 14.245, de 22 de novembro de 2021, ao acrescentar ao art. 344 um parágrafo único, criou uma **forma majorada** de coação no curso do processo, pois determinou que **a pena do delito será aumentada de um terço até a metade** quando o **processo envolver crime contra a dignidade sexual**. A norma entrou em vigor no dia 23 de novembro de 2021, data em que publicada no *Diário Oficial*. Por se cuidar de *novatio legis in pejus*, não tem eficácia retroativa.

O termo "processo" (que envolva crime contra a dignidade sexual) **foi empregado no mesmo sentido amplo da figura simples, prevista no *caput*,** isto é, **de modo a abranger quaisquer procedimentos** (judiciais, administrativos ou policiais).

A incidência da exasperante está condicionada a que o procedimento tenha por objeto a apuração de crime tipificado no Título VI da Parte Especial do Código Penal, isto é, algum delito contra a dignidade sexual (arts. 213 a 234), tal como o estupro, a importunação sexual, o assédio sexual, o estupro de vulnerável, o registro da intimidade sexual alheia, entre outros.

O legislador estipulou um **aumento de pena em limites variáveis** (1/3 até 1/2). Parece-nos que a **gradação do aumento deverá tomar como base a natureza do delito sexual cometido contra a vítima**; quanto mais grave for o delito sexual objeto de procedimento, maior há de ser a fração empregada. Não cremos que o juiz, para efeito de pautar a majoração, deva se ater à gravidade concreta da conduta do autor da coação no curso do processo, pois este fator deverá ser levado em conta na fixação da pena-base, de tal modo que considerá-lo para balizar a exasperação configuraria inaceitável *bis in idem*.

A causa de aumento **não deve ser aplicada** ao delito de coação no curso do processo cometido no âmbito de **procedimentos que apurem delitos sexuais previstos em leis extravagantes**, como os crimes relacionados com pedofilia previstos no ECA (arts. 241-A a 241-D), sob pena de analogia *in malam partem*.

---

crimes praticados por meio de contato telefônico, o local de consumação do delito é o de recebimento da ligação telefônica – momento em que a vítima toma conhecimento das ameaças –, e não o de sua origem" (STJ, HC 563.973/DF, rel. Min. João Otávio de Noronha, 5ª T., j. 8-6-2021).

8. CLASSIFICAÇÃO JURÍDICA

Constitui *crime de forma ou conduta livre* (admite qualquer meio executivo, desde que relacionado com violência física ou moral), *comum* (qualquer pessoa pode praticá-lo), *monossubjetivo ou de concurso eventual* (pode ser cometido por uma só pessoa ou várias em concurso de agentes – art. 29 do CP), *formal ou de consumação antecipada* (prescinde do resultado naturalístico para efeito de consumação), *instantâneo* (sua fase consumativa não se protrai no tempo) e *plurissubsistente* (o *iter criminis* admite fracionamento).

9. PENA E AÇÃO PENAL

A pena é de reclusão, de um a quatro anos, e multa, além da pena correspondente à violência, conforme expressamente determina o preceito secundário da norma penal. Cuida-se, portanto, de cúmulo material necessário, em que a lei penal obriga a que se proceda à somatória das penas. Quando o sujeito empregar como meio executivo vias de fato ou ameaça, tais condutas encontrar-se-ão englobadas no tipo penal, de modo que a contravenção penal do art. 21 da LCP e o crime do art. 147 do CP não subsistirão autonomamente.

Entende-se, ainda, que a reiteração de ameaças com o mesmo fim acarreta crime único, e não continuidade delitiva (art. 71 do CP).

Na forma majorada, a pena será elevada de um terço até a metade.

Não havendo o cúmulo material obrigatório, o fato comportará, em tese, a suspensão condicional do processo (art. 89 da Lei n. 9.099/95). Deve-se lembrar, nesse sentido, que quando se der o concurso de crimes, considera-se a globalidade das penas cominadas para efeito de verificar o cabimento do *sursis* processual. Nesse sentido, as Súmulas 723 do STF[71] e 243 do STJ[72].

O *sursis* processual também não será admissível na figura majorada do parágrafo único.

Vale acrescentar que por se cuidar de fato cometido com violência ou grave ameaça, a coação no curso do processo é incompatível com o acordo de não persecução penal (CPP, art. 28-A).

---

[71] "Não se admite a suspensão condicional do processo por crime continuado, se a soma da pena mínima da infração mais grave com o aumento mínimo de um sexto for superior a um ano."

[72] "O benefício da suspensão do processo não é aplicável em relação às infrações penais cometidas em concurso material, concurso formal ou continuidade delitiva, quando a pena mínima cominada, seja pelo somatório, seja pela incidência da majorante, ultrapassar o limite de um (01) ano."

O rito processual aplicável será o comum ordinário (CPP, arts. 395 a 405).

A ação penal é de iniciativa **pública incondicionada**.

ART. 345 – EXERCÍCIO ARBITRÁRIO DAS PRÓPRIAS RAZÕES

1. DISPOSITIVO LEGAL

Exercício arbitrário das próprias razões

Art. 345. Fazer justiça pelas próprias mãos, para satisfazer pretensão, embora legítima, salvo quando a lei o permite:

Pena – detenção, de 15 (quinze) dias a 1 (um) mês, ou multa, além da pena correspondente à violência.

Parágrafo único. Se não há emprego de violência, somente se procede mediante queixa.

2. VALOR PROTEGIDO (OBJETIVIDADE JURÍDICA)

O tipo penal tutela a **administração da Justiça**, protegendo o monopólio do Estado nesta seara, de modo a **impedir atos caracterizadores de vingança privada**[73].

Na sociedade moderna, como bem se sabe, a Justiça Pública substitui a violência privada, de maneira que, quando as pessoas se julgam titulares de pretensões não satisfeitas por quem deveria fazê-lo, cumpre-lhes recorrer ao Poder Judiciário para que dirima a questão, dando a cada um o que é seu. Proíbe-se, como regra, a autotutela, entendida como a possibilidade de que se procure a satisfação, por conta própria, de interesses particulares, fazendo justiça com as próprias mãos. Há, contudo, situações excepcionais em que o Direito a autoriza, como se verifica nos casos de legítima defesa, estado de necessidade, no direito de retenção ou de compensação previstos na lei civil etc. Somente nestas é que se pode conceber alguém, *manu militari*, procurando a satisfação de seu direito.

3. TIPO OBJETIVO

A conduta nuclear se traduz no ato de "fazer justiça pelas próprias mãos". O *tipo penal é aberto*, porque abarca em sua esfera de incidência os mais variados comportamentos em que uma pessoa arroga para si o poder de resolver, sem o auxílio do Estado-Juiz, conflitos de interesse, tutelando ela mesma pretensões que julgue legítimas.

---

[73] Como ensinava Manzini, trata-se de zelar pela sujeição das pessoas à administração da Justiça, em seu sentido lato, de modo a impedir que a função jurisdicional seja substituída pela violência privada (*Trattato di diritto penale italiano*, v. 5, p. 890).

834

Fazer justiça pelas próprias mãos, portanto, consiste em **buscar satisfazer direitos com meios próprios**. O ato pode ser cometido por qualquer meio, pouco importando se mediante **violência contra coisa, contra pessoas** ou **grave ameaça**.

A **pretensão** cuja satisfação busca o agente deve ser, ao menos sob sua ótica, *legítima*, é dizer, amparada por lei e que possa, em tese, ser exigida judicialmente[74]. Se assim não o for, haverá crime mais grave. Pode, ademais, recair sobre qualquer direito real, pessoal ou de família[75]. Assim, por exemplo, o ato de quem, pretendendo ressarcir-se de dívida lícita, subtrai bens do devedor[76]. Quando se cuidar de relações de família, extrema cautela há de ser feita para que se obtenha a correta subsunção do fato à norma penal. Não há simples exercício arbitrário das próprias razões, mas delito contra a pessoa cometido em situação de violência doméstica ou familiar contra a mulher (Lei n. 11.340/2006), no ato do marido que, inconformado com o anúncio de sua esposa que abandonará o lar, a impede, mediante grave ameaça, de deixar o imóvel em que coabitam.

O crime em estudo possui **dois pressupostos**:

1º) **que o sujeito atue visando à satisfação de uma pretensão que acredita possuir.**

Nesse aspecto, o que se mostra fundamental é a atitude subjetiva do agente em relação àquilo de que se julga credor[77].

2º) **que se trate de hipótese passível de ser tutelada jurisdicionalmente**[78].

Constituirão delitos mais graves os comportamentos que objetivarem a satisfação de pretensões não amparadas pelo ordenamento jurídico. Assim, por exemplo, aquele que "faz justiça com as próprias mãos" com o escopo de res-

---

[74] Logo, se a pretensão foi ilegítima, a conduta não se amolda a este tipo penal. Ver: STJ, AgRg no AREsp 2.347.053/SC, rel. Min. Ribeiro Dantas, 5ª T., j. 3-10-2023. Exemplifica-se: "Demonstrado que o dolo do agente era de satisfazer pretensão que julgava legítima, em razão do não pagamento de programa sexual previamente negociado, configura-se o delito de exercício arbitrário das próprias razões, e não o de furto" (TJMG, Embargos Infringentes e de Nulidade 1.0000.24.006004-6/002, rel. Des. Alberto Deodato Neto, rel. p/ o ac.: Des. Eduardo Machado, 1ª CCr., j. 27-8-2024).

[75] *Vide* Manzini (*Trattato di diritto penale italiano*, v. 5, p. 893).

[76] *RT* 796/648.

[77] "Demonstrado nos autos que a privação da liberdade da vítima resultou de dolo específico dos autores, que buscavam a satisfação de pretensão que consideravam legítima, deve o fato ser desclassificado para o crime de exercício arbitrário das próprias razões" (TJDFT, ApCr 00003622920208070002, rel. Des. Arnaldo Corrêa Silva, 2ª T. Criminal, j. 21-9-2023).

[78] Manzini (*Trattato di diritto penale italiano*, v. 5, p. 890).

sarcir-se de dívida de jogo, dívida prescrita ou de crédito oriundo de prostituição não comete crime contra a administração da Justiça, mas, a depender de seu *modus operandi*, pratica, furto[79], roubo[80], extorsão[81], apropriação indébita etc.

É preciso lembrar, ainda, a existência de determinados tipos especiais, como é o caso do art. 71 da Lei n. 8.078/90 – Código de Defesa do Consumidor, segundo o qual configura infração contra as relações de consumo a "utilização, na cobrança de dívida, de ameaça, coação, constrangimento físico ou moral, afirmações falsas, incorretas ou enganosas ou de qualquer outro procedimento que exponha o consumidor, injustificadamente, a ridículo ou interfira com seu trabalho, descanso ou lazer".

O tipo penal, por fim, ressalva quanto aos casos em que, por expressa disposição legal, ampara-se a atitude do sujeito, **permitindo que este faça justiça por suas próprias mãos:** isso se dá nos **casos legais de autotutela de interesses pessoais.** O Código Penal permite semelhante postura nos casos de legítima defesa e estado de necessidade (arts. 24 e 25). O Código Civil, de sua parte, prevê os direitos de retenção e de compensação (*ius retentionis* e o *ius compensationis*). Assim, por exemplo, **não haverá crime quando o**

---

[79] "Não demonstrada a existência de uma pretensão legítima a ser satisfeita contra a vítima da subtração, não há que se falar em desclassificação do delito de furto para exercício arbitrário das próprias razões. Demonstrada a relação de confiança previamente estabelecida entre agente e vítima, configura-se a qualificadora prevista no art. 155, § 4º, II, do CP. Comprovado pelas provas colhidas nos autos que o crime foi cometido em concurso de agentes, com clara divisão de tarefas, impossível decotar a qualificadora do art. 155, § 4º, IV, do CP" (TJMG, ApCr 1.0701.15.029042-0/001, rel. Des. Alberto Deodato Neto, 1ª CCr, j. 9-6-2020).

[80] "Demonstrada a vontade dos agentes em praticar o crime de roubo com o dolo de assenhoreamento definitivo do objeto subtraído da vítima sigilosa e com o nítido propósito de atemorizar o ofendido, por acreditarem que ele era integrante de gangues rivais, não merece acolhimento o pleito absolutório, com base na tese de atipicidade da conduta. 3. Consumado o roubo com emprego de violência, o fato de os réus permitirem a recuperação do objeto subtraído danificado pelo ofendido é irrelevante no exame da tipicidade crime, porquanto os atos posteriores praticados pelos réus constituem meros exaurimentos desse delito. 4. Não tendo a Defesa comprovado nos autos a legítima pretensão, imprescindível para configuração do crime de exercício arbitrário das próprias razões, inviável o acolhimento do pleito desclassificatório, bem como o pedido de extinção da punibilidade pelo transcurso do prazo decadencial da queixa, com base no artigo 345, do Código Penal, porquanto se trata de roubo praticado mediante emprego de grave ameaça a pessoa" (TJDFT, Acórdão 1239353, 0005705652018807005, rel. Des. Demetrius Gomes Cavalcanti, 3ª T. Criminal, j. 19-3-2020).

[81] "Não comprovada a realização de negócio jurídico prévio entre as partes, incabível a desclassificação dos fatos para exercício arbitrário das próprias razões, configurando extorsão exigir, mediante grave ameaça, o pagamento de valores por dívida inexistente" (TJDFT, Acórdão 1233760, 00011286520198070019, rel. Des. Sebastião Coelho, 3ª T. Criminal, j. 27-2-2020).

depositário retiver o bem objeto do contrato, recusando-se a devolvê-lo até que devidamente ressarcido das despesas que é credor (art. 644 do CC). Também possuem **direito de retenção o locatário** (arts. 571, parágrafo único, e 578), o **mandatário** (art. 681), o **comissário** (art. 708), o **transportador** (art. 742), o **possuidor de boa-fé por benfeitorias úteis e necessárias** (art. 1.219) e o **credor pignoratício** (art. 1.433). O direito de compensação, por sua vez, encontra-se regulado nos arts. 368 e seguintes do Código Civil.

4. TIPO SUBJETIVO

O crime é apenado exclusivamente sob a forma **dolosa**. É necessário, portanto, que atue o sujeito de maneira voluntária e que tenha consciência da legitimidade de sua pretensão e, ademais, que aja buscando satisfazê-la por meios próprios.

Quando alguém objetiva a satisfação de *pretensão ilegítima, julgando-a equivocadamente lícita*, não se configura crime mais grave, senão o delito em estudo, já que o fundamental é o estado de consciência do agente em relação à legitimidade do direito pelo qual intenta zelar.

5. SUJEITOS DO CRIME

5.1. Sujeito ativo

Cuida-se de **crime comum**, porquanto não se exige qualquer predicado por parte do sujeito ativo. Qualquer pessoa pode, destarte, cometê-lo, seja ela particular ou funcionário público. Na vigência da Lei n. 4.898/65, que tipificava o crime de abuso de autoridade, o fato se enquadrava nesta Lei quando cometido por servidor público. Esta, porém, foi revogada expressamente pela Lei n. 13.869/2019, que não prevê conduta subsumível a atos relacionados com o exercício arbitrário das próprias razões. Há, porém, alguns delitos tipificados nesta lei que merecem referência: como a realização ou utilização de prova manifestamente ilícita (art. 25) e a exigência de informação ou cumprimento de obrigação sem expresso amparo legal (art. 33).

5.2. Sujeito passivo

O sujeito passivo é o Estado, cujo monopólio da distribuição da Justiça resta violado, e, secundariamente, a pessoa atingida pela conduta.

6. CONSUMAÇÃO E TENTATIVA

6.1. Consumação

Dá-se a consumação com o emprego do meio executório: fraude, violência, ameaça, subtração etc., ainda que o agente não satisfaça sua pretensão (crime formal ou de consumação antecipada), conforme entendimento do Superior Tribunal de Justiça[82]. Há posicionamento doutrinário no sentido de que se cuida de infração material e, portanto, exigiria a efetiva satisfação do interesse legítimo (pois a lei pune quem faz justiça com as próprias mãos e não quem tenta fazê-lo).

6.2. Tentativa

A forma tentada é admissível, porquanto o *iter criminis* comporta, como regra, fracionamento.

7. CLASSIFICAÇÃO JURÍDICA

Cuida-se de crime *de conduta livre* (pode ser praticado por qualquer meio executivo), *comum* (qualquer pessoa pode figurar como sujeito ativo), *monossubjetivo ou de concurso eventual* (pode ser cometido por um só agente ou vários em concurso – art. 29 do Código Penal), *formal ou de consumação antecipada* (pois não exige a satisfação da pretensão visada para fins de consumação; há entendimento diverso), *instantâneo* (sua consumação não se prolonga no tempo, embora possa tornar-se permanente conforme o meio executório eleito pelo agente) e *plurissubsistente* (o *iter criminis* comporta cisão).

8. PENA E AÇÃO PENAL

A pena é de detenção, de quinze dias a um mês, ou multa, além da pena correspondente à violência; leia-se: lesão corporal ou homicídio, pois no caso de vias de fato não incide o art. 21 da LCP, que fica absorvido pelo tipo.

Trata-se de infração de menor potencial ofensivo, sujeitando-se às medidas despenalizadoras previstas na Lei n. 9.099/95, bem como à competência *ratione materiae* dos Juizados Especiais e ao rito comum sumaríssimo.

A ação penal será de iniciativa privada, salvo se houver emprego de violência ou, ainda, quando a conduta for praticada em detrimento da União, Estado ou Município (CPP, art. 24, § 2º); em tais casos, a ação será de iniciativa pública incondicionada.

ART. 346 – SUBTIPO DE EXERCÍCIO ARBITRÁRIO DAS PRÓPRIAS RAZÕES

1. DISPOSITIVO LEGAL

Art. 346. Tirar, suprimir, destruir ou danificar coisa própria, que se acha em poder de terceiro por determinação judicial ou convenção:

Pena – detenção, de 6 (seis) meses a 2 (dois) anos, e multa.

---

[82] REsp 1.860.791/DF, rel. Min. Laurita Vaz, 6ª T., j. 9-2-2021.

2. VALOR PROTEGIDO (OBJETIVIDADE JURÍDICA)

A objetividade jurídica da presente norma penal incriminadora assemelha-se à precedentemente estudada. Cuida-se, desta feita, de tutelar a **administração da Justiça, impedindo que particulares substituam-se à Justiça Pública** e apelem para a violência privada.

O dispositivo em apreço, embora existam vozes discordantes na doutrina, constitui inequivocamente um subtipo de exercício arbitrário das próprias razões. A ausência de rubrica especialmente aposta sobre o dispositivo legal não é capaz de retirar-lhe a essência. Cite-se, como reforço à interpretação teleológica desta norma incriminadora, que visa indubitavelmente a obstar o proprietário de fazer justiça com as próprias mãos, o argumento histórico. Isso porque uma das fontes de nosso Código Penal, como se sabe, foi o italiano, de 1930, que, em seus arts. 392 e 393, tipifica o *esercizio arbitrario delle proprie ragioni*, tipos penais aos quais se subsumem, como ensinava Manzini, atos praticados pelo proprietário (coproprietário, sócio ou copossuidor) em relação à própria coisa, quando esta se encontrar na posse legítima de outrem[83].

3. TIPO OBJETIVO

As ações nucleares são: *tirar* (subtrair, retirar da esfera de disponibilidade do legítimo possuidor), *suprimir* (abolir, fazer desaparecer), *destruir* (arruinar, demolir, deteriorar por completo) ou *danificar* (causar dano, estragar, prejudicar).

O *objeto material* é **coisa (móvel ou imóvel) própria,** que se acha em poder de terceiro por convenção ou determinação judicial (bem empenhado, objeto que se encontra em mãos de depositário judicial etc.).

4. TIPO SUBJETIVO

O delito é punido exclusivamente sob a forma **dolosa**. Exige-se, portanto, que o proprietário tenha consciência e vontade de tirar, suprimir, destruir ou danificar seu bem, sabendo que se encontra na posse legítima de terceiro.

Não se deve afastar a possibilidade de o sujeito atuar em erro. Será de se reconhecer o erro de tipo (CP, art. 20), excludente do dolo, quando acreditar sinceramente que o direito do possuidor cessou; poderá se identificar, ademais, o erro de proibição (CP, art. 21), caso o proprietário, embora saiba que o bem se encontra com o terceiro, julgue (de boa-fé) que, por ser o *dominus*, tem o direito de tirar, suprimir, destruir ou danificar a coisa.

---

[83] Manzini (*Trattato di diritto penale italiano*, v. 5, p. 894).

5. SUJEITOS DO CRIME

5.1. Sujeito ativo

Somente o proprietário do bem pode ser sujeito ativo (**crime próprio**). Permite-se, por óbvio, coautoria ou participação de terceiros, com fundamento nos arts. 29 e 30 do CP.

5.2. Sujeito passivo

É, em primeiro plano, o Estado, titular exclusivo da administração da Justiça, e, em caráter secundário, o legítimo possuidor que se viu privado de sua relação com a coisa.

6. CONSUMAÇÃO E TENTATIVA

6.1. Consumação

A consumação ocorre com a efetiva subtração, supressão, destruição ou dano ao objeto (**crime material ou de resultado**).

6.2. Tentativa

Admite-se a figura tentada, de vez que os comportamentos nucleares, sem exceção, comportam fracionamento.

7. CONSTITUCIONALIDADE DO DISPOSITIVO

De acordo com o STJ: "Não há que se falar em inconstitucionalidade da parte final do art. 346 do Código Penal, por que não importa em prisão por dívida, sendo o objeto jurídico tutelado a boa administração da justiça, que possui dignidade penal"[84].

8. CLASSIFICAÇÃO JURÍDICA

Classifica-se como crime *de ação múltipla ou conteúdo variado* (o tipo penal possui mais de uma ação nuclear alternativamente relacionada), *de forma livre* (pode ser cometido por qualquer meio executivo), *próprio* (a lei exige predicado do sujeito ativo), *monossubjetivo ou de concurso eventual* (pode ser praticado por uma ou várias pessoas em concurso), *material ou de resultado* (requer a produção do resultado naturalístico para fins de consumação), *instantâneo de efeitos permanentes* (sua consumação não se prolonga no tempo, embora, para o legítimo possuidor, seus efeitos sejam duradouros) e *plurissubsistente* (o *iter criminis* é cindível).

---

[84] STJ, HC 128.937, rel. Min. Maria Thereza de Assis Moura, 6ª T., j. 2-6-2009, *DJe* de 3-8-2009.

9. PENA E AÇÃO PENAL

A pena cominada é de detenção, de seis meses a dois anos, e multa. Constitui infração de menor potencial ofensivo, razão pela qual fica sujeita às medidas prescritas na Lei n. 9.099/95.

A ação penal é de iniciativa **pública incondicionada.**

ART. 347 – FRAUDE PROCESSUAL

1. DISPOSITIVO LEGAL

Fraude processual

Art. 347. Inovar artificiosamente, na pendência de processo civil ou administrativo, o estado de lugar, de coisa ou de pessoa, com o fim de induzir a erro o juiz ou o perito:

Pena – detenção, de 3 (três) meses a 2 (dois) anos, e multa.

Parágrafo único. Se a inovação se destina a produzir efeito em processo penal, ainda que não iniciado, as penas aplicam-se em dobro.

2. VALOR PROTEGIDO (OBJETIVIDADE JURÍDICA)[85]

A objetividade jurídica consiste na **administração da Justiça,** a fim de garantir que o perito ou julgador possam perceber corretamente os fatos e, a partir deles, conhecerem a **verdade** sobre o que ocorreu, evitando os erros de julgamento[86].

Pune-se, então, quem interferir *fraudulentamente* na produção da prova em processo civil, administrativo (*caput*) ou penal (parágrafo único), visando a induzir a erro juiz ou perito. Trata-se do "estelionato processual".

3. TIPO OBJETIVO

A ação nuclear consubstancia-se no ato de *inovar artificiosamente,* ou seja, introduzir modificações, mediante artifício ou ardil, substituindo, deformando, subvertendo ou alterando de qualquer modo o objeto material. Trata-se, como dizia Manzini, de "conferir a um lugar, coisa ou pessoa uma modificação material extrínseca ou intrínseca, de modo a alterar o aspecto

---

[85] Nosso Direito anterior não conhecia semelhante figura típica, tendo o legislador de 1940 buscado sua inspiração no art. 374 do Código Penal italiano.

[86] Manzini dizia que o bem jurídico no delito de *frode processuale* consiste na preservação da genuinidade da fonte de conhecimento (do juiz ou perito). *Trattato di diritto penale italiano*, v. 5, p. 752.

ou outra propriedade que o lugar, a coisa ou a pessoa tenha precedentemente, e idônea para levar ao engano o juiz ou o perito"[87].

As mudanças devem recair no *estado de lugar* (p. ex., destruir muro em local de homicídio, visando impedir a prova da qualificadora da emboscada; abrir-se caminho a fim de simular a existência de uma servidão de passagem), *de coisa* (p. ex., colocar ou retirar arma de fogo das mãos do cadáver do falecido; limpar manchas de sangue do instrumento do crime) ou *de pessoa* (p. ex., realização de cirurgia plástica no réu para evitar sua identificação). Registre-se que alterações naturais nos lugares (como o crescimento de vegetação), nas coisas (*v.g.*, sua natural decomposição oriunda da ação do tempo) ou nas pessoas (p. ex., cabelos ou barbas crescidos ou mesmo diferentemente cortados) não se encontram abrangidas pela disposição legal.

As modificações incluídas no tipo, ademais, devem ter como escopo a **produção de efeito em processo judicial (civil ou criminal)** ou **procedimento administrativo**. A expressão "processo civil" abrange qualquer feito judicial que não tenha natureza criminal (este incluído no parágrafo único do art. 347); assim, portanto, o processo trabalhista, tributário, de família etc.

Exige-se, no caso de **ação cível** ou **administrativa**, que estejam estas **devidamente ajuizadas**.

Em se tratando de **procedimento criminal**, contudo, o **fato pode ser cometido ainda antes do oferecimento da denúncia ou queixa**, como esclarece o parágrafo do dispositivo. Nesse caso, a conduta terá relevância penal desde o instante em que houver lugar, coisa ou pessoa cuja alteração fraudulenta possa ludibriar o conhecimento da verdade, pouco importando saber se a Polícia já recebeu formal comunicação da ocorrência ou mesmo se autoridade policial compareceu ao local para preservá-lo.

Nos crimes de **ação penal privada** e **pública condicionada**, entretanto, **a punibilidade do fato ficará condicionada à manifestação do ofendido**, seja ingressando com a queixa-crime, seja ofertando a representação (condição de procedibilidade sem a qual o Ministério Público não poderá oferecer denúncia e, portanto, sem a qual não há processo). O mesmo raciocínio se aplica às hipóteses em que a demanda estiver condicionada à requisição do Ministro da Justiça (igualmente condição específica da ação). Isso porque, deve-se sublinhar, *sem que tais elementos encontrem-se satisfeitos, não haverá processo* e, consequentemente, decisão judicial a se iludir (no caso de perícia, terá sido a conduta inócua porque incapaz de malferir a administração da Justiça, diante da falta de ação ajuizada)[88].

---

[87] *Trattato di diritto penale italiano*, v. 5, p. 761.

[88] *Comentários ao Código Penal*, v. IX, p. 501. Recorde-se de que o ilícito penal em

De modo similar aos crimes de falso, é preciso que a inovação seja **idônea,** ao menos em tese, a induzir a erro o perito ou o juiz. Modificações grosseiras no estado de lugar, de coisa ou de pessoa são incapazes de pôr em risco a administração da Justiça e, via de consequência, passam ao largo da incriminação, constituindo situações em que se reconhece a atipicidade do fato com fulcro no art. 17 do CP (crime impossível).

4. TIPO SUBJETIVO

A fraude processual configura crime exclusivamente **doloso,** motivo pelo qual se faz necessário ter o sujeito consciência e vontade de alterar fraudulentamente o estado de lugar, de coisa ou de pessoa. Exige-se, ainda, que o ato seja **destinado especialmente a levar ao erro juiz ou perito (elemento subjetivo específico).** Esclareça-se que o termo "juiz", empregado no dispositivo, tem sentido lato, indicando não apenas o membro do Poder Judiciário, dotado da capacidade de exercer a função jurisdicional, mas, notadamente quando se trata de processo administrativo, abrange a autoridade (ou órgão colegiado) responsável por proferir a decisão final e que se procura iludir.

O fim especial de agir mencionado na norma penal deixa claro que, inexistindo má-fé processual, não se reconhecerá o crime em estudo. É o caso, por exemplo, da mulher vítima de violência sexual, que, traumatizada, toma banho e retira de seu corpo grande parte dos vestígios materiais do estupro. A mesma conclusão se aplicará quando o sujeito atuar buscando realizar algum salvamento ou socorro. Assim, *v.g.*, se uma pessoa der causa, por imprudência, negligência ou imperícia, a um acidente laborativo e ferir gravemente algum trabalhador, toda ação praticada no lugar, na coisa ou na pessoa visando ao salvamento desta, ainda que possa alterar substancialmente a cena do crime e, portanto, dificultar ou prejudicar totalmente a realização da perícia que instruirá a futura ação penal, não se subsumirá ao tipo.

5. SUJEITOS DO CRIME

5.1. Sujeito ativo

Qualquer pessoa pode praticar o crime, ainda que não atue em seu próprio benefício, mas em favor de terceiro (**crime próprio**). Comete a infração, portanto, o suspeito que modifica a cena do crime para dificultar seu es-

---

estudo denomina-se fraude *processual* e, de acordo com o parágrafo único, a inovação deve se destinar a produzir efeito em *processo* penal.

clarecimento ou o advogado que, tendo comparecido ao local antes da Polícia, desaparece com a arma utilizada por seu cliente na execução do delito.

Deve-se acentuar que a *conivência*, em matéria penal, representa um comportamento atípico. Só responde pelo crime, na condição de coautor ou partícipe, aquele que ativamente colabora na execução do fato ou, tendo o dever jurídico de agir para impedir o resultado (CP, art. 13, § 2º), omite-se no sentido de nada fazer, quando possível, para evitá-lo. Justamente por essa razão, o advogado que, sabendo da inovação artificiosa praticada por seu cliente, visando à alteração do estado de lugar, de coisa ou de pessoa para enganar o juiz ou o perito, nada faz, calando-se ou, ainda, tendo o crime já se consumado, explora nos autos a prova fraudulentamente adulterada, não incorre no dispositivo, embora seu comportamento possa se julgar eticamente censurável (esse tema, porém, é absolutamente estranho ao processo criminal e completamente adstrito ao órgão disciplinar correspondente, isto é, à Comissão de Ética e Disciplina da Ordem dos Advogados do Brasil).

Quando se cuidar de agente público, aplica-se o art. 23 da Lei n. 13.869/2019 (ver item "8.2", adiante).

5.2. Sujeito passivo

É o Estado e, indiretamente, a pessoa que se vir prejudicada com a decisão, caso esta, em função da inovação artificiosa operada, não seja fiel à realidade dos fatos.

6. CONSUMAÇÃO E TENTATIVA

6.1. Consumação

O delito atinge seu momento consumativo com a alteração da coisa, lugar ou pessoa, **ainda que o juiz ou perito não seja enganado** (se isso ocorrer, cuidar-se se há de exaurimento). Trata-se, portanto, de **crime formal ou de consumação antecipada**.

6.2. Tentativa

É possível o *conatus proximus* (tentativa), de vez que a conduta praticada pode ser fracionada em vários atos. Pode o criminoso, antes da realização da perícia no local do fato ordenada pela autoridade policial, procurar modificar a cena do crime, sendo impedido pela vítima.

7. CAUSA DE AUMENTO DE PENA

"Se a inovação se destina a produzir efeito em **processo penal**, *ainda que não iniciado*, as penas aplicam-se em dobro" (grifo nosso).

A razão de ser do maior apenamento é evidente, já que os interesses em jogo no processo criminal (*ius puniendi* estatal *versus ius libertatis* do indivíduo) tornam o estelionato processual ainda mais censurável abstratamente.

8. PRINCÍPIO DA ESPECIALIDADE

8.1. Crime de trânsito

Em se tratando de conduta destinada a encobrir delitos de trânsito, aplica-se, em razão de sua especialidade, o **art. 312 do Código de Trânsito (Lei n. 9.503/97)**, assim redigido: "inovar artificiosamente, em caso de acidente automobilístico com vítima, na pendência do respectivo procedimento policial preparatório, inquérito policial ou processo penal, o estado de lugar, de coisa ou de pessoa, a fim de induzir a erro o agente policial, o perito, ou juiz" (pena – detenção, de seis meses a um ano, ou multa).

8.2. Crime de abuso de autoridade

A Lei dos Crimes de Abuso de Autoridade (Lei n. 13.869/2019) tipifica, em seu **art. 23**, o seguinte delito, especial em relação ao art. 347 do CP:

a) "inovar artificiosamente, no curso de diligência, de investigação ou de processo, o estado de lugar, de coisa ou de pessoa, com o fim de eximir-se de responsabilidade ou de responsabilizar criminalmente alguém ou agravar-lhe a responsabilidade" (art. 23, *caput*);

b) "inovar artificiosamente, no curso de diligência, de investigação ou de processo, o estado de lugar, de coisa ou de pessoa, com o fim de eximir-se de responsabilidade civil ou administrativa por excesso praticado no curso de diligência" (art. 23, parágrafo único, I);

c) "inovar artificiosamente, no curso de diligência, de investigação ou de processo, o estado de lugar, de coisa ou de pessoa, com o fim de omitir dados ou informações ou divulgar dados ou informações incompletos para desviar o curso da investigação, da diligência ou do processo" (art. 23, parágrafo único, II).

O fato é apenado com detenção, de 1 a 4 anos, e multa.

Interessante destacar que referida Lei se aplica a qualquer agente público, servidor ou não, de todos os níveis federativos, da administração direta, indireta ou fundacional, ainda que exerça a função transitoriamente e sem remuneração (art. 2º da Lei n. 13.869/2019).

9. REMOÇÃO DE VESTÍGIOS DE LOCAL DE CRIME

A Lei Anticrime (Lei n. 13.964/2019) introduziu no Código de Processo Penal a chamada **"cadeia de custódia"** da **prova pericial**, que consiste no "conjunto de todos os procedimentos utilizados para manter e documentar a história cronológica do vestígio coletado em locais ou em vítimas de crimes, para rastrear sua posse e manuseio a partir de seu reconhecimento até o descarte" (art. 158-A do CPP).

A primeira etapa da cadeia de custódia é o reconhecimento do elemento como de potencial interesse para a produção da perícia, seguida de seu isolamento, de modo a evitar que se altere o estado de coisas, **preservando o ambiente relacionado aos vestígios e o local de crime.**

Em face da importância da preservação de locais de interesse pericial isolados para a coleta de dados, o art. 158-C, § 2º, do CPP proíbe a entrada **nesses ambientes, bem como a remoção de quaisquer vestígios de locais de crime antes de sua liberação por parte do perito responsável**, sob pena de configuração do **crime de fraude processual**[89]. É preciso, porém, que se façam presentes os dados da figura típica, em particular os elementos subjetivos, traduzidos no dolo e no fim de induzir a erro o juiz ou o perito. Assim, por exemplo, quem retira objeto de cena de crime inadvertidamente, desconhecendo o isolamento efetuado ou, ainda, embora o saiba, não age com a finalidade de induzir a erro o *expert* ou o magistrado, não incorre no tipo.

10. A FRAUDE PROCESSUAL E O PRIVILÉGIO CONTRA A AUTOINCRIMINAÇÃO

Não há confundir-se o direito fundamental assegurado na Constituição (decorrente do art. 5º, LXIII) de não ser obrigado a produzir prova contra si mesmo com a punição daquele que modifica, dolosa e fraudulentamente, a cena do crime, procurando com isso assegurar sua impunidade.

O privilégio contra a autoincriminação impede o Estado de obrigar o agente a praticar condutas positivas cujo resultado possa prejudicá-lo, como, por exemplo, compeli-lo a dizer a verdade (sob pena de reconhecer a prática de delito caso não o faça[90]) ou a fornecer material para a realização de exame pericial cujo resultado possa lhe prejudicar (como o exame do etilômetro ou de sangue para análise da alcoolemia). Semelhante impedimento jamais pode ser interpretado de maneira larga, a ponto de se reconhecer, em benefício dos suspeitos de crimes, o direito de alterar artificiosamente o estado do lugar, de coisas ou de pessoas.

O **que não se pode, portanto, é obrigá-lo a agir contra si mesmo**, autoincriminando-se (sua inércia, no sentido de falta de colaboração com o Estado em prejuízo próprio, reconhece-se lícita). É possível, contudo, exigir

---

[89] A mera entrada no local de crime isolado por perito, antes de sua liberação, não configura o crime.

[90] Aparelho vulgarmente conhecido como "detector de mentiras".

dele uma abstenção, no sentido de não cometer um estelionato processual para com a Justiça. Não se pode reconhecer validade no ato de quem positivamente falseia a realidade para alçar a impunidade (não há, nesse caso, inércia lícita, mas ação perniciosa e lesiva da administração da Justiça, valor protegido no presente tipo penal)[91].

11. CLASSIFICAÇÃO JURÍDICA

Classifica-se como delito *de conduta ou forma livre* (admite qualquer meio executivo), *comum* (qualquer pessoa pode cometê-lo), *monossubjetivo ou de concurso eventual* (pode ser praticado por um só agente ou vários, em concurso), *formal ou de consumação antecipada* (independe do resultado naturalístico para fins de consumação, ou seja, não é preciso que o juiz ou perito sejam induzidos em erro), *instantâneo* (sua fase consumativa não se prolonga no tempo) e *plurissubsistente* (o *iter criminis* comporta fracionamento).

Cuida-se, ademais, de crime *subsidiário*, motivo por que não será punível quando o fato constituir crime mais grave (supressão de documento, falsidade documental, destruição ou ocultação de cadáver etc.).

12. PENA E AÇÃO PENAL

A pena prevista para esse crime é a de detenção, de três meses a dois anos, e multa. Trata-se de infração de menor potencial ofensivo (Lei n. 9.099/95, art. 61).

A sanção será aplicada em dobro se a inovação se destinar a produzir efeito em processo penal, ainda que não iniciado (nesse caso, deixará o fato de ser tratado como crime de pequeno potencial lesivo, observando-se o procedimento comum ordinário – arts. 395 a 405 do CPP –, com a possibilidade de suspensão condicional do processo – art. 89 da Lei dos Juizados Especiais).

A ação penal é de iniciativa **pública incondicionada**.

---

[91] "A recusa em colaborar para a realização de exame residuográfico traduz lícita manifestação do direito do réu a não produzir provas contra si" (STJ, REsp 1.351.249/RS, rel. Min. Rogério Schietti Cruz, 6ª T., j. 1º-6-2017). Ver também: STJ, HC 137.206/SP, rel. Min. Napoleão Nunes Maia Filho, 5ª T., *DJe de* 1º-2-2010 ("O direito à não autoincriminação não abrange a possibilidade de os acusados alterarem a cena do crime, inovando o estado de lugar, de coisa ou de pessoa, para, criando artificiosamente outra realidade, levar peritos ou o próprio Juiz a erro de avaliação relevante"). Em sentido contrário: Rogério Greco. *Curso de direito penal*, v. 4, p. 609, e Guilherme Nucci. *Código Penal comentado*, p. 1165.

ART. 348 – FAVORECIMENTO PESSOAL

1. DISPOSITIVO LEGAL

Favorecimento pessoal

Art. 348. Auxiliar a subtrair-se à ação de autoridade pública autor de crime a que é cominada pena de reclusão:

Pena – detenção, de 1 (um) a 6 (seis) meses, e multa.

§ 1º Se ao crime não é cominada pena de reclusão:

Pena – detenção, de 15 (quinze) dias a 3 (três) meses, e multa.

§ 2º Se quem presta o auxílio é ascendente, descendente, cônjuge ou irmão do criminoso, fica isento de pena.

2. VALOR PROTEGIDO (OBJETIVIDADE JURÍDICA)

A tutela penal recai sobre a **administração da Justiça**, de modo a coibir que pessoas emprestem auxílio a autores de crimes para que escapem à ação da autoridade pública. Está em jogo, portanto, não só o respeito à Justiça Criminal, mas a própria eficácia punitiva do Direito Penal[92].

3. BREVE HISTÓRICO

No Direito antigo (Roma), o favorecimento era incriminado como espécie do gênero "receptação". A figura da "receptação pessoal" consistia na prestação de asilo a ladrões ou bandidos. Cuidava-se, então, de delito *sui generis*, mas, com o seguir dos tempos, surgiu a tendência de tratá-la como forma de participação ou cumplicidade posterior, imputando-se ao autor do favorecimento responsabilidade no crime anterior. Esse tratamento se consolidou durante a Idade Média e acabou por se refletir na legislação codificada, como foi o caso do Código Penal francês de 1810, no qual se inspiraram nossas primeiras leis penais (Código Criminal do Império de 1830 e o Código Penal de 1890). O atual, influenciado pelo Direito alemão, cuidou de tipificar autonomamente o fato, como o fazem as leis penais da maioria das nações.

---

[92] Veja, nesse sentido, Medina de Seiça. *Comentário conimbricense do Código Penal*. Coimbra: Coimbra Editora. Dirigido por Jorge Figueiredo Dias, 2001, t. III, p. 579 a 581: "Assim, e em conclusão, o bem jurídico protegido no tipo de favorecimento é a realização da pretensão da justiça decorrente, em primeiro lugar, da prática de um crime e que posterga todas as acções que impeçam, no todo ou em parte, a prolacção de uma resposta punitiva materialmente sustentada (...)".

4. TIPO OBJETIVO

O comportamento típico consiste em *auxiliar o criminoso a subtrair--se à ação de autoridade pública*. O tipo **alcança condutas praticadas em qualquer fase da persecução penal**, seja na **fase de conhecimento** ou de **execução de pena.**

O beneficiado deve ser *autor de crime* (e não de contravenção penal) *punido com reclusão* (se detenção, há privilégio – § 1º). Comete favorecimento pessoal, por exemplo, quem emprestar dinheiro para a fuga de homicida; ocultar autor de crime em sua residência; dar informações falsas despistando a autoridade.

Muito embora o tipo fale em "autor" de crime, o sentido da expressão abrange todo aquele que tem responsabilidade penal pelo fato delituoso, seja autor, coautor ou partícipe.

O tipo penal contém, ainda, *dois pressupostos:*

1º) que o criminoso esteja **solto** e se procure evitar sua prisão; se estiver preso, quem facilita sua fuga comete o crime do art. 351 do CP;

2º) que a **ajuda seja posterior à realização do crime anterior** (seja este tentado ou consumado); se anterior ou concomitante, não há favorecimento pessoal, mas coparticipação no fato antecedente. *O art. 348 do CP incrimina quem presta ajuda a criminoso e não a crime* (auxilia-se alguém e não o cometimento de um fato delitivo). Por essa razão, aquele que, *antes do fato*, compromete-se a ajudar seu executor, considera-se partícipe do delito praticado, e não autor de favorecimento pessoal. Pelos mesmos motivos, se o fato anterior configurar *crime permanente* (p. ex., extorsão mediante sequestro ou tráfico de drogas em condutas como "guardar" ou "ter em depósito" a droga) e a ajuda for prestada enquanto a fase consumativa deste perdurar, não haverá simples favorecimento pessoal, mas participação no delito cuja consumação se prolongou no tempo; *v.g.*, a vítima continua no cativeiro ou o entorpecente ainda está guardado ou em depósito.

O dispositivo exige, ademais, comportamento **comissivo** (i. e., alguma ação indicativa de efetivo auxílio ao criminoso), mesmo que o beneficiário da conduta não esteja sendo procurado naquele exato momento.

Se uma pessoa **auxilia** o autor a **suprimir vestígios do crime** cometido não pratica favorecimento pessoal (ou real)[93], mas **fraude processual** (art. 347 do CP).

Não há favorecimento pessoal quando alguém auxilia pessoa que agiu acobertada por **excludente de ilicitude** ou, ainda, quando ocorre algu-

---

[93] Nesse sentido: *RT* 801/524.

ma **causa extintiva da punibilidade ou escusa absolutória** com relação ao delito antecedente. Se o criminoso veio a ser absolvido, ainda que por falta de provas, desaparece o favorecimento pessoal (explica-se: não se pode punir quem auxiliou inocente, assim entendido como quem não se considerou, pela Justiça Pública, "autor de crime"). Essa afirmação, evidentemente, não se aplica aos casos de absolvição imprópria (pois a sentença que aplica medida de segurança ao inimputável pressupõe cometimento do fato tido como delitivo).

5. TIPO SUBJETIVO

O favorecimento pessoal é apenado somente na forma **dolosa**, exigindo-se, destarte, a consciência e vontade de prestar alguma ajuda a autor de crime anteriormente praticado. É fundamental a ciência por parte do sujeito de que o beneficiário de seu auxílio seja penalmente responsável por infração penal cometida.

6. SUJEITOS DO CRIME

6.1. Sujeito ativo

O favorecimento pessoal pode ser perpetrado por qualquer pessoa (**crime comum**), já que a norma não exige nenhuma qualidade ou condição especial por parte do sujeito ativo. Admite-se, portanto, seja o agente particular[94] ou mesmo autoridade pública (embora, nesse caso, a conduta seja revestida de maior gravidade, em face da violação dos deveres inerentes ao cargo, tornando o agente merecedor de pena mais grave).

Não incorre no delito o próprio autor, coautor ou partícipe do crime antecedente.

O **advogado** do criminoso pode, em tese, cometer o delito, desde que o tenha positivamente auxiliado a furtar-se à ação da autoridade pública. Não é este o caso do causídico que, sabendo do paradeiro de seu constituído, oculta-o à Justiça, até porque ao fazê-lo encontra-se amparado por seu sigilo profissional.

Quando a ajuda é fornecida por parentes do autor do delito (**ascendente, descendente, cônjuge ou irmão**), dar-se-á uma **escusa absolutória**, ficando estes isentos de pena.

---

[94] "A conduta da acusada de auxiliar seu genro para que o mesmo não fosse alcançado fisicamente pela ação da autoridade policial, ciente da imputação que pesava contra o mesmo, auxiliando-o na sua fuga, configura o delito tipificado no art. 348, do CP" (TJMG, ApCr 1.0105.16.038044-7/001, rel. Des. Jaubert Carneiro Jaques, 6ª CCr, j. 1º-8-2017).

6.2. Sujeito passivo

É o Estado, notadamente a Justiça Penal, que se vê impedida de pôr as mãos sobre o autor de um crime.

7. CONSUMAÇÃO E TENTATIVA

7.1. Consumação

Ocorre a consumação do crime quando o criminoso se furta à ação da autoridade, mesmo que por breve período de tempo (**crime material ou de resultado**).

7.2. Tentativa

Admite-se a forma tentada, porquanto o favorecimento pode ser prestado mediante vários atos que, por circunstâncias alheias à vontade do agente, não impedem que a autoridade detenha o criminoso, nem sequer por breve instante.

8. FORMA PRIVILEGIADA (ART. 348, § 1º)

"Se ao crime não é cominada pena de reclusão", o fato é censurado de maneira mais branda: detenção, de quinze dias a três meses, e multa.

Essa solução evita que o favorecimento seja tratado de maneira mais rigorosa que o delito cometido por quem se procurou auxiliar.

9. ESCUSA ABSOLUTÓRIA (ART. 348, § 2º)

"Se quem presta o auxílio é ascendente, descendente, cônjuge ou irmão do criminoso, fica isento de pena." Não se poderia exigir de tais pessoas, em homenagem ao sentimento que nutrem por seu parente, que o auxílio prestado ao ente querido fosse penalmente censurado. Afigura-se-nos possível incluir no rol o companheiro, por analogia *in bonam partem*.

10. CLASSIFICAÇÃO JURÍDICA

O favorecimento pessoal constitui *crime de conduta livre* (admite qualquer meio executivo), *comum* (qualquer um pode cometê-lo), *monossubjetivo ou de concurso eventual* (pode ser praticado por uma só pessoa ou várias em concurso – art. 29 do CP), *material ou de resultado* (exige o resultado naturalístico para fins de consumação), *instantâneo* (ou permanente, conforme a conduta praticada) e *plurissubsistente* (o *iter criminis* pode ser fracionado).

Considera-se, ainda, *crime acessório*, pois exige a comprovação de um delito antecedente, que é seu pressuposto (ambos deverão ser apurados no mesmo processo, porquanto há conexão instrumental ou probatória entre eles, nos termos do art. 76, III, do CPP). De observar-se, contudo, que não se dará a reunião de processos quando um dos fatos já se encontrar julgado, *ex vi* do art. 82 do CPP e da Súmula 235 do STJ.

Recorde-se que, nos termos do art. 108, 1ª parte, do CP: "A extinção da punibilidade de crime que é pressuposto, elemento constitutivo ou circunstância agravante de outro não se estende a este".

11. PENA E AÇÃO PENAL

A pena é de detenção, de um a seis meses, e multa. Cuida-se de delito de pequeno potencial ofensivo, de competência dos Juizados Especiais Criminais, ao qual se aplicam as medidas despenalizadoras e o rito comum sumaríssimo, previstos na Lei n. 9.099/95.

A ação penal é de iniciativa **pública incondicionada**.

ART. 349 – FAVORECIMENTO REAL

1. DISPOSITIVO LEGAL

Favorecimento real

Art. 349. Prestar a criminoso, fora dos casos de coautoria ou de receptação, auxílio destinado a tornar seguro o proveito do crime:

Pena – detenção, de 1 (um) a 6 (seis) meses, e multa.

2. VALOR PROTEGIDO (OBJETIVIDADE JURÍDICA)

O valor protegido é a **Administração da Justiça**, com o intuito de impedir o êxito de ações criminosas.

3. TIPO OBJETIVO

Tanto no favorecimento pessoal quanto no real o agente, que nenhuma participação (moral ou material) tomou no crime anterior, procura ajudar o criminoso. No favorecimento pessoal, auxilia-o a fugir, ocultar-se ou não ser identificado; no favorecimento real, a tornar seguro o proveito do crime.

No tipo penal do art. 349, a ação nuclear consubstancia-se na conduta de *prestar auxílio* (i. e., fornecer ajuda, conceder amparo) *a criminoso*, fora dos casos de coautoria ou de receptação, visando a (elemento subjetivo específico) tornar seguro o proveito do crime (**excluem-se as contravenções penais**).

Pode ser cometido por qualquer meio (crime onímodo), por exemplo, ocultando o bem subtraído, adquirindo bens em nome do criminoso com os valores provenientes da prática delitiva, ajudando a descontar cheque subtraído etc. O ato de substituir sinais de identificação de veículos automotores objetos de delito anterior enquadra-se no art. 311 do CP (princípio da especialidade).

Conforme ressalva constante da norma incriminadora, **a conduta não abrange os casos de** *coautoria* **(leia-se: autoria, coautoria e participação) ou** *receptação***:**

a) Aquele que, de alguma forma, tomou parte no crime anterior, auxiliando moral ou materialmente seus executores, antes ou durante o *iter criminis*, será considerado coautor ou partícipe do fato antecedente, mas nunca autor de favorecimento real, ainda que seja responsável apenas por tornar seguro o proveito do crime (p. ex., alguém promete a seu amigo que, se o roubo que ele está por praticar tiver êxito, guardará em sua casa o dinheiro subtraído)[95].

b) Também não há confundir o favorecimento real com a receptação (CP, art. 180), notadamente na modalidade "ocultar coisa que sabe ser produto de crime", em que os tipos se assemelham. No crime contra a administração da Justiça, a conduta do sujeito ativo beneficia o próprio autor do crime anterior. Na *receptação*, o beneficiado é o próprio **receptador** ou **terceiro**, diverso de quem praticou a infração precedente. Logo, **a pessoa que esconde veículo roubado para que o autor da subtração fique impune e depois o devolve incorre em** *favorecimento real*. Nesse crime, ademais, **o proveito pode ser econômico ou não** (p. ex., proveito moral), ao passo que na **receptação**, só pode ser de **natureza econômica**.

Por *proveito do crime* deve-se entender **seu preço** (p. ex., o dinheiro dado pelo mandante para que alguém cometa um homicídio) ou **produto** (o bem diretamente obtido com o crime, tais como a *res furtivae*, o bem apropriado ou obtido mediante estelionato etc.).

---

[95] "Não há falar em desclassificação do crime de roubo para o de favorecimento real, diante da demonstração inequívoca de autoria do crime contra o patrimônio por parte do acusado. – No favorecimento real o auxílio ao criminoso deve ser prestado após a consumação do delito praticado pelo favorecido, sem contribuição para a idealização ou para a execução do crime anterior, de que o agente só vem a tomar ciência após a sua consumação. – Não se reconhece a participação de menor importância, mas coautoria, se as provas dos autos demonstram que o agente tinha pleno domínio final do fato, para o qual estava previamente ajustado com os comparsas" (TJMG, ApCr 1.0024.21.031570-1/001, rel. Des. Haroldo André Toscano de Oliveira (JD Convocado), 4ª CCr, j. 24-8-2022). Ver também: TJMG, ApCr 1.0000.24.305793-2/001, rel. Des. Alberto Deodato Neto, 1ª CCr., j. 3-9-2024.

Note que é possível favorecimento real ainda quando o fato antecedente não se consumou. Exemplo: o agente recebe determinada quantia para cometer um homicídio mas não consegue matar a vítima, entregando o dinheiro a alguém, que o auxilia, tornando seguro o preço do crime.

É de se indagar qual o tipo penal aplicável quando o agente auxilia a ocultar o *instrumento* do crime (*v.g.*, alguém guarda uma faca utilizada pelo homicida, para ajudá-lo a evitar sua prisão)? Nesse caso, há *favorecimento pessoal*. Note que tal conduta se traduz na ocultação do *instrumento* do crime, fato não abrangido pelas elementares do art. 349 do CP (solução diversa importaria em ofensa ao princípio da legalidade). No exemplo formulado, se o instrumento do crime fosse *arma de fogo*, entretanto, haveria **posse irregular ou porte ilegal**, nos termos dos arts. 12, 14 ou 16 do Estatuto do Desarmamento – Lei n. 10.826/2003[96].

Há autores para os quais só comete favorecimento real quem auxilia pessoa condenada por decisão transitada em julgado, pois a lei refere-se ao ato de prestar auxílio a *criminoso*, pecha que só poderia ser atribuída a quem foi declarado autor de um crime por decisão irrecorrível, em face do princípio da presunção de inocência (CF, art. 5º, LVII). Pensamos, contudo, que essa exegese não se ajusta ao sentido da norma, que pretendeu com a expressão assinalada diferenciar o âmbito de extensão do tipo, de modo a não confundir casos de receptação (em que o benefício se dá em prol do agente ou de terceiro) com os de favorecimento real (no qual a conduta visa a auxiliar o próprio autor do crime pressuposto), além de afastar da incriminação ajudas fornecidas a "contraventores".

Outra indagação relevante reside em perquirir se há favorecimento real quando o auxílio prestado beneficia inimputáveis ou quando já ocorreu a extinção da punibilidade quanto ao fato antecedente. A resposta deve ser afirmativa, pois a **inimputabilidade não exclui o crime**, embora impeça a aplicação da pena; o mesmo se pode dizer das causas que extinguem a punibilidade, desde que verificadas depois do trânsito em julgado da condenação, porque estas apenas atingem a possibilidade jurídica de aplicação da sanção penal, com exceção de duas: anistia e *abolitio criminis* (nestas hipóteses, bem como naquelas em que a extinção do direito de punir do Estado opera-se antes do trânsito em julgado de eventual condenação, não se poderá reconhecer o favorecimento real).

---

[96] De notar-se que a Lei n. 13.497, de 26-10-2017, inclui a posse irregular e o porte ilegal de arma de fogo de uso restrito, tipificados no art. 16 do Estatuto do Desarmamento, no rol dos crimes hediondos (art. 1º, parágrafo único, da Lei n. 8.072/90).

4. TIPO SUBJETIVO

O favorecimento real somente é apenado na forma **dolosa**, requerendo-se, dessa forma, consciência e vontade de fornecer alguma ajuda a quem se saiba criminoso, com o escopo deliberado de tornar seguro o proveito do crime (**elemento subjetivo específico**).

5. SUJEITOS DO CRIME

5.1. Sujeito ativo

Qualquer pessoa pode figurar como sujeito ativo da infração (**crime comum**), já que o tipo não exige qualquer predicado ou qualidade especial do agente.

5.2. Sujeito passivo

É o Estado, a quem incumbe zelar pela administração e consecução da Justiça.

6. CONSUMAÇÃO E TENTATIVA

6.1. Consumação

Dá-se a consumação do tipo com o fornecimento do auxílio, ainda que não se obtenha a finalidade pretendida, consistente em tornar seguro o proveito do crime (**delito formal ou de consumação antecipada**).

6.2. Tentativa

Admite-se a forma tentada em função da cindibilidade do *iter criminis*.

7. CLASSIFICAÇÃO JURÍDICA

O favorecimento real classifica-se como *crime de conduta livre* (pode ser cometido por qualquer meio executório), *comum* (qualquer pessoa pode figurar como sujeito ativo, salvo o autor, coautor ou partícipe do crime antecedente), *monossubjetivo ou de concurso eventual* (admite atuação isolada ou em conjunto, caracterizando o concurso de pessoas – art. 29 do CP), *formal ou de consumação antecipada* (seu *summatum opus* independe de se alçar o resultado naturalístico desejado, traduzido em tornar efetivamente seguro o proveito do crime anterior), *instantâneo* (sua fase consumativa não se prolonga no tempo; conforme o caso, todavia, pode haver crime permanente, p. ex., no caso de ocultação de bens) e *plurissubsistente* (o *iter criminis* admite fracionamento).

De modo semelhante ao favorecimento pessoal, cuida-se de **crime acessório**, já que **requer a existência de um delito antecedente** (patrimonial ou não, tentado ou consumado), que é seu pressuposto (ambos deverão ser apurados no mesmo processo, porquanto há **conexão instrumental ou probatória** entre eles, nos termos do art. 76, III, do CPP). De observar-se, contudo, que não se dará a reunião de processos quando um dos fatos já se encontrar julgado, *ex vi* do art. 82 do CPP e da Súmula 235 do STJ. Não se podem olvidar, ainda, os termos do art. 108, 1ª parte, do CP: "A extinção da punibilidade de crime que é pressuposto, elemento constitutivo ou circunstância agravante de outro não se estende a este".

8. PENA E AÇÃO PENAL

A pena é de detenção, de um a seis meses, e multa. Trata-se, portanto, de infração de menor potencial ofensivo, sujeitando-se às medidas despenalizadoras previstas na Lei n. 9.099/95, bem como à competência *ratione materiae* dos Juizados Especiais e ao rito comum sumaríssimo.

A ação penal é de iniciativa **pública incondicionada**.

ART. 349-A – FAVORECIMENTO REAL IMPRÓPRIO

1. DISPOSITIVO LEGAL

Art. 349-A. Ingressar, promover, intermediar, auxiliar ou facilitar a entrada de aparelho telefônico de comunicação móvel, de rádio ou similar, sem autorização legal, em estabelecimento prisional.

Pena: detenção, de 3 (três) meses a 1 (um) ano.

2. VALOR PROTEGIDO (OBJETIVIDADE JURÍDICA)

A norma incriminadora busca proteger a **Administração Pública**, notadamente no tocante ao **regular cumprimento de penas privativas de liberdade** e à **execução de prisões provisórias**, funções relacionadas com a administração da Justiça.

O art. 349-A constitui *novatio legis* incriminadora, somente alcançando condutas praticadas a partir de 7-8-2009, data de sua entrada em vigor. Não se aplica retroativamente, em face do disposto no art. 5º, XL, da CF.

O *locus* em que está inserida a infração revela ter o legislador considerado-a modalidade criminosa próxima ao favorecimento real, podendo-se então denominá-la de *favorecimento real impróprio*.

3. BREVE HISTÓRICO

A utilização de aparelhos de comunicação móvel em estabelecimentos prisionais tornou-se, a partir da última década, grave problema de segurança pública.

No início dos anos 2000, viu-se um progressivo crescimento da telefonia celular móvel em nosso país, acompanhado da oferta, cada vez mais intensa e menos exigente de formalidades (notadamente na modalidade de aparelhos e *chips* pré-pagos), de dispositivos para conversação a distância.

Os criminosos não ficaram alheios a tais facilidades e aproveitaram para se abastecer de incontáveis linhas telefônicas móveis, com as quais começaram a cometer delitos do interior de prisões, coordenar ações e a gerenciar organizações criminosas. O Estado, então, apercebeu-se da necessidade de combater esse expediente. No plano jurídico, a primeira tentativa de reprimir o ato deu-se com a edição de regulamentos administrativos no âmbito estadual, impondo sanções disciplinares que levavam à cassação de benefícios, como se falta grave fosse.

Ocorre, todavia, que a Lei de Execução Penal somente autoriza o Estado-membro a dispor sobre faltas leves e médias, sendo as graves albergadas por reserva de lei federal (art. 49 da LEP, *a contrario sensu*). Justamente com esse fundamento, o Superior Tribunal de Justiça cassou inúmeras decisões que impuseram a perda dos dias remidos a presos flagrados com aparelho celular (posto que tal consequência somente pode advir de falta grave)[97].

Nossos legisladores, então, visando a suprir a lacuna identificada, apressaram-se em aprovar a Lei n. 11.466/2007, que incluiu no inciso VII do art. 50 da Lei de Execução Penal, considerando falta grave o ato de ter na "posse, utilizar ou fornecer aparelho telefônico, de rádio ou similar, que permita a comunicação com outros presos ou com o ambiente externo". Além disso, incluíram no Código Penal o art. 319-A, punindo o diretor de penitenciária ou agente público que se omitir no dever de impedir o ingresso de tais objetos no ambiente prisional.

Colmatava-se, então, a lacuna acima mencionada. Outra, todavia, permanecera, porquanto os particulares responsáveis pela introdução dos

---

[97] *Vide*, por exemplo, "Resolução da Secretaria de Administração Penitenciária do Estado de São Paulo tipificando a conduta como falta grave não é suficiente para legitimar a decisão, pois nos termos do art. 49 da Lei n. 7.210/84, a legislação local somente está autorizada a especificar as condutas que caracterizem faltas leves ou médias e suas respectivas sanções" (STJ, HC 155.372/SP, rel. Min. Marco Aurélio Bellizze, 5ª T., *DJe* de 15-8-2012). Igualmente a 6ª T.: HC 322.503/SP, rel. Min. Sebastião Reis Júnior, j. 18-6-2015, *DJe* de 3-3-2015.

aparelhos no estabelecimento prisional, salvo quando conluiados com o servidor penitenciário, permaneciam impunes. Por esse motivo, adveio, em 2009, a Lei n. 12.012, incluindo no Código o art. 349-A, com vistas a tipificar referida conduta ("ingressar, promover, intermediar, auxiliar ou facilitar a entrada de aparelho telefônico de comunicação móvel, de rádio ou similar, sem autorização legal, em estabelecimento prisional").

4. TIPO OBJETIVO

Pune-se o *ingresso* (entrada) de aparelho telefônico de comunicação móvel, rádio ou similar, sem autorização legal, em estabelecimento prisional.

A lei incrimina, também, o ato de *promover* (efetuar, direta ou indiretamente), *intermediar* (atuar como intermediador, interceder), *auxiliar* (prestar ajuda) ou *facilitar* a entrada do dispositivo de comunicação a distância. O legislador foi redundante ao incluir essas condutas nucleares, pois constituem atos típicos de participação. A rigor, bastaria inserir na disposição legal a conduta de "ingressar", e os atos de promover, intermediar, auxiliar ou facilitar a entrada do objeto já estariam inseridos na norma incriminadora, sob a forma genérica de participação, prevista no art. 29 do CP (norma de extensão da figura típica); afinal, como diz o *caput* do dispositivo mencionado, todo aquele que concorre para o crime incide nas penas a este cominadas, na medida de sua culpabilidade.

O **objeto material**, isto é, a coisa sobre a qual recai a conduta, é o **aparelho** telefônico de comunicação móvel, de rádio ou similar; *v.g.*, o aparelho de telefonia móvel, os radiocomunicadores, *walkie-talkies*, dispositivos que permitam acesso à rede mundial de computadores (internet) etc. Estão incluídas na disposição, ainda, **as partes essenciais do objeto**, tais como seu **chip**, **bateria** ou **antena**. Não se trata de analogia *in malam partem* (vedada), mas de **interpretação extensiva** (**permitida**), já que a norma não é ampliada, nesse caso, para fora de seu âmbito, atingindo situação nela não prevista, mas estendida dentro do limite de seu próprio âmbito, porque se nota que o legislador disse menos do que queria (*lex dixit minus quam voluit*). A prevalecer solução diversa, a lei coibiria o ingresso do aparelho intacto, mas não puniria sua entrada fracionada, o que se mostra de todo absurdo.

O Superior Tribunal de Justiça já decidiu várias vezes, no que se refere à caracterização de falta grave (art. 50, VII, da LEP), que a posse de *chip* de aparelho celular configura o ilícito penitenciário tanto quanto a do objeto inteiro[98].

---

[98] Nesse sentido: "Segundo entendimento da Terceira Seção deste Tribunal Superior, a posse de aparelho celular, bem como de seus componentes essenciais, tais como 'chip', carregador ou bateria, isoladamente, constitui falta disciplinar de natureza grave após

Parece-nos que idêntico raciocínio há de prevalecer para a caracterização do delito em estudo, até porque os princípios constitucionais penais, como a legalidade e a retroatividade benéfica, são aplicáveis à esfera da execução penal e, se não há ofensa a eles na fase executiva, não há por que reconhecê--lo no que toca à tipificação do art. 349-A.

Em que pese o fato constituir falta grave para o regime disciplinar da execução penal, a Corte decidiu que a conduta do particular de ingressar com *chip* de celular deve ser considerada **atípica**, em atenção ao princípio da legalidade[99].

Deve-se considerar estabelecimento prisional **todo o recinto destinado a albergar presos, definitivos ou provisórios**. Abrange as penitenciárias, as colônias penais agrícolas ou industriais, as casas de albergado, as cadeias públicas, centros de detenção provisória e as celas localizadas em distritos policiais. Não inclui, porém, fatos ocorridos no interior de instituições referentes ao cumprimento de medida socioeducativa de internação (cominadas a adolescentes autores de atos infracionais graves). Isso porque "internação" não se confunde com "prisão" e, via de consequência, "interno" não é o mesmo que "preso".

Há, finalmente, o **elemento normativo** do tipo consubstanciado na expressão: "**sem autorização legal**".

5. TIPO SUBJETIVO

O crime somente é punido na forma **dolosa**. Exige-se que a pessoa atue com consciência e vontade de realizar, direta ou indiretamente, a entrada do aparelho em estabelecimento prisional, sem que possua autorização legal para fazê-lo.

Pode-se dizer que há um **elemento subjetivo implícito**, consiste no intuito de fazer com que o objeto chegue às mãos de um preso, isso porque o escopo da norma é evitar que este receba o dispositivo capaz de viabilizar sua comunicação a distância com outras pessoas.

6. SUJEITOS DO CRIME

6.1. Sujeito ativo

Pode ser qualquer pessoa (como familiares do detento ou advogados) e até o próprio detento (**crime comum**).

---

o advento da Lei n. 11.466/2007" (AgRg no HC 664.000/SC, rel. Min. Jesuíno Rissato (Desembargador convocado do TJDFT), 5ª T., j. 24-8-2021).

[99] HC 619.776/DF, rel. Min. Ribeiro Dantas, 5ª T., j. 20-4-2021.

Lembre-se de que o preso que utiliza aparelho de telefonia celular, só por esse fato, não comete crime algum. Essa conduta constitui, para o indivíduo privado de sua liberdade, falta grave, sujeitando-o, portanto, a um maior rigor durante o cumprimento de sua pena (proibição de progressão de regime, perda do direito aos dias remidos etc.). É o que dispõe o art. 50, VII, da LEP (Lei de Execução Penal)[100]. Caso o detento, todavia, tenha colaborado com o ingresso do objeto para os limites internos do estabelecimento penal, além da sanção penitenciária, ficará sujeito às penas do art. 349-A do CP. Não se pode afastar, ainda, a possibilidade de que este seja o executor material do delito, por exemplo, quando do retorno de uma audiência no Fórum trouxer o aparelho que lhe foi entregue por terceiro, ou ainda, se obtiver o benefício da saída temporária ou do trabalho externo e, por ocasião de seu regresso à instituição, ingressar com o dispositivo em seu interior.

O **funcionário público responsável pela fiscalização do estabelecimento prisional** (como o diretor ou o carcereiro) não pode ser sujeito ativo dessa infração. Para ele, **aplica-se a norma do art. 319-A do CP** ("prevaricação imprópria"), que consiste no ato de "deixar o Diretor de Penitenciária e/ou agente público de cumprir seu dever de vedar ao preso o acesso a aparelho telefônico, de rádio ou similar, que permita a comunicação com outros presos ou com o ambiente externo"; a pena é idêntica à do art. 349-A, ou seja, detenção de três meses a um ano. Essa similitude do espectro sancionador, em nosso sentir, representa uma distorção, dado que o ato praticado pelo servidor público é mais grave do que aquele cometido pelo particular, pois aquele viola deveres inerentes à função exercida.

6.1.1. Exceção pluralística à teoria monista

O Código Penal adotou, em matéria de concurso de pessoas, a teoria unitária ou monista, segundo a qual todo aquele que concorre para o crime incide nas penas a este cominadas (na medida de sua culpabilidade).

Há, contudo, exceções pluralísticas, como ocorre, por exemplo, no crime de corrupção, em que o funcionário corrupto é enquadrado no art. 317 do CP (corrupção passiva) e o particular corruptor, no art. 333 (corrupção ativa).

A norma do art. 349-A encerra outra exceção à teoria unitária. Assim, o funcionário público que, de forma omissiva ou comissiva, descumprir seu dever de impedir o ingresso do aparelho telefônico ou similar (p. ex.,

---

[100] "Comete falta grave o condenado à pena privativa de liberdade que: (...) VII – tiver em sua posse, utilizar ou fornecer aparelho telefônico, de rádio ou similar, que permita a comunicação com outros presos ou com o ambiente externo."

fazendo "vistas grossas" durante a revista pessoal), será enquadrado no crime de prevaricação imprópria (art. 319-A) e o particular que promover a entrada do objeto cometerá o favorecimento real impróprio (art. 349-A).

6.2. Sujeito passivo

É o Estado, titular da Administração Pública.

7. CONSUMAÇÃO E TENTATIVA

7.1. Consumação

O crime se consuma com **o efetivo ingresso do aparelho no estabelecimento,** ainda que não chegue às mãos do preso (o que constituirá mero exaurimento).

7.2. Tentativa

É admissível, porquanto a norma incriminadora enuncia infração **plurissubsistente.** Seu *iter criminis* pode ser fracionado em diversos atos. Pode alguém, por exemplo, ser surpreendido pela fiscalização carcerária ao tentar ingressar com o aparelho no estabelecimento prisional, depois do alerta do detector de metais.

8. PRINCÍPIO DA CONSUNÇÃO OU ABSORÇÃO

O favorecimento real impróprio pode servir como meio para a prática de outro mais grave. Imagine-se, por exemplo, que uma pessoa atenda à solicitação de um preso e, ciente de que ele utilizará o meio de comunicação para comandar à distância um crime de extorsão mediante sequestro (p. ex., dirigindo a atividade de seus comparsas, comunicando-se com a família para negociar o resgate etc.), entregue-lhe o aparelho. Nesse caso, o particular que promoveu o ingresso será partícipe do delito patrimonial (art. 159 do CP), ficando absorvido por este o crime do art. 349-A, com base no princípio da consunção.

Quanto ao detento, aplica-se a mesma conclusão, salvo se demonstrado que o aparelho foi por este utilizado para entabular outros contatos que não tenham guardado relação com o *majus delictum*, pois, se assim ocorrer, terá a potencialidade lesiva do favorecimento real impróprio extravasado o crime-fim. No que pertine à caracterização de falta grave decorrente da utilização do objeto, não há dúvida de que subsistirá, seja em razão da pluriobjetividade dos comportamentos, seja porque o cometimento de crime doloso, por si só, acarreta o ilícito penitenciário, nos termos do art. 52, *caput*, 1ª parte, da LEP.

9. CLASSIFICAÇÃO JURÍDICA

Cuida-se de delito *de forma ou ação livre* (admite qualquer meio executivo), *comum* (qualquer pessoa pode praticá-lo, salvo o servidor público a quem incumbe o dever de fiscalizar o ingresso do aparelho no ambiente prisional, o qual responderá pelo crime do art. 319-A), *monossubjetivo ou de concurso eventual* (pode ser cometido por uma só pessoa ou várias em concurso – art. 29 do CP), *de mera conduta ou simples atividade* (basta a realização da ação descrita no tipo para fins de consumação), *instantâneo* (sua fase consumativa não se prolonga no tempo) e *plurissubsistente* (o *iter criminis* comporta fracionamento).

10. PENA E AÇÃO PENAL

A pena cominada é de detenção, de três meses a um ano. Trata-se de infração penal de menor potencial ofensivo, sujeitando-se às benesses da Lei n. 9.099/95, bem como à competência *ratione materiae* dos Juizados Especiais e ao rito comum sumaríssimo.

O delito é de ação penal de iniciativa **pública incondicionada.**

ART. 350 – EXERCÍCIO ARBITRÁRIO OU ABUSO DE PODER

1. DISPOSITIVO LEGAL

Exercício arbitrário ou abuso de poder

Art. 350. (*Revogado pela Lei n. 13.869/2019.*)

2. REVOGAÇÃO EXPRESSA

Existia em doutrina e jurisprudência controvérsia a respeito da vigência do art. 350 do CP. Para a maior parte de nossos autores, podendo destacar-se, entre outros, Guilherme Nucci[101], Delmanto[102] e Rogério Greco[103], o art. 350 fora ab-rogado pela extinta Lei dos Crimes de Abuso de Autoridade (Lei n. 4.898/65), pois entendiam que todos os comportamentos descritos no Código Penal encontram-se na citada Lei.

---

[101] *Código Penal comentado*, p. 1170.

[102] *Código Penal comentado*, p. 1015.

[103] *Curso de direito penal*, v. 4, p. 629.

Damásio de Jesus[104] e Paulo José da Costa Jr.[105], de sua parte, filiavam-se à tese da derrogação, sustentando, com isso, a subsistência dos incisos I, II e IV do parágrafo único do art. 350 do CP.

Em nossa opinião, a razão estava com os últimos, posto que no cotejo entre os preceitos do CP e as alíneas do art. 4º da Lei n. 4.898/65, percebia-se que não havia espaço para confusão, operando as condutas incriminadas em diferentes âmbitos. Poder-se-ia considerar, entretanto, que a revogação implícita encontrava respaldo no art. 3º do Diploma multicitado; ocorre, todavia, que suas prescrições eram formuladas com termos vagos e imprecisos, que maculavam o princípio da taxatividade da lei penal. Não se encontrava nelas, com efeito, o necessário mandato de certeza que deve advir das cominações criminais. Vulneravam, portanto, a legalidade (CF, art. 5º, XXXIX), não se lhes podendo outorgar qualquer validade jurídica, inclusive para revogar normas vigentes.

Na jurisprudência, embora fosse possível notar tendência nos tribunais locais a considerar inteiramente revogada a disposição do Código Penal, *o Superior Tribunal de Justiça acolhia a segunda corrente*[106].

Essa discussão encontra-se, agora, superada, pois a **Lei n. 13.869**, de 5 de setembro de 2019, que trata dos crimes de abuso de autoridade, **revogou expressamente o art. 350 do CP**.

3. BREVES NOTAS SOBRE A LEI DOS CRIMES DE ABUSO DE AUTORIDADE

A Lei n. 13.869/2019, que entrou em vigor no dia 4 de janeiro de 2020, descreve diversos comportamentos que configuram, em tese, abuso de autoridade.

De acordo com o texto, podem figurar como sujeitos ativos do delito quaisquer agentes públicos, servidores ou não, civis ou militares, que atuem no exercício da função ou a pretexto de exercê-la (ainda que de maneira transitória e sem remuneração), incluindo-se entre estes membros do Poder

---

[104] *Código Penal anotado*, p. 1136.

[105] Paulo José da Costa Jr. *Curso de direito penal*. 9. ed. São Paulo: Saraiva, 2008, p. 886.

[106] "A Lei n. 4.898/65 não trouxe dispositivo expresso para revogar o crime de abuso de poder insculpido no Código Penal. Assim, nos termos do art. 2º, §§ 1º e 2º, da Lei de Introdução ao Código Civil, aquilo que não for contrário ou incompatível com a lei nova, permanece em pleno vigor, como é o caso do inciso IV do parágrafo único do art. 350 do Código Penal" (STJ, HC 65.499/SP, rel. Min. Laurita Vaz, 5ª T., j. 27-3-2008, *DJe* de 28-4-2008).

Executivo, Legislativo, Judiciário, Ministério Público, e Tribunais de Constas, bem como integrantes da Administração Pública indireta ou fundacional.

O art. 1º, § 1º, da lei dispõe que os ilícitos penais nela definidos somente se verificarão quando o sujeito atuar imbuído dos seguintes propósitos: prejudicar outrem ou beneficiar a si mesmo ou a terceiro, ou, ainda, por mero capricho ou satisfação pessoal.

Constituem abuso de autoridade, à luz desta lei, os seguintes fatos:

a) decretar medida de privação da liberdade em manifesta desconformidade com as hipóteses legais ou deixar de, em prazo razoável, relaxar prisão manifestamente ilegal, de substituir a prisão preventiva por medida cautelar diversa ou de conceder liberdade provisória, quando manifestamente cabível ou de deferir liminar em *habeas corpus*, quando manifestamente cabível – pena: detenção de um a quatro anos, e multa;

b) decretar a condução coercitiva de testemunha ou investigado manifestamente descabida ou sem prévia intimação de comparecimento ao juízo (art. 10) – pena: detenção, de um a quatro anos, e multa;

c) deixar injustificadamente de comunicar prisão em flagrante à autoridade judiciária no prazo legal (art. 12, *caput*) – pena: detenção, de seis meses a dois anos, e multa;

d) deixar de comunicar, imediatamente, a execução de prisão temporária ou preventiva à autoridade judiciária que a decretou (art. 12, parágrafo único, inciso I) – pena: detenção, de seis meses a dois anos, e multa;

e) deixar de comunicar, imediatamente, a prisão de qualquer pessoa e o local onde se encontra à sua família ou à pessoa por ela indicada (art. 12, parágrafo único, inciso II) – pena: detenção, de seis meses a dois anos, e multa;

f) deixar de entregar ao preso, no prazo de 24 (vinte e quatro) horas, a nota de culpa, assinada pela autoridade, com o motivo da prisão e os nomes do condutor e das testemunhas (art. 12, parágrafo único, inciso III) – pena: detenção, de seis meses a dois anos, e multa;

g) prolongar a execução de pena privativa de liberdade, de prisão temporária, de prisão preventiva, de medida de segurança ou de internação, deixando, sem motivo justo e excepcionalíssimo, de executar o alvará de soltura imediatamente após recebido ou de promover a soltura do preso quando esgotado o prazo judicial ou legal (art. 12, parágrafo único, inciso IV) – pena: detenção, de seis meses a dois anos, e multa;

h) constranger o preso ou o detento, mediante violência, grave ameaça ou redução de sua capacidade de resistência a exibir-se ou ter seu corpo ou parte dele exibido à autoridade pública, a submeter-se a situação vexatória ou a constrangimento não autorizado em lei ou a produzir prova contra si mesmo (art. 13) – pena: detenção de um 1 a quatro anos, e multa, sem prejuízo da pena correspondente à violência;

i) constranger a depor, sob ameaça de prisão, pessoa que, em razão de função, ministério, ofício ou profissão, deva guardar segredo ou resguardar sigilo (art. 15) – pena: detenção, de um a quatro anos, e multa;

j) deixar de identificar-se ou identificar-se falsamente ao preso por ocasião de sua captura ou quando deva fazê-lo durante sua detenção ou prisão ou deixar o responsável pelo interrogatório em sede de procedimento investigatório de infração penal, de identificar-se ao preso ou atribuir a si mesmo falsa identidade, cargo ou função. (art. 16) – detenção, de seis meses a dois anos, e multa;

l) submeter o preso a interrogatório policial durante o período de repouso noturno, salvo se capturado em flagrante delito ou se ele, devidamente assistido, consentir em prestar declarações (art. 18) – pena: detenção, de seis meses a dois anos, e multa;

m) impedir ou retardar, injustificadamente, o envio de pleito de preso à autoridade judiciária competente para a apreciação da legalidade de sua prisão ou das circunstâncias de sua custódia (art. 19, *caput*) – pena: detenção, de um a quatro anos, e multa;

n) deixar o magistrado que, ciente do impedimento ou da demora, de tomar as providências tendentes a saná-lo ou, não sendo competente para decidir sobre a prisão, deixa de enviar o pedido à autoridade judiciária que o seja (art. 19, parágrafo único) – pena: detenção, de um a quatro anos, e multa;

o) impedir, sem justa causa, a entrevista pessoal e reservada do preso com seu advogado ou impedir o preso, o réu solto ou o investigado de entrevistar-se pessoal e reservadamente com seu advogado ou defensor, por prazo razoável, antes de audiência judicial, e de sentar-se ao seu lado e com ele comunicar-se durante a audiência, salvo no curso de interrogatório ou no caso de audiência realizada por videoconferência (art. 20) – pena: detenção, de seis meses a dois anos, e multa;

p) manter presos de ambos os sexos na mesma cela ou espaço de confinamento (art. 21, *caput*) – pena: detenção, de um a quatro anos, e multa;

q) manter, na mesma cela, criança ou adolescente na companhia de maior de idade ou em ambiente inadequado, observado o disposto na Lei n. 8.069, de 13 de julho de 1990 (Estatuto da Criança e do Adolescente) (art. 21, parágrafo único) – pena: detenção, de um a quatro anos, e multa;

r) invadir ou adentrar, clandestina ou astuciosamente, ou à revelia da vontade do ocupante, imóvel alheio ou suas dependências, ou nele permanecer nas mesmas condições, sem determinação judicial ou fora das condições estabelecidas em lei (art. 22, *caput*) – pena: detenção, de um a quatro anos, e multa;

s) coagir alguém, mediante violência ou grave ameaça, a franquear-lhe o acesso a imóvel ou suas dependências (art. 22, parágrafo único, I) – pena: detenção, de um a quatro anos, e multa;

t) cumprir mandado de busca e apreensão domiciliar após as 21h ou antes das 5h (art. 22, parágrafo único, III) – pena: detenção, de um a quatro anos, e multa;

u) inovar artificiosamente, no curso de diligência, de investigação ou de processo, o estado de lugar, de coisa ou de pessoa, com o fim de eximir-se de responsabilidade ou de responsabilizar criminalmente alguém ou agravar-lhe a responsabilidade (art. 23, *caput*) – pena: detenção, de um a quatro anos, e multa;

v) inovar artificiosamente, no curso de diligência, de investigação ou de processo, o estado de lugar, de coisa ou de pessoa, com o fim de eximir-se de responsabilidade civil ou administrativa por excesso praticado no curso de diligência (art. 23, parágrafo único, I) – pena: detenção, de um a quatro anos, e multa;

x) inovar artificiosamente, no curso de diligência, de investigação ou de processo, o estado de lugar, de coisa ou de pessoa, com o fim de omitir dados ou informações ou divulgar dados ou informações incompletos para desviar o curso da investigação, da diligência ou do processo diligência (art. 23, parágrafo único, II) – pena: detenção, de um a quatro anos, e multa;

z) constranger, sob violência ou grave ameaça, funcionário ou empregado de instituição hospitalar pública ou privada a admitir para tratamento pessoa cujo óbito já tenha ocorrido, com o fim de alterar local ou momento de crime, prejudicando sua apuração (art. 24) – pena: detenção, de um a quatro anos, e multa;

aa) proceder à obtenção de prova, em procedimento de investigação ou fiscalização, por meio manifestamente ilícito (art. 25) – pena: detenção, de um a quatro anos, e multa;

bb) fazer uso de prova, em desfavor do investigado ou fiscalizado, com prévio conhecimento de sua ilicitude (art. 25, parágrafo único) – pena: detenção, de um a quatro anos, e multa;

cc) requisitar instauração ou instaurar procedimento investigatório de infração penal ou administrativa, em desfavor de alguém, à falta de qualquer indício da prática de crime, de ilícito funcional ou de infração administrativa (art. 27, *caput*) – pena: detenção, de seis meses a dois anos, e multa;

dd) divulgar gravação ou trecho de gravação sem relação com a prova que se pretenda produzir, expondo a intimidade ou a vida privada ou ferindo a honra ou a imagem do investigado ou acusado (art. 28) – pena: detenção, de um a quatro anos, e multa;

ee) prestar informação falsa sobre procedimento judicial, policial, fiscal ou administrativo com o fim de prejudicar interesse de investigado (art. 29) – pena: detenção, de seis meses a dois anos, e multa;

ff) dar início ou proceder à persecução penal, civil ou administrativa sem justa causa fundamentada ou contra quem sabe inocente (art. 30) – pena: detenção, de um a quatro anos, e multa;

gg) estender injustificadamente a investigação, procrastinando-a em prejuízo do investigado ou fiscalizado (art. 31, *caput*) – pena: detenção, de seis meses a dois anos, e multa;

hh) estender a investigação de forma imotivada, inexistindo prazo para execução ou conclusão de procedimento, procrastinando-o em prejuízo do investigado ou do fiscalizado (art. 31, parágrafo único) – pena: detenção, de seis meses a dois anos, e multa;

ii) negar ao interessado, ao seu defensor ou advogado acesso aos autos de investigação preliminar, ao termo circunstanciado, ao inquérito ou a qualquer outro procedimento investigatório de infração penal, civil ou administrativa, assim como impedir a obtenção de cópias, ressalvado o acesso a peças relativas a diligências em curso, ou que indiquem a realização de diligências futuras, cujo sigilo seja imprescindível (art. 32) – pena: detenção, de seis meses a dois anos, e multa;

jj) exigir informação ou cumprimento de obrigação, inclusive o dever de fazer ou de não fazer, sem expresso amparo legal (art. 33, *caput*) – pena: detenção, de seis meses a dois anos, e multa;

ll) utilizar de cargo ou função pública ou invocar a condição de agente público para se eximir de obrigação legal ou para obter vantagem ou privilégio indevido (art. 33, parágrafo único) – pena: detenção, de seis meses a dois anos, e multa;

mm) decretar, em processo judicial, a indisponibilidade de ativos financeiros em quantia que extrapole exacerbadamente o valor estimado para a satisfação da dívida da parte e, ante a demonstração, pela parte, da excessividade da medida, deixar de corrigi-la (art. 36) – pena: detenção, de um a quatro anos, e multa;

nn) demorar demasiada e injustificadamente no exame de processo de que tenha requerido vista em órgão colegiado, com o intuito de procrastinar seu andamento ou retardar o julgamento (art. 37) – pena: detenção, de seis meses a dois anos, e multa;

oo) antecipar o responsável pela investigação, por meio de comunicação, inclusive rede social, atribuição de culpa, antes de concluídas as apurações e formalizada a acusação (art. 38) – pena: detenção, de seis meses a dois anos, e multa.

Todos os crimes contidos na Lei n. 13.869/2019 são de ação penal **pública incondicionada** (art. 3º).

O art. 4º da lei autoriza que seja aplicado, como **efeito da condenação** a obrigação de tornar certa a obrigação de indenizar o dano causado pelo crime, devendo o juiz, a requerimento do ofendido, fixar na sentença o valor mínimo para indenização, considerando os prejuízos sofridos pelo sujeito passivo. No caso de réu reincidente específico em crimes definidos na lei, mediante decisão motivada, o juiz pode determinar, ainda, a inabilitação para o exercício do cargo, mandato ou função pública, pelo prazo de 1 a 5 anos ou, em casos mais graves, a perda do cargo, função pública ou mandato.

Os crimes de abuso de autoridade, quando cometidos *sem* violência ou grave ameaça contra a pessoa e desde que presentes os demais requisitos do art. 44 do Código Penal[107], admitem a substituição, na sentença, da pena privativa de liberdade por restritiva de direitos. O juiz, porém, não poderá impor qualquer pena restritiva, mas somente aquelas mencionadas no art. 5º da lei, de maneira isolada ou cumulativa: (i) prestação de serviços à comunidade ou entidades públicas; e, (ii) suspensão do exercício do cargo, da função ou do mandato, pelo prazo de um mês a seis meses, com perda dos vencimentos e vantagens.

ART. 351 – FUGA DE PESSOA PRESA OU SUBMETIDA A MEDIDA DE SEGURANÇA

1. DISPOSITIVO LEGAL

Fuga de pessoa presa ou submetida a medida de segurança

Art. 351. Promover ou facilitar a fuga de pessoa legalmente presa ou submetida a medida de segurança detentiva:

Pena – detenção, de 6 (seis) meses a 2 (dois) anos.

§ 1º Se o crime é praticado a mão armada, ou por mais de uma pessoa, ou mediante arrombamento, a pena é de reclusão, de 2 (dois) a 6 (seis) anos.

§ 2º Se há emprego de violência contra pessoa, aplica-se também a pena correspondente à violência.

§ 3º A pena é de reclusão, de 1 (um) a 4 (quatro) anos, se o crime é praticado por pessoa sob cuja custódia ou guarda está o preso ou o internado.

§ 4º No caso de culpa do funcionário incumbido da custódia ou guarda, aplica-se a pena de detenção, de 3 (três) meses a 1 (um) ano, ou multa.

---

[107] Ou seja: condenação a pena não superior a quatro anos; não reincidência em crime doloso; que a culpabilidade, os antecedentes, a conduta social e a personalidade do condenado, bem como os motivos e as circunstâncias indicarem que essa substituição seja suficiente.

2. VALOR PROTEGIDO (OBJETIVIDADE JURÍDICA)

Trata-se da **administração da Justiça,** em sentido amplo. A norma incriminadora mira, de modo particular, **a tutela da eficácia das decisões emanadas pela Justiça Criminal,** relativas à imposição de prisões processuais, penas privativas de liberdade ou medida de segurança detentiva (internação em hospital de custódia e tratamento). Abrange, ainda, a **salvaguarda da decisão cível que leva o devedor de alimentos à prisão**[108].

3. TIPO OBJETIVO

A conduta típica consiste em *promover* (organizar, fomentar, realizar, praticando todos os atos tendentes à sua execução) ou *facilitar* (auxiliar, ajudar o ato praticado pelo próprio preso ou internado) **a fuga de pessoa.**

Pune-se *o terceiro* que promove ou colabora, de qualquer modo, para a escapada daquele que se encontra com sua liberdade de locomoção restrita. Assim, por exemplo, incorre na disposição, na modalidade facilitar a fuga, quem fornece instrumentos, como limas, serras, escadas, cordas, disfarces, informações úteis etc.

As condutas podem ser perpetradas mediante **violência contra a coisa** ou **contra pessoa, grave ameaça** ou **fraude.** Quando se tratar de violência contra a pessoa, aplicar-se-ão cumulativamente as penas correspondentes ao art. 351 e à violência produzida (vias de fato, lesão corporal ou homicídio), conforme determina o § 2º da disposição.

A incriminação não se dirige contra o sentenciado, mas contra quem lhe empresta esforço para a fuga. Para o nosso legislador, o anseio de liberdade, sendo um sentimento imanente à condição humana, não mereceria ser reprovado criminalmente. Isto é, a tentativa do sentenciado de fugir do estabelecimento em que se encontra, também chamada de fuga simples (*i. e.,* quando realizada sem violência ou grave ameaça contra a pessoa), considera-se penalmente atípica[109]. Não se cuida, todavia, de atitude lícita, já que constitui dever

---

[108] Recorde-se de que, de acordo com o Supremo Tribunal Federal, a prisão civil do devedor de alimentos é a única modalidade de privação da liberdade de locomoção do indivíduo decretada por juízo cível compatível com nosso ordenamento jurídico, tendo em conta a Constituição Federal de 1988, no seu art. 5º, LXVII e § 2º, a Convenção Americana sobre Direitos Humanos (Pacto de S. José da Costa Rica), art. 7º, § 7º, e o Pacto Internacional sobre Direitos Civis e Políticos, art. 11. Justamente por isso, editou-se a Súmula Vinculante 25, assim redigida: "É ilícita a prisão civil de depositário infiel, qualquer que seja a modalidade do depósito".

[109] Coube ao Código Penal francês de 1810 conferir tal tratamento à fuga simples, ao argumento de que: "O desejo da liberdade é tão natural ao homem, que se não pode

de assumir conduta oposta aos movimentos de fuga, individuais ou coletivos (art. 39, IV, da LEP), além de configurar, por expressa disposição legal, infração disciplinar reconhecida como falta grave (art. 50, II), podendo acarretar a perda de benefícios legais relativos ao cumprimento da reprimenda.

O beneficiário da promoção ou facilitação deve ser o *preso* (a qualquer título: prisão civil, processual ou penal) ou *internado* (sujeito a medida de segurança detentiva).

O crime é onímodo, razão pela qual pode ser **cometido por qualquer meio**, direto ou indireto, comissivo ou omissivo (neste caso, exige-se dever jurídico de impedir a fuga).

Na modalidade "promover fuga", **dispensa-se o prévio conhecimento do ato pelo preso**. A conduta pode ser praticada *intra* ou *extra muros*, vale dizer, tanto no interior do estabelecimento prisional (cadeia, penitenciária, colônia penal etc.) quanto fora (viatura policial, hospital em que o preso se encontra para tratamento etc.).

Trata-se de *conditio sine qua non* para que se reconheça o caráter criminoso do fato que a **prisão** ou **internação** sejam *legais*, conforme expressamente figura no preceito primário da norma incriminadora. Tal exigência contida no tipo penal não se mostrava, contudo, indispensável. Isso porque, mesmo se o legislador não tivesse tido o cuidado de inserir semelhante elemento normativo do tipo, jamais se poderia reconhecer antijuridicidade no ato de emprestar ajuda a quem se encontra ilegalmente preso ou internado em hospital de custódia e tratamento. Ter-se-ia uma clara situação de legítima defesa de terceiro (se a iniciativa à fuga fosse promovida por quem está solto, sem o conhecimento do preso, embora em seu favor) ou auxílio à legítima defesa própria (se partisse do preso ou internado a iniciativa de recuperar sua liberdade ilicitamente coartada).

4. TIPO SUBJETIVO

O comportamento descrito no art. 351 do CP é apenado, como regra, na forma **dolosa**, exigindo-se, portanto, consciência e vontade em promover ou prestar auxílio a quem se encontra legalmente preso ou submetido a medida de segurança detentiva.

---

dizer criminoso aquele que, achando aberta a porta da prisão, a transpõe, evadindo-se" (Exposição de Motivos do Código Penal francês), citada por Hungria em seus *Comentários ao Código Penal*, p. 516.

5. SUJEITOS DO CRIME

5.1. Sujeito ativo

Qualquer pessoa pode figurar sujeito ativo (**crime comum**), seja ela particular ou funcionário público (neste caso, poder-se-á aplicar o § 3º). Só não incorre na disposição a própria pessoa presa ou internada, a não ser que fomente a fuga de outros.

Interessante questão reside em saber se a pessoa do povo que efetua uma prisão em flagrante, amparada pela faculdade concedida pelo art. 301 do CPP e, posteriormente, liberta o preso sem conduzi-lo à presença da autoridade policial, responde pelo crime do art. 351 do CP. A resposta deve ser negativa, pois não há para ela dever jurídico de prendê-lo ou conduzi-lo à autoridade policial. Ninguém pode ser punido pelo não exercício de uma faculdade legal.

O § 4º do art. 351 prevê a modalidade culposa, imputável somente ao funcionário a quem compete a guarda ou custódia do sentenciado.

5.2. Sujeito passivo

É o Estado, titular da administração da Justiça.

6. CONSUMAÇÃO E TENTATIVA

6.1. Consumação

Trata-se de **crime material ou de resultado,** cuja consumação depende do resultado naturalístico, consistente na efetiva fuga do preso ou da pessoa internada, o que se dá com a transposição dos muros do estabelecimento em que se encontrava recolhido o beneficiário do auxílio, ou, quando *extra muros*, no instante em que se logra desvencilhar da custódia do agente estatal.

6.2. Tentativa

Admite-se a tentativa, salvo quando a facilitação se der por meio de conduta omissiva.

7. FIGURAS QUALIFICADAS

7.1. Emprego de arma, concurso de pessoas ou arrombamento (§ 1º)

Enquanto a pena cominada no *caput* é de detenção, de seis meses a dois anos, se o crime é praticado *a mão armada, por mais de uma pessoa* ou *mediante arrombamento*, a pena é de reclusão, de dois a seis anos.

Cuida-se de circunstâncias alternativamente dispostas no tipo derivado, de modo que basta uma para que se devam reconhecer na sentença criminal os novos patamares punitivos. As demais qualificadoras, se presentes na situação concreta, deverão atuar como circunstâncias judiciais desfavoráveis, atuando como elementos desabonadores por ocasião da fixação da pena-base (além da determinação do regime inicial de cumprimento de pena e eventuais benefícios legais, como a substituição de prisão por pena alternativa e a suspensão condicional da pena – o *sursis*).

No que se refere à facilitação ou promoção de fuga **à mão armada**, exige-se, pela dicção do dispositivo legal, que o instrumento seja brandido pelo agente. Note-se que o legislador não utilizou fórmula semelhante àquela constante, por exemplo, dos arts. 157, § 2º, II, e 158, § 1º, em que agrava a pena do roubo e da extorsão quando o fato é praticado "com emprego de arma" (i. e., esteja ela ou não nas mãos do agente, desde que, obviamente, seja de algum modo exibida ou percebida pelo sujeito passivo).

A **arma**, ademais, pode *ser própria* (quando especificamente criada para vulnerar terceiros) ou *imprópria* (objeto cuja vocação não é ferir alguém, mas o sujeito o utiliza com esta finalidade). **Quando se tratar de *arma de fogo*, não deverá subsistir a qualificadora,** mas se reconhecer, ao invés, o **concurso de crimes** entre a infração capitulada no art. 351 (em sua forma simples ou circunstanciada por outros motivos, sob pena de configurar-se um *bis in idem*) e o delito de porte ilegal de arma de fogo previsto no Estatuto do Desarmamento (arts. 14 ou 16 da Lei n. 10.826/2003)[110].

Também qualifica a promoção ou facilitação de fuga *praticar o crime com mais de uma pessoa.* Não é necessário que todos estejam no palco da escapada, fazendo-se fundamental, todavia, que se encontrem **previamente conluiados** e, mediante combinação de esforços, obtenham (ou possam obter) alguma facilidade maior para lograr a consecução de seus propósitos; essa a *ratio* da elevação da pena, ou seja, a maior possibilidade de sucesso pela divisão de atividades. Deve-se anotar que o **preso ou indivíduo sujeito à medida de segurança detentiva não será computado nesse número**, até porque, como já dissemos, ele não incorre na presente disposição. Além disso, se assim não fosse, jamais se aplicaria o *caput* do art. 351, pois o sujeito ativo sempre contará com a ação do preso ou internado, pois é ele que fugirá de onde se encontra.

---

[110]De notar-se que a Lei n. 13.497, de 26-10-2017, inclui a posse irregular e o porte ilegal de arma de fogo de uso restrito, tipificados no art. 16 do Estatuto do Desarmamento, no rol dos crimes hediondos (art. 1º, parágrafo único, da Lei n. 8.072/90).

A última circunstância capaz de trazer a pena para os patamares rigorosos da figura derivada consiste em praticar o delito mediante **arrombamento**. Cuida-se aqui de qualquer ato material que possa levar **destruição total** ou **parcial dos obstáculos** à fuga existentes, como muros, janelas, portas, grades, fechos etc.

7.2. Sujeito ativo que tem o preso sob sua custódia ou guarda (§ 3º)

A pena será mais grave, ainda que em níveis inferiores ao § 1º (reclusão, de um a quatro anos), sempre que o delito for cometido por pessoa sob cuja custódia ou guarda está o preso ou o internado.

O fundamento do maior rigor punitivo está em que o autor da conduta, nesse caso, defrauda um dever que a lei lhe confiou, traduzido em manter o preso ou internado sob sua guarda ou custódia.

Pode-se citar como exemplo o ato do carcereiro que deliberadamente deixa aberta a cela do preso e o portão da cadeia.

Pondere-se, por fim, que **se o funcionário receber alguma vantagem para facilitar a fuga**, além do crime previsto no art. 351, comete **corrupção passiva**, em **concurso material**.

8. MODALIDADE CULPOSA (ART. 351, § 4º)

De acordo com o dispositivo citado: "No caso de culpa do funcionário incumbido da custódia ou guarda", aplica-se a pena de detenção, de três meses a um ano, ou multa.

O escopo da norma foi o de garantir o emprego de maiores cuidados que devem ter os servidores pentenciários com a guarda ou custódia do preso ou internado. Nesse caso, pressupõe-se que **a fuga seja promovida por terceiro** (até mesmo pelo próprio preso) e que **o servidor público encarregado da custódia ou guarda do indivíduo privado em sua liberdade seja negligente, imprudente ou imperito** (p. ex., esquecer-se de trancar a cela; aproximar-se do preso com as chaves à mostra e vulneráveis).

Se um carcereiro puser em liberdade um preso por outro, deve-se verificar se o ato deve ser atribuído inteiramente ao servidor, que confundiu os detentos, ou se a situação de erro foi provocada pelo preso e o servidor, por desatenção, não se certificou corretamente sobre quem colocava de volta às ruas. O crime culposo somente se reconhecerá no segundo caso, pois somente neste houve a *iniciativa* do *extraneus* (*in casu*, o preso), à qual se seguiu a injustificada desatenção do servidor.

9. CLASSIFICAÇÃO JURÍDICA

Cuida-se de crime *de forma ou ação livre* (pode ser cometido por qualquer meio executivo), *comum* (não se exige qualquer predicado por parte do sujeito ativo), *próprio* (nas figuras dos §§ 3º e 4º, nos quais a lei penal exige seja ele o funcionário responsável pela custódia ou guarda da pessoa), *monossubjetivo ou de concurso eventual* (pode ser cometido por uma só pessoa ou várias, em concurso – situação em que operará qualificadora), *material ou de resultado* (sua consumação exige a produção do resultado naturalístico), *instantâneo* (a fase consumativa não se prolonga no tempo) e *plurissubsistente* (o *iter criminis* comporta fracionamento, exceto quando a conduta é puramente omissiva).

10. PENA E AÇÃO PENAL

A pena é de detenção, de seis meses a dois anos. Cuida-se de infração de menor potencial ofensivo, sujeita ao procedimento comum sumaríssimo e às medidas despenalizadoras contidas na Lei n. 9.099/95 (além da competência material dos Juizados Especiais Criminais). As mesmas observações valem para forma culposa, apenada com três meses a um ano de detenção, ou multa.

Havendo emprego de violência contra a pessoa, aplica-se também a pena a ela correspondente (§ 2º) – **cúmulo material compulsório.**

Nas figuras qualificadas (§ 1º ou 3º), aplicar-se-á o procedimento comum ordinário (CPP, arts. 395 a 405).

A ação penal é de iniciativa **pública incondicionada.**

ART. 352 – EVASÃO MEDIANTE VIOLÊNCIA CONTRA A PESSOA

1. DISPOSITIVO LEGAL

Evasão mediante violência contra a pessoa

Art. 352. Evadir-se ou tentar evadir-se o preso ou o indivíduo submetido a medida de segurança detentiva, usando de violência contra a pessoa:

Pena – detenção, de 3 (três) meses a 1 (um) ano, além da pena correspondente à violência.

2. VALOR PROTEGIDO (OBJETIVIDADE JURÍDICA)

Tutela-se a **administração da Justiça**, em sentido amplo. Como no preceito legal anterior, procura-se garantir a **eficácia das decisões emanadas pela Justiça**, relativas à imposição de prisões processuais, civis, penas privativas de liberdade ou medida de segurança detentiva (internação em hospital de custódia e tratamento)[111].

---

[111]Recorde-se de que, de acordo com o Supremo Tribunal Federal, a prisão civil do devedor de alimentos é a única modalidade de privação da liberdade de locomoção do

3. A FUGA DO PRESO OU INTERNADO

Desde o advento do Código Penal francês de 1810 que muitas legislações criminais deixaram de incriminar a fuga simples, ou seja, aquela realizada sem violência ou grave ameaça contra a pessoa. Prevaleceu a ideia de que o anseio de liberdade, sentimento imanente à condição humana, não mereceria ser reprovado com sanções criminais. Conforme registrou a Exposição de Motivos do Código Penal gaulês: "O desejo da liberdade é tão natural ao homem, que se não pode dizer criminoso aquele que, achando aberta a porta da prisão, a transpõe, evadindo-se"[112].

A **fuga do indivíduo preso**, embora penalmente **atípica**, não é lícita, já que constitui seu dever assumir conduta oposta aos movimentos de fuga, individuais ou coletivos (art. 39, IV, da LEP), além de configurar, por expressa disposição legal, infração disciplinar reconhecida como **falta grave** (art. 50, I), podendo acarretar a perda de benefícios legais relativos ao cumprimento da reprimenda.

Será possível reconhecer criminosa, entretanto, **a fuga cometida com emprego de violência.**

Quando se cuidar de *violência contra a pessoa*, se aperfeiçoará o delito em estudo, **sem prejuízo das penas correspondentes à violência,** ou seja, arts. 129 (lesão corporal) ou 121 (homicídio); se a *vis absoluta* consistir em vias de fato, fica absorvida pelo tipo, incidindo somente a sanção prevista no art. 352.

No caso de *violência contra a coisa*, por exemplo, a destruição de obstáculos físicos dispostos contra a fuga, **discute-se se a conduta poderá ser considerada crime de dano (art. 163 do CP) ou se deverá ser considerada atípica à luz de tal disposição,** já que o ânimo do preso ou internado não é destruir o patrimônio alheio, mas recobrar sua liberdade.

Para o **STJ**, o fato de o preso destruir parede ou grade de sua cela para empreender fuga é penalmente **atípico**. Conforme já decidiu o Tribunal: "Para a configuração do dano, inserto no art. 163 do CP, faz-se imprescindível a vontade deliberada de causar prejuízo patrimonial ao dono da

---

indivíduo decretada por juízo cível compatível com nosso ordenamento jurídico, tendo em conta a Constituição Federal de 1988, no seu art. 5º, LXVII e § 2º, a Convenção Americana sobre Direitos Humanos (Pacto de S. José da Costa Rica), art. 7º, § 7º e o Pacto Internacional sobre Direitos Civis e Políticos, art. 11. Justamente por isso, editou-se a Súmula Vinculante n. 25, assim redigida: "É ilícita a prisão civil de depositário infiel, qualquer que seja a modalidade do depósito".

[112] *Vide* Hungria, em *Comentários ao Código Penal*, p. 516.

coisa (*animus nocendi*). Não comete crime de dano o preso que destrói as grades da cela movido por exclusivo instinto de fuga"[113]. Há precedente do STF, contudo, datado de 1996, que julgou de modo contrário: "Comete o crime de dano qualificado o preso que, para fugir, danifica a cela do estabelecimento prisional em que está recolhido"[114].

Em nosso entender, o tipo penal que define o **crime de dano** *não exige* **que a conduta do agente dirija-se a qualquer finalidade específica**, senão que exista consciência e vontade de destruir, deteriorar ou inutilizar coisa alheia, ainda que isso seja praticado buscando-se alguma finalidade ulterior. A exigência do *animus nocendi* como elemento subjetivo específico no delito mencionado constitui, portanto, criação sem respaldo legal. Não soa razoável, ademais, afastar a incidência do crime no ato do preso fugitivo que danifica o patrimônio público, posto que, conforme se registrou acima, sua evasão é antijurídica, tanto que consubstancia infração disciplinar[115].

4. TIPO OBJETIVO

Os verbos nucleares são consubstanciados nas expressões *evadir-se* ou *tentar evadir-se*; significa escapar ou tentar escapar do estabelecimento em que se encontra recolhido. **Para Hungria, as ações de evasão e fuga não**

---

[113] *RT* 813/526. Veja, ainda: "A destruição de patrimônio público (buraco na cela) pelo preso que busca fugir do estabelecimento no qual encontra-se encarcerado não configura o delito de dano qualificado (art. 163, parágrafo único, inciso III, do CP), porque ausente o dolo específico (*animus nocendi*), sendo, pois, atípica a conduta" (HC n. 260.350/GO, rel. Min. Maria Thereza de Assis Moura, 6ª T., *DJe* 21-5-2014). No mesmo sentido: STJ, RHC 56.629/AL, rel. Min. Antonio Saldanha Palheiro, 6ª T., j. 30-6-2016; AgRg no HC n. 694.937/SC, rel. Min. Antonio Saldanha Palheiro, 6ª T., j. 8-2-2022; e AgRg no HC 905.956/SC, rel. Min. Ribeiro Dantas, 5ª T., j. 17-6-2024.

[114] STF, HC 73.189/MS, rel. Min. Carlos Velloso, *DJU* de 29-3-1996, p. 9.346. Destaque-se que, nessa esteira, para o STJ, o mesmo raciocínio se aplica no caso do indivíduo que, preso em flagrante, danifica a viatura na qual é conduzido à delegacia, uma vez que a intenção é apenas a de recuperar a liberdade (HC 503.970/SC, rel. Min. Ribeiro Dantas, 5ª T., j. 30-5-2019).

[115] Na doutrina, entendem dessa forma, entre outros, Damásio de Jesus (*Código Penal anotado*, p. 624-625), Fernando Capez (*Curso de direito penal*. 2. ed. São Paulo: Saraiva, 2003, v. 2, p. 435), Guilherme de Souza Nucci (*Código Penal comentado*, p. 764) e Rogério Greco (*Curso de direito penal*, p. 640). O extinto TACrimSP já decidiu nesse sentido: "Muito embora o ato do preso fugir seja atípico, a prática de violação ao patrimônio público para alcançar seu intento constitui crime de dano qualificado, previsto no Código Penal, no art. 163, parágrafo único, III" (*RT*, 815/605). No mesmo sentido, ainda, *RT* 683/331, 708/345, 740/676-7 e 754/650. Ver ainda: TJSC, ApCr 0017217-85.2016.8.24.0023, rel. Des. Ariovaldo Rogério Ribeiro da Silva, 1ª CCr, j. 7-11-2019.

possuem o mesmo sentido. A primeira, utilizada no art. 352, refere-se ao abandono ocorrido do interior da instituição em que o sujeito encontra-se recolhido (penitenciária, cadeia pública, centro de detenção provisória, carceragem policial ou do Fórum, hospital de custódia e tratamento etc.); cinge--se, portanto, ao ato praticado *intra muros*. Já a fuga, termo empregado no art. 351, compreende qualquer conduta que importe em abdicar do cumprimento da prisão ou internação, independentemente de saber se o ato se deu *intra* ou *extra muros* (engloba, destarte, atos praticados *in itinere*, isto é, no percurso da prisão ao Fórum, por exemplo)[116]. Para o mestre, então, se a ação violenta for realizada de dentro da instituição, aperfeiçoa-se o delito em estudo; se fora, verifica-se a resistência (art. 329 do CP).

Ousamos discordar, por entender que a interpretação estritamente gramatical em que se apoia o argumento afasta-se do escopo da incriminação, consistente em assegurar a eficácia das determinações judiciais privativas da liberdade individual. Não vislumbramos razão para se considerar crime contra a administração da Justiça apenas o emprego da *vis absoluta* contra o carcereiro buscando fugir de dentro do presídio e delito contra a Administração Pública em geral a mesma atitude praticada contra o referido servidor, realizada, por exemplo, a caminho de uma audiência judicial, durante o transporte do preso. Nada justifica, em nossa ótica, o tratamento diferenciado que a interpretação puramente semântica da norma propicia. Frise-se que o texto legal não procura simplesmente garantir a integridade dos muros que guarnecem o estabelecimento, seja ele qual for; mais do que isso, trata-se de obstar a frustração do cumprimento da prisão ou internação judicialmente imposta. Esse o alcance teleológico do tipo, isto é, sua compreensão orientada pelo valor que objetiva tutelar.

No que toca ao sujeito ativo, este só pode ser o preso ou o indivíduo sujeito a medida de segurança detentiva (nada impede, contudo, o auxílio de terceiros, a quem se deverá imputar o crime do art. 351 do Código).

Não há crime, por óbvio, quando o agente recebe autorização para deixar o estabelecimento, salvo se empregar violência contra pessoa para evitar o retorno à instituição, dela se evadindo. Assim, por exemplo, se o sentenciado em regime semiaberto for agraciado com a saída temporária[117],

---

[116] De acordo com Hungria, dissertando sobre o art. 351 do CP: "Não importa que o preso esteja recolhido ao estabelecimento carcerário (penitenciária, cadeia, presídio destinado a detenção provisória, xadrez policial, *custódia honesta*) ou esteja sendo conduzido para ele ou transportado dele para outro local (não se refere a lei, restritivamente, a *evasão*, mas genericamente, à fuga)" (*Comentários ao Código Penal*, 1959, p. 517).

[117] LEP, arts. 122 a 125.

modalidade de autorização de saída concedida a presos que demonstrem bom comportamento e tenham cumprido ao menos um sexto da pena (se primários) ou um quarto (se reincidentes), jamais poderá incorrer na disposição em estudo, exceto se, decorrido o prazo do benefício concedido, ferir ou matar alguém a fim de não regressar à colônia penal.

O **único meio executório** admitido na disposição legal, conforme anteriormente expusemos, é o **emprego de violência contra pessoa**, seja ela resultante de vias de fato, de lesão corporal ou morte. Nos dois últimos casos, aplicar-se-ão cumulativamente a pena do crime em estudo e a cominada para a lesão corporal (art. 129 do CP) ou homicídio (art. 121 do CP). Se o meio executivo eleito for a *grave ameaça*, o agente não cometerá o crime contra a administração da Justiça, embora responda pelo crime do art. 147 do CP.

Deve-se notar que o art. 352 refere-se a **todas as modalidades de prisão** (civil, penal ou processual) e **à medida de segurança detentiva** (internação em casa de custódia e tratamento ou estabelecimento equivalente).

Apesar de a lei **não exigir como requisito típico prisão ou internação legais**, como o fez no art. 351, no caso de ilegalidade da custódia ou guarda, o agente estará acobertado por excludente de ilicitude (legítima defesa – art. 25 do CP).

Não se deve confundir o crime em estudo com a **resistência** (CP, **art. 329**). O sujeito que se utiliza de violência contra pessoa para fugir incorre no crime contra a administração da Justiça, e o que a emprega *para evitar ser preso* pratica o delito contra a Administração Pública em geral.

5. TIPO SUBJETIVO

O fato somente é punido na forma **dolosa**, exigindo-se consciência e vontade de concretizar os elementos objetivos do tipo.

6. SUJEITOS DO CRIME

6.1. Sujeito ativo

O tipo requer predicado especial de seu sujeito ativo, consistente em se tratar de indivíduo preso (a qualquer título) ou pessoa submetida a medida de segurança detentiva (internação em hospital de custódia e tratamento ou similar). Se alguém lhe emprestar auxílio, responderá este pelo crime do art. 351, surgindo então uma **exceção pluralística à teoria monista ou unitária**.

6.2. Sujeito passivo

É o Estado e a pessoa que sofreu a violência praticada.

7. CONSUMAÇÃO E TENTATIVA

7.1. Consumação

O *summatum opus* atinge-se com o primeiro ato executório, característico de violência, tendente à evasão do preso ou internado. **Exige-se a realização do ato violento, mas não o êxito na fuga.**

7.2. Tentativa

Não cabe tentativa, pois só o fato de tentar se evadir já traduz a realização integral do tipo, que constitui **crime de atentado ou empreendimento.** Incide à espécie a ressalva contida no parágrafo único do art. 14 do CP, já que se trata de disposição em sentido contrário à redução de um a dois terços por ele determinada.

Deve o juiz, contudo, levar em conta na dosagem da pena se o acusado evadiu-se efetivamente ou somente tentou fazê-lo porque viu frustrada a consecução de seu intento por circunstâncias alheias à sua vontade. O balizamento deverá ter lugar durante a fixação da pena-base, já que dentre as circunstâncias judiciais do art. 59, *caput*, do Código Penal, que devem ser apreciadas neste momento, encontram-se as *consequências do crime*.

8. CLASSIFICAÇÃO JURÍDICA

Cuida-se de crime *de atentado ou empreendimento* (a lei equipara a forma tentada ao crime consumado), *de conduta ou ação vinculada* (requer o emprego de violência contra a pessoa), *próprio* (exige qualidade especial do sujeito ativo), *monossubjetivo ou de concurso eventual* (pode ser cometido por uma só pessoa ou várias em concurso), *formal ou de consumação antecipada* (não é preciso evadir-se para efeito de consumação), *instantâneo* (sua fase consumativa não se prolonga no tempo) e *plurissubsistente* (o *iter criminis* é fracionável, muito embora não se aplique o art. 14, II, do CP).

9. PENA E AÇÃO PENAL

A pena é de detenção, de três meses a um ano, além da pena correspondente à violência. Cuida-se de delito de pequeno potencial ofensivo, de competência dos Juizados Especiais Criminais, ao qual se aplicam as medidas despenalizadoras e o rito comum sumaríssimo, previstos na Lei n. 9.099/95.

A ação penal é de iniciativa **pública incondicionada.**

ART. 353 - ARREBATAMENTO DE PRESO

1. DISPOSITIVO LEGAL

Arrebatamento de preso

Art. 353. Arrebatar preso, a fim de maltratá-lo, do poder de quem o tenha sob custódia ou guarda:

Pena – reclusão, de 1 (um) a 4 (quatro) anos, além da pena correspondente à violência.

2. VALOR PROTEGIDO (OBJETIVIDADE JURÍDICA)

Tutela-se a **administração da Justiça**, pois ao Estado incumbe o **dever de custódia ou guarda do preso**, bem como a **integridade física e psíquica** deste.

3. TIPO OBJETIVO

A ação nuclear consiste no *arrebatamento*, isto é, no ato de retirada com violência, de modo a levar para longe, de modo súbito. A *vis absoluta* inerente ao arrebatamento é a empregada contra quem tem o preso sob sua responsabilidade (carcereiro, por exemplo).

O *objeto material* é o **preso** (abrange prisão civil, penal ou processual). **O tipo não se aplica ao arrebatamento de indivíduo internado**, que pode configurar outro crime (tortura, lesão corporal, homicídio etc.).

A conduta pode ser cometida *intra* ou *extra muros*, ou seja, dentro ou fora do estabelecimento prisional. **A pena do art. 353 será obrigatoriamente cumulada com a referente à violência** (salvo no caso de vias de fato, absorvidas pelo tipo).

O preso deve ser retirado de quem o tenha sob custódia ou guarda.

O delito contra a administração da Justiça não se confunde com aquele praticado contra o preso, em seguida ao seu arrebatamento, o qual se imputará ao agente em concurso material. Responde, destarte, pelo crime do art. 353 do CP e por tortura (art. 1º da Lei n. 9.455/97) quem, depois de tomar o detento à força de quem o tenha sob custódia, constrangê-lo com emprego de violência física ou moral, infligindo-lhe intenso sofrimento físico ou psíquico, com o intuito de obter informação, declaração ou confissão da vítima ou de terceira pessoa, para provocar ação ou omissão de natureza criminosa ou em razão de discriminação racial ou religiosa.

4. TIPO SUBJETIVO

O elemento subjetivo é o **dolo**, consistente na vontade e na consciência de **retirar o preso da custódia ou guarda de quem legitimamente o** detenha. Há, ainda, **elemento subjetivo específico**, consistente na finalidade de **maltratá-lo**. Se o objetivo era facilitar-lhe ou promover-lhe a fuga, incorre o agente no art. 351 do Código.

5. SUJEITOS DO CRIME

5.1. Sujeito ativo

O arrebatamento de preso pode ser cometido por qualquer pessoa (**crime comum**).

5.2. Sujeito passivo

É o Estado, titular da administração da Justiça, e o preso, arrebatado para o fim de sofrer maus-tratos.

6. CONSUMAÇÃO E TENTATIVA

6.1. Consumação

Consuma-se com o arrebatamento (**crime formal ou de consumação antecipada**); não se exige que o preso venha a ser seviciado.

6.2. Tentativa

A tentativa é admissível, pois o ato de arrebatar tem **natureza plurissubsistente**.

7. CLASSIFICAÇÃO JURÍDICA

Trata-se de crime *de conduta ou ação livre* (admite qualquer meio executivo), *comum* (qualquer pessoa pode praticá-lo), *monossubjetivo ou de concurso eventual* (pode ser praticado por um só agente ou vários em concurso), *formal ou de consumação antecipada* (seu *summatum opus* atinge-se independentemente da produção do resultado naturalístico), *instantâneo* (sua fase consumativa não se prolonga no tempo) e *plurissubsistente* (o *iter criminis* comporta fracionamento).

8. PENA E AÇÃO PENAL

A pena é de reclusão, de um a quatro anos, além da pena correspondente à violência. Admite-se a suspensão condicional do processo (art. 89 da Lei n. 9.099/95), cabendo lembrar, todavia, que se houver imputação cumulativa na denúncia, não se admitirá o benefício, já que seu cabimento apura-se a partir do total das penas mínimas a que fica sujeito o réu (Súmulas 243 do STJ e 723 do STF).

O procedimento cabível será o comum ordinário (arts. 395 a 405 do CPP). A ação penal é de iniciativa **pública incondicionada**.

ART. 354 – MOTIM DE PRESOS

1. DISPOSITIVO LEGAL

Motim de presos

Art. 354. Amotinarem-se presos, perturbando a ordem ou disciplina da prisão:

Pena – detenção, de 6 (seis) meses a 2 (dois) anos, além da pena correspondente à violência.

2. VALOR PROTEGIDO (OBJETIVIDADE JURÍDICA)

A objetividade jurídica reside na **administração da Justiça,** no que concerne à **manutenção da ordem e disciplina dos estabelecimentos prisionais**.

3. TIPO OBJETIVO

A conduta típica consubstancia-se na *amotinação de presos* (sublevação de indivíduos sujeitos a prisão legal, em quaisquer de suas modalidades, salvo a prisão militar, cujo motim é disciplinado pelo CPM). Deve-se lembrar que a Lei de Execução Penal determina constituir dever do condenado assumir conduta oposta aos movimentos de fuga, individuais ou coletivos ou de subversão à ordem e à disciplina (art. 39, IV, da LEP), além de configurar, por expressa disposição legal, infração disciplinar reconhecida como **falta grave** (art. 50, II), podendo acarretar a perda de benefícios legais relativos ao cumprimento da reprimenda. Significa, portanto, que o motim tem **natureza pluriobjetiva**, constituindo a um só tempo **infração penal** e **disciplinar**.

De modo semelhante ao art. 353, **não se aplica aos indivíduos sujeitos à medida de segurança** (estes são "internados", e não "presos"). A amotinação realizada em unidade destinada à submissão a medida socioeducativa de internação, para Superior Tribunal de Justiça, subsume-se ao crime em questão[118].

Pressupõe **dois ou mais presos** que, amotinando-se, perturbem a ordem e disciplina da prisão[119]. Para Damásio, é preciso no mínimo três presos, pois quando a lei se contenta com apenas dois sujeitos ativos, o faz expressamente (p. ex.: arts. 155, § 4º, IV; 157, § 2º, II etc.)[120]. Nucci, de sua

---

[118] HC 279.729/SP, rel. Min. Maria Thereza de Assis Moura, 6ª T., j. 25-11-2014, e RHC 127.982/DF, rel. Min. Sebastião Reis Júnior, 6ª T., j. 14-6-2022.

[119] Nesse sentido: Rogério Greco (*Curso de direito penal*, p. 648).

[120] *Direito penal*, v. 4, p. 409.

parte, afirma serem necessários, no mínimo, quatro presos, pois não teria sentido falar em motim quando duas ou três pessoas sublevassem a ordem interna do estabelecimento, mas frisa que o correto é verificar caso a caso o agrupamento em vista do número total de indivíduos recolhidos no estabelecimento, de modo a constatar se o ajuntamento de presos foi relevante para perturbar a disciplina e ordem internas[121]. Em nosso modo de ver, não há razão para negar-se peremptoriamente a possibilidade de haver o motim com menos de quatro presos, embora se nos mostre correta a advertência acerca da necessidade de levar em consideração a situação concreta.

Advirta-se que **a simples desobediência passiva** (também chamada de desobediência *ghândica*), notadamente com intuito reivindicatório, ou a mera irreverência do detento **não constituem delito**, embora possam ser tidas, a depender do contexto, como faltas disciplinares nos termos da LEP.

Admite-se amotinação dentro ou fora do estabelecimento prisional (vale dizer, *intra* ou *extra muros*).

Pondere-se, finalmente, que **a pena do art. 354 será obrigatoriamente cumulada com a referente à violência contra a coisa ou contra a pessoa** (salvo no caso de vias de fato, absorvidas pelo tipo).

4. TIPO SUBJETIVO

O elemento subjetivo é o **dolo**, é dizer, a vontade e a consciência dos presos de amotinarem-se, perturbando a ordem e disciplina do estabelecimento. A finalidade pretendida é irrelevante (reivindicação justa ou injusta, pressão sobre funcionários etc.)[122].

5. SUJEITOS DO CRIME

5.1. Sujeito ativo

Cuida-se de **crime próprio**, de vez que somente os presos podem praticá-lo. Não se exclui a possibilidade de que estes sejam auxiliados por terceiros, como, por exemplo, funcionários do estabelecimento, aos quais se poderá imputar o delito em estudo, por força da norma contida no art. 30 do Código.

---

[121] *Código Penal comentado*, p. 1.176.

[122] Nesse sentido: "A configuração do delito de motim de presos ocorre quando há vontade livre e consciente de se amotinar, causando perturbação e desordem. Não se exige a figura do dolo específico, tampouco perquirição acerca dos motivos que levaram os presos a se amotinar" (TJMG, ApCr 1.0671.15.002180-4/001, rel. Des. Maurício Pinto Ferreira, 8ª CCr., j. 26-9-2019).

5.2. Sujeito passivo

É o Estado, responsável pela manutenção da ordem e disciplina no interior das prisões.

6. CONSUMAÇÃO E TENTATIVA

6.1. Consumação

Atinge-se o momento consumativo com a perturbação da ordem e disciplina da prisão (**crime material ou de resultado**).

6.2. Tentativa

Afigura-se possível a forma tentada, já que os presos podem ensaiar o motim, sem contudo lograr subverter a tranquilidade no interior da instituição.

7. CLASSIFICAÇÃO JURÍDICA

Classifica-se como crime de *forma ou ação livre* (admite qualquer meio executivo), *próprio* (exige-se predicado específico do sujeito ativo), *plurissubjetivo ou de concurso necessário e condutas convergentes* (a pluralidade de pessoas figura como requisito típico), *material ou de resultado* (exige a produção do resultado naturalístico para fins de consumação), *instantâneo* (sua fase consumativa não se prolonga no tempo) e *plurissubsistente* (sua conduta típica pode ser fracionada).

8. PENA E AÇÃO PENAL

A pena é de detenção, de seis meses a dois anos, além da pena correspondente à violência. Cuida-se de infração de menor potencial ofensivo (Lei n. 9.099/95, art. 61). Na hipótese de imputação cumulativa na denúncia, decorrente, por exemplo, da violência empregada, o fato não ficará sob a esfera da competência dos Juizados Especiais Criminais.

A ação penal é de iniciativa **pública incondicionada**.

ART. 355 – PATROCÍNIO INFIEL, SIMULTÂNEO OU TERGIVERSAÇÃO

1. DISPOSITIVO LEGAL

Patrocínio infiel

Art. 355. Trair, na qualidade de advogado ou procurador, o dever profissional, prejudicando interesse, cujo patrocínio, em juízo, lhe é confiado:

Pena – detenção, de 6 (seis) meses a 3 (três) anos, e multa.

Patrocínio simultâneo ou tergiversação

Parágrafo único. Incorre na pena deste artigo o advogado ou procurador judicial que defende na mesma causa, simultânea ou sucessivamente, partes contrárias.

2. VALOR PROTEGIDO (OBJETIVIDADE JURÍDICA)

Protege-se a **administração da Justiça,** notadamente o **dever de lealdade para com aquele que outorgou mandato a advogado ou procurador.**

3. TIPO OBJETIVO

3.1. Patrocínio infiel (*caput*)

Constitui patrocínio infiel a **traição,** por parte do advogado ou procurador (crime próprio), *mediante violação de dever profissional* (elemento normativo do tipo), de interesse cujo patrocínio, em juízo, lhe foi confiado. Incorre no tipo, por exemplo, o advogado que sonega deliberadamente importante prova em juízo que poderia absolver seu cliente.

Os deveres do advogado encontram-se no Estatuto da Advocacia (Lei n. 8.906/94) e no Código de Ética e Disciplina da OAB.

Requer-se a *traição* (deslealdade) de *interesse* (legítimo, moral ou patrimonial) cujo *patrocínio* (pressupõe outorga de procuração, verbal ou escrita, ou nomeação judicial) tenha sido confiado *em juízo* (deve haver processo em andamento, criminal ou não).

Exige-se prejuízo a uma das partes. Se não havia sequer tal possibilidade, o fato será atípico (haverá somente infração a dever profissional). **Se havia a potencialidade de prejuízo, mas este não ocorreu efetivamente,** responde o agente pela forma **tentada.** Verificado o prejuízo, dá-se a consumação.

Quando o *cliente autoriza* a conduta do advogado ou procurador, tratando-se de *interesse disponível*, não há crime, pois o consentimento do prejudicado torna o fato atípico por exclusão da relação de imputação objetiva.

3.2. Patrocínio simultâneo e tergiversação (parágrafo único)

O patrocínio simultâneo decorre da **defesa,** ao **mesmo tempo** e na **mesma causa, de interesses de partes contrárias** (pessoas cujos interesses são contrapostos numa determinada relação processual – autor e réu, querelante e querelado, reclamante e reclamado etc.)[123].

---

[123] "Não há que se falar em patrocínio infiel se a atuação do advogado não se deu em mesma causa, sendo ainda processos de ramos distintos do direito, com razões fáticas

A tergiversação, por sua vez, trata-se da **defesa sucessiva**, postulando-se o interesse, num primeiro momento, de uma das partes e, após, o da parte contrária.

4. TIPO SUBJETIVO

Os fatos são todos puníveis somente a título de **dolo** (elemento subjetivo genérico). A intenção do agente, por sua vez, mostra-se indiferente para a existência de qualquer um dos crimes (fim de obtenção de lucro, vingança etc.).

5. SUJEITOS DO CRIME

5.1. Sujeito ativo

Cuida-se de **crime próprio**, pois somente **advogado** ou **procurador** (procurador do Estado, da Fazenda, Federal, do Município, estagiário etc.) podem ser seus sujeitos ativos, embora se admita concurso de terceiros (CP, art. 30).

5.2. Sujeito passivo

É o Estado, responsável pela administração da Justiça, além do titular do interesse traído.

6. CONSUMAÇÃO E TENTATIVA

6.1. Consumação

O **patrocínio infiel** atinge seu momento consumativo quando o advogado ou procurador traz *prejuízo* ao interesse cujo patrocínio, em juízo, lhe foi confiado (crime material ou de resultado).

No **patrocínio simultâneo** e na **tergiversação**, dá-se o *summatum opus* com a defesa, sucessiva ou simultânea de partes contrárias, *ainda que não decorra prejuízo efetivo* a quaisquer delas (crime formal ou de consumação antecipada).

6.2. Tentativa

Todos admitem tentativa, de vez que as condutas típicas podem ser cindidas em mais de um ato.

---

diferentes, inexistindo prejudicialidade, continência ou conexão entre eles. – Ausente o dolo, e presente o erro de tipo conducente da atipicidade da conduta, a absolvição se impõe" (TJMG, ApCr 1.0625.14.004474-8/001, rel. Des. Evaldo Elias Penna Gavazza (JD Convocado), 5ª CCr, j. 13-12-2022).

7. CLASSIFICAÇÃO JURÍDICA

Constituem delitos de *condutas livres* (admite qualquer meio executivo), *próprios* (requer-se qualidade especial dos sujeitos ativos), *monossubjetivos ou de concurso eventual* (podem ser cometidos por uma só pessoa ou várias em concurso), *formais ou de consumação antecipada* (independem do resultado naturalístico para fins de consumação, salvo o patrocínio infiel, que é *material*), *instantâneo* (pois sua fase consumativa não se prolonga no tempo, mas o delito pode ser eventualmente permanente, conforme a situação) e *plurissubsistentes* (o *iter criminis* admite fracionamento).

8. PENA E AÇÃO PENAL

A pena é de detenção, de seis meses a três anos, e multa. Admite-se a suspensão condicional do processo (art. 89 da Lei n. 9.099/95).

O procedimento cabível será o comum sumário (arts. 395 a 399 e 531 a 538 do CPP).

A ação penal é de iniciativa **pública incondicionada**.

ART. 356 – SONEGAÇÃO DE PAPEL OU OBJETO DE VALOR PROBATÓRIO

1. DISPOSITIVO LEGAL

Sonegação de papel ou objeto de valor probatório

Art. 356. Inutilizar, total ou parcialmente, ou deixar de restituir autos, documento ou objeto de valor probatório, que recebeu na qualidade de advogado ou procurador:

Pena – detenção, de 6 (seis) a 3 (três) anos, e multa.

2. VALOR PROTEGIDO (OBJETIVIDADE JURÍDICA)

Protege-se a **administração da Justiça**, resguardando-se a **integridade dos autos processuais, documentos** ou **objetos** de valor probatório.

3. OUTRAS FORMAS DE SONEGAÇÃO DE DOCUMENTOS

Conforme já dissemos em outras passagens desta obra, nosso Código contém diversas infrações construídas de maneira similar à do art. 356, tutelando documentos particulares ou públicos, dentre estes, livros oficiais, processos ou documentos confiados à custódia estatal, como se pode conferir nos arts. 305 (crime contra a fé pública), 314 (crime cometido por funcionário contra a Administração Pública) e 337 (crime praticado por particular contra a Administração).

A despeito da multiplicidade de capitulações jurídicas, o campo de incidência de cada uma delas pode ser facilmente distinguido tendo em vista a objetividade jurídica, o elemento subjetivo do injusto, o sujeito ativo e, por vezes, o objeto material.

O mais grave de todos os delitos é aquele previsto no art. 305 do Código Penal (supressão de documento). Pune-se todo aquele que destruir, suprimir ou ocultar, em benefício próprio ou de outrem, ou em prejuízo alheio, documento público ou particular verdadeiro, de que não podia dispor (a pena é de reclusão, de dois a seis anos, e multa, se o documento é público, e reclusão, de um a cinco anos, e multa, se o documento é particular).

A conduta se subsumirá ao referido tipo penal sempre que o ato dirigir-se ao fim de locupletação ("em benefício próprio ou de outrem") ou prejuízo de terceiro e, além disso, buscar-se assacar a força probante do documento (público ou particular verdadeiro).

Os arts. 314 e 337 são os que encontram maior proximidade entre si, cabendo anotar que ambos são expressamente subsidiários (notadamente em relação ao art. 305). Há coincidência quanto aos objetos materiais: livros oficiais ou documentos (o art. 337 também inclui o processo) e no que se refere ao valor fundamental atingido: a Administração Pública. O *discrimen* baseia-se na qualidade do sujeito ativo. O art. 314 constitui crime próprio e só pode ser praticado pelo funcionário público encarregado da guarda do livro oficial ou documento. O art. 337 consubstancia crime comum, podendo ter qualquer pessoa como sua autora, notadamente o particular ou servidor público atuando fora do exercício de suas funções.

Diferenciam-se no que pertine às condutas nucleares, uma vez que o art. 314 emprega os verbos: "extraviar", "sonegar" e "inutilizar" (total ou parcialmente) e o art. 337: "subtrair" e "inutilizar". O primeiro fala em extravio porque pressupõe guarda lícita do objeto material por parte do sujeito ativo, ao passo que o outro usa o termo subtrair, justamente por ser cometido por quem não possui tal relação com o livro oficial, processo ou documento.

O art. 356, por fim, é o **menos severamente punido** (detenção, de seis meses a três anos, e multa). Cuida-se de tipo penal menos abrangente que os demais, pois só pode figurar como **sujeito ativo** o **advogado** ou **procurador** que, nessa qualidade, recebeu autos, documentos ou objeto de valor probatório, inutilizando-os (no todo ou em parte) ou deixando de restituí-los.

4. TIPO OBJETIVO

O núcleo do tipo é a *inutilização* (destruição, retirada da utilidade do bem), **total** ou **parcial**, ou *negativa de restituição* (recusa em devolver, retenção, sonegação). O objeto material são os **autos** (documentação escrita e encadernada de processos criminais ou não), **documento** (qualquer escrito, instrumento, papel público ou particular, destinado a produzir prova em juízo – art. 232 do CPP) ou **objeto de valor probatório** (p. ex., arma do crime, objetos apreendidos no local da infração, como projéteis de arma de fogo etc.), todos **recebidos na condição de advogado ou procurador** (**crime próprio**).

A incidência do art. 356 afasta o art. 305 do CP ("supressão de documento"), conforme dissemos acima, por se tratar de regra especial.

É possível que, após a sonegação ou inutilização dos autos, proceda-se a incidente visando à sua restauração (CPP, arts. 541 a 548), o que não exclui o delito.

5. TIPO SUBJETIVO

O crime é apenado exclusivamente na forma **dolosa,** exigindo-se consciência e vontade em sonegar autos ou documento ou objeto de valor probatório.

6. SUJEITOS DO CRIME

6.1. Sujeito ativo

Cuida-se de **crime próprio,** já que somente o **advogado** ou **procurador,** que em tal qualidade recebeu o objeto material, pode incorrer na disposição. É possível a participação de terceiros, como, por exemplo, o cliente do advogado autor da conduta, a quem se poderá imputar a infração em estudo por força do art. 30 do CP.

6.2. Sujeito passivo

É o Estado e, secundariamente, a parte contrária, cujo interesse se viu prejudicado com a inutilização ou sonegação dos autos, objeto ou documento de valor probatório.

7. CONSUMAÇÃO E TENTATIVA

7.1. Consumação

Dá-se a consumação com a efetiva inutilização dos autos, documentos ou objetos de valor probatório ou com a negativa de sua restituição, superado o prazo de permanência com os bens (**crime material ou de resultado**).

7.2. Tentativa

Admite-se a forma tentada na modalidade "inutilizar"; o mesmo não ocorre com a negativa de restituição, crime omissivo próprio e, por tal razão, unissubsistente.

8. CLASSIFICAÇÃO JURÍDICA

Cuida-se de crime de *ação ou forma livre* (admite qualquer meio executório), *próprio* (exige-se qualidade especial do sujeito ativo), *monossubjetivo ou de concurso eventual* (pode ser cometido por uma só pessoa ou várias em concurso), *comissivo* (na modalidade "inutilizar") ou *omissivo próprio* (na forma "deixar de restituir"), *material ou de resultado* (depende do resultado naturalístico para fins de consumação), *instantâneo* (sua fase consumativa não se prolonga no tempo, exceto na modalidade deixar de restituir, em que se tem crime permanente) e *plurissubsistente* (o *iter criminis* é cindível, exceção feita à negativa de restituição).

9. PENA E AÇÃO PENAL

A pena é de detenção, de seis meses a três anos, e multa. Admite-se a suspensão condicional do processo (art. 89 da Lei n. 9.099/95).

O procedimento cabível será o comum sumário (arts. 395 a 399 e 531 a 538 do CPP).

A ação penal é de iniciativa **pública incondicionada.**

ART. 357 - EXPLORAÇÃO DE PRESTÍGIO

1. DISPOSITIVO LEGAL

Exploração de prestígio

Art. 357. Solicitar ou receber dinheiro ou qualquer outra utilidade, a pretexto de influir em juiz, jurado, órgão do Ministério Público, funcionário de justiça, perito, tradutor, intérprete ou testemunha:

Pena – reclusão, de 1 (um) a 5 (cinco) anos, e multa.

Parágrafo único. As penas aumentam-se de um terço, se o agente alega ou insinua que o dinheiro ou utilidade também se destina a qualquer das pessoas referidas neste artigo.

2. VALOR PROTEGIDO (OBJETIVIDADE JURÍDICA)

Protege-se a **administração da Justiça,** no que toca ao seu **prestígio, bom nome e respeitabilidade**[124].

Existem três formas de exploração de prestígio incriminadas em nosso Código. Uma, voltada à proteção da Administração Pública em geral, tipificada no art. 332, outra prevista no art. 337-C (atentatória à Administração Pública estrangeira)[125] e a última, reservada à administração da Justiça, de que ora se cuida.

A primeira delas sofreu importantes alterações com o advento da Lei n. 9.217/95, resultando numa modificação de seu *nomen iuris* (de "exploração de prestígio" para "tráfico de influência"), no alargamento de seu espectro punitivo (inserindo-se novas ações nucleares) e no aumento de sua pena (o piso legal foi elevado de um para dois anos de reclusão).

Lamentavelmente, porém, olvidou-se o legislador de efetuar os mesmos ajustes no art. 357, notadamente no que pertine à sanção cominada. Os tipos penais, cuja gravidade abstrata se assemelha, sempre receberam o mesmo tratamento punitivo. Agora, entretanto, **nossa lei penal considera (injustificadamente) mais grave "vender" a terceiros prestígio (real ou suposto) junto a servidores públicos em geral (art. 332) do que fazer o mesmo com relação, por exemplo, a juiz, jurado ou órgão do Ministério Público.**

3. TIPO OBJETIVO

O **tipo penal é misto alternativo,** de modo que a incursão em mais de uma ação nuclear, no mesmo contexto fático configura crime único; considerar-se-ão as condutas num único contexto quando tendentes a influenciar o mesmo ato funcional. A pluralidade de ações, todavia, deverá ser tomada em consideração pelo juiz ao proferir a sentença condenatória, refletindo desfavoravelmente na fixação da pena-base (art. 59, *caput*, do CP).

As ações nucleares são: *solicitar* (pedir, requerer) e *receber* (aceitar, tomar, obter).

A conduta daquele que solicita ou recebe dinheiro ou qualquer outra utilidade (patrimonial ou não), alegando ter prestígio para influir no comportamento de juiz, jurado, órgão do Ministério Público, serventuário da justiça, perito, tradutor, intérprete ou testemunha, ofende o prestígio da

---

[124] Sobre o histórico da exploração de prestígio, remete-se o leitor ao item correspondente contido no art. 332, anterior.

[125] Essa figura típica foi introduzida no Código por intermédio da Lei n. 10.467/2002, que o denominou "tráfico de influência".

administração da Justiça e constitui uma espécie de fraude (tal comportamento é conhecido como *venditio fumi* – "venda de fumaça"). O sujeito "vende fumaça", alegando mentirosamente que detém prestígio junto às pessoas mencionadas no tipo ou que o utilizará (caso efetivamente o detenha) para beneficiar o interessado. Como dizia Carrara, *o critério essencial deste crime é a falsidade do favor alardeado*[126].

Exigem-se, no mínimo, *três pessoas* para se cogitar da exploração de prestígio: a) *o sujeito que se irroga prestígio* e capacidade de influir em alguns dos servidores mencionados no tipo (trata-se do *venditor fumi*); b) *o interessado* na prática do ato (é o "comprador" do prestígio); c) *o funcionário* sobre o qual se alega ter ascendência ou intimidade (que não precisa ser nominado e pode até ser imaginário).

Cuida-se de *crime onímodo*. Admite, portanto, **qualquer meio executivo**, seja verbal, escrito ou até mesmo o silêncio. É o que se dá, por exemplo, quando o interessado acredita que o agente possui o prestígio junto ao servidor cujo ato pretende influenciar (p. ex., acredita que mantenham relação amorosa), mas o autor não o nega, permanecendo em silêncio até receber a oferta e obter o dinheiro ou utilidade prometidos.

Subsiste a infração, inclusive, quando se alega ter prestígio junto a terceira pessoa (p. ex., cônjuge ou filho do juiz, jurado etc.) que, com o "preço" acertado, se valeria de sua intimidade ou proximidade para influir no ato funcional.

Deve-se ponderar que **o ato visado pode ser lícito ou ilícito**. O que se pune é a jactância relacionada com a mercancia da função pública. Justamente por tal razão, repise-se, não é necessário sequer nominar-se o agente estatal a respeito do qual se alega ter prestígio (sendo desnecessário, inclusive, que este de fato exista[127]).

Há grande **similitude entre a *venditio fumi* e o estelionato**[128]. Na exploração de prestígio, o sujeito ativo alega fraudulentamente que detém poder de influência junto ao *intraneus*[129] ou que o utilizará (caso efetivamente o dete-

---

[126] *Programma de diritto criminale*: parte speciale, v. 5, p. 174.

[127] É necessário, todavia, que a falácia seja verossímil, sob pena de haver crime impossível por absoluta ineficácia do meio executório (art. 17 do CP).

[128] Anote-se, inclusive, que, na legislação criminal brasileira pretérita, por inexistir tipificação autônoma da exploração de prestígio, a conduta era subsumível ao tipo penal do estelionato.

[129] Ou, ainda, não nega o poder que o interessado a ele atribuiu e obtém a vantagem prometida.

nha) para beneficiar o interessado. É o que se dessume da elementar "a pretexto de influir". Daí reside a proximidade com o estelionato, o qual está implícito no modo de agir do *venditor fumi*. O delito patrimonial mencionado, entretanto, não subsiste como ilícito autônomo, em razão de sua subsidiariedade tácita em relação ao art. 357 do CP (se alguma elementar deste delito não se caracterizar, remanesce a possibilidade de enquadramento no art. 171, *caput*, do CP, o qual opera, neste caso, como norma subsidiária ou famulativa).

O tipo requer **solicitação** ou **recebimento** de **dinheiro** (qualquer valor em pecúnia, pouco importando a origem da moeda – nacional ou estrangeira) **ou outra utilidade,** de **qualquer natureza,** não somente patrimonial.

No delito em estudo, **o funcionário público** sobre o qual o autor alegou exercer algum prestígio e em cujo ato oficial irá influenciar, **desconhece a atitude do agente** e, por óbvio, não está com este conluiado. Se estivessem, o delito praticado por ambos seria o de corrupção passiva (art. 317).

Há entre o **tráfico de influência (art. 332)** e a **exploração de prestígio (art. 357)** evidente **relação de gênero e espécie.** Aquele, mais abrangente, refere-se ao alarde relativo ao poder de *influenciar qualquer servidor público*, enquanto este somente se configura quando se cuidar o prestígio "vendido" (real ou suposto) perante:

a) *juiz* (abrange qualquer magistrado – juiz, desembargador ou ministro de tribunal superior);

b) *jurado* (juízes leigos convocados para fazer parte do Tribunal do Júri, exigindo-se que o cidadão tenha sido sorteado entre os 25 membros que compõem o órgão mencionado);

c) *órgão do Ministério Público* (compreende membros de todos os ramos da Instituição, ou seja, promotores, procuradores de justiça dos Estados e do Distrito Federal, os promotores, procuradores e subprocuradores-gerais da Justiça Militar, procuradores, procuradores-regionais e subprocuradores-gerais da república ou do trabalho);

d) *funcionários da justiça* (refere-se a qualquer serventuário da Justiça, isto é, aos servidores do Poder Judiciário);

e) *perito* (abarca o *expert* oficial ou não oficial, cuidando-se estes de sujeitos processuais que detêm conhecimentos técnicos, científicos ou artísticos);

f) *tradutor* (sujeito processual secundário incumbido de verter para o idioma nacional texto escrito em língua estrangeira);

g) *intérprete* (sujeito processual secundário a quem compete transmitir em língua portuguesa e de modo inteligível informações dadas por quem não domina o idioma pátrio ou não consegue, por algum modo, externar seu pensamento pela linguagem tradicional – surdo-mudo analfabeto, p. ex.); ou

h) *testemunha* (a pessoa chamada ao processo para prestar depoimento acerca do que souber e lhe for perguntado).

4. TIPO SUBJETIVO

A exploração de prestígio é incriminada somente na forma **dolosa**, de modo que se faz mister haver consciência e vontade de concretizar os elementos objetivos do tipo.

A conduta deve ser praticada com o **intuito de obter ou receber dinheiro ou qualquer outra utilidade** (elemento subjetivo específico).

5. SUJEITOS DO CRIME

5.1. Sujeito ativo

O tipo penal não requer nenhuma qualidade ou condição especial do sujeito ativo, motivo pelo qual se cuida de **crime comum**.

Discute-se se o interessado (i. e., o "comprador" do prestígio) deve ser considerado coautor ou partícipe do delito, juntamente com o *venditor fumi*. Em nosso modo de ver, a resposta há de ser **negativa**. No que se refere à conduta típica "solicitar", tal impossibilidade radica-se na inexistência, frente ao nosso ordenamento jurídico-penal, de concorrência delitiva posterior à consumação do crime. Nesses casos, a iniciativa da *venditio fumi* é do autor da bazófia, consumando-se o crime com a mera solicitação. Se o interessado, portanto, aderir à atitude ilegal, prestará colaboração posterior à realização integral típica.

No que pertine à conduta "receber", igualmente não cabe falar em concurso de pessoas, embora por razões distintas. Nesse caso, o "comprador" do prestígio toma a iniciativa de ofertar a vantagem e o *venditor fumi* a recebe. Ainda que se possa notar, *in casu*, a chamada "torpeza bilateral", não há falar-se, uma vez mais, em coautoria ou participação, porque, na mente do interessado, ele concorre para um ato de corrupção, ao acreditar erroneamente que o dinheiro (ou qualquer outra utilidade) será utilizado para a "compra de um favor", o que, em verdade, não ocorrerá. Ele "participa", portanto, de uma fantasiosa corrupção ativa. Há de sua parte um delito putativo, isto é, um crime imaginário, o qual fica alheio a qualquer punição.

5.2. Sujeito passivo

É o Estado, titular da administração da Justiça. O "comprador" do prestígio alegado (ou não negado) figura, em plano secundário, como vítima (até porque, consoante se ponderou no estudo do tipo objetivo, há na espécie uma forma de estelionato no modo de agir do *venditor fumi*).

6. CONSUMAÇÃO E TENTATIVA

6.1. Consumação

O momento consumativo corresponde ao da solicitação ou do recebimento do dinheiro ou utilidade. **No primeiro caso, o delito é formal (ou de consumação antecipada)**, porquanto não se requer o efetivo recebimento ou a realização da promessa para fins de consumação. **No último caso ("receber"), em que se pressupõe iniciativa do terceiro, o crime é material.**

Quando se trata de solicitação, é preciso que ela chegue ao conhecimento do interessado.

6.2. Tentativa

A tentativa é admissível somente: **a) na modalidade recebimento** (p. ex., funcionário aceita, mas, por circunstâncias alheias à sua vontade, não recebe a contraprestação); e **b) na solicitação, quando elaborada por escrito** (*v.g.*, a carta contendo a solicitação é extraviada).

7. CAUSA DE AUMENTO DE PENA (PARÁGRAFO ÚNICO)

As penas são aumentadas de um terço se o agente alega ou insinua que o dinheiro ou utilidade também se destina a qualquer das pessoas referidas no *caput* do artigo (juiz, jurado, órgão do MP, funcionário da Justiça, perito, tradutor, intérprete ou testemunha). **Basta a simples sugestão de que o dinheiro ou utilidade também serão revertidos em favor do juiz, jurado, membro do MP etc.** para que a pena aumente da terça parte.

Na hipótese de a alegação ou insinuação serem verdadeiras, ou seja, de o funcionário realmente estar conluiado com o particular para receberem a vantagem, há corrupção passiva por parte do servidor e corrupção ativa no tocante ao interessado e ao "intermediador". No caso de haver conluio com *testemunha*, ela e o agente responderão pelo crime do art. 343 (corrupção ativa de testemunha).

8. CLASSIFICAÇÃO JURÍDICA

Trata-se de crime *de forma ou ação livre* (admite qualquer meio executivo), *comum* (qualquer indivíduo pode figurar como sujeito ativo), *monossubjetivo ou de concurso eventual* (pode ser cometido por uma só pessoa ou várias em concurso – art. 29 do CP), *formal ou de consumação antecipada* (salvo no verbo "receber", em que a produção do resultado naturalístico é necessária para a consumação), *instantâneo* (sua fase consumativa não se protrai no tempo) e *unissubsistente* (o *iter criminis* não admite fracionamento; **há exceções**).

9. PENA E AÇÃO PENAL

A pena é de reclusão, de um a cinco anos, e multa. O fato submete-se, portanto, ao procedimento comum ordinário (CPP, arts. 395 a 405) e admite a suspensão condicional do processo (art. 89 da Lei n. 9.099/95).

A ação penal é de iniciativa **pública incondicionada.**

ART. 358 – VIOLÊNCIA OU FRAUDE EM ARREMATAÇÃO JUDICIAL

1. DISPOSITIVO LEGAL

Violência ou fraude em arrematação judicial

Art. 358. Impedir, perturbar ou fraudar arrematação judicial; afastar ou procurar afastar concorrente ou licitante, por meio de violência, grave ameaça, fraude ou oferecimento de vantagem:

Pena – detenção, de 2 (dois) meses a 1 (um) ano, ou multa, além da pena correspondente à violência.

2. VALOR PROTEGIDO (OBJETIVIDADE JURÍDICA)

A norma penal tutela a administração da Justiça, no que pertine à boa consecução, à lisura e à livre concorrência do procedimento licitatório *judicial*. O presente tipo incriminador assemelha-se aos arts. 337-I ("Perturbação de processo licitatório") e 337-K ("Afastamento de licitante"). A diferença entre o primeiro e os últimos reside no objeto da proteção penal. O do art. 358 recai sobre a **arrematação** *judicial*, ao passo que o dos demais, nas licitações públicas de modo geral.

3. TIPO OBJETIVO

Cuida-se o art. 358 de *tipo misto cumulativo*. Há, portanto, **duas figuras típicas autônomas** na mesma disposição legal, de modo que a prática de ambas ensejará concurso de crimes (e não delito único).

O primeiro comportamento punido consiste no **impedimento, perturbação ou fraude em arrematação judicial.** As ações nucleares, portanto, são *impedir* (obstar, obstruir, impossibilitar a execução ou o prosseguimento), *perturbar* (turbar, atrapalhar, embaraçar, tumultuar) ou *fraudar* (enganar, iludir). Considerando tão somente essa conduta, consubstanciada na primeira parte do *caput* do art. 358, pode-se identificar um *tipo misto alternativo*, motivo por que o cometimento de mais de uma conduta não importará em concurso de crimes, mas infração única, desde que se refiram ao mesmo ato em arrematação judicial.

As condutas devem se dirigir a (qualquer) **ato efetuado durante arrematação judicial** (objeto material).

Na parte final do dispositivo, encontra-se o delito autônomo de **afastamento de licitante**. O verbo nuclear consubstancia-se no fato de *afastar* (retirar, pôr de parte, tirar do caminho) ou *procurar afastar* (tentar apartar ou retirar). Cuida-se de **crime de atentado ou empreendimento,** em que o tipo equipara a forma tentada e a consumada, reunindo ambas como formas de realização integral do tipo. Nesse caso, opera-se uma exceção à regra de dosagem da pena prevista no parágrafo único do art. 14 do CP, na qual o crime tentado é punido com as sanções do consumado, reduzidas de um a dois terços; em vez disso, aplica-se a ambas as formas (*conatus proximus* e *summatum opus*) a mesma pena abstratamente cominada, embora concretamente deva merecer maior reprimenda o comportamento que maior lesão jurídica provocar.

O *objeto material* é o **licitante** ou **concorrente**, é dizer, qualquer pessoa física ou jurídica que intente participar da arrematação judicial.

Os *meios executivos* são: a **violência** (vias de fato, lesão, sequestro ou homicídio), a **grave ameaça** (promessa de causar mal grave e injusto), a **fraude** (utilização de artifício, ardil ou outro meio ilusório) e o **oferecimento de qualquer vantagem.** Se o *modus* eleito for a *violência física,* aplicar-se-ão *cumulativamente as penas* daí decorrentes, notadamente quando se tratar de lesões corporais, tortura ou morte.

Registre, por fim, que, de acordo com nossos tribunais, a emissão de cheques sem fundos, dados como forma de pagamento de leilão judicial, caracteriza, em tese, o art. 171, § 2º, VI, do CP.

4. TIPO SUBJETIVO

As infrações penais acima mencionadas são **dolosas,** exigindo-se a consciência e a vontade de concretizar os elementos objetivos do tipo.

5. SUJEITOS DO CRIME

5.1. Sujeito ativo

Ambos os crimes acima estudados são **comuns,** motivo por que podem ser cometidos por qualquer pessoa, inclusive pelos serventuários da Justiça encarregados da arrematação judicial.

5.2. Sujeito passivo

É o Estado, titular da administração da Justiça. No caso de afastamento de licitante, figura como sujeito passivo secundário o concorrente afastado (ou que se procurou afastar).

6. CONSUMAÇÃO E TENTATIVA

6.1. Consumação

A consumação dar-se-á quando o ato relacionado ao certame for impedido, turbado ou fraudado ou, na parte final do dispositivo, com a mera tentativa de afastamento do licitante da respectiva arrematação judicial.

6.2. Tentativa

A tentativa é admissível, no que pertine ao impedimento, perturbação ou fraude em arrematação judicial. Na modalidade "impedir" será de difícil configuração, pois, ainda quando não obstado completamente o ato visado, a conduta do agente poderá tê-lo atrapalhado, consumando-se a infração na modalidade "perturbar".

Com relação ao **afastamento de licitante**, contudo, **descabe** o *conatus proximus*, já que se cuida de **crime de atentado ou de empreendimento**, o qual não comporta a forma imperfeita de realização típica.

7. CLASSIFICAÇÃO JURÍDICA

São crimes *de forma ou ação livre* (podem ser cometidos por qualquer meio), *comuns* (não requerem qualquer predicado do sujeito ativo), *monossubjetivos ou de concurso eventual* (podem ser praticados por uma só pessoa ou várias, em concurso), *material ou de resultado* (no caso do impedimento, perturbação ou fraude na arrematação judicial, pois exige a produção do resultado naturalístico para efeito de consumação) e *formal ou de consumação antecipada* (na hipótese remanescente, na qual a realização integral do tipo independe do efetivo afastamento do licitante) e *plurissubsistentes* (o *iter criminis* comporta fracionamento, embora, na conduta prevista na parte final do dispositivo, por se tratar de crime de atentado ou de empreendimento, não se admita a forma tentada).

8. PENA E AÇÃO PENAL

A pena é de detenção, de dois meses a um ano, ou multa, além da pena correspondente à violência. Cuida-se de infração penal de menor potencial ofensivo, sujeita ao regime jurídico da Lei n. 9.099/95 e à competência *ratione materiae* dos Juizados Especiais Criminais.

A ação penal é de iniciativa **pública incondicionada** em ambos os casos.

ART. 359 – DESOBEDIÊNCIA A DECISÃO JUDICIAL SOBRE PERDA OU SUSPENSÃO DE DIREITO

1. DISPOSITIVO LEGAL

Desobediência a decisão judicial sobre perda ou suspensão de direito

Art. 359. Exercer função, atividade, direito, autoridade ou múnus, de que foi suspenso ou privado por decisão judicial:

Pena – detenção, de 3 (três) meses a 2 (dois) anos, ou multa.

2. VALOR PROTEGIDO (OBJETIVIDADE JURÍDICA)

O tipo penal foi construído com o escopo de assegurar a eficácia das decisões emanadas do Poder Judiciário relativas à imposição de penas acessórias que, no regime original do Código (antes, portanto, da Reforma da Parte Geral de 1984), consistiam em medidas impostas conjuntamente com a pena privativa de liberdade, referindo-se à perda de função pública, eletiva ou de nomeação e às interdições de direitos (art. 67, I e II, e 69, com a redação anterior à Lei n. 7.209/84).

Essas medidas subsistem no atual sistema, mas com natureza jurídica diversa.

As *interdições temporárias de direitos constituem, hoje, penas restritivas de direitos* e se encontram nomeadas no art. 47 do CP. O inadimplemento destas importará na sua conversão em pena privativa de liberdade, nos termos do art. 44, § 4º, do CP. Para elas, portanto, não mais se aplica o art. 359, já que seu descumprimento encontra solução particular.

A *perda de cargo, função pública ou mandato eletivo configura efeito extrapenal específico da condenação*, regulado pelo art. 92, I, do CP. Nesse caso, o descumprimento da medida deve sujeitar-se à caracterização do crime em estudo. O mesmo se aplica aos demais efeitos específicos contidos nos outros incisos do preceito legal citado, quais sejam, a incapacidade para o exercício do poder familiar, tutela ou curatela (inciso II) e a inabilitação para conduzir veículos automotores (inciso III).

Conclui-se, portanto, que a hodierna *objetividade jurídica* do art. 359 do Código radica-se na **eficácia das decisões judiciais relativa aos efeitos extrapenais secundários da condenação.**

3. TIPO OBJETIVO

O núcleo do tipo ("exercer") demanda desempenho *com habitualidade* de função, atividade, direito, autoridade ou múnus, de que foi suspenso ou privado por decisão judicial. Significa, portanto, que **a prática de um ato isolado não configura a infração penal**, exigindo-se a reiteração de atos de modo a demonstrar a necessária habitualidade.

Abrange, como anteriormente expusemos, os **efeitos extrapenais secundários da condenação**, elencados no art. 92 do CP. Compreende, ainda, outros previstos em lei especial, *salvo se esta previr cominação específica para o inadimplemento da determinação imposta na decisão da Justiça* (caso dos crimes de trânsito, em que a violação às medidas impostas em razão destes sujeita o infrator à pena do art. 307 do CTB – Lei n. 9.503/97).

4. TIPO SUBJETIVO

O delito somente é punido na forma **dolosa**, fazendo-se necessário haver consciência e vontade de concretizar os elementos objetivos do tipo.

5. SUJEITOS DO CRIME

5.1. Sujeito ativo

Cuida-se de **crime próprio**, já que somente o **indivíduo condenado pela Justiça**, ao qual se impuseram efeitos extrapenais específicos da condenação, pode praticá-lo.

5.2. Sujeito passivo

É o Estado, titular da administração da Justiça.

6. CONSUMAÇÃO E TENTATIVA

6.1. Consumação

Dá-se o momento consumativo com o **exercício habitual** daquilo que foi conteúdo de suspensão ou proibição judicial.

6.2. Tentativa

É possível a figura da tentativa, embora se deva destacar que, para a maioria da doutrina, descabe o *conatus proximus* em matéria de delitos habituais.

7. CLASSIFICAÇÃO JURÍDICA

Classifica-se como *crime habitual* (requer a reiteração de atos para sua consumação), *de ação ou forma livre* (admite qualquer meio executivo), *próprio* (exige-se qualidade especial do sujeito ativo), **monossubjetivo ou de** concurso eventual (pode ser cometido por um só agente ou por várias pessoas em concurso), *de mera conduta ou simples atividade* (o tipo penal não alude a qualquer resultado naturalístico, sendo suficiente a prática da conduta nele descrita para efeito de consumação), *instantâneo* (sua fase consumativa não se prolonga no tempo) e *plurissubsistente* (o *iter criminis* comporta fracionamento).

8. PENA E AÇÃO PENAL

A pena é de detenção, de três meses a dois anos, ou multa. Trata-se de infração de menor potencial ofensivo, sujeitando-se às medidas despenalizadoras previstas na Lei n. 9.099/95, bem como à competência *ratione materiae* dos Juizados Especiais e ao rito comum sumaríssimo.

A ação penal é de iniciativa **pública incondicionada.**

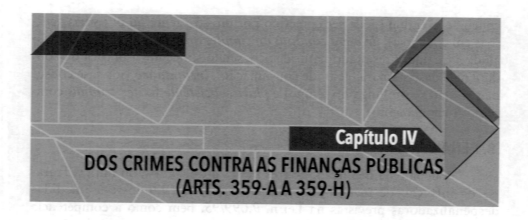

Capítulo IV
DOS CRIMES CONTRA AS FINANÇAS PÚBLICAS
(ARTS. 359-A A 359-H)

1. ANCORAGEM CONSTITUCIONAL

Toda e qualquer incriminação, para se justificar dentro do Estado Democrático de Direito, há que encontrar alguma referência, expressa ou implícita, na Constituição Federal. Deve-se considerar a norma penal teleologicamente, isto é, perscrutando sua finalidade, a *ratio* de sua existência, isto é, o valor fundamental para o qual foi criada. O tipo penal não é um fim em si mesmo, mas deve existir para a salvaguarda de um valor que lhe precede e, de algum modo, encontra-se referido no Texto Maior. Não podem as leis penais prestar-se à salvaguarda de ideologias, concepções puramente morais, éticas ou religiosas. É preciso que apresentem um *plus*, e esse algo a mais somente poderá ser definido a partir da Lei Fundamental.

Os crimes contra as finanças públicas, acrescidos ao Código Penal por intermédio da Lei n. 10.028, de 19-10-2000, atendem à mencionada exigência. Trata-se de infrações penais construídas com o intuito de impor sanções penais aos maus gestores do erário.

Deve-se obtemperar que toda atividade exercida pelos agentes públicos se dá estritamente abaixo da lei, como preconiza o art. 37, *caput*, da CF, ao elencar, ao lado de outros, o princípio da legalidade como vetor para a Administração Pública direta e indireta de qualquer dos Poderes da União, dos Estados, do Distrito Federal e dos Municípios. A mesma diretriz é repetida quando nossa Lei das Leis cuida da fiscalização contábil, financeira, orçamentária, operacional e patrimonial da União e das entidades da administração direta e indireta (art. 70, *caput*).

De maneira mais específica, há o Capítulo II do Título VI da Constituição Federal, cujos arts. 163 a 169 dedicam-se particularmente ao trato das *finanças públicas*. Desse conjunto de regras de superior hierarquia, merecem destaque as proibições mencionadas no art. 167, muitas das quais são reforçadas pelas incriminações contidas na última classe de dispositivos de nosso Código Penal[1].

---

[1] "Art. 167. São vedados: I – o início de programas ou projetos não incluídos na lei orçamentária anual; II – a realização de despesas ou a assunção de obrigações diretas que excedam os créditos orçamentários ou adicionais; III – a realização de operações de créditos que excedam o montante das despesas de capital, ressalvadas as autorizadas mediante créditos suplementares ou especiais com finalidade precisa, aprovados pelo Poder Legislativo por maioria absoluta; IV – a vinculação de receita de impostos a órgão, fundo ou despesa, ressalvadas a repartição do produto da arrecadação dos impostos a que se referem os arts. 158 e 159, a destinação de recursos para as ações e serviços públicos de saúde, para manutenção e desenvolvimento do ensino e para realização de atividades da administração tributária, como determinado, respectivamente, pelos arts. 198, § 2º, 212 e 37, XXII, e a prestação de garantias às operações de crédito por antecipação de receita, previstas no art. 165, § 8º, bem como o disposto no § 4º deste artigo; V – a abertura de crédito suplementar ou especial sem prévia autorização legislativa e sem indicação dos recursos correspondentes; VI – a transposição, o remanejamento ou a transferência de recursos de uma categoria de programação para outra ou de um órgão para outro, sem prévia autorização legislativa; VII – a concessão ou utilização de créditos ilimitados; VIII – a utilização, sem autorização legislativa específica, de recursos dos orçamentos fiscal e da seguridade social para suprir necessidade ou cobrir déficit de empresas, fundações e fundos, inclusive dos mencionados no art. 165, § 5º; IX – a instituição de fundos de qualquer natureza, sem prévia autorização legislativa; X – a transferência voluntária de recursos e a concessão de empréstimos, inclusive por antecipação de receita, pelos Governos Federal e Estaduais e suas instituições financeiras, para pagamento de despesas com pessoal ativo, inativo e pensionista, dos Estados, do Distrito Federal e dos Municípios; XI – a utilização dos recursos provenientes das contribuições sociais de que trata o art. 195, I, *a*, e II, para a realização de despesas distintas do pagamento de benefícios do regime geral de previdência social de que trata o art. 201. § 1º Nenhum investimento cuja execução ultrapasse um exercício financeiro poderá ser iniciado sem prévia inclusão no plano plurianual, ou sem lei que autorize a inclusão, sob pena de crime de responsabilidade. § 2º Os créditos especiais e extraordinários terão vigência no exercício financeiro em que forem autorizados, salvo se o ato de autorização for promulgado nos últimos quatro meses daquele exercício, caso em que, reabertos nos limites de seus saldos, serão incorporados ao orçamento do exercício financeiro subsequente. § 3º A abertura de crédito extraordinário somente será admitida para atender a despesas imprevisíveis e urgentes, como as decorrentes de guerra, comoção interna ou calamidade pública, observado o disposto no art. 62. § 4º É permitida a vinculação de receitas próprias geradas pelos impostos a que se referem os arts. 155 e 156, e dos recursos de que tratam os arts. 157, 158 e 159, I, *a* e *b*, e II, para a prestação de garantia ou contragarantia à União e para pagamento de débitos para com esta. § 5º A transposição, o remanejamento ou a transferência de recursos de uma categoria de programação para outra poderão ser admitidos, no âmbito das atividades de ciência, tecnologia e inovação, com o objetivo de viabilizar os resultados de projetos restritos a essas funções, mediante ato do Poder Executivo, sem necessidade da prévia autorização legislativa prevista no inciso VI deste artigo."

2. LEI DE RESPONSABILIDADE FISCAL

Os arts. 359-A a 359-H, que perfazem este Capítulo do Título XI da Parte Especial do Código Penal, visam a conferir **maior eficácia à Lei de Responsabilidade Fiscal** (LC n. 101/2000), que estabelece "normas para as finanças públicas voltadas para a responsabilidade da gestão fiscal". Atendem, ainda, ao comando inserido no art. 73 deste Diploma, segundo o qual as infrações dos preceitos contidos nele contidos "serão punidas segundo o Decreto-Lei n. 2.848, de 7 de dezembro de 1940 (Código Penal); a Lei n. 1.079, de 10 de abril de 1950; o Decreto-Lei n. 201, de 27 de fevereiro de 1967; a Lei n. 8.429, de 2 de junho de 1992; e demais normas da legislação pertinente".

Muitas das condutas penalmente punidas nos oito dispositivos que o integram configuram, assim, ilícito civil e administrativo, além de infração penal, ensejando punições nessas órbitas, o que se pode lograr, por exemplo, por meio do ajuizamento de ações civis de improbidade administrativa (Lei n. 8.429/92, com redação da Lei n. 14.230/2021). Como observa Rui Stoco: "Assim, pelo mesmo fato, o sujeito ativo tanto poderá receber pena privativa de liberdade e multa, se condenado no juízo cri-minal, como, ainda, perder o cargo, dele ficar suspenso, ter de restituir o valor do prejuízo causado e pagar multa, caso também tenha sido condenado no juízo cível, pela prática de improbidade administrativa"[2].

Só será possível compreender os tipos penais do Capítulo IV do Título XI da Parte Especial do CP se bem entendidos alguns deveres básicos do administrador público na gestão das finanças públicas.

Por essa razão, é preciso ter em mente que o administrador do dinheiro público deve ter como meta principal o **equilíbrio das contas públicas**. Na sua gestão fiscal, deve sempre zelar por uma "ação planejada e transparente, em que se previnem riscos e corrigem desvios capazes de afetar o equilíbrio das contas públicas..." (LC n. 101/2000, art. 1º, § 1º).

ART. 359-A – CONTRATAÇÃO DE OPERAÇÃO DE CRÉDITO

1. DISPOSITIVO LEGAL

Contratação de operação de crédito

Art. 359-A. Ordenar, autorizar ou realizar operação de crédito, interno ou externo, sem prévia autorização legislativa:

Pena – reclusão, de 1 (um) a 2 (dois) anos.

---

[2] Rui Stoco. *Leis penais especiais e sua interpretação jurisprudencial.* 7. ed. São Paulo: Revista dos Tribunais, 2001, v. 1, p. 2689.

Parágrafo único. Incide na mesma pena quem ordena, autoriza ou realiza operação de crédito, interno ou externo:

I – com inobservância de limite, condição ou montante estabelecido em lei ou em resolução do Senado Federal;

II – quando o montante da dívida consolidada ultrapassa o limite máximo autorizado por lei.

2. VALOR PROTEGIDO (OBJETIVIDADE JURÍDICA)

O dispositivo preocupa-se com a **higidez das contas públicas**, a **boa gestão da receita decorrente dos tributos**, além do respeito à **legalidade**, à **probidade** e à **moralidade** administrativas, no que pertine às finanças do Estado.

3. TIPO OBJETIVO

Pune-se o ato de *ordenar* (dar ordem, determinar), *autorizar* (permitir, corroborar) ou *realizar* (efetivar) operação de crédito, interno ou externo, sem autorização legislativa.

Cuida-se de **norma penal em branco**, já que o conceito de **operação de crédito** encontra-se na Lei de Responsabilidade Fiscal, assim definido: "compromisso financeiro assumido em razão de mútuo, abertura de crédito, emissão e aceite de título, aquisição financiada de bens, recebimento antecipado de valores provenientes da venda a termo de bens e serviços, arrendamento mercantil e outras operações assemelhadas, inclusive com o uso de derivativos financeiros" (art. 29, III).

O ente federativo, quando da contratação de operação de crédito (i. e., obtenção de empréstimos financeiros), deve obter **prévia autorização legislativa**, que estabelecerá os limites, as condições e o montante da operação. Tal permissão pode ser concedida pelo Senado, Assembleias Legislativas ou Câmaras Municipais.

A violação a este primeiro dever, ou seja, a necessidade de prévia autorização legal, caracteriza o crime previsto no *caput* do art. 359-A do CP. Segundo Paulo José da Costa Jr., se no instante da ordem inexistir a autorização, mas esta sobrevier ao ato, inexistirá crime quando o atraso for decorrente de circunstâncias alheias à conduta dos agentes públicos, não havendo dolo da parte destes[3].

Por outro lado, **se mesmo com autorização legislativa o ente público desobedecer aos limites, condições ou montante previstos na lei,** incorrerá no delito capitulado no **parágrafo único, I,** do citado dispositivo penal.

---

[3] *Curso de direito penal*, p. 913.

Além disso, **não é possível contrair operação de crédito quando "o montante da dívida consolidada ultrapassa o limite máximo autorizado por lei"** (parágrafo único, II).

A lei a que faz referência o Código Penal é *lei federal* (art. 30, I, da LC n. 101/2000), que foi remetida ao Senado Federal dentro dos noventa dias posteriores à publicação da Lei de Responsabilidade Fiscal[4]. A dívida pública consolidada ou fundada compreende o "montante total, apurado sem duplicidade, das obrigações financeiras do ente da Federação, assumidas em virtude de leis, contratos, convênios ou tratados e da realização de operações de crédito, para amortização em prazo superior a doze meses" (art. 29, I, da LC n. 101/2000).

4. TIPO SUBJETIVO

O fato somente é punível a título de **dolo**, o que requer consciência e vontade de concretizar os elementos objetivos do tipo.

É **cabível a incidência de causas de exclusão da ilicitude** (art. 23 do CP), como o estado de necessidade[5], devendo se observar, contudo, que a Constituição Federal autoriza a **abertura de crédito extraordinário para atender a despesas** *imprevisíveis* e *urgentes*, como as decorrentes de **guerra, comoção interna** ou **calamidade pública** (art. 167, § 3º). Nesse caso, a conduta será penalmente **atípica** pela existência de autorização extrapenal.

Não se aplica o erro de proibição (art. 21 do CP) ao crime em estudo, notadamente o escusável (que isenta de pena o réu), pois o administrador público tem obrigação de conhecer e aplicar a Lei de Responsabilidade Fiscal.

5. SUJEITOS DO CRIME

5.1. Sujeito ativo

Cuida-se de **crime próprio**, pois só o funcionário público pode cometê-lo[6]; particulares podem figurar como coautores ou partícipes, nos termos do art. 30 do CP.

---

[4] "No prazo de noventa dias após a publicação desta Lei Complementar, o Presidente da República submeterá ao: I – Senado Federal: proposta de limites globais para o montante da dívida consolidada da União, Estados e Municípios (...)" (LC n. 101/2000, art. 30, I).

[5] Nesse sentido: Damásio de Jesus. *Direito penal*, 16. ed., São Paulo: Saraiva, 2010, v. 4, p. 430.

[6] Destaca-se, contudo, que é "Inviável a condenação de agente público que não tinha ingerência direta com o empenho de despesas orçamentárias, não havendo correlação entre sua atuação estatal e o descumprimento das regras de responsabilidade fiscal" (TJDFT, ApCr 07152924820198070001, rel. Des. Asiel Henrique de Sousa, 1ª T. Criminal, j. 20-7-2023).

Quando o autor da conduta for o **Presidente da República**, cometerá *igualmente* crime de responsabilidade, conforme dispõe o art. 10 da Lei n. 1.079/50, alterada pela Lei n. 10.028/2000. Note que os "crimes de responsabilidade" definidos no Diploma aludido não têm natureza penal (mas político-administrativa), a despeito de sua terminologia, motivo por que **a imputação ao mandatário da Nação do crime capitulado no art. 359-A do CP e do ato descrito na Lei n. 1.079/50 não configurará** *bis in idem*.

Se o agente for **Prefeito Municipal**, o delito por ele praticado será o **art. 1º, XX, do Decreto-Lei n. 201/67** (também modificado pela Lei n. 10.028/2000), o qual prevalecerá por conta de sua **especialidade**.

5.2. Sujeito passivo

O sujeito passivo será sempre o Estado e, secundariamente, o povo, mandatário de todo o poder e destinatário das políticas públicas a serem implementadas com os recursos decorrentes das finanças estatais.

6. CONSUMAÇÃO E TENTATIVA

6.1. Consumação

A consumação dá-se **com a ordem, autorização ou realização de operação de crédito,** nos termos do dispositivo. Como se trata de **crime de mera conduta,** não tem aplicação ao art. 359-A o instituto "do arrependimento eficaz" (art. 15 do CP). Em outras palavras: como o tipo penal não faz referência a nenhum resultado, de nada adianta o agente arrepender-se do crime, pois não terá o que impedir. Caso o agente anule ou revogue o ato administrativo por meio do qual incorreu no tipo penal, aplica-se a atenuante genérica do art. 65, III, *b*, do CP.

Para Cézar Bitencourt, "as modalidades ordenar e autorizar somente consumam o crime com a efetiva abertura de crédito, nas circunstâncias mencionadas, na medida em que somente assim se pode expor a risco de lesão o bem jurídico protegido"[7].

6.2. Tentativa

A tentativa somente é cabível na modalidade "realizar".

7. CLASSIFICAÇÃO JURÍDICA

Classifica-se como crime *de conteúdo variado ou ação múltipla* (várias são as condutas nucleares alternativamente relacionadas no preceito primário),

---

[7] *Tratado de direito penal*, v. 5, p. 409.

de *conduta vinculada* (não admite qualquer meio executivo, senão aquele previsto em lei), *próprio* (exige predicado especial do sujeito ativo), *monossubjetivo ou de concurso eventual* (pode ser praticado por um só agente ou vários, em concurso), *de mera conduta* (o tipo não faz alusão a resultado naturalístico), *instantâneo* (sua fase consumativa não se prolonga no tempo) e *unissubsistente* (o *iter criminis* não é fracionável, exceto na modalidade "realizar").

8. PENA E AÇÃO PENAL

A pena é de reclusão, de um a dois anos. Trata-se de infração de menor potencial ofensivo, sujeitando-se às medidas despenalizadoras previstas na Lei n. 9.099/95, bem como à competência *ratione materiae* dos Juizados Especiais e ao rito comum sumaríssimo.

A ação penal é de iniciativa **pública incondicionada**.

ART. 359-B – INSCRIÇÃO DE DESPESAS NÃO EMPENHADAS EM RESTOS A PAGAR

1. DISPOSITIVO LEGAL

Inscrição de despesas não empenhadas em restos a pagar

Art. 359-B. Ordenar ou autorizar a inscrição em restos a pagar, de despesa que não tenha sido previamente empenhada ou que exceda limite estabelecido em lei:

Pena – detenção, de 6 (seis) meses a 2 (dois) anos.

2. VALOR PROTEGIDO (OBJETIVIDADE JURÍDICA)

O manto de proteção penal compreende a **boa gestão das finanças públicas**, além do respeito aos princípios da **legalidade**, **probidade** e **moralidade** administrativas no que pertine aos recursos materiais do Estado.

3. TIPO OBJETIVO

Deve-se anotar que a Lei de Responsabilidade Fiscal veda categoricamente ao titular de Poder ou órgão público, "nos últimos dois quadrimestres do seu mandato, contrair obrigação de despesa que não possa ser cumprida integralmente dentro dele, ou que tenha parcelas a serem pagas no exercício seguinte sem que haja suficiente disponibilidade de caixa para este efeito" (art. 42). O escopo da norma reside **em impedir que administradores assumam obrigações no final de seu mandato para serem cumpridas pelo seu sucessor**. Procura-se evitar que os administradores "passem o problema para frente" ou que "façam cortesia com o chapéu alheio".

Pune-se, destarte, o administrador que *ordenar* (determinar, der ordem) ou *autorizar* (permitir, corroborar) a inscrição em restos a pagar de despesa que não tenha sido previamente empenhada ou que exceda os limites estabelecidos em lei. **Quando o administrador deixar de ordenar, de autorizar ou de promover o cancelamento do montante de restos a pagar inscrito em valor superior ao permitido em lei, incorre no tipo do art. 359-F.** É possível que, na sucessão de mandatários, o antecessor inscreva despesas não empenhadas em restos a pagar, incorrendo no delito do art. 359-B, e seu sucessor não determine o cancelamento do montante indevidamente inscrito, respondendo pelo art. 359-F.

Uma vez mais se cuida de **norma penal em branco**, já que a definição dos "restos a pagar", bem como os limites para sua inscrição, encontra-se em outra norma jurídica. Entende-se por **"restos a pagar"** as despesas assumidas pelo administrador público que serão pagas com recursos dos próximos orçamentos. A Lei n. 4.320/64 define-o como "as despesas empenhadas mas não pagas até o dia 31 de dezembro, distinguindo-se as processadas das não processadas" (art. 36).

O objetivo da Lei é, reitere-se, evitar "que obrigação de despesas seja passada às próximas gestões, prejudicando o bom andamento da administração fiscal do Estado"[8] e, além disso, impedir que, caso se constate a existência de tais "restos a pagar" em valor superior ao estabelecido em lei, deixe o administrador de promover o seu cancelamento. Neste último caso, procura-se coibir o chamado efeito "bola de neve".

4. TIPO SUBJETIVO

O dispositivo em estudo somente é punível na forma **dolosa**, o que requer consciência e vontade de concretizar os elementos objetivos do tipo.

Aos crimes contra as finanças públicas não se aplica o erro de proibição (art. 21 do CP), notadamente o escusável (que isenta de pena o réu), pois o administrador público tem obrigação de conhecer e aplicar os preceitos da Lei de Responsabilidade Fiscal. Deve-se lembrar, ainda, que sua atividade encontra-se integralmente regida pelo princípio da legalidade (art. 37, *caput*, da CF), inclusive no que toca à gestão das finanças públicas (art. 70, *caput*, da CF).

5. SUJEITOS DO CRIME

5.1. Sujeito ativo

Trata-se de **crime próprio**, à medida que requer predicado específico do sujeito ativo, posto que somente o agente público pode cometê-lo;

---

[8] Damásio de Jesus. *Direito penal*, p. 433.

particulares podem figurar como coautores ou partícipes, nos termos do art. 30 do CP.

5.2. Sujeito passivo

O sujeito passivo é o Estado. Em caráter secundário, a sociedade, a quem se destinam as políticas públicas a serem implementadas com os recursos decorrentes das finanças estatais.

6. CONSUMAÇÃO E TENTATIVA

6.1. Consumação

A consumação do crime ocorre com a **entrada em vigor da ordem ou autorização para inscrição de despesa em restos a pagar**. Para Cezar Bitencourt, "consuma-se o crime quando a *ordem* ou *autorização* é executada, ou seja, quando se opera efetivamente a inscrição *de despesa em restos a pagar*. Enquanto não for atendida a ordem ou autorização, não se produz qualquer efeito"[9].

6.2. Tentativa

Não se admite tentativa, porquanto o crime é **unissubsistente**.

7. CLASSIFICAÇÃO JURÍDICA

Cuida-se de delito *de ação múltipla ou conteúdo variado* (prevê mais de uma conduta nuclear, alternativamente relacionadas no preceito primário), *de conduta vinculada* (não admite qualquer meio executivo, senão aquele previsto em lei), *próprio* (exige predicado especial do sujeito ativo), *monossubjetivo ou de concurso eventual* (pode ser praticado por um só agente ou vários, em concurso), *de mera conduta* (o tipo não faz alusão a resultado naturalístico), *instantâneo* (sua fase consumativa não se prolonga no tempo) e *unissubsistente* (o *iter criminis* não é fracionável).

8. PENA E AÇÃO PENAL

A pena é de detenção, de seis meses a dois anos, razão por que se trata de infração de menor potencial ofensivo, sujeita às disposições da Lei n. 9.099/95.

A ação penal é de iniciativa **pública incondicionada**.

---

[9] *Tratado de direito penal*, v. 5, p. 414.

ART. 359-C – ASSUNÇÃO DE OBRIGAÇÃO NO ÚLTIMO ANO DO MANDATO OU LEGISLATURA

1. DISPOSITIVO LEGAL

Assunção de obrigação no último ano do mandato ou legislatura

Art. 359-C. Ordenar ou autorizar a assunção de obrigação, nos dois últimos quadrimestres do último ano do mandato ou legislatura, cuja despesa não possa ser paga no mesmo exercício financeiro ou, caso reste parcela a ser paga no exercício seguinte, que não tenha contrapartida suficiente de disponibilidade de caixa:

Pena – reclusão, de 1 (um) a 4 (quatro) anos.

2. VALOR PROTEGIDO (OBJETIVIDADE JURÍDICA)

Cuida-se o escopo protetivo da norma na **boa gestão das finanças públicas** e na **garantia da regular e hígida continuidade da administração** sob o ponto de vista fiscal. Prestigiam-se, ainda, os princípios da **legalidade**, da **probidade** e da **moralidade** administrativas, no que concerne às finanças do Estado.

3. TIPO OBJETIVO

Cumpre relembrar que a Lei de Responsabilidade Fiscal proíbe ao titular de Poder ou órgão público de, "nos últimos dois quadrimestres do seu mandato, contrair obrigação de despesa que não possa ser cumprida integralmente dentro dele, ou que tenha parcelas a serem pagas no exercício seguinte sem que haja suficiente disponibilidade de caixa para este efeito" (art. 42). Conforme já destacamos, a finalidade reside em **obstar que administradores assumam obrigações no final de seu mandato para serem cumpridas pelo seu sucessor**.

As condutas típicas consubstanciam-se nos verbos *ordenar* (determinar, dar ordem) ou *autorizar* (permitir, corroborar). O *objeto material* é a assunção de obrigação, isto é, de compromisso que acarrete despesas ao erário. Há elemento temporal presente no tipo, já que tal **obrigação deve ser assumida nos dois últimos quadrimestres do último ano do mandato ou legislatura**. É necessário, ainda, que **a despesa não possa ser paga no mesmo exercício financeiro** ou, caso reste parcela a ser paga no exercício seguinte, **que não tenha contrapartida suficiente de disponibilidade de caixa**.

4. TIPO SUBJETIVO

Cuida-se de delito exclusivamente **doloso,** de modo que se faz mister haver consciência e vontade de concretizar os elementos objetivos do tipo.

É cabível a incidência de causas de exclusão da ilicitude (art. 23 do CP), como o estado de necessidade, por exemplo, para atender a despesas imprevisíveis e urgentes, como as decorrentes de guerra, comoção interna ou calamidade pública.

Relembre-se que aos crimes contra as finanças públicas não se aplica o erro de proibição (art. 21 do CP), notadamente o escusável (que isenta de pena o réu), pois o administrador público tem obrigação de conhecer e aplicar os preceitos da Lei de Responsabilidade Fiscal. Sua atividade encontra-se integralmente regida pelo princípio da legalidade (art. 37, *caput*, da CF), inclusive no que toca à gestão das finanças públicas (art. 70, *caput*, da CF).

5. SUJEITOS DO CRIME

5.1. Sujeito ativo

Cuida-se de **crime próprio**, pois só o funcionário público pode cometê-lo; particulares podem figurar como coautores ou partícipes, nos termos do art. 30 do CP.

5.2. Sujeito passivo

O sujeito passivo é o Estado e, secundariamente, o povo, destinatário das políticas públicas geridas por intermédio dos recursos estatais.

6. CONSUMAÇÃO E TENTATIVA

6.1. Consumação

O momento consumativo dá-se com **a ordem ou autorização de indevida assunção de obrigação**, dentro do período previsto no art. 359-C. Não é o pensamento de Cezar Bitencourt, para quem só se dá o *summatum opus* quando a ordem é efetivamente executada[10].

6.2. Tentativa

Não se admite a forma tentada (**crime unissubsistente**).

7. CLASSIFICAÇÃO JURÍDICA

Cuida-se de delito *de ação múltipla ou conteúdo variado* (prevê mais de uma conduta nuclear, alternativamente relacionadas no preceito primário), *de conduta vinculada* (não admite qualquer meio executivo, senão

---

[10] *Tratado de direito penal*, v. 5, p. 421.

aquele previsto em lei), *próprio* (exige predicado especial do sujeito ativo), *monossubjetivo ou de concurso eventual* (pode ser praticado por um só agente ou vários, em concurso), *de mera conduta* (o tipo não faz alusão a resultado naturalístico), *instantâneo* (sua fase consumativa não se prolonga no tempo) e *unissubsistente* (o *iter criminis* não é fracionável).

8. PENA E AÇÃO PENAL

A pena é de reclusão, de um a quatro anos. O procedimento aplicável é o comum ordinário (CPP, arts. 395 a 405); admite-se a suspensão condicional do processo (Lei n. 9.099/95).

A ação penal é de iniciativa **pública incondicionada.**

ART. 359-D – ORDENAÇÃO DE DESPESA NÃO AUTORIZADA

1. DISPOSITIVO LEGAL

Ordenação de despesa não autorizada

Art. 359-D. Ordenar despesa não autorizada por lei:

Pena – reclusão, de 1 (um) a 4 (quatro) anos.

2. VALOR PROTEGIDO (OBJETIVIDADE JURÍDICA)

A norma em estudo busca proteger a **higidez das finanças públicas,** bem como os princípios da **legalidade, probidade** e **moralidade** administrativas.

3. TIPO OBJETIVO

Nos termos da Constituição Federal (art. 167, I), da Lei de Responsabilidade Fiscal (arts. 15 a 17) e do Código Penal (art. 359-D), **não pode o administrador público "ordenar despesa não autorizada em lei".** A exata compreensão do tipo, destarte, encontra-se condicionada ao exame de normas extrapenais, o que o torna **norma penal em branco.**

A lei que autoriza a ordenação de despesas em cada exercício financeiro é a lei orçamentária anual e, ainda, a lei de diretrizes orçamentárias e o plano plurianual.

Caso pretenda assumir encargos em nome do Poder Público, o administrador dependerá da prévia autorização legal, sujeitando-se, na falta desta, à sanção preconizada no dispositivo legal.

A ação nuclear consiste no ato de *ordenar* (determinar, dar ordem); seu objeto material é a despesa não autorizada em lei.

4. TIPO SUBJETIVO

O fato somente é punível a título de **dolo,** o que requer consciência e vontade de concretizar os elementos objetivos do tipo.

Não se pode afastar a possibilidade de se reconhecer situações nas quais o agente público atua amparado por **excludentes da ilicitude** (art. 23 do CP).

Conforme já dissemos nos demais dispositivos que compõem o presente capítulo, não se aplica a eles o erro de proibição (art. 21 do CP), notadamente o inevitável (que isenta de pena o réu), já que o administrador público tem obrigação de conhecer e aplicar os preceitos da Lei de Responsabilidade Fiscal. Sua atividade encontra-se integralmente regida pelo princípio da legalidade (art. 37, *caput*, da CF), inclusive no que toca à gestão das finanças públicas (art. 70, *caput*, da CF).

5. SUJEITOS DO CRIME

5.1. Sujeito ativo

O dispositivo legal consubstancia **crime próprio**, já que somente o funcionário público pode cometê-lo. Terceiras pessoas, inclusive particulares, podem figurar como coautores ou partícipes, nos termos do art. 30 do CP.

5.2. Sujeito passivo

O sujeito passivo é o Estado. A sociedade também figura no polo passivo, em caráter secundário, já que a ela se destinam as políticas a serem concretizadas com os recursos decorrentes das finanças públicas.

6. CONSUMAÇÃO E TENTATIVA

6.1. Consumação

Atinge-se a consumação com **a emissão do ato administrativo que con-substancia a ordem (crime de mera conduta).** Segundo o pensamento de Cezar Bitencourt, a consumação requer seja a ordem efetivamente executada[11].

6.2. Tentativa

A tentativa é inviável por tratar-se de **delito unissubsistente.**

---

[11] *Tratado de direito penal,* v. 5, p. 426.

7. CLASSIFICAÇÃO JURÍDICA

Trata-se a ordenação de despesa não autorizada de crime *de conduta vinculada* (não admite qualquer meio executivo, senão aquele previsto em lei), *próprio* (exige predicado especial do sujeito ativo), *monossubjetivo ou de concurso eventual* (pode ser praticado por um só agente ou vários, em concurso), *de mera conduta* (o tipo não faz alusão a resultado naturalístico), *instantâneo* (sua fase consumativa não se prolonga no tempo) e *unissubsistente* (o *iter criminis* não é fracionável).

8. PENA E AÇÃO PENAL

A pena é de reclusão, de um a quatro anos. O rito processual aplicável é o comum ordinário (CPP, arts. 395 a 405), admitindo-se a suspensão condicional do processo (Lei n. 9.099/95).

A ação penal é de iniciativa **pública incondicionada.**

ART. 359-E – PRESTAÇÃO DE GARANTIA GRACIOSA

1. DISPOSITIVO LEGAL

Prestação de garantia graciosa

Art. 359-E. Prestar garantia em operação de crédito sem que tenha sido constituída contragarantia em valor igual ou superior ao valor da garantia prestada, na forma da lei:

Pena – detenção, de 3 (três) meses a 1 (um) ano.

2. VALOR PROTEGIDO (OBJETIVIDADE JURÍDICA)

O objeto jurídico reside na **higidez das finanças públicas,** bem como nos princípios da **legalidade,** da **probidade** e da **moralidade** administrativas.

3. TIPO OBJETIVO

A LC n. 101/2000 estabelece que "os entes poderão conceder garantia em operações de crédito internas ou externas", desde que "condicionada ao oferecimento de contragarantia, em valor igual ou superior ao da garantia a ser concedida, e à adimplência da entidade que a pleitear relativamente a suas obrigações junto ao garantidor e às entidades por este controladas" (art. 40, *caput*, e § 1º).

Tornou-se obrigação a **exigência de contragarantia,** sempre que o ente da Federação conceder alguma garantia em operação de crédito. Esta deverá ter valor igual ou superior à garantia dada. A inobservância dessas regras configura o delito em apreço.

O verbo núcleo do tipo consiste no fato de *prestar* (conceder, fornecer).

O *objeto material* é a **garantia relativa a operação de crédito** (*vide* art. 29, III, da LC n. 101/2000). O pressuposto para o reconhecimento do ilícito penal, conforme se assinalou, é que não tenha sido prestada contragarantia em valor igual ou superior à garantia concedida, na forma da lei.

"Quando a União, os Estados ou Municípios captarem recursos junto a organismo financeiro interno ou internacional, como o FMI, o Banco Mundial, o Banco do Brasil, a Caixa Econômica, o BNDES e outros, tais organismos haverão de exigir do tomador a comprovação de que a dívida será honrada, mediante o oferecimento de garantia real ou fidejussória. Os prestadores dessa garantia irão exigir, do ente que buscou recursos, que lhes seja prestada uma contragarantia, a qual irá assegurar o ressarcimento do valor se este não vier a ser pago. Uma das contragarantias mais difundidas é a vinculação das receitas tributárias"[12].

4. TIPO SUBJETIVO

A prestação de garantia graciosa somente é punível a título de **dolo**, o que requer consciência e vontade de concretizar os elementos objetivos do tipo.

Repise-se que não se aplica a delitos contra as finanças públicas o erro de proibição (art. 21 do CP), notadamente o escusável (que isenta de pena o réu), posto que o administrador público tem obrigação de conhecer e aplicar os preceitos da Lei de Responsabilidade Fiscal. Sua atividade encontra-se integralmente regida pelo princípio da legalidade (art. 37, *caput*, da CF), inclusive no que toca à gestão das finanças públicas (art. 70, *caput*, da CF).

5. SUJEITOS DO CRIME

5.1. Sujeito ativo

Trata-se de **crime próprio**, já que somente pode cometê-lo o agente público com poderes decisórios em nome da União, do Estado-membro, do Distrito Federal ou do Município, ou respectivos órgãos que celebrem operações de crédito. Admite-se a concorrência de terceiros, inclusive particulares, os quais podem figurar como coautores ou partícipes, nos termos do art. 30 do CP.

5.2. Sujeito passivo

O sujeito passivo é o Estado e, ainda, a população a quem aproveitariam os recursos públicos mal geridos.

---

[12] Paulo José da Costa Jr. *Curso de direito penal*, p. 913.

6. CONSUMAÇÃO E TENTATIVA

6.1. Consumação

Consuma-se **com a concessão da garantia graciosa**, ou seja, sem a contragarantia mencionada no tipo (**infração de mera conduta**).

6.2. Tentativa

A tentativa é inadmissível (**crime unissubsistente**).

7. CLASSIFICAÇÃO JURÍDICA

Constitui delito *de conduta vinculada* (não admite qualquer meio executivo, senão aquele previsto em lei), *próprio* (exige predicado especial do sujeito ativo), *monossubjetivo ou de concurso eventual* (pode ser praticado por um só agente ou vários, em concurso), *de mera conduta* (o tipo não faz alusão a resultado naturalístico), *instantâneo* (sua fase consumativa não se prolonga no tempo) *e unissubsistente* (o *iter criminis* não é fracionável).

8. PENA E AÇÃO PENAL

A pena é de detenção, de três meses a um ano. Cuida-se de delito de pequeno potencial ofensivo, de competência dos Juizados Especiais Criminais, ao qual se aplicam as medidas despenalizadoras e o rito comum sumaríssimo previstos na Lei n. 9.099/95.

A ação penal é de iniciativa **pública incondicionada**.

ART. 359-F - NÃO CANCELAMENTO DE RESTOS A PAGAR

1. DISPOSITIVO LEGAL

Não cancelamento de restos a pagar

Art. 359-F. Deixar de ordenar, de autorizar ou de promover o cancelamento do montante de restos a pagar inscrito em valor superior ao permitido em lei:

Pena – detenção, de 6 (seis) meses a 2 (dois) anos.

2. VALOR PROTEGIDO (OBJETIVIDADE JURÍDICA)

A norma em estudo busca proteger a **higidez das finanças públicas**, bem como os princípios da **legalidade, probidade** e **moralidade** administrativas. Busca-se garantir a **regular continuidade fiscal** da Administração Pública, de uma gestão a outra.

3. TIPO OBJETIVO

Pune-se o administrador que *deixar de ordenar* (determinar), de *autorizar* (conceder permissão) ou de *promover* (efetuar) o cancelamento do montante de restos a pagar inscrito em valor superior ao permitido em lei.

O crime é **omissivo próprio ou puro**, pois as condutas típicas representam todas elas um *non facere quod debetur*.

O alcance do tipo somente pode ser obtido com auxílio de outra norma jurídica, pois se trata de **norma penal em branco**, notadamente porque a definição dos **"restos a pagar"** não se encontra no dispositivo. Entendem-se por tal as despesas assumidas pelo administrador público que serão pagas com recursos dos próximos orçamentos. A Lei n. 4.320/64 define-o como "as despesas empenhadas mas não pagas até o dia 31 de dezembro distinguindo-se as processadas das não processadas" (art. 36).

4. TIPO SUBJETIVO

A falta de cancelamento de restos a pagar somente se pune na forma **dolosa**, demandando haver consciência e vontade de concretizar os elementos objetivos do tipo.

Descabe o erro de proibição (art. 21 do CP), notadamente o escusável (que isenta de pena o réu), dada a característica elementar da atividade inerente ao administrador público, o qual só pode fazer aquilo que expressamente lhe autorizar a lei (art. 37, *caput*, da CF), inclusive no que toca à gestão das finanças públicas (art. 70, *caput*, da CF).

5. SUJEITOS DO CRIME

5.1. Sujeito ativo

O dispositivo legal consubstancia **crime próprio**, já que somente o funcionário público pode cometê-lo. Terceiras pessoas, inclusive particulares, podem figurar como coautores ou partícipes, nos termos do art. 30 do CP.

5.2. Sujeito passivo

O sujeito passivo é o Estado e, além dele, o povo, destinatário das políticas públicas.

6. CONSUMAÇÃO E TENTATIVA

6.1. Consumação

A consumação do crime ocorre com a omissão, nos termos do tipo. Sua exata delimitação é questão das mais tormentosas. Conforme ensina Cézar

Bitencourt: "(...) a responsabilidade penal não pode ser presumida, e, ademais, não se responde por algo que não se conhece; consequentemente, essa responsabilidade não pode ser automática, decorrente da simples assunção do cargo ou função, pois configuraria autêntica responsabilidade objetiva, que foi proscrita do *direito penal da culpabilidade*. Esse momento consumativo, por evidente, está completamente afastado, por ser dogmaticamente insustentável.

Resta a segunda alternativa, ou seja, o administrador *tem o dever jurídico de agir*, a partir do momento em que toma conhecimento da existência de restos a pagar inscritos em valor superior ao legalmente permitido. Mas essa constatação ainda não resolve de todo a questão de quando ocorre o momento consumativo; tratando-se de crime omissivo, ocorre quando deve agir e, voluntariamente, isto é, podendo e devendo, deixa de fazê-lo. A questão reside na dificuldade de identificar, afinal, em que momento da administração o sujeito ativo toma conhecimento dos fatos, o que pode ocorrer no primeiro dia, no primeiro mês, quem sabe no final do primeiro ano etc. A solução dessa dificuldade será encontrada na prova, que, segundo os penalistas, passa a ser um problema de processo penal. Com a devida vênia, em termos de crime omissivo é problema de direito material, pois define não só o momento consumativo do crime como sua própria configuração. Enfim, o problema está posto, a dúvida levantada e a cautela recomendada"[13].

6.2. Tentativa

Não cabe tentativa (**crime unissubsistente**).

7. CLASSIFICAÇÃO JURÍDICA

Cuida-se de delito **de ação múltipla ou conteúdo variado** (prevê mais de uma conduta nuclear, alternativamente relacionadas no preceito primário), *omissivo próprio ou puro* (a conduta típica se perfaz com um não fazer), *de conduta vinculada* (não admite qualquer meio executivo, senão aquele previsto em lei), *próprio* (exige predicado especial do sujeito ativo), *monossubjetivo ou de concurso eventual* (pode ser praticado por um só agente ou vários, em concurso), *de mera conduta ou simples inatividade* (o tipo não faz alusão a resultado naturalístico), *instantâneo* (sua fase consumativa não se prolonga no tempo) e *unissubsistente* (o *iter criminis* não é fracionável).

8. PENA E AÇÃO PENAL

A pena é de detenção, de seis meses a dois anos. Configura infração de menor potencial ofensivo, sujeitando-se às medidas despenalizadoras

---

[13] Cezar Bitencourt. *Tratado de direito penal*, v. 5, p. 436.

previstas na Lei n. 9.099/95, bem como à competência *ratione materiae* dos Juizados Especiais e ao rito comum sumaríssimo.

A ação penal é de iniciativa **pública incondicionada.**

ART. 359-G – AUMENTO DE DESPESA TOTAL COM PESSOAL NO ÚLTIMO ANO DO MANDATO OU LEGISLATURA

1. DISPOSITIVO LEGAL

Aumento de despesa total com pessoal no último ano do mandato ou legislatura

Art. 359-G. Ordenar, autorizar ou executar ato que acarrete aumento de despesa total com pessoal, nos 180 (cento e oitenta) dias anteriores ao final do mandato ou da legislatura:

Pena – reclusão, de 1 (um) a 4 (quatro) anos.

2. VALOR PROTEGIDO (OBJETIVIDADE JURÍDICA)

Trata-se da **probidade** e moralidade administrativas no que pertine às finanças do Estado.

3. TIPO OBJETIVO

Tratava-se de prática comum aquela do administrador que, no final de seu mandato, visando agradar ao eleitorado e, sobretudo, ao funcionalismo público, concedia aumentos aos servidores estatais, deixando a "conta" para seu sucessor. Muitas vezes essa prática era exercida sem a menor responsabilidade do ponto de vista fiscal, e o sucessor recebia um encargo impossível de ser cumprido sem o comprometimento de boa parte do orçamento seguinte.

Agora passa a ser crime, punido com reclusão de um a quatro anos, o ato de "ordenar, autorizar ou executar ato que acarrete aumento de despesa total com pessoal, nos cento e oitenta dias anteriores ao final do mandato ou da legislatura".

O **conceito de despesa com pessoal** encontra-se no art. 18 da LC n. 101/2000, e corresponde "ao somatório dos gastos com ente da Federação com os ativos, os inativos e os pensionistas, relativos a mandatos eletivos, cargos, funções ou empregos, civis, militares e de membros do Poder, com quaisquer espécies remuneratórias, tais como vencimentos e vantagens, fixas e variáveis, subsídios, proventos de aposentadoria, reformas e pensões, inclusive adicionais, gratificações, horas extras e vantagens pessoais de qualquer natureza, bem como encargos sociais e contribuições recolhidas pelo ente às entidades de previdência".

4. TIPO SUBJETIVO

O fato somente é punível a título de **dolo**, o que requer consciência e vontade de concretizar os elementos objetivos do tipo.

Não cremos seja possível reconhecer-se o erro de proibição (art. 21 do CP), notadamente o escusável (que isenta de pena o réu), pois o administrador público tem obrigação de conhecer e aplicar os preceitos da Lei de Responsabilidade Fiscal. Lembre-se de que toda sua atividade encontra-se regida pelo princípio da legalidade (art. 37, *caput*, da CF), também no que toca à gestão das finanças públicas (art. 70, *caput*, da CF).

5. SUJEITOS DO CRIME

5.1. Sujeito ativo

Trata-se de **crime próprio**, já que somente o agente público titular de mandato pode cometê-lo. Admite-se a concorrência de terceiros, até mesmo o *extraneus*, o qual figurar como coautor ou partícipe, nos termos do art. 30 do CP.

5.2. Sujeito passivo

O sujeito passivo é o Estado e, secundariamente, o povo, mandatário de todo o poder e destinatário das políticas públicas a serem implementadas com os recursos decorrentes das finanças estatais.

6. CONSUMAÇÃO E TENTATIVA

6.1. Consumação

Atinge-se a consumação **com a expedição do ato que resulta em aumento de despesa total com pessoal, para vigorar nos últimos 180 dias de mandato ou legislatura.** Para Cezar Bitencourt, é mister que o ato seja efetivamente executado durante o período proibido de seis meses do final do mandato[14].

6.2. Tentativa

Não se afigura viável a forma tentada nas ações **"ordenar"** e **"autorizar"** (**delito unissubsistente**). Na modalidade "executar", entretanto, pode ocorrer crime tentado (**crime plurissubsistente**).

---

[14] *Tratado de direito penal*, v. 5, p. 440.

7. CLASSIFICAÇÃO JURÍDICA

Cuida-se de delito *de ação múltipla ou conteúdo variado* (prevê mais de uma conduta nuclear, alternativamente relacionadas no preceito primário), *de conduta vinculada* (não admite qualquer meio executivo, senão aquele previsto em lei), *próprio* (exige predicado especial do sujeito ativo), *monossubjetivo ou de concurso eventual* (pode ser praticado por um só agente ou vários, em concurso), *de mera conduta* (o tipo não faz alusão a resultado naturalístico), *instantâneo* (sua fase consumativa não se prolonga no tempo) *e unissubsistente* (o *iter criminis* não é fracionável, **exceto na modalidade "executar"**).

8. PENA E AÇÃO PENAL

A pena é de reclusão, de um a quatro anos. O procedimento aplicável é o comum ordinário (CPP, arts. 395 a 405); admite-se a suspensão condicional do processo (Lei n. 9.099/95).

A ação penal é de iniciativa **pública incondicionada**.

ART. 359-H – OFERTA PÚBLICA OU COLOCAÇÃO DE TÍTULOS NO MERCADO

1. DISPOSITIVO LEGAL

Oferta pública ou colocação de títulos no mercado

Art. 359-H. Ordenar, autorizar ou promover a oferta pública ou a colocação no mercado financeiro de títulos da dívida pública sem que tenham sido criados por lei ou sem que estejam registrados em sistema centralizado de liquidação e de custódia:

Pena – reclusão, de 1 (um) a 4 (quatro) anos.

2. VALOR PROTEGIDO (OBJETIVIDADE JURÍDICA)

A objetividade jurídica não difere da tutelada nos dispositivos precedentes, posto que se procura proteger a **higidez das finanças públicas** e, mais detidamente, a **lisura da dívida pública**, além dos princípios da **legalidade**, da **probidade** e da **moralidade** administrativas.

3. TIPO OBJETIVO

A colocação de títulos da dívida pública no mercado financeiro exige, nos termos da legislação, prévia criação legal ou o devido registro em sistema centralizado de liquidação e de custódia. A inobservância desse dever caracteriza o crime do art. 359-H do CP.

4. TIPO SUBJETIVO

O fato somente é punível a título de **dolo**, o que requer consciência e vontade de concretizar os elementos objetivos do tipo.

Repise-se que não se aplica aos crimes contra as finanças públicas o erro de proibição (art. 21 do CP), notadamente o escusável (que isenta de pena o réu), porquanto o administrador público tem obrigação de conhecer e aplicar os preceitos da Lei de Responsabilidade Fiscal.

5. SUJEITOS DO CRIME

5.1. Sujeito ativo

A oferta pública ou colocação irregulares de títulos no mercado constitui **crime próprio**, pois se exige predicado do sujeito ativo, o qual deve ser obrigatoriamente agente público com poderes decisórios em nome do ente federativo. Terceiras pessoas, inclusive particulares, podem figurar como coautores ou partícipes, nos termos do art. 30 do CP.

5.2. Sujeito passivo

O sujeito passivo é o Estado e, no plano secundário, a sociedade prejudicada com a má gestão das finanças públicas.

6. CONSUMAÇÃO E TENTATIVA

6.1. Consumação

Dá-se a consumação **com a elaboração do ato administrativo nas condutas de "ordenar" ou "autorizar"**. O *conatus* não é cabível por tratar-se de delito unissubsistente.

Com relação ao ato de **promover**, o momento consumativo corresponde ao da **efetiva promoção da oferta pública ou da colocação de títulos da dívida pública no mercado financeiro**.

De acordo com o escólio de Cézar Bitencourt, consuma-se o crime quando o ato é efetivamente executado[15].

6.2. Tentativa

O *conatus proximus* somente é cabível na modalidade "**promover**".

---

[15] *Tratado de direito penal*, v. 5, p. 445.

7. CLASSIFICAÇÃO JURÍDICA

Cuida-se de delito *de ação múltipla ou conteúdo variado* (prevê mais de uma conduta nuclear, alternativamente relacionadas no preceito primário), *de conduta vinculada* (não admite qualquer meio executivo, senão aquele previsto em lei), *próprio* (exige predicado especial do sujeito ativo), *monossubjetivo ou de concurso eventual* (pode ser praticado por um só agente ou vários, em concurso), *de mera conduta* (o tipo não faz alusão a resultado naturalístico), *instantâneo* (sua fase consumativa não se prolonga no tempo) e *unissubsistente* (o *iter criminis* é fracionável, salvo na modalidade "promover").

8. PENA E AÇÃO PENAL

A pena é de reclusão, de um a quatro anos. O procedimento aplicável é o comum ordinário (CPP, arts. 395 a 405); admite-se a suspensão condicional do processo (Lei n. 9.099/95).

A ação penal é de iniciativa **pública incondicionada.**

TÍTULO XII
Dos Crimes contra o Estado Democrático de Direito

1. INTRODUÇÃO

Depois de trinta anos de tramitação legislativa, o Congresso Nacional aprovou, em 2021, Projeto de Lei que revoga a Lei de Segurança Nacional (Lei n. 7.170/83) e introduz, no Código Penal, o Título XII, relativo aos "Crimes contra o Estado Democrático de Direito".

O Título XII é composto de **cinco capítulos:** (i) Dos Crimes contra a Soberania Nacional; (ii) Dos Crimes contra as Instituições Democráticas; (iii) Dos Crimes contra o Funcionamento das Instituições Democráticas no Processo Eleitoral; (iv) Dos Crimes contra o Funcionamento dos Serviços Essenciais; (v) Disposições Comuns. O Capítulo relativo aos Crimes contra a Cidadania, que tipificava o delito de atentado ao direito de manifestação, foi vetado.

Há, ao todo, **oito novos tipos penais**, a saber:
a) atentado à soberania (art. 359-I);
b) atentado à integridade nacional (art. 359-J);
c) espionagem (art. 359-K);
d) abolição violenta do Estado Democrático de Direito (art. 359-L);
e) golpe de Estado (art. 359-M);
f) interrupção do processo eleitoral (art. 359-N);
g) violência política (art. 359-P);
h) sabotagem (art. 359-R).

2. VIGÊNCIA

O Título XII foi introduzido pela Lei n. 14.197, de 1º de setembro de 2021, com início de vigência no dia 1º de dezembro do mesmo ano, haja vista o período de vacância de 90 dias, fixado no seu art. 5º.

3. CONTEXTO HISTÓRICO

O fato histórico motivador da aprovação do Projeto, que tramitava há três décadas na Câmara dos Deputados, foi a crescente utilização de dispositivos da Lei de Segurança Nacional (agora revogada), como mecanismos de intimidação por manifestações críticas, sobretudo dirigidas ao Presidente da República.

Conforme ressaltou o Senador Rogério Carvalho, em seu relatório ao Projeto de Lei, a revogada Lei de Segurança Nacional constituía resquício autoritário da ditadura, projetando boa parte de seus dispositivos à punição do chamado "inimigo interno". Com a promulgação da Carta de 1988, ela permaneceu por muitos anos inaplicada, mas, em tempos mais recentes (2019 a 2021), passara a servir de instrumento para reprimir manifestações críticas ao governante e intimidar seus adversários políticos.

Como bem ponderou o parlamentar citado, contudo, o fato de haver uma Lei de Segurança Nacional com normas incompatíveis com o Texto Maior não implica a conclusão de que seja "inconstitucional toda e qualquer norma incriminadora de condutas que desafiam as instituições estatais e a ordem constitucional"[1], até porque a própria Carta Magna determina, em seu art. 5º, incisos XLIII e XLIV, que se puna com maior rigor o terrorismo, além da ação de grupos armados, civis ou militares, contra a ordem constitucional e o Estado Democrático (estes, inclusive, têm natureza imprescritível).

O Brasil, desse modo, está em compasso com outras nações democráticas que se valem de normas penais para manter coesa a integridade nacional, a soberania do Estado e preservar a democracia e o Estado de Direito.

4. COMPETÊNCIA

Seriam os crimes contra a segurança nacional crimes políticos e, como tais, de competência da Justiça Comum Federal?

A Constituição Federal, ao definir os delitos de competência federal, inseriu no rol o processo e julgamento dos "crimes políticos", mas não os definiu. Não há, igualmente, em sede de leis ordinárias, um conceito. Em face desta lacuna, o Supremo Tribunal Federal entendeu por bem considerar que os crimes contra a segurança nacional, definidos na revogada Lei n. 7.170/83, eram políticos, conquanto presentes os requisitos definidos nos arts. 1º e 2º deste Diploma, a saber:

a) motivação e objetivos políticos do agente; e

b) lesão real ou potencial à integridade territorial, à soberania nacional, ao regime representativo e democrático, à Federação ou ao Estado de Direito[2].

---

[1] Parecer 166, de 2021, ao Projeto de Lei do Senado Federal n. 2.108, de 2021.

[2] RC 1.472, Tribunal Pleno, rel. Min. Dias Toffoli, rev. Min. Luiz Fux, v. u., j. 25-5-2016.

A Lei n. 14.197/2021, ao revogar a Lei de Segurança Nacional e transpor para o Código Penal os crimes contra o Estado Democrático de Direito, buscou, além de corrigir diversas falhas detectadas na legislação pretérita, conformar a disciplina legal da matéria à Constituição Federal.

Os novos tipos penais, portanto, são verdadeiros sucessores – aperfeiçoados e em sintonia com o Texto Maior – daqueles anteriormente descritos na Lei de 1983.

Como tal, é natural que sigam o mesmo critério definidor de competência antes observado, afinal *ubi eadem ratio, ibi idem jus.*

É necessário, todavia, uma análise mais detida no bem jurídico protegido em cada um dos oito novos tipos penais, para que realmente haja certeza de estarmos à frente de um crime político. Até porque, além do requisito subjetivo exigido pela Suprema Corte (motivação e objetivos políticos do agente), há o requisito objetivo: *lesão real ou potencial à integridade territorial, à soberania nacional, ao regime representativo e democrático, à Federação ou ao Estado de Direito.*

Pois bem, dos crimes incluídos no Título XII, todos produzem imediatamente lesão real ou potencial à integridade territorial, à soberania nacional, ao regime representativo e democrático, à Federação ou ao Estado de Direito, *exceção feita aos crimes de interrupção do processo eleitoral (art. 359-N) e violência política (art. 359-P), que são tipicamente eleitorais.*

Daí se conclui que os crimes de *atentado à soberania (art. 359-I), atentado à integridade nacional (art. 359-J), espionagem (art. 359-K), abolição violenta do Estado Democrático de Direito (art. 359-L), golpe de Estado (art. 359-M) e sabotagem (art. 359-R),* quando cometidos por motivação ou objetivos políticos, serão **crimes políticos** e, deste modo, de **competência da Justiça Comum Federal.**

Os delitos de **interrupção do processo eleitoral e violência política,** por fim, são crimes eleitorais próprios, de tal forma que o processo e julgamento destas infrações há de se dar perante a **Justiça Eleitoral.**

5. REINCIDÊNCIA

De acordo com o art. 63 do Código Penal, condenações transitadas em julgado por crimes políticos (mencionados no item anterior) **não geram reincidência.**

6. IMPRESCRITIBILIDADE

São imprescritíveis, nos termos da Constituição, os crimes relacionados com a ação de grupos armados, civis ou militares, contra a Ordem Constitucional ou o Estado Democrático de Direito.

Dos tipos penais contidos no Título XII, tal característica se nota nos crimes *contra a soberania nacional* (atentado à soberania, atentado à integridade nacional, espionagem), *contra as instituições democráticas* (abolição violenta do Estado Democrático de Direito, golpe de Estado) e *contra o funcionamento dos serviços essenciais* (sabotagem) – arts. 359-I a 359-M e 359-R.

É importante, contudo, para efeito de se considerar o fato imune à prescrição que a conduta seja praticada por, ao menos, **três sujeitos**, ainda que apenas um deles figure na condição de autor e os demais como partícipes, pois a Constituição se refere à ação de "grupos". É necessário, ainda, para os mesmos fins, que se trate de **grupos armados**. Pouco importa a natureza do armamento, isto é, não é necessário que se cuide de arma de fogo, muito embora seja este o instrumento bélico característico de grupos que se unem em torno de objetivos relacionados com o ataque à democracia ou à Ordem Constitucional.

7. CAUSAS DE AUMENTO COMUNS AOS CRIMES CONTRA O ESTADO DEMOCRÁTICO DE DIREITO

O art. 359-U, *vetado pelo Presidente da República*, previa três causas de aumento de pena aplicáveis a todos os crimes contra o Estado Democrático de Direito:

a) de um terço, se a violência ou a grave ameaça forem exercidas com emprego de arma de fogo;

b) de um terço, sendo cumulada com perda de cargo ou função pública, se o fato for cometido por funcionário público;

c) de metade, cumulada com perda de posto ou patente ou graduação, se o delito for praticado por militar.

8. EXCLUSÃO DA TIPICIDADE

De acordo com o art. 359-T, não constitui crime contra a soberania nacional a manifestação crítica aos poderes constitucionais nem a atividade jornalística ou a reivindicação de direitos e garantias constitucionais por meio de passeatas, de reuniões, de greves, de aglomerações ou de qualquer outra forma de manifestação política com propósitos sociais.

Cuida-se de norma permissiva que enseja elementos negativos do tipo penal, isto é, situações em que as regras incriminadoras presentes no Título XII não têm incidência. São limitadores do alcance dos tipos penais insculpidos nos arts. 359-I a 359-R.

Há, no dispositivo, duas hipóteses de exclusão da tipicidade:

a)   a manifestação crítica aos poderes constitucionais;

b)   a reivindicação de direitos e garantias constitucionais por meio de passeatas, de reuniões, de greves, de aglomerações ou de qualquer outra forma de manifestação política com propósitos sociais.

No que se refere à "manifestação crítica" aos poderes constituídos, a conduta estará amparada pela norma permissiva, ainda que a crítica seja contundente, irônica, provocativa. **O que não se admite é a transmudação de uma manifestação crítica em discurso de ódio**, isto é, aquele que incite ou instigue a prática de violência ou ameaça às instituições, seus integrantes ou familiares.

Capítulo I
DOS CRIMES CONTRA A SOBERANIA NACIONAL (ARTS. 359-I A 359-K)

ART. 359-I – ATENTADO À SOBERANIA

1. TIPO PENAL

Atentado à soberania

Art. 359-I. Negociar com governo ou grupo estrangeiro, ou seus agentes, com o fim de provocar atos típicos de guerra contra o País ou invadi-lo:

Pena – reclusão, de 3 (três) a 8 (oito) anos.

§ 1º Aumenta-se a pena de metade até o dobro, se declarada guerra em decorrência das condutas previstas no *caput* deste artigo.

§ 2º Se o agente participa de operação bélica com o fim de submeter o território nacional, ou parte dele, ao domínio ou à soberania de outro país:

Pena – reclusão, de 4 (quatro) a 12 (doze) anos.

2. VALOR PROTEGIDO

A soberania, consagrada pelo Poder Constituinte originário como o primeiro dos fundamentos da República Federativa do Brasil (art. 1º, *caput*, I), é elemento essencial para a estruturação e formação do Estado Moderno, sendo dividida em **soberania externa**, *caracterizada pela independência do Estado no plano internacional*, e **interna**, consagrando a *supremacia estatal no plano nacional*.

A objetividade jurídica é a **soberania externa** do Estado brasileiro, de modo a pôr a Nação a salvo de conflitos bélicos ou de invasões estrangeiras. À República Federativa do Brasil incumbe o poder de se autogovernar, por meio de seus representantes democraticamente eleitos, aos quais, nas quadras definidas pela Constituição, compete definir os destinos do país.

Trata-se a soberania nacional, ademais, de valor reiteradamente lembrado pelo Texto Maior, que a ela faz alusão no contexto da formação de partidos políticos (art. 17, *caput*), nas atribuições do Conselho de Defesa Nacional (art. 91, *caput*), no âmbito da ordem econômica (art. 170, I) e na proteção dos indígenas (art. 231, § 5º).

Vale anotar que não se trata de *novatio legis* incriminadora, pois o dispositivo em questão sucede o art. 8º da revogada Lei de Segurança Nacional que cominava pena de reclusão, de 3 a 15 anos, para o ato de "entrar em entendimento ou negociação com governo ou grupo estrangeiro, ou seus agentes, para provocar guerra ou atos de hostilidade contra o Brasil". Houve, em verdade, *novatio legis in mellius*, dado que a pena máxima do art. 359-I é inferior (8 anos *versus* 15 anos).

Tendo sido observado, ademais, o **princípio da continuidade típico-normativa**, a revogação do tipo contido na Lei n. 7.170/83 não produziu *abolitio criminis*.

3. TIPO OBJETIVO

Negociar (verbo núcleo do tipo) significa **realizar tratativas**, estabelecer **conversas** (por qualquer meio) no sentido de **chegar-se a um acordo**, a uma convergência de vontades.

O ato de negociar pressupõe que o autor da conduta proponha algum tipo de barganha, em que ele almeja determinada vantagem, para si ou terceiro. Se uma pessoa, *sem almejar nada em troca,* direta ou indiretamente, para si ou para outrem, encetar conversas com governo ou grupo estrangeiro ou seus representantes, não incorre no delito de atentado à soberania, embora possa praticar outra infração, como, por exemplo, o crime de espionagem (art. 359-K).

Para que haja o crime, é indispensável que a **negociação** seja realizada **com governo ou grupo estrangeiro, ou seus agentes**. Exige-se, ainda, que o comportamento seja dirigido a provocar atos típicos de guerra contra o Brasil ou a provocar a invasão de nosso território.

Há crime ainda que a conduta seja praticada integralmente em território estrangeiro. Nesse caso, a aplicação da lei brasileira haverá de observar as regras previstas no art. 7º do Código Penal, que disciplina a extraterritorialidade da nossa lei penal, isto é, descreve situações nas quais a lei penal pátria se aplica a fatos cometidos fora do território nacional.

4. TIPO SUBJETIVO

O crime é punido na forma exclusivamente **dolosa**, de tal maneira que o autor deve ter consciência de que negocia com governo ou grupo estrangeiro, fazendo-o, ademais, de forma voluntária.

Além do dolo, a norma condiciona a existência do crime a um **fim especial**, consistente em que a negociação seja dirigida a **provocar atos típicos de guerra contra o Brasil ou a invasão de nosso território**.

Não é necessário que o sujeito almeje, ele próprio, a deflagração do conflito bélico ou a invasão do território nacional, até porque, ao negociar, busca algum benefício diverso, que pode ter, por exemplo, natureza econômica ou política. O que importa é que a finalidade da negociação seja provocar atos típicos de guerra contra o país ou invadi-lo, ainda que esse propósito seja almejado única ou precipuamente pelo governo ou grupo estrangeiro.

5. SUJEITOS DO CRIME

5.1. Sujeito ativo

Qualquer pessoa pode incorrer no delito de atentado à soberania, seja nacional ou estrangeiro (**crime comum**).

5.2. Sujeito passivo

É o Estado brasileiro.

6. CONSUMAÇÃO E TENTATIVA

6.1. Consumação

O tipo atinge sua realização integral com a realização da primeira tratativa com governo ou grupo estrangeiro, ou seus agentes, não sendo necessário que a negociação seja concluída exitosamente para as partes nela envolvidas ou mesmo que dela decorra a consecução de ato típico de guerra ou a invasão do território brasileiro.

Trata-se de **crime formal ou de consumação antecipada**.

Constitui, além disso, **crime de perigo abstrato ou presumido**, uma vez que sua integralização se dá independentemente de qualquer declaração de guerra ou efetiva invasão territorial.

6.2. Tentativa

O fato admite a forma tentada, pois o sujeito pode dar início à negociação e esta ser prontamente rechaçada pelo governo ou grupo estrangeiro (ou seus agentes), de maneira que a negociação não ocorra por circunstâncias alheias à vontade do agente.

7. ATENTADO À SOBERANIA MAJORADO (§ 1º)

A pena é aumentada de metade até o dobro se, como resultado da negociação, for **declarada guerra**, pouco importando qual governo o tenha feito, seja o estrangeiro ou o brasileiro, depois de ciente da intenção hostil alheia.

8. ATENTADO À SOBERANIA QUALIFICADO (§ 2º)

Caso o autor do crime, além de negociar com o governo, grupo estrangeiro ou seus representantes, **tome parte em operação bélica** com o fim de submeter o território nacional, ou parte dele, ao domínio ou à soberania de outro país, fica sujeito à pena de reclusão, de 4 a 12 anos (em vez de 3 a 8 anos).

9. CLASSIFICAÇÃO JURÍDICA

O atentado à soberania é crime *doloso, comissivo, comum* (qualquer pessoa pode praticá-lo), *formal ou de consumação antecipada* (de vez que da negociação não é necessário que resulte efetivamente ato de guerra ou invasão do território nacional), *de perigo abstrato ou presumido* (o legislador descreve uma conduta, presumindo-a perigosa à soberania nacional) e *instantâneo* (consuma-se com a negociação, podendo adquirir caráter permanente, caso a negociação se protraia no tempo).

10. PENA E AÇÃO PENAL

A pena é de reclusão, de 3 a 8 anos. Na figura qualificada, 4 a 12 anos de reclusão.

O crime sujeita-se ao **procedimento comum ordinário** (arts. 394 a 405 do CPP).

Muito embora a pena mínima da figura simples seja compatível com o **acordo de não persecução penal** (art. 28-A do CPP), a gravidade do fato e a natureza do bem jurídico atingido demonstra tratar-se de comportamento *incompatível* com semelhante medida despenalizadora, lembrando-se que esta não deverá ter lugar quando não se revelar necessária e *suficiente* para a prevenção e reprovação do fato.

Cuida-se de crime de competência da **Justiça Comum Federal**, de vez que se insere no conceito de crime político (art. 109, IV, da CF).

A ação penal é **pública incondicionada**.

ART. 359-J – ATENTADO À INTEGRIDADE NACIONAL

1. TIPO PENAL

Atentado à integridade nacional

Art. 359-J. Praticar violência ou grave ameaça com a finalidade de desmembrar parte do território nacional para constituir país independente:

Pena – reclusão, de 2 (dois) a 6 (seis) anos, além da pena correspondente à violência.

2. VALOR PROTEGIDO

Enquanto se tutela, no art. 359-I, a soberania externa, o valor protegido no art. 359-J é a **soberania interna** do Estado brasileiro, ou seja, a **integridade do território nacional**. Deve-se frisar que a Federação brasileira, nos termos da Constituição Federal, **é formada pela união indissolúvel dos estados, municípios e do Distrito Federal** (art. 1º, *caput*), e qualquer tentativa de secessão, por violar a lógica do princípio federativo, autoriza a intervenção federal prevista no art. 34, I, da Constituição.

Vale lembrar, ainda, que o Texto Maior, zelando pela defesa do território brasileiro, considera a faixa de cento e cinquenta quilômetros de largura ao longo das fronteiras terrestres como "faixa de fronteira", declarando-a "fundamental para a defesa do território nacional", regulando sua utilização e ocupação em lei (art. 20, § 2º).

Esse crime substitui o art. 11 da (revogada) Lei de Segurança Nacional, que punia, com reclusão de 4 a 12 anos, a conduta de "tentar desmembrar parte do território nacional para constituir país independente". Interessante observar que houve, em parte, *abolitio criminis*. Comparando-se o alcance dos tipos penais, nota-se **que o ab-rogado incriminava a tentativa de desmembramento do território, qualquer que fosse o meio executório empregado, ainda que pacífico, ao passo que a atual norma exige que o fato ocorra com emprego de violência ou grave ameaça**.

3. TIPO OBJETIVO

O legislador optou por inserir, na ação nuclear, uma conduta genérica, descrita como o ato de **praticar** (violência ou grave ameaça). Trata-se, portanto, de **tipo aberto**, onde estão abrangidas, desse modo, todas as condutas que impliquem a consecução de atos de violência ou grave ameaça.

Note que a conduta típica, *do ponto de vista objetivo*, se resume a "praticar violência" ou "praticar grave ameaça". Pouco importa se a violência é dirigida a coisa ou pessoa – ambas as formas estão incluídas no tipo. A grave ameaça, por óbvio, deve ter como destinatária (direta ou indireta) uma pessoa.

O comportamento somente se subsumirá ao tipo penal de atentado à integridade nacional se a conduta **visar ao desmembramento de parte do território nacional para constituir país independente.**

Mostra-se fundamental que exista, entre a ação praticada e o objetivo perseguido, uma relação lógica de causa e efeito, de modo a se ter a conduta como (potencialmente) apta a produzir o resultado esperado (cisão do território). Uma pessoa que, numa manifestação pública destinada a formação de um Estado independente (por exemplo: "República dos Pampas" ou "República de São Paulo"), agride outra com quem discutia verbalmente ou a ameaça de morte ou, ainda, oferece resistência a abordagem policial, embora tenha praticado violência ou grave ameaça em contexto separatista, não incorre no dispositivo, por inexistir correspondência lógica entre a ação empregada e o objetivo visado.

Essa limitação ao alcance do tipo se mostra necessária, pois, do contrário, estariam abrangidos na disposição fatos que, mesmo em tese, não teriam o condão de expor a perigo a integridade do território nacional.

É bem verdade que se cuida de um delito de perigo abstrato ou presumido, uma vez que o dispositivo não inclui o risco como elementar do tipo, mas uma interpretação excessivamente ampla do dispositivo legal o desviaria do bem jurídico que busca tutelar.

Registre-se, ademais, que a defesa de ideias separatistas, quando efetuada de maneira pacífica, é lícita e amparada pela liberdade de manifestação assegurada no Texto Maior.

Há, por fim, desdobramentos do território nacional autorizados na Constituição, como aqueles que visam à cisão de estados ou municípios. O emprego de violência ou grave ameaça para tais fins não se enquadra no tipo penal, mas poderá constituir crime autônomo (lesão corporal, ameaça, dano, incêndio etc.). O que se proíbe no art. 359-J é a prática de violência ou grave ameaça destinada ao fracionamento territorial *para formar outro país*, fora dos domínios da soberania nacional.

4. TIPO SUBJETIVO

O atentado à integridade nacional é delito **doloso**, reclamando consciência e vontade de praticar a violência ou grave ameaça. Ademais disso, possui um **elemento subjetivo específico**, consistente no propósito de, mediante a conduta violenta ou ameaçadora, desmembrar o território brasileiro, separando parte dele e formando outro país, fora dos domínios da soberania brasileira.

5. SUJEITOS DO CRIME

5.1. Sujeito ativo

Cuida-se de **crime comum,** o qual pode ter como sujeito ativo qualquer pessoa.

5.2. Sujeito passivo

É o Estado brasileiro.

6. CONSUMAÇÃO E TENTATIVA

6.1. Consumação

O *summatum opus* se verifica com a realização do ato de violência ou grave ameaça, tendente à cisão do território nacional para formação de país independente.

Trata-se de **crime formal** ou de consumação antecipada.

Constitui, outrossim, **crime de perigo abstrato ou presumido,** justamente porque não exige, para a consumação, que ocorra o efetivo dano ao bem jurídico, decorrente do desmembramento do território nacional.

6.2. Tentativa

Admite-se o *conatus proximus*, embora de difícil configuração, dada a amplitude do tipo penal. Para que se dê a tentativa, o sujeito deve dar início à conduta e, por circunstâncias alheias à sua vontade, não lograr sequer na realização do ato de violência ou grave ameaça dirigido à cisão do território brasileiro para formação de país independente.

7. CLASSIFICAÇÃO JURÍDICA

O atentado à integridade nacional é crime *doloso, comissivo, comum* (qualquer pessoa pode praticá-lo), *formal ou de consumação antecipada* (já que despicienda a efetiva cisão do território nacional), *de perigo abstrato ou presumido* (o legislador descreve uma conduta, presumindo-a perigosa à integridade do território brasileiro) e *instantâneo* (consuma-se instantaneamente, com a prática da violência ou grave ameaça).

8. CÚMULO MATERIAL COMPULSÓRIO

A ação nuclear, como visto, reside em praticar violência ou grave ameaça (visando ao separatismo). Se **o agente,** no desempenho desta conduta,

optar pelo emprego de violência e, com isso, produzir dano, incêndio, lesão corporal ou morte, **responderá em concurso material** pelo crime de atentado à integridade nacional e pela infração cometida como meio executório (arts. 163, 250, 129 ou 121 do CF, por exemplo).

Trata-se de um **concurso material obrigatório**, em face de expressa determinação contida no preceito secundário, afastando, com isso, eventual absorção do crime-meio pelo crime-fim.

Quando o meio executório for a *grave ameaça*, porém, o agente não responde pelo delito do art. 147 do Código, mas somente pelo art. 359-J.

9. PENA E AÇÃO PENAL

A pena é de reclusão, de 2 a 6 anos, além da correspondente à violência.

O crime sujeita-se ao **procedimento comum ordinário** (arts. 394 a 405 do CPP).

Não se admite o acordo de não persecução penal, pois, embora a pena mínima seja inferior a quatro anos, o fato é cometido necessariamente com emprego de violência ou grave ameaça, afastando o cabimento da medida despenalizadora. Ademais, a gravidade do fato e a natureza do bem jurídico atingido indicam comportamento *incompatível* com o instituto, que não deverá ter lugar quando se mostrar insuficiente para a prevenção e reprovação do fato.

Cuida-se, por fim, de crime de ação penal **pública incondicionada**, de competência da **Justiça Comum Federal**.

ART. 359-K – ESPIONAGEM

1. TIPO PENAL

Espionagem

Art. 359-K. Entregar a governo estrangeiro, a seus agentes, ou a organização criminosa estrangeira, em desacordo com determinação legal ou regulamentar, documento ou informação classificados como secretos ou ultrassecretos nos termos da lei, cuja revelação possa colocar em perigo a preservação da ordem constitucional ou a soberania nacional:

Pena – reclusão, de 3 (três) a 12 (doze) anos.

§ 1º Incorre na mesma pena quem presta auxílio a espião, conhecendo essa circunstância, para subtraí-lo à ação da autoridade pública.

§ 2º Se o documento, dado ou informação transmitido ou revelado com violação do dever de sigilo:

Pena – reclusão, de 6 (seis) a 15 (quinze) anos.

§ 3º Facilitar a prática de qualquer dos crimes previstos neste artigo mediante atribuição, fornecimento e empréstimo de senha, ou de qualquer outra forma de acesso de pessoas não autorizadas a sistemas de informações:

Pena – detenção, de 1 (um) a 4 (quatro) anos.

§ 4º Não constitui crime a comunicação, a entrega ou a publicação de informações ou de documentos com o fim de expor a prática de crime ou a violação de direitos humanos.

2. VALOR PROTEGIDO

A objetividade jurídica é a **soberania externa** do Estado brasileiro e a **ordem constitucional**.

O crime de espionagem sucede o revogado art. 13 da Lei de Segurança Nacional, o qual descrevia como delito o ato de "comunicar, entregar ou permitir a comunicação ou a entrega, a governo ou grupo estrangeiro, ou a organização ou grupo de existência ilegal, de dados, documentos ou cópias de documentos, planos, códigos, cifras ou assuntos que, no interesse do Estado brasileiro, são classificados como sigilosos". A pena era de reclusão, de 3 a 15 anos. No confronto entre os dispositivos, nota-se que a pena máxima prevista para a espionagem é de 12 anos; portanto, inferior ao dispositivo revogado, o que lhe outorga eficácia retroativa, nos termos do arts. 5º, XL, da CF e 2º do CP.

3. TIPO OBJETIVO

O tipo penal descreve, como conduta típica, a ação de **entregar**, isto é, *ceder*, *disponibilizar à consulta* ou *ao conhecimento* a informação ou o documento (secreto ou ultrassecreto) a governo estrangeiro, seus agentes, ou organização criminosa estrangeira.

O objeto material é o **documento** ou a **informação** classificados como **secretos** ou **ultrassecretos** nos termos da lei.

Estamos diante de uma **norma penal em branco ao quadrado**, isto é, uma norma que *carece de complemento*, o qual, por sua vez, também necessita de *outro complemento*.

Explica-se: a definição de "informação", "documento" e a classificação como "secreto" ou "ultrassecreto" segue as diretrizes da Lei de Acesso à Informação (Lei n. 12.527/2012) e do Decreto que a regulamenta (Decreto n. 7.724/2012). Estes, portanto, complementam o tipo penal estabelecendo tais definições. Ocorre que nem esta Lei ou seu Decreto regulamentador dizem quais são especificamente os documentos ou informações cobertos de sigilo, pois estes são definidos por ato da Administração Pública.

Assim, por exemplo, cabe (exclusivamente) ao Presidente da República, ao Vice-Presidente, aos Ministros de Estado e autoridades com prerrogativa semelhante, aos Comandantes das Forças Armadas e Chefes de Missão Diplomática ou Consular permanentes no exterior atribuir o caráter de ultrassecreto a documento ou informação (arts. 27, I, da Lei e 30, I, do Decreto).

Já o grau de secreto pode ser fixado, além das autoridades acima, pelos titulares de autarquias, fundações, empresas públicas ou sociedades de economia mista (arts. 27, II, da Lei e 30, II, do Decreto).

Vale anotar que nos termos da Lei de Acesso à Informação podem ser classificadas como *reservada*, *secreta* ou *ultrassecreta*, as informações ou documentos imprescindíveis à segurança da sociedade quando seu acesso irrestrito possa: (i) pôr em risco a defesa e a soberania nacionais ou a integridade do território nacional; (ii) prejudicar ou pôr em risco a condução de negociações ou as relações internacionais do País, ou as que tenham sido fornecidas em caráter sigiloso por outros Estados e organismos internacionais; (iii) pôr em risco a vida, a segurança ou a saúde da população; (iv) oferecer elevado risco à estabilidade financeira, econômica ou monetária do País; (v) prejudicar ou causar risco a planos ou operações estratégicos das Forças Armadas; (vi) prejudicar ou causar risco a projetos de pesquisa e desenvolvimento científico ou tecnológico, assim como a sistemas, bens, instalações ou áreas de interesse estratégico nacional; (vii) pôr em risco a segurança de instituições ou de altas autoridades nacionais ou estrangeiras e seus familiares; ou (viii) comprometer atividades de inteligência, bem como de investigação ou fiscalização em andamento, relacionadas com a prevenção ou repressão de infrações.

Interessante notar que **o tipo penal somente criminaliza** como ato de espionagem a **entrega de informações ou documentos** classificados como **"secretos" ou "ultrassecretos", não fazendo o mesmo em relação aos "reservados".**

Considera-se **informação,** para os efeitos do crime de espionagem: "dados, processados ou não, que podem ser utilizados para produção e transmissão de conhecimento, contidos em qualquer meio, suporte ou formato" (art. 3º, I, do Decreto n. 7.724) e **documento** a "unidade de registro de informações, qualquer que seja o suporte ou formato" (art. 3º, III, do Decreto n. 7.724).

Há um elemento normativo do tipo, consistente na exigência de que a entrega ocorra em desacordo com determinação legal ou regulamentar. Se a cessão da informação ou documento foi amparada pela Lei de Acesso à Informação ou seu Decreto regulamentador, não há crime.

O legislador, por fim, exige que a conduta provoque **perigo (concreto) à preservação da ordem constitucional ou a soberania nacional.** Em face disto, a subsunção do fato ao tipo dependerá da demonstração efetiva de que a informação ou documento entregue tem, por seu conteúdo, o potencial de provocar, ainda que de forma indireta ou remota, risco à ordem constitucional ou à soberania do Estado brasileiro. Assim, por exemplo, se uma informação foi classificada como secreta em face de seu potencial para prejudicar "projetos de pesquisa ou desenvolvimento científico" (art. 23, VI, da Lei n. 12.527/2012), sua entrega ilegal a governo estrangeiro não se enquadrará, como regra, no tipo de espionagem, dada a impossibilidade de macular a soberania e a ordem constitucional pátrias.

4. TIPO SUBJETIVO

O crime é punido exclusivamente na forma **dolosa**. É mister tenha o agente consciência da natureza da informação ou documento que entrega a governo estrangeiro, organização criminosa estrangeira ou a seus representantes, bem como é preciso que o faça de maneira voluntária.

Não há elemento subjetivo específico, de tal forma que é irrelevante buscar a motivação do agente, para efeito de subsunção do comportamento ao tipo (por exemplo, ganância, alinhamento ideológico com o destinatário da entrega etc.).

5. SUJEITOS DO CRIME

5.1. Sujeito ativo

Qualquer pessoa pode ser sujeito ativo do crime e, desse modo, considerada, para efeitos penais, como "espião". Trata-se de **crime comum**.

5.2. Sujeito passivo

É o Estado brasileiro.

6. CONSUMAÇÃO E TENTATIVA

6.1. Consumação

A consumação se dá com a entrega da informação ou documento ao destinatário. Não é necessário que este tome efetivo conhecimento ou faça uso da informação. É suficiente para a integralização do tipo penal que chegue às mãos do destinatário.

O crime é de **mera conduta**, porquanto o legislador limitou-se a descrever a ação, sem fazer alusão a qualquer resultado naturalístico.

A espionagem é crime de **perigo concreto ou real**. Note que o legislador inseriu expressamente o perigo como elementar do tipo, pois requer se cuide de documento ou informação cuja revelação possa causar risco à soberania ou à ordem constitucional brasileira.

6.2. Tentativa

É possível a tentativa, pois o delito tem natureza **plurissubsistente**, isto é, seu *iter criminis* admite fracionamento. O agente pode, por exemplo, tendo em mãos o documento ultrassecreto, dirigir-se ao local de entrega ao representante do governo estrangeiro, mas ser impedido por terceiro de concluí-la.

7. CLASSIFICAÇÃO JURÍDICA

A espionagem é crime *doloso, comissivo, comum* (qualquer pessoa pode praticá-lo), *de mera conduta ou simples atividade* (basta a entrega da informação ou documento para a consumação do delito), *de perigo concreto ou real* (o risco é elemento do tipo, devendo ser concretamente demonstrado), *plurissubsistente* (o *iter criminis* pode ser cindido) e *instantâneo* (consuma-se instantaneamente, ou seja, sua consumação não se prolonga no tempo).

8. FAVORECIMENTO A ESPIÃO (§ 1º)

O § 1º do art. 359-K, que denominamos "favorecimento a espião", consiste numa **forma específica de favorecimento pessoal**, à qual se decidiu conferir tratamento diverso da figura genérica do art. 348 do Código, justamente para permitir impor maior severidade de tratamento.

Destaca-se que entre o crime do **art. 348 (favorecimento pessoal)** e o descrito no **art. 359-K, § 1º (favorecimento a espião)**, há evidente **relação de gênero-espécie**, isto é, os tipos apresentam as mesmas elementares, mas um deles é acrescido de "elementos especializantes".

O **tipo geral** é o delito contra a administração da Justiça, apenado com detenção, de 1 a 6 meses, e multa, o qual se encontra assim descrito: "auxiliar a subtrair-se à ação de autoridade pública autor de crime a que é cominada pena de reclusão".

Já o **tipo especial** é a infração contra a soberania nacional, que se dá quando alguém "presta auxílio a espião, conhecendo essa circunstância, para subtraí-lo à ação da autoridade pública". A pena – nesse caso – é a mesma do *caput*, ou seja, reclusão, de 3 a 12 anos.

Ressalte-se que esse fato era punido, na vigência da Lei de Segurança Nacional, com pena de reclusão, de 3 a 15 anos (art. 13, parágrafo único, III).

O favorecimento a espião é crime onímodo, isto é, pode ser cometido por qualquer meio executório, tal como homiziar o espião, dando-lhe abrigo, emprestar-lhe dinheiro para a fuga, mentir à autoridade indicando paradeiro falso do espião, de modo a permitir que ele se evada.

É necessário que a conduta tenha como propósito subtrair o espião à ação da autoridade pública. Em razão disso, é necessário que exista algum procedimento formal (investigação, ação ou execução penal em curso) no qual se busque localizar o paradeiro do agente para impor em face dele medidas de caráter pessoal, como cautelares subjetivas ou executar mandado de prisão.

Há **dois pressupostos** necessários para que o fato se configure:

a) Que o **agente não esteja preso**, pois, nesse caso, há o crime de facilitação de fuga (art. 351 do CP);

b) Que o **auxílio** seja **posterior à consumação do ato de espionagem**, uma vez que, em sendo concomitante ou anterior à consecução do ato de entrega da informação ou documento secreto ou ultrassecreto, o agente responde pelo *caput*, na condição de coautor ou partícipe da própria espionagem.

Não há crime de favorecimento a espião quando o sujeito auxilia pessoa responsável por "comunicação, entrega ou publicação de informações ou de documentos" efetuados "com o fim de expor a prática de crime ou a violação de direitos humanos" (*vide* item "11", *infra*).

Discute-se se seria aplicável, ao crime de favorecimento a espião, a escusa absolutória prevista para o favorecimento pessoal. Neste crime, é isento de pena quem presta auxílio ao autor do delito quando for seu ascendente, descendente, cônjuge (companheiro) ou irmão (§ 2º do art. 348). Entendemos que a resposta deve ser **afirmativa**, aplicando-se, por **analogia *in bonam partem***, a regra favorável contida no mencionado dispositivo. Não parece que mereça o rigor da censura penal o parente que, *depois de consumado o ato de espionagem*, auxilia de algum modo seu ente querido, no sentido de elidir eventual responsabilização penal de sua parte.

9. ESPIONAGEM QUALIFICADA (§ 2º)

O § 2º do dispositivo contém forma qualificada de espionagem. A pena é de reclusão, de 6 a 15 anos, quando o documento, dado ou informação transmitido ou revelado com **violação do dever de sigilo**. A exacerbação punitiva se baseia na violação ao dever funcional de sigilo imposto ao agente. Isto é, além da mácula à soberania nacional, o sujeito defraudou o dever de segredo que lhe era imposto em razão do cargo ou função.

Assim ocorre, por exemplo, quando um alto servidor da República, que detém o dever de manter sigilo sobre projetos estratégicos do governo brasileiro, vende tais informações secretas ou ultrassecretas ao governo ou organização criminosa estrangeiros.

Note que o *caput* se refere à entrega de "documento" ou "informação", ao passo que o § 2º alude *também* a (entrega de) "dado". A inclusão deste elemento era desnecessária, afinal, o termo "informação" é mais amplo e o abrange. Informação é o signo ou a mensagem formada a partir de dados, processados ou não, apta a produzir ou transmitir conhecimento (art. 3º, I, do Decreto n. 7.724,). Ainda que se cuide de um único dado, ele não tem relevância senão quando possível de ser traduzido numa informação.

10. ESPIONAGEM PRIVILEGIADA – FORNECIMENTO DE SENHA (§ 3º)

Pune-se de maneira mais branda, sob a forma de *espionagem privilegiada*, o ato de **facilitar a prática de qualquer dos crimes previstos neste artigo mediante atribuição, fornecimento e empréstimo de senha,** ou de **qualquer outra forma de acesso de pessoas não autorizadas a sistemas de informações.**

A pena é de detenção, de 1 a 4 anos.

Esse fato só será punível se o crime de espionagem chegar, ao menos, a ser tentado (art. 31 do CP); em outras palavras, é necessário que o espião, ao qual se franqueou o acesso ilegal, dê início à execução do crime. Em nosso sentir, se ele, tendo obtido a senha, consultou ou obteve a informação ou documento secreto ou ultrassecreto, já ingressou na fase punível do *iter criminis*, de tal modo que haverá tentativa, caso a entrega não seja consumada por circunstâncias alheias à sua vontade. É dizer, o espião comete espionagem tentada (art. 359-K, *caput*, c.c. art. 14, II) e quem facilitou seu acesso, fornecendo-lhe, por exemplo, a senha, responde pela figura privilegiada (§ 3º do art. 359-K). Se o espião, porém, voluntariamente deixar de perseguir a realização do fato, abortando a cessão da informação ou documento a governo ou organização criminosa estrangeira, sem que nada o impeça de seguir adiante, ocorre desistência voluntária (art. 15 do CP), de tal modo que ele não responde por tentativa de espionagem e, com isso, não se pune quem lhe atribuiu, forneceu ou emprestou senha ou acesso ao sistema informatizado. Observe que o § 3º, por expressa disposição legal, somente se dá quando o agente "facilitar a prática de qualquer dos crimes previstos neste artigo", ou seja, ele depende da ocorrência do ato de espionagem (consumada ou tentada) para se aperfeiçoar.

Qualquer outra forma de auxílio, moral ou material, diversa do simples fornecimento ou empréstimo de senha ou facilitação de acesso não autorizado a sistemas de informação, **implicará participação à espionagem, sujeitando a pessoa às penas do** *caput*. Assim, por exemplo, quem, em vez de fornecer senha a sistema informatizado governamental, onde estão armazenadas as informações ou documentos secretos ou ultrassecretos, nele ingressar e efetuar uma cópia em mídia física ou meio digital, entregando-a ao espião, o qual a cede a governo estrangeiro, responde como partícipe do crime na forma simples (art. 359-K, *caput*), e não pela figura privilegiada (§ 3º do art. 359-K).

11. CAUSA DE EXCLUSÃO DA TIPICIDADE (§ 4º)

O tipo penal faz expressa ressalva no sentido de que não constitui crime a comunicação, a entrega ou a publicação de informações ou de documentos com o fim de expor a prática de crime ou a violação de direitos humanos.

Cuida-se de causa de exclusão da tipicidade da conduta. Trata-se de advertência legislativa que afasta, do alcance do tipo, **o comportamento voltado a denunciar eventuais violações de direitos humanos**.

12. ESPIONAGEM ENQUANTO CRIME MILITAR

O Código Penal Militar tipifica, em seus arts. 143, 144 e 146, atos de espionagem, os quais abrangem tanto aquela voltada à revelação de segredos militares, quanto de outros que possam comprometer a segurança externa do Brasil.

Com o advento do art. 359-K, entendemos que devem subsistir tão somente as modalidades de espionagem voltadas à **revelação de segredos militares** (arts. 143 e 146 do CPM). O art. 144 do CPM, de sua parte, que descreve o ato de "revelar notícia, informação ou documento, cujo sigilo seja de interesse da segurança externa do Brasil", encontra-se *tacitamente revogado*. Afinal, cuidando-se de notícia, informação ou documento sigiloso, deve ser classificado como secreto ou ultrassecreto, nos termos da lei, o que atrai a incidência do dispositivo em estudo.

Há, ainda, o delito de **espionagem em tempo de guerra**, previsto no art. 366 do Código Penal Militar. Este subsiste, pois seu fator especializado é justamente o contexto em que praticado, isto é, durante a vigência do estado de guerra. Nesse caso, a conduta é punida com morte, em grau máximo, e reclusão, de vinte anos, em grau mínimo. Vale lembrar que a Constituição Federal autoriza a inflição da pena capital em tempo de guerra (art. 5º, XLVII, *a*).

13. PENA E AÇÃO PENAL

A pena da espionagem simples é de reclusão, de 3 a 12 anos.

A figura qualificada do § 2º é apenada com reclusão, de 6 a 15 anos, e a privilegiada do § 3º é punida com detenção, de 1 a 4 anos.

O crime, em todas as suas formas, sujeita-se ao **procedimento comum ordinário** (arts. 394 a 405 do CPP).

Como nos crimes anteriores deste Título, parece-nos que **não se deve admitir o acordo de não persecução penal,** a despeito de a pena mínima ser inferior a quatro anos (salvo na figura qualificada). Cuida-se de fato de arrematada gravidade, somada ao fato de que a natureza do bem jurídico atingido indica que comportamento incompatível com o instituto despenalizador, até porque este não deverá ter lugar quando se mostrar insuficiente para a prevenção e reprovação do crime.

Cuida-se, por fim, de crime de competência da **Justiça Comum Federal.**

A ação penal é **pública incondicionada.**

Capítulo II
DOS CRIMES CONTRA AS INSTITUIÇÕES DEMOCRÁTICAS (ARTS. 359-L E 359-M)

ART. 359-L – ABOLIÇÃO VIOLENTA DO ESTADO DEMOCRÁTICO DE DIREITO

1. TIPO PENAL

Abolição violenta do Estado Democrático de Direito

Art. 359-L. Tentar, com emprego de violência ou grave ameaça, abolir o Estado Democrático de Direito, impedindo ou restringindo o exercício dos poderes constitucionais:

Pena – reclusão, de 4 (quatro) a 8 (oito) anos, além da pena correspondente à violência.

2. VALOR PROTEGIDO

Todos os crimes do Capítulo II do Título XII da Parte Especial do Código miram a proteção do **Estado Democrático de Direito**, pilar fundamental em que se ergue a República Federativa do Brasil.

O regime democrático e o Estado de Direito são conquistas históricas de nossa nação, justificando-se a criminalização de qualquer atentado contra esses dogmas, de modo a obstar que o país retroceda ao tempo em que a democracia fora eclipsada por regimes ditatoriais.

Como ensina Canotilho: "ao 'decidir-se' por um estado de direito a Constituição visa conformar as estruturas do poder político e a organização da sociedade segundo a medida do direito". O eminente professor destaca, ainda, que "o estado de direito é um estado constitucional. Pressupõe a existência de uma Constituição normativa estruturante de uma ordem jurídico-normativa fundamental vinculativa de todos os poderes públicos. A Constituição confere à ordem estatal e aos atos dos poderes públicos medida e forma"[1].

---

[1] *Direito constitucional*: teoria e constituição. 7. ed. Coimbra: Almedina, p. 243 e 245.

Quanto ao regime democrático, obtempera o constitucionalista, relembrando a formulação de Abraham Lincoln, constituir-se este, em essência, do "governo do povo, pelo povo e para o povo"[2]. Nossa Constituição, ademais, deixa claro em seu preâmbulo que, tendo sido elaborada por *representantes do povo brasileiro*, instituiu um *Estado Democrático*, "destinado a assegurar o exercício dos direitos sociais e individuais, a liberdade, a segurança, o bem-estar, o desenvolvimento, a igualdade e a justiça como valores supremos de uma sociedade fraterna, pluralista e sem preconceitos, fundada na harmonia social e comprometida, na ordem interna e internacional, com a solução pacífica das controvérsias".

Registre-se que o *nomen iuris* se encontra em dissintonia com a descrição do tipo, uma vez que a incriminação não consiste na (efetiva) *abolição* (violenta) do Estado Democrático de Direito, mas no *atentado* visando a tal abolição. Até porque, se a conduta resultou efetivamente na supressão do Estado Democrático de Direito, quem a praticou subverteu a ordem constitucional e, por tal motivo, ficará impune pelo grave ato cometido, já que inexistirá órgão estatal apto à sua responsabilização penal.

O dispositivo resulta da fusão de dois tipos penais contidos na revogada Lei de Segurança Nacional (arts. 17 e 18), que dispunham ser criminoso o ato de "tentar mudar, com emprego de violência ou grave ameaça, a ordem, o regime vigente ou o Estado de Direito" (pena: reclusão, de 3 a 15 anos) e "tentar impedir, com emprego de violência ou grave ameaça, o livre exercício de qualquer dos Poderes da União ou dos Estados" (pena: reclusão, de 2 a 6 anos).

3. TIPO OBJETIVO

Pune-se o ato de **tentar abolir** (*extinguir, exterminar, cessar, pôr fim, encerrar*) o **Estado Democrático de Direito**.

Cuida-se de **crime de atentado ou empreendimento**, em que a **consumação se dá com a tentativa de realização do comportamento nuclear**. Qualquer delito relacionado com ataques ao Estado Democrático de Direito deve ser construído pelo legislador sob a forma de crime de atentado, pois, do contrário, o fato, consumando-se, jamais será punido. Note: se o agente, com seu comportamento, logrou abolir o Estado de Direito ou a democracia, instala-se um regime ditatorial em que o responsável, nesta nova ordem, ficará impune (a não ser que se restabeleça o ordenamento jurídico anterior ou o regime democrático).

---

[2] *Direito constitucional*: teoria e constituição. 7. ed. Coimbra: Almedina, p. 287.

O fato exige que o atentado ao regime democrático ou ao Estado de Direito ocorra **mediante emprego de violência** (contra a pessoa ou coisa) **ou grave ameaça.**

Impõe-se, ainda, que o sujeito ativo o faça **impedindo ou restringindo o exercício dos poderes constitucionais** (por exemplo: "fechar" o Congresso Nacional; matar ou ameaçar os Ministros da Suprema Corte).

São poderes constitucionais o Legislativo, o Executivo e o Judiciário. Pouco importa se o ataque se dirige contra tais instituições no plano federal, distrital, estadual ou, no caso do Legislativo e Executivo, na órbita municipal.

Em nosso sentir, também deve-se incluir na disposição o Ministério Público, pois se cuida, nos termos da própria Constituição, de instituição essencial à função jurisdicional do Estado, a quem cumpre zelar pela ordem jurídica e pelo regime democrático (art. 127, *caput*).

Quando o agente, visando abolir o Estado Democrático de Direito, destruir ou inutilizar meios de comunicação ao público, estabelecimentos, instalações ou serviços destinados à defesa nacional, com o fim de abolir o Estado Democrático de Direito, responde pelo crime de sabotagem, do art. 359-R, cuja pena é de reclusão, de 2 a 8 anos.

4. TIPO SUBJETIVO

A abolição violenta do Estado Democrático de Direito é crime **doloso**, de tal modo que o(s) sujeito(s) ativo(s) deve(m) agir voluntariamente, tendo consciência de que sua conduta se dirige a impedir ou restringir o exercício dos poderes constitucionais.

5. SUJEITOS DO CRIME

5.1. Sujeito ativo

O art. 359-L encerra **delito comum**, o qual pode ter como sujeito ativo qualquer pessoa.

5.2. Sujeito passivo

É o Estado brasileiro, sob a ótica de seus alicerces, a saber, o Estado de Direito e o Regime Democrático.

6. CONSUMAÇÃO E TENTATIVA

6.1. Consumação

A consumação do delito se dá com a mera tentativa de abolição do Estado Democrático de Direito, realizada mediante violência ou grave ameaça.

É preciso, porém, que o atentado contra o Estado de Direito ou o Regime Democrático tenha sido praticado impedindo ou restringindo o exercício dos poderes constitucionais.

O crime é **formal ou de consumação antecipada**, porque, embora o agente vise abolir o Estado Democrático de Direito, o atingimento deste fim não é necessário para a realização integral do tipo.

6.2. Tentativa

Não se pune a tentativa, por se tratar de crime de atentado ou empreendimento.

7. CLASSIFICAÇÃO JURÍDICA

A abolição violenta do Estado Democrático de Direito é crime *doloso, comissivo, comum* (qualquer pessoa pode praticá-lo), *formal ou de consumação antecipada* (pois desnecessária a efetiva abolição do Estado Democrático de Direito), *de perigo abstrato ou presumido* (o legislador descreve uma conduta, presumindo o impedimento ou restrição ao exercício dos poderes constitucionais como perigoso à democracia e ao Estado de Direito) e *instantâneo* (consuma-se instantaneamente, com o impedimento ou restrição ao exercício do poder constitucional; pode, contudo, apresentar natureza permanente, caso o impedimento ou restrição sejam efetuados de maneira a se prolongar no tempo).

8. CÚMULO MATERIAL COMPULSÓRIO

A ação nuclear, como visto, reside em praticar violência ou grave ameaça (visando à derrocada do Estado Democrático de Direito). **Se o agente**, no desempenho desta conduta, **optar pelo emprego de violência** e, com isso, produzir dano, incêndio, lesão corporal ou morte, **responderá em concurso material** pelo crime de abolição violenta do Estado Democrático de Direito e pela infração cometida como meio executório (arts. 163, 250, 129 ou 121 do CP, por exemplo).

Trata-se de um **concurso material obrigatório**, em face de expressa determinação contida no preceito secundário, **afastando, com isso, eventual absorção do crime-meio pelo crime-fim**.

Quando o meio executório for a *grave ameaça*, porém, o agente não responde pelo delito do art. 147 do Código, mas somente pelo art. 359-L.

9. PENA E AÇÃO PENAL

A pena é de reclusão, de 4 a 8 anos, além da correspondente à violência.

O crime sujeita-se ao **procedimento comum ordinário** (arts. 394 a 405 do CPP).

Não se admite o acordo de não persecução penal (art. 28-A do CPP), em razão da pena mínima, bem como pelo fato de ser cometido necessariamente com emprego de violência ou grave ameaça.

Cuida-se de crime de competência da **Justiça Comum Federal**.

A ação penal é **pública incondicionada**.

ART. 359-M – GOLPE DE ESTADO

1. TIPO PENAL

Golpe de Estado

Art. 359-M. Tentar depor, por meio de violência ou grave ameaça, o governo legitimamente constituído:

Pena – reclusão, de 4 (quatro) a 12 (doze) anos, além da pena correspondente à violência.

2. VALOR PROTEGIDO

A objetividade jurídica é a soberania do Estado brasileiro, o regime democrático, o Estado de Direito e ordem constitucional.

A noção de golpe de Estado alude a uma ideia de ruptura institucional abrupta, ao arrepio do ordenamento jurídico e em franca violação aos preceitos constitucionais, levando determinado conjunto de pessoas ao exercício do poder político, depondo o governo constituído.

Historicamente, o golpe de Estado se dá por diferentes formas, como a suspensão das atividades do parlamento, mediante detenção de membros do governo legitimamente constituído. Não é necessário que o ato seja seguido por regime de exceção. Ainda que os golpistas instaurem, após a derrocada do governo legitimamente constituído, nova ordem democrática, subsiste a ideia de golpe de Estado. Evidente, porém, que se a tomada do poder for bem-sucedida, inviabiliza-se a punição dos agentes que o fizeram, dado que instauram nova ordem legal, não se submetendo a punição decorrente do ordenamento jurídico aquebrantado. Justamente por isso é que o art. 359-M define como criminosa a *tentativa* violenta ou ameaçadora de depor o governo legitimamente constituído.

3. TIPO OBJETIVO

O verbo nuclear consiste em **tentar depor**, é dizer, procurar *derrubar*, *destituir*, *retirar* do poder, *destronar*.

O objeto material é o **governo legitimamente constituído**, isto é, aquele estabelecido através da soberania popular por meio do sufrágio universal e em observância aos preceitos constitucionais.

Só se pune a tentativa de golpe de Estado violenta ou exercida com emprego de grave ameaça.

4. TIPO SUBJETIVO

A infração somente é descrita na forma **dolosa,** o que demanda vontade e consciência, por parte do sujeito, em retirar o governo legalmente constituído.

5. SUJEITOS DO CRIME

5.1. Sujeito ativo

Cuida-se de **crime comum**, o qual pode ter como sujeito ativo qualquer pessoa.

5.2. Sujeito passivo

É o Estado brasileiro, por meio de seu regime democrático, sua ordem constitucional e o Estado de Direito.

6. CONSUMAÇÃO E TENTATIVA

6.1. Consumação

O delito atinge sua realização integral com a **realização do ato violento ou ameaçador direcionado à deposição do governo validamente constituído**. O crime tem **natureza formal,** de maneira que basta a realização do ato violento ou da prática da conduta que importe em grave ameaça, destinados a retirar do poder o governo constitucional, ainda que isto não venha a ocorrer.

Se os agentes triunfarem, por óbvio, não sofrerão qualquer punição.

Trata-se de crime de **perigo abstrato ou presumido.**

6.2. Tentativa

Mostra-se inviável o *conatus proximus*, porque se cuida de crime de atentado ou empreendimento. Neste, o início de execução já importa em crime consumado.

7. CLASSIFICAÇÃO JURÍDICA

O "golpe de Estado" é crime *doloso, comissivo, comum* (qualquer pessoa pode praticá-lo), *formal ou de consumação antecipada* (basta a prática do comportamento violento ou ameaçador tendente à deposição do governo constitucional), *de perigo abstrato ou presumido* (o legislador descreve uma conduta, presumindo-a perigosa) e *instantâneo* (consuma-se instantaneamente, com a prática da violência ou grave ameaça).

8. CÚMULO MATERIAL COMPULSÓRIO

O crime de golpe de Estado, como se viu acima, pode ser cometido com emprego de violência ou grave ameaça.

Se a tentativa de deposição do governo legitimamente constituído se der mediante violência, esta poderá implicar dano a coisa alheia, incêndio, lesão corporal ou morte. Nestes casos, **responderá o golpista pelo crime do art. 359-M e pela infração cometida como meio executório** (arts. 163, 250, 129 ou 121 do CP, por exemplo), **em concurso material** (art. 69 do CP).

Dado o concurso material obrigatório, imposto pelo preceito secundário, não há absorção do crime-meio pelo crime-fim.

Quando o meio executório for a *grave ameaça*, porém, o agente não responde pelo delito do art. 147 do Código, que funciona como crime-meio, absorvido pelo delito-fim do art. 359-M.

9. PENA E AÇÃO PENAL

A pena é de reclusão, de 4 a 12 anos, além da correspondente à violência.

O crime sujeita-se ao **procedimento comum ordinário** (arts. 394 a 405 do CPP).

O fato não comporta qualquer medida despenalizadora (transação penal, suspensão condicional do processo ou acordo de não persecução penal.

Cuida-se, por fim, de crime de competência da **Justiça Comum Federal.**

A ação penal é **pública incondicionada.**

Capítulo III
DOS CRIMES CONTRA O FUNCIONAMENTO DAS INSTITUIÇÕES DEMOCRÁTICAS NO PROCESSO ELEITORAL (ARTS. 359-N A 359-Q)

ART. 359-N – INTERRUPÇÃO DO PROCESSO ELEITORAL

1. TIPO PENAL

Interrupção do processo eleitoral

Art. 359-N. Impedir ou perturbar a eleição ou a aferição de seu resultado, mediante violação indevida de mecanismos de segurança do sistema eletrônico de votação estabelecido pela Justiça Eleitoral:

Pena – reclusão, de 3 (três) a 6 (seis) anos, e multa.

2. VALOR PROTEGIDO

O Capítulo III do Título XII da Parte Especial do Código tipifica os crimes contra o funcionamento das instituições democráticas no processo eleitoral.

A tutela penal volta-se ao Estado Democrático de Direito, que assegura instrumentos para o exercício da democracia indireta por meio do sufrágio universal, e ao princípio republicano, na sua faceta relacionada à alternância legítima de poder.

Trata-se de **crimes eleitorais**.

É de se destacar que os crimes eleitorais se dividem em:

a) **próprios**, quando específicos do contexto eleitoral (como, por exemplo, inscrição fraudulenta de eleitor – art. 289 do Código Eleitoral – ou embaraço a exercício de sufrágio – art. 297 do Código Eleitoral); e

b) **impróprios**, quando tipificados na legislação penal comum e na eleitoral (caso da corrupção – arts. 317 do Código Penal e 299 do Código Eleitoral).

Os delitos descritos nos arts. 359-N a 359-P, por sua descrição típica, são crimes eleitorais próprios (ainda que não previstos no corpo da legislação específica).

3. TIPO OBJETIVO

Pune-se o ato de impedir ou perturbar a eleição ou aferição de seu resultado.

Impedir significa *obstar, travar, impor obstáculo* de modo a não permitir que se concretize.

Perturbar quer dizer *atrapalhar, turbar, causar confusão*.

A conduta deve ser dirigida à realização da **eleição** ou à **aferição do** resultado.

O tipo penal tem alcance restrito, pois somente incrimina o impedimento ou perturbação ao pleito ou à sua apuração efetuados **mediante violação indevida de mecanismos de segurança no sistema eletrônico de votação estabelecido pela Justiça Eleitoral**. Assim, por exemplo, o agente que, por meio de seu computador, tenta invadir o sistema informatizado do Tribunal Superior Eleitoral, instalando *vírus* com o propósito de causar atraso na apuração do resultado da votação.

4. TIPO SUBJETIVO

O crime é **doloso**, exigindo-se, destarte, uma conduta voluntária e conscientemente direcionada a obstar ou causar perturbação à realização da eleição ou à aferição de seu resultado.

5. SUJEITOS DO CRIME

5.1. Sujeito ativo

O crime é **comum**, podendo ser praticado por qualquer pessoa.

5.2. Sujeito passivo

É o Estado brasileiro, em particular nosso regime democrático.

6. CONSUMAÇÃO E TENTATIVA

6.1. Consumação

A consumação se dá com a perturbação da eleição ou a apuração de seu resultado, não sendo necessário que o agente logre qualquer objetivo adicional, como inviabilizar o pleito ou modificar seu resultado.

6.2. Tentativa

É punível a tentativa, pois, cuidando-se de delito **plurissubsistente,** o sujeito pode dar início ao ataque virtual à eleição ou ao sistema de coleta do resultado, vendo sua ação obstada por circunstâncias alheias à sua vontade, como, por exemplo, ser detectado e impedido por *firewall* ou sistemas de segurança instalados pela Justiça Eleitoral.

7. CLASSIFICAÇÃO JURÍDICA

Cuida-se de delito *doloso, comissivo, comum* (qualquer pessoa pode praticá-lo), *material ou de resultado* (uma vez que exige, para sua consumação, que o sujeito efetivamente perturbe ou atrapalhe a realização do pleito ou a apuração do resultado da votação), *de perigo abstrato ou presumido* (o legislador descreve uma conduta, presumindo-a perigosa à integridade do território brasileiro) e *instantâneo, como regra, e eventualmente permanente* (consuma-se instantaneamente, sem que a fase consumativa se protraia no tempo, a não ser que o mecanismo instalado no sistema eletrônico de votação tenha ação duradoura, de modo a que o embaraço perdure no tempo).

8. PENA

A pena do crime é de reclusão, de 3 a 6 anos, e multa.

O fato se processa pelo **procedimento especial** estabelecido no **Código Eleitoral** (arts. 355 e s.).

Admite o **acordo de não persecução penal** (art. 28-A do CPP).

ART. 359-O – COMUNICAÇÃO ENGANOSA EM MASSA

1. TIPO PENAL

Art. 359-O. (Vetado.)

2. VALOR PROTEGIDO

A comunicação enganosa em massa (art. 359-O) foi objeto de veto pelo Presidente da República. O dispositivo definia como criminosa a conduta de "promover ou financiar, pessoalmente ou por interposta pessoa, mediante uso de expediente não fornecido diretamente pelo provedor de aplicação de mensagem privada, campanha ou iniciativa para disseminar fatos que sabe inverídicos, e que sejam capazes de comprometer a higidez do processo eleitoral", apenando-a com reclusão, de 1 a 5 anos, e multa.

É importante notar que, a despeito do veto, a disseminação dolosa de *fake news* no âmbito do processo eleitoral é crime descrito no Código Eleitoral (art. 323).

O crime tipificado na legislação eleitoral encontra-se assim descrito: "divulgar, na propaganda eleitoral ou durante período de campanha eleitoral, fatos que sabe inverídicos em relação a partidos ou a candidatos e capazes de exercer influência perante o eleitorado". De acordo com o § 1º do art. 323 do Código Eleitoral, incorre nas mesmas penas quem produz, oferece ou vende vídeo com conteúdo inverídico acerca de partidos ou candidatos. A pena deste delito, ainda, é aumentada de um terço até metade se o crime, nos termos do § 2º: a) é cometido por meio da imprensa, rádio ou televisão, ou por meio da *internet* ou de rede social, ou é transmitido em tempo real; ou b) envolve menosprezo ou discriminação à condição de mulher ou à sua cor, raça ou etnia.

ART. 359-P – VIOLÊNCIA POLÍTICA

1. TIPO PENAL

Violência política

Art. 359-P. Restringir, impedir ou dificultar, com emprego de violência física, sexual ou psicológica, o exercício de direitos políticos a qualquer pessoa em razão de seu sexo, raça, cor, etnia, religião ou procedência nacional:

Pena – reclusão, de 3 (três) a 6 (seis) anos, e multa, além da pena correspondente à violência.

2. VALOR PROTEGIDO

A objetividade jurídica se refere ao pleno exercício dos direitos políticos.

Estes são "direitos públicos subjetivos que investem o indivíduo no *status activae civitatis*, permitindo-lhe o exercício concreto da liberdade de participação nos negócios políticos do Estado, de maneira a conferir os atributos da cidadania"[1].

Assim como a interrupção do processo eleitoral e a comunicação enganosa em massa, trata-se de **crime eleitoral próprio**, já que específico do contexto eleitoral.

3. VIOLÊNCIA POLÍTICA CONTRA A MULHER NO CÓDIGO ELEITORAL

A Lei n. 14.192, de 4 de agosto de 2021, inseriu no Código Eleitoral o crime de violência política contra a mulher (art. 326-B), o qual se encontra

---

[1] Alexandre Moraes. *Curso de direito constitucional*. São Paulo: Atlas, p. 299.

assim descrito: "Assediar, constranger, humilhar, perseguir ou ameaçar, por qualquer meio, *candidata a cargo eletivo ou detentora de mandato eletivo*, utilizando-se de menosprezo ou discriminação à condição de mulher ou à sua cor, raça ou etnia, com a finalidade de impedir ou de dificultar a sua campanha eleitoral ou o desempenho de seu mandato eletivo".

Entendemos que, com a entrada em vigor do art. 359-P, *o dispositivo do Código Eleitoral encontra-se tacitamente revogado*, pois superado por aquele, de maior abrangência, o qual abarca, além das condutas descritas no art. 326-B, atos similares cometidos não apenas contra a mulher, mas igualmente contra qualquer pessoa, em razão de sexo, raça, cor, etnia, religião ou procedência nacional.

Note, inclusive, que a pena da violência política do Código Penal é bem mais severa que a do Código Eleitoral (reclusão, de 3 a 6 anos, e multa, além da correspondente à violência *versus* reclusão, de 1 a 4 anos, e multa). A se entender subsistente o figura especial, a violência política contra homem, por exemplo, seria punida de maneira mais grave do que a perpetrada contra mulher, o que se revela injustificável.

4. TIPO OBJETIVO

A violência política foi definida pelo legislador como a conduta de restringir, impedir ou dificultar, com emprego de violência física, sexual ou psicológica, o exercício de direitos políticos a qualquer pessoa em razão de seu sexo, raça, cor, etnia, religião ou procedência nacional.

O ato de **restringir** se traduz na ação de *limitar, reduzir;* **impedir** significa *criar obstáculos, barreiras, frustrar total ou parcialmente;* **dificultar** quer dizer *impor embaraços, empecilhos.*

Exige-se, como meio executório, que as condutas sejam praticadas com emprego de violência física, sexual ou psicológica.

Dá-se **violência física** quando houver utilização de **vias de fato, lesão corporal ou morte. A violência sexual** corresponde à prática de **atos sexuais atentatórios à liberdade** sexual do sujeito passivo, ou seja, quando este é "violentado" em sua capacidade de autodeterminação sexual. **A violência psicológica**, por fim, reside na **causação de dano emocional, em detrimento do pleno desenvolvimento da vítima ou que a degrade psiquicamente**, mediante ações como ameaça, constrangimento, humilhação, manipulação, isolamento, chantagem, ridicularização, limitação do direito de ir e vir[2].

---

[2] A noção de violência psicológica deve ser aferida, mediante interpretação sistemática, tendo como referência o tipo penal descrito no art. 147-B do Código Penal.

O preceito secundário afirma que **o agente responderá pelo crime do art. 359-P em cúmulo material com a violência praticada**, ou seja, dar-se-á o concurso material compulsório, de tal maneira que o agente será punido, por exemplo, por violência política e *lesão corporal* (art. 129 do CP), ou, ainda, violência política e *estupro* (art. 213 do CP) e, por fim, no caso de vítima mulher, *violência* política e *psicológica* (art. 147-B do CP).

O comportamento criminoso deve ser dirigido a restringir, impedir ou dificultar o **exercício de direitos políticos**.

A proteção penal abarca o exercício de **todos** os direitos políticos facultados aos cidadãos, os quais compreendem[3]:

a) **direito de sufrágio**: consistente na capacidade de eleger e ser eleito;

b) **alistabilidade**: direito de votar em eleições, plebiscitos e referendos);

c) **elegibilidade**: trata-se da capacidade eleitoral passiva, isto é, na possibilidade aberta ao cidadão de se apresentar, em eleição, a exercer mandato político;

d) **iniciativa popular de lei**;

e) **ação popular**;

f) **organização e participação de partidos políticos**.

A norma penal, por fim, deixa claro que **a conduta pode ser praticada contra qualquer pessoa, mas é fundamental que o fato se dê em razão de seu sexo, raça, cor, etnia, religião ou procedência nacional**. Se outra for a motivação do agente, como, por exemplo, impedir que determinado eleitor exerça seu direito de sufrágio, independentemente de sexo, raça etc., não se aplica o art. 359-P, embora o fato possa se subsumir a outro crime, como, *v.g.*, o embaraço a exercício do sufrágio, descrito no art. 297 do Código Eleitoral[4].

5. TIPO SUBJETIVO

Trata-se de delito **doloso**, razão pela qual é mister existir a vontade e consciência de barrar ou atrapalhar, no todo ou em parte, o exercício do direito político.

Há, ademais, elemento subjetivo específico, porquanto o ato deve ser perpetrado em razão do sexo, raça, cor, etnia, religião ou procedência nacional da vítima.

---

[3] Alexandre Moraes. *Curso de direito constitucional*. São Paulo: Atlas, p. 300.

[4] "Art. 297. Impedir ou embaraçar o exercício do sufrágio: Pena – Detenção até seis meses e pagamento de 60 a 100 dias-multa."

6. SUJEITOS DO CRIME

6.1. Sujeito ativo

Qualquer pessoa pode figurar como sujeito ativo da infração, seja na condição de autor, coautor ou partícipe (**crime comum**).

6.2. Sujeito passivo

É a pessoa cujo direito político se visa atingir.

7. CONSUMAÇÃO E TENTATIVA

7.1. Consumação

A consumação ocorre com a restrição, impedimento ou dificultação do exercício do direito político, exercida mediante emprego da violência física, sexual ou psicológica.

7.2. Tentativa

Admite-se a forma tentada, de vez que a infração é plurissubsistente. A execução do fato se inicia com o emprego da violência (física, psíquica ou sexual) e, se desta não ocorrer qualquer restrição, dificuldade ou impedimento do exercício do direito político, por circunstâncias alheias à vontade do agente, constitui-se o *conatus proximus*.

8. CLASSIFICAÇÃO JURÍDICA

Cuida-se de delito *doloso, comissivo, comum* (qualquer pessoa pode praticá-lo), *material* (porque exige a efetiva restrição, impedimento ou dificultação do exercício do direito político), *de dano ou lesão* (porquanto a realização integral está vinculada à lesão ao bem jurídico), *plurissubsistente* (pois o *iter criminis* pode ser fracionado) e *instantâneo* (consuma-se instantaneamente, sem que tal fase se prolongue no tempo; se, contudo, a violência for empregada com mecanismo de natureza permanente – como o sequestro –, o delito terá essa natureza).

9. CÚMULO MATERIAL COMPULSÓRIO

A violência política é praticada necessariamente com uso de violência física, sexual ou psicológica e, por expressa disposição legal, dar-se-á o concurso material obrigatório quando, do ato violento, for possível identificar infração penal autônoma, como lesão corporal, homicídio, sequestro, estupro etc.

10. PENA

A pena do crime é de reclusão, de 3 a 6 anos, e multa.

O **rito processual** é o disciplinado no **Código Eleitoral** (arts. 355 e s.).

Não se admite a incidência do acordo de não persecução penal, porquanto o delito é praticado mediante violência, obstáculo imposto para a incidência da citada medida despenalizadora (art. 28-A do CPP).

Capítulo IV
DOS CRIMES CONTRA O FUNCIONAMENTO DOS SERVIÇOS ESSENCIAIS (ART. 359-R)

ART. 359-R – SABOTAGEM

1. TIPO PENAL

Sabotagem

Art. 359-R. Destruir ou inutilizar meios de comunicação ao público, estabelecimentos, instalações ou serviços destinados à defesa nacional, com o fim de abolir o Estado Democrático de Direito:

Pena – reclusão, de 2 (dois) a 8 (oito) anos.

2. VALOR PROTEGIDO

A objetividade jurídica do crime de sabotagem é a **incolumidade pública**, relacionada à preservação do **Estado Democrático de Direito**.

É interessante perceber que **há relativa proximidade entre o objeto jurídico da sabotagem** (art. 359-R) **e o dos delitos tipificados nos arts. 260 a 266 do Código Penal**.

Os dispositivos citados encontram-se no Título VIII da Parte Especial (Dos Crimes contra a Incolumidade Pública), em seu Capítulo II (Dos Crimes contra a Segurança dos Meios de Comunicação e Transporte e Outros Serviços Públicos). São eles: *perigo de desastre ferroviário* (art. 260), *atentado contra a segurança do transporte marítimo, fluvial ou aéreo* (art. 261), *atentado contra a segurança de outro meio de transporte* (art. 262), *arremesso de projétil* (art. 264), *atentado contra a segurança de serviço de utilidade pública* (art. 265) e *interrupção ou perturbação de serviço telegráfico, telefônico, informático, telemático ou de informação de utilidade pública* (art. 266).

Assim como a sabotagem, tais infrações visam preservar a incolumidade pública, porque se destinam a colocar, a salvo de perigos, de um número indeterminado de pessoas.

Ocorre, porém, que os delitos do Título VIII são direcionados à proteção da **incolumidade pública de modo geral**, ao passo que o descrito a **sabotagem se dirige à salvaguarda da incolumidade pública à luz da preservação do Estado Democrático de Direito**.

Anote-se que o art. 359-R substitui o revogado art. 15 da Lei de Segurança Nacional ("praticar sabotagem contra instalações militares, meios de comunicações, meios e vias de transporte, estaleiros, portos, aeroportos, fábricas, usinas, barragem, depósitos e outras instalações congêneres" – pena: reclusão, de 3 a 10 anos).

3. TIPO OBJETIVO

As condutas nucleares compreendem as ações de **destruir** (deteriorar, aniquilar, destroçar) ou **inutilizar** (tornar inútil, fazer com que o objeto perca seu propósito ou função).

Os objetos materiais, isto é, as coisas a que se direcionam os comportamentos típicos são:

a) meios de comunicação ao público: abrange todas as mídias pelas quais se possa transmitir mensagens ao público em geral;

b) estabelecimentos: refere-se a imóveis dedicados a algum aparato de defesa nacional;

c) instalações: têm sentido similar a estabelecimento, mas indica uma estrutura que pode ser transitória ou provisória;

d) serviços: alude a qualquer serviço prestado com o propósito de defender o Brasil.

O preceito primário exige que os meios de comunicação, estabelecimentos, instalações ou serviços estejam **destinados à defesa nacional**.

4. TIPO SUBJETIVO

Trata-se de delito **doloso**, razão pela qual é mister existir a vontade e consciência de.

Há, ademais, elemento subjetivo específico, porquanto o ato deve ser perpetrado com o fim de abolir o Estado Democrático de Direito.

5. SUJEITOS DO CRIME

5.1. Sujeito ativo

A sabotagem é **crime comum**, de maneira que qualquer pessoa pode ostentar a condição de sujeito ativo.

5.2. Sujeito passivo

É o Estado brasileiro, em seu regime democrático e em sua ordem jurídica.

6. CONSUMAÇÃO E TENTATIVA

6.1. Consumação

A consumação ocorre com a destruição ou inutilização do meio de comunicação, estabelecimento, instalação ou serviço destinado à defesa nacional, ainda que isto não implique abolir o Estado Democrático de Direito. Aliás, se esse propósito for objetivo, não haverá punição do agente.

6.2. Tentativa

É possível a forma tentada, pois a sabotagem é crime **plurissubsistente**.

7. CLASSIFICAÇÃO JURÍDICA

Cuida-se de delito *doloso, comissivo, comum* (qualquer pessoa pode cometê-lo), *formal ou de consumação antecipada* (porque se consuma com a destruição ou inutilização do estabelecimento, instalação, serviço ou meio de comunicação, ainda que não se atinja o propósito almejado de abolir o Estado Democrático de Direito), *de perigo ou ameaça* (porquanto a realização integral se dá pelo fato de se colocar em perigo o Estado Democrático de Direito), *plurissubsistente* (pois o *iter criminis* pode ser fracionado) e *instantâneo* (consuma-se instantaneamente, sem que tal fase se prolongue no tempo; a depender do dano produzido, pode ser instantâneo de efeitos permanentes).

8. CONFLITO APARENTE DE NORMAS

O crime de sabotagem difere dos crimes contra a segurança dos meios de comunicação e transporte e outros serviços públicos (arts. 260 a 266 do CP), em razão da objetividade jurídica e da exigência de elemento subjetivo específico, qual seja, extinguir o Estado Democrático de Direito.

9. PENA E AÇÃO PENAL

A pena do crime de sabotagem é de reclusão, de 2 a 8 anos.

O fato se submete ao **procedimento comum ordinário** (arts. 394 a 405 do CPP).

Não se deve admitir a incidência do acordo de não persecução penal, a despeito da pena mínima cominada inferior a 4 anos, porquanto tal medida não será necessária e suficiente à reprovação e prevenção de ato de semelhante gravidade.

Cuida-se de crime de competência da **Justiça Comum Federal**, de vez que se insere no conceito de crime político (art. 109, IV, da CF).

A ação penal é **pública incondicionada**.

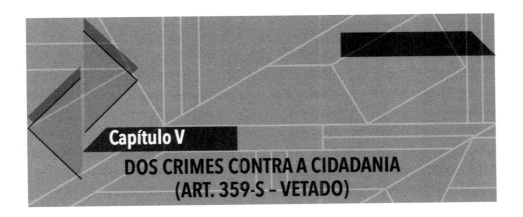

Capítulo V
DOS CRIMES CONTRA A CIDADANIA
(ART. 359-S – VETADO)

ART. 359-S – ATENTADO AO DIREITO DE MANIFESTAÇÃO

1. TIPO PENAL

Atentado ao direito de manifestação
   Art. 359-S. (Vetado.)

2. VALOR PROTEGIDO

O art. 359-S foi vetado pelo Presidente da República.

O dispositivo legal encontrava-se assim redigido: "Impedir, mediante violência ou grave ameaça, o livre e pacífico exercício de manifestação de partidos políticos, de movimentos sociais, de sindicatos, de órgãos de classe ou de demais grupos políticos, associativos, étnicos, raciais, culturais ou religiosos". A pena seria de reclusão, de 1 a 4 anos. Se resultasse lesão grave, reclusão de 2 a 8 anos; se resultasse morte, reclusão, de 4 a 12 anos.

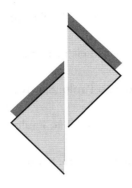

Bibliografia

ADOLFO, Zerboglio. *Trattato di diritto penale*. Coordenado por Eugenio Florian. 4. ed. Milão: Casa Editrice Dottor Francesco Vallardi, 1935.

AGNONI, Francesco. *Il pericolo concreto come elemento della fattispecie penale – la struttura oggetiva*. 2. ed. Milão: Dott. A. Giuffrè Editore, 1994.

ALMEIDA, Fernando Henrique Mendes de. *Dos crimes contra a administração pública*. São Paulo: Saraiva, 1955.

ÁLVAREZ, Leonardo Alvarez; CORRAL, Benito Aláez. *Las decisiones básicas del tribunal constitucional federal alemán en las encrucijadas del cambio de milenio*. Madrid: Cientro de Estudos Políticos y Constitucionales (Boletin Oficial del Estado), 2008.

ALVES, Rogério Pacheco et al. *Improbidade administrativa*. 4. ed. Rio de Janeiro: Lumen Juris, 2008.

AMARAL, Sylvio do. *Falsidade documental*. São Paulo: Revista dos Tribunais, 1958.

ANDREUCCI, Ricardo Antunes. *Da incriminação do adultério* (tese apresentada à Congregação da Faculdade de Direito da Universidade de São Paulo – concurso de doutoramento). São Paulo: Revista dos Tribunais, 1967.

ANTOLISEI, Francesco. *Manuale de diritto penale:* parte speciale. 13. ed. Atualizada por Luigi Conti. Milão: Dott. A. Giuffrè, 2000.

ARAÚJO, Luiz Alberto David; NUNES JR., Vidal Serrano. *Curso de direito constitucional*. 11. ed. São Paulo: Saraiva, 2007.

ASCENSÃO, José de Oliveira. *Direito autoral*. Rio de Janeiro: Forense, 1980.

ASTURIAS, Miguel Angel et al. *Delitos contra la salud y el medio ambiente*. Buenos Aires: Hammurabi, 2009.

ASÚA, Luis Jiménez. *O delito de contágio venéreo*. Trad. J. Catoira e A. Blay. São Paulo: Edições e Publicações Brasil, 1933 (Coleção médico-jurídica).

BARROSO, Luís Roberto. *Curso de direito constitucional contemporâneo:* os conceitos fundamentais e a construção do novo modelo. 1. ed. 3. tir. São Paulo: Saraiva, 2009.

BÁRTOLI, Márcio. In: FRANCO, Alberto Silva; STOCO, Rui (Org.). *Código Penal e sua interpretação*. 8. ed. São Paulo: Revista dos Tribunais, 2007.

BECHARA, Fábio Ramazzini *et al. Direito penal aplicado*. 3. ed. São Paulo: Saraiva, 2010.

BECHARA, Fábio Ramazzini *et al. Reforma penal*: comentários às Leis n. 11.923, 12.012 e 12.015 de 2009. São Paulo: Saraiva, 2010.

BITENCOURT, Cezar Roberto. *Tratado de direito penal*. 2. ed. São Paulo: Saraiva, 2006. v. 4.

BITENCOURT, Cezar Roberto. *Tratado de direito penal*: parte especial. São Paulo: Saraiva, 2007. v. 5.

BITENCOURT, Cezar Roberto. *Código Penal comentado*. 5. ed. São Paulo: Saraiva, 2009.

BRANCO, Vitorino Prata Castelo. *O advogado diante dos crimes sexuais*. São Paulo: Sugestões Literárias, 1966.

CALDERÓN. Guillermo Oliver. *Retroactividad e irretroactividad de las leyes penales*. Santiago: Juridica de Chile, 2007 (Colección de ciencias penales).

CAMPOS, Pedro Franco de *et al. Direito penal aplicado*. 3. ed. São Paulo: Saraiva, 2010.

CAMPOS, Pedro Franco de *et al. Reforma penal*: comentários às Leis n. 11.923, 12.012 e 12.015 de 2009. São Paulo: Saraiva, 2010.

CANDAUDAP, Celestino Porte Petit. *Dogmática sobre los delitos contra la vida y la salud personal*. 5. ed. México: Editorial Porruá, 1978.

CANOTILHO, J. J. Gomes. *Direito constitucional e teoria da constituição*. 7. ed. Coimbra: Almedina, 2003.

CAPEZ, Fernando. *Curso de direito penal*: parte especial. 2. ed. São Paulo: Saraiva, 2003. v. 2.

CARADORI, Rogério da Cruz. *Instrumentos legais de controle na proteção legal das florestas*. Dissertação de Mestrado. Universidade Católica de Santos, 2008 (Disponível em: http://biblioteca.unisantos.br/tede/tde_busca/arquivo.php?codArquivo=136).

CARRARA, Francesco. *Programma de diritto criminale*: parte speciale. 9. ed. Florença: Casa Editrice Libraria: Fratelli Cammeli, 1911. v. 5.

CEREZO, Ángel Calderón; MONTALVO, José Antonio Choclán. *Derecho penal*: parte especial. 2. ed. Barcelona: Bosch, 2001. t. II.

CERNICCHIARO, Luiz Vicente. *Direito penal na Constituição*. São Paulo: Revista dos Tribunais, 1990.

CHAVES, Antônio. *Proteção internacional do direito autoral de radiodifusão*. São Paulo: Max Limonad, s.d.

COSTA, José Francisco de Faria. *O perigo em direito penal*. Coimbra: Coimbra Editora, 2000.

COSTA JÚNIOR, Paulo José. *Curso de direito penal*. 9. ed. São Paulo: Saraiva, 2009.

COSTA JÚNIOR, Paulo José. *Direito penal das licitações*: comentários aos arts. 89 a 99 da Lei n. 8.666, de 21-6-1993. 2. ed. São Paulo: Saraiva, 2004.

DANTI-JUAN, Michel; PRADEL, Jean. *Manuel de droit pénal spécial*. 4. ed. Paris: Cujas, 2007-2008.

DELMANTO, Celso. *Código Penal comentado*. 3. ed. Rio de Janeiro: Renovar, 1991.

DELMANTO, Celso. *et al. Código Penal comentado*. 8. ed. São Paulo: Saraiva, 2010.

DELMANTO, Fábio M. de Almeida *et al. Código Penal comentado*. 8. ed. São Paulo: Saraiva, 2010.

DELMANTO JÚNIOR, Roberto *et al. Código Penal comentado*. 8. ed. São Paulo: Saraiva, 2010.

DEMERCIAN, Pedro Henrique. *Regime jurídico do Ministério Público no processo penal*. São Paulo: Verbatim, 2009.

DEMERCIAN, Pedro Henrique. *Direito penal*: parte geral: questões fundamentais. *A doutrina geral do crime*. Coimbra: Coimbra Editora, 2004. t. I.

DIAS, Maria do Carmo Saraiva de Menezes da Silva. *Crimes sexuais com adolescentes*: particularidades dos artigos 174 e 175 do Código Penal português. Coimbra: Almedina, 2006.

DINIZ, Maria Helena. *Curso de direito civil brasileiro*. 23. ed. São Paulo: Saraiva, 2008. v. 5.

DONNA, Edgardo Alberto. *Derecho penal*: parte especial. 2. ed. Buenos Aires: Rubinzal-Culzoni, 2003. t. I.

DONNA, Edgardo Alberto. *Derecho penal*: parte especial. Santa Fe: Rubinzal-Culzoni, 2001. t. II-A.

DONNA, Edgardo Alberto. *Derecho penal*: parte especial. Santa Fe: Rubinzal-Culzoni, 2001. t. II-B.

DONNA, Edgardo Alberto. *Derecho penal*: parte especial. Santa Fe: Rubinzal-Culzoni, 2002. t. II-C.

DONNA, Edgardo Alberto. *Derecho penal*: parte especial. Santa Fe: Rubinzal-Culzoni, 2001. t. III.

DONNA, Edgardo Alberto. *Delitos contra la integridad sexual*. 2. ed. Santa Fe: Rubinzal-Culzoni, 2002.

DOTTI, René Ariel. Princípios constitucionais relativos aos crimes de imprensa. *Revista Brasileira de Ciências Criminais*, ano 3, n. 10, 1995.

DRUMMOND, Magalhães. *Comentários ao Código Penal*. Rio de Janeiro: Forense, 1944. v. IX.

ESTEFAM, André. *Direito penal*: parte geral. São Paulo: Saraiva, 2010. v. 1.

ESTEFAM, André. *Direito penal*: parte especial. São Paulo: Saraiva, 2010. v. 2.

ESTEFAM, André. *Crimes sexuais*. São Paulo: Saraiva, 2009.

ESTEFAM, André *et al. Direito penal aplicado*. 3. ed. São Paulo: Saraiva, 2010.

ESTEFAM, André *et al. Reforma penal*: comentários às Leis n. 11.923, 12.012 e 12.015 de 2009. São Paulo: Saraiva, 2010.

ESTEFAM, André. *Direito penal*: parte especial. 6. ed. São Paulo: Saraiva, 2010. v. 3.

ESTEFAM, André. *O novo júri*. 4. ed. São Paulo: Damásio de Jesus, 2009.

ESTEFAM, André. *Provas e procedimentos no processo penal*. 2. ed. São Paulo: Damásio de Jesus, 2008.

FARIA, Paula de Ribeiro. *Comentário conimbricense do Código Penal:* parte especial. Dirigido por Figueiredo Dias. Coimbra: Coimbra Editora, 1999. t. I.

FELDENS, Luciano. *A Constituição penal:* a dupla face da proporcionalidade no controle de normas penais. Porto Alegre: Livraria do Advogado, 2005.

FERRARESI, Eurico. *Inquérito civil*. Rio de Janeiro: Forense, 2010.

FRAGOSO, Heleno Cláudio. *Lições de direito penal:* parte especial. 9. ed. atualizada por Fernando Fragoso. Rio de Janeiro: Forense, 1987. v. 1.

FRAGOSO, Heleno Cláudio. *Lições de direito penal:* parte especial. 3. ed. Rio de Janeiro: Forense, 1981. v. 3.

FRAGOSO, Heleno Cláudio; HUNGRIA, Nelson. *Comentários ao Código Penal*. 5. ed., 1. tir. Rio de Janeiro: Forense, 1982. v. VI.

GARCIA, Emerson *et al. Improbidade administrativa*. 4. ed. Rio de Janeiro: Lumen Juris, 2008.

GOMEZ, Alfonso Serrano. *Derecho penal:* parte especial. 6. ed. Madrid: Dykinson, 2001.

GONZAGA, João Bernardino. *O crime de omissão de socorro*. São Paulo: Max Limonad, 1957.

GRECO, Rogério. *Código Penal comentado*. 4. ed. Niterói: Impetus, 2010.

GRECO, Rogério. *Curso de direito penal*. 3. ed. Niterói: Impetus, 2007.

GRECO, Rogério. *Curso de direito penal*. 6. ed. Niterói: Impetus, 2010. v. 4.

GROTTI, Dinorá Adelaide Museti. *Inviolabilidade do domicílio da Constituição*. São Paulo: Malheiros, 1993.

GUERRA, Luis López. *Las sentencias básicas del tribunal constitucional*. 3. ed. Madrid: Centro de Estudos Políticos y Constitucionales (Boletin Oficial del Estado), 2008.

GUSMÃO, Chrysolito de. *Dos crimes sexuais*. 3. ed. São Paulo: Freitas Bastos, 1945.

HUNGRIA, Nelson. *Comentários ao Código Penal*. Rio de Janeiro: Forense, 1942. v. V.

HUNGRIA, Nelson. *Comentários ao Código Penal*. 3. ed. Rio de Janeiro: Forense, 1967. v. VII.

HUNGRIA, Nelson. *Comentários ao Código Penal*. 4. ed. Rio de Janeiro: Forense, 1959. v. VIII.

HUNGRIA, Nelson. *Comentários ao Código Penal*. 2. ed. Rio de Janeiro: Forense, 1959. v. IX.

HUNGRIA, Nelson; FRAGOSO, Heleno Cláudio. *Comentários ao Código Penal*. 5. ed., 1. tir. Rio de Janeiro: Forense, 1982. v. VI.

JAKOBS, Günther. *Tratado de direito penal:* teoria do injusto penal e culpabilidade. Tradução de Gercélia Batista de Oliveira Mendes e Geraldo de Carvalho. Belo Horizonte: Del Rey, 2009.

JESUS, Damásio de. *Código Penal anotado*. 19. ed. São Paulo: Saraiva, 2009.

JESUS, Damásio de. *Direito penal:* parte geral. 30. ed. São Paulo: Saraiva, 2009. v. 1.

JESUS, Damásio de. *Direito penal:* parte especial. 29. ed. São Paulo: Saraiva, 2009. v. 2.

JESUS, Damásio de. *Direito penal:* parte especial. 18. ed. São Paulo: Saraiva, 2009. v. 3.

JESUS, Damásio de. *Direito penal:* parte especial. 15. ed. São Paulo: Saraiva, 2009. v. 4.

JESUS, Damásio de. *Phoenix*. Órgão informativo do complexo jurídico Damásio de Jesus, n. 2, fev. 2004.

JESUS, Damásio de. *Temas de direito criminal*. 3ª série. São Paulo: Saraiva, 2004.

JORIO, Israel Domingos. *Latrocínio*. Belo Horizonte: Del Rey, 2008.

LEO, Roberto *et al. Delitos contra la salud y el medio ambiente*. Buenos Aires: Hammurabi, 2009.

LYRA, Roberto. *Comentários ao Código Penal*. 2. ed. Rio de Janeiro: Forense, 1955. v. II.

LYRA, Roberto. *Noções de direito criminal:* parte especial. Rio de Janeiro: Editora Nacional de Direito, 1944.

MACHADO, Alcântara. *Projeto do Código Criminal brasileiro*. São Paulo: Revista dos Tribunais, 1938.

MACHADO, Martha de Toledo. *Proibições de excesso e proteção insuficiente no direito penal:* a hipótese dos crimes sexuais contra crianças e adolescentes. São Paulo: Verbatim, 2008.

MALABAT, Valérie. *Droit pénal spécial*. 4. ed. Paris: Dalloz, 2009.

MALULY, Jorge Assaf. *Denunciação caluniosa:* a acusação falsa de crimes ou atos de improbidade. Rio de Janeiro: Aide, 2001.

MANZINI, Vincenzo. *Trattato di diritto penale italiano* (secondo il Codice del 1930). Turim: Unione Tipografico – Editrice Torinese, 1935. v. 5.

MANZINI, Vincenzo. *Trattato di diritto penale italiano (secondo Il Codice del 1930)*. Turim: Unione Tipografico – Editrice Torinese, 1935. v. 6.

MARQUES, José Frederico. *Tratado de direito penal*. Campinas: Millennium, 1999. v. IV.

MARQUES, José Frederico. *Tratado de direito penal*. São Paulo: Saraiva, 1961. v. 4.

MÉDICI, Sérgio de Oliveira. *Teoria dos tipos penais:* parte especial do direito penal. São Paulo: Revista dos Tribunais, 2004.

MESTIERI, João. *Do delito de estupro*. São Paulo: Revista dos Tribunais, 1982.

MIRABETE, Julio Fabbrini. *Código Penal interpretado*. São Paulo: Atlas, 1999.

MIRABETE, Julio Fabbrini. *Manual de direito penal:* parte especial. 22. ed. São Paulo: Atlas, 2007. v. 3

MIRABETE, Julio Fabbrini; FABBRINI, Renato Nascimento. *Manual de direito penal:* parte especial. 26. ed. São Paulo: Atlas, 2009. v. 2.

MIRANDA, Darcy Arruda. *Comentários à lei de imprensa*. São Paulo: Revista dos Tribunais, 1969. v. 1.

MONIZ, Helena. *Comentário conimbricense do Código Penal:* parte especial (artigos 202º a 307º). Dirigido por Jorge de Figueiredo Dias. Coimbra: Coimbra Editora, 1999. t. II.

MONTT, Mario Garrido. *Derecho penal:* parte especial. 3. ed. atual. Santiago: Editorial Juridica Chile, 2007. t. III.

MONTT, Mario Garrido. *Derecho penal:* parte especial. 4. ed. atual. Santiago: Juridica Chile, 2008. t. IV.

MORAES, Flávio Queiroz de. *Delito de rixa.* São Paulo: Saraiva, s.d.

NAVARRO, Guillermo Rafael *et al. Delitos contra la salud y el medio ambiente.* Buenos Aires: Hammurabi, 2009.

NORONHA, Edgard de Magalhães. *Crimes contra os costumes.* São Paulo: Livraria Acadêmica/Saraiva, 1943.

NORONHA, Edgard de Magalhães. *Direito penal.* 2. ed. São Paulo: Saraiva, 1965. v. 4.

NORONHA, Edgard de Magalhães. *Direito penal.* 24. ed. São Paulo: Saraiva, 2003. v. 4.

NUCCI, Guilherme de Souza. *Código Penal comentado.* 9. ed. São Paulo: Revista dos Tribunais, 2009.

NUCCI, Guilherme de Souza. *Crimes contra a dignidade sexual:* comentários à Lei n. 12.015, de 7 de agosto de 2009. São Paulo: Revista dos Tribunais, 2009.

OLIVEIRA, Olavo. *O delito de matar.* São Paulo: Saraiva, 1962.

ORDEIG, Enrique Gimbernat. Eutanásia e direito penal. In: *Vida e morte no direito penal.* Tradução de Maurício Antônio Ribeiro Lopes. Barueri/SP: Manole, 2004.

PANZIERI, André. In: FRANCO, Alberto Silva; STOCO, Rui (Org.). *Código Penal e sua interpretação.* 8. ed. São Paulo: Revista dos Tribunais, 2007.

PENTEADO, Jaques de Camargo. *A família e a justiça penal* (crimes contra a família; a responsabilidade criminal e o núcleo familiar de fato; a legislação penal, os incapazes e os idosos). São Paulo: Revista dos Tribunais, 1998.

PIERANGELI, José Henrique. *Códigos penais do Brasil.* 2. ed. São Paulo: Revista dos Tribunais. 2001.

PIMENTEL, Manoel Pedro. *Contravenções penais.* São Paulo: Revista dos Tribunais, 1975.

PIMENTEL, Manoel Pedro. *Legislação penal especial.* São Paulo: Revista dos Tribunais, 1972.

PINHO, Demosthenes Madureira de. *O valor do perigo no direito penal.* Rio de Janeiro, 1939 (tese apresentada à Faculdade Nacional de Direito em concurso para a Cátedra de Direito Penal).

PISAPIA, G. Domenico. *Introduzione alla parte speciale del diritto penale.* Milão: Dott. A. Giuffrè, 1948.

PISAPIA, G. Domenico. *Delitti contro la famiglia.* Turim: Torinese, 1953.

PONTE, Antônio Carlos da. *Crimes eleitorais.* São Paulo: Saraiva, 2008.

PONTE, Antônio Carlos da. *Falso testemunho no processo.* São Paulo, Atlas, 2000.

PRADEL, Jean; DANTI-JUAN, Michel. *Droit pénal spécial*. 4. ed. Paris: Cujas, 2007-2008.

PRADO, Luiz Régis. *Curso de direito penal brasileiro:* parte especial. 4. ed. São Paulo: Revista dos Tribunais, 2005. v. 2.

PRADO, Luiz Régis. *Curso de direito penal brasileiro*. 4. ed. São Paulo: Revista dos Tribunais, 2006. v. 3.

PRADO, Luiz Régis. *Direito penal do ambiente*. 2. ed. São Paulo: Revista dos Tribunais, 2009.

RIPOLLES, Antonio Quintano. *Tratado de la parte especial del derecho penal* (infracciones contra la comunidad social). Madrid: Revista de Derecho Privado, 1967, t. IV.

ROSSINI, Augusto. *Informática, telemática e direito penal*. São Paulo: Memória Jurídica, 2004.

ROXIN, Claus. *Derecho penal:* parte general. 2. ed. Tradução de Diego-Manuel Luzón Peña. Madrid: Thomson-Civitas, 2008. t. I.

ROXIN, Claus. *Funcionalismo e imputação objetiva no direito penal*. Tradução de Luís Greco. Rio de Janeiro e São Paulo: Renovar, 2002.

ROXIN, Claus. *Política criminal y sistema del derecho penal*. Tradução de Francisco Muñoz Conde. 2. ed. Buenos Aires: Hammurabi, 2002.

ROXIN, Claus. Que comportamentos pode o Estado proibir sob ameaça de pena? Sobre a fundamentação político-criminal do sistema penal. In: _____. *Estudos de direito penal*. Tradução de Luís Greco. Rio de Janeiro/São Paulo/Recife: Renovar, 2006.

ROXIN, Claus. *Problemas fundamentais de direito penal*. Tradução de Ana Paula dos Santos Luís Natschaeradetz. 3. ed. Lisboa: Vega, 1998.

ROXIN, Claus. *A tutela penal da vida humana*. Tradução de Luís Greco. São Paulo: Damásio de Jesus, 2003.

SANTOS, Manuella. *Direito autoral na era digital*. São Paulo: Saraiva, 2009.

SEIÇA, A. Medina de. *Comentário conimbricense do Código Penal*. Dirigido por Jorge Figueiredo Dias. Coimbra: Coimbra Editora, 2001. t. III.

SHIMURA, Sérgio. *Tutela coletiva e sua efetividade*. São Paulo: Método, 2006.

SILVA JÚNIOR, José; DEZEM, Guilherme Madeira. In: FRANCO, Alberto Silva; STOCCO, Rui (Org.). *Código Penal e sua interpretação*. 8. ed. São Paulo: Revista dos Tribunais, 2007.

SILVA, José Afonso. *Comentário contextual à Constituição*. 4. ed. São Paulo: Malheiros, 2007.

SILVA, José Afonso. *Curso de direito constitucional positivo*. 16. ed. São Paulo: Malheiros, 1999.

SILVA SANCHEZ, Jesús María. *Los indeseados como enemigos:* la exclusión de seres humanos del status personae, publicado na obra *Derecho penal del enemigo. El discurso penal de la exclusión*. Montevideo e Buenos Aires: Editorial BdeF, 2006.

SOBRANE, Sérgio Turra. *Improbidade administrativa:* aspectos materiais, dimensão difusa e coisa julgada. São Paulo: Atlas, 2010.

SPITZCOVSKY, Celso. *Direito administrativo.* 5. ed. São Paulo: Damásio de Jesus, 2003.

STEVENSON, Oscar. Dos crimes contra a fé pública. *Revista de Direito Administrativo,* VIII/371.

STOCO, Rui. *Leis penais especiais e sua interpretação jurisprudencial.* 7. ed. São Paulo: Revista dos Tribunais, 2001. v. 1.

STOCO, Rui; STOCO, Tatiana. *Código Penal e sua interpretação.* 5. ed. São Paulo: Revista dos Tribunais, 2007.

TAVARES, André Ramos. *Curso de direito constitucional.* 3. ed. São Paulo: Saraiva, 2006.

TAVARES, André Ramos. Imprensa: com Lei ou sem Lei? *Carta Forense,* junho de 2008.

THEODORO, Luís Marcelo Milleo *et al. Direito penal aplicado.* 3. ed. São Paulo: Saraiva, 2010.

THEODORO, Luís Marcelo Milleo *et al. Reforma penal:* comentários às Leis n. 11.923, 12.012 e 12.015 de 2009. São Paulo: Saraiva, 2010.

TOURINHO FILHO, Fernando da Costa. *Manual de processo penal.* São Paulo: Saraiva, 2001.

WIDOW, María Magdalena Ossandón. *La formulación de tipos penales:* valoración crítica de los instrumentos de técnica legislativa. Santiago: Editorial Jurídica de Chile, 2009.